Informatik-Fachberichte 167

Herausgegeben von W. Brauer
im Auftrag der Gesellschaft für Informatik (GI)

R. Lauber (Hrsg.)

Prozeßrechensysteme '88

Automatisierungstechnik, Leittechnik, Informations- und Kommunikationstechnik
Stuttgart, 2.–4. März 1988

Proceedings

SPRINGER-VERLAG BERLIN
HEIDELBERG GMBH

Herausgeber

R. Lauber
Institut für Regelungstechnik und Prozeßautomatisierung
Universität Stuttgart
Pfaffenwaldring 47, 7000 Stuttgart 80

CR Subject Classifications (1987): C.3, D.2, J.6-7

ISBN 978-3-540-18986-2 ISBN 978-3-642-73445-8 (eBook)
DOI 10.1007/978-3-642-73445-8

Originally published by Springer-Verlag Berlin Heidelberg New York in 1988

2145/3140 – 543210

Vorwort

Die Fachtagung "Prozeßrechensysteme 88" versteht sich als Weiterführung der vier Fachtagungen "Prozeßrechner", die 1974 in Karlsruhe, 1977 in Augsburg, 1981 in München und 1984 wieder in Karlsruhe ausgerichtet wurden. Gleichzeitig bringt die Änderung der Bezeichnung - "Prozeßrechensysteme" statt bisher "Prozeßrechner" - zum Ausdruck: Es hat sich ein grundlegender technischer Wandel vollzogen.

Dieser technische Wandel bezieht sich insbesondere:

- auf die Systemstruktur.
  An die Stelle zentraler Prozeßrechner traten verteilte und vernetzte Systeme von Mikrorechnern und speicherprogrammierbaren Steuerungen, die über Kommunikationssysteme untereinander Informationen austauschen und die Komponenten zur Prozeßbedienung und Prozeßbeobachtung umfassen.
- auf die Art der Software-Entwicklung.
  Einerseits werden zur rechnerunterstützten Entwicklung von Realzeit-Programmen zunehmend sog. Software-Werkzeuge (Tools) und umfassende Software-Produktionsumgebungen eingesetzt. Andererseits wird mehr und mehr versucht, für die Grundfunktionen in den Systemkomponenten vorkonfektionierte Programmbausteine anzuwenden. Damit tritt an die Stelle der Programmierung die Konfigurierung dieser Programmbausteine. Eine vor allem bei den speicherprogrammierbaren Steuerungen angewandte Alternative besteht darin, graphikfähige Programmiergeräte einzusetzen, auf denen das Programm in graphischer Form als Kontakt- oder Funktionsplan erstellt wird.
- auf die verstärkte Nutzung moderner Methoden der Informatik.
  Vor allem die neuen Möglichkeiten, die wissensbasierte Verfahren (bekannt geworden durch das Schlagwort "Expertensysteme") eröffnen, werden sehr rasch aus der Forschung in die industrielle Praxis übernommen. Ähnliches gilt auch für neue benutzerfreundliche Techniken des Mensch-Maschine-Dialogs, die wesentlich zu einer wirksamen Mensch-Prozeß-Kommunikation beitragen.

Als Folge dieses technischen Wandels hat sich die Bedeutung des Begriffs "Prozeßrechner" verändert. In den 60er und 70er Jahren verstand man darunter einen Minirechner mit Echtzeit-Betriebssystem und Prozeßperipherie, untergebracht in einer voluminösen Schrankkonstruktion. Heute ist ein Prozeßrechner - definiert als Computer, der in Verbindung mit einem technischen Prozeß eingesetzt ist - stets ein Mikrorechner. Er kann, was das äußere Erscheinungsbild angeht, sehr verschieden aussehen. Es kann sich z.B. handeln um

- einen "Ein-Chip-Mikrorechner" als Bauteil auf einer Leiterplatte
- einen "Ein-Platinen-Mikrorechner", d.h. einen in Form einer steckbaren Platine aufgebauten Mikrorechner
- einen Mikrorechner in einem steckbaren oder aufschraubbaren SPS-Modul
- einen Mikrorechner in Form eines Arbeitsplatzrechners (z.B. eines Personal Computers)

Dabei steht nicht der einzelne Mikrorechner (als Prozeßrechner neuer Art) im Mittelpunkt, sondern Automatisierungs- und Leittechniksysteme, in denen viele - manchmal bis zu tausende - von Mikrorechnern zusammenwirken. Mit der neuen Benennung "Prozeßrechensysteme" hat der Programmausschuß der Fachtagung dieser neuen, völlig veränderten Situation Rechnung getragen.

Die eingereichten Beiträge spiegeln den technischen Wandel wider. Entsprechend der Zielsetzung der Tagung, aus den Gebieten der Automatisierungs-, Leit-, Informations- und Kommunikationstechnik über neuartige, zukunftsweisende Entwicklungen zu berichten, wurden folgende Themenkreise gebildet:
- Systemstrukturen und Kommunikation
- Systemtechnische Lösungen
- Informationsübermittlung zwischen Mensch und Prozeßrechensystem
- Ingenieurtechnische Abwicklung
- Rechnerunterstützte Werkzeuge und Verfahren
- Zuverlässigkeit und Sicherheit

Der Programmausschuß stand bei der großen Zahl der eingereichten, überwiegend guten Beiträge (es wurden 120 Vorträge angemeldet) vor der schwierigen Aufgabe, eine strenge Auswahl zu treffen, da im vorgesehenen zeitlichen Rahmen nur 63 Beiträge im Tagungsprogramm untergebracht werden konnten. Jeder eingereichte Beitrag wurde von 3 Gutachtern beurteilt. Die Auswahl erfolgte dann auf Grund dieser Gutachten.

Zusätzlich zu den ausgewählten Vorträgen im wissenschaftlichen Tagungsprogramm werden Rundtisch-Gespräche zu folgenden Themen durchgeführt:
- Dezentrale Prozeßleitsysteme
- Prozeßdatenübermittlung
- PEARL - heute und morgen.

Für die in der Praxis stehenden Automatisierungsingenieure erwächst aus dem technischen Wandel die Notwendigkeit, sich mit neuen Verfahren vertraut zu machen. Als Möglichkeit dazu sind die vor Beginn der eigentlichen Fachtagung angebotenen Tutorien zu sehen, in denen in Form von eintägigen Lehrveranstaltungen folgende Themenbereiche ausführlich behandelt werden:
- Kommunikationsnetze für verteilte Systeme
- Software Engineering für Automatisierungsprojekte
- Rechnereinsatz in der Fertigungstechnik
- Wissensbasierte Systeme.

Die Tutorien sollen gleichzeitig dazu verhelfen, die Beiträge der Fachtagung besser zu verstehen und zu diskutieren.

Allen Mitgliedern des Programmkomitees möchte ich für die sehr konstruktive Zusammenarbeit und die große Mühe bei der Begutachtung der eingereichten Kurzfassungen herzlich danken. Mein Dank gilt darüber hinaus allen, die zum guten Gelingen der Fachtagung beigetragen haben:

- dem Organisationskomitee, das eine hervorragende Arbeit zur Vorbereitung der Tagung leistete. Insbesondere sind hier die Herren Dipl.-Ing. Beutler und Dipl.-Ing. Wiefels zu nennen, die die Hauptlast der vorbereitenden Arbeiten übernommen haben
- den für die Vorbereitung und Durchführung der Rundtischgespräche Verantwortlichen
- allen Mitarbeitern des Instituts für Regelungstechnik und Prozeßautomatisierung
- dem Springer-Verlag für die gute Zusammenarbeit.

Der Tagung wünsche ich einen erfolgreichen Verlauf. Es bleibt zu hoffen, daß die Mühen der Vorbereitung durch interessante Anregungen und einen hohen Nutzen für alle Teilnehmer belohnt werden.

Stuttgart, im November 1987 R. Lauber

Veranstalter

VDI/VDE-Gesellschaft Meß- und Automatisierungstechnik (GMA)
Graf-Recke-Straße 84, Postfach 11 39, 4000 Düsseldorf 1

gemeinsam mit
GI Gesellschaft für Informatik e.V.
KfK Kernforschungszentrum Karlsruhe

Programmkomitee

W. Aleite, Erlangen
B. Eichenauer, Oberhaching
G. Eifert, Stuttgart
G. Färber, München
H. Heckmann, Mannheim
G. Hirschberg, Erlangen
F. Hofmann, Erlangen
G. Hommel, Berlin
R. Isermann, Darmstadt
R. Konakovsky, Frankfurt
A. Küchle, Friedrichshafen
E. Kühn, München
R. Lauber, Stuttgart (Vorsitzender)
T. Martin, Karlsruhe
H. Meyerhoff, Bremen
T. Pfeifer, Aachen
M. Polke, Leverkusen
W. Pollmann, Sindelfingen
G. Pritschow, Stuttgart
U. Rembold, Karlsruhe
H. Schlingmann, Frankfurt
G. Schweizer, Karlsruhe
W. Seifert, Frankfurt
H. Steusloff, Karlsruhe
H. Trauboth, Karlsruhe
E. Welfonder, Stuttgart

Organisationskomitee

K. Beutler, Stuttgart
A. Jaeschke, Karlsruhe
H. Lunkenheimer, Stuttgart
H. Schweizer, Stuttgart
H. Wiefels, Düsseldorf
L. Zühlke, Düsseldorf

INHALTSVERZEICHNIS

HAUPTVORTRÄGE

SYSTEMSTRUKTUREN UND KOMMUNIKATION

---

*) Manuskript lag bei Drucklegung nicht vor.

ZUVERLÄSSIGKEIT UND SICHERHEIT

INFORMATIONSÜBERMITTLUNG ZWISCHEN MENSCH UND PROZESSRECHENSYSTEM

RECHNERUNTERSTÜTZTE WERKZEUGE UND VERFAHREN

INGENIEURTECHNISCHE ABWICKLUNG

HAUPTVORTRÄGE

FUNKTIONSSTRUKTUR, KOMMUNIKATIONSSTRUKTUR UND KOMMUNIKATIONSMITTEL IN AUTOMATISIERUNGS- UND LEITSYSTEMEN

Hartwig Steusloff
Fraunhofer-Institut für Informations- und Datenverarbeitung (IITB), Karlsruhe

Die rechnergestützte Automatisierungs- und Leittechnik stellt heute eine Funktionenvielfalt bereit, die nahezu alle, durch Modelle verschiedener Art beschreibbaren Probleme der Produktionstechnik zu lösen gestattet. Diese Probleme etwa aus der Meß-, Steuer- und Regelungstechnik oder aus dem Transport von Material bzw. Energie sind komplex; ihre Komplexität versucht man dadurch zu beherrschen, daß man wohldefinierte Problemlösungen innerhalb eines abgegrenzten Problembereiches entwickelt. Diese Vorgehensweise hat die breite Einführung der Automatisierungs- und Leittechnik in der industriellen Produktion ermöglicht. Ihr Nachteil in Gestalt von Insellösungen, die nur über den Material- oder Energietransport, nicht aber über den Informationstransport zwischen den beteiligten Rechnern gekoppelt waren, wird heute unter der Notwendigkeit immer flexiblerer Produktionseinrichtungen besonders deutlich. Im vorliegenden Beitrag sollen daher aus der Untersuchung struktureller und funktionaler Anforderungen von Produktionseinrichtungen die erforderlichen Funktionen und Strukturen für eine Informationskommunikation abgeleitet werden. Auf dieser Grundlage lassen sich dann die Eigenschaften verfügbarer und noch zu entwickelnder Systeme für die Informationskommunikation diskutieren.

1. Produktion und Information

Steigende Energie- und Lohnkosten, wachsende Anforderungen zum Schutze der Umwelt und dadurch bedingte Veränderungen von Produktspektren und Produktionsmethoden haben die Unternehmens- und Betriebswirtschafts-Konzeptionen in der industriellen Produktion erheblich beeinflußt /1/. Die Anforderung nach hoher Produktivität auch bei kleinen, stark wechselnden Serien erzwingt flexible Produktionsanlagen. Diese Flexibilität erfordert auch das Minimieren von Lagerbeständen, wodurch die Anforderungen an die Produktionslogistik steigen (KAN-BAN-Prinzip). Die Zuverlässigkeit und Verfügbarkeit der Produktionsanlagen ist in einem solchen eng vermaschten und auf präzise Einhaltung von Zeitabläufen ausgelegten Produktionssystem von wesentlicher Bedeutung. Eine termingerechte Produktion mit hoher Qualität bei minimalem Rohstoff- und Betriebsmitteleinsatz, weiterhin gekennzeichnet durch einen verringerten Personaleinsatz, ist die Antwort auf einen internationalen Wettbewerb, dem die exportorientierte deutsche Industrie im besonderen Maße ausgesetzt ist.

Diese Anforderungen lassen sich nur erfüllen, wenn optimierte Produkt- und Produktionslinien durch eine entsprechende, optimierte Informationsintegration unterstützt werden. Man spricht daher heute über die Information als dem dritten Produktionsfaktor neben Arbeit und Kapital. Die Integration der Prozeßautomatisierung und -Leittechnik mit Funktionen der Auftragsabwicklung, der Produktentwicklung (CAD) sowie der Entwicklung und Instandhaltung von Produktionsanlagen bedeutet eine Zusammenführung der eingangs erwähnten Automatisierungsinseln und unterstützt damit die Anforderungen an eine flexible und wirtschaftliche Produktion.

Obwohl später nicht weiter ausgeführt, sei hier die Bedeutung der Kommunikation zwischen Mensch und Produktionsanlage herausgestellt /2/. Die "menschenfreie" Produktion wird in absehbarer Zukunft nicht möglich sein; der Mensch wird höher qualifizierte Tätigkeiten zur Optimierung und Überwachung des Produktionsablaufes auch und gerade in der vollautomatisierten Produktion zu leisten haben. Durch die vorstehend begründete Notwendigkeit der durchgängigen Integration aller für die Produktion wichtigen Information muß sich der Mensch zwar nicht mehr mit allen Einzelinformationen auseinandersetzen. Er muß aber trotzdem in der Lage sein, mit Rechnerunterstützung gezielte Informationsauswertung zu betreiben, um für Planung und Betrieb der Produktionsanlagen gerüstet zu sein. Der Übergang von einer einzelsignal-orientierten Produktionsbeobachtung zur informations-orientierten Arbeitsweise in der Kommunikation zwischen Mensch und Produktionssystem ist eine notwendige Ergänzung zur Integration aller Information über den gesamten Produktionsprozeß hinweg.

2. Funktionsstrukturen und Informationsfluß in Produktionsunternehmen

Um die Anforderungen an Informationssysteme in der Produktion besser zu verstehen, ist es zweckmäßig, Modelle des Informationsflusses in Unternehmen zu entwickeln. Untersucht man solche Informationsflüsse in

Produktionsbetrieben genauer, so stellt man eine Informationshierarchie fest, wie sie in Bild 1 dargestellt ist. Die Unterteilung in ver-

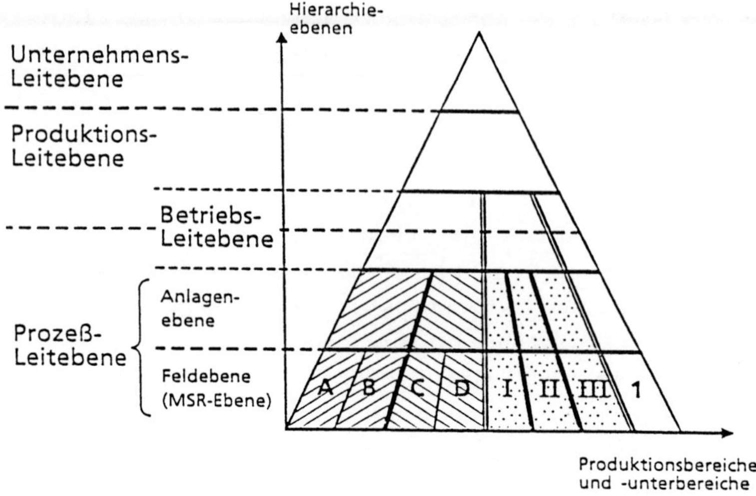

Bild 1: Leitebenen in Produktionsunternehmen

schiedene Leitebenen ergibt sich aus der Organisation von Unternehmen und ist daher in den verschiedenen Sparten im einzelnen unterschiedlich /3/. Man findet aber immer eine Struktur, bei der in der untersten Ebene eine große Menge von Einzelinformationen über Prozeßabläufe existiert, die über die höheren Ebenen bis hin zur Unternehmensleitebene immer stärker verdichtet werden. Umgekehrt werden aus den Vorgaben der höheren Leitebenen Informationen für die Produktions-oder Prozeßschritte der unteren Ebenen abgeleitet.

Die Unterteilung in Unternehmens-, Produktions- und Prozeßleitebene gemäß Bild 1 berücksichtigt im wesentlichen die funktionale Aufteilung von Unternehmen der Verfahrenstechnik, weil hier vielfach voneinander unabhängige Einzelanlagen als Teile der Prozeßleitebene direkt von der Produktionsleitebene mit Produktionsvorgaben (z. B. Rezepten) versorgt werden. In anderen Branchen, etwa der Stahl-/Eisenindustrie, durchlaufen die Produkte eine Anzahl von Betrieben nacheinander, in denen sie - ausgehend vom Rohmaterial - immer weiter veredelt und schließlich für den Verkauf vorbereitet werden. Diese Produktionsstruktur läßt sich vorteilhaft durch das Einziehen einer zusätzlichen Ebene, der Betriebsleitebene beschreiben. Die Betriebsleitebene fächert die generellen Vorgaben der Produktionsleitebene in detaillierte Vorgaben für die einzelnen Produktionsbetriebe auf.

Aus dieser Struktur folgt, daß zwischen den Leitebenen zumindest ein vertikaler Informationsfluß herrscht. Betrachtet man weiterhin die Struktur einzelner Leitebenen, so stellt man - je nach Unternehmensart - fest, daß auch ein horizontaler Informationsfluß existiert. Dies gilt z. B. für die Betriebsleitebene, wenn Halbfertigprodukte und die ihnen zugeordneten Informationen von Teilbetrieb zu Teilbetrieb weitergereicht werden. Dieser vertikale und horizontale Informationsfluß ist im übrigen nicht nur durch den Transport sondern auch durch die Speicherung von Information charakterisiert.

Während für die Informationsspeicherung und -verarbeitung in den verschienen Ebenen bereits - im allgemeinen heterogene - Rechnersysteme zur Verfügung stehen, benötigt die Informationslogistik leistungsfähige Informations-Transportwege innerhalb und zwischen den Leitebenen.

Es sei darauf hingewiesen, daß die Informationslogistik nur eine Teilaufgabe der Informationsintegration in Produktionsunternehmen darstellt. Gemäß Bild 1 benötigt die Informationslogistik leistungsfähige Informationstransportmittel und -speicherungsmittel. Der Aufwand für die Lösung dieser schwierigen Problembereiche darf nicht die Erkenntnis verdrängen, daß die Informationslogistik lediglich ein methodisches Hilfsmittel ist für die Durchführung eines unternehmensweiten Konzeptes zur Informationsnutzung. Einrichtungen der D a t e n - Kommunikation und -speicherung werden erst dann zu Einrichtungen der I n f o r m a t i o n s - Kommunikation und -speicherung, wenn die Bedeutung und Nutzung der (digitalen) Daten festgelegt ist.

Die Informationsintegration über die Leitebenen gemäß Bild 1 hinweg wird heute vorzugsweise als ein Problem der Fertigungstechnik dargestellt. Ein Hinweis hierauf ist die weite Verbreitung des Begriffes CIM (Computer Integrated Manufacturing). Es verdient Beachtung, daß die Verfahrenstechnik in gleicher Weise eine Informationsintegration benötigt und daß ihre Funktionsstruktur derjenigen von Bild 1 durchaus entspricht. Der in diesem Zusammenhang immer häufiger anzutreffende Begriff CIP (Computer Integrated Processing) zeigt, daß die Informationsintegration in beiden Produktionszweigen zunehmend gleichermaßen als wichtig erkannt wird. Es sei daher vorgeschlagen, den Begriff CIP mit "Computer Integrated Production" gleichzusetzen. Damit kommt zum Ausdruck, daß in Zukunft dieselben methodischen Hilfsmittel zum Erreichen der Informations-Integration für alle Arten von Produktionsbetrieben anwendbar sind und verfügbar sein müssen. Eine Analyse von Betriebsabläufen in der Fertigungstechnik zeigt im übrigen, daß neben den diskreten, stückbezogenen Fertigungsvorgängen durchaus kontinuierliche, verfahrenstechnische Prozesse ablaufen. Ein methodisches Zusammenwachsen der Informations-Integration in der Fertigungs- und Verfahrenstechnik entspricht daher den betrieblichen Gegebenheiten.

3. Rechnerkommunikation zwischen Leitebenen

Die Notwendigkeit einer Informations-Kommunikation zwischen den Leitebenen nach Bild 1 und die Anforderungen der Informationslogistik erfordern die Bereitstellung entsprechender Hilfsmittel im Produktionsunternehmen. Für die Realisierung einer rechnergestützten Informations-Kommunikation ist nach Bild 2 eine Hierarchie von Rechnernetzen denkbar /4/. Für die Ausprägung der informationstechnischen Ausrüstung der Leitebenen ist zu fordern,

- daß dedizierte Rechner für jede Leitebene eingesetzt werden; eine Zusammenfassung der Informationsverarbeitung verschiedener Leitebenen in e i n e m Rechner ist möglich, behindert aber aufgrund der unvermeidlich hohen Systemkomplexität die Flexibilität, Effizienz und Wartbarkeit;

- daß die unterschiedlichen Anforderungen der einzelnen Leitebenen durch angepaßte Kommunikationseinrichtungen erfüllt werden. Diese Kommunikationseinrichtungen müssen auch in der Lage sein, heterogene Rechnersysteme miteinander zu verbinden, welche aus Anforderungsgründen oder aus Beschaffungsstrategien und historischen Gegebenheiten in unterschiedlichen Generationen, Typen und Leistungsfähigkeiten als Ausstattung der verschiedenen Leitebenen existieren.

Das in Bild 2 gezeigte Vernetzungskonzept stellt eine Perspektive für die Erfüllung dieser Forderungen dar, wobei im Einzelfalle folgende Überlegungen wichtig sind:

- Die Kommunikationseinrichtungen sind unter Berücksichtigung n o t - w e n d i g e r Zeit- und Konsistenzbedingungen zu planen und zu realisieren. Der Aufwand für die Ermittlung solcher Bedingungenwird durch optimale Wirtschaftlichkeit und Flexibilität des Kommunikationssystems gelohnt.

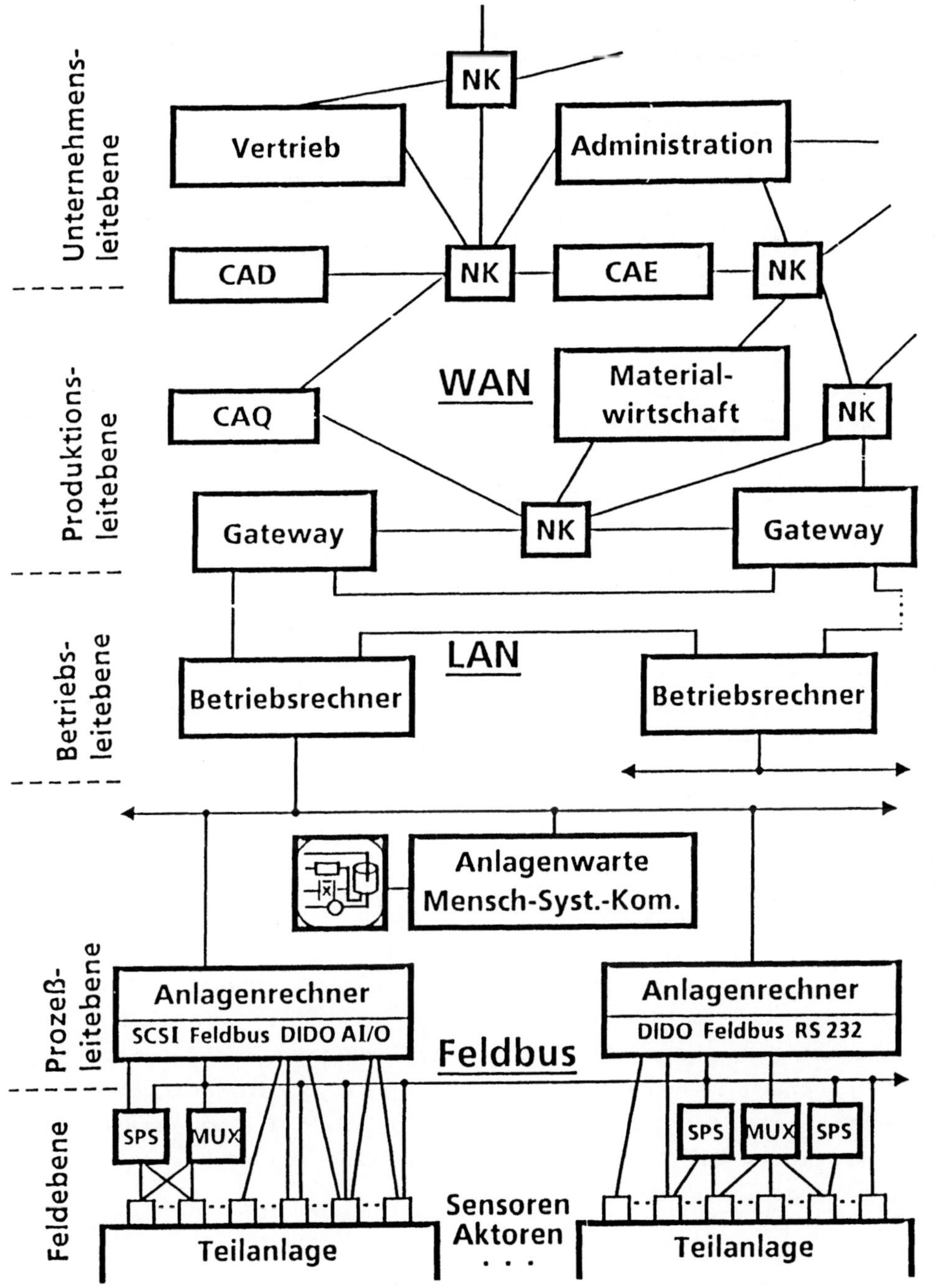

Bild 2: Netze zur Rechnerintegration

- Das Kommunikationssystem muß fehlertolerant und sicher bezüglich gewollter und ungewollter Informationsverfälschungen sein. Die hierzu notwendigen Redundanz- und Codierungsverfahren sind anwendungsabhängig auszuwählen.

- Da die Produktionsanlagen ständigen Veränderungen unterliegen, muß die Informationslogistik entsprechend flexibel sein. Zur wirtschaftlichen Erfüllbarkeit dieser Anforderungen sind - insbesondere in heterogenen Systemen - definierte und möglichst standardisierte Schnittstellen und Kommunikationsregeln (Protokolle) erforderlich.

- Informationsintegration über alle Leitebenen hinweg ist nur dann möglich, wenn alle Information in digitaler Form vorliegt.

Informations-Integration bedeutet aber nicht nur Datenkommunikation zwischen Rechnern. Die Informationslogistik, das Transportieren und Speichern digitaler Daten, ist zu ergänzen um Vereinbarungen über die Bedeutung, die Semantik der digitalen Daten. Sender und Empfänger müssen aus ihren Aufgabenbereichen heraus die ausgetauschten digitalen Daten in gleicher Weise interpretieren; nur dann werden digitale Daten zu Information. Es ist daher in einem Informationsverbund heterogener Rechnersysteme von besonderer Bedeutung, daß für semantische Überlappungsbereiche zwischen Anwendungssystemen Protokolle definiert und standardisiert werden.

4. Rechnerkommunikation in der industriellen Produktion, Standards

Für die Realisierung von Rechnernetzen stehen Standards zur Verfügung, die im folgenden aus technischer Sicht diskutiert werden sollen. Die ebenso wichtigen Fragen der Wirtschaftlichkeit verschiedener Lösungen erfordern genaue Kenntnisse über den jeweiligen Einsatzfall und seine Randbedingungen. Daraus wird deutlich, daß CIP als Standardlösung nicht existiert. Die Existenz von Protokollnormen erleichtert aber die Lösung der speziellen Einsatzfallprobleme.

4.1 Kommunikation in der Prozeßleitebene

Die Kommunikation von Anlagenrechnern mit dem technischen Prozeß erfolgt vielfach über intelligente Subsysteme, z. B. über speicherprogrammierbare Steuerungen (SPS) oder Feldmultiplexer (MUX). Weitere direkte Kommunikationsmethoden sind Digitalein- und -ausgänge (DIDO) oder auch genormte serielle und parallele Busverbindungen (SCSI-Bus, IEEE 488-Bus, RS 232/422). Von zunehmender Bedeutung sind sogenannte Feldbusse, die eine serielle Datenübertragung unter Feldbedingungen ermöglichen. Feldbussysteme nutzen sowohl Kupferleitungen als auch in Zukunft Glasfaserverbindungen. In letzterem Falle ist die Integration mit auf optischen Prinzipien beruhenden Sensoren (z. B. Füllstandssensoren) besonders interessant, weil in explosionsgefährdeter Umgebung die Eigensicherheitsanforderung einfach zu erfüllen ist. Im übrigen erlaubt der Feldbus eine besonders wirtschaftliche Verkabelung, die allerdings die Busfähigkeit aller angeschlossenen Sensor- oder Aktorsysteme erfordert. Dies wird in preisgünstiger Form zukünftig über spezielle hochintegrierte Kommunikationscontroller möglich sein.

Die Entwicklung auf dem Gebiet der Feldbussysteme /5/ hat gerade erst begonnen. Ein internationaler Standard wird in IEC TC 65 SC 65C/WG6 entwickelt. Deutsche Standardisierungsarbeiten laufen bei DKE AJ933.3.2 und NAMUR AK 7. Ein bereits existierender französischer Vorschlag für einen nationalen Feldbusstandard (Projekt FIP) schlägt die folgenden Eigenschaften vor:

- Koaxialkabel mit einer maximalen Länge von 1 km;
- Datenübertragungsrate = 1 Mbaud bei bis 64 Busteilnehmern;
- Getrennte Hilfsenergieversorgung;
- Basisbandmodulation mit Manchester Code;
- Telegrammlänge = 40 Bit für 16 Bit Informationslänge.

Dieser Normvorschlag wird durch die Entwicklung von integrierten Buskopplern und von Protokollen für die höheren ISO-Ebenen unterstützt.

In der Bundesrepublik Deutschland entwickelt ein Konsortium aus Industrie- und Wissenschaftseinrichtungen mit Unterstützung des BMFT ein Feldbussystem mit dem Namen PROFIBUS, das eine nationale Vornorm DIN 19245 darstellt. Zielrichtung ist die Fertigungstechnik; die Verfahrenstechnik und Haustechnik sind ebenso im Blickpunkt. Als Übertragungsmedium ist für den PROFIBUS eine 2-Draht-Leitung mit einer Länge bis 1,2 km vorgesehen mit einer max. Übertragungsgeschwindigkeit von 500 kbit/s. Die Zahl der aktiven und/oder passiven Teilnehmer ist auf 32 begrenzt. In der Ebenen 2 des ISO-Modells sieht der PROFIBUS ein Token-Passing-Protokoll vor. Die Ebenen 3 bis 6 sind leer; wenige für den PROFIBUS relevante Funktionen werden in die Schichten 7 bzw. 2 gelegt. Die Funktionen der Anwendungsschicht sind in der Definition.

Entsprechend den Arbeiten zu MAP (Manufacturing Automation Protocols) werden auch für den PROFIBUS Konformitätstests zur Zertifizierung von Produkten in die Norm aufgenommen.

Weitere internationale Aktivitäten zum Feldbus laufen in Großbritannien (MIL 1553 B als Basis für einen Feldbus) und USA (ISA SP50). In einem EUREKA-Projekt werden die Probleme der eigensicheren physikalischen Ebene angegangen.

Die mit diesen Methoden mögliche Vielfalt der Kommunikation in der Prozeßleitebene erlaubt planbare Fehlertoleranz und optimierte Wirtschaftlichkeit, wenn sie sorgfältig genutzt und die Voraussetzung der vollständigen Digitalisierung aller Signale erfüllt ist.

4.2 Lokale Netze (LAN = LOCAL AREA NETWORKS)

Für die Verbindung von Anlagenrechnern, Betriebsrechnern und Wartenrechnern in der Prozeßleitebene und der Betriebsleitebene haben lokale Netze eine besondere Bedeutung erlangt. Sie erlauben swohl die gesicherte Kommunikation zwischen jeweils zwei Partnern im Netz als auch eine ungesicherte gleichzeitige Kommunikation mit mehreren Partnern (broadcasting). Auf der physikalischen Ebene sind sowohl Kupferleiter als auch Glasfasern verfügbar. Für die Ebenen 1 und 2 existiert der Standard IEEE802. Als Leitungszugangsprotokolle sind das CSMA/CD- und Token-Protokoll definiert. Das CSMA/CD-Protokoll ist inzwischen breit eingeführt und in verschiedenen industriellen Produkten verfügbar (z. B. ETHERNET, IEEE802.3). Das CSMA/CD-Protkoll ist einfach zu implementieren, garantiert aber wegen der Möglichkeit von Kollisionen keine maximalen Übertragungszeiten. Seine Anwendbarkeit unter Realzeitbedingungen ist daher Diskussionsgegenstand; im Bürobereich ist CSMA/CD bereits breit eingeführt.

Das Token-Protokoll (IEEE802.4) teilt die Sendeerlaubnis denjenigen Teilnehmern zu, der den "Token" - eine spezielle, als Telegramm verschickte Datenstruktur - besitzt. Damit ist grundsätzlich keine Sendekollision möglich. Durch spezielle Token-Verteilungsmechanismen lassen sich Prioritäten für die Sendeerlaubnis bestimmter Teilnehmer vergeben, so daß auch Worst-case-Kommunikationszeiten garantiertbar sind. Dies macht das Token-Protokoll für Realzeitanwendungen bsonders geeignet. Andererseits sind besondere Fehlertoleranzmaßnahmen zu berücksichtigen, wie z. B. der Ersatz eines verlorengegangen Tokens, wodurch der Verwaltungsaufwand in einem Token-Protokoll gegenüber dem CSMA/CD-Protkoll deutlich ansteigen kann. Unter IEEE802.7 sind Protokolle für Glasfaser-LAN in Entwicklung, welche die speziellen Eigenschaften dieses Übertragungsmediums berücksichtigen und nutzen (FDDI-Protokoll).

4.3 Offene Netze (WAN = WIDE AREA NETWORKS)

Die Produktions- und die Unternehmensleitebene erfordern Rechnerkommunikation über größere Entfernungen, als die auf den Bereich einiger Kilometer beschränkten lokale Netze erreichen können. Hier müssen offene Netze (Wide Area Networks = WAN) eingesetzt werden, die Verbindungen zwischen jeweils zwei Kommunikationspartnern über beliebige Entfernungen, auch weltweit, erlauben. Im Gegensatz zu den "Nachrichten an alle" der LAN müssen Verbindungen zwischen Teilnehmern in offenen Netzen explizit auf- und wieder abgebaut werden. Vielfältige Übertragungsmedien stehen zur Verfügung: Kupferleitungen aller Art, aber auch Funkverbindungen, Satellitenverbindungen und Glasfaserverbindungen. Da ein Kennzeichen offener Netze das beliebige Einfügen neuer Teilnehmer während des laufenden Netzbetriebes ist, sind hier Kommunikationsnormen von besonderer Bedeutung. Dem trägt die Normungsarbeit von ISO im Rahmen des bekannten OSI-Modelles /6/ Rechnung.

Es sei betont, daß sowohl LAN als auch WAN in allen Leitebenen des Bildes 1 eingesetzt werden können. So können etwa spezielle Anwendungserfordernisse den Einsatz eines offenen Netzes in der Prozeßleitebene sinnvoll machen.

4.4 Kommunikation über Nebenstellenanlagen (PBX)

Seit Jahrzehnten ist in allen Unternehmen die private Nebenstellenanlage ein eingeführtes Kommunikationsmittel. Dieses als PBX (Private Branch Exchange) bezeichnete Kommunikationsmittel hat für die Rechnerkommunikation viele Eigenschaften offener Netze /7/. Auch hier werden durch Vermittlung Punkt-zu-Punkt-Verbindungen zwischen jeweils zwei Teilnehmern hergestellt. Wesentlich ist die Übertragung digitaler Daten parallel zu den teilweise noch analogen, in Zukunft immer mehr digitalisierten Telefongesprächen. Diese Dienstintegration (ISDN = Integrated Services Digital Network) ist bei den heute erhältlichen Anlagen auf 64 kbit/sec für die Übertragung digitaler Daten beschränkt. PBX eignet sich daher mehr für die Übertragung digitaler Daten parallel zur Sprachkommunikation und ist damit vor allem für die Unternehmens-und Prozeßleitebene interessant. Durch die Einführung schneller Vermittlungseinrichtungen (Vermittlungszeiten im Bereich von msec) wird PBX mittelfristig auch in den Einsatzbereich lokaler Netze vorstoßen.

5. MAP/TOP: Protokoll-Standards für die Informations-Integration in Produktionsbetrieben

Erfahrungen mit den von ISO-genormten Protokollen für die Datenkommunikation zwischen Rechenern /6/ zeigten, daß diese Standards für eine wirkliche Informations-Kommunikation nicht ausreichen. Auf der Ebene 7 des OSI-Modells, der sogenannten Anwendungsebene, sind nämlich nur recht allgemein verwendbare Funktionen (Filetransfer, virtuelles Terminal u.a.m.) festgelegt, die keine Aussage über die Bedeutung (Semantik) der übertragenen Daten machen. Damit sind W e r k z e u g e definiert, mit deren Hilfe eine Informations-Integration vom Anwender aufzubauen ist.

Während dies für die zunächst überwiegend kommerziell ausgerichteten Anwendungen der Rechnerkommunikation ein bedeutender Fortschritt war, zeigte sich für die Integration von Rechnern in der Produktion, daß aufgrund der breiten Funktionalität und damit der semantischen Vielfalt der hier zu integrierenden digitalen Information eine weitergehende Normung auf der Ebene 7 des OSI-Modells erforderlich wurde (siehe Bild 1). Aus dieser Situation heraus entstanden in den Jahren ab 1980 die Vorschläge für MAP (Manufacturing Automation Protocols /8/) und TOP (Technical and Office Protocols). Es ist bemerkenswert, daß diese Vorschläge von Anwendern der Automatisierungs- und Leittechnik ausgingen. MAP wurde von General Motors für die Zwecke der Fertigungsautomatisierung vorgeschlagen; TOP als Vorschlag der Firma Boeing befaßt sich mit der Büroautomatisierung. MAP und TOP gemeinsam sichern die durchgängige Informations-Kommunikation in industriellen Unternehmen, von der administrativen und dispositiven Seite über Konstruktion und Entwicklung (CAD) bis zur rechnergestützten Fertigung und Qualitätskontrolle (CAQ). Damit sind beide Protokollwelten ein entscheidendes Werkzeug für CIP (Computer Integrated Production).

Es sei darauf hingewiesen, daß die Impulse für MAP und TOP von Anwendern der industriellen Automatisierungs- und Leittechnik ausgingen. Es liegt im Interesse der Anwender, aus einem möglichst breiten Spektrum von Angeboten die jeweils optimale Lösung unter Einschluß der Integrationsfähigkeit gestalten zu können; dies ist die Alternative zu einer Lösung "aus einer Hand", also unter anderem einer Lösung, die auf einen bestimmten Rechner-Hersteller abgestellt ist. Hiermit deutet sich ein Interessenkonflikt zwischen Herstellern und Anwendern der Automatisierungs- und Leittechnik an: eine vollständige Normung von Schnittstellen zwischen den verschiedensten informationsverarbeitenden Einrichtungen in einem Produktionsunternehmen reißt "Schutzzäune" um die bis heute noch verbreiteten herstellerspezifischen Rechnernetze zumindest teilweise ein. Umgekehrt verbreitert dieser Vorgang aber auch für jeden Hersteller den Markt. Voraussetzung ist eine genügend präzise und strikt einheitliche Protokollnormung.

5.1 Ziele von MAP/TOP

Die vollständige Definition und Anwendung der MAP/TOP-Protokollhierarchie soll eine einfache Kommunikation zwischen Rechnern, Steuerungen und deren Programmsystemen garantieren, auch wenn diese von verschiedenen Herstellern geliefert werden. Die Ziele von MAP/TOP berücksichtigen die folgenden Aspekte:

- Die vorgeschlagenen Protokolle sollen die speziellen Eigenschaften und Anforderungen von lokalen Netzen in Produktion und Büro berücksichtigen. Sie sollen weiterhin so weit wie möglich kompatibel zu den entsprechenden Protokollen von offenen Netzen sein, um einfache Kommunikation zwischen beiden Netzwerktypen zu erreichen (Bild 2).

- Im Gegensatz zu den ISO-Protokollen für offene Netze mit wenigen allgemein anwendbaren Funktionen der Anwendungsebene 7 definiert die MAP/TOP-Protokollhierarchie in Ebene 7 spezielle, auf die Fertigungs- und Büroautomatisierung zugeschnittene Anwendungsfunktionen.

- Um diese weitreichenden Ziele zu unterstützen, umfaßt die MAP/TOP-Definition von vorneherein die Einrichtung von Konformitätstests. Sinn dieser Tests ist die Sicherstellung der Kommunikationsfähigkeit von Protokollprodukten verschiedener Hersteller.

Damit gehen die Ziele von MAP/TOP über die Ziele der ISO-Protokolle für offene Netze hinaus. Sie stellen sich der schwierigen Aufgabe, auf Ebene 7 Anwendungsfunktionen aus dem Fertigungs- und Bürobereich auszuwählen und zu normen. Damit wird verständlich, daß die Entwicklung von MAP/TOP, insbesondere bei den Applikationsprotokollen, heute noch im Fluß ist und auch in absehbarer Zeit nicht beendet sein wird.

5.2 Umfang und Status der MAP-Spezifikation

Die MAP-Spezifikationen 1.0 und 2.0 wurden im Jahre 1984 in USA vorgestellt. Die erste international verfügare Version 2.1 vom März 1985 enthielt neben WAN-kompatiblen Protokollen der Ebenen 2 bis 5 spezielle Anwendungsfunktionen auf der Ebene 7. Die Versionen 2.2 (Mitte 1986) und 3.0 (1987) fügen weitere anwendungsspezifische Protokolle hinzu.

In Bild 3 ist die heute verfügbare MAP-Protokollwelt dargestellt. In Ebene 1 und 2 sind die in Abschnitt 4.2 besprochenen LAN-Protokolle genormt. Die Ebenen 2 bis 6 weisen für MAP und TOP gleichartige und zu WAN-Protokollen äquivalente Protokollvorschläge auf. Die Anwendung dieser Protokollstandards in den Ebenen 1 bis 6 sichert die Datenkommunikation zwischen Anwendungsfunktionen in Produktion und Büro.

In der Anwendungsebene 7 ist zwischen drei Protokolltypen zu unterscheiden. Der erste Typ entspricht den ISO-Protokollen für WAN; diese Protokolle umfassen im wesentlichen Standardanwendungsprotokolle nach ISO, z. B. den Dateitransfer. Der zweite Protokolltyp umfaßt anwendungsspezifische Funktionen; bei MAP ist dies die MMS-Protokollfamilie, bei TOP ist das MHS-Protokollsystem zu nennen (siehe Bild 3). Ein dritter Protokolltyp in Ebene 7 befaßt sich mit Funktionen der Netzadministration wie dem Network-Management (NM) und dem Directory Service (DS). Diese Protokolle stellen Funktionen für die Behandlung von Fehlerfällen und für Fehlertoleranzmaßnahmen zur Verfügung.

Die MAP/TOP-Protokollhierarchie gemäß Bild 3 wird im Juni 1988 anläßlich des ENE (Enterprise Networking Event) in den Vereinigten Staaten präsentiert. Ziel dieser Veranstaltung ist es, die Machbarkeit durchgängiger Rechnerkommunikation mit Einbeziehung von Anwendungsfunktionen aufgrund definierter Protokolle zu demonstrieren. Im Vorfeld des ENE fand auf der Hannover-Messe 1987 eine Integrationsdemonstration

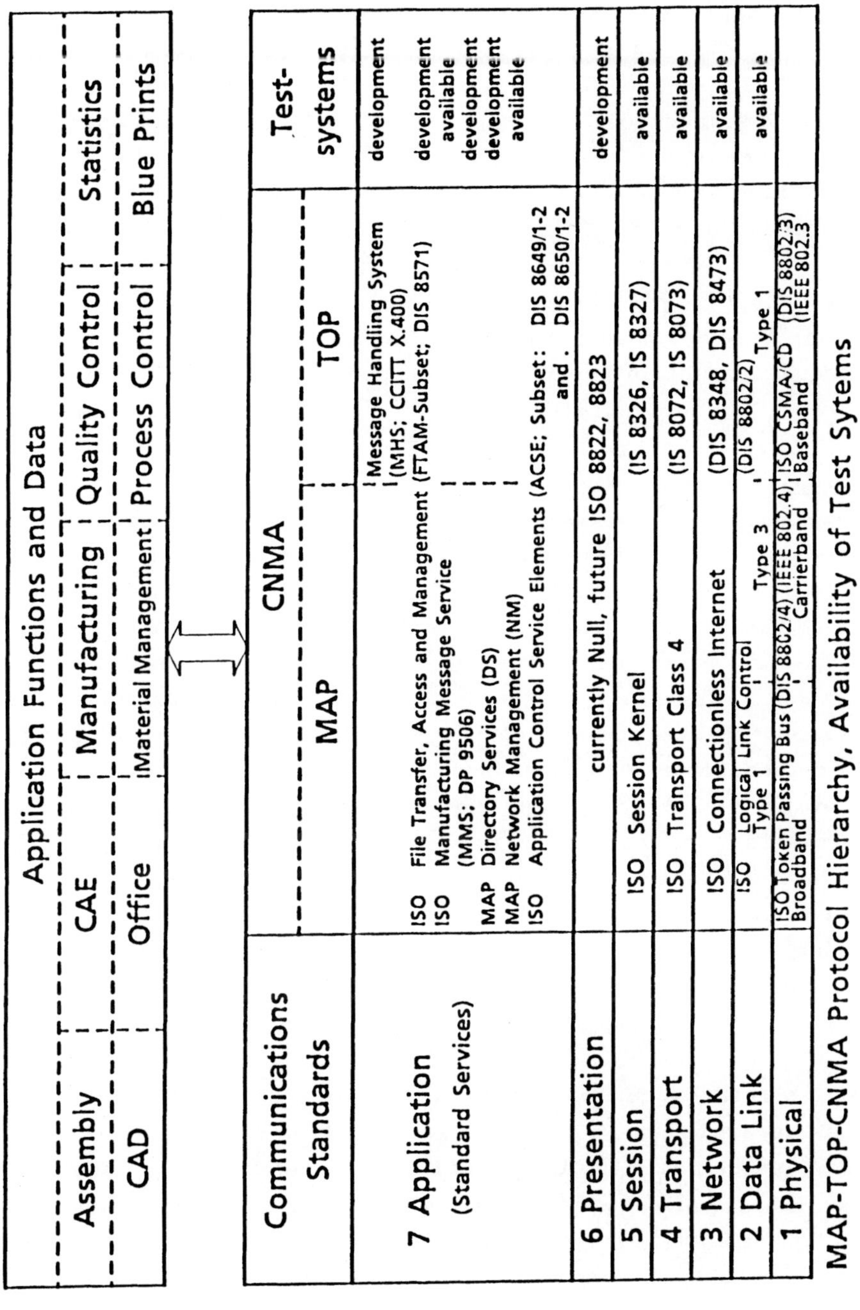

Application Functions and Data				
Assembly	CAE	Manufacturing	Quality Control	Statistics
CAD	Office	Material Management	Process Control	Blue Prints

Communications Standards	CNMA: MAP	CNMA: TOP	Test-systems
7 Application (Standard Services)		Message Handling System (MHS; CCITT X.400)	development
	ISO File Transfer, Access and Management	(FTAM-Subset; DIS 8571)	development
	ISO Manufacturing Message Service (MMS; DP 9506)		available
	MAP Directory Services (DS)		development
	MAP Network Management (NM)		development
	ISO Application Control Service Elements (ACSE; Subset: DIS 8649/1-2 and . DIS 8650/1-2		available
6 Presentation	currently Null, future ISO 8822, 8823		development
5 Session	ISO Session Kernel (IS 8326, IS 8327)		available
4 Transport	ISO Transport Class 4 (IS 8072, IS 8073)		available
3 Network	ISO Connectionless Internet (DIS 8348, DIS 8473)		available
2 Data Link	ISO Logical Link Control (DIS 8802/2) Type 1 / Type 3	Type 1	available
1 Physical	ISO Token Passing Bus (DIS 8802/4) (IEEE 802.4) Broadband / Carrierband	ISO CSMA/CD (DIS 8802/3) (IEEE 802.3 Baseband	

MAP-TOP-CNMA Protocol Hierarchy, Availability of Test Sytems

Bild 3: MAP/TOP-Protokollhierarchie

durch die Partner des europäischen Projektes CNMA (Communication Network for Manufacturing Applications) statt; hier wurde die Einsetzbarkeit der MAP 2.1-Protokolle in einem verketteten Fertigungsprozeß mit Steuerungen unterschiedlicher Hersteller gezeigt.

Obwohl Fertigungsprozesse im Mittelpunkt der MAP-Spezifikation stehen, ist eine entsprechende Problemstellung in Prozessen der Verfahrenstechnik evident. Zur Zeit entstehen daher an verschiedenen Stellen Vorschläge für ein PMS (Processing Message Service), dessen Funktionen den Kommunikationsanforderungen von Rechnern in der verfahrenstechnischen Produktion entsprechen.

5.3 Konformitätstest

Beim Einsatz von Rechner-Kommunikationseinrichtungen unterschiedlicher Hersteller muß sich der Anwender auf die korrekte Implementation der Protokolle verlassen können. Da der heutige Stand der Technik eine formale Spezifikation und damit Verifikation von komplexen Protokollen nicht erlaubt, müssen Protokoll-Produkte mittels eines standardisierten Satzes von Testfällen überprüft werden. Diese Test-Szenarien definieren Statusdaten, Parameter und Funktionsaufrufe, mit deren Hilfe alle relevanten Protokollfunktionen und Protokollzustände so vollständig wie möglich und notwendig getestet werden. Wenn ein Protokollprodukt diese Tests erfolgreich besteht, so ist es "konform" zu den Protokollspezifikationen. Setzt man voraus, daß diese Tests vollständig und korrekt sind, dann ist ein konformes Protokollprodukt in der Lage, mit beliebigen anderen entsprechenden Protokollprodukten zu kommunizieren.

In einer vollständigen MAP-Protokollimplementation müssen alle Protokolle der verschiedenen Schichten getestet werden. Bild 4 zeigt das generelle Vorgehen bei solchen Konformitätstests /9/. Das zu testende Protokoll (Entity under test) ist umgeben von einem Testrahmen, bestehend aus dem oberen Tester (Upper Tester, UT) und dem unteren Tester (Lower Tester, LT). Während der LT das zu testende Protokoll in definierter Weise anspricht und dessen Reaktionen empfängt, verhält sich der UT gegenüber dem zu testenden Protokoll wie ein Protokollprodukt der nächsthöheren Schicht. Dies setzt voraus, daß der UT fehlerfrei funktioniert, eine Annahme, die nur dadurch zu rechtfertigen ist, daß der UT lediglich Schnittstellenbedingungen (ASP = Abstract Service

Primitive) einzuhalten hat, ohne die vollständige Funktionalität eines Protokolls aufweisen zu müssen.

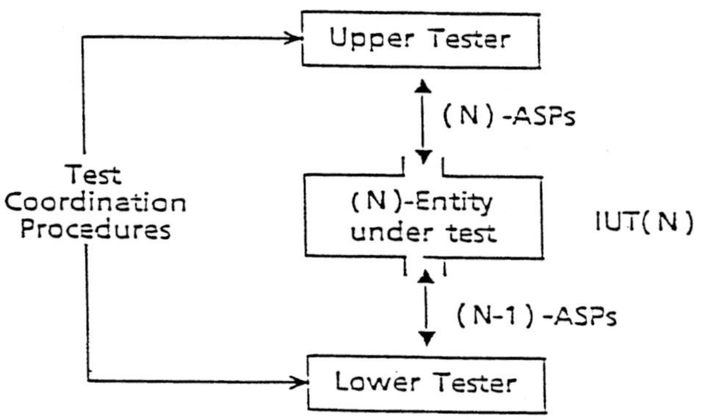

Bild 4: Konformitäts-Test-konfiguration /9/ (ASP=Abstract Service Primitive)

Ein Testkoordinator sorgt für das Durchlaufen der im Konformitätstest festgelegten Test-Szenarien, für das Abspeichern der Antworten des Testlings und letztlich für die Auswertung der Testergebnisse. Die Auswertung besteht in einem Vergleich der Reaktionen des Testlings mit einem vordefinierten Satz von erwarteten Reaktionen. Aus diesem Vergleich kann auf die Konformität bzw. auf Implementationsfehler eines Protokollproduktes geschlossen werden.

Es sei betont, daß ein erfolgreich bestandener Konformitätstest nicht notwendigerweise die Interoperabilität von Protokollprodukten garantiert. Wie jeder Test, ist auch ein Konformitätstest unvollständig; er kann zudem nicht vollständiger und korrekter sein, als eine ggf. unvollständige und nicht konsistente Spezifikation. Man denkt daher heute an die zusätzliche Standardisierung von Interoperabilitätstests, über die das Zusammenwirken mehrerer Protokollprodukte direkt getestet wird.

Für die Anwendbarkeit von Protokollprodukten ist schließlich deren Effizienz und Leistungsfähigkeit entscheidend; auch bei korrekter und konformer Protokollimplementation kann die Interoperabilität z. B. durch sehr unterschiedliches Zeitverhalten von Protokollprodukten empfindlich beeinträchtigt werden. Daher werden langfristig auch standardisierte Interoperabilitäts- und Leistungstests definiert werden.

6. Schritte zur rechnerintegrierten Produktion

Die vorstehend abgeleiteten und diskutierten Hilfsmittel für eine Rechnerkommunikation haben die durchgängige Informations-Integration in Produktionsbetrieben zum Ziel. Sie sind jedoch lediglich ein - wenn auch sehr wichtiges - Hilfsmittel zur Erreichung dieses Zieles. Rechnerintegrierte Produktion ist nur durch das Zusammenwirken verschiedener Disziplinen zu erreichen: Produktionstechnologie (Fertigungstechnik, Regelungs- und Steuerungstechnik, Logistik, Produktionsplanung u.a.m.), Kommunikationstechnologie (digitale Datenübertragung) und Informatik (Systeme, Hardware- und Software-Technologie). Diese Integration von Methoden wird durch marktgängige Produkte heute erst in Anfängen unterstützt und ist durch standardisierte Kommunikationsprotokolle allein ganz sicher nicht zu erreichen. Die für den einzelnen Betrieb individuell zugeschnittene CIP-Lösung bedeutet vielfach in erster Linie eine Analyse und ggf. Umstellung innerbetrieblicher Strukturen und Arbeitsweisen.

Die Übersetzung einer solchen innerbetrieblichen Neuorientierung auf die Nutzung von Rechnerkommunikationsmitteln muß in einer sich ständig ändernden Umwelt erfolgen. So sind die MAP-Versionen 2.1 und 3.x nicht kompatibel; das Ergebnis eines frühen Engagements in dieser Protokollwelt sind wertvolle Erfahrungen, im übrigen aber erneut notwendige Investitionen in weiterentwickelte Protokollprodukte. Auch General Motors hat im eigenen Konzern durchaus negative erste Erfahrungen mit MAP gesammelt. Es wäre jedoch falsch, diese nicht unerwarteten Anfangsschwierigkeiten auf einem sehr komplexen Gebiet mit einem Scheitern der Idee einer Informations-Integration gleichzusetzen. Diese Erfahrungen haben u. a. zu weiteren Protokollen auf Anwendungsebene bzw. parallel zu allen Protokollebenen geführt, wie dem Netzwerkmanagement oder dem Directory Service. Damit werden Lücken in der MAP/TOP-Definition geschlossen und der Einsatz der Rechnerkommunikation erleichtert.

Europäische Unternehmen als Hersteller und Nutzer der Automatisierungs- und Leittechnik haben sich im Projekt ESPRIT-CNMA (Communications Network for Manufacturing Applications) zusammengeschlossen, um die Einführung von MAP/TOP gemeinsam zu betreiben und gleichzeitig ein ernstzunehmender Partner der amerikanischen Industrie auf diesem Gebiet zu sein. Die stürmische Entwicklung der Rechnerintegration erfordert eine Zusammenfassung aller Ressourcen; dies bedeutet z. B., daß die Konformitäts-Tests für MMS, Network Management und Directory Service in Europa entwickelt werden (FhG-IITB Karlsruhe) und auch für die amerikanischen Hersteller von MAP-Protokollprodukten verbindlich sind.

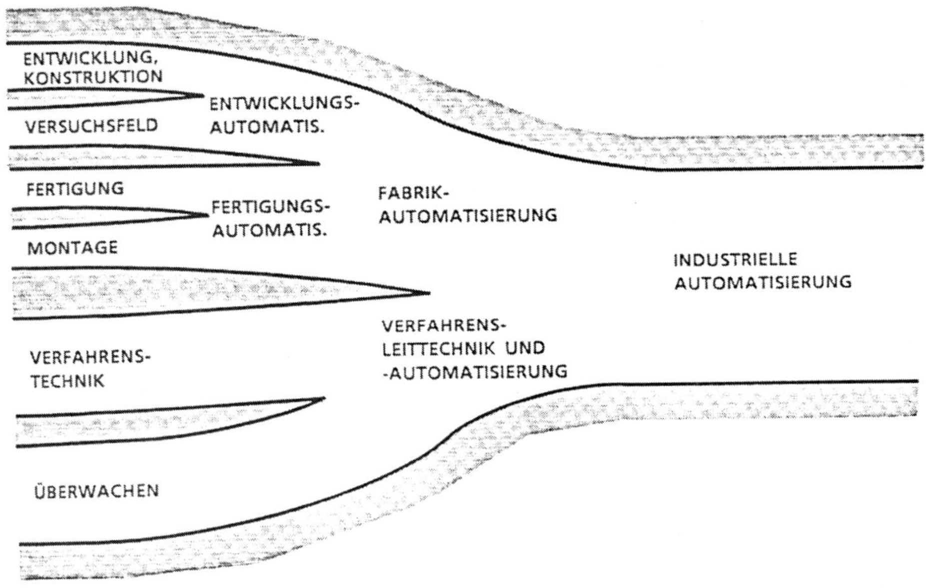

Bild 5: Zusammenwachsen von Teilgebieten der Produktions-Automatisierung

Das schon angesprochene Zusammenwachsen von Fertigungs-Leittechnik und Prozeß-Leittechnik zu einer Produktions-Leittechnik beschreibt Bild 5 /10/. Um dies zu unterstützen, sind bereits Arbeiten zu einer PMS-Protokoll-Definition (Processing Messaging Services) angelaufen, die parallel zu MMS (Manufacturing Messaging Services) Informations-Integration auf der Anwendungsebene unterstützt. Auch hier arbeiten amerikanische und europäische Organisationen zusammen.

All diese ermutigende Kooperation wird jedoch wirkungslos bleiben, wenn die Anwender und Nutzer von CIP sich die erforderlichen Kenntnisse und die erforderliche Ausbildung für ein Verständnis des Gesamtsystems nicht verschaffen. Neben einer innerbetrieblichen Weiterbildung ist dazu auch die Berufsausbildung aufgerufen. Gleichzeitig entsteht ein Bedarf an kompetenter und neutraler Beratung. Gerade kleine und mittelständische Unternehmen sind personell nicht so ausgestattet, daß sie die stürmische Entwicklung auf dem Gebiet der Informations-Integration verfolgen und für die eigenen Bedürfniss umsetzen können, auch wenn dies für die Zukunftssicherung von Produktion und Produkten dringend notwendig ist. Regionale Beratungsstellen (Industrie- und Handelskammern) sowie mit der Industrie kooperierende Forschungseinrichtungen bieten hier zunehmend ihre Dienste an.

Der Weg zur rechner-integrierten Produktion ist heute sichtbar. Er wird über Aufwand und Rückschläge zu einer Verbesserung der Wettbewerbsfähigkeit und Marktposition derjenigen Unternehmen führen, die mit Engagement, eigenen Ideen und Beharrlichkeit diesen Weg verfolgen.

7. Literatur

/1/ Syrbe, M.: Informationstechnik - Chance und Verantwortung. Vortrag Produktionstechnisches Kolloquium, Berlin 1986; Fraunhofer-Gesellschaft, München.

/2/ Färber, G.; Polke, M.; Steusloff, H.: Mensch-Prozeß-Kommunikation. Chemie - Ingenieur - Technik 57, Nr. 4, S. 307-317, 1985; Informatik-Fachberichte Bd. 111, S. 33-55, Springer-Verlag, 1985.

/3/ Peters, R. W.: Funktionale Gliederung der Informationssysteme für Produktion, Labor und Infrastruktur; Funktionen der Produktionsleitebene. 48. NAMUR-Hauptsitzung, Lahnstein 1985; Berichtsband S. 210-232.

/4/ Steusloff, H.: Kommunikation in technischen Systemen. GI/NTG-Tagung "Kommunikation in verteilten Systemen", Karlsruhe, 11.-15.3.1985.

/5/ Pfleger, J.: Kommunikation in der Leittechnik: Kommunikationssystem Feldbus. 48. NAMUR-Hauptsitzung, S. 74-80, Lahnstein, 1985.

/6/ ISO: ISO/DIS 7498 Open Systems Interconnection Basic Reference Model, Mai 1983.

/7/ Gihr, O.; Göldner, E.-H.; Kühn, P.J.; Sauer, K.: Lokale Netze und ISDN-Nebenstellenanlagen - Stand und Entwicklungstendenzen. PIK (Praxis der Informationsverarbeitung und Kommunikation), H. 3, 9. Jhrg., Carl Hanser Verlag, München, S. 26-34, 1986.

/8/ GM: Manufacturing Automation Protocol (MAP) Document Version 2, 1984. Herausgeber: GM EMCC-APMES A/MD-39, General Motors Technical Center, Warren, MI 48090-9040.

/9/ Heger, D.: Konformitätsprüfung offener Komunikationsprotokolle für die Automatisierungstechnik. Fachberichte Messen, Steuern, Regeln. Fortschritte in der Meß- und Automatisierungstechnik durch Informationstechnik. Bd. 14, INTERKAMA-Kongreß 1986. Springer-Verlag.

/10/ Narita, S.: The roles of information technology in systems control. Preprints of the 10th IFAC World Congress on Automatic Control, Volume 1, p. 59-73. VDI/VDE-GMA, Düsseldorf, 1987.

WISSENSVERARBEITUNG UND SOFTWAREENTWICKLUNG

Egbert Lehmann
Institut für Informatik
Universität Stuttgart

1. Einleitung

In diesem Beitrag wird versucht, die Einflüsse der Artificial Intelligence (AI) auf die Softwaretechnologie genauer zu bestimmen und über Beziehungen und Unterschiede zwischen traditionellem Software Engineering und AI-orientierter wissensbasierter Softwareentwicklung zu reflektieren. Diese Überlegungen kreisen um die zentrale Frage: Was macht eigentlich die Spezifik und den Wert AI-inspirierter Vorgehensweisen im Bereich der Software-Entwicklung aus? Ist es überhaupt gerechtfertigt, bereits von einer neuen Technologie zu sprechen? Können die Denkanstößen aus der AI, insbesondere hinsichtlich des Entwurfs von Expertensystemen, zu einer neuen Qualität der Entwicklungsmethodik und der Anwendungseigenschaften komplexer Programmsysteme führen, und - falls dies der Fall ist - wie verhält es sich mit der Verträglichkeit und Integrierbarkeit in konventionelle Systeme?

2. Das Grundanliegen der AI und ihre Stellung zur Informatik

Nach landläufigem Verständnis ist AI das Teilgebiet der Informatik, das sich mit der Entwicklung von Programmen und Systemen beschäftigt, die ein in gewissem Sinne intelligentes Verhalten zeigen. Dabei kann entweder ein mehr wissenschaftliches (Verstehen der Prinzipien intelligenten Verhaltens) oder mehr technisches Interesse (Entwicklung vielseitigerer, bequemer und wirkungsvoller einsetzbarer informationsverarbeitender Systeme) im Vordergrund stehen. Auf jeden Fall sollte die Bezeichnung AI als Etikett für eine Forschungsrichtung verstanden werden, keinesfalls als eine herausragende Qualität besonders hochentwickelter technischer Systeme. Versuche der Definition oder Kritik dieser Forschungsrichtung aus einer Erklärung der Wortbedeutung von "Artificial Intelligence" heraus sind wenig hilfreich.

Die generelle Zielrichtung und das Forschungsinteresse der AI sind somit nur recht vage bestimmbar. Einerseits spielen dabei Computer sowohl als technischer Gegenstandsbereich als auch als Forschungsinstrument eine wesentliche Rolle. Zum anderen gibt es in der AI die permanente Tendenz, die heute praktizierbare Form der technischen Informationsverarbeitung in Richtung auf höhere kognitive Fähigkeiten des Menschen zu vervollkommnen. Eine brauchbare Definition oder Theorie intelligenten Verhaltens, die als

Leitbild bei diesen Bestrebungen dienen könnte, gibt es indessen nicht. Daher ist für das Vorgehen in der AI die Auseinandersetzung mit speziellen Aufgabenklassen, die intuitiv als intelligenzerfordernd angesehen werden, im Rahmen von Fallstudien typisch.

Daraus ergibt sich der besondere Charakter der AI-Forschung, die aus der Sicht der Informatik sowohl stark anwendungsorientierte, bisweilen theorieferne, praktizistische Züge als auch einen Hang zum Spekulativen, zu Antropomorphismus und Metaphorik besitzt. Die Frage nach der Beschaffenheit und den Grenzen des menschlichen Geistes, auch wenn man sich dabei nur auf die noch am ehesten objektivierbaren Teilbereiche wie Wissen oder Intelligenz und deren partielle Rekonstruktion beschränkt, ist eben mehr als ein wissenschaftliches Spezialproblem unter anderen; sie berührt eine der wenigen großen Menschheitsfragen. Hieraus erklärt sich wohl mit die Faszination, die vielfach von der AI ausgeht, aber auch das (sicherlich teilweise berechtigte) Mißtrauen, das ihr von vielen Wissenschaftlern - gerade auch innerhalb der etablierten Informatik - entgegengebracht wird. Es muß jedoch gesehen werden, daß dieses spezifische, praktische Erfahrungen verallgemeinernde und transzendierende Erkenntnisinteresse ein konstitutives Element der AI bildet, das nicht ohne Identitätsverlust eliminiert werden kann.

Zu einer genaueren inhaltlichen Bestimmung der AI gelangt man eher, wenn man ihre speziellen Tätigkeitsfelder und Problembereiche aufzählt (heuristische Suche, Inferenz, Wissensrepräsentation, Verarbeitung natürlicher Sprache, Expertensysteme, Computer Vision, maschinelles Lernen etc.). In gewissem Sinne handelt es sich bei all diesen Gebieten um Computeranwendungen. Ist vielleicht AI im wesentlichen angewandte Informatik? Andererseits scheint es so, als beschäftige sich die AI mit allgemeineren Fähigkeiten (Erkennen, Schlußfolgern, Verstehen, Lernen) als dem (für die Informatik zentralen) Berechnen.

Bei genauerem Hinsehen ist also die Stellung der AI zur Informatik schon nicht mehr ganz eindeutig. Ob AI als Teilbereich der Informatik oder umgekehrt vielleicht Informatik als Teilbereich der AI gesehen werden soll, ob beide sich teilweise überdecken oder die AI eine sich in ständigem Fluß befindliche Grenzzone der Informatik darstellt, ist noch nicht endgültig entschieden.

Vielleicht ist hier an Minskys Aperçu zu erinnern, der in vorsichtig-ironischer Weise Intelligenz definiert als "an attribute we ascribe to behavior that we admire, but that we do not understand". Typisch für das Vorgehen in der AI ist - wie wir noch genauer darlegen werden - das algorithmische Approximieren heuristischer Vorgehensweisen zur Lösung schlecht definierter realer Probleme hoher Komplexität und Kontextabhängigkeit, die trotzdem von Menschen mit erstaunlichem Geschick bewältigt werden können. Zum Studium solcher menschlicher Fähigkeiten betrachtet man mehr oder weniger stark vereinfachte Beispiele, an denen man die eigentlich interessierenden, wesentlich allgemeineren Phänomene dingfest zu machen hofft. Oftmals ist gerade die Einbettung des untersuchten Spezialproblems in einen umfangreichen , formal schwer zu erfassenden Kontext von besonderem Interesse. Vielfach existieren nicht nur kein Lösungsverfahren, sondern auch kein klares Lösungs- oder Gütekriterium, so daß man lediglich von einer Reihe von Lösungsbeispielen ausgehen kann. Mitunter kann man auch partielle Theorien oder subjektive Ansichten über Lösungsmethoden zu Rate ziehen.

Beispielsweise bemüht man sich in der AI intensiv um Verständnis und technische Modellierung zwischenmenschlicher Kommunikation in natürlicher Sprache [10]. Worin genau diese Problematik besteht, läßt sich leider nicht präzise und umfassend zugleich beschreiben (eine formale Beschreibung wäre wohl schon weitgehend die Lösung!), sondern nur an vielen Beispielen erläuternd verdeutlichen. Inwieweit eine offenbar erfolgreiche Computersimulation eines natürlichsprachlichen Dialoges überhaupt schon ein relevantes AI-Ergebnis sein kann, bedarf der genauen Prüfung. Interessant werden eigentlich erst AI-Systeme mit einer gewissen objektivierbaren Abdeckungsbreite. Meist fällt schon die Abgrenzung der zu behandelnden Aufgabenklasse sehr schwer. So sind z.B. die Grenzen zwischen den Strukturen gesprochener und geschriebener Sprache, zwischen umgangssprachlichem und technischem, freiem und reglementiertem Sprachgebrauch, zwischen direkter und indirekter Bedeutung von Äußerungen (Metaphorik, indirekte Sprechakte), zwischen Sprechen und Handeln fließend. Was in einer bestimmten Gesprächssituation als sprachlich korrekt oder dem kooperativen Partner gerade noch zumutbar zu betrachten ist, ist schwer zu entscheiden.

Die bisher entstandenen natürlichsprachlichen AI-Systeme sind somit als stark vergröberte Approximationen für kleine Ausschnitte der gesamten Problematik des Sprachverstehens zu verstehen. Ausgehend von Beispielen bemüht man sich um verallgemeinerungsfähige Erkenntnisse über sprachliche Verständigung, wobei die weitere Präzisierung der Problemstellung selbst ein wesentliches Ergebnis dieser Bemühungen ist.

Ganz ähnlich liegen die Verhältnisse, wenn man andere intellektuelle Fähigkeiten nachbilden will, etwa das Erkennen menschlicher Gesichter oder das Diagnostizieren von Krankheiten, die das Lösen realer Probleme betreffen, die tief in der Praxis menschlicher Daseinsbewältigung verwurzelt sind.

Das Entwickeln von Rechnerprogrammen ist in der AI der Hauptweg, um zu operationalisierbaren und überprüfbaren Modellen intelligenten Verhaltens zu gelangen. So gilt, was zunächst über die Forschungsmethodik der AI gesagt wurde, insbesondere auch für die AI-Programmierung [2,12,17]. Auch hier steht das verallgemeinernde Ausgehen von Beispielen, die schrittweise Approximation interessanter Phänomene durch ständig erweiterte und verfeinerte Softwaresysteme im Vordergrund, man bedient sich also bei der Programmierung eines induktiven Vorgehens, um sich an die formale Spezifikation komplexer kognitiver Fähigkeiten heranzutasten [5, 12]. Dies führte dazu, daß in der AI von Anfang an der explorative, teils improvisatorische Charakter der Softwareentwicklung betont und durch geeignete Systemsoftware unterstützt wurde [15]. Gleichzeitig kamen von hier allerdings auch entscheidende Impulse zur Entwicklung ausdrucksfähiger Programmiersprachen auf hohem deskriptivem Niveau, die es ermöglichen, sehr komplexe Softwaresysteme durch eine oder einige wenige Personen zu entwickeln. Beide Entwicklungen, Symbolverarbeitungssprachen der AI wie LISP oder PROLOG und fortgeschrittene Programmierumgebungen, haben einen entscheidenden Anteil an der Attraktivität, die die AI in den letzten Jahren gewonnen hat, und dürften weite Bereiche der Softwareentwicklung nachhaltig beeinflussen. Unter den heute bereits marktfähigen Produkten, die sich aus der AI herleiten, sind besonders Entwicklungshilfsmittel wie LISP-Maschinen, PROLOG-Compiler und Entwicklungsumgebungen für Wissensverarbeitung und Expertensysteme zu nennen [6,9,14].

Daneben wurde bereits seit langer Zeit das Programmieren selbst als ein an sich interessanter Gegenstandsbereich der AI untersucht, was zu einer Reihe von eigenständigen methodischen Ansätzen für das deduktive Synthetisieren, Verifizieren oder Transformieren von ausführbaren (konventionellen) Programmen auf der Basis einer vollständigen formalen Spezifikation auf hohem deskriptivem Niveau führte. Auf diese z.Zt. praktisch noch kaum einsetzbaren Verfahren soll hier nicht näher eingegangen werden (vgl. hierzu die Literatursammlung in [13]).

3. Wissensverarbeitung

Auch der heute viel gebrauchte Begriff der *Wissensverarbeitung* bzw. des *wissensbasierten Systems* (knowledge based system) ist nicht allein durch Rückgriff auf die allgemeine Wortbedeutung von "Wissen" zu erklären. In diesen aus der AI stammenden Begriffsbildungen (vgl. auch knowledge base, knowledge acquisition) wird versucht, zwei Grundtendenzen bei der technischen Gestaltung von Softwaresystemen Rechnung zu tragen:

a) dem Streben nach Deskriptivität und Modularität, das sich auch in der historischen Entwicklung der Programmiersprachen manifestiert, und
b) der Notwendigkeit, problemspezifische Sachverhalte und Vorgehensweisen von einem probleminvarianten und damit wiederverwendbaren Informationspool zur Charakterisierung eines umfangreichen Verarbeitungskontexts abzugrenzen (vgl. die Entwicklung von Datenbanken und Programmbibliotheken).

Ein wissensbasiertes System ist in dieser Sicht ein Softwaresystem mit starkem Anteil symbolischer, deskriptiver Informationsdarstellung, bei dem das Streben nach möglichst expliziter Modellierung und begrifflicher Charakterisierung der zu berücksichtigenden Gegebenheiten als strukturprägendes Bauprinzip hervortritt.

Die aus der algorithmischen Struktur herausgelösten, untereinander verbundenen begrifflich-propositionalen Informationsanteile werden in einer *nach generellen Prinzipien strukturierten und interpretierbaren einheitlichen Wissensbasis* organisiert. Diese umfaßt neben Einzeltatsachen (wie sie bereits in Datenbanken erfolgreich verwaltet werden) typischerweise vor allem (u.U. in ihrer Gültigkeit beschränkte) *generelle Zusammenhänge* wie klassifikatorische und definitorische Begriffsbestimmungen und empirisch-kausale Beziehungen zwischen Sachverhalten. Neben dem Aspekt der *Wissensdarstellung* (Strukturierung der Wissensbasis) sind auch *Wissensausnutzung* (beim Schlußfolgern und Problemlösen), *Wissenserwerb* (Wissenserfassung und Aufbau der Wissensbasis) und *Wissensübertragung* (Visualisierung von Zusammenhängen, Ergebnispräsentation mit Erklärungsfähigkeit, Interaktion mit dem Benutzer) softwaretechnisch zu unterstützen.

Wissensbasiertheit wird zwar heute in zunehmendem Maße bei der Entwicklung von Softwaresystemen angestrebt, kann aber in voller Ausprägung noch nicht erreicht werden. Während der Trend zu wissensbasierten Systemen zunimmt, fehlt es ganz offensichtlich an allgemeinen Ratschlägen und Richtlinien, wie wissensbasierte Systeme im allgemeinen gestaltet sein sollten. Obwohl die formale Logik das theoretische Fundament für die Wissensrepräsentation liefern kann, bleiben viele Fragen offen, wenn es darum geht, komplexe empirische Erscheinungen in einem einheitlichen Formalismus darzustellen.

Als alternative *Formalismen der Wissensrepräsentation* werden meistens *prädikatenlogische* Formeln (zumeist *Horn-Klauseln*), *Regeln*, *semantische Netze* und *Frames* einander gegenübergestellt, die mit bestimmten unkonventionellen Programmierstilen (logische, regel- oder objektorientierte Programmierung) korrespondieren. In der heute verbreiteten Form handelt es sich jedoch eher um syntaktische Konventionen für deskriptive *Implementationskonstrukte* der Symbolverarbeitung, die das Programmieren komfortabler gestalten. Einheitliche Prinzipien für den Einsatz dieser Mittel beim Aufbau konkreter Wissensbasen existieren noch kaum.

Obwohl Wissensbasiertheit eine gute Voraussetzung für die Realisierung besonders benutzerfreundlicher Systeme sein kann, die auf der dem Menschen vertrauten gedanklichen Ebene mit dem Benutzer interagieren, handelt es sich hier primär um eine die Architektur und den Entwicklungsprozeß eines Systems kennzeichnende Eigenschaft, die sich nicht notwendigerweise im Einsatzverhalten manifestiert.

Der allgemeine Entwicklungstrend in der Informatik, der von singulären Anwendungsprogrammen zur Datenbanktechnik führte, wird in gewissem Sinne durch weitere Verallgemeinerung in Richtung Wissensverarbeitung konsequent fortgesetzt.

Jedoch ist an den Aufbau großer anwendungsunabhängiger Wissensbasen z.Zt. noch nicht zu denken. Ein Grund dafür dürfte das Fehlen einer hinreichend ausdrucksstarken und allgemein akzeptierten Repräsentationstechnik auf einer höheren und inhaltlich spezifizierteren Ebene als der der heutigen *rules and frames* sein. Sollten hierzu innerhalb der nächsten 10 Jahre von der AI-Forschung wesentliche Voraussetzungen geschaffen worden sein, so könnte dies allerdings weitreichende Auswirkungen auf die Form des Computereinsatzes in verschiedenen Anwendungsbereichen und letzten Endes auch auf die Praxis der wissenschaftlichen Forschung zur Folge haben.

4. Traditionelle und AI-typische Software-Technologie

Das Andauern der sogenannten "Softwarekrise" , worunter man den permanenten Mißstand der Überschreitung von Zeit- und Kostenvorgaben bei der Entwicklung von Software und deren Fehlerhaftigkeit sowie schlechte Qualität, Dokumentation und Wartbarkeit versteht, wird nun schon seit zwei Jahrzehnten beklagt. Die ständig wachsende Komplexität der durch Computereinsatz zu beherrschenden Aufgabenstellungen überschritt sehr schnell die Leistungsgrenzen einzelner Personen und machte zur Einhaltung akzeptabler Entwicklungszeiten das organisierte Zusammenwirken großer Programmierteams und die oftmals unnatürliche Aufgabenaufspaltung erforderlich. Auch erwies es sich als notwendig, die Anforderungen des Auftraggebers und die zu erbringenden Leistungen des Softwareentwicklers in verbindlicher Form vertraglich zu vereinbaren.

Diese Randbedingungen und ein Stand der Programmiertechnik, bei dem der prozedurale Programmierstil und das "Kodieren" des Programms (samt den nachträglich erforderlich werdenden Änderungen oder Anpassungen) einen Großteil des Arbeitsaufwands verursachte, führten im Laufe der Zeit zu der heute dominierenden Philosophie des Software-Engineering. Diese durch top-down-Entwurf und strenge Phasenplanung gekennzeichnete Vorgehensweise läßt sich grob folgendermaßen charakterisieren: Generell wird versucht, nach dem Prinzip "teile und herrsche!" sowohl das Gesamtproblem schrittweise in einzelne, möglichst isolierbare Teilprobleme zu zerlegen, die durch einzelne Softwaremoduln (Algorithmen und Datenstrukturen) mit wohldefinierten Schnittstellen behandelt werden können, als auch den zeitlichen Projektablauf organisatorisch als möglichst zyklenfreie Abfolge einzelner Entwicklungsetappen (Phasenplan) zu gestalten. Um die Notwendigkeit wiederholten Umkodierens und die daraus resultierenden Qualitätseinbrüche durch nachträgliche Veränderung, Erweiterung oder auch einfach Präzisierung der Aufgabenstellung weitgehend auszuschalten, wird größtes Gewicht auf die authentische Festlegung der Anforderungen des Auftraggebers (requirement catalogue) zu Projektbeginn und die vollständige deskriptive Systemspezifikation (auf Papier) gelegt; von deren Güte, Vollständigkeit und Kohärenz hängt praktisch der

Gesamterfolg ab. Erst nachdem diese vorliegt, kann das Implementieren und Testen der einzelnen Moduln und deren schrittweise Integration (bottom-up) bis hin zur Erprobung des Gesamtsystems erfolgen, wobei nach jeder Phase institutionalisierte Kontrollen vorzusehen sind. In zugespitzter Form führt diese Herangehensweise dazu, daß überhaupt nur solche Softwaresysteme entwickelt werden können, deren Struktur und Eigenschaften zuvor vollständig spezifizierbar sind. Das Bestreben, aus der "Kunst der Computerprogrammierung" (Knuth) möglichst schnell eine Wissenschaft (Gries) werden zu lassen, die sich stark an der in der Mathematik bewährten, von Axiomen ausgehenden deduktiven Methode orientiert, ist hier deutlich zu spüren. So ist diese Vorgehensweise auch dort am überzeugendsten, wo formal definierbare oder klar strukturierte reale Probleme zu bearbeiten sind.

Obwohl diese Methodik einen beachtlichen Fortschritt bewirkt hat und auf gute Erfolge verweisen kann, ist sie nicht für alle Entwicklungsvorhaben adäquat und mit einer Reihe von Nachteilen behaftet. So führt die starke personelle und zeitliche Aufteilung der Arbeit leicht zu beträchtlichem zusätzlichen Entwicklungsaufwand für Übergabe und Kommunikation, während die Informationskluft zwischen dem Chefentwerfer und dem Endbenutzer dadurch nicht verkleinert wird. Vor allem aber gibt es in der Anwendungsprogrammierung sehr häufig (und in der AI fast ausschließlich) Situationen, wo es völlig unrealistisch wäre, zunächst eine vollständige Spezifikation zu fordern oder wo von vornherein damit zu rechnen ist, daß sich die Anforderungen an das zu entwickelnde System mit der Zeit ändern werden.

Um besser zu verstehen, wo die Stärken des traditionellen Software Engineering liegen und warum die AI-typische Entwicklungmethodik so offenkundig damit kontrastiert, muß man sich vergegenwärtigen, wodurch sich typische AI-Probleme von den mit heutiger Softwaretechnologie beherrschbaren Problemen (wie Compilerbau, Lagerhaltung, Platzbuchung) unterscheiden. Dies führt uns auf die Unterscheidung von formalen, typischerweise gebietsunabhängigen, und realen, oft sehr anwendungsspezifischen Problemen [12]. Erstere sind mit endlichem Beschreibungsaufwand im Rahmen eines formalen Systems definierbar und modellierbar, das dann beim Problemlösen den alleinigen Bezugspunkt bildet (etwa auch für Fragen nach Korrektheit, Vollständigkeit, Widerspruchsfreiheit, Eindeutigkeit). Reale Probleme sind Anforderungssituationen der Wirklichkeit, die unendlich verfeinerbar sind und von einem unendlich erweiterbaren, zeitlich veränderlichen Kontext abhängen. Sie können durch formale Systeme bestenfalls approximiert, nicht jedoch voll erfaßt werden. Erforderlich ist eine induktive Herangehensweise wie sie in den Naturwissenschaften üblich ist. Man geht von der Betrachtung typischer Beispiele aus, sammelt, klassifiziert und systematisiert Einzelbeobachtungen und versucht durch Abstraktion und Hypothesenbildung zur Erkenntnis allgemeinerer Gesetzmäßigkeiten vorzudringen.

5. Charakteristika von AI-Systemen

AI-Probleme wie das Verstehen bewegter Szenen oder gesprochener Dialoge, das Stellen medizinischer Diagnosen oder das Explorieren einer unbekannten Umgebung durch frei bewegliche Roboter sind in der Regel "reale Probleme", sie erscheinen zunächst als schwach strukturiert und sehr komplex. Es fällt schwer, sie durch eine exakte Aufgabenstellung präzise zu beschreiben. So wird versucht, durch Entwickeln des AI-Systems selbst eine Approximation an das viel komplexere reale Geschehen zu erreichen. Da kein formales System als Rahmen vorgegeben ist, gibt es auch keinen Korrektheitsbegriff, stattdessen fragt man primär nach der Adäquatheit des Modells bezogen auf die reale Problemsituation. (So kann man sich etwa fragen, ob ELIZA-ähnliche Mensch-Rechner-Dialoge ein adäquates Modell für menschliches Sprachverstehen oder ob das Ableiten von Verwandtschaftsbeziehungen in einer Großfamilie ein adäquates Modell für das wissensbasierte Problemlösen von Fachexperten sein kann.)

Die meisten intelligenzerfordernden Leistungen können in der AI nur modelliert werden, wenn man auf ein umfangreiches *Kontextwissen* zurückgreifen kann. Der für solche Leistungen relevante Kontext ist durch das menschliche Weltverständnis geprägt und damit i.allg. so komplex, daß er praktisch nicht ad hoc nach Bedarf modelliert werden kann. Dies erklärt das starke Interesse am generellen Problem der Darstellung von Wissen unabhängig von seiner jeweiligen Verwendung. Das in einem AI-System inkorporierte Wissen soll also in ganz unterschiedlicher Weise benutzbar sein (z.B. zum Ableiten, Überprüfen, Erklären, Visualisieren, Hypothesenbilden).

Menschliche Leistungen entspringen meist nicht allein spezialisiertem Fachwissen sondern beziehen das breite Alltagswissen und das (zumeist vorwissenschaftlich geprägte) common sense reasoning ein. Dies als Bezugsrahmen in einem AI-System nachzubilden erscheint extrem schwierig, so daß diesbezügliche Forschungsansätze noch ganz am Anfang stehen [8]. So mußte man sich lange Zeit in der AI mit der Modellierung von sog. Mikrowelten befassen. Es wäre aber verfehlt, dies - aus der Not eine Tugend machend - als feststehendes Charakteristikum von AI-Systemen zu betrachten.

Längerfristig betrachtet sollten sich AI-Systeme besonders durch ihre *Adaptivität* und *Lernfähigkeit* von herkömmlichen Softwaresystemen unterscheiden. Dies kann eine wesentliche Voraussetzung für qualitativ höhere Leistungen sein, wirft jedoch auch schwerwiegende Probleme hinsichtlich der Reproduzierbarkeit und Vorhersagbarkeit des Systemverhaltens auf. Lernfähige Programme sind niemals absolut zuverlässig; sie können auch wichtige Dinge verlernen! Auch beim Einsatz heuristischer Verfahren ist zu beachten, daß diese oft nützlich, machmal aber auch hinderlich sein können und nicht garantiert zum Ziele führen müssen.

Obwohl die Entwicklung von AI-Systemen sehr interessante Einsichten und Erkenntnisse vermitteln und die Produktivität des Programmierens bedeutend steigern kann, ist nicht mit Selbstverständlichkeit davon auszugehen, daß solche Systeme in der Praxis problemlos einsetzbar sein werden und ihre Integration mit herkömmlicher Datenverarbeitung nur eine Fleißaufgabe darstellt. Es darf nicht verschleiert werden, daß der AI-typischen Softwareentwicklung gegenüber dem traditionellen Software Engineering teilweise diametral entgegengesetzte Philosophien zugrundeliegen. So müssen Fragen wie Korrektheit und Zuverlässigkeit, Flexibilität, Adaptivität und Reproduzierbarkeit grundsätzlich neu betrachtet werden.

Möglicherweise werden Anwendungen (lernfähiger) AI-Systeme auf lange Sicht einen experimentellen, vornehmlich dem Erkenntnisgewinn dienenden Charakter haben. Zumindest erscheint es ratsam, solche Programme zunächst über längere Zeiträume hin experimentell einzusetzen, ohne ihnen eine entscheidende Rolle bei kritischen Entscheidungen unter Zeitdruck zuzuweisen oder sie eng mit realen Systemen zu koppeln.

6. Worin besteht die AI-typische Vorgehensweise der Softwareentwicklung?

Fragt man nach der Spezifik der AI-gemäßen wissensbasierten Softwaretechnologie, den Unterschieden zum heute dominierenden Software Engineering und zukünftigen Einflußmöglichkeiten, so ist an die in der AI benutzten Programmiersprachen, Programmierstile und Programmierumgebungen zu denken, an AI-typische Formalismen, Bausteine und Werkzeuge, an bevorzugte Architekturprinzipien und eine sehr flexible und informelle Entwicklungsmethodik. Es erscheint zweckmäßig, bei diesen Betrachtungen in Anlehnung an Newell [11] drei übereinander liegende begriffliche Ebenen zu unterscheiden:

1. Implementationsebene
* Exploratives Programmieren mit leistungsfähigen Software-Werkzeugen
* unkonventionelle Programmiersprachen (LISP, PROLOG)
* mächtige Programmierumgebungen (ZETALISP, INTERLISP)
* Unterstützung unterschiedlicher, teilweise neuer Programmierstile
* komfortable symbolverarbeitende Workstations (LISP-Maschinen)

2. Symbolverarbeitungsebene
* Methoden und Paradigmen für die formale Strukturierung und Lösung bestimmter Klassen von Problemen
* Gestaltung natürlicher Interaktionsmöglichkeiten zwischen Mensch und Maschine
* sehr spezielle, gut abgrenzbare Anwendungsbereiche

(z.B. bei regelbasierten klassifizierenden Expertensystemen oder natürlichsprachlichen Datenbankschnittstellen)

3. Wissensebene
* Theoretische Ansätze und Implementationsstudien zur umfassenden Repräsentation weiter Bereiche menschlichen Wissens
* Nachbildung der vielschichtigen und sehr flexiblen Fähigkeiten des Menschen zur spontanen oder zielgerichteten Wissensverknüpfung und erfahrungsabhängigen Wissenserweiterung
* Fähigkeiten zur Kontexterfassung und Partnermodellierung
* Lernfähigkeit, Hypothesenbildung, induktives Schließen
* common sense reasoning

Fraglos vorteilhaft und breit einsetzbar sind die sozusagen als Abfallprodukt der AI-Forschung entstandenen softwaretechnischen Errungenschaften (1). Diese werden zum großen Teil in das Methodenrepertoire der Softwareentwicklung Eingang finden und dadurch sehr bald ihren "AI-Geruch" verlieren.

Die Bedeutung der frühen Entwicklung der Sprache LISP, die aufgrund weit vorausschauender Überlegungen als *die* Programmiersprache der AI konzipiert und weiterentwickelt wurde, kann wohl erst heute voll gewürdigt werden. Retrospektiv kann man sagen, daß LISP der AI-Programmierung im Rahmen des technisch Möglichen einen maximalen Freiraum schuf. Dazu trugen Eigenschaften bei wie der interpretative und interaktive Betriebsmodus, die Listenverarbeitung bei automatischer Speicherverwaltung, der funktionell-applikative Sprachaufbau bei extrem vereinheitlichter und reduzierter Syntax und die Möglichkeit, Programme als Datenstrukturen darstellen und somit auch als Ergebnis von anderen Programmen generieren zu können. Das Streben nach Vermeidung unnötiger Beschränkungen und zum Hinauszögern von Entscheidungen in der für das explorative Programmieren typischen permanenten Ungewißheit wird letztlich auch durch Verzicht auf vorherige Deklaration von Datentypen, die Zulässigkeit ungebundener Variablen und dynamischer Prozeduraufrufe unterstützt [15].

Ein beträchtlicher Teil der heute so hoch geschätzten Produktivitätsvorteile der Wissensverarbeitung geht auf das Konto dieser in der AI gepflegten unkonventionellen Programmiertechnik, die sich auf höherer deskriptiver Ebene unversehens in eine Technik der rechnerunterstützten schrittweisen Spezifikation mit der Möglichkeit der maschinellen Interpretation im Rahmen wiederholter "run-debug-edit-Zyklen" veredeln ließ [5]. Neben eine exzellente Programmiersprache traten im Laufe der weiteren Entwicklung immer komfortablere Entwicklungsumgebungen, umfangreiche Programmbibliotheken und spezielle Programmiertools, die den Programmierer von kleinlicher Routinearbeit entlasten sowie das rasche Fehlersuchen, Modifizieren und Erproben von Programmen und den großzügigen Entwurf erleichtern. So wurden Pionierarbeiten bei der Entwicklung sehr komfortabler interaktiver Programmierumgebungen geleistet, die eine Vielzahl hilfreicher Werkzeuge zur Verfügung stellen. LISP-Maschinen verfügen heute z.B. über unterschiedliche Editoren (für die aktuelle Eingabezeile, für Programmstrukturen, natürlichsprachliche Texte und Bilder, Schreibfehlerkorrekturprogramme, (inkrementelle) Compiler zur Steigerung der Ablaufgeschwindigkeit erprobter Programmteile, Programmpakete zur Unterstützung von Grafikfunktionen, Fenstertechnik und Menues, Hilfsmittel für Fehlersuche und Korrektur wie Tracer, Backtracer, Break-Funktionen und Inspektionsmöglichkeit beliebiger Datenstrukturen, Hilsmittel zur Leistungsmessung sowie zur systematischen Erfassung und Visualisierung der Programmstruktur (etwa der Hierarchie von Funktionsaufrufen) sowie Kommunikations- und Kopplungsunterstützung.

Darüber hinaus wird auch Unterstützung beim Aufbau von Wissensbasen, bei Visualisierungen von Wissensbasen (zur graphischen Darstellung von Strukturdiagrammen und Bildern, zum interaktiven Editieren durch Manipulieren von Graph-Strukturen durch Anklicken mit der Maus, durch analoge Anzeige numerischer Werte auf Skalen, die grafisch "einstellbar" sind) und bei der Verwendung verschiedener Programmierstile geboten. Durch die Möglichkeit, innerhalb einer Programmierumgebung zwischen mehreren Programmierstilen zu wählen, können der jeweiligen Aufgabenstellung besonders angepaßte softwaretechnische Lösungen entwickelt werden. Das prozedurale Programmieren wird dadurch weiter zurückgedrängt.

Die bestechenden Vorzüge neuerdings auf den Markt gebrachter hybrider AI-Tools [6,9] als Entwicklungsumgebungen für Expertensysteme beruhen weit mehr auf den genannten Eigenschaften als auf der Unterstützung expertenhaften Schlußfolgerns. Sie werden zunehmend auch in andere Programmierumgebungen übernommen (bis hin zu PC's) und beeinflussen so auch die konventionelle Programmiertechnik. Auch zeigt es sich, daß Systeme mit einer Tendenz zur wissensbasierten (oder zumindest objektorientierten) Modellierung des Gegenstandsbereichs vielfach den Anforderungen der Praxis bzgl. Transparenz, bequemer Benutzung, leichter Modifizierbarkeit und Wartbarkeit besser genügen können als herkömmliche Programme, selbst wenn sie weniger effizient implementiert sind. Ebenso eröffnen sich außerhalb der AI viele neue Anwendungsbereiche mit Bedürfnissen nach explorativer Programmierung.

In speziellen Fällen bereits praxisrelevant aber insgesamt noch wenig ausgereift sind die wesentlich spezifischeren AI-Ansätze auf der Ebene der Symbolverarbeitung (2), besonders die zum automatisierten Problemlösen, die den Kern heutiger Expertensysteme betreffen. Vorerst sind die in dieser Weise zu entwickelnden Anwendungssysteme meist stark spezialisierte Insellösungen, deren nachträgliche Integration recht problematisch sein kann.

In Gestalt zahlreicher AI-Tools wird z.Zt. versucht, bestimmte Fähigkeiten zum Schlußfolgern und Problemlösen, teilweise auch zum induktiven Erlernen von Regeln aus einer Menge vorgegebener Fakten durch vorgefertigte Softwarelösungen zu unterstützen und allgemeine Prinzipien, Formalismen und Hilfsmittel für die Wissensrepräsentation zu entwickeln. Diese Aktivitäten befinden sich allerdings noch in einem sehr unausgereiften Stadium, so daß hier eine verläßliche technische Basis für die Entwicklung wirklich wissensbasierter Systeme noch nicht existiert. Diese muß jedoch als Voraussetzung für Wissensverarbeitung im vollen Wortsinne geschaffen werden, wozu einschlägige Forschungsaktivitäten deutlich verstärkt werden müßten. Hier muß der Hauptakzent der weiteren Entwicklung der AI liegen. Zur Zeit ist das Tempo der Weiterentwicklung der grundlegenden Fähigkeiten von AI-Systemen relativ gering. Welche der hochgesteckten Ziele überhaupt erreichbar sind, muß die Zukunft zeigen.

7. Expertensysteme

Obwohl die Begriffe "wissensbasiertes System" und "Expertensystem" im Sprachgebrauch oftmals ineinander übergehen, erscheint es vernünftig, Expertensysteme als *wissensbasierte Systeme mit spezieller fachspezifischer Problemlösefähigkeit* aufzufassen [9]. Als zusätzliche Charakterisierung tritt hier also hinzu, daß diese Systeme eine Fähigkeit zum *automatischen Problemlösen* durch gezieltes plausibles Schlußfolgern (Inferenz), ggf. unter Einbeziehung heuristischer Verfahren, auf einem sehr spezialisierten realen Anwendungsgebiet besitzen.

Der Kontrast zwischen dem heute tatsächlich erreichten state of the art, der durch eine immer weitergehende Diversifikation und Inkohärenz gekennzeichnet ist, und den verbreiteten hochgespannten Erwartungen sollte Anlaß zu einer kritischen Reflexion von Wunsch und Wirklichkeit bei Expertensystemen sein. Verglichen mit konventionellen Progammen sind diese Systeme wesentlich flexibler und modularer gestaltet. Gemessen an den verheißungsvollen Attributen, die ihnen durch die Werbung zugeschrieben werden, wie auch an dem sehr hochgesteckten Endziel der Wissensverarbeitung sind sie noch immer sehr starr und spezialisiert. Sie verfügen kaum über anwendungsunabhängiges Wissen und sind nicht lernfähig. Somit sind sie von den Zielen der Nachbildung wirklich intelligenten Verhaltens noch weit entfernt und stellen - langfristig gesehen - nur die Spitze des Eisberges erhoffter Produkte der AI dar.

Expertensysteme in ihrer heutigen Form [1,3,6,7,16,19] sind aus der Sicht des potentiellen Auftraggebers nicht als ein generell anzustrebender überlegener Systemtyp aufzufassen, sondern mehr als eine in bestimmten Fällen praktikable alternative *Vorgehensweise* der Softwareentwicklung, die eingeschlagen werden kann, wenn herkömmliche Entwicklungsversuche (Suche nach algorithmischen Lösungen) scheitern. Das Bestreben, ein

Expertensystem zu entwickeln, kann durchaus im Endeffekt auf eine algorithmische Lösung bzw. ein recht konventionelles Softwaresystem führen. Wenn dies eintritt und dabei den Anwendungserfordernissen Genüge getan werden kann, so ist dies als erfreuliche Entwicklung, nicht als Fehlschlag zu betrachten. Der Weg der Expertensystementwicklung wäre damit der Weg der schrittweisen rechnerunterstützten Erarbeitung einer Systemspezifikation (sowie eines lauffähigen Prototyps) als Ausgangspunkt für die weitere traditionelle Softwareentwicklung.

Als wesentliche Kriterien für die Auswahl geeigneter Einsatzbereiche von Expertensystemen werden oftmals genannt:

° Das Aufgabengebiet erfordert Symbolverarbeitung und schrittweises schlußfolgerndes Verknüpfen gegebener Elemente (Kombinatorik!).

° Das Aufgabengebiet ist schwer formal definierbar, schwach strukturiert, nur teilweise systematisiert und theoretisch durchdrungen. Brauchbare algorithmische Verfahren fehlen.

° Die Klasse zu bearbeitender Aufgaben ist eng begrenzt, die benötigte Expertise stark spezialisiert, relativ stabil und deutlich abgrenzbar. Zur Bearbeitung ist kein Alltagswissen erforderlich.

° Menschliche Experten arbeiten bereits erfolgreich auf diesem Gebiet.

° Die zu bewältigenden Aufgaben sind nicht trivial ("anspruchsvolle Routineaufgaben"), aber auch nicht zu schwierig (die erforderlichen Bearbeitungszeiten zwischen einigen Minuten und ein bis zwei Stunden).

° Mindestens ein erfahrener Experte steht für Mitarbeit am Projekt (als Vorbild oder Wissenslieferant) zur Verfügung.

° Daten und Testfälle stehen zur Verfügung. Darüber hinaus ist das Vorhandensein von schriftlichen Unterlagen und Fachliteratur vorteilhaft.

° Die Problemstellung ist wichtig, aber nicht von höchster Priorität. Sie soll nicht eine zentrale Stellung in einem komplexen Softwaresystem einnehmen, sondern eher eine attraktive Option darstellen.

Ungeeignet erscheinen somit Aufgabenfelder, die entweder insgesamt noch zu wenig verstanden und auch von Menschen nicht befriedigend beherrscht werden oder aber durch die Existenz brauchbarer mathematischer oder rechentechnischer Lösungsverfahren zur direkten algorithmischen Umsetzung geeignet erscheinen.

Während das bisher Gesagte den Eindruck erwecken mag, daß es sich bei Expertensystemen um eine relativ einheitliche Vorgehensweise der Systementwicklung handelt, zeigt eine genauere Betrachtung, daß man - um den Erfordernissen einzelner Anwendungsgebiete gerecht zu werden - sich mit Problemen höchst unterschiedlichen Charakters auseinanderzusetzen hat. Typische Problemklassen sind etwa: *Beratung, Interpretation, Vorhersage, Diagnose, Konfigurierung, Entwurf, Planung, Überwachung, Fehlersuche und -behebung, Steuerung/Regelung, Simulation*. Bisher hat man sich am meisten mit der großen, ziemlich statischen und daher relativ gut durchschaubaren Problemklasse der *heuristischen Klassifizierung* [4] oder der *strukturierten Auswahl* beschäftigt, wie sie häufig *Beratungs- und Diagnoseleistungen* zugrundeliegt. Viele der in Tutorials und Überblicksdarstellungen vermittelten generellen Feststellungen über Expertensysteme betreffen nur diese Problemklasse. Allerdings zeigt sich bei der intensiven Beschäftigung mit Expertensystemen für nur eine einzige Aufgabenklasse wie z.B. medizinische Diagnose [3], daß auch ein solches, stärker eingeschränktes Anwendungsfeld unerwartet vielgestaltig ist, so daß von einem bewährten Vorgehen für realistische Anforderungen noch keine Rede sein kann.

Obwohl bereits einige Expertensysteme für Konfigurierungsaufgaben erfolgreich entwickelt wurden (vgl. z.B. [7]), wird diese Aufgabenklasse, bei der es um das anforderungsspezifische Kombinieren vorgegebener Elemente unter Randbedingungen geht, in allgemeiner Form noch nicht voll verstanden. Viele andere Aufgabenklassen sind noch weitgehend unerforscht und infolgedessen auch nicht durch die heutige Kunst der Expertensysteme technologisch beherrschbar. Was dringend benötigt würde, wären sorgfältig ausgearbeitete Modelle wichtiger Problemklassen mit den zugehörigen Problemlösungsprozessen (Ansätze hierzu finden sich in [4,16]) und hinreichend präzise Richtlinien, wie man von konkreten Anwendungserfordernissen zur Erkenntnis der diesen zugrundeliegenden Problemklassen und Lösungsstrategien gelangen kann. Dies könnte dann im Idealzustand auf die Auswahl einer vorgefertigten aufgabenspezifischen *Expertensystem-Shell*, in den meisten Fällen zumindest zum Auffinden geeigneter Vorbilder und Programmierwerkzeuge führen. Das Fehlen solcher Richtlinien bedeutet, daß das Entwickeln eines Expertensystems eine Aufgabe mit bedeutenden forschungsartigen Anteilen ist, auch wenn es sich um eine eminent praktische Zielstellung handelt.

Bei der Charakterisierung des derzeitigen Entwicklungsstandes von Expertensystemen sollte einer Reihe von Problemen und Unzulänglichkeiten bewußt bleiben:

Expertensysteme stellen nicht eine flächendeckende Softwaretechnologie für einen spezifischen Anwendungsbereich dar. Geeignet sind bisher nur sehr schmale Anwendungsgebiete, die meist sehr viel begrenzter als das Tätigkeitsfeld eines extrem spezialisierten menschlichen Experten sind. Bisher ist die Technik der Wissensdarstellung in Expertensystemen noch sehr primitiv und weitgehend willkürlich. Meist ist es oberflächliches, rein phänomenologisches Erfahrungswissen (etwa in Form empirischer Assoziationen), was in der Wissensbasis seinen Niederschlag findet. Die Einbeziehung strukturellen und theoretischen Wissens als Basis eines tieferen, kausalen Verstehens [8] wird z.Zt. noch nicht beherrscht. Schon allein wegen der Willkür bei der Gestaltung der Wissensbasis ist eine nachträgliche Kopplung separat entwickelter Expertensysteme praktisch nicht möglich. Es besteht keine Veranlassung, bei Laien den unzutreffenden Eindruck zu erwecken, als existierten bereits allgemeine Verfahren dafür, menschliches Wissen maschinell in solchen Systemen zu reproduzieren.

Bevor man sich zur Entwicklung eines Expertensystems entschließt, muß die Eignung des speziellen Aufgabenbereichs genau geprüft werden. Entwurf und Entwicklung eines solchen Systems können sich trotz rascher Anfangserfolge als mühevoll und langwierig erweisen, sind keine Routinearbeit und bergen ein beträchtliches Mißerfolgsrisiko in sich. Zwar gibt es bereits eine große Zahl von Entwicklungstools; deren richtige Auswahl und Beherrschung ist jedoch schwierig.

Ungereimtheiten und Fehlleistungen im Einsatz können regelmäßig dadurch auftreten, daß in den Randzonen des Einsatzgebiets das System nur noch Teile des benötigten Wissens in seiner Wissensbasis vorfindet. Außerdem sind bei solchen Systemen, die stark auf heuristischen Prinzipien basieren (ähnlich wie bei Menschen), Fehlentscheidungen nie ganz auszuschließen.

Da Umfang, Einsatzform und Anwendungsgebiet dieser Systeme extrem vielgestaltig sind, fällt es schwer, diese aus der Sicht des Anwenders generell zu klassifizieren. Obwohl komplexere Systeme vielfach auf LISP-Maschinen oder Workstations implementiert und mit einem recht komfortablen grafischen Interface ausgestattet sind, dominiert eindeutig der systemgesteuerte Dialog mit relativ starren Interaktionsmöglichkeiten. Für die Einbeziehung zweiseitigen natürlichsprachlichen Dialogs ist die Zeit heute noch nicht reif. Der vielfach herausgestrichenen Erklärungsfähigkeit von Expertensystemen liegt - sofern sie überhaupt vorhanden ist - in Gestalt des Auf- und Absteigens in Ableitungsbäumen (bei rückwärtsverkettenden regelbasierten Systemen) ein recht primitives Schema zugrunde, das notwendigerweise viele Benutzerwünsche unbefriedigt lassen muß.

Es besteht kein Zweifel daran, daß Expertensysteme (wie andere Programme auch!) sehr nützliche Dinge tun können. Dagegen gehen wohl die Ansichten darüber stark auseinander, worauf eigentlich die besondere Nützlichkeit dieser Systeme beruht und was man eigentlich unter diesem Begriff verstehen will. Hier scheint eine weitere Begriffsklärung dringend geboten. Alle prognostischen Aussagen, die heute über die weiteren Entwicklungsperspektiven von Expertensystemen gemacht werden, sind durch die Unbestimmtheit der Begriffsbildung in ihrem Wert sehr relativiert.

8. Ausblick

In der gegenwärtigen Diskussion um den raschen Praxiseinsatz von AI durch weitgehende Anpassung der Programme und Entwicklungsmethoden an die Standards konventioneller Softwaretechnologie werden zuwenig Überlegungen dazu angestellt, was eigentlich die erstrebenswerten und die störenden Eigenschaften anwendungsorientierter prototypischer AI-Systeme sind.Offenbar wird oft angenommen, daß das eigentlich Interessante an heutigen Expertensystemen die magische Eigenschaft "AI", das gespeicherte Super-Expertenwissen, die Überlegenheit und Eleganz regel- oder frame-basierter Systemgestaltung sein müßte. Die besonders vielseitig einsetzbare und innovative Software-Technologie der AI wird dagegen eher als störend empfunden, da sie wenig verträglich mit den existierenden Programmiersprachen, der installierten Hard- und Software und den verbreiteten Denkgewohnheiten zu sein scheint.

Obwohl die Entwicklung von AI-Systemen sehr interessante Einsichten und Erkenntnisse vermitteln und die Produktivität des Programmierens bedeutend steigern kann, ist nicht mit Selbstverständlichkeit davon auszugehen, daß solche Systeme in der Praxis immer problemlos einsetzbar sein werden und ihre Integration mit herkömmlicher Datenverarbeitung nur eine Fleißaufgabe darstellt.

Geht man davon aus, daß wissensbasierte Systeme vielfach während ihrer gesamten Nutzungsdauer modifiziert und weiterentwickelt werden oder zu einem späteren Zeitpunkt Fähigkeiten zur Selbstanpassung besitzen sollen, so müssen die Fragen nach Korrektheit und Zuverlässigkeit, Flexibilität, Adaptivität und Reproduzierbarkeit aus der Sicht des Benutzers grundsätzlich neu überdacht werden. Jedenfalls zeichnet sich auch durch Einbeziehung von AI-Techniken noch kein eindeutiger Trend zu absolut perfekten Anwenderprogrammen ab. Dies sollte gerade in Anwendungsbereichen wie der Prozeprechentechnik Anlaß zur Vorsicht sein, wo es um die wissensbasierte Echtzeitsteuerung komplexer industrieller Prozesse geht. Der Grundsatz, den Menschen als Träger von Erfahrung, Einsicht und Verantwortung als Kontrollinstanz nicht aus solchen Systemen zu eliminieren, verdient hiewr besondere Beachtung.

Möglicherweise werden viele (heuristisch arbeitende oder lernfähige) AI-Systeme (wenn sie wirklich als solche bezeichnet werden können) auf lange Sicht einen experimentellen, vornehmlich dem Erkenntnisgewinn dienenden Charakter haben. Besonders ist hier an den Einsatz solcher Systeme zu Ausbildungszwecken zu denken, etwa zur Schulung der diagnostischen Fähigkeiten von Medizinstudenten oder von Operatoren in Leitwarten. Andere Systeme werden Kontroll- und Assistenzfunktionen wahrnehmen, etwa um den Bediener komplexer technischer Systeme zu unterstützen.

Die generelle Tendenz der AI zur Grenzüberschreitung des rein technischen Bereiches, zum Transzendieren, betrifft offensichtlich auch ihre Auseinandersetzung mit den

Anforderungen der Softwareentwicklung. Hier weist ihre Eigendynamik über das Erstellen ablauffähiger Rechnerprogramme hinaus und kann langfristig neue Zugänge zur rationalen Durchdringung verschiedenster Fachdisziplinen und Wissensbereiche und zur weiteren Objektivierung menschlicher Erkenntnis leisten. Mehr als der Algorithmisierung spezieller Abläufe wird man sich in Zukunft mit dem Sprachgebrauch, den Begriffssystemen und den Betrachtungsweisen einzelner Fachgebiete auseinandersetzen müssen. Diese Ausrichtung wird aber auch bei der zukünftigen Weiterentwicklung der Anwendungsprogrammierung immer deutlicher hervortreten.

Auch wenn bezüglich maschineller Wissensverarbeitung nicht alle Hoffnungen in Erfüllung gehen, kann die AI zumindest dazu beitragen, die Grenzen rationaler Wirklichkeitsbewältigung (vielleicht gerade auch im nichttechnischen Bereich und in den Geisteswissenschaften) klarer zu erkennen.

9. Literatur

[1] Bobrow, D.G.; Mittal, S.; Stefik, M.J.: Expert Systems: Perils and Promise. Comm. ACM **29** (1986)9, 880 - 894

[2] Bobrow, D.G.; Stefik, M.J.: Perspective on Artificial Intelligence Programming. Science **231**(1986), 28 Febr., 951 - 957

[3] Clancey, W.J.; Shortliffe, E.H. (eds.): Readings in Medical Artificial Intelligence. Addison-Wesley, Reading, Mass. 1984

[4] Clancey, W.J.: Heuristic Classification. Artificial Intelligence **27**(1985), 289 - 350

[5] Doyle, J.: Expert Systems and the "Myth" of Symbolic Reasoning. IEEE Trans. Software Engineering, **SE-11**(Nov. 1985), 1386 - 1390

[6] Harmon, P.; King, D.: Expert Systems. AI in Business. Wiley, New York 1985

[7] Haugeneder, H.; Lehmann; E.; Struss, P.: Knowledge-Based Configuration of Operating Systems - Problems in Modeling the Domain Knowledge. In W. Brauer und B. Radig (Hrsg.), *Wissensbasierte Systeme*. GI-Kongreß 1985, Informatik-Fachberichte 112, Springer-Verlag Berlin, Heidelberg, New York, Tokyo 1985, 121 - 134

[8] Hobbs, J.; Moore, R.: Formal Theories of the Commonsense World. Ablex, Norwood, New Jersey 1985

[9] Lehmann, E.: Wissensverarbeitung, Expertensysteme, AI-Tools. In Informatik in der Praxis (H. Schwärtzel, Hrsg.), Springer, Berlin 1986, 409-430

[10] Lehmann, E.: Computersimulation des Verstehens natürlicher Sprache. Nova acta Leopoldina N.F. *54* (1981) 245, 125 - 174

[11] Newell, A.: The Knowledge Level. Artif. Intell. **18** (1982)1, 87 - 127

[12] Partridge, D.: Artificial Intelligence: Applications in the future of software engineering. Ellis Horwood, Chichester 1986

[13] Rich, C.; Waters, R.C. (eds.): Readings in Artificial Intelligence and Software Engineering. Morgan Kaufmann, Los Altos, Calif., 1986

[14] Sheil, B.: Power Tools for Programmers. Datamation (Febr. 1983), 131 - 141

[15] Sheil, B.: Programming the Uncertain with Exploratory Systems. Computer Design, March 1985, 133 - 139

[16] Stefik, M. et al.: The Organization of Expert Systems: A Tutorial. Artif. Intell. **18**(1982)2, 135 - 173

[17] Stoyan, H.: Programming Styles in Artificial Intelligence. In GWAI-84 (J. Laubsch, ed.), Informatik-Fachberichte 103, Springer-Verlag, Berlin 1985, 154 - 180

[18] Struß, P.: Wissensbasierte Systeme - neue Wege des Problemlösens.. In Informatik in der Praxis (H. Schwärtzel, Hrsg.), Springer, Berlin 1986, 446 - 456

[19] Watermann, D.: A Guide to Expert Systems. Addison-Wesley, Reading, Mass. 1986

ANFORDERUNGEN AN RECHNERSYSTEME FÜR SICHERHEITSRELEVANTE ANWENDUNGEN UND DEREN SICHERHEITSNACHWEIS

Dr.-Ing. Herbert Jansen

TÜV Rheinland e.V.
Institut für Mikroelektronik
D-5000 Köln 91, Am Grauen Stein

Wenn man die Thematik "Rechner mit Sicherheitsverantwortung" diskutiert, sind zunächst einige begriffliche Klarstellungen erforderlich. Sicherheit, d.h. technische Sicherheit im Sinne von Gefährdungsfreiheit kann immer nur auf ein Gesamtsystem bezogen sein. Gesamtsystem heißt technischer Prozeß, Anlage, Gerät auf der einen und Steuerung, Überwachung, Regelung auf der anderen Seite. Gefährdungen können im nennenswerten Maße nur aus dem Subsystem Anlage, Prozeß bzw. Gerät (kurz: Prozeß) hervorgehen, welches durch das Subsystem Steuerung, Überwachung, Regelung (kurz: Steuerung), in unserem Fall technisch als Rechner realisiert, kontrolliert wird. Diese Gefährdungen können unmittelbar entstehen (sog. direkte Gefährdungen), oder mittelbar (sog. indirekte Gefährdungen) durch Funktionsversagen des Rechners **(Abb. 1)**. Letztere sind Gegenstand der folgenden Betrachtungen.

Um die Rechnersteuerung in sicherheitstechnischer Hinsicht für den jeweiligen Prozeß systemgerecht auszulegen, ist zwischen Prozessen mit sicherem Zustand (z.B. Bahnsystem, Be- und Verarbeitungsmaschine, Aufzug) und ohne sicheren Zustand (z.B. Flugzeug, Leit- und Führsystem) zu unterscheiden. Sicherer Zustand bedeutet hier ein Systemzustand, in den der Prozeß aus dem aktuellen Betriebszustand durch einfache Mittel überführt werden kann und der sicherheitstechnisch ein geringeres Risikopotential besitzt. Tatsächlich existiert für die meisten Prozesse jedoch ein quasi-sicherer Zustand, d.h. ein vorübergehend sicherer Zustand, aus dem heraus unter Sicherheitsaspekten der ursprüngliche Zustand innerhalb einer bestimmten Zeit wiedergestellt werden muß (z.B. Infusionspumpe).

Die Steuerung muß entsprechend ausgelegt sein, d.h. für Prozesse mit sicherem oder quasi-sicherem Zustand ausfallsicherheitsgerichtet (**fail-safe**), für Prozesse ohne sicheren Zustand besonders zuverlässig (**fail-life**). Darüber hinaus kann das Sicherheitsniveau der Steuerung (und damit die Kosten) im Sinne der vorübergehenden Zulässigkeit fehlerhaften Verhaltens der Fehlerverträglichkeit des Prozesses angepaßt werden: Träge Prozesse bedürfen eines geringeren Sicherheitsniveaus der Steuerung als schnelle Prozesse **(Abb. 2)**.

Auf welche Weise kann man sichere Steuerungen erzeugen ? Im technischen Regelwerk ist generell folgende Vorgehensweise festgelegt für ausfallsicherheitsgerichtete Steuerungen:

1. Im ungestörten Betriebszustand muß die Steuerung allen Prozeßzuständen genügen.

2. Für im einzelnen festgelegte Komponenten werden Ausfälle nicht unterstellt (sog. Ausfallausschlüsse).

3. Für alle anderen Komponenten werden in deterministischer Weise Ausfallbetrachtungen angestellt, die alle zu einem im Sinne der fail-safe-Eigenschaft des Prozesses zulässigen Fehlzustand führen müssen. Exemplarisch ist dies in **Abb. 3** dargestellt.

Speziell die Ausfallbetrachtung kommt in ihrer Methodik der diskreten Technologie, d.h. Relaissteuerung oder konventionelle Elektronik, entgegen - sie wurde auch in der Blütezeit dieser Technologien entwickelt.

Heute werden Rechner zur Steuerung eingesetzt und hierbei versagen diese klassischen Sicherheitsbetrachtungen schon bei der Hardware, ganz zu schweigen von der Software.

Was ist, unter Sicherheitsgesichtspunkten, der wesentliche Unterschied zwischen konventioneller Elektronik und Rechner ? Folgendes ist hier zu nennen:

1. Bei der Rechnerlösung ist immer, auch bei einfachsten Aufgabenstellungen, ein vollständiger Rechner mit Betriebssystem und Anwenderprogramm erforderlich. Die Komplexität der Steuerung ist daher grundsätzlich hoch.

2. Die eigentliche anwendungsbezogene Funktion des Mikrorechners wird nicht durch die Hardware, sondern durch die Software realisiert. Somit müssen wir uns, im Gegensatz zu konventioneller Elektronik, mit einem neuen Untersuchungsgegenstand, ja man kann sagen, mit einer neuen Dimension, auseinandersetzen.

   Die Hardware-Funktionen sind nicht mehr schon die eigentlichen Nutzfunktionen, sondern sie dienen nur zum Abarbeiten des Programms und zur Kommunikation mit der Außenwelt. Die **Nutzfunktionen** sind nur in der **Software** enthalten. Durch diese Trennung von nutz- und rechnerinternen Funktionen ist es möglich, die Entwicklung von Hardware und Software getrennt zu betreiben. Ebenso kann die Hardware anwendungsunabhängig erstellt werden: Sie ist universell verwendbar.

3. Im Gegensatz zu konventioneller Elektronik birgt der hohe Komplexitätsgrad z.B. von Mikroprozessoren die Gefahr von Entwurfsfehlern, der besonderen Empfindlichkeit gegen elektromagnetische oder kosmische Strahlungen (Soft-Errors) und einer zwangsläufig höheren Ausfallrate als eine funktional vergleichbare Steuerung aus diskreten Bauelementen.

In ihrer Summe bedingen diese Fakten die außerordentliche Schwierigkeit des Sicherheitsnachweises und zwar:

1. Wegen der hohen Integration, der Miniaturisierung und auch wegen der fehlenden Kenntnisse über das Layout von ICs sind **Fehlerausschlüsse** fast **nicht mehr möglich.** Somit ist die komplexe Hardware eines Rechners nicht vollständig prüfbar. Ein vollständiger "black box"-Test müßte alle Befehle mit allen Adressen- und Datenkombinationen und alle denkbaren Reihenfolgen dieser Kombinationen umfassen. Dieser Test ist beispielsweise bei 200 verschiedenen Befehlen, 2^{16} Adressen und 2^{16} Datenkombinationen nicht mehr durchführbar, weil auch ohne Berücksichtigung etwaiger Reihenfolgebedingungen oder unterschiedlicher Umwelteinflüsse etwa 10^{12} Testsätze nötig wären. Bei 100 Tests je Sekunde (rechnergesteuerte Tests vorausgesetzt) wären dazu etwa 250 Jahre erforderlich.

   Soll der Rechner gar mitsamt der Software als "black box" angesehen werden, so sind für einen vollständigen Test der Software 2^{m+n} Testsätze erforderlich, wobei m die Anzahl der binären Eingangsvariablen ist und n die Anzahl der binären inneren Speicher.

   Bei beispielsweise m = 16 Eingangsvariablen und n = 64 internen Speicherzellen ergeben sich so $2^{16+64} = 2^{80}$ unterschiedliche Kombinationen, die für einen vollständigen Test der Software erforderlich wären. Könnte man 100 Tests pro Sekunde durchführen, betrüge die Testzeit immer noch etwa 4 mal 10^{14} Jahre.

2. Wegen der außerordentlich großen Zahl anzunehmender Fehler ist eine **deterministische Fehlerbetrachtung unmöglich.**

   Somit verbietet sich eine vollständige Fehlereffektanalyse aufgrund der großen Zahl der verwendeten Bauelemente (z.B. etwa 100.000 Transistorfunktionen, jede mit etwa 10 Ausfallarten). Einem einzelnen Rechner kann daher kein sicherheitsgerichtetes Ausfallverhalten unterstellt werden.

   Ein weiteres Problem beim Betrieb des Rechners stellt die Aufdeckung von Ausfällen dar: Nicht jeder Ausfall wird sofort offenbart. So können z.B. Ausfälle in selten benutzten Speicherbereichen oder auch datenabhängige Ausfälle lange Zeit unentdeckt bleiben, was zu einer Akkumulierung von Ausfällen führen kann.

Man muß also bei den verschiedenen Rechnerstrukturen sehr genau untersuchen, auf welche Weise die Ausfälle offenbart werden und welche Zeit dazu im ungünstigsten Falle benötigt wird.

3. Der Einfluß der **Sicherheitsrelevanz** von Fehlern und Ausfällen ist **nicht** oder kaum **abschätzbar (Abb. 4).**

   Dadurch muß jeder Fehler bzw. Ausfall als potentiell gefährlich angesehen werden.

Zusammenfassend sind die Unterschiede zwischen konventioneller Elektronik und Mikrorechnern in **Abb. 5** und **6** dargestellt.

Damit ist es außerordentlich schwierig, die geltenden technischen Regeln bei der Prüfung als Grundlage heranzuziehen. Es müssen andere als bisher vorgezeichnete Wege beschritten werden, um die Forderungen der technischen Regeln ihrem Sinngehalt entsprechend zu erfüllen.

Ein Weg, der auch in anderen Bereichen beschritten wird, ist die **statistische Fehlerbetrachtung.**

Die Aussage: "Dieses Gerät ist entsprechend den technischen Regeln gebaut und damit sicher" wird ersetzt durch: "Die Wahrscheinlichkeit für ein gefährliches Versagen liegt unter dem vorgegebenen Grenzwert". Nach der Definition der Sicherheit ist dies der bisherigen Aussage gleichwertig.

Die unter Punkt 3 genannte notwendige konservative Berechnung der Wahrscheinlichkeit für gefährliches Versagen führt damit zu relativ schlechten Werten, so daß einkanalige Hardware-Strukturen oft nicht mehr akzeptabel sind. Hieraus folgt: Der Mikrorechner ist mehrkanalig aufzubauen, die Kosten hierfür sind zwangsläufig höher. Allerdings wird dieses vom Preisverfall bei integrierten Schaltkreisen auch wieder kompensiert. In kritischen Fällen muß dem Einfluß systematischer Fehler vorgebeugt werden. Die Konsequenz hieraus ist: Es sind diversitäre Schaltungen vorzusehen.

Dies bedeutet nicht nur mehrfachen Materialaufwand, sondern auch mehrfachen Entwicklungsaufwand. Der Versuch, einkanalige Strukturen mit hinreichend geringer Versagenswahrscheinlichkeit zu realisieren, ist zu einem gewissen Grad mit der Hilfe von Selbsttestverfahren möglich. Allgemein wird die Wirksamkeit der Selbsttests als recht hoch betrachtet. Die hohen Erwartungen können aber z.Z. noch nicht mit wissenschaftlich ermittelten Zahlen bestätigt werden.

Der Vorteil, den die Mikrorechner bei der Entwicklung wegen der Trennung von Hard- und Software bieten, muß mit erhöhtem Prüfaufwand erkauft werden. Neben der Hardware ist jetzt zusätzlich die Software zu prüfen. Diese Prüfung ist außerordentlich schwierig, denn grundsätzlich ist eine vollständige **Software-Prüfung** nicht möglich (von Trivial-Fällen abgesehen). Um mit hinreichender Gewißheit ermitteln zu können, ob ein Programm korrekt ist, sind je nach Sicherheitsrelevanz umfangreiche Verifikationsverfahren und Tests notwendig. Ab einem gewissen Programm-Umfang reichen auch diese nicht mehr aus, und es muß diversitäre Software eingesetzt werden.

Mit der Zeit zeichnen sich aber auch auf diesem Gebiet Wege ab, die Prüfung zu erleichtern und vor allem die Möglichkeiten für Entwurfs- und Programmierfehler zu reduzieren. Hierauf wird später noch genauer eingegangen, wenn über das "TÜV-Handbuch: Mikrocomputer in der Sicherheitstechnik" berichtet wird.

Wie sehen sichere Rechnerstrukturen aus ?

Aus dem bisher gesagten ist die Erkenntnis abzuleiten, daß man Ausfälle von Rechnern nicht ausschließen kann: Es muß das Ziel sein, die unerwünschten Folgen dieser Ausfälle zu verhindern. Man versucht dies dadurch zu erreichen, daß man die Ausfälle zu entdecken trachtet, bevor ihre Folgen wirksam werden können. Dadurch wird man in die Lage versetzt, rechtzeitig Gegenmaßnahmen einzuleiten, also zum Beispiel eine Zwangsbremsung auszulösen.

Ausfälle können grundsätzlich nur durch Vergleich entdeckt werden. Dabei hat man die Möglichkeit,

- gegen den Sollwert zu vergleichen oder
- mehrere Kanäle auf Übereinstimmung zu prüfen.

Beide Verfahren sind geeignet, in Rechnersystemen Ausfälle zu offenbaren. Die wichtigsten Grundstrukturen sollen nun bezüglich ihrer Wirksamkeit zur Ausfalloffenbarung kurz vorgestellt werden. Dazu soll die Systemtik gemäß **Abb. 7** zugrunde gelegt werden.

Betrachten wir zunächst ein zweikanaliges Schutzsystem **(Abb. 8)**. Die zu überwachenden Parameter des Prozesses werden zwei Rechnern zugeführt. Beide Rechner sind für sich in der Lage festzustellen, ob die Notwendigkeit besteht, eine Schutzmaßnahme auszuführen, z.B. einen Aufzug anzuhalten. Die Ausgangsinformation beider Rechner wird über eine "fail-safe" arbeitende Oder-Verknüpfung auf die Einrichtungen geführt, die die Schutzmaßnahme auszulösen haben. Durch die Oder-Verknüpfung ist die Auslösung der Schutzfunktion also auch bei Ausfall eines Kanals gewährleistet. Darüber hinaus werden die Ausgangssignale auf einen Vergleicher gegeben und dort auf Äquivalenz überprüft. Selbsttest-Routinen, die in beiden Rechnern installiert sind, sorgen dafür, daß die Ausfalloffenbarung vom Eingangsdatenfluß unabhängig ist. Je nach Anspruchsniveau der Anlage wird auch dieser Vergleicher "fail-safe" sein und sein Ausfall eine Schutzmaßnahme auslösen müssen.

In einem einkanaligen Schutzsystem ist die Nutzfunktion, d.h. die Überprüfung der Prozeßdaten auf Zulässigkeit, nur einfach vorhanden **(Abb. 9)**. Die Fremdtesteinrichtung hat lediglich die Aufgabe, Grundfunktionen des Rechners zu überprüfen. Die komplexeren Prüfungen werden vom Rechner selbst ausgeführt. Es gibt also drei Ausgangsinformationen:

- der Prozeß fordert eine Schutzmaßnahme
- der Selbsttest hat eine Fehlfunktion des Rechners oder seiner Peripherie festgestellt
- der Fremdtest hat einen Fehler in der Grundfunktion des Schutzrechners festgestellt.

Da prinzipiell unterstellt werden muß, daß ein Rechner nicht mehr in der Lage ist, eine Schutzfunktion durchzuführen, wenn ein Ausfall durch Test festgestellt wurde, müssen alle drei Ausgangsinformationen als potentiell gefährlicher Ausfall gewertet werden und über "fail-safe" Oder-Verknüpfung zu einer Schutzmaßnahme führen. Ein zusätzlich vorhandener Vergleicher gibt einen diagnostischen Hinweis über die Ursache der Schutzmaßnahme. An den Selbsttest sind bei dieser einkanaligen Struktur höhere Anforderungen zu stellen als beim zweikanaligen Schutzsystem. Er muß möglichst alle Ausfälle des Rechners offenbaren, weil à priori nicht feststellbar ist, ob dieser Ausfall gefährliche Folgen hat oder nicht.

Wenden wir uns nun den Steuerungssystemen mit sicherem Zustand zu **(Abb. 10)**. Im zweikanaligen System erhalten wieder beide Rechner die Informationen vom Prozeß. Beide berechnen auch die den Prozeß steuernden Größen, z.B. die analoge Sollwertvorgabe für einen konventionellen Regler. Nur eine dieser Steuergrößen wird jedoch zum Prozeß weitergeführt, die zweite führt - wie die erste auch - auf einen "fail-safe" arbeitenden Vergleicher, der bei Nicht-Übereinstimmung der beiden Signale eine Schutzmaßnahme auslöst. Eine falsche Steuergröße kann bei dieser Struktur nur für die Dauer des Hardwarevergleichs in den Prozeß eingreifen. Diese Zeit ist im allgemeinen gegenüber der Bearbeitungszeit der Rechner zu vernachlässigen.

Bei der einkanaligen Struktur für ein Steuersystem steht wie beim einkanaligen Schutzsystem nur eine Nutzgröße, in diesem Fall die Steuergröße, zur Verfügung **(Abb. 11)**. Ihre Richtigkeit kann nicht durch Vergleich festgestellt werden. Statt dessen ist wieder ein Selbsttest installiert, der Berechnungen durchführt und das Ergebnis dieser Berechnungen gegen vorgegebene Werte vergleicht. Eine Fremdtesteinrichtung gewährleistet eine Prüfung der für den Selbsttest notwendigen Grundfunktionen.

Die Ergebnisse von Selbsttest und Fremdtest werden über eine "fail-safe" arbeitende Oder-Verknüpfung zusammengefaßt und lösen einen Alarm aus bzw. leiten den sicheren Zustand ein. Da diese Konstruktion unterstellt, daß die Steuergröße richtig ermittelt wird, solange Selbsttest und Fremdtest keine Fehler melden, müssen an diese Testeinrichtungen sehr hohe Ansprüche gestellt werden. Ist für ein derartiges System ein Sicherheitsnachweis erforderlich, muß neben anderen Nachweisen der Abdeckungsgrad des Selbsttests dargestellt werden. Zusätzlich ist zu berücksichtigen, daß eine falsche Steuergröße während der Ausführung des Nutzprogramms für die Dauer eines Fremdtest- bzw. Selbsttestzyklusses an den Prozeß gelangen kann.

Betrachten wir nun die Situation bei Steuersystemen ohne sicheren Zustand **(Abb. 12)**, bei denen gewährleistet sein muß, daß dem Prozeß ohne Unterbrechung jederzeit eine korrekte Steuergröße zur Verfügung steht.

Eine Struktur, die dies gewährleistet, ist ein System mit drei oder mehr Nutzkanälen. Die Steuergrößen werden über einen fehlersicheren Mehrheitsentscheider zum Prozeß geführt. Bei Ausfall eines Kanals oder allgemein einer Minderheit von Kanälen wird deren Ergebnis überstimmt, und es kann somit den Prozeß nicht in unzulässiger Weise beeinflussen. Gleichzeitig werden die Ausgänge über eine Äquivalenzüberwachung geführt, um so möglichst unmittelbar eine Information darüber zu bekommen, daß ein Kanal oder eine Minderheit von Kanälen ausgefallen ist, und um in einem tolerierbaren Zeitintervall eine Instandsetzung veranlassen zu können. Gegebenenfalls installierte Selbsttests dienen zur datenflußunabhängigen Aufdeckung von Ausfällen. Die Verzögerung der Ausfalloffenbarung hängt ausschließlich von der Reaktionszeit des Äquivalenzüberwachers ab. Seine Schaltung muß "fail-safe" aufgebaut sein, d.h. jeder Ausfall an Eingängen oder innerhalb der Schaltung muß zur Meldung des Defekts führen. Damit zum Prozeß keine falschen Signale gelangen, muß für den Mehrheitsentscheider nicht nur "fail-safe"-Verhalten gefordert werden, sondern er muß darüber hinaus fehlersicher arbeiten, d.h. immer ein korrektes Mehrheits-Ergebnis liefern.

Eine zweite Möglichkeit, einen Prozeß ohne sicheren Zustand sicher zu steuern, ist eine Struktur mit zwei Kanälen **(Abb. 13)**, die zwar beide die Eingangsdaten bekommen, von denen jedoch nur einer mit dem Prozeß ausgangsseitig verbunden ist, während der andere Ausgang als "hot stand by" auf Abruf zur Verfügung steht. Jeder Rechner enthält neben der Nutzfunktion ein Selbsttestprogramm, das Ausfälle offenbaren soll. Fremdtesteinrichtungen sorgen für die Prüfung der zum Selbsttest erforderlichen Grundfunktionen.

Stellen Fremdtest- oder Selbsttestfunktion des ersten Kanals einen Ausfall fest, so wird über eine "fail-safe" arbeitende Oder-Verknüpfung eine Umschaltanforderung an eine Umschalteinrichtung gestellt. Die Umschalteinrichtung selbst muß fehlersicher arbeiten. Wird im zweiten Kanal ein Ausfall festgestellt, so muß eine Alarmmeldung erzeugt werden, die eine Offenbarung und eine rechtzeitige Instandsetzung gewährleistet. Wenn für ein solches System ein Sicherheitsnachweis erforderlich ist, muß wieder dem Abdeckungsgrad des Selbsttests eine hohe Aufmerksamtkeit gewidmet werden. Nachzuweisen ist außerdem, daß der zu steuernde Prozeß mindestens für die Zeit eines Testzyklus fehlertolerant reagiert. Denn ein Rechnerausfall wird im ungünstigsten Fall erst nach Ablauf des gesamten Testzyklus festgestellt, und während dieser Zeit können falsche Signale an den Prozeß gelangen.

Es ist offensichtlich, daß diejenigen Strukturen, bei denen jeweils nur ein Rechner aktiv an der Erzeugung der Schutzmaßnahme beteiligt ist, nur für träge Prozesse geeignet sind.

Kommen wir nun zur **Software.**

Wie bereits erwähnt, verlagert sich beim Übergang von konventioneller Elektronik zum Mikrorechner die anwendungspezifische Entwicklungsarbeit auf das Gebiet der Software. Es braucht jetzt nicht mehr für jede einzelne Entwicklung ein Hardware-Versuchsaufbau erstellt zu werden, sondern die Programme können auf einem unabhängigen Rechner entwickelt und getestet werden.

Diese Möglichkeit verleitet leicht dazu, "mal eben" ein Programm zu schreiben oder zu ändern. Und damit sind wir bei dem Hauptproblem angelangt: Beim Erstellen der Software, welche die ihr zugedachten Funktionen wirklich erfüllt.

Um dieses Ziel zu erreichen, müssen zwei Forderungen erfüllt sein: **Die Software muß gültig und korrekt sein.** Was ist die "korrekte" Software ? Kurz gesagt, ist Software dann korrekt, wenn sie die Problemspezifikation erfüllt. Im einzelnen bedeutet dieses, daß die Software keine Programmierfehler (Programm-Entwurfsfehler), keine Codierfehler ("Schreibfehler") und keine von den Software-Werkzeugen (Compiler etc.) verursachten systematischen Fehler enthält. Korrektheit allein reicht nicht aus. Zwar erfüllt korrekte Software die Spezifikation, aber in mehr als der Hälfte der Fälle, in denen Software "nicht läuft", ist die Spezifikation selbst falsch, unvollständig oder widersprüchlich: Die Spezifikation und damit die Software ist nicht gültig **(Abb. 14).**

Es ist erheblich einfacher, korrekte Software zu erstellen als eine gültige Spezifikation; denn das Programm läßt sich stets an Hand der Spezifikation überprüfen. Für die Spezifikation gibt es aber keine "Kontrollinstanz" mehr außer dem eigenen Wunsch des Entwicklers oder einem mehr oder weniger vage formulierten Auftrag.

Ist es einmal gelungen, die Software so zu erstellen, daß sie auftragsgemäß eingesetzt werden kann, ist die Entwicklung noch nicht abgeschlossen: Irgendwann im praktischen Einsatz werden bisher verborgen gebliebene Fehler aufgedeckt oder es werden Änderungswünsche laut. Zwar werden die Fehler korrigiert, aber mit zunehmender Einsatzdauer werden beim Beseitigen von Fehlern, und ganz besonders bei Änderungen, neue Fehler in ein Programm hineingebracht. Obwohl Software keinem Verschleiß und keiner Alterung unterliegt, läßt sich doch ihre Qualität durch die bekannte **"Badewannenkurve"** beschreiben: In der ersten Phase nimmt die Zahl der Fehler durch Aufdecken und Beseitigen stark ab. In der zweiten Phase werden auch noch Fehler beseitigt, aber ebenso viele kommen bei der Änderung hinzu: Das "Wartungspersonal" übersieht nicht mehr alle Konsequenzen der Änderungen. In der Spätphase schließlich hat das Personal den Überblick über das System soweit verloren, daß mit jeder Änderung mehr Fehler erzeugt als beseitigt werden **(Abb. 15).**

Je später in der Entwicklungsgeschichte der Software ein Fehler entdeckt wird, um so größer ist der Korrekturaufwand. **Abb. 16** zeigt die relativen Korrekturkosten je Fehler in Abhängigkeit von der Entwicklungsphase, in der der Fehler entdeckt wurde.

Bevor wir uns der Problematik des Korrektheitsnachweises, d.h. der Verifikation von Software zuwenden, sollen die wichtigsten konstruktiven Maßnahmen zur Entwicklung zuverlässiger Software aufgeführt werden. Zuverlässige Software ist in jedem Falle Voraussetzung für sichere Software: Im Falle eines diversitären Softwaresystems liefert die Zuverlässigkeit der einzelnen Software-Kanäle die Begründung dafür, daß die Wahrscheinlichkeit für zwei Softwarefehler mit gleicher Auswirkung in beiden Kanälen vernachlässigbar klein ist. Im Falle einer einkanaligen Software ist Zuverlässigkeit eine Voraussetzung für die Durchführbarkeit der Verifikation.

Folgende Maßnahmen sind geeignet, bei der Softwarentwicklung sowohl die Fehlerrate zu verringern als auch den Prüfaufwand zu reduzieren:

- Problemspezifikation hoher Qualität
- Strukturierter Entwurf
- Strukturierte Codierung
- Sequentiell ablaufende Programme
- Verwendung höherer, zuverlässigkeitsorientierter Prozeßrechnersprachen
- Benutzung automatischer Hilfsmittel für den Software-Entwurf, wie z.B. EPOS oder PROMOD.

Grundsätzlich kann festgestellt werden: Zuverlässige Software für sicherheitsrelevante Systeme und zuverlässige Software zur Vermeidung von Betriebsverlusten kann sich graduell stark unterscheiden, die Erstellungsmethoden sind jedoch die gleichen.

Hat man zuverlässige Software erstellt, so ergibt sich im Rahmen des Sicherheitsnachweises das Problem deren Richtigkeit, d.h. Gültigkeit und Korrektheit nachzuweisen.

Der Nachweis der Gültigkeit, d.h. der richtigen Umsetzung der Systemanforderungen in eine Spezifikation, muß im Team zwischen dem Systemfachmann (Entwicklungsingenieur), dem Rechnerspezialist und dem Software-Ingenieur erfolgen. Die Programmkorrektheit wird durch Test und Analyse nachgewiesen.

Beim Testen wird das Input/Output-Verhalten eines Programms betrachtet. Man unterscheidet black- und white-box-Testen. Beim black-box-Testen wird das Programm untersucht, ohne den internen Programm- und Datenfluß zu verfolgen. Dabei wird geprüft, ob das realisierte Softwarepaket sich bei den wesentlichen Zuständen des geplanten Prozesses so wie erwartet verhält, woraus ein Urteil über die Korrektheit abgeleitet wird.

Beim white-box-Test wird jedes Programmodul für sich betrachtet und die Ergebnisse werden mit den entsprechend der Spezifikation errechneten verglichen. Ein vernünftiger Testplan, durch den z.B. auch Strukturfehler aufgedeckt werden können, ist aber erst auf der Basis einer Programmanalyse aufstellbar.

Ohne hierauf näher einzugehen, können folgende Erfahrungen aus der Prüftätigkeit genannt werden:

- Ein auf der Grundlage der Problemspezifikation geplanter Test ist nie als verläßlich zu betrachen.
- Der Testplan muß auf der Grundlage des Programmcode entworfen werden. Dem Test muß also eine Programmanalyse vorausgehen.
- Eine Analyse ohne Test ist sinnvoller als ein Test ohne Analyse.
- Trotz einer Analyse wird ein Test im allgemeinen als notwendig erachtet,
    - = weil die Analyse meist nicht vollständig ist und nur auf den Nachweis der richtigen Struktur des Programms zielt

      oder
    - = weil man annehmen muß, daß der Analysierende sich irrt.
- Neben den Tests zu Prozeßzuständen, die auf der Grundlage einer Programmanalyse ausgewählt wurden, sollten Zufallstests herangezogen werden, um die Irrtumsmöglichkeiten der Analyse einzugrenzen.

Für die Verteilung der zufälligen Eingangsdaten sollte gelten:

> Die Häufigkeit der Eingabedaten in bestimmten Wertebereichen sollte proportional der vermuteten Irrtumswahrscheinlichkeit des Programmierers sein.

Es gibt zahlreiche Methoden, um durch Analyse die Korrektheit eines Programms nachzuweisen. Die einzelnen Methoden unterscheiden sich stark in Leistungsfähigkeit und Aufwand. Obwohl derzeit die Analysemethoden für sich genommen als nicht zufriedenstellend gelten, wird andererseits die Analyse als unverzichtbarer Bestandteil der Programmverifikation betrachtet.

Drei Analyseverfahren für die Prüfungen im Rahmen des Sicherheitsnachweises sollen hier kurz näher beschrieben werden:

- Codeinspektion
- manuelle Programmanalyse und
- diversitäre Rückwärtsanalyse.

Die Reihenfolge ist auch gleichzeitig eine Wichtung für die Mächtigkeit der Verfahren. Ziel der ersten beiden Verfahren ist, bestimmte Fehlerarten aufzufinden, um die Voraussetzungen dafür zu schaffen, das Programm "am Schreibtisch simulativ ausführen" zu können. Mit den Erkenntnissen der vorhergehenden Analyse wählt man typische oder als besonders kritisch erachtete Eingangsdaten aus und muß zu Programmaktionen gelangen, die mit den in der Spezifikation definierten übereinstimmen. Die Abgrenzung der beiden Verfahren soll in enger Anlehnung an die Darstellung im bereits kurz erwähnten "TÜV-Handbuch" erfolgen:

Bei der Codeinspektion wird das zu prüfende Programm anhand des Programmprotokolls mit dem Ziel durchgesehen, festzustellen, ob Codierung, Struktur und Datenfluß mit den Anforderungen der Spezifikation übereinstimmen. Richtlinien für das Vorgehen sowie die Verwendung von Hilfsmitteln existieren nicht und hängen vom Einzelfall ab. Das Verfahren ist mit relativ geringen Aufwand durchzuführen, bestätigt jedoch nicht viel mehr als die Plausibilität des Programms und berechtigt nur zu der Annahme, "daß das Programm keine gravierenden Fehler enthält".

Das Verfahren der manuellen Programmanalyse ist stärker formalisiert und dient sowohl dazu, die Struktur des zu prüfenden Programms in graphischer Form herauszuarbeiten als auch Informationen zur Prüfung der Programmfunktion bereitzustellen. Es ist damit wieder Basis für umfangreiche funktionale und strukturelle Tests.

Bei der manuellen Programmanalyse wird das Programm über seine Aufteilung in Module, Prozeduren und Makros hinaus weiter aufgebrochen bis hinunter zu sogenannten Stücken, und Kontroll- und Datenfluß werden in Programmablaufdiagrammen **(Abb. 17)**, Strukturbildern und Modulbildern graphisch dargestellt. Hierbei muß man sich natürlich eng an die Gegebenheiten der verwendeten Assemblersprache und die Rechnerarchitektur anlehnen; das ergibt sich schon aus der systemtypischen Register- und Flagorganisation.

Die Erkenntnisse aus den entwickelten Diagrammen und den daraus abgeleiteten Schreibtischsimulationen müssen auf Übereinstimmung mit der Spezifikation überprüft werden. Hierzu können noch Transformationen in Logikpläne oder ähnliches zwischengeschaltet werden. Nach der erfolgreichen Durchführung der Analyse darf angenommen werden, daß das untersuchte Programm bezüglich Struktur und Datenfluß hinreichend fehlerarm ist.

Das wohl mächtigste derzeit bekannte Verfahren zur Software-Verifikation, bei dem Tests nur in Zweifelsfällen als zusätzliches Kriterium für die Beurteilung herangezogen werden müssen, ist die diversitäre Rückwärtsanalyse. Auf diversitärem Wege wird aus dem Programm, wie es im Speicher abgelegt ist, schrittweise die ursprüngliche Aufgabenstellung wiedergewonnen. Dabei sind folgende Aufgaben durchzuführen:

- Parametrierung eines Discompilers mit einer rechnerspezifischen "Zuordnungstabelle", um den Objektcode interpretieren zu können
- Übernahme des Speicherabzugs des zu prüfenden Programms
- Gewinnung eines einfachen Source-Codes durch Discompilierung
- Wiedergewinnung der Aufgabenstellung aus dem Programm sowie
- Nachweis der Übereinstimmung von wiedergewonnener Aufgabenstellung (= gelöste Aufgabe) und Spezifikation (= gestellte Aufgabe)

Abb. 18 zeigt die Stadien von Programmentwurf und Verifikation.

Im folgenden soll kurz auf den Stand der Normungsarbeiten auf dem Gebiet sicherheitsrelevanter Rechner eingegangen werden.

In diesem Zusammenhang ist zunächst, auch im Hinblick auf die zeitliche Entwicklung, das TÜV-Handbuch "Mikrocomputer in der Sicherheitstechnik" zu nennen /1/ **(Abb. 19).** Hierbei handelt es sich zwar nicht um eine Norm, sondern um eine Orientierungshilfe für Entwickler und Hersteller - die aber den Anstoß zu intensiver Normungsarbeit gab.

Um Wege zu finden, die Schwierigkeiten bei der Anwendung der geltenden technischen Regeln zur Prüfung von Mikrorechnern zu beseitigen, haben der TÜV Bayern und der TÜV Rheinland die **TÜV-Arbeitsgemeinschaft Rechnersicherheit** gegründet. Ihre Aufgabe war es, im Rahmen eines vom BMFT geförderten Forschungsvorhabens ein "Handbuch" zu erarbeiten, in dem Sicherheitsmaßnahmen und Strukturen für Mikrorechner mit Sicherheitsrelevanz aufgeführt werden. Ziel ist es, daß die Beachtung der Empfehlungen dieses Handbuchs zu einer Vereinfachung der Prüfung durch die TÜV führt. Dabei sollten allerdings **keine neuen technischen Regeln** geschaffen werden, und es sollte keiner Normungsarbeit vorgegriffen werden (dies ist Aufgabe der zuständigen Gremien). Vielmehr sollten Wege aufgezeigt werden, die **geltenden** technischen Regeln auch beim Einsatz von Mikrorechnern zu erfüllen.

Der Anwendungsbereich des Handbuchs soll nicht das ganze Spektrum von sicherheitsrelevanten Anwendungen abdecken. Es ist vorwiegend auf die Produkte der mittelständischen Industrie abgestimmt; es soll nicht gelten für die Bereiche Luftfahrt, Militärtechnik, Kerntechnik, Deutsche Bundesbahn.

Welche Ergebnisse sind erzielt worden ?

Da die deterministische Fehlerbetrachtung nicht mehr durchführbar ist, mußten Wege gefunden werden, die statistische Fehlerbetrachtung so einfach wie möglich zu gestalten. Zu diesem Zweck wurden **"Sicherheitsklassen"** gebildet. Als Maßstab für die Sicherheitsklassen dienen die Gefährdungsgrade der einzelnen Anwendungsfälle. Jedem Anwendungsfall ist eine Sicherheitsklasse zugeordnet, insgesamt sind 5 Sicherheitsklassen vorgesehen. Auf diese Weise ist die Vielfalt der Sicherheitsanforderung auf eine handhabbare Größe reduziert worden **(Abb. 20)**.

Andererseits sind den einzelnen Sicherheitsklassen diverse Sicherheitsmaßnahmen und Rechnerstrukturen zugeordnet. Somit ist es möglich, Anforderungen an sicherheitsrelevante Mikrorechner anwendungsunabhängig zu formulieren. Einem Entwickler eines Gerätes mit Sicherheitsrelevanz ist auf diese Weise die Auswahl geeigneter Strukturen und Maßnahmen leicht möglich.

Mit Hilfe einer Zuordnungsliste ermittelt er die für sein Projekt vorgesehene Sicherheitsklasse; aus der Zuordnungstabelle für Sicherheitsklassen und Maßnahmen und Strukturen wählt er das für seine spezielle Anwendung optimale "Maßnahmenbündel" aus. Auf diese Weise kann er sicher sein, daß sich die Prüfung seines Produkts in vertretbarem Rahmen hält.

Die Arbeit an diesem Forschungsvorhaben wurde Mitte 1982 aufgenommen. Die endgültige Fassung des Handbuchs liegt seit Herbst 1984 vor.

Die Klassifikation ist in **Abb. 21** dargestellt **(Achtung: Stand 1984)**. Interessant ist die Klasse 3, für die zweikanalige Strukturen vorgesehen aber auch bereits einkanalige Lösungen erlaubt sind **(Abb. 22, 23)**.

Ausgelöst durch das Handbuch konstituierte sich in der DKE im Fachbereich 7 das Gemeinschaftskomitee GK 714: "Grundsätze für Rechner in Systemen mit Sicherheitsverantwortung". Es existieren 2 Unterkomitees:

1. Fehler und Maßnahmen zur ihrer Vermeidung
2. Fehler und Maßnahmen zu ihrer Beherrschung.

Ein Teilabschluß der Arbeiten ist Ende 1988 zu erwarten.

Im Fachbereich 9 der DKE gehören zu dem Komitee K 913: "Sichersanforderungn an Geräte, Einrichtungen und Systeme für das Messen, Steuern und Regeln in rechnerischen Prozessen, Labor und Unterrichtstechnik" der Arbeitskreis AK 913.0.1: "Beurteilungskriterien (Risiko) und Maßnahmen (Gefahrenabwendung)" sowie das Unterkomitee UK 913.4: "Funktionssicherheit von MSR-Einrichtungen und -Systemen". In dem Arbeitskreis wurde ein Risikograph mit 8 Risikoklassen geschaffen, dem geeignete Maßnahmenbündel zugeordnet werden sollen, die im Unterkomitee zu erarbeiten sind /2/.

Eine unmittelbare Querverbindung der Komitees GK 714 und K 913 besteht durch teilweise gemeinsame personelle Besetzung.

Von dem im Fachbereich 2 der DKE angesiedelten Komitee K 232: "Elektrische Ausrüstung von Wärmeerzeugungsanlagen" wurde als erste Norm, die in Deutschland konkrete Anforderungen an programmierbare Steuerungen mit Sicherheitsverantwortung stellt, die DIN VDE 0116 A 1 (Entwurf März 1987) erarbeitet. Sie beschreibt die Hard- und Softwareanforderungen für Steuerungen von Feuerungsanlagen und repräsentiert somit ein Beispiel für mittleres Sicherheitsniveau, d.h. Klasse 3 im Sinne des Handbuchs. Daher sind neben den zweikanaligen bereits einkanalige Lösungen erlaubt. In **Abb. 24** und **Abb. 25** sind die in Flußdiagrammform dargestellten Anforderungen an die Hardware bzw. Software wiedergegeben. Die dick ausgezeichneten Verbindungslinien kennzeichnen den "üblichen" Weg durch die Diagramme, während die dünnen Linien wohl nur in Ausnahmefällen gangbar sind.

Als wesentlicher Beitrag für internationale Arbeiten ist die vom TC 7: Systems Reliability, Safety und Security im Rahmen des European Workshops on Industrial Computer Systems (EWICS) erstellte Schrift "Safety Related Computers - Software Development and Systems Documentation" zu nennen /3/.

Ein umfassender, wenn auch nicht mehr ganz aktueller Überblick über den Einsatz von Rechnern für Sicherheitsaufgaben, ist in dem gleichnamigen Aufsatz von Meffert und Germer /4/ gegeben.

Man erkennt also, daß die Thematik "Rechnersysteme für sicherheitsrelevante Anwendungen" hochaktuell ist und wohl noch lange ein interessanter Gegenstand intensiver Untersuchungen bleiben wird.

Literatur

1. Hölscher, H., Rader, J.,
Mikrocomputer in der Sicherheitstechnik, Verlag TÜV Rheinland, Köln, 1984

2. DKE-Komitee 913:
Grundlegende Sicherheitsbetrachtungen für MSR-Schutzeinrichtungen,
QZ 31, 1986, H. 12, 508

3. Safety Related Computers, European Workshop on Industrial Computer Systems,
Verlag TÜV Rheinland, Köln, 1985

4. Meffert, K., Germer, J.,
Einsatz von Rechnern für Sicherheitsaufgaben - Standortbestimmung
Die BG 5, 1985, 246

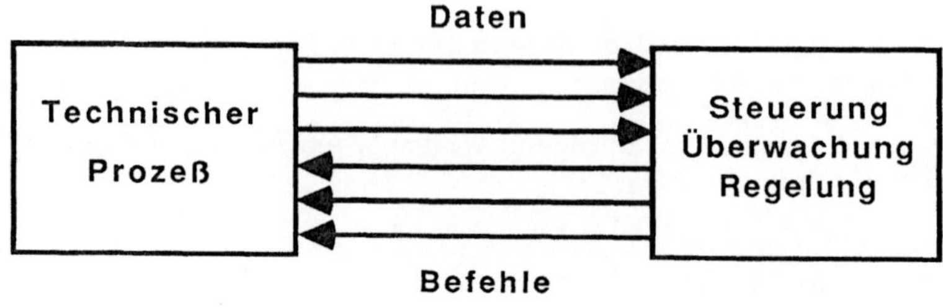

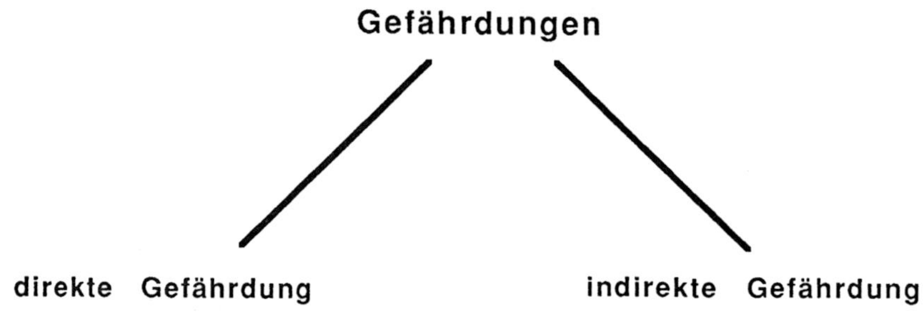

'Klassische Sicherheit'
z.B. Berührungsschutz
bei elektrischen Geräten

'Funktionstechnische Sicherheit'
z.B. Signaltechnische Sicherheit
bei Bahnen

Direkte und indirekte Gefährdungen in der Steuerungstechnik

Institut für Mikroelektronik

I M E

87.11./01

Prozeß besitzt die Sicherheitseigenschaft	Steuerung arbeitet nach dem Sicherheitsprinzip
- Sicherer Zustand System ist fail safe geeignet bezüglich Steuerung	- fail safe, d.h. ausfallsicherheitsgerichtet
- quasi sicherer Zustand System ist quasi fail safe geeignet bezüglich Steuerung	- fail safe
- kein sicherer Zustand	- zuverlässig

Prozeß besitzt die Fehlerverträglichkeit	Steuerung hat ein Sicherheitsniveau
- vorübergehend fehlerverträglich (träge)	- niedrig falscher Befehl zulässig Erkennung durch Rückmeldung aus System
- nicht fehlerverträglich	- hoch kein falscher Befehl zulässig (z.B.Weiche)

Sicherheitseigenschaft VS Sicherheitsprinzip
Fehlerverträglichkeit und Sicherheitsniveau

Institut für Mikroelektronik

IME

87.11./02

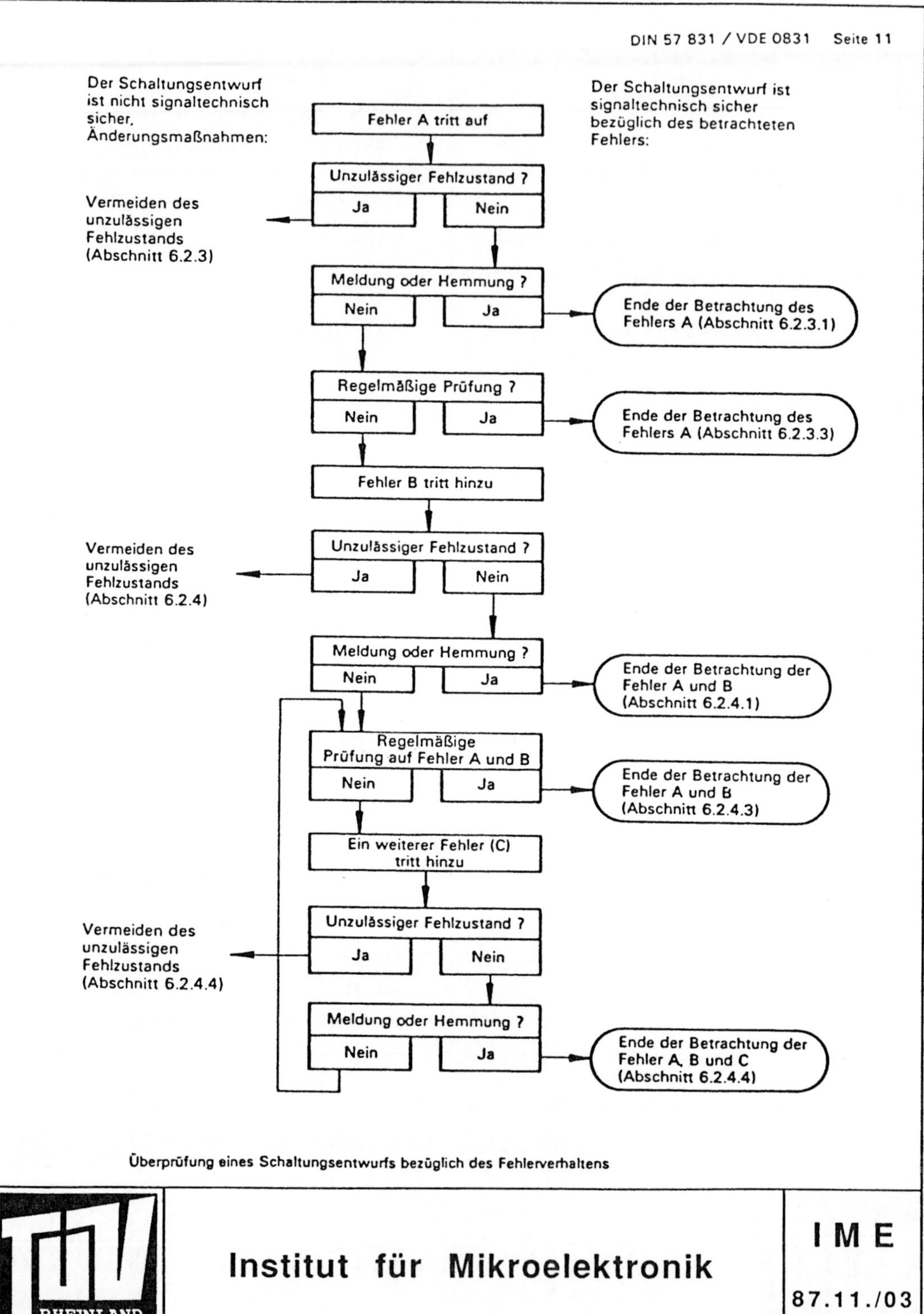

Überprüfung eines Schaltungsentwurfs bezüglich des Fehlerverhaltens

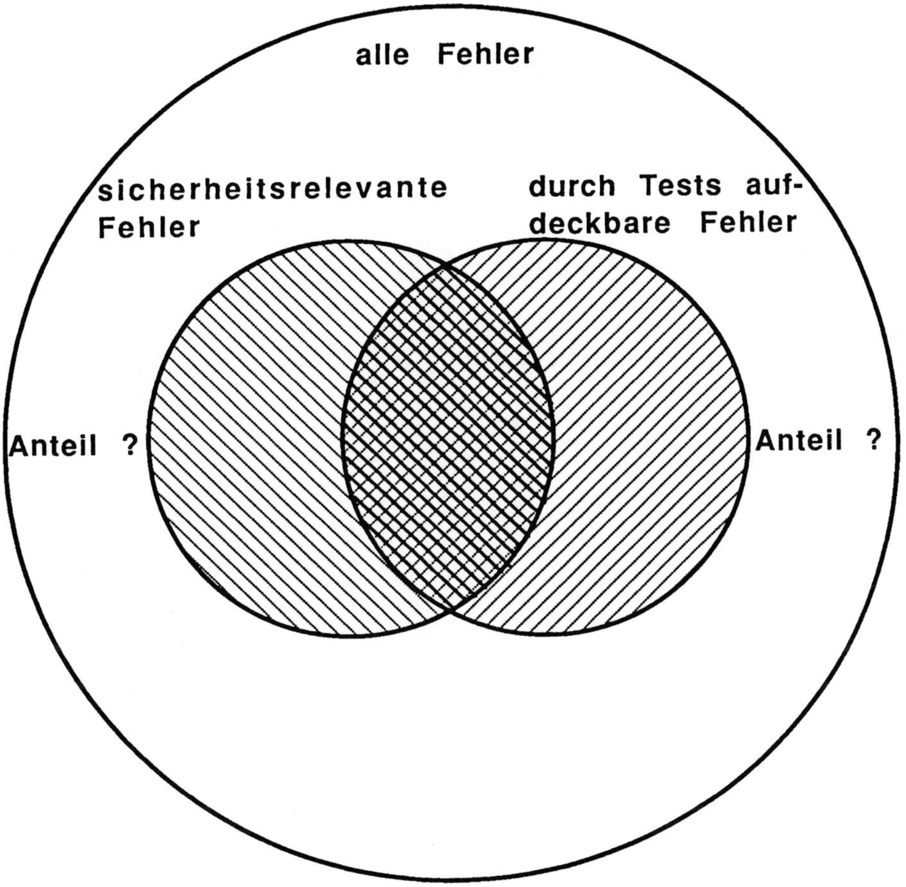

Sicherheitsrelevante und aufdeckbare Fehler

Institut für Mikroelektronik

IME

87.11./04

Konventionelle Elektronik:

+ zuverlässige Bauelemente
+ Fehler-/ Ausfall- Ausschlüsse
+ Fail- Safe- Aufbau möglich

(-) deterministische Fehlerbetrachtung

- geringe Flexibilität

Merkmale konventioneller Elektronik

Institut für Mikroelektronik

I M E

87.11./05

Mikro - Rechner:

+ hohe Flexibilität
- hohe Komplexität
- mehr Fehlerquellen, niedrigere Zuverlässigkeit
- neue Fehlermechanismen
- große Einflußmöglichkeit systematischer Fehler

Merkmale von Mikro- Rechnern

Institut für Mikroelektronik

IME

87.11./06

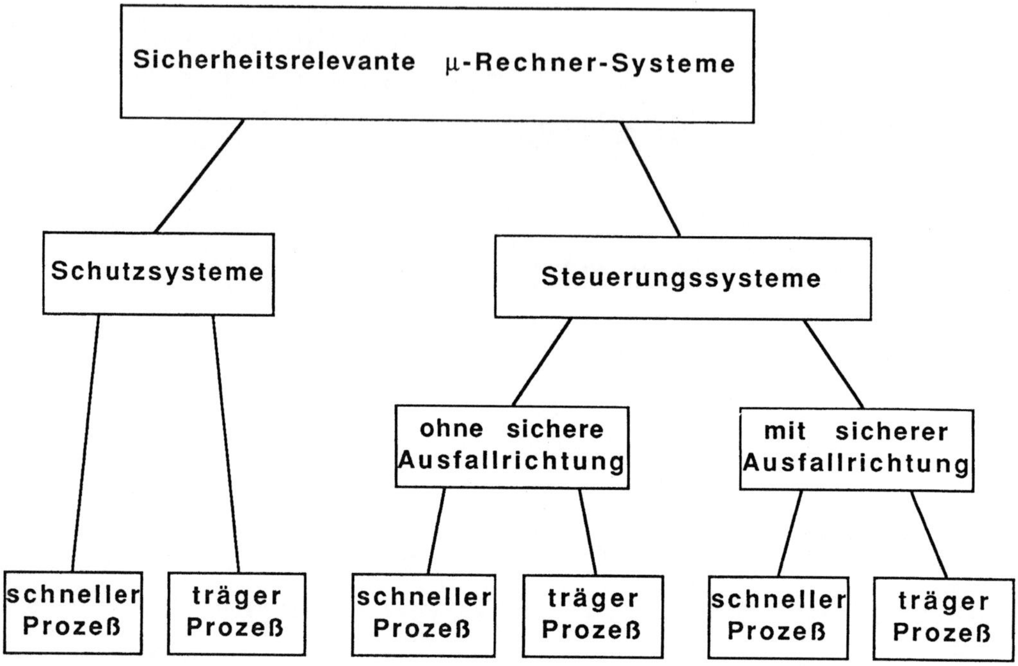

- Sicherheitsrelevante μ-Rechner-Systeme
  - Schutzsysteme
    - schneller Prozeß
    - träger Prozeß
  - Steuerungssysteme
    - ohne sichere Ausfallrichtung
      - schneller Prozeß
      - träger Prozeß
    - mit sicherer Ausfallrichtung
      - schneller Prozeß
      - träger Prozeß

Einsatzgesichtspunkte für sicherheitsrelevante Rechnersysteme

Institut für Mikroelektronik

IME

87.11./07

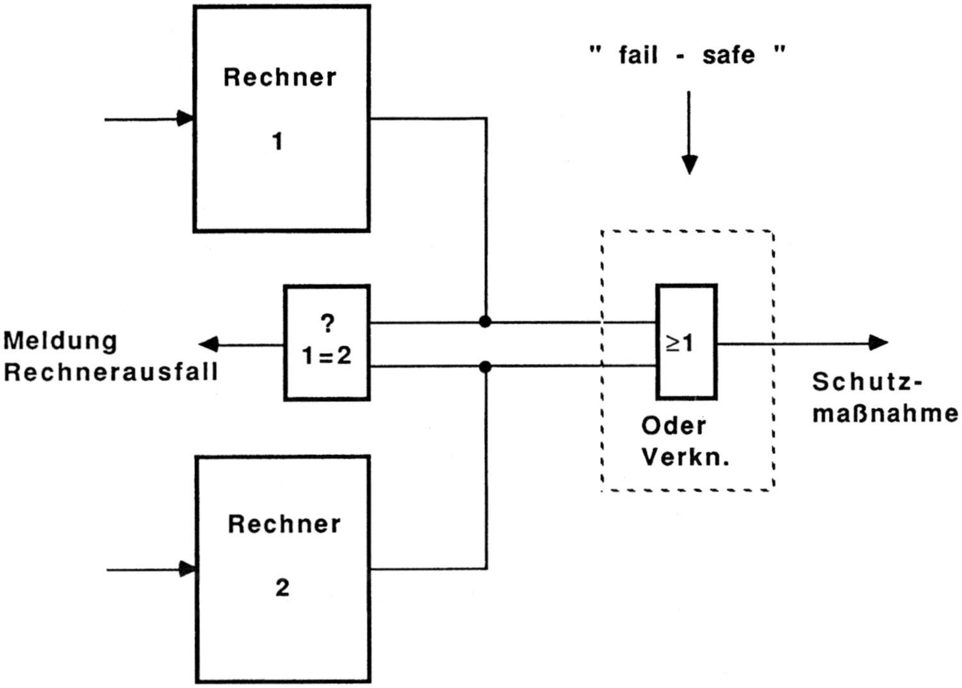

Zweikanaliges Schutzsystem

Institut für Mikroelektronik

IME

87.11./08

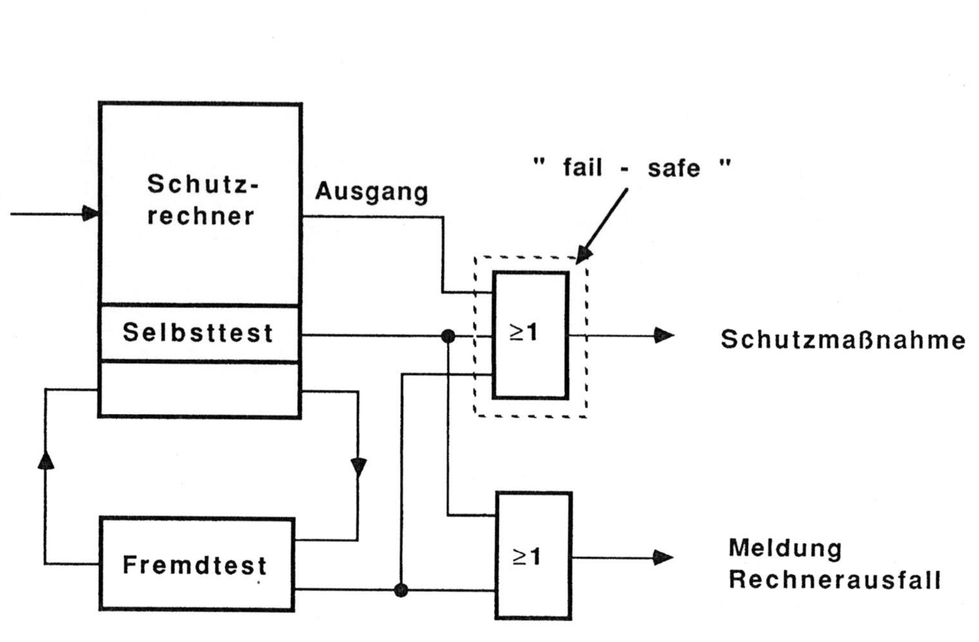

Einkanaliges Schutzsystem

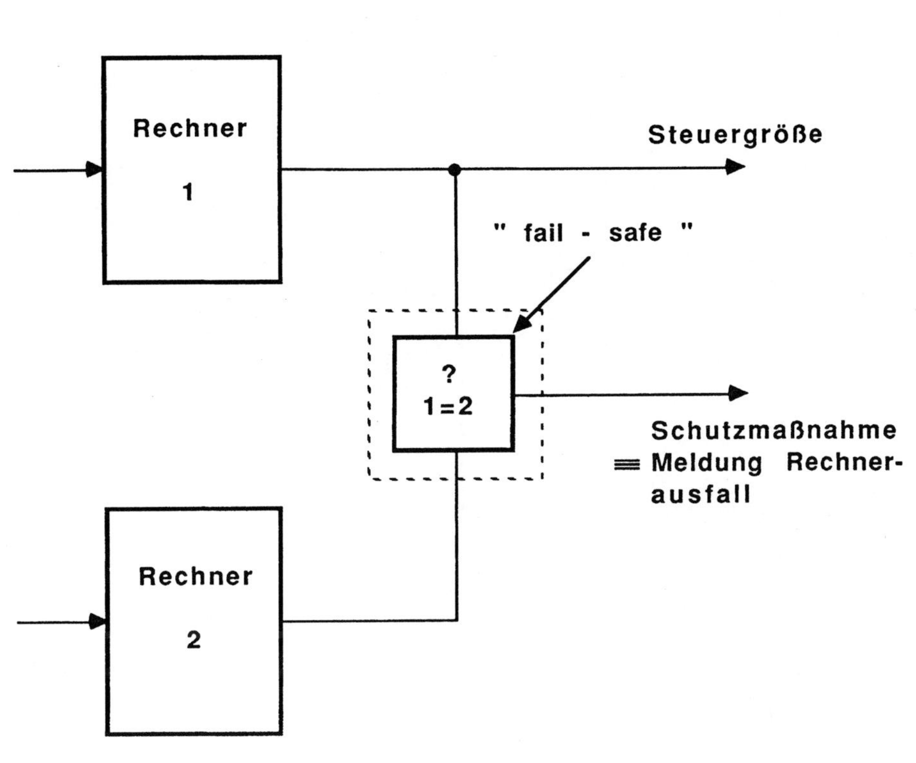

Zweikanaliges Steuerungssystem
mit sicherer Ausfallrichtung

Institut für Mikroelektronik

IME

87.11./10

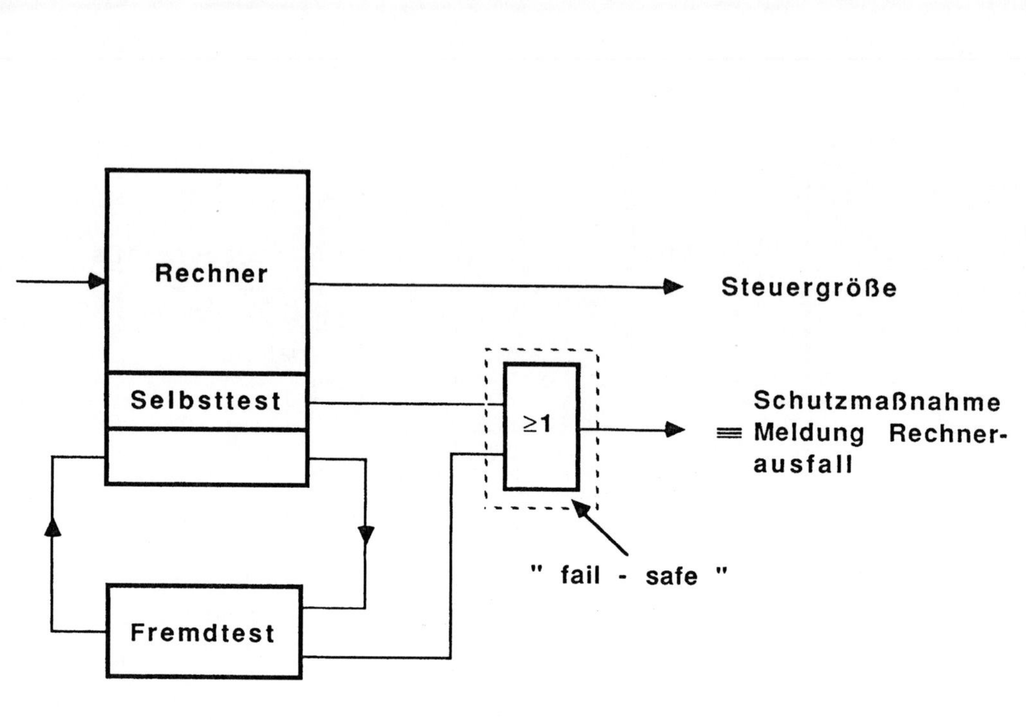

Einkanaliges Steuerungssystem
mit sicherer Ausfallrichtung

Institut für Mikroelektronik

IME

87.11./11

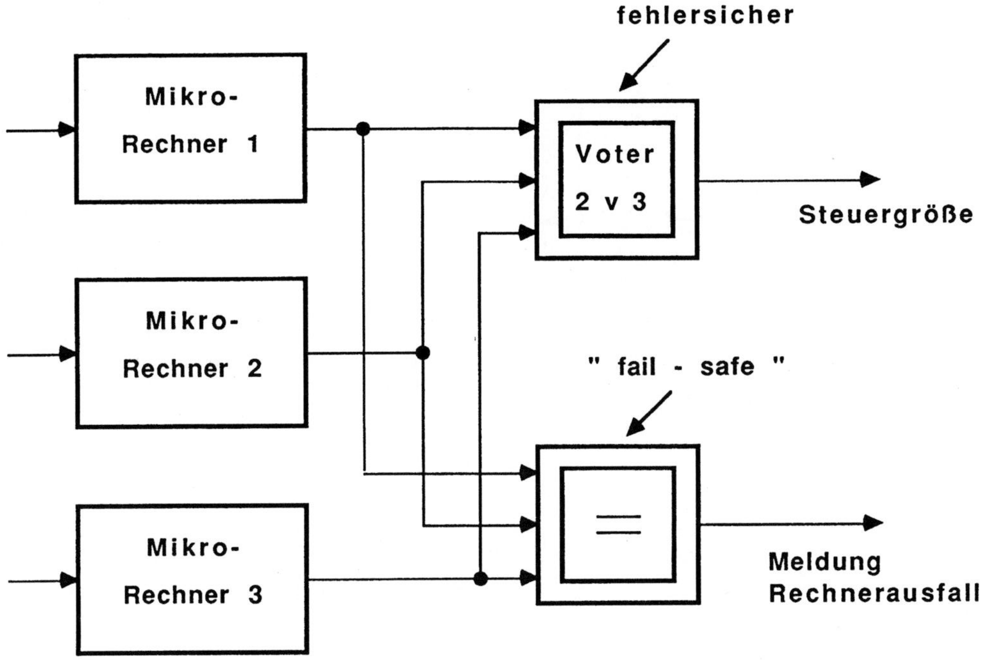

Dreikanaliges Steuerungssystem
ohne sichere Ausfallrichtung

Institut für Mikroelektronik

IME

87.11./12

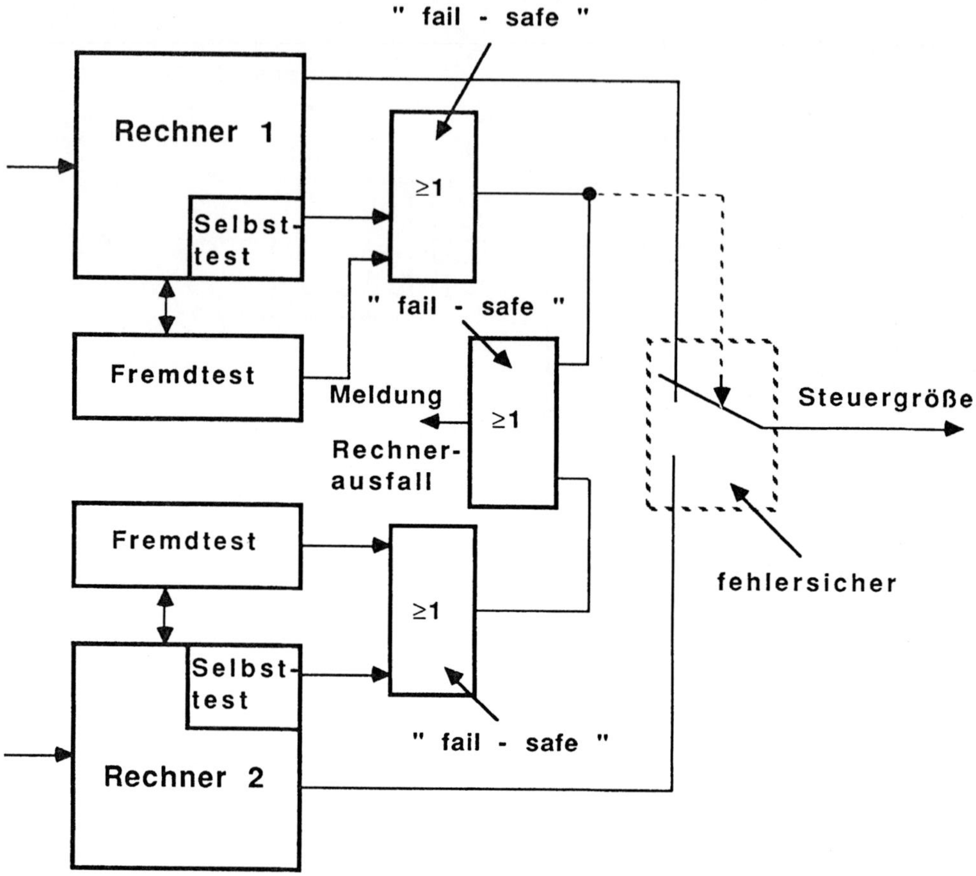
" fail - safe "
Rechner 1
≥1
Selbst-
test
" fail - safe "
Fremdtest
Meldung
≥1
Rechner-
ausfall
Steuergröße
fehlersicher
Fremdtest
≥1
Selbst-
test
" fail - safe "
Rechner 2

Zweikanaliges Steuerungssystem
ohne sichere Ausfallrichtung

TÜV RHEINLAND	Institut für Mikroelektronik	IME 87.11./13

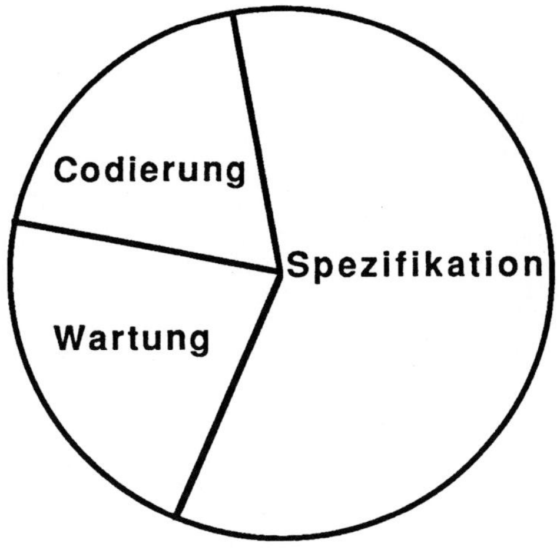

Fehleranteile einzelner Software - Phasen

Institut für Mikroelektronik

IME

87.11./14

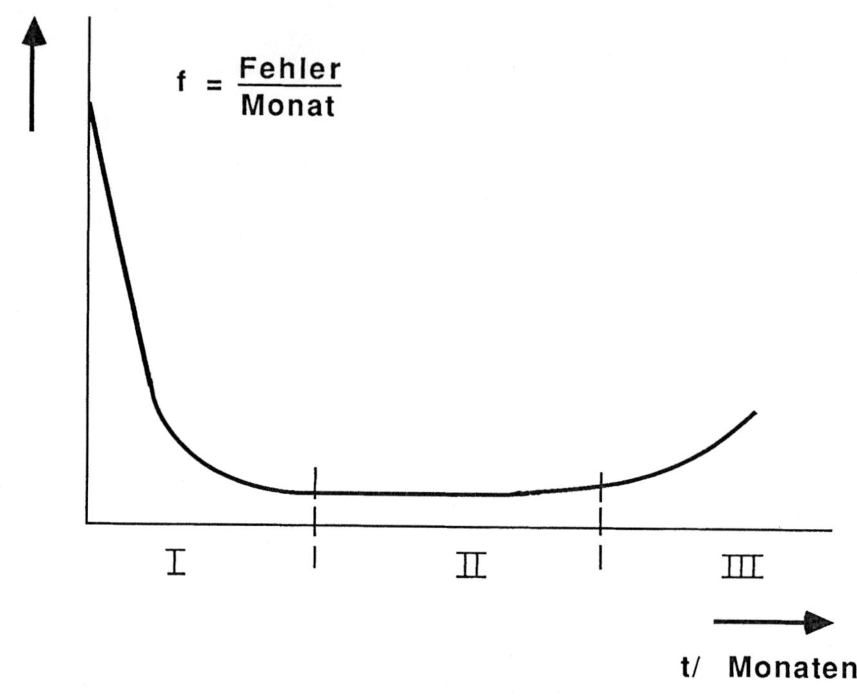

Fehler- Zeitdiagramm großer Software - Systeme

Institut für Mikroelektronik

IME

87.11./15

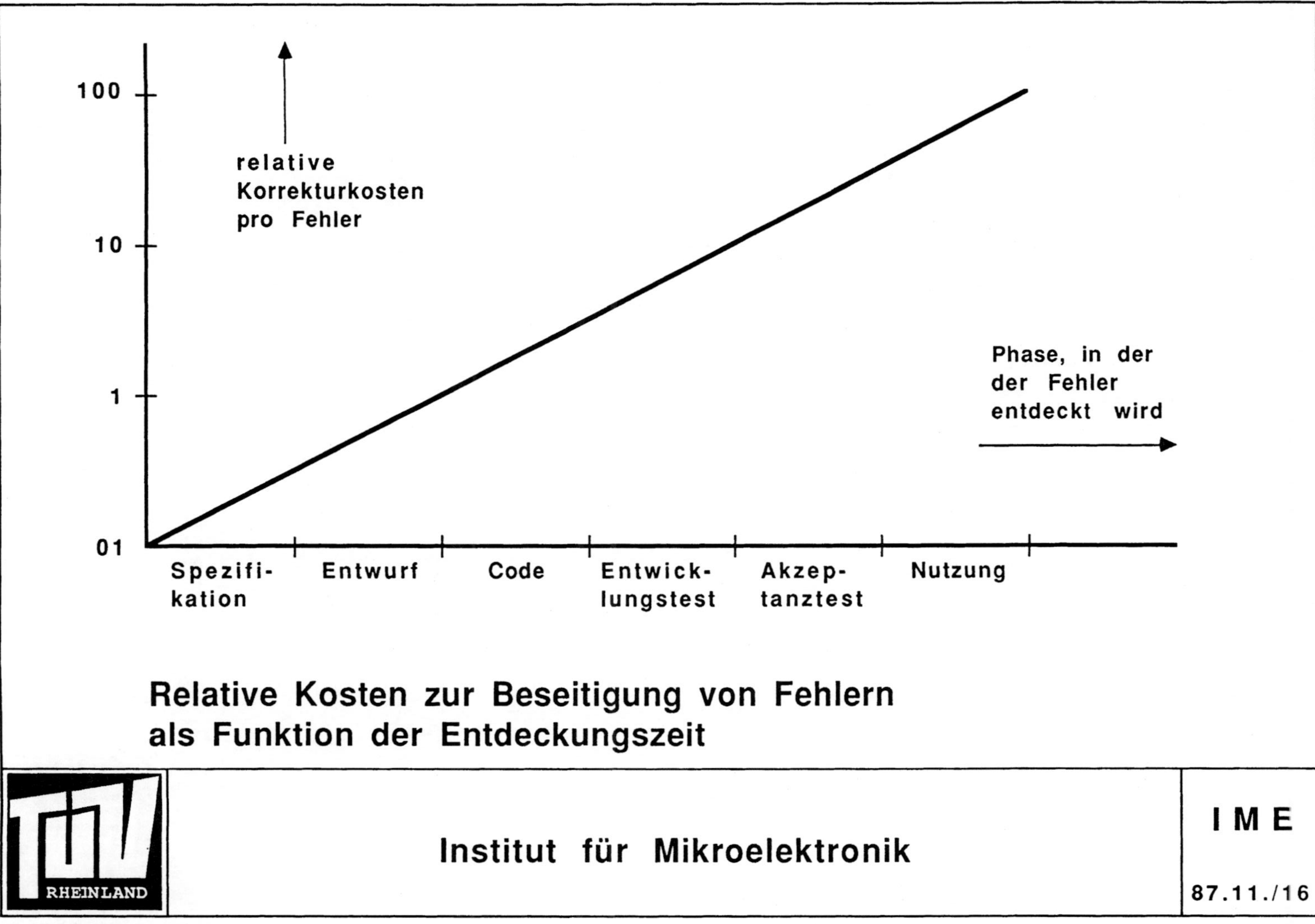
100
10
1
01
relative
Korrekturkosten
pro Fehler
Phase, in der
der Fehler
entdeckt wird
Spezifi-
kation
Entwurf
Code
Entwick-
lungstest
Akzep-
tanztest
Nutzung
Relative Kosten zur Beseitigung von Fehlern
als Funktion der Entdeckungszeit
RHEINLAND
Institut für Mikroelektronik
I M E
87.11./16

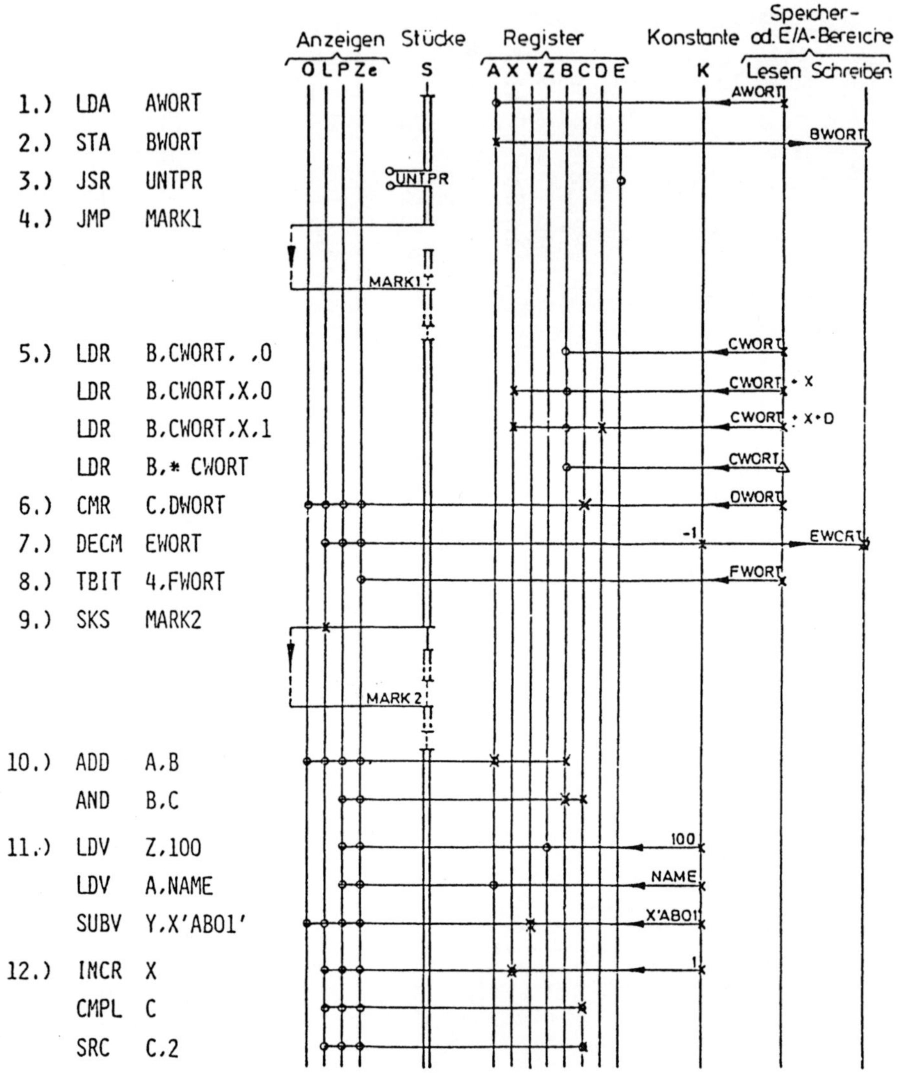

Speicher- od. E/A-Bereiche
Anzeigen Stücke Register Konstante Lesen Schreiben
O L P Ze S A X Y Z B C D E K

```
 1.) LDA  AWORT
 2.) STA  BWORT
 3.) JSR  UNTPR
 4.) JMP  MARK1

 5.) LDR  B,CWORT, ,0
     LDR  B,CWORT,X,0
     LDR  B,CWORT,X,1
     LDR  B,* CWORT
 6.) CMR  C,DWORT
 7.) DECM EWORT
 8.) TBIT 4,FWORT
 9.) SKS  MARK2

10.) ADD  A,B
     AND  B,C
11.) LDV  Z,100
     LDV  A,NAME
     SUBV Y,X'AB01'
12.) IMCR X
     CMPL C
     SRC  C,2
```

AWORT BWORT UNTPR MARK1 CWORT CWORT + X CWORT + X+D CWORT DWORT -1 EWORT FWORT MARK 2 100 NAME X'AB01 1

Programmablaufdiagramm

Institut für Mikroelektronik

IME

87.11./17

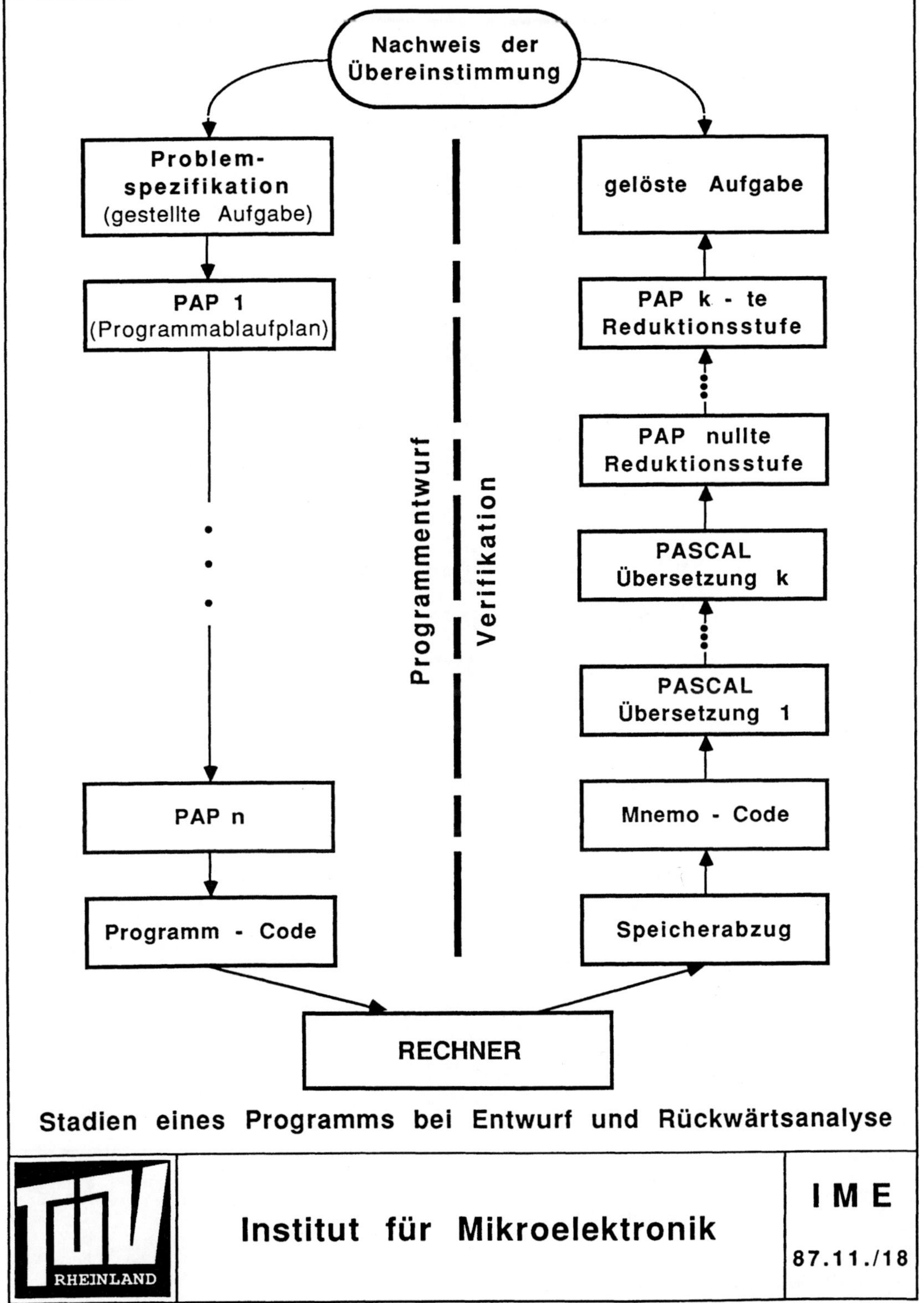

Stadien eines Programms bei Entwurf und Rückwärtsanalyse

TÜV-Arbeitsgemeinschaft Rechnersicherheit
Technischer Überwachungs-Verein Bayern e. V.
Technischer Überwachungs-Verein Rheinland e. V.

H. Hölscher/J. Rader

Mikrocomputer in der Sicherheitstechnik

Eine Orientierungshilfe für Entwickler und Hersteller

Ergebnisse eines Forschungsberichts gefördert mit Mitteln des Bundesministers für Forschung und Technologie

Verlag TÜV Rheinland

Institut für Mikroelektronik

IME

87.11./19

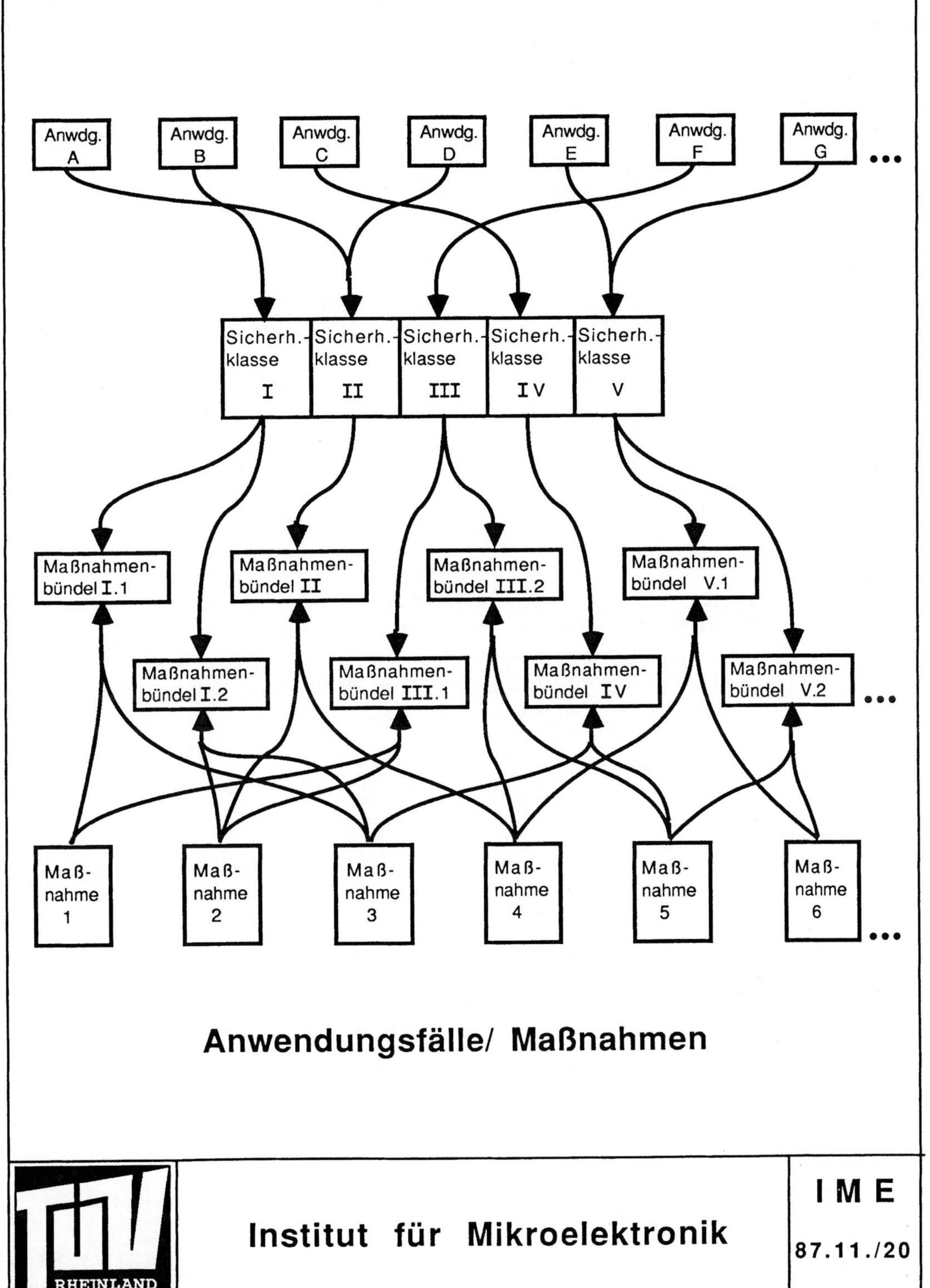
Anwdg. A
Anwdg. B
Anwdg. C
Anwdg. D
Anwdg. E
Anwdg. F
Anwdg. G
...
Sicherh.-klasse I
Sicherh.-klasse II
Sicherh.-klasse III
Sicherh.-klasse IV
Sicherh.-klasse V
Maßnahmenbündel I.1
Maßnahmenbündel II
Maßnahmenbündel III.2
Maßnahmenbündel V.1
Maßnahmenbündel I.2
Maßnahmenbündel III.1
Maßnahmenbündel IV
Maßnahmenbündel V.2
...
Maß-nahme 1
Maß-nahme 2
Maß-nahme 3
Maß-nahme 4
Maß-nahme 5
Maß-nahme 6
...
Anwendungsfälle/ Maßnahmen
TÜV RHEINLAND
Institut für Mikroelektronik
IME
87.11./20

Klasse 1: — Pressensteuerungen nach ZH1/456 bzw. 457
Bahnsignalanlagen nach DIN 57831/VDE 0831
Spurführungssysteme
Fahrtreppensteuerungen nach EN 115

Klasse 2: — Aufzugssteuerungen nach TRA 200/101
Fahrtreppensteuerungen (soweit nicht nach EN 115)

Klasse 3: — Straßenverkehrs-Signalanlagen nach DIN 57832/VDE 0832
Elektrische Ausrüstung von Feuerungsanlagen nach DIN 57116/VDE 0116
Fernwirkanlagen für Gas- und Öl-Rohrleitungen nach TRGL 181
Fahrgeschäfte (gegenwärtige Anlagen)
Seilbahnsteuerungen

Klasse 4: — Elektromedizinische Geräte nach DIN IEC 601/VDE 0750
Funkfernsteuerungen für Krane nach ZH1/547
Be- und Verarbeitungsmaschinen nach DIN 57113/VDE 0113
Flammenüberwachungseinrichtungen
Hebebühnen nach VBG 14

Klasse 5: — Haushaltsgeräte
Skibindungen und -einstellgeräte
Aktenvernichter, Papierzerkleinerer, etc.
Kraftbetriebene Tore (Steuerungen)

Sicherheitsklassen gemäß TÜV - Handbuch

Institut für Mikroelektronik

I M E

87.11./21

Sicherheitsklasse	Struktur und Maßnahmen gegen: Ausfälle	Struktur und Maßnahmen gegen: systematische Fehler	Prüfungen im Rahmen des Sicherheitsnachweises
3	1-kanalig, hochwertige Tests oder Überwachungsmaßnahmen für – ROM, – RAM, – E/A, – CPU, zeitliche und logische Programmlaufüberwachung.	betriebsbewährte und qualifizierte Bauelemente.	Intensive Prüfung der geforderten Maßnahmen und Eigenschaften: theoretisch, praktisch u. a. durch umfangreiche Fehlersimulation; Codeinspektion, Prüfung aller Programm-Funktionen, Prüfung aller Zeitbedingungen und Unterbrechungen, ergänzende Funktionsprüfung am kompletten Gerät.
3	s. o.	s. o.	Intensive Prüfung der geforderten Maßnahmen und Eigenschaften: theoretisch, praktisch u. a. durch umfangreiche Fehlersimulation; manuelle Programmanalyse, Prüfung aller Zeitbedingungen und Unterbrechungen, ergänzende Funktionsprüfung am kompletten Gerät.
3	s. o.	betriebsbewährte und qualifizierte Bauelemente, diversitäre Software (mit Vergleich).	Intensive Prüfung der geforderten Maßnahmen und Eigenschaften: theoretisch, praktisch u. a. durch umfangreiche Fehlersimulation; Codeinspektion nur für nicht-diversitäre Software-Teile, Prüfung aller Programm-Funktionen soweit nicht diversitär, Prüfung aller Zeitbedingungen und Unterbrechungen soweit nicht diversitär, ergänzende Funktionsprüfung am kompletten Gerät.
3	s. o.	s. o.	Intensive Prüfung der geforderten Maßnahmen und Eigenschaften: theoretisch, praktisch u. a. durch umfangreiche Fehlersimulation; manuelle Programmanalyse nur für nicht-diversitäre Software-Teile, Prüfung aller Zeitbedingungen und Unterbrechungen soweit nicht diversitär, ergänzende Funktionsprüfung am kompletten Gerät.

Sicher-heits-Klasse	Struktur und Maßnahmen gegen: Ausfälle	Struktur und Maßnahmen gegen: systematische Fehler	Prüfungen im Rahmen des Sicherheitsnachweises
3	2-kanalig, Vergleich von Ergebnissen, ergänzende Tests.	betriebsbewährte und qualifizierte Bauelemente.	Prüfung der geforderten Maßnahmen und Eigenschaften, Codeinspektion, Prüfung aller Programm-Funktionen, Prüfung aller Zeitbedingungen und Unterbrechungen, ergänzende Funktionsprüfung am kompletten Gerät.
3	s. o.	s. o.	Prüfung der geforderten Maßnahmen und Eigenschaften, manuelle Programmanalyse, Prüfung aller Zeitbedingungen und Unterbrechungen, ergänzende Funktionsprüfung am kompletten Gerät.
3	s. o.	betriebsbewährte und qualifizierte Bauelemente, diversitäre Software.	Prüfung der geforderten Maßnahmen und Eigenschaften, Codeinspektion nur für nicht-diversitäre Software-Teile, Prüfung aller Programm-Funktionen soweit nicht diversitär, Prüfung aller Zeitbedingungen und Unterbrechungen soweit nicht diversitär, ergänzende Funktionsprüfung am kompletten Gerät.
3	s. o.	s. o.	Prüfung der geforderten Maßnahmen und Eigenschaften, manuelle Programmanalyse nur für nicht-diversitäre Software-Teile, Prüfung aller Zeitbedingungen und Unterbrechungen soweit nicht diversitär, ergänzende Funktionsprüfung am kompletten Gerät.

Tabelle 6.1 : Zuordnung der Maßnahmenbündel zu den Sicherheitsklassen, Blatt 3

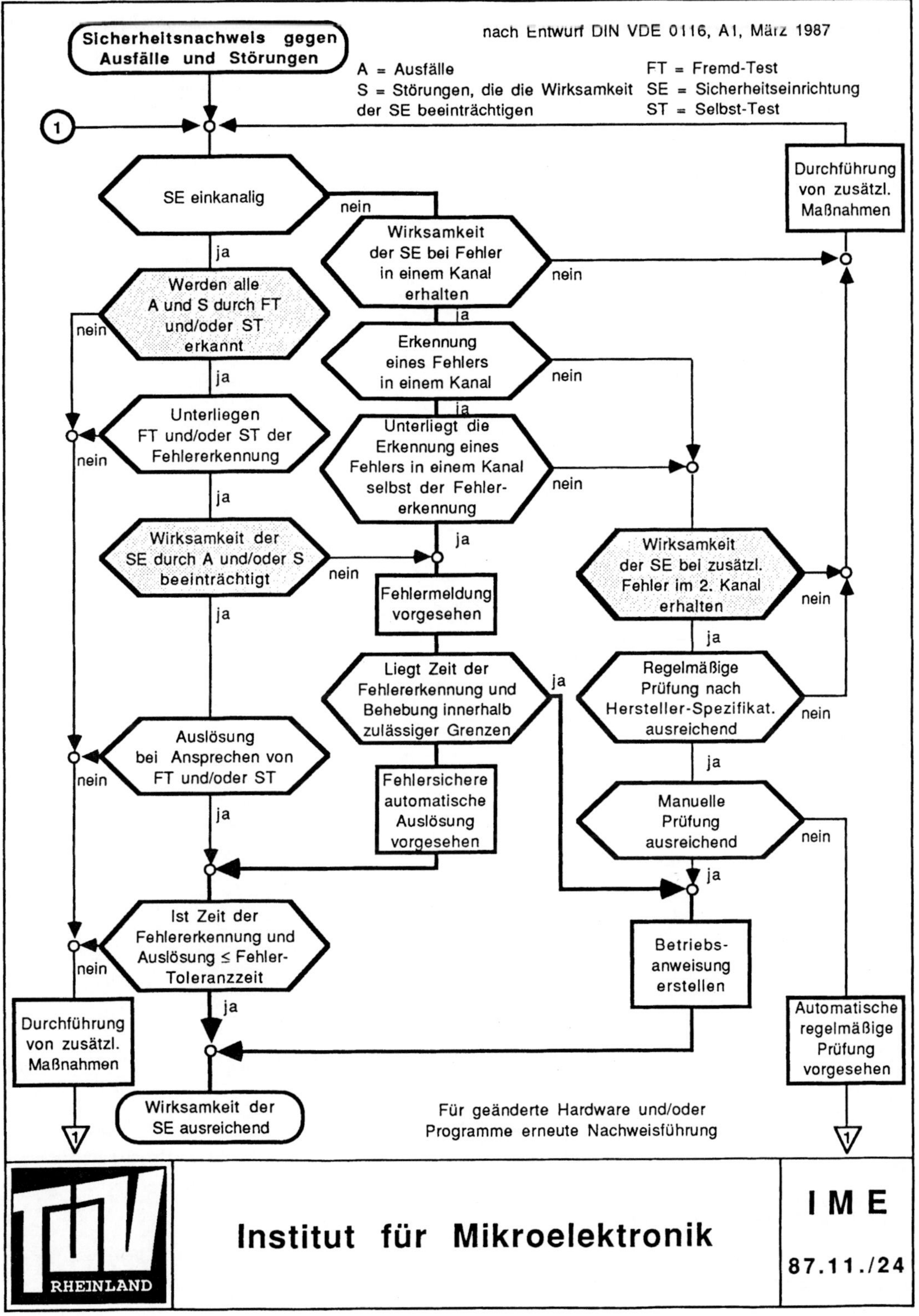
Sicherheitsnachweis gegen Ausfälle und Störungen
nach Entwurf DIN VDE 0116, A1, März 1987
A = Ausfälle
S = Störungen, die die Wirksamkeit der SE beeinträchtigen
FT = Fremd-Test
SE = Sicherheitseinrichtung
ST = Selbst-Test
1
SE einkanalig
nein
ja
Durchführung von zusätzl. Maßnahmen
Wirksamkeit der SE bei Fehler in einem Kanal erhalten
Werden alle A und S durch FT und/oder ST erkannt
Erkennung eines Fehlers in einem Kanal
Unterliegen FT und/oder ST der Fehlererkennung
Unterliegt die Erkennung eines Fehlers in einem Kanal selbst der Fehlererkennung
Wirksamkeit der SE durch A und/oder S beeinträchtigt
Fehlermeldung vorgesehen
Wirksamkeit der SE bei zusätzl. Fehler im 2. Kanal erhalten
Liegt Zeit der Fehlererkennung und Behebung innerhalb zulässiger Grenzen
Regelmäßige Prüfung nach Hersteller-Spezifikat. ausreichend
Auslösung bei Ansprechen von FT und/oder ST
Fehlersichere automatische Auslösung vorgesehen
Manuelle Prüfung ausreichend
Ist Zeit der Fehlererkennung und Auslösung ≤ Fehler-Toleranzzeit
Betriebs-anweisung erstellen
Durchführung von zusätzl. Maßnahmen
Automatische regelmäßige Prüfung vorgesehen
Wirksamkeit der SE ausreichend
Für geänderte Hardware und/oder Programme erneute Nachweisführung
TÜV RHEINLAND
Institut für Mikroelektronik
IME
87.11./24

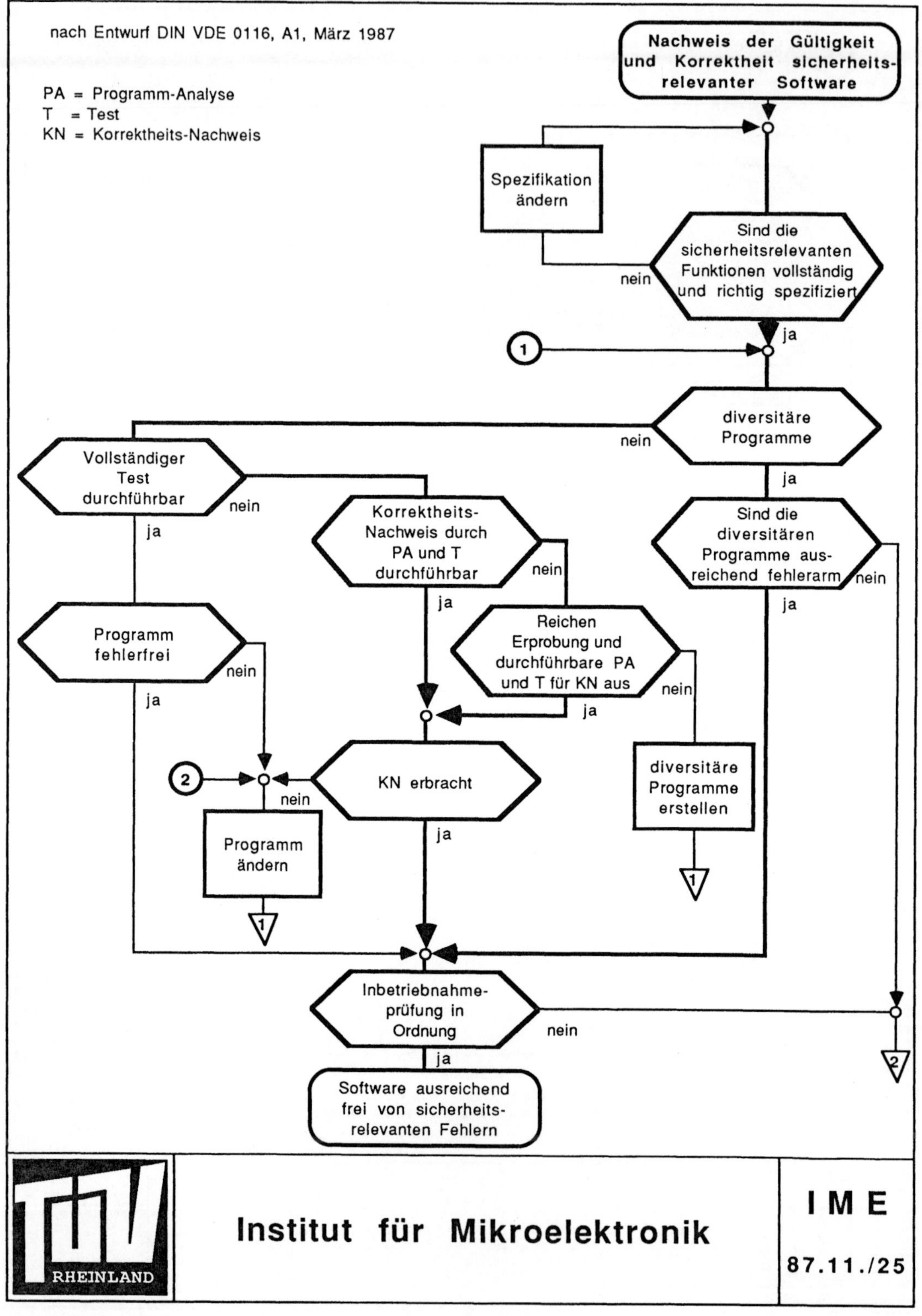

RHEINLAND

Institut für Mikroelektronik

IME

87.11./25

INFORMATIONSTECHNOLOGIE UND MENSCHLICHE ARBEIT

H.-J. Bullinger
K. Kornwachs

Fraunhofer-Institut für Arbeitswirtschaft und Organisation
Universität Stuttgart

Inhalt:

1 EINLEITUNG

Wie sehr sich in der Arbeitswelt die Rolle der Technologie für die menschliche Arbeit geändert hat, mag man anhand des folgenden Zitats aus einem Lehrbuch der Prozeßrechnertechnik aus dem Jahre 1973 selbst nachvollziehen:

> "Das Ziel jeder Automatisierung ist die Kosten zu senken, die am häufigsten zu Buche schlagen: Die Personalkosten. Der Betrieb der Zukunft muß mit wenigen angelernten Hilfskräften auskommen. Die Leistung der Prozeßrechner liegt nun gerade darin, die Betriebskosten des Prozesses zu mindern und gleichzeitig Qualität und Quantität der Produkte zu steigern. Das Steuerpersonal als auch das Wartungspersonal sind sozusagen in den Prozeßrechner eingebaut" [KUSSL 1973, S. 5].

Wenn wir heute von "Prozeßrechensystemen" sprechen, dann haben wir damit nicht mehr bloß das Messen-Steuern-Regeln (MSR) eines einzelnen isolierten Prozesses im Auge, z.B. das Steuern eines Reaktors in der Verfahrenstechnik. Wir müssen vielmehr angesichts der Konzeptologien, wie sie die computer-integrierte Fabrik (CIM) mit sich gebracht hat, begreifen, wie einzelne Prozeßrechner und einzelne Prozesse zu interagierenden Elementen eines Systems werden. Dieses Gesamt-System, z.B. eine Fabrik, das dezentral gesteuert und fehlerfreundlich arbeiten soll, bindet den Menschen in die Technologie ein und paßt sich jetzt schon zu einem gewissen Grade seinen Fähigkeiten an.

Umgekehrt fordern diese neuen Prozeßrechensysteme eine ganz anders geartete Kompetenz des Mitarbeiters - der Traum von den wenigen, angelernten Hilfskräften, bis hin zu dem, was das Schlagwort von der "mannlosen Fabrik" umschreibt, hat sich als wenig realistisch erwiesen.

1.1 Prozeßrechensysteme und Arbeitswissenschaft

Die Überwindung des Taylorismus ist wohl doch noch nicht so abgeschlossen, wie man sich das als ein arbeitswissenschaftlich orientiertes Institut wünscht, das an zahlreichen Projekten der "Humanisierung des Arbeitslebens" mitgearbeitet hat. Die "Ironie der Automatisierung" [BAINBRIDGE 1983] besteht darin, daß System-Designer den handelnden Menschen möglichst als fehleranfälliges Element aus dem Prozeßgeschehen eliminieren wollten, dabei aber übersahen, daß sie selbst fehleranfällig waren, notfalls auch selbst ohne Prozeßkenntnisse eingreifen mußten und sich die Automatisierung in der Regel auf ein zerstückeltes, eben taylorisiertes Prozeßgeschehen bezog.

Die Fortentwicklung der Prozeßrechnersteuerung hat zunächst, ganz im Sinne des einleitenden Zitats von V. KUSSL, dazu geführt, alle zu ersetzenden "menschlichen Handlungsabläufe, soweit wie möglich in formalisierte Prozeduren" [VOLPERT 1987, S. 148] umzuwandeln. Genau dies kann aber als Taylorismus angesehen werden. Mit den vieldiskutierten Folgen der Reduktion des Handlungsspielraums und der Dequalifizierung für den arbeitenden Menschen. Fordert man hingegen:

> "Verteile die Arbeitsaufgaben so auf die Personen, daß diesen qualifizierte und verantwortungsvolle Aufgaben zufallen - standardisiere und formalisiere die Prozesse nur soweit, wie dies die Bewältigung jener Aufgaben unterstützt!" [VOLPERT 1987, S. 148]

dann könnte die Konsequenz für die Gestaltung der Aufgabenverteilung zwischen Mensch und Maschine so aussehen:

> "Fördere und unterstütze durch den Einsatz maschineller Prozeduren die Stärken, die Menschen bei der Bewältigung komplexer Arbeitsaufgaben haben, und nimm ihnen nichts weg, was sie besser tun können und sollen als Maschinen." [VOLPERT 1987, S. 148]

Eine solche Prämisse für die Gestaltung der Arbeit ist angesichts der Entwicklung der Prozeßrechnertechnologie hin zum Prozeßrechensystem von einschneidender Bedeutung. Da die Arbeitswissenschaft nicht nur untersucht, wie sich Mensch und Produktionssystem verhalten (IST), sondern Prinzipien zur Gestaltung der Arbeitswelt entwickeln muß, ist die anthropozentrische Gestaltung der Arbeit und der Arbeitsmittel ihr oberstes Gebot. Somit wollen wir zunächst von dieser Prämisse ausgehen.

1.2 Die Veränderung in der Prozeßrechnertechnologie

Die Änderungen in der Arbeitswelt haben Änderungen in der Prozeßrechnertechnologie (ihrer Technik und ihrer Anwendung) hervorgerufen - die Umkehrung gilt ebenfalls. Der Schritt von den verdrahtungsprogrammierten Steuerungen zu den speicherprogrammierten Steuerungen (CNCN-Maschinen) hat zum einen zu einer "Universalisierung des Werkzeugs" geführt [BULLINGER, KORNWACHS 1986 (a) (b)], d.h. zu einer Erweiterung des Spektrums der mit einer solchen Konfiguration herstellbaren Produkte oder Teile. Zum anderen wurde es möglich, eine speicherprogrammierte Steuerung - und dies gilt mutatis mutandis auch für alle anderen Prozeßsteuerungen - als Empfänger von Daten anzusehen, die in der Konstruktion oder in der Arbeitsvorbereitung erstellt wurden. Das führt zur Möglichkeit einer echt durchgängigen Informationsverarbeitung - von der Zeichnungserstellung bis hin zur Qualitätsendkontrolle.

Dieser Möglichkeit entgegen stand und steht zum Teil noch die Vielfalt nicht miteinander kompatibler Insellösungen und die technischen wie konzeptionellen Schwierigkeiten bei der Einstellung einheitlicher Software. Zu den konzeptionellen Schwierigkeiten gehören unter anderem auch die Funktionsüberlagerungen der jeweiligen Teilprozesse und dazu gehörender organisatorischer Teilbereiche.

Hinzu kommt, daß sich die klassische Einteilung der Prozesse, die von Prozeßrechnern gesteuert werden, die verfahrenstechnische Prozesse, Fertigungsprozesse, Verteilungsprozesse und Prüfprozesse [zurückgehend auf ANKE, KALTENECKER, OETKER 1970], erheblich erweitert hat und die Grenzen verschwimmen. So werden verfahrenstechnische Prozesse zu Teilprozessen in der Fertigung und die Flexibilisierung der Fertigung ergibt die Möglichkeit, Fertigung und Montage als einen einheitlich zu betrachtenden Verteilungsprozess aufzufassen. (Wir kommen auf die Gestaltung eines solchen Systems in Abschnitt 3.2 zurück.) Eine Erweiterung der Anwendung der Prozeßrechnertechnik auf zusätzliche Prozeßarten wie

- Synchronisationsprozesse
  (als erweiterte just-in-time Verteilungsprozesse von Objekten und Informationen)
- Kommunikationsprozesse
  (Informationen werden gesammelt und zusammengestellt und können analog zu einem Zusammenbau in der Montage eines Produkt zu Wissen verarbeitet werden, das in das System zurückfließt und vor Ort in Steuerungsinformation umgewandelt wird.)
- Entscheidungsprozesse
  (Bereitgestelltes Wissen und eine Zustandspräparierung des Systems so, daß der Weitergang des Prozesses selbst vom Wissen und dem präparierten Zustand abhängig ist. Konkret: Eine Entscheidung ist die Herbeiführung determinierender Kriterien für eine Auswahl aus Alternativen. Dieser Prozeß erzeugt weiterhin neue Informations- und Steuergrößen.

Einen schematischen Überblick ergibt Abbildung 1:

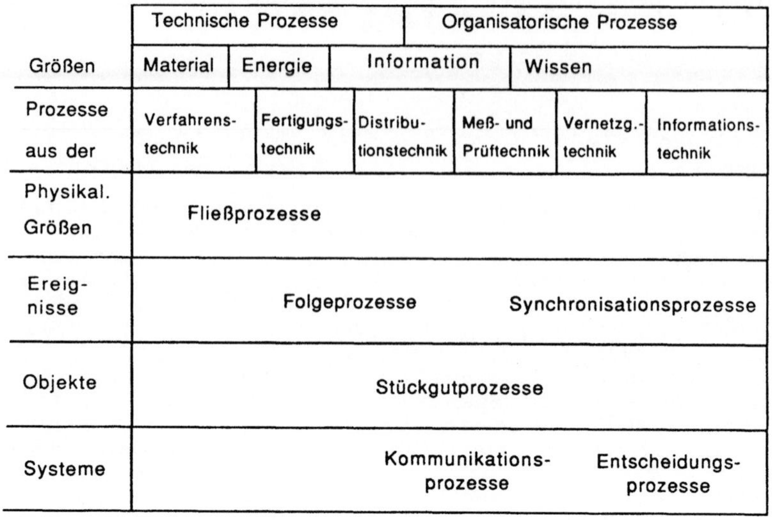

	Technische Prozesse			Organisatorische Prozesse		
Größen	Material	Energie	Information		Wissen	
Prozesse aus der	Verfahrens-technik	Fertigungs-technik	Distribu-tionstechnik	Meß- und Prüftechnik	Vernetzg.-technik	Informations-technik
Physikal. Größen	Fließprozesse					
Ereig-nisse			Folgeprozesse		Synchronisationsprozesse	
Objekte			Stückgutprozesse			
Systeme			Kommunikations-prozesse		Entscheidungs-prozesse	

Abb 1: Einteilung in Prozeßarten (Modifikation einer Einteilung von BENDEICH, KÖLLE 1976)

Der ursprüngliche Prozeßbegriff als Umformung und/oder Transport von Stoff, Energie und Information, insbesondere aber der technische Prozeßbegriff, bezog sich bisher in der technischen Literatur auf einen Prozeß, dessen Zustandsgrößen überwiegend physikalische Größen sind, die mittels eines Prozeßrechners gemessen, gesteuert und/oder geregelt werden können [SYRBE 1972, S. 14]. Die Erweiterung des Prozeßbegriffes durch Hinzunahme von nicht-technischen, administrativen, kommunikativen und informationsverarbeitenden Prozessen ändern auch die Bedeutung der klassischen Begriffe wie z.B. Steuern und Regeln, Messen, System, Störgröße usw.

So ist, um beim Sprachgebrauch zu bleiben, für einen Kommunikationsprozeß (z.B. die Übertragung von CAD-Daten an die Materialdisposition) der Begriff der Prozeßidentifizierung zu erweitern, da nichtnumerische Daten und Regelwissen (z.B. von einem dazwischengeschalteten wissensbasierten System (notfalls Expertensystem genannt)) beim Modellieren eines solchen Vorgangs eine entscheidende Rolle spielt. Das, was in der Prozeßrechnertechnik Hintergrundsarbeit genannt wurde (z.B. Simulation geplanter Systeme, Testen von Softwareänderungen, Softwarepflege [FÄRBER 1979]) wird nunmehr zum konstituierenden Bestandteil des Prozesses selbst.

Dienten also früher Prozeßrechner der Automatisierung des Messens, Steuerns und Regelns technischer Prozesse, so haben wir heute den Trend, das organisatorische und technische Prozesse über ein Netz von dezentralen Rechnern gekoppelt sind, die sich zum Teil gegenseitig "automatisieren". Der Unterschied ist evident.

1.3 Änderung der Arbeitssituation

In dieser geänderten, mit Informationstechnologie durchdrungenen Arbeitswelt hat z.B. die Belastung durch die Arbeit einen anderen Charakter bekommen. Man kann die Belastung des Menschen durch die Arbeit annähernd als ein Produkt von Arbeitsschwierigkeit und Arbeitsdauer ansetzen [vgl. SCHMIDTKE, BUBB 1981].

Zur Arbeitsdauer wäre aus historischer Sicht zum einen anzumerken, daß man für den Erwerb z.B. eines Kühlschranks um 1925 herum etwa 234 Arbeitstage (Durchschnittspreise und Durchschnittslöhne vorausgesetzt) arbeiten mußte, um einen dem Kaufpreis äquivalenten Lohn zu erhalten. Im Jahre 1975 benötigt man dazu in etwa 6 1/2 Tage. Für ein paar Damenschuhe liegt das Verhältnis von 25 Std. und 34 Min. zu 5 Std. und 05 Min., beim Auto mußte man sich damals 240 Wochen verdingen, heute ist dies mit einem Aufwand von 41 Wochen machbar [MEIER 1976, S. 10]. Zum andern ist der Rückgang der Arbeitszeit offenkundig und braucht nicht eigens illustriert zu werden.

Ausführungen über die Entwicklung der Arbeitsschwierigkeit sind nicht durch so einfache Vergleiche zu illustrieren, sondern verlangen eine etwas differenziertere Sichtweise [BULLINGER, LORENZ, TRAUT 1986]. Insbesondere sind Arbeitsschwierigkeit, die Komplexität des Systems und die notwendige Qualifikation des Arbeitenden nicht voneinander zu trennen. Mit der Automatisierung der Produktionsmittel (CNC, IR, FFS) und dem Einsatz von Computersystemen in der Konstruktion und Arbeitsvorbereitung (CAD, CAP, CAM) ändert sich auch die Situation der Arbeitnehmer im Produktionsbetrieb. In Abbildung 2 sind wichtige Problemfelder zusammengestellt, die den Arbeitnehmer bei der Einführung neuer Technologien tangieren und entsprechend zu beachten sind. Jedes der Problemfelder läßt für die Zukunft eine optimistische und pessimistische Betrachtung zu.

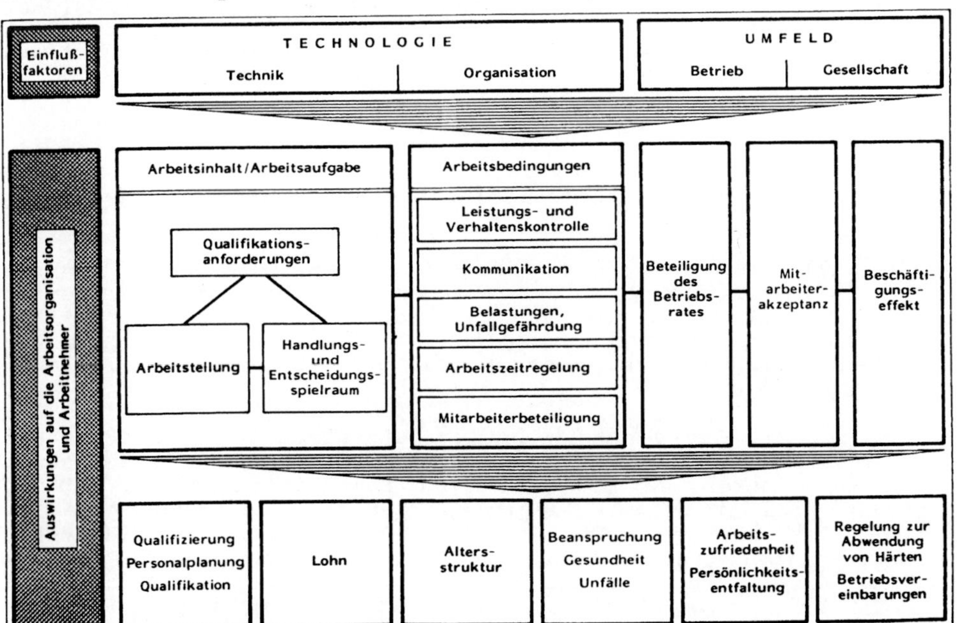

Abb. 2: Problemfelder für den Arbeitnehmer bei der Einführung neuer Technologien

Die größte Bedeutung kommt ohne Zweifel den Fragen nach den künftigen Arbeitsinhalten bzw. Arbeitsaufgaben zu, eine Problemstellung, der bei der Diskussion um die Auswirkungen neuer Technologien auf die Arbeitnehmer neben dem Beschäftigungseffekt die größte Aufmerksamkeit geschenkt wird. Aus dem Arbeitsinhalt leiten sich eine Vielzahl von Merkmalen ab (beispielsweise Qualifikation, Lohn, Persönlichkeitsentfaltung), die die Qualität der menschlichen Arbeit in dem Unternehmen der Zukunft beschreiben. Die Arbeitsschwierigkeit ist demnach eine direkte Funktion der Arbeitsinhalte.

Der Arbeitsinhalt wiederum wird durch die Qualifikationsanforderungen (z.B. Programmierkenntnisse, Erfahrung im Umgang mit Prozeßrechnern etc.), Arbeitsteilung (z.B. die Trennung in Hardware- und Softwareprobleme am Arbeitsplatz eines Prozeßrechners) und letztlich durch die verbliebenen Handlungs- und Entscheidungsspielräume geprägt. Den zentralen Faktor stellen dabei die Qualifikationsanforderungen dar, die im hohen Maße von der vorliegenden Arbeitsteiligkeit der Arbeit und den bestehenden Entscheidungs- und Handlungsspielräumen des Mitarbeiters bestimmt werden. Eine getrennte Betrachtung der drei Faktoren wäre unangebracht, geschieht jedoch in vielen Arbeitsanalysen und -studien.

Abgesehen von Problemgruppen (Bsp. Zeichner, Meister, Einleger an Industrierobotern) kann in der Produktion, im Gegensatz zur Erwartung, die im Eingangszitat angesprochen wird, nicht von einer allgemeinen Dequalifizierung der Arbeitnehmer gesprochen werden. Eine partielle Dequalifizierung findet jedoch statt, da durch den Einsatz neuer Technologien Teile der bei den Mitarbeitern vorliegenden Qualifikationen nicht mehr nachgefragt werden und damit nutzlos geworden sind. Andererseits werden beim Einsatz neuer Technologien neue und andere Qualifikationen notwendig, die sich die Mitarbeiter aneignen müssen.

Dabei werden nach aller Erfahrung Inhalt und Niveau der beim Einsatz neuer Technologien notwendigen Qualifikation im hohen Maße durch die Art der Technik und ihres organisatorischen Einsatzes bestimmt. Auf den Zusammenhang zwischen Belastung und Qualifikation werden wir noch einmal im Kapitel 6 zurückkommen.

1.4 Die Ziele des Technologieeinsatzes bei Prozeßrechensystemen

Zunächst soll eine Vermutung geäußert werden: Die Ausweitung der einzelnen Prozeßrechner zu Netzen von Rechnern, die in ihrer Gesamtheit wiederum für einen vielfach vermaschten und gekoppelten Prozeß "verantwortlich" sind, wurde nicht angestrebt, weil man primär Personalkosten sparen wollte, sondern weil das zu steuernde Gesamtsystem zu komplex wurde.

So haben sich die Ziele des Technologieeinsatzes bei Prozeßrechnern geändert. Sie werden nunmehr eingesetzt als interagierende Elemente eines übergeordneten, höchst flexiblen Kommunikations- und Steuersystems und sind nicht mehr allein auf den zu steuernden Prozeß allokierbar. Das übergeordnete, einheitlich konzipierte CIM-System, das trotz einiger traumtänzerischer und nicht ganz solider Diskussionen ein Konzept zu sein scheint, das sich während der Entstehung auch durchsetzt, kann aber wiederum gesehen werden als einen integrierenden Bestandteil eines nochmals darüber liegenden Systems, dem Computer-Integrated-Business.

Die technologisch-konkrete Ausgestaltung eines Prozeßrechnersystems (z.B. für Materialfluß in einem Unternehmen) hängt davon ab, welche Organisationsform (z.B. die Aufbauorganisationsformen des Informationsmanagements [vgl. BULLINGER, NIEMEIER, SCHÄFER 1987]) beim Betreiber gewählt wird. Früher war die Wahl der Organisation (z.B. als Stab-Linien oder Matrixorganisation) technologieinvariant oder, salopp gesagt, die gewählte Technik erzwang keine gravierenden organisatorischen Änderungen. Dies ist heute nicht mehr der Fall, der Kardinalfehler, den man bei der Einführung neuer Systeme begehen kann, liegt gerade darin, die organisatorischen Randbedingungen nicht in Betracht gezogen zu haben. Das Resultat ist im allgemeinen dann eine ziemlich ramponierte Organisation, deren Fehlerhaftigkeit der nur unzureichend akzeptierten Technik als Verursacherin angelastet wird.

Ziele des Technologieeinsatzes müssen organisatorischen Zielen untergeordnet werden, und diese wiederum den strategischen Überlegungen, die das Wohin des gesamten Unternehmens betreffen. Alles andere rächt sich früher oder später, d.h. es wird teuer. Deshalb ist es wichtig, daß Technik nicht nur isoliert angeboten wird, sondern als Systemtechnologie, d.h. als ganzheitliche Lösung, die, angepaßt an die strategischen Ziele des Unternehmens, sowohl organisatorische wie personelle Zielvorgaben hat, denen sich die ausgewählte und eingeführte Technologie in Funktion und Struktur fügt. Das hat auch Konsequenzen für den Hersteller von ganzheitlichen Technologien.

Hier gilt vor allem für Anbieter von Systemtechnologien und Prozeßrechnersystemen, daß der Verkauf kein Einmalgeschäft sein wird. Die Vernetzung zwischen z.T. bereits vernetzten Fertigungsinseln in der Produktion und den Systemen der Bürokommunikation im Rahmen eines Computer Integrated Business bedeutet für den Anbieter, daß die Auswahl einer offenen Systemlösung (ausbaubar, anpaßbar an das Fortschreiten der Fertigungs- und Bürotechnik) die Basis für eine jahrzehntelange Lieferanten-Kunden Beziehung legen wird. Es wird immer wieder hingewiesen, daß bei zunehmender Komplexität der Technologie das Dienstleistungsangebot des Herstellers von Systemtechnologien über den Markterfolg entscheidet [BACKHAUS, WEIBER 1987].

2 PLANUNG SYSTEMTECHNISCHER LÖSUNGEN IN DER PRODUKTIONSTECHNIK

Im folgenden soll gezeigt werden, wie beim Planungsprozeß in der Produktionstechnik der einzelne Rechner, der ein Prozeßrechner sein kann, aber nicht muß, in ein einheitliches Konzept zusammen mit anderen Rechnern integriert werden kann. Dabei ist zu beachten, daß es methodisch nicht mehr zwingend erscheint, zwischen Prozeßrechner und anderen, im Netz befindlichen Rechnern prinzipiell zu unterscheiden. Die Universalisierung des Personal Computer (PC), der dedizierte Anwendungen auch auf dem Gebiet der Prozeßsteuerung erlaubt, beginnt diesen - früher gemachten - Unterschied zu verwischen. Für die Technik der Prozeßrechensysteme mag ein solches Vorgehen - im Sinne der Übertragbarkeit aufgrund struktureller Analogien - sicher überlegenswert sein. Wir stellen deshalb, quasi stellvertretend hierfür, im folgenden das systematische Vorgehen zur Planung komplexer und automatisierter Produktionssysteme vor.

2.1 Prinzipielles Vorgehen bei der Planung automatisierter Produktionssysteme

Die Komplexität der Einflußfaktoren aus Markt, Technik und Gesellschaft und deren wechselseitige, meist nur unzureichend aufzeigbaren Verflechtungen führen teilweise zu kontroversen Diskussionen über den Aufbau von und den Ablauf in komplexen Produktionssystemen. Heute wissen wir, daß nicht nur die technische Auslegung dieser Systeme, sondern auch das Zusammenwirken von Anlagen oder Produktionsbereichen geplant und gestaltet werden muß, d.h. Technik und Organisation sind Gegenstand der Planung.

Rechnerunterstützte Informationssysteme sollen die Wege zum Computer Integrated Manufacturing (CIM) öffnen. Dabei geht eine konsequent zu Ende gedachte Definition von CIM von der Tatsache aus, daß der Werdegang eines Produkts von der ersten Idee bis zum Vertrieb von vielen, aber einheitlich konzipierten Informationsströmen begleitet wird. Das Streben nach integrierten Lösungen hinsichtlich Mensch, Technik, Organisation und Information bringt eine Erhöhung der Komplexität der Planungsaufgabe mit sich. Das Vorgehen zur Planung von Produktionssystemen beginnt notwendigerweise bereits mit der Gestaltung der Produkte und erfordert systemtechnische Hilfsmittel, die es ermöglichen, Erkenntnisse über das dynamische Verhalten beim Betreiben der Systeme zu gewinnen. Diese Anforderungen an die Planung und Realisierung komplexer Systeme bringt eine andere Qualität der Entscheidungen mit sich. Es sind mehrdimensionale Verfahren zur Beurteilung solcher Systeme erforderlich. Die Gewißheit, daß letztlich nicht alle Konsequenzen einer Lösung rechenbar sind, stellt auch geänderte Anforderungen an den Entscheider.

Unabhängig von Systemgröße und Automatisierungsgrad gilt, daß alle komplexen Produktionssysteme aufbauorganisatorisch in technische Teilsysteme unterteilt werden können. Dies sind das Montagesystem bzw. das Bearbeitungssystem, das Materialflußsystem und das Informationssystem. Das Bearbeitungs- bzw. Montagesystem umfaßt alle Einrichtungen, die als Arbeits- bzw. Betriebsmittel den Produktionsfortschritt am Produkt im Sinne der Aufgaben des Produktionssystems bewirken. Das Materialflußsystem beinhaltet alle Einrichtungen, die als Fördermittel oder Förderhilfsmittel zum Lagern, Transportieren, Bereitstellen und Handhaben von Werkstücken, Werkzeugen, Spannzeugen, Meßzeugen sowie von Spänen und Hilfsstoffen notwendig sind. Zum Informationssystem gehören alle Einrichtungen, die zum Speichern, Verwalten, Bearbeiten, Versenden und Empfangen von Daten bzw. Informationen zur Abwicklung des Fertigungsablaufs notwendig sind.

Für jedes der drei technischen Teilsysteme muß schon in der Planungs- und Gestaltungsphase das Zusammenwirken von Mensch, Technik, Organisation und Information im Sinne einer ganzheitlichen Betrachtungsweise konzipiert werden. Sehr oft kann man dieses Zusammenwirken in der Analogie eines Regelkreises ausdrücken, jedoch bleibt zunächst fraglich, was in Organisationen geregelt und gesteuert werden muß. Die in Frage kommenden Größen sind nicht so einfach quantifizierbar wie dies bei Prozessen rein technischer Provenienz der Fall ist. In der Tat sind diese Größen informatorische Größen, im Falle einer konsequent durchgeführten CIM-Lösung sind diese Größen das geeignete Wissen.

2.2 Der Planungsprozeß

Zu diesem Wissen auf den verschiedensten Ebenen gehört strategisches Wissen. Planung wird in Form von betrieblichen Projekten durchgeführt und betriebliche Projekte sollten sich insgesamt an einem strategischen Konzept orientieren. Bezogen auf das jeweilige Projekt muß ein Leitgedanke sein: Vereinfachung geht vor Automatisierung. Dies gilt sowohl für die Produkt- als auch für die Prozeßinnovation, sowohl für den technischen wie auch informationstechnischen Prozeß. Die informationstechnische Vernetzung - wesentliches Merkmal komplexer Systeme - muß nicht zwangsläufig EDV-technisch sein; dies steht im Gegenteil sehr oft der Ganzheitlichkeit einer Lösung im Wege. Vielmehr gilt es, in einem Informationsverbund auch die flexible Rolle des Menschen zu berücksichtigen.

Die Effizienz des Planungsprozesses läßt sich durch systematisches Vorgehen steigern, dazu sind Prämissen [BULLINGER 1983] wie bereichsübergreifende Teamarbeit, erweitertes Zielsystem, ganzheitliche Planung und die Stärkung der konzeptionellen Phase bei der Planung zu beachten. Die zunehmende Problemvielfalt bei konkurrierenden Zielsetzungen bedingt eine bereichsübergreifende Teamarbeit. Nur so entgeht man (bei entsprechender Wahl der Beteiligten) der Gefahr eines eingeschränkten Problembewußtseins.

Das der Planung bisher üblicherweise zugrunde liegende Zielsystem beschränkt sich auf Kriterien, wie z.B. Gesetze, sowie auf quantifizierbare Größen im Rahmen der Wirtschaftlichkeitsrechnung. Die Erweiterung des üblichen Zielsystems sollte auch schwer quantifizierbare Kriterien, wie z.B. Flexibilität berücksichtigen, die in gewichteter Form dem Planer als Orientierung für die Auslegung eines Produktionssystems dienlich sind.

Eine der grundlegenden Prämissen innerhalb des Planungsprozesses ist die Abkehr von der rein technik-orientierten Planung hin zu einer ganzheitlichen Betrachtung des Produktionssystems (Abbildung 3). CIM sollte in diesem Zusammenhang der Leitgedanke sein, nicht jedoch mit dem Zwang zur umfassenden CIM-Lösung, sondern als Strategie zur Planung der CIM-Fähigkeit des Systems.

Beim Planungsprozeß selbst sind Phasen und Abschnitte bekannt, die sich einteilen lassen in: Analyse der Ausgangssituation, Konkretisierung der Planungsaufgabe, Grobplanung des Produktionssystems, Feinplanung des Produktionssystems, Systemeinführung (einschl. Schulung) und schließlich Systembetrieb.

Nach einzelnen Phasen und teilweise auch innerhalb der Phasen sind Entscheidungsschnittstellen vorgesehen, in denen zum einen eine Bewertung der jeweils erarbeiteten Planungsergebnisse vorgenommen wird und zum anderen Entscheidungen bezüglich des weiteren Vorgehens getroffen werden. Die Planung läuft als iterativer Prozeß ab.

Die Phasen zur Analyse der Ausgangssituation und zur Konkretisierung der Planungsaufgabe dienen der Einordnung des Projektes in die betriebliche Strategie. Ergebnis dieser Phasen ist die Definition von Projektzielen und -aufgaben auf der Basis betrieblicher Randbedingungen.

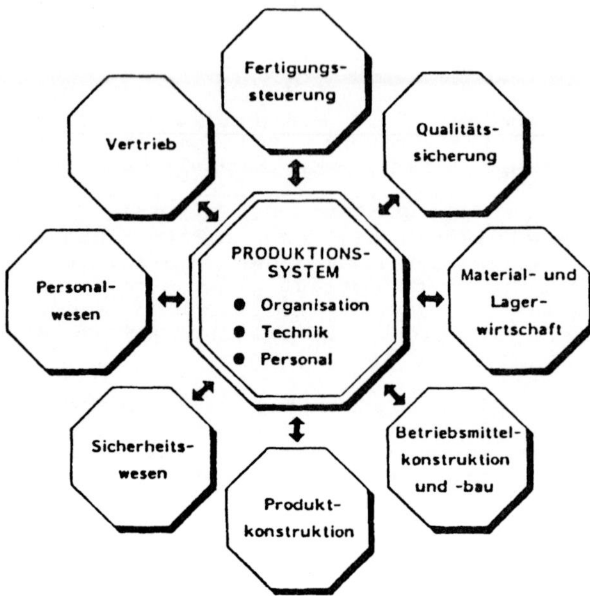

Abb. 3: Ganzheitliche Betrachtung bei der Planung von Produktionssystemen

Im Rahmen der Grobplanung werden alternative Produktionsabläufe entwickelt. Hierzu können verschiedene Methoden und Hilfsmittel, wie z.B. die Vorranggraphentechnik, eingesetzt werden. Eine wesentliche Planungsaufgabe dieser Phase ist die Gestaltung des Produktes. Meist sind Automatisierungsansätze nur durch gemeinsame Betrachtung von Produktaufbau und Produktionsprozeß wirtschaftlich möglich. Auf der Grundlage alternativer Abläufe werden alternative Produktionssysteme geplant. Diese Planungsstufe wird als Schwerpunkt der konzeptionellen Phase des Planungsprozesses betrachtet. Für diese alternativen Produktionssysteme erfolgt anschließend eine Bewertung mittels Wirtschaftlichkeitsrechnung und Nutzwertanalyse, aufgrund deren Ergebnisse die Auswahl des "optimalen" Systems durch den Entscheidungsträger vorgenommen werden kann. Im Rahmen der Feinplanung werden die Teilsysteme detailliert. Hier ist insbesondere bei komplexen Systemen das Zusammenwirken der Systembausteine an deren Schnittstelle zu planen. Die bis dahin erstellten Planungsunterlagen sind die Basis für die Realisierung des Produktionssystems. Die Systemeinführung und der Systembetrieb beinhalten die terminliche, kapazitive und kostenmäßige Überwachung des Produktionssystems. Die Schulung des Personals sichert die Funktion des Systems. Im Rahmen des Betriebs und der Erfolgskontrolle des Produktionssystems obliegt dem Planungsbereich die Serienbetreuung durch beispielsweise Rationalisierungs- und Anpassungsplanungen sowie die Initiierung des Soll/Ist-Vergleichs durch das Controlling. In diesem Zusammenhang ist die Diskussion über die Möglichkeit der Planung im Sinne von "Top down" oder "Bottom up" zu führen. Top down heißt, das Systen von der Grobplanung ausgehend bis zur Realisierung detailliert auszuplanen. Bei der Bottom-up-Methode werden von Anfang an die Einzelbausteine des Systems geplant. Zweifellos hat dies den Nachteil, daß gerade bei komplexen Systemen die Ganzheitlichkeit des Systems schwierig zu erreichen ist. Empfehlenswert ist eine Kombination der beiden Vorgehensweisen. Die strategische Planung und die Grobplanung werden Top down ausgeführt. Das Zusammenwirken der Systemelemente geht hier vor der Funktion der Einzelelemente. In der Feinplanung überwiegt die

Bottom-up-Methode. Die Funktion der Einzelelemente und der Schnittstellen stehen dabei im Vordergrund.

2.3 Produktgestaltung und Systemstruktur

Die Interdependenz der einzelnen Planungsphasen legt es nahe, das speziell bei Produktionssystemen sich der Aufbau eines Produkts sowie die Gestaltung des zugehörigen Systems gegenseitig beeinflussen. Ganzheitliche Systemplanung schließt daher notwendigerweise die Produktgestaltung mit ein und bildet einen Schwerpunkt in dem zuvor beschriebenen Vorgehen zur Planung komplexer Produktionssysteme.

Produktgestaltung zielt zunächst auf die Reduzierung der direkten Montagekosten durch eine Verminderung des Arbeitsumfangs und/oder durch Montageautomatisierung. Daneben sollte aber der Zusammenhang zwischen Produktgestaltung und Gemeinkosten nicht übersehen werden. Durch eine Reduzierung bzw. Integration von Teilen lassen sich sowohl in produktionsnahen wie in produktionsfernen Bereichen Einsparungen erzielen. Im produktionsnahen Bereich führt eine Reduzierung der Teile vor allem zu einer Senkung der Lager- und Handlingkosten. Abbildung 4 zeigt in Explosionsdarstellung eine Schmalfilmkamera vor und nach der Produktgestaltung [GEISSLINGER 1981]. Die Abbildungen 5 und 6 machen die Auswirkungen auf den Materialfluß und damit auch auf das organisatorische Umfeld deutlich, die sich durch Produktgestaltung ergeben.

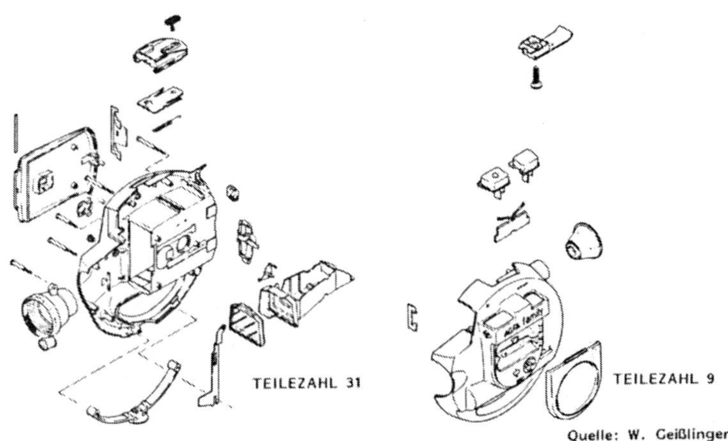

Abb. 4: Gehäuseteil einer Schmalfilmkamera vor und nach konstruktiver Überarbeitung

Auch in den produktionsfernen Bereichen führt jedes Teil zu einer Kostensteigerung. Dies beginnt mit der Zeichnungserstellung und setzt sich fort über Dokumentation und Disposition eines Teiles bis hin zu seiner Ausmusterung am Ende der Produktlebenszeit. Im Durchschnitt ist mit DM 1.700 pro Jahr für die laufende Betreuung eines Teils zu rechnen [HICHERT 1986].

Einen wesentlichen Einfluß hat die Produktgestaltung auf die Struktur des Montagesystems. Untersuchungen in einem Unternehmen der Elektroindustrie haben gezeigt, daß durch eine systematische Anwendung von Methoden zur Produktgestaltung die Anzahl der Komponenten um ca. 35 %, die Montagezeit um ca. 30 % und die Investitionen für Zuführ- und Montagemittel um ca. 45 % reduziert werden kann. So führt Produktgestaltung langfristig zu einer Kostensenkung (geringere Investition bzw. Abschreibungen, geringere Raumkosten), die über die Einsparung an Montagekosten hinausreicht.

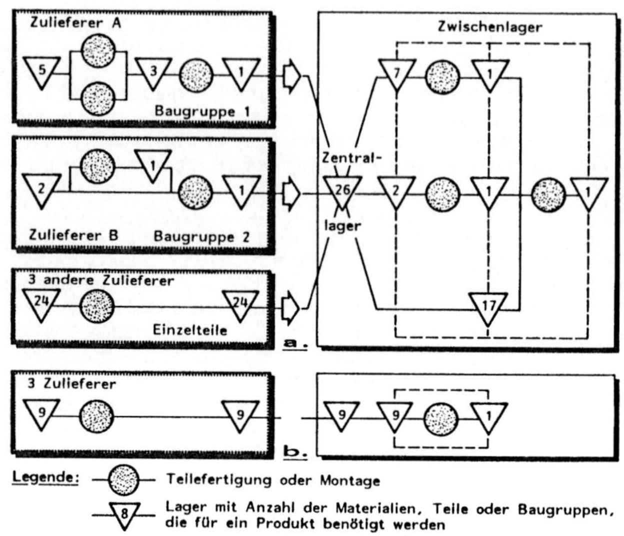

Abb. 5: Einfluß der Produktstruktur auf den Materialfluß (Ausgangszustand)

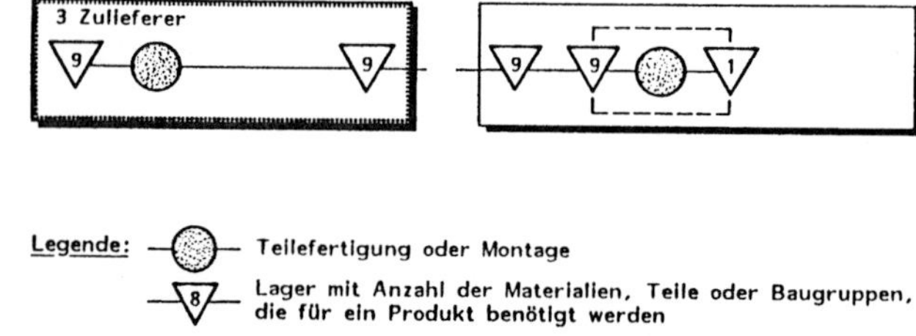

Abb. 6: Einfluß der Produktstruktur auf den Materialfluß (nach Produktgestaltung)

2.4 Einige Konsequenzen für Prozeßrechensysteme

Wir können die Montage in einem solchen Produktionssystem als einen klassischen Verteilungsprozeß ansehen, der jedoch in komplexer Weise von der Ausgestaltung der übergeordneten Prozesse abhängt, also über Randbedingungen gekoppelt ist, die nicht unbedingt numerisch quantifizierbar sein müssen.

Die Determinante der Produktgestaltung für die Ausprägung der Verteilungsprozesse ist dominierend, allerdings ist Produktgestaltung im vorliegenden Falle nicht in erster Linie ein Mittel der Montageautomatisierung, sondern als ein Mittel zur Kostensenkung und zur Erhöhung der Flexibilität zu verstehen.

Produktinnovation und Prozeßinnovation sind gegenseitig gekoppelt und so kommt dem Prozeßingenieur (also dem Verfahrenstechniker und Produktionstechniker) im Entwicklungsbereich (Konstruktion, Forschung und Entwicklung) eine wichtige und sensible Stellung zu.

Hier gilt es im Rahmen einer kontrollierten Innovation neue Materialien, Fertigungs- und Montagetechnologien schrittweise zu entwickeln und zu erproben. Dabei ist der einzelne Konstrukteur aktiv zu unterstützen, zum einen durch seinen direkten Vorgesetzten, der das Risiko, das bei jeder Neuentwicklung besteht, mit sich trägt, zum anderen durch Vertreter anderer Fachabteilungen, die ihm beratend zur Seite stehen. Nur so kann vermieden werden, daß unter dem Gesichtspunkt der Risikominimierung sichere Alternativen unsicheren Chancen vorgezogen werden.

Montagefreundliche Produktgestaltung wie in unserem Beispiel erfordert in verstärktem Maße eine bereichsübergreifende Teamarbeit. Sie ist aber unter dem Gesichtspunkt der Rationalisierung des Planungsprozesses um rechnerunterstützte Informationsaufbereitung und -weitergabe zu ergänzen.

Das Ziel der Entwicklung eines integrierten Systems für Produktentwurf, Produktgestaltung und Planung des dazu erforderlichen Produktionssystems (als Fertigungssystem und/oder als Montagesystem) erfordert die konsequente Mitberücksichtigung bereits vorhandener Software und Hardwarekonfigurationen, die für die Steuerung des Produktionsprozesses eingesetzt werden und eine Integration dieser Konfigurationen. Dabei werden Modifikationen, die aus einem Nebeneinander von Prozeßrechnern ein Prozeßrechensystem machen, unumgänglich sein. Eine solche Modifikation, die einer Neugestaltung gleichkommt, wird im nächsten Kapitel beschrieben.

3 DIE STRUKTUR EINER PROZESSGESTEUERTEN GANZHEITLICHEN LÖSUNG EINES MATERIALWIRTSCHAFTSSYSTEMS

Wer neue Technologien, insbesondere aber Informationstechnologien, einführen will, darf sich nicht nur auf die Technik konzentrieren. So kann man sich fragen, ob beispielsweise ein Roboter - ersatzweise können auch andere neuen Techniken als Beispiel gewählt werden - tatsächlich noch angeschafft werden muß, wenn durch die Planung des organisatorischen Umfeldes bereits ein derartiger Rationalisierungseffekt erzielt wird, so daß die reine Technikinstallation gar keine entscheidenen zusätzlichen Beiträge mehr bringen würde.

3.1 Kriterien für die Gestaltung

Für Investitionsentscheidungen, welche Prozesse und Vorgänge mittels neuer Technik, also z.B. mittels Prozeßrechner, rationalisiert werden sollen, gelten unseres Erachtens andere Gesetzmäßigkeiten als bei einem Gabelstapler oder einem Elektroschrauber. Man kann zwar die direkten und indirekten Einsparungspotentiale in hinreichender Kausalität dem komplexen Investitionsvorhaben zuordnen, in dem man Baustein für Baustein den Rationalisierungseffekt prüft. Dieses Verfahren führt meist zum Aufschnüren von Planungspaketen und gefährdet damit die Funktionsfähigkeit des Gesamtprojekts. Es ist vielmehr vernünftiger, die Summe der Investitionskosten bei zusammengehörigen

Planungsaufgaben zusammen dem Gesamtrationalisierungseffekt gegenüber zu stellen.

Unausgegorene Wünsche, wie: "Ich möchte, daß der EDV-Hersteller XY mir einige Prozeßrechner und ihre Vernetzung installiert", führen in der Regel genau so zur Kosteneskalation wie die Vorgehensweise, daß man einen solchen, nur scheinbar sinnvollen Auftrag, an ein Systemhaus vergibt, das aus Gründen eigener Wirtschaftlichkeit auf den Mehrfachverkauf existierender Lösungen bedacht sein muß.

Das Ergebnis ist dann eine Lösung, bei der der Mitarbeiter an seinem einzelnen Arbeitsplatz desorientiert wird, bei der seine informatorische und psychische Belastung zunimmt, weil Anpassungsarbeit, Fehlerbehebung und organisatorische Friktionen Motivation und Kreativität auf ein mediokres Maß herunterdrücken.

Unter diesen Kriterien wurde - prototypisch - die technischen und organisatorische Konzeption zur Steigerung der Flexibiliät bei einem mittelständischen Montagebetrieb von unserem Institut entworfen und eingeführt.

3.2 Bedarfsspezifische Rechnerintegration

Bei einem kleinen Elektrogeräteehersteller in Süddeutschland war die Frage gestellt worden, ob sich Materialwirtschafts- und Steuerungsaufgaben so lösen lassen, ohne die Nachteile traditioneller Informationsübermittlung, meist auf Papier, wie Verlust, Verschmutzung, Verwechslung und dergleichen, in Kauf nehmen zu müssen. Betroffen waren zunächst die klassischen Bereiche wie Buchhaltung, Bestellauslösung und Fakturierung mit vorhandenen EDV-Modulen.

Die Ausgangssituation war so, daß die Abhängigkeit des einstufigen Montagebetriebs vom Zuliefermarkt eine große Lagerhaltung und ein immenses Material- und Transportaufkommen erzwang. Produktkonstruktion der Elektrogeräte, Variantenvielfalt und Absatzzahlen erforderten im vorliegenden Falle statt einer Automatisierung eher ein personalintensives Montagesystem. Weiterhin waren die Hauptzeiten in der Montage bereits optimiert, so daß kaum noch quantitative Rationalisierungsreserven blieben [SCHMID, BENECKE 1987].

Es bliebt also nur, eine neue Arbeitsteiligkeit, eine Teilautomatisierung des Lager- und Transportwesens und die Rationalisierung der Informationswirtschaft im Rahmen einer neuen Systemlösung zu konzipieren. So wurde ein Termin- und Kapazitätsplanungssysteme als Ergänzung zum vorhandenen Produktionsplanungssystem installiert und das flexible Montagesystem, das in vier produktfamilien-spezifischen Subsystemen mit bis zu 100 Mitarbeiterinnen aufgeteilt wurde, wurde angepaßt an eine geänderte Konzeption der Materialwirtschaft.

An allen Arbeitsplänen wurden Barcodelesestationen eingerichtet, mit denen die Mitarbeiterinnen über die Ersteinrichtungsstücklisten oder über die an den Behältnissen befindlichen Etiketten die Materialanforderungen auslösen. Diese werden, wie in Abbildung 7 ersichtlich, über den zentralen Leitrechner auf der HOST-Ebene als Auslagerungsaufträge der betroffenen Lagerbereiche übermittelt. Die Regalbediengeräte beim Hochregallager, die personengeführt sind, erhalten auf der Prozeßebene ihre Einlager- und Auslageranweisungen per Datenfunk, während das Regalbediengerät, ein Paternoster, die Aufträge über eine PN-Steuerung direkt bekommt, so daß bei Anfahrt des Regalbediengeräts das entsprechende Teil zugreifbereit vorhanden ist.

Ein spezielles Regalbediengerät, das auf einem Fahrerlosen Transportsystem (FTS) montiert ist, wird von einem FTS-Prozeßrechner angesteuert, der wiederum vom Leitrechner gesteuert wird. Die Teile werden mit Hilfe des FTS an eine Art Kommissionierbahnhof geführt, von dem aus die Montagesysteme mit ihren Arbeitsplätzen (MP) vollautomatisch versorgt werden (vgl. Abbildung 7) [SCHMID, BENECKE 1987].

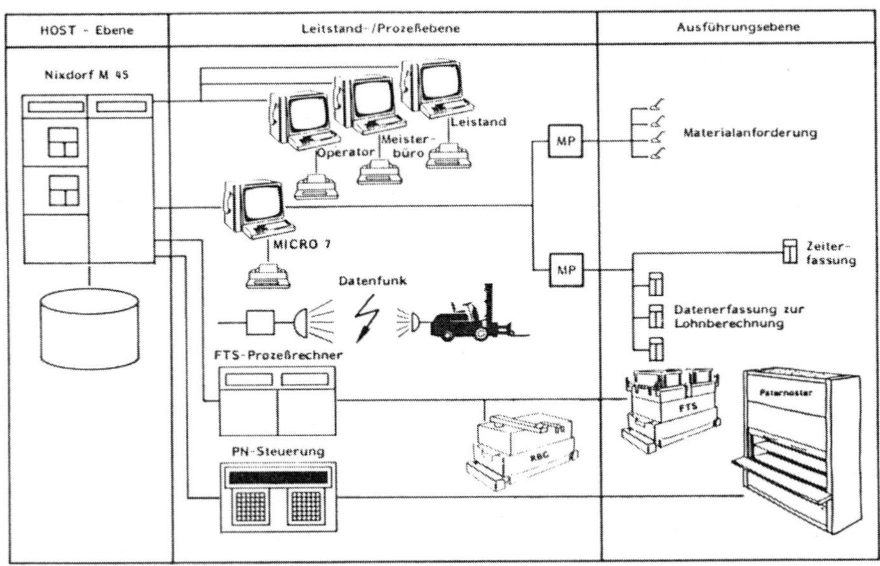

Abb 7: Die Struktur einer prozeßgesteuerten Materialwirtschaft

Die Materialsteuerung erfolgt nach dem Verbrauchs- oder auch KANBAN-Prinzip. Wenn nur die Materialien in die Montage gelassen werden, die tatsächlich benötigt werden, erhöht dies natürlich die Transportfrequenz und damit den Steueraufwand. Da 90 % des Transportaufkommens durch das FTS abgewickelt werden, verlangt dieses Bring-Prinzip, das die verantwortliche Auslösung durch die Montagemitarbeiterinnen beinhaltet, ein entsprechendes Informationsnetzwerk und eine projektspezifische Programmierung. Das heißt auch, daß es hier wie im CIM-Bereich generell, keine Lösungen von der Stange geben wird. Dies gilt sicher, nach all dem Gesagten, auch für Prozeßrechensysteme. Die vorliegende Systemlösung kann als ein solches Prozeßrechensystem angesehen werden.

4 DIE BEWERTUNG VON SYSTEMTECHNISCHEN, GANZHEITLICHEN LÖSUNGEN

Wir beginnen hier mit einer Aussage, die sich von der traditionellen Wirtschaftlichkeitsrechnung löst und behauptet: "Menschengerechte Arbeitsplätze sind wirtschaftlich". Man findet diese Aussage in Veröffentlichungen, die diese Behauptung durch Entwicklung von Bewertungsverfahren zu untermauern versuchen [AUCH 1985, ELIAS 1985, PICOT, REICHWALD, BEHRBOHM 1985, SEIDEL 1985, STAEHLE et al. 1985].

Eines der Bewertungsverfahren, das sich für die Bewertung von systemtechnischen, ganzheitlichen Lösungen eignet, ist die Arbeitssystemwertanalyse. Sie dürfte auch - mit entsprechend auszuarbeitenden Modifikationen - für die Bewertung von Prozeßrechensystemen im Kontext des betrieblichen Geschehens (Produktion- oder Dienstleistungsbetrieb) anwendbar sein.

4.1 Die Arbeitssystemtwertanalyse

Das Bewertungsverfahren "Arbeitssystemwertanalyse" unterscheidet sich von den konventionellen Wirtschaftlichkeitsrechnungen, indem neben den Kosten und Leistungen auch technische, organisatorische und personelle Gesichtspunkte in die Bewertung einbezogen werden.

Die besondere Stärke des Verfahrens liegt in der Bewertung von innovativen Maßnahmen, die eine weitgehende Veränderung der Produktions- und Organisationsstruktur mit sich bringen, z.B. neue Technologien, Arbeitsstrukturierungsmaßnahmen oder Personalentwicklungsmaßnahmen. Bereits in der Planungsphase der Vorhaben können hier differenzierte Entscheidungsunterlagen erstellt werden.

Das Bewertungsverfahren kann auf die spezifische betriebliche Situation angepaßt werden. Es liefert folgende Ergebnisse:

- Argumentations- und Entscheidungshilfen zur Gestaltung, Auswahl und zum Betreiben von Produktions- und Arbeitssystemen;
- Ermittlung und Vergleich der Kosten und Kostenstrukturen von Planungsalternativen;
- Analyse der Kosten und Kostenstrukturen einzelner Lösungen bei Veränderung von Bedingungen seitens des Marktes und der Produktion;
- Einbeziehung nicht oder schwer quantifizierbarer Bewertungskriterien;
- Begleitende und nachträgliche Bewertung realisierter Produktions- und Arbeitssysteme;
- Aufbereitung der Ergebnisse.

Der Aufbau des Bewertungsverfahrens kann Abbildung 8 entnommen werden. Es gliedert sich in drei Phasen. Zunächst muß die Zielsetzung eines Vorhabens für die spätere Bewertung konkretisiert werden, d.h. die Bewertungskriterien sind festzulegen. Die Bewertungskriterien müssen die Ziele möglichst gut widerspiegeln. Damit wird eine Anpassung an die spezifische Problemstellung eines Vorhabens erreicht [AUCH, SAUER 1986].

Den Schwerpunkt bildet dann die "Bewertung in der Planungsphase". Wie man erkennt, besteht das Bewertungsverfahren aus zwei Teilen, dem Wirtschaftlichkeitsvergleich und der Arbeitssystemwertermittlung. Im Wirtschaftlichkeitsvergleich werden die geldmäßig erfaßbaren Auswirkungen zusammengefaßt, bei der Arbeitssystemwertermittlung die geldmäßig schwer oder nicht erfaßbaren Auswirkungen. Beide Teile werden in einer gemeinsamen Ergebnisdarstellung wieder zusammengeführt.

Den Abschluß bildet die Phase "Bewertung bei der Erfolgskontrolle". Hier geht es um den Soll-Ist-Vergleich der realisierten Lösung. Auch diese Bewertungsphase gliedert sich in Wirtschaftlichkeitsvergleich, Arbeitssystemwertermittlung und Ergebnisdarstellung, was in Abbildung 8 allerdings nicht nochmals ausgeführt ist.

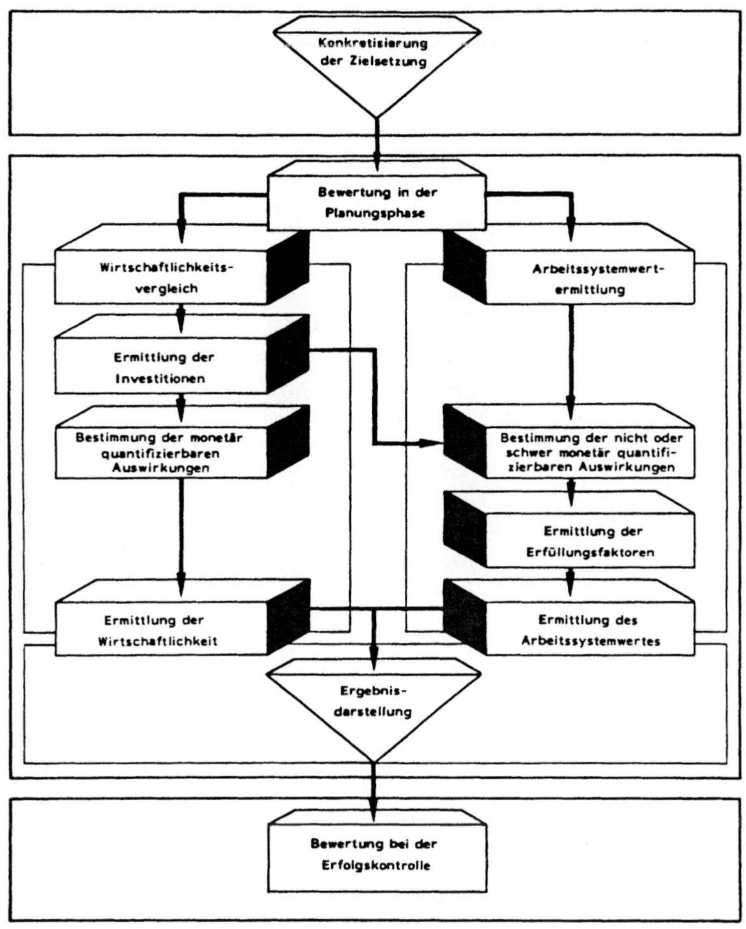

Abb. 8: Aufbau des Bewertungsverfahrens "Arbeitssystemwertanalyse"

Bewertung in der Planungsphase und Bewertung bei der Erfolgskontrolle unterscheiden sich grundsätzlich voneinander. Es gelten folgende Anforderungen:

- o Bewertung in der Planungsphase: Erzeugen von Trennschärfe zwischen den Alternativen, möglichst grob, aber vollständig hinsichtlich der wesentlichen Gesichtspunkte.
- o Bewertung bei der Erfolgskontrolle: Messung des Erfolgs, möglichst exakte und detaillierte Daten zum Aufzeigen von Ursachen.

4.2 Bewertungsgrößen und Entscheidungskriterien

Als erstes ist eine Festlegung der Ziele und Randbedingungen für die Planung systemtechnischer Lösungen, wie sie Prozeßrechensysteme darstellen, erforderlich. So kann z.B. hohe Flexibilität eine Forderung darstellen, die kombiniert wird mit der Anforderung, daß den Mitarbeitern größere Entfaltungsmöglichkeiten geboten werden sollen (z.B. daß dispositive Aufgaben mit auf der Prozeßebene übernommen werden können). Die Wirtschaftlichkeit muß dabei mindestens mit konventionellen Systemkonfigurationen vergleichbar sein.

Der Wirtschaftlichkeitsvergleich wird sich traditionellerweise auf die direkten Lohnkosten, die Sozialgemeinkosten, den Restfertigungsgemeinkosten, den Betriebsmittelkosten (wozu die Hintergrundaktivitäten bei Prozeßrechensystemen hinzuzurechnen sind) und, sofern es sich um einen überwiegend produzierendes Unternehmen handelt, die Kosten durch gebundenes Umlaufkapital beziehen. Alle Alternativen werden aufgrund dieser Kriterien verglichen.

Die nicht oder schwer monetär quantifizierbaren Bewertungskriterien gehen in die sogenannte Arbeitssystemwertermittlung ein [AUCH, SAUER 1986]. Beim Arbeitssystemwert handelt es sich um einen abstrakten Zahlenwert (Punktwert, Nutzwert). Je größer diese Zahl, um so besser erfüllt das Arbeitssystem die nicht oder schwer monetär quantifizierbaren Bewertungskriterien.

Die Erfüllung wird durch sogenannte Erfüllungsfaktoren ausgedrückt, die sein können: Flexibilität bezüglich der Produktvarianten, Flexibilität bezüglich der Stückzahländerung, Flexibilität bei veränderlichem Personaleinsatz, Fertigungssicherheit, Einarbeitungsgerechte Gestaltung von Arbeitsaufgabe und Arbeitsplatz, Möglichkeit der Höherqualifizierung, Möglichkeit zur individuellen Leistungsentfaltung des einzelnen Mitarbeiters sowie Möglichkeit des erweiterten Handlungsspielraums.

Die Ermittlung derartiger Erfüllungsfaktoren kann durch Prognose oder Schätzung (im Planungsstadium), durch Erhebung und Umfrageninstrumentarien (in der Realisierungsphase) oder durch standardisiere Bewertungsverfahren (Strichlisten und dergl.) geschehen.

Wirtschaftlichkeitsvergleich in Arbeitssystemwertermittlung werden in einer gemeinsamen Darstellung gegenübergestellt (Abbildung 9). Nach oben abgetragen ist der erreichte Arbeitssystemwert, ausgedrückt in Punkten, nach unten die Wirtschaftlichkeit, ausgedrückt in Montagekosten pro Stück.

Man erkennt, daß mit steigendem Arbeitssystemwert auch die Kosten zumindest zum Teil ansteigen. Dies ist ein typisches Ergebnis bei innovativen Planungen. Die Ursache liegt darin, daß für "höherwertige" Lösungen in der Regel auch mehr Investitionen notwendig sind. Diese "Höherwertigkeit" kommt im Arbeitssystemwert zum Ausdruck. Die in Abbildung 9 gezeigten Montagekosten pro Stück können für die Bewertung von Alternativen bei der Prozeßrechnersystemgestaltung ersetzt werden zu monitären Quantifizierungen von Kosten pro abgearbeiteten Prozeßschritt (sofern sich der Prozeß elementarisieren läßt).

Die Schwierigkeit für den Entscheidungsträger besteht nun darin, die Bedeutung des Arbeitssystemwerts gegenüber dem Kostenwert abzuwägen. Denn auch im Arbeitssystemwert sind Kosten versteckt (Flexibilität, Fertigungssicherheit oder, im Kontext der Prozessrechnersysteme, die Zuverlässigkeit). Eine Hilfsregel kann man dadurch formulieren, indem man verlangt, daß die personelle Situation verbessert werden muß, die Flexibilität deutlich erhöht werden muß, und dies bei mindestens gleichbleibender Wirtschaftlichkeit.

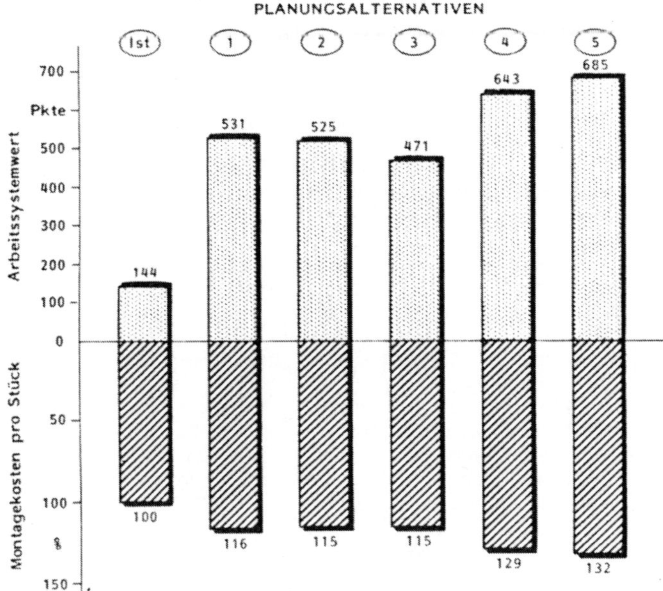

Abb. 9: Gesamtergebnis Wirtschaftlichkeitsvergleich und Arbeitssystemwertermittlung für ein Montagesystem

5 DER PROZESSRECHNER AM ARBEITSPLATZ

Was für die Gestaltung von Gesamtlösungen gilt, gilt auch für den einzelnen Arbeitsplatz. Der Prozeßrechner - und dies gilt generell für jeden, einem bestimmten Arbeitsplatz zugeordneten Rechner - ist heute schon - und in Zukunft vollständig - eingebettet in die systemtechnische Gesamtlösung, sei dies ein prozeßrechnergesteuertes Herstellverfahren in der Großchemie oder ein hochflexibles, automatisiertes Fertigungssystem bei einem Serienhersteller.

Zur Illustration sei im folgenden die Erweiterung einer CNC-Maschine durch ein Fehlerdiagnosesystem beschrieben. Daran können am deutlichsten die angedeuteten strukturellen Änderungen der Architektur solche Arbeitsplätze demonstriert werden.

5.1 CNC-Rechner und ihre Erweiterung mit Hilfe eines Diagnosesystems

Die Entwicklung der Steuerungstechnik hat es möglich gemacht, den in der CNC-Steuerung vorhandenen Rechner mit der Überwachung und Diagnose einfacher Fehler zu benutzen. So ist es heute üblich, die interne Steuerdatenverarbeitung zu überwachen und Plausibilitätsprüfungen bei der Dateneingabe durchzuführen. Weiter können fehlende SPS-Signale gemeldet werden. Durch zusätzliche externe Geräte kann auch z.B. eine Zeit- oder Parameterüberwachung vorgenommen werden. All diesen Methoden der Überwachung und Diagnose an Maschinen ist ein modellbasierter Ansatz gemeinsam. Mit der Steigerung der Komplexität der Systeme wird es jedoch immer schwieriger, entsprechend gute Modelle zu haben. Erschwerend kommt hinzu, daß sich die Art der auftretenden Fehler bei hochentwickelten CNC-Maschinen ändert.

- Fehler sind zwar trotz erhöhter Komplexität seltener, wenn sie aber auftreten, sind sie schwierig und stellen selbst an einen Servicetechniker hohe Anforderungen.
- Fehler treten häufiger in der Anlagenperipherie auf, bedingt durch immer größere Eigenkomplexität dieser Anlagen.
- Schnelle Änderung der Maschinentypen z.B. mit Peripheriegeräten verknappen das gesamte Know-how im Servicebereich.
- Durch die weite Verbreitung der Maschinen wird die schnelle Verfügbarkeit der Servicetechniker sehr aufwendig.
- Aufgrund der Anteile verschiedener Technologien aus den verschiedensten Bereichen (Hydraulik, Mechanik, Elektrik) ist das Wissen nicht mehr bei einem Experten zusammengefaßt [FÄHNRICH, EICHHORN, PUETZ 1986].
- Rüst- und Nebenzeiten dominieren noch immer den Fertigungsprozeß. Prozeßzeiten selbst zu kürzen bedeutet, daß der eigentliche Fertigungsprozeß, auch bei den CNC-Maschinen, nicht mehr allzusehr beschleunigt werden kann, hingegen die vor- und nachgeschalteten Prozesse verkürzt werden können [WARNECKE 1987].

Nun ist die Situation in der Fertigungstechnik gekennzeichnet durch immer kürzere Innovationszeiten mit wechselnden Marktanforderungen, kleinere Losgrößen bei steigender Variantenzahl und durch kurze Lieferzeiten bei gleichzeitigen hohen Qualitätsanforderungen. Flexibel automatisierte Fertigungseinrichtungen, wie numerisch gesteuerte Bearbeitungsmaschinen, können den daraus resultierenden Forderungen nach hoher Produktivität bei gleichzeitiger hoher Flexibilität nur gerecht werden, wenn der Trend zur Komplettbearbeitung auch von schwierigen Teilen sowie zu automatisierter Werkzeug- und Werkstückhandhabung an diesen Systemen solche Maschinen zu äußerst komplexen, aber auch kapitalintensiven Betriebsmitteln macht. Für den wirtschaftlichen Einsatz derartiger Anlagen ist daher deren Zuverlässigkeit und Verfügbarkeit ein ganz entscheidender Faktor. Da mit der Entwicklung zu verketteten Systemen wie Fertigungsinseln und Fertigungssystemen die Verfügbarkeit des Gesamtsystems naturgemäß sinkt, kommt, neben organisatorischen Maßnahmen (ersetzende Bearbeitung, entkoppelte Arbeitsplätze, flexible Produktionssteuerung), der Instandhaltung in den Betrieben eine immer größere Rolle zu. Eine Zahl soll dies verdeutlichen: Die Instandsetzungsaufwendungen in der BRD entsprechen heute rund 5 % des Anlagevermögens!

Um die Zuverlässigkeit der Systeme zu erhöhen, gilt es herstellerseitig entsprechende konstruktive Maßnahmen (Werkstoffauswahl, Dimensionierung, etc.) zu treffen. Ziel muß hier die Reduktion von Ausschuß, die Vermeidung von Folgeschäden, kürzere Reparaturzeiten und die Minimierung von Systemausfällen sein, um zu geringeren Ausfallkosten durch eine höhere Anlagenverfügbarkeit zu kommen.

Auf Anwenderseite sichern eine vorbeugende Wartung und schnelle Fehlererkennung und -beseitigung die Verfügbarkeit der Anlage. Um die störungsbedingte Stillstandszeit so gering wie möglich zu halten werden Überwachungs- und Diagnosesysteme eingesetzt. Gerade die Diagnosesysteme können den hohen Zeitanteil der Fehlersuche entscheidend beeinflussen. Für den Hersteller solcher Gesamtsysteme bedeutet dies, daß durch weniger Serviceaufwand vor Ort und den effizienteren Einsatz von Servicespezialisten die Instandhaltungskosten sinken.

Da jedoch die Fehler immer schwieriger werden und deshalb der Einsatz des Servicetechnikers, der selbst schon wieder Systemspezialist sein sollte, immer häufiger notwendig zu werden droht, verschiebt sich das Schwergewicht der Diagnosemethoden zur Ferndiagnose bzw. zur Diagnose durch den Service vor Ort. Oftmals gibt es hier eine gestufte Vorgehensweise in der Art, daß zuerst versucht wird, über Ferndiagnose mit dem Bediener bzw. dem Instandhaltungspersonal des Betriebes den Fehler zu finden, um dann, sofern nötig, einen Servicetechniker mit dieser Vorabinformation hinschicken zu können. Der Servicetechniker benutzt dann sein Wissen über die Maschine und ihre Funktionsweise, sein Grundlagenwissen und vor allem seine große Felderfahrung, sowie sein Wissen "wie man Fehler findet", um zum Erfolg zu kommen.

Ziel müßte es nun sein, ein Diagnosesystem in die Maschine zu integrieren, das aufsetzend auf den bereits durch den Prozeßrechner vorhandenen Diagnosemöglichkeiten, dieses Vorgehen des Servicetechnikers nachvollzieht und somit in Zusammenarbeit mit dem Bediener der Maschine die Fehlersuche und Behebung einfacher Fehler leistet. Hier bieten wissensbasierte Systeme neue Ansatzmöglichkeiten.

5.2 Expertensystemtool zur Diagnose an CNC-Maschinen

In Zusammenarbeit mit einem mittelständischen Unternehmen wurde deshalb an unserem Institut für Arbeitswirtschaft und Organisation ein Expertensystemtool zur Diagnose an CNC-Maschinen entsprechend folgender Zielsetzung entwickelt:

- o Die Wissenseingabe sollte so komfortabel wie möglich gestaltet werden, damit die nicht EDV-mäßig ausgebildeten "Diagnoseexperten" (hier: Servicetechniker) selbständig die Wissensbasis aufbauen und warten können.
- o Das Diagnosesystem sollte unter Anbindung der Maschinensensorik in die CNC-Maschine integriert werden.

Aufgrund dieser Ausgangsbedingungen wurde eine Trennung in Entwicklungs- und Benutzerumgebung vorgenommen. Die Entwicklungsumgebung (siehe Abbildung 10) ist sehr mächtig und komfortabel (direkt manipulativer Wisseneditor), so daß kein Wissensingenieur mehr notwendig ist. Diese Umgebung wurde um die Komponente des sogenannten Wissenscompilers im Vergleich zur allgemeinen Architektur erweitert.

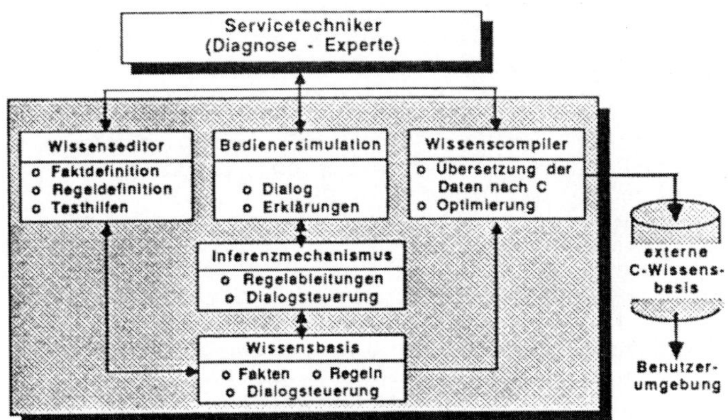

Abb. 10: Entwicklungsumgebung für Experten

Die Aufgabe des Compilers besteht darin, das sehr umfangreiche, auf der Regeleingabemaschine in LISP-Strukturen abgebildete Wissen, in C-Code für das Zielsystem (siehe Abbildung 11) zu übersetzen.

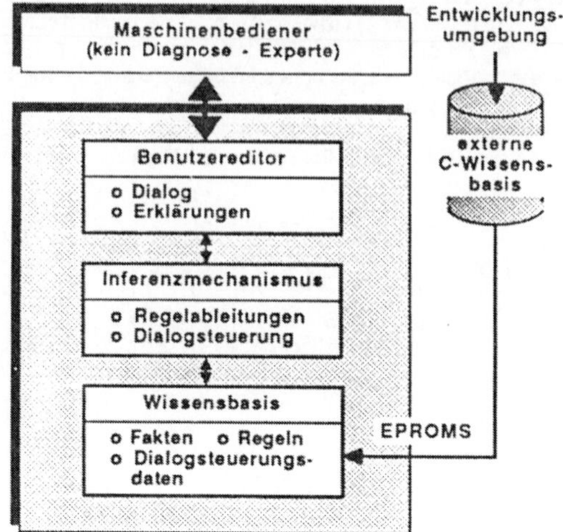

Abb. 11: Benutzerumgebung für Bediener

Bei dieser Gesamtarchitektur dient die LISP-Version dem Experten als Werkzeug zur Eingabe (Regeleingabe), sowie zum Testen des Wissens, das in einfachen Object-Attribut-Value Triples repräsentiert wird, wohingegen die C-Version dem Maschinenbediener mit seiner komfortablen Benutzerumgebung in der Maschine als Expertensystem dient. Änderungen der Wissensbasis sind durch den Maschinenbediener nicht möglich.

Das neue Expertensystemtool ist auf einer Xerox 1108 in LISP implementiert. Auf einer VAX 750 wurde das Expertensystem in C für die Maschinensteuerung fertiggestellt und ist entsprechend transportabel. Die Entwicklung der Wissensbasis erfolgt beim Hersteller. Es muß nicht nur eine große Datenmenge erstellt werden, sondern auch gepflegt und auf den neuesten Stand gebracht werden. Dazu sind Informationen nötig, die nur beim Hersteller zusammenfließen. Der Maschinenbediener/Servicetechniker hat keinen Einfluß auf die Wissensbasis, selbst wenn er einen Maschinenfehler findet, der nicht im Expertensystem enthalten ist. Hierzu müßte er den Aufbau, den Formalismus, und die Funktionsweise des Expertensystems kennen. Es ist kostengünstiger und effizienter einen zentralen Experten zu beschäftigen, der neu gewonnene Informationen ins System einfügt. Das Expertensystem benötigt hardwaremäßig lediglich Speicherplatz. Hier liegt ein Hauptvorteil der Reimplementation: es sind keine kostspieligen, neuen Computer nötig, um das Expertensystem anzuwenden. Wird das Expertensystem beim Hersteller verbessert oder wird die CNC-Maschine z.B. durch Peripheriegeräte verändert, so brauchen nur EPROMS für die aktuelle Version verschickt und ausgetauscht werden. Auf diese Weise kann das Expertensystem leicht aktualisiert werden und entspricht so dem aktuellen Wissensstand. Dem Hersteller bringt das durch das Expertensystem gesammelte und durch den Formalismus standardisierte Wissen Vorteile. Z.B. sind auf diese Weise Schwachstellen von Maschinenteilen bzw. Baugruppen leichter erkennbar und können evtl. behoben werden. Gegebene Voraussetzung hierfür ist natürlich, daß der Hersteller selbst das Expertensystem entwickelt und verbessert.

Das System besteht aus 460 Regeln und 110 Regelknoten. Es existieren 122 Fakten mit möglichen Fehlermeldungen, wobei es sich bei 9 Fakten um Sensoren handelt. Üblicherweise wird je ein weiterer Fakt aus den Sensoren abgeleitet, so daß ungefähr 20 Fakten zu Beginn der Diagnose bekannt sind. Der Benutzer muß 10 bis 20 Fragen beantworten bis das System ein Ergebnis erzielt. Ziel des Prototypen war eine schnelle Implementation zur Aufdeckung seiner Möglichkeiten. Die Entwicklungszeit betrug ungefähr ein halbes Mannjahr. Das System ist in die Maschinensteuerung integriert und benötigt etwa 100 K Speicherplatz. Der Prototyp deckt mit 15 % der möglichen Fehler etwa 50 % der Fehlerquellen ab, die in einem festen Zeitintervall auftreten.

Das Diagnosesystem benötigt kein aufwendige Hard- und Software, da es die existierenden Ressourcen der CNC-Maschine ausnutzt. Allerdings hat der einfache Aufbau auch seine Nachteile, besonders bei der Erweiterung der Wissensbasis. Der Hauptnachteil liegt in der Einbettung des Inferenzmechanismusses in die Regelmenge. Aufgrund der Regelknotenstruktur ist der Wissensingenieur gezwungen, sowohl die Regeln als auch ihre Kontrolle zu berücksichtigen.

Eine einfache Wirtschaftlichkeitsrechnung zeigt, daß bei Ausfallkosten pro Jahr von ca. DM 20.250,-- und den Mehrfachkosten für ein solches Diagnoseexpertensystem von DM 13.000,-- bei linearer Abschreibung sich ein Amortisationszeitraum von ca. 2,4 Jahren ergibt.

5.3 Der Benutzer eines Diagnosesystems

Der Benutzereditor ist die Schnittstelle des Expertensystems zur Außenwelt. Über diesen Editor erhält das System neue Informationen vom Benutzer oder den Indikatoren. Die Indikatormeldungen werden am Anfang des Dialogs abgefragt (vgl. Abbildung 12). Der Dialog des Systems mit dem Maschinenbediener ist menügesteuert. Auf dem Bildschirm stehen etwa die letzten 10 Fragen und Antworten. Der Dialog mit dem Benutzer wird durch die vom System gestellten Fragen bestimmt, die Antworten werden über variabel belegbare Funktionstasten gegeben (vgl. Abbildungen 13 und 14).

Da der Benutzereditor auf dem Zielsystem mit den existenten Soft- und Hardware Bedingungen auskommen soll, gibt es nur eine minimale Erklärungskomponente. Einerseits existiert eine Anzeige der vermuteten Fehler, welche gewährleisten soll, daß dem Benutzer die Ursachen und die Absichten der gestellten Fragen verständlich werden. Andererseits hat er die Möglichkeit, Vermutungen zu äußern, um den Diagnoseprozeß in die von ihm gewünschte Richtung zu steuern.

Menueaufbau und Gestaltung der Schnittstelle zwischen Mensch und Arbeitskonfiguration zeigen, daß die Erweiterung eines für den Zweck der CNC-Steuerung dezidierten Rechners um ein intelligentes Diagnosesystems auf einen Mitarbeiter abzielt, der zwar nicht Experte im Sinne eines erfahrenen Servicetechnikers ist, dessen Qualifikation aber weit entfernt von der eingangs zitierten angelernten Hilfskraft sein muß.

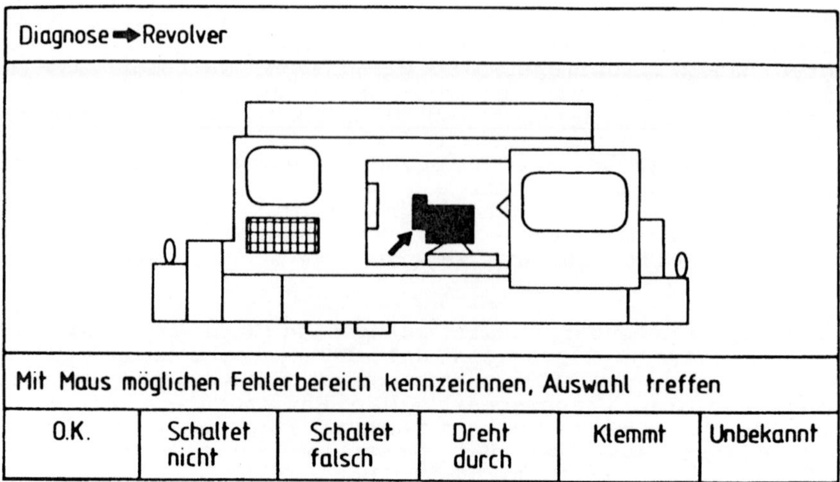

Abb. 12: Graphisch interaktive Benutzerschnittstellen eines Expertensystems zur Diagnose von Drehmaschinen

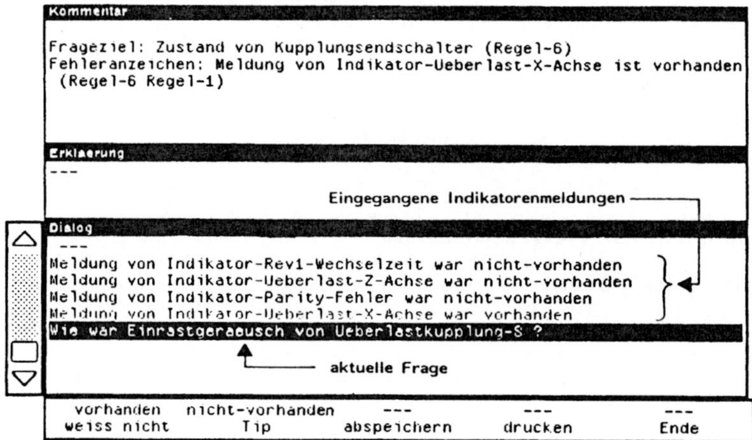

Abb. 13: Expertensystem zur Diagnose von Werkzeugmaschinen: Benutzerdialog nach Einlesen der Indikatormeldung

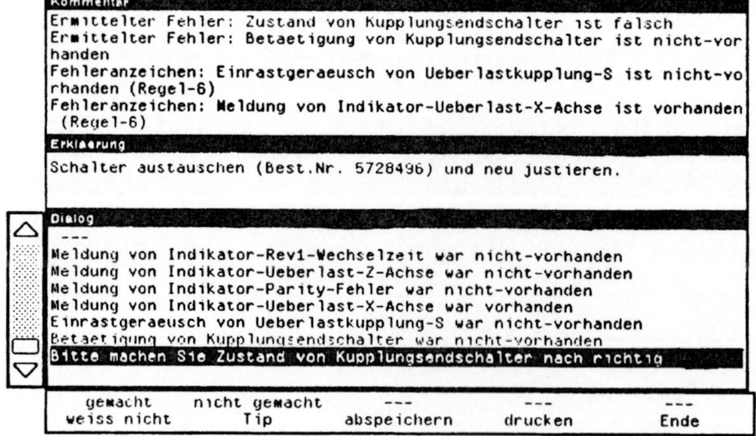

Abb. 14: Benutzerdialog mit ermitteltem Fehler

6 DER MENSCH IM SYSTEM

Wenn man auf die Notwendigkeit der bedienarmen Fertigung im Rahmen neuer Steuerungsstrukturen schaut, spielt der Begriff der Funktionsüberlagerung eine kritische Rolle [KOCHAN, SCHENNERLEIN 1985]. Beim Übergang von der früheren verdrahtungsprogrammierten Steuerung zum Prinzip der speicherprogrammierbaren und damit auch außerhalb des Teilsystems erzeugbaren Steuerung (z.B. eine CNC-Maschine, deren Steuerprogramm nicht vor Ort, sondern bereits in der Konstruktion mittels CAD erstellt wurde) zieht diese Funktionsüberlagerung eine Verantwortungsüberlagerung mit sich. Mit anderen Worten: Der Mitarbeiter in der Konstruktion wird ebenso mitverantwortlich für Probleme in der Fertigung wie der Mitarbeiter an der CNC-Steuerung die Teilverantwortung für die Fehlerbehebung mit übernehmen muß.

An vielen Stellen wird auf die Konsequenzen des vermehrten Softwareeinsatzes bei der Prozeßsteuerung und -automatisierung hingewiesen. Insbesondere wird die Integration der Automatisierungstechnik, einschließlich der Prozeßrechnertechnik und der Elektrotechnik zu einem "komplexen Steuerungssystem des Produktionsprozesses bei gemeinsamer technischer Vorbereitung der Automatisierungs-, Rechen- und Elektroenergieanlagen" angesprochen [BALZER, REINIG, WEISS 1985]. All dies zieht Folgen für die Gestaltung und Ausprägung der Arbeit, wie sie vom einzelnen Mitarbeiter am Arbeitsplatz erfahren wird, nach sich.

6.1 Veränderungen der Belastung durch die Arbeit

In Kapitel 1.3 haben wir schon die Änderung der Arbeitssituation angesprochen. Dabei wurden allerdings nur in groben Umrissen die Zusammenhänge zwischen Belastung, Arbeitsgestaltung und Qualifikation angedeutet.

Nun gibt es verschiedene Ansätze, wie man Arbeit analysiert: Anforderungsanalytische, handlungstheoretische, verhaltensorientierte und aufgaben- respektive funktionsorientierte Arbeitsanalyseverfahren sind für verschiedene Zwecke entwickelt worden [vgl. FACAOARU, FRIELING 1985, S. 86]. Dabei bilden Häufigkeit und Komplexität ein wichtiges Eigenschaftspaar. Während die Häufigkeit und damit der repititive Anteil zweifelsohne zurückgehen, ist nach dem vorhin gezeigten Beispiel der Komplexitätsgrad der Arbeitsinhalte angestiegen - der Aufwand, der für die Gestaltung benutzerfreundlicher Mensch-Maschinen-Schnittstellen betrieben wird, um die Komplexität den menschlichen kognitiven Fähigkeiten anzupassen [Softwareergonomie; vgl. BULLINGER, SHACKEL, KORNWACHS 1987; BULLINGER 1985] steigt immer mehr an. Hingegen werden die Veränderungen der Qualifikationsanforderung, Stressoren und generell des Handlungsspielraums bei der Einführung neuer Technologien bei einer Längsschnittuntersuchung von FRESE und ZAPF [1987] im wesentlichen verneint. Hier ist allerdings zu differenzieren, denn die Ausnahme von dieser Behauptung stellen die einseitigen Belastungen (im kognitiven gegenüber dem körperlichen Bereich) dar. Ferner ist die Stichprobe der Längsschnittuntersuchung, wie die Verfasser selbst zugeben, insofern selektiv, als daß lediglich prosperierende Firmen mit relativ priviligierten Arbeitsgruppen [ebenda, S. 13] herangezogen wurden. Weiterhin sind die indirekten Auswirkungen der Technologieeinführung, z.B. die Veränderung des gesamten Qualifikationsniveaus nicht erfaßt. Dies geben die Autoren auch als Einschränkung selbst an. Trotzdem ist gerade diese Untersuchung ein Beispiel dafür, daß als allgemeingültig angenommene

Hypothesen wie Dequalifizierung, Belastungsabbau, erhöhter psychologischer Druck durch bessere Überwachungsmöglichkeiten und dergleichen mehr in dieser schlagwortartigen, pauschalen Bedeutung nicht haltbar sind und erneut und sorgfältig überprüft werden müssen.

Soziale Auswirkungen neuer Technologien in der Produktion werden vom Standpunkt der sozialwissenschaftlichen Forschung, insbesondere der Industriesoziologie [z.B. EULER 1987] untersucht, dennoch ist es nach Aussagen ihrer Vertreter noch verfrüht, ein angemessenes Urteil mit entsprechenden Entwicklungstendenzen anzugeben.

Belastungsforschung im arbeitswissenschaftlichen Sinne z.B. bei hochautomatisierten Prozeßführungsaufgaben (Leitständen bei Schiffen [DÖRING 1986]) mit der Belastung als Funktion der Arbeitsschwierigkeit und Arbeitsdauer [SCHMIDTKE, BUBB 1981] zeigen, daß Störungen eine Erhöhung der Arbeitsschwierigkeit nach sich ziehen und damit die Belastung multiplikativ vergrößern. Eine mögliche Rechnerunterstützung wie das demonstrierte System könnte Belastungen abbauen, indem sie Wissen schnell verfügbar macht, erzeugt aber keine neue Belastung, die durch den Rechnereinsatz nicht schon vorhanden gewesen wäre. Verfahren zur Belastungsforschung finden sich in [FACAOARU, FRIELING 1986], eine Zusammenstellung informatorischer Belastung findet sich bei [SCHÜTTE 1986] und [BULLINGER 1987, BULLINGER, HESSELER 1987].

6.2 Abschätzung der Entwicklung der Qualifikation

Es müssen somit für die Zukunft folgende Fragen gestellt werden, deren Beantwortung ein großes arbeitswissenschaftliches Engagement erfordern dürften:

- Welche Berufsgruppen sind vom Wandel der Qualifikationsanforderungen betroffen? Die Grundschwierigkeit hier dürfte in dem Umstand liegen, daß die Einteilung in Berufsgruppen bereits begonnen hat, sich zu ändern. Dies ist wohl im Bereich der Prozeßrechnertechnologie ganz deutlich sichtbar.
- Welche neuen Qualifikationsanforderungen werden durch den technologischen Wandel notwendig werden? Das Schlagwort vom Allround-Sachbearbeiter signalisiert zwar tendenziell die zu erwartende Entwicklung, beinhaltet aber nicht die zu erwartenden zukünftigen Anforderungen, z.B. bessere Abstraktionsfähigkeit.
- Wie müssen die Technik und ihr organisatorischer Einsatz beschaffen sein, um nach Inhalt und Niveau für den Mitarbeiter ansprechende Qualifikationsanforderungen zu erhalten? Auch hier sind Differenzierungen nach Branchen, Berufsgruppen, Techniken und Organisationsformen vorzunehmen, die das Bild - nach allem was man bisher weiß - sehr komplex erscheinen lassen werden.
- Welche Qualifizierungsmaßnahmen sind notwendig? Hier wird man frühzeitig Entscheidungen treffen müssen, auch ohne das man die bereits gestellten Fragen schon vollständig beantwortet hätte.

Wir versuchen in den folgenden kurzen thesenartigen Formulierungen eine Abschätzung der zukünftigen Entwicklung zu geben, die sich uns aufgrund der von uns durchgeführten Fallstudien ergibt [vgl. BULLINGER, LORENZ, TRAUT 1986].

Die von vielen erwartete Dequalifizierung großer Arbeitnehmergruppen ist bisher ausgeblieben. Vielmehr erfolgt eine Veränderung von Qualifikationsanforderungen, der durch Qualifizierungsmaßnahmen entsprochen werden muß. Dequalifizierungstendenzen zeigen sich bei wenigen Arbeitnehmergruppen (Bsp.: Zeichner, Meister). Einer fortschreitenden Arbeitsteilung in manchen Bereichen des Technologieeinsatzes (Bsp.: Maschinenbediener, Meister) stehen Bereiche mit einer Arbeitserweiterung gegenüber (Bsp.: Konstrukteur, Straßenführer).

Der technologische Wandel, häufig als Revolution bezeichnet, vollzieht sich langsam. Der Automatisierungs- und Integrationsgrad ist bei weitem noch nicht so weit fortgeschritten, als daß manch futuristische Zukunftserwartung, wie z.B. der papierlose Informationsfluß und die "mannlose" Schicht, schon die Realität wären. In der Regel findet man, häufig bis zum Einzelarbeitsplatz (Bsp.: Konstrukteur), die konventionelle neben der neuen Technologie vor. Die Nachteile, aber auch die Vorteile des Technologieeinsatzes werden dadurch abgemildert. Viele Auswirkungen des Technologieeinsatzes (Bsp.: Karrierechancen, Verjüngung der Altersstruktur) sind nur in der Einführungsphase zu beobachten.

Es erfolgt eine Verschiebung von den physischen zu den psycho-mentalen Belastungsformen. Nachteile für die Arbeitnehmer wie Lohneinbußen, Versetzungen oder Entlassungen werden, nicht zuletzt durch den Einsatz der Betriebsräte verhindert oder gemindert.

Aus volkswirtschaftlicher Sicht führt der Einsatz neuer Technologien natürlich zu einem Arbeitsplatzverlust. In den direkt vom Technologieeinsatz betroffenen Betrieben werden die Personalfreisetzungen in der Regel durch unterlassene Einstellungen, Umsetzungen usw. kompensiert. Bei den Arbeitnehmern und den Betriebsräten ist wenig von einer Technologiefeindlichkeit zu verspüren. Häufig zeigt sich gar ein erstaunliches Desinteresse an den möglichen Folgen des Technikeinsatzes.

6.3 Technikeinsatz und Qualifikationsanforderung

Im folgenden sei zur Verdeutlichung die Qualifikationsanforderung im Rahmen eines komplexen Produktionssystems skizziert [vgl. hierzu auch KORNDÖRFER 1987]. Die Besonderheit der Qualifikationsanforderungen in komplexen Produktionssystemen liegt zum einen in der Beherrschung einer großen Anzahl von Einzelfunktionen und zum anderen in der Beherrschung ihres Zusammenwirkens, mit anderen Worten, in der Fähigkeit des Systemdenkens.

Das Gesagte gilt vor allem für die funktionsbezogenen Tätigkeiten, die beim Anfahren eines Systems oder bei der Reparatur konstruktive oder softwarebezogene Mängel mit ihrer Qualifikation ausgleichen müssen. So ist beispielsweise die softwaremäßige Verriegelung zweier zusammenarbeitender Roboter nur begrenzt sicher; der Bediener muß die Bearbeitungsprogramme durch schrittweises Ausprobieren jeweils auf Verträglichkeit abprüfen, um Kollissionen zu vermeiden [BELL, KORNDÖRFER 1986].

Eine weitere, fast noch bedeutendere Qualifikationsanforderung in komplexen Produktionssystemen ist das Programmieren von Bearbeitungsabläufen, wie es an CNC-Maschinen oder auch an Industrierobotern anfällt. Die zunehmende Durchdringung der Produktion mit Prozeß- und Arbeitsplatzrechnern fordert ein Programmierdenken in vernetzten Zusammenhängen, die für Werkstattpersonal und die damit verbundenen dispositiven, planenden und direkt steuerenden Bereiche noch neuartig sind. So mußte bisher wenigstens der geplante Bearbeitungsprozeß in einem abstrakten Formalismus transformiert werden, den das "Betriebsmittel versteht" [KORNDÖRFER 1987]. Dazu kommt nun beim Übergang vom Prozeßrechner zu Prozeßrechensystemen, daß die Programmierung ein Wissen über unterschiedliche Sachgebiete wie Produkt, Betriebsmittel, Bearbeitungsprozesse, Verknüpfung mit anderen Bearbeitungsstationen, betrieblicher Informations- und Materialfluß, Standards der Netz- bzw. Kommunikationssoftware erfordert. Dieses Wissen hat einen unterschiedlichen Grad an Anschaulichkeit und Abstraktheit sowie einen unterschiedlichen Grad an Exaktheit und Verbindlichkeit, also von den strikten Syntaxregeln der Programmierung bis hin zu Erfahrungswerten von Prozeßparametern.

Die Qualifikationsanforderungen des problemlösenden und konzeptionellen Denkens wird meist dann erhoben, wenn am Anfang eine Aufgabenstellung noch nicht genau absehbar ist. Das ist beim Programmieren von vernetzten Rechnern, wie sie zunehmend die Produktion durchdringen, fast immer der Fall. Denn jedes vernetzte Konzept schlägt auf die Teillösungen durch und modifiziert sie entsprechend. Hier ist systematischer Arbeitsstil, und vergleichsweise stures Durchhalten an einer adäquat gewählten Systematik eine notwendige Vorbedingung des erfolgreichen Arbeitens.

Sicherlich sind die Ausprägungen solcher Anforderungen sehr unterschiedlich, je nach Arbeitsaufgabe. So bedeuten die Änderungen einiger Geometriedaten eines NC-Drehteils etwas anderes als die Neuprogrammierung eines komplexen Schweißteils mit Rückwirkungen auf die Konstruktion der Herstellvorrichtung aufgrund von Zugänglichkeitsproblemen, oder gar das Programmieren einer komplexen Montagesteuerung. Abbildung 15 zeigt beispielhaft ein zusammenfassendes Ergebnis einer Arbeitsanalyse zu Qualifikationsanforderungen an Werkzeugmaschinen, die die Art der Anforderungen genauer aufgliedert.

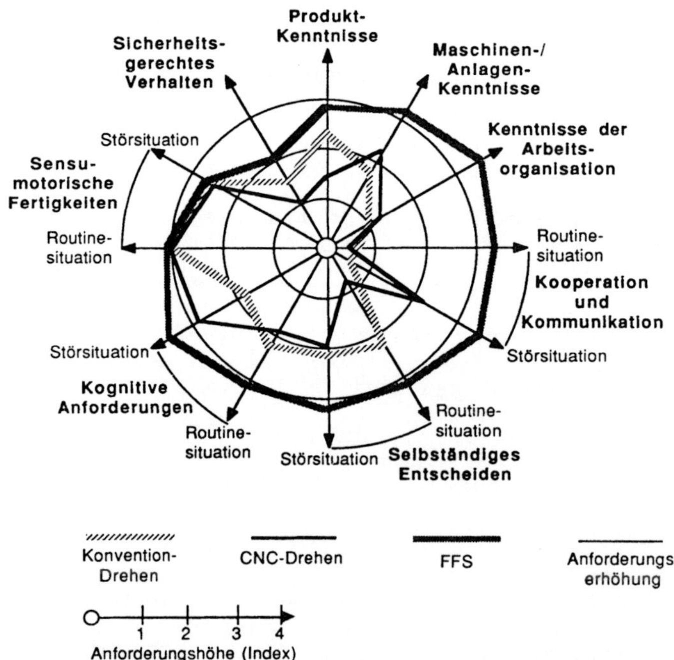

Abb. 15: Qualifikationsanforderungen im Werkzeugmaschinenbereich [aus: SONNTAG 1985, S. 87]

Insgesamt läßt die Zunahme der geschlossenen Fläche im Bild erkennen, daß die Anforderungen im untersuchten flexiblen Fertigungssystem deutlich höher sind als beim CNC-Drehen oder beim konventionellen Drehen. Dies gilt im wesentlichen für den Routinebetrieb und den Störfall. Erforderlich sind insbesondere Kenntnisse über das Produkt, die Anlage und die Arbeitsorganisation, Denkleistungen (kognitive Anforderungen) und Entscheidungen sowie die Bereitschaft und die Fähigkeit zur Kooperation und Kommunikation. Die qualifikatorischen Besonderheiten komplexer Produktionssysteme liegen von der technischen Seite her also vor allem in einer Zunahme spezieller Wissensbestände und in höheren Anforderungen an verschiedene Denkleistungen [KORNDÖRFER 1987].

7 INFORMATIONSTECHNOLOGIE UND MENSCHLICHE ARBEIT

Der erfolgreiche Einsatz neuer Technologien - und damit auch der Übergang von Prozeßrechnertechnologie hin zu Prozeßrechensystemen - könnte massiv in Frage gestellt werden, wenn bei den Mitarbeitern nicht die Bereitschaft bestünde, die technischen Werkzeuge - und ein Netz von Rechnern gehört dazu - sinnvoll anzuwenden und zu akzeptieren.

7.1 Das Problem der Akzeptanz

Nach einer Befragung unseres Instituts zum Rechnereinsatz in der Produktion [LORENZ, TRAUT 1986] nährt sich die mangelnde Akzeptanz aus drei Quellen: 1. Die Erwartung konkreter Nachteile durch den Technologieeinsatz, 2. die unspezifische Angst vor dem Neuen, dessen Auswirkungen unbekannt sind und dessen Beeinflußung nicht möglich erscheint und 3. die technischen und organisatorischen Mängel in der Anlaufphase.

Auf die Frage, welche Gründe für die Motivation der Mitarbeiter vorlagen, die neuen Technologien anzunehmen und gar zu fördern, wurden u.a. folgende Antworten gegeben: Technologiebegeisterung und Spieltrieb; Gefühl der Zugehörigkeit zu einer Elite; Wunsch der Profilierung und Statusgewinnung; Erkennen einer Chance zur Arbeitsplatzsicherung oder gar zu einer Karriere; Loyalität zum Unternehmen; frühzeitige und umfassende Information über Art, Leistung und Folgen der neuen Technologien; begleitende Maßnahmen und Regelungen zur Milderung auftretender Härten (Bsp.: Besitzstandswahrung); Abbau physischer Belastungen; sowie die Aussicht auf Vereinfachungen und Erleichterungen bei der Erfüllung der Arbeitsaufgaben, d.h. die Hoffnung darauf, daß Routinetätigkeiten entfallen.

Zusammenfassend kann man, von wenigen Ausnahmen abgesehen (Widerstände von Meistern), in den Betrieben der Erhebung nicht von ernsthaften Akzeptanzproblemen sprechen. In der Regel überwogen die o.a. Motivatoren, wobei die große Technikbegeisterung vieler Mitarbeiter herausgestellt werden muß [LORENZ, TRAUT 1986].

Auffallend ist, daß nach den Ergebnissen der Befragung die gute technische und organisatorische Gestaltung nicht die erwartete Rolle bei der Akzeptanz spielt. Allerdings kann diese von den Mitarbeitern als "Hygienefaktor" verstanden werden, auf dem erst Motivation aufbauen kann. Ebenfalls auffallend ist die Tatsache, daß die Mitarbeiter äußerst selten unmittelbar bei der Planung beteiligt wurden. Hier liegen nicht nur ein ungehobenes Reservoir für die Akzeptanzförderung, sondern auch Möglichkeiten durch das Fach-Know-How der Mitarbeiter, die Arbeitssysteme effektiver zu gestalten und Einführungsschwierigkeiten zu verhindern.

Dem Planer lassen sich zur Sicherung der Akzeptanz folgende Regeln mit auf den Weg geben:

- Ein positives Umfeld schaffen (Information, Betriebsrats- und Mitarbeiterbeteiligung, Regelungen um Härten zu vermeiden, Unterstützung der Fachabteilungsleitung).
- Gründliche Ausbildung und Einarbeitung der Mitarbeiter gewährleisten.
- Anfangsfrustration und -enttäuschungen bei der Einführung vermeiden.
- Gute und ausgereifte Gestaltung der Technik und Organisation.

7.2 Veränderte Arbeitsstrukturen und neue Forschungsaufgaben

Noch bis in die achtziger Jahre hinein entwickelte man am Prozeßrechner vor Ort verbesserte Informationsdarstellungen am Monitor, um dem Bediener, z.B. eines Leitstandes oder einer CNC-Anlage, eine Grundlage für rasche Entscheidungen zu liefern [vgl. z.B. ALDINGER, DAUSER 1981]. Diese Bemühungen werden in der Softwareergonomie zwar weiterverfolgt und stellen mittlerweile einen eigenen Forschungszweig dar [vgl. BULLINGER, SHACKEL, KORNWACHS 1987], doch ist die Gestaltung der Arbeit in einer voll rechnerintegrierten Fabrik der Zukunft ein Forschungsfeld, das erst in Ansätzen fundierte Ergebnisse liefern kann, da der Gegenstandsbereich neu, interdisziplinär zu bearbeiten und von hoher Komplexität ist.

Der Übergang von Insellösungen beim Computereinsatz zu wirklichen integrierten Systemen ist sowohl im Produktionsbereich wie im Dienstleistungsbereich sichtbar und erfordert zur Erforschung und Gestaltung die Anstrengung vieler Disziplinen. Angefangen vom Problem der Normierung und der Kommunikation zwischen den einzelnen Rechnerkonfigurationen bis hin zu einer einheitlich begrifflichen Gestaltung des Informationsflusses (z.B. von der Konstruktion bis hin zur Qualitäts- und Auslieferungskontrolle) ist das Gebiet der rechnerintegrierten Herstellung (CIM = Computer Integrated Manufacturing) ein erfolgversprechendes, aber nicht gänzlich realisiertes Vorhaben. Konsequenterweise müßte man Produktion und Dienstleistung, Arbeitsplatz in der Werkstatt oder Fabrikhalle und Büro zu einem integrierten System vernetzen, das man mit dem neuen Schlagwort CIB (= Computer Integrated Business) umschreiben könnte. Denn letzten Endes werden die entscheidenden Steuerinformationen für die Herstellung und Verteilung von Gütern und für das Erbringen von Dienstleistungen in Büro erzeugt und - wenngleich noch meist auf dem Papier - weitergegeben und in Handlungen umgesetzt. Information ist neben den klassischen Faktoren wie Arbeit, Kapital und Ressourcen zu einem vierten Produktionsfaktor geworden.

Verschwindet als Folge der obigen Überlegungen der Unterschied zwischen dem Arbeitsplatz im Büro und dem Arbeitsplatz in der Produktion, weil beide Arbeitsplätze letztlich nur noch aus Schreibtisch und Bildschirm (oder weiteren leitstandsähnlichen Anzeigen) bestehen, dann geht auch die Ära der Trennung zwischen Kop und Handarbeit unwiderruflich zu Ende. Die menschliche Arbeit wird nicht mehr die

Bearbeitung und Produktion von Gütern zum primären Ziele haben, sondern wird die produzierenden Systeme selbst zum Ziele haben - sie wird zur Systemarbeit.

7.3 Die Rolle wissensbasierter Systeme in der Systemtechnik

Es erscheint uns notwendig, zum Schluß anzumerken, daß die so skizzierte Systemarbeit ein anderes Instrumentarium, vulgo Werkzeuge, verlangt, als die klassische und automatisierte Produktionstechnik. Der Arbeiter als Bediener eines Prozeßrechners wird morgen ein Wissensingenieur sein. D.h., daß die erforderlichen Werkzeuge, Prozeßrechensysteme zu bauen, um vernetzte Prozesse zu steuern, wissensbasierte Systeme sein müssen - anders ist die Komplexität der zukünftigten Systemtechnik nicht zu bewältigen.

Dem zukünftigen Wissensingenieur wird dabei weitaus mehr Verantwortung zufallen als dem Bediener eines Prozesses heute. Er wird diese Verantwortung, die sich auf Qualität, Zuverlässigkeit und Synchronität des Prozesses bezieht, und die sich ausdehnt auf die Mitverantwortung für das Gesamtsystem im Sinne von Disposition, Kommunikation und Wissenstransfer, nur wahrnehmen können, wenn er mehr als nur ein Informatiker oder nur ein Produktionsingenieur oder nur ein Regelungstechniker ist, sondern er wird zu einem gewissen Grade alles von dem sein müssen.

Die Rolle der wissensbasierten Systeme in der Systemtechnik der Zukunft, dem sich ein Dienstleistungsbetrieb oder ein herstellendes Unternehmen wird bedienen müssen, ist charakterisiert durch den Zwang, das Wissen um die zu steuernden Prozesse und Verfahren systematisch mit dem Wissen um ihre organisatorische und administrative Einbettung verknüpfen zu müssen. Dieser Zwang wird schmerzlich sein, aber er wird weitere innovative Kräfte bei der Gestaltung unserer zukünftigen Arbeitswelt freisetzen. Und er wird die Frage nach der Verantwortung jedes einzelnen in einem solchen System, das transparenter als die bisherigen Konfigurationen sein wird, mit Recht neu stellen.

DANKSAGUNG

Der Vortrag entstand unter Verwendung von Forschungsergebnissen des Fraunhofer Instituts für Arbeitswirtschaft und Organisation. Für die Überlassung von Material und nützlichen Anregungen durch C. Raether, M. Auch, A. Behrens, H. Sauer, J. Schmid und L. Traut möchten die Verfasser herzlich danken.

LITERATUR

ALDINGER, L., DAUSER, R.: Einsatzmöglichkeiten von prozessrechnergesteuerten Farbmonitorsystemen - verbesserte Informationsdarstellung als Grundlage für kurzfristige Entscheidungen. In: Warnecke, H.J. (Hrsg.): Materialfluß als Rationalisierungsschwerpunkt. 13. Arbeitstagung des FhG-IPA, Stuttgart 1981, Vortrag Nr. 18.

ANKE, K., KALTENECKER, A, OETKER, R.: Prozeßrechner - Wirkungsweise und Einsatz. Oldenbourg, München-Wien 1970.

AUCH, M.: Menschengerechte Arbeitsplätze sind wirtschaftlich. Wirtschaftlichkeitsvergleich und Arbeitssystemwertentwicklung - ein erweitertes Bewertungsverfahren. RKW, Bonn, Eschborn, 1985.

AUCH, M., SAUER, H.: Planung und Bewertung von Arbeitssystemen: Informationsbedarf in unterschiedlichen Entscheidungssituationen. FhG-Berichte 1986, Heft 1, S. 39 - 43.

BACKHAUS, K., WEIBER, R.: Systemtechnologien - Herausforderung des Investitionsgütermarketing. Harvardmanager (1987) Nr. 4, S. 70 ff.

BAINBRIDGE, L.: Ironies of automation. In: Johannson, G., Rijnsdarp, J.E. (Eds.): Analysis, Design and Evaluation of Man-Machine-Systems. IFAC/IFIP/IFORS/IEA Conference Baden-Baden 1983. Pergamon, Oxford 1983, p. 151 - 157.

BALZER, D., REINIG, G., WEISS, W.: Software-Technologie bei der Prozeßautomatisierung. msr (messen-steuern-regeln) 28 (1985/11), S. 490 - 493.

BELL, H., KORNDÖRFER, V.: Qualifizierung für prozessorgesteuerte Technologien in der Produktion, dargestellt am Beispiel Industrieroboter FhG-Berichte (1986), Heft 1, S. 57 - 60.

BENDEICH, E., KOELLE, J.H.: Prozeßrechnereinsatz in Stückgutprozessen. Regelungstechnische Praxis 19 (1977/7), S. 192 - 198.

BULLINGER, H.-J.: Vorgehensweise zur Planung und Realisierung von Fertigungssystemen. In: Bullinger, H.-J., Warnecke, H.J. (Hrsg.): Wettbewerbsfähige Arbeitssysteme. Vorträge der 2. IAO-Arbeitstagung. FpF Stuttgart 1983, S. 167 - 189.

BULLINGER, H.-J. (Hrsg.): Software-Ergonomie 1985. Mensch-Computer-Interaktion. German Chapter of the ACM, Berichte Nr. 24, Teubner, Stuttgart 1985.

BULLINGER, H.-J.: Informatorische Belastung. In: Konietzko, H., Dupuis, H. (Hrsg.): Handbuch der Arbeitsmedizin. ecomed Verlagsgesellschaft, Landsberg - München (im Druck) 1987.

BULLINGER, H.-J.; HESSELER, M.: Arbeitsorganisation und Belastung. In: Konietzko, H.,Dupuis, H. (Hrsg.): Handbuch der Arbeitsmedizin. ecomed Verlagsgesellschaft, Landsberg - München (im Druck) 1987.

BULLINGER, H.-J., KORNWACHS, K.: Informatisierung der Arbeit. FhG-Berichte 1986 Heft 1, S. 7 - 12 (a)

BULLINGER, H.-J., KORNWACHS, K.: Die neuen Technologien - Strukturen und Anwendungen. Marchtaler Pädagogische Beiträge 9 (1986/4) S. 7 - 19 (b).

BULLINGER, H.-J., LORENZ, D., TRAUT, L.: Influence of the New Technologies on Work Organization and Employees in Production. In: Proceedings of the 3rd International Conference on Human Factors in Manufacturing, Stratford upon Avon, U.K., ed. by T. Lupton. IFS Publication Ltd and Springer Berlin - Heidelberg - New York - Tokyo 1986, p. 79 - 91.

BULLINGER, H.-J., NIEMEIER, J., SCHÄFER, M.: Aufbauorganisation des Managements. Nachr.Dok. 38 (1987), S. 193 - 199.

BULLINGER, H.-J., SHACKEL, B. (eds.), KORNWACHS, K. (assoc.ed.): Human-Computer Interaction - Interact '87 North-Holland, Amsterdam - New York - Oxford - Tokyo 1987.

DÖRING, W.: Systemergonomische Belastungsanalysen bei hochautomatisierten Prozeßführungsaufgaben. Zeitschrift für Arbeitswissenschaft 40 (12 NF) (1986/2), S. 75 - 82.

ELIAS, H.J.: Menschengerechte Arbeitsplätze sind wirtschaftlich. Das GIT-Verfahren zur Humanvermögensrechnung. RKW: Bonn, Eschborn, 1985.

EULER, A.P.: Soziale Auswirkungen neuer Technologien in der Produktion - Zum Stand der sozialwissenschaftlichen Forschung. Zeitschrift für Arbeitswissenschaft 41 (13 NF) (1987/1), S. 1 - 6).

FACAOARU, C., FRIELING, E.: Verfahren zur Ermittlung informatorischer Belastungen. Teil I: Theoretische und konzeptionelle Grundlagen. Zeitschrift für Arbeitswissenschaft 39 (11 NF) (1985/2), S. 65 - 72. Teil II: Aufbau und Darstellung eines Verfahrensentwurfs. Zeitschrift für Arbeitswissenschaft 40 (12 NF) (1986/2), S. 90 - 96.

FÄHNRICH, K.-P., EICHHORN, R., PUETZ, R.D.: Expertensysteme zur Fehlerdiagnose an CNC-Maschinen. In: KOMMTECH '86. ONLINE GmbH, Velbert, 1986. Kongreß VI, Symposiun V, S. 2V-1 - 2V-20.

FÄRBER, G.: Prozeßrechentechnik. Springer, Berlin Heidelberg New York 1979.

FRESE, M., ZAPF, D.: Die Einführung von neuen Techniken verändert Qualifikationsanforderungen, Handlungsspielraum und Stressoren kaum. Zeitschrift für Arbeitswissenschaft 41 (13 NF) (1987/1), S. 7 - 14.

GEISSLNGER; W.: Montagegerechtes Konstruieren. wt-Zeitschrift für industrielle Fertigung 71 (1981), S. 28 - 31.

HICHERT, R.: Probleme der Vielfalt. wt-Zeitschrift für industrielle Fertigung 76 (1986) S. 141 - 145.

KOCHAN, D., SCHENNERLEIN, B.: Neue Steuerungsstrukturen - Notwendigkeit für bedienarme Fertigung. msr (messen-steuern-regeln) 28 (1985/10), S. 462 - 465.

KORNDÖRFER, V.: Qualifizierung an Industrierobotern - Ziele, Inhalte und Methoden. IPA-IAO Forschung und Praxis Springer Heidelberg - Berlin - New York 1987.

KUSSL, V.: Technik der Prozeßdatenverarbeitung. Hanser, München 1973.

LORENZ, D., TRAUT, L.: Einfluß neuer Technologien auf die Arbeitsorganisation und Arbeitnehmer im Produktionsbetrieb. Herausgegeben von der European Foundation for the Improvement of Living and Working. Dublin 1986.

MEIER; B.: Die Humanisierung - Industriearbeit im Wandel. Hrsg.: Institut der deutschen Wirtschaft, Köln. edition agrippa gmbH Köln 1976.

PICOT, A., REICHWALD, R., BEHRBOHM, P.: Menschengerechte Arbeitsplätze sind wirtschaftlich. Vier-Ebenen-Modell der Wirtschaftlichkeitsbeurteilung. RKW: Bonn, Eschborn, 1985.

SCHMID, J., BENECKE, C.: "Paperless Factory auf der Alb" - Computergesteuerte Fertigung einmal anders. VDI-Nachrichten vom 21.3.1987.

SCHMIDKE, H., BUBB, H.: Das Belastungs-Beanspruchungskonzept. In: Schmidke, H. (Hrsg.): Lehrbuch der Ergonomie. Hanser, München-Wien 1961, S. 11 - 115.

SCHÜTTE, M.: Eine Zusammenstellung von Verfahren zur Ermittlung des subjektiven Beanspruchungserlebens bei informatorischer Belastung. Zeitschrift für Arbeitswissenschaft 50 (12 NF) (1986/2), S. 83 - 89.

SEIDEL, E.: Menschengerechte Arbeitsplätze sind wirtschaftlich. Betriebsökonomische Effizienzindikatoren. RKW: Bonn, Eschborn, 1985.

SONNTAG, K.-H. (Hrsg.): Neue Produktionstechniken und qualifizierte Arbeit. Wirtschaftsverlag Bachen, Köln 1985.

STAEHLE, W.H., ELIAS, H.J., GOTTSCHALK, B., SYDOW, J.: Menschengerechte Arbeitsplätze sind wirtschaftlich. Duale Arbeitssituationsanalyse - ein Verfahren zur Bewertung und Gestaltung von Arbeitssystemen. RKW: Bonn, Eschborn, 1985.

SYRBE, M.: Messen - Steuern - Regeln mit Prozeßrechnern. Akademische Verlagsgesellschaft, Frankfurt a.M. 1972.

VOLPERT, W.: Kontrastive Analyse des Verhältnisses von Mensch und Rechner als Grundlage des System-Design. Zeitschrift für Arbeitswissenschaft 41 (13 NF) (1987/3), S. 147 - 152.

WARNECKE, H.J.: Prozeßzeiten kürzen heißt das erklärte Ziel: Rüst- und Nebenzeiten dominieren noch immer im Fertigungsprozeß. Flexible Automation (1987), Heft 6, S. 50 ff.

KONZIPIERUNG VON AUTOMATISIERUNGSANLAGEN

- AUS SYSTEMTECHNISCHER UND BETREIBERSICHT -

Töpfer, H. u. Reinig, G.
Technische Universität Dresden
Sektion Informationstechnik
Mommsenstr. 13
8027 Dresden

1. Zur Problemstellung der Konzipierung

Allgemeine Bemerkungen

Die zunehmende Anwendungsbreite von Automatisierungsmitteln bis hin zu ihrem massenhaften Einsatz in Prozessen der kontinuierlichen (Verfahrenstechnik) und diskreten (Fertigungstechnik) Produktion, wird u.a. gefördert durch die sinkenden Preise für die Mittel der Automatisierungstechnik, speziell der Rechentechnik, die zunehmende Leistungsfähigkeit der Automatisierungstechnik (z.B. Verarbeitungs- und Zuverlässigkeitspotential), die sich verschärfende Wettbewerbssituation und durch die weitgehende Akzeptanz der Automatisierung mit rechentechnischer Orientierung. Diese Entwicklung stellt sowohl automatisierungserfahrene Produzenten, insbesondere aber eine große Zahl von Anwendern, die hier den Einstieg suchen, vor das Problem der Gestaltung ihrer Automatisierungslösungen.

Dank der raschen Fortschritte speziell auf den Gebieten der Rechnerhardware (HW) und -software (SW) erweitern sich die Freiheitsgrade außerordentlich und die Gestaltung wird durch die technischen Möglichkeiten kaum noch limitiert. Mußten früher die Entscheidungen z.B. im Kompromißfeld zwischen elementaren Überwachungs-, Regelungs- und Steuerungsaufgaben einerseits und technischer Realisierbarkeit/Zuverlässigkeit andererseits getroffen werden, so geht es heute bereits im Konzipierungsstadium zunehmend um solche Fragen, wie die Wahl der richtigen Automatisierungsphilosophie und die Rolle des Menschen (Automatisierungsgrad, Arbeitsinhalte). Wesentliche Realisierbarkeitsaspekte kommen hauptsächlich bei Zeit- und Kostenbetrachtungen ins Spiel.
Beide Faktoren, die Breitenanwendung der Automatisierungstechnik und die zunehmenden Gestaltungsfreiheiten bewirken, daß Menge und Komplexität sowie die potentiellen Mgölichkeiten für die zu lösenden Aufgaben z.Zt. bereits erheblich größer sind und weiter zunehmen als diese vom - nach Zahl und Qualität - verfügbaren Potential an Fachleuten ge-

nutzt werden können.
Diese Diskrepanz wird noch verstärkt durch die zunehmende Dynamik bei Automatisierungsprojekten, gekennzeichnet durch schneller abzuwickelnde Teilprojekte mit Standardcharakter, ergänzt durch Perioden der Vervollkommnung, des Ausbaus sowie der Modifikation in der Inbetriebnahme- und Betriebsphase.
Die Schwierigkeiten der Gestaltung von Automatisierungslösungen für größere Produktionskomplexe werden oft unterschätzt bzw. nur unzureichend beherrscht, das belegen Literaturübersichten über spektakuläre Störfälle /1,2,3/ und eigene Beobachtungen in Chemie- u. Raffineriegroßanlagen, wobei offensichtlich große Unsicherheiten vor allem bei der Festlegung der Automatisierungsstrategie und des Automatisierungsniveaus (in Menge und Qualität) bestehen.

Rechnerunterstützung. Zur Rationalisierung der Projektabwicklung hat eine umfangreiche Rechnerstützung Einzug gehalten, dabei handelt es sich zum einen um lieferantenunabhängige Hilfsmittel wie z.B. die Systeme/Methoden SADT, SREM, u.a. /7/ für weitgehend SW-orientierte Vorhaben und EPOS /4/ für die Rechnerstützung von Projekten, die die Entwicklung von HW und SW beinhalten, wobei i.allg. kein unmittelbarer Bezug zu vorhandenen, serienmäßig gefertigten Gerätesystemen besteht, die meist die Basis der Produktionsautomatisierung bilden.
Zum anderen sind bei allen namhaften Lieferanten CAE-Mittel entstanden bzw. in Entwicklung, die es gestatten, ausgehend von als bekannt vorausgesetzten Meß-, Steuerungs-, Regelungs-, Kommunikationsaufgaben (z.B. in Form von Rohrleitungs- und Instrumentierungsdiagrammen) rechnergestützt geeignete Gerätekomponenten und Softwaremoduln aus dem Spektrum des jeweiligen Herstellers auszuwählen und komplette Lösungen zu projektieren und zu erstellen (einschließlich Fertigung, Test, Montage, Inbetriebnahme und Dokumentation).
Eine dritte Kategorie von CAE-Mitteln unterstützt z.B. die strukturelle und parametrische Synthese von Regelungen, dabei sind sowohl geräte-/herstellerunabhängige Lösungen z.B. /10/ als auch solche anzutreffen, bei denen dem Reglerentwurf die Konfigurierung/Parametrierung konkreter Mikrorechnerregler nachgeschaltet ist /11, 12/.
Die o.g. CAE-Mittel rationalisieren nur die Routinearbeit und den determinierten Entwurf, geben jedoch kaum inhaltliche Unterstützung für die frühen konzeptionellen Phasen von Automatisierungsvorhaben, also weder für die Erarbeitung der Automatisierungsstrategie (Ziele; Automatisierungsniveau/Rolle des Menschen; zeitliche, Kosten- u.Randbedingungen) noch für das prinzipielle Lösungskonzept.

- Gewicht der Entscheidungen
- Freiraum für Entscheidungen
- Anteil intuitiver Entscheidungen
- Grad der Abstraktion
- Anteil schöpferischer Leistung

- Bestimmtheit der Informationen
- Menge vorhandener Informationen
- Anteil an Routinearbeit

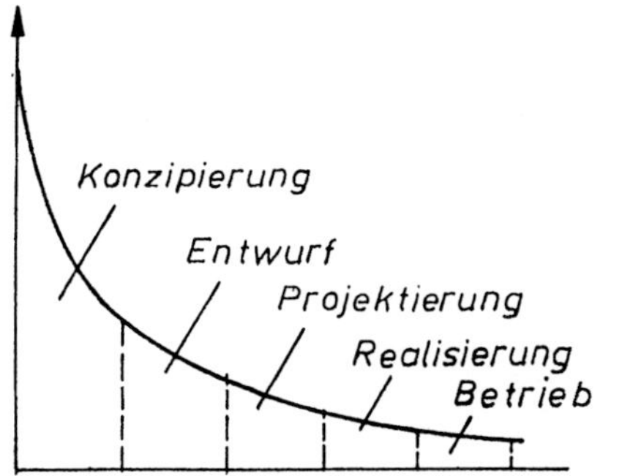

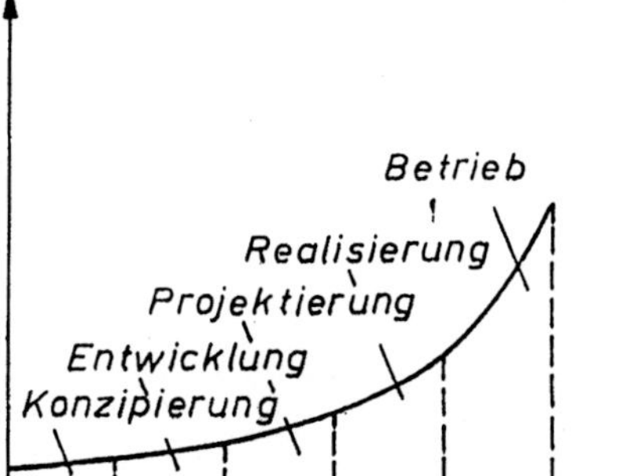

Bild 1 Phasen der Entstehung einer Automatisierungsanlage /33/

<u>Dekomposition.</u> Im Vergleich zu späteren Projektphasen sind in den frühen Phasen (Bild 1) sehr unterschiedliche, teilweise unscharfe und auch subjektive Faktoren bedeutungsvoll (siehe z.B. /8 /). Das Bemühen um methodische und möglichst auch Rechnerunterstützung in den frühen Phasen kann u.E. durch eine Dekomposition der Problemanalyse- und Konzipierungsproblematik nach bestimmten inhaltlichen Gesichtspunkten/Gestaltungsaspekten unterstützt werden, indem Teilstrukturen/Teilkonzeptionen (wie z.B. Zielstruktur, Bedienkonzeption, Funktionsstruktur usw.) separat erstellt werden. Ein derartiger Zugang gestattet einerseits eine Unterscheidung in fordernde (z.B. Zielstruktur) und erfüllende Teilstrukturen (z.B. Funktionsstruktur) als weiterer Beitrag zur Dekomposition des Gestaltungsprozesses und stellt andererseits eine methodische Unterstützung der Teilstrukturerarbeitung für konkrete Projekte durch verallgemeinernde Aussagen zu den Teilstrukturen dar.

<u>Konzipierung.</u> Die "Kunst" der Konzipierung besteht darin, aus einer <u>strategischen Zielstellung</u> unter Nutzung

. des verfügbaren (meist unscharfen) Faktenwissens (über Prozeß, Umfeld, HW- und SW-Mittel...)

. gesicherten Fachwissens (Verfahrenstechnik, Automatisierungstechnik, Arbeitswissenschaft...)

. verfügbaren Erfahrungswissens (erfolgreiche/erfolglose Lösungen, Aufwendungen/Kosten...)

. verfügbarer Werkzeuge (Dateisysteme, Simulationssysteme...)

eine Grobspezifikation (Pflichtenheft), d.h. letzten Endes die funktionelle Struktur der zu gestaltenden Automatisierungsanlage einschließlich wesentlicher Leistungs-/Verhaltensanforderungen unter Beachtung zeitlicher und sonstiger Limite auszuarbeiten. Dabei besteht auf Grund des Charakters der verfügbaren Informationen nicht die Möglichkeit einer exakten/quantitativen Bewertung der Kosten bzw. Realisierungsprobleme für einzelne funktionelle Komponenten.

Die Schwierigkeiten bei der Bewertung und damit auch bei der Auswahl von Automatisierungskonzeptionen wachsen durch folgende Sachverhalte:

- Existenz konkurrierender Ziele (z.B. Ökonomie-Umweltbelastung)
- teilweise (noch) nicht quantisierbare Ziele bzw. Einflußgrößen (z.B. Arbeitsinhalte für Operatoren)
- Bewertung verschiedener Komponenten auf unterschiedlichen Ebenen betrieblicher Hierarchien mit unterschiedlichen Maßstäben (z.B. werden die Ökonomie vorrangig durch die Betriebsleitung, die Umweltbelastung durch außerbetriebliche Institutionen/Organisationen, die Arbeitsinhalte/-belastungen durch das Anlagenpersonal (oft nur im Vergleich mit Aufgaben in ähnlichen Anlagen), die"Eleganz und Konkurrenzfähigkeit" von Lösungen durch die Fachumwelt beurteilt, während die Sicherheitsaspekte für alle Ebenen, - wenn auch aus unterschiedlicher Sicht - bedeutsam sind.

Entscheidungsfindung. Aus der Sicht der Entscheidungsfindung handelt es sich bei der Konzipierung von Automatisierungsanlagen um ein nur unscharf formulierbares mehrkriteriales Optimierungsproblem, für dessen algorithmische Lösung keine allgemein anerkannte Strategie existiert /11,33,13,14,16/.

Natürlich hat man sich auch bei der Produktionsanlagengestaltung mit einer derartigen Situation auseinanderzusetzen (siehe z.B./15/).

Während für einzelne Dimensionierungs- u. Strukturierungsprobleme bei bekannten Zielen und Nebenbedingungen durchaus exakte Methoden (und Werkzeuge) existieren, kommen für die Konzipierung offensichtlich nur solche Zugänge in Betracht, bei denen die kreativen Fähigkeiten der Menschen, ihr Abstraktionsvermögen, ihre Fähigkeit zur Bewältigung unscharfer Problemstellungen sowie ihre Motiviertheit wirksam werden.

Der Wunsch nach besseren Konzeptionen und ihrer rationelleren Erstellung hat zur Entwicklung von methodischen bzw. rechnergestützten Hilfs-

mitteln mit heuristischem Charakter geführt, die grob unterschieden werden können in Checklisten, Rahmenkonzepte und wissensbasierende Softwarewerkzeuge (Expertensysteme).
Sie werden im Abschnitt 2 vorgestellt.

Phasenmodell. Bei unseren Darlegungen wird von einem Phasenmodell (Bild 2) ausgegangen, das sich mit geringfügiger Modifizierung an bekannte Lebenszyklusmodelle (siehe z.B. /4, 17/ anlehnt, jedoch auf die tiefere Betrachtung der Konzipierungsphase (einschließlich ihrer Einordnung in die kommerzielle Abwicklung) zugeschnitten wurde. Auch die für Automatisierungsgroßprojekte typische Einbeziehung bereits existierender ("Standard"-)Komponenten (Konzepte, HW, SW) und durch F/E-Arbeiten noch zu lösender Aufgaben wird dabei berücksichtigt. Jedoch bringt auch dieses modifizierte Phasenmodell einige wichtige Aspekte nicht zum Ausdruck:

. neben den angedeuteten Hauptiterationsschleifen existieren weitere Rückkopplungen (z.B. Detaillierung der Spezifikation und vorgelagerten Phasen),
. häufig wird infolge terminlicher Zwänge und ausstehender Analysen am Objekt zunächst nur ein auf "Standard"komponenten basierendes Teilkonzept realisiert; eine gute Gesamtkonzeption sollte die spätere Vervollkommnungsphase berücksichtigen/ermöglichen.

2. Zu Veröffentlichungen über die Konzipierung

Veröffentlichungen, die sich mehr oder weniger explizit mit der Konzipierung von Automatisierungsanlagen beschäftigen, lassen sich zu drei Gruppen ordnen:

"Reine" Spezifikationssysteme. Diese sind in der Regel weitgehend unabhängig vom Anwendungsgebiet und bieten halbformale oder formale Hilfsmittel /7,19,20/ zur Erfassung von (als relevant erkannten/bekannten) Anforderungen (Funktionen, Verhaltensanforderungen, Nebenbedingungen) und gestatten verschiedene rechnergestützte Analysen auf formale Richtigkeit. Während einige dieser Systeme bemerkenswerte unterstützungen für die nachfolgenden Detaillierungs- und Entwurfsphasen bereithalten, wird in der Regel keine Unterstützung für die inhaltlichen Aspekte der Konzipierung gegeben; deshalb werden die Spezifikationssysteme hier nicht weiter behandelt.

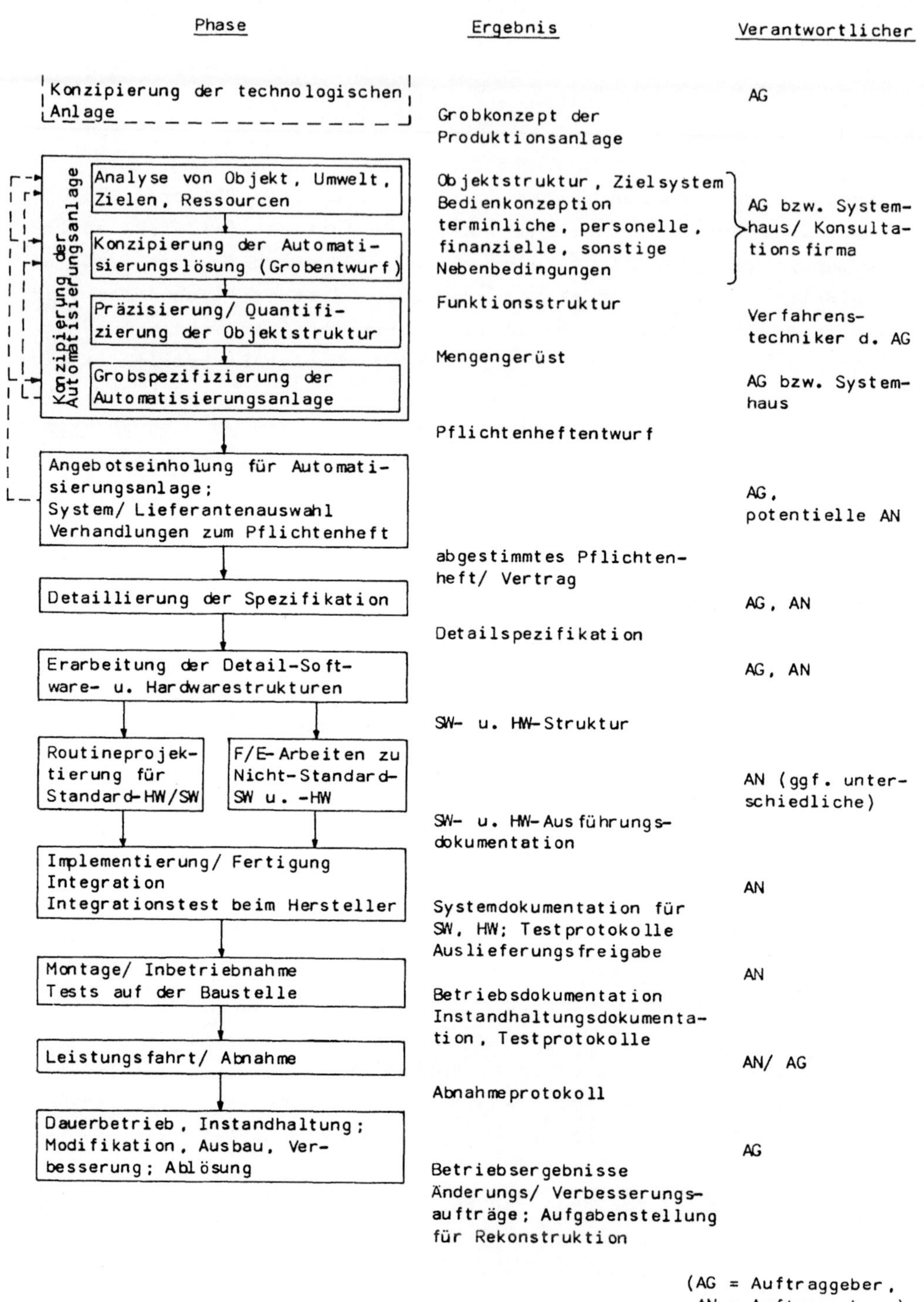

Bild 2. Lebenszyklusmodell für Automatisierungsanlagen

Checklisten/Rahmenkonzepte. Diesem Weg liegt die Überleung zugrunde, daß für bestimmte Produktionsprozeßklassen verallgemeinerte Automatisierungskonzepte entwickelt bzw. aus realisierten Projekten abgehoben werden können. Informationen über die jeweiligen Vorhaben führen durch Quantifizierung bzw. Beantwortung/Verneinung einzelner Fragestellungen zur Konkretisierung der Konzepte. Als Beispiel für diese Gruppe seien genannt:

- Arbeiten, die implizit eine dem Stand der Technik entsprechende "Maximal"konzeption annehmen und auf deren Basis Checklisten anbieten, die es einerseits gestatten, die vorgesehene Konzeption unter Berücksichtigung der jeweils zutreffenden Punkte abzuleiten und die andererseits die Auswahl des einzusetzenden Gerätesystems unterstützen. Hinter diesen Arbeiten steht in der Regel ein breiter praktischer Erfahrungsschatz /21 - 25/. Der Checklistenzugang ist Dank der leichten Handhabbarkeit und Verständlichkeit recht populär; bei dem schnellen Wachstum der Möglichkeiten der Automatisierungstechnik (s.o.) orientieren solche Checklisten (mit bottom up-Charakter) auf konservative Lösungen (was unter Industriebedingungen nicht unbedingt nachteilig ist!), Weiterhin wurde bei dieser Vorgehensweise auf gelegentliche Unklarheiten/Mißverständnisse, zu hohe Freiheiten beim Detaillierungsgrad und fehlende Überprüfbarkeit verwiesen /17/.

Arbeiten mit Rahmenkonzeptcharakter beschreiben entweder verallgemeinerte Automatisierungskonzeptionen für bestimmte Produktionsprozeßklassen (meist mit einem großen Spektrum von Gesichtspunkten) bzw. Wege zur Erarbeitung solcher Konzeptionen, wobei strategische und strukturelle Probleme sowie Probleme mit Querschnittscharakter (wie z.B. Flexibilität) dominieren, während die technischen Lösungen mehr /26 - 28/ oder weniger /6, 29/ in den Hintergrund treten. Auch der rechnergestützten "Serienproduktion" von industriezweigspezifischen Automatisierungsanlagen in der UdSSR liegen solche Rahmenkonzeptionen zugrunde (z.B. /30/). Besonderes Interesse verdienen in diesem Zusammenhang die Arbeiten am Purdue Laboratory for Applied Industrial Control (z.B. /31/), in denen in langjährigen Untersuchungen in der Stahl-, Chemie-, Erdöl- und Papierindustrie und bei ersten Untersuchungen in der Fertigungsindustrie die funktionellen Gemeinsamkeiten der betriebsweiten Produktionsautomatisierung und ihre hierarchische Strukturierung (Bild 3) in vier Ebenen herausgearbeitet wurden (die zu einem Referenzmodell analog zum ISO OSI 7-Ebenenmodell für die Datenkommunikation aufbereitet werden sollen). Der Differenziertheit von Funktionen, Datenstrukturen und Schnittstellen für einzelne Vorhaben wird dadurch Rechnung getragen, daß sowohl

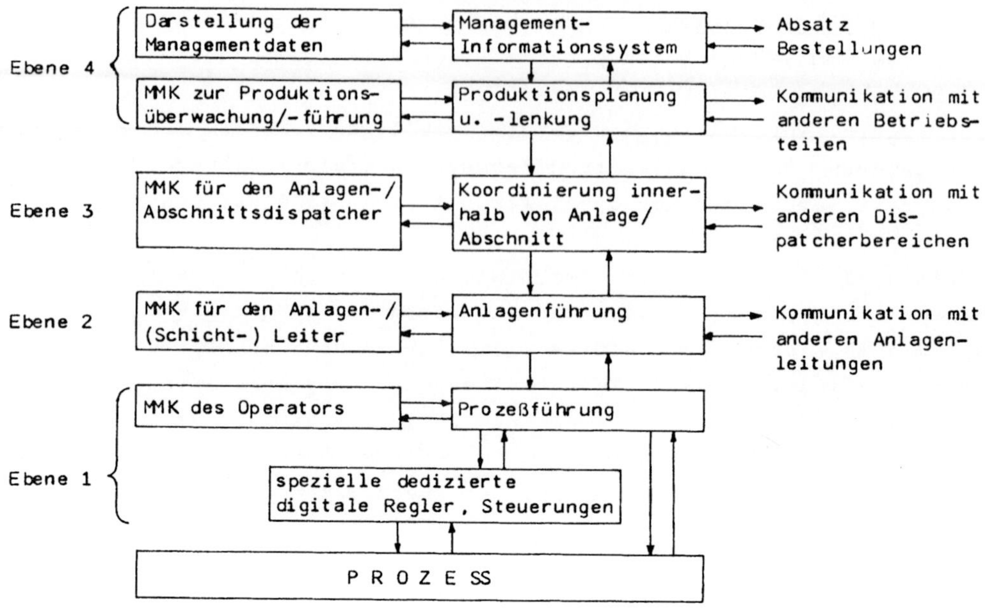

Bild 3. (Computer-) Steuerungsstruktur für eine Fließprozeßanlage (nach /18/)

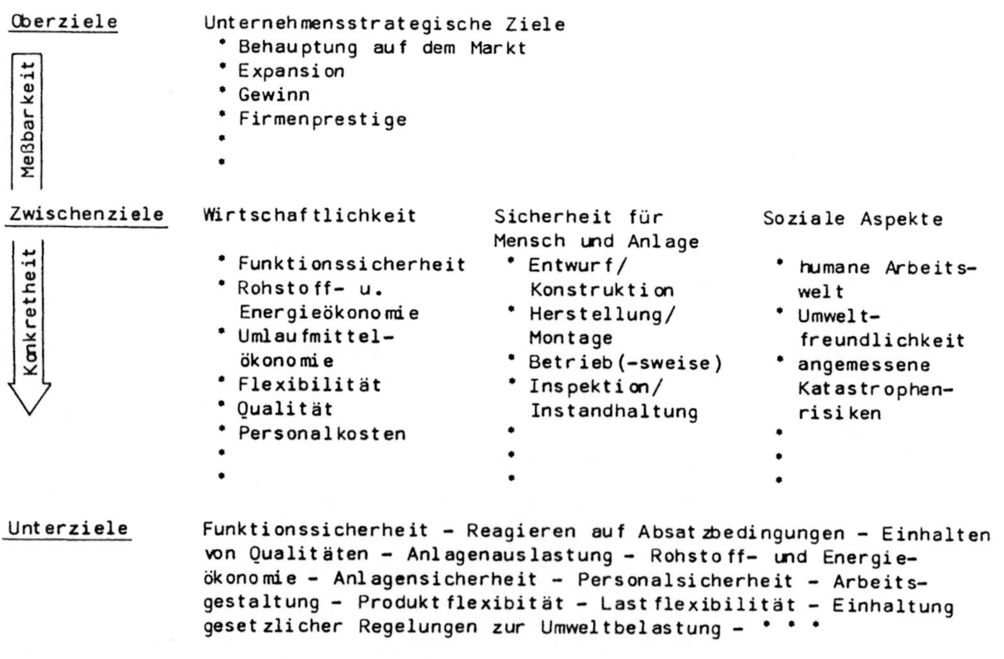

Bild 4. Zielsystem für automatisierte Produktionsanlagen

die Funktionen (wie z.B. Prozeßüberwachung,..., Produktionsplanung) als auch die betreffenden "Objekte" (wie z.B. Prozeßvariable, ..., Produktionsabschnitt) generisch aufgefaßt werden, d.h. erst in späteren Konzipierungsphasen soll eine Belegung mit konkreten Instanzen (Funktionen, Objekte) erfolgen. Ergänzt durch einen umfangreichen Satz erprobter Gestaltungsprinzipien (z.B. bezüglich Zuverlässigkeit/Selbstüberwachung, Mensch-Maschine-Kooperation, Standardisierung) ergibt sich daraus zumindestens eine gute Orientierung für die Grobkonzipierung bei konkreten Vorhaben. Außerdem stellen diese Arbeiten einen wertvollen Beitrag zur Herausbildung einer einheitlichen Terminologie dar.

Wissensbasierende Systeme/Expertensysteme. In jüngster Vergangenheit sind Expertensysteme zu wertvollen Werkzeugen für die Systematisierung/Organisierung und Nutzbarmachung großer Gebiete empirischen, informalen, bewertenden, teilweise unscharfen Wissens geworden. Als Argumente für den Einsatz von wissensbasierenden Systemen für die Konzipierung von Automatisierungsvorhaben werden genannt:

- die Breite und Unschärfe der verfügbaren Information/des einzusetzenden Wissens
- das Fehlen einer "exakten" Konzipierungsmethodik
- das Gewicht der Erfahrung bei der Konzipierung
- der multidisziplinäre Charakter der Konzipierung (Verfahrenstechnik, Regelungstechnik, Sicherheitstechnik ...)
- die Notwendigkeit, in der Konzipierungsphase über das Expertenwissen verschiedner Teilgebiete gleichzeitig zu verfügen.

Erste Veröffentlichungen über Anwendungsversuche in den frühen Projektphasen /16, 17, 31, 32/ lassen diesen Weg als aussichtsreich erscheinen, jedoch müssen offensichtlich noch eine Reihe von Einzelfragen geklärt werden wie z.B. die inhaltliche Strukturierung des Wissens (für die Repräsentation in den Rechnern wird auf "Frames" und die Zweckmässigkeit objektorientierter Programmierung hingewiesen /16,17/), die Problematik der Ergänzung sogenannten Oberflächenwissens (Fakten, Vorschriften, einfache Abhängigkeiten) durch "tiefes Wissen" (komplexes Fachwissen, mathematische Modelle usw.) sowie Fragen einer einfachen Wissenserfassung (speziell der projektspezifischen Fakten) und einer Kopplung zur nachgeschalteten rechnergestützten Projektabwicklung (so bilden die in /17/ und /32/ beschriebenen Systeme "Vorstufen" zu EPOS). Ein ausreichendes Wissen über die Konzipierungsmethodik von Experten vorausgesetzt, wird in /16/ ein maschineller Entwurf mit menschlicher Führung (human aided machine design) als künftiger Weg gesehen.

3. Dekomposition als Beitrag zur Systematisierung der Konzipierung

Unabhängig davon, ob expertensystemgestützt oder rein manuell gearbeitet wird, sollte das "Komplexe Problem" Konzipierung einer gezielten Dekomposition unterworfen werden, um

- die Überschaubarkeit zu gewährleisten (Reduzierung der Komplexität),
- handhabbare Teilaufgaben herauszuarbeiten,
- arbeitsteilige Bearbeitung (ggf. durch Spezialisten) zu ermöglichen.

Die übliche Dekomposition bei der Konzipierung nach nur einer Merkmalsklasse z.B. nach Prozeßeinheiten oder nach Aufgaben o.ä. führt nach Meinung der Autoren nicht zu einer ausreichenden Reduzierung der Komplexität, sie entspricht nicht der Mannigfaltigkeit der bei der Konzipierung zu betrachtenden Gesichtspunkte.
Selbstverständlich läßt sich eine Reihe solcher Gesichtspunkte angeben. Wie bereits in /9/ u. /33/ ausgeführt, sind für die industrielle Großautomatisierung die folgenden einerseits besonders wichtig und andererseits separierbar:
Ziele, Produktionsprozeß und sein Umfeld, Mensch-Prozeß-Beziehungen, Automatisierungsfunktionen, Software, Automatisierungsgeräte, Zuverlässigkeit/Sicherheit, Instandhaltung.
Nun läßt sich jeder dieser Teilaspekte wieder in mehrere Komponenten (z.B. Teilziele, Produktionsabschnitte usw.) zerlegen, wobei ganz unterschiedliche (spezifische) Zerlegungskriterien zur Anwendung kommen. Die sich dabei ergebenden Teilstrukturen (Zielstruktur, Prozeßstruktur, ...) sind in der Regel hierarchisch (funktionelle oder begriffliche Hierarchien) gegliedert, ein Umstand, der die Übersichtlichkeit und Handhabbarkeit erhöht.
Neben den am Beginn des Abschnitts genannten Dekompositionszielen hat die skizzierte Dekomposition folgende Vorteile:

- Unterscheidbarkeit, wie bereits erwähnt, in fordernde (führende) und erfüllende Teilstrukturen (damit Reduzierung der gleichzeitig zu betrachtenden Teilstrukturen),
- Unterstützung der zunächst "realisierungsmittelfreien" Anforderungsformulierung und damit Offenheit für neue Lösungen bei Aufrechterhaltung der praktisch sehr wichtigen Prüfung auf Realisierbarkeit,
- Unterstützung einer schrittweisen Verfeinerung durch Betrachtung immer tieferer Ebenen der Teilstrukturen.

4. Für die Konzipierung relevante Teilstrukturen

Nunmehr sollen zu einigen abgeleiteten Teilstrukturen nähere Erläuterungen gegeben werden.

4.1. Zielsystem/Zielstruktur

In der Systemtechnik wird das Zielsystem (fordernde Komponente) einer Organisation definiert als die geordnete Menge aller handlungsbestimmenden Ziele, die bei der Entscheidungsfindung zu berücksichtigen sind, wobei Ziele als notwendige Prämissen eines Entscheidungsmodells in Form von Aussagen imperativischen Charakters verstanden werden, aus denen sich die für die Bewertung von Alternativen relevanten Zielkriterien ergeben. Im idealen Fall lassen sich Zielhierarchien mit "Ist Teil von -" bzw. "ist Präzisierung von -" oder "trägt bei zu -" Relationen zwischen Teilzielen der jeweils über- und untergeordneten Ebenen aufbauen.
Zwischen den Teilzielen können die Beziehungstypen
. Zielkomplementarität
. Zielkonkurrenz
. Zielindifferenz
. Zielpräferenz
auftreten /15/.
Bild 4 zeigt einige hier interessierende Komponenten eines möglichen Zielsystems, wobei durchaus eine weitere Unterteilung der Unterziele angebracht sein kann. Werden jedoch außer dem Zielsystem auch Objekt- und Funktionsstrukturen separat erarbeitet bzw. abgeleitet, sollten die Automatisierungsfunktionen nicht Bestandteil des Zielsystems sein. Da die Ziele einerseits sowohl kriterialen Charakter tragen als in Form von einzuhaltenden Prinzipien und andererseits sowohl globale (z.B. Sicherheit) als auch lokale (z.B. Produktqualitätseinhaltung) Aspekte betreffen können, erscheint eine direkte Zuordnung von Ebenen der Zielhierarchie zu Ebenen der Objekt- oder der Funktionsstruktur als nicht zweckmäßig.

4.2. Objektstruktur

Die relativ weit entwickelte Beschreibung von Automatisierungsobjekten auf Grund theoretischer und/oder experimenteller Analysen und der daraus ableitbaren Prozeßmodelle ist im Sinne der Konzipierung Basis für solche Aufgaben wie die:
. Dekomposition der Prozesse in möglichst autarke Subsysteme

- Ableitung der zur Prozeßsteuerung wesentlichen Meß-, Zustands- und Stellgrößen
- tiefergehende Analyse zu Besonderheiten bei unterschiedlichen Betriebsarten wie Anfahren, Umfahren, Abfahren
- Ableitung von Diagnosemaßnahmen und Maßnahmen zur Störungs- und Havariebekämpfung
- Ableitung von grundsätzlichen Steuerungsstrategien, -strukturen und -algorithmen
- stoffliche, energetische und informationelle Einbindung in die weitere Produktionsumgebung.

4.3. Bedienkonzept/Bedienpersonal

Bedienaufgaben beeinflussen die Gesamtlösung einer Automatisierungsaufgabe zunehmend, sie werden nicht unwesentlich vom Leistungsvermögen des Bedienpersonals bestimmt. Sie lassen sich z.B. danach ordnen, ob die Bedienung

- nach eindeutig vergebbaren Bedingungen und Algorithmen zu vollziehen ist oder ob sie
- unter den Bedingungen eines größeren Handlungs- und Entscheidungsspielraumes des Bedieners bei der Behandlung unvorhersehbarer Ereignisse erfolgen kann.

Unter Beachtung des Modells menschlichen Handelns ist die Beantwortung folgender Fragen wichtig:

- Bedienumfang aus qualitativer und quantitativer Sicht
- Bedienart (z.B. Warte, vor Ort, in welcher Ebene)
- Bedienmittel (z.B. Instrument/Einstellknopf, Display/Tastatur)
- Bedientiefe (z.B. Eingriff in die Struktur, Parameter)
- Bedienzeitpunkte (z.B. zyklisch, ereignisorientiert)
- Bedienberechtigung (z.B. abhängig von Verantwortlichkeit, Wissen)
- Bedienkontrolle (z.B. Art, Umfang, Zeitpunkt des Eingriffes)
- Bedienalgorithmen (z.B. Art und Umfang der Bedienhandlung)
- Beratungsmittel (z.B. Nachschlagewerk, Bildschirmdialog, Expertensystem)
- Erhaltung/Erhöhung des Leistungsvermögens des Bedienpersonals (fachliche und psychologische Vorbereitung, ständige Motivation, Kenntnisauffrischung und Erweiterung durch Training)
- Ableitung neuer Erkenntnisse aus dem Prozeßverhalten, Modellverbesserung und Ableitung von Schlußfolgerungen
- Wahrnehmung von Diagnoseaufgaben
- Auslösung/Wahrnehmung von Wartungs- und/oder Reparaturaufgaben

4.4. Funktionsstruktur

Die Funktionsstrukturen dienen der Erfüllung der Forderungen des Zielsystems, sie werden bestimmt durch Art und Zahl der Elemente und ihrer Verknüpfungen. Bei Automatisierungslösungen dominieren im Bereich der Mittel- und Großautomatisierung funktionell und topologisch hierarchisch strukturierte Automatisierungssysteme.
Die Existenz funktionell hierarchisch strukturierter Systeme hat mehrere Gründe wie z.B.:

. Beherrsch- und Koordinierbarkeit mehrerer (vieler) gleichartiger und/oder verschiedenartiger Strukturelemente
. Umsetzung unterschiedlicher Zielkategorien, die sich in einer Begriffshierarchie - wie Ökonomie, Kybernetik, technischer Prozeß - widerspiegeln
. Eigenschaften und Verhaltensweise der realen technischen Prozesse (Statik und Dynamik)
. Realisierung der (statischen und dynamischen) Vorgaben zur Prozeßführung.

Die Darstellungen zu diesen funktionellen Strukturen beinhalten im Prinzip die gleichen Aussagen und die gleiche Philosophie wie das aus Bild 3 ableitbar ist, die Aussagen unterschiedlichster Verfasser führen aus vielfältiger Sicht zu sehr ähnlicher Funktionsstruktur.

4.5. Wartungs- u. Instandhaltungskonzeption

Die Ableitung dieser Konzepte setzt im Prinzip Annahmen oder Festlegungen hinsichtlich des Leistungsvermögens sowie der Anzahl des Bedien- und Wartungspersonals voraus.
Es sind unter anderem folgende Entscheidungen erforderlich:

. Ort und Bedingungen der Eingriffe durch Personen, Gewerke und Institutionen in Hardware, Software, Algorithmen und Parameter;
. Zuschnitt der Gesamtlösung des Systems auf Wartung, Instandhaltung und Reparatur;
. Auslösung, Datenrückmeldung und Dokumentation bei Wartungs-, Instandhaltungs- und Reparaturarbeiten;
. Organisation der Reservehaltung der Hardware (Umfang/Tiefe/Ort);
. Zusatzausrüstungen zur Unterstützung von Wartungs- u. Instandhaltungsaufgaben bei laufender Anlage (Orte, Umfang);
. Personelle Besetzung bei unterschiedlichen Betriebsregimen;
. Art und Umfang der Diagnose für Prozeß/Anlage und Automatisierungseinrichtung.

5. Skizzierung des Umganges mit den Teilstrukturen

Für reale Projekte sind selbst die Teilstrukturen sehr umfangreich /9/, im Rahmen dieses Beitrages soll deshalb nur das Bedienkonzept (so Punkt 4.3) für eine fiktive Großanlage zum katalytischen Cracking /5/ (sozusagen exemplarisch) etwas näher betrachtet werden. Um das nachstehend auszugsweise wiedergegebene Bedienkonzept zu erstellen, ist es erforderlich, daß das Zielsystem und eine erste grobe Anlagenstruktur vorliegen (verbal, tabellarisch bzw. rechnerintern).

Bedienumfang

- Führung des gesamten Komplexes (bestehend aus 12 Teilanlagen mit etwa 3000 Analog-MSR-Stellen, 500 Regelkreisen, 400 Elektroantrieben) aus einer Zentrale (abgeleitet aus der in der Objektstruktur ausgewiesenen intensiven Verkopplung zwischen den Teilanlagen);
- Vergleichsweise (mit anderen Anlagen) sehr hohe Anforderung an die Prozeßführung im Normalbetrieb (Ermittlung und Einhaltung der von Mengen und Qualitäten der Einsatz- und Zielprodukte abhängigen technologischen Grenzen) sowie besonders im Anfahrbetrieb (Vielzahl von relevanten, komplex voneinander abhängigen Größen, lange Dauer des Anfahrvorganges, erschwert durch energetische Verkopplungen);
- Umfangreiche, über den Anlagenkomplex hinausgehende Informationsbeziehungen (Hilfsenergieversorgung, gewisse Schlüsselrolle des kat. Cracking für gesamte Erdölraffinerie).

Bedienorte

- Alle Bedienhandlungen in allen Betriebsarten außer Reparaturbetrieb von einer Meßwarte aus (Koordinierung der Teilanlagen, direkte Kommunikationsmöglichkeit zwischen den Operatoren für Teilabschnitte, minimaler AK-Einsatz, hohe Betriebsweisenflexibilität, keine Personalgefährdung);
- Keine dezentralen Bedieneinrichtungen (auch nicht für Teilanlagen, Großaggregate);
- Lokale Bedienhandlungen wie z.B. Freischaltungen für Reparaturen nur bei gesicherter Funkkommunikation zwischen Warte und Anlagenfeld.

Bedienmittel

- Einheitliche Bedienoberfläche für alle Anlagenkomponenten (trotz unterschiedlicher Lizenzgeber und/bzw. Lieferanten) sowie über alle "Gewerke" (Automatisierungstechnik, Sicherheitstechnik, Elektrotechnik)
- Bildschirmtechnik mit ausgebauten Bedienelementen (z.B. Funktionstastatur plus Touchscreen mit virtueller Tastatur) als universelles Bedienmittel (Verzicht auf "konventionelle" Meßwarteninstrumentierung).
- Situationsorientierter Bediendialog mit wählbarer Operatorunterstützung/-führung

Bedientiefe/Bedienberechtigung

- Mehrfachgestufte und gewerkespezifische Bedienberechtigung sowohl für verfahrenstechnische (Anlagen, Betriebsweise, Arbeitspunkte, Sollwerte für Regelungen) als auch für automatisierungstechnische Belange

(Verarbeitungsalgorithmen, -parameter, Grenzwerte, Soll- bzw. Stellwerte, Betriebsweise der Automatisierungseinrichtungen sowie der Sicherheitssysteme)

. Gerätetechnische Unterstützung (Schlüssel, ggf. Codes) der differenzierten Bedienberechtigung

Bedienkontrolle

. Durchgängige rechnergestützte Erfassung und Archivierung aller Vorgänge im Anlagenkomplex (Alarmgeschehen, Bedienhandlungen (auch inkrementelle Sollwertverstellungen))

. Auswertemöglichkeiten/-unterstützung zur Analyse der erfaßten Vorgänge auch durch die Operatoren

Beratungsmittel

. Rechnergestützte "Anlagenhandbücher" (Bedienalgorithmen) für typische Anlagenbetriebsweisen (Anfahren, Abfahren, Teilanlagenabstellungen ...);

. Rechnergestützte Erfassung, Verwaltung, Darstellung und Verarbeitung von Laboranalysenergebnissen;

. Rechnergestützte Übersichten über aktuelle Betriebsweise von Teilanlagen, Apparaten, Automatisierungseinrichtungen (z.B. in Betrieb, in Reserve, Reparatur, gestört);

. Rechnergestützte "Elementardiagnose" (z.B. Selbstüberwachung der Rechner, Schwingungsüberwachung an Maschinen, Meßkreis-/Stellkreis-/Regelkreisdiagnostik);

. Möglichkeiten zum schrittweisen Aufbau (für später maßgebliche Mitwirkung des Anlagenpersonals) einer rechnergestützten komplexen Anlagendiagnose.

Erhaltung/ Erhöhung des Leistungsvermögens des Bedienpersonals

. Rechnergestütztes Bedienertraining (auch parallel zum Anlagenbetrieb); mit Antihavarietraining für elementare und komplexe Störungen) mit objektiven (Selbst-)Bewertungsmöglichkeiten

. Möglichkeiten zum Ausbau der Trainingsmöglichkeiten durch Anlagenpersonal;

. Einbeziehung des Anlagenpersonals in die Weiterentwicklung der Anlage und des Anlagenbetriebes.

Eine Analyse der einzelnen Forderungen obiger (nicht kompletter!) Bedienkonzeption zeigt, daß aus ihnen teilweise sofort Auswirkungen auf die erfüllenden Teilstrukturen (z.B. auf die Funktionsstruktur) ableitbar sind, während über die Befriedigung anderer zunächst keine weiteren Aussagen möglich sind und z.B. erst nach Klärung von Aufwands- bzw. Realisierbarkeitsfragen durch Betrachtung in Frage kommender Gerätesysteme geurteilt werden kann (ein Ausdruck des iterativen Charakters der Konzipierung).

Ganz allgemein steht das Problem, die jeweils fordernden Teilstrukturen auf die erfüllenden "abzubilden" (etwa nach dem Schema Zielsystem - Objektstruktur - Bedienkonzept - Funktionsstruktur - Softwarestruktur - Hardwarestruktur - Wartungs-/Instandhaltungskonzeption), dabei aber den unterschiedlichen Charakter der Teilstrukturen zu berücksichtigen sowie verschiedene Iterationen zu ermöglichen. Für größere Vorhaben ist das durch rein manuelle (verbale, tabellarische) Methoden nicht beherrschbar. Mögliche Zugänge zur Rechnerunterstützung dieser Vorgehensweise könnten u.E. sowohl die Verwendung allgemeiner relationaler ("Standard"-)Datenbanksysteme als auch der Aufbau eines Expertensystems auf Basis eines Expertensystemwerkzeugs (shell) mit Möglichkeiten zur Repräsentation strukturierten Wissens sein.

Zusammenfassung

Mittel zur systemübergreifenden Projektierung unter Beachtung des gesamten Lebenszyklus einer Gesamtanlage und aller seiner Komponenten existieren praktisch nicht. Der Konzipierungsphase zur Erarbeitung einer ersten, und in weiteren Schritten abgestimmten Aufgabenstellung kommt in diesem Gesamtprozeß jedoch eine Schlüsselrolle zu. Im vorliegenden Beitrag wurde deshalb eine u.E. geeignete Vorgehensweise für die Phase der Konzipierung diskutiert. Daraus läßt sich ableiten, daß gerade hierfür eine Rechnerstützung geeignet ist, um die in dieser Phase mit relativ großem Gewicht versehenen Entscheidungen und die Beherrschung des Mengenproblems so zu qualifizieren, daß bereits in dieser Phase die Wünsche des Auftraggebers und die Möglichkeiten des Auftragnehmers weitgehend abgestimmt vorliegen können.
Die dargelegte Vorgehensweise der "Dekomposition" ist sicher nicht nur für die Konzipierungsphase, sondern auch für Arbeiten in der Entwurfs- und Projektierungsphase geeignet.

6. Literatur

/ 1/ Sheridan, T.B. 45 years of man-machine systems: History and trends. In Mancini G.G. u.a. H g. "Analysis, Design and Evaluation of Man-Machine Systems" Proc. 2nd. IFAC/IFIP/IFORS/IEA Conf. Pergamon Press Oxford 1986, S. 1 - 9

/ 2/ Sheridan, T.B.: Measuring, modeling and augmenting reliability of man-machine Systems Automatica Vol. 19 (1983) S. 637 - 645

/ 3/ Alty, J.L., Johannsen, G.: Knowledge Based Dialogue for Dynamic Systems, Preprints IFAC 87 Congress, Vol. 7, S. 358 - 367

/ 4/ Lauber, R.: Der Arbeitsplatzrechner als Hilfsmittel des Ingenieurs bei Mikroelektronik-Projekten VDI-Berichte Nr. 550, S. 83 - 101

/ 5/ Reinig, G.: Application of a distributed microcomputer based control system in a new petrochemical plant. Preprints IFAC-Congress 1981, Vol. 22, S. 48 - 54

/ 6/ Baxter, R. A.: Process Control: a system approach to its design. Process Engineering (1985) July S. 45 - 50

/ 7/ Epple, W.K.: Rechnergestütztes Spezifizieren von Prozeßautomatisierungssystemen rtp 26 (1984) H. 3, S. 133 - 139 und H. 4, S. 176 - 182

/ 8/ Früchtenicht, H.W., Kodmann, M.: Sind AS allein nach den Prozeßanforderungen strukturierbar? VDI-Berichte Nr. 451 (1982), S. 55 - 58

/ 9/ Töpfer, H., Reinig, G.: Automatisierungsstrukturen, ihre systematische u. rechnergestützte Gestaltung. Wiss. Zeitschrift der TU Dresden 35 (1986) H. 1, S. 130 - 138

/10/ Isermann, R.: Rechnergestützter Entwurf digitaler Regelungen mit Prozeßidentifikation. RT 32 (1984) H. 6, S. 179 -183, H. 7. S. 227 - 234

/11/ Mac Farlane, A.G.J.; Gruebel, G.; Ackermann, J.: Future Design Environments for Control Engineering. IFAC-Congress 1987, Preprints Vol. 7, S. 235 - 246

/12/ Rieger, P.: Beitrag zur Anwendungsvorbereitung und Inbetriebnahme von Mikrorechnerreglern Diss. B, TU Dresden 1983

/13/ Rouse, W.B.; Cody, W.J.: On the design of man-machine system: principles, practices, and prospects. Preprints, IFAC-87 Congress Vol. 7, S. 295 - 302

/14/ Drabek, Stanislav: Beitrag zur Entwicklung eines rechnergestützten Spezifikationssystems zur Anwendung im Entwurf von Automatisierungssystemen. Dissertation Techn.Hochschule Ilmenau 1986

/15/ Bachthaler, M.: Systemorientierte Lösungsansätze bei komplexen Problemstellungen der Anlagenplanung. Fortschrittsbericht VDI, Reihe 16, Nr. 33, Düsseldorf 1986

/16/ Stephanopoulos, G. u.a.: An Intelligent System for Planning Plant-Wide Process Control Strategies. Preprints IFAC 87 Congress, Vol.7 S.247 - 254

/17/ Brombacher, M.: Expert System to Generate Requirements Spezifications for Control of Chemical Processes. Preprints IFAC '87 Congress Vol. 2 S. 350 - 356

/18/ Williams, T.J.: The Integrated Approach to Industrial Control. Preprints IFAC '87 Congress Vol. 2, S. 205 - 216

/19/ Zave, P.: An Operational Approach to Requirement Specification for Embedded Systems. IEEE Trans. on Software Engineering SE-8 (1982) No 3, May S. 250 - 269

/20/ Finkelstein, A., Potts, C.: Formal requirements specification of real time embedded systems. Interkama-Kongreß 1986 S. 346 - 352

/21/ Dobrowalski: Guide to Selecting Distributed Digital Control Systems. In Tech (1981) June, S. 45 - 51

/22/ Lynn, St.: Guide lines for Specifying ans Procuring Distributed Control Systems. In Tech (1980) Sept. S. 87 - 91

/23/ Weidlich, S.; Prutz, G.: Auswahlkriterien für den Einsatz digitaler Automatisierungssysteme. rtp 24 (1982) H. 5, S.146 - 153

/24/ VDI/VDE Richtlinie 3693 Verteilte Prozeßleitsysteme: Prüfliste für den Einsatz

/25/ Maier, R.G.: Die Planungsvorleistungen des Anlagenbauers. atp 28 (1986) H.7 S. 329 - 332

/26/ Reinig, G.: Zur Anwendung digitaler verteilter Automatisierungssysteme in verfahrenstechnischen Großanlagen. WGMA-Jahrestagung 1982, KdT Eigenverlag Berlin, S. 68 - 104

/27/ Dartt, S.R.: Improve project management of a DiDC System. Hydrocarbon Processing (1984) S. 73 - 75, 78 - 80

/28/ Metzing, P. u.a.: Sammlung methodischer Unterlagen zur Prozeßautomatisierung mit Hilfe von Automatisierungsmitteln auf mikroelektronischer Basis. KdT-Richtlinie 098/84, Berlin KdT-Eigenverl.

/29/ Schmidt, R.: Das Rahmenkonzept als Voraussetzung für den Einsatz von Prozeßleitsystemen. Interkama-Kongreß 1986 S. 548 - 562

/30/ Denisov, V.F.: Technologia, metody i sredstva SAPR nacalnych etapov ASUTP (Technologie, Methoden und Werkzeuge für CAD in der Konzipierungsphase von Automatisierungsanlagen) Sammelband "Avtomatisazia technologi ceskychprozessov", Moskau 1985, S. 19 - 28

/31/ Alty, J.L.: Knowledge Dialogue for Dynamik Systems Preprints IFAC-Congress 1987 Vol 7. S.358 - 367

/32/ Lauber, R.J., Permatier, G.A.: A Knowledge Representation Language for Process Automation Systems. Preprints IFAC-Congress 1987 Vol. 6, S. 320 - 333

/33/ Töpfer, H.: Bemerkungen zur Konzipierung hierarchisch strukturierter Automatisierungslösungen. msr 29 (1986) H. 8, S.356-360

RECHNERVERBUNDSYSTEME FÜR DIE FLEXIBLE PRODUKTION

Prof. Dr.-Ing. G. Pritschow
Institut für Steuerungstechnik der
Werkzeugmaschinen und Fertigungseinrichtungen
Stuttgart/Bundesrepublik Deutschland

Einführung

"Rechnerintegrierte Produktion" heißt die Herausforderung für die Fertigungstechnik unserer Zeit, um das große Ziel der höchstmöglichen Flexibilität am Markt, d.h. Lieferbereitschaft für kleinste Losgrößen bei kürzesten Durchlaufzeiten erreichen zu können. Dazu müssen alle Planungs- und Ausführungsebenen der Produktion mit ihren Datenquellen und -senken rechnerunterstützt arbeiten und die entsprechend zugeordneten Datenbasen und Rechnersysteme über ein Kommunikationssystem in einem Rechnerverbund integriert sein. Die damit erreichbare kurze Reaktionsfähigkeit zwischen den beteiligten Bereichen, die Datenvollständigkeit und die Mächtigkeit der dezentral arbeitenden, aber miteinander kommunizierenden fertigungstechnischen Regelkreise bieten die Möglichkeit, dem weitgesteckten Ziel näher zu kommen. Welche Bereiche hiervon vornehmlich betroffen sind, zeigt Bild 1 mit den datenerzeugenden Bereichen einer Fabrik, die zu einem CIM-System (Computer Integrated Manufacturing) zusammenwachsen sollen. Die Technik steht heute noch in den Anfängen und ist bisher nur in Form von Teillösungen verwirklicht worden. Wegen der vielen existierenden Automatisierungsinseln mit unterschiedlicher Integrationsfähigkeit können steckerkompatible CIM-Lösungen heute nicht geboten werden, CIM-Systeme sind z.Z. immer noch Individuallösungen nicht zuletzt wegen fehlender genormter Schnittstellen sowohl zur Frage der Dateninhalte als auch der Transportmittel.

Eine CIM-orientierte Produktionstechnik benötigt also eine leistungsfähige Kommunikation und dazu sind

- geeignete Netze mit standardisierten Netzprotokollen,
- dezentrale Verteilungen von Rechnerintelligenz mit kommunikationsfähigen Rechenanlagen sowie
- ein Informationsfluß mit Kanälen in Vorwärts- und in Rückwärtsrichtung mit standardisierten Schnittstellen zwischen den Datenbasen der einzelnen Funktionsbereiche

notwendig.
Um Kopplungen von Rechnern unterschiedlicher Hersteller über Netze unterschiedlicher Hersteller durchführen zu können, finden derzeit Standardisierungsarbeiten

hinsichtlich Schnittstellen und Protokollen statt, die auf dem 7-Schichten-Modell nach ISO/OSI basieren.

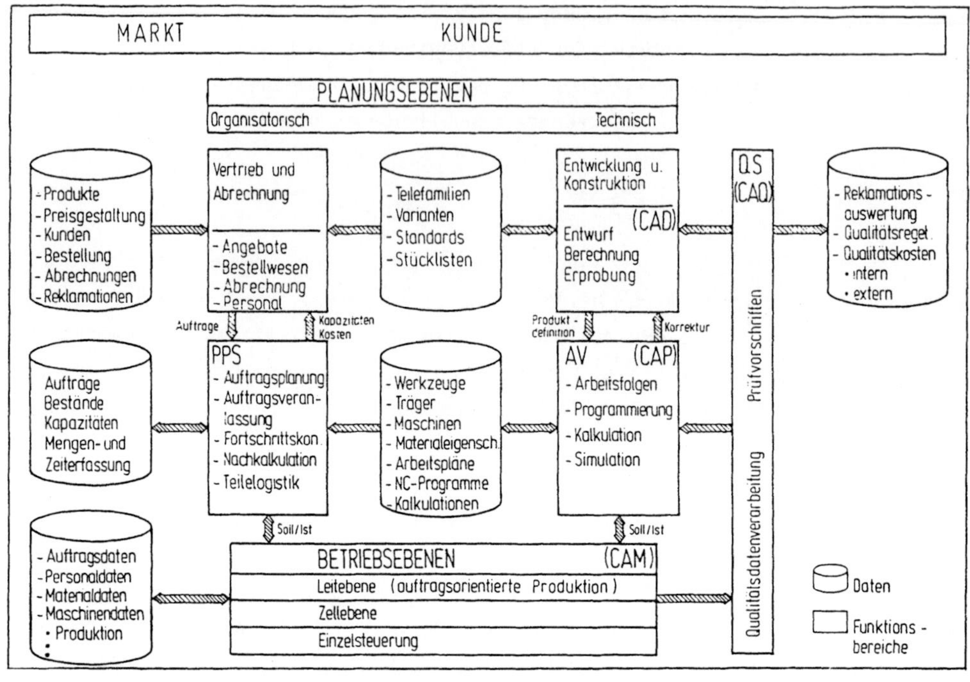

Bild 1: Datenbasen in der Fabrikorganisation

Anwendersysteme	CAD, PPS, CAP, CAM...
Datenbankschnittstellen	IGES, STEP, CLDATA...
E7 Anwendungsebene	Maschine 23, empfange NC Programm 47:N1...
⋮	E1...E7: LAN Normung z.B. MAP
E1 Physikalische Ebene	

Bild 2: Anwendungsorientierte Schnittstellen zur Verbindung von Datenbasen

Die bisherigen Arbeiten konzentrieren sich auf die Ebenen 1...6 und befinden sich infolge der MAP- Aktivitäten bereits in einem weit fortgeschrittenen Zustand. Für den Anwender solcher Kommunikationsnetze ist es allerdings weniger wichtig, wie die

Kommunikation im einzelnen aufgebaut und durchgeführt wird. Er interessiert sich mehr dafür, wie er das Transportmittel Netz beauftragen kann, nach welchen Vereinbarungen die Dateninhalte zu gestalten sind und wie es mit dem Preis- /Leistungsverhältnis steht.

Die Fabrik als Dienstleistungshierarchie

Die Funktionsbereiche der Fabrik alter Ordnung, eingeteilt in organisatorische und technische Bereiche, haben nicht nur historische Bedeutung. Sie grenzen in einer Ebenenhierarchie Fachkompetenz und Verantwortlichkeit ab. Das Neuartige beim Konzept der rechnerintegrierten Fabrik besteht nur darin, daß der Zugriff und die Verarbeitung von Daten aus allen Funktionsbereichen automatisiert wird und damit eine Beschleunigung der Reaktionsfähigkeit und Treffsicherheit der Aussagen aller Planungsbereiche von revolutionierendem Ausmaß gegenüber der papiergesteuerten Fabrik erreicht werden kann.

Wo immer Anwendersysteme miteinander automatisiert kommunizieren sollen, sind Dateninhalte und Steuerdaten zu normen, und genau hier gibt es noch einen großen Nachholbedarf. Die Ebene 7 des MAP- Protokolls wird z.Z. erst angedacht und könnte Anfang der 90er Jahre für einige Anwenderbereiche zur Verfügung stehen, Datenbankschnittstellen wie IGES oder CLDATA sind zur Übernahme der heute geforderten Möglichkeiten unzulänglich /1..5/. Derzeitige CIM-Realisierungen sind nicht zuletzt auch aus diesem Grund individuell, die Anstrengungen in der Normungsarbeit dürfen daher nicht nachlassen.

Stellt man sich nun die Frage, an welchen Stellen in Zukunft definierte Schnittstellenbeschreibungen für Anwenderfunktionen benötigt werden, so ist die Fabrik nach ihren Funktionsbereichen zu gliedern und zu unterscheiden. An dieser Stelle soll der Versuch erfolgen, eine solche Gliederung ausgehend vom Ende der informationsverarbeitenden Kette der Fabriksteuerung aufzustellen, also letztlich von den Stellgliedern oder den Meßsystemen der Maschine. Diese Ebene soll in Anlehnung an die OSI-Nomenklatur mit "Physikalische Ebene" bezeichnet werden.

Das Bild 3 zeigt die maschinenseitige Strukturierung eines flexiblen Fertigungssystems. Die Funktionseinheit Bearbeitungszentrum bildet die Basis für die Funktionseinheit Zelle, die Funktionseinheit Zelle ist wiederum Basiseinheit für die Funktionseinheit Fertigungssystem. Eine Programmsteuereinheit sorgt dafür, daß jeder Funktionseinheit zum richtigen Zeitpunkt Material, Werkzeuge und Daten zur Verfügung stehen.

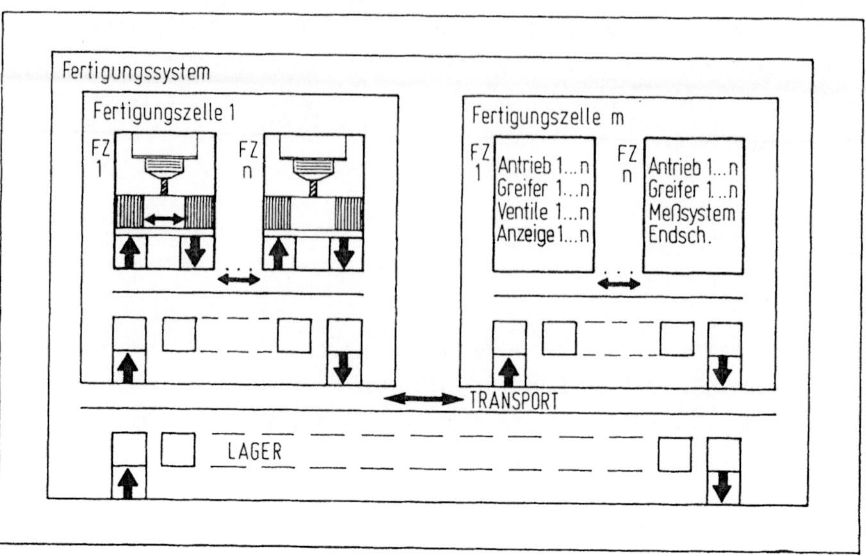

Bild 3: Physikalische Ebene im Fertigungssystem

Die Maschinen selbst "kennen" das Informationsverarbeitungssystem nur in Form von Modellen, das System der Rechnerintegration endet am Antrieb, Greifer oder Ventil also der "Physikalischen Ebene" der Informationsebenenhierarchie. Ausgehend von dieser Vorstellung werden nun die darüberliegenden informationsverarbeitenden Ebenen der rechnergesteuerten Fabrik entwickelt.

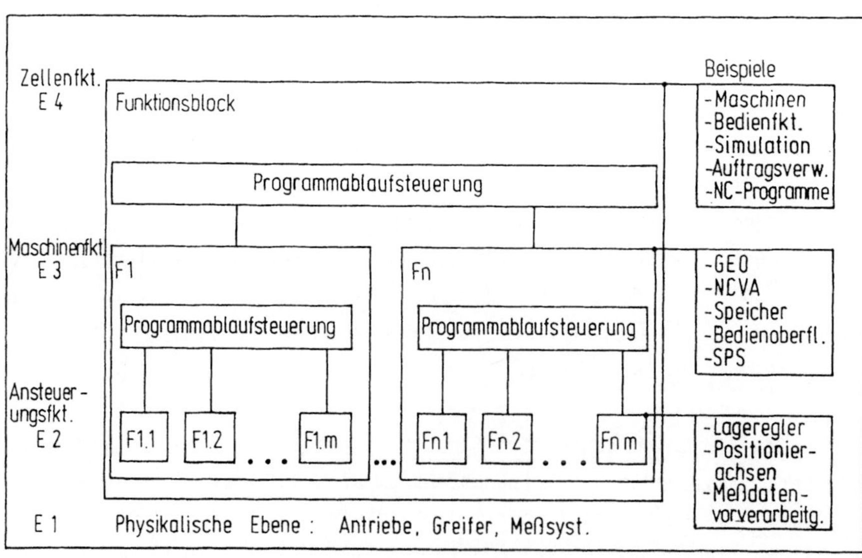

Bild 4: Programmablauf und Funktionsblock

Die hier vorgeschlagenen Schnitte orientieren sich an einem hierarchisch aufgebauten Schichtensystem mit Dienstebenen und Dienstschnitten. Die Funktionsblöcke einer Ebene sind jeweils in sich abgeschlossene Einheiten zur Erfüllung einer bestimmten Dienstleistung. Sie sind i.a. eine Unterfunktion eines Funktionsblockes der nächsthöheren Schicht und werden zur Erfüllung der übergeordneten Funktion über eine Programmablaufsteuerung koordiniert. Jede Funktion kann über die Programmablaufsteuerung (zentrale Steuerung) oder durch eine andere Funktion (dezentrale Steuerung) beauftragt werden und führt entweder eine Aufgabe selbsttätig aus oder/und meldet ein Ergebnis zurück. So zeigt Bild 4 beispielhaft das Ebenenmodell bestehend aus Programmablauf und Funktion mit dazugehörigen Ausführungsbeispielen aus dem Bereich der Werkzeugmaschinensteuerung.

Der Vorteil einer solchen Struktur liegt in der Überschaubarkeit der Einheiten und führt zu entsprechenden Aufwandsreduzierungen in den Bereichen:

- Entwicklung,
- Inbetriebnahme,
- Wartung und
- Informationsversorgung.

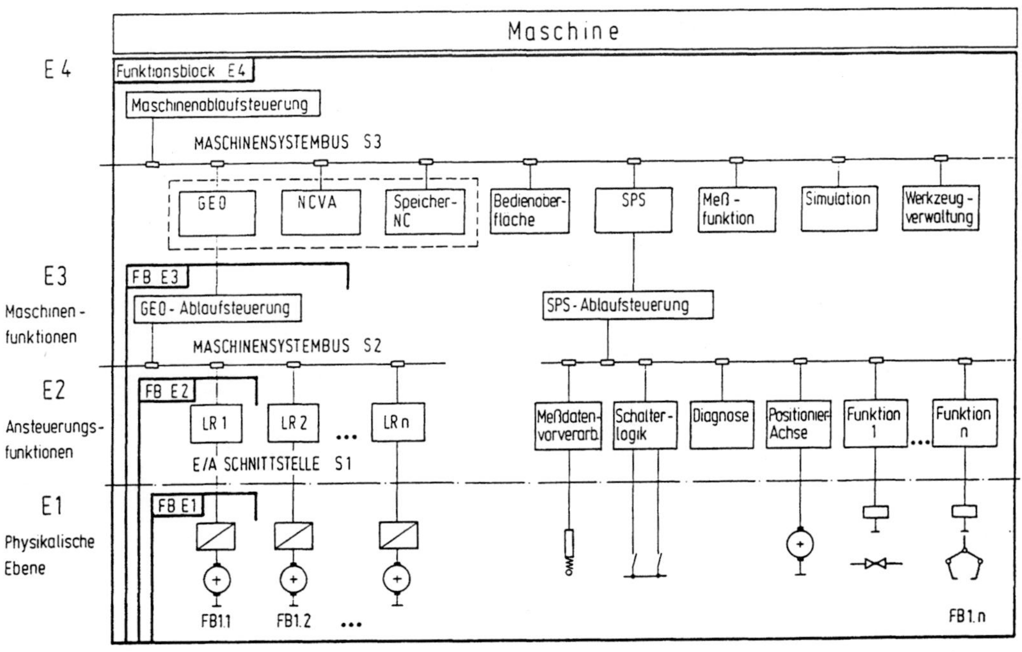

Bild 5: Funktionsblock Maschinensteuerung

Das 7-Schichtenmodell der Fertigungstechnik

Die hierarchisch geordneten Funktionsblöcke mit den zugehörigen Programmablaufebenen sind in den Bildern 5 und 6 detaillierter ausgeführt. Beginnend bei der Schnittstelle (E/A-Schnittstelle) zur "Physikalischen Ebene" E1 folgt die Ansteuerfunktionsebene E2 und darüberliegend die Maschinenfunktionsebene E3. Die Maschinensteuerung im Funktionsblock E4 besteht ihrerseits aus einer Maschinenablaufsteuerung, die sich der Maschinenfunktionen in Ebene E3 bedient. Die darüberliegende Schicht der Zellenablaufsteuerung beauftragt sowohl die Funktionsblöcke Maschinensteuerungen als auch Verwaltungsprogramme zur Versorgung der Zellenfunktionen.

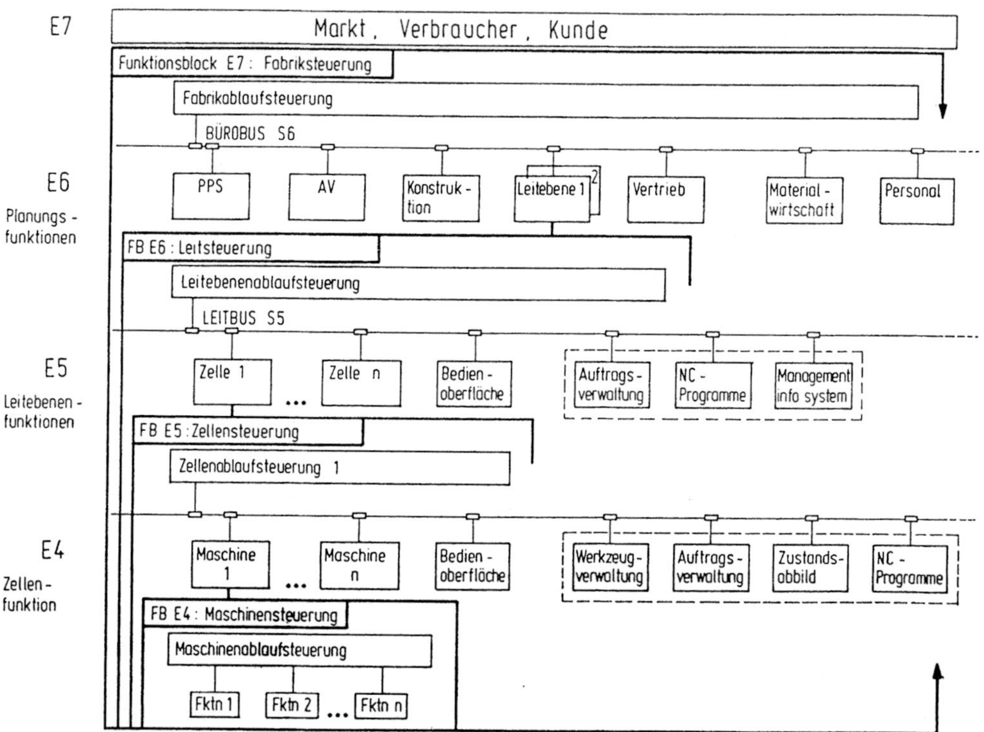

Bild 6: Die Fabrik in Funktionsblockdarstellung

In ähnlicher Weise ist der Funktionsblock Ebene 6 mit der Leitsteuerung strukturiert. Die Leitsteuerung ist eine Funktion der Planungsebene und wird neben den anderen Planungsfunktionsblöcken wie PPS, AV, Konstruktion von der Fabrikablaufsteuerung koordiniert. Somit bietet sich der Funktionsblock E7 als Fabrik dem Anwender bzw. dem Markt an, der seinerseits den ihm geeignet erscheinenden Funktionsblock mit Aufträgen beauftragen kann.

Die Aufgabenteilung zwischen dem in Bild 1 gezeigten organisatorischen und technischen Datenfluß wird noch einmal vor dem Hintergrund des formalen Rahmens von Programm und Funktion nach Bild 7 verdeutlicht.

Aufgrund der Produktdefinition und -beschreibung der Konstruktion entwickelt die Arbeitsvorbereitung AV Alternativen für die Arbeitsfolgen mit Funktionsablauf und Zeitberechnung. Der Fertigung stehen die Ergebnissse in Form von Arbeitsplänen und NC-Programmen zur Verfügung.

Mit diesen Daten und den Informationen des Marktes über Losgrößen und Termine kann unter den gegebenen betrieblichen Randbedingungen die Zeitplanung, d.h. die Reihenfolgeplanung und damit der Programmablauf in der Fertigung kalkuliert werden.

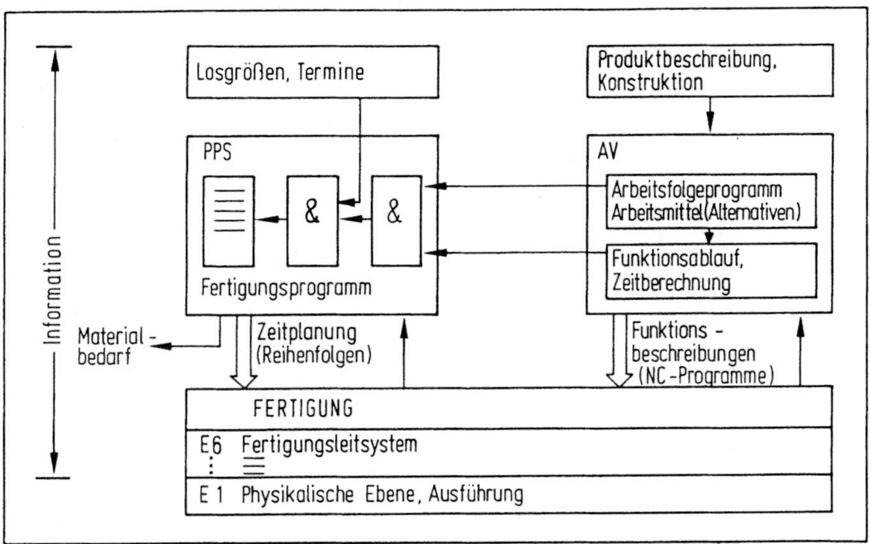

Bild 7: Programm und Funktionsplanung zur Fertigungssteuerung

Damit ist ein 7-Schichtenmodell der Fertigungstechnik aus der Sicht des Anwenders von Kommunikationsnetzen entstanden. Die Beauftragung einer Schicht erfolgt immer durch die nächsthöhere Ebene, Rückmeldungen müssen möglich sein. Für alle Beauftragungen von Funktionen müssen in einem anzustrebenden offenen System über die Normung vereinbarte Protokolle entwickelt werden, die sich ebenenorientiert in ihren Basiselementen gleichen sollten. Dabei geht es nicht nur um die Funktionsblöcke oberhalb der Maschinenebene mit den in Bild 2 beispielhaft genannten Schnittstellen, sondern in Zukunft auch um die funktionsorientierten Schnittstellen unterhalb der Zellenablaufsteuerung.

So wird heute bereits eine Schnittstellenbeschreibung zur Ansteuerung von Antriebssystemen diskutiert. Die Auflösung in Funktionseinheiten, die dem jeweiligen Anwendungsort zugeordnet sein können, aber nicht müssen, führt zu einer neuartigen modularen NC-Steuerungsstruktur, die eine dezentrale Entwicklung und Fertigung der Einzelmodule ermöglichen würden.

E7	MARKT, VERBRAUCHER, KUNDE		
E6	Planungsfunktionen	Beauftragung ⇩	Vertrieb, PPS, Materialwirtschaft, AV, Konstruktion, Leitebenen ...
E5	Leitebenenfunktionen	↑ ⇩	Zellen, Auftragsverwaltung, NC-Progr., Bedienoberfläche, Management inf. system ...
E4	Zellenfunktionen	↑ ⇩	Maschinen, Bedienoberfl., Auftragsverwaltung, NC Programm, Zustandsabbild, QS, BDE ...
E3	Maschinenfunktionen	↑ ⇩	GEO, NCVA, SPS, Bedienoberfläche, Meßfunktion, Simulation, Werkzeugverwaltung ...
E2	Ansteuerungsfunktionen	↑ ⇩	Lageregler, Positionierachsen, Meßdaten, Vorverarbeitung ...
E1	Physikalische Ausführungsfkt.	↑ Rückmeldung	Anzeige, Antriebe, Schalter, Greifer, Meßtaster...

Bild 8: Das 7-Schichtenmodell der Fertigung

Dabei entstehen Fragestellungen nach den sinnvoll strukturierten Einheiten einer Zelle aus der Sicht

- der kostengünstigen Fertigung,
- der Datenmengen an den Schnittstellen,
- der einfachen Handhabung (z.B. Reglereinstellung bei Antriebe, Diagnose im Endschalter, Meßdatenvorverarbeitung),
- der Protokollvielfalt und
- der Netzauslegung,

die z.Z. noch nicht eindeutig beantwortbar sind.

Sicher erscheint nur, daß die hier diskutierten Funktionsebenen mit den entsprechenden Kommunikationsbedürfnissen nicht allein von einem einzigen Bussystem wie z.B. MAP kostengünstig oder funktionsgeeignet abgedeckt werden kann /4/. Eine Bewertung der Ebenenbedürfnisse nach Leistungsklassen ist dem Bild 10 zu entnehmen, wobei z.B. die MAP-Lösung im Bereich des Maschinenbus 3 wegen des aufwendigen Protokolls und der fehlenden Echtzeitfähigkeit als ungeeignet ausscheidet.

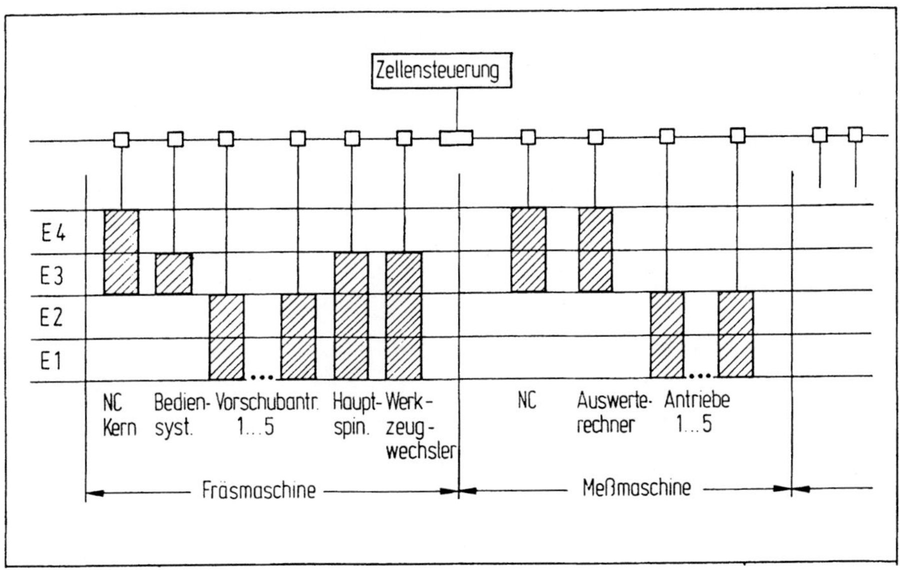

Bild 9: Modulare NC-Struktur durch ebenenüberdeckende Einheiten

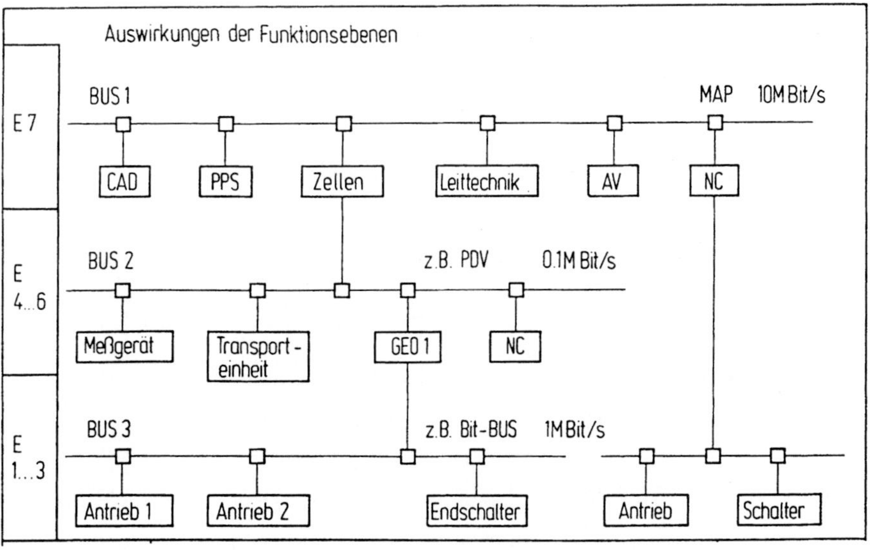

Bild 10: Busklassen angepaßt an die 7 Ebenen

Eine besondere Funktion im Bereich der Zellensteuerung stellt die Werkstattprogrammierung dar. Mit Hilfe dieser Technik werden die Hemmnisse bei der Einführung der NC-Technik in den Betrieb entscheidend gesenkt. In Zukunft ist zu erwarten, daß Zellen im Bereich des Materialhandlings die entsprechenden Bewegungsprogramme auf Zellenebene sogar selbsttätig generieren können.

Solche Funktionen sind portabel zu programmieren, um sie einer automatisierten Arbeitsvorbereitung zur Verfügung stellen zu können, da sie die Voraussetzung darstellen, um die möglichen Fertigungsalternativen nach Funktionen und Zeitbedarf zu ermitteln.

So gibt das Bild 11 die Einbettung der AV innerhalb einer rechnerintegrierten Fertigung wieder als einen mit allen Modellen der Fertigung ausgestatteten Funktionsblock, bei dem die unteren Funktionen zur Werkstattprogrammierung auch für Sondermaschinen hinterlegt sein müssen.

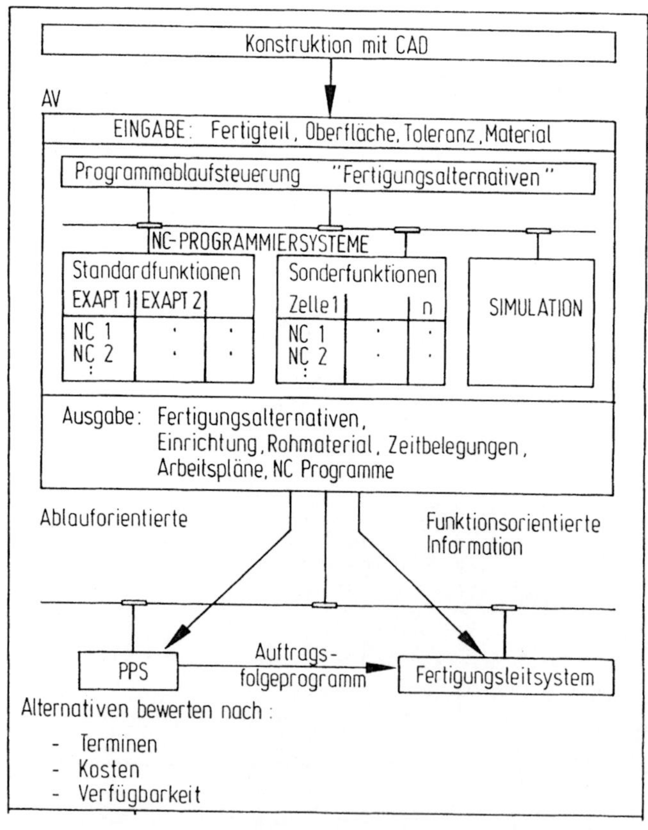

Bild 11: Einbettung der AV in das CIM-Konzept

Zusammenfassung

Die rechnerintegrierte Fertigung stellt heute eine große herausfordernde Zukunftsaufgabe für Anwender, Hersteller und Forschungseinrichtungen dar. Insbesondere muß die Frage der Kommunikationsnormung gelöst werden, wobei die Fortschritte auf dem Gebiet der Netztechnik (LAN) durch die MAP-Aktivitäten beachtlich sind. Der Anwender ist jedoch weniger an der Art des Transportes seiner Nachricht interessiert, sondern daran, wie die Dateninhalte der Datenbasen in einem offenen System darzustellen und die Steuerdaten der Ebene 7 im OSI-Modell zu formulieren sind. Hier gibt es noch wesentliche Unklarheiten. Der vorliegende Beitrag strukturiert die Fabrik in Form von Funktionsblöcken, die einem 7-Ebenenmodell der Fertigungstechnik zugeordnet werden. Aus dem dabei entstehenden Schichtenmodell können die Schnittstellenbedürfnisse der Anwender abgeleitet werden, und es wird deutlich, daß ein alle Bedürfnisse abdeckendes einziges Kommunikationssystem Wunschtraum bleiben wird.

Literatur

/1/ Grabowski, H.; Anderl, R.; Glatz, R.: CAD/CAM-Schnittstellenproblematik für den Anwender. wt-Z. ind. Fertig. 76 (1986) H. 4, S. 212...218.

/2/ Pritschow, G: Die Flexible Fertigungszelle. wt-Z. ind. Fertig. 75 (1985) H. 11, S. 663...668.

/3/ Pritschow, G: Integrationskonzepte für rechnerunterstützte Produktionsstrukturen. Produktionstechnisches Kolloquium Berlin 1986, PTK 86, Tagungsband IPK, IWF der TU Berlin.

/4/ Weck, M; Goedeke, G.; Reinermann, C.; Friedrich, A: Lösungen für den Informationsfluß in CIM-Systemen und deren Grenzen. ZWF 82 (1987) H. 4, S. 183...189.

/5/ Autorenkollektiv: CIM-Realisierungen mit modernen Steuerungskonzepten. Aachener Werkzeugmaschinenkolloquium 1987. Tagungsband des WZL der RWTH Aachen 1987.

SYSTEMSTRUKTUREN UND KOMMUNIKATION

BEWERTUNGSKRITERIEN FÜR EIN KOMMUNIKATIONSSYSTEM ZUR PROZESSDATENÜBERMITTLUNG

F. Klose
FAKT Center, IBM Deutschland GmbH

München

ZUSAMMENFASSUNG

Für den Anwender wird es immer schwieriger, für sein Anforderungsprofil die richtige Kommunikationsinfrastruktur auszuwählen. Ein einheitliches LAN für alle möglichen Geräte und Ebenen wird es nicht geben, sondern unterschiedliche Netze werden miteinander kombiniert werden müssen. Aus diesem Grund hat der Gemeinschaftsausschuß "Prozeßdatenübermittlung" ITG 1.7 /GMA 4.3 die Fachgruppe 4.3.2 "Netze" gegründet. Die Fachgruppe analysierte nationale sowie internationale Normen und Normentwürfe von LAN, stellte daraus die wesentlichen Leistungsmerkmale in bezug auf den Einsatz zur Prozeßdatenübermittlung zusammen und erarbeitete Bewertungskriterien. Im wesentlichen wurden folgende Netze untersucht: CSMA/CD-IEEE 802.3 (Ethernet); Token-Bus/PROWAY C-IEEE 802.4 (MAP); Token-Ring-IEEE 802.5; PROWAY A+B; PDV-Bus-DIN 19241 und MIL-Standard 1553 A/B. Wegen der größeren Bedeutung beschränkt sich die Bewertung auf die ersten drei LAN. Anhand konkreter Anforderungsprofile für bestimmte Einsatzgebiete der Kommunikationsnetze wird bezogen auf die Hierarchiepyramide eine Bewertungsmatrix für die LAN erarbeitet. Die Grundlage für das Anforderungsprofil der verschiedenen Prozesse wie Erzeugungs-, Verteilungs-, Aufbewahrungs-, Entsorgungs-, Meß- und Prüfprozeß bildete einen detaillierten Fragenkatalog, der von den Experten für die unterschiedlichsten Prozesse beantwortet wurde. Daraus wurden Prototypen für graphische Anforderungsprofile entwickelt. Die Bewertungsmatrix stellt ein Hilfsmittel dar, wie der Anwender mit Hilfe des Anforderungskatalogs und den Leistungsmerkmalen in die Lage versetzt wird, sich für seine Anwendung das geeignete LAN zu ermitteln.

1. EINLEITUNG

Der Faktor Information nimmt immer mehr an Bedeutung zu. Besonders wichtig ist dabei der schnelle Austausch von Informationen über Kommunikationsnetze. Für den Austausch von Daten jeglicher Art ist eine Kommunikationsinfrastruktur das Rückgrat des inner- und außerbetrieblichen Informationsbedarfes. Bei der Planung und Errichtung einer neuen Produktionsstätte ist es selbstverständlich, daß zu Beginn die Schaffung einer funktionierenden Infrastruktur und einer einheitlichen Energieversorgung steht. Überträgt man dies auf die inner- und außerbetriebliche Informationsversorgung, so wäre es auch hier sehr sinnvoll, eine Kommunikationsinfrastruktur sowie eine einheitliche Datenbasis zu haben. Leider ist es heute nicht so, denn es ist für den Anwender unübersehbar, aus der Vielzahl firmenspezifischer Lösungen mit unterschiedlichen Verfahren, Eigenschaften und Leistungsmerkmalen, die es auf dem Markt gibt, das für ihn geeignete zu finden.
Zur Prozeßdatenübermittlung in Automatisierungssystemen werden in zunehmenden

Maße Kommunikationssysteme angeboten und eingesetzt. Die Fragestellung, welches Netz für welche Anwendung besonders geeignet ist, welche Netze zukunftssicher sind und welche dem Wunsch nach offener Kommunikation Rechnung tragen, sind weitverbreitet. Bei der Prozeßdatenübermittlung sind vor allem erhöhte Anforderungen gegenüber der Bürokommunikation in bezug auf Reaktionszeiten, Datendurchsatz und Informationssicherung einzuhalten. Der Anwender ist sicher überfordert, diese Fragen im einzelnen zu beantworten.
Der Hersteller andererseits wird die Vorzüge des von ihm verwendeten Netzes hervorheben /1/. Aus diesem Grund hat der Gemeinschaftsausschuß Prozeßdatenübermittlung ITG 1.7/GMA 4.3 die Fachgruppen 4.3.1 Lichtwellenleitertechnik, 4.3.2 Netze und 4.3.3 Dienste gegründet. Die Fachgruppe 2 "Netze" hat sich zum Ziel ihrer Arbeit gemacht, für den Anwender ein Instrumentarium zu erarbeiten, was ihn selbst in die Lage versetzt, für sein Anforderungsprofil das geeignete Netz zu finden. Wenn man davon ausgeht, daß die Wahl des richtigen Netzes sehr viel Kosten sparen kann - schon die Kabelverlegung kann bis zu ca. 50% des Gesamtkostenrahmens und mehr ausmachen - lohnt es sich, für die Auswahl und die Planung der Kommunikationsinfrastruktur entsprechend genügend Aufwand zu opfern.

2. LEISTUNGSMERKMALE LOKALER NETZWERKE

Der schnelle Austausch von Daten im Unternehmen gewinnt immer mehr an Bedeutung. Er erstreckt sich mittlerweile vom Büro- und Verwaltungsbereich über den Konstruktionsbereich auch in den Fertigungsbereich hinein. Ziel ist es, durch schnellere Informationskanäle die Flexibilität zu erhöhen, die Produktionskosten und die Produktdurchlaufzeiten zu senken und darüber hinaus noch die Produktqualität zu verbessern. Wunschziel ist es, daß alle Kommunikationseinrichtungen über ein Netz untereinander Informationen austauschen können. Solche Kommunikationseinrichtungen sind als "Lokale Netze" oder LAN (Lokal Area Networks) bekannt geworden und stehen dem Anwender heute in vielfältigen Ausführungen zur Verfügung /2/. Die Bezeichnung lokales Netzwerk beschreibt ein Datenkommunikationssystem, welches einer Anzahl von unabhängigen Einrichtungen (Rechner, Steuerungen, sonstige programmierbare Systeme) eine zumeist partnerschaftlich-orientierte Kommunikation hoher Datenrate auf relativ begrenztem geographischen Gebiet ermöglicht (nach ECMA = European Computer and Manufactures Association). Die Fachgruppe "Netze" stellte in der LAN-Leistungsmatrix die Merkmale für folgende Netze zusammen: CSMA/CD-IEEE 802.3; Token-Bus/PROWAY C-IEEE 802.4; Token-Ring-IEEE 802.5; PROWAY A+B; PDV-Bus/DIN 19241 und MIL-Standard 1553 A/B. Die Auswahl wurde von den Ausschußmitgliedern mehr oder weniger willkürlich getroffen, wobei wichtige Kennzeichen die nationale und internationale Normung, der Bekanntheitsgrad, die weitverbreitete Unterstützung und die relative Firmenunabhängigkeit waren. Wichtig für den Anwender ist die Frage der Standardisierung. Sie kann für die Anschlußmöglichkeit von Endgeräten an ein lokales Netz ausschlaggebend sein. Bis heute haben sich drei wesentliche Standards des IEEE (Institute of Electronic Engineers) durchgesetzt:

- IEEE 802.3 für den CSMA/CD-Bus.
- IEEE 802.4 für den Token-Bus.
- IEEE 802.5 für den Token-Ring.

Im wesentlichen werden diese drei LAN betrachtet, wobei zu beachten ist, daß sie über eine gemeinsame Zwischenschicht, die Logical Link Control (LCC), an die höheren Schichten des OSI- (Open Systems Interconnection) Sieben-Schichten-Referenzmodells angeschlossen werden können.

Unterscheidungsmerkmale für die heute auf dem Markt befindlichen LAN sind das Übertragungsmedium, die Übertragungstechnik, die Netztopologie sowie das Zugriffsverfahren. Als Übertragungsmedien lassen sich verdrillte Kupferleitungen, Koaxialkabel und Lichtwellenleiter verwenden. Als Übertragungstechnik kann der Anwender das Breitband- oder das Basisbandverfahren wählen. Bei der Breitbandtechnik wird die zur Verfügung stehende Bandbreite in verschiedene Frequenzbänder (Kanäle) aufgeteilt, in denen mehrere modulierte Nachrichtenströme gleichzeitig übertragen werden können. Bei der Basisbandtechnik, die derzeit bei lokalen Netzen überwiegt, werden die Informationen nicht moduliert; das Übertragen der Daten erfolgt Bit für Bit /3/. Entscheidende Kriterien bei der Auswahl eines LAN sind die Netz-Topologie sowie die unterschiedlichen Zugriffsverfahren. Zu den heute bekannten Topologien zählen die Stern-, Ring- und Bus-Struktur. Die Stern-Struktur erfordert zentrale Steuerung. Bus- und Ring-Struktur arbeiten mit dezentraler Steuerung. In Bus-Systemen können die Nachrichten in zwei Richtungen übertragen werden, in einem Ring-System erfolgt die Übertragung nur in einer Richtung. Ring- und Bus-Systeme unterscheiden sich vor allem in der Art des Zugriffs zum Übertragungsmedium. Zwei Verfahren stehen dafür hauptsächlich zur Wahl: das CSMA/CD-Verfahren (Carrier Sense Multiple Access/Collision Detection) mit wahlfreiem Zugang zum Netz sowie das Token-Verfahren mit überwachtem Zugang. Der bekannteste Vertreter des CSMA/CD-Verfahrens ist der Ethernet-Bus. Als Übertragungsmedium dient Koaxialkabel, über das Datenpakete mit einer Geschwindigkeit von 10 Mbit/s zwischen verteilten Datenstationen übertragen werden. Jede Station ist passiv an das Koaxialkabel angekoppelt und wird nur im Sendefall aktiv. Wenn eine Station senden will, so hört sie zunächst in die Leitung hinein, ob bereits eine Übertragung stattfindet. In diesem Fall verzögert sie das Senden. Da aber durch das unkontrollierte Zugreifen der Teilnehmer auf das Übertragungsmedium bei gleichzeitigem Sendebeginn Kollisionen ausgelöst werden können, wird nach einer solchen Kollision zu einer von einem Zufallszahlengenerator ermittelten Zeit wieder erneut mit dem Senden begonnen.

Bei den Token-Verfahren darf nur die Station senden, die den sogenannten Token (= Sendeberechtigung) hat. Beim Token-Bus wird der Token von Station zu Station

weitergereicht, dabei bilden die einzelnen Stationen einen durch die Stationsnummern festgelegten logischen Ring. Beim Token-Ring schließlich wandert der Token in einem physikalischen Ring. Die sendende Station gibt die Daten auf den Ring. Diese werden von Station zu Station weitergereicht. Die adressierte Station empfängt die Daten und sendet sie mit einem Quittungskennzeichen auf dem Ring weiter, bis schließlich die sendende Station die Daten vom Ring entfernt.
Allen drei LAN gemeinsam ist die dezentrale Zuteilung der Zugriffsberechtigung und die Gleichberechtigung aller Stationen. Weitere ausführliche Angaben sind in /1/ enthalten. Die Übertragungsgeschwindigkeit der betrachteten LAN reicht von 1 Mbit/s bis 10 Mbit/s. Da diese bei einer Betrachtung der reinen Transportzeit auf dem Übertragungsmedium direkt proportional eingeht, haben Ethernet und Token-Bus mit ihren maximalen Übertragungsgeschwindigkeiten von 10 Mbit/s Vorteile gegenüber dem Token-Ring mit maximal 4 Mbit/s. Werden lediglich die unteren zwei Protokollebenen betrachtet, so kann bezüglich der Nutzdatenrate folgendes ausgesagt werden:

- Die Token-Verfahren haben, auch bei höherer Busbelastung, den Vorteil, maximal begrenzter Reaktionszeiten (deterministische Zuteilung). Dieses faire Verhalten wird durch die Vergabemöglichkeit von Prioritäten zusätzlich unterstützt.
- Bei niedriger Busbelastung sind die Reaktionszeiten bei Ethernet günstiger als bei den Token-Verfahren.
- Ein Ethernet-LAN für zeitkritische Prozeßdatenübermittlung sollte mit maximal 40% seiner Kapazität belastet werden. (Bild 1)

Es ist aber zu berücksichtigen, daß das Zeitverhalten nicht nur durch die Leistungsfähigkeit des LAN (Controller und Leitungssteuerung), sondern in viel stärkerem Maße (etwa zehnfach) durch die Laufzeitanteile der höheren Ebenen bestimmt wird (Bild 2).

3. ANFORDERUNGSPROFIL

Nach der allgemein einführenden LAN-Übersicht soll nun versucht werden, Anforderungsprofile für die verschiedensten Anwendungen, wie z. B.: Erzeugungs-, Verteilungs-, Aufbewahrungs-, Entsorgungs-, Meß- und Prüfprozesse zu sammeln. Zu diesem Zwecke wurden eine große Anzahl von Fragebögen an die entsprechenden Experten aus den verschiedenen Anwendungsgebieten versandt. Der Fragebogen enthält drei Teile:

A) Beschreibung des Anwendungsbereiches.
B) Anforderungen an die Prozeßdatenübermittlung.
C) Erläuterungen zum Fragebogen.

Im ersten Teil konnte der Anwendungsbereich näher beschrieben werden, ob es sich um Fertigungs-, Verfahrenstechnik, EVUs, Laborautomatisierung usw. handelte, und zwar um Projekte, die bereits realisiert waren oder sich erst in der Ausführungsphase befanden. Es sollte versucht werden, die Anwendung in ein Hierarchie-Ebenen-Modell einzubinden, welches für die entsprechenden Bereiche unterschiedlich sein konnte (Bild 3). Der zweite Teil befaßte sich mit Fragen zur Kommunikation innerhalb der jeweiligen Ebene, bzw. zwischen den Ebenen, zur Datenintegrität, Zuverlässigkeit, Verfügbarkeit und zum Übertragungsverfahren. In der ersten Stufe wurde ein typisches Anforderungsprofil für eine bestimmte Anwendung in bezug auf das zu verwendende Kommunikationssystem erarbeitet (Bild 4). In einer zweiten Stufe werden diese Daten mit den Leistungsmerkmalen als Grundlage zum Aufbau einer Wissensdatenbank für ein Expertensystem verwendet. Verknüpft man nun die Daten des Anforderungsprofils mit den Leistungsmerkmalen der LAN, so ergibt sich daraus eine mehr oder weniger gute Deckung mit den Eigenschaften eines LAN, so daß damit eine Bewertung der Eignung für eine bestimmte Anwendung abgeleitet werden kann. Wenn man z. B. die recht gegensätzlichen Forderungen der einzelnen Hierarchie-Ebenen für die Automatisierungsaufgaben innerhalb eines fertigungstechnischen Unternehmens betrachtet, so wird es sicherlich kein einziges LAN über alle Hierarchie-Stufen hinweg geben, sondern es werden mehrere unterschiedliche LAN nebeneinander existieren. Aus dieser Sicht ist es besonders wichtig, daß die Netze miteinander verknüpft werden müssen, d. h. es müssen mehr oder weniger komfortable Netzübergänge zur Verfügung stehen. Wenn man davon ausgeht, daß die Realität darin besteht, bereits vorhandene Anwendungen zu integrieren, so werden heterogene Netze überwiegen.

4. BEWERTUNGSKRITERIEN

Eine geeignete Bewertungsmatrix soll dem Anwender ein Hilfsmittel sein, mit deren Hilfe er in die Lage versetzt wird, aus dem Anforderungskatalog der Anwendung und den Leistungsmerkmalen der lokalen Netzwerke ein für seine Anwendung brauchbares LAN zu ermitteln. Im günstigsten Falle stünde ihm dafür ein auf einem PC (Personal Computer) implementiertes Expertensystem mit einer graphischen, benutzerfreundlichen Oberfläche zur Verfügung. Eine noch offene und sehr wichtige Frage ist, wie dieses System gepflegt und auf dem neuesten Stand gehalten wird, damit es mit den neuesten Erkenntnissen gespeist wird; ansonsten bleibt es nur eine Momentaufnahme, die schnell veraltet.
Wenn heute über Kommunikationssysteme zur Prozeßdatenübermittlung gesprochen wird, so beinhaltet dies auch MAP (Manufacturing Automation Protocol) und Feldbussysteme. Eine MAP-Kommunikationssystem stellt dem Anwender alle wichtigen Funktionen zur Verfügung, die er zum Nachrichtenaustausch von Komponenten unterschiedlicher Hersteller in einem Automatisierungssystem benötigt /4/. Dabei sind die unteren OSI-Ebenen für einen fehlerfreien gesicherten Datentransport auf einer möglichst günstigen Route durch das Netz verantwortlich. Die MAP-Spezifikation

sieht für die Kommunikation in den höheren Informationshierarchieebenen einer Fertigung, den sogenannten Backbone-Bereich, die Breitbandtechnik vor, mit der viele Audio-, Video- und Datenkanäle auf nur einem Kabel gleichzeitig genutzt werden können /5, 6/. Das wichtigste Merkmal von MAP und TOP (Technical and Office Protocols) ist die Fähigkeit zur herstellerneutralen offenen Kommunikation gemäß dem ISO- (International Standardization Organization) OSI-Sieben-Schichtenmodell, die als einer der wesentlichen Fortschritte in der Automatisierungstechnik der letzten Zeit angesehen werden kann. Diese Busse sind aber auf die Anforderungen in den oberen Hierarchie-Ebenen, wie z. B. komfortable, zeitunkritische Übertragung großer Datenmengen über große Entfernungen, optimiert (Bild 5). Es fehlt eine Einrichtung, die die Datenkommunikation einfacher Automatisierungskomponenten, wie z. B. Sensoren, Aktoren und speicherprogrammierbarer Steuerungen (SPS), ermöglicht /7/. Standardisierte Lösungen für die Übertragung von Information auf den unteren Hierarchie-Ebenen, etwa Sensordaten und Stellgrößen, fehlen bisher. Für den Feldbus werden vor allem Festlegungen in den Ebenen 1,2 und 7 erwartet, um verbessertes Zeitverhalten gegenüber einer kompletten OSI-Lösung zu erreichen /8, 9, 10, 11/. Abgrenzungen des Feldbusses gegenüber anderen Bussystemen sind z. B. kostengünstiges, serielles Übertragungsverfahren, digitale Schnittstelle, preiswerte Buskopplung der Geräte, Echtzeitverhalten, Eigensicherheit, galvanische Trennung usw. (Bild 6). Der Feldbus gestattet die offene Kommunikation in den unteren Hierarchie-Ebenen einer Fertigungsarchitektur und schließt somit die durch die Standards MAP und TOP noch nicht abgedeckten Lücken. An MAP wird weitergearbeitet, wie z. B. MMS-RS 511 (Manufacturing Message Service), EPA (Enhanced Performance Architecture) usw. Ergänzende europäische Initiativen, wie die European-MAP-Users-Group (EMUG) und CNMA (Communications Network for Manufactury Applications), bemühen sich, Standards in Konformität mit dem ISO-OSI-Modell für die industrielle Kommunikation zu spezifizieren und verbindlich festzulegen. Die Schaffung eines Feldbusses ist nur mit einhergehender Normungsarbeit sinnvoll, wobei dringend auf die Verträglichkeit mit den MAP/TOP-Konzepten zu achten ist.

5. AUSBLICK

Wir hoffen, daß es uns mit diesem Beitrag gelungen ist, auch den von EDV- und Nachrichtentechnik unbelasteten Planer und Anwender von Kommunikationssystemen zur Prozeßdatenübermittlung ein Werkzeug in die Hand zu geben, mit dem es möglich sein sollte, die ersten Auswahlschritte zur Netzdefinition selbst zu gehen. Wie schon angedeutet, wird es kein Kommunikationssystem geben, das alle Forderungen auf allen Ebenen abdeckt. Es werden je nach Bedarf Ethernet, Token-Bus und Token-Ring sowie Feldbusse gemeinsam und nebeneinander in einem z. B. CIM-Projekt (Computer Integrated Manufacturing) vertreten sein /12/. Wichtig ist, daß die geeigneten Schnittstellen vorhanden sind, damit die Netze miteinander Daten austauschen können. Neben den technischen Merkmalen sind sicherlich die Kosten ein wesentlicher Faktor für den Einsatz des einen oder anderen LAN, die sicherlich auch von dem gewählten technischen Konzept abhängen, viel mehr aber noch von der Verbreitung des entsprechenden LAN. Die Leistungsfähigkeit eines LAN - besonders bezüglich der für die Prozeßdatenübermittlung wichtigen Kriterien Zeitverhalten und Sicherheit - wird stark durch die Realisierung insbesondere der höheren Ebenen bestimmt. Letzten Endes wird trotz aller Simulationsmöglichkeiten und Modellrechnungen erst der praktische Einsatz des Netzes zur Prozeßdatenübermittlung verläßliche Kenndaten und Aussagen liefern, nachdem neben dem Bussystem insbesondere die sinnvolle Aufteilung der Funktionen auf die verschiedenen Geräte für die Leistungsfähigkeit eines Automatisierungssystems verantwortlich ist. Die enge Konformität zu dem OSI-Modell gewährleistet erst die mengenmäßige und kostengünstige Chipherstellung.

6. LITERATUR

/1/ Benez, H.; Schneider, F.: Prozeßdatenübermittlung in lokalen Netzen. etz Elektrotechn. Z. 107 (1986) H. 16, S. 736-741.

/2/ Gremminger, K.: Lokale Netze - Das Rückgrat der rechnerintegrierten Produktion. CIM Management (1986) H. 3, S. 6-12.

/3/ Mierzowski, K.: Lokale Netze. IBM Nachrichten 37 (1987) H. 288, S. 64-67

/4/ Komischke, M.; Pfeifer, T.: MAP-Standard für offene Kommunikation. etz Elektrotechn. Z. 108 (1987) H. 13, S. 620-624.

/5/ Borsi, L.; Kielhorn, O.; Nebe, T.: MAP und seine Bedeutung für die Elektroindustrie. etz Elektrotechn. Z. 107 (1986) H. 6/7, S. 252-253.

/6/ Neckel, G.: MAP und seine Realisierung. etz Elektrotechn. Z. 107 (1986) H. 6/7, S. 256-261.

/7/ Komischke, M.; Pfeifer, T.: Feldbus zur Vernetzung einfacher Automatisierungskomponenten. etz Elektrotechn. Z. 108 (1987) H. 15, S. 710-713.

/8/ Freytag, M.: Datenkommunikation in der Leittechnik. atp Automatisierungstechnische Praxis 28. Jg. (1986) H. 5, S. 215-222.

/9/ Pfleger, J.: Kommunikationssystem Feldbus. atp Automatisierungstechnische Praxis 28. Jg. (1986) H. 5, S. 223-227.

/10/ Eifert, G.; Keuthen, K.: Feldbus in Chemieanlagen. atp Automatisierungstechnische Praxis 29. Jg. (1987) H. 5, S. 209-213.

/11/ Schwaiger, A.: Intelligente Meßumformer. atp Automatisierungstechnische Praxis 29. Jg. (1987) H. 5, S. 213-222.

/12/ Klose, F.: Bausteine für die Fabrik mit Zukunft. etz Elektrotechn. Z. 108 (1987) H. 17, S. 806-809.

Transferzeit

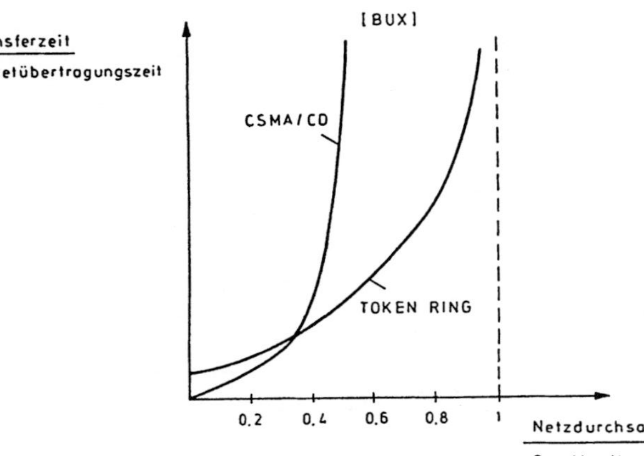

Erläuterung verwendeter Begriffe

Durchsatz(rate)	:	Nutzdatengeschwindigkeit [bit/s]
Bandbreite	:	max. physikal. Obertragungsgeschwindigkeit [bit/s]
Transferzeit	:	Zeit von der Obergabe einer Nachricht an die Leitungssteuerungsebene beim Sender bis zur Obergabe von der Leitungssteuerungsebene an die höhere Ebene beim Empfänger
Paketübertragungszeit	:	Zeit für die Obertragung eines Datenpaketes über das Medium

Bild 1: Obertragungszeit

Laufzeitanteile für die Obertragung eines Paketes zwischen Sender und Empfänger

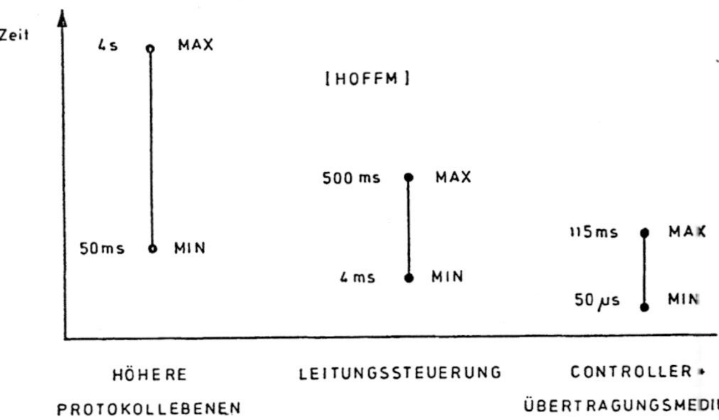

Ergebnis	:	Die Laufzeitanteile der höheren Ebenen sind im Mittel 10mal größer als die der Leitungssteuerung und des Busnetzes.
Anmerkung	:	Der Einfluß der höheren Ebenen wird um so stärker, je mehr das Netz eine logische Sternstruktur (einen Kommunikationsschwerpunkt) aufweist. [HOFFM, ZWOLL]

Bild 2 : Laufzeitanteile

2. Art des beschriebenen Systems

Der Fragebogen wird ausgefüllt für ein

- ☐ realisiertes System
- ☐ geplantes System
- ☐ gewünschtes System

3. Hierarchie-Ebenen

Automatisierungsaufgaben technischer Prozesse werden meist in hierarchischen Systemen abgewickelt. Das folgende Bild zeigt ein Hierarchie-Ebenenmodell mit den typischen Gerätebezeichnungen der Fertigungsleittechnik:

Hierarchie-Ebene	Modell	Bezeichnung Hierarchie-Ebene	Typische Gerätebezeichnung
5		Unternehmensleitebene	Planungrechner
4		Betriebsleitebene	Leitrechner
3		Prozeßleitebene	Prozeßrechner
2		Gruppenleitebene	Cell-Controller
1		Einzelleitebene	Aktor/Sensor

In wieviele Hierarchie-Ebenen ist Ihre Anwendung eingeteilt?

☐

Bitte tragen Sie die Hierarchie-Ebenen und die Gerätebezeichnungen Ihrer Anwendung in folgende Tabelle ein!

Hierarchie-Ebene	Bezeichnung Hierarchie-Ebene	Gerätebezeichnung
5		
4		
3		
2		
1		

Bild 3: Hierarchie-Ebenen

	Datenmenge	Anzahl der Komponenten	Datenlebensdauer	Übertragungshäufigkeit	
5	kByte	50	Jahre	1/min ... 1/h	Unternehmensleitebene
4					Betriebsleitebene
3					Prozeßleitebene
2					Gruppenleitebene
1	Byte	500	μs	1/ms ... 1/s	Einzelleitebene

Bild 4: Kennwerte für ein Anforderungsprofil

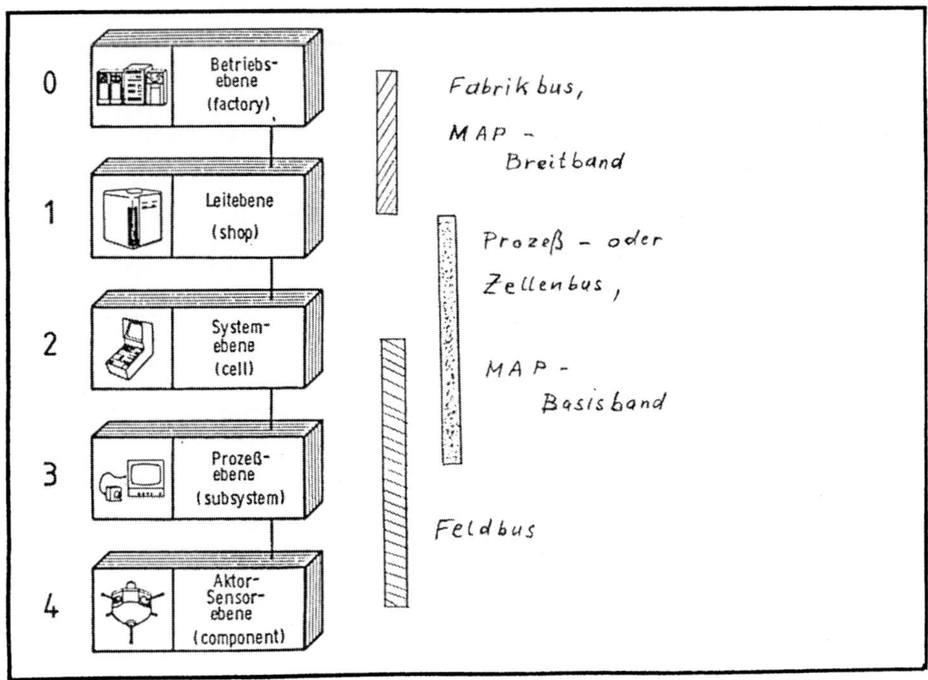

Bild 5: Einordnung von Bussystemen (Quelle WZL, TH Aachen)

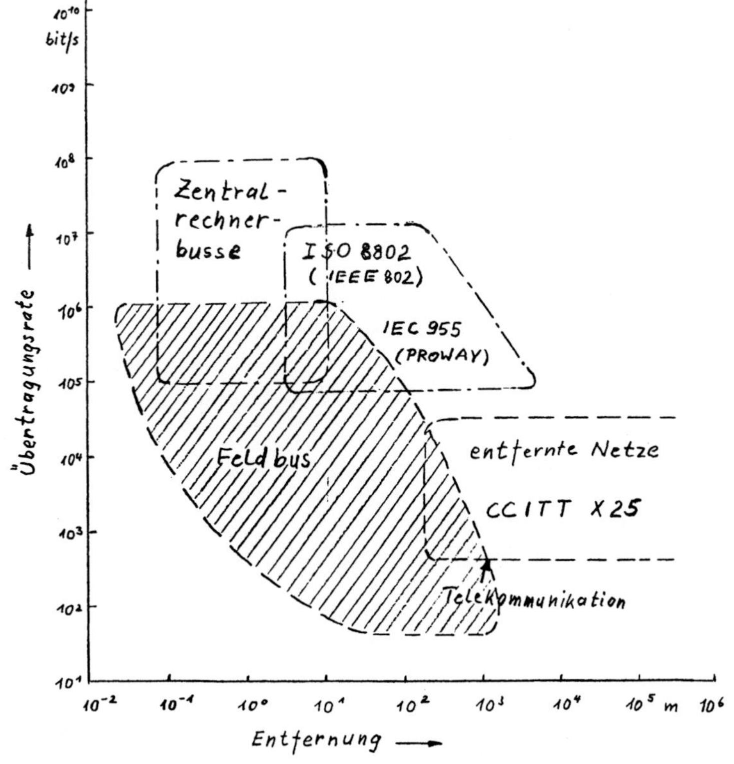

Bild 6: Abgrenzung des Feldbusses (Quelle WZL, TH Aachen)

Netzwerkmanagement in industriellen lokalen Netzen

Wikhard M. Kiesel, Gerlinde B. Schreiber-Eirund
SIEMENS AG
Unternehmensbereich Energie- und Automatisierungstechnik
Systemtechnische Entwicklung
8520 Erlangen

Dieser Beitrag definiert die Anforderungen an das Netzwerkmanagement in industriellen Lokalen Netzen und stellt sie dem aktuellen Stand der Normung gegenüber. Die von den Standards noch nicht oder nur unvollständig erfassten, im industriellen Einsatz aber benötigten Dienste des Netzwerkmanagements werden dargestellt. Am Beispiel der Siemens Netzwerkarchitektur für Automatisierung und Engineering SINEC[R] wird eine Realisierung eines Netzwerkmanagement-Systems vorgestellt, das wichtige Anwender-Anforderungen berücksichtigt, auf stabilen Standards aufsetzt und das für Aufgaben, die über den von der Normung erfaßten Bereich hinausgehen, Eigenlösungen verwendet, die bei Vorliegen stabiler und erweiterter Standards leicht ausgetauscht werden können.

Einleitung

Lokale Netze werden in zunehmendem Maße auch im industriellen Bereich als eine der wesentlichen Grundlagen der Kommunikation für die Prozess- und Fertigungsumgebung (Automatisierungsverbund) eingesetzt. Der Begriff "Lokale Netze", wie er in diesem Zusammenhang benutzt wird, umfaßt nicht nur neuartige Netzkonfigurationen auf der Basis schneller serieller Busstrukturen, sondern beschreibt auch geschichtete Protokollarchitekturen bis hin zu Anwendungen, die am ISO-Referenzmodell für die offene Kommunikation orientiert sind. Bedingt durch die zunehmende Komplexität der Netzwerke, der Heterogenität der angeschlossenen Systeme und auf Grund der Anforderungen der Anwender und Betreiber treten neben der Architektur und den Diensten der Produktivkommunikation, die Architektur und die Funktionen des Netzwerkmanagements immer stärker in den Vordergrund. Die Funktionen des Netzwerkmanagements umfassen Hilfsmittel für die Konfigurierung des Netzes und der zu betreibenden Kommunikationsbeziehungen, sowie Werkzeuge zur Überwachung des laufenden Netzbetriebs und zur Leistungskontrolle und Leistungssteigerung. Darüber hinaus werden vom Netzwerkmanagement die Erfassung, Lokalisierung und Diagnose von Fehlern im laufenden Netzbetrieb unterstützt und Hilfsmittel zur Sicherung des Netzes vor unberechtigter Nutzung. Nach anfänglicher Zurückhaltung wird das Thema Netzwerkmanagement inzwischen von allen wichtigen Normungsgremien (ISO, ECMA, IEEE) bearbeitet. Die Vorschläge zu Architektur, Diensten und Protokollen des Netzwerkmanagements stabilisieren sich zunehmend, haben jedoch noch nicht Qualität endgültiger Standards erreicht.

1. Anforderungen an das Netzwerkmanagement in der industriellen Fertigung

Netzkonfigurationen auf der Basis Lokaler Netze sind im Bereich der industriellen Fertigung durch eine große Heterogenität der angeschlossenen Endgeräte gekennzeichnet (s. Bild 1): das Gerätespektrum reicht von dedizierten Steuerungssystemen für einzelne Automatisierungsaufgaben direkt am Prozeß und in der Fertigung über Systeme für Prozessleit- und -führungsaufgaben sowie Großrechner für Management und Planung bis hin zu Arbeitsplatzsystemen, Personal Computern und Rechnern für den Bereich des Technischen Büros (Engineering, Konstruktion).
Diese unterschiedlichen Einsatzbereiche beeinflussen die Kommunikationsarchitektur und Kommunikationsfähigkeiten der verschiedenen Systeme. Abhängig vom Anwendungsgebiet gelten auch unterschiedliche Anforderungen an die vom Netzwerkmanagement zu erbringenden Leistungen.

Aus Sicht von Betreibern und Anwendern industrieller Lokaler Netze ergeben sich hier folgende Anwendungsschwerpunkte:

- Industrielle Anlagen, in deren Rahmen Lokale Netze eingesetzt werden, werden grundsätzlich detailliert geplant. Zur vollständigen Erzeugung und Erfassung der entsprechenden Daten sind im Rahmen der Kommunikationsarchitektur entsprechende Planungs- und Projektierungswerkzeuge bereitzustellen.
- In der industriellen Fertigung stellt wegen der hohen Ausfallkosten die Gewährleistung der Betriebssicherheit einer Anlage einen weiteren Anforderungsschwerpunkt dar. Hierfür müssen insbesondere für die Kommunikation, als dem Nervensystem einer Anlage, Überwachungsfunktionen zur Verfügung stehen, mit denen Kommunikationsaktivitäten überprüft, fehlerverdächtige Abläufe rechtzeitig erkannt und durch Hinzunahme gezielter Testhilfsmittel genauer diagnostiziert werden können. Derartige Kontrollmechanismen müssen sowohl den Zugriff auf Parameter des Kommunikationssystems selbst als auch auf systemspezifische Komponenten (z. B. Puffer-Management) erlauben.
- Die Verknüpfung von Verarbeitungseinheiten (Rechnern, Steuerungen) über Lokale Netze hinweg bietet mehr Ansatzpunkte für unberechtige Zugriffe und verfälschende Eingriffe als klassische Kommunikationsstrukturen. Deshalb sind verstärkt Sicherungs- und Zugangsschutzmaßnahmen vorzusehen.

Neben der Bereitstellung der Produktivkommunikation umfaßt deshalb ein industrielles Kommunikationssystem auf Basis Lokaler Netze und mit dem Ziel der offenen Kommunikation Mittel und Werkzeuge für

- die Planung
- die Projektierung
- die Überwachung
- das Management
- den Test

und

- die Wartung und Diagnose.

Diese Mittel und Werkzeuge sind unter dem Begriff Netzwerkmanagement zusammengefaßt.

Das Netzwerkmanagement erzeugt, sammelt und verwaltet verschiedene Arten von Informationen zur Erfüllung seiner Aufgaben. Diese Informationen werden, jeweils spezifisch aufbereitet, unterschiedlichen Anwender-Zielgruppen bereitgestellt und von diesen genutzt:
Die Wartung stützt sich auf Daten ab, die Konfigurationen beschreiben, auf Fehler hinweisen oder vorbeugende Wartung ermöglichen (Statistiken, Trendmeldungen, Fehlermeldungen).
Die Netzverwaltung benötigt und erhält Daten zur Überwachung der Leistungsdaten im laufenden Betrieb, zum Management und zur Verwaltung sowohl der Netzkonfiguration, als auch der Zugangs- und Nutzungsberechtigungen.
Die Planung stützt sich auf Daten ab, die für Optimierungen und Erweiterungen des Netzwerkes benutzt werden, sowie detaillierte Analysen mittels Modellierung und Simulation geplanter Netze oder Netzerweiterungen unterstützen.

2. Standardisierung des Netzwerkmanagement

Das Themengebiet Netzwerkmanagement wird von allen wichtigen Normungsgremien (ISO, ECMA, IEEE) bearbeitet. Die wesentlichen Festlegungen werden durch die ISO-Gremien getroffen. Im Rahmen dieser Arbeiten wurde eine Architektur für das Netzwerkmanagement festgelegt, das Netzwerkmanagement in verschiedene Dienste gegliedert sowie das zur Abwicklung der Management-Funktionen benötigte Protokoll erarbeitet.

2.1 Architektur

Die Architektur ist im Management Framework (DIS 7498/4) wie folgt festgelegt (s. Bild 2):
Die für das Netzwerkmanagement nötige Kommunikation wird von der in Schicht 7 angesiedelten System Management Application Entity (SMAE) abgewickelt. Die Kommunikation erfolgt über ein OSI-System-Management-Protokoll, mit dem Kontrollinformation, Daten und Ereignis-Berichte ausgetauscht werden können. Im Fehlerfall können ersatzweise die Layer-Management-Protokolle der unterlagerten Protokollschichten benutzt werden. Diese Protokolle regeln die Kommunikation zwischen den Layer-Management-Entities (LME's).
Die mit den System-/Layer-Management-Protokollen ausgetauschten Daten werden als Management Information bezeichnet, die von ihnen beschriebenen Objekte als Managed Objects. Die Menge der Management Information wird logisch unter dem Begriff Management Information Base (MIB) zusammengefaßt.
Der Zugriff auf die MIB erfolgt durch die SMAE bzw. durch die LME's, der Zugriff auf die Managed Objects durch die LME der betreffenden Protokollschicht.

2.2 Special Management Information Services (SMIS's)

Das Management Framework definiert die folgenden Special Management Information Services (SMIS's) :

(i) Configuration und Name Management
Das Configuration und Name Management (WD 9595/5, /6/) bietet die zur Unterstützung des Normalbetriebs eines offenen Systems nötigen Management-Dienste. Diese sind im einzelnen:

- Erzeugen und Löschen von Managed Objects
- Setzen und Lesen von Management Information (d. h. von Eigenschaften, Zuständen, Beziehungen des beschriebenen Objekts zu anderen Managed Objects)
- Ereignis-Bericht nach Veränderungen von Management Information
- Software-Verteilung (Umfang und Realisierung sind noch ungeklärt).

(ii) Security Management
Das Security Management 8WD 9595/, /7/) unterstützt die Benutzung der OSI-Security durch:

- Verteilung von OSI-Security-Parametern
- Bericht über die Benutzung von OSI-Security-Diensten
- Ereignis-Bericht bzgl. Security-Ereignissen.

(iii) Fault Management
Fault Management (WD 9595/3, /5/) bietet die zur Übermittlung von Fehlerdaten und zum Anstoß ihrer Ermittlung nötige Funktionalität.

(iv und v) Performance und Accounting Management
Zu diesen beiden Special Management Information Services liegen bei ISO derzeit noch keine Papiere vor.

2.3 Common Management Information Services and Protocol (CMIS/CMIP)

Die von CMISangebotenen Service-Elemente sind:

- Get und Set zum Lesen und Setzen von Management Information
- Event für Ereignisberichte
- Create und Delete zum Erzeugen und Löschen von Managed Objects
- Action zum Anstoß weiterer (auch privater) Management-Funktionen.

Die bisher von den SMIS's vorgesehenen Dienste können über CMIS/CMIP abgewickelt werden, so daß voraussichtlich keine Special Management Information Protocols (SMIP's) nötig sein werden.

3. Multi-Vendor Projekte MAP und CNMA

Eine wesentliche Beschleunigung der Arbeiten für das Netzwerkmanagement wird durch Multi-Vendor-Projekte erwartet, da gerade durch diese Projekte, bei denen Geräte von verschiedenen Herstellern zusammenarbeiten, die Notwendigkeit des Netzwerkmanagements bei der offenen Kommunikation besonders deutlich wird.
MAP orientiert sich in seinen Festlegungen zum Netzwerk-Management an den vorhandenen ISO-Papieren, konkretisiert diese aber in einigen Punkten. Der Aufbau der MAP-Architektur ist in Bild 3 dargestellt.

Die in Schicht 7 angesiedelte SMAE wickelt das System Management Protocol ab, das auf die unterlagerten Dienste ROS und ACSE (Association Control Service Elements) abgebildet wird. Bietet ein System keine komplette Protokollarchitektur aller 7 Schichten (etwa bei Vorliegen einer fehlerhaften Protokollschicht oder bei Implementierung einer "enhanced performance architecture") wird das Management-Protokoll über den verbindungslosen Dienst der Ebene 2 abgewickelt. Damit ist soweit als möglich gewährleistet, daß Management-Funktionen - insbesondere Fault Management Funktionen - auch bei Fehlern im Kommunikationssystem benutzt werden können.
Aus den speziellen Management-Bereichen sind bei MAP Festlegungen zu Fault, Performance und Configuration and Name Management getroffen worden. MAP sieht (noch) keine jeweiligen Service-Definitionen vor, hat aber bereits Managed Objects der Ebenen 2-7 definiert. (Arbeiten zur Definition von Managed Objects sind bei ISO erst aufgenommen worden.) Die bei IEEE für die Ebene 2a und 2b vorhandenen Festlegungen hat MAP übernommen.
Die Abwicklung der MAP-Management-Funktionen erfolgt über CMIS/CMIP.

Im Rahmen des ESPRIT-Projektes CNMA (Communications Networks for Manufacturing Applications), das sich zum Ziel gesetzt hat, eine offene Kommunikation für industrielle Anwendungen zu realisieren, wird in der Phase 3 das Netzwerkmanagement entsprechend der MAP 3.0-Spezifikation implementiert. Aus den Erfahrungen dieser Implementierungen werden Rückwirkungen auf die Festlegungen bei ISO (beispielsweise auf die Definition der Managed Objekts) erwartet.

4. Ziele und Nutzen des Netzwerkmanagements in industriellen Lokalen Netzen

Die besonderen Anforderungen an industrielle Netze bezüglich der Projektierung der Kommunikationsnetze, ihrer Betriebssicherheit und Verfügbarkeit und ihren Schutzbedürfnissen gegenüber unberechtigten Zugriffen führen dazu, daß die Dienste Configuration Management, Performance Management, Fault Management und Security Management für industrielle Lokale Netze besonders wichtig sind. Das Accounting Management gewinnt in Zukunft besondere Bedeutung dann, wenn industrielle Lokale Netze über öffentliche Netze verknüpft werden und Leistungen der öffentlichen Netze (z.B. Electronic Mail) durch Endgeräte an Lokalen Netzen genutzt werden sollen.

Die Aufgabenstellung für das **Configuration Management** ist beim Einsatz in industriellen Lokalen Netzen wesentlich zu erweitern. Lag der Schwerpunkt des Configuration Managements in der Normung bisher bei der Phase des laufenden Netzbetriebs, so ist auch für die Phasen der Netzprojektierung und der Netzinbetriebnahme eine normierte Basis zu schaffen. Es ist in Zukunft sicherzustellen, daß Daten, die die Netzkonfiguration detailliert beschreiben, konsistent und vollständig erzeugt werden (Netzprojektierung), bei der Inbetriebnahme des Netzes schrittweise Gültigkeit erlangen, sowie an die Netzknoten verteilt werden und damit beim Übergang in den Normalbetrieb wiederum konsistent, aktuell und vollständig vorhanden sind. Das Netzwerkmanagement wird durch die Bereitstellung dieses erweiterten Dienstes die Kosten für die Projektierung und Inbetriebnahme komplexer Netze senken und den Zeitraum zwischen der Projektierung eines Netzes und dem Übergang in den normalen Netzbetrieb reduzieren.

Die Erhöhung der Betriebssicherheit und Verfügbarkeit wird im wesentlichen durch vorbeugende Wartung, Tests und Diagnose erreicht. Hierzu bieten die geplanten Dienste **Fault Management** und **Performance Management** erst allgemeine Ansätze. Genormte Erweiterungen dieser Bereiche sind aber schwierig, da hierbei sehr schnell die Einflüsse von Systemspezifikas (z.B. Leistungen der Betriebsysteme), die Besonderheiten der unterschiedlichen Systemarchitekturen sowie die Realisierungsformen der Produktivkommunikation zum Tragen kommen. Für systemspezifische Test- und Diagnosemittel können die normierten Dienste des Netzwerkmanagements deshalb nur eine Basis sein. Der Einsatz dieser Test- und Diagnosemittel ist aber bei der Normung des Netzwerkmanagements, insbesondere bei den Protokollfestlegungen, zu berücksichtigen.

Die zunehmende Verwendung von Lokalen Netzen für die Prozess- und Fertigungsautomatisierung führt dazu, daß Aspekte des Datenschutzes auch bei der Kommunikation immer mehr in den Vordergrund treten, da in zunehmendem Maße Daten, wie zum Beispiel Fertigungsprogramme, Produktionsdaten oder Rezepturen, die wesentliche Werte darstellen, über Lokale Netze zugänglich sind. Datenschutz betrifft somit sowohl den Transfer und die Speicherung der Daten, als auch den Zugriff auf diese Daten.

Dieser Teilbereich des Netzwerkmanagements, der durch das **Security Management** abgedeckt werden soll, bedarf noch einer weiteren intensiven und detaillierten Behandlung durch die Normungsgremien. Insbesondere ist, analog zu den Standards für die Datenverschlüsselung, sicherzustellen, daß durch ein Offenlegen der Operationen und Dienste durch Standards das Ziel des Security Managements nicht verfehlt wird.

5. SINEC-Netzwerkmanagement

Siemens hat im Rahmen der Netzwerkarchitektur für Automatisierung und Engineering SINEC[R] unter dem Arbeitstitel "SINEC Architektur für Management und Test (SAMT)" Funktionen für das Netzwerkmanagement für industrielle lokale Netzen festgelegt. Durch die SINEC-Netzwerkarchitektur wird der Systemverbund im Automatisierungs- und Engineeringbereich ermöglicht. Diese Systeme umfassen im einzelnen:

- universelle Steuerungssysteme
- numerische Maschinensteuerungen
- Robotersteuerungen
- Personal Computer
- Workstations
- Rechner.

Die SINEC-Netzwerkarchitektur bietet schon heute die Offene Kommunikation innerhalb des Transportsystems. In späteren Ausbaustufen ist eine Anpassung an die sich bei MAP/TOP entwickelnden Standards der Anwendungsebene geplant.

Das Netzwerkmanagement im Rahmen der SINEC-Netzwerkarchitektur ist in die in Bild 4 aufgeführten Funktionen gegliedert. Schwerpunkte des Netzwerkmanagements in SINEC sind zur Zeit der Projektierungsservice, der Directory Service, die Kommunikationsüberwachung und das Kommunikationsmanagement sowie der Diagnoseservice.

Der Projektierungsservice realisiert die notwendigsten Teile des Configuration Management. Er erzeugt und verteilt die Datenbasis, die für den Aufbau und den Betrieb heterogener industrieller lokaler Netze notwendig ist. Er unterstützt die Erstellung und die Aktualisierung der globalen Netzkonfigurationsbeschreibung, die die netzweite Beschreibung aller Netzkomponenten (Kommunikationsbaugruppen, Netzknoten) und der Kommunikationsbezeichnung (Profile, Service Access Points, symbolische Namen, Adressen) umfaßt.

Aus dieser Beschreibung leitet der Projektierungsservice die knotenspezifischen Einzelbeschreibungen ab und verteilt diese Datenbasen über das Netz in die einzelnen Knoten. Die Ablage der Datenbasen erfolgt im Directory Service, der auch entsprechende Funktionen zum Zugriff auf die Daten für die Komponenten der Produktivkommunikation bereitstellt. Der Directory Service stellt damit eine Realisierung der Management Information Base (MIB) dar.

Die Kommunikationsüberwachung und das Kommunikationsmanagement bieten im wesentlichen die Funktionen des Performance Management. Sie erlauben das Lesen und Ändern von systemunabhängigen Protokollparametern und Zustandsinformationen im laufenden Netzbetrieb. Parameter der noch nicht genormten Protokolle, die im Rahmen der SINEC-Netzwerkarchitektur zur Zeit eingesetzt werden, werden in gleicher Weise wie die Parameter der genormten ISO-OSI Ebenen 1-4 behandelt. Durch die Kommunikationsüberwachung ist eine Analyse aller Protokollschichten durchführbar. Die Möglichkeit , Protokollparameter zu ändern, erlaubt eine Verbesserung der Leistungskennzahlen (Durchsatz, Antwortzeiten) bei laufendem Netzbetrieb. Durch die gezielte Beobachtung von Protokollparametern können Leistungsengpässe schnell und sicher erkannt werden. Die Funktionen der Kommunikationsüberwachung sind sowohl für manuellen Betrieb als auch für den automatischen Betrieb zur Dauer-Überwachung (langfristige Beobachtungen) ausgelegt.

Ein wesentliches Ziel des Netzwerk-Managements ist die Steigerung der Betriebssicherheit industrieller Lokaler Netze. Die systemunabhängigen Informationen, die durch die Kommunikationsüberwachung gewonnen werden können, reichen im Allgemeinen nicht aus, um jeden systemspezifischen Fehlerfall eindeutig zu analysieren. Um die große Vielzahl dieser systemspezifischen Fehlerfälle ebenfalls sicher zu beherschen, stellt die Diagnosetechnik in den einzelnen Netzknoten spezifische Test-/Diagnose und Installationsmittel und -werkzeuge bereit. Der Einsatz dieser lokalen Hilfsmittel wird, soweit sinnvoll, ebenfalls auch über das Lokale Netz hinweg ermöglicht. Basis der hierzu notwendigen Kommunikation sind die erweiterten Netzwerkmanagement-Protokolle, die durch die Kommunikationsüberwachung bereitgestellt werden.

Die Architektur des Netzwerkmanagements ist analog zur Architektur des System-Managements von ISO aufgebaut. Auf einer oder mehreren zentralen Bedienstationen formuliert der Benutzer der Netzwerkmanagementfunktionen Aufträge, die den entsprechenden Partnern in den einzelnen Knoten mitgeteilt werden. Diese Partner führen diese Aufträge aus und melden die Ergebnisse an die Bedienstation zurück.

6. Zusammenfassung

Die Dienste des Netzwerkmanagements insbesondere für Projektierung, Inbetriebnahme, Netzüberwachung, Netzmanagement, Test und Diagnose stellen die wesentliche Voraussetzung für den Einsatz industrieller Lokaler Netze dar, denn nur durch ihre Bereitstellung für die Systeme des Automatisierungsverbundes können die Ansprüche des Anwenders an industrielle Komunikation bezüglich Projektierung, Betriebssicherheit, Verfügbarkeit und Wartbarkeit befriedigt werden. Bei steigender Komplexität industrieller Lokaler Netze und der daran angeschlossenen Systeme nimmt die Bedeutung des Netzwerkmanagements in Zukunft stark zu.

Die Netzwerkmanagement-Dienste sind bei der Ausführung vieler Funktionen sehr eng mit den Komponenten der Produktiv-Kommunikation verkoppelt und sind deshalb bezüglich der Anteile, die auf den einzelnen Netzknoten vorhanden sind, als integraler Bestandteil realisierter Kommunikationssysteme zu sehen. Ein nachträgliches Einbringen von Leistungen des Netzwerkmanagements, insbesondere bei den Diensten für Überwachung, Management, Test und Diagnose, in bestehende Kommunikationskomponenten und -systeme ist ohne schwerwiegende Eingriffe oder hohem Aufwand nur in einem eingeschränkten Maße möglich und genügt in der Regel nicht den Ansprüchen des Anwenders. Ausreichende Netzwerkmanagement-Funktionen stellen deshalb ein wesentliches Leistungsmerkmal zukünftiger Kommunikationssysteme für den industriellen Einsatz dar.

Referenzen

/1/ ISO/TC97/SC 21 WG 4 -- Procedures for Management Information Service Standardization, November 1985.

/2/ ISO/TC97/SC 21 WG 4 -- OSI Management Framework, Draft International Standard DIS 7498/4, Juni 1987.

/3/ ISO/TC97/SC 21 WG 4 -- Management Information Service Definition, Part 1: Overview, 2. Draft Proposal DP 9595/1, Juni 1987.

/4/ ISO/TC97/SC 21 WG 4 -- Management Information Service Definition, Part 2: Common Management Information Service Definition, 2. Draft Proposal DP 9595/2, Juni 1987.

/5/ ISO/TC97/SC 21 WG 4 -- Management Information Service Definition, Part 4: Fault Management Service Definition, Working Draft, WD 9595/3, Juni 1987.

/6/ ISO/TC97/SC 21 WG 4 -- Management Information Service Definition, Part 5: Configuration and Name Management, Working Draft WD 9595/5, Juni 1987.

/7/ ISO/TC97/SC 21 WG 4 -- Management Information Service Definition, Part 7: Security Management, Working Draft WD 9595/6, Juni 1987.

/8/ ISO/TC97/SC 21 WG 4 -- Management Information Protocol Specification - Overview, Working Draft, September 1986.

/9/ ISO/TC97/SC 21 WG 4 -- Common Management Information Protocol, Draft Proposal DP 9596/2, Juni 1987.

/10/ Network Management Requirements Specification, MAP 3.0 Implementation Release, Chapter 11, Juni 1987.

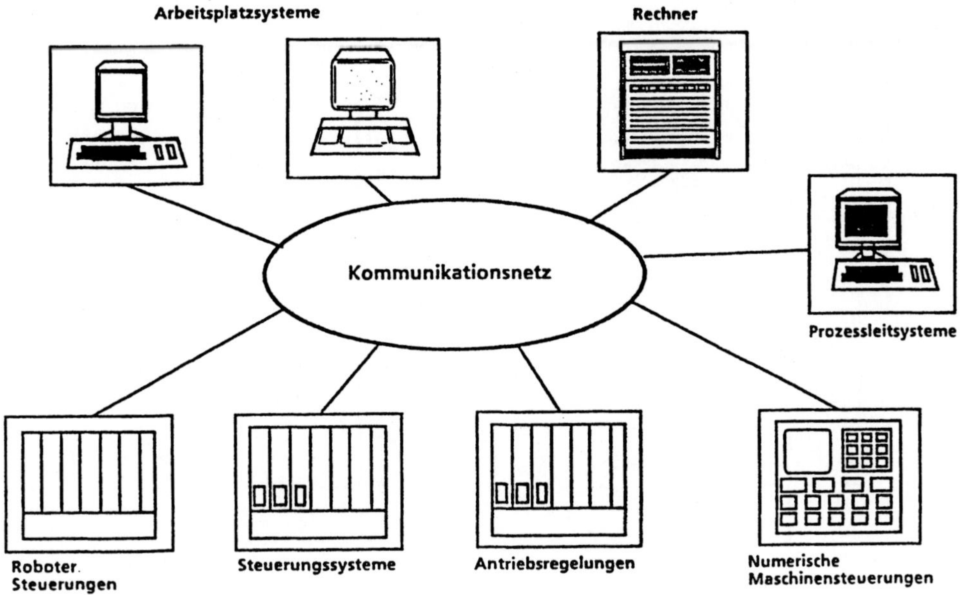

Bild 1:Systeme des Automatisierungsverbundes

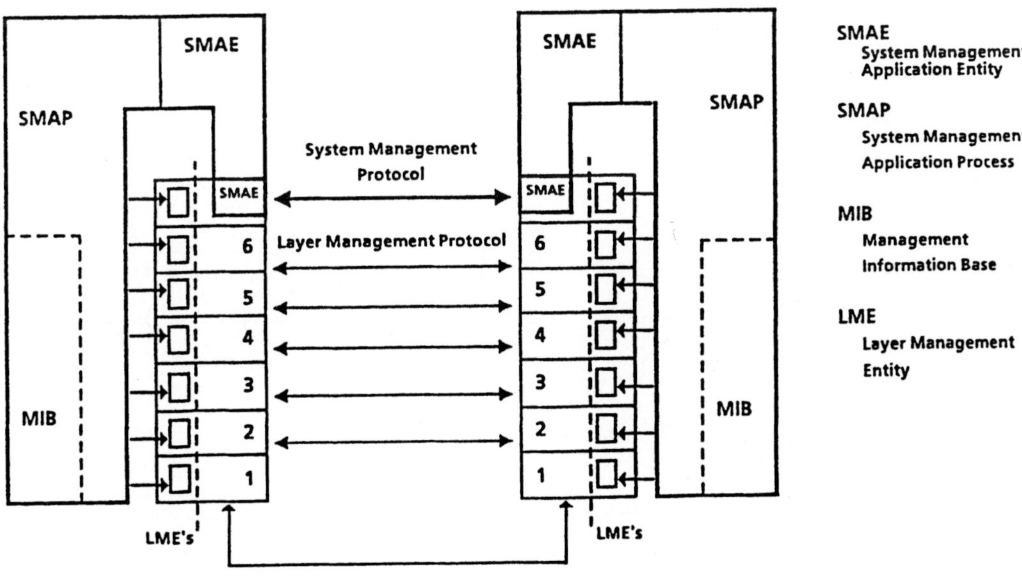

Bild 2:ISO-Architektur des Netzwerkmanagementes

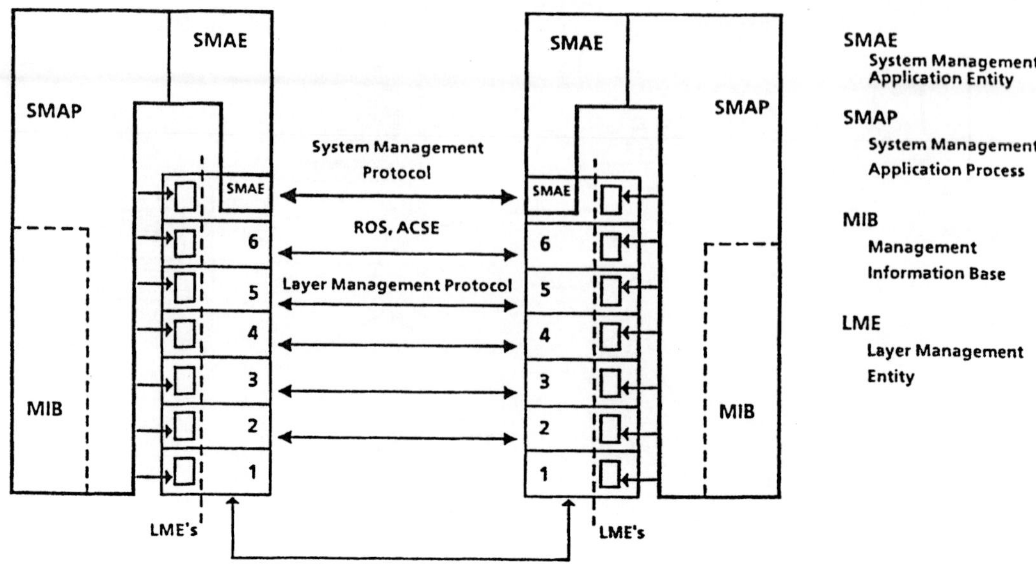

Bild 3: Architektur des Netzwerkmanagementes nach MAP

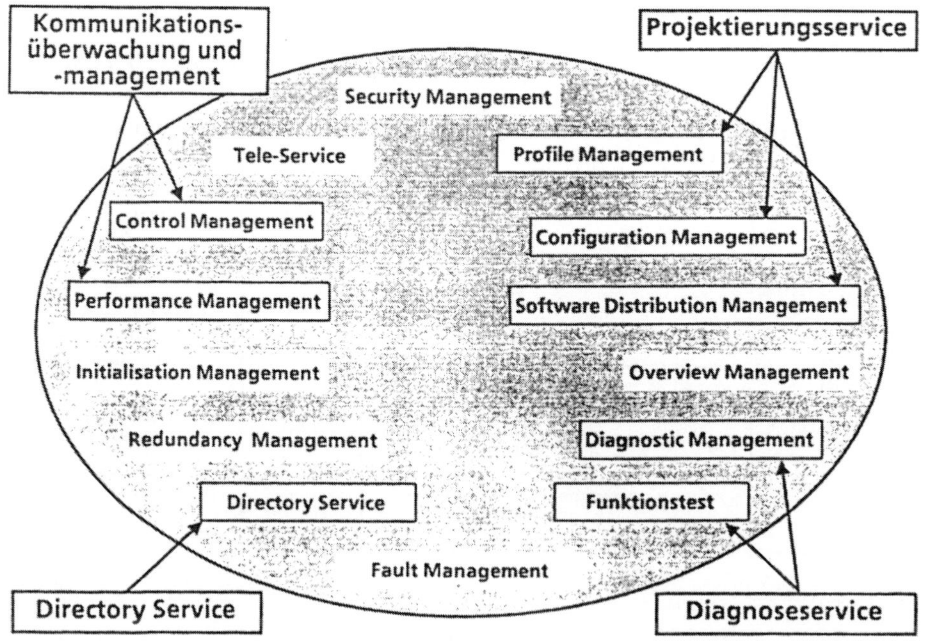

Bild 4: SINEC Architektur für Management und Test (funktionelle Gliederung)

EIN NEUARTIGES, FLEXIBLES, HOCHZUVERLÄSSIGES FUNKTIONSMUSTER EINES KOMMUNIKATIONSSYSTEMS FÜR PROZESSANWENDUNG

J. Komolka
ESG Elektronik-System-Gesellschaft mbH
Vogelweideplatz 9
8000 München 80

Kurzfassung

Im Rahmen von Untersuchungen zu neuen Informationsverarbeitungs-Strukturen wurde ein Funktionsmuster eines Kommunikationssystems nach dem Prinzip des Boole'schen Würfels entwickelt. Das hier betrachtete Kommunikationssystem ist ein Datagrammnetz, dessen Merkmale die speichervermittelnde und verbindungslose Kommunikation ist. Die Vorteile, insbesondere für den Netzbetreiber, die ein Datagrammnetz bieten, sind berücksichtigt worden.

Die wesentlichen Eigenschaften des Kommunikationssystems sind einfache Erweiterbarkeit, Redundanz, Fehlertoleranz und Rekonfigurierbarkeit. Neben dem globalen Konzept werden Untersuchungen dargestellt und von ersten Meßerfahrungen berichtet.

1. Einleitung

Bei der modernen Automatisierungstechnik werden die unterschiedlichen Aufgaben: Regeln, Steuern, Führen, Überwachen, Bedienen, Beobachten usw. in autonome Systeme durch die Kombination bzw. die Kooperation geeigneter Funktionsbausteine (z. B. Rechner) gelöst. Durch Verbinden der einzelnen Systeme erhält man ein komplexes Mehrrechnersystem (Rechnernetz), dessen Gesamtleistung wesentlich von der Art der Kommunikation (Topologie, Verfahren) der einzelnen Systeme untereinander abhängt.

Es besteht grundsätzlich das Problem, Kommunikationssysteme zu realisieren, deren Eigenschaften

- Zeitverhalten
- Zuverlässigkeit
- Flexibilität
- Redundanz
- Kosten

sowohl einem breiten Anforderungsspektrum als auch speziellen Systemanforderungen genügen. Bei bisherigen Lösungen (Stern-, Ring-, Bus-Systemen) des Kommunikationsproblems sind meist nur einzelne Leistungsmerkmale maximal ausgeprägt, deshalb wird als Lösung das Prinzip des Boole'schen Würfels vorgeschlagen, mit dem unter bestimmten Randbedingungen bezüglich aller Merkmale gute Ergebnisse erzielt werden können.

2. Boole'scher Würfel und dessen Gesetzmäßigkeiten

Der Boolsche Würfel ist ein Verbindungsnetzwerk, in dem 2^n Module einen n-dimensionalen Würfel formen. Nimmt man die Boole'sche Variable $x_1, x_2 \ldots x_n$ (z. B. 0011) als Koordinate im n-dimensionalen Raum an, kann man den Zuständen dieser Variable, die Ecken eines n-dimensionalen Würfels zuweisen.

Zwei Ecken, die sich nur in einer Koordinate unterscheiden, werden als benachbarte Ecken bezeichnet. Jede Ecke wiederum hat n benachbarte Ecken.

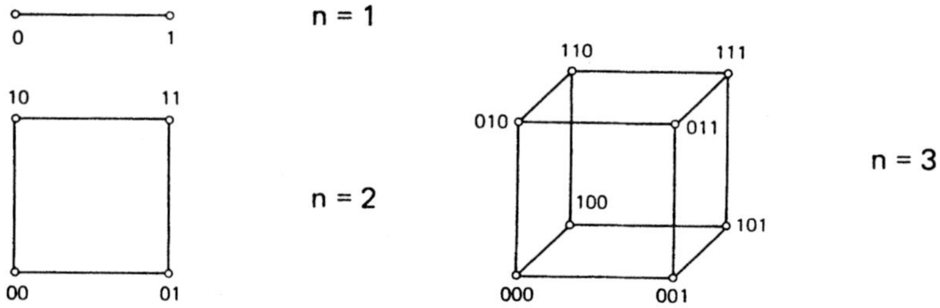

Fig. 1 Dimension des Boole'schen Würfels

Für ein Würfel der Dimension n > 3 versagt vielleicht zunächst die menschliche Vorstellung. Es lassen sich jedoch anhand der oben aufgeführten Eigenschaften auch mehr als 3-dimensionale Würfel darstellen. Der Übergang von n-dimensionalen, in den (n+1)-dimensionalen Raum ist absolut deterministisch, dies wird nachfolgend gezeigt:

Zuerst wird ein n-dimensionaler Würfel dupliziert, dann erweitert man die Numerierung (Boole'sche Variable) der Ecken des vorhandenen und des duplizierten Würfels um eine binäre Stelle vor der höchstwertigen Stelle in der Art, daß diese Stelle im Falle des vorhandenen Würfels mit 0 und im Falle des duplizierten Würfels mit 1 besetzt wird.

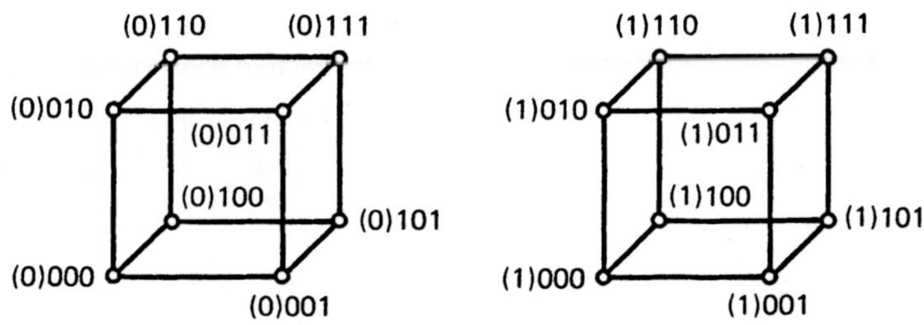

Fig. 2 Duplizieren eines 3-dimensionalen Würfels und Erweiterung der Boole'schen Variable

Im weiteren werden die Ecken der beiden Würfel verbunden. Die oben angegebene Definition der benachbarten Ecken (Unterschied nur in einer Koordinate) ist dabei zu berücksichten. Somit erhält man, nach dem Duplizieren eines 3-dimensionalen Würfels einen 4-dimensionalen Würfel mit der in der folgenden Figur dargestellten Struktur.

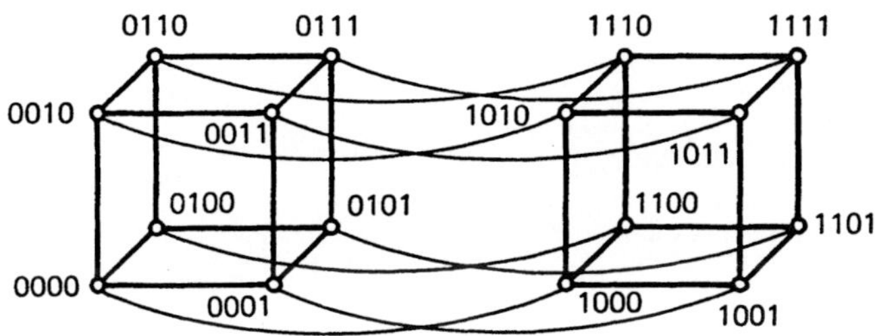

Fig. 3 4-dimensionaler Boole'scher Würfel

Mit diesem Verfahren kann man aus jedem n-dimensionalen einen (n+1)-dimensionalen Würfel ableiten.

Die logische Entfernung (LE) zweier Ecken in einen n-dimensionalen Boole'schen Würfel ist durch die Anzahl der unterschiedlichen Koordinaten beider Ecken gegeben.

Die Ermittlung der günstigsten (= kürzesten) Wege zwischen zwei beliebigen Ecken geschieht, indem man den Weg so wählt, daß die unterschiedlichen Koordinaten durch gleiche Koordinaten ersetzt werden.

Beispiel:

- Bei einem 3-dimensionalen Würfel ist der günstigste Weg zwischen den Ecken "0" (000) und "3" (011) zu ermitteln.
- logische Entfernung der beiden Ecken: LE = 2
- Damit eine der unterschiedlichen Koordinaten eleminiert wird, kann man von der Ecke "0" (000) entweder in Ecke "2" (010) oder "1" (001) übergehen (beide Möglichkeiten sind gleichwertig).
- Der nächste Schritt ist eindeutig, da obwohl "2" als auch "1" mit der Zielecke "3" benachbart sind.
- Man erkennt die Abhängigkeit zwischen der logischen Entfernung und der Anzahl der günstigsten Verbindungen (Wege).

Anzahl aller kürzesten Verbindungen zweier Ecken

$$= \sum_{i-1}^{LE-1} 2^{i} \quad \text{für LE} \quad 1$$

Die Anzahl der Verbindungen jeder einzelnen Ecke entspricht der Dimenion des Würfels.
Die Gesamtzahl der Verbindungen im Netz ist gegeben, durch

$$\sum V = \frac{1}{2} n \quad 2^{n}$$

3. Beschreibung des Kommunikationssystem

Bei der Lösung des Kommunikationsproblems wurden Randbedingungen gestellt, die ein großes Spektrum von Anwendungsfällen abdecken:

- Beschränkung der Kommunikationsinhalte eines Mehrrechnersystems auf die, für das Gesamtsystem notwendigen Systemdaten, durch dezentrale Bearbeitung komponentenspezifischer Funktionen in dedizierten Funktionsrechnern (lose Kopplung)
- Allgemeine Lösung des Kommunikationsproblems unabhängig von den systemspezifischen Anwenderfunktionen, durch ein Kommunikationssystem, das aus flexiblen strukturierbaren, jedoch in sich einfachen und bezüglich Hardware und Software identischen Strukturelementen (Trennung der Kommunikation von den Anwenderfunktionen).

Bei einem Kommunikationssystem, basierend auf dem Prinzip "Boole'scher Würfel" sind die Ecken des Würfels mit aus Hardware und Software identischen Knotenrechner (KR) bestückt. Diese sind über die Kanten des Würfels mit gleichen Schnittstellen verbunden. Jedem Knotenrechner kann ein Funktionsrechner über beliebige Schnittstellen zugeordnet werden.

Die Adresse des Knotenrechners ist eine Boole'sche Variable, dessen Wortbreite identisch mit der Dimension des Würfels ist.

Die Übertragung von Nachrichten (Messages) über dieses Kommunikationsnetz kann aufgrund der sich dadurch ergebenden Gesetzmäßigkeiten auf algorithmisch ermittelten optimalen oder im Störfall suboptimalen Wegen geschehen. Der Anwender muß seine Nachrichten in Messages mit vorgeschriebenen Formaten, aber mit variablen Längen verpacken. Er muß nur die Adresse seines Kommunikationspartners kennen; nicht jedoch das Kommunikationsverfahren, da dieses durch die Konzeption des Systems gelöst ist. Die den Boole'schen Würfel auszeichnenden Eigenschaften sind:

- o Kommunikation über feste Netzstrukturelemente
- o Quasi unbegrenzte Erweiterbarkeit
- o Algorithmische optimale Wegfindung sowohl für den ungestörten, als auch für den gestörten und den Broadcastfall
- o Automatische Erfassung und Rekonfiguration des Netzzustandes nach Ausfällen und Erweiterungen
- o Automatische Erfassung und Meldung von ausgefallenen Funktionsrechnern (FR)
- o Identische Software in den Kommunikationsrechnern
- o Hohe Flexibilität in der Anpassung an spez. Systemforderungen hinsichtlich Redundanz und Kopplungsgrad der FR
- o Simultane Bearbeitung von unterschiedlichen Kommunikationsanträgen

4. Beschreibung des Funktionsmusters

Zum prinzipiellen Funktionsnachweis des Kommunikationssystems "Boole'scher Würfel", wurde das folgende Funktionsmuster erstellt.

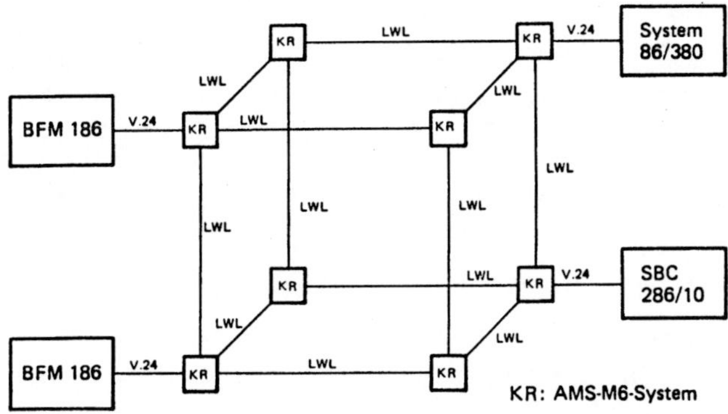

Fig. 4 Konfiguration des Funktionsmusters

Die Implementierung des Kommunikationsnetzes wurde unter Vorgabe folgender Randbedingungen durchgeführt.

- Die Kommunikationssoftware ist in allen Kommunikationsrechnern identisch. Es bedarf keines übergeordneten Leitrechners (Masters) für netzglobale Größen.
- Während der Initialsisierungsphase werden keine netzspezifischen Daten über das Netz verteilt. Jedem Kommunikationsrechner ist seine eigene KR-Nummer bekannt. Anhand der KR-Nummer kann jeder KR seine benötigten Daten herleiten.
- Alle an das Kommunikationsnetz übergebenen Nachrichten werden seitens des sendenden Funktionsrechners (FR) mit der Adresse des empfangenden Funktionsrechners versehen. Der eigentliche physikalische Datenweg durch das Kommunikationsnetz wird ausschließlich vom Kommunikationsnetz selbst ermittelt.
- Der Ausfall eines FR wird allen anderen FR mittels Broadcast mitgeteilt. Die entsprechende Reaktion auf den Ausfall obliegt der Anwenderebene (FR).
- Das Kommunikationsnetz generiert nur Quittierungssignale (mittels Broadcast) für die Anwenderebene wenn eine Nachricht nicht absetzbar ist.
- Positive Quittierungen obliegen der Anwenderebene.
- Die implementierte max. Messagelänge (118 byte) setzt sich aus Nutzdaten und Zusatzinformationen zusammen.
- Der FR hat die Adresse des KR an den er angeschlossen ist.
- Nachrichten vom FR, die die maximale Messagelänge überschreiten, werden vom KR nicht angenommen.
- Das Kommunikationsnetz ermöglicht, daß alle Funktionsrechner miteinander in Verbindung treten können. Daher werden keine besonderen Passwords oder Sicherheitskontrollen benötigt.
- Die übertragenen Daten werden von jedem KR mittels Summenscheck überprüft. Bei fehlerhafter Übertragung wird eine Wiederholung angefordert.
- Während eine Nachricht das Netz durchläuft, existiert diese immer zweimal im Netz. Dies erhöht die Nachrichtenübertragungssicherheit dadurch, daß bei Ausfall eines Knotenrechners die Nachricht nicht verlorengeht.

- Die Adressen der Kommunikationsrechner werden als eine 8-stellige (1 Byte) binäre Zahl in jedem Kommunikationsrechner abgelegt. Die Adresse berücksichtigt eine Netzerweiterung bis zu 256 Knoten.
- Der Anwender (Funktional) ist von der Netzkonfiguration unabhängig. Es müssen nur die Adressen der Funktionsrechner bekannt sein, mit denen er kommuniziert.
- Adaptives Routingverfahren: Kombination von statischer Netzbeschreibung mit dynamischer Zustandsinformation.

5. Kommunikationsrechner-Hardware

- Ein Kommunikationsrechner setzt sich aus folgenden Modulen zusammen:
  - o Prozessorbaugruppe AM-M6-A8 (CPU 8086 8 MHz, 64 KB EPROM, 16 KB RAM, V24-Schnittstelle)
  - o Speicherbaugruppe AMS-M130 (128 KB CMOS-RAM, batteriegepuffert)
  - o 2 serielle E/A-Baugruppe SMP-E221-A2 mit LWL-Kopplung (synchrone Datenübertragung mit 500 kBit/s)
  - o Stromversorgungsbaugruppe SMP-E426-A3
  - o Baugruppenträger AMS-SYS60

  Auf den Kommunikationsrechnern ist das Betriebssystem RMX86 installiert. Die Entwicklung der Kommunikationssoftware wurde in der höheren Programmiersprache PL/M-86 durchgeführt.
- Schnittstelle zwischen den Knotenrechnern

  Die Umwandlung der parallelen Daten in serielle Daten beim Senden und umgekehrt beim Empfang der Meldungen (einschließlich der Überprüfung) wird mit programmierbaren Multiprotokollbausteinen (INTEL 8274) durchgeführt. Die Übertragungsrate beträgt 500 KBit/s, als Übertragungsprotokoll wird die SDLC-Prozedur verwendet (mit CRC-Prüfung).

  Die Datenübertragung erfolgt über Lichtwellenleiter (LWL).

  Die Schnittstelle ist als Duplex-Kanal ausgelegt.
- Schnittstelle zwischen Anwenderebene und Kommunikationssystem

  Die Schnittstellen zwischen Kommunikationsrechnern und Funktionsrechnern sind als V24-Schnittstellen realisiert. Damit ist das Kommunikationsnetz für eine Vielzahl von Rechnern oder Sensoren anwendbar.

6. Untersuchungen und Ergebnisse sowie weitere Aktivitäten

Im Rahmen der bisherigen Untersuchungen wurde das Funktionsmuster "Kommunikationssystem Boole'scher Würfel" in seinen Eigenschaften quantifiziert. Die erwarteten Eigenschaften hinsichtlich Redundanz, Rekonfiguration und Stabilität werden bestätigt.

Das Kommunikationssystem ist - bedingt durch das verwendete Quittierungsverfahren (zweifach Quittieren) - ein flußgesteuertes System und damit prinzipiell nicht überlastbar.

In der gegenwärtigen Realisierung stellen die Übertragungsraten zwischen Funktionsrechner und Knotenrechner (V24-Schnittstelle) und zwischen den Knotenrechner selbst die wesentliche Begrenzung für den Datendurchsatz und Anwortzeitverhalten dar.

Die in diesem Zusammenhang durchgeführten Messungen bezüglich des Zeitverhaltens ergab für die Knotenrechnerbearbeitungszeit (ausführen des Routings) einen Wert von 3,5 ms.

Bei der Übertragung zwischen den Knotenrechnern mußte die Übertragungsrate auf 125 KBit/s reduziert werden, um eine störungsfreie Kommunikation durchführen zu können.

Aufgrund der hardwarespezifischen Eigenschaften (Initialisieren des DMA) wird die Übertragung zwischen den Knotenrechnern mit einer festen Nachrichtenlänge (118 byte) durchgeführt.

Ziel weiterer Untersuchungen ist die Ermittlung von Antwortzeitverhalten, Datendurchsatz, Auslastung, Verweilzeit usw. für unterschiedliche Belastungszustände, Ausfallerscheinungen und Rekonfigurationen. Hierfür bieten sich zum einen Hardware- und Software-Monitore und zum anderen die Simulation an.

Die Simulation bietet weiterhin die Möglichkeit, die Leistungsdaten für unterschiedlichste Hardwarekomponenten und für n-dimensionalen ($n > 3$) Kommunikationsstrukturen zu ermitteln.

Auch für die Optimierung der Knotenrechnerarchitektur ist die Simulation ein geeignetes Hilfsmittel.

7. Schlußbemerkung

Das hier vorgestellte Kommunikationssystem bietet, unabhängig von den Anwenderforderungen, ein allgemeines Prinzip für die Netzstrukturierung mit a priori bestimmbaren definierten Eigenschaften. Das Kommunikationsproblem ist für jeden Anwendungsfall grundsätzlich gelöst. Das Kommunikationssystem bietet sich besonders für lose gekoppelte Rechnersysteme an, bei denen Redundanz, Rekonfigurierbarkeit, Fehlertoleranz und Flexibilität gefordert wird.

Literaturverzeichnis

Adams G.B./Siegel H. J.
The Extra Stage Cube: A fault-tolerant Interconnection Network for Supersystems.
IEEE Transact. on Computers Vol. 31, Mai 1982

Agrawal D. P.
Testing and Fault Tolerance of Multi-Stage Interconnection Networks.
COMPUTER, April 1982

Agrawal D.P.
Graph Theoretical Analysis and Design of Multisatage Interconnection Networks.
IEEE Transact. on Computers Vol. 32, Juli 1983

Ahuja, V:
Routing and Flow Control in Systems Network Architecture (SNA).
IBM Systems Journal, Vol. 18, No. 2, 1979

Anderson, G. A. and Jensen, E. D.:
Computer interconnection structures - taxonomy, characteristics and examples.
Comp. Surveys, Vol. 7, No. 4, Dec. 1975

Armstrong J. R./Gray F. G.
Fault diagnosis in a Boolean Clube Array of Microprocessors.
IEEE Transact. on Computers Vol. 30, Aug. 1981

Bergland, R. G.:
Comparing Network Architectures, Distributed Processing Tutorial.
IEEE, New York, 1978

Chen P. V./Lawrie D. H. /Yew P. C.
Interconnection Network using Shuffles.
COMPUTER, Dez. 1981

Davies, D. W. and Barber D. L. A.:
Communication networks for Computers.

John Whiley, 1973

Feng T.
A Survey of Interconnection Networks.
COMPUTER, Dez. 1981

Padmanabhan/Lawrie D. C.
A Class of Redundant Path Multistage Interconnection Networks.
IEEE Transact. on Computers Vol. 32, Dez. 1983

Pease M. C.: The Indirect Binary-n-Cube-Microprocessor Array;
IEEE Trans. Comp. C-26
(1977) 458-473

Preparata F. P./Vuillemin J.
The Cube-Connected Cycles: A Versatile Network for Parallel Computation.
CACM Vol. 24, Mai 1981

Seitz C. L.: The Cosmic Cube; Comm. ACM, Jan 1985

Siegel H. J.
The Theory underlying the Partitioning of Permutation Networks.
IEEE Transact. on Computers Vol. 29, Sept. 1980

Siegel H. J./McMillen R. J.
The Multistage Cube: A Versatile Interconnection Network.
COMPUTER, Dez. 1981

Sullivan H./Bashkow T. R.
A Large-Scale, homogenous, fully distributed, parallel Machine.
Proc. 4th Symp. Computing Architecture, 1977.

DIETSCH, H., ÖGRÜK, M.E., ULRICH, R.:

LABORINTH – Ein einheitliches Kommunikationskonzept für PDV–Bus, BITBUS und IEC–Bus

Lehrstuhl und Laboratorium für
Technische Elektronik
Informatik–Forschungsgruppe IX
Prof. Dr.–Ing. D. Seitzer
Universität Erlangen–Nürnberg
Martensstr. 3
8520 Erlangen

Zusammenfassung

Im Gebäude des ISO-OSI-Referenzmodells haben "Feld-", "Prozeß-" und "Gerätebusse" wie z.B. PDV-Bus, BITBUS und IEC-Bus keinen Platz gefunden, weil ihre Objekte, Schnittstellen und Funktionen nicht mit den Regeln der Hausordnung übereinzustimmen scheinen.
Mit diesem Beitrag soll nicht der Versuch unternommen werden, für die genannten Vertreter einengende ISO-OSI-konforme Nachbesserungen vorzuschlagen. Gegenstand des Erlanger Projekts LABORINTH ist vielmehr ein Kommunikationskonzept für Verbunde aus lokalen Mikrorechnernetzwerken, das die Vielfalt von PDV-Bus, BITBUS und IEC-Bus so weit wie möglich nutzt und die verbindungslosen ISO-OSI-Transport- und Link-Dienste als Teilmengen enthält.
Dargeboten werden neben dem LABORINTH-Konzept die Eigenschaften der Pilotimplementierungen der drei genannten Bussysteme. Die einheitliche Umgebung erlaubt es, Vergleiche hinsichtlich Implementierungsaufwand und erzielter Leistung zumindest für ein repräsentatives und klar umrissenes Anwendungsprofil anzustellen.

1. Einführung: Überlegungen zu einem einheitlichen Kommunikationskonzept für Feldbusse

PDV-Bus (/4/), BITBUS (/6/) und IEC-Bus (/7/) sind typische Vertreter einer Klasse von Bussystemen, die in der Literatur und in Produktbeschreibungen als "Feld-", "Prozeß-", "Zubringer-" oder auch "Gerätebusse" bezeichnet werden. Sie dienen dazu, Komponenten der Prozeßautomatisierungstechnik (wie z.B. Rechner, Sensoren, Aktuatoren, Eingabe- und Anzeigeelemente, Meßinstrumente, etc.) miteinander zu verknüpfen. Charakteristisch für die verteilte Prozeßautomatisierung ist die Koexistenz von komplexen verarbeitungsorientierten und einfachen dedizierten Stationen im selben Netz.

Dieser Beitrag geht von den folgenden Einschätzungen aus:

- Die funktionelle Vielfalt vorhandener Feldbusse - repräsentiert durch die drei hier behandelten Systeme - hinsichtlich der Stationstypen, Übertragungsprozeduren und Anwenderschnittstellen paßt nicht in das strenge Schema des ISO-OSI-Referenzmodells (/2/).
- Es besteht ein Bedarf, Feldbusse untereinander (/1/) und mit ISO-OSI-konformen Netzwerken zu koppeln.
- Existierende Feldbus-Implementierungen sind singuläre Lösungen; sie mögen effizient sein, sind aber nicht "offen".
- Feldbusse sind - auf der jeweiligen Beschreibungsebene behandelt - untereinander inkompatibel.
- Die funktionelle Vielfalt schließt jedoch prinzipielle Gemeinsamkeiten auf einem **höheren** Abstraktionsniveau nicht aus: So stellt man z.B. bei den hier behandelten Bussystemen fest, daß in jedem Fall (trotz mancher Differenzierungsmöglichkeiten) nur 2 Stationstypen - ein leistungsfähiger, privilegierter und ein eingeschränkter, einfach zu realisierender Typ - technisch relevant sind. Ähnlich verhält es sich mit Erzeugung und Spezifizierung von Alarmen: Auch hier lassen sich höchst unterschiedliche Mechanismen auf ein gemeinsames abstraktes Konzept abbilden.

Gegenstand des Erlanger LABORINTH-Projekts ist die systematische Untersuchung solcher Möglichkeiten mit dem Ziel, ein gemeinsames abstraktes Kommunikationskonzept für Verbunde aus lokalen Mikrorechner-Netzwerken zu schaffen, das

- die Vielfalt typischer Feldbusse wie PDV-Bus, BITBUS und IEC-Bus so weit wie möglich erhält und nutzt, und
- doch insofern Verbindung zur ISO-OSI-Welt hält, als es die verbindungslosen ISO-OSI-TRANSPORT- und LINK- Dienste als Teilmengen enthält.

(Eine Pilotinstallation eines LABORINTH-Netzwerkverbundes aus insgesamt 6 Untersystemen auf PDV-Bus- und IEC-Bus-Basis läuft im klinisch-chemischen Zentrallabor im Universitätskrankenhaus Erlangen im Routinebetrieb.)

2. Die Grundzüge des LABORINTH-Konzepts (/1/)

LABORINTH ist ein verteiltes Kommunikationssystem für baumstrukturierte Verbunde aus Einzelnetzwerken. Als abstraktes Konzept bildet LABORINTH einen Rahmen für Netze mit unterschiedlichen Stationstypen, Netzübergängen ("bridges") und anwendungsorientierten Prozessen, die die Dienste des Kommunikationssystems nutzen.

Bild 1 zeigt die Bausteine des LABORINTH-Konzepts. Das topologiebestimmende Strukturelement in einem LABORINTH-Netzwerkverbund ist das **Untersystem**. Untersysteme sind (über noch zu beschreibende "bridges") so miteinander verbunden, daß eine zusammenhängende zyklenfreie Baumstruktur entsteht.

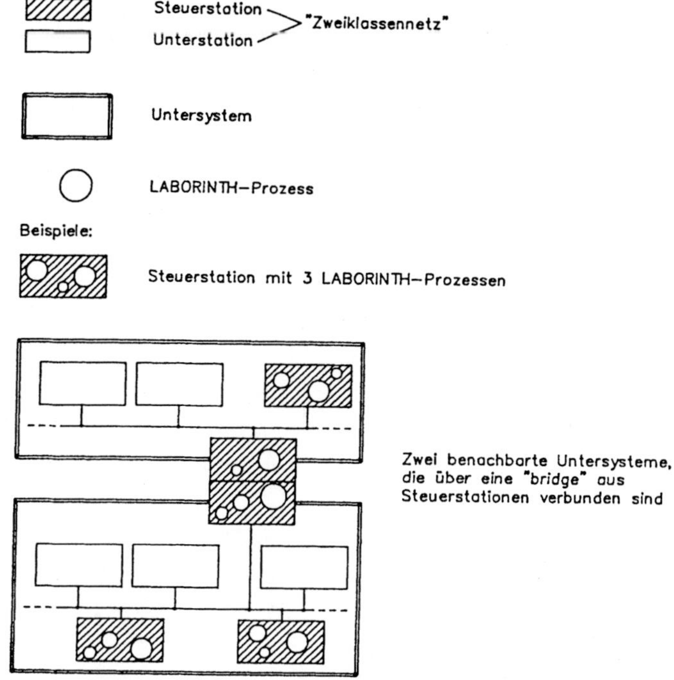

Bild 1 Bausteine des LABORINTH-Konzepts

Ein LABORINTH-Netzwerkverbund stellt ein **"Zweiklassennetz"** dar:
Im Gegensatz zu den Normen, die die unteren vier Schichten des ISO-OSI-Referenzmodells konkretisieren, sind im LABORINTH-Konzept (neben den Verwaltungsdiensten) **zwei** völlig unterschiedliche Kommunikationsdienstgruppen definiert:

- Datagrammdienste im Sinne der angestrebten "connectionless service"-Varianten (/2/) der ISO-OSI-Welt wickeln die "konventionelle" **Steuerstationskommunikation** zwischen **LABORINTH-Prozessen** ab, die ausschließlich auf dem abstrakten Stationstyp **Steuerstation** angesiedelt sind.
- Eine zweite Dienstgruppe **Unterstationskommunikation** sorgt für den Nachrichtentransport zwischen Vertretern des abstrakten Stationstyps **Unterstation** und ihren **Betreuerprozessen**, bei denen es sich um besonders ausgestattete LABORINTH-Prozesse handelt.

Steuerstationen dürfen genau dann übertragen, wenn sie im Besitz der Netzzugangsberechtigung ("Token") sind. Dabei wird wie folgt verfahren: Die Adressen aller Steuer- und Unterstationen in einem Untersystem bilden einen logischen Ring. Das "Token" wird innerhalb des Rings von Steuerstation zu Steuerstation weitergegeben. Damit dies funktionieren kann, müssen sich die Steuerstationen untereinander kennen, d.h. sie müssen sich an- und ggf. auch abmelden.

Besitzt eine Steuerstation das "Token", so darf sie nicht nur ihre eigenen Übertragungen durchführen, sondern muß auch in systematischer Weise den logischen Adressenring durchsuchen, um

- An- und Abmeldungen,
- "Token"-Anforderungen anderer Steuerstationen und
- **Bedienungsrufe** von Unterstationen zu registrieren.

Unterstationen dürfen nur dann übertragen, wenn sie von ihrem Betreuerprozeß dazu aufgefordert werden; als einzige autonom zu handhabende Kommunikationsform steht ihnen der ungerichtete **Bedienungsruf** zur Verfügung, der von einer beliebigen Steuerstation aufgenommen und vom Kommunikationssystem an die Steuerstation vermittelt wird, auf der der zuständige Betreuerprozeß läuft.

Die Betreuungsrelation zwischen LABORINTH-Prozessen und Unterstationen ist dynamischer Natur. Betreuungsbeziehungen werden vor Inkrafttreten mittels entsprechender Dienste der Unterstationskommunikation ausgehandelt und können von beiden Partnern beendet werden.

"Koppelnde Steuerstationen" (d.h. Steuerstationspaare, die benachbarten Untersystemen angehören und einen leistungsfähigen "Network Layer"-Übergang aufweisen) stellen im LABORINTH-Konzept die Verbindungselemente ("bridges") zwischen Untersystemen des Netzwerkverbunds dar (s. Beispiele im Bild 1).

LABORINTH-Prozesse werden im Netzwerkverbund mittels eines **Prozeßidentifikators**

$$(p,u) \quad p,u \in [1,\ldots,255]$$

adressiert, wobei p die **Prozeßnummer** und u die **Untersystemnummer** darstellt. Prozeßnummern sind auf Untersystemebene eindeutig. "Routing"-Information wird dynamisch durch netzweite Suche und Rückmeldung im Erfolgsfall aufgebaut.

Bild 2 zeigt im Überblick die Dienste an den beiden im LABORINTH-Konzept definierten Schnittstellen.

Schicht / Dienstart	TRANSPORT	LINK
Allgemein/ Verwaltung	TR_LABORINTHPROZESS_ANMELDEN TR_LABORINTHPROZESS_ABMELDEN	LK_BEDIENUNGSRUF_EMPFANGEN
Steuerstations-kommunikation	TR_STSTTNACHRICHT_SENDEN TR_STSTTNACHRICHT_EMPFANGEN	LK_STSTTNACHRICHT_SENDEN LK_STSTTNACHRICHT_EMPFANGEN LK_BEDIENUNGSRUF_SENDEN
Unterstations-kommunikation	TR_UTSTTNACHRICHT_SENDEN TR_UTSTTNACHRICHT_EMPFANGEN TR_UTSTTBETREUUNG_BEGINNEN TR_UTSTTBETREUUNG_BEENDEN TR_UTSTTBEDIENUNGSRUF_EMPFANGEN	LK_UTSTTNACHRICHT_SENDEN LK_UTSTTNACHRICHT_EMPFANGEN

Bild 2 LABORINTH: Das Dienstangebot an den TRANSPORT- und LINK-Schnittstellen

Die Funktionen der LINK-Schicht sind abhängig von den Eigenschaften des zugrundeliegenden Übertragungssystems. Ihre Aufgaben sind die physische Übertragung von Nachrichten und Bedienungsrufen sowie die Verwaltung des "Token".
Die Funktionen der TRANSPORT-Schicht verwalten das verteilte Wissen um die Zuordnung von LABORINTH-Prozessen zu Steuerstationen und um die Betreuungsrelation. Zu beachten ist, daß die TRANSPORT-Dienste für die Steuerstationskommunikation Prozeßidentifikatoren handhaben, während die TRANSPORT-Dienste für die Unterstationskommunikation logische Stationsadressen führen.
Diejenigen Dienste, die den "connectionless services" im ISO-OSI-Modell entsprechen (/2/,/3/), sind im Bild 2 umrandet.

3. Beschreibung dreier Implementierungen des LABORINTH-Konzepts: PDV-Bus, BITBUS und IEC-Bus

In Bild 3 sind die für den Systemanwender wichtigsten Merkmale der drei Bussysteme zusammengefaßt.

Merkmal \ Bus	PDV-Bus	BITBUS	IEC-Bus
Stationszahl	max. 255	typ. 50	max. 15
Buslänge	nicht festgelegt	typ. 900m	max. 20m
Übertragungsart	seriell	seriell	parallel
Übertragungsrate	typ. 400kbit/s–1Mbit/s	typ. 375kbit/s	typ. 100kByte/s
Busleitung	nicht festgelegt, typ. Koax, LWL	verdrillte 2–Draht–Leitung	25–adrig, 16 parallele Signale
Erkennung von Übertragungsfehlern	ja	ja	nein, muß vom Anwender geleistet werden
IC–Unterstützung	MEB 3000(VALVO)	8044(INTEL)	existiert für alle relevanten µC–Familien
Übereinkünfte	DIN 19241	"Industriestandard" und IEEE–Projekt	IEEE 488 DIN IEC 625

Bild 3 Für den Systemanwender wichtige Merkmale der 3 Bussysteme

Ergänzend hierzu sind hervorzuheben

- die Freiheiten, die die PDV-Bus-Norm dem Anwender bei der Auswahl geeigneter Übertragungssysteme für störintensive Umgebungen läßt,
- die Verwendung des erprobten HDLC-Protokolls beim BITBUS und
- das breite Angebot interessanter IEC-Bus-Geräte von unterschiedlichen Herstellern.

Für die dieser Arbeit zugrundeliegenden Untersuchungen wurden die Hardwareanschaltungen allesamt auf SMP-Bus-kompatiblen Baugruppen im Europaformat ausgeführt. Die Hardwarekosten für einen Stationsanschluß lagen in allen drei Fällen bei DM 500,-.

Der PDV-Bus-Baustein MEB3000 (/5/) erlaubt überdies den Aufbau einfachster Stationen, die keiner komplexen Ablaufsteuerung bedürfen (und deren Unzulänglichkeiten im LABORINTH-Konzept durch den verantwortlichen Betreuerprozeß aufgehoben werden).
Wendet man nun den Blick hin zu den Merkmalen der drei Bussysteme, die für eine Abbildung auf die Abstraktionen des LABORINTH-Konzepts von Interesse sind, so ergeben sich die im Bild 4 dargestellten Sachverhalte.

Merkmal \ Bus	PDV-Bus	BITBUS	IEC-Bus
Stationstypen	Leitstation, Unterstation (mit/ohne "Querverkehr") Mithörstation	Master-Station (Primary) Slave-Station (Secondary)	System Controller, Controller, Talker, Listener und weitere sinnvolle Kombinationen der 10 Schnittstellenfunktionen
autonomer Buszugriff prinzipiell erlaubt für	Leitstation	Master-Station	(System-) Controller
dynamische Weitergabe der Buszugriffsrechte	möglich: Übergabe der Leitfunktion (kein genormtes Protokoll)	Mastertransfer prinzipiell möglich	möglich: Übergabe der Controller-in-Charge-Eigenschaft (kein genormtes Protokoll)
Alarmgabe Alarminformation	passiv: Polling Antwortauftrag	passiv: Polling	aktiv: Service-Request-Signal Statusbyte

Bild 4 Für eine Abbildung auf das LABORINTH-Konzept relevante Merkmale der 3 Bussysteme

Es zeigt sich, daß in allen drei Systemen Mechanismen vorhanden sind, um die Anforderungen des LABORINTH-Konzepts zu erfüllen.
Hinweise auf die durchgeführten Implementierungen gibt Bild 5. Sie sollen für jeden der drei Fälle im einzelnen erläutert werden.

LABORINTH \ Bus	PDV-Bus	BITBUS	IEC-Bus
Steuerstation (STSTT)	Leitstation	Master-Station	(System-) Controller
Unterstation (UTSTT)	Unterstation	Slave-Station	sonstige
Steuerstations-kommunikation	Aufruf-/Empfangsauftrag Antwortauftrag	"Flexible Mode"	1 Talker - N Listener (Multicast)
Unterstations-kommunikation	Aufruf-/Empfangsauftrag Antwortauftrag	"Auto Mode"	1 Talker - 1 Listener
Bedienungsruf	UTSTT stellt speziellen Antwortauftrag bereit STSTT: zyklische Statusabfrage	Polling im "Flexible Mode"	UTSTT erzeugt SRQ-Signal STSTT holt Statusbyte bei "Serieller Abfrage"
STSTT-An/Abmeldung	Sinngemäß wie "Bedienungsruf"		
"Token"-Anforderung und -Weitergabe zwischen Steuerstationen	Anfordernde STSTT stellt speziellen Antwortauftrag bereit; "Token"-Inhaber übergibt nach Statusabfrage die Leitfunktion	Weitergabe in logischem Adressenring mittels festgelegten Formaten im "Flexible Mode"	Anforderung mit SRQ-Signal und Statusbyte "Anforderung" nach "Serieller Abfrage" Übergabe der Controller-in-Charge-Eigenschaft mit "Take Control"

Bild 5 Abbildung der spezifischen Merkmale auf das LABORINTH-Konzept

3.1. Die LABORINTH-PDV-Bus-Version (/4/)

Steuerstationen zeichnen sich dadurch aus, daß sie die Leitfunktion übernehemen können; Unterstationen besitzen diese Fähigkeit nicht. Erhält eine Steuerstation das "Token", so initialisiert sie sich als "PDV-Bus-Leitstation", gibt sie es wieder ab, initialisiert sie sich als "PDV-Bus-Unterstation". Die Steuerstationskommunikation verläuft stets so, daß die empfangende Station einen Empfangsauftrag bereitstellt, während die Sendestation einen Aufrufauftrag "Schreiben indirekt" aktiviert. Nachrichtenübertragungen von und zu Unterstationen werden steuerstationsseitig über Aufrufaufträge, unterstationsseitig über Empfangs- bzw. Antwortaufträge abgewickelt. Die "diensthabende" Steuerstation führt Abfragen im Adressenring mit dem Aufruf "Statusabfrage" durch; bereitgestellte Antwortaufträge mit Kurznachrichten werden als Alarme interpretiert. Das PDV-Bus-Protokoll erlaubt es zu überprüfen, ob in der abgefragten Station ein Aufrufauftrag bereitsteht. Ist dies der Fall, erhält die Station die Leitfunktion.
Die Abfrage im Adressenring muß vom "Token"-Inhaber zyklisch in geeigneten Abständen angestoßen werden.

3.2. Die LABORINTH-BITBUS-Version (/6/)

Herzstück der BITBUS-Anschaltung ist das 8044 RUPI (Remote Universal Peripheral Interface) der Fa. INTEL. Neben einem Standard-Prozessorkern (INTEL 8051) enthält es einen intelligenten HDLC/SDLC-Controller, der in zwei Modi betrieben werden kann. In Steuerstationen arbeitet er im "Flexible Mode". In dieser Betriebsart können alle Arten von HDLC-Frames empfangen und gesendet werden, was jedoch stets das Eingreifen des Prozessorkerns erfordert. In Unterstationen wird der Controller im "Auto Mode" betrieben. In diesem Modus werden bestimmte HDLC-Frames (Information, Receive Ready, Receive Not Ready) (/7/) selbständig vom HDLC-Controller beantwortet, so daß dem Prozessorkern mehr Zeit für die Steuerung seiner Peripherie bleibt.
Wie in Bild 6 zu sehen ist, wird das "Token" mittels eines speziellen Frames "Pass Primary Function" ständig in einem logischen Adressenring von Steuerstation zu Steuerstation weitergegeben. Jede Steuerstation darf das "Token" nur eine bestimmte Zeit behalten und muß es nach deren Ablauf weitergeben; Steuerstationen ohne Übertragungswunsch geben es sofort weiter.
Unterstationen kommunizieren nur mit der Steuerstation, auf der sich ihr Betreuerprozeß befindet, und werden auch nur von dieser abgefragt. (Dies ist notwendig, weil die im BITBUS-Slave-Protokoll verwendeten HDLC-Frames eine Sequenznummer tragen, und Polling durch unterschiedliche Steuerstationen die Kenntnis über den Stand aller Slave-Nachrichtenzähler erfordern würde.) Nutzdaten werden durch I- (Information)-Frames an die Unterstation übertragen und von ihr durch RR (Receive Ready) oder RNR

(Receive Not Ready) quitttiert. Durch Senden von RR kann die Steuerstation von der Unterstation I-Frames abrufen. Haben diese die Nutzdatenlänge 1, so werden sie als Bedienungsrufe interpretiert.

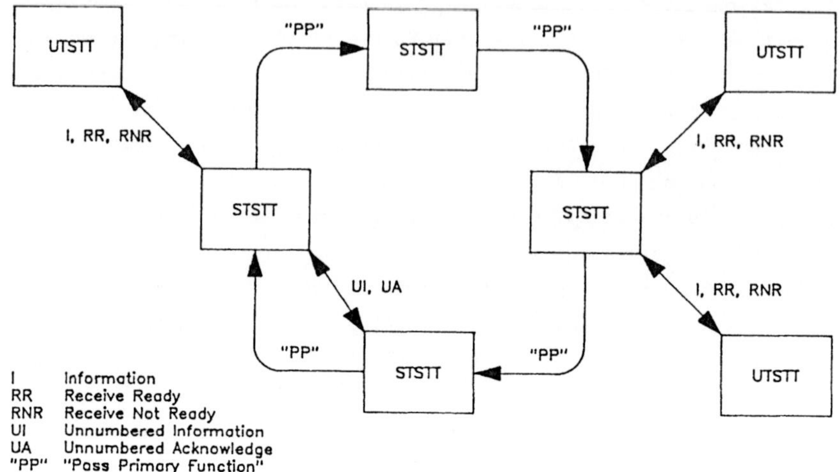

Bild 6 Kommunikation und "Token"-Weitergabe in der LABORINTH-BITBUS-Version

Um den Aufwand der ständigen Empfangs- und Sendezählersynchronisation zu umgehen, senden Steuerstationen kurze Zeichenketten mittels UI- (Unnumbered Information)-Frames. Die Empfangsstation quittiert mit UA (Unnumbered Acknowledge). Nur bei größeren Datenmengen synchronisieren sich Sender und Empfänger und tauschen danach mittels numerierter I- Frames Daten aus. Dadurch werden Übertragungsfehler früher erkannt, und das Wiederaufsetzen nach Fehlern wird erleichtert.

3.3. Die LABORINTH-IEC-Bus-Version (/8/)

Steuerstationen zeichnen sich dadurch aus, daß sie über die Schnittstellenfunktion "Controller" verfügen. Derart ausgerüstete Stationen können mit dem "Take Control"-Befehl die "Controller-in-Charge"-Eigenschaft weitergeben: Die übergebende Station gelangt in den "Controller Idle"-Zustand, die empfangende Station nimmt den "Controller Active"-Zustand ein, der den Aufbau kurzzeitiger Talker-Listener-Verbindungen und die Durchführung serieller Abfragen ermöglicht. Bei der Steuerstationskommunikation werden die "Multicast"-Möglichkeiten des IEC-Busses ausgenutzt: Die sendende Steuerstation adressiert sich als Talker und ggf. mehr als eine Steuerstation als Listener. Im Falle der Unterstationskommunikation verlaufen Nachrichtenübertragungen grundsätzlich zwischen der Steuerstation, auf der der Betreuerprozeß läuft, und **einer** Unterstation.

Die Steuerstation, die im Besitz der "Controller-in-Charge"-Eigenschaft ist, führt serielle Abfragen stets dann durch, wenn die SRQ-("Service Request")-Busleitung aktiviert wird ("aktive Alarmgabe").
Mittels der Statusbyteinhalte wird festgelegt, ob es sich um

- An- und Abmeldungen,
- Anforderungen der "Controller-in-Charge"-Eigenschaft oder
- Bedienungsrufe

handelt.

4. Ergebnisse der drei LABORINTH-Implementierungen in der Gesamtschau

In Bild 7 sind zunächst die Merkmale der gemeinsamen Implementierungsumgebung dargestellt, deren Konstanz Vergleiche erst möglich macht. Aus den Angaben geht hervor, daß es sich um "worst case"-Bedingungen für Echtzeitsysteme handelt, die jedoch nach Ansicht der Verfasser in Teilen entwurfstechnisch begründbar bzw. noch ohne realistische Alternative sind:

- Die gesamte Software ist in einer höheren Programmiersprache geschrieben.
- Das verwendete Mehrprozeßbetriebssystem RMX88 unterstützt zwar hervorragend den Umgang mit Ereignissen aller Art, erfährt jedoch keinerlei Unterstützung durch die Prozessorhardware: Prozeßumschaltungen können sich bis in den Millisekundenbereich erstrecken.
- Mit Ausnahme der BITBUS-Version läuft die gesamte Kommunikationssoftware zur Erbringung der LINK-Dienste auf demselben Prozessor. (Allerdings ist festzustellen, daß die technischen Möglichkeiten des Einprozessorrechners mit den eingesetzten DMA-Lösungen durchaus genutzt werden.)

Technische Merkmale der Umgebung:
—8088—Einfachprozessor—Mikrorechner mit SMP(SIEMENS)—kompatiblem Bus
—Taktfrequenz 4MHz
—lokales Mehrprozeßbetriebssystem: RMX88(INTEL)
—Programmiersprache: PLM86 (in der BITBUS—Version auch PLM51)

Bus / Ergebnis	PDV—Bus	BITBUS	IEC—Bus
Anzahl PLM—Anweisungen	950	1800	2000
Codeumfang	3,8KByte	7KByte	8KByte
Anzahl RMX88—Prozesse	4	2	5
IC	MEB 3000(VALVO)	8044(INTEL)	7210(NEC)
Kommunikation E/A←→CPU	Dual—Port—RAM mit PDV—Bus—DMA	FIFO mit Hauptspeicher—DMA	Hauptspeicher—DMA
typ. Senderate einer STSTT bei: 4STSTT im Untersystem 256Bytes Nachrichtenlänge Vollast	~3KByte/s	~4KByte/s	~3KByte/s

Bild 7 Ergebnisse der 3 Pilotimplementierungen im Überblick: Erbringen der LINK—Dienste

Betrachtet man die differierenden Angaben zur Zahl der PLM-Anweisungen und zum Codeumfang, so scheint der PDV-Bus die günstigste Wahl für eine LABORINTH-Implementierung zu sein. Beim IEC-Bus schlägt belastend zu Buche, daß Fehlersicherungsmaßnahmen in der Kommunikationssoftware "nachgeholt" werden müssen. Zusätzlicher Softwareaufwand für die BITBUS-Version fällt dadurch an, daß der Baustein 8044 für die Übertragung von 256 Byte langen Nachrichten bereits Verkettungen erzwingt.
Die stationsbezogenen typischen Senderaten in definierter Untersystemumgebung stimmen in der Größenordnung mit den in (/9/) publizierten Ergebnissen überein. Dort wurden für IBM-PC-XT-Stationen (mit ähnlich einfacher Kommunikationshardware) am 10 Mbit/s-ETHERNET Durchsatzwerte von ca. 5 KByte/s gemessen.
Die trotz sonstiger Unterschiede annähernd gleichen Senderaten sind damit zu erklären, daß die "reinen" Softwarelösungen wie die PDV-Bus- und die IEC-Bus-Version "Token"-Verwaltung und Nachrichtenübertragungen notgedrungen sequentialisieren, während die funktionell relativ aufwendige BITBUS-Implementierung diese Aufgabe auf immerhin zwei parallel arbeitende Hardwarekomponenten aufteilen kann (und damit sogar leichte Vorteile erzielt).

Aus diesen Ergebnissen sind jedoch keinesfalls Auswahlempfehlungen für den Anwender abzuleiten, denn dessen Kriterien liegen zunächst in dem mit Bild 3 umrissenen Bereich. Entscheidend ist die Feststellung, daß die im Detail sehr unterschiedlichen Feldbus-Vertreter PDV-Bus, BITBUS und IEC-Bus zusammenarbeiten unter einem gemeinsamen Konzept, das die wichtigsten Anforderungen der verteilten Prozeßrechentechnik erfüllt.

Literatur

/1/ Dietsch, H.: Ein verteiltes Kommunikationssystem für einen Verbund aus lokalen Mikrorechner-Netzwerken. Diss., Universität Erlangen-Nürnberg, Arbeitsberichte des IMMD Bd. 16, Nr. 10 (Dez. 1983).

/2/ Effelsberg, W., Fleischmann, A.: Das ISO-Referenzmodell für offene Systeme und seine sieben Schichten. Informatik-Spektrum Bd. 9, Nr. 5 (Okt. 1986), S. 280-299.

/3/ IEEE: IEEE Std 802.2 (ISO/DIS 8802/2): Logical Link Control, 1985.

/4/ DIN 19241: "Bitserielles Prozeßbusschnittstellensystem".

/5/ VALVO: PDV-Bus-Controller (DLC) MEB3000. Vorläufiges Datenblatt, 1986.

/6/ Intel Corp.: Distributed Control Modules Databook, 1984.

/7/ ECMA: Standard ECMA-49: HDLC Elements of Procedure, 1979.

/8/ DIN IEC 625-1: Byteserielles bitparalleles Schnittstellensystem für programmierbare Meßgeräte.

/9/ Mues, D., Simon, D.: Leistungsmessung in einem Ethernet-Netz. Proc. GI/NTG-Fachtagung "Kommunikation in verteilten Systemen", Springer, 1987.

Ein Werkzeug zur Analyse des Kommunikationsverhaltens lokaler Netze

Peter Bathelt
Siemens AG
Bereich Systemtechnische Entwicklung, E STE 36
Paul-Gossen-Str. 100
D-8520 Erlangen

Kurzfassung: Der breite Einsatz verteilter Systeme auf der Basis lokaler Netze (Local Area Networks, kurz: LAN) macht es notwendig, leistungsfähige Werkzeuge für die Diagnose und die Überwachung lokaler Netze bereitzustellen. Während der Installationsphase müssen diese Geräte den Aufbau und die Inbetriebnahme, in der Betriebsphase die Überwachung, Fehlerdiagnose, Wartung, Engpaßanalyse und Planung unterstützen.
Im vorliegenden Beitrag wird der LAN Protocol Tester B5100 näher vorgestellt, der diese Aufgaben übernehmen kann. Anhand von Meßszenarien wird das Arbeiten mit dem LAN Protocol Tester veranschaulicht.

1. Einleitung

In der Automatisierungstechnik gewinnen verteilte Systeme auf der Basis lokaler Netze in zunehmendem Maße an Bedeutung. Um die Hantierbarkeit dieser Systeme zu gewährleisten, bedarf es leistungsfähiger Werkzeuge zur Analyse des Kommunikationsverhaltens. Diese sogenannten *LAN Protocol Tester* müssen eine reibungslose Installation, sichere Inbetriebnahme, schnelle Fehlerdiagnose, eine einfache Wartung und eine lückenlose Überwachung lokaler Netze ermöglichen. Sie müssen sowohl in der Lage sein, Daten am Netz zu erfassen und für spätere Auswertungen abzuspeichern, als auch das Senden von Telegrammen aufs Netz erlauben.
Die letztgenannten Aufgaben können von einem sogenannten Meßteil übernommen werden, das direkt am LAN (Local Area Network) angeschlossen wird und eine Anpassung an den verwendeten LAN-Typ (Ethernet [IEEE 802.3], Token Bus [IEEE 802.4], Token Ring [IEEE 802.5]) und entsprechende Übertragungsverfahren (CSMA/CD, TOKEN) vornimmt. Zur Parametrierung des Meßteils sowie der inhaltlichen und statistischen Auswertung erfaßter Daten muß schließlich leistungsfähige Software zur Verfügung stehen, die nicht zuletzt durch ein übersichtliches Bedienkonzept auch dem ungeübten Benutzer das Arbeiten mit dem System ermöglichen soll.

Im vorliegenden Beitrag werden die Merkmale des LAN Protocol Testers B5100 vorgestellt, sein Funktionsspektrum wird beschrieben, und anhand von Meßszenarien wird der Einsatz dieses neuen Systems bei der Lösung von Meßaufgaben skizziert.

2. Merkmale des LAN Protocol Testers B5100

2.1. Einsatzgebiet

Der LAN Protocol Tester B5100 ist ein neues Datenmeßgerät zur Protokollanalyse und Fehlersuche in lokalen Netzwerken (LAN) mit einer Datenrate von 10 Mbit/sec im Basisband entsprechend den Normen IEEE 802.3/ISO DIS 8802.3.

Die umfangreichen Meß- und Auswertefunktionen, die der LAN Protocol Tester B5100 zur Verfügung stellt, geben dem Anwender die Möglichkeit, sein Netzwerk auf Zuverlässigkeit und Leistungsfähigkeit zu untersuchen.
Der Test auf *Zuverlässigkeit* kann mittels Diagnose und Monitoring des Datenverkehrs erfolgen. In diesem Zusammenhang ist insbesondere die Fähigkeit des LAN Protocol Testers zu erwähnen, Übertragungsfehler zu erkennen und die Aufzeichnung von Daten gegebenenfalls ausschließlich auf fehlerhafte Pakete zu beschränken.
Die *Leistungsfähigkeit* von Netzwerken kann z.B. durch Analyse des Antwortverhaltens angeschlossener Stationen auf vordefinierte Netzgrundlasten überprüft werden.
Das Aufzeichnen der Reaktionen einzelner Stationen auf das Senden fehlerhafter Pakete zählt ebenfalls zum Funktionsspektrum des LAN Protocol Testers B5100 und kann sowohl unter dem Aspekt der Leistungsfähigkeit als auch unter dem der Zuverlässigkeit gesehen werden.

2.2. Meßkonfiguration

Der LAN Protocol Tester B5100 ist in zwei Varianten erhältlich: als *komplettes PC-Meßsystem* und als *Nachrüstsatz* für den SICOMP PC 16-20, aber auch jeden anderen IBM AT-kompatiblen PC.
Im Lieferumfang des Komplett-Systems ist in Ergänzung zur Nachrüstvariante ein SICOMP PC 16-20 mit 5.25 Zoll-Diskettenlaufwerk, einer 20 MBytes Festplatte und dem PC-Betriebssystem-Standard MSDOS enthalten.
Der Nachrüstsatz besteht aus einem Meßteil, einer PC-Einschubplatine zum Anschluß des Meßteils an den PC, einem Drop-Kabel zum Anschluß des Meßteils an das LAN, den Systemdisketten und einem Handbuch mit einer Installationsanleitung und ausführlichen Beschreibung der verschiedenen Funktionen und Einsatzmöglichkeiten des Systems.

Eine typische Meßkonfiguration auf der Basis des Protocol Testers B5100 zeigt Bild 1.

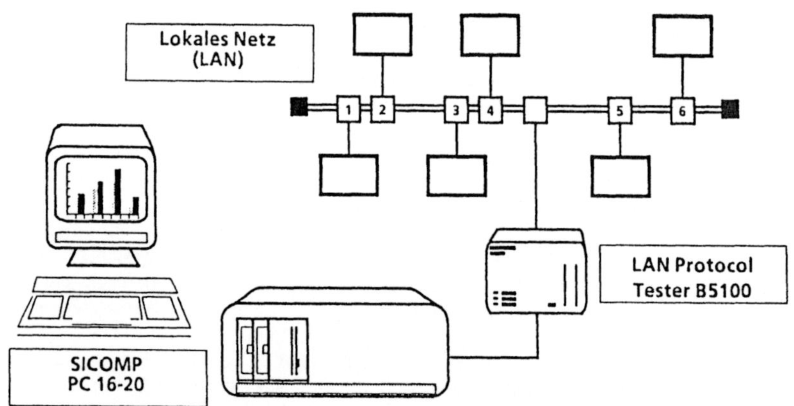

Bild 1: Typische Meßkonfiguration

2.3. Systemarchitektur

Das Kernstück der in Bild 1 skizzierten Konfiguration sind das *Meßteil* und die am PC installierte *LAN Protocol Tester Software*.
Während die eigentliche Messung vom Meßteil eigenständig durchgeführt wird, fallen der LAN Protocol Tester Software die Aufgaben der Parametrierung und Kontrolle des Meßteils während einer Messung sowie der Unterstützung von detaillierten Analysen und des Anzeigens von Meßergebnissen in geeigneter Darstellungsform zu.

Wie die beiden Komponenten Meßteil und die auf dem PC installierte LAN Protocol Tester Software aufgebaut sind und welche Aufgaben von ihnen im einzelnen wahrgenommen werden, erläutern die nächsten beiden Unterabschnitte.

2.3.1. Aufgaben des Meßteils

Im einzelnen hat das Meßteil während einer Messung je nach Parametrierung die folgenden Aufgaben zu übernehmen:

- Selektives Erfassen (Filtern) von Paketen am Netz;
- Verkürzen erfaßter Pakete auf eine einstellbare Zahl von Bytes;
- Aufzeichnung des Filter- und Fehlerstatus zu erfaßten Paketen;
- Anfertigen einer globalen Filter- und Fehlerstatistik zu einer Messung;
- Zeitstempelung von Paketen;
- Zählen der am LAN selektierten Pakete;
- Zählen aller am LAN erkannten Pakete;
- Senden von Paket-Sequenzen aufs LAN;
- Erzeugen einer vorgegebenen Grundlast am LAN;

Zu diesen typischen, während einer Messung auszuführenden Aktionen kommen Aufgaben der:

- Übernahme und Verwaltung von Parametrierdaten;
- Übernahme und Ausführung von Meßprogrammen;
- Verwaltung erfaßter Meßdatenbestände vor der Übergabe an den PC;
- Synchronisation der Parameter- und Meßergebnis-Übergabe von der bzw. an die LAN Protocol Tester Software.

Zur Erfüllung der beschriebenen Aufgaben stehen im Meßteil u.a. zur selektiven Erfassung von Daten am Netz *8 Hardwarefilter* mit einer Länge von jeweils *510 Bytes*, ein *64 KBytes* großer *Sendepuffer* und für die Ausführung von Meßprogrammen ein *16 KBytes* großer *Meßprogrammspeicher* zur Verfügung.
Sowohl Meßprogramme als auch Sendesequenzen und Filtereinstellungen werden auf das Meßteil über den *512 KBytes* großen *Tracespeicher* geladen.
Die Haupaufgabe des Tracespeichers liegt in der Sammlung von Meßergebnissen (Erfassung von Paketen, Übergabe von Filter- und Fehlerstatistiken), die vom PC aus weiterverarbeitet werden können.
Die Art der Weiterverarbeitung der erfaßten Pakete richtet sich nach der Betriebsart des Tracespeichers.
Als Betriebsarten lassen sich unterscheiden der (sequentielle) Tracebetrieb und der Ringpufferbetrieb.
Beim *sequentiellen Tracebetrieb* wird eine Messung spätestens dann beendet, wenn der Tracespeicher gefüllt ist. Durch Vorgabe der Zahl der zu jedem Paket im Tracespeicher aufzuzeichnenden Bytes kann der Benutzer die Maximalzahl der im Tracespeicher hinterlegbaren Pakete steuern.
Beim *Ringpufferbetrieb* werden qualifizierte Pakete im Tracespeicher zwischengespeichert und anschließend schnellstmöglich auf die Festplatte des PCs ausgelagert.
Aufgezeichnete Pakete können bereits während der Messung, d.h. online, direkt im Tracespeicher analysiert werden.

Die Synchronisation der Parameter- und Meßergebnis-Übergabe von der bzw. an die LAN Protocol Tester Software erfolgt über ein *Kommunikationsregister* des Meßteils nach einem speziellen Zugriffsprotokoll.

2.3.2. Funktionsgruppen

Die LAN Protocol Tester Software ist im PC installiert. Neben der Bereitstellung von Tests zur Überprüfung der Funktionsfähigkeit einer Meβkonfiguration, hat sie insbesondere die folgenden Aufgaben zu erfüllen:

- Unterstützung des Benutzers bei der Definition von Meβabläufen;
- Erfassung von Benutzereingaben und Prüfung auf Plausibilität;
- Initialisierung und Parametrierung des Meβteils vor Beginn einer Messung;
- Start von Meβprogrammen und Kontrolle von in Ausführung befindlichen Meβprogrammen über die eingestellte Zeitdauer und direkt durch den Benutzer;
- Unterstützung der Analyse und statistischen Auswertung von Meβergebnissen;
- Grafische Darstellung von Meβergebnissen;
- Verwaltung und Sicherung von Meβergebnissen und vordefinierten Meβabläufen;
- Protokollierung von Meβergebnissen und Meβabläufen auf einem Drucker.

Entsprechend den skizzierten Aufgaben gliedert sich die LAN Protocol Tester Software in die folgenden *sechs Funktionsgruppen*. Abhängig von Benutzereingaben kann jede einzelne Funktion über einen *Dialog-Manager* aktiviert werden:

(1) Mit Funktionen der Gruppe *Selbsttest* kann vor Beginn einer Messung ein Benutzer das einwandfreie Funktionieren der LAN-Tester-Komponenten überprüfen. Dazu stehen ihm verschiedene Funktionen zur Verfügung. Im einzelnen handelt es sich um Routinen zum Abfragen des aktuellen Zustandes der Meβkonfiguration, sowie um Konfigurations- und Vollständigkeitstests, die auch eine einfache Überprüfung des Netzes gestatten.

(2) Die Funktionen der Gruppe *Meβvorbereitung* dienen der Parametrierung der Meβteilkomponenten, deren Zusammenwirken im Meβprogramm festgelegt wird. Die Meβvorbereitung übergibt noch keine Parameter an das Meβteil. Dies übernehmen Funktionen der Funktionsgruppe Meβausführung.
Die Meβvorbereitung ermöglicht die Definition von Triggerbedingungen durch Filterbelegung, das Zusammenstellen von Paketsequenzen für Simulationsabläufe, das Festlegen der aufzuzeichnenden Zahl von Bytes je Paket und der Betriebsart des Tracespeichers, den Aufbau der Meβablauflogik in Meβprogrammen und die Festsetzung der zeitlichen Bedingungen und Abhängigkeiten der Messung durch entsprechende Timereinstellungen.

(3) Nachdem der Benutzer ein Meβprogramm vorbereitet hat, d.h. die von ihm gewünschten Filtereinstellungen/Paketsequenzen definiert und mittels eines entsprechenden Meβprogramms verknüpft hat, kann die Messung durchgeführt werden. Diese Aufgabe übernimmt die Funktionsgruppe *Meβausführung*, wobei neben individuell zusammenstellbaren Meβprogrammen auch Standard-Meβprogramme für das Filtern von Daten vom LAN, das Senden von Daten aufs LAN und die Erzeugung einer vorgebbaren Netzgrundlast im Funktionsumfang enthalten sind.
Systembenutzer haben die Möglichkeit die Ausführung einer Messung durch Funktionstasten zu starten, zu beenden, aber auch eine laufende Messung zu unterbrechen und zu einem späteren Zeitpunkt wieder fortzusetzen. Die vom Meβteil erfaβten Daten werden gegebenenfalls auf die Festplatte des PCs ausgelagert.

(4) Während der Ausführung einer Messung und/oder im Anschluβ an eine Messung folgt die Ergebnisanalyse. Hierzu stehen dem Benutzer Funktionen der Gruppe *Meβauswertung* zur Verfügung. Unter anderem sind hier die Funktionen Softwarefilter und Datenmonitor zu unterscheiden.
Die Funktion Softwarefilter ermöglicht es bereits aufgezeichnete Meβbestände nachzufiltern und somit den Umfang von Datenbeständen zu verringern und nicht benötigte Pakete auszublenden.

Als Softwarefilter stehen beliebige Prädikate mit den Vergleichsoperatoren =, <, >, <=, >= und != zur Verfügung.
Die Funktion Datenmonitor ermöglicht wiederum die durch Messungen aufgezeichneten Daten in strukturierter Form darzustellen. Darstellungsformen des Datenmonitors sind zum einen die protokollspezifische Dekodierung von Paketen, gegliedert nach einzelnen Ebenen, zum anderen eine Darstellung in nicht dekodierter Form (Bit-/Hexadezimal-/Dezimal-Darstellung, ASCII-Darstellung). Die Meßdaten werden jeweils paketweise dargestellt, d.h. das aktuell ausgewählte Paket kann vom Benutzer näher analysiert werden.
Der Datenmonitor bietet Funktionen zum Durchsuchen von Datenbeständen nach vorgegebenen Prädikaten und Zeitkriterien. Zusätzlich werden auch Funktionen zum Positionieren innerhalb eines Datenbestandes unterstützt. Ebenso wird auch die Berechnung der Häufigkeitsverteilung protokollspezifischer Parameter unterstützt (Statistikfunktion).

(5) Da abzusehen ist, daß einige Ergebnisanalysen, die vor allem die Beurteilung des Leistungsverhaltens von Netzen zum Ziel haben, immer wieder bei der Überwachung (des Monitoring) von LANs zur Anwendung kommen werden, wurde zu diesem Zweck die Funktionsgruppe *Standardstatistiken* geschaffen. Mit Standardstatistiken sind implizit Messungen verbunden. Die Phasen Meßvorbereitung, Meßausführung und Meßauswertung sind hier zusammengefaßt, um auch ungeübten Benutzern Messungen dieser Art zu ermöglichen. Ergebnis der Messungen sind hier spezielle Statistiken.

(6) In welcher Sprache ein Benutzer mit dem B5100 kommunizieren will, derzeit werden Deutsch und Englisch unterstützt, kann der Benutzer in der Gruppe *Systemverwaltung* einstellen.
Eine besondere Funktion der sechsten Funktionsgruppe ist die Verwaltung der Zugangsberechtigungen zur Bedienung des B5100. In dieser wird über die autorisierten Benutzer einer Meßkonfiguration Buch geführt. Die Ausführung der LAN Protocol Tester Software ist durch ein benutzerindividuell wählbares Login-Kennzeichen und ein Paßwort geschützt. Das Einrichten eines Logins obliegt ausgezeichneten Benutzern, sogenannten System-Administratoren.
Eine weitere wichtige Funktion der Gruppe Systemverwaltung ist der Tutor. Mit Hilfe der realisierten Tutorfunktionen können ungeübte Benutzer rechnerunterstützt die Bedienung des B5100 erlernen. Auf diese Weise können sich gelegentliche Benutzer in kürzester Zeit mit dem B5100 vertraut machen.

Die Gliederung der LAN Protocol Tester Software zeigt zusammenfassend Bild 2.

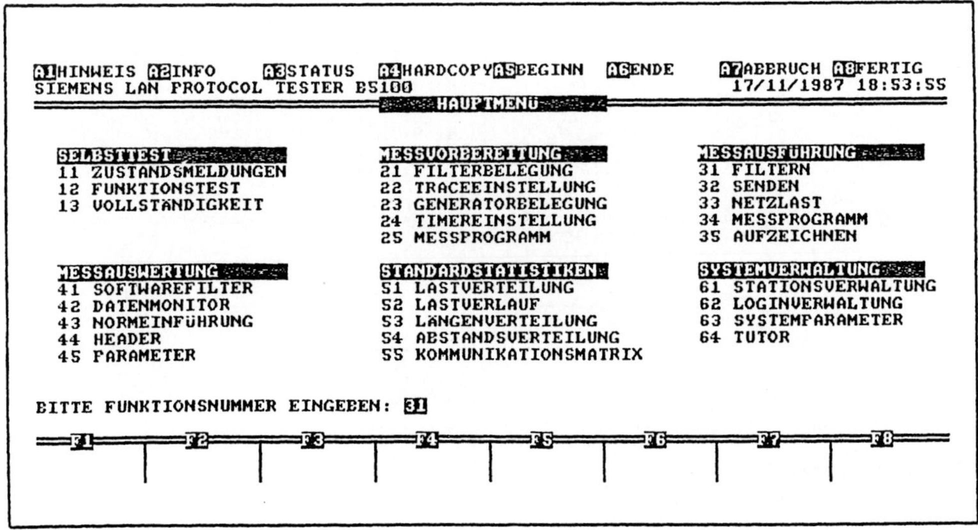

Bild 2: Funktionsgruppen des LAN Protocol Testers B5100

2.4. Durchführung von Messungen

Entsprechend dem vorangehend skizzierten Funktionsumfang können Benutzer des LAN Protocol Testers B5100 bei der Durchführung von Messungen prinzipiell zwischen vier Vorgehensweisen wählen.
Nach erfolgreichem Test der Meßkonfiguration durch Funktionen der Gruppe Selbsttest kann in den Schritten Meßvorbereitung, Meßausführung, Meßauswertung eine Messung mit anschließender Ergebnisanalyse durchgeführt werden. Die Phase Meßvorbereitung kann entfallen, falls auf bereits individuell definierte Filtereinstellungen, Generatorbelegungen, Meßprogramme, Trace- und Timer-Einstellungen zurückgegriffen wird. Ebenso ist zusätzlich ein Verzicht auf die Meßausführung möglich, falls bereits gesicherte Meßdatenbestände analysiert werden sollen. Schließlich können auch Standardanalysen durchgeführt werden; diese beinhalten die Phasen Meßvorbereitung, Meßausführung und Meßauswertung.
Während einer bzw. im Anschluß an eine Messung können Meßergebnisse protokolliert werden und aufgezeichnete Pakete gegebenenfalls auch für spätere Analysen gesichert werden.

2.5. Bedienoberfläche

Die Bedienung des LAN Protocol Testers B5100 erfolgt über Funktionstasten, die Erfassung von Meßeinstellungen über Masken. Zu jedem Eingabefeld einer Maske existiert ein Hinweistext, der die Bedeutung des Feldes erklärt und durch Angabe der zulässigen Eingaben dem Benutzer beim Ausfüllen der Masken Hilfestellung bietet.
Ergebnisse von Auswertungen werden in tabellarischer und/oder grafischer Darstellungsform angezeigt.

Im Detail ist jeder Bildschirminhalt nach dem folgenden Schema aufgebaut (vgl. Bild 3):

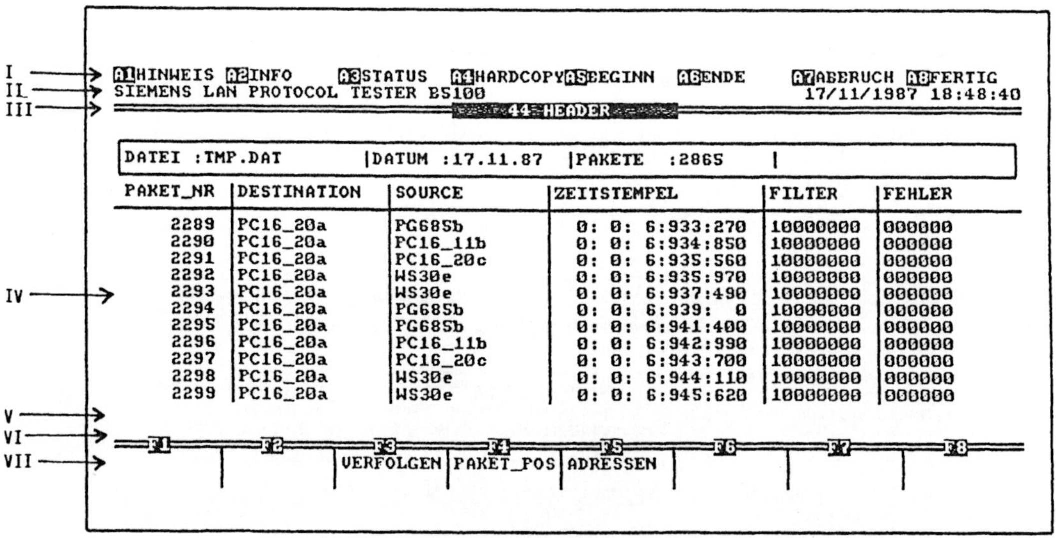

Bild 3: Schema des Bildschirmaufbaus

Die durch "I" gekennzeichnete Funktionsleiste ist immer vorhanden. Dabei haben die einzelnen Funktionen, die durch gleichzeitiges Drücken der Tasten *ALT* und einer *Ziffer* von *1* bis *8* ausgewählt werden, die folgende Bedeutung:

- über *HINWEIS* erfolgt eine Kurzerläuterung zu den zulässigen Eingaben zu Maskenfeldern;
- mit *INFO* erhält man eine Erklärung zur Bedeutung einzelner Masken;
- die Funktion *STATUS* zeigt charakteristische Kenngrößen laufender Messungen an;

- *HARDCOPY* ermöglicht die Ausgabe des Bildschirminhalts auf einem Drucker;
- durch Betätigen der Tasten *ALT 5*, *ALT 6*, *ALT 7* und *ALT 8* kommt man ins Hauptmenü (*BEGINN*), beendet das Programm (*ENDE*), bricht eine Bearbeitung ab (*ABBRUCH*) bzw. beendet die Bearbeitung einer Maske ordnungsgemäß (*FERTIG*).

Der Bereich "II" ist ein reiner Informationsbereich. Bereich "III" enthält den Namen der angewählten Funktion. Im Bereich "IV" werden Parametrierdaten erfaßt und Meßergebnisse in tabellarischer und/oder grafischer Form dargestellt. Informationen die nicht in den Arbeitsbereich eines Bildschirms passen, können über Cursor-Tasten 'gescrollt' werden.
Bereich "V" wird bei Bedarf als Eingabezeile benutzt, Bereich "VI" ist für Systemmeldungen reserviert. Schließlich umfaßt Bereich "VII" zwei Funktionsleisten. Die obere Funktionsleiste wird für die Auswahl maskenspezifischer Funktionen verwendet und mit *Shift F1* bis *Shift F8* ausgewählt. Über die untere Funktionsleiste sind, falls vorhanden, Eingabealternativen in Maskenfelder auswählbar; die Auswahl erfolgt hier durch Drücken einer der Funktionstasten *F1* bis *F8*.

2.6. Besonderheiten

Gegenüber herkömmlichen LAN-Analysatoren zeichnet sich der LAN Protocol Tester B5100 insbesondere durch die folgenden Merkmale aus:

- *Durch den sehr großen Funktionsumfang:* Neben der Funktion Filtern von Paketen werden auch das Senden und das Erzeugen von Netzgrundlasten unterstützt. Standardstatistiken und ein sehr reichhaltiges Repertoir an Analysefunktionen runden das Funktionsspektrum ab.
- *Die protokollspezifische Konfigurierbarkeit der Auswertefunktion Datenmonitor:* Der Datenmonitor ermöglicht vielfältige Auswertungen aufgezeichneter Meßdatenbestände anhand von Paketstrukturbeschreibungen. Neben der Nutzung der mitgelieferten, gängigsten Paketstruktur-Standards, kann ein Benutzer auch anwendungsspezifische Paketstrukturbeschreibungen spezifizieren und mit diesen den Datenmonitor individuell für seine Applikation konfigurieren. Die Definition von Paketstrukturbeschreibungen erfolgt in deklarativer Form.
- *Die sehr einfache Bedienung:* Diese wird zum einen mit der durchgängig konzipierten einheitlichen Bedienoberfläche sowie dem integrierten Hinweis-, Info- und Tutor-Konzept erreicht, zum anderen durch die Anzeige von zulässigen Eingabealternativen mit anschließender Auswahl über Funktionstasten.
- *Die flexible Einsetzbarkeit:* Diese wird durch die Nachrüstbarkeit des Meßteils und die Portabilität des Meßteils inclusive des Zubehörs in einem auf Wunsch lieferbaren Meßkoffer erreicht. Darüberhinaus ist der zur Meßkonfiguration gehörende Standard PC nicht nur für Meßaufgaben sondern auch für vielfältige Anwendungen in den unterschiedlichsten Bereichen nutzbar.

3. Beispiele zur Analyse des Kommunikationsverhaltens

Der Veranschaulichung der Einsatzmöglichkeiten des LAN Protocol Testers B5100 dienen die folgenden Beispiele.

Im Beispiel 1 soll die gesamte Kommunikation, an der die Arbeitsstation (*AS*) mit dem logischen Stationsnamen *PC16_20a* und der Ethernet-Adresse *080006011005* beteiligt ist, über einen Zeitraum von maximal *10 Minuten ab 18.40 Uhr* aufgezeichnet und die erfaßten Pakete sollen auf die Datei *TMP.DAT* ausgelagert werden.
Im zweiten Beispiel sollen alle in *TMP.DAT* erfaßten Pakete mit dem *TPDU-Code Connection Request* gesucht und anhand der *ISO 8073*-Norm, diese Norm ist in der Datei *ISO_EXT.NRM* beschrieben, auf Ebene 4 (*Transport*) dekodiert werden.
Schließlich soll im dritten Beispiel eine Standardstatistik angefertigt werden, aus der ersichtlich ist, mit welchen Stationen der *PC16_20a* im oben festgelegten Zeitraum kommuniziert hat.

Aufgrund der drei skizzierten Aufgaben ergeben sich die folgenden Meßszenarien, deren Ergebnis in den Bildern 4 bis 6 dokumentiert ist.

Meßszenario zu Beispiel 1:

Schritt 1: Zwei Filter mit den logischen Namen *zur_AS* und *von_AS* werden definiert.

Schritt 2: Die beiden Filter *zur_AS* und *von_AS* werden aktiviert.

Schritt 3: Auswahl des Tracebetriebs (Auslagern auf *TMP.DAT*).

Schritt 4: Einstellen des Timers (Start *um 18.40 Uhr*, Ende *nach 10 Minuten*).

Schritt 5: Starten der Messung. Während einer Messung werden alternativ sowohl die aktuelle Filteraktivität (Bild 4) als auch die am Netz registrierten Fehler in Form globaler Statistiken angezeigt.

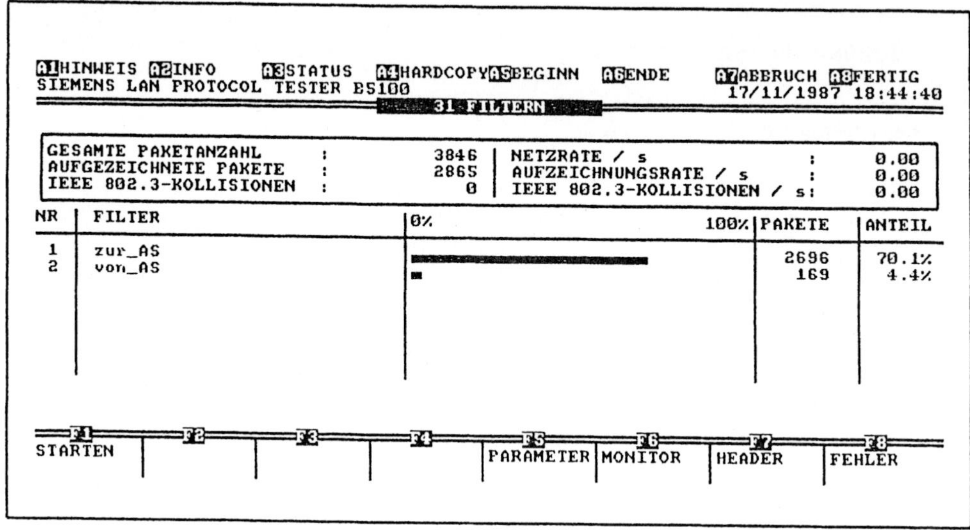

Bild 4: Beispiel einer Filterstatistik

Meßszenario zu Beispiel 2:

Schritt 1: Aufruf der Funktion Datenmonitor.

Schritt 2: Auswahl der Norm *ISO_EXT.NRM*.

Schritt 3: Auswahl des Datenbestandes *TMP.DAT* zur Bearbeitung.

Schritt 4: Definition des Prädikates *ConReq*.

Schritt 5: Einstellen der Dekodierung des Datenmonitors auf die *Transport*-Schicht.

Schritt 6: Suche des ersten Pakets über das Prädikat *ConReq* (Ergebnis: vgl. Bild 5).

Schritt 7: Suche des nächsten Paketes über *ConReq* usw.

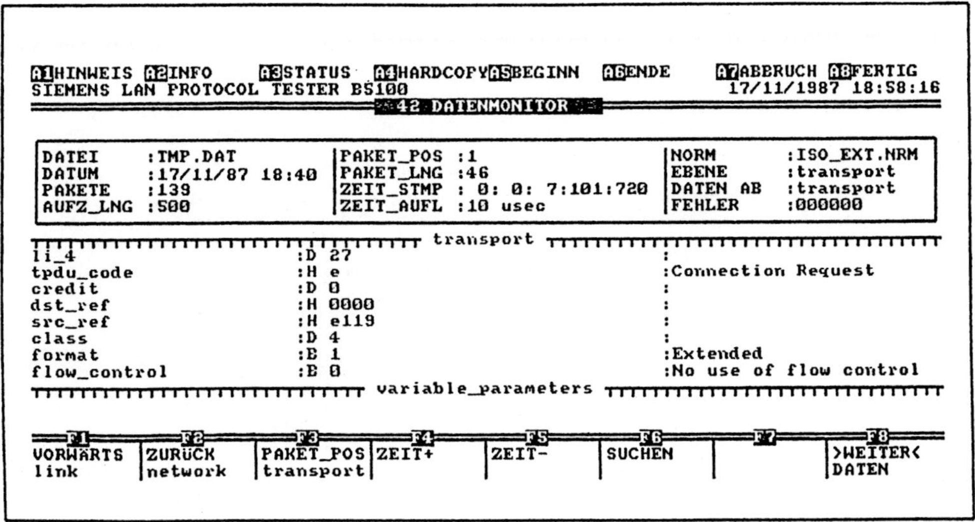

Bild 5: Beispiel eines dekodierten Paketes

Meßszenario zu Beispiel 3:

Schritt 1: Aufruf der Standardstatistik Lastverteilung.

Schritt 2: Auswahl des Datenbestandes *TMP.DAT* zur Bearbeitung.

Schritt 3: Einstellen der Richtung *Empfangen* für die Station *PC16_20a* (Ergebnis: vgl. Bild 6).

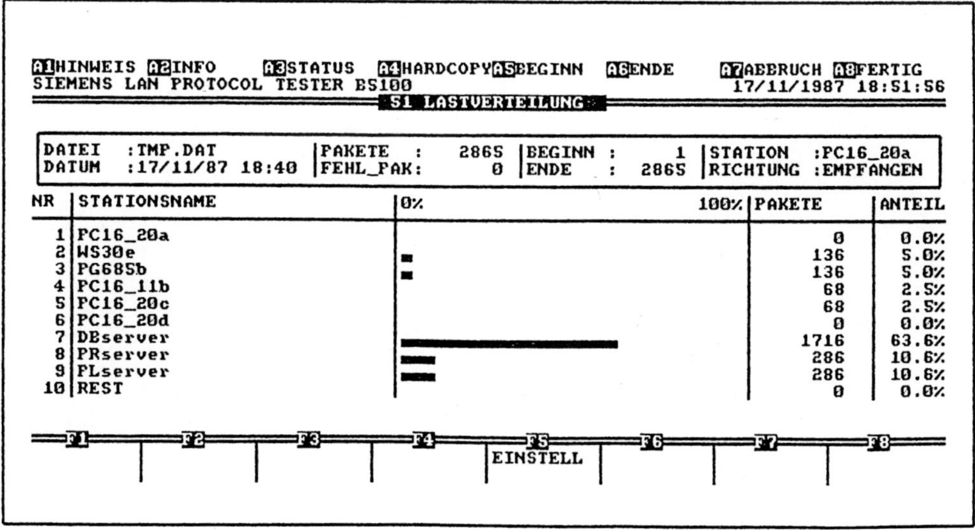

Bild 6: Beispiel einer Standardstatistik

Auf ähnliche Weise, wie in den skizzierten Szenarien dargestellt, lassen sich eine Vielzahl anderer bedeutender Messungen durchführen. Die beschriebenen Beispiele sollten zur Abrundung der gegebenen Übersicht jedoch ausreichen.

4. Zusammenfassung

In den vorangehenden Abschnitten wurde anhand einer Reihe von Merkmalen und Beispielen der LAN Protocol Tester B5100 charakterisiert. Nach der Beschreibung einer typischen Meßkonfiguration, der Systemarchitektur, der Funktionsgruppen, alternativer Vorgehensweisen bei der Durchführung einer Messung, der Bedienoberfläche und einiger Besonderheiten des LAN Protocol Testers B5100, wurden anhand dreier Meßszenarien die Einsatzmöglichkeiten skizziert.
Als Fazit bleibt festzuhalten: Mit seinem umfangreichen Funktionsspektrum ist der LAN Protocol Tester B5100 nicht nur zur Unterstützung des Aufbaus und der Inbetriebnahme von LANs geeignet, sondern auch für die Überwachung, Wartung, Fehlerdiagnose und zur Unterstützung der Engpaßanalyse/Ausbauplanung während des Betriebes.

Modulare Simulationstechnik für komplexe Anwendungsprotokolle in der Fertigungsautomatisierung

Martin Bosch, Ottmar Gihr
Universität Stuttgart
Institut für Nachrichtenvermittlung und Datenverarbeitung
Seidenstraße 36, 7000 Stuttgart 1

Wikhard Kiesel
Siemens AG, Unternehmensbereich Energie- und Automatisierungstechnik
Hauptbereich Systemtechnische Entwicklung (E STE 366)
Günther-Scharowsky-Straße 2, 8520 Erlangen

Für die Kommunikation in der Fertigungsautomatisierung wird die Leistungsfähigkeit der MAP-Protokollarchitektur mit einer weiteren Protokollarchitektur für heterogene Automatisierungsverbunde verglichen. Nach der Modellbildung wird jeweils ein Simulationsprogramm, mit Unterstützung einer Simulationsbibliothek, die modular aufgebaut ist, implementiert. Für typische Anwendungsszenarien und Lastverhältnisse wird die Leistungsfähigkeit der beiden Protokollarchitekturen dargestellt.

1. Einleitung

Für die computerintegrierte Fertigung (CIM, Computer Integrated Manufacturing) ist der Informationsfluß in einer heterogenen Umgebung verschiedenster Rechensysteme eine wesentliche Voraussetzung. Die Funktionalität der Kommunikation von Rechensystemen ist nach dem ISO-Referenzmodell (International Organization for Standardization) für offene Systeme [2] in 7 Schichten eingeteilt und wird durch Protokolle geregelt. Für die Kommunikation von Rechnensystemen und Steuerungen verschiedener Hersteller bedarf es der Standardisierung dieser Protokolle durch ein internationales Gremium und der Anerkennung und Anwendung dieser Standards durch die Hersteller. Nachdem die Protokolle standardisiert sind, werden für die einzelnen Anwendungsgebiete die Optionen und Alternativen festgelegt, die bei den Protokollen auf den Schichten verwendet werden sollen. Bei der Fertigungsautomatisierung hat sich auf die Initiative von General Motors seit dem Jahre 1980 das "Manufacturing Automation Protocol" (MAP) herausgebildet, nachdem die Notwendigkeit einer einheitlichen Kommunikation durch schnell wachsende Kosten für Protokollumsetzungen erkennbar wurden. Die Spezifikation der MAP-Protokollarchitektur liegt inzwischen in der momentan gültigen Version 3.0 [19] vor. Die vorhergehende Version 2.1 wurde für einige Zeit eingefroren, um eine gewisse Kontinuität zu sichern.

Da die internationale Standardisierung noch nicht in allen Bereichen einen stabilen Zustand erreicht hat, werden derzeit weitere Protokollarchitekturen mit dem Ziel entwickelt, als Übergangslösung zu dienen, um zu gegebener Zeit in einen Standard einzumünden oder mit in die Standardisierung einzufließen.

Bild 1 zeigt die MAP-Protokollarchitektur und eine weitere Protokollarchitektur für heterogene Automatisierungsverbunde (AP, Automation Protocol). Auf den Schichten 1 (Physical) und 2a (MAC, Media Access Control) wird das Token Passing Bus [12] und das CSMA/CD (Carrier Sense Multiple Access with Collision Detection) [11] Medienzugangsverfahren eingesetzt. Die Schicht 2b (LLC, Logical Link Control) [10] verwendet den unquittierten Datagrammdienst (LLC Type 1 Procedure). Die Schicht 3 (Network) enthält bei diesen Protokollarchitekturen keine Funktionalität bezüglich der Vermittlung von Paketen, da die Kommunikation innerhalb *eines* "Lokalen Netzes" (LAN, Local Area Network) ablaufen soll. Auf der Schicht 4 (Transport) wird die Klasse 4 des verbindungsorientierten Transportprotokolls [3,4] verwendet. Für die MAP-Protokollarchitektur enthalten die Schichten 5 (Session) [5,6] und 6 (Presentation) [13,14] bisher nur Kernfunktionen. Insbesondere ist auf der Schicht 6 der Encoder und der Decoder für die auf der Anwendungsschicht verwendete Syntax, die in ASN.1 (Abstract Syntax Notation One) [15,16] beschrieben ist, anzusiedeln. Die Schicht 7 (Application) enthält je nach Einsatzfall ein oder mehrere sehr spezielle Anwendungsprotokolle. Der Teil, der allen diesen Anwendungsprotokollen gemeinsam ist, wird als Association Control Service Element (ACSE) [8,9] bezeichnet und ist separat standardisiert. Für die Fertigungsautomatisierung wird neben FTAM (File Transfer, Access and Management) [7] von der Electronic Industries Association (EIA) ein Standard für den MMS-Monitor (Manufacturing Message Specification) vorbereitet, dessen Draft 6 die ISO als "Second Draft Proposal 9506" [17,18] angenommen hat. Für die alternative Protokollarchitektur enthalten die Schichten 5 und 6 keine eigene Definition. In der Schicht 7 wird ein spezieller Automation Protocol (AP) Monitor [1,20,21] eingesetzt, der die Funktionalitäten der Schichten 5 und 6, soweit sie für LANs in einem heterogenen Automatisierungsverbund benötigt werden, mit bereitstellt.

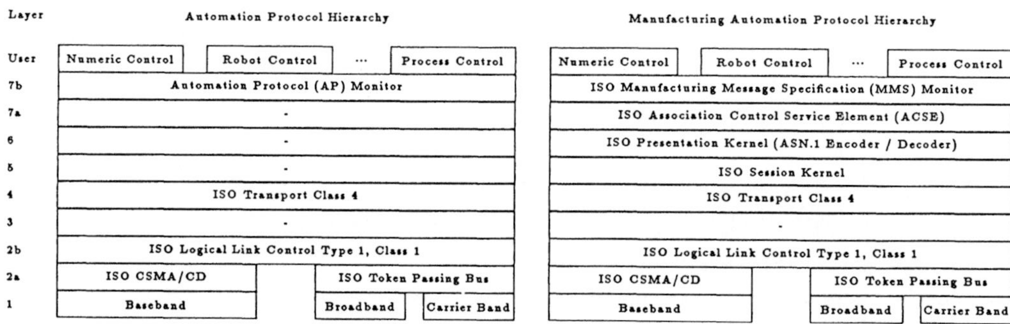

Bild 1 : Protokollarchitekturen für die Simulationen

Abweichend zu der MAP-Spezifikation wird, um die Leistungsfähigkeit der Protokollarchitekturen besser vergleichen zu können, auf den Schichten 1 und 2a für die Untersuchung vom Medienzugangsverfahren CSMA/CD ausgegangen.

Im zweiten Abschnitt wird die Modellierung der Protokollarchitekturen, hauptsächlich in der Anwendungsschicht, erläutert. Nach der Beschreibung der Simulationstechnik im dritten Abschnitt werden im vierten Abschnitt die Ergebnisse dargestellt und diskutiert.

2. Modellierung

Die Protokollarchitekturen aus Bild 1 werden für die Simulation in Modelle abgebildet. In den

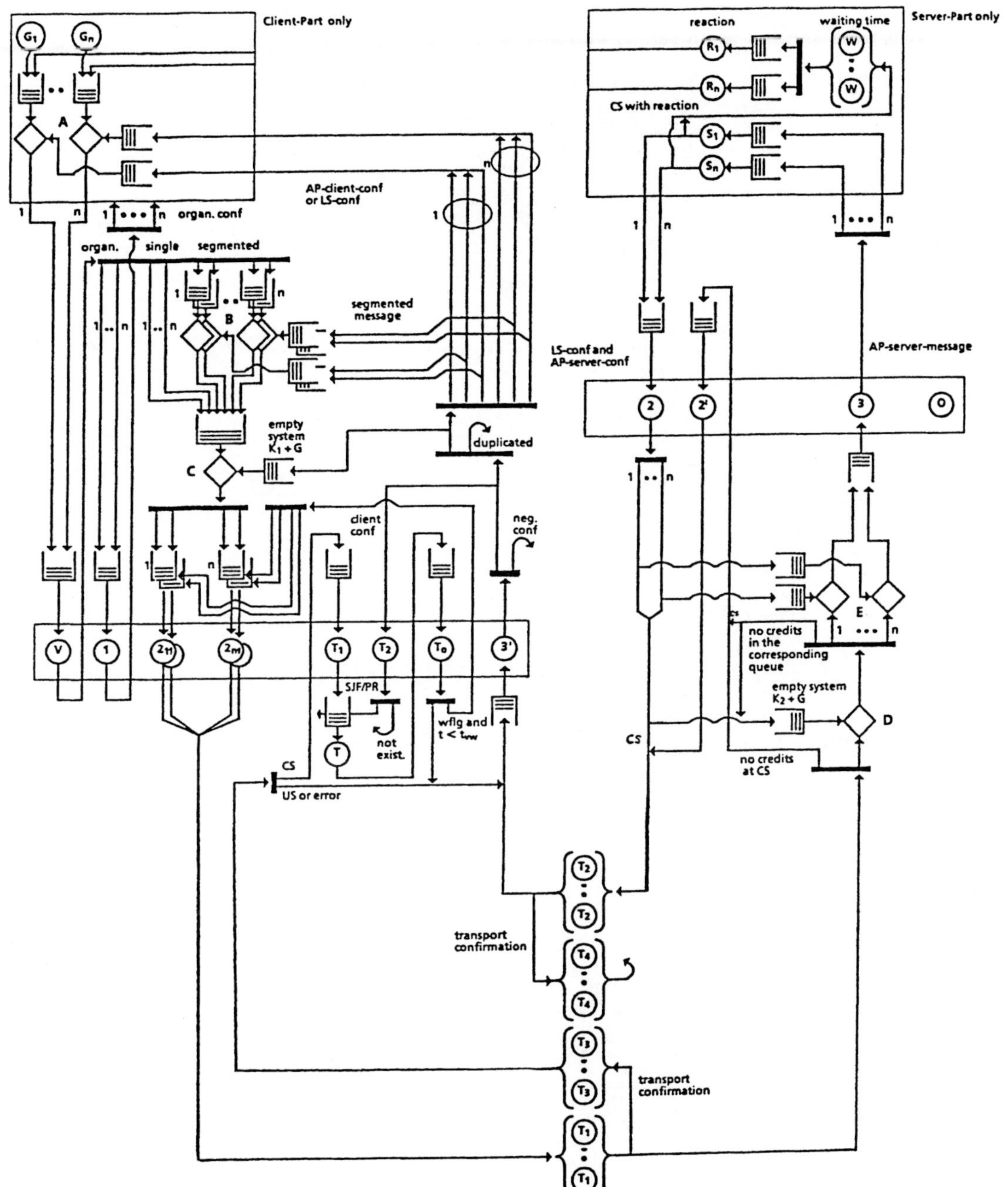

Bild 2 : Modell der AP-Protokollarchitektur

	Symbol	Legende	AP-Parameter	MMS-Parameter
Erklärungen	1 .. n	n logische Multiplex-Kanäle	1/2/10	1
	→⊏	Entscheidung		
	–⊏	Duplizierung		
	⊐→	Konzentrierung		
Flußkontrollen	A	Kanalindividuell (Client) oder		
		Contextindividuell (Requestor)		
		Anzahl der Credits (für US)	1/2/5/10	3/10/1000
		Anzahl der Credits (für CS)	1/2/5/10	1/2/5/10
	B	Segmentierte Aufträge (Fenster)		
		Fenstergröße	2	
	C	Begrenzung gemeinsamer Resourcen		
		(Client oder Reqestor)		
		K_1 Credits nur für C	10	10
		G Credits für C und D	30	30
	D	Begrenzung gemeinsamer Resourcen		
		(Server oder Responder)		
		K_2 Credits nur für D	10	10
		G Credits für C und D (s.o.)	30	30
	E	Kanalindividuell (Server) oder		
		Contextindividuell (Responder)		
		Anzahl der Credits	1/2/5/10	10
Abkürzungen	ACSE	Association Control Service Element		
	AP	Automation Protocol		
	conf	Quittung		
	CS	Auftrag mit Quittung		
	LS	Lokale Schnittstelle		
	SJF/PR	Spezielle Abfertigungsstrategie		
	T	Hardware-Timer		
	t	Zeit seit der Auftragsgenerierung		
	tvw	Verwaltungszeit		
	US	Auftrag ohne Quittung		
	wflg	Wiederholungsflag		
Monitor-Phasen	O	Overhead-Phase	1 ms	1 ms
	1	Für organisatorische Aufträge		
		oder für M-Open	3 ms	1 ms
	2	Für Positive Quittungen vom User	2.5 ms	3 ms
	$2'$	Für Negative Quittungen vom User	2.5 ms	3 ms
	2_i	Für Aufträge vom User	5 ms	3.5 ms
	3	Für Aufträge zum User	7.5 ms	3 ms
	$3'$	Für Quittungen zum User	4 ms	3 ms
	$3''$	Für Transport-Quittungen zum User		0.5 ms
	I	Für M-Await Initiate		5.5 ms
	T_1	Zum Starten eines Timers	1.5 ms	
	T_2	Zum Stoppen eines Timers	3.5 ms	
	T_0	Für Timeout eines Timers	1.5 ms	
	V	Verteilphase	1.5 ms	1.5 ms
Sonstige Phasen	O	Overhead-Phasen		1 ms
	A_i	ACSE-Phasen		1.5 ms
	P_i	Presentation-Phasen		5 ms
	R	Responder-Phase		5 ms
	R_i	Reaktionsauftragsphasen	5 ms	
	S_i	Server-Phasen oder Session-Phasen	5 ms	3.5 ms
	T_1	Transportverzögerung (Auftrag)	10.5 ms	10.5 ms
	T_2	Transportverzögerung (Quittung)	7.5 ms	7.5 ms
	T_3	Transportverzögerung (T-Quittung)	7.5 ms	7.5 ms
	W	Wartephase bis zum Reaktionsauftrag	500 ms	

Tabelle 1 : Parameter der Simulation und Legende zu Bild 2 und 3

Bildern 2 und 3 sind die oberen Schichten 5–7 detailliert dargestellt. Die unteren Schichten 1–4 werden zusammengefaßt (aggregiert) und durch eine Verzögerungszeit repräsentiert, die sich aus der detaillierten Modellierung und durch Analyse/Simulation dieser Schichten ergibt.

Diese Modelle sind so gegliedert, daß sich die aktive Station (Client oder Requestor) auf der linken Seite und die passive Station (Server oder Responder) auf der rechten Seite befindet. Von jeder Station ist nur der für diese Zuordnung benötigte Teil dargestellt. Zu dem Modell *einer* vollständigen Station kommt man, indem man die beiden Teile in Gedanken miteinander verbindet. Das Transportsystem, das alle Schichten von der Transportschicht abwärts umfassen soll, ist in der Mitte unten als ein "Infinite Server" dargestellt. Es wird hier genau eine Transportverbindung betrachtet. Die Parameter für die Phasen des "Infinite Server" können mit Hilfe einer separaten analytischen/simulativen Untersuchung oder durch Messung an einem realen Transportsystem ermittelt werden. Der Prozessor in Bild 2 gehört zum AP-Monitor, während in Bild 3 der oberste Prozessor Teil des MMS-Monitors ist. Oberhalb der Anwendungsschicht befindet sich die Anwendung (User), die Aufträge sendet oder empfängt. In Bild 2 wird jedem Generator G_i ein Multiplex-Kanal zugeordnet. Die Generatoren können zu einer oder mehreren Anwendungen gehören. Dagegen ist in Bild 3 nur *ein* "Context" der Anwendungsschicht dargestellt. Aufträge mit und ohne Quittung werden hier von verschiedenen Generatoren generiert und separat flußkontrolliert. Implementierungsdetails sind einer Pilot–Implementierung im Rahmen des ESPRIT (European Strategic Program for Research and Development in Information Technology) Teilprojektes Communications Network for Manufacturing Applications (CNMA) [22] entnommen.

Mit den Rauten werden Flußkontrollen dargestellt. In den horizontalen Warteschlangen sind die Credits enthalten. Jeder Auftrag nimmt beim Passieren der Raute ein vorhandenes Credit mit, oder er kann die Raute nicht durchlaufen, solange die horizontale Warteschlange leer ist. Es werden folgende Flußkontrollen verwendet:

1) Verbindungsindividuelle Flußkontrollen A und E (bei Bild 3 ist A noch aufgeteilt für Aufträge mit und ohne Quittung),
2) Fenstermechanismus B für segmentierte Aufträge,
3) Flußkontrollen C und D wegen der Begrenzung gemeinsamer Resourcen.

Bei Bild 2 erreichen alle Aufträge den AP-Monitor über eine Verteilphase V. Diese Phase hat die niedrigste Priorität des Prozessors, damit bei Engpässen die Last aus der Station herausgehalten werden kann. Dort wird der Auftragstyp erkannt und je nachdem, ob es sich um einen organisatorischen Auftrag, um einen einzelnen Auftrag oder um einen segmentierten Auftrag handelt, zu einer speziellen Warteschlange verzweigt. Nach der Ankunft der Transportquittung wird weiter unterschieden, ob es sich um einen Auftrag mit oder ohne Quittung handelt. Im ersten Fall muß ein Timer (Phase T_1) gestartet werden, während im zweiten Fall eine lokale Quittung erzeugt wird. Beim Server gibt es noch die Möglichkeit, daß es sich um einen Auftrag mit Reaktionsauftrag handelt. In diesem Fall wird nach einer Wartephase W ein Reaktionsauftrag erzeugt, der auch wieder segmentiert sein kann. Jetzt wird der Server zu einem Client, der diesen Auftrag aussendet.

Bei Bild 3 erreichen alle Aufträge den MMS-Monitor ebenfalls über eine Verteilphase V. Diese Phase hat wieder die niedrigste Priorität des Prozessors, damit bei Engpässen die Last aus der Station herausgehalten werden kann. Dort wird der Auftragstyp erkannt und je nachdem, ob es sich um ein M-Open handelt oder nicht, zu einer speziellen Warteschlange verzweigt. Nach der Flußkontrolle C

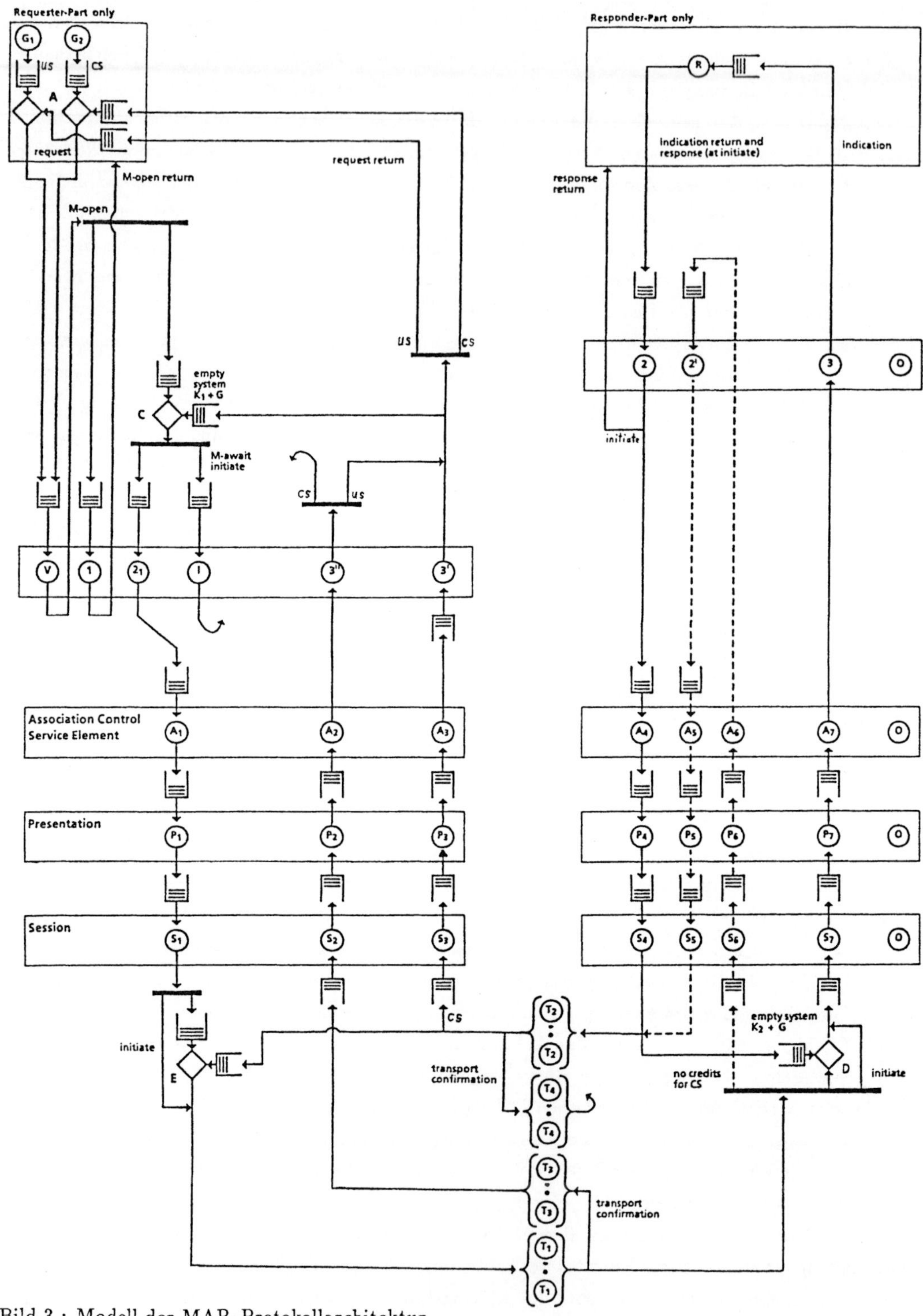

Bild 3 : Modell der MAP–Protokollarchitektur

(Belegen von Resourcen) muß noch der Auftrag M-Await Initiate besonders behandelt werden, da er nur lokale Bedeutung hat und nicht über das Netz übertragen wird. Auf Timer wird bei MMS verzichtet, da von einer sicheren Transportverbindung ausgegangen wird, die, auch im Fehlerfall, zumindest eine negative Quittung zurückgibt. Die verbindungsindividuelle Flußkontrolle E arbeitet hier, im Gegensatz zu Bild 2, so, daß sich die Aufträge bei geschlossenem Fenster bereits auf der Requestor-Seite stauen. Die Schichten 5, 6 und 7a sind als Prozessoren modelliert, die lediglich Verzögerungsphasen enthalten. Im Simulationsprogramm können alle Prozessoren der Schichten 5 bis 7 zu *einem* Prozessor zusammengefaßt werden.

3. Simulationstechnik

Es wird die ereignisgesteuerte zeittreue Simulationstechnik (Event by Event) verwendet. Die Zeit zwischen Ereignissen wird dabei übersprungen und das Ereignis zu dem Zeitpunkt des Eintretens vollständig bearbeitet. Alle Zustandsänderungen im Modell, wie Bedienungsende eines Auftrags, Timeout, neuen Auftrag durch den Generator (Client oder Requestor) erzeugen, u.s.w., werden als Ereignisse aufgefaßt, die, gesteuert über den Kalender, zu den Zeitpunkten ihres Eintretens bearbeitet werden. An dem so simulierten Modell werden die Messungen der interessierenden Leistungsgrößen durchgeführt. Diese Leistungsgrößen können sein: Transferzeiten, Prozessorauslastungen, Warteschlangenlängen oder Bedienzeiten.

Da ein Modell übergreifend über alle Schichten wegen der großen Komplexität nur mit sehr hohem Aufwand simulierbar ist, werden nur wenige (1-3) Schichten gemeinsam simuliert und die darunterliegenden Schichten in ihrem Verhalten durch eine variable Verzögerungszeit für die Paketübertragung repräsentiert. Durch diese Aggregierung der unteren Schichten zu einem Ersatzmodell ist es möglich, die Einflüsse der unteren Schichten zu berücksichtigen, ohne sie gemeinsam mit den oberen Schichten simulieren zu müssen. Die variablen Verzögerungszeiten der aggregierten Schichten lassen sich durch analytische/simulative Verfahren oder durch Messungen ermitteln. Die Verzögerungszeiten sind im allgemeinen abhängig von dem Verkehrsangebot an diese Schicht und dem gesamten Angebot an das Übertragungsmedium. Dieses Angebot wird aus dem Angebot der Anwendung (User) an die oberste Schicht abgeschätzt. Damit werden die Verzögerungszeiten berechnet oder simulativ bestimmt. Bei der Simulation der oberen Schichten werden diese Angebotswerte an die darunterliegende Schicht gemessen und mit den angenommenen Verkehrswerten verglichen. Weichen die Werte zu sehr voneinander ab, so werden die Verzögerungszeiten neu abgeschätzt und die Simulation mit den neu bestimmten Werten wiederholt, bis eine hinreichend kleine Abweichung gegeben ist.

In der hier vorgestellten Untersuchung werden die Angebotswerte der Anwendung (User) an die Anwendungsschicht bestimmt, die Angebotswerte an das Transportsystem damit abgeschätzt und aus diesen Werten daraufhin die Angebotswerte an den Übertragungskanal abgeschätzt. Dies wird für alle Stationen gemacht, und damit die Simulation des CSMA/CD-Übertragungskanals durchgeführt. Mit den erhaltenen Verzögerungszeiten über den Übertragungskanal wird das Transportsystem simuliert. Mit dessen Verzögerungszeiten wird wiederum die Simulation der oberen Schichten durchgeführt. Man nennt dieses Verfahren eine wiederholte Aggregierung der Submodelle.

Durch die Komplexität und den Detaillierungsgrad der Modelle, die oft neuartige Modellkomponenten notwendig machen, ist die Anwendung von Simulationstools nicht oder nur eingeschränkt mit vielen Abstraktionen und Vereinfachungen möglich. Bei Simulationstools sind meist keine Erweiterungen der Modellkomponenten möglich und die resultierende Simulationszeit ist, bedingt durch die Universalität und die komfortable Benutzerschnittstelle, oft nicht akzeptabel. Daher wurde für jedes Modell ein Simulationsprogramm mit Hilfe einer "Baustein–Bibliothek", wie sie am Institut für Nachrichtenvermittlung und Datenverarbeitung besteht, entwickelt. Die "Baustein–Bibliothek" ist ein Kompromiß zwischen einem Simulationstool und einem individuellen Simulationsprogramm. Sie enthält ein Muster der erweiterbaren dynamischen Datenstruktur und Prozeduren/Funktionen für immer wiederkehrende Aufgaben der Simulation wie Kalenderverwaltung, Zufallszahlenerzeugung, Statistik, Warteschlangen–Einträge und –Austräge, u.s.w. . Durch sorgfältiges Implementieren der dynamischen Datenstruktur und möglichst gute Lokalität der Daten im Hauptspeicher lassen sich effiziente, auf die Probemstellung optimal angepaßte Simulationsprogramme mit vergleichsweise kurzer Programmlaufzeit relativ schnell erstellen.

4. Ergebnisse

Den Ergebnissen liegt eine Konfiguration mit zwei Stationen zugrunde : einer aktiven Station, die die Aufträge generiert, und einer passiven Station, die die Aufträge empfängt und darauf reagiert. Die Untersuchung des Transportsystems, das identisch angenommen wird und auf einem LAN–Controller–Board mit eigenem Prozessor implementiert ist, ergibt konstante nur vom Pakettyp abhängige Übertragungszeiten, da die angebotene Last immer weit unter dem maximal möglichen Durchsatz liegt. Es ist somit keine Iteration notwendig. Für die Simulation werden die Bediendauern der einzelnen Phasen konstant mit den Werten nach Tabelle 1 gewählt. Dieser Tabelle kann auch die Anzahl der Credits für die verschiedenen Flußkontrollen entnommen werden. Alle dargestellten Simulationsergebnisse sind für den Fall *eines* Kanals auf der Schicht 7 gewonnen worden. Die Ergebnisse für mehrere Kanäle zeigen gleiches Verhalten, wenn die Gesamtanzahl der Credits in den Flußkontrollen A identisch ist. Der Generator ist jeweils so eingestellt, daß die Ankunftsabstände der Aufträge negativ exponentiell verteilt sind (Markoffscher Ankunftsprozeß). Die Last wird jeweils bis zur Stabilitätsgrenze gesteigert. Die Prioritäten der Phasen in dem Modell nach Bild 2 nehmen in folgender Reihenfolge ab: T_1, T_0, $3'$, 3, $2'$, 2, 2_i, 1, V. Auf jede Phase folgt eine Overheadphase, um die Anteile des Betriebssystems mit zu berücksichtigen (Prozeßwechsel). Die Phase $3'$ bildet eine Ausnahme, da auf sie direkt die Phase T_2 folgt. Timer sind so dimensioniert, daß kein Timeout auftritt. Bei beiden Protokollarchitekturen wird davon ausgegangen, daß die Protokolle der Schichten 5–7 auf *einem* Prozessor abgewickelt werden. Auf diesem Prozessor haben die Phasen der unteren Schichten gegenüber den Phasen der oberen Schichten Priorität. Innerhalb einer Schicht wird die Empfangsrichtung gegenüber der Senderichtung priorisiert. Die niedrigste Priorität hat also der MMS-Monitor. Die Prioritäten seiner Phasen nehmen in folgender Reihenfolge ab: $3''$, $3'$, 3, I, $2'$, 2, 2_1, 1, V.

In den Bildern 4 bis 9 sind Simulationsergebnisse zu den beiden Protokollarchitekturen dargestellt. Dabei gehören die Kurven der Bilder 4 bis 6 zu der AP–Protokollarchitektur und die Kurven der Bilder 7 bis 9 zu der MAP–Protokollarchitektur.

In den Bildern 4 und 5 ist jeweils die Speicherbelegungszeit eines Auftrags auf der Client-Seite und die Transferzeit eines Auftrags bis zum Server für den Fall *Auftrag ohne Quittung* beziehungsweise *Auftrag mit Quittung* über der Last für die AP–Protokollarchitektur aufgetragen. Die höhere Speicherbelegungszeit beim *Auftrag mit Quittung* kommt daher, daß hier auf die Quittung gewartet

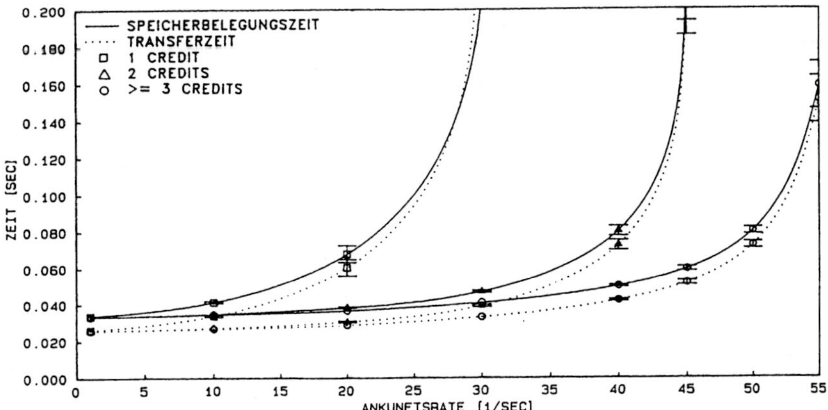

Bild 4 : Speicherbelegungszeit und Transferzeit für *Auftrag ohne Quittung* bei der AP–Protokollarchitektur

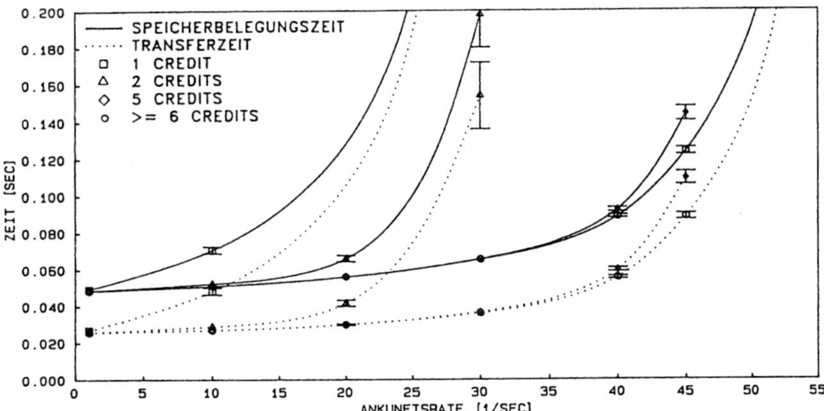

Bild 5 : Speicherbelegungszeit und Transferzeit für *Auftrag mit Quittung* bei der AP–Protokollarchitektur

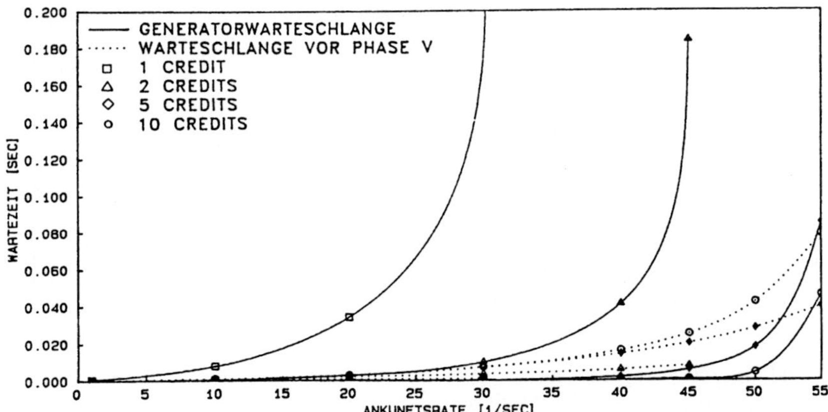

Bild 6 : Wartezeiten in der Generatorwarteschlange und vor der Phase *V* für *Auftrag ohne Quittung* bei der AP–Protokollarchitektur

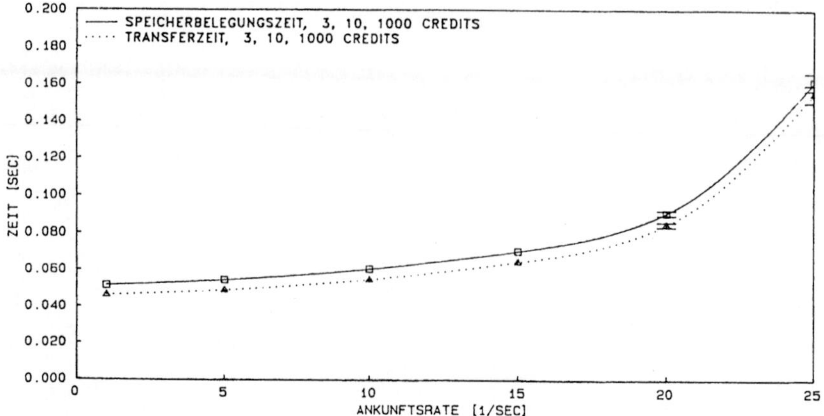

Bild 7 : Speicherbelegungszeit und Transferzeit für *Auftrag ohne Quittung* bei der MAP–Protokollarchitektur

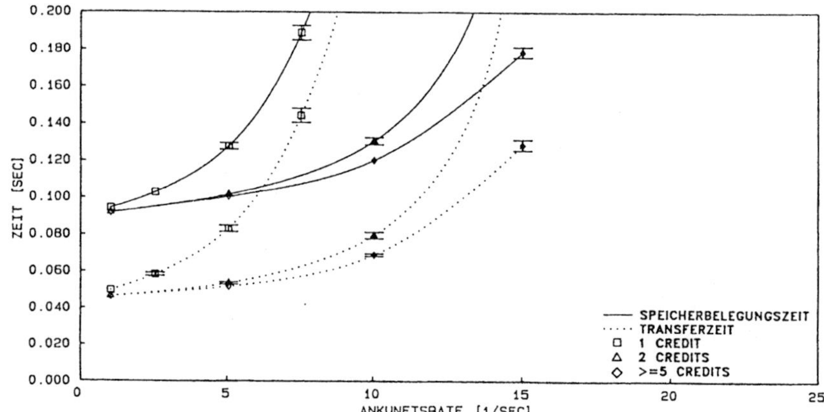

Bild 8 : Speicherbelegungszeit und Transferzeit für *Auftrag mit Quittung* bei der MAP–Protokollarchitektur

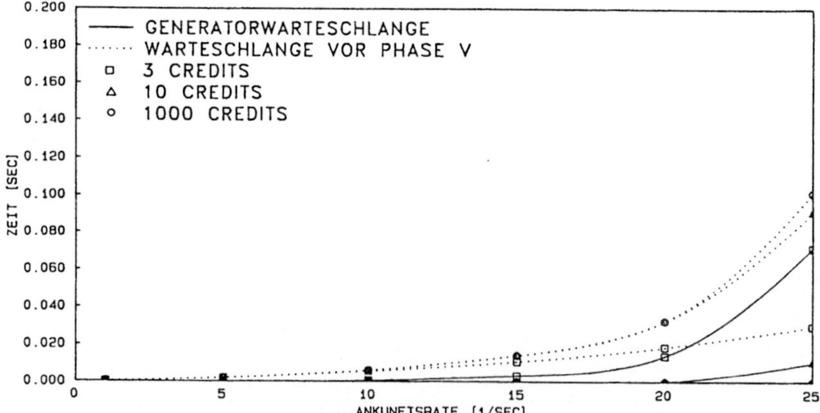

Bild 9 : Wartezeiten in der Generatorwarteschlange und vor der Phase *V* für *Auftrag ohne Quittung* bei der MAP–Protokollarchitektur

werden muß, während beim *Auftrag ohne Quittung* der Speicher bereits beim Empfang der Transportquittung freigegeben wird. Bild 6 ist zu entnehmen, daß bei einer harten Begrenzung der Credits in der kanalindividuellen Flußkontrolle A diese Flußkontrolle den Engpaß darstellt. Wird dieser Engpaß durch Erhöhung der Anzahl von Credits beseitigt, so verlagert sich der Engpaß zunehmend zu der Warteschlange vor der Prozessorphase mit der niedrigsten Priorität (V). In diesem Bild haben wir aus Übersichtlichkeitsgründen auf die Darstellung der (kleinen) Vertrauensintervalle verzichtet.

In den Bildern 7 und 8 ist jeweils wieder die Speicherbelegungszeit eines Auftrags auf der Requestor-Seite und die Transferzeit eines Auftrags bis zum Responder für den Fall *Auftrag ohne Quittung* beziehungsweise *Auftrag mit Quittung* über der Last für die MAP–Protokollarchitektur aufgetragen. Die höhere Speicherbelegungszeit beim *Auftrag mit Quittung* kommt wieder daher, daß hier auf die Quittung gewartet werden muß, während beim *Auftrag ohne Quittung* der Speicher bereits beim Empfang der Transportquittung freigegeben wird. Bild 9 ist zu entnehmen, daß sich hier der Engpaß in der Warteschlange vor der Prozessorphase mit der niedrigsten Priorität (V) ausbildet. Bei einer kleinen Anzahl von Credits in Flußkontrolle A und bei großer Last verschiebt sich der Engpaß zu dieser Flußkontrolle. In diesem Bild haben wir wieder aus Übersichtlichkeitsgründen auf die Darstellung der (kleinen) Vertrauensintervalle verzichtet. Interessant ist, daß sich trotz dieser Verlagerung des Engpasses an den Transferzeiten und an den Speicherbelegungszeiten nach Bild 7 nichts ändert.

Wegen der wesentlich größeren Anzahl von Prozessorphasen wird die Stabilitätsgrenze bei der MAP–Protokollarchitektur wesentlich früher erreicht als bei der AP–Protokollarchitektur. Die Transferzeiten bei der MAP–Protokollarchitektur sind bei gleicher Last deutlich höher als bei der AP–Protokollarchitektur. Bei beiden Modellen kommt der größte Teil der Transferzeiten vom Durchlaufen der sendenden Station in abgehender Richtung. Alle anderen Anteile der Transferzeiten sind hier konstant über der Last und wesentlich kleiner.

5. Zusammenfassung

Ausgehend von Protokollarchitekturen wurden Modelle erstellt, die simulativ, durch wiederholte Aggregierung der Submodelle, untersucht wurden. Die Untersuchung zeigt, daß die Leistungsfähigkeit der AP–Protokollarchitektur deutlich höher als bei der MAP–Protokollarchitektur ist. Dies liegt an der erhöhten Funktionalität der MAP–Protokollarchitektur und der dazu notwendigen Bearbeitungszeiten in den Schichten 5–7.

Die für eine Konfiguration exemplarisch dargestellten Kurven sind stellvertretend für die Kurven zu vielen weiteren denkbaren Konfigurationen zu sehen. Durch eine andere Wahl der Parameter, durch eine andere Reihenfolge der Phasen eines Prozessors oder durch eine andere Aufteilung der Schichten auf einen oder mehrere Prozessoren können mit Hilfe unserer Simulationsprogramme beliebig viele weitere Ergebnisse gewonnen werden.

Die Autoren möchten sich bei Hans–Hubert Hemberger und bei Waldemar Hersacher, die die Simulationsprogramme implementiert und die Produktionsläufe durchgeführt haben, herzlich bedanken.

Literatur

[1] Feldmann, B. Kiesel, Meisner, "SINEC Communication Processor – SCP", Siemens AG, 1986

[2] ISO 7498 : Information Processing Systems – Open Systems Interconnection – Basic Reference Model, November 1983

[3] ISO 8072 : Transport Service Definition, May 1984

[4] ISO 8073 : Transport Protocol Specification, May 1984

[5] ISO 8326 : Basic Connection Oriented Session Service Definition, September 1984

[6] ISO 8327 : Basic Connection Oriented Session Protocol Specification, September 1984

[7] ISO DP 8571 : File Transfer, Access and Management, April 1985

[8] ISO DIS 8649 : Service Definition for Common Application Service Elements – Part 2 : Association Control, April 1986

[9] ISO DIS 8650 : Protocol Specification for Common Application Service Elements – Part 2 : Association Control, April 1986

[10] ISO DIS 8802/2 : Local Area Networks – Logical Link Control

[11] ISO DIS 8802/3 : Local Area Networks – CSMA/CD Access Method

[12] ISO DIS 8802/4 : Local Area Networks – Token Passing Bus Access Method

[13] ISO DP 8822 : Connection Oriented Presentation Service Definition, May 1986

[14] ISO DP 8823 : Connection Oriented Presentation Protocol Specification, May 1986

[15] ISO DIS 8824 : Specification of Abstract Syntax Notation One (ASN.1), 2nd DIS, September 1986

[16] ISO DIS 8825 : Specification of Basic Encoding Rules for Abstract Syntax Notation One (ASN.1), 2nd DIS, September 1986

[17] ISO DP 9506 : Manufacturing Message Specification, Part 1: Service Definition, EIA Project 1393A Draft 6, 2nd DP, May 1987

[18] ISO DP 9506 : Manufacturing Message Specification, Part 2: Protocol Specification, EIA Project 1393A Draft 6, 2nd DP, May 1987

[19] MAP (Manufacturing Automation Protocol) Version 3.0, General Motors, Warren/Michigan, April 7, 1987

[20] SINEC Automation Protocol (AP 1.0), Teil 1: Protokollspezifikation, Siemens AG, 30. Juni 1987

[21] SINEC Automation Protocol (AP 1.0), Teil 2: Technologische Funktionen, Siemens AG, 28. Mai 1986

[22] E. Stahl, M. Veltes, "ESPRIT Project 955, CNMA, MMS Interface Specification", Version 4.1, Siemens AG, November 2, 1987

Integration von Netzleitinformationen als Basis eines CIM-Konzeptes für EVU-Netze

Hans-Jörg Haubner
Fraunhofer-Institut für Informations- und Datenverarbeitung
7500 Karlsruhe

Abstract

Integration of information has become an important factor in power utilities for control, planning and administration of electrical networks. In this paper an approach is described to fulfill these requirements. It is based on a central computer system linking the heterogeneous hosts in a wide area network. This system has two main functions. It provides a transparent transport system for data flow between the hosts and a central database for actual data of the electrical network supporting integrated data acquisition and access of the hosts. The realized system can be regarded as an approach in the sense of the concept of Computer Integrated Manufacturing (CIM).

Zusammenfassung

Der Austausch von Netzleitinformationen zwischen Netzleitstellen, Verwaltungs- und Energiewirtschaftsstellen eines EVU wird zu einem immer wichtigeren Instrument für unternehmensweite Überwachungs-, Planungs- und Abrechnungsaufgaben. Im vorliegenden Beitrag wird ein Lösungsansatz beschrieben, der die Integration von technischen und organisatorischen Funktionen von Einzelkomponenten in ein Gesamtsystem im Sinne des Begriffes CIM (Computer Integrated Manufacturing) unterstützt.

Grundidee des Lösungsansatzes ist es, die Integration über ein Koppelrechnersystem durchzuführen. Dieses System erfüllt dabei zwei Hauptaufgaben. Zum einen stellt es für die zu integrierenden Stellen eine geeignete Kommunikationsstruktur zur Verfügung, die als Transportsystem für den Datenaustausch dient. Zum zweiten beinhaltet es Datenzugriffsverfahren, die einen umfassenden und wahlfreien Austausch von Prozeß- und Planungsdaten innerhalb und zwischen den Rechnern der Prozeß- und Betriebsebenen mittels eines zentralen Datenhaltungssystems erlauben.

1. Einleitung

CIM-Konzepte (Computer Integrated Manufacturing) beruhen auf dem Grundgedanken, einzelne und bisher isolierte Produktionsabläufe ganzheitlich als einen komplexen Produktionsprozeß zu behandeln. Dies kann durch eine vertikale und horizontale Integration der verschiedenen diesen Abläufen zugeordneten Automatisierungskomponenten in ein Gesamtsystem erreicht werden /1/. Dies setzt einen systemweit durchgängigen und automatisierten Informationsfluß zwischen den Einzelkomponenten voraus. D.h. lokal in Teilbereichen anfallende Informationen müssen über geeignete Kommunikationseinrichtungen überall dort zur Verfügung gestellt werden können, wo ein übergreifender Informationsbedarf besteht /2/.

Typische Beispiele für CIM-Lösungen finden sich besonders im Bereich der Fertigungstechnik, wo rechnergestützte Teilsysteme (CAD, CAP, CAM, PPS) zur Entwicklung, Konstruktion, Planung, Fertigung und Steuerung von Produktionsabläufen zu integrierten Automatisierungslösungen verknüpft werden.

Im vorliegenden Beitrag werden Problemstellung, Lösungsansatz und Systemstruktur für die Basis eines CIM-Konzeptes im Bereich der Energieversorgungsunternehmen (EVU) dargestellt. Eine Realisierung, die im Auftrag und in Zusammenarbeit mit der Badenwerk AG als Pilotanwendung implementiert wurde und sich derzeit in der Erprobung befindet, wird vorgestellt.

2. Ausgangssituation

Auf der prozeßnahen Ebene sind die Informationsstrukturen durch Hauptschaltungs- und Netzleitstellen-Rechner bestimmt. Auf der Betriebsebene werden Verwaltungs- und Energiewirtschaftsrechner eingesetzt. Zusätzlich bestehen Anschlüsse zu mehreren Verbundpartnern. Im vorliegenden Fall sind vier dieser Netzleitstellen und eine Hauptschaltleitung entlang des Oberrheins über ca. 300 km von Mannheim bis Raum Freiburg verteilt. Deren Aufgabe ist es, die selbst erzeugte und fremd bezogene elektrische Energie entsprechend den regional und zeitlich wechselnden Anforderungen an die Verbraucher weiterzuleiten.

Jeder dieser Leitstellen sind ca. 30 - 40 Stationen zugeordnet. Diese Stationen stellen die Knoten des elektrischen Netzes dar, in die Energie eingespeist, zwischen denen Energie transportiert und in denen Energie auf unterlagerte Netze verteilt wird.

Neben der Energieverteilung sind Daten für verschiedene Auswertungen zur Verfügung zu stellen. Hierzu gehören z.B. Bilanzierung und Abrechnung der abgegebenen bzw. zugekauften Energie sowie Informationen über den Netzzustand und Störsituationen bereitzustellen.

Als Daten fallen neben Prozeßdaten, wie Leistungen, Spannungen, Frequenzen, Ströme, Schalterzustände und Zählerstände auch Planungsdaten wie Energieabgabe, Energiebezüge und Lastflüsse an. Aufgabe war es, eine Integration von Einzelkomponenten in einem Gesamtsystem im Sinne des Begriffes CIM zu erreichen.

Innerhalb des Systems sollte der Austausch von Einzel- und Sammeldaten innerhalb und zwischen der Prozeßebene und der Betriebsebene echtzeitnah erfolgen. Erschwert wird diese Aufgabe durch die Heterogenität der Rechner in den beteiligten Stellen, deren weiträumige Verteilung und durch historische Teillösungen.

Damit sollte ein Instrumentarium für das EVU und für die Zusammenarbeit mit EVU-Verbundpartnern als Basis eines Gesamtkonzeptes für EVU-übergreifende Aufgaben der Überwachung, Steuerung, Planung und Abrechnung geschaffen werden.

3. Problemstellung und Lösungsansatz

Es ergeben sich vier prinzipielle Problemkreise (s. Bild 1):

- Als Basis der Integration ist eine geeignete Kommunikationsstruktur zu entwickeln, die als Transportsystem für den Datenaustausch dient. Diese muß zusätzlich die Anpassung der heterogenen Komponenten durchführen.

- Der Datenaustausch erfolgt über ein Datenzugriffsverfahren, das die Vergabe von Zugriffsrechten unter Berücksichtigung des Datenschutzes, die Adressierung der auszutauschenden Daten, ihre Darstellung bezüglich Formate und Codes sowie die Zeitpunkte des Datentransfers festlegt.

- Die Forderung nach einem transparenten und flexiblen Administrationsverfahren ergibt sich aus der Komplexität des Systems.

- Die Systemverfügbarkeit ist durch eine geeignete Redundanzkonzeption sicherzustellen.

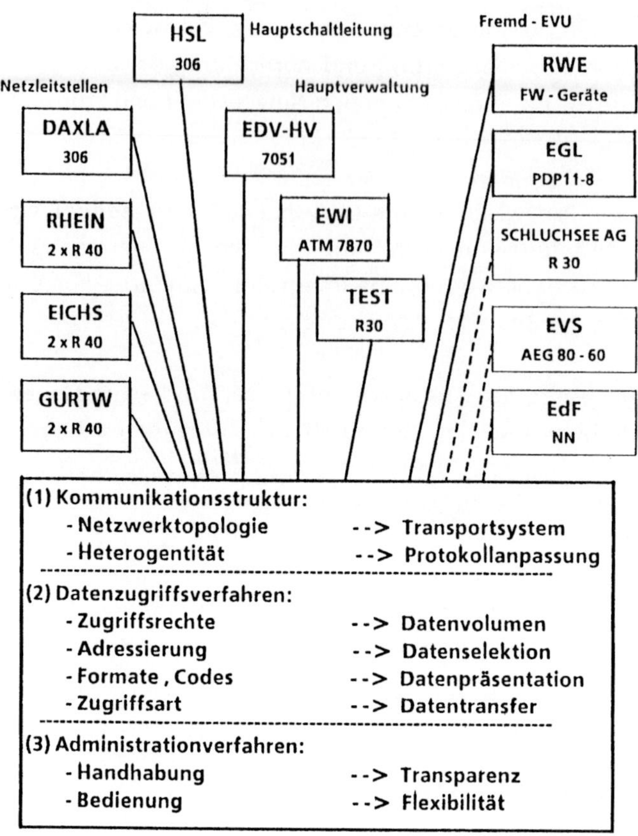

Bild 1: Problemstellung

Grundgedanke des Lösungsansatzes ist es, die Integration über einen zusätzlichen Rechner als Koppelrechner durchzuführen. Der Lösungsansatz hierzu gliedert sich entsprechend der vier genannten Problemkreise:

- Die Teilnehmer werden sternförmig an den Koppelrechner angeschlossen. Er dient dabei zunächst als Kommunikationssystem für den transparenten Transport von Daten zwischen den Teilnehmern (WAN). Die Anpassung der heterogenen Teilnehmerschnittstellen erfolgt im Koppelrechner mittels Protokollumsetzung.

- Der Koppelrechner stellt eine zentrale Datenbasis zur Verfügung. In diese werden die aktuellen Daten der Teilnehmer in Form eines Netzabbildes übernommen und werden dort den Teilnehmern selektiv und wahlfrei zur Verfügung gestellt. Dieser Datenaustausch erfolgt mittels eines speziellen Datenaustauschverfahrens.

- Das Volumen der Datenbasis, sowie deren Adressierung und die Zugriffsrechte werden, ebenso wie die Steuerparameter (Formate, Codes, Zeitpunkte, Volumen) des Datenaustausches anwendungsspezifisch generiert.

- Das Koppelrechnersystem ist als Doppelrechnersystem im Stand-by-Betrieb ausgelegt, wobei zwischen Stand-by-Rechner und aktivem Rechner eine gegenseitige Überwachung und parallele Datenhaltung stattfindet.

4. Systemauslegung

Das Koppelrechnersystem gliedert sich in die Komponenten für (s. Bild 2)

- Durchleitbetrieb und Teilnehmerankopplung
- Datenbasisbetrieb mit Datenbasis
- Systemgenerierung und
- Doppelrechnerbetrieb

Für den Durchleitbetrieb, d.h. die direkte Kommunikation zwischen den Teilnehmern als auch die Kommunikation mit der Datenbasis, werden bis zur Netzwerkschicht (Ebene 3) des OSI-Modelles für offene Systeme die durch die existierenden Rechner vorgegebenen Protokolle genutzt. Hierbei wird, falls notwendig, eine Protokollumsetzung durchgeführt. Die Protokolle der höheren Ebenen des OSI-Modelles sind entsprechend eines in der Netzleittechnik vorliegenden Vorschlags eines Standards (UCPTE-Empfehlungen) ausgelegt /4/.

Der Datenbasisbetrieb benutzt eine Datenbasis, die aus disjunkten den Teilnehmern zugeordneten Teilmengen bestehen. Datentypen sind mit Kennungen behaftete Meßwerte, Zählwerte und Meldungen. Die Adressierung dieser Daten erfolgt über eindeutige technologische Namen, deren Struktur der hierarchischen Topologie des elektrischen Netzes entspricht (s. Bild 3). Diese technologischen Namen sind in einfachere Adreßbezeichnungen über Namenslisten umsetzbar. Die gesamte Datenbasis ist über einfache Adreßverzeichnisse definiert.

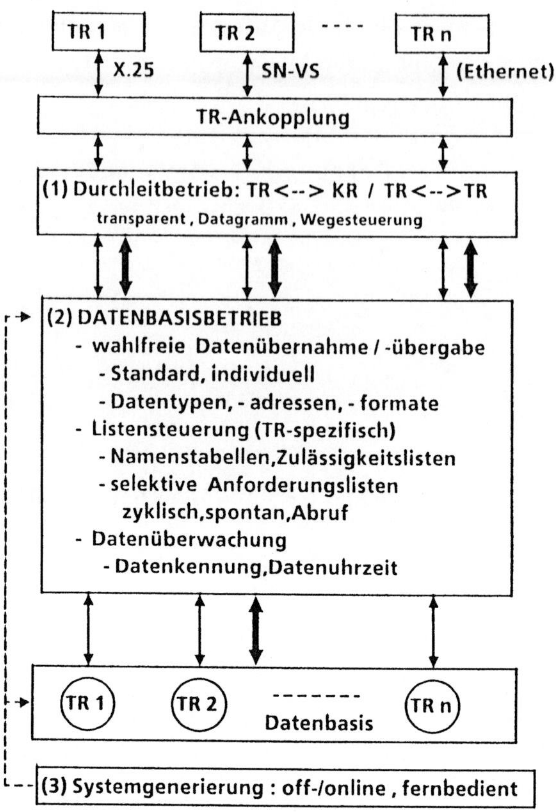

Bild 2: Systemkonzept

Der Datenbasisbetrieb leistet die wahlfreie Datenerfassung und Datenspeicherung in diese Datenbasis und kann als Anwendungsschicht entsprechend dem OSI-Modell aufgefaßt werden. Hierfür wurde ein speziell entwickeltes Kommunikationsprotokoll benutzt. Dieses umfaßt die Systemdienste

- Eröffnungsphase: Austausch von Statusinformationen für Anlauf, Wiederanlauf und bei Änderungen
- Verständigungsphase: Austausch der Datenadressierung und der Zugriffsrechte (Namenslisten, Zulässigkeitslisten)
- Datenabsprachephase: Selektion der auszutauschenden Daten der Datenbasis mit wählbaren Datenformaten und Art der Übertragung (Anforderungslisten)-
- Datenaustausch: wahlweise zyklischer, spontaner und auf Abruf erfolgender Datenaustausch mit der Datenbasis.

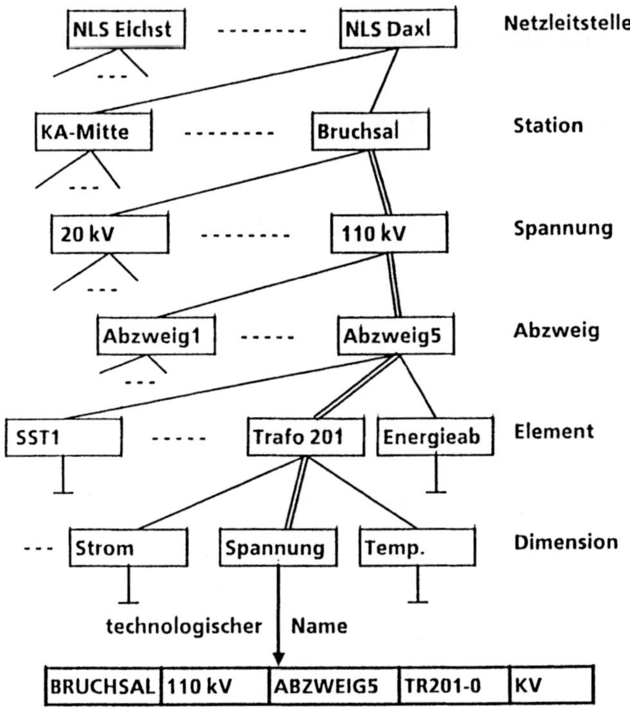

Bild 3: Informationsstrukturen der Netzleitstellen

Datenbasis und Datenbasisbetrieb werden über eine Listensteuerung verwaltet. Diese kann über Systemgenerierung, die auch Änderungen und Erweiterungen im laufenden Betrieb ermöglicht, flexibel und transparent gehandhabt werden.

Die Funktion des Doppelrechnerbetriebes umfassen die eigene und gegenseitige Hard- und Software-Überwachung der beiden Doppelrechner und eine parallele Führung der Listensteuerung. Bei Ausfällen erfolgt eine Abschaltung des aktiven Rechners und eine Übernahme durch den Stand-by-Rechner. Bei Anlauf wird die Datenbasis über den Datenbasisbetrieb mit den Teilnehmerdaten rekonstruiert.

5. Systemrealisierung

Das vorgestellte Konzept wurde mit dem System SICOMP M70 realisiert. Das Koppelrechnersystem ist als lichtleitergekoppeltes Doppelrechnersystem ausgelegt. Für die Teilnehmerankopplung werden konventionelle Modemstrecken verwendet. Das Programmsystem besteht aus 105 Modulen mit 34 Tasks und läuft aus Effizienzgründen weitgehend hauptspeicherresistent ab.

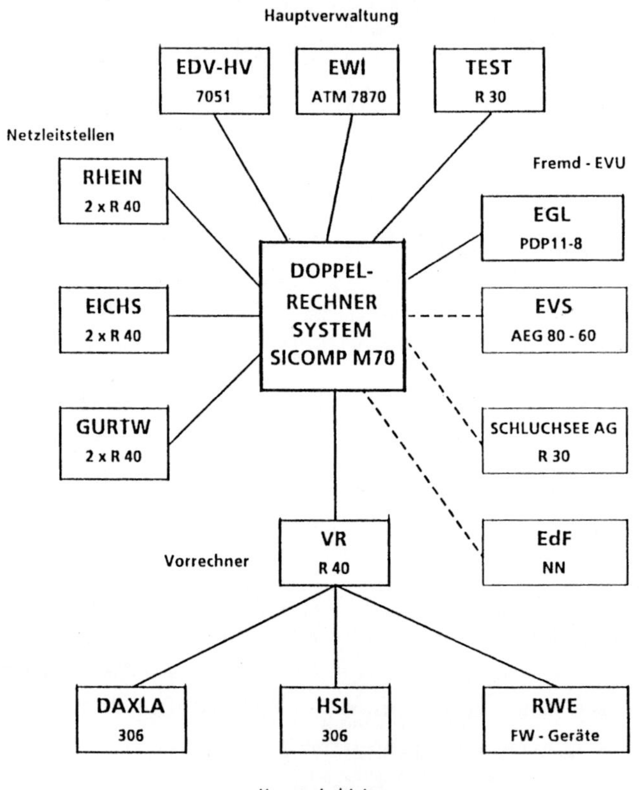

Bild 4: Systemkonfiguration

Als Programmiersprache wurde PEARL verwendet. Als Betriebssystem wird ORG-M und als unterlagertes Kommunikationssystem SINEC-M eingesetzt. Weitere für den Betrieb erforderliche Funktionen werden durch Wegesteuerung, ein mittels Warteschlangen strukturiertes Auftragssystem, Melde- und Protokolliersystem, Bediensystem und integriertes Testsystem erbracht. Das Softwarepaket für das Koppelrechenrsystem ist so konzipiert, daß es auf die Teilnehmerrechner portiert und in die bereits vorhandene Umgebung integriert werden kann. Es wird derzeit bei den Netzleitstellen eingesetzt.

Das System ist derzeit für 9 Teilnehmer mit 3000 Einzeldaten und 1200 Steuerlisten parametriert (s. Bild 4). Pro Teilnehmer stehen dabei 16 unterschiedliche Datenzyklen zur Verfügung, die zwischen 10 sec und 24 h gewählt werden können.

6. Ausblick

Das vorgestellte Konzept und seine Realisierung orientierten sich an einer vorgegebenen Aufgabenstellung für eine vorhandene Anfangssituation. Eine Erweiterung und Ergänzung um andere Strukturen ohne Konzeptbruch wurde im Ansatz berücksichtigt. Beispiele hierfür sind

- Erweiterung der Kommunikationsschnittstellen wie LAN-Anschlüsse oder zusätzliche Protokollverfahren,
- Verbundtopologien wie Netze und Baumstrukturen,
- Last- und Funktionsverbund der Koppelrechner,
- langfristige Archivierung oder Sicherung der aktuellen Datenbestände,
- ein- und mehrstufige Adressierverfahren für die Datenansprache, auch mit heterogenen Adreßwelten,
- komplexe Datentypen und Informationsstrukturen,
- Datenbanktechnik wie Echtzeit-Datenbanken, auch als hinterlagerte Systeme und
- Auswertesystem für die Datenbasis.

Damit wird die Anpassungsfähigkeit des Konzeptes gesichert und die Anwendung über den EVU-Bereich hinaus, z.B. auf Verfahrenstechnik oder Fertigungstechnik, möglich.

Literatur

/1/ Schmid, J.; CIM und anderes: Wege zur automatisierten Fertigung, atp 9/1987.

/2/ Warnecke, H.-J., Kazmeier, H.: Auf dem Weg zur Fabrik der Zukunft, FhG-Berichte 1-86.

/3/ Räuber, H., Haubner, H.-J.: Datenaustausch im heterogenen Rechnerverbund, Höhere Programmiersprache in der Leittechnik, Hannover 1984.

/4/ UCPTE, Anwenderverfahren für den Echtzeit-Datenaustausch zwischen Lastverteiler-Rechnern, Dokument Nr. 3, 1982.

CSMA-CD-DP: Ein Vielfach-Zugriffsprotokoll mit dynamischen Prioritäten für den Einsatz in industriellen lokalen Netzen

Wikhard M. Kiesel
SIEMENS AG
Unternehmensbereich Energie und Automatisierungstechnik
Systemtechnische Entwicklung
Erlangen, FRG

Dieser Beitrag beschreibt ein CSMA-CD-ähnliches Vielfach-Zugriffsprotokoll für industrielle lokale Netze auf der Basis von seriellen Bussystemen.
Das Vielfach-Zugriffsprotokoll CSMA-CD-DP (Carrier Sense Multiple Access with Collision Detection and Dynamic Priorities) erlaubt eine dynamische lastabhängige Vergabe der Zugriffsprioritäten und begrenzt die maximale Anzahl von möglichen Kollisionen. Es vereinigt die kurzen Zugriffsseiten der CSMA-CD-Protokolle im niederen Lastbereich mit der effizienten Auslastung des Übertragungskanals und der Stabilität der Token Passing-Protokolle im Hochlastbereich. Im Ruhezustand wird der Übertragungskanal im Wettbewerbsmodus betrieben. In diesem Modus sind alle angeschlossenen Stationen in gleicher Weise berechtigt, auf den Übertragungskanal zuzugreifen. Nach einer erfolgreichen Übertragung geht der Kanal in den Reservierungsmodus über. Die Steuerung der Kanalzuteilung nach einer erfolgreichen Übertragung erfolgt durch gestaffelt angeordnete deterministische Sendeverzögerungszeiten, die abhängig von der Quittierung einer Übertragung in jeder Station weitergeschaltet werden. Dadurch ist sichergestellt, daß zu einem Zeitpunkt auch nur eine Station sendeberechtigt ist und somit keine Kollisionen auftreten. Durch spezifische Verteilung der Sendeverzögerungszeiten auf die einzelnen Stationen und durch spezifische Algorithmen zum Weiterschalten dieser Zeiten können sowohl teilnehmerspezifische Zugriffsprioritäten realisiert, als auch temporäre Überlastsituationen beherrscht werden.
Umfangreiche analytische Untersuchungen, sowie eine Labor-Implementierung haben die Leistungsfähigkeit des Protokolls für viele Anwendungsfälle, wie unsymmetrisches Verkehrsaufkommen, temporäre Überlastsituationen oder Prioritäten aufgezeigt.

1. Einleitung

Für lokale Netze spielt die Zuteilung des gemeinsamen Kommunikationsmediums eine wesentliche Rolle, wenn für eine mittlere bis große Anzahl von Teilnehmern (Stationen) kurze Reaktionszeiten und eine effiziente Auslastung des gemeinsam genutzten Übertragungsmediums zu realisieren ist.
Für die Regelung der Zuteilung sind sogenannte Zugriffsverfahren entwickelt worden. Die Zugriffsverfahren für lokale Netze mit Busstruktur gliedern sich grundsätzlich in zwei Gruppen:
Werden die Zugriffsrechte für jede Station nach einem geordneten Schema vergeben, so fragt eine zentrale Station alle angeschlossenen Teilnehmer ab (Polling) oder eine entsprechende Steuer-Nachricht (Token) wird von Station zu Station weitergereicht (Token Passing) /1, 2, 3, 4, 6, 10/.
Bei den Wettbewerbsprotokollen prüft eine Station den Übertragungskanal und sendet einen Daten-Rahmen nur dann, wenn der Kanal nicht belegt ist. Bedingt durch die Laufzeiten im Übertragungskanal können Kollisionen auftreten, die durch geeignete Mechanismen erkannt werden (CSMA-CD). Eine Wiederholung der kollidierten Daten-Rahmen erfolgt nach einer zeitlichen Verzögerung. Zur Optimierung dieser Verzögerungen sind verschiedene Verfahren vorgeschlagen worden, die auf quasi zufällig ausgewählten oder deterministisch bestimmten Verzögerungszeiten basieren /2, 5, 11, 12, 13/.

Diese Arbeit ist am Institut für Nachrichtenvermittlung und Datenverarbeitung der Universität Stuttgart entstanden.

Neben diesem grundlegenden Problem der Kapazitätszuteilung bestehen für den Betrieb eines lokalen Netzes in industrieller Umgebung weitere Anforderungen:

- Bei niedriger Belastung ist für eine sendebereite Station ein sofortiger Zugriff auf den Kanal zu ermöglichen, bei höherer Last sind die Zugriffe zeitlich so zu ordnen, daß gleichzeitige Zugriffe mehrerer Stationen (Kollisionen) verhindert werden. Ebenso sind Folgekollisionen zu vermeiden, so daß kein zusätzlicher Verlust an Kanalkapazität auftritt und die Transferzeiten nicht zusätzlich ansteigen.
- Für die Übertragungszeit eines Daten-Rahmens einschließlich eventueller erfolgloser Zugriffsversuche, muß eine obere Schranke (Grenzwert) angebbar sein.
- Die Steuerung des Kanalzugriffs hat vollständig dezentral zu erfolgen, das heißt weder strukturell, noch funktionell gibt es eine zentrale Instanz, die den Protokollablauf bestimmt.
- Das Zugriffsprotokoll muß sich an unsymmetrische Verkehrsverhältnisse oder Prioritätenregelungen ohne zusätzlichen Aufwand anpassen lassen und im Rahmen der verfügbaren Kanalkapazität eine optimale Behandlung temporärer Überlast-Situationen erlauben.
- Fehler im Ablauf des Zugriffsprotokolls müssen weich aufgefangen werden, das heißt nach Erkennen eines Fehlers wird versucht, durch Wiederholungen oder Sicherungsmechanismen den Fehler zu beseitigen. Bei dauerhaften Fehlern soll die Neukonfiguration des Systems automatisch durchgeführt werden mit dem Ziel, fehlerhafte Systemteile (Stationen) zu isolieren. Fehlfunktionen einer Station dürfen nur zu einer temporären Beeinträchtigung des gesamten Systems führen.
- Stationen müssen ohne Unterbrechung des laufenden Betriebs zugeschaltet werden können und in den Protokollablauf integrierbar sein.

Das in diesem Beitrag beschriebene Protokoll CSMA-CD-DP stellt ein verallgemeinertes CSMA-CD-Protokoll dar, das die kurzen Zugriffszeiten der Wettbewerbsprotokolle bei niedriger Kanalauslastung mit der Stabilität und der effizienten Auslastung des Übertragungskanals bei den Token Passing Protokollen im Hochlastbereich in sich vereinigt. Durch die Integration von zusätzlichen Algorithmen zur Erkennung und Behebung von Protokollfehlern werden auch die Anforderungen bezüglich eines sicheren, stabilen und flexiblen Zugriffsprotokolls für industrielle lokale Netze erfüllt.

Bei nichtbelegtem Übertragungskanal arbeitet das Protokoll im sogenannten Wettbewerbsmodus. Alle sendebereiten Stationen können gleichberechtigt sofort auf den Kanal zugreifen. Nach erfolgreicher Übertragung geht das Protokoll in den sogenannten Reservierungsmodus über. In diesem Modus sind die Sendezeitpunkte aller Stationen durch eine deterministische Zugriffsregelung bestimmt. Die Zugriffsrechte sind durch gestaffelte Verzögerungszeiten realisiert, die dynamisch nach jeder Übertragung weitergeschaltet werden. Das Protokoll umfaßt mehrere Varianten für die Zuteilung der Zugriffsrechte, die in Abhängigkeit vom Systemzustand oder von spezifischen Prioritätsregelungen genutzt werden können.
Das Zugriffsprotokoll gestattet im Wettbewerbsmodus maximal eine Kollision bezogen auf einen übertragenen Datenrahmen und begrenzt somit strikt die tatsächliche Übertragungszeit eines Daten-Rahmens.
Im Wettbewerbsmodus des Protokolls werden die kurzen Zugriffszeiten der CSMA-CD-Protokolle erreicht, während im Reservierungsmodus der gleiche Durchsatz und die gleiche Leistung wie ein entsprechendes Token Passing Protokoll erzielt wird. In mittleren Lastbereichen wechselt das Protokoll adaptiv zwischen Wettbewerbsmodus und Reservierungsmodus und bietet somit sowohl ein gutes Durchsatzverhalten, als auch günstige Transferzeiten über den gesamten Lastbereich.
Die Leistungsfähigkeit des Protokolls ist abhängig von der Anzahl der angeschlossenen aktiven Zugriffs-Stationen und von der Ausdehnung des Netzwerkes. Für einen optimalen Einsatz wird deshalb die Bildung von Geräteclustern vorgeschlagen, die eine Zugriffs-Station gemeinsam nutzen, um die Anzahl der Zugriffs-Station niedrig zu halten /7, 8, 9/.

2. Spezifikation des Zugriffsprotokolls

Zur Abwicklung des Zugriffsprotokolls CSMA-CD-DP besitzen die Zugriffs-Stationen, analog dem CSMA-CD-Protokoll, die Fähigkeit, eine Belegung des Kanals durch eine andere Station zu erkennen (channel sensing). Weiterhin können sie feststellen, ob mehrere Stationen gleichzeitig senden (collision detection).

Um die gestellten Anforderungen erfüllen zu können, umfaßt das Protokoll folgende weitere Funktionen:

- Jeder übertragene Daten-Rahmen wird explizit quittiert, um damit eine Synchronisierung aller Zugriffs-Stationen bezüglich des Protokollablaufs zu erzielen. Zusätzlich wird dadurch eine Sicherung der Daten bereits auf der Kanalzugangskontrollschicht (Schicht 2a) erreicht.

  Anmerkung: Die Synchronisierung aller Stationen bezüglich des Protokollablaufs kann auch durch eine Kennzeichnung des Endes eines jeden Daten-Rahmens erzielt werden (end flag). Die Absicherung gegen Übertragungsfehler wird in diesem Fall von höheren Protokollschichten übernommen.

- Zur Durchführung der Kanal-Zuteilung nach einer Kollision oder einer erfolgreichen Übertragung werden deterministisch gestaffelte Sendeverzögerungszeiten eingeführt, die sich aus Zeitscheiben zusammensetzen, deren Länge T_0 der doppelten maximalen Laufzeit (propagation delay) T_{prop} im Netz entspricht. Jeder Station i in einem lokalen Netz, bestehend aus N Stationen, ist eine Sendeverzögerungszeit $T_{SV,init}(i)$ als Initialisierungswert zugeordnet:

  $T_{SV,init}(i) \in [1 \cdot T_0,\ 2 \cdot T_0, \ldots,\ N \cdot T_0)$

  Die Zuordnung dieser Zeiten zu den Stationen kann zum Beispiel von den Stationsadressen abgeleitet werden, ist aber unter Berücksichtigung der Eindeutigkeit frei wählbar.

In der Basis-Version des Zugriffsprotokolls CSMA-CD-DP werden die Sendeverzögerungszeiten zyklisch (modulo N) um den Wert T_0 inkrementiert. Diese Weiterschaltung erfolgt in allen Stationen sowohl bei Erkennen einer Kollision, als auch bei Feststellen einer erfolgreichen Übertragung durch Auswerten der positiven Quittung. Mit dem zyklischen Vergabeverfahren für die Sendeverzögerungszeiten wird bei symmetrischem Verkehrsaufkommen eine gleichmäßige (faire) Zuteilung der Sendeberechtigungen erzielt. Weitere Zuteilungsstrategien sind im Abschnitt 2.3 beschrieben.

2.1 Spezifikation aus Sicht des gemeinsamen Übertragungskanals

Aus der Sicht des Übertragungskanals wird das Protokoll durch drei Zustände beschrieben (siehe Bild 1). Im Zustand "Kanal Frei" befindet sich das Protokoll im Wettbewerbsmodus: Alle Stationen sind gleichberechtigt und können sofort auf den Kanal zugreifen, wenn ein Daten-Rahmen zur Übertragung bereitgestellt wird. Aus Sicht des Übertragungskanals wird mit Beginn der Übertragung in den Zustand "Übertragung" übergegangen. Während einer laufenden Übertragung prüfen alle Stationen, ob eine Kollision erfolgt ist. Diese Kollisionen können, bedingt durch die endliche Ausbreitungsgeschwindigkeit im Übertragungskanal, in einem kleinen Zeitfenster zu Beginn der ersten Übertragung nach Übergang aus dem Zustand "Kanal Frei" stattfinden, wenn mehrere Stationen den Kanal belegen. Die maximale Länge des Zeitfensters T_{koll} entspricht zweimal der maximalen Laufzeit T_{prop} im Übertragungskanal. Nach Ablauf dieses Zeitintervalls haben alle Stationen eine Belegung des Kanals erkannt. Im Falle einer Kollision geht der Kanal in den Zustand "Verzögerung" über.
Ebenfalls in den Zustand "Verzögerung" wird übergegangen, wenn eine Übertragung erfolgreich war, das heißt, vom Empfänger des Daten-Rahmens positiv quittiert wurde. Im Falle einer negativen Quittung wird ein Daten-Rahmen sofort wiederholt; der Kanal verbleibt im Zustand "Übertragung".
Im Kanal-Zustand "Verzögerung" befindet sich das Protokoll im Reservierungsmodus: für jede Station ist durch die Sendeverzögerungszeiten ein Zeitpunkt festgelegt, zu dem sie allein sendeberechtigt ist. Der Übertragungskanal wird durch diejenige Station belegt, die die kleinste aktuelle Sendeverzögerungszeit aufweist und einen Daten-Rahmen zu senden hat. Alle anderen Stationen erkennen die Belegung des Übertragungskanals, bevor sie selbst sendeberechtigt sind und stellen daraufhin ihre Sendeberechtigung zurück. Der Kanal geht wieder in den Zustand "Übertragung" über.

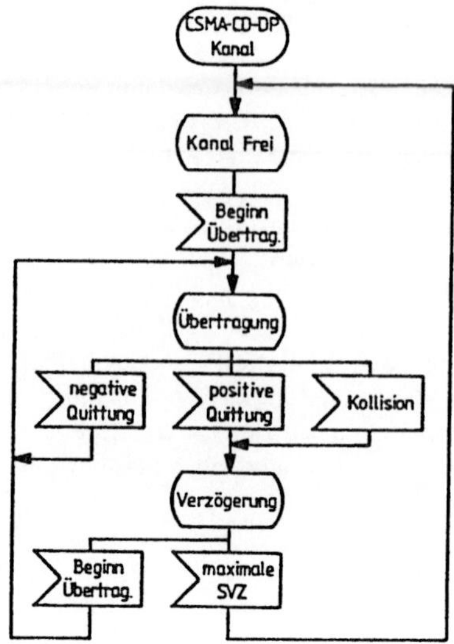

Bild 1: Zugriffsprotokoll CSMA-CD-DP:
Zustands-Übergangs-Diagramm aus Sicht des Übertragungskanals

SVZ: Sendeverzögerungszeit

Der Wechsel zwischen den Zuständen "Verzögerung" und "Übertragung" läuft solange ab, wie Daten-Rahmen in den Stationen zur Übertragung bereitstehen, bzw. rechtzeitig vor Ablauf der jeweiligen stationsspezifischen aktuellen Verzögerungszeit bereitgestellt werden. Findet im Zustand "Verzögerung" bis zum Ablauf der maximalen Verzögerungszeit $(N + 1) \cdot T_0$ keine Übertragung statt, so geht der Kanal wieder in den Zustand "Kanal Frei" über.

2.2 Spezifikation aus Sicht einer Zugriffs-Station

Aus der Sicht einer Zugriffs-Station zerfällt der Kanalzustand "Übertragung" in die Stations-Zustände "Empfang" und "Senden" (siehe Bild 2).
Hat eine Station keine Daten-Rahmen zu senden und ist der Kanal im Zustand "Kanal Frei", so befindet sich die Station im Zustand "Station Frei". In den Zustand "Empfang" wird durch Erkennen einer Kanalbelegung übergegangen, der Übergang in den Zustand "Senden" wird durch die Bereitstellung eine Daten-Rahmens zur Übertragung initiiert.
Ist eine Station im Empfangsfall nicht Adressat des übertragenen Daten-Rahmens, so verbleibt sie im Zustand "Empfangen" solange, bis sie eine positive Quittung auf dem Kanal erkennt und geht dann über in den Zustand "Verzögerung". Ist eine Station Empfänger des Daten-Rahmens, so prüft sie den Daten-Rahmen. Ist kein Übertragungsfehler aufgetreten, so bestätigt sie mit einer positiven Quittung und geht ebenfalls in den Zustand "Verzögerung" über. Im Fehlerfalle fordert sie durch eine negative Quittung eine Wiederholung der Übertragung an und verbleibt im Zustand "Empfang".
Alle Stationen, die sich im Zustand "Empfang" befinden, prüfen durch eine Zeitüberwachung, ob eine Kollision stattgefunden hat: Ist der Kanal nur in einem Zeitintervall belegt, das kleiner als das Zeitfenster für Kollisionen ist und handelt es sich um die erste Belegung des Kanals nach dem Übergang aus dem Zustand "Kanal Frei", so wird dieses bei allen zuhörenden Stationen als Kollision im Wettbewerbsmodus interpretiert, und es wird in den Zustand "Verzögerung" übergegangen.

Im Zustand "Senden" wird ein Daten-Rahmen übertragen. Eine Kollision wird durch einen bitweisen Vergleich der gesendeten Daten mit den Daten auf dem Kanal erkannt. Bei Feststellen einer Ungleichheit wird die Übertragung sofort abgebrochen und in den Zustand "Verzögerung" übergegangen. Ist keine Kollision aufgetreten, so wartet die betreffende Station das Einlaufen der Bestätigung ab. Bei positiver Quittung erfolgt der Übergang in den Zustand "Verzögerung", bei negativer Quittung wird der Daten-Rahmen wiederholt.

Nach Eintritt in den Zustand "Verzögerung" schaltet jede Station ihre aktuelle Sendeverzögerungszeit gemäß dem Vergabeverfahren weiter und beobachtet während dieser Verzögerungszeit den Kanal. Belegt keine andere Station den Kanal innerhalb dieser Zeitspanne, so überträgt sie einen der anstehenden Daten-Rahmen, oder sie wartet, falls sie keinen Rahmen zu übertragen hat, den Ablauf der maximalen Verzögerungzeit $(N + 1) \cdot T_0$ ab und kehrt in den Zustand "Station Frei" zurück. Ein Daten-Rahmen, der bis zum Ablauf der aktuellen Verzögerungszeit in einer freien Station zur Übertragung bereitgestellt wurde, wird zu diesem Zeitpunkt übertragen. Wird ein Daten-Rahmen im Zustand "Verzögerung" nach Ablauf der aktuellen Verzögerungszeit zur Übertragung bereitgestellt, so wartet die betreffende Station die maximale Verzögerungszeit ab, und geht dann sofort in den Zustand "Senden" über. Der Zustand "Station Frei" wird in diesem Fall nur als transienter Zustand durchlaufen.

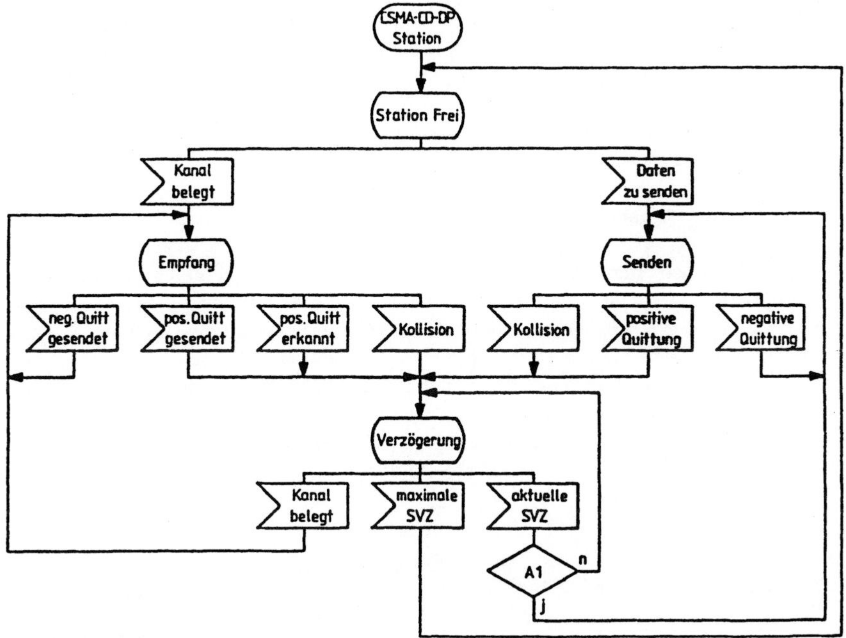

Bild 2: Zugriffsprotokoll CSMA-CD-DP:
Zustands-Übergangs-Diagramm aus Sicht einer Zugriffs-Station

SVZ: Sendeverzögerungszeit
A1 : Daten zum Senden bereitgestellt?

2.3 Vergabeverfahren für Sendeberechtigungen

Das zyklische Weiterschalten der Sendeverzögerungszeiten führt zu einer gleichmäßigen Zuteilung der Kanalkapazität an alle Zugriffs-Stationen. Dieses Verfahren ist somit optimal, wenn die Stationen eines Systems gleichberechtigt sein sollen und wenn sie ein annähernd gleiches Verkehrsaufkommen haben. Zur Berücksichtigung spezieller Systemverhältnisse kann das zyklische Vergabeverfahren durch andere Vergabeverfahren ersetzt werden, mit denen, entsprechend der Vorgaben, wieder ein optimales Systemverhalten erzielt wird.

2.3.1 Statische Prioritäten

Die Übertragung von Daten mit unterschiedlicher Dringlichkeit erfordert die Einführung von Prioritäten. Eine stationsbezogene Priorisierung der Sendeberechtigungen wird durch eine feste Vergabe der Sendeverzögerungszeiten realisiert. Jeder Zugriffs-Station wird in diesem Fall eine Sendeverzögerungszeit zugeordnet, die bei Durchlaufen des Verzögerungszustandes nicht geändert wird. Die Station mit der kleinsten Verzögerungszeit erhält somit die höchste Priorität im System. Dieses Verfahren entspricht dem Vergabeverfahren für die Sendeberechtigungen im HYPERchannel-System /12/.
Die Zuordnung statischer Prioritäten führt zu einer andauernden Diskriminierung der Stationen mit niedrigen Prioritäten bezüglich der wahrnehmbaren Zugriffsberechtigungen und führt bei hohem Verkehrsaufkommen zu einer Monopolisierung des Kanals durch Stationen mit hoher Priorität. Deshalb ist dieses Verfahren nur sinnvoll für eine relativ kleine Anzahl von Zugriffs-Stationen oder bei sehr niedrigem Verkehrsaufkommen in Stationen mit hoher Priorität. Ein verbessertes Verfahren zur Einführung von stationsbezogenen Prioritäten ist im Abschnitt 2.3.4 angegeben.

2.3.2 Komplementäres Vergabeverfahren

Ein unsymmetrisches Verkehrsaufkommen in den einzelnen Zugriffs-Stationen führt bei Anwendung des zyklischen Weiterschaltens der Verzögerungszeiten zu einer ungleichen Behandlung der einzelnen Zugriffs-Stationen: Eine Station, die in der logischen Reihenfolge der Zugriffs- Stationen einer hochbelasteten Station nachgeordnet ist, erfährt eine höhere Wartezeit, als eine Station mit gleichem Verkehrsaufkommen, die in der Reihenfolge vor der hochbelasteten Station steht. Dieses Verhalten kann kompensiert werden, wenn jeder Station zwei komplementäre Sendeverzögerungszeiten zugeteilt werden, die abwechselnd nach einer erfolgreichen Übertragung beziehungsweise einer Kollision im System wirksam werden.
Für eine Station i, i = 1, 2 ,3, ..., N, berechnen sich die beiden Verzögerungszeiten zu:

$$T_{SV,1}(i) = i \cdot T_0 \qquad \text{und} \qquad T_{SV,2}(i) = (N+1-i) \cdot T_0.$$

2.3.3 Reversibel-zyklisches Vergabeverfahren

Ein weiteres Vergabeverfahren für die Sendeverzögerungszeiten, welches im Gegensatz zum komplementären Verfahren nur eine Umschaltzeit benötigt, aber ein ähnliches Verhalten eines Systems bei unsymmetrischen Verkehrsverhältnissen bewirkt, arbeitet mit einer reversibel-zyklischen Weiterschaltung der Sendeverzögerungszeiten. Ab dem Initialisierungswert $T_{SV,init}(i)$ werden die Verzögerungszeiten zyklisch (modulo N) inkrementiert und nach Erreichen des Wertes $[T_{SV,init}(i) - T_0]$ modulo N ebenso wieder dekrementiert. Um die gleiche Zykluslänge wie beim normalen zyklischen Verfahren zu erhalten, werden die Werte $T_{SV,init}(i)$ und $[T_{SV,init}(i) - T_0]$ modulo N zweimal nacheinander benutzt.

2.3.4 Bildung von Zugriffs-Stationsklassen

Die Einführung von Stationsklassen ermöglicht eine flexible Anpassung an unterschiedliche Bedingungen. Die Menge aller Zugriffs-Stationen wird in mehrere Klassen aufgeteilt, wobei die Größe der einzelnen Klassen unterschiedlich sein darf. Jede dieser Klassen erhält eine der Klassengröße entsprechende Anzahl an Verzögerungszeiten zugeteilt.

Innerhalb jeder Klasse wird die Vergabe der Verzögerungszeiten unabhängig von den anderen Klassen festgelegt. So kann innerhalb einer Klasse durch Anwendung des statischen Vergabeverfahrens wieder eine stationsbezogene Priorisierung hergestellt werden, oder durch Einsatz des zyklischen Vergabeverfahrens ein gleichberechtigtes Verhalten erreicht werden. Desgleichen ist eine klassenbezogene Kompensation der Wartezeiten bei unsymmetrischem Verkehrsaufkommen durch entsprechende Anwendung der anderen genannten Vergabeverfahren möglich.

In Analogie zu den statischen Prioritäten ist bei diesem Vergabeverfahren für die Priorität einer Klasse von Zugriffs-Stationen die Länge der mittleren Sendeverzögerungszeit der betreffenden Klasse entscheidend. Sie errechnet sich zu:

$$E[T_{SV}(kl)] = 1/N(kl) \cdot \sum_{i=1}^{N(kl)} T_{SVZ}(kl,i)$$

mit: $kl = 1,2,\ldots$ Stationsklasse
$N(kl)$ Anzahl Stationen in der Stationsklasse kl
$T_{SV}(kl,i)$ Sendeverzögerungszeit der Station i in der Stationsklasse kl

Durch die Bildung von Stationsklassen und durch eine entsprechende Zuteilung der Sendeverzögerungszeiten zu den einzelnen Stationsklassen können für ausgewählte Stationsklassen begrenzte Wartezeiten beziehungsweise Transferzeiten realisiert werden.

2.4 Überlastkontrolle

Die Vergabeverfahren für die Sendeverzögerungszeiten stellen für statische Verkehrsverhältnisse eine optimale Zuteilung der Kanalkapazität sicher. Für den Fall kurzzeitig auftretender Überlast in einzelnen Stationen (zum Beispiel bei File Transfer) kann eine Überlastkontrolle eingerichtet werden, um die Kanalkapazität entsprechend dem wechselnden Verkehrsaufkommen optimal zuzuteilen. Diese Überlastkontrolle erfordert nur einen geringen Mehraufwand in der Abwicklung des Zugriffsprotokolls und beansprucht keine zusätzliche Kanalkapazität. Durch eine entsprechende Festlegung der Kontrollparameter kann ein optimiertes Verhalten erzielt werden.

2.4.1 Sender-Überlastkontrolle

Die Überlastkontrolle einer Zugriffs-Station in Senderichtung erfolgt nach einer Zweipunkt-Regelung. Überschreitet die aktuelle Anzahl der zur Übertragung anstehenden Daten-Rahmen einen Schwellwert Q_1, so setzt die überlastete Station im Kopf eines jeden Daten-Rahmens eine Überlast-Status-Information und sendet nach normalen Erhalt einer Sendeberechtigung die anstehenden Daten-Rahmen in ununterbrochener Reihenfolge. Der zeitliche Abstand zur Quittung des vorhergehenden Daten-Rahmens entspricht der kleinsten Sendeverzögerungszeit $1 \cdot T_0$. Anhand der ausgewerteten Status-Information erkennen alle anderen Stationen die Überlast-Situation und setzen ihre Sendeberechtigungen außer Kraft. Nach Unterschreiten einer Schwelle Q_2 in der überlasteten Station setzt diese die Überlast-Status-Information im letzten gesendeten Daten-Rahmen zurück; in allen Stationen wird daraufhin wieder das normale Vergabeverfahren für die Verzögerungszeiten wirksam.
Eine dauerhafte Monopolisierung des Übertragungskanals durch eine überlastete Station wird dadurch verhindert, daß die Anzahl gesendeter Daten-Rahmen mit gesetzter Überlast-Status-Information begrenzt ist. Nach Erreichen der maximalen Anzahl wird die Überlast-Status-Information unabhängig von der Anzahl wartender Daten-Rahmen zurückgesetzt. Diese Grenze kann in Abhängigkeit von der Anzahl der Stationen und dem Verkehrsaufkommen vorgegeben werden. Es ist aber damit sichergestellt, daß alle Stationen innerhalb eines begrenzten Zeitintervalls mindestens eine Sendeberechtigung erhalten.

2.4.2 Empfänger-Überlastkontrolle

Eine begrenzte Aufnahmekapazität der Zugriffs-Stationen beziehungsweise die unzureichende Abnahmegeschwindigkeit eines empfangenden Teilnehmers können zu einem Speicherüberlauf im Empfangspfad der Zugriffs-Stationen führen. Zur Entzerrung dieser Überlastsituation und um Kanalbelegungen aufgrund nutzloser Wiederholungen zu vermeiden, hat eine empfangende Station die Möglichkeit, eine sofortige Wiederholung einer Übertragung zu verhindern, indem sie eine entsprechende Überlast-Status-Information in der zurückgesendeten Quittung setzt. Der Absender des Datenrahmens stellt in diesem Fall die Übertragung bis zu seiner nächsten Sendeberechtigung zurück und wiederholt erst dann den betreffenden Datenrahmen. Obwohl der Daten-Rahmen von der überlasteten Station nicht angenommen wurde, wird positiv quittiert, um den Übertragungskanal für andere Stationen freizugeben.

3. Leistungsanalyse

3.1 Leistungsvergleich mit CSMA-CD und Token Passing

Für einen Leistungsvergleich des CSMA-CD-DP-Protokolls mit dem CSMA-CD-Protokoll und dem Token Passing-Verfahren wird die mittlere Wartezeit eines Daten-Rahmens bezogen auf die mittlere Übertragungszeit der Daten-Rahmen als Funktion der Kanalbelastung betrachtet (siehe Bild 3).
Im Niedriglastbereich verhält sich das Protokoll CSMA-CD-DP wie das CSMA-CD-Protokoll: Hat nur eine Station einen Daten-Rahmen zu senden und ist der Kanal frei, so kann die Übertragung sofort erfolgen; die Wartezeit eines Daten-Rahmens bis zur Übertragung geht gegen Null, wenn die Last gegen Null geht. Bei Hochlast arbeitet das CSMA-CD-DP-Protokoll hingegen wie ein Token Passing-Protokoll: Hat jede Station einen Daten-Rahmen zu senden, so wird immer nach der kleinstmöglichen Verzögerungszeit $1 \cdot T_0$ der Kanal durch eine Übertragung belegt; das Protokoll verbleibt immer im Reservierungsmodus. Dieses entspricht dem Weiterreichen eines virtuellen Tokens von Station zu Station in der Zeit T_0 Das Zugriffsprotokoll CSMA-CD-DP vereinigt somit die Vorteile der Wettbewerbsverfahren im Niedriglastbereich mit den Vorteilen der Reservierungsverfahren im Hochlastbereich. Steigt die Anzahl der zur Übertragung bereitgestellten Daten-Rahmen an, so steigt damit auch die Wahrscheinlichkeit, daß eine Station das Ablaufen der maximalen Verzögerungszeit abwarten muß, bis sie auf den Kanal zugreifen kann, so daß sich gegenüber dem CSMA-CD-Protokoll beim CSMA-CD-DP-Protokoll höhere Wartezeiten ergeben.

3.2 Unsymmetrische Lastaufteilung

Unsymmetrische Lastverhältnisse treten in Lokalen Netzen zum Beispiel beim Absenden größerer Datenmengen (File Transfer) durch eine Station auf. Das Verhalten der Vergabeverfahren für die Sendeberechtigungen bei Vorhandensein einer Station mit hohem Verkehrsaufkommen zeigt Bild 4. Dargestellt ist über der Stationsnummer die mittlere Wartezeit bezogen auf die mittlere Übertragungszeit. Die zyklische Vergabe der Sendeberechtigungen führt zu einem unfairen Verhalten des lokalen Netzes: Stationen, die ein gleiches Verkehrsaufkommen aufweisen, besitzen unterschiedliche Wartezeiten. Dieses Verhalten ist bedingt durch die häufigen Kanalzugriffe der hochbelasteten Station und der dadurch, aus Sicht einer Station mit niedrigem Verkehrsaufkommen, unregelmäßig erfolgenden Weiterschaltung der Sendeberechtigungen.
Das komplementäre und das reversibel-zyklische Vergabeverfahren begrenzen hingegen die Auswirkung der hohen Belastung strikt auf die Station mit hohem Angebot, und alle anderen Stationen weisen Wartezeiten auf, die in gleicher Größenordung liegen. Bei statischen Prioritäten, die im dargestellten System proportional zur Stationsnummer angeordnet sind, wächst die Wartezeit mit steigender Stationsnummer, wobei die unsymmetrische Lastaufteilung eine zusätzliche Erhöhung der Wartezeiten in der Stationen mit niedriger Priorität bewirkt.

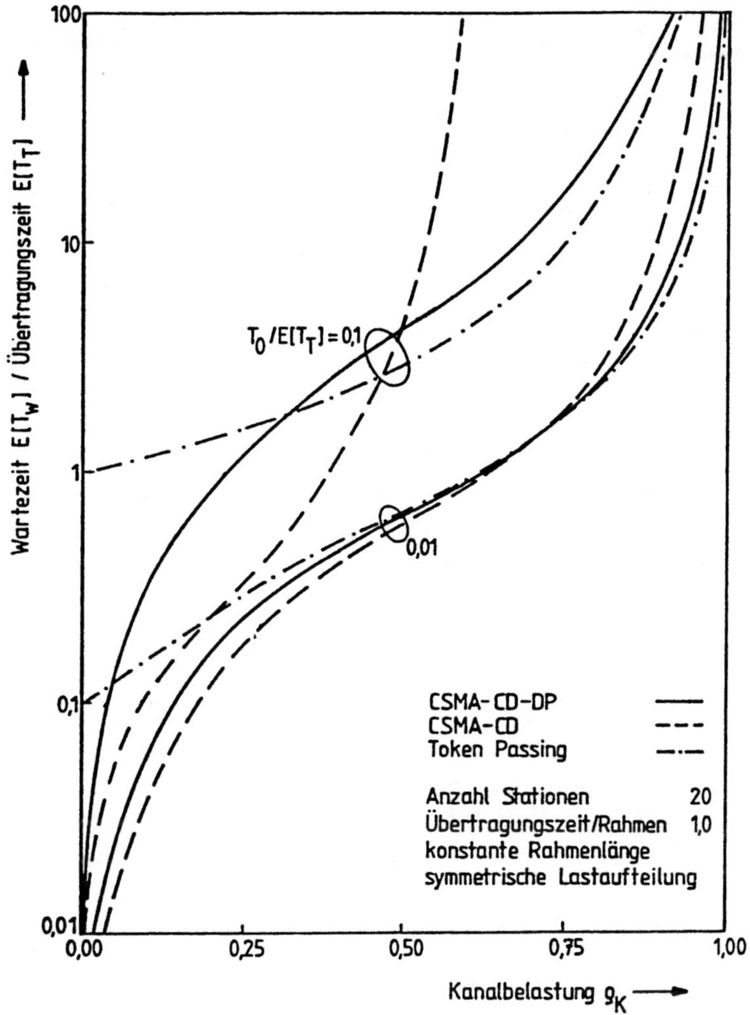

Bild 3: Zugriffsprotokoll CSMA-CD-DP-Protokoll:
Leistungsvergleich mit CSMA-CD-Protokoll und Token Passing-Protokoll

$T_0/E[T_T]$ Dauer einer Zeitscheibe T_0/ Übertragungszeit eines Daten-Rahmens

Bei Verlagerung des hohen Angebots auf eine andere Station ergibt sich ein prinzipiell gleiches Verhalten der Vergabeverfahren. Bezüglich ihrer logischen Position zueinander sind die Stationen ringförmig angeordnet: Die Wartezeit einer Station ist beim zyklischen Vergabeverfahren abhängig von ihrer logischer "Distanz" zur hochbelasteten Station. Beim komplementären und reversibel-zyklischen Verfahren ist nur eine geringe Abhängigkeit der Wartezeiten von der Position der Stationen mit gleichem Verkehrsaufkommen festzustellen. Diese Abhängigkeit ist im dargestellten System auf eine zu grobe Rasterung der Sendeverzögerungszeiten bezogen auf die Anzahl der Stationen zurückzuführen. Im Vergleich zum zyklischen Vergabeverfahren aber ist diese Abhängigkeit vernachlässigbar gering.

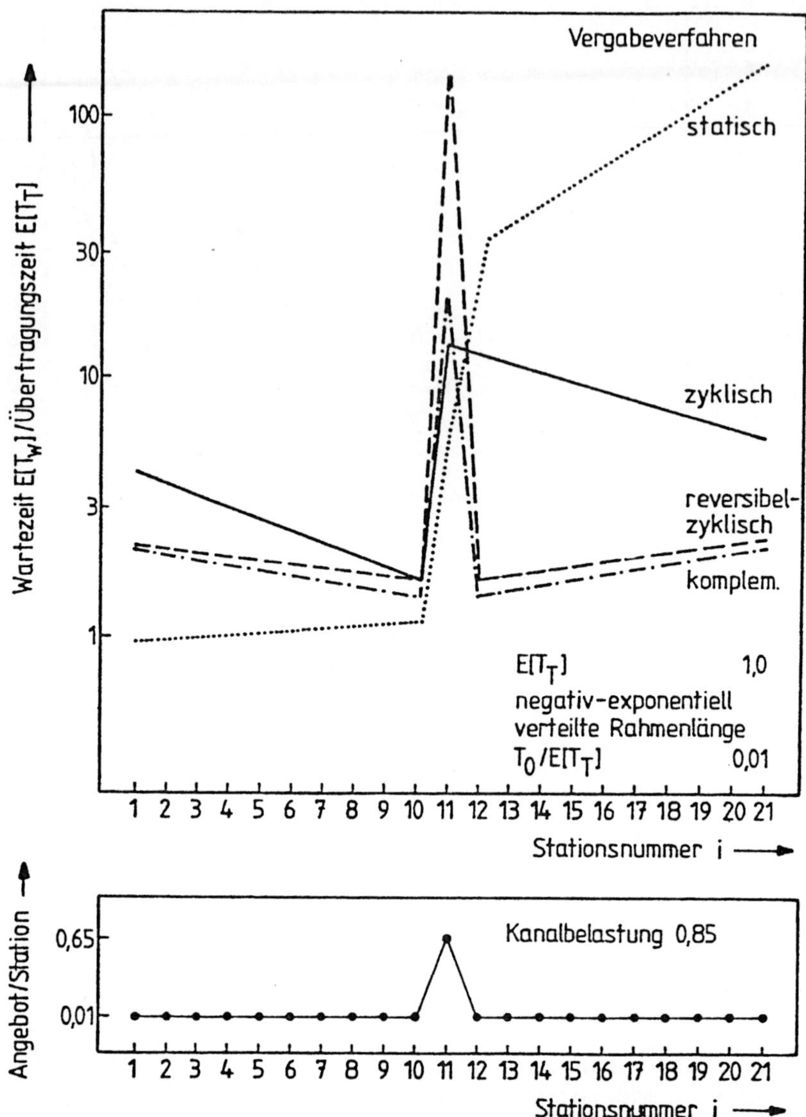

Bild 4: Zugriffsprotokoll CSMA-CD-DP:
Verhalten der Vergabeverfahren für Sendeberechtigungen
bei unsymmetrischem Verkehrsaufkommen

3.3 Überlastkontrolle

Bild 5 zeigt den Verlauf der mittleren Wartezeit als Funktion der Stationsnummer bei Einsatz der Sender-Überlastkontrolle in einer hochbelasteten Station. Durch die Überlastkontrolle wird die Kanalkapazität besser ausgenutzt. Dieses ist am Absinken der mittleren gewichteten Wartezeit $E[T_w]_{gew}$ deutlich zu erkennen. Diese berechnet sich zu:

$$E[T_w]_{gew} = \sum_{i=1}^{N} \frac{\lambda_i}{\lambda_g} E[T_w(i)], \text{ mit } \lambda_g = \sum_{i=1}^{N} \lambda_i .$$

Werden in einer Station mit hohem Angebot bei jeder regulär erhaltenen Senderberechtigung alle anstehenden und neu hinzukommenden Daten-Rahmen abgefertigt bis die Sendewarteschlange leer ist (erschöpfende Bedienung; $Q_1 : Q_2 = 1 : 0$), oder wird die Überlastkontrolle schon bei wenigen anstehenden Daten-Rahmen eingesetzt, so wird die hohe Belastung überkompensiert: Die Station mit hohem Verkehrsaufkommen erzielt eine niedrigere Wartezeit als die Stationen mit niedrigem Verkehrsaufkommen (siehe Bild 5). Abhängig von den Verkehrsaufkommen der einzelnen Stationen erlaubt somit die Überlastkontrolle bei geeigneter Wahl der Parameter Q_1 und Q_2 ein Ausgleichen der Wartezeiten. Ist die logische "Distanz" zwischen den Stationen groß, so gleicht das komplementäre Verfahren die Wartezeiten besser aus; haben hingegen benachbarte Stationen ein hohes Angebot, so führt das reversibel-zyklische Verfahren zu einem besseren Ausgleich der Wartezeiten.

3.4 Stationsklassen

Nach Abschnitt 3 ermöglicht das Zugriffsprotokoll CSMA-CD-DP die Bildung von Stationsklassen. Bild 6 zeigt für ein System bestehend aus 20 Stationen und zwei Stationsklassen den Verlauf der mittleren Wartezeit bezogen auf die mittlere Übertragungszeit als Funktion der Kanalbelastung.

Die Stationsklasse 1 umfaßt N(1) = 5 Stationen, die Stationsklasse 2 enthält N(2) = 15 Stationen. Dadurch, daß die Stationsklasse 1 immer Vorgang hat, kann für diese Klasse eine Begranzung der Wartezeit erreicht werden. Bei der Stationsklasse 2 hingegen steigt die Wartezeit im Vergleich zu einem System ohne Klassenaufteilung im unteren und mittleren Bereich der Kanalbelastung um etwa 10% an.

Ein unsymmetrisches Verkehrsaufkommen in den einzelnen Stationsklassen hat nur einen geringen Einfluß auf die Wartezeiten in den Stationsklassen mit niedrigen Prioritäten. Der Absolutwert der maximalen Wartezeit ist abhängig von der Anzahl der Stationen pro Klasse, der Anzahl der Klassen und dem Verkehrsaufkommen innerhalb der einzelnen Klassen. Abhängig von diesen Parametern ist es möglich, nicht nur für die erste Stationsklasse, sondern auch für weitere Klassen obere Grenzen der Wartezeiten zu bestimmen.

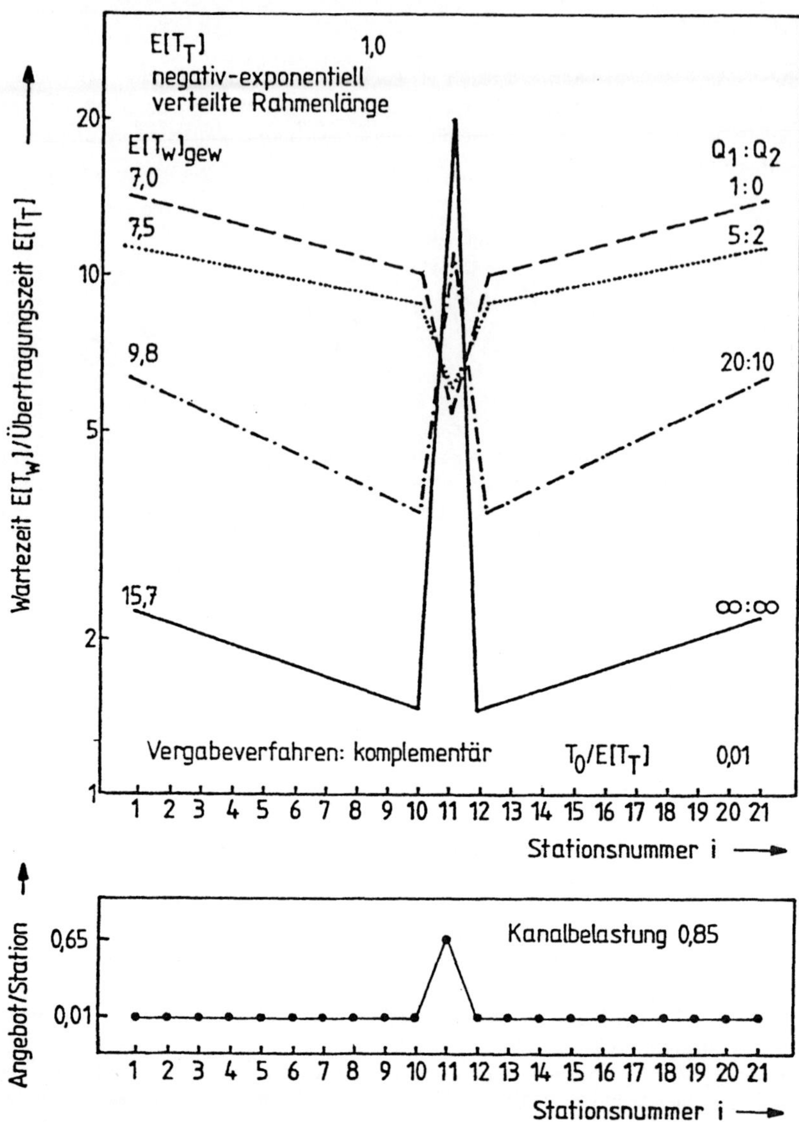

Bild 5: Zugriffsprotokoll CSMA-CD-DP:
Verhalten des komplementären Vergabeverfahrens für Sendeberechtigungen bei unsymmetrischem Verkehrsaufkommen und Einsatz der Überlastkontrolle in der Station mit hohem Verkehrsaufkommen

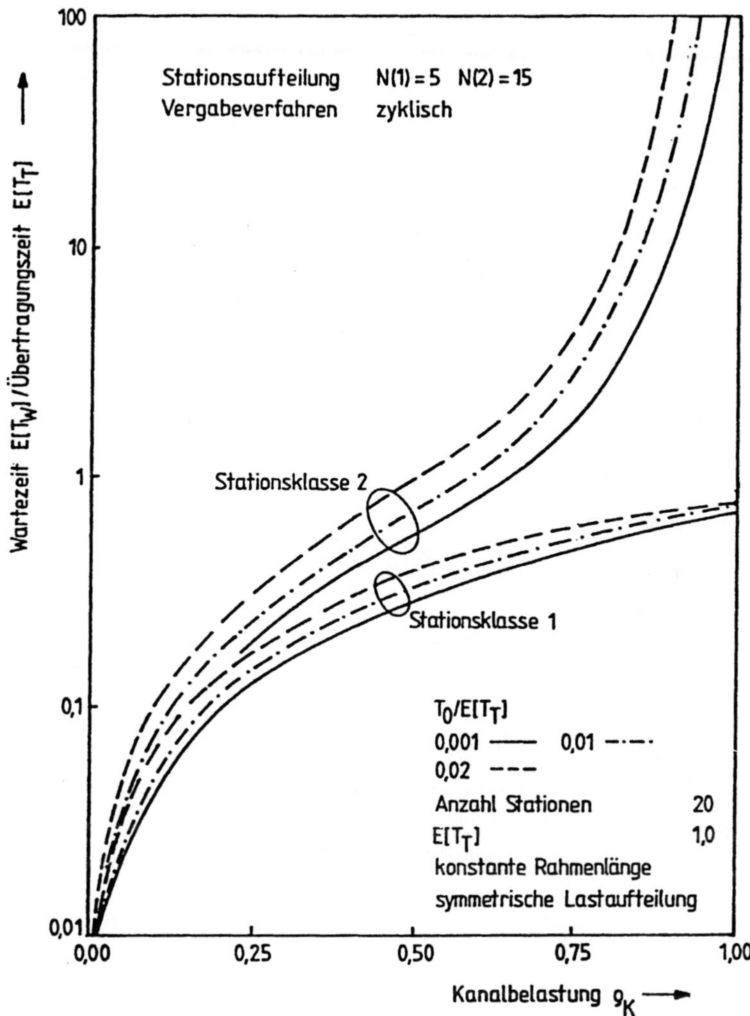

Bild 6: Zugriffsprotokoll CSMA-CD-DP:
Bildung von Stationsklassen bei symmetrischem Verkehrsaufkommen in den Stationsklassen

4. Zusammenfassung

Das Protokoll CNMA-CD-DP baut auf wesentliche Funktionen des Protokolls CSMA-CD wie Kanalbeobachtung (carrier sensing) und Kollisionserkennung (collision detection) auf. Durch Nutzung gestaffelt angeordneter deterministischer Senderverzögerungszeiten wird eine effektive Ausnutzung der Übertragungskapazität und eine hohe Stabilität des Protokolls auch bei hohem Verkehrsaufkommen erzielt.

Die flexible Zuordnung der Sendeverzögerungszeiten zu den Stationen erlaubt eine sehr gute Anpassung des Protokolls für reale Einsatzfälle und prädestiniert damit dieses Protokoll für einen Einsatz in industriellen lokalen Netzen.
Die Ergebnisse der Leistungsuntersuchungen zeigen auf, daß das Protokoll die Vorteile der Wettbewerbsprotokolle und der Reservierungsprotokolle vereinigt und unter Erhalt der Leistungsfähigkeit mit geringem Aufwand flexibel an reale Einsatzbedingungen (unsymmetrisches Verkehrsaufkommen, Stationsprioritäten) angepasst werden kann.

Referenzen

/1/ W. Bux, "Analysis of a local area bus system with controlled access", International Conference on Performance of Data Communication Systems and Their Applications, Paris, 14. - 16. September 1981, S.11-22.

/2/ W. Bux, "Local Area Networks: A performance comparison", IEEE Transactions on Communications, Vol. COM-29, S. 1465-1473, 1981.

/3/ W. Bux, F. Closs, P.A. Janson, K. Kümmerle, and H.R. Müller, "A reliable token ring system for local area communication", National Telecommunication Conference, New Orleans,29.November - 3. Dezember 1981, S. A2.2.1-A2.2.6.

/4/ W. Bux, F. Closs, P.A. Janson, K. Kümmerle, H.R. Müller and E.H. Rothauser, "A local area communication network based on a reliable token ring system", International Symposium on Local Computer Networks, Florenz, 19. - 21. April 1982, S. 69-82.

/5/ W.R. Franta and M.B. Bilodeau, "Analysis of a prioritized CSMA protocol based on staggered delays", Acta Informatica, Vol. 13, S. 299-324, 1980.

/6/ P.J. Kuehn, "Performance of ARQ-protocols for HDX-transmission in hierarchical polling systems", Performance Evaluation, Vol. 1, S. 19-30, 1981.

/7/ W.M. Kiesel and P.J. Kuehn, "A new CSMA-CD-protocol for local area networks with dynamic priorities and low collision probability", IEEE Journal on Selected Areas in Communications, Vol. SAC-1, S. 869-876, 1983.

/8/ W.M. Kiesel and P.J. Kuehn, "Ein neues CSMA-CD-Protokoll mit dynamischen Prioritäten für verteilte Systeme", NTG/GI Konferenz über Rechner-Architektur und Betriebssysteme, Ulm, 22.-24.März. 1982, S. 181-191.

/9/ W.M. Kiesel, P.J. Kuehn, H. Schroeder, and A. Schwanke, "Architecture of the communication subsystem for local area network operating under a new CSMA-protocol with dynamic priorities", GI-Konferenz "Kommunikation in Verteilten Systemen", Berlin, 17. - 21. Januar 1983, S. 497-516.

/10/ K. Kümmerle, "Local area communication networks - An overview", NTG/GI Konferenz über Rechner-Architektur und Betriebssysteme, Ulm, 22.-24.März. 1982, S. 128-145.

/11/ R.M. Metcalfe, D.R. Boggs: "ETHERNET: Distributed packet switching for local computer networks", Communication of the ACM, Vol. 19, S.395-403, 1976.

/12/ O. Spaniol, "Analysis and performance evaluation of the HYPERchannel access protocols", Performance Evaluation, Vol. 1, S. 170-179, 1981.

/13/ F.A. Tobagi, "Multiaccess protocols in packet communication systems", IEEE Transactions on Communications, Vol. COM-28, S. 468-488, 1980.

/14/ ISO, "Information processing systems- Open systems interconnection - Basic reference model", IS 7498, Genf, Oktober 1983.

/15/ CCITT, "Functional specification and description language (SDL)", Recommendations Z.101-Z.104, Genf, Mai 1985.

Servicestrukturen in verteilten Engineering- und Automatisierungsnetzen

W. Friedrich
Siemens AG, Systemtechnische Entwicklung
Erlangen

Zusammenfassung

Mit zentralen Diensten (Services) in Engineering- und Automatisierungsnetzen werden die herkömmlichen Rechnerstrukturen aufgelöst. Die Architektur, die Adressierungsproblematik sowie ein mögliches Redundanzkonzept für fehlertolerante Services wird diskutiert. Eine Betrachtung der Architekturmerkmale verdeutlicht die Vorteile von Servicestrukturen. Als Beispiele werden File und Data Base Service sowie ein Print/ Plot-Service vorgestellt. Abschließend wird die in den Normungsgremien vorgeschlagene Architektur skizziert sowie auf fehlende Funktionen hingewiesen. Das hier vorgestellte Konzept für Services wurde teilweise im Rahmen von Vorfeldarbeiten realisiert.

1. Motivation

Nachdem über mindestens zwei Jahrzehnte Automatisierungssysteme "zentralistischen" Strukturen unterworfen waren und Engineeringssysteme garnicht oder nur über individuelle Lösungen mit Automatisierungssystemen verbunden worden waren, werden diese Strukturen zugunsten verteilter Architekturen aufgelöst und die Ankopplung der Engineeringsysteme über wesentlich verbesserte Kommunikationssysteme durchgeführt.

Der erste Schritt der Auflösung der zentralen Strukturen führte beim - in hierarchisch organisierten Automatisierungssystemen eingebetteten - Prozeßrechner mit sternförmig angekoppelter Prozeßperipherie zur Trennung von Rechner und Steuerungssystem. Die Kopplung dieser beiden Systeme wurde über Bussysteme durchgeführt. Die klassische Architektur zur

- Speicherung von Daten und dem Zugriff auf diese,
- Ausgabe auf Displays und Papierträger,
- Anbindung an Großrechnersysteme

blieb jedoch weiterhin erhalten und wurde von den Rechnern, ob Prozeßrechner, Workstation oder Personalcomputer, realisiert.

Erst in einem zweiten Schritt, mit der Bereitstellung von zentralen Diensten, den Services, werden diese Architekturen noch weiter aufgelöst. Diese Dienste für Datenhaltung, Protokollierung, Rechnerkopplung stehen in industriellen Netzen zur Nutzung durch Einheiten für Steuerungs- und Regelungsaufgaben sowie den Rechnersystemen für Produktionsleit- und -führungsaufgaben und rechnergestützten Arbeitsplätzen zur Verfügung.
Mit der Einführung von Services ist es gelungen, die Verknüpfung von Engineeringnetzen und Automatisierungsnetzen von individuellen ad hoc-Lösungen zu standardisierten Systemlösungen zu führen. Im Sinne des Computer Integrated Manufacturing (CIM) schließen somit die Services die Lücke und bilden gleichzeitig die Brücke zwischen Planung, Systemerstellung, Konstruktion, Produktionsvorbereitung und flexibler Fertigung und Montage, Koordinierung und Diagnose.

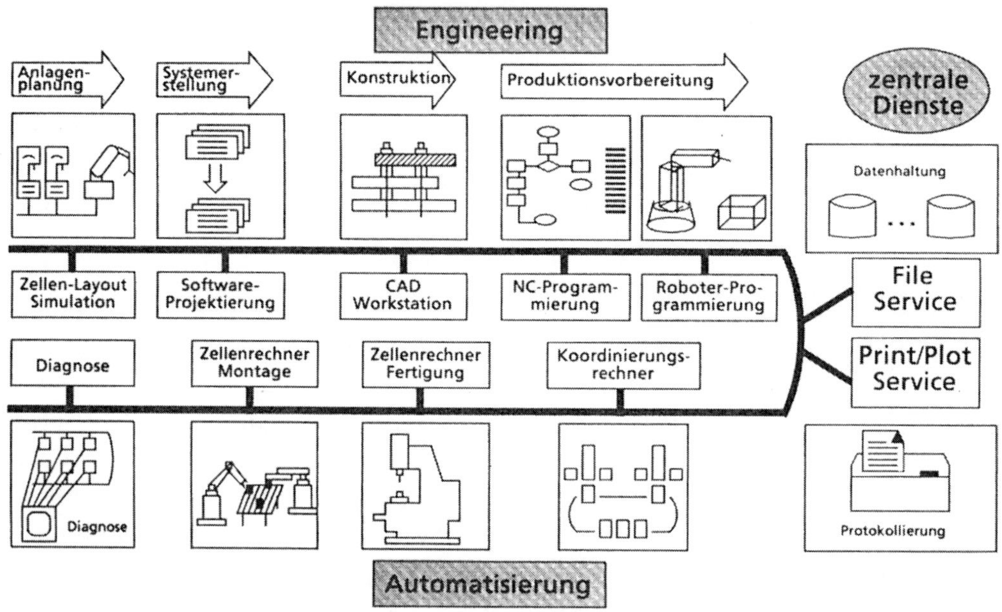

Bild 1./1 Beispiel eines Engineering- und Automatisierungsnetzes

Die durch die Breite des Aufgabenspektrums bedingte Vielfalt der eingesetzten Systeme in Hardware und Software zwingt zur Vereinheitlichung der Datenhaltung, zur Konzentration von Ressourcen und damit zur Realisierung von zentralen Dienstleistungen. Diese zentralen Dienstleistungen werden von Services, die auf Standard- oder Spezialhardware, den sog. Servern installiert werden, erbracht und stehen somit jedem Teilnehmer in Netz, sei es ein Automatisierungssystem, sei es eine Montagezelle, ein Prozeßrechner oder ein PC, zur Verfügung.
Das zeitliche Anforderungsprofil an Services ist in Engineering- und Automatisierungsnetzen sehr unterschiedlich. Während in Engineeringnetzen die Reaktionszeit

von Services bei der Bearbeitung von Dateien, Nachrichten oder Aufträgen im wesentlichen durch die Interaktionszeit bestimmt wird, fordern die Automatisierungsgeräte die Bereitstellung bzw. Abnahme von Daten bis in den Millisekundenbereich. Für Services in Engineering- und Automatisierungsnetzen ergeben sich folgende wesentlichen Anforderungen:

- Bereitstellung von Datenablagen für Daten, die von mehreren sehr unterschiedlichen Partnern mit stark divergierenden zeitlichen Anforderungen gleichzeitig genutzt werden (z.B. Meldungen für Wartung, Übertragung von Werkzeugdaten, Übertragung von NC-Programmen) und
- wirtschaftliche Bereitstellung und Erweiterbarkeit von Ressourcen wie externe Speicherkapazität, Drucker, Plotter, Anschluß an öffentliche Netze, Kopplung zu Großrechnern.

2. Strukturen von Services

2.1 Architekturmodell

Die Realisierungsstrukturen der Services orientieren sich zum einen an den Normierungsvorschlägen für "Distributed Office Services" / ECMA 86, ISO 86/ und zum anderen an den Gegebenheiten in den Engineeringnetzen und insbesondere in den Automatisierungsnetzen. Das im folgenden diskutierte Architekturmodell berücksichtigt diese "Umweltbedingungen".

Ein Service stellt netzweit seine Dienstleistung zur Verfügung, d.h. alle Benutzer im Netz - Personen, Rechner, Steuerungen - können sich dieser Dienstleistung bedienen. Aus diesem Grund gliedert sich ein Service in eine dienstleistungserbringende Komponente, in der Regel auf ausgewählten Knoten in einem Netz, und eine dienstanfordernde Komponente auf jedem Knoten im Netz, der Zugang zu diesem Dienst hat.

Das Architekturmodell der Services besteht deshalb aus sog. Clients und den Serviceagents. Dieses Modell ist für alle Services gleich. Die Clients finden wir auf den die Servicefunktionen anfordernden Stationen - dem Rechner oder dem Automatisierungssystem. Die Serviceagents befinden sich auf den die Dienstleistungen erbringenden Stationen - den Rechnern. Dieses Client-Serviceagent-Modell ist in ECMA/ ISO als Framework "Distributed Office Service" beschrieben.

Ein Client gliedert sich in einen Schnittstellenmodul zu den Applikationen, den Benutzern oder dem Bedienprogramm des Service, und einen Bearbeitungsteil. Die Client-Schnittstelle enspricht funktionell einem Aufruf mit Parametern als Eingabedaten und Ergebnissen oder Fehlermeldungen als Rückgabewerte.

Die im Client-Bearbeitungsteil realisierte Funktionalität umfaßt u.a. die Auftragscodierung, die stationsorientierte Auftragsverwaltung, die Adressdecodierung, die Auftragszerlegung und -zusammensetzung, die Auftragsübermittlung mittels des

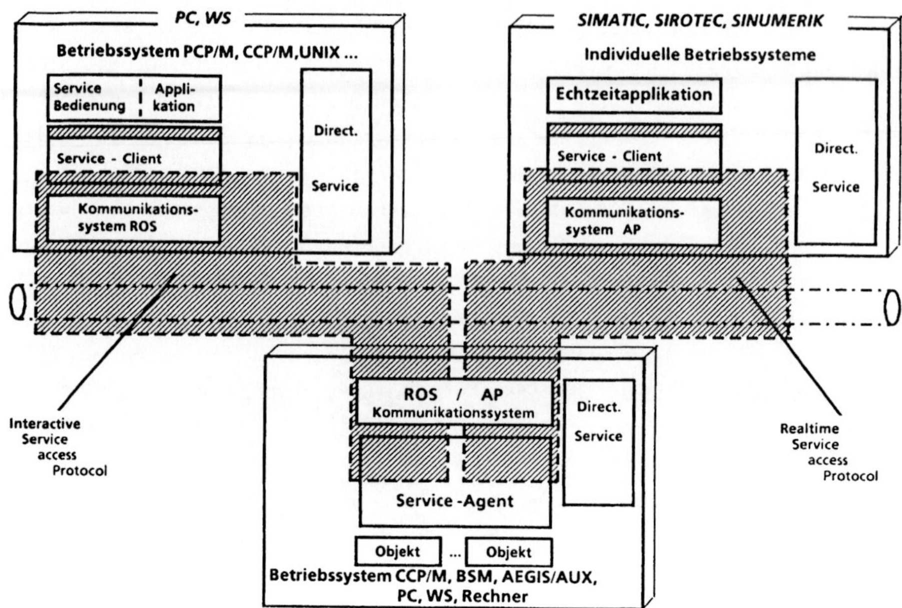

Bild 2./1 Architektur von Services

unterlagerten Kommunikationssystems, die Bearbeitung der Auftragsantwort, die Auftragssicherung und evtl. die Auftragswiederholung. Die Protokollabwicklung des Service-Access-Protokolls obliegt in der auftragsinitierenden Station dem Client-Bearbeitungsteil.

Der Serviceagent auf der Serverstation realisiert die gewünschte Dienstleistung. Unabhängig ob die Anforderungen von einem Rechner oder einem Automatisierungssystem erfolgen, werden die Serviceanforderungen vom gleichen Serviceagent erfüllt. Die Anforderungen beziehen sich auf die von dem Service verwalteten Objekte wie Datenablagen, Drucker, Datenbasen einer Datenbank, etc.

Diese Objekte sind die von einem Anwender in einem Netz adressierbaren Einheiten. Die im Serviceagent realisierte Funktionalität umfaßt u.a. die serviceorientierte Auftragsverwaltung, den Auftragsempfangsteil, sowie die Erzeugung der Auftragsantwort, die Parallelisierung der Auftragsbearbeitung und der Auftragsabnahme, die objektorientierte Adressauflösung, die gesicherte Auftragsbearbeitung bei erhöhten Fehlertoleranzeigenschaften, die Auftragsweiterleitung bei evtl. Third-Party-Beziehungen sowie die eigentliche servicespezifische Auftragsbearbeitung. Die Protokollabwicklung des Service-Access-Protocols abliegt in der auftragsbearbeitenden Station dem Serviceagent.

Das dem Service-Client und dem Serviceagent unterlagerte Kommunikationssystem berücksichtigt die Eigenschaften der Engineering- und Automatisierungsnetze. Während die Engineeringnetze ihre Verwandtschaft zu den Büronetzen nicht leugnen können, werden die Automatisierungsnetze durch ihre "Echtzeitfähigkeit" maßgeblich beeinflußt. Aus diesem Grunde finden wir zwei unterschiedliche Protokollabwickler. Zum einen den sog. Remote Operation Service nach der CCITT-Empfehlung X.410 und und zum anderen das siemensspezifische Automation-Protocol AP 1.0.

Der Remote Operation Service definiert ein anwendungs- und betriebssystemneutrales Protokoll zur Übermittlung von Aufträgen und den entsprechenden Rückmeldungen. Der Remote Operation Service ist auf Client-Systemen wie Rechnern, Workstations, Personal Computern und auf Serverstationen implementiert. Das Automation Protocol finden wir außer auf den Serverstationen auch in den Automatisierungssystemen. Aufgrund dieser Anforderungen müssen auf dem Server zwei unterschiedliche Protokolle realisiert werden.

Die Adressdecodierung im Client sowie die objektorientierte Adressauflösung im Serviceagent erfolgt mit Hilfe des sog. Directory Service. In der Datenbasis des Directory Service stehen alle relevanten Netzdaten und somit auch die von den Applikationen ansprechbaren Objekte wie Datenablagen, Drucker, Datenbasen. Der Aufbau dieser Datenbasis erfolgt mit dem Projektierungsservice, eines der zahlreichen Dienste in einem Engineering- und Automatisierungsnetz.

2.2 Adressierung von Services

In Engineering- und Automatisierungsnetzen kennen die Applikationen nur netzweit ansprechbare Objekte wie Drucker, Datenablagen, Datenbasen. Die Identifikation des Service, der dieses Objekt bearbeitet bzw. der Station/ Server auf der der Service installiert ist, erfolgt mit Hilfe des Directory Service, des "Telephonbuchs" in einem Netz.

Die Objekte - auch Serviceobjekte - sind jeweils einem aus einer Vielzahl von Servern zugeordnet und werden von dem am jeweiligen Serverknoten gelegenen Serviceagent bearbeitet.
Die Zuordnung der Serviceobjekte zu den Serverknoten ist projektierbar und während der Lebenszeit eines Systems veränderbar. Die Änderung erfolgt für den Anwender transparent, d.h. der Name des Objekts bleibt erhalten. Die Flexibilität und die Transparenz werden dadurch erreicht, daß

- von den Applikationen Serviceobjekte und keine Serviceagents oder sogar Stationen über symbolische Namen adressiert werden und
- die Abbildung der Serviceobjekte auf den zuständigen Serviceagent im CLient mittels des Directory Service erfolgt.

Die Adresskette - Serviceobjekt, Serviceagent, Ebene-7-Adresse entsprechend der

Norm - wird in der Datenbasis des Directory Service abgelegt und steht in der gleichen oder in einer optimierten Struktur während der Produktivphase den Clients und Serviceagents zur Verfügung.

2.3 Redundanzkonzept für die Datenhaltung auf Servern

Beim Einsatz von Servern - insbesondere Datenhaltungs-Servern - werden, je nach Anwendungsfall, abgestufte Anforderung an die Fehlertoleranzeigenschaften gestellt. Eine Stufe der gewählten Fehlertoleranz soll hier diskutiert werden.

Ein System nach dem vorliegenden Konzept für Serverredundanz soll

- den "Einfach"-Fehler beherrschen, d.h. es soll
  - -- trotz Ausfalls von Komponenten (Platten, Server. etc.) die Konsistenz der Daten gewährleisten
  - -- mit intakten Komponenten weiterarbeiten und
  - -- nach Behebung des Fehlers ein abgestuftes Recovery durchführen.
- für den Benutzer des Service transparent sein, d.h. keine Rückwirkung auf seine Implementierung haben. Die Fehlertoleranzeigenschaften werden nur beim Projektieren eines Service definiert.

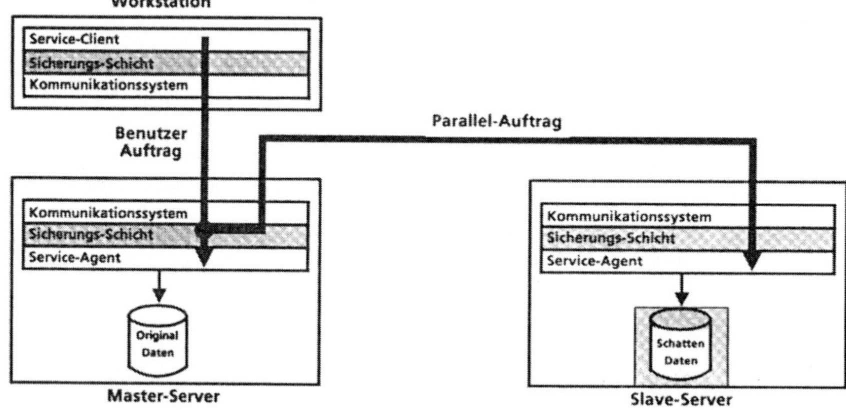

Bild 2./2 Redundanzkonzept

Die Erhöhung der Fehlertoleranz durch das Serverredundanzkonzept beruht auf der Idee, Aufträge parallel auf dem Originalserviceagent, dem Master-Server und dem Schattenserviceagent, dem Slave-Server, auszuführen. Dies bedeutet, daß ein Auftrag, den ein Client an einen Serviceagent übergibt, durch eine Sicherungsschicht auf dem Master-Server abgefangen und an die Sicherungsschicht des Slave-Servers weitergeleitet wird, um den Auftrag dort ebenfalls ausführen zu lassen. Der Benutzer erhält eine positive Auftragsquittung, wenn wenigstens ein Serviceagent den Auftrag erfolgreich bearbeitet hat. Die Architektur des Redundanz-Konzepts folgt dem Client-Serviceagent-Konzept, d.h. die Fehlertoleranzmaßnahmen werden bei den je-

weiligen Clients bzw. Serviceagents angesiedelt.
Die für die Realisierung der Fehlertoleranzmaßnahmen notwendigen Protokolle- Redundanzprotokoll, Recoveryprotokoll, Errorprotokoll - werden zwischen den Sicherungsschichten des Master-Servers und Slave-Servers bzw. zwischen den Schichten des Clients und des Master-Servers und bei Ausfall des Master-Servers zwischen Client und Slave-Server abgewickelt.

2.4 Besonderheiten bei der Bereitstellung von Services in Engineering- und Automatisierungsnetzen

Während in Engineeringnetzen die geforderten Reaktionszeiten und die zu transferierenden Datenvolumina in erster Näherung mit Büronetzen vergleichbar sind, erzwingen die Vielzahl der Systeme, die Anzahl der Nachrichten und die Frequenz der Nachrichten in Automatisierungsnetzen besondere Maßnahmen. Eine der wesentlichen Maßnahmen, neben der Verwendung des Automatisierungsprotokolls, soll hier diskutiert werden.
Jeder Datenaustausch, sei es eine Datei, eine Nachricht oder ein Auftrag, wird über eine Kommunikationsverbindung durchgeführt. Der Verbindungsaufbau muß als organisatorischer Aufruf durchgeführt werden. Zwei prinzipielle Verbindungsarten, die sich im wesentlichen beim Verbindungsaufbau unterscheiden, sind die dynamische Verbindung und die statische Verbindung.
Die dynamische Verbindung wird erst zum Zeitpunkt des benötigten Datentransfers aufgebaut. Bei dieser Verbindungsart wird entweder die Adressauflösung, d.h. die Zugriffe zum "Telephonbuch" des Netzes zum Zeitpunkt der Anforderung durchgeführt oder während einer Anlaufphase werden die notwendigen Adressinformationen bereitgestellt. Der Verbindungsaufbau wird jedoch erst zum Zeitpunkt der Anforderung realisiert. Die dynamische Verbindung wird für geringe bis mittlere zeitliche Anforderungen - z.B. bei Interaktionen - eingesetzt und ist in Engineeringnetzen die häufigste Verbindungsart.
Die statische Verbindung führt die Adressauflösung sowie den Verbindungsaufbau in einer Anlaufphase durch. Ein durchzuführender Datentransfer kann sofort - ohne organisatorische Aufrufe - durchgeführt werden und erfüllt so zeitkritische Übertragungsanforderungen. Die statische Verbindung ist in Automatisierungsnetzen die häufigste Verbindungsart. Sie muß aufgrund der stärkeren Netzbelastung besonders behutsam eingesetzt werden.

2.5 Architekturmerkmale

Die wesentlichen Architekturmerkmale der hier diskutierten Servicestrukturen in Engineering- und Automatisierungsnetzen sind:

- Client und Serviceagent eines Service sind in ihrer Funktionalität nicht an

ein Betriebssystem und - außer bei Spezialservern wie hardwareunterstützten Datenbankservern - nicht an eine Hardware gebunden.
- Client und Serviceagent können auf verschiedenen Betriebssystemen sein
- In einem Netz können mehrere Services und Server gleichen Typs vorhanden und auf einem Server können mehrere Services gleichen oder unterschiedlichen Typs installiert sein
- Services können online in ein Netz integriert werden
- Services können funktionell erweitert werden, ohne Rückwirkungen auf vorhandene Systeme
- Steuerungssysteme haben wie Rechner Zugriff auf "mächtige" Serviceleistungen
- Fehlertoleranzeigenschaften können transparent für den Anwender bereitgestellt werden und sind projektierbar
- Recovery bei redundanten Servern erfolgt im laufenden Betrieb.

Die aufgeführten Merkmale verdeutlichen die Vorteile gegenüber den in der Vergangenheit realisierten zentralen Strukturen.

3. Services in einem Engineering- und Automatisierungsnetz

3.1 File und Data Base Services

In einem Engineering- und Automatisierungsnetz werden für zentrale Datenhaltung File Service und Data Base Service realisiert. Während File Services für Echtzeitdatenhaltung mit eingeschränktem Schnittstellen- und Funktionsumfang eingesetzt werden, bieten Data Base Services datenunabhängige Schnittstellen und Transaktionssicherung.

Der File Service übernimmt in der industriellen Kommunikation die Aufgaben eines oder mehrerer zentraler Datenverwaltungssysteme. Die vom File Service behandelten Datenobjekte sind z.B. Fertigungsaufträge, Arbeitspläne, Programme für Steuerungs-/ Automatisierungssysteme, Konstruktionsdaten, Simulationsdaten, Logbücher für Montage- und Fertigungszellen.

Die Adressierung durch den Benutzer bezieht sich nicht auf den Service, sondern auf die logischen Datenbehälter, die durch den Anwender/ Projektierer definiert wurden. In diesen Datenbehältern sind die o.g. Datenobjekte abgelegt. Somit bietet der File Service die Möglichkeit, Datenbehälter nach logischen, applikationsorientierten Einheiten zu organisieren und zu bearbeiten. Die Daten in den Datenbehältern werden in Files gehalten.

Ein Service kann mehrere Datenbehälter verwalten. Die Datenbehälter sind flach oder hierarchisch strukturierte Filesysteme, je nachdem welches Betriebssystem dem File Service zur Verfügung steht. Der File Service bietet folgende Funktionalität:

- Transfer zentraler Datenbehälter zwischen Services
- Ablegen in/ Holen aus zentralen Datenbehältern
- Ablegen/ Holen zentraler Datensätze mit der Möglichkeit der Vergabe

von Schlüsseln aus Datenobjekten in Datenbehältern
- Verschicken zentraler Datenobjekte auf dritte Stationen
- Pflege der Datenbehälter inclusive des Löschens, Sperrens und der Zuordnung von Zugriffsberechtigungen zu Benutzern und Benutzerklassen
- Laden von Automatisierungsgeräten mit Daten aus Datenbehältern, initiiert von beliebigen Bedienstationen
- Archivierung der auf einem Server verwalteten Datenbehälter oder Datenobjekte nach verschiedenen Kriterien auf Archivierungsgeräten

Mittel- und langfristig wird der Data Base Service wesentliche Aufgaben des File Service mit erheblich gesteigerter Benutzerfreundlichkeit übernehmen, da relationale Data Base Services ad-hoc-Anfragen über beliebige gespeicherte Informationen beantworten können. Während z.Zt. aufgrund der realisierbaren Reaktionszeiten der Data Base Service nur als begleitende bzw. langzeitorientierte Datenablage mit komfortablem Zugriff benutzt wird, läßt sich absehen, daß in einigen Jahren die angeschlossenen Automatisierungssysteme Nutzinformationen im Dauerbetrieb liefern und der Service sie datenunabhängig in den jeweiligen Datenbasen hinterlegt. Für die Ablage in Datenbasen relationaler Datenbanken bieten sich in Engineering- und Automatisierungsnetzen Daten an, z.B.
- Nutzinformationen wie Taktzeiten, Maschinenlaufzeiten, Stückzahlen, etc.
- Statusmeldungen wie Störungen, Stillstände, Betriebwechsel
- Programme für programmierbare Systeme nach Version, Konfiguration, Entwickler

Der Data Base Service bietet folgende Funktionalität:
- Ablegen/ Holen/ Verwalten zentraler Datenbasen
- Online-Zugriffe über die Query Language und die Data Manipulation Language
- Transaktionssicherung
- Archivierung der auf einem Server verwalteten Datenbasen nach verschiedenen Kriterien auf Archivierungsgeräten.

3.2 Print/ Plot-Service

Der Print/ Plot-Service realisiert in einem Engineering- und Automatisierungsnetz die Ausgabe von Dateien/ Dokumenten unterschiedlicher Datenformate. Die Aufgabe des Print/ Plot Service ist die Druckauftragsbearbeitung und die Ausgabe von technischen Dokumenten mit typographisch hochwertigen Text- und Graphikinhalten auf Matrix-, elektrostatischen und Laserdruckern. Für CAD-Anwendungen sind Plotter vorgesehen.

Bedingt durch die Vielzahl heterogener Systeme in Netzen, liegen Dokumente in den unterschiedlichsten Datenformaten vor. Außerdem werden sehr unterschiedliche Anforderungen an die Ausgabegeräte gestellt. Damit nicht auf jedem System jede Formatum-

setzung sowie jeder Geräteanschluß implementiert und bereitgestellt werden muß, übernimmt der Print/ Plot-Service diese Aufgaben zentral.
Umsetzer wandeln eine - durch die Anwendungsfälle - vorgegebene Anzahl von Eingangsdatenformaten in ein Zwischenformat um, aus dem das Ausgangsdatenformat erzeugt wird. Die z. Zt. unterstützten Formate sind das "Office Document Interchange Format" für Dokumente mit Text und Grafik (mixed mode), Computer Graphics Metafile für Graphik, ASCII (ISO 646) für einfache Textausgaben wie z.B. Programmlistings und die Ausgabe von typographisch hochwertigem Text nach ISO 6937. Als Zwischenformat wurde ODA/ ODIF gewählt.

Die Implementierungsvielfalt der Gerätetreiber wird dadurch minimiert, daß nur auf dem Print/ Plot-Server die notwendigen Treiber bereitgestellt werden müssen.

Der Print/ Plot-Service bietet folgende Funktionalität:

- Verwaltung von Druckaufträgen nach Priorität, Zeit, Volumen
- Verwaltung von Ausgabegeräten mit Ersatz- und Laststrategien
- Umsetzen von Dokumenten in das interne Dokumentenaustauschformat.

4. Normierung/ Ausblick

Das Thema "Services" wird bei ECMA/ ISO unter der Überschrift "Distributed Office Services" behandelt. Die Architektur der "Distributed Office Services", sowie die dort beschriebenen Services wie Document Filing & Retrieval, Printing,... sind für den Einsatz im Bürobereich konzipiert. Anforderungen aus dem Automatisierungsbereich sind bis dto. noch nicht eingeflossen.
Die in dem Working Draft definierte Architektur realisiert das sog. Client/ Server-Modell. In diesem Papier wurde der Server - um Verwirrung zu vermeiden - Serviceagent genannt.
Als Kommunikationsbasis wird von der Norm der Remote Operation Service als ausschließliches Protokoll gefordert. Ein Protokoll, und damit die Funktionen, für einen Fileaccess, innerhalb des File Service, werden z. Zt. von den Normungsgremien nicht unterstützt.

Services werden in zukünftigen heterogenen Engineering- und Automatisierungsnetzen verstärkt an Bedeutung gewinnen. Insbesondere der Zugriff der Automatisierungskomponenten auf Server wird mit fortschreitender "Intelligenz" dieser Komponenten wesentlicher Bestandteil neuer, verteilter Automatisierungskonzepte werden. Inwieweit die "normierten" Services die Automatisierungswelt berücksichtigen oder ob Services in Zukunft stärker von MAP getragen werden, läßt sich zur Zeit schwer abschätzen. In der industriellen Kommunikation werden Services und damit Server ein fester Bestandteil der verteilten Automatisierungsstrukturen und eines der wesentlichen Bindeglieder zwischen Büro, Engineering und Automatisierung sein.

Literatur:

/ECMA 86/ Framework For Distributed Office Applications
ECMA TC 32 - TG 5
December 1986

/ISO 86/ Distributed Office Services Model
A Working Document of ISO/TC 97/SC 18/WG 4
Oslo, 26 June 1986

ZUVERLÄSSIGKEIT UND SICHERHEIT

Datensicherheit in Netzen der Automatisierungstechnik

Walter Fumy, Siemens AG, Bereich systemtechnische Entwicklung, E STE 36
Günther-Scharowsky-Straße 2, D-8520 Erlangen

Abstract: *Die Automatisierungstechnik hat sich in den letzten Jahren parallel zu den Fortschritten auf den Gebieten der Mikroelektronik und der Kommunikationssysteme stürmisch fortentwickelt. Die zu Anfang üblichen Automatisierungsbestrebungen auf der Maschinenebene wurden zwischenzeitlich auf ganze Anlagen und komplette Fabriken ausgedehnt. Der Kommunikation kommt in diesem Zusammenhang eine zentrale Bedeutung zu. Sie wird zunehmend über lokale Rechnernetze abgewickelt, die sowohl zur Reduzierung des für die Übertragung von Prozeßsignalen notwendigen Verkabelungsaufwandes, wie auch zur Kopplung größerer Funktionseinheiten eingesetzt werden. Diese Vernetzung führt zusammen mit dem zunehmenden Einsatz von Personal-Computern zu neuen Gefahren für die Datensicherheit. Ziel dieses Beitrags ist es, Maßnahmen vorzustellen, mit denen diesen Gefahren begegnet und ein hohes Maß an Datensicherheit gewährleistet werden kann. Insbesondere wird auf die heute gebräuchlichen Techniken zur Geheimhaltung und Authentifizierung von Daten und zur Verwaltung der notwendigen Schlüssel, sowie auf den Stand der Normung eingegangen, die Anwendbarkeit verschiedener Konzepte untersucht und die Notwendigkeit weiterer Entwicklungen aufgezeigt.*

1. Einführung

Die Automatisierungstechnik hat sich in den letzten Jahren parallel zu den Fortschritten auf den Gebieten der Mikroelektronik und der Kommunikationssysteme stürmisch fortentwickelt. Die zu Anfang üblichen Automatisierungsbestrebungen auf der Maschinenebene wurden zwischenzeitlich auf ganze Anlagen und komplette Fabriken ("Fabrik der Zukunft") ausgedehnt. Der Kommunikation kommt in diesem Zusammenhang eine zentrale Bedeutung zu. Sie wird zunehmend über lokale Rechnernetze (LANs) abgewickelt, die sowohl zur Reduzierung des für die Übertragung von Prozeßsignalen notwendigen Verkabelungsaufwandes, wie auch zur Kopplung größerer Funktionseinheiten (Rechnerverbund) eingesetzt werden.

Zu diesen Funktionseinheiten zählen im Engineeringbereich die sogenannten Arbeitsplatzrechner, die z.B. Planung, Entwurf, Simulation, Softwareentwicklung und Dokumentation unterstützen, sowie Server, die zentrale Dienstleistungen zur Verfügung stellen. Im Fertigungsbereich sind an das LAN zudem Fertigungs-, Zellen- und Diagnoserechner angeschlossen, die der Planung, Steuerung und Diagnose des Fertigungsflusses, sowie der Erstellung und Verwaltung von Roboter- und NC-Programmen dienen. Die Zellenrechner sind häufig über Punkt-zu-Punkt-Verbindungen mit NC-Maschinen, Robotern oder programmierbaren Steuerungen verbunden, wobei diese Einheiten in Zukunft auch direkt an das LAN anschließbar sein werden.

Diese Vernetzung führt zusammen mit dem zunehmenden Einsatz von Personal-Computern zu neuen Gefahren für die Datensicherheit [8],[9]. Ziel dieses Beitrags ist es, Maßnahmen vorzustellen, mit denen diesen Gefahren begegnet und ein hohes Maß an Datensicherheit gewährleistet werden kann. Insbesondere wird auf die heute gebräuchlichen Techniken zur Geheimhaltung und Authentifizierung von Daten und zur Verwaltung der notwendigen Schlüssel, sowie auf den Stand der Normung eingegangen. Daneben wird die Anwendbarkeit verschiedener Konzepte im Bereich der Automatisierungstechnik untersucht und die Notwendigkeit weiterer Entwicklungen aufgezeigt.

Für die meisten Anwendungen sind die folgenden Aspekte der Datensicherheit entscheidend:

- **Geheimhaltung** verhindert, daß Unbefugte semantisches Wissen über Daten (wir sprechen oft von "Nachrichten") erlangen;
- **Integrität** erlaubt dem Empfänger einer Nachricht, zu überprüfen, ob diese mit der vom Sender erzeugten Nachricht übereinstimmt;
- **Authentizität** erlaubt dem Sender einer Nachricht, ihrem Empfänger die Identität des Senders, sowie die Integrität und Gültigkeit der Nachricht zu beweisen. Man unterscheidet zwei Arten der Authentizität: von **Authentifizierung** spricht man, falls nur der rechtmäßige Empfänger, von **elektronischer Unterschrift** ("digitale Signatur"), falls jeder die Authentizität überprüfen kann.

Integrität und Authentizität dienen der sicheren Erkennung von Modifikationen aller Art (incl. Einfügen, Löschen, Fälschen, Verändern der Anordnung und Wiederholen von Nachrichten) und bilden daher einen Schwerpunkt der Datensicherheitsmaßnahmen im Fertigungsbereich. Im Engineeringbereich spielt daneben auch die Geheimhaltung eine große Rolle.

2. Kryptographische Algorithmen

Der Einsatz kryptographischer Verfahren bildet ein flexibles und mächtiges Mittel für Geheimhaltung, Integrität und Authentizität und stellt daher die zentrale Technik zur Gewährleistung von Datensicherheit dar. Die Basis bildet dabei die Chiffrierung der auf einem Kommunikationskanal zeitlich oder räumlich zwischen Sender und Empfänger übertragenen Nachrichten. Das Ziel der Geheimhaltung dieser Daten, d.h. ihr Schutz gegen unbefugte Lesezugriffe, kann durch die Geheimhaltung der Entschlüsselungsoperation (bzw. des dafür nötigen Schlüssels) erreicht werden. Eine Authentizitätsprüfung ist im Prinzip möglich, wenn die Verschlüsselungsoperation (bzw. der dafür nötige Schlüssel) geheimgehalten wird, da die Verschlüsselung einer Nachricht dann nur vom Besitzer dieses Schlüssels durchgeführt werden kann. Besitzt die Nachricht Redundanz, so kann der Empfänger auch Modifikationen der verschlüsselten Nachricht erkennen. In der Praxis benutzt man für die Authentizität spezielle Authentifizierungscodes, die mit Hilfe kryptographischer Verfahren berechnet werden (siehe Abschnitt 3). Für die Geheimhaltung, Integrität und Authentifizierung können nahezu alle kryptographischen Algorithmen eingesetzt werden; die Generierung und Verifikation elektronischer Unterschriften ist dagegen nur mit bestimmten Verfahren möglich.

Die Verschlüsselungsverfahren werden in Stromchiffren und Blockchiffren unterschieden (Abbildung 1). Die Blockchiffren zerfallen in symmetrische und asymmetrische Verfahren (Stromchiffren sind immer symmetrisch). Von einer symmetrischen Chiffre spricht man, wenn die Schlüssel zur Chiffrierung und zur Dechiffrierung übereinstimmen oder "leicht" auseinander berechnet werden können, von einer asymmetrischen Chiffre, wenn die Schlüssel zur Chiffrierung und zur Dechiffrierung "nicht" auseinander berechnet werden können. Das Prinzip der asymmetrischen Verschlüsselung ist relativ neu (Diffie und Hellman [1], 1976) und hat vor allem durch die Chiffren mit öffentlichem Schlüssel (*public-key* Systeme) Bedeutung erlangt.

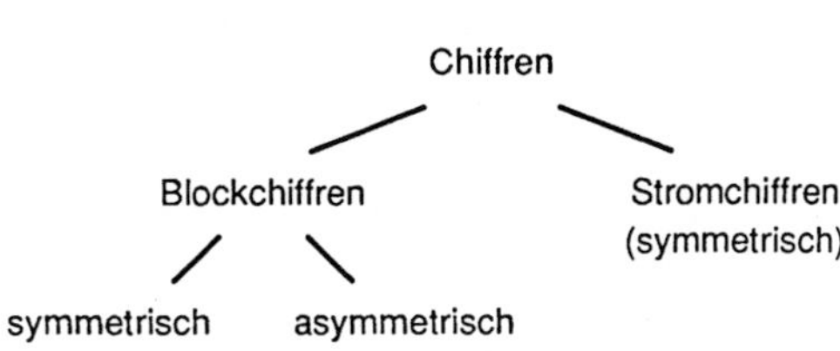

Abbildung 1: Klassifizierung

Die Grundprinzipien dieser 3 Klassen kryptographischer Algorithmen sind in Abbildung 2 dargestellt. Bei einer **Stromchiffre** erfolgt die Chiffrierung (Dechiffrierung) durch die zeichenweise Verknüpfung des Klartextes (Chiffretextes) mit einer sogenannten Schlüsselfolge. Diese Schlüsselfolge wird von je einem Pseudozufallsgenerator in Abhängigkeit von einem Startwert ("Initialisierungsvektor") und einem Schlüssel beim Sender und beim Empfänger generiert. Als Verknüpfungsoperation wird in der Regel XOR benutzt.

Bei einer **Blockchiffre** erfolgt die Chiffrierung (Dechiffrierung) durch die Substitution je eines Klartextblocks K (Chiffretextblocks C) durch einen Chiffretextblock C (Klartextblock K). Bei symmetrischen Blockchiffren wird die durch einen Schlüssel S parametrisierte Blocksubstitution i.a. durch eine Folge elementarer Substitutionen und Permutationen realisiert. Blockgröße und Schlüssellänge bewegen sich meist in der Größenordnung 64 Bit.

Bei **asymmetrischen Blockchiffren** wird als Blocksubstitution eine durch einen Schlüssel parametrisierte **Falltürfunktion** eingesetzt. Dies ist eine Funktion f, bei der aus dem Funktionswert f(x) das Argument x selbst bei Kenntnis des Schlüssels (und

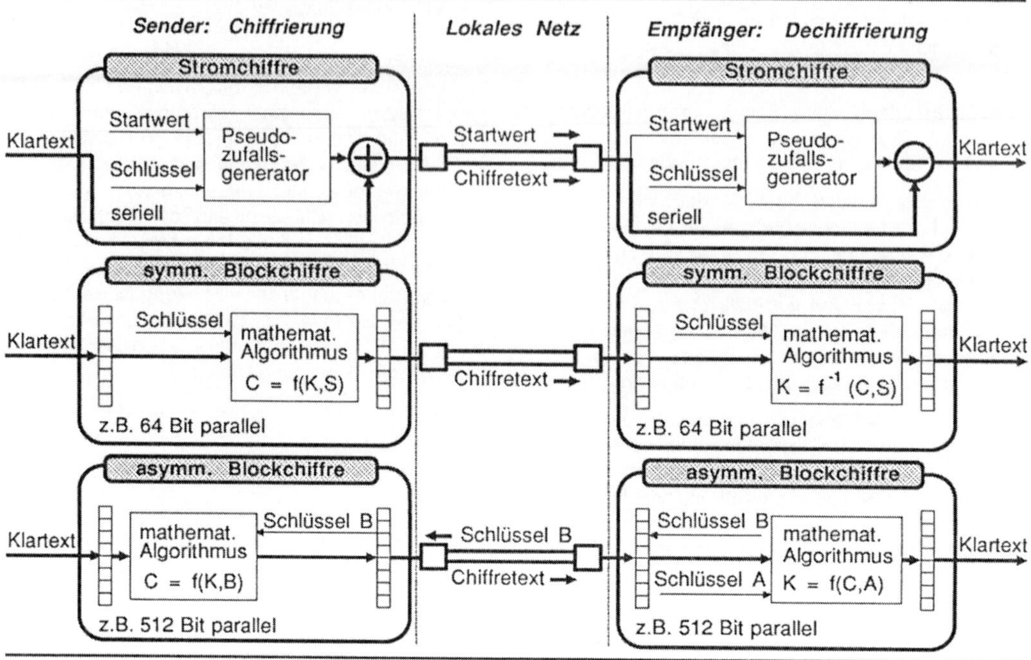

Abbildung 2: Verschlüsselungsprinzipien

der Funktion) praktisch nicht ermittelt werden kann, und die zusätzlich die Eigenschaft besitzt, daß diese Invertierung mit Hilfe einer bestimmten Zusatzinformation gelingt. Diese Zusatzinformation stellt den geheimen ("privaten") Schlüssel dar (Schlüssel A in Abbildung 2). Der andere Schlüssel muß nicht geheimgehalten werden ("öffentlicher Schlüssel"). Die heute verwendeten Falltürfunktionen basieren ausnahmslos auf "schwierigen" mathematischen Problemen, z.B. dem Problem der Faktorisierung großer Zahlen. Asymmetrische Blockchiffren benötigen eine deutlich höhere Mindestblockgröße als symmetrische.

Der prinzipiell erreichbare Grad an Datensicherheit hängt zwar nicht vom Typ der verwendeten Chiffre ab, jedoch bestehen deutliche Unterschiede im nötigen Implementierungsaufwand, der erreichbaren Datenrate, der Eignung für spezielle Anwendungen und der Handhabung. Die Vorteile von Stromchiffren liegen im relativ geringen Implementierungsaufwand und in den möglichen hohen Datenraten. Nachteilig ist ihre verhältnismäßig geringe Flexibilität und die eher aufwendige Handhabung (Initialisierungsvektor, Schlüsselverwaltung; siehe Abschnitt 4). Die Vorteile asymmetrischer Blockchiffren liegen vor allem im vereinfachten Schlüsselmanagement und der Möglichkeit zur Generierung digitaler Signaturen. Dagegen steht bis heute ein hoher Implementierungsaufwand und eine nur relativ bescheidene Datenrate. Die Vorteile symmetrischer Blockchiffren liegen zunächst in ihrer großen Flexibilität, die sie mit Hilfe verschiedener Betriebsarten erreichen (siehe Abschnitt 3). In Bezug auf den Implementierungsaufwand, die erreichbare Datenrate und die Handhabung sind sie mit Stromchiffren vergleichbar.

Die heute am weitesten verbreitete symmetrische Blockchiffre ist der 1977 vom amerikanischen *National Bureau of Standards* (NBS) normierte *Data Encryption Standard* (DES, [5]). Der DES operiert in Abhängigkeit von 56-Bit Schlüsseln auf 64-Bit Blöcken und erlaubt beim derzeitigen Stand der Technik Datenraten von bis zu 15 MBit/s. DES-Chips werden zwar von verschiedenen, meist amerikanischen Herstellern (z.B. AMD, AT&T) angeboten; diese können allerdings nur unter bestimmten Voraussetzungen aus den USA exportiert werden.

Die bedeutendste asymmetrische Chiffre ist das RSA-Verfahren (Rivest, Shamir und Adleman [7],

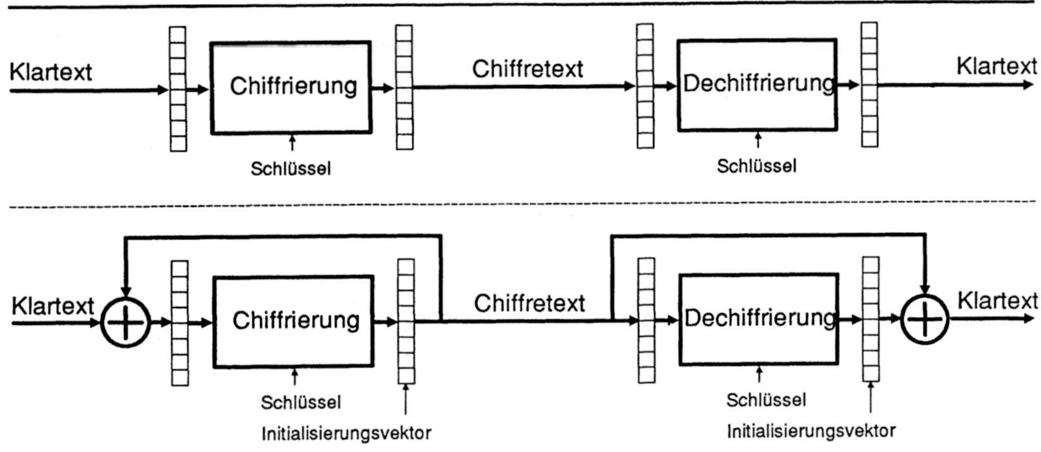

Abbildung 3: ECB- und CBC-Modus

1978). Die RSA-Chiffre operiert auf Blöcken von mehreren hundert Bit (typisch sind 512 Bit) in Abhängigkeit von Schlüsseln derselben Größenordnung. Datenraten von mehreren MBit/s dürften in absehbarer Zeit mit dieser Chiffre kaum erreichbar sein. Von verschiedenen Herstellern wurden in jüngster Zeit RSA-Chips angekündigt, die zumindest die ISDN-Übertragungsrate von 64 kBit/s erreichen sollen.

3. Betriebsarten

In der Grundbetriebsart einer Blockchiffre wird der Klartext in eine Folge von Blöcken fester Länge zerlegt und jeder Klartextblock mit demselben Schlüssel verschlüsselt. Ist die Länge des Klartextes kein Vielfaches der Blockgröße, so sollte der letzte (unvollständige) Klartextblock einer Sonderbehandlung unterzogen werden. Blockchiffren sind relativ flexibel, da sie zur Erfüllung unterschiedlicher Anforderungen in verschiedenen Betriebsarten eingesetzt werden können. Diese unterscheiden sich u.a. im Hinblick auf die erreichbare Verschlüsselungsrate, die Fortpflanzung von Übertragungsfehlern, die Auswirkung von Synchronisationsfehlern und den gebotenen Schutz gegen bestimmte passive und aktive Angriffe. Im folgenden werden 4 standardisierte Betriebsarten (siehe auch Abschnitt 6), sowie Verfahren zur Generierung von Authentifizierungscodes vorgestellt.

Die in Abbildung 3 oben dargestellte Grundbetriebsart einer Blockchiffre wird als **ECB-Modus** *("Electronic Code Book")* bezeichnet. Als einzige der 4 Standard-Betriebsarten erlaubt der ECB-Modus einen wahlfreien Zugriff auf chiffrierte Klartextblöcke, da jeder Block unabhängig von den anderen ver- oder entschlüsselt werden kann. Der ECB-Modus ist relativ anfällig gegen sogenannte Codebuch-Analysen und gegen aktive Beeinträchtigungen wie das Löschen oder Einfügen von Chiffretextblöcken. Diese Schwächen des ECB-Modus liegen darin begründet, daß in dieser Betriebsart zwischen den Chiffretextblöcken keinerlei Beziehungen bestehen. Der Hauptanwendungsbereich des ECB-Modus ist die Verschlüsselung von Schlüsseln.

Im **CBC-Modus** *("Cipher Block Chaining")* wird das Resultat einer Verschlüsselungsoperation dazu benutzt, den folgenden Klartextblock durch bitweise XOR-Verknüpfung zu modifizieren (Abbildung 3, unten). Auf diese Weise hängt ein Chiffretextblock nicht allein vom zugehörigen Klartextblock und dem Schlüssel, sondern auch von allen vorhergehenden Klartextblöcken ab. Zur Modifikation des ersten Blocks benutzt man einen Initialisierungsvektor. Die Rückkopplung beim Sender entspricht einer Vorwärtskopplung beim Empfänger. Aufgrund der Verkettung werden im CBC-Modus identische Klartextblöcke in aller Regel auf unterschiedliche Chiffretextblöcke abgebildet. Dadurch wird zum einen die Kryptoanalyse beträchtlich erschwert, zum anderen dem Empfänger die Möglichkeit gegeben, auch aktive Beeinträchtigungen zu erkennen, durch die Chiffretextblöcke gelöscht, hinzugefügt oder vertauscht werden. Dafür ist allerdings ein wahlfreier Zugriff auf verschlüsselte Klartextblöcke nur ein-

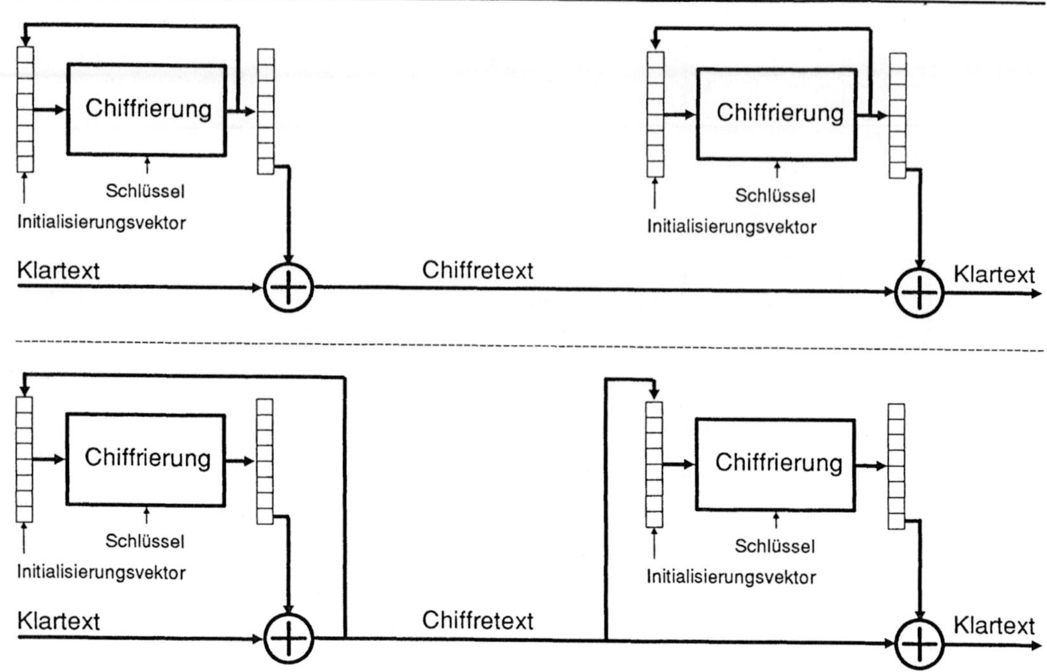

Abbildung 4: OFB- und CFB-Modus

geschränkt möglich. Der CBC-Modus wird daher zur Verschlüsselung längerer Nachrichten empfohlen, wenn ein wahlfreier Zugriff auf die chiffrierten Daten nicht erforderlich ist.

Im stromorientierten **OFB-Modus** *("Output Feedback")* wird eine Blockchiffre als Pseudozufallsgenerator eingesetzt und dient der Erzeugung einer Schlüsselfolge. Dazu wird jeweils der Output einer Verschlüsselungsoperation in das mit einem Initialisierungsvektor vorbesetzte Inputregister zurückgekoppelt, sowie ein m-Bit Teilblock des Outputs als ein Element einer Schlüsselfolge aufgefaßt und bitweise mit einem m-Bit Klartextzeichen XOR-verknüpft (Abbildung 4 oben). Im OFB-Modus wird eine Blockchiffre auf Sender- wie auf Empfänger-Seite nur im Chiffriermodus betrieben. Die Umkehrbarkeit der Verschlüsselungsoperation ist daher in dieser Betriebsart nicht notwendig. Da zur Verschlüsselung eines m-Bit Klartextzeichens jeweils eine Blockciffrieroperation erforderlich ist, erreicht man im OFB-Modus i.a. nur einen (von m abhängigen) Bruchteil der Verschlüsselungsrate in den beiden blockorientierten Betriebsarten ECB und CBC. Ein wahlfreier Zugriff auf den verschlüsselten Klartext ist bei Stromchiffren prinzipiell nicht möglich. Der OFB-Modus verursacht als einzige Betriebsart keine Ausbreitung von Übertragungsfehlern und wird daher bevorzugt dann eingesetzt, wenn dieser Effekt nicht toleriert werden kann.

Wie im OFB-Modus wird auch im **CFB-Modus** *("Cipher Feedback")* eine Blockchiffre als Pseudozufallsgenerator eingesetzt und zur Erzeugung einer Schlüsselfolge benutzt. Wie in Abbildung 4 unten dargestellt ist, wird dazu jeweils ein m-Bit Teilblock des Outputs einer Verschlüsselungsoperation mit einem m-Bit Klartextzeichen bitweise XOR-verknüpft. Das resultierende Chiffretextzeichen wird in das mit einem Initialisierungsvektor vorbesetzte Inputregister zurückgekoppelt und ersetzt dort m Bits des alten Inputs. Analog zum CBC-Modus entspricht dieser Rückkopplung beim Sender eine Vorwärtskopplung beim Empfänger. Auf diese Weise hängt ein Chiffretextzeichen vom zugehörigen Klartextzeichen, vom Schlüssel, von allen vorhergehenden Klartextzeichen und vom Initialisierungsvektor ab. Eine Klartextmodifikation wirkt sich auf den gesamten nachfolgenden Chiffretext aus. Da die Blockchiffre im CFB-Modus auf Sender- wie auf Empfänger-Seite nur im Chiffriermodus eingesetzt wird, ist auch hier die Umkehrbarkeit der Verschlüsselungsoperation nicht notwendig. Analog zum OFB-Modus erreicht man i.a. nur einen (von m abhängigen) Bruchteil der in den blockorientierten Betriebsarten möglichen Verschlüsselungsrate. Ein wahlfreier Zugriff auf den verschlüsselten Klartext ist im CFB-Modus ebenfalls nicht möglich. Erfordert die Anwendung eine stromorientierte Verschlüsselung, so ist der CFB-Modus dem OFB-Modus in der Regel vorzuziehen, falls die Fehlerfortpflanzung in dieser Betriebsart dem nicht entgegensteht.

Die Verschlüsselung einer Nachricht mit einer symmetrischen Chiffre beinhaltet bei entsprechender Redundanz dieser Nachricht im Prinzip auch deren Authentifizierung, da ein Gegner ohne Kenntnis des Schlüssels keinen "sinnvollen" Chiffretext erzeugen kann. Für eine elektronische Authentifizierung erweist sich allerdings deren Trennung von der Geheimhaltung als günstig. Zu diesem Zweck wird durch eine von einem Schlüssel abhängige kryptographische Funktion aus einer Nachricht ein sogenannter **Authentifizierungscode** (*"Message Authentication Code"*, kurz: MAC) generiert und zusammen mit dieser gespeichert bzw. übertragen. Der MAC der empfangenen Nachricht kann nur mit Hilfe des (geheimen) Schlüssels berechnet werden. Durch den Vergleich des berechneten mit dem empfangenen MAC ist der Empfänger in der Lage, die Integrität der Nachricht zu verifizieren. Ein Gegner, der den Schlüssel nicht besitzt, darf nicht in der Lage sein, die Nachricht modifizieren oder zu ersetzen und einen für die veränderte Nachricht gültigen MAC zu generieren. Hierdurch unterscheidet sich ein Authentifizierungscode von anderen Methoden zur Fehlererkennung (z.B. CRC). Zur Berechnung von Authentifizierungscodes können die Betriebsarten CBC oder CFB eingesetzt werden. Die höherwertigen m Bits des letzten Chiffretextblocks bilden jeweils den m-Bit MAC.

Durch Authentifizierungscodes allein können aktive Beeinträchtigungen durch das Löschen, Verzögern, Vertauschen oder Wiederholen abgehörter Nachrichten nicht erkannt werden. Dieses Problem kann gelöst werden, falls sichergestellt ist, daß sich alle während der Lebensdauer eines Schlüssels authentifizierten Nachrichten voneinander unterscheiden und der Empfänger außerdem feststellen kann, ob eine empfangene Nachricht "neu" ist und ob bei einer Folge von Nachrichten die Anordnung erhalten blieb. Tauschen nur wenige Parteien Nachrichten aus, so kann Letzteres durch eine eindeutige Numerierung der Nachrichten erreicht werden. Eine auch für Kommunikationssysteme mit sehr vielen Teilnehmern geeignete Möglichkeit besteht in der Verwendung von Zeitstempeln, die den Zeitpunkt der Generierung einer Nachricht angeben. Abgesehen vom Löschen von Nachrichten können damit alle oben angeführten Manipulationen hinreichend zuverlässig erkannt werden.

4. Schlüsselverwaltung

Jeder Einsatz kryptographischer Verfahren erfordert ein geeignetes Schlüsselmanagement, d.h. Mechanismen zur Erzeugung, Verteilung und Speicherung der benötigten Schlüssel. Symmetrische Chiffren stellen prinzipbedingt andere Anforderungen an die Schlüsselverwaltung als asymmetrische Chiffren. In Abbildung 5 sind drei verschiedene Konzepte (symmetrisch, hybrid, asymmetrisch) zur Verteilung von Schlüsseln dargestellt. Hierbei ist zu beachten: Werden die Daten mit einem symmetrischen Verfahren verschlüsselt, so kann der dabei verwendete Kommunikationsschlüssel nur chiffriert übertragen werden, so daß man zwangsläufig eine Hierarchie von Schlüsseln benötigt.

Für den Fall, daß Daten und Schlüssel mit einem symmetrischen Chiffrierverfahren verschlüsselt werden, ist eine 3-stufige Schlüsselhierarchie sinnvoll. Der Kommunikationsschlüssel wird in diesem Fall mit einem Hauptschlüssel chiffriert, der Hauptschlüssel seinerseits mit einem Initialschlüssel chiffriert übertragen. Der Initialschlüssel muß außerhalb des Netzes manuell verteilt werden (dies kann z.B. mit Hilfe einer Chipkarte geschehen).

Bei einem hybriden Konzept werden die Daten mit einem symmetrischen und die Kommunikationsschlüssel mit einem asymmetrischen Chiffrierverfahren verschlüsselt. In diesem Fall ist eine 2-stufige Schlüsselhierarchie ausreichend. Der Kommunikationsschlüssel wird dabei mit einem offen übertragbaren, "öffentlichen" Schlüssel chiffriert. Dieser Schlüssel muß allerdings authentifizierbar sein, d.h. man muß seinen Ursprung und seine Unversehrtheit verifizieren können. Eine Initialisierungsphase ist bei diesem Konzept nicht erforderlich.

Bei einem nur auf asymmetrische Verschlüsselung bauenden Konzept schließlich werden bereits die Daten mit einem asymmetrischen Verfahren verschlüsselt. In diesem Fall ist der Kommunikationsschlüssel ein offen übertragbarer "öffentlicher" Schlüssel, der wie beim hybriden Konzept authentifizierbar sein muß.

	symmetrisch	hybrid	asymmetrisch
Definition	Daten und Schlüssel werden mit einem symmetrischen Verfahren verschlüsselt	Daten werden mit symmetrischem Schlüssel mit asymmetrischem Verfahren verschlüsselt	Daten werden mit einem asymmetrischen Verfahren verschlüsselt
Initialisierung	manuelle Verteilung der Initialschlüssel	nicht erforderlich	nicht erforderlich
Übertragung von Schlüsseln	Hauptschlüssel chiffriert mit Initialschlüssel Kommunikationsschlüssel chiffriert mit Hauptschlüssel	öffentlicher Schlüssel unverschlüsselt Kommunikationsschlüssel chiffriert mit öffentlichem Schlüssel	öffentlicher Schlüssel unverschlüsselt
Übertragung von Daten	mit Kommunikationsschlüssel chiffriert	mit Kommunikationsschlüssel chiffriert	mit öffentlichem Schlüssel chiffriert

Abbildung 5: Schlüsselverteilung

Für den Einsatz in lokalen Netzen der Automatisierungstechnik kommt aufgrund der erforderlichen Datenrate nur ein symmetrisches oder hybrides Verschlüsselungskonzept in Frage, wobei das letztere zwar einen höheren Implementierungsaufwand bedingt, sich aber dafür durch einfachere Mechanismen zur Schlüsselverteilung und Schlüsselspeicherung auszeichnet.

5. Integration in lokale Netze

Abbildung 6 gibt einen Überblick über das von der ISO entwickelte Konzept einer Sicherheitsarchitektur für das OSI-7-Schichtenmodell (DIS 7498-2, [3]). Das Konzept unterscheidet 14 verschiedene **Sicherheitsdienste**, die jeweils mit Hilfe geeigneter **Sicherheitsmechanismen** realisiert werden können. Von diesen Sicherheitsdiensten wird eine Anwendung in der Regel nur einen Teil in Anspruch nehmen. Abbildung 6 zeigt, welche der 7 Schichten dem DIS 7498-2 zufolge für welchen Dienst als geeignet anzusehen sind (durch '+' gekennzeichnet) und für welche Dienste es derzeit in welchen Schichten Normungsaktivitäten der ISO gibt (durch 'o' gekennzeichnet; siehe auch Abschnitt 6). In Abbildung 7 schließlich ist dargestellt, welche Sicherheitsmechanismen, einzeln oder kombiniert, für die Bereitstellung welcher Sicherheitsdienste als geeignet angesehen werden (durch '+' gekennzeichnet). Wir werden im weiteren vor allem auf den mächtigsten Sicherheitsmechanismus, die Verschlüsselung, näher eingehen.

Ziel einer Verschlüsselung in der **physikalischen Schicht** ist ein Schutz gegen jede Art von passiven Angriffen (einschließlich Verkehrsflußanalysen), d.h. von Angriffen, die das unauthorisierte Lesen von Daten zum Ziel haben. Für einen Schutz gegen aktive Angriffe, wie das Einfügen, Löschen, Modifizieren oder Wiederholen von Daten, ist die physikalische Schicht ungeeignet. Die hierfür notwendigen Dienste können erst ab der Netzwerk-Schicht zur Verfügung gestellt werden. Aufgrund der Kommunikationsstrukturen in der physikalischen Schicht bietet sich der Einsatz von Stromchiffren bzw. von Blockchiffren im 1-Bit CFB-Modus an. Sind sehr hohe Datenraten (z.B. mehrere MBit/s) erforderlich, so kommen derzeit nur Stromchiffren in Frage, da der Durchsatz einer Blockchiffre durch die Betriebsart 1-Bit CFB deutlich reduziert wird (beim DES z.B. auf 1/64).

Durch eine Verschlüsselung in der **Verbindungs-Schicht** ist ebenfalls nur eine Geheimhaltung erreichbar (verbindungsorientiert oder verbindungslos). Für weitere Sicherheitsdienste ist diese Schicht nicht geeignet (an einer Normung von Sicherheitsdiensten in der Verbindungs-Schicht besteht bei der ISO derzeit kein Interesse).

Sicherheitsdienst	Schicht 1	2	3	4	5	6	7
gegenseitige Authentifizierung der Entities			⊕	⊕		○	+
Authentifizierung des Ursprungs der Daten			⊕	+			+
Zugriffskontrolle			+	+			+
Informationsgeheimhaltung	⊕	+	⊕	⊕		⊕	+
Informationsgeheimhaltung (verbindungslos)		+	⊕	+		+	+
Informationsgeheimhaltung (selektiv)						⊕	+
Verkehrsfluss-Sicherheit	⊕		⊕			+	+
Datenintegrität (mit Recovery)				⊕		○	+
Datenintegrität (ohne Recovery)			⊕	⊕		○	+
Datenintegrität (selektiv)						○	+
Datenintegrität (verbindungslos)			⊕	+			+
Datenintegrität (selektiv und verbindungslos)							+
Verhinderung der Nichtanerkennung (Quelle)							+
Verhinderung der Nichtanerkennung (Ziel)							+

Abbildung 6: OSI-Sicherheitsarchitektur

In der **Netzwerk-Schicht** können mit Hilfe eines Verschlüsselungsmechanismus die folgenden Sicherheitsdienste angeboten werden: die gegenseitige Authentifizierung der Entities, die Authentifizierung des Ursprungs der Daten, die Geheimhaltung der Daten (verbindungsorientiert oder verbindungslos) und die Prüfung der Integrität der Daten (ohne Recovery oder verbindungslos). Die Netzwerk-Schicht stellt keine speziellen Anforderungen an den Typ des eingesetzten Chiffrierverfahrens; für die Authentifizierungs- und Integritätsdienste muß es allerdings zur Berechnung von Authentifizierungscodes geeignet sein. Für die Realisierung eines Zugriffskontroll-Dienstes sind spezielle Zugriffskontroll-Mechanismen erforderlich; für die Verkehrsfluß-Sicherheit muß Dummy-Verkehr erzeugt werden.

In der **Transport-Schicht** können mit Hilfe eines Verschlüsselungsmechanismus dieselben Sicherheitsdienste wie in der Netzwerk-Schicht angeboten werden. Zusätzlich ist ein Datenintegritäts-Dienst mit Recovery möglich. Die Realisierung eines Zugriffskontroll-Dienstes erfordert auch hier spezielle Zugriffskontroll-Mechanismen. Die Anforderungen der Transport-Schicht an den Typ des eingesetzten Chiffrierverfahrens und dessen Betriebsarten entsprechen denen der Netzwerk-Schicht.

Für die **Präsentations-Schicht** sieht das Sicherheitsarchitekturkonzept der ISO nur Dienste zur Geheimhaltung der Daten (auch selektiv) und für die Verkehrsfluß-Sicherheit vor. Letzterer erfordert wie in der Netzwerk-Schicht die Erzeugung von Dummy-Verkehr. Im Gegensatz zu diesem Konzept wird in der zuständigen ISO-Arbeitsgruppe auch an der Normierung von Sicherheitsdiensten zur gegenseitigen Authentifizierung von Entities und zur Prüfung der Integrität von Daten (mit oder ohne Recovery, auch selektiv) in dieser Schicht gearbeitet (siehe auch Abschnitt 6).

Die **Sitzungs-Schicht** wird für die Integration von Sicherheitsdiensten als ungeeignet angesehen; in der **Anwendungs-Schicht** dagegen kann jeder der Sicherheitsdienste implementiert werden.

Für die meisten Anwendungen wird eine Verschlüsselung in einer der 7 Schichten ausreichend sein. Einige wesentliche Kriterien für die Auswahl dieser Schicht sind im folgenden zusammengestellt:

- Eine vollständige Verkehrsflußsicherheit kann durch Verschlüsselung nur in der physikalischen Schicht erreicht werden. Die physikalische Schicht ist dagegen ungeeignet für die Prüfung der Integrität von Daten oder die Authentifizierung von Entities.
- Möchte man einen einfachen Schutz von End-zu-End-Verbindungen, so bietet sich eine Verschlüsselung in der Netzwerk-Schicht an. Sie erlaubt sowohl die Geheimhaltung als auch die Prüfung der Integrität von Daten (ohne Recovery; zur Behandlung erkannter Angriffe können jedoch die Recovery-Mechanismen der Transport-Schicht benutzt werden).

Sicherheitsdienst \ Mechanismus	Verschlüsselung	Digitale Signatur	Zugriffskontrolle	Datenintegrität	Authentifizierung	Verkehrs-Erzeugung	Leitweg-Kontrolle	Notariat
gegenseitige Authentifizierung der Entities	+	+			+			
Authentifizierung des Ursprungs der Daten	+	+						
Zugriffskontrolle			+					
Informationsgeheimhaltung	+						+	
Informationsgeheimhaltung (verbindungslos)	+						+	
Informationsgeheimhaltung (selektiv)	+							
Verkehrsfluss-Sicherheit	+					+	+	
Datenintegrität (mit Recovery)	+			+				
Datenintegrität (ohne Recovery)	+			+				
Datenintegrität (selektiv)	+			+				
Datenintegrität (verbindungslos)	+	+		+				
Datenintegrität (selektiv und verbindungslos)	+	+		+				
Verhinderung der Nichtanerkennung (Quelle)		+		+				+
Verhinderung der Nichtanerkennung (Ziel)		+		+				+

Abbildung 7: Sicherheitsmechanismen

- Benötigt man Datenintegritätsdienste mit Recovery, so empfiehlt sich die Transport-Schicht.
- Sind Notariatsdienste oder ein selektiver Schutz erforderlich, so wird man die Verschlüsselung in der Präsentations-Schicht ansiedeln.

Nach [9] bietet die Transport-Schicht insgesamt die meisten Vorteile für die Integration von Sicherheitsdiensten.

6. Standardisierung

Im Hinblick auf die zunehmende Verbreitung offener, digitaler Kommunikationssysteme ist die Erarbeitung von Normen auf dem Gebiet der Datensicherheit notwendig. Mit dieser Standardisierung sind nationale (z.B. DIN, NBS, ANSI) und internationale Gremien (z.B. CCITT, ECMA, ISO) befaßt. Die folgenden Ausführungen konzentrieren sich auf die Aktivitäten der ISO. Das Thema Datensicherheit wird dort im *Technical Committee 97 (Information Processing Systems)* in verschiedenen Subkomitees behandelt. Das *Sub Committee 21 (OSI)* ist für die Sicherheitsarchitektur, das *Sub Committee 20 (Data Cryptographic Techniques)* für grundlegende Fragen zu Methoden, Anwendungen und Integration kryptographischer Verfahren zuständig.

Den jüngsten Beschlüssen der ISO zufolge beschränken sich die Normungsaktivitäten in Zukunft auf die Betriebsarten, den Einsatz und die Einbettung kryptographischer Algorithmen, sowie die Sicherheitsarchitektur. Eine Standardisierung von Verschlüsselungsverfahren selbst wird nicht mehr angestrebt (der DES ist kein internationaler Standard); statt dessen ist vorgesehen, bei der ISO ein sogenanntes Register kryptographischer Algorithmen zu führen [6]. Das wesentliche Argument für diese Entscheidung war die Befürchtung, daß **ein** internationaler Verschlüsselungsstandard (speziell der DES) von einer sehr großen Zahl von Benutzern eingesetzt und daher für jeden Kryptoanalytiker ein äußerst attraktives Ziel darstellen würde.

Für symmetrische Blockchiffren hat die ISO die vier in Abschnitt 3 vorgestellten Betriebsarten genormt (ISO 8372 *"Modes of Operation for a 64-Bit Block Cipher Algorithm"*, [2]). Diese an einen ANSI-Standard angelehnte Norm bezieht sich auf eine Blockgröße von 64 Bit. Eine weitgehend analoge Norm für den allgemeinen Fall von n-Bit Blöcken ist in Vorbereitung.

Zum Themenbereich "Anwendungen kryptographischer Algorithmen" wird z.B. an der Standardisierung von Mechanismen zur gegenseitigen Authentifizierung von Entities und zur Prüfung der Integrität von Daten gearbeitet. Weitere Arbeitsgebiete sind das Schlüsselmanagement und die Erzeugung und Verifizierung elektronischer Unterschriften.

Zum Thema Authentifizierung liegt ein Draft Proposal (DP 9798 *"Peer entity authentication mechanisms using an n-bit secret-key algorithm"*) vor, in dem vier verschiedene Mechanismen zur gegenseitigen Authentifizierung von Entities beschrieben werden. Diese Mechanismen unterscheiden sich bzgl. der Anforderungen an das System (z.B. Authentifikations-Server, Zeitstempel). Eine Ergänzung um Authentifizierungsprotokolle mit asymmetrischen Chiffrierverfahren ist vorgesehen.

Zum Thema Datenintegrität mit symmetrischen Chiffrierverfahren liegt ebenfalls ein Draft Proposal (DP 9797 *"Data integrity mechanism using a cryptographic check-function employing an n-bit algorithm with truncation"*) vor, das am entsprechenden ANSI-Standard orientiert ist. Die dort vorgeschlagenene Integritätsprüfung basiert auf dem CBC-Modus.

Breiten Raum nehmen schließlich die Bestrebungen ein, die Einbettung kryptographischer Mechanismen in die Kommunikationsarchitektur, insbesondere in das ISO-OSI-7-Schichtenmodell, zu standardisieren. Diese Standardisierungsbestrebungen beschränken sich auf die Schichten 1, 3, 4 und 6. Am weitesten fortgeschritten ist die Arbeit zum Thema "Kryptographische Verfahren in der physikalischen Schicht". Hierzu liegt ein Draft International Standard (DIS 9160 *"Data encipherment - Physical layer interoperability requirements"*) vor. Die Arbeiten zu den Themen "Kryptographische Verfahren in der Netzwerk-Schicht", "Kryptographische Verfahren in der Transport-Schicht" und "Kryptographische Verfahren in der Präsentations-Schicht" befinden sich noch in einem relativ frühen Stadium. Gegenüber dem vorliegenden Sicherheitsarchitekturkonzept fällt im Fall der Transport-Schicht auf, daß man sich (zumindest zur Zeit) auf verbindungs-orientierte Sicherheitsdienste beschränkt. Im Fall der Präsentations-Schicht ist nach heutigem Stand auch die Standardisierung von Authentifizierungs- und Integritäts-Diensten beabsichtigt.

7. Zusammenfassung

Kryptographische Verfahren sind ein flexibler und mächtiger Mechanismus für die Geheimhaltung, die Integrität und die Authentizität von Daten und stellen daher die zentrale Technik zur Gewährleistung der Datensicherheit dar. Integrität und Authentizität dienen der sicheren Erkennung von Modifikationen aller Art; sie bilden somit einen Schwerpunkt der Datensicherheitsmaßnahmen im Fertigungsbereich. Im Engineeringbereich spielt daneben auch die Geheimhaltung eine wesentliche Rolle. Für den Einsatz in lokalen Netzen der Automatisierungstechnik kommt nur ein symmetrisches oder hybrides Verschlüsselungskonzept in Frage. Die notwendigen Sicherheitsdienste können prinzipiell in die Schichten 3, 4 oder 6 des ISO-OSI-7-Schichtenmodells integriert werden. Die Entwicklung einer konkreten, auf die speziellen Anforderungen der Automatisierungstechnik zugeschnittenen Sicherheitsarchitektur wird im Rahmen des ESPRIT-Programms angestrebt. Die Inanspruchnahme dieser Sicherheitsdienste ist optional und kann für jede Anwendung getrennt entschieden werden.

Literatur:

[1] Diffie, W.; Hellman,M.: "New Directions in Cryptography", *IEEE Trans. on Info. Theory*, **22** (1976), 644-654

[2] ISO International Standard 8372: *"Modes of Operation for a 64-Bit Block Cipher Algorithm"*, 1987

[3] ISO Draft International Standard 7498-2: *"Open Systems Interconnection Reference Model - Part 2: Security Architecture"*, 1987

[4] ISO Draft International Standard 9160 *"Data Encipherment - Physical Layer Interoperability Requirements"*, 1987

[5] National Bureau of Standards: *"Data Encryption Standard"*, FIPS Publ. 46, Washington 1977

[6] Price, W.L.: "Standards for Data Security - A Change of Direction", *Proceedings Crypto'87*

[7] Rivest, R.L.; Shamir, A.; Adleman, L.: "A Method for Obtaining Digital Signatures and Public-Key Cryptosystems", *Comm. ACM*, **21** (1978), 120-126

[8] Rutledge, L.S.; Hoffman, L.J.: "A Survey of Issues in Computer Network Security", *Computers & Security*, **5** (1986), 296-308

[9] Voydock, V.L.; Kent, S.T.: "Security Mechanisms in High-Level Network Protocols", *Computing Surveys*, **15** (1983), 135-171

ERHÖHUNG DER WIRTSCHAFTLICHKEIT VON AUTOMATISIERUNGSSYSTEMEN DURCH PROJEKTIERBARE REDUNDANZ

Dr. Horst Daar
Siemens AG
Unternehmensbereich Energie- und Automatisierungstechnik
Systemtechnische Entwicklung

Zusammenfassung

Der Einsatz von Redundanz zur Erhöhung der Betriebszuverlässigkeit eines Automatisierungssystems bedeutet zunächst auch höhere Kosten. Diese ergeben sich aus dem erhöhten Beschaffungspreis und aus den höheren Wartungskosten, da in einem redundanten System mit einem häufigeren Komponentenausfall zu rechnen ist als in einem nicht redundanten System. Soll sich der Einsatz von Redundanz lohnen, müssen diese Kosten durch Einsparungen kompensiert werden, die sich aus der Vermeidung von Produktionsausfällen ergeben. Der vorliegende Beitrag zeigt die prinzipielle Vorgehensweise zur Wirtschaftlichkeitsrechnung von Redundanzlösungen anhand des Beispiels einer speicherprogrammierbaren Steuerung.

1. Einleitung

Die zunehmende Komplexität der Systeme zur Produktionsautomatisierung verleiht der Frage nach deren *Betriebszuverlässigkeit* eine wachsende Bedeutung. Die Zuverlässigkeit eines Automatisierungssystems kann durch Redundanz erhöht werden, wodurch sich in jedem Fall auch der *Systempreis* erhöht. Andererseits wird der Einsatz von Redundanz, bedingt durch den Preisverfall der Hardware, zunehmend auch für eine breitere Anwendung rentabel. Ziel des vorliegenden Beitrags ist es, anhand des Beispiels einer speicherprogrammierbaren Steuerung (SPS) zu zeigen, wie die *Wirtschaftlichkeit von unterschiedlichen Redundanzmaßnahmen* mit Hilfe einfacher Überschlagsrechnungen beurteilt werden kann.
Durch den Einsatz redundanter Systeme werden häufig zwei unterschiedliche Ziele verfolgt (Bild 1). Entweder steht der Schutz von Personen, Umwelt oder Kapital im Vordergrund, dann dient die Redundanz dem *Fehlerausschluß*. Man spricht in diesem Fall von

"fehlersicheren" Systemen. Im Fehlerfall wird die Anlage in eine sichere Ruhelage überführt.

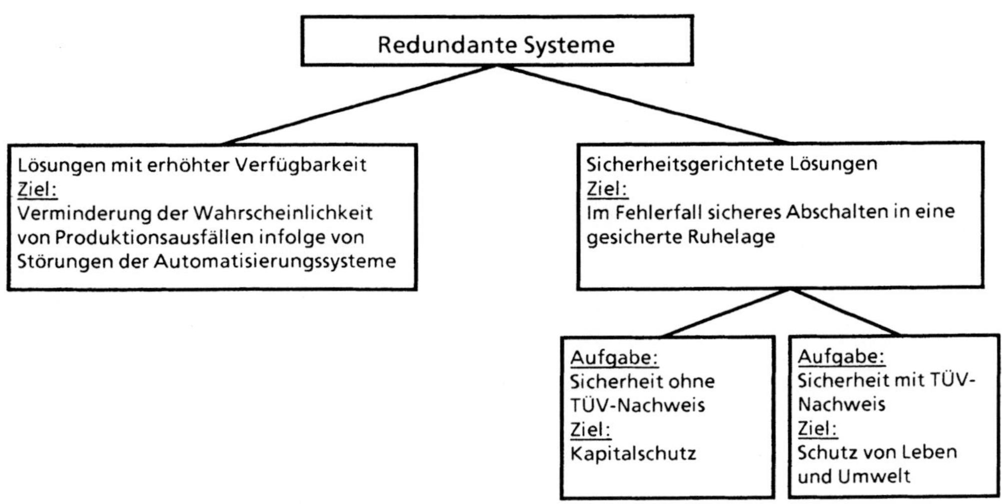

Bild 1: Ziele redundanter Automatisierungssysteme

Im anderen Fall verfolgt man mit dem Einsatz von Redundanz das Ziel, *Produktionsausfälle* infolge von Störungen des Automatisierungssystems zu vermeiden. In diesem Fall spricht man allgemein von "höherverfügbaren" oder auch "fehlertoleranten" Systemen. Bei Störung des Automatisierungsgeräts wird automatisch auf ein Ersatzgerät umgeschaltet. Die Produktion läuft ohne Unterbrechung weiter. Der vorliegende Beitrag befasst sich mit dieser Kategorie redundanter Systeme. Es ist jedoch anzumerken, daß in einem Automatisierungssystem auch beide Ziele kombiniert sein können. So kann es z.B. sinnvoll sein, bestimmte Eingangssignale bzw. Geber redundant im Sinne von "hochverfügbar" aufzulegen und bestimmte Stellglieder redundant im Sinne von "fehlersicher" anzusteuern.

2. Begriffe aus der Zuverlässigkeitstheorie

Über die mathematischen Grundlagen der Zuverlässigkeitstheorie ist eine umfangreiche Fachliteratur verfügbar. Speziell für die Belange der Automatisierungstechnik seien hier /1/

und /2/ genannt. Für einfache Überschlagsrechnungen sind die nachstehenden Begriffe im allgemeinen ausreichend.

Zuverlässigkeit: Eigenschaft eines Gerätes, seine Sollfunktion innerhalb einer gegebenen Zeitdauer zu erfüllen.

Intaktwahrscheinlichkeit nach einer Betriebsdauer des Geräts von t [h]. Diese ergibt sich aus:

$$P[t] = 100 \quad e^{-\lambda . t} \qquad [\%] \qquad (1)$$

mit

λ : Ausfallrate des Geräts [h^{-1}]

Mittlere fehlerfreie Betriebszeit (MTBF --> "mean time between failure"). Diese ergibt sich als Reziprokwert der Ausfallrate:

$$MTBF = \lambda^{-1} \qquad [h^{-1}] \qquad (2)$$

Mittlere Reparaturdauer (MTTR --> "mean time to repair") und der Reziprokwert" Reparaturrate μ [h^{-1}]:

$$MTTR = \mu^{-1} \qquad [h^{-1}]. \qquad (3)$$

Die Ausfallrate λ_s eines Systems ergibt sich aus der Summe der Ausfallraten λ_i seiner v "verfügbarkeitsrelevanten" Komponenten

$$\lambda_s = \sum_1^v \lambda_i \qquad (4)$$

Bei redundanter Geräteanordnung, derart daß bei Ausfall eines Geräts seine Funktion von einem gleichartigen Reservegerät übernommen wird, ergibt sich die Ausfallrate der redundanten Anordnung, unter der Voraussetzung daß das ausgefallene Gerät binnen MTTR repariert wird (MTTR << MTBF), nach /2/ annähernd zu:

$$\lambda_{red} \sim \frac{2 \cdot \lambda_s^2}{\mu} \qquad (5)$$

Während die mittlere Reparaturdauer von den betrieblichen Gegebenheiten bestimmt wird, z. B. Ersatzteilhaltung, Schichtbetrieb, Organisation u. ä., ist man bei den Ausfallraten häufig auf Angaben des Herstellers eines Automatisierungssystems angewiesen. Dabei ist zu berücksichtigen, daß sich die Herstellerangaben auf standardisierte Umgebungsbedingungen beziehen. Gegebenenfalls ist also noch die Einsatzumgebung des Geräts zu berücksichtigen, z. B. erhöhte Temperatur, Erschütterungen, aggressive Atmosphäre u. ä.
Für die Kostenrechnung ist noch der Zusammenhang zwischen der *Ausfallrate des Gesamtsystems* und der Anzahl *Systemausfälle* N_A *(T)* und *Systemreparaturen* N_R *(T)* während der Nutzungsdauer T des Systems von Bedeutung:

$$N_A(T) = T \cdot \sum_{1}^{v} \lambda_i \tag{6}$$

$$NR(T) = T \cdot \sum_{1}^{n} \lambda_i \tag{7}$$

λ_i: Einzelausfallrate der Systemkomponenten [h^{-1}]
v : Anzahl der verfügbarkeitsrelevanten Komponenten, d. h. derjenigen Komponenten, deren Ausfall zu einem Systemausfall führt
n: Anzahl Einzelkomponenten des Systems, mit $v \leq n$
T: Nutzungsdauer des Systems [h]

3. Einsatzbeispiel "speicherprogrammierbare Steuerung (SPS)"

Die praktische Bedeutung der Zuverlässigkeitsbegriffe lässt sich am besten mit Hilfe eines *Zahlenbeispiels* veranschaulichen. Es sei angenommen, daß in einem Betrieb die Beschaffung einer SPS zur Steuerung einer Produktionsmaschine als Investitionsvorhaben ansteht. Die Zahl der erforderlichen Ein-/Ausgänge ist:

320 Binäreingänge, aufgelegt an 10 Digitaleingabebaugruppen (DE) à 32 Eingangskanäle pro Baugruppe.
96 Binärausgänge, aufgelegt an 3 Digitalausgabebaugruppen (DA) à 32 Ausgangskanäle pro Baugruppe.
Von diesen Ein-/Ausgabe-Baugruppen sind 6 Stück (4 DE und 2 DA) verfügbarkeitsrelevant, d. h. ihr Ausfall bedeutet einen *Systemausfall* und damit *Maschinenstillstand* (Bild 2a).

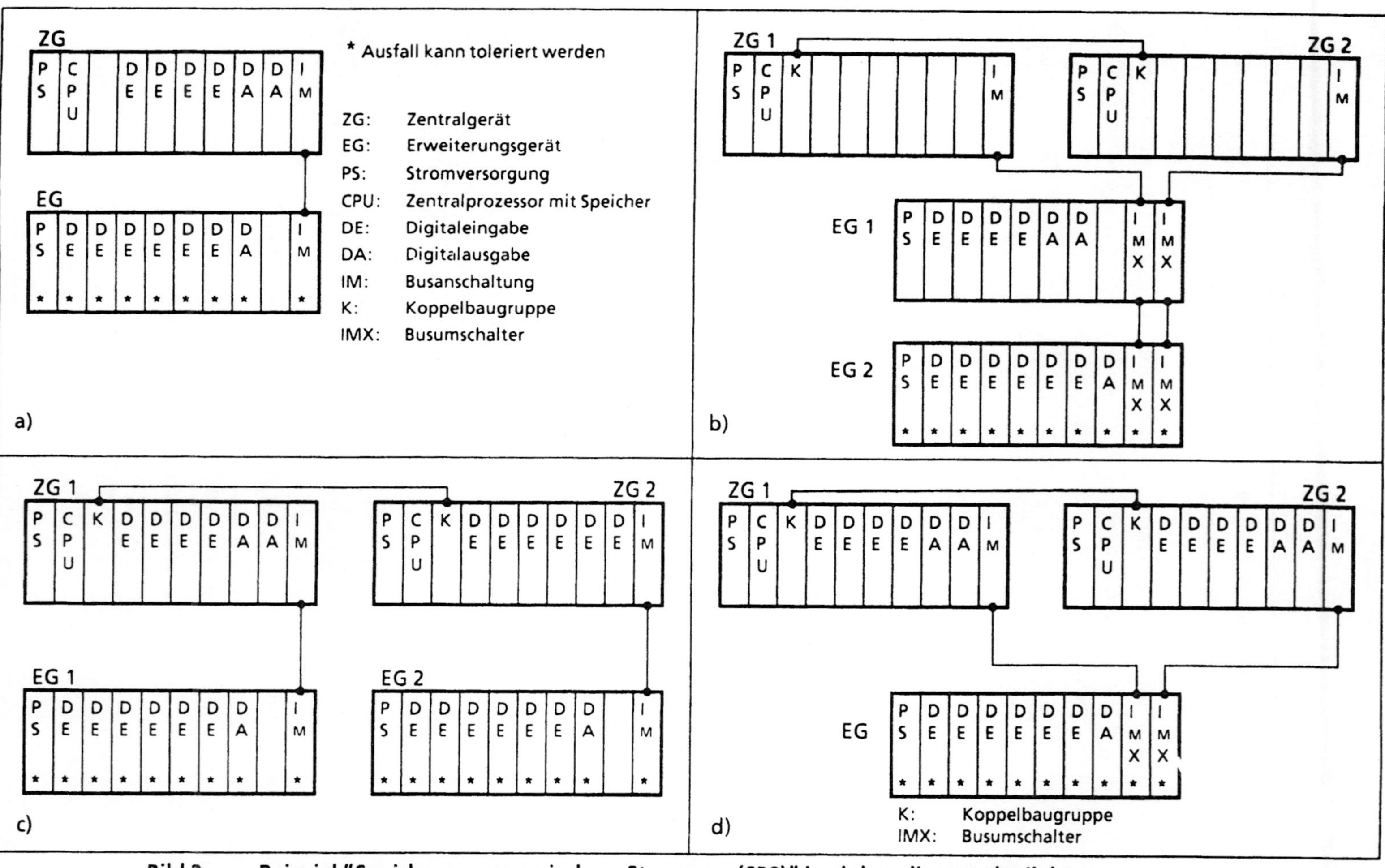

Bild 2 Beispiel "Speicherprogrammierbare Steuerung (SPS)" in einkanaliger und teil- bzw. vollredundanter Struktur

Für die Wirtschaftlichkeitsbetrachtung von Redundanzmaßnahmen wird man die Gesamtkosten K des Systems über dessen Nutzungsdauer T bewerten, wobei es oft ausreichend ist, drei Teilkosten einzubeziehen:

$$K = K_1 + K_2 + K_3 \qquad (8)$$

K_1: Systempreis der SPS:
Hier wird vereinfachend nur der Preis der SPS-Komponenten (Rahmen, Stromversorgung, Baugruppen) berücksichtigt, während weitere Komponenten, wie Geber, Stellglieder, Lastnetzteil u. a. nicht einbezogen wurden.

K_2: Reparaturkosten (Ersatzteile, Lohn):
Diese errechnen sich vereinfacht zu

$$K_2 = N_R \cdot K_R \qquad (9)$$

K_R: durchschnittliche Kosten einer Reparatur, DM
N_R: Anzahl Reparaturfälle in T Jahren

K_3: Produktionsausfallkosten:
In erster Nährung errechnen sich diese zu

$$K_3 = N_A \cdot t_{st} \cdot K_A \qquad (10)$$

N_A: Anzahl Systemausfälle in T Jahren
t_{st}: mittlere Stillstandszeit (= Reparaturdauer MTTR), h
K_A: mittlere Produktionsausfallkosten, DM/h

Für die nachstehenden Wirtschaftlichkeitsrechnungen werden folgende Zahlenwerte zugrunde gelegt (s. a. Bild 2):

Tabelle 1:

Komponente	Ausfallrate, λ_i $10^{-6} h^{-1}$	MTBF a	Preis DM
Rahmen und Stromvers.	4	28,5	1.400
CPU und Speicher	10	11,4	2.000
Digitaleingabe, DE	5	22,8	400
Digitalausgabe, DA	10	11,4	600
Busanschaltung, IM	4	28,5	500
Koppelbaugruppe, K	8	14,3	1.500
Busumschalter, IMX	5	22,8	700

Nutzungsdauer des Systems, T : 10 Jahre
durchschnittliche Kosten einer Reparatur, K_R : 500 DM
durchschnittliche Reparaturdauer, MTTR : 2 h
mittlere Produktionsausfallkosten, K_A : 2000 DM/h

Neben der *einkanaligen*, nicht redundanten SPS gemäß Bild 2a sollen die Gesamtkosten von 3 unterschiedlichen Redundanzlösungen betrachtet werden:

Bild 2b: *redundanter Zentralprozessor, einkanalige Peripherie.*
Diese Lösung kann in den Fällen sinnvoll sein, in denen nur der Zentralprozessorausfall mit dem Systemausfall gleichzusetzen ist, während der Ausfall einer einzelnen Ein-/Ausgabebaugruppe toleriert wird.
Bild 2c: *Zentralgerät und Erweiterungsgerät redundant.*
Eine solche Lösung ist in Betracht zu ziehen, wenn kein oder nur ein geringer Komponentenausfall toleriert werden kann. Jede ausgefallene Komponente kann bei laufendem Produktionsbetrieb repariert werden. Es ist jedoch zu berücksichtigen, daß es trotzdem zu einem Produktionsstillstand kommen kann, nämlich dann, wenn ein Fehler zwar *erkannt*, nicht jedoch *lokalisiert* werden konnte. Um auch diesen Fall auszuschließen, ist ein *dreikanaliges System* erforderlich. Nur mit diesem ist ein "Non-Stop"-Betrieb gewährleistet.
Bild 2d: *redundanter Zentralprozessor, Peripherie gemischt ein- und zweikanalig.*
Diese Lösung ist in den Fällen vorteilhaft, in denen nur ein Teil der Komponenten verfügbarkeitsrelevant ist, der Ausfall des restlichen Teils aber toleriert werden kann, wie im Fall des Beispiels.
Setzt man nun die Zahlenwerte in die Beziehungen (2) bis (10) ein, ergibt sich folgende Tabelle:

Tabelle2:

	Systemlösung, Bild 2			
	a	b	c	d
ZG-Ausfallrate λ_{ZG}, $10^{-6}\,h^{-1}$	58	~0	~0	~0
EG-Ausfallrate λ_{EG}, $10^{-6}\,h^{-1}$	48	108	~0	44
Systemausfallrate λ_S, $10^{-6}\,h^{-1}$	58	44	~0	~0
Anzahl tolerierbarer Ausfälle in 10a	4	4	0	4
Anzahl Systemausfälle in 10a	5	4	0	0
Anzahl Systemreparaturen in 10a	9	18	20	16
Systempreis K_1, DM	11600	22200	26200	22200
Reparaturkosten K_2, DM	4500	9000	10000	8000
Produktionsausfallkosten, DM	20000	16000	0	0
Gesamtkosten in 10a, DM	36100	47200	36200	30200

4. Schlußbetrachtungen

Im Fall des Zahlenbeispiels ist die wirtschaftlichste Lösung die gemäß *Bild 2d*, in der diejenigen Komponenten, deren Ausfall einen Produktionsstillstand zur Folge hätte, redundiert sind. Bemerkenswert ist jedoch der Umstand, daß obwohl die mittlere fehlerfreie Betriebszeit (MTBF) aller Komponenten *über 10 Jahren* liegt, trotzdem für das nicht redundante System mit 5 Produktionsunterbrechungen während der Nutzungsdauer zu rechnen ist.

Gemäß (1) ist die *"Intaktwahrscheinlichkeit"* des nicht redundanten Systems nach 1 Jahr Betriebszeit nur noch 60 %, nach 2 Jahren 36,2 %. Welches die *wirtschaftlichste Systemstruktur* ist, ob nicht, teil- oder vollständig redundant, muß in jedem Anwendungsfall ermittelt werden. Das Beispiel mag dann als Leitfaden dienen. Allgemein gilt jedoch, daß Redundanz umso wirtschaftlicher ist, je höher die Kosten bei Störung oder Stillstand der Produktion. Dies läßt sich deutlich aus Bild 3 erkennen, dem die Zahlenwerte von Tabelle 2 zugrunde liegen.

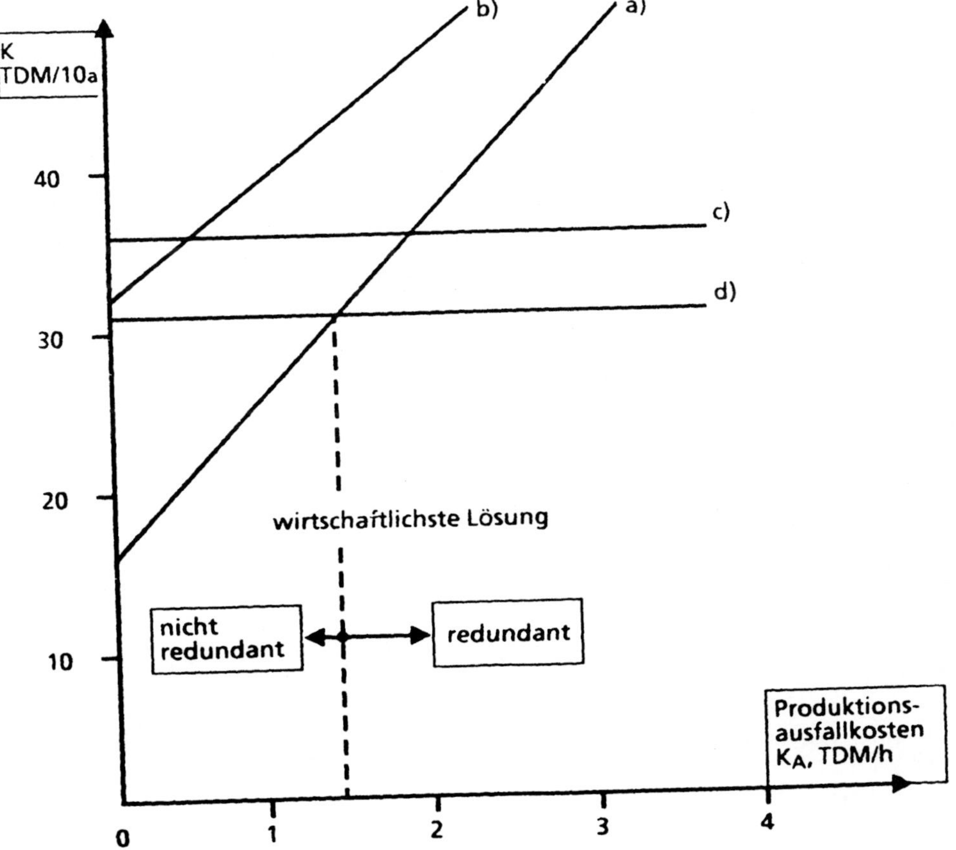

Bild 3: Gesamtkosten der SPS über die Nutzungsdauer, in Abhängigkeit von den Produktionsausfallkosten, für die Systemstrukturen gemäß Bild 2a...d.

Solange die Produktionsausfallkosten kleiner als 1410 DM/h sind, ist im Fall des Zahlenbeispiels der Einsatz von Redundanz *unwirtschaftlich*.

Wurde in einem Anwendungsfall der Wirtschaftlichkeitsnachweis für ein redundantes Automatisierungssystem erbracht, muß geprüft werden, mit welchem auf dem Markt befindlichen Automatisierungssystem sich die als wirtschaftlich erkannte Redundanzstruktur optimal verwirklichen läßt. Dabei spielt sicher der Mehraufwand eine Rolle, der vom Anwender für die Redundanzmaßnahmen, einschließlich der *Software* , erbracht werden muß. Grundsätzlich kann der Anwender seine eigene Redundanzlösung aus den Komponenten eines Automatisierungssystems aufbauen. Dieser Weg dürfte jedoch nur in Ausnahmefällen der günstigste sein. Im allgemeinen wird man sich aus Aufwandsgründen für ein vom Markt angebotenes redundantes Automatisierungssystem entscheiden, deren Preis-/Leistungsverhältnis in den letzten Jahren zunehmend verbessert wurde. Dabei sollten folgende Anforderungen erfüllt sein:

a) Die Redundanz muß durch das Betriebssystem unterstützt werden, durch Funktionen wie Aufdaten der Reserveeeinheit, stoßfreie Umschaltung im Fehlerfall, Rekonfiguration u. a. m.

b) Die Redundanz muß durch Projektierungs- und Diagnosehilfen unterstützt werden, um den Entwicklungsaufwand für die Anwender-Software niedrig zu halten und Systemfehler schnell zu lokalisieren.

c) Die Redundanz der Ein-/Ausgabekanäle muß feinstufig projektierbar sein, um wirtschaftliche Systemlösungen zu ermöglichen. D. h., daß der gemischte Betrieb von 1-, 2- und 3-kanaliger Peripherie möglich sein sollte.

d) Eine Reparatur muß bei laufendem Produktionsbetrieb möglich sein.

Selbstverständlich können nicht alle Zuverlässigkeitsprobleme der Automatisierungstechnik durch Hardware-Redundanz gelöst werden. Fehler im Anwenderprogramm werden auch von einem zweikanaligen System nicht erkannt. Der Einsatz eines Redundanz-Betriebssystems anstelle eigener Softwarelösungen ist jedoch ein Schritt in die Richtung erhöhter Software-Zuverlässigkeit.

5. Literatur

/1/ Schrüfer, E.: Zuverlässigkeit von Meß- und Automatisierungseinrichtungen, Hanser, 1984.

/2/ Schäfer, E.: Zuverlässigkeit, Verfügbarkeit und Sicherheit in der Elektronik, Vogel, 1979.

Ein Verfahren zur Erhöhung der Zuverlässigkeit bei busorientierten Prozeßrechensystemen

Richard Vogt
Institut für Mikrorechner und Automation (Prof. Bender)
Universität Karlsruhe, Postfach 6980, D-7500 Karlsruhe 1

Zusammenfassung:
In diesem Beitrag wird zunächst der Einfluß verschiedener Faktoren auf die Zuverlässigkeit eines busorientierten Rechensystems untersucht. Daraus werden zwei Verfahren abgeleitet, die die Tolerierung von den Bus betreffenden Fehlern ermöglichen. Die gegebene Busschnittstelle der Module braucht dabei nicht verändert zu werden, so daß diese Verfahren auch auf bereits bestehende und evtl. standardisierte Bussysteme und deren Module anwendbar sind. Verschiedene Einsatzbereiche werden diskutiert und Hinweise für eine Implementierung gegeben.

1. Motivation

Die in der Automatisierungstechnik eingesetzten Prozeßrechensysteme zeichnen sich im allgemeinen durch einen *busorientierten Aufbau* aus, wie er in prinzipieller Form in Bild 1 dargestellt ist. Die Verwendung eines gemeinsamen Busses zur Verbindung der einzelnen Module untereinander bietet dabei – insbesondere gegenüber anderen Verbindungstopologien wie Stern oder Ring – verschiedene Vorteile, wie zum Beispiel hohe Flexibilität, Unterstützung des modularen Aufbaus und vereinfachte Wartbarkeit des Systems (/Färb 87/).

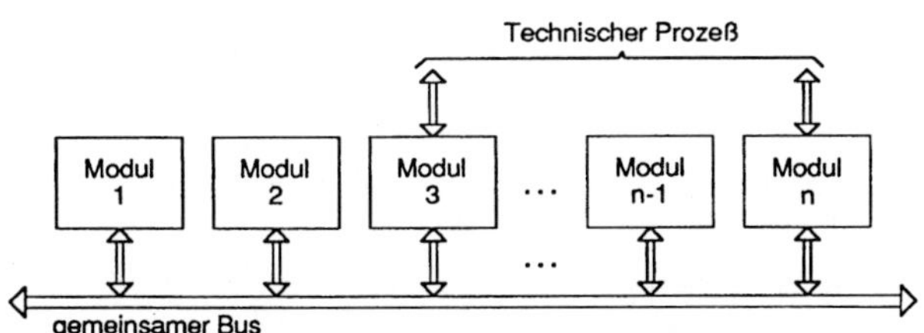

Bild 1: Busorientiertes Prozeßrechensystem

Aus Gründen der Wirtschaftlichkeit ist es zudem angebracht, die Schnittstelle zwischen den Modulen und dem gemeinsamen Bus zu standardisieren. Dies ermöglicht verschiedenen Herstellern, kompatible Module auf dem Markt anzubieten, was sich wiederum günstig auf die Entwicklungs- und Herstellungskosten eines busorientierten Rechensystems auswirkt. So wurden auf nationaler und internationaler Ebene bereits allgemein anerkannte Standards erarbeitet, wie zum Beispiel der VME-Bus, der MULTIBUS I und II und der G64/96-Bus.

Gleichzeitig wächst durch die zunehmende Automatisierung technischer Prozesse auch die Zahl der Anwendungen, bei denen der Zuverlässigkeit des Rechensystems eine zentrale Bedeutung zukommt. In diesen Fällen stellt die Verwendung eines busorientierten Aufbaus aber eine Einschränkung dar: Zum einen wird die Zuverlässigkeit des Systems (genauer seine *Überlebenswahrscheinlichkeit*, siehe DIN40041) dadurch begrenzt, daß alle Module auf die Funktion des gemeinsamen Busses angewiesen sind. Zum anderen wird die Verfügbarkeit eingeschränkt, da ein defektes Modul nur im spannungsfreien Zustand ausgetauscht werden kann, was die Abschaltung des Rechners und damit die Unterbrechung des Betriebs voraussetzt.

Das in diesem Papier erörterte Verfahren hat nun zum Ziel, die Zuverlässigkeit eines busorientierten Rechensystems (also dessen Überlebenswahrscheinlichkeit und Verfügbarkeit) zu erhöhen, indem es den gemeinsamen Bus vor einem Ausfall schützt und die Möglichkeit einer „on-line"-Reparatur bietet. Dabei wird insbesondere darauf geachtet, daß die eingeführten Normen bezüglich der Standardisierung der Modulschnittstellen nicht verletzt werden. Somit kann dieses Verfahren auch nachträglich auf bereits bestehende Systeme angewandt werden, um erhöhten Ansprüchen an die Zuverlässigkeit gerecht zu werden.

2. Fehlermodell

Um den Einfluß verschiedener Faktoren auf die Zuverlässigkeit eines busorientierten Systems auch quantitativ bewerten zu können, wird zunächst ein Fehlermodell eingeführt. Dazu wird die Menge der in den betrachteten Systemen möglichen Fehler in die folgenden drei Fehlerklassen zerlegt:

1. *Globale Modulfehler*
   Darunter sind alle die Fehler eines Moduls zu verstehen, bei deren Eintreten das Modul die Funktion des gemeinsamen Busses und damit die Kommunikation zwischen den anderen Modulen stört.
   Beispiele hierfür sind die Dauerbelegung des Busses, die Ausgabe falscher Signale auf den Bus oder die Nichtbeachtung von Zugriffs- und anderen Protokollvorschriften. Ein globaler Modulfehler kann bereits durch den Ausfall einer Bustreiberstufe verursacht werden, wenn dadurch auf der zugehörigen Busleitung ein fester Spannungswert eingeprägt wird (z. B. stuck-at-0, stuck-at-1).
2. *Lokale Modulfehler*
   Hierzu zählen alle Fehler eines Moduls, die nicht zur Klasse der globalen Modulfehler gehören, bei deren Eintreten die Funktion des gemeinsamen Busses also nicht unmittelbar gestört wird.
   Beispiele hierfür sind der Ausfall eines Speicherbausteins auf einem Speichermodul oder der Ausfall einer Ein-/Ausgabe-Schnittstelle zu einem Peripheriegerät.
3. *Busfehler*
   Zur Klasse der Busfehler zählen die Fehler, die durch den Bus selbst verursacht werden; also zum Beispiel durch einen Kurzschluß zwischen Busleitungen, durch die Unterbrechung einer Busleitung oder durch einen fehlerhaften Busabschluß-Widerstand.

Aufgrund dieses Fehlermodells lassen sich bei einem Modul die beiden Bereiche *Lokalfunktion* (ML) und *Globalfunktion* (MG) unterscheiden, wie in Bild 2 dargestellt ist. Der Bereich der Lokalfunktion wird dabei durch einen lokalen Modulfehler beeinträchtigt, der Bereich der Globalfunktion durch einen globalen Modulfehler. (Einer nicht den Anspruch auf Repräsentativität erhebenden Umfrage zufolge beträgt das Verhältnis von lokalen zu globalen Modulfehlern bei parallelbus-orientierten Modulen etwa 81% zu 19%.)

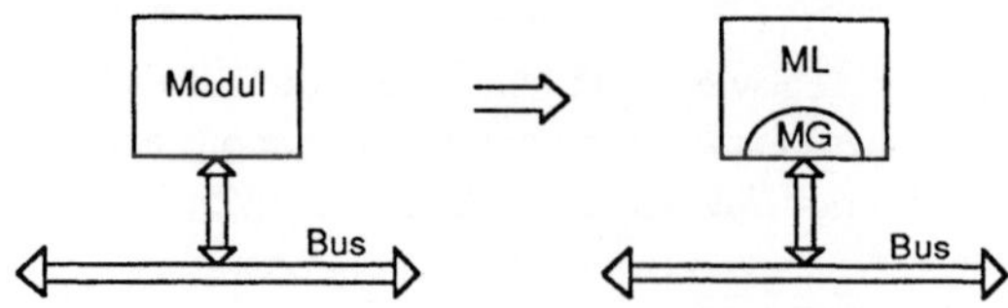

Bild 2: Modellierung eines Moduls

Die Anwendung dieser Modellierung auf das gesamte busorientierte Rechensystem führt auf folgende Darstellung:

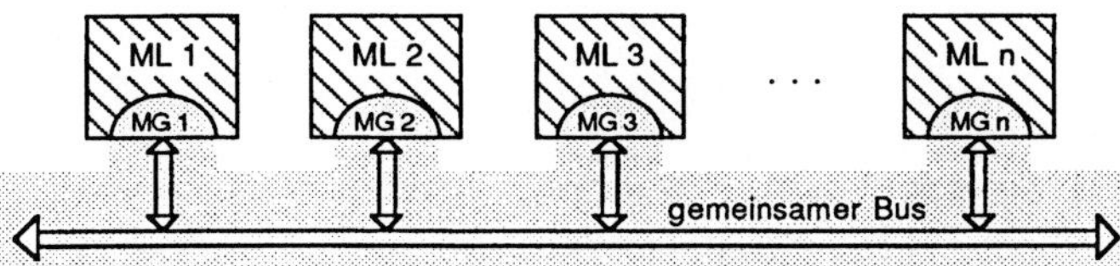

Bild 3: Modellierung des busorientierten Rechensystems

In diesem Modell können zwei Fehlerbereiche unterschieden werden, die beide funktionsfähig sein müssen, um ein intaktes System zu erhalten:

- *Fehlerbereich 1* wird von den Lokalfunktionen der Module gebildet (in Bild 3 schraffiert gezeichnet). Fehler in diesem Bereich sind tolerierbar, wenn man redundante Module vorsieht und im Fehlerfall eine Rekonfigurierung, also eine Verlagerung der abgebrochenen Funktionen auf die noch intakten Module, durchführt (/DalCin 79/, /Görke 84/). Die Flexibilität und leichte Erweiterbarkeit des busorientierten Rechensystems begünstigt dabei den Einsatz redundanter Module (in der Praxis auch als „Springer-Module" bezeichnet), so daß damit eine Erhöhung der Zuverlässigkeit von Fehlerbereich 1 erreichbar ist.

- *Fehlerbereich 2* wird von den Globalfunktionen der Module und vom gemeinsamen Bus selbst gebildet (in Bild 3 schattiert dargestellt; dieser Bereich wird auch als *Bussystem* bezeichnet). Fehler in diesem Bereich sind *nicht* tolerierbar, da nach der Definition des Fehlermodells bereits der Ausfall *einer* Modul-Globalfunktion genügt, um die Funktion des gemeinsamen Busses zu stören und damit jede weitere Kommunikation zwischen den anderen Modulen zu verhindern. Dies gilt ebenfalls für den Eintritt eines Busfehlers. Bezüglich der Zuverlässigkeit bilden die Elemente aus Fehlerbereich 2 also ein Seriensystem (/Schneew 80/), das nur dann intakt ist, wenn *alle* beteiligten Elemente intakt sind. Geht man in erster Näherung von gleichen Zuverlässigkeitswerten der Modul-Globalfunktionen aus, d.h. $R_{MG}(t) := R_{MG\,i}(t)$ für i=1...n, und setzt man stochastische Unabhängigkeit bezüglich der Fehlerentstehung voraus, dann berechnet sich die Zuverlässigkeit dieses Seriensystems nach folgender Gleichung (der Einfachheit halber wurde der Parameter t weggelassen):

  $$R_{Bussystem} = R_{gemeinsamer\ Bus} \cdot [R_{MG}]^n$$

  Da die Zuverlässigkeitswerte realer Elemente im Bereich zwischen 0 und 1 liegen, reduziert sich mit zunehmender Zahl n von Modulen zwangsläufig die Zuverlässigkeit des Bussystems. Diese Einschränkung kann sogar dazu führen, daß bei Einsatz redundanter Module der Zuverlässigkeitsgewinn in Fehlerbereich 1 zunichte gemacht und insgesamt eine Zuverlässigkeitsreduktion bewirkt wird (/PfiHär 82/).

Aus diesen Gründen stellt der gemeinsame Bus in dem busorientierten Rechensystem einen Zuverlässigkeitsengpaß dar. Übliche Verfahren zur Umgehung dieses Engpasses beruhen in der Regel auf der Einführung zusätzlicher Busleitungen (/Parh 79/) oder auf der Verwendung eines komplett redundanten Busses (/Katz 77/). Ein wesentlicher Nachteil dieser Verfahren ist aber, daß sie *spezielle Module* erfordern, da die Busschnittstelle eines standardisierten Moduls nicht-redundant ist. Der oben erwähnte Vorteil der Wirtschaftlichkeit kann hier also nicht genutzt werden. Im Gegensatz dazu bleibt bei den im folgenden beschriebenen Verfahren die Schnittstelle der Module unverändert.

3. Tolerierung von globalen Modulfehlern

Ziel des in diesem Abschnitt beschriebenen Verfahrens ist es, Ausfälle des Bussystems aufgrund eines globalen Modulfehlers zu vermeiden.

Nach dem Eintreten eines globalen Modulfehlers ist das Bussystem erst dann wieder funktionsfähig, wenn das betreffende Modul vom Bus getrennt wird. Um nun ein fehlertolerantes Verhalten des Rechensystems zu erreichen, muß es eine Einrichtung geben, die einen globalen Modulfehler erkennt, das fehlerhafte Modul lokalisiert und schließlich eine Trennung dieses Moduls vom Bus durchführt. Zu diesem Zweck wird der gemeinsame Bus um *Busschalter* und zugehörige *Überwachungseinheiten* erweitert, wie in Bild 4 dargestellt ist:

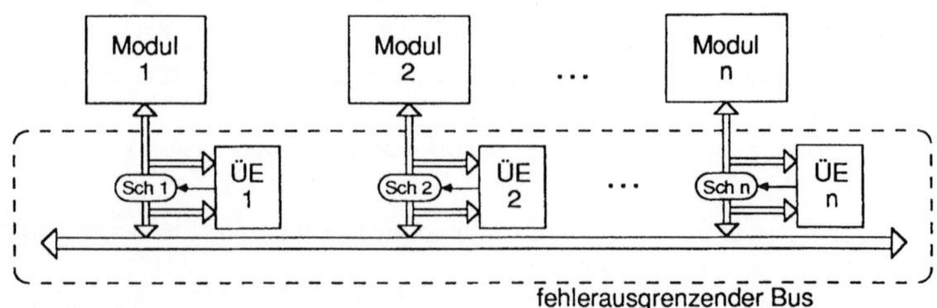

Bild 4: Erweitertes Rechensystem zur Tolerierung von globalen Modulfehlern

Die Überwachungseinheiten (*ÜE 1...ÜE n*) haben hier die Aufgabe, einen globalen Modulfehler zu erkennen und zu lokalisieren, d. h. das fehlerhafte Modul zu bestimmen (siehe Abschnitt 5). Im Anschluß daran wird dieses Modul durch Aktivieren des zugehörigen Busschalters (*Sch 1...Sch n*) vom Bus getrennt, so daß die Funktion des Busses nicht mehr beeinträchtigt wird und er für die weitere Kommunikation zwischen den noch intakten Modulen zur Verfügung steht. Der Betrieb des Rechensystems kann daher fortgesetzt werden, wenn gleichzeitig durch entsprechende Redundanz auf Modulebene gewährleistet ist, daß die Funktionen des getrennten Moduls durch ein oder mehrere andere, noch intakte Module übernommen werden (Rekonfigurierung des Systems, siehe Abschnitt 2).

Neben der Möglichkeit der Tolerierung von globalen Modulfehlern besitzt dieses Verfahren die folgenden Vorteile:

- Die Verwendung von Standard-Modulen ist möglich, da die Schnittstelle des *fehlerausgrenzenden Busses* zu den Modulen dieselbe ist wie bei dem ursprünglichen einfachen Bus. Die Busschalter werden lediglich in die Leitung zwischen Modul und Bus eingeführt.
- Die Trennung des Moduls vom gemeinsamen Bus bezieht sich sowohl auf die Daten- als auch auf die Spannungsversorgungs-Leitungen. Dies ermöglicht ein Auswechseln des (fehlerhaften) Moduls ohne Stillegung des übrigen Rechensystems. In Verbindung mit entsprechender Software zur Wiedereingliederung ersetzter Module ist daher eine „on-line"-Reparatur durchführbar, was sich positiv auf die Verfügbarkeit des Rechensystems auswirkt.
- Durch eine Integration der Busschalter, der Überwachungseinheiten und der Busleitungen zu einer Einheit wird der Übergang von herkömmlichem Bus zu fehlerausrenzendem Bus erleichtert. Aufgrund der Kompatibilität beider Busse ist es dann sogar möglich, bereits bestehende Systeme nachträglich entsprechend zu erweitern.

In der Praxis ist die Realisierung dieses Verfahrens sicherlich nur dann sinnvoll, wenn damit bei wirtschaftlich vertretbarem Aufwand eine deutliche Erhöhung der Zuverlässigkeit des busorientierten Rechensystems erreicht werden kann. Diese beiden Forderungen lassen sich nur erfüllen, wenn die Busschalter einen äußerst einfachen Aufbau besitzen und die Überwachungseinheiten eine hohe Fehlerüberdeckung gewährleisten.

Die Auswahl geeigneter Schaltelemente zum Aufbau des Busschalters wurde in /VoBe 87/ diskutiert; für die dort betrachteten Parallelbussysteme wurden sog. Leistungs-MOSFETs (*M*etal *O*xide *S*emiconductor *F*ield *E*ffect *T*ransistor) ausgewählt, die sich durch einfache Struktur, bidirektionales Schaltverhalten, niedrigen Durchgangswiderstand und niedrige Ausfallrate ($\lambda \approx 10^{-12} h^{-1}$) auszeichnen. Für serielle Bussysteme ist es aber auch möglich, als Schaltelement ein einfaches Relais einzusetzen – so wird zum Beispiel bei Ethernet oder bei MAP (/IEEE 85/) die Sendeleitung des Transceivers über ein Relais geführt, das bei Überschreiten einer zulässigen Sendedauer abgeschaltet wird (sog. „Jabber-Control", zu deutsch etwa „Geplapper"-Kontrolle). Es sei an dieser Stelle nochmals darauf hingewiesen, daß unabhängig von der Implementierung ein wesentliches Merkmal des Verfahrens die Tatsache ist, daß der eigentliche Schaltvorgang nur im Fehlerfall erfolgt und ansonsten die Schalter statisch betrieben werden.

Die Untersuchungen bezüglich der Zuverlässigkeit des fehlerausgrenzenden Busses wurden in /Vogt 87/ durchgeführt. In Zusammenfassung der dort erzielten Ergebnisse ist in Bild 5 ein Diagramm für den Zuverlässigkeits-Verbesserungsfaktor angegeben, der bezüglich globaler Modulfehler bei einem einzelnen Modul i durch die Einführung von Überwachungseinheit i und Busschalter i erreicht werden kann. Veränderliche ist dabei die Fehlerüberdeckung der Überwachungseinheit i, also die Wahrscheinlichkeit für richtige Fehlererkennung und Fehlerlokalisierung; zusätzlich wurde angenommen, daß bei globalfehlerfreiem Modul der Schalter sicher geschlossen ist. Parameter der Kurven ist der Zuverlässigkeitswert des Busschalters i ($R_{Sch\ i}$), und für $R_{MG\ i}$ wurde ein Wert von 0,9 eingesetzt.

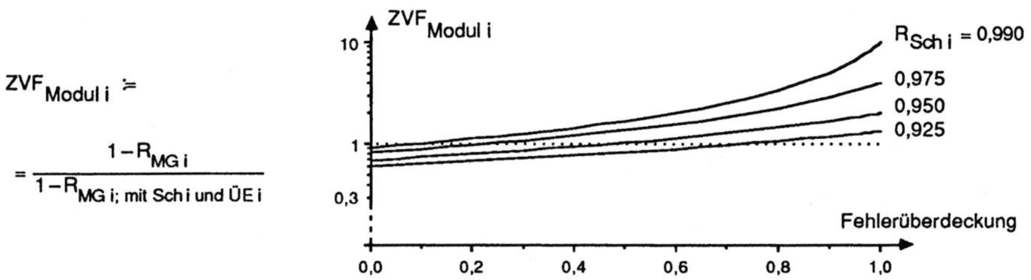

Bild 5: Zuverlässigkeits-Verbesserungsfaktor bei einem einzelnen Modul i

Wie aus Bild 5 ersichtlich, wird auch bei ungünstigen Werten der Schalterzuverlässigkeit bereits bei mittleren Werten der Fehlerüberdeckung ein Zuverlässigkeitsgewinn erzielt.

Im folgenden werden nun einige Einsatzmöglichkeiten des Verfahrens zur Tolerierung von globalen Modulfehlern vorgestellt.

3.1 Anwendung bei selektiver Redundanz

Wie bereits erwähnt wurde, ist eine Voraussetzung für den Einsatz des fehlerausgrenzenden Busses das Vorhandensein von Redundanz auf Modulebene: die Funktionen eines aufgrund eines globalen Modulfehlers abgeschalteten Moduls müssen durch andere Module übernommen werden. Diese Voraussetzung ist erfüllt, wenn das Rechensystem bereits bezüglich lokalen Modulfehlern ein fehlertolerantes Verhalten besitzt.

Im Bereich der Prozeßautomatisierungstechnik gibt es nun aber zahlreiche Anwendungen, bei denen man sich aus Gründen der Wirtschaftlichkeit darauf beschränkt, nur die am häufigsten auftretenden Fehler zu tolerieren. Hierzu zählen insbesondere Fehler in den Ein-/Ausgabe-Einheiten eines Prozeßrechners, die mit einem sehr hohen Anteil (ca. 90%; /Korh 86/) die Ursache für eine Fehlfunktion sind. Dementsprechend bezieht sich die in das System eingebrachte Redundanz vornehmlich auf diese Einheiten bzw. Module, was hier mit *selektiver* Redundanz bezeichnet wird. Da Fehler in anderen Modulen somit nicht tolerierbar sind, kann natürlich auch der Einsatz der Busschalter und Überwachungseinheiten auf diejenigen Module beschränkt werden, deren lokale Fehler durch das Rechensystem tolerierbar sind.

Daneben bietet der Einsatz von Busschaltern den Vorteil, daß die zugehörigen Module ohne Unterbrechung des Systembetriebs ausgetauscht werden können. Damit ist eine Erhöhung der Verfügbarkeit des Rechensystems verbunden, die sich bezüglich lokalen Modulfehlern sogar dann erreichen läßt, wenn die Überwachungseinheiten gänzlich entfallen und die Busschalter durch das Wartungspersonal manuell aktiviert werden.

3.2 Anwendung bei einfachen Systemen

Einfache Rechensysteme für die Automatisierungstechnik besitzen nur ein zentrales Prozessor-Modul und daneben verschiedene Ein-/Ausgabe- und evtl. zusätzliche Speicher-Module. Setzt man bei diesen Systemen selektive Redundanz bezüglich der Ein-/Ausgabe ein und möchte man neben der erhöhten Verfügbarkeit auch globale Fehler der Ein-/Ausgabe-Module tolerieren können, so stellt die Verwendung eines fehlerausgrenzenden Busses mit seinen eigenen Überwachungseinheiten einen nicht unerheblichen Kostenfaktor dar. Daher bietet es sich an, die Funktionen der dezentralen Überwachungseinheiten soweit möglich durch das vorhandene Prozessor-Modul zentral ausführen zu lassen. Bild 6 zeigt das Prinzip eines entsprechend aufgebauten Systems.

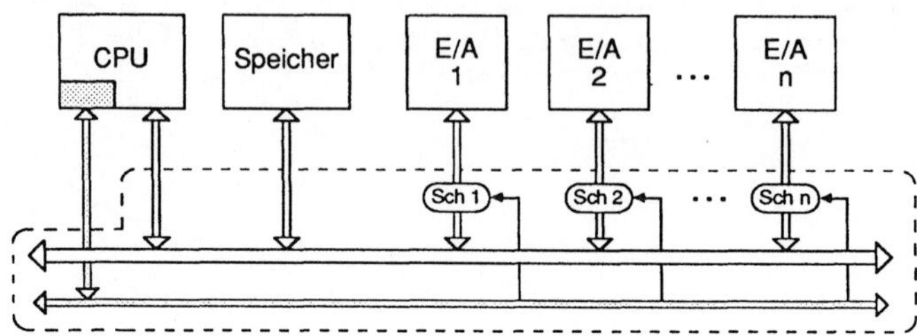

Bild 6: Fehlerausgrenzender Bus bei selektiver Redundanz in einem einfachen System

Das Prozessor-Modul (*CPU*) muß hier erweitert werden, um z. B. die Ansteuerung der Busschalter über zusätzliche Verbindungen vornehmen zu können (in Bild 6 durch den schattierten Bereich dargestellt). Hingegen gilt auch bei diesem Aufbau für die übrigen Module, daß ihre Busschnittstelle durch die Einführung des fehlerausgrenzenden Busses nicht beeinflußt wird. Bezüglich der Zuverlässigkeit stellt die zentrale Realisierung der Überwachung zwar eine Schwachstelle dar, jedoch führt bei diesem einfachen System ein Ausfall des nur einfach vorhandenen Prozessor-Moduls ebenfalls zu einem Systemausfall.

Eine diesem Aufbau vergleichbare Realisierung findet sich zum Beispiel in den Rechensystemen der amerikanischen Firma „Parallel Computers". Hier besteht der Rechnerkern aus zwei Prozessor-Modulen, die ein 1-aus-2-System bilden, und einem System-Monitor, der u. a. die Ansteuerung der Busschalter übernimmt (/Par 86/).

4. Tolerierung von Busfehlern

In Abschnitt 2 wurde darauf hingewiesen, daß ein Ausfall des Bussystems außer durch einen globalen Modulfehler auch durch einen Busfehler verursacht werden kann. Das in diesem Abschnitt beschriebene Verfahren hat nun die Tolerierung derartiger Busfehler zum Ziel.

Um bei Vorliegen eines Busfehlers die Kommunikation zwischen den Modulen aufrecht erhalten zu können, ist ein redundanter Bus erforderlich. Dabei kann die Notwendigkeit einer redundanten Busschnittstelle bei den Modulen vermieden werden, wenn die Ankopplung der Module ausschließlich an *einen* intakten Bus erfolgt. In Bild 7 ist der prinzipielle Aufbau eines entsprechenden Systems dargestellt:

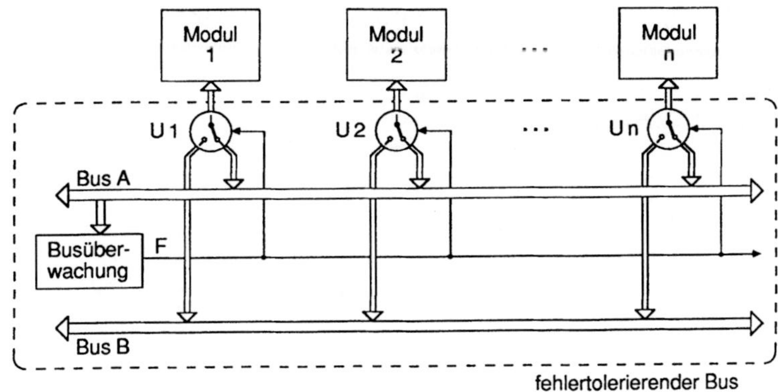

Bild 7: Erweitertes Rechensystem zur Tolerierung von Busfehlern

Die unveränderte Schnittstelle jedes Moduls wird auf einen „Umschalter" (U 1...U n) geführt, der das Modul entweder mit Bus A oder mit Bus B verbindet. Die Ansteuerung dieser Schalter erfolgt durch eine Busüberwachungs-Einheit, welche die Funktion von Bus A überwacht und ein entsprechendes Fehlersignal F generiert: solange bei Bus A kein Busfehler erkannt wird, nimmt dieses Signal z. B. den Wert F=0 an, wodurch die Module mit Bus A verbunden werden; bei Auftreten eines Busfehlers wird hingegen der Wert F=1 generiert, und es erfolgt eine Umschaltung auf Bus B. Der Busfehler von Bus A wird damit also toleriert (ebenso natürlich ein Busfehler von Bus B, solange Bus A intakt ist).

Aus der Sicht der Zuverlässigkeitstheorie stellt dieser fehlertolerierende Bus ein dynamisch redundantes System dar, bei dem im Bedarfsfall eine Umschaltung auf eine Reservekomponente (hier einen redundanten Bus) erfolgt. Bei der Berechnung der Zuverlässigkeit dieses Systems (worauf an dieser Stelle verzichtet werden soll) spielt daher neben Anzahl und Zuverlässigkeit der vorhandenen Busse die Fehlerüberdeckung der Busüberwachung und die Zuverlässigkeit der Umschalter eine wesentliche Rolle (siehe z. B. /Görke 69/).

Wichtige Vorteile des Verfahrens sind:

- Die Busschnittstelle der Module wird nicht beeinflußt, so daß auch Standardmodule einsetzbar sind.
- Im fehlerfreien Fall kann man den redundanten Datenpfad dazu nutzen, durch eine geeignete Stellung der Schalter einen exklusiven Zugang zu einem der Module herzustellen, z. B. zu Zwecken der Diagnose oder der Initialisierung.
- Die im ursprünglichen System zentral vorhandenen Module, wie z. B. ein Taktgenerator oder ein Zugriffssteuerwerk, lassen sich je Bus einmal implementieren; das Umschalten auf einen redundanten Bus entspricht dann gleichzeitig dem Umschalten auf einen redundanten Satz zentraler Module (Bild 8).

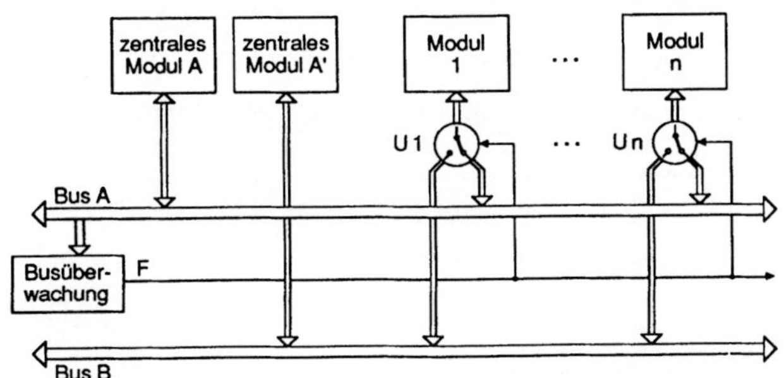

Bild 8: Redundanz bezüglich zentraler Module

- Nicht benutzte Datenpfade sind von den Modulen isoliert und können daher ohne Unterbrechung des Systembetriebs, also „on-line", ersetzt werden.

Die nun folgenden Abschnitte nennen einige Anwendungsformen dieses Verfahrens und geben Hinweise auf eine mögliche Realisierung.

4.1 Kombination mit fehlerausgrenzenden Bussen

Bus A und Bus B in Bild 7 können durch fehlerausgrenzende Busse ersetzt werden, wobei die Funktion des Umschalters durch die dann ohnehin notwendigen Busschalter übernommen wird. Bild 9 zeigt einen entsprechenden Aufbau.

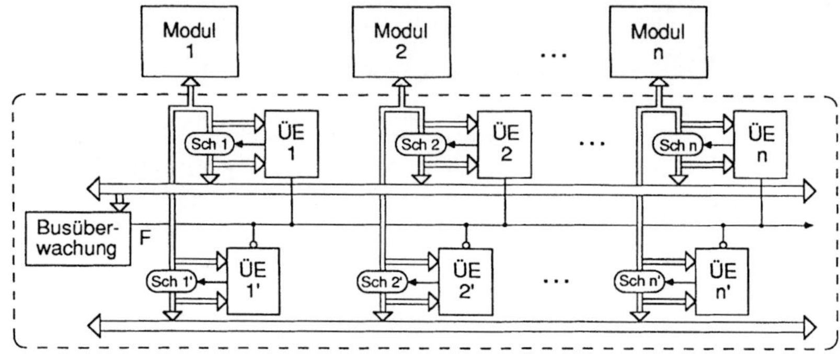

Bild 9: Kombination von fehlerausgrenzendem Bus und fehlertolerierendem Bus

In dieser Anordnung wird durch das Steuersignal F stets eine der beiden Busschalter-Reihen abgeschaltet, der zugehörige Bus also stillgelegt. Eine detaillierte Betrachtung der Zuverlässigkeit dieses Systems findet sich in /Vogt 87/.

4.2 Nutzung des redundanten Busses zur Umschaltung

Insbesondere bei seriellen Bussen mit großer räumlicher Ausdehnung bietet es sich an, den im fehlerfreien Fall unbenutzten redundanten Bus zur Übertragung des Steuersignals für die Umschalter zu verwenden. Neben der Einsparung von Verkabelungskosten hat dieses Vorgehen den Vorteil, daß bei einem fehlerhaften redundanten Bus eine nicht beabsichtigte Umschaltung auf diesen Bus vermieden werden kann. In Bild 10 ist das Prinzip eines entsprechenden Aufbaus dargestellt.

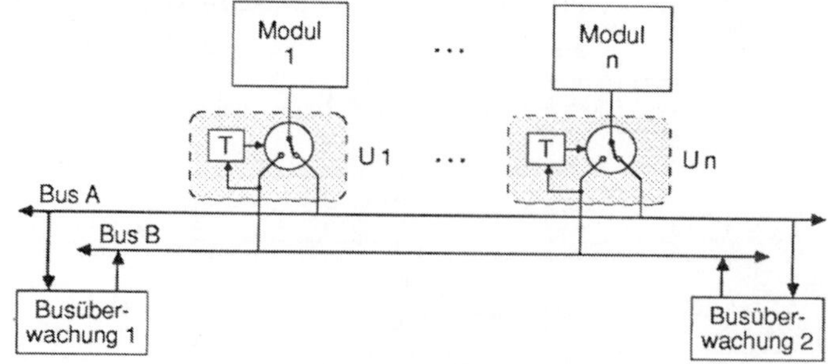

Bild 10: Nutzung des redundanten Busses zur Übertragung der Steuersignale

Die „Umschalter" bei den Modulen (*U 1...U n*) werden hier durch eine Treiberschaltung *T* ergänzt, welche die Steuersignale auf Bus B detektiert und daraufhin einen Schaltvorgang auslöst. In Bild 10 sind zudem zwei Überwachungseinheiten vorgesehen, um einen Zuverlässigkeitsengpaß zu vermeiden; ein gültiges Steuersignal soll hier so beschaffen sein, daß es nur durch beide Überwachungseinheiten gemeinsam generiert werden kann (die Steuersignale können beliebig definiert werden, da vor dem Umschalten Bus B nicht zur Kommunikation benutzt wird). Ein Fehler in einer der beiden Überwachungen oder ein Leitungsbruch von Bus B führen dann nicht zu einem nicht beabsichtigten Umschaltvorgang. (In Erweiterung von Bild 10 ist natürlich auch ein symmetrischer Aufbau möglich, so daß bei einem Fehler von Bus B wieder auf Bus A umgeschaltet werden kann.)

5. Fehlererkennung und Fehlerlokalisierung

Der erzielbare Zuverlässigkeitsgewinn bei Einsatz der beschriebenen Verfahren hängt entscheidend von der Fehlerüberdeckung der jeweiligen Überwachungseinheiten ab, also von der erfolgreichen Erkennung und Lokalisierung von globalen Modulfehlern bzw. Busfehlern. In /VoBe 87/ und /Vogt 87/ wurden verschiedene Möglichkeiten zur Realisierung dieser beiden Schritte diskutiert, die hier zusammenfassend dargestellt werden sollen.

Die Maßnahmen zur Fehlererkennung lassen sich in drei Ebenen einteilen:

1. Fehlererkennung durch Überprüfung der Einhaltung der Busspezifikation.
   Auf dieser Ebene sind *keine* Kenntnisse über den Aufbau des Rechensystems notwendig. Ein Fehler ist erkannt, wenn die Busspezifikation verletzt wird (z. B. unzulässige Spannungspegel, unzulässige Treiberströme, fehlerhaftes Bus-Timing, fehlerhafte Paritäts- oder Prüfsignale usw.). Daher lassen sich diese Maßnahmen unabhängig von der späteren Anwendung und zugeschnitten auf ein spezielles Bussystem implementieren. Sie erfordern zudem einen relativ geringen Funktionsumfang der Überwachungseinheiten, was sich positiv auf Zuverlässigkeit und Kosten auswirkt.

2. Fehlererkennung durch Überprüfung zeitinvarianter Informationen über das Rechensystem.
   Auf dieser Ebene stehen den Überwachungseinheiten Informationen über das Rechensystem zur Verfügung, die sich während des Systembetriebs nicht ändern und daher lediglich in einer Initialisierungsphase an die Überwachungseinheiten übergeben werden müssen. Das hat den Vorteil, daß der normale Betrieb des Rechensystems nicht beeinflußt wird. Diese Informationen können u. a. die Konfiguration des Systems betreffen (z. B. freie/belegte Steckplätze), die Zugriffsrechte eines Moduls auf den Bus (z. B. „nur Master", „nur Slave" oder „Master und Slave"; Interrupt-Berechtigung) oder die zulässigen Adreßbereiche innerhalb des Systems.

3. Fehlererkennung mit Unterstützung des Rechensystems.
   Auf dieser Ebene wird das Rechensystem um spezielle Funktionen erweitert, die der Fehlererkennung und allgemein der Fehlerdiagnose dienen. Beispiele hierfür sind die Einführung von Selbsttestfunktionen auf den Modulen, die Verwendung redundanter Codes zur Kommunikation oder die Übertragung von Prüfworten zwischen den Modulen bzw. zwischen einem Modul und seiner Überwachungseinheit. Es ist hier auch möglich, einen eventuell vorhandenen alternativen Datenpfad zum Austausch von Fehler-Informationen zu benutzen (viele parallele Bussysteme besitzen zum Beispiel reservierte Leitungen für den Aufbau eines seriellen Busses).

Neben dieser Einteilung in verschiedene Ebenen lassen sich auch *passive* und *aktive* Maßnahmen zur Fehlererkennung unterscheiden; die passive Fehlererkennung beruht dabei ausschließlich auf Beobachtung, beeinflußt den Systembetrieb also nicht, während die aktive Fehlererkennung die Einführung von Testzyklen erfordert. Ein Vorteil der passiven Fehlererkennung ist, daß ein Fehler unmittelbar bei seinem Auftreten erkannt werden kann; hingegen ist mit der aktiven Fehlererkennung in der Regel eine höhere Fehlerüberdeckung erreichbar.

Nach Erkennen eines den Bus betreffenden Fehlers ist zu entscheiden, ob ein Busfehler oder ein globaler Modulfehler vorliegt, und – im letzteren Fall – welches Modul fehlerhaft ist. Diese Fehlerlokaliserung kann erfolgen, wenn im Fehlerfall das auf den Bus zugreifende Modul bestimmt wird; bei diesem Modul liegt dann ein globaler Modulfehler vor. Wenn im Fehlerfall keines der Module auf den Bus zugreift, dann liegt ein Busfehler vor. Die Bestimmung des zugreifenden Moduls kann z. B. durch Überwachung der Treiberströme der Module erfolgen (bzw. durch Überwachung des Spannungsabfalls an den Busschaltern), oder durch Beobachtung von unidirektional betriebenen Nur-Sende-Leitungen, falls es in dem betrachteten Bussystem solche Leitungen gibt. Die Auswahl der Maßnahmen zur Fehlererkennung und Fehlerlokalisierung ist daher entscheidend vom verwendeten Bussystem abhängig.

6. Schlußbemerkungen

Die vorgestellten Verfahren zur Tolerierung von globalen Modulfehlern und von Busfehlern erlauben die Erhöhung der Zuverlässigkeit eines busorientierten Prozeßrechensystems. Dabei bleibt die Busschnittstelle der Module unverändert, so daß für den Aufbau des Prozeßrechensystems nach wie vor das große Angebot der auf dem Markt verfügbaren Standardmodule genutzt werden kann.

Der Autor möchte an dieser Stelle Herrn Prof. Dr.-Ing. K. Bender für seine Hilfe bei der Erstellung dieses Beitrags danken.

Literaturverzeichnis

/DalCin 79/ *M. Dal Cin:* Fehlertolerante Systeme. Teubner Studienbücher Informatik, Stuttgart, 1979.

/Färb 87/ *G. Färber (Hrsg.):* Bussysteme (2. Auflage). R. Oldenbourg Verlag, München Wien, 1987.

/Görke 69/ *W. Görke:* Zuverlässigkeitsprobleme elektronischer Schaltungen. Bibliographisches Institut Mannheim, 1969.

/Görke 84/ *W. Görke:* Was ist Fehlertoleranz? Elektronische Rechenanlagen, 26. Jahrgang, Heft 1/1984, S. 29-31.

/IEEE 85/ *IEEE (Hrsg.):* Token Passing Bus Access Method and Physical Layer Specifications. The Institute of Electrical and Electronics Engineers, New York, 1985.

/Katz 77/ *J. A. Katzmann:* A Fault-Tolerant Computing System. TANDEM Computers Inc., Cupertino, Ca., 1977.

/Korh 86/ *J. Korhonen:* Praxis, Probleme und Trends bei Leistungs-Ein-/Ausgabe-Schnittstellen: Systeme richtig trennen. Markt und Technik Nr. 12, März 1986, S. 35-41; Markt und Technik Verlag AG, München, 1986.

/Par 86/ *Parallel Computers Inc.:* Parallel 200/400 XR Series Fault Tolerant Computers. Datenblatt der Fa. Parallel Computers Inc., Santa Cruz, Ca., 7/1986, Nr. 3M231-11.

/Parh 79/ *B. Parhami:* Interconnection Redundancy for Reliability Enhancement in Fault-Tolerant Digital Systems. Digital Processes, Volume 5/1979, No. 3-4, S. 199-211.

/PfiHär 82/ *A. Pfitzmann, H. Härtig:* Grenzwerte der Zuverlässigkeit von Parallel-Serien-Systemen. GI-Fachtagung „Fehlertolerierende Rechensysteme", München 1982; Springer Verlag, Berlin Heidelberg, IFB Band 54, 1982, S. 1-16.

/Schneew 80/ *W. Schneeweiß:* Zuverlässigkeits - Systemtheorie. Datakontext-Verlag, Köln, 1980.

/VoBe 87/ *R. Vogt, K. Bender:* Erhöhung der Zuverlässigkeit busorientierter Automatisierungssysteme. atp – Automatisierungstechnische Praxis, R. Oldenbourg Verlag, München, Feb. 1987, S. 53-57

/Vogt 87/ *R. Vogt:* Ein Verfahren zur Fehlerausgrenzung und Fehlertolerierung in busorientierten Rechensystemen. 3. GI-Fachtagung „Fehlertolerierende Rechensysteme", Bremerhaven 1987; Springer Verlag, Berlin Heidelberg, IFB Band 147, 1987, S. 235-248.

BACK-TO-BACK TESTSTRATEGIEN ZUR VALIDATION FEHLERTOLERIERENDER SOFTWARE-SYSTEME

F. Saglietti
und
W. Ehrenberger

Gesellschaft für Reaktorsicherheit (GRS)mbH
Forschungsgelände, 8046 Garching

ZUSAMMENFASSUNG

Die Reduktion der Testkosten durch Anwendung einer Back-to-back-Teststrategie erhöht die Attraktivität diversitärer Systeme. Durch Gegenüberstellung des einzusetzenden Aufwandes und der nachzuweisenden Versagenswahrscheinlichkeit kann man eine rationale Entscheidung über die in Frage kommende Software-Redundanz treffen. Dabei darf man die durch Abhängigkeitsfaktoren entstehenden gemeinsamen Fehler nicht außer Acht lassen. Ein Kompromiß zwischen dem effizienten konventionellen Test und dem preiswerten automatischen Test wird durch eine Kombination beider erreicht.

Diese Arbeit wurde durch die Kommission der Europäischen Gemeinschaften im Rahmen des ESPRIT-Programms (REQUEST-Projekt) teilweise gefördert.

1. EINLEITUNG

Durch den Einsatz diversitärer Programmversionen kann man im allgemeinen die Fehlertoleranz von Softwaresystemen verbessern. Diese Verbesserung wird aber in der Regel mit einer teureren Entwicklungsphase erkauft, da ja die Produktion mehrerer Programmversionen aufgrund der selben Spezifikation erforderlich ist. Andererseits bringt die diversitäre Technik den Vorteil, durch das einfache Vergleichen der Ergebnisse paralleler Programme schnelle und billige automatische Testläufe in der sogenannten back-to-back Testphase zu erlauben.

Diese verschiedenen Auswirkungen der Software-Redundanz auf die zugrundeliegenden Kosten sowie auf die Systemzuverlässigkeit legen es nahe, sich in Abhängigkeit von der jeweiligen konkreten Anwendung Gedanken über die Rentabilität ihres Einsatzes zu machen.

Dies ist das Ziel des zweiten Kapitels, wo die beiden Möglichkeiten eines singulären und eines zweifachen diversitären Systems bezüglich ihrer Gesamtkosten und ihrer Zuverlässigkeitsabschätzungen gegenübergestellt werden.

Im ersten Abschnitt wird der Fall modelliert, in dem man mit einer längeren Testphase ohne Versagen rechnen kann, wie etwa bei der Software-Validierung, wo also die am häufigsten auftretenden Fehler bereits am Ende der Produktionszeit gefunden und entfernt wurden.

Der zweite Abschnitt befaßt sich mit dem verallgemeinerten Fall einer Testphase, die Korrekturen einschließt. In beiden Fällen werden Strategien für die rationale Auswahl eines optimalen Systems vorgeschlagen.

Neuere theoretische (/2/) sowie experimentelle (/4/) Ergebnisse haben allerdings gezeigt, daß man im allgemeinen mit einer Abhängigkeit beider Versionen voneinander rechnen muß. Dadurch können in den verschiedenen Programmversionen gemeinsame Fehler auftreten.

Die vorausgegangenen Überlegungen, die die Anwendung einer Back-to-back Testmethode voraussetzen, werden somit in ihrer Gültigkeit nur noch auf nichtgemeinsame Versagensfälle eingeschränkt.

Unter Berücksichtigung der korrelierten Fehler kann man jedoch einen automatischen Test doch noch anwenden, falls eine konservative Abschätzung der gemeinsamen Versagenswahrscheinlichkeit verfügbar ist.

Im 3. Kapitel werden einige Möglichkeiten einer Abhängigkeitsabschätzung zusammengestellt; auf die Möglichkeit einer Kombination aus verschiedenen Methoden wird hingewiesen. Anschließend wird eine neue Technik vorgeschlagen, die es erlaubt, aus der funktionalen Diversität zweier Versionen eine optimale Teststragie mit vollständiger Überdeckung zu entwickeln.

2. VERGLEICH SINGULÄRER UND DIVERSITÄRER SYSTEME

2.1 Validierungsphase ohne bemerkbares Versagen

Ein singuläres System habe eine längere Testzeit ohne Versagen mit n_S voneinander unabhängigen Probeläufen, wobei alle möglichen Testfälle stets mit gleicher Wahrscheinlichkeit ausgewählt werden; P_S bezeichnet die Wahrscheinlichkeit, während eines solchen Laufes ein Programmversagen aufzudecken. Dann kann man mit Hilfe der statistischen Theorie der Konfidenzintervalle zu einem beliebigen Konfidenzniveau α eine obere Schranke $\tilde{P}_S$ von P_S bestimmen (/3/):

$$\tilde{P}_S = \frac{a}{n_S}$$

(mit dem Poissonparameter a zur Aussagesicherheit α).

Die Gesamtkosten K_S bis zu einer solchen konservativen Abschätzung der Ausfallwahrscheinlichkeit bestehen aus einem konstanten Erstaufwand C_S, der die Produktionskosten K_P und die einmaligen Testeinbettungskosten K_T beinhaltet, sowie aus den sich wiederholenden Kosten t_S eines einzelnen Testlaufs:

$$K_S = K_P + K_T + n_S \cdot t_S = C_S + n_S \cdot t_S$$

Also wird P_S in Abhängigkeit von den Kosten folgendermaßen abgeschätzt:

$$P_S \leq \frac{a \cdot t_S}{K_S - C_S}$$

Ganz analog kann man mit einem diversitären System verfahren, dessen beide Versionen unter den gleichen Voraussetzungen ohne Abweichung der Ergebnisse n_D-mal back-to-back getestet werden.

In diesem Fall können wir die gemeinsame Versagenswahrscheinlichkeit P_G als Summe der Wahrscheinlichkeit $P_G^=$ eines Versagens beider Versionen mit identischem falschem Output und der Wahrscheinlichkeit $P_G^{\neq}$ eines gemeinsamen Versagens mit verschiedenen unkorrekten Ergebnissen darstellen:

$$P_G = P_G^= + P_G^{\neq}$$

Die Wahrscheinlichkeit $P^{\neq}$ einer Abweichung der Ergebnisse kann nun nach der erwähnten statistischen Methode abgeschätzt werden:

$$P^{\neq} \leq \frac{a}{n_D}$$

während $P_G^{=}$ durch die automatische Testphase leider nicht zu bestimmen ist. Aufgrund empirischer Beobachtungen und theoretischer Überlegungen (siehe z.B. /7/) kann man in Abhängigkeit von der jeweiligen Situation konservativ einen Faktor C definieren, so daß man erwarten kann:

$$P_G^{=} \leqq P^{\neq} \cdot C \leq \frac{a \cdot C}{n_D}$$

Im Falle eines diversitären Systems müssen wir selbstverständlich mit einem höheren Erstaufwand C_D rechnen, der sich aus den doppelten Entwicklungskosten K_P und den Testumgebungskosten K_T' zusammensetzt:

$$C_D = 2\,K_P + K_T'$$

Die Kosten t_D eines einzelnen automatischen Testlaufs werden dagegen stark reduziert, da man wegen des einfachen Ergebnisvergleichs keine Instanz benötigt, die eine absolute Richtigkeitsaussage über das Testergebnis macht.

Insgesamt ergeben sich die Kosten:

$$K_D = 2 \cdot K_P + K_T' + n_D \cdot t_D = C_D + n_D \cdot t_D$$

Wir nehmen an, daß nach unserem Back-to-back-Test nur eine der beiden diversitären Versionen im Betrieb eingesetzt wird. Die zweite Version bleibe, etwa weil sie zu umständlich arbeitet, in der Testeinrichtung zurück. Das System funktioniert, wenn die eingesetzte Komponente das richtige Ergebnis liefert; somit ergibt sich folgende Abschätzung für die Versagenswahrscheinlichkeit P_D der diversitär getesteten Software:

$$P_D \leqq P^{\neq} + P_G^{=} \leqq \frac{a}{n_D} + \frac{a \cdot C}{n_D} = \frac{a \cdot (C+1) \cdot t_D}{K_D - C_D}$$

Im einzelnen Fall wird die Entscheidung zwischen beiden Möglichkeiten durch Vergleichen beider Abschätzungen für P_S und P_D in Abhängigkeit der zugrundeliegenden Kosten erleichtert. Es ergeben sich zwei Hyperbeln, wie in Abb. 1 skizziert:

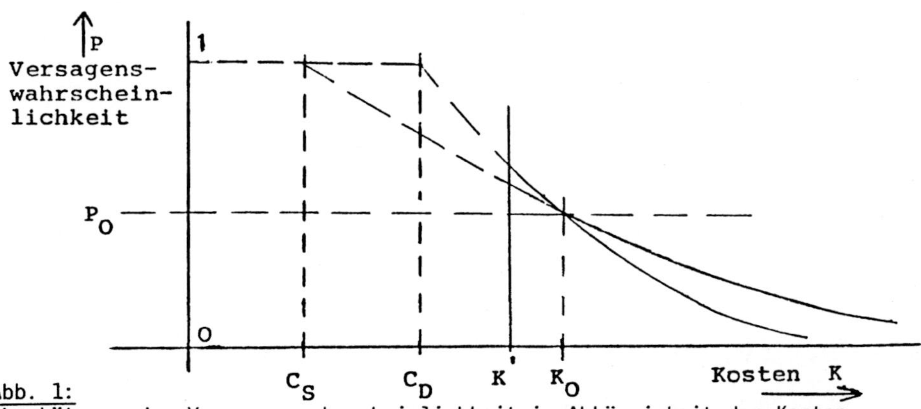

Abb. 1:
Abschätzung der Versagenswahrscheinlichkeit in Abhängigkeit der Kosten

Da die statistischen Schlüsse erst ab einer gewissen Testlänge n>N gültig sind, sollen auch die Kurven nur im Bereich $K>K' := \max (C_S + N \cdot t_S, C_D + N \cdot t_D)$ betrachtet werden.

Der Schnittpunkt (K_o, P_o) beider Kurven legt die Zuverlässigkeitsabschätzung fest, die man für beide Systeme zu gleichem Aufwand erhält. Will man eine niedrigere Versagenswahrscheinlichkeit als P_o nachweisen, so wird man das für eine diversitäre Konfiguration billiger erreichen. Will man dagegen weniger Aufwand als K_o investieren, so wird ein singuläres System zu wählen sein.

Beispiel:

Wir nehmen folgende Angaben an:

$\alpha = 95\%$, also a=3, N=1000,
C = 1 (wie in /7/),
$K_P = 10^6$, $K_T = K_T' = 10^6$,
$t_S = 100$, $t_D = 1$.

Die Hyperbeln sind also im Bereich $K>K' = 3{,}001 \cdot 10^6$ zu betrachten:

$$P_S = \frac{300}{K_S - 2 \cdot 10^6} \quad \text{und} \quad P_D = \frac{6}{K_D - 3 \cdot 10^6}$$

Der Schnittpunkt mit den Koordinaten:

$K_o = 3{,}02 \cdot 10^6$ und $P_o = 0{,}294 \cdot 10^{-3}$

ermöglicht eine rationale Entscheidung zwischen singulärem und diversitärem System.

2.2 Testphase mit Versagensfällen und Korrekturen

Will man nun ähnliche Überlegungen für eine Testphase verallgemeinern, die auch Versagensfälle und Korrekturen einschließen darf, so kann man natürlich nicht mehr von einer konstanten Versagenswahrscheinlichkeit ausgehen, sondern man wird zeitabhängige Zuverlässigkeitskenngrößen verwenden müssen.

Wie üblich (s. /8/) nehmen wir an, daß das Auftreten der Versagen diversitärer Programme exponentialverteilt mit den unabhängigen Raten λ_1, λ_2 und λ_{12} sei, je nachdem ob das betreffende Versagen nur in der ersten, nur in der zweiten oder in beiden Versionen auftritt. Die Zeiten T_1 bzw. T_2 zwischen zwei Versagensfällen der zwei Komponenten sind somit durch die Raten $\lambda_1 + \lambda_{12}$ bzw. $\lambda_2 + \lambda_{12}$ charakterisiert. Man kann dann das Entscheidungsproblem zwischen singulärem und diversitärem System auch folgendermaßen formulieren:

Ein singuläres System habe nach einem Test der Länge t_o die Ausfallrate λ_{t_o}, die durch ein Zuverlässigkeitswachstumsmodell (etwa /5/) ermittelt wurde.

Ist es besser, eine zweite parallele Version zu entwickeln (mit einer zu erwartenden gemeinsamen Ausfallrate λ_{12}) und sie gegen die erste back-to-back zu testen oder für die gleichen Kosten die ursprüngliche Version um eine zusätzliche Dauer t_1 zu testen, am Ende derer die neue Ausfallrate $\lambda_{t_o + t_1}$ zu erwarten ist?

Dabei versteht man unter der besseren Lösung diejenige mit der größeren zu erwartenden Zuverlässigkeit während einer zu definierenden Missionszeit T. In diesem Fall erwarten wir von einem funktionsfähigen diversitären System, daß mindestens eine seiner beiden Komponenten durchgehend korrekte Ergebnisse liefert.

Unter diesen Annahmen führen wir folgende Abkürzungen ein:

a) z bezeichne die jetzige Überlebenswahrscheinlichkeit des singulären Systems, also am Ende der Testzeit t_o; somit gilt:

$$z = exp(-\lambda_{t_o} \cdot T)$$

b) x bezeichne die erwartete Überlebenswahrscheinlichkeit des singulären Systems am Ende einer zukünftigen Testdauer t_1, also:

$$x = exp(-\lambda_{t_o + t_1} \cdot T)$$

c) y sei schließlich durch folgenden Ausdruck definiert:

$$y = exp(-\lambda_{12} \cdot T)$$

Falls beide Versionen nach der gleichen Testzeit t_o etwa gleich zuverlässig sind, läßt sich die Überlebenswahrscheinlichkeit $R_D(T)$ des diversitären Systems

$$R_D(T) \quad = \quad 1 - P\{T_1 \leqq T,\ T_2 \leqq T\}$$

leicht berechnen (s. z.B. /7/) und mit Hilfe der eingeführten Bezeichnungen einfach ausdrücken durch:

$$R_D(T) \quad = \quad z \cdot (2 - z/y)$$

Daraus läßt sich also die folgende Entscheidungsregel herleiten: Das diversitäre System ist besser als das singuläre genau dann, wenn

$$x \quad < \quad z \cdot (2 - z/y)$$

d.h. wenn $\quad y \quad > \quad z^2 / (2z - x)$

Im einzelnen Fall wird somit die jeweils zu fällende Entscheidung durch die in Abbildung 2 dargestellte Kurve bestimmt.

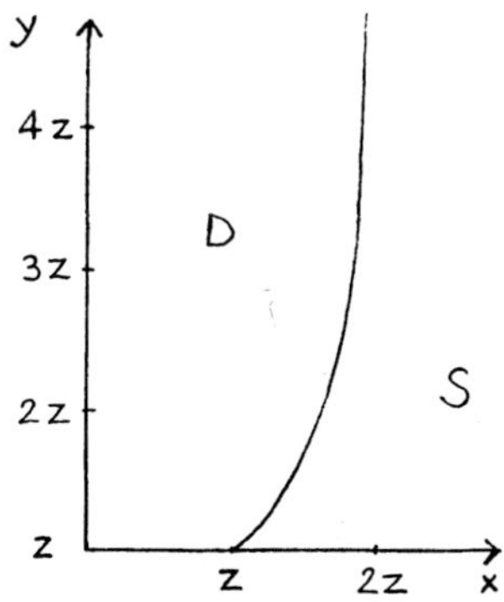

Abb. 2:
Optimale Entscheidung zwischen singulärem und diversitärem System

Wegen $\lambda_{12} \leqq \lambda_{t_o}$ kommt im Diagramm nur der Bereich $y \geqq z$ in Frage. Außerdem nehmen wird den realitätsnäheren Fall an, wo durch die zusätzliche Testdauer t_1 das Software-Produkt nicht durch fehlerhafte Korrekturen verschlechtert wird, so daß wir davon ausgehen können, daß $x \geqq z$ (andernfalls ist natürlich Diversität sowieso grundsätzlich vorzuziehen).

Zusammenfassend läßt sich also die von uns vorgeschlagene Strategie durch folgende Stichpunkte rekapitulieren:

- Durch ein Wachstumsmodell wird die momentane Überlebenswahrscheinlichkeit z abgeschätzt.
- Durch Schätzung der für die Diversität (Entwicklung + Back-to-back-Test) anfallenden Kosten wird die eventuell zusätzliche Testdauer t_1 gleichen Aufwands ermittelt.
- Durch ein Wachstumsmodell wird die zu erwartende Überlebenswahrscheinlichkeit x nach der zusätzlichen Testzeit t_1 bestimmt.
- Aus ähnlichen Projekten wird durch die zu erwartende gemeinsame Ausfallrate λ_{12} die Größe y berechnet.
- In Abhängigkeit von $y \lessgtr z^2/(2z - x)$ wird die optimale Entscheidung getroffen.

Beispiel:

Die momentane Abschätzung der Zuverlässigkeit eines Programms während der Missionszeit T betrage 0,9.

Die Entscheidung für die singuläre Alternative erlaube eine derartige Verlängerung der Testzeit, daß man sich eine Steigerung der Zuverlässigkeit um 10% versprechen kann.

Damit gilt:

$$z = 0{,}9 \quad , \quad x = 0{,}99 \quad , \quad \text{also}$$

$$z^2/(2z-x) = 1 \geqq y \qquad \forall\, \lambda_{12} \geqq 0$$

In diesem Fall lohnt sich also die Diversität nicht.

3. ABHÄNGIGKEITSBETRACHTUNGEN

3.1 Kombination von Diversitätsmaßen

Wie bereits erwähnt, sind die bisherigen Überlegungen von der Kenntnis eines Schätzwertes über das gemeinsame Fehlverhalten zweier diversitärer Versionen abhängig. Eine solche Schätzung läßt sich aber im allgemeinen Fall nur sehr schwer durchführen.

Die primitivste Methode besteht sicher darin, aus "ähnlichen" Projekten Erfahrung über die Größenordnung der zu erwartenden gemeinsamen Fehlerrate zu gewinnen. Da man jedoch bis heute noch keine genaue Kenntnis über die Ursachen gemeinsamer Fehler hat, kann dieser Lösungsweg irreführend sein.

In /8/ werden dagegen zwei Techniken zur Abschätzung der Abhängigkeit diversitärer Programme vorgestellt, die sich ausschließlich auf die Analyse der zu betrachtenden Software-Produkte konzentrieren.

Die erste Methode verwendet eine dynamische Analyse beider Programme, wobei aus der Beobachtung der vergangenen Versagen statistische Schlüsse über die Wahrscheinlichkeit eines zukünftigen gemeinsamen Fehlverhaltens gezogen werden. Die so gewonnene Abhängigkeitsschätzung A_1 enthält somit nur die Erfahrung über die zwei in Frage kommenden Versionen.

Die zweite Möglichkeit verwendet eine statische Analyse der Programme und schließt aus dem Grad ihrer strukturellen Dissimilarität auf ein Abhängigkeitsmaß. Zu gleichen Eingabedaten zugehörige Pfade werden z.B. bezüglich ihrer Verzweigungsanzahl verglichen. Natürlich basiert ein solches Modell auf Komplexitätseigenschaften, die man allgemein für beliebige Programme als gültig voraussetzt. Damit ergibt sich der so erhaltene Abhängigkeitsschätzwert A_2 aus der allgemeinen Software-Erfahrung.

Beide Schätzmethoden schließen also von der Diversität - im beobachteten Verhalten und in der Struktur - der Programme auf ihre Abhängigkeit aufgrund zweier Erfahrungsarten - die spezielle und die allgemeine.

Eine Möglichkeit, beide Erfahrungen in einen einzigen Schätzwert einfließen zu lassen, ist durch die in /1/ beschriebene "Credibility Theory" gegeben.

Die sich insgesamt ergebende Schätzung A ist danach eine Kombination der einzelnen Werte A_1 und A_2:

$$A = z A_1 + (1-z) A_2$$

wobei z im wesentlichen von der Genauigkeit der Schätzungen abhängt (für Einzelheiten s. /1/).

Ein weiteres Maß, das aus der Diversität der Versionen auf ihre Abhängigkeit führen soll, wird schließlich im nächsten Abschnitt beschrieben.

3.2 Überdeckungsdiversität

Ein weiteres Merkmal der Diversität, das zum Zweck einer Abhängigkeitsanalyse untersucht werden kann, besteht in der Verschiedenartigkeit, mit der Elemente aus der gleichen Inputmenge zusammengefaßt und gleich verarbeitet werden können. Jedes Programm impliziert eine solche Klasseneinteilung, die etwa durch die Äquivalenzrelation

$x \sim y : \leftrightarrow$ x und y führen auf den Durchlauf des gleichen Pfads

für beliebige Eingabedaten x und y induziert werden kann. Diese Partition wird möglicherweise durch die Spezifikation eindeutig vorgegeben und läßt sich durch eine diversitäre Version nicht mehr entscheidend variieren.

Wir betrachten hier dagegen den Fall, wo durch die Problemstellung noch Raum für eine funktionale Diversität freigelassen wird, bei der diversitäre Versionen denselben Eingaberaum I verschiedenartig partitionieren, wie in Abbildung 3 dargestellt:

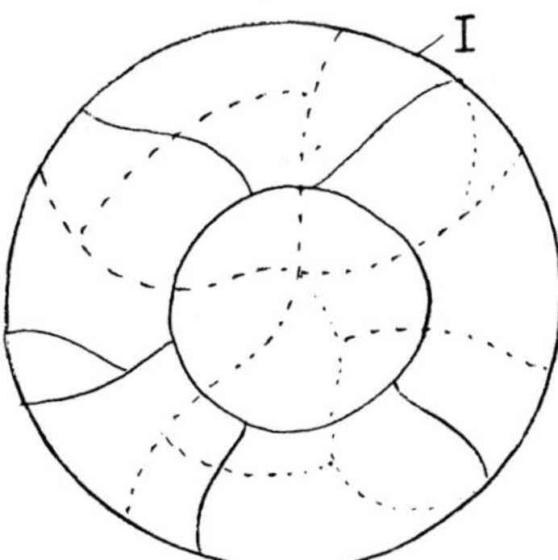

Abb. 3:
Von diversitären Programmen induzierte Partitionen des Eingaberaums I

Bei verschiedenen Partitionen werden die gemeinsamen Fehler dazu neigen, sich auf verschiedene Teilmengen auszuwirken, so daß die Wahrscheinlichkeit ihrer Entdeckung mittels eines automatischen Tests erhöht wird.

Obwohl die beschriebene diversitäre Eigenschaft eine rein strukturelle ist, ist es im allgemeinen sehr schwer, durch eine statische Programmanalyse den Grad dieser Verschiedenartigkeit zu erkennen oder gar zu quantifizieren. Deshalb wird das dynamische Programmverhalten zu Hilfe gezogen, um den Partitionsunterschied graphisch darzustellen.

Die von uns vorgeschlagene Methode wählt die Eingangsdaten nach Zufallsgesichtspunkten aus. Eingangsdaten werden jeweils beiden diversitären Versionen zugleich angeboten. An beiden Versionen werden während ihrer Abläufe Messungen durchgeführt. Diese halten fest:

- die jeweils durchlaufenen Kanten des Programmablaufgraphen,
- die jeweils durchlaufenen Pfade,
- die jeweils benutzten Feldzugriffe,
- die jeweils benutzten Referenzen in verzeigerten Listen.

Daraus läßt sich sehr einfach eine wertvolle Information über die strukturelle Diversität gewinnen, denn je häufiger die Abweichungsveränderungen der Kurven auftreten, desto höher ist der Grad der funktionalen Diversität.

Zusammen mit der graphischen Quantifikation des Diversitätsgrades erlaubt diese Technik gleichzeit auch einen Korrektheitsbeweis bezüglich der Klasse der Fehler, die jeweils eine ganze Pfadklasse betreffen (d.h. Fehler, durch die alle Inputs, die Pfade aus einer vorgegebenen Klasse durchlaufen, zu einem falschen Ergebnis führen). Pfadklassen werden dabei durch geeignete Äquivalenzrelationen wie z.B. in /6/ definiert. Sämtliche Fehler dieser Art ließen sich natürlich sehr einfach durch eine konventionelle Testphase entfernen, bei der alle Klassen überdeckt werden. Wegen der großen Pfadanzahl und der hohen Kosten eines gewöhnlichen Testlaufs könnte jedoch eine solche Methode im allgemeinen zu einem unrealistischen Aufwand führen.

Im Falle eines redundanten Systems mit hinreichender funktionaler Diversität läßt sich dagegen dieser eingeschränkte Korrektheitsbeweis durch folgende realitätsnähere Teststrategie erbringen:

Für jedes neue Eingabedatum x werden die zwei Klassen-Überdeckungskurven an der Stelle x betrachtet.

a) Falls beide Kurven unverändert bleiben, wird x ignoriert.

b) Falls nur eine der beiden Kurven steigt, ist in einem der beiden Programme die zu x zugehörige Pfadklasse bereits einmal gewöhnlich getestet worden; damit braucht man nur durch einen Back-to-back-Test die Übereinstimmung beider Programme für x nachzuweisen.

c) Falls beide Kurven steigen, sind beide Klassen, die von x durchlaufen werden, noch nicht getestet worden; daher müssen wir ihre Richtigkeit "von Hand" nachprüfen.

Nach diesen Entscheidungsregeln wird die Teststrategie bis zur totalen Überdeckung fortgesetzt.

Falls die Versionen so verschiedenartig sind, daß die Testregel b) viel öfter als die Testregel c) zum Zuge kommt, werden die Kosten im Vergleich zu einem konventionellen Test wesentlich herabgesetzt.

<u>Beispiel:</u>

Zwei einfach diversitäre Programme haben je 8 Pfadklassen. Ein Zufallsgenerator erzeugt 14 Inputs, die nach den in Tabelle 1 angegebenen Progressionen zur hundertprozentigen Überdeckung führen.

Testfall	Überdeckung 1	Überdeckung 2
1	1/8	1/8
2	2/8	1/8
3	3/8	1/8
4	4/8	2/8
5	5/8	3/8
6	5/8	3/8
7	5/8	4/8
8	5/8	5/8
9	5/8	6/8
10	5/8	6/8
11	6/8	7/8
12	6/8	8/8
13	7/8	8/8
14	8/8	8/8

Tab. 1: Überdeckungsmaße diversitärer Versionen

Daraus ergibt sich die anhand der Überdeckungskurven in Abbildung 4 dargestellte Teststrategie.

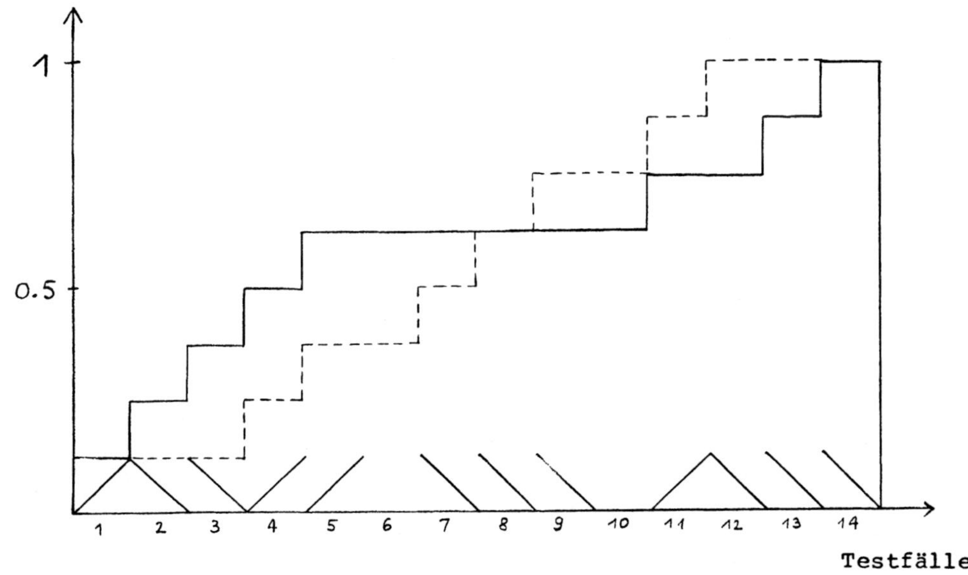

____ Überdeckung 1 □ gewöhnlicher Test
.... Überdeckung 2 □ back-to-back Test

Abb. 4:
Teststrategie für die in Tab. 1 angegebenen Überdeckungsmaße

LITERATURVERZEICHNIS

/1/ C.J. Dale, L.N. Harris,
Approaches to Software Reliability Prediction,
Proc. Annual Reliability and Maintainability Symposium 1982

/2/ D.E. Eckhardt, L.D. Lee,
A Theoretical Basis for the Analysis of Multiversion Software Subject to Coincident Errors,
IEEE Transactions on Software Engineering,
Vol. SE-11, No. 12, Dec. 1985

/3/ W.D. Ehrenberger, B. Krzykacz,
Probabilistic Testing,
Paper presented at the EWICS meeting in Graz, April 1984

/4/ J.C. Knight, N.G. Leveson,
An Experimental Evaluation of the Assumption of Independence in Multiversion Programming,
IEEE Transactions on Software Engineering, Vol. SE-12, No. 1, January 1986

/5/ B. Littlewood, J.L. Verrall,
A Bayesian Reliability Growth Model for Computer Software,
Journal of the Royal Statistical Society,
Series C, Appl. Stat., Vol. 22, No. 3 (1973), pp. 332-346

/6/ J. Märtz,
Definition von Äquivalenzklassen auf der Pfadmenge eines schleifenlosen Programms zum Zweck der Auswahl von Testpfaden,
unveröffentlichter IRS-Bericht, 1977

/7/ F. Saglietti, W. Ehrenberger,
Software Diversity - Some Considerations about its Benefits and its Limitations,
Proc. IFAC Workshop SAFECOMP 1986, Sarlat, France

/8/ F. Saglietti, M. Kersken,
Quantitative Assessment of Fault-Tolerant Software Architecture,
Proc. 3rd International Conference on Fault-Tolerant Computing Systems, Bremerhaven, September 1987

VERFAHREN DER VOLLSTÄNDIGEN FEHLERERKENNUNG

DURCH GEZIELTEN EINSATZ VON DIVERSITÄT

R. Konakovsky

Hartmann & Braun AG
Frankfurt/Main

1. Einleitung

Einsatz, Aufwand und Nutzen von Software-Diversität ist in der Literatur noch ein sehr umstrittenes Thema. Die ersten Versuche, Diversität in mehrkanaligen Software-Systemen einzusetzen, liegen bereits mehr als 10 Jahre zurück /1/. In den meisten Fällen wird bei der Anwendung von Diversität von der gleichen Spezifikation ausgegangen /2/,/3/. In einer besonderen Untersuchung wurde auch die Spezifikation diversitär erstellt. Dabei wurden drei unterschiedliche Beschreibungsformen verwendet /5/.

Die Erfahrungen mit dem Einsatz der Software-Diversität und der damit verbundenen Kosten zeigen, daß ein Nutzen bisher nur in besonderen Anwendungsfällen zu erwarten ist. /2/,/3/,/4/. Daher ist es von großer Bedeutung, wirksame und kostengünstige Redundanzarten und Diversitätsformen in Hardware und Software vorzusehen, um fehlertolerante Rechnersysteme mit geeigneten Eigenschaften zu realisieren /6/,/7/. Dabei spielt die rechtzeitige und möglichst vollständige Erkennung von Fehlern eine zentrale Rolle.

Bei der Bewertung der Fehlererkennbarkeit wird im besten Fall die Unabhängigkeit von zwei oder mehr Kanälen zugrundegelegt. Diese Voraussetzung läßt sich für die Hardware durchaus gut erfüllen. Die Wahrscheinlichkeit für Doppelfehler kann man dann nach einfachen Formeln leicht berechnen. Eine Abschätzung der Wahrscheinlichkeit für das Auftreten nicht erkennbarer Doppelfehler in zweikanaligen Software-Systemen wurde nur in wenigen Fällen versucht /4/,/8/,/12/,/13/,/14/.

Ob der Ansatz der Unabhängigkeit von Kanälen auch auf Software übertragbar ist, konnte bisher noch nicht zufriedenstellend beantwortet werden. Im Gegeteil, es gibt Untersuchungen, die diesen Ansatz als zu optimistisch betrachten /9/. Als Grund kommen hier neigungsbedingte Fehler des Menschen (Software-Entwickler, Programmierer) in Betracht.

Die Möglichkeit, daß nicht nur Einfach-, sondern auch Doppelfehler in einem zweikanaligen System erkennbar sein können, wurde bisher kaum betrachtet. Ein Doppelfehler ist nicht erkennbar, wenn seine Auswirkungen auf alle Signale oder Werte der beiden Kanäle, die für den Vergleich herangezogen werden, identisch sind. Durch gezielten Einsatz von Diversität kann man die Auswirkung eines und desselben Fehlers in beiden Kanälen unterschiedlich vorsehen. Dadurch ist dann auch ein identischer Doppelfehler erkennbar /14/. Verfahren mit dieser Fähigkeit werden im vorliegenden Aufsatz als Verfahren der vollständigen Fehlererkennung bezeichnet. Zum Beispiel ist die Verwendung der komplementären Signaldarstellung eine gezielte Form von Diversität. Der Ausfall des gleichen Bausteins wirkt sich dann in den beiden Kanälen unterschiedlich aus. Eine Erkennung des Doppelausfalls ist dann möglich. Diese Form von Diversität kann auch für den Aufbau eines zweikanaligen Schaltkreissystems eingesetzt werden /11/,/12/. Die Möglichkeit, identische Software-Fehler in einem zweikanaligen System durch den gezielten Einsatz von Diversität zu erkennen, wurde in /14/ untersucht.

Im vorliegenden Aufsatz wird die Möglichkeit der vollständigen Fehlererkennung an Beispielen gezeigt und erklärt. Die verwendete Form von Diversität spielt dabei eine zentrale Rolle. Der Begriff Diversität wird im erweiterten Sinne verstanden und benutzt. Diversität stellt jede Form von Verschiedenheit bis ins kleinste Detail dar. Dies ermöglicht, ein für Hardware und Software allgemeines Prinzip der Fehlererkennung aufzustellen. Die dargestellten Ergebnisse sind auszugsweise von /14/ übernommen. Sie werden ergänzt durch die Wahrscheinlichkeitsbetrachtung, in der kein Berechnungsverfahren, sondern eine vergleichende Darstellung von verschiedenen Fällen gebracht ist.

2. Allgemeines Prinzip der Fehlererkennung

Für die Erkennung von Fehlern, gleich ob in Hardware oder Software, ob in der Dokumentation oder im menschlichen Denken, läßt sich ein allgemeines Prinzip, das für alle Verfahren gemeinsam ist, beschreiben. Dieses Prinzip ist in sehr einfachen Prüfverfahren sofort zu sehen: Z.B. beim Soll-Ist-Vergeleich der Ausgangsgrößen einer Funktion.

Das allgemeine Prinzip der Fehlererkennung läßt sich folgendermaßen formulieren:

> "In einem beliebeigen Verfahren zur Erkennung von Fehlern werden mindestens zwei Werte auf die Erfüllung der zwischen diesen Werten vorgegebenen Zusammenhänge geprüft. Unzulässige Abweichungen von diesen Zusammenhängen werden als Fehler interpretiert."

Dieses Prinzip ist im Bild 1 schematisch dargestellt.

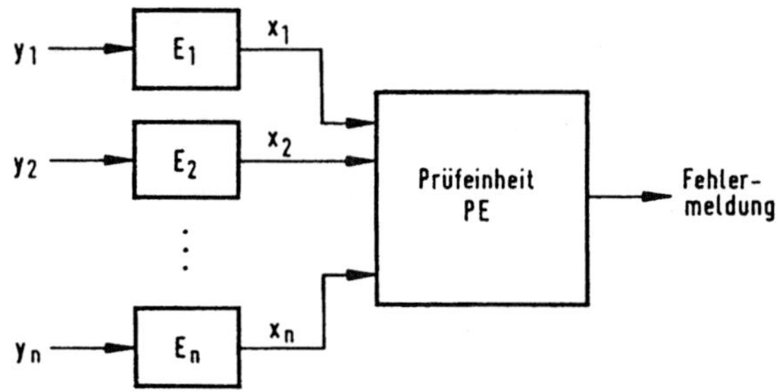

Bild 1. Allgemeines Prinzip der Fehlererkennung.

Die Werte x_1, x_2, ..., x_n, sind für die Prüfung bestimmt. Sie werden über unterschiedliche Wege der Prozeßdatenverarbeitung, die durch die Einheiten E_1, E_2, ..E_n und die Eingangswerte y_1, y_2, ..., y_n dargestellt sind, gewonnen.

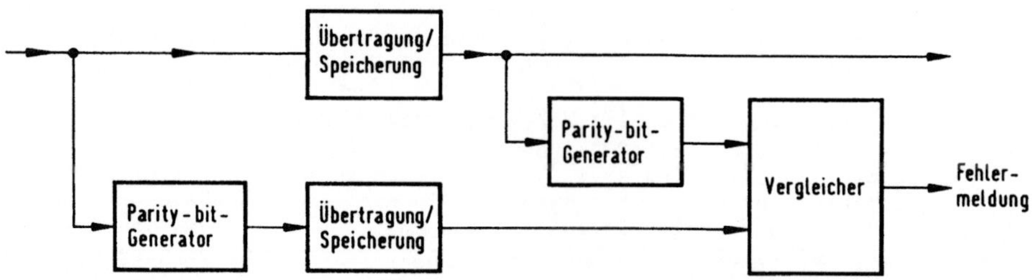

Bild 2. Das allgemeine Prinzip in Parity-Bit-Verfahren.

Die Überprüfung der vorgegebenen Zusammenhänge erfolgt durch die Prüfeinheit PE. An drei bekannten Verfahren wird das allgemeine Prinzip der Fehlererkennung erläutert.

Beispiel 1: Fehlererkennung durch Parity-Bit-Prüfung.
Die Parity-Bits werden vor und nach der Übertragung (Speicherung) gewonnen und miteinander verglichen (Bild 2). Wird ein Bit bei der Übertragung (Speicherung) verfälscht, ist der Fehler durch Vergleich der Parity-Bits erkennbar.

Beispiel 2: Plausibilitätsprüfung.
Für ein Unterprogramm werden bei jedem Aufruf die Rechenzeit (Prozessorzeit) gemessen und der minimale und maximale Wert näherungsweise bestimmt. Diese Grenzwerte können von der vorgegebenen Rechengenauigkeit (y) abhängig sein. Ist der Zusammenhang "Minimalwert kleiner gleich Istwert kleiner gleich Maximalwert" nicht erfüllt, so muß hier mit einem Fehler gerechnet werden, der durch diese Plausibilitätsprüfung erkannt wird (Bild 3).

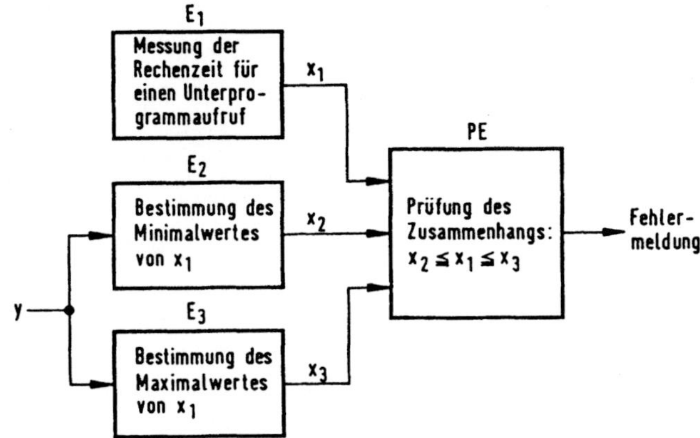

Bild 3. Das allgemeine Prinzip in der Plausibilitätsprüfung.

Beispiel 3: Verfahren der Code-Inspektion.
Bei der Code-Inspektion wird das Listing eines Moduls mit der Modulspezifikation sowie dem eigenem Wissen und der Erfahrung der Entwickler verglichen. Unstimmigkeiten sind als Fehler zu interpretieren. (Bild 4).

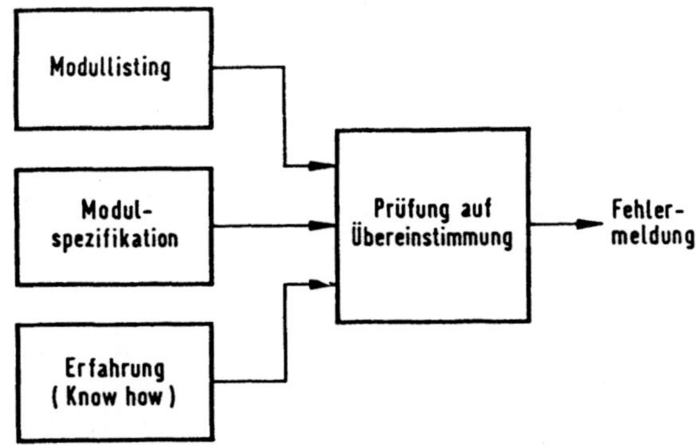

Bild 4. Das allgemeine Prinzip in der Code-Inspection.

In den ersten beiden Beispielen ist die Prüfung einfach und kann automatisch durchgeführt werden. Im letzten Beispiel handelt es sich um eine sehr komplexe Form der Prüfung; sie kann nicht mehr automatisch, sondern nur vom Menschen vorgenommen werden. In allen drei Beispielen ist das allgemeine Prinzip der Fehlererkennung deutlich zu sehen.

3. Diversität und Fehlererkennbarkeit

Der Begriff "Diversität" wird hier im Sinne des Begriffs "Verschiedenheit" benutzt. Dabei ist die Verschiedenheit bis ins kleinste Detail zu verstehen. Selbst wenn diese Einheiten identisch sind, z.B. gleiche Mikroprozessoren, liegt eine bestimmte Verschiedenheit vor. Sie ist einerseits durch Ungenauigkeiten in der Herstellung der Mikroprozessoren und andererseits durch Unterschiede der Einsatzbedingungen, wie Spannung, Strom, Temperatur, Feuchte usw., gegeben.

Die Bezeichnung "identische Einheiten" ist genau betrachtet nicht ganz richtig. Wären sie vollständig identisch und würde man Sie unter vollständig identischen Einsatzbedingungen betreiben, sodaß alle physikalisch-chemischen Prozesse (Spannung, Strom, Temperatur, Feuchte, Korosion usw.) zu jedem Zeitpunkt in den beiden Einheiten identisch ablaufen, dann würden diese beiden Einheiten zum gleichen Zeitpunkt in gleicher Weise ausfallen. Der aufgetretene Fehler ist dann durch Vergleich der Ausgangssignale, die ja ständig, auch beim Ausfall, identisch sind, nicht erkennbar.

Zum Glück ist man nicht in der Lage völlig identische Einheiten herzustellen und sie dann auch völlig identisch zu betreiben. Die zunächst unsichtbaren Unterschiede (Diversität) werden erst mit der Zeit durch den Betrieb, durch die Abnutzung also, vergrößert. Dies führt schließlich zum Ausfall einer Einheit. Der Unterschied zwischen den beiden Einheiten ist dann deutlich sichtbar. Der aufgetretene Fehler ist durch Vergleich der Signale eindeutig erkennbar.

Der oben erklärte Unterschied zwischen zwei identischen Einheiten, wie Mikroprozessoren, zeigt, daß die Art der Verschiedenheit (Diversität) für die Erkennbarkeit der Fehler von großer Bedeutung ist. Dieser Zusammenhang ist in der Tabelle 1 übersichtlich dargestellt.

Diversität	Erkennbarkeit der Fehler				
	Sporadische Hardware-Fehler	Statische Hardware-Fehler	Herstellungs-Fehler	Implementations-Fehler	Funktions-Fehler
der Einsatzbedingungen	ja	nein	nein	nein	nein
Physikalische	ja	ja	nein	nein	nein
Herstellungs-	ja	ja	ja	nein	nein
Implementations-	ja	ja	ja	ja	nein
Funktionelle	ja	ja	ja	ja	ja

Tabelle 1. Diversitätsart und Fehlererkennbarkeit.

Es werden fünf verschiedene Arten von Diversität unterschieden. Diversität der Einsatzbedingungen, wie Temperatur, Feuchte, Spannung, Strom, Störfelder usw., läßt sich am einfachsten durch Zeitredundanz realisieren. Die gleiche Einheit, z.B. ein Übertragungsweg, wird zweimal zu unterschiedlichen Zeitpunkten betrieben.

Die kleinsten Unterschiede zwischen zwei identisch hergestellten Einheiten, z.B. Mikroprozessoren, wird hier als physikalische Diversität bezeichnet. Falls die Herstellung der Einheiten von verschiedenen Firmen erfolgt, werden die Unterschiede als Herstellungsdiversität bezeichnet. Falls eine Funktion auf verschiedene Weisen implementiert ist, liegt eine Implementationsdiversität vor. Als Beispiel kann man hier verschiedene Algorithmen für die Realisierung einer mathematischen Funktion nennen.

Eine funktionelle Diversität liegt vor, wenn zwei Einheiten (E_1 und E_2 im Bild 1) unterschiedliche Funktionen realisieren. Die von den beiden Einheiten erhaltenen Daten lassen sich nicht direkt vergleichen. Die Prüfung der Daten kann dabei sehr schwierig sein (siehe Bild 4). Die einfachste Form der funktionellen Diversität wird bei der Plausibilitätsprüfung verwendet. Zum Beispiel liefert die eine Einheit den Istwert und die andere den Grenzwert einer Größe.

4. Erkennung von Doppelfehlern in einem zweikanaligen Hardware-System

Durch den gezielten Einsatz von Diversität kann man die Auswirkung eines und des selben Fehlers in zwei Kanälen unterschiedlich vorsehen. Ein Fehler, der in beiden Kanälen identisch ist, ist dann erkennbar. Diese Fähigkeit wird hier als vollständige Fehlererkennung bezeichnet. Ein solches Verfahren der vollständigen Fehlererkennung für ein zweikanaliges Schaltkreissystem wurde in /11/ entworfen und praktisch erprobt. In den beiden Kanälen des Schaltkreissystems wird eine dynamische Signaldarstellung in besonderer Form verwendet (siehe Bild 5).

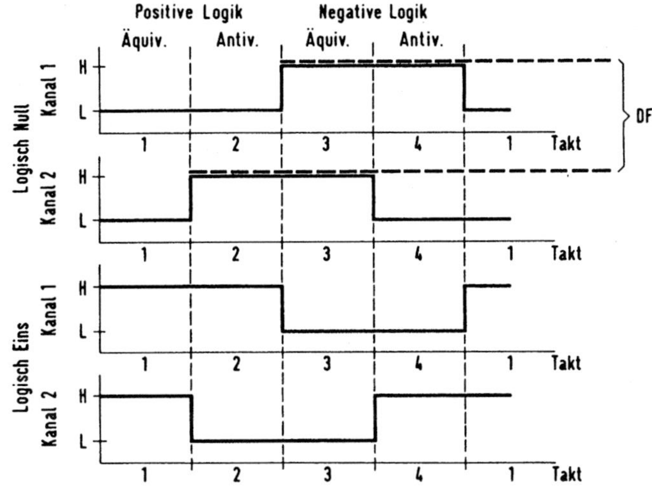

Bild 5. Zeitdiagramm für die Signaldarstellung.

Für die Darstellung der beiden Werte, logisch Null und logisch Eins, werden alle vier Kombinationen der Signalzustände L (Low) und H (High) nacheinander durchgespielt. Die Signale sind nur dann fehlerfrei, wenn sie die definierten Signalzustände L und H in den Takten 1 bis 4 wie im Bild 5 haben. In den Takten 1 und 3 sind die Signalzustände in beiden Kanälen immer äquivalent. Dagegen sind sie in den Takten 2 und 4 antivalent. Durch die wechselweise Prüfung auf Äquivalenz und Antivalenz ist nicht nur ein Einfach-, sondern auch ein Doppelfehler sofort erkennbar. Der im Bild 5 eingezeichnete Doppelfehler DF wird im Takt 4 sofort erkannt, da hier die Antivalenz der Signalzustände verletzt ist. Um eine beliebige logische Funktion zu realisieren, wurden ein Verknüpfungs- und ein Speicherbaustein entworfen. Der Verknüpfungsbaustein ist im Bild 6 gezeigt.

Die Verknüpfungselemente G_1 und G_2 realisieren den negierten 2-von-3-Mehrheitsentscheid. Mit diesem Verknüpfungsbaustein läßt sich eine beliebige der 7 logischen Grundfunktionen OR, NOR, AND, NAND, 2-von-3, NICHT(2-von-3) und NICHT realisieren. Wird z.B. dem Eingangspaar $z = (z_1, z_2)$ logisch Null (Eins) aufgeprägt, so läßt sich mit den übrigen beiden Eingangspaaren x und y die NOR(NAND)-Verknüpfung realisieren. Durch die Überwachungsverstärker U_{11}, U_{12}, U_{21} und U_{22} wird in jeden Takt die Antivalenz der Signalzustände geprüft. Durch die Benutzung der negierten Signale (I_1 und

I_2 sind Inverter) wird die Äquivalenz- auf die Antivalenzprüfung überführt. Dadurch wird eine wechselweise Äquivalenz- und Antivalenzprüfung ereicht.

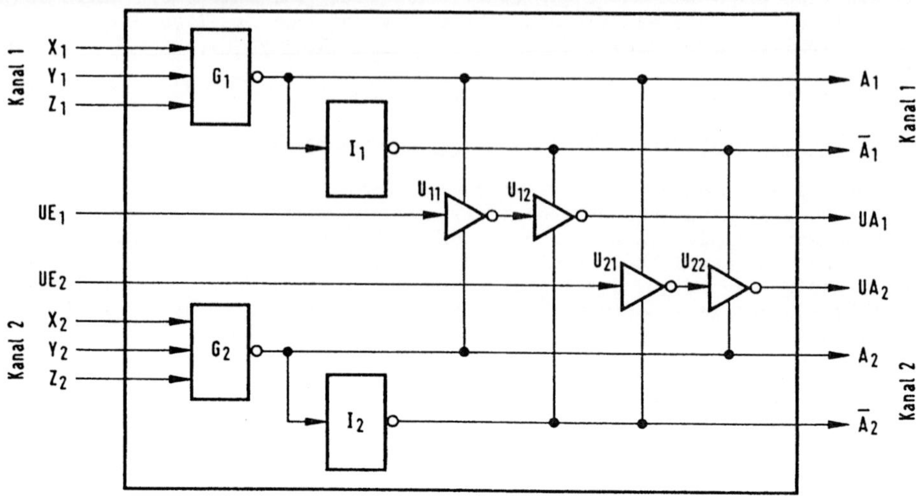

Bild 6. Verknüpfungsbaustein.

Die hier vorgeschlagene Signaldarstellung nach Bild 5 kann auch für ein zweikanaliges Mikrorechnersystem angewendet werden. Ein beliebiger Doppelfehler der Ausgangssignale der beiden Mikrorechner ist sofort erkennbar. Um das Verfahren auch praktisch zu erproben, wurde ein diversitäres Mikrorechnersystem (DIMI) entworfen und realisiert /14/.

Durch die hier gewählte Signaldarstellung nach Bild 5 werden die beiden Kanäle mit ständig wechselnden Spannungszuständen betrieben. Dadurch wird eine gesteigerte Diversität der Einsatzbedingungen ereicht. In Verbindung mit der physikalischen Diversität (zwei getrennte Kanäle) ergibt sich dann die besondere Fähigkeit des Systems zur Erkennung von Einfach- und Doppelfehlern. Eine solche Fehlererkennbarkeit wurde bisher mit keinem Verfahren ereicht. An diesem neuen Verfahren ist bereits zu erkennen, daß durch einen gezielten Einsatz von Diversität eine vollständige Fehlererkennung möglich ist. Diese Möglichkeit wird im weiteren auch für Software-Fehler gezeigt.

5. Erkennung von Doppelfehlern in einem zweikanaligen Software-System

Die Möglichkeit, identische Software-Fehler in einem zweikanaligen System zu erkennen, wird anhand von drei Beispielen erläutert.

Beispiel 4: Erkennung fehlerhafter Datenzugriffe.
Ein fehlerhafter Datenzugriff liefert Werte, die von der verwendeten Datenstruktur abhängig sind. Bild 7 zeigt drei Feldvariablen A, B, und C mit je 10 Elementen in unterschiedlicher Reihenfolge der Speicherbelegung. Ein fehlerhafter Datenzugriff, der über die Feldgrenze hinausgeht, liefert zwar fehlerhafte, jedoch in allen drei Fällen unterschiedliche Werte.

Betrachtet man die folgende Programmanweisung

$$C(I) = A(I) + B(I) ,$$

erhält man für den Fehlerfall, I = 11, verschieden falsche Ergebnisse:

$$C(11) = A(11) + B(11) = \begin{cases} C(1) + B(1) & \text{für Bild 7a} \\ C(1) + A(1) & \text{für Bild 7b} \\ 10^{99} + 10^{99} & \text{für Bild 7c} \end{cases}$$

Auch die Abspeicherung der unterschiedlich falschen Ergebnisse ist in den drei Fällen verschieden. Der Fehler "Indexgrenze überschritten" ist ein klarer Programmierfehler. Einen solchen Fehler zu finden, ist sehr schwierig und aufwendig. Dieses einfache Beispiel zeigt, daß durch den gezielten Einsatz der Diversitätsart "unterschiedliche Datenstrukturen" echte, wenn auch in beiden Kanälen identische Programmierfehler, erkennbar sind.

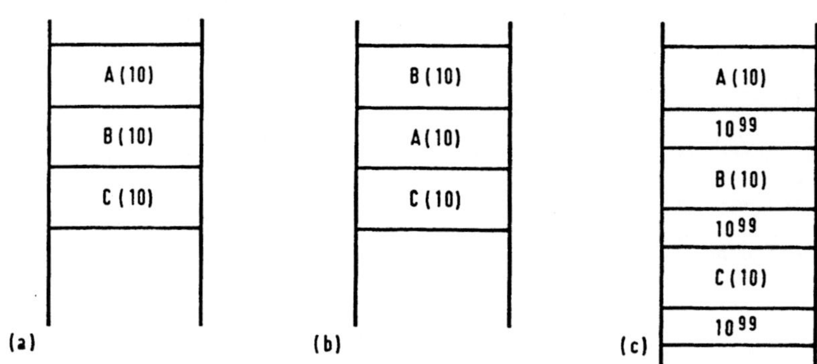

Bild 7. Diversitäre Speicherbelegung.

Beispiel 5: Erkennung von Initialisierungsfehlern.
Die Verwendung von Daten, die vorher nicht definiert wurden, weist auf Initialisierungsfehler hin. Solche Fehler lassen sich durch unterschiedliche Vorbelegungen der nicht definierten Daten im Kanal 1 und Kanal 2 erkennen. Ein Zugriff auf nicht definierte Daten liefert somit in Kanal 1 und Kanal 2 immer unterschiedliche Werte. Auch in diesem Beispiel ist ein echter Programmierfehler, der in beiden Kanälen identisch ist, durch den gezielten Einsatz der Diversitätsart "unterschiedliche Vorbelegung der nicht definierten Daten" sofort und eindeutig erkennbar.

Beispiel 6: Erkennung von Programmablauffehlern.
Ein falscher Programmablauf, der durch einen fehlerhaften Befehl verursacht wird, muß nicht immer einen Zusammenbruch des Systems bewirken. Bei kleineren Auswirkungen ist ein solcher Fehler durch Vergleich der beiden Kanäle nicht erkennbar. Dagegen kann ein solcher Fehler durch den gezielten Einsatz der Diversitätsart "unterschiedliche Programm- und Datenstruktur" erkannt werden, selbst wenn er in beiden Kanälen identisch ist. Durch die unterschiedliche Programm- und Datenstruktur sind die Auswirkungen eines fehlerhaften Sprungs verschieden und somit auch erkennbar.

6. Vollständigkeit der Erkennung von Fehlern

Im Abschnitt 4 wurde ein Verfahren zur Erkennung von Doppelfehlern in einem zweikanaligen Hardware-System betrachtet. Mit diesem Verfahren lassen sich auch Mehrfachfehler erkennen. Mehrfachfehler, die in einem Kanal auftreten, sind wie Einfachfehler und solche, die auf beiden Kanälen verteilt auftreten, wiederum wie Doppelfehler erkennbar. Dadurch ist die Vollständigkeit der Fehlererkennung ereicht. Auch im Kapitel 5 sind Beispiele von Verfahren gezeigt, durch die identische Software-Fehler auf beiden Kanälen erkennbar sind.

Diese Fähigkeit, auch identische Doppelfehler in einem zweikanaligen System zu erkennen, wird hier mit der Bezeichnung der vollständigen Fehlererkennung charakterisiert. Sie ist durch gezielten Einsatz von Diversität realisierbar. Die Verfahren der vollständigen Fehlererkennung beziehen sich immer auf bestimmte Fehlerklassen.

7. Gezielter Einsatz von Diversität

Hier sollen die Vorteile für den gezielten Einsatz von Diversität erläutert werden. Der Einsatz von Diversität ist bezüglich Aufwand und Nutzen heute noch ein sehr umstrittenes Thema. Der Einsatz von Diversität wird häufig als sehr aufwendig betrachtet. Dabei ist fast immer die vollständige Diversität gemeint. Sie ist durch die Verwendung aller denkbaren Diversitätsarten charakterisiert /2/.

Die wichtigsten Verschiedenheitsformen der vollständigen Diversität:

- unterschiedliche Beschreibungen derselben Spezifikation
- unterschiedlicher Entwurf und unterschiedliche Entwurfsbeschreibung
- unterschiedliche Implementierung
- unterschiedliche höhere Programmier- und Assemblersprachen
- unterschiedliche Compiler und Software-Werkzeuge (Entwicklung, Test)
- unterschiedliche Betriebssysteme

Die Anwendung der vollständigen Diversität bei der Software wird mit der Hoffnung verbunden, daß die beiden Kanäle statistisch unabhängig hinsichtlich des Auftretens von Fehlern sind, sodaß eine Bewertung ähnlich wie bei der Hardware möglich ist. Ziel der Anwendung der vollständigen Diversität ist es, identische Fehler in beiden Kanälen weitestgehend auszuschließen.

Dagegen ist der gezielte Einsatz von Diversität immer auf eine hohe, möglichst vollständige Erkennung von Fehlern ausgerichtet. Dabei spielt es keine Rolle, ob diese Fehler unterschiedlich oder identisch sind. Der Nutzen des gezielten Einsatzes von Diversität ist besonders dann hoch, wenn damit die Klasse der Restfehler im Software-System mit hoher Wahrscheinlichkeit möglichst vollständig erkennbar wird. Hierzu sind noch Untersuchungen erforderlich, um die Restfehlerklassen genau zu beschreiben. Diese sind sehr stark durch die Verfahren des Software-Engineering bestimmt, wie z.B. durch Entwicklungsstandards, durch Software-Werkzeuge und durch Qualitätssicherungsmaßnahmen. Durch die Einschränkung der Benutzung von höheren Programmiersprachen auf nur ganz bestimmte Typen und Formen von Anweisungen und Strukturen kann man auch die Kategorie der Restfehler deutlich reduzieren. Durch solche und weitere Maßnahmen kann man die Kategorie der Restfehler genauer beschreiben.

Für die bekannten Kategorien der Restfehler sind die geeigneten Diversitätsarten zur Fehlererkennung zu finden und anzuwenden. Das ist kein leichtes Problem, da der Zusammenhang zwischen der verwendeten Diversitätsart und der durch sie erkennbaren Fehler sehr komplex ist. Da hier kaum Erfahrungen vorliegen, neigt man sehr schnell dazu, die Kategorie der Restfehler nicht einzuschränken, d.h. alle Fehlerarten als nicht ausschließbar zu betrachten und daher soviel Diversitätsarten, wie möglich, zu deren Erkennung vorzusehen. Diese Strategie ist sicherlich falsch, da man einerseits sehr viel Aufwand für den Ausschluß und die frühzeitige Erkennung und Behebung von Fehlern während der Entwicklung aufbringt und andererseits einen weiteren großen Aufwand treibt, um alle möglichen Fehler während des Betriebes rechtzeitig zu erkennen.

Durch eine geeignete Strategie, die auf die gegenseitige Ausgewogenheit der Aufwendungen für die Reduzierung der Anzahl der Restfehler bei der Realisierung der Software und für die Erkennung nicht aller, sondern nur der Kategorie dieser Restfehler baut, kann man sehr viel Aufwand einsparen. Fehler, die ausgeschlossen sind, müssen während des Betriebes nicht erkannt werden (Aufwandseinsparung). Fehler, die während des Betriebes erkennbar sind, müssen nicht durch aufwendige Tests vor dem Betrieb vollständig erkannt und behoben werden (weitere Aufwandseinsparung).

Der gezielte Einsatz von Diversität bietet zusätzlich eine erhebliche Aufwandseinsparung, wenn eine bestimmte Form von Diversität automatisch generierbar ist. Die in den Beispielen des Abschnitts 5 zur jeweiligen Fehlererkennung erforderliche Diversitätsart (unterschiedliche Programm- und Datenstruktur, unterschiedliche Vorbelegung der nicht definierten Daten) läßt sich automatisch, z.B. durch gezielt unterschiedlich gebaute Compiler, generieren. Die Möglichkeit, Diversität gezielt und automatisch zu generieren, eröffnet den Weg, ein zweikanaliges diversitäres Software-System für den Preis eines einkanaligen zu betreiben.

8. Wahrscheinlichkeitsbetrachtungen

Die Ermittlung oder Abschätzung der Fehlerwahrscheinlichkeit, die auch mit der Wirklichkeit gut übereinstimmen soll, ist äußerst schwierig. Nur in besonderen Fällen unter vereinfachten Annahmen lassen sich Werte berechnen. Als typisches Beispiel kann man hier die Berechnung der Wahrscheinlichekeit für Doppelfehler in einem Zweikanaligen System nennen. Unter der Annahme der statistischen Unabhängigkeit ergibt sich rein mathematisch die Wahrscheinlichkeit für einen Doppelfehler als Quadrat der Wahrscheinlichkeit für einen Einfachfehler.

Ist die Unabhängigkeit der beiden Kanäle nicht vollständig gewährleistet, so erhält man einen höheren Wert für die Wahrscheinlichkeit eines Doppelfehlers. Die Möglichkeit, einen besseren (niedrigeren) Wert für die Wahrscheinlichkeit eines Doppelfehlers zu erhalten als für den Fall der vollständig unabhängigen Kanäle, wurde bisher kaum untersucht.

Im Allgemeinen lassen sich bei der Wahrscheinlichkeitsbetrachtung von Doppefehlern fünf Fälle unterscheiden:

(a) Beide Kanäle sind vollständig abhängig. Der gleiche Fehler tritt in beiden Kanälen immer gleichzeitig auf. Jeder Doppelfehler ist daher durch Vergleich nicht erkennbar.

(b) Beide Kanäle sind weder vollständig abhängig noch vollständig unabhängig. Es liegt eine teilweise Abhängigkeit vor. Jeder Doppelfehler wird als nicht erkennbar betrachtet (im ungünstigsten Fall).

(c) Beide Kanäle sind vollständig unabhängig. Fehler in den beiden Kanälen treten statistisch unabhängig auf. Jeder Doppelfehler wird als nicht erkennbar betrachtet (im ungünstigsten Fall).

(d) Beide Kanäle sind vollständig unabhängig. Fehler in den beiden Kanälen treten statistisch unabhängig auf. Nur ein bestimmter Anteil der möglichen Doppelfehler ist nicht erkennbar.

(e) Beide Kanäle sind vollständig unabhängig. Fehler in den beiden Kanälen treten statistisch unabhängig auf. Alle Doppelfehler sind erkennbar.

Im ersten Fall (a) ist das Fehlverhalten mit dem eines einkanaligen Systems identisch. Dieses Verhalten hat ein Software-System, wenn es in beiden Kanälen identisch abläuft. Der zweite Fall (b) tritt in der Praxis dann auf, wenn hier die Abhängigkeit auf eine gemeinsame Ursache zurückzuführen ist (common mode failure). Im Falle (c) wird eine gewisse Idealisierung vorgenommen, die in der Praxis mehr oder weniger erreicht werden kann. Der Vorteil liegt hier in der einfachen Berechnung der Doppelfehlerwahrscheinlichkeit. Dabei wird jeder Doppelfehler als nicht erkennbar betrachtet. Dies gilt nur bei sehr einfachen Systemen, z.B. bei der Datenübertragung. Im Falle (d) wird nur ein Anteil von Doppelfehlern als nicht erkennbar betrachtet. Dies gilt für alle komplexen Systeme, wie bei Computern. Treten in zwei Rechnern gleichzeitig Fehler auf, so sind es meistens unterschiedliche Fehler. Im letzten Fall (e) wird diese Verschiedenheit bei allen Doppelfehlern angenommen. Dadurch sind alle Doppelfehler erkennbar. Dies ist nur in besonderen Fällen durch den gezielten Einsatz von Diversität möglich (siehe oben: Verfahren der vollständigen Fehlererkennung). Im letzten Fall (e) ist die Voraussetzung der vollständigen Unabhängigkeit der beiden Kanäle nicht mehr erforderlich.

Für diese fünf Fälle kann man die Wahrscheinlichkeit eines nichterkennbaren Doppelfehlers angeben. Mit w wird die Einfach- und mit x die Doppelfehelrwahrscheinlichkeit bezeichnet (Bild 8). Die Einteilung der Fälle von (a) bis (e) ist sowohl für zweikanalige Hardware- als auch für zweikanalige Software-Systeme möglich. Zum Beispiel bedeutet der Fall (d), daß Software-Fehler in einem zweikanaligen diversitären Software-System statistisch voneinander unabhängig auftreten.

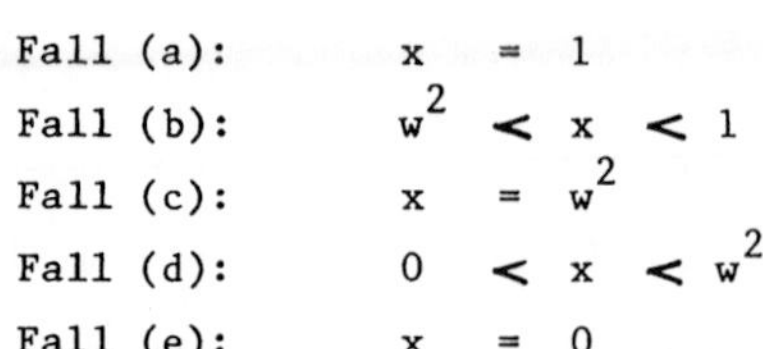

Fall (a): $x = 1$

Fall (b): $w^2 < x < 1$

Fall (c): $x = w^2$

Fall (d): $0 < x < w^2$

Fall (e): $x = 0$

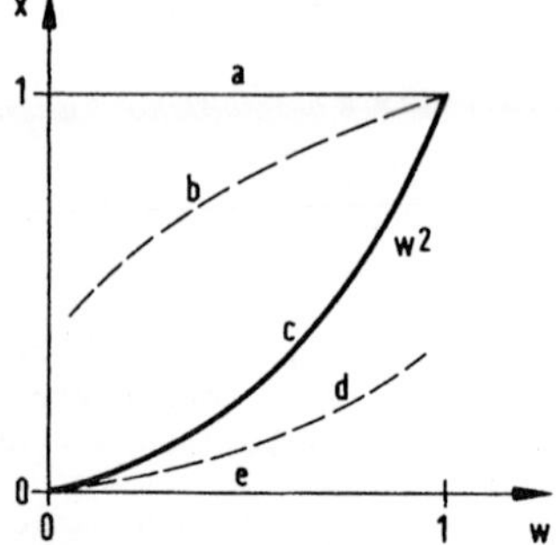

Bild 8. Fünf mögliche Fälle für Doppelfehlerwahrscheinlichkeiten.

Von den möglichen Doppelfehlern ist nur ein Anteil als nicht erkennbar zu betrachten. Durch den gezielten Einsatz von Diversität lassen sich auch solche Software-Fehler erkennen, die in beiden Kanälen vorhanden sind und zur gleichen Zeit auftreten. Dadurch ist der Fall (e) auch für Software-System erreichbar. Die Vollständigkeit der Fehlererkennung ist nur für eine bestimmte Fehlerklasse erreichbar, für die die gezielt eingesetzte Diversität auch wirksam ist. Leider ist es nicht möglich, alle denkbaren Software-Fehler durch gezielten Einsatz von Diversität zu erkennen. Dennoch muß hier unterstrichen werden, daß der gezielte Einsatz von Diversität bessere Ergebnisse liefert, als der bisher häufig betrachtete Fall der vollständigen Unabhängigkeit von Kanälen.

Literatur

/1/ Avizienis, A., Chen, L. "On the Implementation of N-Version Programming for Software Fault-Tolerance During Program Execution". COMPSAC 1977, pp. 149-155.

/2/ Kapp, K. und Daum, R. "Sicherheit und Zuverlässigkeit von Automatisierungssoftware". Informatik-Spektrum 2 (1979), S. 25-36.

/3/ Gmeiner, L., Voges, U. "Experimentelle Untersuchungen zur Software-Diversität". Kerforschungszentrum Karlsruhe, PDV-Bericht Nr. 197, Dez. 1979, S. 126-139.

/4/ Ehrenberger, W., D. "Safety, Availability and Cost Questions About Diversity". Proceedings of the 4th IFAC/IFIP/IFORS Conference on Control in Transportation Systems, Baden Baden, April 1983.

/5/ Kelly, J.P.J., Avizienis, A. "A Specification-Oriented Multi-Version Software-Experiment. 13th International Symposium on Fault-Tolerant Computing". Milano, Italy, June 1983, pp. 120-126.

/6/ Syrbe, M. "Über die Beschreibung fehlertoleranter Systeme". Regelungstechnik 28 (1980), Heft 9, S. 280-288.

/7/ Färber, G. "Fehlertolerante Rechnersysteme für die Prozeßautomatisierung". Regelungstechnische Praxis, 24 (1982), Heft 5, S. 160-168.

/8/ Kersken, M., Ehrenberger, W. "A Statistical Assesment of Reliability Features of Diverse Programs". Reliability Engineering 2 (1981), pp. 233-240.

/9/ Grams, T. "Diversitäre Programmierung: Kein Allheilmitel". Informationstechnik it, 28 (1986), Heft 4, S. 196-203

/10/ Lohman, H.-J. "URTL-Schaltkreissystem U1 mit hoher Sicherheit und automatischer Fehlerdiagnose". Siemens-Zeitschrift 48 (1974), Heft 7, S. 490-494.

/11/ Konakovsky, R. "Verfahren zur Erkennung von Einfach- und Doppelausfällen in einem zweikanaligen Schaltkreissystem". GI-11 Jahrestagung, München 1981, S. 239-306.

/12/ Konakovsky, R. "Definition und Berechnung der Sicherheit von Automatisierungssystemen". Vieweg-Verlag, Braunschweig 1977.

/13/ Konakovsky, R. "On Safe Information Processing System". Proceedings on the IFAC Congress, August 1981, Kyoto/Japan.

/14/ Konakovsky, R. "Sichere Prozeßdatenverarbeitung mit Mikrorechnern". R. Oldenbourg Verlag, München 1988.

INFORMATIONSÜBERMITTLUNG ZWISCHEN MENSCH UND PROZESSRECHENSYSTEM

Anwendung graphischer Darstellungen im Rahmen einer Spezifikationssprache für das Requirements Engineering

Dipl.-Ing. Z. Sun
Institut für Regelungstechnik und Prozeßautomatisierung
Universität Stuttgart

Zusammenfassung:

Die Eigenschaften graphischer Darstellungen als Sprachmittel einer Spezifikationssprache für das "Requirements Engineering" werden untersucht. Die Konzeption eines graphischen Editors zur Eingabe graphischer Sprachmittel als integraler Bestandteil einer Spezifikationssprache wird erläutert. Als Beispiel wird die Verwendung von Funktionsdiagrammen als formales graphisches Sprachmittel behandelt.

1. Einleitung

An Spezifikationssprachen, die bei Software/Hardware-Produktionsumgebungen für den Bereich des "Requirements Engineering" vorgesehen sind, werden folgende Anforderungen gestellt: Einerseits ist zur Vermeidung von Interpretationsfehlern und zur Überprüfung auf Konsistenz, Eindeutigkeit und Vollständigkeit der Aufgabenstellung und fachtechnischen Lösungskonzeption ein hoher Grad an Formalisierung erwünscht; anderseits sollen die Spezifikationssprachmittel von allen an einem Automatisierungsprojekt beteiligten Menschen leicht verstanden werden, um Kommunikationsfehler zu vermeiden und um eine hohe Akzeptanz zu erreichen [1, 2]. Während sich diese beiden Anforderungen bei textuellen Spezifikationssprachen meistens widersprechen, zeichnen sich graphische Sprachmittel dadurch aus, daß sie, unabhängig vom Grad der Formalisierung, stets eine gute Verständlichkeit gewährleisten. Aus diesem Grund liegt es nahe, sowohl textuelle als auch graphische Sprachmittel im Rahmen einer Spezifikationssprache als Alternativen bzw. als sich ergänzende Beschreibungsmöglichkeiten anzubieten [3].
Beim "Requirements Engineering" sind graphische Darstellungsmittel mit sehr unterschiedlichem Formalisierungsgrad gebräuchlich: In der Anfangsphase werden Photos und Skizzen für die allgemeine Beschreibung des zu entwerfenden Systems benötigt, um die Aufgabenstellung und deren Umfeld grob darzustellen. Für eine detalliertere Beschreibung werden technische Zeichnungen eingesetzt, wie z.B. die Zeichnung einer zu automatisierenden Fertigungsanlage. Für die Beschreibung mathematischer bzw. Zeit-abhängiger Beziehungen sind Funktionsdiagramme, Impulsdiagramme, Histogramme usw. geeignet. Schließlich werden verschiedene Ausprägungen von Blockdiagrammen, wie z.B. Hierarchiediagramme, SADT-Diagramme, Flußdiagramme usw. zur Darstellung der Systemstruktur eingesetzt.
Die graphischen Ausdrucksmittel einer Spezifikationssprache für das "Requirements Engineering" sollten es ermöglichen, diese Vielfalt an graphischen Darstellungen einzusetzen.

2. Klassifizierung graphischer Darstellungen

In einem ersten Schritt sollen verschiedene graphische Darstellungen bezüglich ihrer Eignung als Ausdrucksmittel zur Beschreibung von Sachverhalten bzw. als mögliche Sprachmittel einer Spezifikationssprache untersucht weden. Es gibt unterschiedliche Aspekte, graphische Darstellungen zu klassifizieren:

- Nach der Dimension:
  Es gibt zwei- und dreidimensionale graphische Darstellungen.

- Nach dem Grad der Formalisierung der Syntax:
  Manche graphische Darstellungen unterliegen einer bestimmten Syntax, manche sind syntaxfrei oder ihre Syntax ist schwer zu erfassen. Funktionsdiagramme sind z.B. einer bestimmten Syntax unterworfen, während die Syntax einiger Skizzen schwer zu erfassen ist.

- Nach dem Grad der Formalisierung der Semantik:
  Die Semantik einiger graphischer Darstellungen ist eindeutig, z.B. der graphischen Darstellungen, die sich mit Gegenständen der realen Welt assoziieren lassen, während bei anderen graphischen Darstellungen sich erst eine Semantik durch zusätzliche textuelle Beschreibungen ergibt. Ein Block im Blockdiagramm kann z.B. verschiedene Bedeutungen haben: ein technischer Prozeß, eine Aktion, ein Regler usw.

Je nach dem Grad der Formalisierung der zugrundeliegenden Syntax und Semantik lassen sich graphische Darstellungen als formale oder informale Darstellungen bezeichnen: Formale graphische Darstellungen haben eine bestimmte Syntax und Semantik, wie z.B. mathematische Funktionsdiagramme und regelungstechnische Blockdiagramme, während informale graphische Darstellungen keine bestimmte Syntax bzw. Semantik haben, z.B. beliebig entworfene Skizzen.

Nur wenige graphische Darstellungen beim "Requirements Engineering" sind sowohl syntaktisch als auch semantisch formal. Viel häufiger sind graphische Darstellungen, die nur teilweise formal sind bezüglich der Syntax und der Semantik.

Graphische Darstellungen, die als Sprachmittel in einer Spezifikationssprache für das "Requirements Engineering" benutzt werden können, sind normalerweise zweidimensional. Auf technischem Gebiet spielen verschiedene Arten von Diagrammen, wie Funktions- und Blockdiagramme, eine wichtige Rolle. Blockdiagramme umfassen fast alle Diagramme, die aus Blöcken, Kreisen, Rhomben und Kanten bestehen. Im Bild 1 werden einige Blockdiagramme als Beispiele dargestellt.

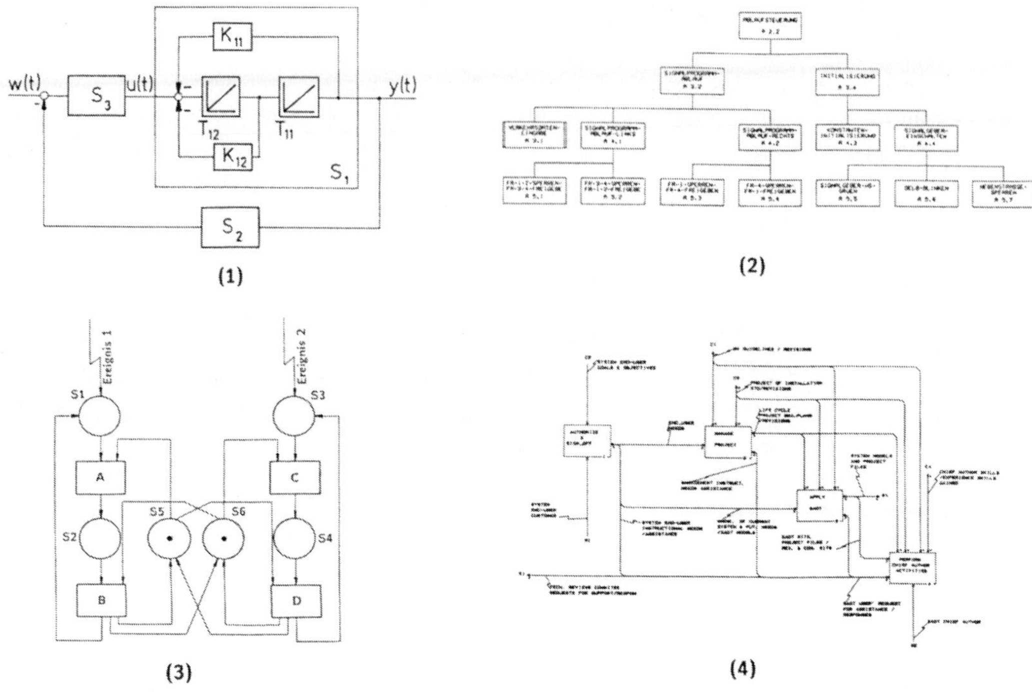

Bild 1: Beispiele von verschiedenen Blockdiagrammen:
(1) Regelungstechnisches Blockdiagramm
(2) Hierarchiediagramm
(3) Petri-Netz
(4) SADT Diagramm

3. Verfahren zur rechnergestützten interaktiven Eingabe graphischer Sprachmittel

Entsprechend dem unterschiedlichen Formalisierungsgrad kann man mehrere Möglichkeiten zur Erzeugung und Eingabe graphischer Sprachmittel auswählen:

- Graphische Editoren: Eine Möglichkeit für den Einbau graphischer Sprachmittel in einer Spezifikationssprache ist die Verwendung eines graphischen Editors. Mit einem graphischen Editor können beliebige graphische Darstellungen und Skizzen entworfen werden.
- Spezielle graphische Entwurfssysteme: Zur Eingabe von formalen graphischen Sprachmitteln, die eine festgelegte Syntax haben, (z.B. technische Zeichnungen) werden spezielle graphische Entwurfssysteme eingesetzt.
- Bildverarbeitungssysteme: Für graphische Darstellungen, für deren Eingabe spezifische Bedingungen gefordert werden, wie z.B. die Bedingung, die Realität genau abzubilden, oder Beschränkungen bezüglich der Eingabezeit usw. kann die Technik der Bildverarbeitung angewandt werden. Man

kann z.B. mit einem Fotoapparat oder einer Videokamera das Bild aufnehmen und mit dem Bildverarbeitungssystem das aufgenommene Bild in die passende graphische Darstellung umwandeln bzw. relevante Informationen extrahieren.

Im Rahmen einer Spezifikationssprache für das "Requirements Engineering" stellt die Verwendung eines graphischen Editors die wichtige Eingabeart dar.

4. Konzeption eines graphischen Editors zur Eingabe graphischer Darstellungen

Ein benutzerfreundlicher graphischer Editor muß folgende Anforderungen erfüllen:

- Dialogablauf:
  Der graphische Editor muß als interaktives System benutzerfreundlich sein.
- Allgemeine graphische Funktionen des Editors:
  Der graphische Editor muß Funktionen zur Eingabe von graphischen Grundelementen wie Punkt, Linie, Kreis, Fläche usw. aufweisen und Operationen auf Grundelementen wie z.B. Vergrößern, Verkleinern, Drehen, Verschieben, Schneiden, Einfügen, Auflösen und Positionieren ermöglichen.
- Benutzerführung:
  Zur Vermeidung von Fehlern muß der graphische Editor den Benutzer bei der Eingabe von formalen graphischen Darstellungen entsprechend der Vorgehensweise und der Syntax der graphischen Darstellung beim Entwurf beraten, um Eingabefehler zu vermeiden.
- Speicherung der erzeugten graphischen Darstellungen:
  Nach der Eingabe sollen die graphischen Darstellungen in Bilddateien gespeichert werden können. Bei der Ausgabe der gesamten Dokumentation des "Requirements Engineering" wird Text und Graphik ineinander integriert und dabei auf die Bilddatei zugegriffen.

Im folgenden wird ein auf dem Graphischen Kernsystem GKS aufgebauter graphischer Editor als Beispiel dargestellt [4, 5, 6]. Bild 2 zeigt das Eingabemenü und ein Entwurfsfenster des graphischen Editors. Um eine möglichst einfache Benutzeroberfläche des Editors zu realisieren, sind die Menüfelder in logische Blöcke gegliedert. Der Benutzer wird durch eine Benutzerführung geleitet. Vor der Erzeugung einer graphischen Darstellung muß ein Fenster erzeugt werden. Es dient als Rahmen für die graphische Darstellung. Eine graphische Darstellung darf nur innerhalb eines Fensters gezeichnet werden.
Es ist aber auch möglich, mehrere Fenster gleichzeitig auf dem Bildschirm zu erzeugen und mehrere graphische Darstellungen gleichzeitig zu entwerfen.

In der obersten Ebene des Menüs (Hauptmenü) stehen viele Funktionen zur Verfügung, die durch das Anklicken (Picken) mit einem Zeigeinstrument (Maus) ausgewählt werden:

- Mit den Funktionen CRWIND, DELWIND bzw. MOVEWIND kann das Fenster erzeugt, gelöscht bzw. an eine beliebige Stelle auf dem Bildschirm verschoben werden.
- Die Funktion END dient zum Verlassen des Editors.

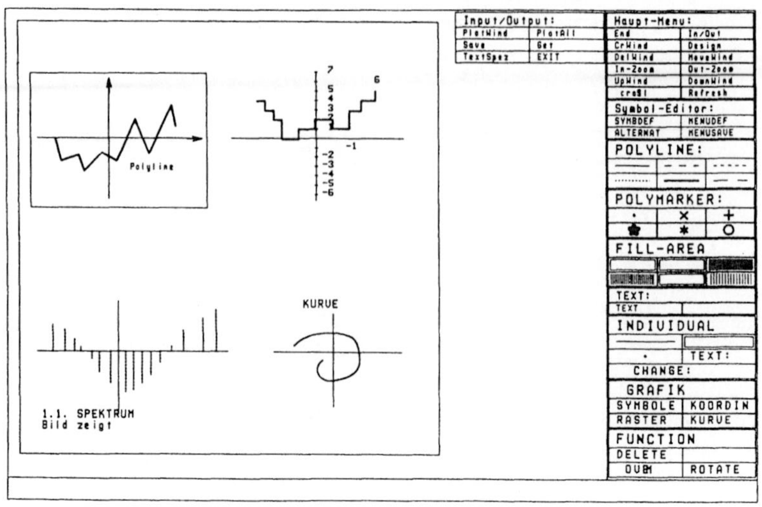

Bild 2: Das Eingabemenü und ein Entwurfsfenster des graphischen Editors

- Die graphischen Informationen in einem Fenster können mit der Funktion IN/OUT in die Bilddatei abgespeichert oder aus einer Bilddatei eingelesen werden.
- Die Funktionen ZOOM-IN, ZOOM-OUT, TOP, DOWN, SCROLL und REFRESCH stellen allgemeine Funktionen zum Vergrößern, Verkleinern, Drehen, Verschieben der graphischen Elemente dar.
- Nach Auswahl der Alternative DESIGN erscheint ein Einblendmenü zur Auswahl der Funktionen für die Erzeugung von formalen und informalen graphischen Darstellungen.

Tabelle 1 zeigt eine Liste von Alternativen des DESIGN Menüs.Durch Auswahl der Alternative EDITOR werden die Funktionen zur freien Erzeugung von informalen graphischen Darstellungen und Skizzen zur Verfügung gestellt. Die Funktion von EDITOR bietet die Möglichkeit zur Erzeugung graphischer Grundelemente wie Linienzug, Polymarke, Füllgebiet und Text an (Siehe Bild 2).
Jedes graphische Element hat seine umformulierten Attribute, die in einem Menü angeboten und mit der Maus ausgewählt werden können.
Durch die Alternativen des DESIGN-Menüs werden auch die Menüs für die verschiedenen formalen graphischen Darstellungen zur Verfügung gestellt.
Als Beispiel wird hier die Erzeugung von Funktionsdiagrammen erläutert. Im Bild 3 werden die Menüs für die Erzeugung von Funktionsdiagrammen gezeigt.
Ein Funktionsdiagramm besteht, wie in Bild 4 zu sehen ist, aus folgenden Bestandteilen:
- Koordinatensystem;
- Textuelle Beschreibungen;
- Eine oder mehrere Kurven.

DESIGN-MENUE	
FUNKTION	BLOCK
HIERAR	KONTR-FL
K-FL/D-FL	DATEN-FL
PETRI-N	EDITOR
D-FL(SA)	ZUSTAND
ER-DIAGR	SDL-PROC
BEN-MENUE	DEL-MENUE

Tabelle 1: Alternativen des DESIGN Menüs bei der Anwendung des graphischen Editors

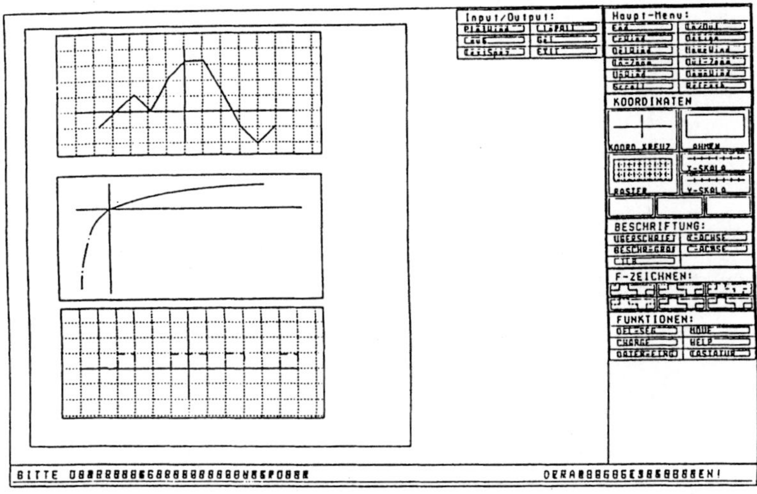

Bild 3: Momentaufnahme des Bildschirms bei der graphischen Eingabe von Funktionsdiagrammen mit dem graphischen Editor

Unter textuellen Beschreibungen versteht man die Beschriftung des Diagrammes, sowie Variablen, Bereiche und Dimensionen von Abszisse und Ordinate, Kurvenbezeichner bzw. Kurvennummern. Jedes Bestandteil des Diagrammes wird noch weiter aufgegliedert. Ein Koordinatensystem besteht z.B. aus zwei Achsen, nämlich der Abszisse und der Ordinate, den Eichungen der Achsen, den Achsenvariablen und ihren Dimensionen. Zum Zeichnen eines Koordinatensystems werden daher im Koordinaten-Menüfeld (siehe Bild 3) entsprechende Funktionen bereitgestellt. Bei der Erzeugung des Koordinatensystems werden alle Bestandteile nacheinander gezeichnet. Wenn ein Teil fehlt oder widersprüchliche Angaben gewählt werden, wird der graphische Editor den Fehler aufdecken und es dem Benutzer melden oder die widersprüchlichen Angaben verhindern. Diese Benutzerführung des graphischen Editors ermöglicht die frühe Erkennung und Verhinderung von Fehlern. Für die anderen

Bestandteile des Funktionsdiagrammes wird die gleiche Methode verwendet, damit Fehler bezüglich Unvollständigkeit und Inkonsistenz der graphischen Darstellung verhindert werden können.

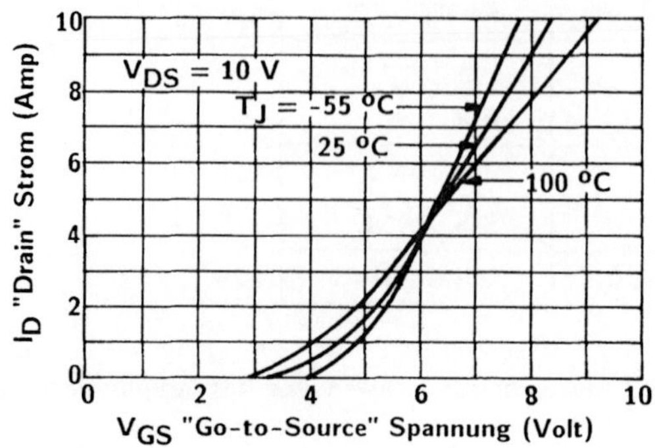

Bild 4: Beispiel eines Funktionsdiagrammes

5. Auswertung der graphisch eingegebenen Informationen

Zur Aufdeckung von Spezifikationsfehler ist es erforderlich, die eingegebene graphische Information zu überprüfen. Die Überprüfungen sind nur bei formalen graphischen Darstellungen möglich, bei denen die Syntax und die Semantik ganz oder teilweise festgelegt ist. Dazu gehören im wesentlichen die Prüfungen auf Vollständigkeit und Eindeutigkeit:

- Prüfung auf Vollständigkeit:
  Eine graphische Darstellung kann man in viele Bestandteile zerlegen. Sie ist nur dann vollständig, wenn alle entsprechend der Syntax notwendigen Bestandteile in einer Darstellung enthalten sind.

- Prüfung auf Eindeutigkeit:
  Die textuellen Beschreibungen in der graphischen Darstellung werden auf Eindeutigkeit geprüft, um festzustellen, ob es Namenskonflikte gibt. Für die Eindeutigkeit werden die textuellen Beschreibungen in den graphischen Darstellungen in ein Lexikon gespeichert. Dieses Lexikon kann auf Wunsch des Benutzers ausgegeben werden.

Die Durchführung der Auswertung wird in zwei Phasen eingeteilt:
Die erste Phase ist die Überprüfung auf Vollständigkeit, die sich nur auf eine graphische Darstellung beschränkt, und die zweite Phase bezieht sich auf die Überprüfung der Eindeutigkeit und Konsistenz innerhalb einer und, falls möglich, zwischen verschiedenen graphischen Darstellungen.

Text	Beschriftung	X-Ausdehung	X-Ausdehung	Nr. Kurven	
Koordinaten-system	X-Variable	Y-Variable	X-Dimension	Y-Dimension	X-Einheit
	Y-Einheit	X_{max}	Y_{max}	X_{min}	Y_{min}
Kurve 0	X_{max}	Y_{max}	X_{min}	Y_{min}	Bezeichner
Kurve 1	X_{max}	Y_{max}	X_{min}	Y_{min}	Bezeichner
• • •	• • •	• • •	• • •	• • •	• • •
Kurve n	X_{max}	Y_{max}	X_{min}	Y_{min}	Bezeichner

Tabelle 2: Mögliche textuelle Form zur Beschreibung von Funktionsdiagrammen

Für die Überprüfung des Funktionsdiagrammes werden alle Bestandteile bei der Erzeugung kodiert und nach der Erzeugung in die textuelle Form umgewandelt. Tabelle 2 zeigt eine mögliche textuelle Form für die Abbildung von Funktionsdiagrammen. Für die Anwendung dieser Methode ist in Tabelle 3 die textuelle Form des Funktionsdiagramms von Bild 4 dargestellt.

Nach der syntaktischen Überprüfung wird das Funktionsdiagramm in die textuelle Form umgewandelt und in die Datenbank abgespeichert. Das graphische Funktionsdiagramm wird in einer Bilddatei und die textuellen Beschreibungen des Diagrammes im Lexikon abgespeichert.

Die Überprüfung der Eindeutigkeit und der Konsistenz zwischen verschiedenen Funktionsdiagrammen wird durchgeführt, indem die textuellen Formen der Funktionsdiagramme verglichen werden. Da durch kann z.B. erkannt werden, ob es Namenskonflikte für die Achsenvariablen und ihre Parameter gibt.

VDS = 10V	12 cm	9 cm	3	
VGS	ID	Volt	Amp.	1,0 cm
1,0 cm	10,0 cm	10,0 cm	0	0
9,2 cm	10,0 cm	3,0 cm	0	100°C
8,4 cm	10,0 cm	2,2 cm	0	25°C
7,8 cm	10,0 cm	4,0 cm	0	Tj = -55°C

Tabelle 3: Textuelle Form des im Bild 3 dargestellten Funktionsdiagrammes

6. Struktur eines Spezifikationssystems mit textuellen und graphischen Sprachmitteln

Bild 5 zeigt die Struktur des gesamten textuellen und graphischen Entwurfssystems für das "Requirements Engineering".

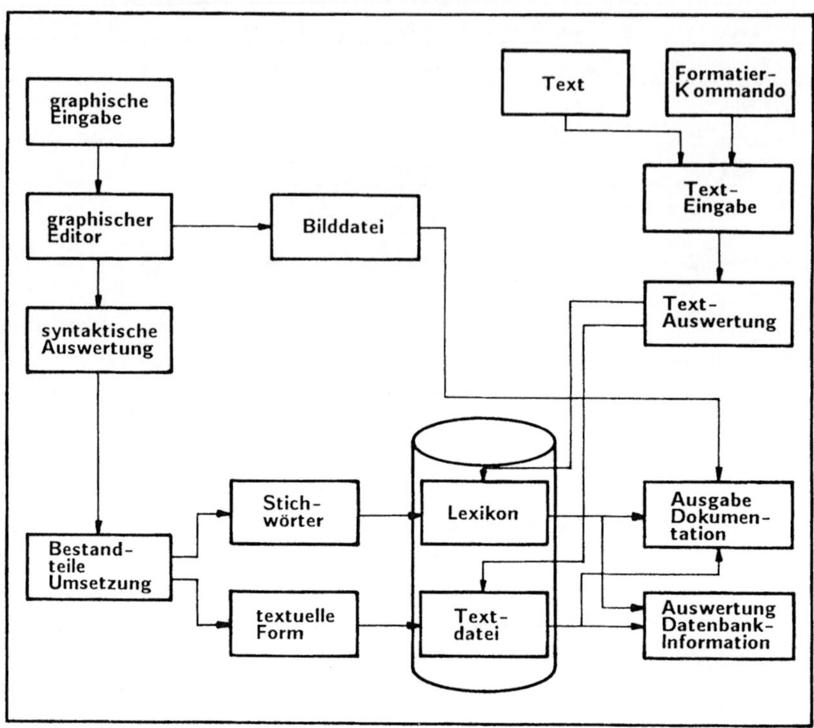

Bild 5: Struktur des gesamten textuellen und graphischen Entwurfssystems für das "Requirements Engineering"

Die gesamte Beschreibung einer Aufgabestellung oder einer fachtechnischen Lösungskonzeption wird durch die Integration der graphischen Darstellungen in dem Dokumentationstext vorgenommen. Die Integration wird durch die Einführung spezieller Formatierkommandos im Text "ausgelöst". Dabei sind drei Fälle zu unterscheiden:

1. Einfügung der graphischen Darstellung:
   Es wird ein Formatierkommando eingefügt, das bei der Dokumentation die Integration der graphischen Darstellung auslöst. Im Kommando wird der Name der Bilddatei angegeben, in der die graphische Darstellung gespeichert ist.
2. Einfügung des "Bildtextes" für die Erläuterung der graphischen Darstellung:
   Es ist notwendig, die graphische Darstellung im Text zu erläutern. Dieser "Bildtext" wird durch ein Formatierkommando angezeigt. Das Kommando bewirkt, daß der dem Kommando folgende Text, wie die graphische Darstellung zentriert, ausgegeben wird.

3. Automatische Numerierung der graphischen Darstellungen:
Im Text wird auf die eingefügten graphischen Darstellungen mehrfach verwiesen. Es ist notwendig, die graphischen Darstellungen zu numerieren. Dies erfolgt durch ein Formatierkommando. Alle graphischen Darstellungen werden numeriert und das Kommando wird bei der Ausgabe der Dokumentation automatisch durch die aktuelle Nummer der graphischen Darstellung ersetzt.

Literatur:

[1] Lauber R. und Jovalekic S.: Wie formal soll und darf die Beschreibung des Pflichtenhefts für ein Prozeßautomatisierungssystem sein?
Informatik Fachberichte Band 50, S. 484 - 490.
Berlin, Heidelberg: Springer-Verlag 1981

[2] Jovalekic S.: Erstellung von Anforderungsspezifikationen für Automatisierungssysteme mit EPOS - Eigenschaften und Erfahrungen. Vortrag bei der GI-Arbeitstagung "Requirements Engineering für die Automatisierung von Systemen"
Friedrichshafen: 12. - 14. Oktober 1983.

[3] Bininda N.: Graphische Eingabe für ein Spezifikationssystem
Software-Entwicklungssystem und -Werkzeuge technische Akademie Esslingen 2. Kolloquium
8. - 10. September 1987 S. 12.2-1 - 12.2.10

[4] Bechlars J. u. Buhtz R.: GKS-in der Praxis
Berlin: Springer-Verlag 1986

[5] Encarnacao J. und Straßer W.: Computer Graphics München-Wien: R. Oldenburg 1986

[6] Grieger I.: Graphische Datenverarbeitung.
Berlin-Heidelberg: Springer-Verlag 1987

Visueller Software-/Hardware-Systementwurf bei Automatisierungsprojekten

Dipl.-Ing. B. Doll
Institut für Regelungstechnik und Prozeßautomatisierung
Universität Stuttgart

Zusammenfassung

Der Einsatz von Prozeßrechensystemen ermöglicht die Automatisierung sehr komplexer technischer Prozesse. Um die Probleme bei der Entwicklung dieser Automatisierungssysteme bewältigen zu können, ist es in zunehmenden Maße erforderlich, rechnergestützte Software-Werkzeuge einzusetzen, die den Ingenieur bei seinen Entwicklungstätigkeiten umfassend unterstützen. Diese Software-Werkzeuge erfordern jedoch meist den Umgang mit einer umfangreichen textuellen Spezifikationssprache und sind daher nur mit einem hohen Schulungsaufwand anzuwenden. Ein Ausweg bietet die rechnergestützte graphische Eingabe der Entwurfsinformationen. Ausgehend von der Beschreibung der Anforderungen für eine graphische Entwurfsumgebung wird ein Graphik-System zum visuellen Entwurf mit der Produktionsumgebung EPOS vorgestellt. Dieses Graphik-System unterstützt den Entwickler nicht nur bei der Beschreibung der Entwurfsinformationen mit Hilfe von verschiedenen Darstellungsmitteln, um eine - entsprechend der Syntax und Semantik - korrekte Spezifikation zu erhalten, sondern zusätzlich beim Entwurfsablauf entsprechend einem frei gewählten Entwurfsansatz und einer daraus resultierenden Entwurfsmethode und bei der Einhaltung von Entwurfsprinzipien.

1. Anforderungen für den visuellen Entwurf

Wesentlich für einen umfassenden, visuellen Entwurf ist die Kopplung bzw. Integration mit einer Produktionsumgebung. Ein graphisches Entwurfswerkzeug darf nicht nur zur Erstellung von Entwurfsdokumenten dienen, sondern muß die entworfenen graphischen Informationen auswerten und den Ingenieur mit nachfolgenden Analyse-, Test-, und Dokumentationsmöglichkeiten unterstützen. Daraus ergeben sich folgende Forderungen:

- Eingabe von Spezifikationen mit Hilfe einer formalen, graphischen Sprache, deren Syntax und Semantik festliegt und auswertbar ist.
- Abbildung der graphisch entworfenen Informationen auf die Datenbank einer Produktionsumgebung. Alternativ dazu ist weiterhin eine textuelle Eingabe der Spezifikation möglich.
- Möglichkeit zur Generierung von Graphiken aus der Datenbank und anschließendes "graphisches Editieren" dieser Darstellungen.

Ein umfassender Entwurf bedeutet jedoch auch, daß alle Entwurfsphasen und Teilaspekte eines Prozeßautomatisierungsprojekts beschrieben werden können. Ausgehend von unterschiedlichen Gesichtspunkten des zu entwerfenden Prozeßautomatisierungssystems (Module, Funktionen, Ereignisse, Datenstrukturen, Datenflüsse oder Hardware-Anforderungen) kommt der Entwicklungsingenieur zu verschiedenen Entwurfsansätzen und daraus resultierenden methodischen Vorgehensweisen. Entsprechend diesen Entwurfsansätzen kann man

- Modul-orientierte
- Funktions-orientierte
- Ereignis-/Prozeß-orientierte
- Datenstruktur-orientierte
- Datenfluß-orientierte
- Anlagen-/Geräte-orientierte

Entwurfsmethoden unterscheiden /Goeh84/.

Jede Methode ist für eine bestimmte Aufgabenklasse besonders geeignet /Char86/,/EPOS85/. Gleichermaßen gilt, daß keine Einzelmethode den Gesamtprozeß der Softwareentwicklung voll unterstützt. Vielmehr ist es erforderlich, verschiedene Methoden in den einzelnen Phasen anzuwenden /ScGe84/. Bedingung dafür ist, daß die eingesetzten Methoden untereinander paßfähig sind und im Verbund angewendet werden können. Die einzelnen Methoden werden somit Teil einer "Komplexmethode", die den gesamten Entwurfsablauf unterstützen.

Unabhängig vom Entwurfsansatz muß ein Entwurfswerkzeug die Einhaltung allgemeiner Entwurfsprinzipien, wie z.B. das Prinzip der Hierarchisierung, der Modularisierung und des strukturierten Entwurfs, fördern, die zur Erhöhung der Qualitätseigenschaften (Zuverlässigkeit, Effizienz, Verständlichkeit, Wartbarkeit, usw.) eines Software-/Hardware-Systems führen /Balz82/.

2. Vorstellung des Graphik-Systems zum visuellen Entwurf mit EPOS

2.1 Die Benutzeroberfläche

Die graphische Entwurfsumgebung ist ein hoch interaktives System, d.h. um die gestellte Aufgabe - den Entwurf eines Software-/Hardware-Systems - durchzuführen, sind eine Vielzahl von Interaktionen zwischen dem Benutzer und dem Rechner erforderlich. Aus diesem Grunde kommt der Benutzeroberfläche eine große Bedeutung zu. Bild 1 zeigt die wesentlichen Merkmale der Benutzeroberfläche des graphischen Entwurfssystems:

- *konstante Bildschirmeinteilung:* Um das zurechtfinden in der graphischen Entwurfsumgebung zu erleichtern, ist der Bildschirm während des gesamten Entwurfs in drei Bereiche eingeteilt - den Menübereich, den Arbeitsbereich und einen Bereich für Meldetexte zur Unterstützung des Benutzers bei den einzelnen Interaktionsschritten.
- *Befehlseingabe über Menüs:* Dem Benutzer werden die Befehle in symbolischer oder textueller Form auf dem Bildschirm angeboten. Die hohe Informationsbandbreite der Menüs ermöglicht kurze Einlernzeiten und einen geringen Schwierigkeitsgrad des Dialogs und somit weniger Fehler bei der Eingabe /Bull86/.
- *Paralleler Entwurf von verschiedenen Darstellungsmitteln in Benutzer-definierten Fenstern:* Der Benutzer hat die Möglichkeit einzelne Fenster ("Arbeitsblätter") bzgl. Größe und Position zu definieren. Die Fenster stellen jedoch nicht nur einzelne Arbeitsblätter dar, sondern sind zugleich ein Mittel, um den Entwurf in einzelne Teilaktivitäten zu gliedern, d.h. in einem Fenster wird jeweils ein Teilaspekt mit einem bestimmen Darstellungsmittel entworfen. Es kann nicht mit verschiedenen Darstellungsmitteln in einem Fenster gearbeitet werden. Es können jedoch verschiedene Darstellungsmittel parallel bearbeitet werden. Diese Möglichkeit zur "parallelen" Arbeitsweise des Benutzers entspricht seiner natürlichen Denkweise, sich häufig zwischen verschiedenen Kontexten hin

und her zu bewegen, um aus verschiedenen Informationsquellen zu assoziieren und neue Ergebnisse zu strukturieren /Ecka87/.

- *Der benutzerinitiierte Dialogablauf:* Der Entwurfsprozeß ist ein sehr individueller, kreativer Prozeß. Die Vorgabe eines im voraus geplanten und erzwungenen festen Ablaufs wäre der spontanen und explorativen Arbeitsweise des Entwicklers nur hinderlich. Die Auswahl der Aktionen und ihre Reihenfolge liegen ausschließlich unter der Kontrolle des Benutzers. Er kann aus allen Alternativen, die im Menübereich dargestellt sind, eine Auswahl treffen.

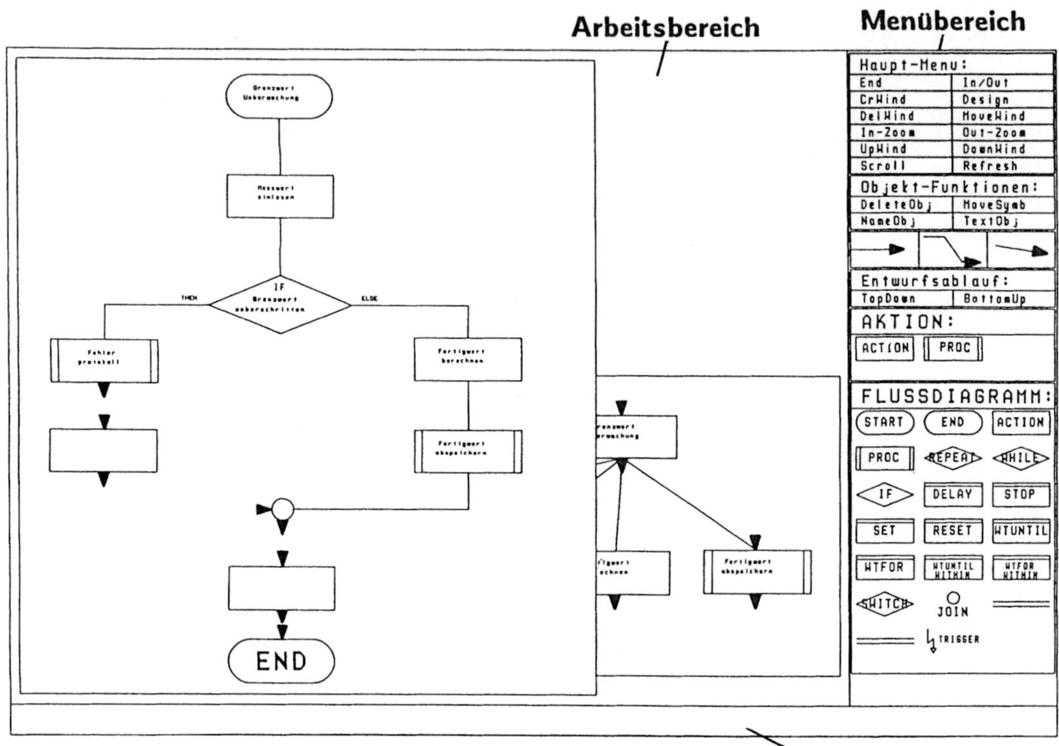

Bild 1: Benutzeroberfläche der graphischen Entwurfsumgebung

2.2 Darstellungsmittel für den Entwurf

Bei der Auswahl der Darstellungsmittel für dieses graphische Entwurfssystem wurden folgende Kriterien zugrundegelegt:

- Zur Erhöhung der Akzeptanz und Verkürzung der Einlernzeit werden weitestgehend bekannte und gebräuchliche Diagramme verwendet.
- Auflösung komplexer Zusammenhänge durch den Einsatz von verschiedenen Darstellungsmitteln für einzelne Teilaspekte bzw. Teilaktivitäten beim Entwurf.
- Integration der verschiedenen Darstellungsmittel zu einem integrierten Entwurfswerkzeug durch die Verwendung einer einheitlichen Symbolik in allen Diagrammen.

Unter dem Aspekt der Anschaulichkeit und der besseren Übersicht wurden in diesem graphischen Entwurfssystem objektbezogene Beschreibungsmittel gewählt, d.h. in den Diagrammen werden die Entwurfsobjekte durch Symbole und die Beziehungen zwischen diesen Objekten durch Verbindungen dargestellt. Die Symbole und falls erforderlich die Verbindungen erhalten zur genauen Kennzeichnung einen Bezeichner (Namen), den der Entwerfer so wählen sollte, daß er das entsprechende Objekt bedeutungsvoll charakterisiert. Weiterhin können die Eigenschaften der Entwurfsobjekte durch einen Texteditor, der in die graphische Entwurfsumgebung integriert wurde, textuell beschrieben werden.

Unter Berücksichtigung der obigen Kriterien wurden für den Entwurf folgende Diagramme ausgewählt:

- Hierarchiediagramme verschiedener Ausprägungen (für Softwarekomponenten, Geräteeinheiten, usw.)
- Modulverknüpfungspläne
- Kontrollflußdiagramme
- Hardware-Blockschaltbilder
- Petri-Netze
- Datenflußdiagramme
- Datenstrukturdiagramme
- Logik- und Schaltpläne

In allen Diagrammen werden für die Entwurfsobjekte eine einheitliche Symbolik verwendet. In Bild 2 sind die Grundsymbole des graphischen Entwurfssystems, die zugleich die zentralen Objekte des Entwurfs eines Prozeßautomatisierungssystem sind, dargestellt. Diese Symbole könne direkt auf die Entwurfsobjekte der textuellen Spezifikationssprache der Produktionsumgebung EPOS abgebildet werden. Die entsprechenden Schlüsselworte der textuellen Spezifikationssprache (EPOS-S) sind in Bild 2 mit aufgeführt.

graphische Darstellung	Schlüsselwort	Objekt dient zur Spezifiaktion von
ACTION	ACTION	Funktionen
MODULE	ACTION MODULE	Moduln (Aufgabenbereiche)
TASK	ACTION TASK	Rechenprozesse
PROC	ACTION PROCEDURE	Prozeduren (Unterprogramme)
DATA	DATA	Informations- elemete (Daten)
INTER- FACE	INTERFACE	Schnittstellen
EVENT	EVENT	Prozeßereignisse
CONDITION	CONDITION	Ablauf- Bedingungen
DEVICE	DEVICE	Ausführungs- bzw. Geräteeinheiten

Bild 2: Entwurfsobjekte der graphischen Entwurfsumgebung

Die Beziehungen zwischen den Symbolen werden durch drei verschiedene Verbindungsarten, die in Bild 3 dargestellt sind, beschreiben . Die letzte Verbindungsart in Abbildung 3 dient der Darstellung der Zusammenhänge zwischen den Software- und Hardwareeinheiten, d.h. es wird beschrieben, welche Softwarekomponenten (Module, Tasks) durch welche Geräteeinheiten (z.B. einzelne Rechnereinheiten) bearbeitet werden.

graphische Darstellung	Bedeutung der Verbindung
——————►	Kontroll- bzw. Steuerfluß
══════►	Datenfluß
— — — — — — —	Zuordnung zwischen Softwareteilen und Ausführungseinheiten

Bild 3: Verbindungsarten der graphischen Entwurfsumgebung

2.3 Funktionen zum Zeichnen der Diagramme

Die Darstellungsmittel für den Entwurf haben eine festgelegte Syntax und Semantik. Um einen effizienten und fehlerfreien Entwurf der Diagramme zu ermöglichen muß ein graphisches Entwurfssystem dem Benutzer einerseits entsprechend "mächtige" Funktionen zur Verfügung stellen (z.B. automatisches Zeichnen von Verbindungslinien) und andererseits durch die Zeichenfunktionen gewährleisten, daß die Diagramme entsprechend den jeweiligen Regeln für den Aufbau eines Diagramms (z.B. strukturierter Aufbau eines Kontrollflußdiagramms) entworfen werden. Dies wird durch einen entsprechenden Aufbau der vordefinierten Symbole und durch die Funktionen zum Zeichnen der Diagramme sichergestellt.

Die vordefinierten Symbole, die im Fenster platziert werden, sind wie in Bild 1 zu sehen ist, mit Pfeilen versehen, die optisch eindeutig die Ein- und Ausgänge für Kontroll- bzw. Datenflüsse kennzeichnen. In der programmtechnischen Realisierung tragen diese Pfeile zusätzlich Kennungen, die folgende Informationen in verschlüsselter Form enthalten:

- Kennzeichnung des betreffenden Verbindungspunktes als Eingang oder Ausgang
- Kennzeichnung, ob der Verbindungspunkt nur einfache oder auch mehrfache Verbindungen an dieser Stelle zuläßt und ob es ein Verbindungspunkt für Kontroll- oder Datenflüsse ist.
- Aussage über die Art des Symbols (z.B. Verzweigungssymbol) und die Stelle des Ein- bzw. Ausgangs (z.B. Then-Ausgang beim Verzweigungssymbol)
- Zuordnung des Symbols zu einem bestimmten Diagramm und Entwurfsfenster

Möchte ein Benutzer zwei Symbole miteinander verbinden, so muß er den entsprechenden Ausgang des einen Symbols und den Eingang des anderen Symbols anwählen. Die Verbindungslinie wird vom System selbständig gezeichnet. Dies ist die einzige Möglichkeit Verbindungen zwischen Symbolen herzustellen.

Beim Verbinden wird mit Hilfe der Kennungen festgestellt, welche Verbindungsart gezeichnet werden soll (Kontroll- oder Datenfluß) und überprüft, ob die Symbole sich im gleichen Entwurfsfenster befinden und an den angegebenen Stellen miteinander verbunden werden dürfen. Dadurch wird gewährleistet, daß beim Entwurf der Darstellungsmittel die Diagrammsyntax eingehalten wird.

Die Ein-/Ausgangspfeile dienen jedoch nicht nur zur Überprüfung einer Verbindung, sondern sind zugleich ein optisches Mittel, um dem Benutzer beim Entwurf zu führen. Die Pfeile heben sich deutlich vom eigentlichen Symbol ab. Darf ein Verbindungspunkt nur mit einem anderen Symbol und nicht mit mehreren Symbolen verbunden werden (dies ist bei Kontrollflußdiagrammen bei bereits allen Symbolen auf Grund der strukturierten Entwurfsregeln der Fall), so werden beim Zeichnen der Verbindungen zugleich die entsprechenden Ein- bzw. Ausgangspfeile mit der Hintergrundfarbe so überdeckt, daß sie nicht mehr sichtbar sind. Die von Verbindungen überdeckte Pfeile können daher vom Benutzer nicht mehr für weitere Verbindungen angewählt werden. Falsche unstrukturierte Verbindungen werden vermieden. Mit diesem einfachen, optischen Mittel wird zusätzlich der Stand des Entwurfs eines Diagramms angezeigt. In einem unvollständigen Diagramm sind viele Pfeile sichtbar (siehe Bild 1), die noch verbunden werden müssen. Ist ein Diagramm fertig, so sind alle Pfeile verschwunden.

Neben den Funktionen zum Setzen und Verbinden der Symbole werden weitere Funktionen zum Benamen, Löschen und Verschieben der Symbole zur Verfügung gestellt. Wird ein Symbol gelöscht, so werden alle Verbindungen zu diesem Symbol, da diese nicht mehr gültig sind, vom System selbständig gelöscht. Beim Verschieben eines Symbols werden alle Verbindungen zu diesem Symbol automatisch neu gezeichnet, d.h. das Symbol an der neuen Position ist wieder - wie zuvor - mit den anderen Symbolen verbunden. Beim Benamen eines Symbols wird der Bezeichner selbständig in das Symbol an der richtigen Stelle eingefügt.

2.4 Funktionen zur Unterstützung des Entwurfablaufs

Für den Entwurf der Software und Hardware eines Prozeßautomatisierungssystems werden - wie im Abschnitt 1 beschrieben - verschiedene Entwurfsmethoden eingesetzt. Ziel einer Entwurfsumgebung muß daher sein, die Softwareentwickler mit Hilfe von entsprechenden Funktionen bei den verschiedenen Entwurfsmethoden zu unterstützen. Dabei sollte die Entwurfsumgebung nicht Methoden-orientiert sein, d.h. der Benutzer kann das System nur einsetzen, wenn er die entsprechende Entwurfsmethoden durch längere Schulungen genau beherrscht, sondern das Entwurfssystem sollte Benutzer- bzw. Ziel-orientiert sein. Für den Ingenieur steht sein konkretes Problem eine Lösung zu formulieren im Vordergrund und durch die Benutzung des Entwurfssystems wird er "unterschwellig" entsprechend dem gewählten Schwerpunkt und der entsprechenden Entwurfsmethode geführt.

In Bezug auf den Entwurfsablauf sind zwei Vorgehensweisen ("Entwurfsrichtungen") möglich - nämlich die top-down- und die bottom-up-Vorgehensweise. Entsprechend stehen dem Benutzer in dem Entwurfsablauf-Menü die Funktionen "top-down" und "bottom-up" zur Verfügung.

Bei Anwahl der Funktion "top-down" wird der Entwurfsingenieur aufgefordert, in einer Darstellung ein Objekt auszuwählen, dessen ("innere") Zusammenhänge mit anderen Objekten detaillierter beschrieben werden sollen. Durch das Entwurfssystem wird nun folgendes ausgeführt:

- Entsprechend dem Entwurfsansatz, der aus dem Ausgangsdarstellungsmittel (im "Ausgangsfenster" bzw. "root window") und dem Ausgangsobjekt bestimmt werden kann, wird für die daraus resultierende Entwurfsmethode das Darstellungsmittel für den nächsten Entwurfsschritt aufgebaut, d.h. das erforderliche Symbolmenü erscheint im Menübereich. Ist der Menübereich bereits von Symbolmenüs für andere Diagramme voll belegt, so werden die Menüs, die für diese

Entwurfsmethode nicht erforderlich sind, gelöscht. Der Menübereich wird vom System entsprechend des Entwurfablaufs verwaltet.

- Der Benutzer wird zur Eingabe einer Fensterposition für ein Fenster ("sub window") zum Entwurf des neu ausgewählten Darstellungsmittels aufgefordert. Wurde ein Objekt über die "top-down"-Funktion schon einmal angewählt und der Benutzer möchte in einem weiteren Iterationsschritt die Detailinformationen dieses Objekts nochmals bearbeiten, so erscheint dieses schon vorhandene Fenster im Vordergrund.
- Alle Entwurfsobjekte, die im Ausgangsdiagramm beschrieben wurden und zwischen denen im "Detailfenster" ("sub window") neue Zusammenhänge beschrieben werden sollen, werden automatisch im "Detailfenster" platziert. Der Benutzer kann diese Objekte durch den Befehl "move object" (siehe Bild 1) an die endgültige Stelle verschieben. Übertragungsfehler zwischen zwei Entwurfsfenstern, die die gleichen Entwurfsobjekte aber verschiedene Zusammenhänge beschreiben, werden dadurch vermieden, d.h. es wird sichergestellt, daß kein Entwurfsobjekt vergessen wird und die Namensgebung einheitlich ist. Hat der Benutzer lange, verständliche Namen für seine Objekte gewählt, so wird er nicht dafür noch bestraft, indem er diese langen Namen bei weiteren Darstellungen eintippen muß. Mögliche Fehlerquellen, die zu Inkonsistenzen führen, werden vermieden.

Bei der Funktion "bottom-up" wird der Benutzer aufgefordert ein "Detailfenster" auszuwählen und vom System werden entsprechende Funktionen, wie bei der Funktion "top-down", ausgeführt. Da jedoch die im Abschnitt 1 beschriebenen Entwurfsmethoden alle die top-down-Vorgehensweise bevorzugen, ist - bei reiner bottom-up-Vorgehensweise - der nächste Entwurfsschritt meist nicht eindeutig bestimmbar und bedarf zusätzlicher Eingaben durch den Benutzer. Die "bottom-up"-Funktion dient daher im wesentlichen zum "Rücksprung" ins "Ausgangsfenster".

Während des Entwurfs werden in den einzelnen Fenstern oft die gleichen Entwurfsobjekte verwendet, um verschiedene Zusammenhänge zu beschreiben. Um die Informationen zwischen den verschiedenen Fenstern konsistent zu halten, wurde bei den Zeichenfunktionen folgendes berücksichtigt:

- Beim Löschen eines Entwurfsobjekts wird dieses in allen anderen Fenstern, in denen es verwendet wurde, gelöscht, und die Verbindungen mit diesen Symbolen werden entfernt.
- Erhält ein Objekt einen anderen Namen, so wird dieser Name bei den entsprechenden Objekten in den anderen Fenstern ebenfalls geändert.
- Werden in einem Fenster neue Objekte eingeführt, die in einem anderen Fenster ebenfalls berücksichtigt werden müssen, so werden sie dort automatisch platziert, so daß sie der Benutzer nur noch an die endgültige Position verschieben muß. Sind die Zusammenhänge des neu hinzugekommenen Objekts in einem anderen Fenster eindeutig festgelegt, so werden die entsprechenden Verbindungen ebenfalls gezeichnet.

Zur Veranschaulichung obiger Funktionen nehmen wir folgenden Entwurfablauf an (siehe Bild 4):

- In einem Hierarchiediagramm wurde eine Funktion A und dessen Unterfunktionen B, C und D definiert, indem Symbole gesetzt, benamt und Verbindungen gezeichnet wurden.

- Über die Funktion "top-down" und Anwahl von Objekt A wird das Menü für Kontrollflußdiagramme aufgebaut, ein Fenster zur Beschreibung des Kontrollflußdiagramms eröffnet und die bekannten Objekte Startsymbol von A, Unterfunktionen B, C und D im Fenster platziert. Da die Kontrollflußstruktur nicht bekannt ist, sondern vom Entwickler erst festgelegt wird, können die Symbole nicht endgültig positioniert und miteinander verbunden werden. Die Symbole werden daher am linken Rand des Fensters aufgereiht.

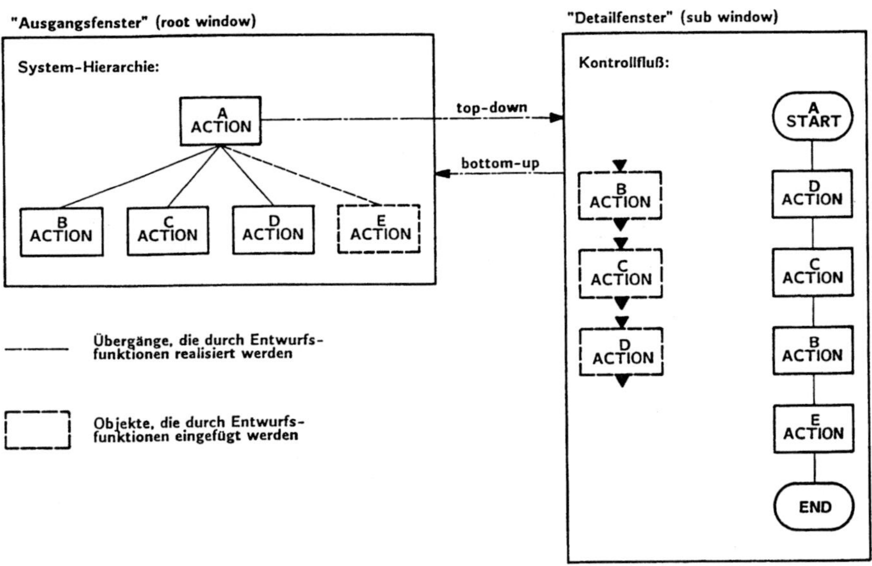

Bild 4: Unterstützung des Entwurfs in verschiedenen Fenstern

- Der Benutzer verschiebt die Symbole und verbindet sie miteinander. Fügt er nun im Kontrollflußdiagramm eine neue Unterfunktion E ein, so wird diese im Hierarchiediagramm ebenfalls eingezeichnet und, da der Zusammenhang E ist Unterfunktion von A bekannt ist, die Verbindung zu A gezeichnet. In diesem Fall wird die bottom-up-Vorgehensweise unterstützt, da sie Bestandteil des normalen, iterativen Entwurfsprozesses ist. Ein erzwungener Wechsel ins "Ausgangsfenster" wird vermieden.
- Wurde der Kontrollfluß von Funktion A beschrieben, so erfolgt mit der Funktion "bottom-up" ein Rücksprung ins Hierarchiediagramm. In entsprechender Weise werden andere Funktionen und Unterfunktionen beschrieben.

Bis jetzt wurde beschrieben, wie innerhalb einer Entwurfsmethode die einzelnen Entwurfsschritte unterstützt werden. Wie erfolgt jedoch der Übergang von einer Entwurfsmethode zu einer anderen? Der Übergang erfolgt mit den gleichen Funktionen und auf die gleiche natürliche Weise, wie beim Entwurf sich der Schwerpunkt im/oder durch die Darstellungsmittel sich verlagert. Dies sei ebenfalls an einem Beispiel in Bild 5 kurz erläutert:

- Der Ingenieur hat zum Entwurfsbeginn mit dem Darstellungsmittel "System-Hierarchie" eine Systemstruktur festgelegt, indem er Aufgabenbereiche (Module) definiert und die Zuordnung dieser Module zu einzelnen Rechern eines verteilten Rechnersystems durchgeführt hat.

- Wählt er nun die Funktion "top-down" und eine Ausführungseinheit (DEVICE) an, so erhält er Diagramme für den Entwurf der Hardware. Es erfolgt ein Einstieg in den Hardware-orientierten Entwurf. Wird die Software-Systemstruktur zur genaueren Beschreibung angewählt, so können im nächsten Entwurfsschritt in einem sogenannten Modulverknüpfungsplan die Schnittstellen zwischen den Moduln beschrieben werden (Modul-orientierter Entwurf).

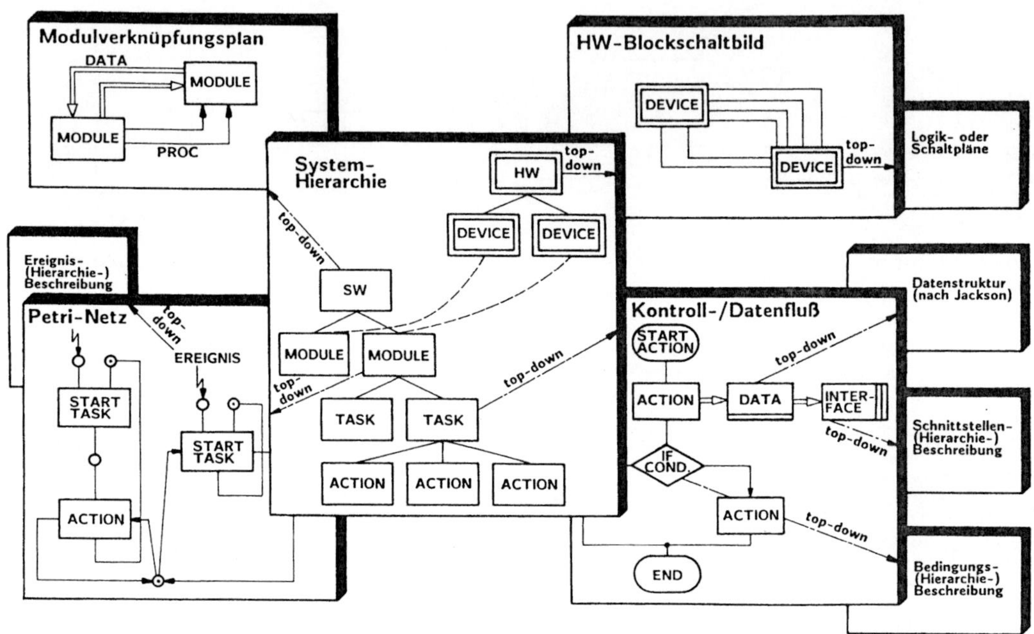

Bild 5: Veranschaulichung des Entwurfablaufs

- Die Module wurden im Hierarchiediagramm z.B. in parallel ablauffähige Tasks verfeinert. In einem nächsten Entwurfsschritt wird gesteuert durch die "top-down"-Funktion wiederum ein Übergang zu einer neuen Betrachtungsweise des Entwurfs durchgeführt. Der ereignisgesteuerte, parallele Ablauf von Tasks und die Synchronisierungen dieser Rechenprozesse untereinander wird mit Hilfe von Petri-Netzen beschrieben (Ereignis-/Prozeß-orientierter Entwurf).
- Die Tasks wiederum werden verfeinert in Funktionen (Aktionen) und Prozeduren, deren Zusammenhänge in einem weiteren Schritt in Kontrollflußdiagrammen entworfen werden (Funktions-orientierter Entwurf). In einem Kontrollflußdiagramm treten Daten, Bedingungen, Schnittstellen und Ereignisse auf. Diese wiederum können angewählt werden zur Beschreibung von Datenstrukturen, Bedingungen, Schnittstellen und Ereignissen.

Man bewegt sich mit Hilfe dieser Funktionen durch den gesamten Entwurf und die einzelnen Entwurfsmethoden werden damit zu einer "Komplexmethode" für den gesamten Entwurf integriert.

2.5 Übergang zu der Produktionsumgebung EPOS

Hat der Entwickler ein oder mehrere Diagramme fertiggestellt, so wählt er das "Ausgangsfenster" ("root window") zum Eintrag in die Datenbank der Produktionsumgebung aus. Die entworfenen Darstellungen werden analysiert, auf Entwurfsfehler überprüft und in die Spezifikationssprache der Produktionsumgebung EPOS umgesetzt. Bei der Umsetzung werden die in den einzelnen Darstellungen beschriebenen Informationen zu einer "Gesamtspezifikation" zusammengesetzt. Die Entwurfsinformationen werden danach in die Datenbank eingetragen, dabei erfolgen Prüfungen auf Konsistenz, Vollständigkeit und Wiederspruchsfreiheit mit den Informationen in der Datenbank.

Der Benutzer kann zur Beschreibung der Entwurfssachverhalte die textuelle und/oder die graphische Spezifikationssprache verwenden. Beide Beschreibungen werden in eine gemeinsame Darstellung in die Datenbank abgebildet. Die Informationen in der Datenbank sind die Grundlage für die Analyse-, Test- und Dokumentationsprogramme der Produktionsumgebung EPOS.

Literaturverzeichnis

/Balz82/ Balzert, H.: Die Entwicklung von Software-Systemen, Bibliographisches Institut, Mannheim - Wien - Zürich, 1982

/Bull86/ Bullinger, H.-J.: Grundsätze und Beispiele der Dialoggestaltung. in Bullinger, H.-J.; Gunzenhäuser, R.: Software Ergonomie, expert verlag, Sindelfingen, 1986

/Char86/ Charette, R. N.: Software Engineering Environments, Concepts and Technology, Intertext Publication Inc., McGraw-Hill Inc., New York, 1986

/Ecka87/ Eckardt, D.: Graphische Benutzerschnittstellen, Computer Magazin, Verlag Computer Magazin GmbH, Langen, 6/1987

/EPOS85/ Lauber, R. (Herausgeber): EPOS - Einführung, Institut für Regelungstechnik und Prozeßautomatisierung, Universität Stuttgart, 1985

/Goeh84/ Göhner, P.: Methoden zur Entwicklung von Realzeit-Systemen und ihre praktische Anwendung in EPOS, Informatik-Fachbericht Bd. 86, S. 325 - 335, Springer Verlag, Berlin - Heidelberg - New York, 1984

/ScGe84/ Schuhmann, J.; Gerisch, M.: Software-Entwurf, VEB Verlag Technik, Berlin, 1984

STANDARDISIERUNG VON GRAPHISCHEN ENTWURFSOBJEKTEN FÜR DIE REALISIERUNGSNEUTRALE BESCHREIBUNG VON ANWENDERFUNKTIONEN IN OFFENEN AUTOMATISIERUNGSSYSTEMEN

H.-D. Ferling, M. Klittich
AEG Systemtechnische Entwicklung
D6000 Frankfurt 71

1. Einführung

In der Prozeßautomatisierungstechnik gewinnen aus Anwendersicht drei Anforderungskomplexe zunehmend an Bedeutung:

- Die immer kürzer werdenden Innovationszyklen bei Hardwarekomponenten erfordern einen realisierungsneutralen, funktionsorientierten Entwurf, der eine Wiederverwendbarkeit der immer komplexer werdenden Software-Systeme ermöglicht. Dies gilt sowohl für die Anwendersoftware als auch die sie unterstützende Entwurfs- und Implementierungsumgebung.

- Bei den CAE-Systemen für den Entwurf der Anwender-Software geht der Trend in Richtung hauptsächlich graphisch orientierter Eingabe- und Darstellungsoberflächen wie auch Dokumentation. Die Bedienerführung erfolgt vorwiegend menü- und maskengesteuert.

- Der zentrale "Prozeßrechner" wird zunehmend ersetzt durch verteilte intelligente Komponenten, die über Kommunikationseinrichtungen Daten austauschen. Aus funktionaler Sicht treten dabei anstelle der auf ein systemglobales Datenmodell arbeitenden zentralen Verarbeitungsfunktionen kleinere, eigenverantwortlich wirkende Funktionseinheiten. Sie müssen in ihrem Kommunikationsverhalten so gestaltet sein, daß sie leicht auf die Datenverarbeitungsstationen einer dezentralen Automatisierungseinrichtung verteilt werden können.

Zunehmend rückt auch in den Vordergrund, daß bei einem komplexen Gesamtsystem Automatisierungskomponenten verschiedener Hersteller zusammenarbeiten müssen. Minimalvoraussetzung dafür ist eine offene Kommunikation. Hier wurden auf der Basis des ISO/OSI-Referenzmodells sogenannte funktionale Standards geschaffen. Beispiele dafür sind MAP und

TOP. Die dazu in der Ebene 7 vereinbarten Standards (z.B. FTAM [1] und MMS [2] in MAP) legen ein Minimum an gemeinsamen Aspekten für die Kommunikation von Anwenderprogrammen fest.

Dies ermöglicht zwar prinzipiell den Informationsaustausch zwischen Anwenderprogrammen auf Geräten verschiedener Hersteller, die Anwenderprogramme selber bleiben jedoch weiterhin "nicht offen". Der Anspruch des "Offenen Systems" ist also auf einen sehr schmalen Bereich der vom Hersteller zur Kommunikation freigegebenen Aspekte beschränkt.

Eine wirkliche Öffnung der Systeme wird erst mit einer Standardisierung der zur Beschreibung der Anwenderprogramme verwendeten funktionalen Objekte eintreten. Wichtige Ansätze hierfür sind jetzt auf dem Gebiet der programmierbaren Steuerungen zu erkennen. Der IEC-Normentwurf [3] definiert verschiedene Funktionsbeschreibungssprachen für die Steuerungs- und Regelungstechnik. Diese Ansätze sind im Sinne der in diesem Beitrag weiter unten diskutierten Objekte zur Strukturbeschreibung auch verteilter Systeme fortzuführen.

2. Funktionsbeschreibung in der Steuerungs- und Regelungstechnik

In der Steuerungs- und Regelungstechnik werden komplexe Funktionen durch Netzwerke aus elementaren Übertragungsgliedern und Wirkungslinien dargestellt. Derartige Strukturen sind unter Bezeichnungen wie Funktionsplan, Signalflußplan, Strukturbild, Blockschaltplan usw. bekannt. Bild 1 zeigt als Beispiele ein Netzwerk zur Verknüpfung boolscher Variablen und ein regelungstechnisches Strukturbild.

Heute werden derartige Automatisierungsfunktionen mit speicherprogrammierbaren Automatisierungsgeräten (SPS) realisiert, wobei durch eine genügend schnelle zyklische Bearbeitung eine quasi-parallele

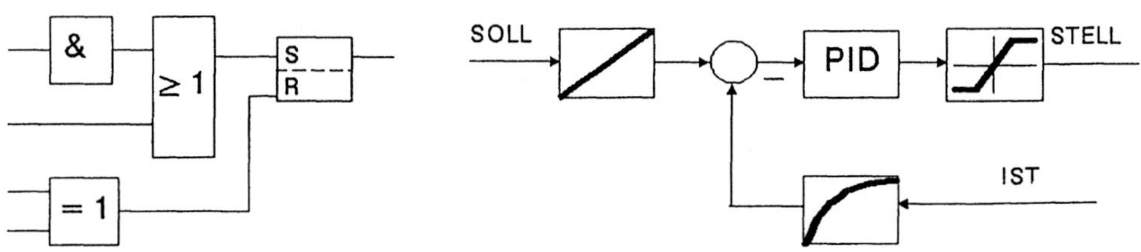

Bild 1   Darstellung paralleler Funktionalität durch Funktionspläne

Wirkung der einzelnen Elemente erreicht wird. Moderne SPS-Programmiersysteme können dabei meist direkt durch graphische Eingabe des Funktionsplans programmiert werden, so daß sich der Anwender im Prinzip nicht um die algorithmische Bearbeitung im Rechner kümmern muß.

Viele Automatisierungsaufgaben enthalten neben parallelen Verknüpfungen auch alternativ-sequentielle Konstrukte. Diese lassen sich zwar auch durch parallele Netzwerke aus logischen Verknüpfungs- und Speicherbausteinen formulieren; dies ist jedoch bei komplexen Steuerungsaufgaben umständlich und fehleranfällig. Die Funktionsplan-Sprache wurde deshalb durch spezielle Elemente für die graphische Formulierung von Ablaufsteuerungen ergänzt [3,4].

Die heutigen Funktionsplan-orientierten Automatisierungssysteme bieten standardmäßig einen Grundvorrat von Funktionsbaustein-Typen an. Er reicht von Elementarbausteinen wie UND-Verknüpfer und Addierer bis zu komplexen Bausteinen für Meßwertverarbeitung und Regelung. Der Anwender kann sich aus diesen Grundbausteinen jeweils das zur Lösung seiner Aufgabe erforderliche Bausteinnetzwerk aufbauen.

3. Anwenderdefinierte Bausteintypen

Der Anwender möchte im allgemeinen seine Lösung so strukturieren, daß er mit möglichst wenigen, vielfach einsetzbaren Bausteintypen auskommt. Dafür ist in [3] die Möglichkeit vorgesehen, aus bereits verfügbaren Bausteintypen neue, komplexere zu konstruieren. Bild 2 zeigt ein einfaches Beispiel.

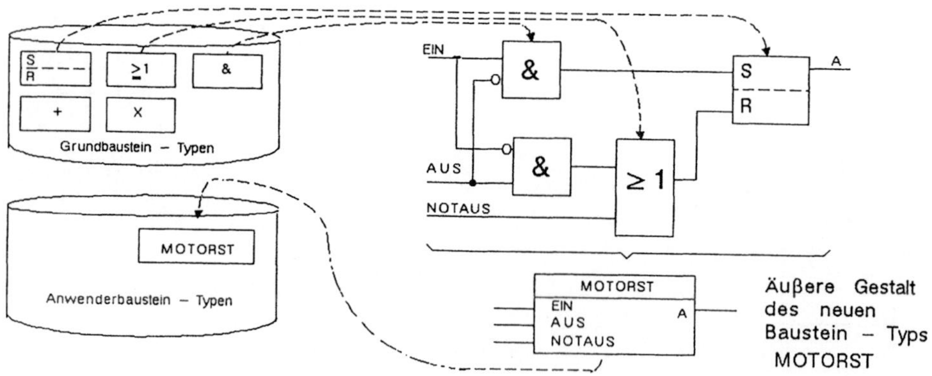

Bild 2 Definition neuer Bausteintypen durch den Anwender

Für das verriegelte Ein- und Ausschalten von Motoren wird eine geeignete Steuerung in Form des Netzwerks in Bild 2 zusammengeschaltet. Für das so definierte Bausteinnetzwerk wird nun eine äußere Gestalt festgelegt; seine Funktion ist nur noch über den Typnamen MOTORST und die Bezeichner für die Ein- und Ausgangsgrößen erkennbar. Die inneren Funktionszusammenhänge, wenn einmal entworfen und getestet, bleiben verborgen. Der neu definierte Bausteintyp wird in einer Anwender-Bausteintyp-Bibliothek abgelegt und kann im Laufe der Projektbearbeitung oder auch bei späteren Projekten wiederverwendet werden.

Auf diese Weise können in mehreren Typ-Schalen immer komplexere Bausteintypen definiert werden, wobei neben der Wiederverwendbarkeit auch der Gesichtspunkt einer übersichtlichen Strukturierung großer Funktionskomplexe durch eine solche stufenweise Verfeinerung eine wichtige Rolle spielt.

4. Anwenderdefinierte Datentypen

Obwohl in den sich so ergebenden Grobstrukturen alle funktionalen Einzelheiten unter der Typschale komplexer Bausteintypen verborgen sind, ist bezüglich der Wirkverschaltung der Bausteine unter Umständen nicht viel gewonnen, da komplexe Bausteintypen im allgemeinen eine große Anzahl von Ein- und Ausgangsgrößen besitzen.

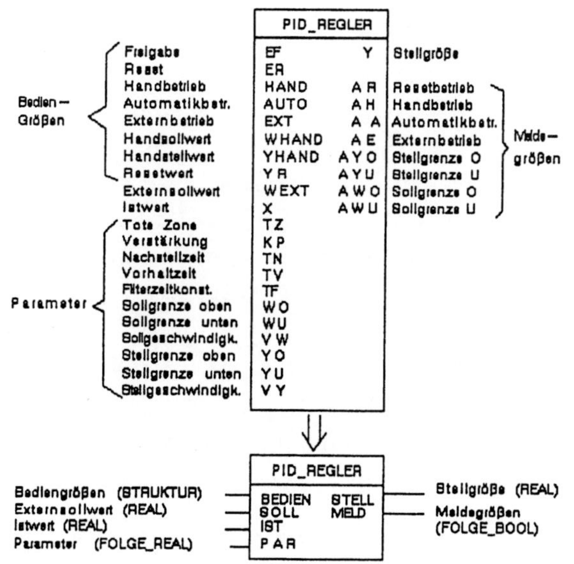

Bild 3 zeigt als Beispiel einen PID-Regler-Baustein mit insgesamt ca. 30 Ein- und Ausgangsgrößen. Fasst man logisch zusammengehörige Größen zu jeweils einer einzigen komplexen Größe zusammen, ergibt sich die rechts in Bild 3 dargestellte, recht einfache Gestalt eines PID-Reglers. Hier sind z.B. alle für die Reglerbedie-

Bild 3 Vereinfachung der Handhabung komplexer Bausteintypen

nung vorgesehenen Eingangsgrößen zu einer Datenstruktur BEDIEN zusammengefasst. Diese Größe kann nun ähnlich wie mit einer Vielfachsteckverbindung mit verschiedenen, dafür vorbereiteten Bedienbausteintypen verdrahtet werden, ohne daß die Einzelkomponenten einer solchen Verbindung auf dieser Ebene sichtbar werden.

5. Aspekte des Gesamtsystementwurfs

Bild 4 zeigt, wie durch schrittweise Verfeinerung von Funktionen und Daten die Funktionsbeschreibung einer Anlage von grob nach fein in übersichtliche Strukturen überführt werden kann. Die Verfeinerung endet bei elementaren Bausteintypen mehr oder weniger umfangreicher Funktionalität.

Probleme entstehen, wenn die so beschriebene Gesamtfunktionalität auf ein System von dezentralen Verarbeitungseinheiten (z.B. speicherprogrammierbare Steuerungen) abzubilden ist. Da durch die Kommunikationsvorgänge zwischen den dezentralen Einheiten topologische und zeitliche Aspekte in den Entwurf einfließen müssen, scheint es nicht sinnvoll, die gesamte Anlagenfunktion über einem einzigen, globalen Zustandsmodell zu entwerfen.

Der IEC-Normentwurf [3] sieht dies auch garnicht vor, im Gegenteil, die vorgeschlagenen graphischen Sprachobjekte dienen der Beschreibung der Funktionalität eines einzelnen Automatisierungsgerätes. Für die Kommunikation mit anderen Einheiten stellt der Entwurf spezielle Bausteine, die sogenannten Transaktionsbausteine SEND und RCV zur Verfügung, die weiter unten noch genauer diskutiert werden.

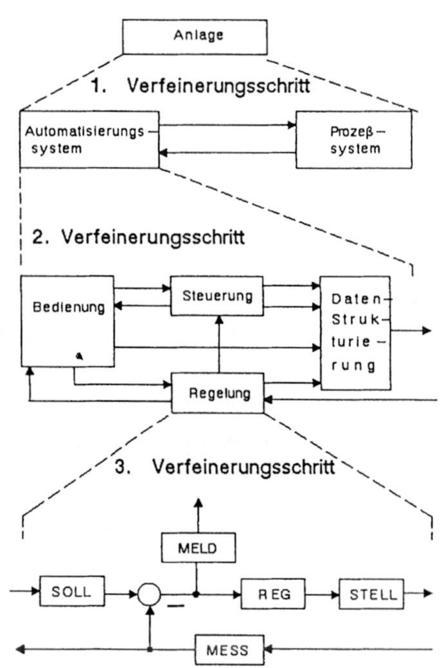

Bild 4 Gesamtsystementwurf

6. Instanz und Kanal

Offensichtlich muß also eine konsistente und überprüfbare Beschreibung der Funktionalität von Systemen mit verteilter Intelligenz die Kommunikation zwischen funktionalen Einheiten und ihre Verteilung auf die Hardware-Betriebsmittel umfassen, wobei eine solche Beschreibung vorzugsweise wiederum mit Hilfe von graphischen Objekten erfolgen sollte, um einen Handhabungsbruch zu vermeiden. Im folgenden sollen, basierend auf dem IEC-Ansatz, geeignete Beschreibungsmittel für kommunizierende funktionale Einheiten skizziert werden.

Wir verallgemeinern hierzu den Begriff "Programm" aus dem IEC-Normentwurf, indem wir die dadurch bezeichnete funktionale Einheit im Sinne der DIN-Norm 44300 [5] als "Instanz" auffassen. Der Grund für die Wahl dieser Bezeichnung wird im weiteren noch deutlich werden.

Zwei Instanzen, die untereinander Informationen austauschen, werden nach Bild 5 durch genau <u>einen</u> sogenannten Kanal [5] verbunden. Während die Instanz, ähnlich wie ein Baustein in der Funktionsblocksprache, graphisch als Rechteck dargestellt wird, wird der "Kommunikations"-Kanal zwischen beiden Instanzen durch eine Doppellinie repräsentiert.

Die Bedeutung des Kanals wird ersichtlich, wenn wir die Objekte in Bild 5 bezüglich ihres Kommunikationsverhaltens (schematisch) verfeinern (Bild 6). IEC-Programme tauschen, wie weiter oben schon angedeutet, Informationen mit Hilfe der Transaktionsbausteine SEND und RCV aus. Die Instanzen in Bild 6, die ja solche Programme repräsentieren, enthalten je nach den vorliegenden Kommunikationsanforderungen eine gewisse Anzahl von SEND/RCV-Bausteinpaaren, wobei jedes Paar durch genau eine Transaktionslinie verbunden ist.

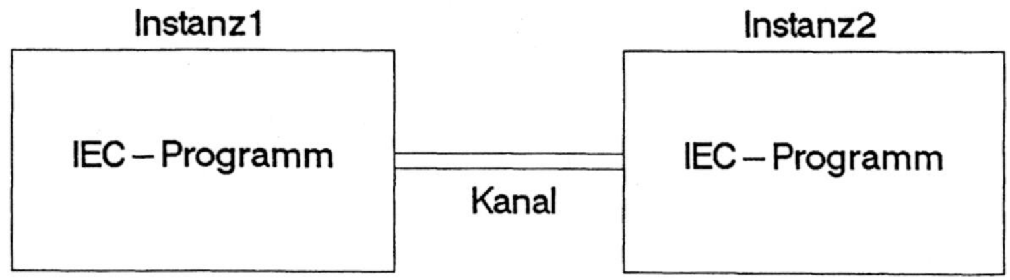

Bild 5   Kanal zwischen zwei Instanzen

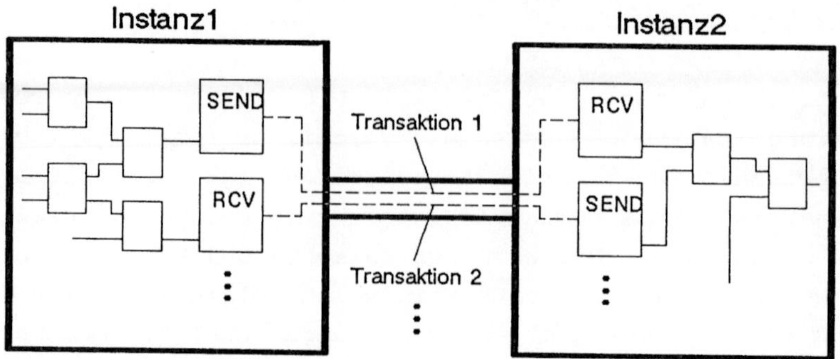

Bild 6 Kanal und Transaktionen

Der Kanal zwischen beiden Instanzen fasst also alle zwischen diesen Instanzen verlaufenden Transaktionslinien topologisch zusammen. Man kann dies auch anders ausdrücken: Während die Verfeinerung eines Programms letztlich auf untereinander vernetzte elementare Funktionsbausteine führt, führt die Verfeinerung des Kanals zwischen zwei Instanzen, die Programme repräsentieren, auf die zwischen diesen Programmen vereinbarten Transaktionen.

7. Transaktionen und Verantwortungsdelegation

Die Eigenschaften der im IEC-Normentwurf eingeführten Transaktion [3] sollen am Beispiel eines einzelnen Paares von SEND/RCV-Bausteinen in Bild 7 erläutert werden.

Eine Transaktion ist das einmalige Wechselspiel des Austausches eines bestimmten, zusammengehörigen Paares von Nachrichten zwischen zwei Programmen bzw. Instanzen. Sie kann nur von derjenigen Instanz ausgelöst werden, die den SEND-Baustein enthält. Die Auslösung geschieht durch ein funktional bestimmtes Ereignis, das den REQ-Eingang des SEND-Bausteins aktiviert. Dadurch werden die an den SDi-Eingängen anliegenden Sendedaten zur zweiten Instanz übertragen. Am RDY-Ausgang des RCV-Bausteins wird das Eintreffen der Daten gemeldet; die empfangenen Daten selbst stehen an den Ausgängen RDi zur Verfügung.

Die empfangende Instanz wird auf Grund der Meldung und mit den neuen Daten eine mehr oder weniger umfangreiche Aktionsfolge ausführen.

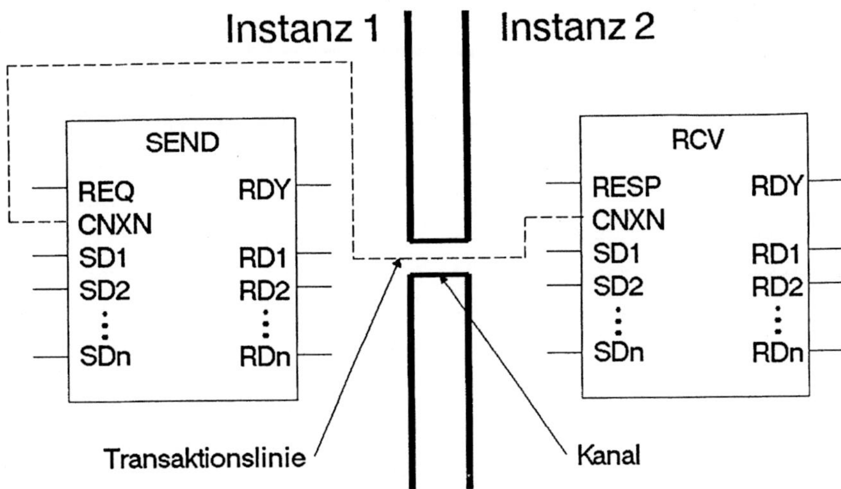

Bild 7 Funktionsbausteine SEND und RCV

Die für die beauftragende Instanz relevanten Ergebnisse der Aktionsfolge werden an den SDi-Eingängen des RCV-Bausteins angelegt und durch Aktivieren des RESP-Einganges zurückgesendet. Das Eintreffen der Rücksendedaten wird am RDY-Ausgang des SEND-Bausteins gemeldet; die Daten selbst stehen an den RDi-Ausgängen zur weiteren Bearbeitung zur Verfügung. Erst das Eintreffen der Rückantwort beendet die Transaktion; sie kann nicht ein weiteres Mal ausgelöst werden, solange sie nicht vollständig abgeschlossen ist.

Man erkennt unschwer, daß eine Transaktion zwischen zwei Instanzen die Realisierung des allseits bekannten und angewandten Kommunikationsprinzips der Abfolge Auftrag - Ausführung - Quittung darstellt. Aus dieser Erkenntnis heraus folgt unmittelbar die oben eingeführte Verallgemeinerung des Begriffs Programm: IEC-Programme sind Instanzen, die bestimmte funktionale Aufgaben eigenverantwortlich übernehmen, wobei sie Aufträge an andere Instanzen generieren und Quittungen für ausgeführte Aufträge entgegennehmen, d.h. mit Hilfe von Transaktionen Verantwortung delegieren.

Dieses Prinzip der Beauftragung eigenverantwortlicher Einheiten mit Hilfe von Nachrichten wird nicht nur im Rahmen der IEC-Normungsbestrebungen, sondern auch bei Normungsansätzen zur offenen verteilten Datenverarbeitung in der ISO zu Grunde gelegt, um eine saubere, objektorientierte Systemstruktur zu gewährleisten. Dort wird der Begriff "remote operations" für die Verantwortungsdelegation verwendet [6].

8. Netzwerke von Instanzen

Die Allgemeinheit des Prinzips legt nahe, die funktionale Struktur einer Automatisierungsaufgabe grundsätzlich mit Hilfe von Netzwerken aus Instanzen und Kanälen graphisch zu formulieren. Dabei kommt es zunächst noch nicht darauf an, welche Instanzen welchen Automatisierungsgeräten zugeordnet sind. Es ist durchaus möglich und sinnvoll, erst später Teilnetze aus einem Instanznetzwerk einem bestimmten Gerät zuzuweisen [7,8], so daß auf diesem Gerät dann mehrere Programme asynchron parallel laufen und über Transaktionen kommunizieren.

Das geschilderte Prinzip schließt nicht aus, daß bestimmte Instanzen in einem Instanznetzwerk nicht durch Bausteinnetzwerke entsprechend dem IEC-Normentwurf verfeinert werden, sondern in einer anderen Sprache, z.B. einer höheren Programmiersprache formuliert werden (Bild 8). Dabei muß nur gewährleistet werden, daß die so formulierten Instanzen sich an der Transaktionsschnittstelle genauso verhalten wie IEC-Programme. Dies ergibt sich automatisch, wenn hochsprachenkompatible Versionen der Bausteine SEND und RCV in solche Programme eingebunden werden können.

Die Einführung der Instanz und die Strukturierung der Automatisierungsfunktionen mit Hilfe von Instanznetzwerken bietet noch einen weiteren Vorteil. Auch der Prozeß selbst kann als Instanz betrachtet werden und läßt sich als solche in den funktionalen Entwurf einbeziehen (Bild 8). Die Kanäle zur Prozeß-Instanz repräsentieren die Prozeß-E/A-Schnittstellen, wobei die zugehörigen Transaktionen den E/A-Operationen entsprechen. Dies ist nicht nur eine anschauliche Modellie-

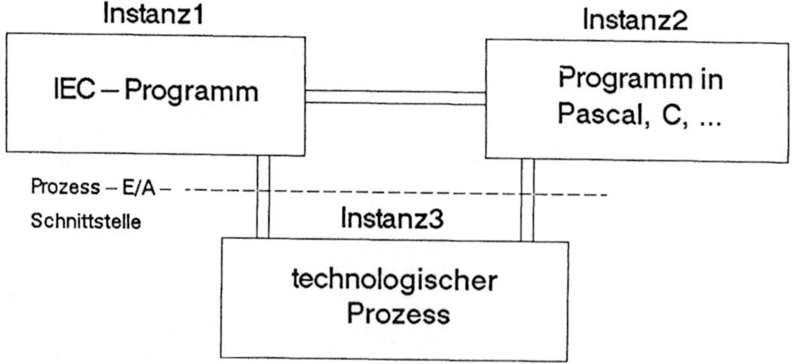

Bild 8 Unterschiedlich ausgefüllte Instanzen

rung des Zusammenspiels Automatisierungsfunktionen - technologischer Prozeß, sondern eröffnet Möglichkeiten für die Prozeß-Simulation, die dadurch realisiert werden kann, daß die Prozeß-Instanz als Programm oder Satz von Programmen formuliert wird.

Analog zur Vorgehensweise bei der Bausteinprogrammierung, bei der neue anwenderdefinierte Bausteintypen aus Bausteinnetzwerken zusammengesetzt werden, lassen sich auch Instanznetzwerke zu neuen Instanztypen mit entsprechender, umfassenderer Verantwortlichkeit zusammenfassen. Dieser Vorgang läßt sich fortsetzen, bis schließlich die funktionale Struktur einer gesamten Automatisierungseinrichtung durch hierarchisch gegliederte Netzwerke von Instanzen beschrieben ist [7,8].

Weitere Entwurfsschritte und zusätzliche graphische und textuelle Entwurfsobjekte sind notwendig, um die Objekte des skizzierten funktionalen Entwurfs auf die topologische Struktur und die gerätetechnische Ausrüstung der zu automatisierenden Einrichtung abzubilden und danach den ablauffähigen Code und alle weiteren benötigten Steuerdaten für die Automatisierungsgeräte zu erzeugen [7,8].

Schrifttum

[1] ISO/DIS 8571: File Transfer, Access and Management (FTAM). Aug. 1986.

[2] ISO/2nd DP 9506: Manufacturing Message Specification (MMS). Mai 1987.

[3] IEC/SC65A(SEC)67: Standard For Programmable Controllers - Part 3: "Programming Languages". Draft, Febr. 1987.

[4] IEC 848: Preparation of Function Charts for Control Systems. Juli 1986.

[5] DIN 44300, Teil 1: Informationsverarbeitung, Begriffe, Allgemeine Begriffe. Entwurf, Okt. 1985.

[6] ISO/TC97/SC21 N 1548: Consolidation of technical contributions relevant to the development of a Basic reference model for Open distributed processing. Sept. 1986.

[7] Ferling, H.D.; Jüngst, E.W.: Rechnergestützte Methode für den funktionsorientierten Entwurf und die Realisierung verteilter Prozeßautomatisierungseinrichtungen. Interkama-Kongress 1986, Springer 1986, S. 314-323.

[8] Ferling, H.D.; Jüngst, E.W.: Embedding the IEC Languages into an Overall Systems Design Methodology. Proceedings IEEE Workshop on Languages for Automation, Aug. 1987, S. 12-15.

Rechnergestütztes Engineering-System für die Visualisierung komplexer Prozesse

H. Seiler
Siemens AG UB KWU
Erlangen

Der Titel erscheint zunächst vielleicht etwas protzig. Er hätte auch heißen können "Bild-Konstruktions-System". Aber unter ähnlichen Namen werden solche Systeme seit längerem auf Messen gezeigt und sind bereits fix und fertig zu kaufen. Unser System soll nicht einfach "Bilder bauen" können, sondern eine Reihe von wichtigen Eigenschaften haben, deren Zweckmäßigkeit wir erkannt haben.

Veranlassung

Diese Anforderungen sind nicht von ungefähr entstanden, sondern ergeben sich zwangsläufig aus dem geplanten Einsatz in einer **Kernkraftwerks-Warte.**

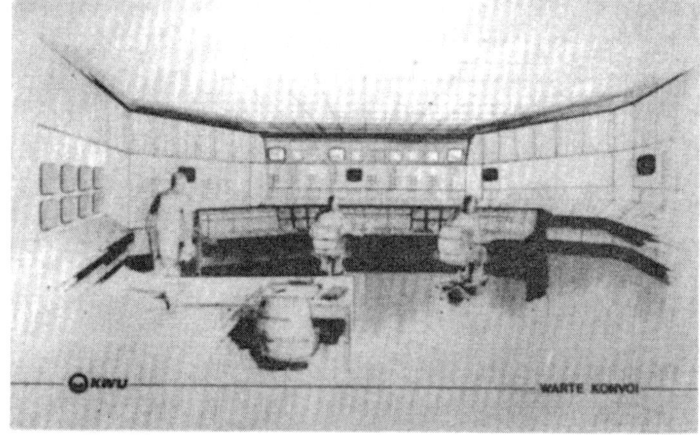

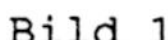
Bild 1

Warte im Kernkraftwerk

In deutschen Kernkraftwerken ist nur eine zentrale Warte dauernd besetzt. Weitere dezentrale Warten sind gegebenenfalls im Rahmen der Wartungs- und Prüfarbeiten belegt. Daher muß viel Information zentral angezeigt werden, die Hauptwarte ist entsprechend dimensioniert. Es wurde viel Aufwand und Engineering investiert, die konventionelle Anzeige- und Bedienungstechnik optimal zu nutzen (Ergonomie). Trotzdem ist es notwendig, neue Wege der rechnergestützen Informationsverdichtung mit grafischer Darstellung zu gehen. Diese Technik soll zunächst weitgehend parallel zu konventionellen Einrichtungen arbeiten. Bei Bewährung kann die bisherige konventionelle Technik nach und nach ersetzt werden.

Grafische Darstellungen erlauben es, Informationen wesentlich plausibler wiederzugeben, als dies mit konventionellen Anzeigen möglich ist. **Visualisierung** bedeutet, daß eine Information so angezeigt wird, daß der Betrachter mit möglichst wenig "mentaler Belastung" Ort und Zustand des Anlagendetails aus dem Bild, das er sieht, rück-interpretieren kann.

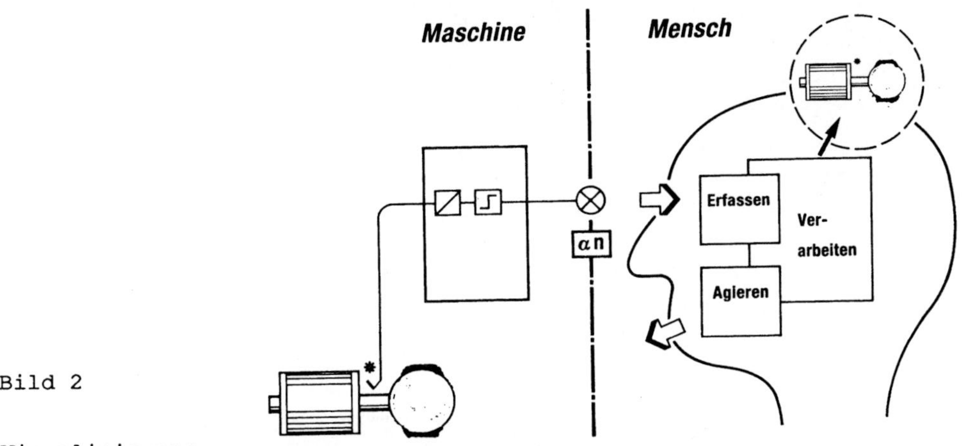

Bild 2

Visualisierung

Die zusammengefaßte Information auf der Warte ergibt ein breites Spektrum an Informationsschwerpunkten: physikalische Verhältnisse, Verfahrenstechnik, Leittechnik (insbesonders Reaktorleistungs-Leittechnik). Etwa 80 - 130 Bilder verschiedensten Inhalts lassen sich zu folgenden **Bild-Typen** zusammenfassen:

- Anlagenabbilder — Bild 3
- Diagramme — Bild 4+5
- Schutzzieldarstellungen — Bild 6
- (Kurven- und Balkenbilder)

Neben der geschilderten Informationsvielfalt war noch ein großes Problem zu lösen, in kurzer Zeit den gesamten Bildumfang für sechs Kernkraftwerke in hoher Qualität zu liefern. In dieser Situation erfordert die Bild-Erstellung ein regelrechtes **Engineering-System** zur qualifizierten und rationalisierten Bild-Produktion.

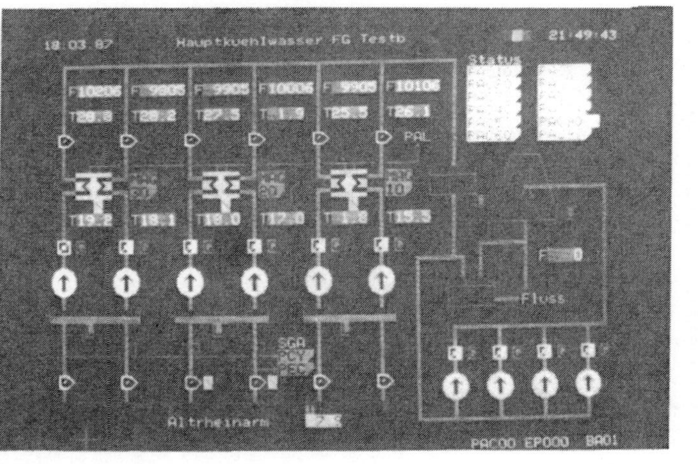

Bild 3 : Anlagenabbild

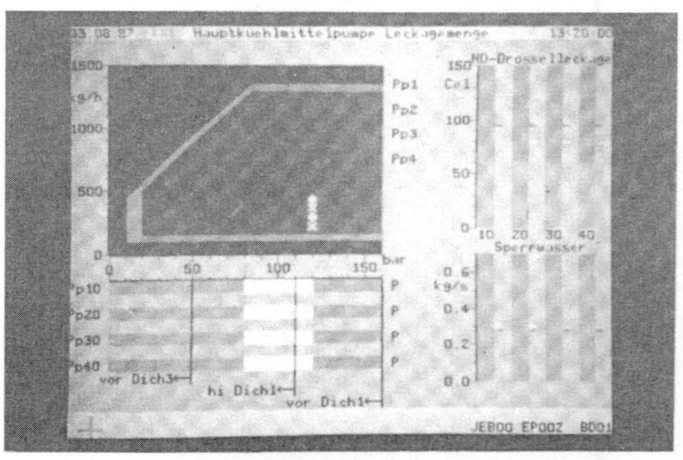

Bild 4 : betriebl. Diagramm

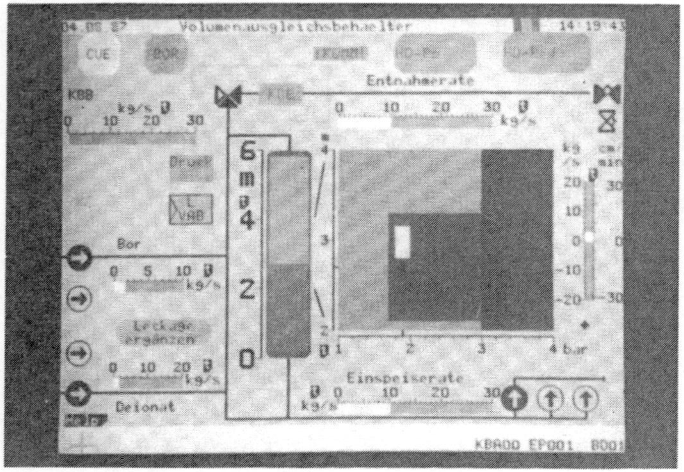

Bild 5: REALL - Diagramm

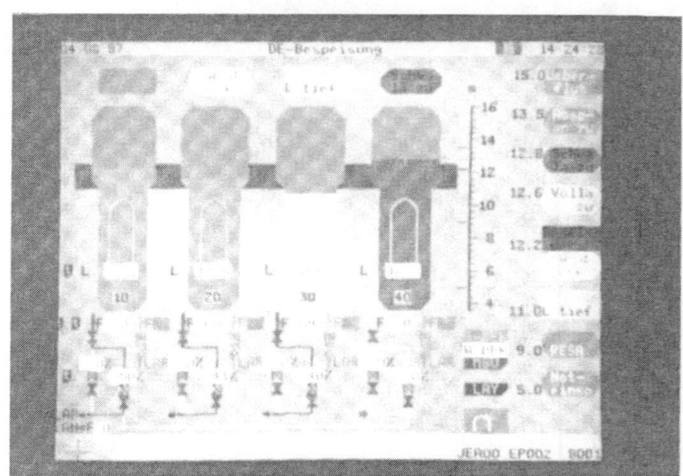

Bild 6: Schutzziel - Diagramm

Leistungsfähige Hardware und Software

In den neuen Kernkraftwerken wird von uns das **Prozeß-Informations-System PRISCA** eingesetzt:

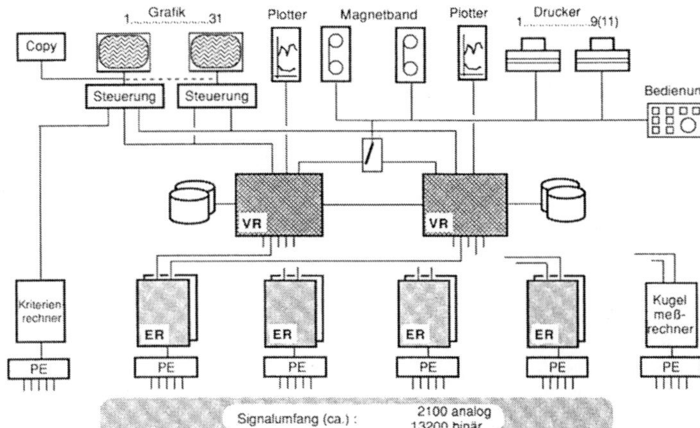

Bild 7

Geräte-konfiguration

Ein Doppelrechner-System aus zwei Gould-Rechnern 3287 mit 16 Mbyte Hauptspeicherausbau als Host-Rechner sowie vier dezentralen Erfassungsrechner-Paaren Sicomp M70 erfaßt ca. 13200 Binär- und 2100 Analogsignale in prozeßgerechter Auflösung.
Die wesentliche Weiterentwicklung gegenüber den Vorläuferanlagen ist der Aufbau eines rechnergestützten Systems zur Informationsverdichtung, dessen Ergebnisse auf bis zu 30 Monitoren ausgegeben werden können. Die Monitore sind teilweise als Bildwand angeordnet. Jeder Monitor wird von einem dezentralen, weitgehend autarken Grafik-Prozessorsystem ausgesteuert. Nur die gemeinsame Bildverwaltung und -bedienung liegt im Host-Rechner.

Das von uns eingesetzte äußerst leistungsfähige **Sichtgeräte-System** Dynavis der Firma Seufert hat folgende Daten: { * = einsetzbar }

System:	Dynavis A
Prozessor:	Motorola 68020 + Coprozessoren
Verarbeitungsleistung:	2-3 mips
Arbeitsspeicher:	512 kByte RAM {+1MByte}*
Bildmodul-Speicher:	512 kByte PROM
Bildpunktzahl:	640x480 Pixel (Hochauflösung)
Anzahl Ebenen:	2 Vollgrafik + 1 Semigrafik {+ 5 Voll- oder Semigrafik}*
je Vollgrafik-Ebene:	8x1024x512 Bit Bildwiederholspeicher {8x2048x1024 Bit}*
je Semigrafik-Ebene:	64k Zeichen (z.B. 256x256)
ein Zeichen	10x15 Pixel
ein Bildschirm	64x32 Zeichen
Farben	64 (Auswahl)
Bildwiederholrate	72 Hz Vollbild

Bild 8

Im Zusammenspiel mit dem Host-Rechner ergeben sich folgende typischen Eigenschaften:

Bild-Aufrufzeit	2-3 Sekunden
Aktualisierungszeit	1-2 Sekunden

Besonders der letzte Wert erforderte erheblichen Aufwand in der Hardware- und Software-Konfiguration.

System zur Anlagenbildanzeige

Die eingangs genannten qualitativen und quantitativen Ziele können nur erreicht werden, wenn die Bild-Programmierung die Anforderungen erfüllt:

- Systematik
- Transparenz
- Qualitätssicherung.

Grundsätzlich sind zu diesem Zweck zwei Wege gangbar:
Bei wenig System-Vorleistungen muß der Einsatz von daraufhin geschulten Software-Experten vorgesehen werden. Wenn jedoch das System entsprechend ertüchtigt ist, können "Software-Laien" mit anders gelagerten Schwerpunkten herangezogen werden. In der Automatisierungstechnik nimmt der sog. "Leittechniker" die übergeordnete Aussteuerung und Kontrolle der Projektierung wahr, und diese Aufgabenverteilung kann auch auf die Bild-Erstellung übertragen werden.

Nach längeren Untersuchungen und Versuchen mit Pilotbildern und einem Pilot-Editor wurde für den zweiten Weg entschieden und das lieferbare System zu einem leistungsfähigen Ausgabesystem mit eigenem auf einem Konstruktionsplatz betriebenen Bild-Editor ausgebaut. Mit der Fertigstellung dieses Editiersystems ist die eigentliche Programmierung abgeschlossen, die Realisierung kann dann dem Software-Laien übertragen werden.

Klare **Systematik** bei der Bild-Erstellung bedeutet, daß das eingesetzte System mehr als die Möglichkeit des bloßen "Bild-Bauens" über Programmiersprachen (hier: Pascal bzw. für spezielle grafische Probleme Escape-Sequenzen) oder grafische Konstruktionmittel bietet.

Hierzu gehört vor allem eine weitgehende **Standardisierung** der grafischen Mittel bei der Bildgestaltung. Der Bild-Ersteller muß zu einheitlichen grafischen Aussagen geführt werden. Sinnvolle Auswahlmöglichkeiten vermeiden das Gefühl der Einengung. Zu diesem Zweck wurde mit einem standardisierten Darstellungs- und Interpretationskonzept mit großem Aussagesspektrum begonnen.

Auch hierzu wurden Erfahrungen vergleichbarer Problemlösungen in der Automatik (on-line-closed-loop) genutzt.

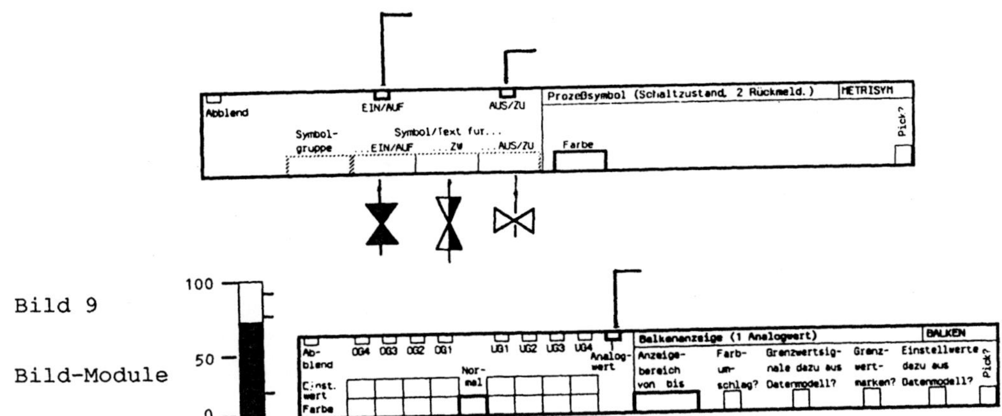

Bild 9

Bild-Module

Aus der Analyse von ca. 100 Bildvorschlägen wurden etwa 30 sogenannte **Bild-Module** abgeleitet als einfach handhabbare, aber leistungsfähige Werkzeuge zur Erzeugung und Anzeige von Bild-Details. Jede Art einer belebten Darstellung (z.B. Symbol) ist durch einen Modul vertreten. Seine Eigenschaften sind standardisiert und in PROMs in den Grafiksteuerungen vorgehalten. Bei zusätzlichen Darstellungswünschen läßt das System auch maßgeschneiderte Module zu, die im Anforderungsfall vom Host-Rechner geladen werden können.
Die Einbindung der dynamischen Prozeßsignale geschieht immer auf die gleiche Weise. Die Reaktionen des Moduls sind bereits fertig vorprogrammiert. Der Modul muß nur noch parametriert, also mit den jeweils gültigen Projektierungsdaten versehen werden. Auch die komplexesten Bilder konnten mit solchen einfach anwendbaren Standard-Bausteinen erstellt werden. Die Vereinheitlichung geht soweit, daß bei der Festlegung der Aufgabenstellung mit Klebebildern bzw. CAD-Menüs gearbeitet werden konnte.
Wichtig ist: Zur Erzeugung des Bildprogrammes ist keine Programmiersprache notwendig. Die starke Vereinheitlichung erlaubt auch umfangreiche Syntaxprüfungen bei der Eingabe.

Der Einsatz derartiger Bild-Module bedeutet einen Schritt in Richtung der sog.objektorientierten Programmierung, ohne daß diese Strategie von vorneherein zugrundegelegt worden wäre.

Eine gute **Organisation** der Bildgestaltung und -strukturierung ist der beste Weg, die Informationsdichte der Bilder vertretbar gering zu halten.

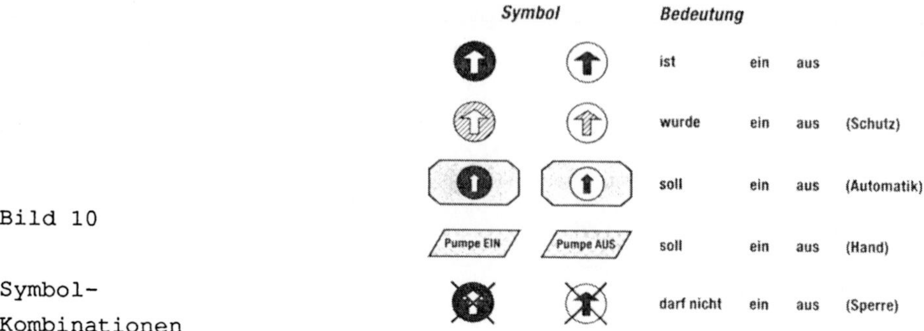

Bild 10

Symbol-Kombinationen

Durch eine geschickte Symbolik oder Piktogrammgestaltung, angepaßt an die jeweiligen Prozeßzustände, kann die gewünschte Aussage dem Operator besonders leicht verständlich gemacht werden (Visualisierung).

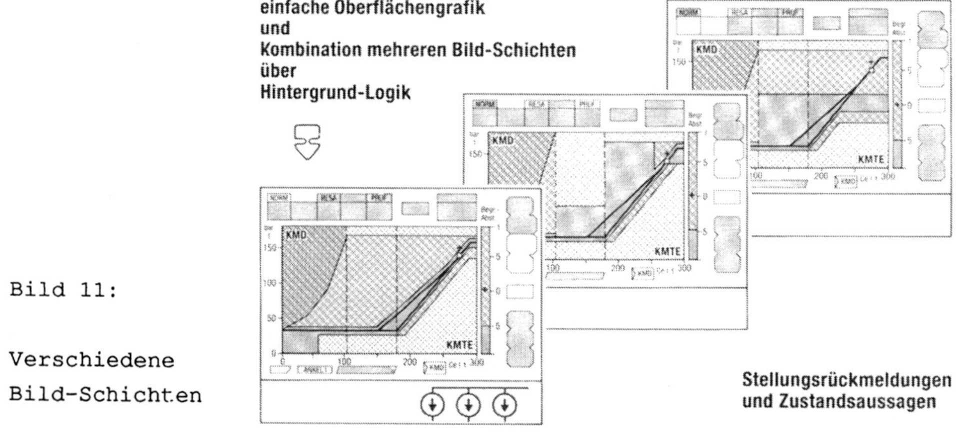

Bild 11:

Verschiedene Bild-Schichten

Durch eine von Prozeßsignalen gesteuerte Hintergrund-Logik zum Bild werden unter den abgelegten Bildschichten die richtigen, zur Prozeßsituation passenden "Scheiben" sichtbar gemacht. Dies bedeutet vor allem eine wesentliche Informationsverdichtung

Transparenz des Bildprogrammes bedeutet, daß trotz umfangreicher Logik im Programm jederzeit schnell zu sehen ist, wie das Programm an einer bestimmten Stelle reagiert. Bei der Umsetzung einer verfahrenstechnischen Aufgabe in ein Programm hat der Verfahrenstechniker bestimmte grobe Vorstellungen, die in der Regel aber noch nicht zu 100% präzisiert sind, wie ein Programm dies verlangt. Für die genaue Festlegung gibt es zwei Wege:

- entweder der Verfahrenstechniker nähert sich der Programmiertechnik
- oder der Programmierer der Verfahrenstechnik.

Beides führt im Normalfall zu Kommunikationsproblemen. Die Folge sind Mißverständnisse oder gar Definitionslücken mit entsprechender Auswirkung auf das Programm.

Daher sind Festlegungen in einer Form notwendig, die für beide verständlich sowie im Sinne der Mathematik "notwendig und hinreichend" sind.

Hierzu wieder ein Beispiel aus der konventionellen Leittechnik:

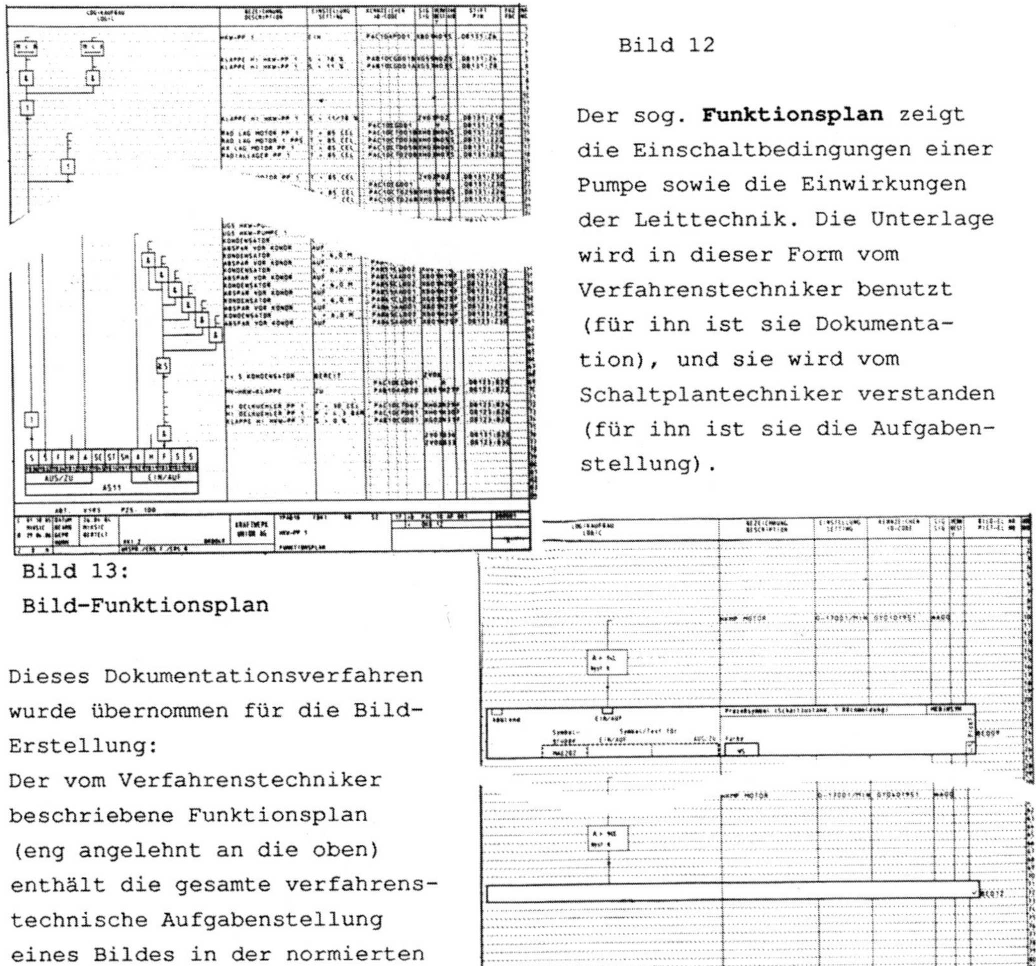

Bild 12

Der sog. **Funktionsplan** zeigt die Einschaltbedingungen einer Pumpe sowie die Einwirkungen der Leittechnik. Die Unterlage wird in dieser Form vom Verfahrenstechniker benutzt (für ihn ist sie Dokumentation), und sie wird vom Schaltplantechniker verstanden (für ihn ist sie die Aufgabenstellung).

Bild 13:
Bild-Funktionsplan

Dieses Dokumentationsverfahren wurde übernommen für die Bild-Erstellung:
Der vom Verfahrenstechniker beschriebene Funktionsplan (eng angelehnt an die oben) enthält die gesamte verfahrenstechnische Aufgabenstellung eines Bildes in der normierten Sprache des Funktionsplans, die nur selten durch Prosa ergänzt zu werden braucht. Der Funktions-

plan wird vom Verfahrenstechniker, vom Bild-Ersteller und vom Anlagenfahrer verstanden (gemeinsame Sprache!)

Mit dieser Unterlage sitzt der Leittechniker am Bild-Erstellungsplatz direkt vor seinem Monitor und parametriert die Bild-Module. Die Buchführung jedes Anwendungsfalles geschieht durch die sogenannte Bildelement-Nummer.

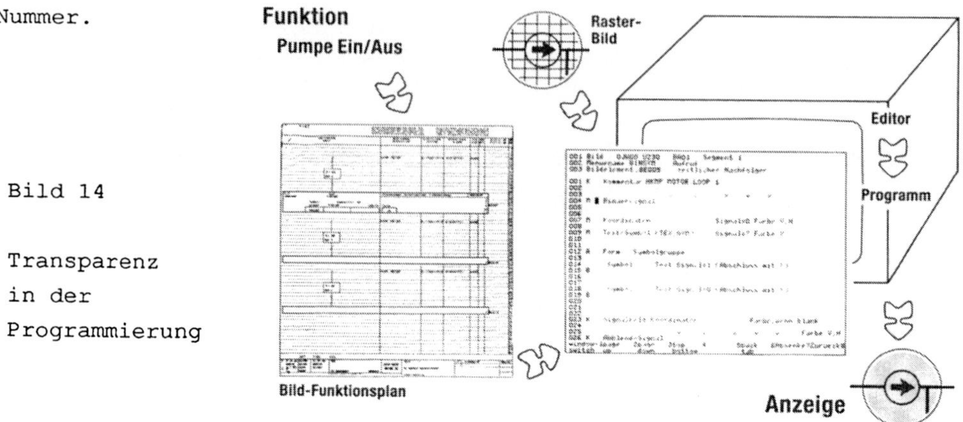

Bild 14

Transparenz in der Programmierung

Zum Parametrieren ist der Modul auf dem Bildschirm nicht grafisch 1:1 wiedergegeben (Platz- und Organisationsgründe), sondern durch eine tabellenförmige **Maske**.

```
001 Bild   MAGDD EP001  BDG1   Segment 1
002 Menuename BINSYM    Aufruf Z1
003 Bildelement BED09    zeitlicher Nachfolger BED10

001 K   Kommentar HKMP MOTOR LOOP 1
002
003                v       v       v       v       v
004 M   Binaersignal LBV009                       LBW
005
006
007 M   Koordinaten 6    19     Signal=0 Farbe V,H SW    GR-H
008
009 M   Text/Symbol (TEX,SYM) SYM Signal=? Farbe V   GR-M
010
011
012 A   Form:  Symbolgruppe MASE0202
013
014      Symbol      Text Signal=1 (Abschluss mit !)
015 B
016
017
018      Symbol      Text Signal=0 (Abschluss mit !)
019 B
020
021
022
023 K   Signalfeld Koordinaten 9    18    Farbe wenn blank
024
025                v       v       v       v       v    Farbe V,H
026 K   Abblend-Signal
window-1page   2page   3top   4    5back   6Absenke7Zurueck8
switch  up      down    bottom      tab
```

Bild 15
Maske

Sie enthält die gleichen Daten sowie zusätzliche programmzugehörige Anweisungen. Diese Maske wird auch bei Abfrage ("was ist im Programm") angezeigt.

Die örtliche Anordnung der Bild-Elemente zeigt ein **Rasterbild**.

Als Programm-Dokumentation werden dieselben Daten, zusätzlich geordnet, abgelistet **(Listing)**.

Qualitätssicherung

Obwohl die Anlagenbildanzeige mit ihrer Informationsverdichtung und Prozeßgrafik als neues, noch nicht betriebsbewährtes System additiv zur Verfügung gestellt wird, der Bedienungsmann sich also zunächst an vorhandenen konventionellen Anzeigen ausrichten soll, ist das Auftreten von Diskrepanzen zwischen Bild und konventioneller Instrumentierung in der Warte unbedingt zu vermeiden.

Bezüglich des Auftretens von Fehlern sind dreierlei Ursachen denkbar:
- Fehler in der Verdrahtung und im Anschluß der Prozeßsignale
- Fehler oder Mißverständnisse in der Programmierung
- Fehler in der Aufgabenstellung

Zur Aufdeckung des ersten Falles hilft nichts als genaue Nachprüfung der Prozeßsignale: Entspricht der angezeigte Zustand der Situation auf der Anlage? Hierzu ist jedoch unbedingte Vorraussetzung, daß die Logik und deren Umsetzung im Bild-Programm stimmt.

Um dies sicherzustellen, (Fehler bei der Umsetzung der Aufgabenstellung), werden zwei Prüfschritte durchgeführt:
a) systematischer Test nach Funktionsplan. Jedes aufgeführte Signal wird einmal softwaremäßig verändert und seine richtige Auswirkung auf das Bild -entsprechend der vorgegebenen Logik- überprüft.
b) technologischer Test nach Fahrplan: Hierzu wird, z.B. bei komplizierter Logik, ein angenommener Ablauf oder Zustand des Prozesses durch Eingabe von Prozeßsignalen simuliert und die Auswirkung auf das Bild beobachtet.
Da hierbei weniger vom Funktionsplan als von bestimmten Anlagensituationen oder -abläufen ausgegangen wird, kann damit auch die Richtigkeit des Funktionsplans und der hier dokumentierten verfahrenstechnischen Aufgabenstellung kontrolliert werden.

Der Fahrplan für die Prüfungen kann gespeichert und der Prüfvorgang damit jederzeit reproduziert werden.

Unabhängig von diesen, bei der Bildproduktion durchgeführten Prüfungen werden die Bilder, wie jede andere leittechnische Einrichtung, im Rahmen der verfahrenstechnischen Systeminbetriebsetzung mitgeprüft.

Erste Erfahrungen mit dem System

Das System ist inzwischen in sechs Kernkraftwerken im Einsatz. Nach Abschluß der Entwicklungsphase kann jetzt gesagt werden, daß nahezu alle nach dem Test noch auf der Anlage entdeckten Fehler nicht im Bild-Anzeigesystem selbst gelegen haben, sondern außerhalb der eigentlichen Bildprogramme (Gesamtsystem-, Verdrahtungs-, Datenmodell- oder Einstellfehler der Prozeßsignale). Somit ist die Anlagenbildanzeige inzwischen bereits für die Inbetriebsetzung ein wertvolles Hilfsmittel geworden.

Die angestrebten Ziele
- vereinheitlichtes Darstellungskonzept
- rationelle Eingabe
- transparente Programme
- zuverlässige Prüfung
- Qualitätssicherung
- saubere Dokumentation

konnten durch das leistungsfähige Engineering-System erfüllt werden.

Anpassungsfähige Bedienoberflächen
Möglichkeiten in der Prozeßüberwachung

Albrecht Hampp
Universität Stuttgart, Institut für Informatik
Azenbergstr. 12, 7000 Stuttgart 1

1. Einleitung

Die Bedienoberfläche spielt bei Systemen der Prozeßrechentechnik eine wesentliche Rolle. Sie ist verantwortlich dafür, ob die Zustände des zu überwachenden oder zu steuernden Vorganges vom Bedienpersonal rechtzeitig und korrekt wahrgenommen werden können. Dies erfordert sowohl eine gute Übersichtlichkeit über alle angebotenen Informationen, schnelle und sichere Eingabemöglichkeiten, sowie sofortige Rückmeldungen über die Auswirkungen der Bedienereingriffe und falls möglich Vorhersagen über die Auswirkungen von Bedienschritten [1,2,3].

Die Wahl geeigneter Ein- und Ausgabegeräte hat für die Bedienoberfläche entscheidende Auswirkungen. In der Vergangenheit hat sich die Mensch-Prozeß-Schnittstelle weit entwickelt. Zum Stand der Technik gehört sowohl der Einsatz von Rechnern zur Steuerung und Regelung als auch die Verwendung von Grafikbildschirmen als Bestandteile der Bedienoberfläche [4,5,6,7]. Die Leistungsfähigkeit neuester bitmap Bildschirme kann in Verbindung mit lokal eingesetzter Rechnerleistung zu einer dynamischen Gestaltung der Bedienoberflächen führen und so diese der jeweiligen Situation und dem Bediener anpaßbar gestalten. Durch Nutzung der Fenstertechnik läßt sich weiterhin der Umfang gleichzeitig dargebotener Prozeßgrößen auch bei Beschränkung auf einen Bildschirm erheblich steigern.

Welche denkbaren Anpassungen möglich sind und was für Auswirkungen sich daraus ergeben, bzw. welche Gründe für und wider anpassungsfähige Oberflächen sprechen, soll Inhalt dieses Beitrags sein.

2. Eigenschaften von Bedienoberflächen

Zunehmende Größe und Komplexität der Prozesse haben dazu geführt, daß die Leitwarten vieler Systeme mit einer Unzahl von Anzeige- und Bediengeräten ausgestattet sind. Die oft gebräuchlichen (statischen) Prozeßabbildungen mit integrierten Anzeigen weichen zunehmend höher abstrahierten Anzeigeverfahren, die Teile eines Prozesses in ihrem Gesamtzustand beschreiben und so die Belastung der Bediener, die durch die notwendige Interpretation von vielen Einzelwerten entstand, reduzieren. Allgemein wird von einem Wandel der Bedienoberflächen gesprochen, der weg führt von der sogenannten signalorientierten Prozeßüberwachung, hin zu einer informationsorientierten Bedienung [4,5,8].

Zur Gewinnung detaillierter Informationen über einzelne Vorgänge können heute an einem Grafikgerät wählbare Ausschnitte des Prozesses ausgegeben werden. Die Auswahl der Darstellungen erfolgt dabei hierarchisch, d.h. von Übersichten bis zu einzelnen Gruppen und Kreisen. Nicht selten sind für diese Zwecke hunderte von Bildschirmmasken definiert, die bei Abruf mit den aktuellen Meßwerten vervollständigt werden. Zum Einsatz kommen Standardsysteme, die eine weitgehend freie Maskendefinition erlauben und vielseitig konfigurierbar sind [10]. Dies stellt eine erste wichtige Stufe der Anpassungsfähigkeit von Bedienoberflächen dar. Jedoch beschränkt sich die situationsbezogene Anpassung auf die einmalige Einrichtung der Anlagen oder auf Arbeiten in der Zuständigkeit der Systempfleger, die Wünsche der Bediener und später Anforderungen aus dem Betrieb berücksichtigen können. Dem eigentlichen Bediener steht es zuletzt meist nur noch frei, die Attribute der Bildschirmdarstellungen zu verändern.

Im Gegensatz zu Dialogsystemen steht in der Prozeßüberwachung nicht das Lösen einer Aufgabe im Mittelpunkt, sondern vielmehr das regulierende und steuernde Eingreifen zum Erreichen oder Erhalten eines angestrebten Prozeßzustandes. Deshalb kann an einer Bedienoberfläche auch nicht von einem Dialog im engeren Sinne gesprochen werden. Nur Teile der Bedienvorgänge nehmen die Form eines echten Dialoges an. Der Großteil der möglichen Eingriffe erfolgt spontan und weitgehend parallel. Hieraus ergeben sich für mögliche Anpassungen der Oberfläche andere Probleme, als dies bei der Realisierung einer adaptiven Dialogoberfläche der Fall ist [4,9].

3. Begriffsdefinitionen

Zum weiteren Verständnis sollen einige Begriffe gegeneinander abgegrenzt werden, da ihre Bedeutung üblicherweise nicht so klar unterschieden wird, wie es hier der Fall ist.

- Die Bedien- oder Benutzeroberfläche stellt sich als Gesamtheit aller Anzeige- und Eingabegeräte dar. Geräte im engeren Sinn sind physikalisch vorhandene Einheiten, die - wie im Falle eines Bildschirmes - aber auch zur Darstellung mehrerer virtueller Instrumente dienen können, welche dann selbst als Bestandteil der Oberfläche gelten.

- Anpassungsfähige Oberflächen sollen sowohl für Dialogsysteme, als auch für Systeme der Prozeßüberwachung definiert werden. Dies sind Oberflächen, bei denen der Benutzer / Bediener selbst Anpassungen vornehmen kann. Als Anpassungen sollen alle Maßnahmen verstanden werden, die eine Veränderung der Oberflächengestalt bewirken und im laufenden Betrieb durchgeführt werden können.

- Konfigurierbare Oberflächen sind modular aufgebaute Systeme, welche (normalerweise einmalig) auf den bestimmten Einsatzzweck zugeschnitten werden. Dies erfolgt vor der Inbetriebnahme des Systems. Zu diesem Zeitpunkt können auch durchaus Änderungen aufgrund von Benutzerwünschen berücksichtigt werden.

  Dieser Definition entsprechend kann eine anpaßbare Bedienoberfläche durchaus auch konfigurierbar sein. Dann würden durch die erste Konfigurierung die Eigenschaften der Standardoberfläche definiert.

- Als Benutzerschnittstelle soll die datenbezogene Schnittstelle zwischen dem eigentlichen Prozeß (der Anwendung) und den Programmen der Dialogkomponente bezeichnet werden. Alle angezeigten und eingegebenen Daten müssen in der für diese Schnittstelle festgelegten Form übermittelt werden.

- Die Programme der Dialogkomponente wandeln die intern codierten Daten, die über die Benutzerschnittstelle der Anwendung geliefert werden, in die gewünschte Darstellung der Bedienoberfläche um. In der Gegenrichtung werden die vom Bediener gemachten Eingaben in eine dem Anwendungssystem verständliche Form übersetzt.

Heutige Systeme weisen vielfach eine Trennung der Bedien- und Überwachungskomponenten von den eigentlichen Steuerungen auf. Dies ist Folge des vermehrten Einsatzes dezentraler Steuerungen in Form von Mikrorechnern und SPS. Die Kopplung dieser Systeme erfolgt durch ein gemeinsames Bussystem, welches die hardwareseitige Schnittstelle zwischen Dialogkomponente und Prozeß darstellt. Diese Architektur unterstützt den Einsatz eines lokalen Rechners für die Gestaltung der Bedienoberfläche, nach dem Vorbild einer Workstation.

- Als Dialogform kann bei interaktiven Systemen das wesentliche Prinzip der Ein- und Ausgabenabwicklung bezeichnet werden. Das kann die Verwendung natürlicher Sprache sein oder das Prinzip der Auswahl von angebotenen Alternativen (Menütechnik). Dabei läßt sich im allgemeinen Fall eine Dialogform mittels unterschiedlicher Interaktionstechniken realisieren. Beispielsweise kann die Menütechnik über Funktionstasten, mittels Poke-Points und Lichtgriffel, mit Maus, durch Verwendung eines Touch-Screens und weiterer Interaktionstechniken umgesetzt werden.

- Die Interaktionstechnik beschreibt die Art und Weise, wie Ein- und Ausgaben an der Oberfläche abgewickelt werden. Es ist nicht sinnvoll nach Klassen wie akustisch, optisch, taktil usw. zu unterscheiden, da viele Eingabeformen erst in einer Kombination dieser unterschiedlichen Reize sinnvoll werden. (Eine Eingabe mittels Maus beruht auf der optischen Rückkopplung, die für die Information über die aktuelle Position benötigt wird.) Deshalb wird zunächst jede einzelne Bedien- und Ein- bzw. Ausgabemethode als eigene Interaktionstechnik betrachtet. Eine Vermischung vieler Techniken führt hin zu multimedialen Oberflächen.

4. Ansatzpunkte für Anpassungen durch den Bediener

Da es in einem so komplexen Gebiet wie der Prozeßüberwachung nicht sinnvoll ist von genau einer Anpassung zu sprechen, werden nachfolgend verschiedene Punkte für eine, vom Bediener auszuführende, Anpassung der Bedienoberfläche aufgezeigt und diskutiert.

4.1. Anpassung von Ausgaben

Ausgaben können in Klartext, verschlüsselt, oder numerisch anfallen. In Prozeßsystemen sind der Natur nach die meisten Daten numerisch, jedoch gerade die wichtigsten (z.B. Alarme) werden in anderer Form behandelt. Vielfach dient eine gekoppelte akustische oder optische Anzeige noch der Erregung der Aufmerksamkeit für wichtige Meldungen.

Schon immer werden numerische Werte mittels analoger Anzeigegeräte an der Bedienoberfläche dargestellt. Analoge Anzeigen bieten im allgemeinen eine gute Übersichtlichkeit und erlauben schnelle qualitative Aussagen über die dargestellten Werte. Als jüngere Alternative werden digitale Instrumente eingesetzt. Diese bergen neben dem Vorteil einer genaueren Ablesemöglichkeit jedoch den Nachteil, daß qualitative Aussagen erst nach Interpretation der angezeigten Werte möglich sind. Man vergleiche etwa die notwendige Umgewöhnung von analogen auf digitale Uhren.

Die Protokollierung numerischer Werte kann einfach in Listenform (dazu müssen die Werte digital vorliegen), aber auch mittels Prozeßschreibern (analoge Aufzeichnung) kontinuierlich und zeitabhängig geschehen. Heutige Bediensysteme erlauben auch eine Bildschirmdarstellung von Trendbildern, die in verschiedenen Zeitauflösungen die Entwicklung von Meßgrößen darstellen können. Diese Bilder werden aus den Daten erstellt, die laufend protokolliert werden. Sie sind also ein vom Rechner erstelltes Abbild tabellarischer Meßwerte und entsprechen so der Ausgabe herkömmlicher Größenschreiber. Über eine Hardcopyeinrichtung vom Bildschirm können entsprechende Protokolle erzeugt werden. Einige mögliche Darstellungen numerischer Werte sind in Abb. 1 wiedergegeben (Es handelt sich um die Hardcopy des Banners einer VAX-Workstation). Zu sehen sind sowohl die parallele Darstellung der Uhrzeit in digitaler und analoger Form, ein Trendbild, welches die Auslastung des Rechners anzeigt und weitere digitale Anzeigen von Systemgrößen.

Abb. 1: Darstellung numerischer Größen an einem bitmap Bildschirm.

Wie die Abbildung zeigt, kann ein bitmap Bildschirm problemlos die Darstellung aller angesprochenen Instrumente übernehmen. Dies erlaubt es, der Situation angepaßt, jeweils das geeignetste Gerät - egal ob analog oder digital - für die Ausgabe zu benutzen. Dabei sind freilich die angezeigten Daten immer in digitaler Form vorhanden, was aber heute als der Normalfall anzusehen ist.

Durch die Darstellung numerischer Werte auf einem Bildschirm, anstelle auf einem fest zugeordneten Instrument, kann den aus dem Prozeßablauf entstehenden Bedürfnissen Rechnung getragen werden und dazu eines der angebotenen, virtuellen Instrumente als Bestandteil der Bedienoberfläche Einsatz finden. Dabei bleibt die Größe des angezeigten Meßbereiches, sowie die dargestellte Genauigkeit weitgehend frei wählbar (natürlich gibt es Grenzen durch die Auflösung des Bildschirmes) und kann - praktisch auf Knopfdruck - verändert werden.

Auch bei der Ausgabe nichtnumerischer Daten können unterschiedliche Interaktionsformen eingesetzt werden. Bei Prozeßüberwachungssystemen fallen Ausgaben dieser Form überwiegend als Hinweise oder Alarme an. Diese werden dann in Textform auf Druckern und Bildschirmen ausgegeben und müssen vom Bedienpersonal quittiert werden. Nicht sinnvoll erscheint es, den Inhalt einer Textausgabe als Gegenstand der Anpassung zu verstehen - wenngleich es auch hierzu Anwendungsfälle gibt. Hier soll ausschließlich die Gestalt der Ausgabe adaptierbar sein; also Position, Größe und Darstellungsattribute. Keine Anpassungen sollten beim Format des laufenden Betriebsprotokolles erfolgen, damit dieses immer dem festgelegten Standard entspricht und so eine schnelle Orientierung auch zu späteren Zeitpunkten und durch andere Personen erlaubt.

4.2. Anpassung von Eingaben

Eine Vielzahl von Eingabegrößen innerhalb eines Prozeßsystemes ist wiederum numerischer Natur. Es ist mit den Mitteln, die bitmap Bildschirme und Fenstersysteme zur Verfügung stellen, durchaus möglich, die gleichen "Anzeigeinstrumente", die zur Darstellung von Größen benutzt werden, auch zur Abwicklung der anfallenden Eingaben einzusetzen. Dadurch kann das Erreichen eines vorgegebenen Sollwertes unmittelbar am gleichen Gerät verfolgt und kontrolliert werden. In Abb. 2 wird die Realisierung einer analogen Anzeige und deren Kombination mit einem Schieberegler gezeigt, die sich als Erweiterung für die Eingabe anbietet. Die vorgenommene Aufteilung für die Darstellungen von Soll- und Ist-Zustand kann entfallen, wenn es keine Zeitverzögerung für die Übernahme des neuen Wertes gibt. Dies ist meist der Fall für Programmparameter, die nicht unmittelbar auf den Prozeß einwirken. Daher kann dort eine Reduktion auf die Darstellung eines herkömmlichen Schieberegler erfolgen. In diesem Fall würde also die einfachere Abbildung genügen. Es müßte jedoch Sorge getragen werden, daß eine Unterscheidung zwischen reinen Ausgabegeräten und eingabefähigen Geräten sichergestellt ist, um die Bedienung nicht zu einem unsicheren "Glücksspiel" zu machen.

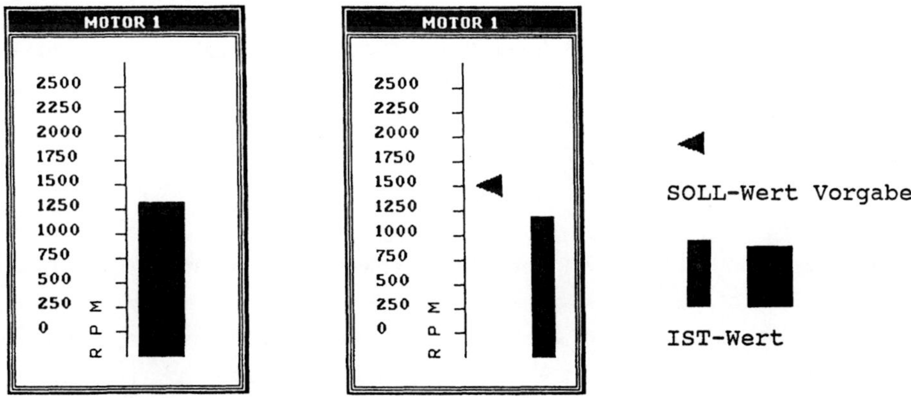

Abb. 2: Kombination von Aus- und Eingabe an einem bitmap Terminal.

Alphanumerische Eingaben bleiben im Wesentlichen auf zwei einfache Grundformen beschränkt: freie Texteingabe, wie sie für Namen, aber auch für anschließend geparste Kommandos verwendet wird und die Auswahl aus einer fest vorgegebenen Menge von Möglichkeiten (Alternativen). Im ersteren der Fälle bleibt die Eingabe über eine Tastatur die allgemein leistungsfähigste Interaktionsform, läßt man die direkte, akustische Spracheingabe außer Betracht. Die Auswahl aus einer Alternativenmenge stellt eine der in 3. angesprochenen Dialogformen dar: dies ist die Grundform der Menübedienung.

4.3. Anpassung der Dialoggestaltung

In Systemen der Prozeßüberwachung, die über einen äußerst hohen Grad an Parallelität der Ereignisse verfügen, kann von einem festen Dialogablauf nicht gesprochen werden. Im Gegensatz hierzu stehen die Dialogsysteme, die im weitesten Sinne auf Frage/Antwort-Dialogen beruhen.

Unter Dialoggestaltung bei Prozeßüberwachungssystemen soll deshalb die Art und der Umfang der wechselseitigen Informationsübermittlung zwischen dem System und dem Bediener zusammengefaßt werden. Mit der Konfiguration einer Bedienoberfläche wird festgelegt, welche Größen dem Bediener angezeigt werden sollen, welche Größen vom Personal veränderbar sind und auf welche Ereignisse vom Bediener reagiert werden muß. Für eine anpaßbare Oberfläche genügt es, wenn die Konfiguration das notwendige Minimum für die Bedienung festlegt. Weitere Größen können bei Bedarf in geeigneter Form nach Auswahl des Bedieners dargestellt werden. Bei allen Maßnahmen der Anpassung muß sichergestellt werden, daß die Anforderungen der Minimalkonfiguration erfüllt sind, also die dort definierten Vorgänge jederzeit, und ohne besonderen Zeitverzug ausgeführt werden können.

Die freie Wahl der angezeigten Prozeßinformationen stellt somit das größte Potential einer anpaßbaren Oberfläche dar. Im Gegensatz zu Änderungen der Interaktionsschritte und Umstellungen der Dialogform bleibt auch die einheitliche Gestaltung und Bedienbarkeit einer Oberfläche erhalten.

5. Problemstellen nichtstandardisierter Bedienoberflächen

Wie angesprochen wirkt eine anpassungsfähige Bedienoberfläche den Bestrebungen nach Vereinheitlichung entgegen. Es besteht die Gefahr einer zu großen Vielfalt von Bedienmöglichkeiten, die dann in unüberschaubarer Weise nebeneinander existieren. Dem kann jedoch begegnet werden, indem von der Dialogkomponente nur wenige, klar abgegrenzte Interaktionen zugelassen werden. Es sollten keine zu sehr ähnlichen Alternativen wie Maus und Lichtgriffel parallel unterstützt werden.

Da die Ausgabe weitaus unkritischer ist als die Werteingabe, kann hier auch eine größere Vielfalt erlaubt werden. Über mögliche Kopplungen von Aus- und Eingaben bleibt die Sicht auf die Auswirkungen der Bedienschritte erhalten, unabhängig von der dabei verwendeten Interaktionsform.

Eine sehr schwer abzuschätzende Größe ist die Bereitschaft des betroffenenen Personals, zusätzlich zur eigentlichen Bedienaufgabe noch die Gestaltung der jeweiligen Bedienplätze zu übernehmen. Die Fähigkeit, eine dem momentanen Problem angemessene Oberfläche zu schaffen ist schließlich auch abhängig vom Wissen des Benutzers über die Zusammenhänge des Prozeßsystems. Da hier die in der jeweiligen (Streß-)situation mögliche, persönliche Leistungsfähigkeit eingeht, kann keine sichere Aussage über das Verhalten in zeitkritischen Situationen gemacht werden. Zu vermuten ist jedoch, daß eine auftretende Ausnahmesituation besser beherrscht werden kann, wenn der Bediener über eine für ihn optimale Schnittstelle zum Prozeß verfügt. Kann er diese praktisch auf Knopfdruck verfügbar machen, bleibt ihm auch die zusätzliche Belastung in kritischen Situationen erspart.

6. Zusammenfassung und Ausblick

Es wurde gezeigt, daß es möglich ist, eine nach den Prinzipien einer Dialogform gestaltete Mensch-Prozeß-Kommunikation mittels unterschiedlicher Interaktionstechniken durchzuführen. Dabei kann es dem Bediener überlassen werden, welche Technik er bevorzugt und schließlich in einer bestimmten Situation einsetzt. Die Grundlage hierfür ist eine letztendlich von der Bedienoberfläche unabhängige Beschreibung der erlaubten Bedienvorgänge.

Deutlich wurde auch die Tatsache, daß eine Anpassung um so einfacher erfolgen kann, je restriktiver die Eingabemöglichkeiten sind; die Vielzahl der für die Menütechnik einsetzbaren Interaktionsformen belegt dies eindringlich. Für eine nahezu freie Eingabe (Kommandosprache) lassen sich dagegen nur schwer alternative Interaktionsformen finden. Erst eine Überführung der Sprache in z.B. Interviewtechnik erlaubt weitere Möglichkeiten zur Oberflächengestaltung.

Für Prozeßsysteme besteht künftig wohl auch die Möglichkeit, daß die benutzte Bedienoberfläche nicht mehr eigenständig definiert wird, sondern auf dem - meist ohnehin vorhandenen - Modell des Prozesses basiert. Mit Zuordnungen zwischen Darstellungsformen und Prozeßteilen (seien es Anlagen oder auch Daten) kann an einem lokalen Rechner ein dynamisches Prozeßabbild erzeugt werden. Dabei läßt sich auch die Auflösung der jeweiligen Darstellungen variieren, wenn unterschiedliche Detailiertheitsgrade eingesetzt werden können.

Die Vereinheitlichung der Modelldaten für die Steuerung und die Darstellungen der Oberfläche gibt dem Bedienpersonal auch die Chance, das mentale Modell von der Anlage in besseren Einklang mit dem realen Prozeß zu bringen, da subjektive Modellbildungen durch die dynamische Oberfläche besser überprüfbar werden.

7. Literatur

[1] G.Färber, M.Polke, H.Steusloff; Mensch-Prozeß-Kommunikation; in: Sonderheft Automatisierungstechnische Praxis - atp, NAMUR Statusbericht 1985, S. 50-61

[2] D.Embrey, P.Humphreys: Support for Decision Making and Problem Solving in Abnormal Conditions in Nuclear Power Plants; in: L.B.Methlie and R.H.Sprague (ed.); Knowledge Representation for Decision Support Systems;
Amsterdam, New York, Oxford, Tokyo: North-Holland; 1985

[3] M.Polke; Informationshaushalt technischer Prozesse; in: Automatisierungstechnische Praxis 27 (1985), S. 161-171; Nachdruck in: NAMUR Statusbericht 1985 (Sonderheft atp), S. 15-25.

[4] V.Risak; Mensch-Maschine-Schnittstelle in Echtzeitsystemen; Wien, New York: Springer-Verlag; 1986.

[5] R.Bangert, W.Steidl, B.Ziegler; Bedienen und Beobachten: Stand der Technik und Blick in die Zukunft; in: Siemens Energie & Automation 8 (1986), S. 310-311.

[6] D.Ernst; Stand und Trends in der Meß- und Automatisierungstechnik; in: Siemens Energie & Automation 8 (1986), S. 258-262.

[7] J.R.Göthe, H.G.Mederer; Konzentrierte Darstellung von Prozeßinformation mit Sichtgeräten; in: Prozeßrechner 84, S. 683-691, Reihe Informatik Fachberichte 86; Berlin, Heidelberg, New York, Tokyo: Springer-Verlag; 1984.

[8] G.V.Kloster, A.Zellweger; Engineering the Man-Machine Interface for Air Traffic Control; in: COMPUTER Volume 20, Number 2, pp. 47-62; February 1987.

[9] H.J.Charwat; Gesetze des Bedienens; Automatisierungstechnische Praxis 29 (1987), S. 58-65.

[10] W.Körner, M.Polke, P.Moll; Zur funktionalen Gliederung von Leitsystemen; Automatisierungstechnische Praxis 29 (1987), S. 393-400.

EXPERTENSYSTEME UND HOCHAUFLÖSENDE GRAFIK ZUR UNTERSTÜTZUNG DES BEDIENPERSONALS IN DER PROZESSLEITTECHNIK

P. Elzer, H.W. Borchers, H. Siebert, K. Zinser

BBC Brown Boveri AG
Zentrales Forschungslabor, ZFL/L3
Eppelheimer Str. 82,
D-6900 Heidelberg 1, F.R.G.

Zusammenfassung

Es wird über ein funktionsfähiges Modell eines "Leitsystems der nächsten Generation" berichtet, das wissensbasierte Systeme verschiedener Bauart enthält, die z.B. folgende Aufgaben wahrnehmen:

- Erkennung von kritischen Prozeßzuständen und Warnung des Bedieners,
- Analyse zusammengesetzter Bedienhandlungen,
- Auswahl und on-line-Montage der für eine schnelle Beurteilung des Prozeßzustandes erforderlichen grafischen Darstellungen.

Außerdem werden Beispiele der Fähigkeiten einer neuartigen Informationsdarstellungsmethode vorgestellt, die die Möglichkeiten eines hochauflösenden Bildschirms nutzt.

1. Einleitung

Wegen des hohen Gefährdungspotentials für Leben und Gesundheit von Menschen im Falle von Fehlbedienungen und Fehlfunktionen großer industrieller Prozesse wurde in der industriellen Leittechnik traditionell auf eine optimale Gestaltung des Bedienerinterfaces (d.h. in den meisten Fällen: der Leitwarte) große Sorgfalt verwandt. Dennoch haben sich im Laufe der Jahre u.a. folgende Schwachstellen herausgestellt:

- Lücken bei der gezielten Hinlenkung der Aufmerksamkeit des Bedieners auf kritische Prozeßzustände, besonders, wenn diese sich erst anbahnen,
- Geschwindigkeitsprobleme beim Bereitstellen oder Auffinden der Prozeßinformation, die der Bediener als Entscheidungsbasis für eine zweckmäßige Reaktion benötigt,
- Unzureichende Erklärung der Ursachen und möglichen Konsequenzen von Fehlerzuständen.

Ins Bewußtsein der Fachöffentlichkeit gerieten diese Mängel der bisherigen Leitsysteme besonders nach dem Unfall im Kernkraftwerk "Three Miles Island". Besonders in den USA gewann dadurch die Forschungstätigkeit auf den Sektoren "Ergonomie" und "Expertensysteme" in der Prozeßleittechnik starken Auftrieb. Aber auch in Europa wurde, z.B. im Rahmen des ESPRIT-Projektes der Kommission der Europäischen Gemeinschaften, die Forschung auf diesen Gebieten verstärkt.

Beim BBC-Konzern wurde nach detaillierten Vorstudien /1/ 1985 im Zentralen Forschungslabor (ZFL) in Heidelberg ein ESPRIT-Forschungsprojekt zusammen mit folgenden Institutionen begonnen:

- CRI (Computer Resources International), Kopenhagen
- Universität Kassel
- Strathclyde University, Glasgow
- Katholische Universität, Leuven

Ziel dieses Vorhabens ist die Untersuchung der Möglichkeiten, die Expertensysteme und hochauflösende Grafik zur Verbesserung der Bedienerschnittstelle von Leitsystemen bieten. Es trägt die Bezeichnung P857 "GRADIENT" (Graphical Dialogue Environment). Über die Ziele des Vorhabens und das gewählte Vorgehen wurde schon an anderer Stelle berichtet /2,3/.

Inzwischen liegen erste Ergebnisse vor, die den gewählten Ansatz bestätigen. Ein Teil davon soll hier vorgestellt werden.

2. Gesamtaufbau des 'GRADIENT' Systems

Fig. 1 gibt einen Überblick über die untersuchte Gesamtsystemstruktur. Besonders wesentlich für die Unterstützung des Bedieners sind folgende Komponenten :

- Das "Quick-Response-Expert-System" (QRES) hat im wesentlichen die Aufgabe, den Bediener auf aufgetretene oder sich anbahnende kritische Prozeßzustände hinzuweisen. Dazu überwacht es laufend einen Satz ausgewählter Prozeßwerte und stößt bei Erkennung eines Problems das "GES" an (s.u.).
- Das "Operator-Response-Evaluation-System" (RESQ) überprüft Bedienerhandlungen auf ihre Zulässigkeit im (zeitlichen) Aktionskontext und veranlaßt entsprechende Warnungen oder aber verhindert die unzulässige Bedienhandlung.
- Das "Grafische Experten-System" (GES) weist den Bediener auf die in der gegebenen Prozeß- (Fehler-) Situation notwendigen (grafischen) Darstellungen der Prozeßinformation hin oder konfiguriert diese sogar selbst und schaltet sie auf, falls dadurch nicht andere gerade ablaufende Bedienvorgänge höherer Wichtigkeit gestört werden.
- Der "Intelligente Grafische Editor" (IGE) ist notwendig, um den für die Wirksamkeit der geschilderten Komponenten notwendigen Vorrat an grafischen Darstellungen im Leitsystem bereitzustellen. Da dieser sowohl quantitativ umfangreicher als auch qualitativ hochwertiger ist als in bisherigen Systemen, ist es nötig, den Projektabwickler und Bildentwerfer durch Bereitstellung von "Wissen" über die Struktur des aktuellen Prozesses, mögliche Darstellungsformen und sicherheitstechnische und ergonomische Regeln etc. zu unterstützen.

Auf einige weitere Komponenten wird in /4/ eingegangen.

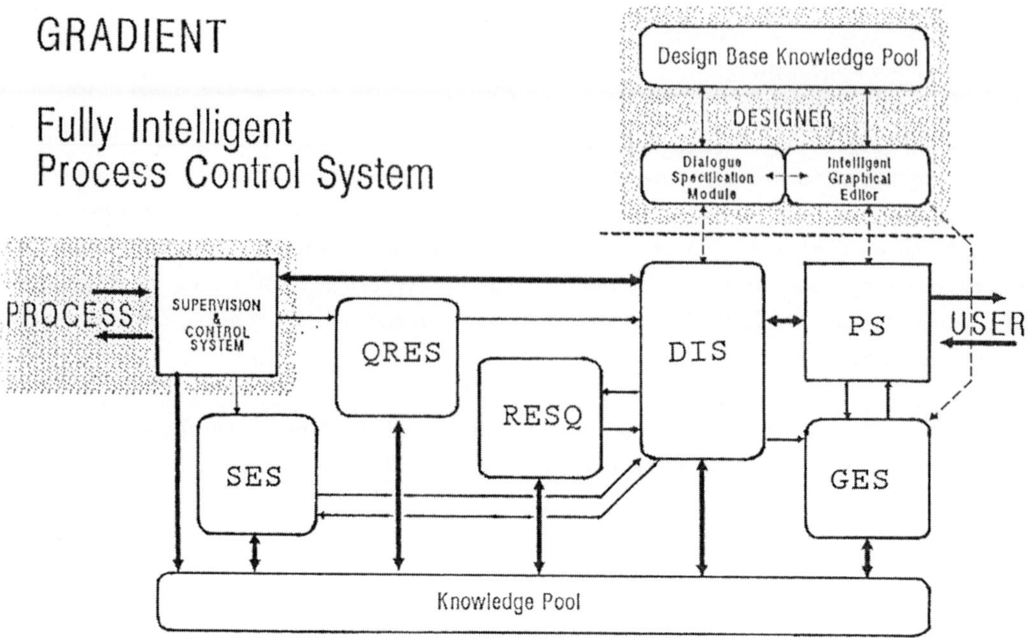

Fig.1: Struktur des GRADIENT Systems

3. Das Modellsystem "MARGRET"

3.1 Allgemeines

Um das konstruktive Risiko bei der Entwicklung dieses doch recht komplexen Systemansatzes zu begrenzen, werden bei den verschiedenen Partnern des Konsortiums, das dieses ESPRIT-Projekt bearbeitet, zunächst verschiedene Teilsysteme modellmäßig aufgebaut, um damit Erfahrungen zu gewinnen. Im Zentralen Forschungslabor von BBC in Heidelberg wurde ein "pre-prototype" eines Gesamtsystems aufgebaut, um

- Erfahrungen mit der Systemintegration und der Anwenderakzeptanz zu gewinnen,
- einen Erprobungsträger für die Weiterentwicklung der einzelnen Komponenten des GRADIENT-Systems bereitzustellen.

Er trägt die Arbeitsbezeichnung "MARGRET" (Multifunctional All-purpose Gradient Experimental Test Environment).

Auf einer LISP-Maschine der Fa. Symbolics mit hochauflösendem Schwarzweiß-Bildschirm wurden mit Hilfe des K.I.-Entwicklungswerkzeuges KEE (= Knowledge Engineering Environment) der Fa. IntelliCorp folgende Komponenten modelliert:

- Die grafische Bedieneroberfläche, die z.B. ermöglicht: geometrisches Zoom, additives und alternatives "Informationszoom", (automatische) Anpassung des Bildausschnittes an die Prozeßsituation, Markieren kritischer Komponenten und Subsysteme etc.

- Das QRES, das einige ausgewählte Fehlersyndrome erkennt und den Bediener entsprechend informiert. Außerdem liefert es auf Anfrage Information über zu erwartende Folgen des Fehlers und erläuternde Texte.
- Das GES, das aufgrund der von QRES gelieferten Information geeignete Darstellungen vorschlägt oder herbeiführt.

Um die Experimente in einer realistischen Umgebung ablaufen zu lassen, wurde eine an anderer Stelle bei BBC erstellte Softwaresimulation eines konventionellen Dampfkraftwerkes auf einen VAX-Rechner adaptiert und dieser über Ethernet an die LISP-Maschine gekoppelt /4/.

Modelle von RESQ und IGE sind in Arbeit. Außerdem wird "MARGRET" zur Zeit auch auf einer SUN-Farbgrafikstation in Betrieb genommen.

Sehr wertvoll waren die Erfahrungen, die mit der Testimplementation eines Kommunikationsprotokolls für verteilte Expertensysteme, den "composite objects" gewonnen werden konnten. Darüber wird an anderer Stelle gesondert berichtet werden.

Die derzeit realisierte Struktur des "pre-prototype" ist in Fig. 2 dargestellt.

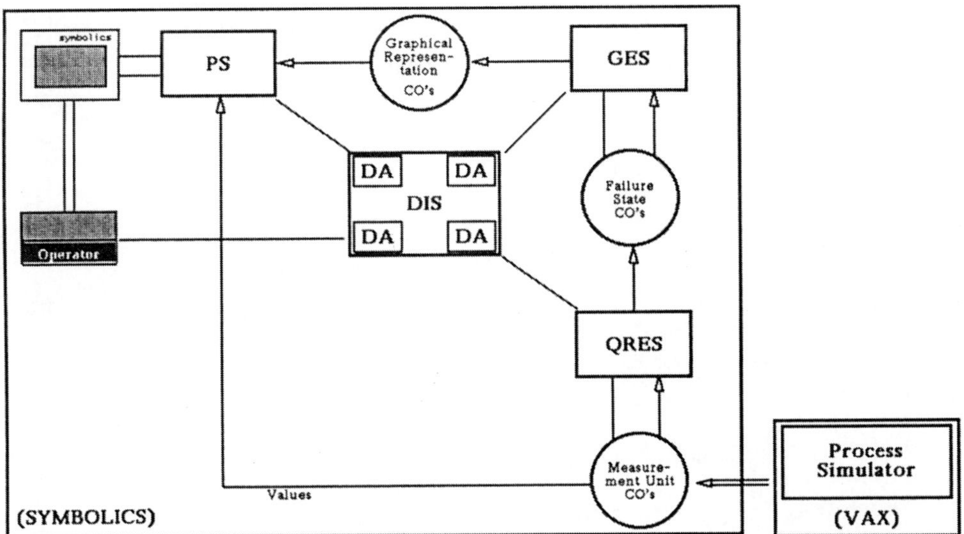

Fig. 2: Interne Struktur des "Preprototyps" MARGRET

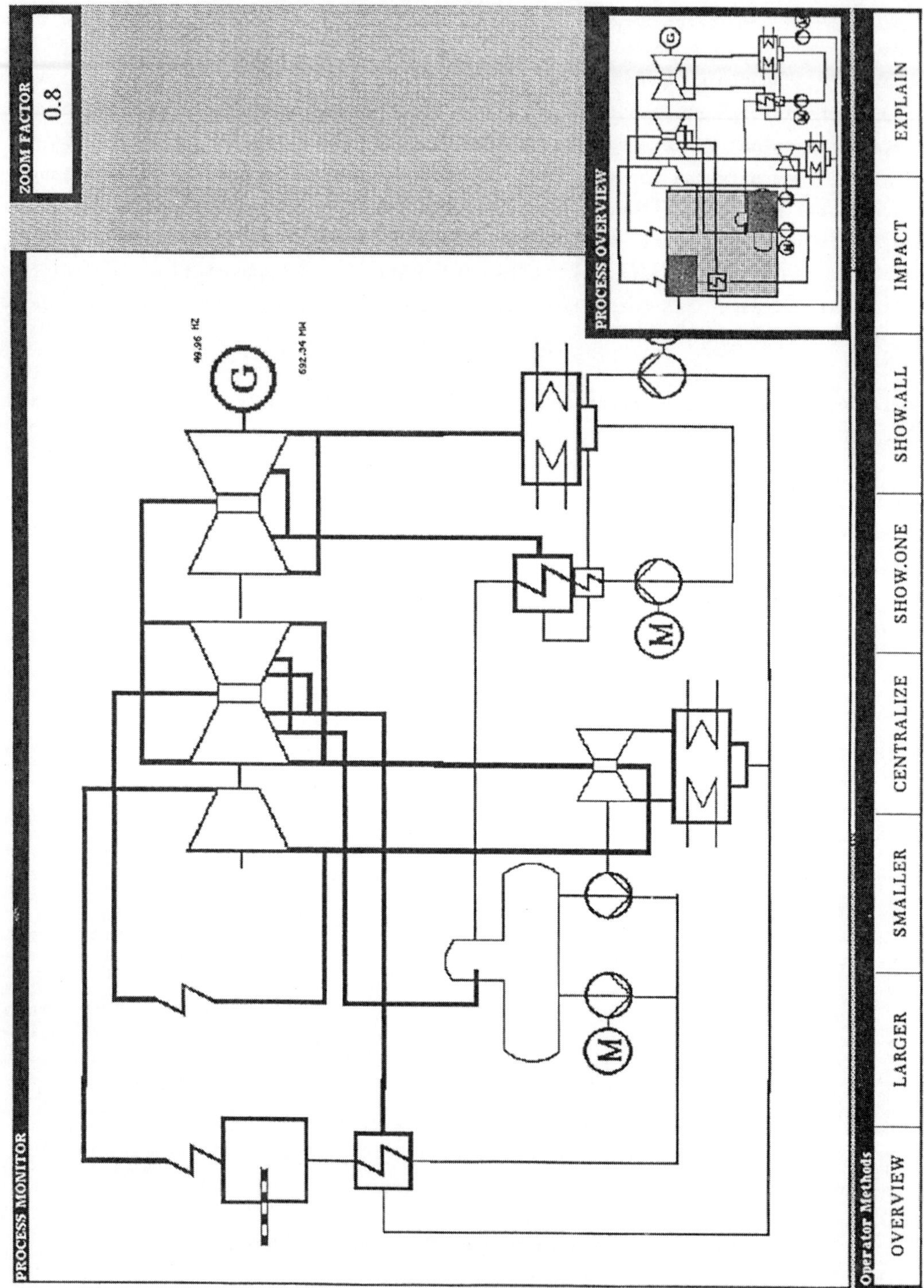

Fig. 3: Die Aufteilung des MARGRET Bildschirms

3.2 Die Bedieneroberfläche

Für die Bedieneroberfläche von MARGRET wurde ein neues Konzept entwickelt, das es dem Operateur gestattet, die ihn gerade interessierende Prozeßinformation anzuwählen, ohne wie bisher starre Bilder aus einem Bildvorrat auswählen und einzeln aufschalten zu müssen. Dies war durch konsequente Nutzung der Möglichkeiten eines hochauflösenden Bildschirms und einer modernen Softwareentwicklungsumgebung möglich. Diese Technik vermeidet eine Reihe der ergonomischen Nachteile der bisherigen starren Bildhierarchien und gestattet in den meisten Fällen einen schnelleren gezielten Zugriff auf die Prozeßinformation.

Fig. 3 zeigt den Aufbau des Bildschirminhaltes von "MARGRET" im Grundzustand. Er besteht aus vier "Fenstern":

Das Prozeßüberwachungsfenster ("Process Monitor") ist das Fenster, durch das der Bediener den Prozeß "sieht". Es zeigt einen beliebig wählbaren Ausschnitt aus der Gesamtdarstellung des zu überwachenden Prozesses, dessen Darstellungsmaßstab außerdem vom Bediener beliebig festgelegt werden kann ("zooming"). Dabei wird nicht nur der geometrische Maßstab der Darstellung verändert, sondern auch ihre Informationsdichte ("additive information zoom", Fig. 4) und die Darstellungsweise ("alternative information zoom", Fig. 5).

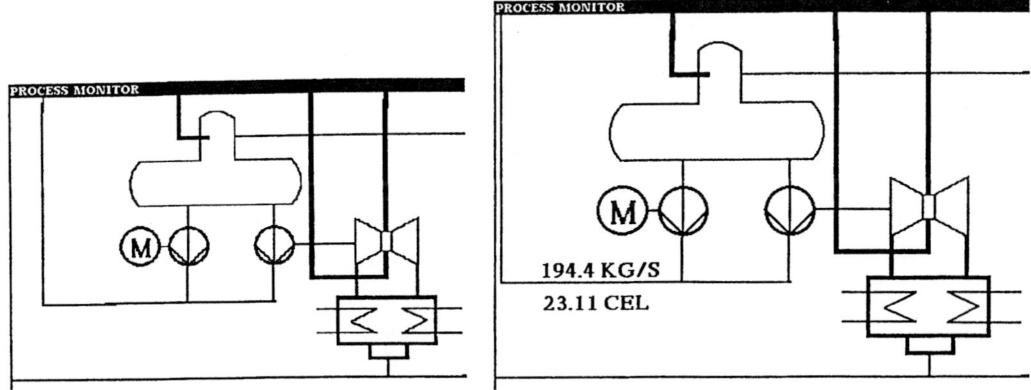

Fig. 4: Additives Informationszoom

Das Überblicksfenster ("Process Overview") kann in seinem Maßstab nicht verändert werden und dient hauptsächlich zur Anzeige der vom QRES erkannten Fehlerzustände ("failure states"). Diese werden einstweilen in Ermangelung einer Farbdarstellung durch Einblenden dunkelgrauer Rechtecke über den betroffenen Komponenten signalisiert. Beim Auftreten mehrerer Fehlerzustände ("failure syndrome") wird das gesamte betroffene Subsystem durch ein in hellerem Grau gehaltenes Rechteck unterlegt (s. Fig. 3 rechts unten).

Ein anderer Verwendungszweck des Überblicksfensters besteht darin, großflächige Verschiebungen des im Prozeßüberwachungsfensters dargestellten Ausschnittes vornehmen zu können (s.u. Erläuterung zu Funktion "CENTRALIZE").

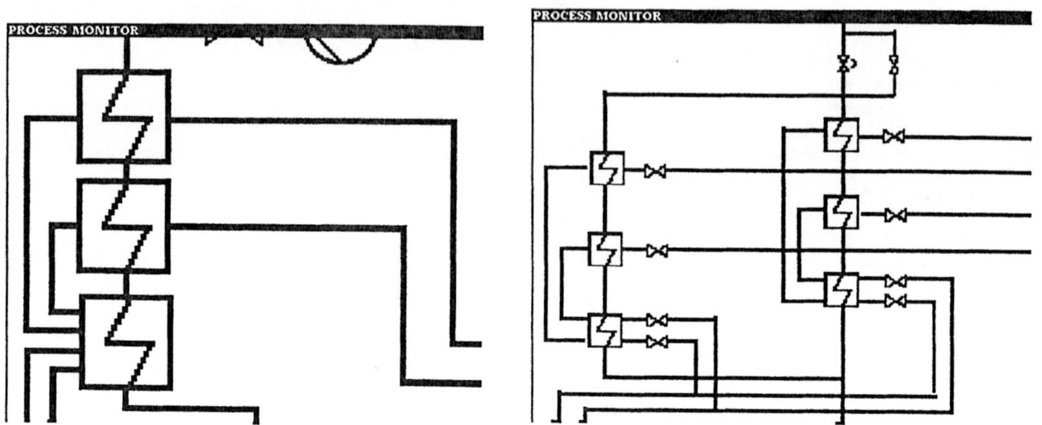

Fig. 5: Alternatives Informationszoom

Die Soft-Keys im dritten Fenster dienen zur Aktivierung der bisher realisierten Bedienerkommandos mit Hilfe der Maus. Die rein grafisch orientierten Funktionen "OVERVIEW", "LARGER", "SMALLER" und "CENTRALIZE" sind nach den bisherigen Erläuterungen nahezu selbstklärend:

"OVERVIEW" schaltet den Grundzustand des Bildschirminhaltes auf, "LARGER" bewirkt die Erhöhung des Vergrößerungsfaktors im Prozeßüberwachungsfenster um eine Stufe (z.Zt. um den Faktor 1,25), "SMALLER " eine entsprechende Verkleinerung. Mit Hilfe der Funktion "CENTRALIZE" kann der Bildausschnitt verschoben werden ("panning"). Nach Aktivierung der Funktion erscheint ein geändertes Maussymbol auf dem Bildschirm (⊕ statt ↗), mit dessen Hilfe eine dargestellte Komponente angewählt und zur Mitte des Bedienerfensters bewegt werden kann. Bei großen Darstellungsmaßstäben ist es sinnvoll, die gewünschte Komponente nicht im Bedienerfenster, sondern im Überblicksfenster anzuwählen, wodurch eine schnelle Fahrbewegung über das gesamte Prozeßschema hinweg möglich ist.

Die Bedienfelder "SHOW.ONE", "SHOW.ALL", "IMPACT" und "EXPLAIN" aktivieren die expertensystemgestützten Funktionen. Dies wird im nächsten Kapitel näher beschrieben.

3.3 Expertensystemgestützte Funktionen

Die Funktionen "SHOW.ONE" und "SHOW.ALL" unterstützen den Operateur bei der Analyse der Ursachen von Fehlern. Nach Aktivierung von "SHOW.ONE" erscheint ein geändertes Maussymbol, mit dessen Hilfe einer der Fehlerzustände angewählt werden kann, die im Überblicksbild (s. Fig. 3) durch kleine graue Rechtecke repräsentiert werden. Im Prozeßüberwachungsfenster erscheint dann die Umgebung der als fehlerhaft erkannten Komponente in einer Vergrößerung, die dem Operateur erlaubt, die Art der Störung weiter zu diagnostizieren.

Dem gleichen Zweck dient "SHOW.ALL". Bei Aktivierung dieser Funktion erscheint der Bereich, der dem hellgrauen Rechteck entspricht, in größtmöglicher Vergrößerung im Prozeßüberwachungsfenster. Das System bietet dadurch dem Bediener einen Überblick über das gesamte Fehlersyndrom an. Besteht dieses aus sehr weit auseinanderliegenden Einzelfehlern, so ist der Vergrößerungsfaktor notgedrungen klein: das angebotene Bild enthält zu wenig Detailinformation. Zur Lösung dieses Problems ist geplant, daß die Funktion "SHOW.ALL" flexiblere Darstellungen in mehreren Fenstern oder auf mehreren Bildschirmen unterstützt.

Das Auffinden von Ursachen und möglichen Konsequenzen von Fehlerzuständen wird schließlich unterstützt durch die Funktionen "IMPACT" und "EXPLAIN".

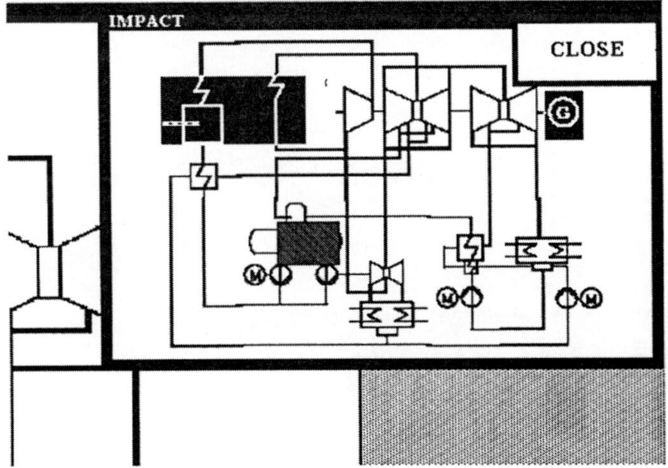

Fig. 6: Auswirkungen eines Fehlers im Speisewassersystem

Die Funktion "IMPACT" zeigt, auf welche Subsysteme ein Fehler Auswirkungen haben kann. Nachdem "IMPACT" aktiviert wurde, kann der Operateur mit Hilfe der Maus im Überblicksfenster einen Fehlerzustand anwählen. In einem zusätzlichen "Auswirkungsfenster" ("IMPACT"-window), das nur bei Bedarf aufgeblendet wird, erscheint dann ein Überblicksbild, in dem die betroffenen Systeme durch "Reverse-video"-Darstellung hervorgehoben sind. Zur Information erscheint auch eine Kopie des angewählten Fehlerzustandsrechtecks (s. Fig. 6).

Die Art der Auswirkung auf die betroffenen Systeme ist nur schwer mit ausschließlich graphischen Mitteln zu beschreiben. Die graphischen Darstellungen werden darum ergänzt durch Texte, die in einem weiteren "Erklärungsfenster" ("EXPLAIN"-window) erscheinen, wenn die Funktion "EXPLAIN" aktiviert wird. Diese Funktion bietet wieder ein geändertes Maussymbol an, mit dessen Hilfe sowohl im Überblicks- als auch im Auswirkungsfenster Fehlerzustände und betroffene Systeme angewählt werden können.

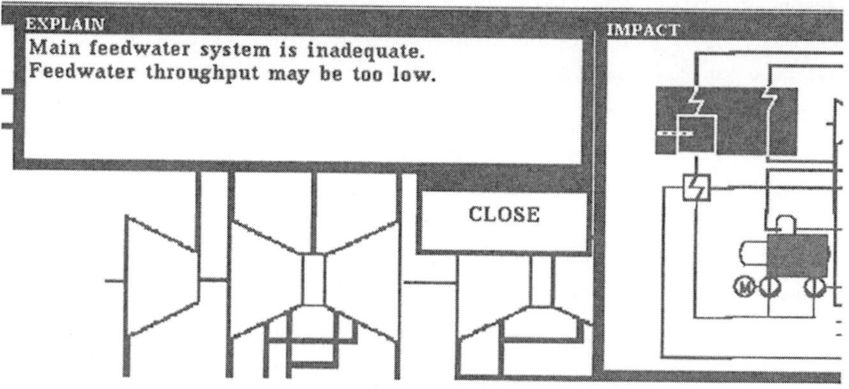

Fig. 7: Erklärung eines Fehlerzustandes im Speisewassersystem

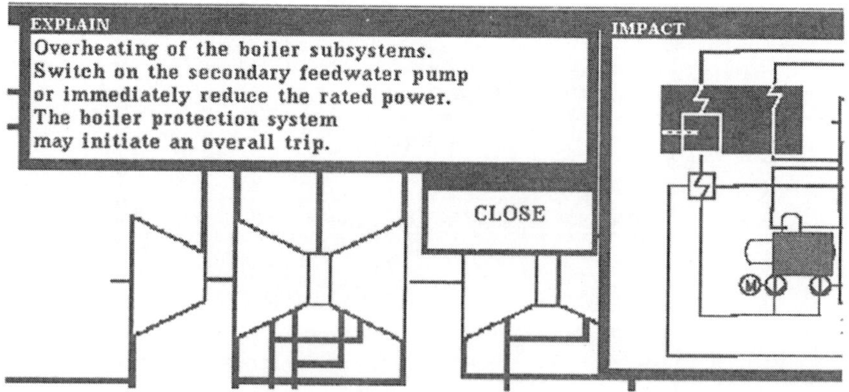

Fig. 8: Erklärung der Auswirkung dieses Fehlers auf den Kessel

Wird ein Fehlerzustand angewählt, so erscheint im Erklärungsfenster ein Text, der die Art dieses Fehlers näher beschreibt (Fig. 7). Wird eines der betroffenen Systeme angewählt, erscheint ein Text, der die möglichen Auswirkungen des Fehlers auf das angewählte System erläutert und gegebenenfalls auch Hinweise enthält, was der Operateur tun kann, um diese Auswirkungen zu verhindern (Fig.8).

3.4 Die eingebauten Fehlerfälle

"MARGRET" enthält zur Zeit nur einige wenige Fehlerfälle, die zum einen auf der Auskunft von Sachverständigen beruhen, zum anderen auf eigenen Beobachtungen während des Kraftwerksbetriebs. Eine weitere Bedingung, die berücksichtigt werden mußte, war natürlich, daß die dafür notwendigen Meßwerte und Meldungen in dem zur Verfügung stehenden Simulator abgedeckt sein mußten. Außerdem lag das Hauptgewicht der Arbeiten bisher auf dem Nachweis der Funktionalität des GRADIENT Systems und dem zur Kommunikation zwischen verschiedenen Wissensbasen nötigen Mechanismus.

Die zur Erkennung der Fehlerfälle benötigten Regeln wurden als "Rule System" in KEE impementiert. Da es sich um eine Klassifikation bzw. Fehlerdiagnose handelt, repräsentieren die Regeln ein Wissen, das üblicherweise als 'flach' oder 'assoziativ' bezeichnet wird. Dennoch enthalten die Regeln mehr Hintergrund-Wissen, als es zunächst den Anschein hat. So wurde nicht einfach heuristisches Wissen (des Operateurs) in die Regeln eingegeben, sondern es wurde versucht, physikalische Zusammenhänge im Prozeß mitzuberücksichtigen.

Der Aufwand zur Extraktion solcher Regeln war größer als erwartet, da die Experten für den Kraftwerksbetrieb meist sehr beschäftigt und schwer zu erreichen sind. Außerdem gibt es noch keine allgemeine Methodologie des "Knowledge Engineering", sodaß die Einarbeitung in das Fachgebiet mit Hindernissen und Umwegen verbunden war. Das Regelsystem soll aber in Zukunft kontinuierlich aufgestockt und weiter strukturiert werden.

Zur Unterstützung des Operateurs sind natürlich die unter 3.3 geschilderten Erklärungen zur Entdeckung eines Fehlerfalles und Andeutungen möglicher Konsequenzen auf den Zustand des Prozesses ganz wesentlich. Die üblichen in den Expert System Shells oft schon eingebauten Erklärungskomponenten sind hierfür nicht ausreichend, da sie einfach nur angeben, welche Regeln in welcher Reihenfolge gefeuert haben. Diese Information ist für den Bediener nutzlos. Zum Ansteuern der Erklärungen und Hinweise auf Konsequenzen mußten daher andere Wege beschritten werden. Die damit gewonnenen Erfahrungen führten zu einem internen Vorschlag für einen neuen Mechanismus. Dieser wird gesondert veröffentlicht werden, sobald Implementierungserfahrungen damit vorliegen.

4. Schlußbemerkungen

Das Modellsystem MARGRET hat das beträchtliche technische Potential, das in der Kopplung von wissensbasierten Systemen mit hochwertiger graphischer Darstellungstechnik steckt, in höherem Maße bestätigt, als dies selbst von den Autoren zu Beginn der Arbeiten angenommen worden war. Obwohl die verwendeten Hilfsmittel bisher nur einen kleinen Teil der Möglichkeiten moderner Arbeitsplatzrechner nutzen - so wird zur Zeit noch mit reiner Schwarzweißtechnik gearbeitet - waren die Reaktionen von Anwendern durchweg positiv. Natürlich sind bis zu einem Praxiseinsatz der vorgestellten Methoden noch eine große Zahl von technischen Problemen zu lösen, was aber nach den gemachten Erfahrungen als durchführbar erscheint.

Da auch immer wieder nach Erfahrungen bezüglich des Nutzens von ESPRIT-Projekten gefragt wird, die ja doch einen nicht ganz vernachlässigbaren Verwaltungs- und Koordinierungsaufwand erfordern, soll zum Schluß auch hierauf kurz eingegangen werden. Es scheint, daß hier Anlaß zu vorsichtigem Optimismus besteht. Nach nunmehr zweijähriger Projektlaufzeit haben sich die Partner in die ungewohnten Verwaltungs- und Koordinierungsmaßnahmen eingeübt, so daß der dafür nötige Zeitaufwand schon seit längerem stetig sinkt. Dagegen bewirkt die gegenseitige geistige Anregung fühlbare Synergie-Effekte und führt zu einer Qualität der Lösungsansätze, die vielleicht bei rein getrenntem Vorgehen der Partner in dieser Form nicht erreicht worden wäre.

5. Referenzen

/1/ J.L.Alty, P.Elzer u.a.: Literature and user survey of issues related to man-machine-interfaces for supervision and control systems.
ESPRIT P600 Graphical Dialogue, Pilot Phase Report, Copyright CRI A/S, 1985.

/2/ J.L.Alty, P.Elzer u.a.: Literature and user survey of issues related to man-machine-interfaces for supervision and control systems.
ESPRIT '85: Status Report of continuing work, North-Holland, 1986, pp. 719-727.

/3/ P.Elzer, H.W.Borchers, H.Siebert, C.Weisang, K.Zinser: MARGRET - A pre-prototype of an 'intelligent' process monitoring system. Proceedings of the 4th Annual ESPRIT Conference, Brussels, September 28-29, 1987, Notrth-Holland, pp. 973-984.

/4/ C.Weisang, P.Elzer: Die Bedeutung eines Prozeßsimulators in der Prototypphase eines wissensbasierten S&C-Systems. Vortrag, eingereicht zur Fachtagung "Prozeßrechensysteme '88", Stuttgart 1988.

Die Tafel-Architektur als Basis einer flexiblen Benutzer-Schnittstelle für Experten-Regler*)

Bruno Bieker
Bayer AG
5090 Leverkusen

Zusammenfassung: Der Wissenserwerb für ein "on-line"-Echtzeit-Expertensystem zur Prozeßführung (Güteanforderung: potentiell "closed-loop") erfordert in seiner letzten Stufe die Unterstützung durch ein transparentes, inkrementell erweiterbares und abänderbares, prozeßgekoppeltes Vorschlagsystem. Als Basis eines dafür geeigneten "tools" wird die Tafel-Architektur vorgeschlagen. Seine Ausprägung und Implementierungscharakteristika für einen Experten-Regler werden als erster Schritt zu einem allgemeinen "tool" für die Entwicklung von Expertensystemen zur Prozeßführung dargelegt und diskutiert.

1. Einführung und Übersicht

Die Entwicklung eines Expertensystems zur Prozeßführung besteht im Kern aus dem sogenannten Wissenserwerb. Diese Formulierung ist in einer Hinsicht jedoch irreführend, da das, was den Experten, d.h. den erfahrenen Prozeßbediener, ausmacht, bei diesem zum größeren Teil nicht als Wissen, sondern als nicht unmittelbar verbalisierbares, nicht-systematisiertes Können vorliegt (vergleiche [1]). Inwieweit das eine Rolle spielt, hängt vom jeweiligen Einsatz-Ziel des Expertensystems ab. Um einen klar definierten Bezug zu haben, sei hier von folgendem Ziel ausgegangen: Der Wissenserwerb soll eine Prozeßführungsstrategie erbringen,

- die bei der Erfassung ihrer Eingabe-Information direkt auf die vom Prozeßbediener verwendete Prozeßinformations-Schnittstelle zurückgreift
- und die beim "closed-loop"-Betrieb annähernd dieselbe Güte erbringt wie der Experte.

Wie in [2] und [3] genauer dargelegt ist, führt ein Wissenserwerb, der in der Hauptsache aus einem Zyklus aus Bilden von Hypothesen zur Prozeßführung und deren nachfolgendem "on-line"-Test besteht, zum gewünschten Erfolg. Wie dort ebenso am Beispiel einer Eingrößen-Regelung beschrieben, läßt sich dieses zunächst mehr "trial-and-error"-Verfahren in ein strukturiertes, dreistufiges "top-down"-Verfahren zum Wissenserwerb einbetten. Auf den beiden oberen Ebenen wird das erworbene Wissen in einem Handbuch festgehalten (auf Papier oder, aufgrund der häufigen erforderlichen Modifikationen günstiger, mit Hilfe eines Editors in einem "off-line"-Rechner). Die unterste Ebene

---

*) Der vorliegende Beitrag beruht auf Ergebnissen, die der Verfasser als Mitarbeiter am Lehrstuhl und Laboratorium für Steuerungs- und Regelungstechnik, Prof. Dr.-Ing. G. Schmidt, Technische Universität München, gewonnen hat.

erfordert zur Verfeinerung des bislang erworbenen Wissens, d.h. zur erforderlichen Präzisierung sowohl der Bildung der Hypothesen als auch ihrem Test die Weiterentwicklung des Expertensystems als Vorschlagsystem. Dieses beinhaltet die "on-line"-Kopplung auf Seite der Eingabe-Information und die Ausgabe von numerisch beschreibbaren Stelleingriffs-Vorschlägen.

Aufgrund der Unvollständigkeit und des teilweise hypothetischen Charakters des implementierten Wissens auch in diesem Entwicklungsstadium des Expertensystems sind summarisch folgende Anforderungen ein Expertensystem-Werkzeug ("shell", "tool") zu stellen:

A) Möglichkeit zur Modifikation des Programmablaufs

B) Möglichkeit zur on-line-Modifikation (Erweitern, Ändern) des implementierten Wissens, d.h. des Programminhalts bei laufendem Programm.

Insgesamt gesehen muß die Entwickler/Benutzer-Oberfläche eines "on-line"--Echtzeit-Expertensystem-"tools" zur Prozeßführung einen hohen Grad an Möglichkeit zu Interaktivität aufweisen. Wäre das ausgeprägt zyklische Vorgehen beim Wissenserwerb nicht notwendig, so würden konventionelle Verfahren zur Software-Erstellung ausreichend sein.

Im folgenden Abschnitt werden die soeben formulierten Anforderungen an ein Expertensystem-Werkzeug zur Prozeßführung weiter erläutert. Aufgrund der heute noch wenigen Erfahrungen wird der vorliegende Beitrag auf Experten-Regler eingeschränkt. Danach wird die Tafel-Architektur für das "tool" vorgeschlagen. Eine Beschreibung der erforderlichen Elemente und Funktionen schließt sich an. Nach der Darlegung der programmiertechnischen Realisierungsgrundlage lassen sich Elemente eines Tafelsystems näher charakterisieren. Implementierungserfahrungen und eine Bewertung schließen diesen Beitrag ab.

2. Tools für prozeßgekoppelte Echtzeit-Expertensysteme zur Prozeßführung

Die in der Einführung genannten Anforderungen an ein "tool" für Expertensysteme zur Prozeßführung sollen der Deutlichkeit wegen anhand eines Experten-Reglers noch näher erläutert werden.

• *Betrieb des Experten-Reglers beim Wissenserwerb*

Besonders am Beginn des Wissenserwerbs auf der untersten Ebene wird der unvollständige Experten-Regler als "Vorschlagsystem" betrieben. D.h., der Regler ist prozeßgekoppelt bezüglich seiner Prozeß-Meßdaten, er unterliegt also der Echtzeitbedingung; zusätzlich wird in der Darstellung jeder Stellgröße zusätzlich der vom Experten-Regler ausgegebene Stellgrößen-Verlauf -soweit vorhanden- als Vorschlag für die Stelleingriffe des Prozeßbedieners eingetragen (z.B. grafisch).

Schlägt der Experten-Regler nun etwa nicht korrekte Strategien vor oder fehlen noch gewisse Strategien oder Arten von Stelleingriffen, so sollte ein Eingriff in den Programmablauf möglich sein, der den Experten-Regler sofort oder nach einiger Zeit (bei einer noch fehlenden Strategie etwa) "wiederaufsetzt". Auf diese Weise wird das implementierte Wissen einem nahezu ständigen Test unterworfen, und man bekommt bei Berücksichtigung von weiter unten angegebenen Anforderungen an die Wissensrepräsentation und die Oberfläche die erforderlichen Hinweise, *wo wie was* im Experten-Regler zu ändern oder zu ergänzen ist. Die Modifikationen sollten bei laufendem Experten-Regler ("on-line" und unter Einhaltung der Echtzeitbedingung) an ihm durchführbar sein. Denn gerade auf der untersten Ebene des Wissenserwerbs sind häufig nur kleine Änderungen erforderlich, die ein Abschalten des Experten-Reglers als umständlich erscheinen lassen. Außerdem würde dadurch die zeitliche Effektivität des Wissenserwerbs stark beeinträchtigt, da es *Kein Test der Hypothesen* bedeutet.

Nahezu dasselbe gilt für einen fortgeschrittenen Wissenserwerb auf der untersten Ebene, wo man durch zeitweiligen "closed-loop"-Betrieb den Test des implementierten, teilweise noch hypothetischen Wissens weiter verschärft. Diese Vorgehensweise entspricht auch einer kontinuierlichen Inbetriebnahme des Reglers. Reagiert nun der Experten-Regler falsch, so sollte der Prozeßbediener eine entsprechende Änderung des Programmablaufs vornehmen können. Sofern Strategien noch fehlen, sollte der Prozeßbediener bei der erforderlichen Anwendung der Strategie durch Umschalten der entsprechenden Stellgrößen auf Hand die zugehörige Funktion übernehmen können. Es wird deutlich, daß auf der untersten Ebene des Wissenserwerbs ein enges Wechselspiel zwischen Prozeßbediener und Rechner auftritt.

• *Betrieb des "fertigen" Experten-Reglers*
Von den verschiedenen Gründen zu Änderungen selbst des Programminhalts des "fertigen" Experten-Reglers sei hier nur einer angeführt. Aufgrund des heutigen Erkenntnis- und Erfahrungsstandes kann Richtigkeit eines Experten-Reglers, auch unter "nur" praktischem Blickwinkel betrachtet, nicht völlig garantiert werden. Daher sind die Unterschiede der Anforderungen an die Implementierung eines Experten-Reglers für die Entwicklung einerseits und den betrieblichen Dauereinsatz andererseits bisher nur graduell.

Die bisher angestellten Betrachtungen beziehen sich auf Experten-Regler. Es gibt aber viele Hinweise, daß sie auch für die Prozeßführung im allgemeinen gelten. Ein Expertensystem-Werkzeug, das den in der Einführung gestellten Anforderungen A) und B) genügt, existiert bisher auf dem Markt nicht. Die Entwicklung eines entsprechenden "tools" hat sicherlich spezifisch zu erfolgen, das Ziel ist also nicht ein Allzweck-"tool", sondern ein "tool" zur Prozeßführung. Einige Schwächen der bisher verfügbaren "tools" sind in [4] angegeben. Im folgenden soll die Konzipierung eines "tools" für die Prozeßführung jedoch nicht durchgeführt werden, da handfeste Hinweise, welche Merkmale es aufzuweisen hat, bislang nicht vorliegen. Stattdessen soll hier als ein erster Schritt ein "tool" für Experten-Regler beschrieben werden, das aus konkreten Erfahrungen abgeleitet ist.

3. Prinzip der Tafel-Architektur

Eine kleine Betrachtung führt zu etwas spezifischeren Anforderungen, als A) und B) es direkt gesehen sind.

Eine Voraussetzung dafür, daß Änderungen des Programmablaufs zielgerichtet durchgeführt werden können, ist *Transparenz* von Inhalt und Ablaufsteuerung des Programms.

Der Inhalt ist einerseits transparent, wenn er in "natürlicher" Wissensrepräsentation vorliegt. Eine "natürliche" hierarchische Struktur des Wissens liegt häufig auf der Hand, sodaß andererseits das Programm *formale und inhaltliche Modularität* aufweisen sollte.

Die Ablaufsteuerung ist transparent, wenn der dafür *relevante Programmzustand* zusammen mit dem relevanten Inhalt des aktuell abgearbeiteten Moduls dargestellt wird. Durch "Überschreiben" von (zugelassenen) Zustandsdaten läßt sich dann der Programmablauf durch den Benutzer leicht modifizieren.

Für Änderungen des Programminhalts sind dessen leichte Verstehbarkeit die erste Forderung. Diese setzt wiederum natürliche Wissensrepräsentation und formale und inhaltliche Modularität des Programmes voraus. Zur Durchführung der Änderungen sind das Vorliegen natürlicher Wissensrepräsentation, inhaltliche und formale Modularität und in einem gewissen Rahmen *Uniformität* des Wissensrepräsentationsformalismus zweckmäßig. Änderungen sind dann das Ergänzen oder Wegnehmen von Modulen einerseits und Modifizieren des Inhalts von Modulen andererseits.

Die formalen Anforderungen, die man hier also in Betracht ziehen muß, sind also formale und inhaltliche Modularität des Programmes, Uniformität, Änderungsmöglichkeit des Inhalts der Module, Möglichkeit zum Ergänzen und Wegnehmen von Modulen, und Darstellung des relevanten Programmzustandes und des Inhalts des aktuell abgearbeiteten Moduls. Sie lassen sich mit einer Tafelarchitektur des Gesamtprogrammes erfüllen (Bild 1). Ihr Prinzip ist wie

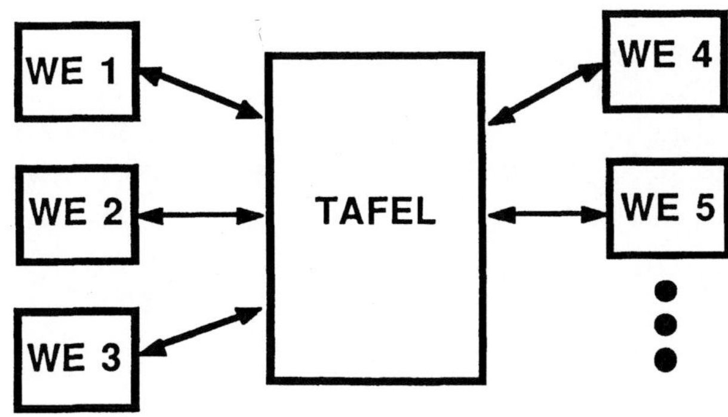

Bild 1: Prinzip der Tafel-Architektur

folgt: Die Tafel beinhaltet den Datensatz, über den allein die Module miteinander in Verbindung treten können. Sie ist also passives Kommunikationsmedium für die Module. Da sie alle erforderlichen Daten, einschließlich die für die Ablaufsteuerung, enthält, ist sie auch (passiver) Koordinator der Module. Entsprechend der Terminologie des Gebietes Expertensysteme werden die Module Wissenseinheiten (WE) genannt.

Sowohl die Regelstrecke einschließlich Interface zur Tafel als auch der Entwickler/Benutzer werden im wesentlichen als einer Wissenseinheit äquivalent angesehen. Letzterer kann so etwa durch über Überschreiben von Tafelinhalten den Programmablauf ändern. U.a. dazu kann der Inhalt der Tafel auf einem Bildschirm visualisiert werden. Diese spezifischeren Gegebenheiten sind in Bild 2 dargestellt.

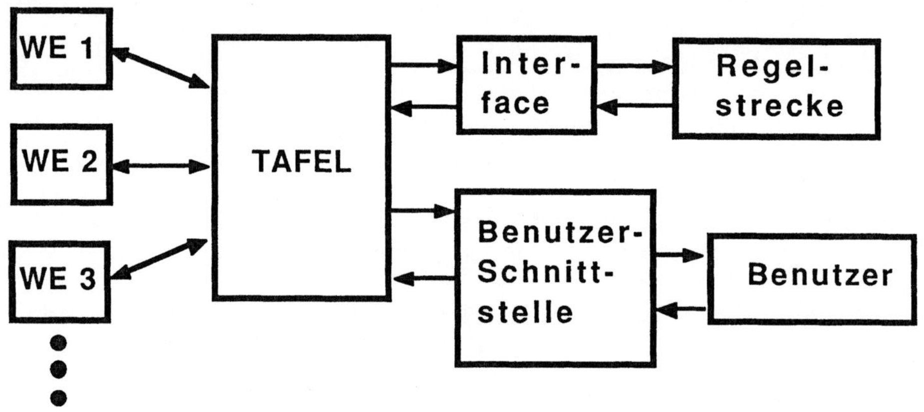

Bild 2: Tafelsystem als Basis einer flexiblen Benutzer-Schnittstelle

4. Elemente und Funktionen des Tafelsystems

Um einer Realisierung des Tafelsystems näherzukommen, seien die erforderlichen Elemente und Funktionen des Tafelsystems für einen Experten-Regler aufgelistet:

• *Elemente der Tafel*
- Meßwerte
- Stellwerte
- Sollwerte
- Errechnete und logisch erschlossene Zwischenwerte
- Zeit, Zeitdifferenzen zwischen Prozeßereignissen
- Historien von Meß-, Stell- und Sollwerten
- Prädiktionen von Meßwertverläufen

- Prozeßparameter (wie etwa aktuelle Prozeßreaktionszeiten)

- Namen der aktuell angewandten Strategien
- Namen der aktuellen Stelleingriffe
- Historien der Namen der Rezepte und Regeln, die Stelleingriffe auslösten

• *Funktionen der Benutzer-Schnittstelle in Bezug auf die Tafel*
  - Wert eines Parameters eines Tafelelementes lesen
  - Wert eines (zugelassenen) Parameters einesTafelelementes überschreiben
  - Tafelelement dynamisch ergänzen
  - Tafelelement dynamisch löschen

• *Funktion der Benutzer-Schnittstelle in Bezug auf die Wissenseinheiten*
  - Wissenseinheit erzeugen, löschen, aktivieren, deaktivieren, editieren,
  - Relevanten Inhalt der aktuell abgearbeiteten Wissenseinheiten darstellen
  - Festlegen, welche Tafelelemente von einem Modul gelesen / überschrieben werden dürfen

• *Bild der Tafel auf Bildschirm frei konfigurierbar*
  - Der Inhalt der Tafel ist in verschiedenen Weisen durch "Darstellungsobjekte" visualisierbar, z.B. durch Textfenster, Balkendiagramme oder Zeitverläufe

• *Funktionen der Wissenseinheiten*
  (z.B. Regeln , Rezepte, Tabellen)
  - Wert eines Parameters eines Tafelelementes lesen / überschreiben
  - Tafelelement dynamisch erzeugen / löschen
  - Wissenseinheit aktivieren / deaktivieren / dynamisch erzeugen / dynamisch löschen

5. Die gewählte Realisierungsgrundlage des Tafelsystems

Als Realisierungsgrundlage wurde ein objektorientiertes System (Flavor-System in LISP) gewählt. Damit ist es leicht möglich, insbesondere das dynamische Erzeugen von Tafelelementen, uniformen Wissenseinheiten und Darstellungsobjekten durch Bildung von Flavor-Instanzen zu bewerkstelligen. Die Flavors seien im vorliegenden Zusammenhang als Prototypen bezeichnet.

Die Module können nun als quasiparallele Prozesse auf der Tafel arbeiten oder von einer Ablaufsteuerung dazu aufgerufen werden. Zumindest ein Teil der Benutzer-Schnittstelle muß als quasiparalleler Prozeß implementiert werden, um nicht z.B. durch einen Editiervorgang das immer erforderliche Echtzeitverhalten des Experten-Reglers zu zerstören. Damit ergibt sich die in Bild 3 gezeigte schematische Darstellung des Tafelsystems.

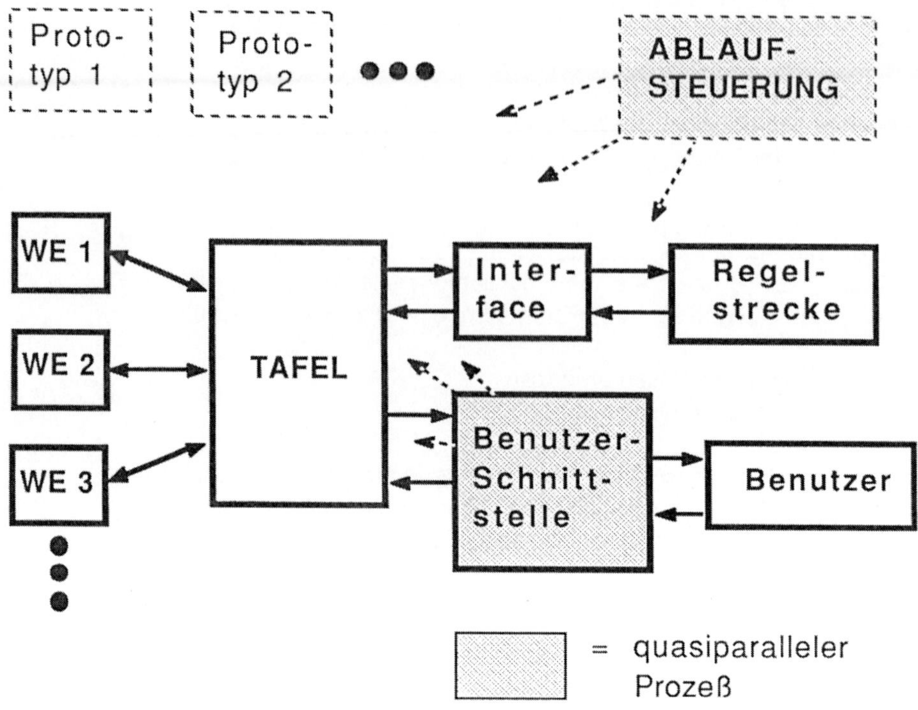

Bild 3: Schematische Darstellung der Realisierung des Experten-Reglers mit Tafel-Architektur

Schließlich sei angemerkt, daß das Tafelsystem auf unterlagerter Ebene aus Implementierungsgründen natürlich auch direkte Kommunikationswege zwischen Modulen aufweisen darf, sofern sie für die "Ideal-Sicht" des Entwicklers/Benutzers des Experten-Reglers ohne Relevanz und unmerklich sind.

6. Struktur der Tafel

Die Tafel selbst besteht aus einer dynamischen Menge von Instanzen verschiedener Flavors. So existiert z.B. ein Meßwert-Flavor, ein Stellwert-Flavor u.s.w. In Bild 4 ist als Beispiel grob der Datentyp Meßwert-Flavor semigrafisch dargestellt.

Um nun den Zugriff der quasiparallelen Prozesse auf einen konsistenten Datensatz zu gewährleisten, ist jedes Tafelelement mit einem Lock-Mechanismus ausgestattet. Dabei wird (wie in [5]) aus Gründen zeitlicher Effektivität zwischen Lese- und Schreib-Lock unterschieden. Lese-Locks dürfen von mehreren Prozessen gehalten werden, diese dürfen quasi-gleichzeitig auf das Tafelelement zugreifen. Solange mindestens ein Lese-Lock des betreffenden Tafelelementes vergeben ist, darf kein Schreib-Lock vergeben werden. Hat ein Prozeß ein Schreib-Lock, so wird exklusiver Zugriff garantiert.

Die folgenden Methoden existieren für den Zugriff auf die Parameter eines Meßwert-Tafelelementes:

- Lese aktuellen Wert
- Schreibe aktuellen Wert
- Lese Historie
- Schreibe Historie
- Schalte Historie ein
- Schalte Historie aus
- Lösche Historie
- Setze Historien-Länge
- Schreibe Vorhersage (des Signalverlaufs)
- Lösche Vorhersage
- Setze Zugriffsberechtigung

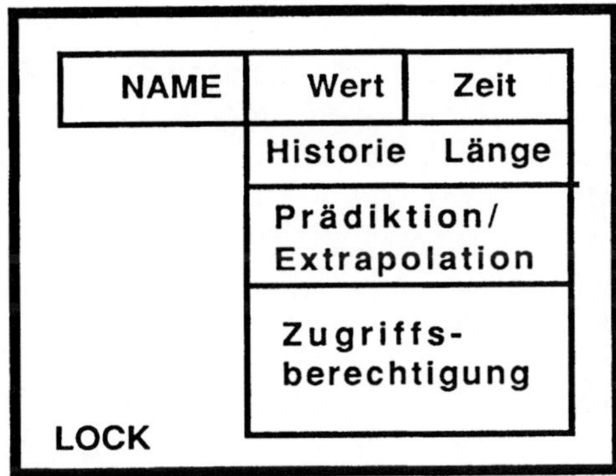

Bild 4: Datentyp Meßwert-Tafelelement

7. Die Wissenseinheiten

Die bisher implementierten Prototypen für Wissenseinheiten sind Regeln und Rezepte. Zusätzlich sind sogenannte parametrierbare Bausteine eingeführt, wie etwa Tabellen oder Differenzierer. Da ein Experten-Regler wohl kaum allein durch Verwendung konfigurierbarer Prototypen erstellt werden kann, können auch freiprogrammierte (in LISP) Module in das Tafelsystem eingebracht werden. Als Eingabekomponente wird in allen Fällen der Editor des LISP-Systems benutzt; eine Formular-orientierter Editor wäre bei den uniformen Wissenseinheiten wünschenswert.

8. Ablaufsteuerung

Die implementierte Ablaufsteuerung ist eine einfacher Zeitschleifen-Prozeß. Sie ruft die aktiv gesetzten Module in einer festen Reihenfolge nacheinander auf. Der jeweils aufgerufene Modul prüft anhand von ihm fest zugewiesenen Tafelelementen, ob er eine Abarbeitung durchzuführen hat.

Damit ist die hier implementierte Ablaufsteuerung außerordentlich primitiv gemessen an denen, die in der Literatur bei "blackboard"-Systemen zu finden sind (vergleiche [6]). Ursache für den Unterschied ist, daß bisher bei Experten-Reglern komplexe Suchprozesse nicht erforderlich wurden. Aus Effektivitätsgründen ist es bisher auch fraglich, ob dann ein "blackboard"-System auf der Ebene der Schlußfolgerungsprozesse Sinn macht.

9. Visualisierung

Bei der Visualisierung muß zwischen der Visualisierung des Tafelinhaltes und derjenigen der aktuell in Abarbeitung befindlichen Wisseneinheit unterschieden werden. Unproblematisch ist die Visualisierung des Tafelinhalts durch Darstellungsobjekte wie Textfenster, Balkendiagramme oder Zeitverläufe. Hierfür können konfigurierbare Prototypen bereitgestellt werden.

Schwieriger sind elegante Lösungen für die Wisseneinheiten. Zur Zeit wird versucht, die Module aus Effektivitätsgründen weitestgehend in compilierte Version zu bringen und bei der Visualisierung auf die im System vorliegende Quelle zu referenzieren.

10. Implementierungserfahrungen / Bewertung

Die Implementierung eines Tafelsystems für einen Experten-Regler für eine Eingrößen-Regelung (Simulation) zeigt einen nicht unbeträchtlichen Programmieraufwand, der aber aufgrund der geforderten Flexibilität nicht unerwartet ist. Die Frage der Programmiersprache ist bisher unentschieden, da LISP-Systeme zwar viele Vorteile besitzen, bei "on-line"-Anwendungen aber noch für kritische Datensätze eine programmgesteuerte Speicherverwaltung benötigen.

Im Hinblick auf eine tiefergehende Beurteilung ist zu berücksichtigen, daß das beschriebene Experten-Regler-"tool" sicherlich nur als ein erster Ansatz satz eines Werkzeugs für "on-line"-Echtzeit-Expertensysteme zur Prozeßführung ist. So ist zwar die Bekämpfung von Symptomen durch direkte Assoziationen berücksichtigt (Rezepte), nicht aber deren Wechselspiel mit etwa der Ermittlung der Ursachen von Störungen durch eine Kombination aus logischem Schlußfolgern und Testeingriffen in den Prozeß. Außerdem ist die Brauchbarkeit bei einer hohen Anzahl von Prozeßsignalen zu prüfen, da nicht auszuschließen ist, daß die Tafel in diesem Fall zu einem Flaschenhals wird.

Trotzdem weist das Tafel-Konzept eine große Attraktivität auf. Hervorzuheben ist die klare Stuktur des Programmsystems. Gegenüber dem Nachrichtensenden zwischen beliebigen Objekten in der objektorientierten Programmierung muß der eigentliche Empfänger einer Nachricht in einem Tafelsystem nicht vorhanden sein [6]. Das ist wichtig für die Phase des Wissenserwerbs, wo der Experte die Funktion der noch fehlenden und noch herauszuarbeitenden Module übernehmen kann und soll. Insgesamt erscheint die Tafel-Architektur als ein weitreichendes Konzept, wenn man sich "verteilte" Expertensysteme vorstellt.

11. Schrifttum

[1] Bieker, B.: Experten-Regelungen - Probleme der Modellierung von Prozeßbedienern. Automatisierungstechnische Praxis 28 (1986), H. 8, S. 382 - 389.

[2] Bieker, B: Wissenserwerb für eine einfache Experten-Regelung. Automatisierungstechnische Praxis 28 (1986), H.9, S. 448 - 457.

[3] Bieker, B., und Schmidt, G.: Eine einfache Experten-Regelung. Wissenserwerb, Implementierung und Anwendungserfahrung. In: Thoma, M., und Schmidt, G. (Hsg.): Fortschritte in der Meß- und Automatisierungstechnik durch Informationstechnik. INTERKAMA-Kongreß 1986. Springer Verlag Berlin u.a., 1986, S. 493 - 502.

[4] Moore, R.L. et al.: Expert Systems Methodology For Real-Time Process Control. IFAC-Kongreß München, 1987.

[5] Ensor, J.R., und Gabbe, J.D.: Transactional Blackboards. Proceedings International Conference on Artificial Conference 1985, S. 340 - 344.

[6] Nii, H.P.: Blackboard Systems. Blackboard Application Systems, Blackboard Systems from a Knowledge Engineering Perspective. The AI Magazine, August, 1986, S. 82 - 106.

Automatische benutzerdefinierte Dokumentation für Automatisierungsprojekte

Dipl.-Ing. J.Gauger,
Universität Stuttgart,
Institut für Regelungstechnik und Prozeßautomatisierung
Pfaffenwaldring 47, 7000 Stuttgart 80

Zusammenfassung: Die wachsende Komplexität von Software-Werkzeugsystemen macht es dem Benutzer zunehmend schwerer, die ihm angebotenen Möglichkeiten optimal zu nutzen. In diesem Beitrag wird am Beispiel eines automatischen Dokumentationssystems gezeigt, wie wissensbasierte Methoden die Anwendung einer Entwicklungsumgebung unterstützen können.

1.) Benutzerunterstützung bei der Anwendung komplexer Software

Zunehmend komplexer werdende Aufgabenstellungen in der Automatisierungstechnik wie auch in anderen Bereichen der Computeranwendung führten zur Entwicklung von Werkzeugsystemen, die Rechnerunterstützung für verschiedene Aufgaben bei der Durchführung solcher Projekte leisten. Dabei geht der Trend zu immer mächtigeren, d.h. aus immer mehr Einzelwerkzeugen bestehenden Systemen. Ein Beispiel für ein solches Werkzeugsystem ist die Software-/Hardware-Entwicklungsumgebung EPOS [LaLe 84], die integrierte Rechnerunterstützung für alle Tätigkeiten in allen Phasen eines Projekts leistet. Darüberhinaus gibt es Bestrebungen, Werkzeugsysteme verschiedener Hersteller in gemeinsame Rahmensysteme zu integrieren [Abbe 86].

Die steigende Komplexität solcher Entwicklungsumgebungen macht es dem Benutzer zunehmend schwerer, die ihm gebotenen Möglichkeiten optimal zu nutzen. Bisher müssen Informationen über den Gebrauch von Software in der Regel Handbüchern entnommen werden oder sie können online abgefragt werden; dann aber meist nur stark gekürzt und damit bestenfalls als Gedächtnisstütze geeignet. Insbesondere ist an dieser Art der Unterstützung aber zu bemängeln, daß sie allein auf Informationen über verfügbare Funktionen und ihre Parameter beruht und damit rein statisch und nicht umfeldbezogen arbeitet. Anzustreben ist demgegenüber eine Benutzerberatung, die das aktuelle Problem, d.h. das Projektumfeld, in dem sich der Benutzer bewegt, miteinbezieht.

Als Beispiel für eine solche Benutzerunterstützung soll ein System für die automatische Dokumentation eines Entwurfs nach benutzerdefinierter Vorschrift vorgestellt werden. Dabei wird vorausgesetzt, daß der Entwurf mit einer Entwicklungsumgebung durchgeführt wird und alle angefallenen Entwurfsdaten in einer Projektdatenbank verfügbar sind.

2.) Dokumentation als Projekttätigkeit

Ein wesentlicher Gewinn bei der Verwendung einer Entwicklungsumgebung ist die Unterstützung bei der Projektdokumentation. Bild 1 zeigt die Arbeitsteilung zwischen Entwicklungsumgebung und Benutzer bei der Erstellung einer Dokumentation. Während beispielsweise das EPOS-System mit seiner Dokumentationskomponente die Konsistenz generierter Dokumente mit dem aktuellen Stand des Entwurfs gewährleistet, bleibt es weitgehend Aufgabe des Benutzers, das einem Sachverhalt angemessene Darstellungsmittel auszuwählen, und Einzeldarstellungen zu einer Projekt-Gesamtdokumentation zusammenzufügen.

Das Vorgehen wird hierbei einerseits von allgemeingültigen Regeln geleitet: z.B. lassen sich komplexe Datenstrukturen an einem Struktur-Diagramm nach Jackson [Jack 83] sehr gut veranschaulichen. Dazu kommen aber auch noch benutzerspezifische Einflüsse, wie Restriktionen bezüglich der Diagrammgröße, die Auswahl aus konkurrierenden Diagrammtypen (z.B. (Kontroll-) Flußdiagramm oder Nassi-Shniderman-Diagramm) und die Anordnung der Texte und Graphiken im Gesamtdokument.

Diesen Regeln und Wünschen stehen die Eigenschaften der Entwicklungsumgebung gegenüber: die Dokumentationswerkzeuge und ihre Parameter sowie die Beschreibungsmittel und die Struktur der Projektdatenbank.

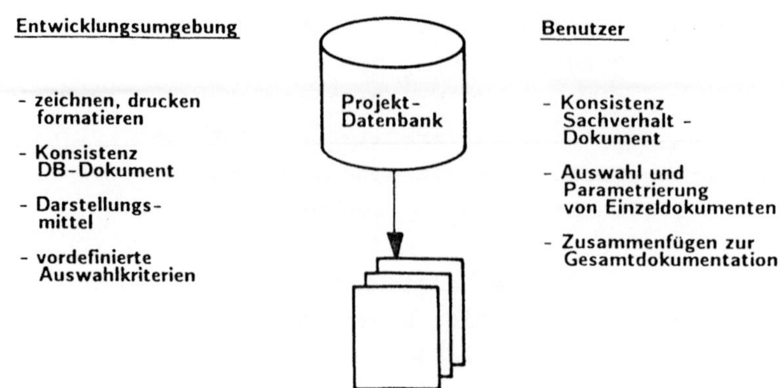

Bild 1: Arbeitsteilung zwischen einer Entwicklungsumgebung und ihrem Benutzer bei der Erstellung einer Dokumentation

Insgesamt liegt es momentan in der Verantwortung des Benutzers, die oben genannten Kriterien zur Auswahl und Ordnung von Einzeldarstellungen auf die angebotenen Dokumentationsmittel abzubilden. Er handelt dabei nach explizit oder implizit vorhandenen Vorschriften.

Werden große Projekte mit Hilfe einer Entwicklungsumgebung abgewickelt, entstehen Projektdatenbanken von entsprechend großem Ausmaß. Daraus wiederum resultieren sehr umfangreiche und möglicherweise unübersichtliche Dokumentationen. Deshalb erscheint es notwendig und sinnvoll, über das reine Formatieren und Zeichnen hinaus, den Benutzer bei der Dokumentationstätigkeit stärker zu unterstützen.

3.) Anforderungen an ein automatisches Dokumentationssystem

Ziel eines automatischen Dokumentationssystems muß es sein, den Anwender bei der Ausführung einer Dokumentationsvorschrift zu unterstützen, bzw. ihm diese Arbeit abzunehmen. Bild 2 faßt die für die Unterstützung des Anwenders einer Entwicklungsumgebung relevanten Informationen, ihre speziellen Ausprägungen im konkreten Fall eines automatischen Dokumentationssystems und ihre jeweilige Änderungshäufigkeit zusammen.

Information	Ausprägung	Änderungshäufigkeit
Eigenschaften und Möglichkeiten der Entwicklungsumgebung	Dokumentationsmittel und Parametrierung, Struktur Datenbank	Mit neuer Version der Entwicklungsumgebung, ca. (halb-) jährlich
Projektumfeld	Inhalt der Projektdatenbank	Mit jedem Eingabe-, Änderungs- oder Löschvorgang
Benutzervorgaben	Auswahlkriterien Ordnungskriterien	Normalerweise für Projekt, Firma oder Auftraggeber für längere Zeit festgeschrieben

Bild 2: Für die Erstellung einer Dokumentation relevante Informationen und ihre Änderungshäufigkeit

Die Informationen über die Möglichkeiten der Entwicklungsumgebung müssen Bestandteil des Dokumentationssystems sein. Dieses kennt die Struktur der verwendeten Projektdatenbank sowie die Dokumentationsmittel mit ihren Parametern. Der Anschluß der Werkzeuge sowie die Zugriffsmöglichkeiten auf die Datenbank sind vordefiniert. Das Projektumfeld, d.h. der aktuelle Inhalt der Projektdatenbank, ändert sich laufend. Eine Dokumentationsvorschrift muß deshalb unabhängig sein vom aktuellen Zustand der Datenbank.

Aufgabe des Benutzers muß es bleiben, seine Vorschriften, Wünsche, u.s.w. in das automatische Dokumentationssystem einzubringen. Dazu müssen ihm geeignete Beschreibungsmittel zur Verfügung gestellt werden. Diese Beschreibungsmittel sollen zwar auf eine spezielle Entwicklungsumgebung zugeschnitten sein, um deren Möglichkeiten optimal zu nutzen, müssen jedoch so gehalten sein, daß sie nicht auf ein spezielles Projekt oder gar einen bestimmten Zeitpunkt während eines Projekts beschränkt sind.

4.) Ein wissensbasiertes Verfahren zur automatischen Dokumentation

Zur Realisierung komfortabler Hilfe- bzw. Beratungssysteme werden (z.B. in [BaSc 87]) wissensbasierte Methoden vorgeschlagen. Dieser Weg scheint auch für die Anforderungen an ein automatisches Dokumentationssystem erfolgversprechend. Wie Bild 3 zeigt, basiert das hier vorzustellende Verfahren auf einer universellen Expertensystem-Shell und Anschlußkomponenten zur Projektdatenbank und zu den Dokumentationsprogrammen. Der Benutzer gibt über die Wissenserwerbs- bzw. Dialogkomponente die Dokumentationsvorschrift ein. Dabei benutzt er die Sprachmittel, die die Wissensrepräsentationssprache der Expertensystem-Shell anbietet, und die er auch für andere Aufgaben benutzen kann.

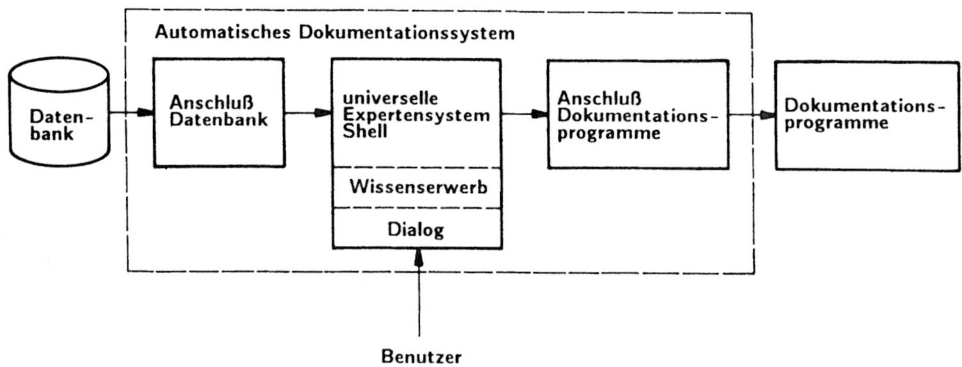

Bild 3: Aufbau eines automatischen Dokumentationssystems und seine Einbettung in eine Entwicklungsumgebung

Die Einbettung des automatischen Dokumentationssystems in die Entwicklungsumgebung geschieht aus Sicht des Benutzers ebenfalls mit Hilfe der Wissensrepräsentationssprache. Diese Beschreibung bildet das Gerüst der "Dokumentations-Wissensbeschreibung", die entsteht, wenn der Benutzer seine Dokumentationsvorschrift dazugibt. Man kann auch sagen, daß die Expertensystem-Shell plus die Einbettung in die Entwicklungsumgebung hier eine Dokumentations-Shell ergibt.

Das hier vorgestellte Verfahren wird mit Hilfe des wissensbasierten

Systems Projekt-Advisor [WaLa 87] realisiert. (Der Projekt-Advisor wird im Rahmen des Verbundprojekts PROSYT entwickelt, BMFT-Förderungsnummer ITS 8306P2.) Zur Beschreibung der Dokumentationsvorschrift wird die Wissensrepräsentationssprache PATHOS [LaPe 87] verwendet. Für die Auswertung der Projektdatenbank existiert die Suchbeschreibungssprache PROSA [Seck 88]. Partner des Dokumentationssystems ist die Entwicklungsumgebung EPOS.

```
FRAME Entwurf
DESCRIPTION:
  "Dieses Frame beschreibt die Eigenschaften eines Entwurfs, die
   fuer das prinzipielle Vorgehen bei der Dokumentation entschei-
   dend sind."
ATTRIBUTE Methode
TYPE:           ENUM
RANGE:          {Funktionsorientiert, Datenstrukturorientiert}
DETERMINATION: CALL bestimme_methode ()
FRAMEEND

FRAME Dokument
DESCRIPTION :
  "Dieses Frame beschreibt die Eigenschaften des zu erstellenden
   Dokuments wie Umfang, Empfaenger, etc."
ATTRIBUTE Umfang
  TYPE:           ENUM
  RANGE:          {Gesamt, Uebersicht, Ausschnitt}
  DETERMINATION: ASK
  PROMPT:         "Welchen Umfang soll das Dokument besitzen?"
FRAMEEND

RULE Uebersicht_strukt
DESCRIPTION:
  "Diese Regel bestimmt die Dokumentationsstrategie fuer Ueber-
   sichten ueber datenstrukturorientierte Entwuerfe."
USED-ON:      Entwurf E, Dokument D
PREMISES:     Methode [E] IS Datenstrukturorientiert AND
              Umfang [D] IS Uebersicht
CONCLUSION: Anzuwendende_vorschrift [D] := Dts_uebersicht
RULEEND
```

Bild 4: Ausschnitt aus der Wissensbeschreibung zur Auswahl einer Dokumentationsvorschrift

Die verschiedenen Bestandteile einer "Dokumentations-Wissensbeschreibung" sollen anhand eines (unvollständigen) Beispiels erläutert werden: In einem ersten Schritt (Bild 4) wird bestimmt, nach welcher Vorschrift dokumentiert werden soll. Dafür sind sowohl Eigenschaften des Entwurfs wie Entwurfsmethode oder Fertigstellungsgrad relevant als auch der Zweck des Dokuments. Die Beschreibung der Einflußgrößen erfolgt mit den beiden Frames (Objektklassen) "Entwurf" und

"Dokument". In diesem einfachen Beispiel ist nur jeweils eine Eigenschaft (ATTRIBUTE) beschrieben. Die beiden Attribute unterscheiden sich wesentlich in der Art der Wertbestimmung (DETERMINATION).

Da EPOS verschiedene Entwurfsmethoden unterstützt [Göhn 84], kann die für einen Entwurf gewählte Methode direkt aus der Projektdatenbank bestimmt werden (CALL Bestimme_methode). Demgegenüber handelt es sich bei Attribut "Umfang" um eine Eigenschaft, die vom Benutzer anzugeben ist (DETERMINATION : ASK). Die Verknüpfung der Eigenschaften zur Ermittlung der anzuwendenden Vorschrift erfogt in Regeln (RULE). Die Beispielregel "Übersicht_strukt" trifft auf den Fall zu, daß eine Übersicht über einen datenstrukturorientierten Entwurf erstellt werden soll.

An diesen ersten, interaktiven Schritt zur Bestimmung der anzuwendenden Dokumentationsvorschrift schließt sich die eigentliche Dokumentation an (Bild 5). In diesem Teil sind keine Eingaben des Benutzers mehr vorgesehen. Als Datenquelle dienen allein die Projektdatenbank und die mit PATHOS beschriebene Dokumentationsvorschrift. Nur so kann die Reproduzierbarkeit eines Dokuments gewährleistet werden.

Der Anschluß der Dokumentationsprogramme zeigt sich für den Benutzer als eine Reihe von Prozedurbeschreibungen (z.B. PROCEDURE Jackson_diagramm_zeichnen), die unmittelbar mit den Programmen der Entwicklungsumgebung korrespondieren. Diese Beschreibungen sind ein vordefinierter Bestandteil des Dokumentationssystems und müssen nicht vom Benutzer erstellt werden. Der Benutzer wendet die Beschreibungen an und kennt die zugrundeliegenden Funktionen der Entwicklungsumgebung.

Anfragen an die Projektdatenbank werden, ebenfalls über Prozeduren (z.B. PROCEDURE Topobjekte_bestimmen), an die Recherchenkomponente des Projekt-Advisors übergeben. Dort wird beispielsweise der Prozeduraufruf " CALL Topobjekte_bestimmen ("DATA") " auf die Suchanweisung " SEARCH ALL 'DATA' ON LEVEL = 1 " abgebildet. Dies bedeutet, es sollen in einer Projektdatenbank alle Daten auf oberster Entwurfsebene bestimmt werden. Die Anfragen sind vordefiniert, können jedoch vom Benutzer bei Bedarf ergänzt werden.

Mit Hilfe von Regeln, die ein natürliches Mittel zur Formulierung von Vorschriften sind, werden die mittels der Recherchenkomponente gewon-

```
STRATEGY Dts_uebersicht_erstellen
CALL Deckblatt ();
CALL Topobjekte_bestimmen ("Data");
CREATE Entwurfsobjekt Eo
  WITH Kennung [Eo] := CALL Naechstes_objekt (),
       Objekttyp [Eo] := Data, Ebene [Eo] := 1,
       Name [Eo] := CALL Bestimme_objektnamen (Kennung [Eo]);
WHILE Kennung [Eo] /= 0 DO
   FIND Darstellung [Eo];
   CREATE Entwurfsobjekt Eo
     WITH Kennung [Eo] := CALL Naechstes_objekt (),
          Objekttyp [Eo] := Data, Ebene [Eo] := 1,
          Name [Eo] := CALL Bestimme_objektnamen (Kennung [Eo])
END
        ...
STRATEGYEND

RULE Jackson_diagramm_waehlen
DESCRIPTION:
  "Diese Regel bestimmt das geeignete Darstellungsmittel fuer das
   Startobjekt einer Datenstruktur."
USED-ON:     Entwurfsobjekt Eo
PREMISES:    Objekttyp [Eo] IS Data AND
             Ebene [Eo] IS 1 AND
             Verfeinerungstiefe [Eo] >= 1
CONCLUSION: Darstellung [Eo] := Jackson_diagramm,
             CALL Zeichne_jackson_diagramm (4, "Startobjekt", Name [Eo],
                                           "Format", "A3")
RULEEND

PROCEDURE Topobjekte_bestimmen
DESCRIPTION:
  "Diese Prozedur repraesentiert eine PROSA-Sequence, die alle Objekt
   der hoechsten Entwurfsebene bestimmt. Als Parameter wird der Typ
   der gesuchten Objekte uebergeben."
=> (Objekttyp : TEXT)
<= (Objektkennung : INTEGER)
LANGUAGE : PROSA
PROCEDUREEND

PROCEDURE Zeichne_jackson_diagramm
DESCRIPTION:
  "Diese Prozedur repraesentiert die Zeichenprogramme fuer das EPOS-
   Datenstrukturdiagramm. Die Zahl der Uebergabeparameter ist variabel.
   Fuer nicht angegebene Parameter wird der vordefinierte Defaultwert
   angenommen."
=> (Anzahl : FIXED, Par1 : TEXT, Val1 : TEXT, ...)
LANGUAGE: 'SYSLAN'
PROCEDUREEND
```

Bild 5: Ausschnitt aus der PATHOS-Beschreibung einer Dokumentationsvorschrift

nenen Entwurfsteile auf die Dokumentationsprogramme abgebildet. Diese Regeln (Beispiel RULE Jackson_diagramm_waehlen) bilden eine Dokumentationsvorschrift. In diese Vorschrift gehen sowohl die Wünsche des Benutzers als auch allgemeingültige Kriterien ein. Im Wenn-Teil

(PREMISES) wird Bezug genommen auf Informationen aus der Projektdatenbank; im Dann-Teil (CONCLUSION) wird eine der vordefinierten Dokumentationsprozeduren aufgerufen und parametriert.

Wie aus den Beispielen hervorgeht, gehen die Sprachmittel der Entwicklungsumgebung und die Struktur der Projektdatenbank, nicht aber deren Inhalt in die Beschreibung ein. Es wird also nicht auf ein spezielles Objekt Bezug genommen. Die Information über die Entwicklungsumgebung ist so weit wie möglich vorgegeben, und der Benutzer kann seine Eingaben auf einem hohen Sprachniveau mit sehr universellen Sprachmitteln formulieren. Damit sind die in Kapitel 3 formulierten Anforderungen durch das vorgestellte Verfahren erfüllt.

Aus der vollständigen Beschreibung einer Dokumentationsvorschrift generiert das Dokumentationssystem automatisch das vollständige Dokument. Nach derselben Vorschrift kann zu späteren Zeitpunkten, z.B. nach Erweiterung oder Änderung des Entwurfs, beliebig oft ohne neuen Aufwand erneut automatisch dokumentiert werden.

5.) Wertung

Mit dem beschriebenen Verfahren wird die Dokumentation komplexer Entwürfe unterstützt. Dem Aufwand, der zur Beschreibung der Dokumentationsvorschrift mit Hilfe einer Wissensrepräsentationssprache nötig ist, stehen die folgenden Vorteile gegenüber:

- Auch seither gibt es bereits firmen-, projekt- oder auftraggeberspezifische Vorschriften zur Entwurfsdokumentation. Diese können mit dem neuen Verfahren formal und damit automatisch ausführbar beschrieben werden. Die Kontrolle der Einhaltung der Vorschrift entfällt, da die Dokumentengenerierung ohne Eingriff des Benutzers abläuft.

- Der Aufwand für das "manuelle" Durchsuchen einer Projektdatenbank zur Auswahl und Parametrierung geeigneter Einzeldokumente entfällt.

- Es gibt nur eine relevante Auslegung der Dokumentationsvorschrift.

6.) Literatur

[Jack 83] Jackson, M.A.:
System Development
Prentice/Hall International, New Jersey 1983

[Göhn 84] Göhner, P.:
Methoden zur Entwicklung von Realzeitsystemen und ihre praktische Anwendung in EPOS,
Fachtagung Prozeßrechner 1984, Informatik Fachberichte Band 86, 1984, S.325 - 335, Springer-Verlag Berlin-Heidelberg-New York

[LaLe 84] Lauber, R.; Lempp, P.:
Integrierte Rechnerunterstützung bei der Durchführung von Automatisierungsprojekten,
Fachtagung Prozeßrechner 1984, Informatik Fachberichte Band 86, 1984, S.336 - 345, Springer-Verlag Berlin-Heidelberg-New York

[Abbe 86] Abbenhardt, H. u.a.:
Ein längeres Leben für Software-Produkte
computer magazin 10-1986, S.67-78, Verlag Computer Magazin Stuttgart

[BaSc 87] Bauer, J.; Schwab, T.:
Propositions on Help-Systems,
Angewandte Informatik 1-1987 S.23 - 29, Vieweg & Sohn Braunschweig-Wiesbaden

[LaPe 87] Lauber, R.; Permantier, G.:
A Knowledge Representation Language for Process Automation Systems,
10th World Congress on Automatic Control, IFAC, Munich, July 27 - 31, 1987, Preprints, Volume 6, pp. 330 - 333

[WaLa 87] Wagner, B.; Lauber, R.; Beutler, K.; Gauger, J; Hampp, A.; Permantier, G.; Poncin, H.; Seckler, J.:
Der Projekt-Advisor: Ein wissensbasiertes Werkzeugsystem zur Rechnerunterstützung bei Automatisierungsprojekten,
Technische Akademie Esslingen (TAE), Ostfildern,
2. Kolloquium Software-Entwicklungssysteme und -werkzeuge,
8. - 10.September 1987

[Seck 88] Seckler, J.:
Verfahren zur Suche nach wiederverwendbarer Software bei Automatisierungsprojekten,
Fachtagung Prozeßrechensysteme '88,
(erscheint in diesem Band)

Expertensystem-gesteuertes Informationssystem für ein chemisch-analytisches Betriebslabor

A. Jaeschke, H. Orth, G. Zilly
Kernforschungszentrum Karlsruhe
Institut für Datenverarbeitung in der Technik
Postfach 3640, 7500 Karlsruhe

Einführung

In vielen chemisch-technischen Produktionsanlagen ist die inline-Instrumentierung für die Belange der Überwachung und Prozeßsteuerung nicht ausreichend. Dies kann durch apparative, wartungstechnische oder auch sicherheitstechnische Gründe bedingt sein. In Anlagen dieser Art spielt die Laboranalytik neben der inline/online-Messung eine wesentliche Rolle zur Bestimmung der für die Prozeßführung benötigten Meßgrößen. In Prozeßinformationssystemen (PI) für solche Anlagen muß daher der gesamte Bereich Betriebsanalytik voll integriert werden. Dabei ergeben sich bei der PI-Komponente 'Betriebslabor' (i. f. auch Laborinformationssystem) in den bisher realisierten Systemen bei Anwendung konventioneller Realisierungstechniken spezielle Probleme. Die Betriebslaborkomponente beinhaltet umfangreiche Planungs-, Dispositions- und Steuerungsfunktionen. Diese besitzen naturgemäß eine hohe Dynamik, der konventionell realisierten Systeme nur unzureichend entsprechen können. Systeme dieses Typs bieten nur:

a) eine eingeschränkte Anpassungsfähigkeit an strukturelle Änderungen der Labor-organisation (z. B. neue analytische Instrumente und Methoden)

b) eine eingeschränkte Flexibilität gegenüber unvorhergesehenen analytischen Aufträgen außerhalb der Routineanalytik (wie z. B. im Verlauf von Prozeßstörungen).

Beides macht in der Praxis immer wiederkehrende Anpassungen und Änderungen der Programme notwendig. Die Bereitstellung von anwendungsspezifischem know-how und entsprechender Programmierkapazität während der gesamten Lebensdauer des Systems verursacht erhebliche Kosten. Die Anwendungssoftware verliert ihre ursprüngliche Struktur und wird zunehmend unzuverlässig und unwartbar.

Ein Hybridsystem, bestehend aus einem Expertensystem, das die gesamten Entscheidungs- und Managementfunktionen beinhaltet, und einem konventionell realisiertem Grundsystem, ist in der Lage, die genannten Probleme zu lösen. Der Prototyp für ein solches

System wurde von uns erstellt und wird derzeit zu einem einsatzfähigen System erweitert und komplettiert, wobei als konkreter Anwendungsbereich das Betriebslabor der Wiederaufarbeitungsanlage Karlsruhe (WAK) gewählt wurde. Das Aufgabenspektrum, das Konzept, die Realisierung, bisherige Erfahrungen und daraus resultierende weitere Entwicklungsziele werden im folgenden beschrieben.

Aufgabe

Laborinformationssysteme zur Unterstützung der Betriebsanlaytik in einem chemischen Produktionsbetrieb planen, steuern und überwachen die gesamte Auftragsabwicklung im Labor, mit den Phasen:

Auftragserteilung
Die Aufträge zur Durchführung einer Analyse (diese umfaßt mehrere Bestimmungsgrößen) werden vom chemischen Betrieb entweder im festen Zeitrhythmus oder sporadisch in Abhängigkeit von der Prozeßsituation erteilt. Ein Auftrag enthält Angaben zu den gewünschten Bestimmungen, zum Probennahmeort und zur Dringlichkeit (Priorität) des Auftrags.

Auswahl der Analysenmethode
Aus der Kenntnis über Prozeßfließschema, Probenahmeort und aktuellen Prozeßzustand ermittelt das System für die angeforderten Bestimmungsgrößen die Erwartungswerte und daraus die entsprechenden Meß- und Genauigkeitsbereiche. Hieraus leiten sich die Analysenmethoden ab, die für jede Bestimmungsgröße anzuwenden sind.

Ermittlung der Probenvolumina
Aus dem Wissen über die analytischen Methoden und Analysenschritte ergibt sich das für die Einzelbestimmung benötigte Probenvolumen und daraus das Gesamtprobenvolumen.

Disposition der Arbeitsplätze und Geräte
Die Laborarbeitsplätze für die Durchführung der einzelnen Analysenschritte werden vom System ausgewählt in Abhängigkeit von der Analysenvorschrift, der Apparateausrüstung des Arbeitsplatzes, der Auslastung des Arbeitsplatzes und sonstiger Labor- und Sicherheitsvorschriften.

Steuerung und Überwachung des Analysenablaufs
Die einzelnen Arbeitsschritte werden vom System vorgeschlagen und überwacht. Nach Analysevorschrift werden die Ergebnisse ermittelt, entsprechend dem Auftrag zusammengestellt, von der Laborleitung freigegeben und an den Betrieb zurückgemeldet.

Bei Abweichung von den Erwartungswerten, Ausfall von Geräten, Prioritätsverlagerungen usw., wird für alle tangierten Aufträge eine Neudisposition des weiteren Arbeitsablaufs, evtl. die Wiederholung der gesamten Analyse vorgenommen.

Konzept und Realisierung

Dem oben skizzierten Aufgabenumfang entspricht das von uns derzeit entwickelte CAA-System (Chemical Analysis Assistant) /1/, /2/. Das Konzept sieht ein Hybridsystem vor, bestehend aus einer konventionell realisierten Komponente mit Modulen für die Dialogführung, Auswertung, Datenhaltung etc. und einem Expertensystem, das alle Dispositionsfunktionen übernimmt und als Manager die konventionelle Komponente steuert und mit Informationen versorgt. Die Kommunikation beider Komponenten läuft über eine einfache Datenschnittstelle ohne enge Synchronisation. Dem Konzept entspricht die Hardwarekonfiguration mit je einem dedizierten Rechner für die Expertensystem- und die konventionelle Komponente, so daß sich folgendes Bild ergibt (s. Abb):

konventionelle Komponente;
- VAX 750 oder Micro VAX
- mit Speicherperipherie
- und Displayterminals (n-fach)
- VMS; PASCAL;
- DB-System INGRES

Expertensystem;
- KI-Workstation TI-Explorer
- PROLOG

Kopplung;
- DECNET

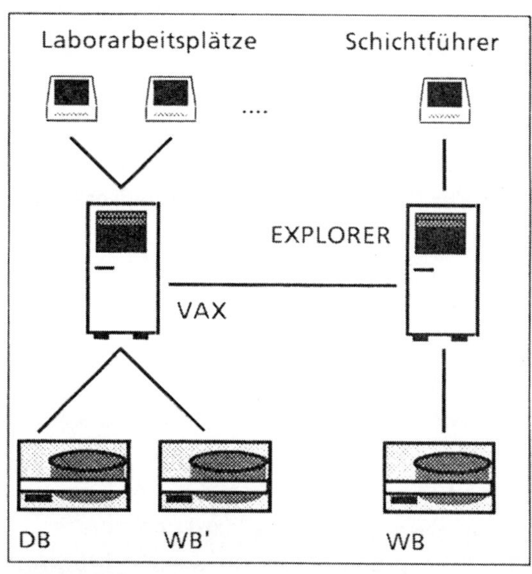

Abb. Struktur des CAA-Systems
(WB = Wissensbasis)

Die Erstellung des CAA-Systems verläuft in zwei Schritten. Der erste Schritt ist abgeschlossen und beinhaltet die Realisierung eines Prototypsystems, das sich auf die Expertensystemkomponente konzentriert. Es umfaßt alle wesentlichen Dispositionsfunktionen, allerdings eingeschränkt auf einen typischen Teilbereich des Labors, so daß der spätere Vollausbau lediglich in Duplikation von Vorhandenem besteht. Die konventionelle Komponente wurde in diesem Schritt nicht implementiert. Die oben erwähnte Datenschnittstelle wird im Prototyp über spezielle Dialoge versorgt, die aber im Endsystem (gegebenenfalls leicht modifiziert) als Bedienoberfläche für den Schichtführer (Wartung!) erhalten bleiben.

Der zweite Realisierungsschritt sieht die Erstellung des gesamten Hybridsystems vor. Die Module der konventionellen Komponente werden dabei nicht neu erstellt, sondern von dem existierenden, konventionell realisierten, Laborinformationssystem KALAU*) /3/ übernommen und entsprechend modifiziert. Dies ist möglich, da das Konzept des Systems KALAU für diese Aufgabe von vornherein ausgelegt wurde, bereits über geeignete Schnittstellen zur Kopplung an die Expertensystemkomponente verfügt und bereits so modular angelegt ist, daß es den Anforderungen bezüglich Flexibilität bei einer Kopplung an das Expertensystem weitgehend entspricht. Das Konzept unterstützt z. B. bereits die Generierung und Integration von neuen Analysenmethoden ohne Programmierung durch den Anwender im Labor.

Das den Entscheidungsfunktionen des CAA zugrundeliegende Wissen umfaßt die Domänen:

- chemische Analytik (Analytische Methoden, Probenvorbereitung....)
- analytische Geräte und Laborausrüstung (Beschreibung der verfügbaren Geräte, z. B. durch Bestimmungsgröße(n), Meßbereich, Genauigkeit, Aufwand...)
- Prozeß und Labor (Topographie der Probenahmestellen, Laborinstrumente etc; Schätz(Erwartungs)werte; aktueller Betriebszustand des Prozesses (Anfahrphase, Normalberieb, Störung) und des Labors (Warteschlangen, Gewährverfügbarkeit)) und
- Labor- und Sicherheitsvorschriften.

Das Wissen ist in der CAA-Wissensbasis als attributiertes semantisches Netz repräsentiert. Das Netz besteht aus Entities, die durch gerichtete Relationen verbunden sind. Jede Entity stellt eine semantische Einheit ('knowledge schema') dar, die mit deklarativem und prozeduralem Wissen ausgestattet ist. Das erstere wird von der Erklärungskomponente verarbeitet, während das zweite zur Ausführung kommt, wenn die jeweilige Entity traversiert wird. Allen Relationen sind Prämissen zugeordnet, in denen die Voraussetzungen für das Traversieren einer Relation formuliert sind.

Im Hybridsystem wird ein Teil des Wissens (Fakten) in die Datenbank der konventionellen Komponente ausgelagert, und zwar solches Wissen, das a) häufigen Änderungen seitens des Labors unterworfen ist (z.B. Grenzwerte, Schätzwerte, Parameter) und b) auf das, außer vom Inferenzmodul, auch von Modulen des konventionellen Systems zugegriffen wird (z.B. Beschreibung von Analysenmethoden und Auswertealgorithmen).

---

*) Karlsruher Labor-Automationssystem - seit Anfang 1988 in der WAK installiert als Nachfolger des seit 1985 betriebenen Systems DIANA

In der Expertensystemkomponente sind für das Labormanagement drei Hauptfunktionen abgrenzbar:

1) Disposition; dies beinhaltet die Steuerung und Vesorgung der konventionellen Komponente,

2) Wartung; diese Funktion stellt die Werkzeuge zur Verfügung, um die Wissensbasis im Betrieb zu aktualisieren und

3) Laborinformation; diese Funktion informiert das Laborpersonal über die aktuelle Situation im Labor (Auftragswarteschlangen, Verfügbarkeit von Instrumenten etc.). Dabei greift diese Funktion auf Informationen aus der Datenbasis und aus der Wissensbasis zu.

Den Funktionen 1) und 2) ist eine umfangreiche Erklärungskomponente unterlagert, die die Schritte des jeweiligen Inferenzprozesses offenlegt. Während des Aufbaus der Wissensbasis wird sie benötigt, um die Korrektheit, Vollständigkeit und Konsistenz der Wissensbasis zu verifizieren; im Betrieb hilft sie dem Laborpersonal die Folgerungen des Systems zu verstehen - eine für die Akzeptanz unabdingbare Voraussetzung.

Dem funktionalen Spektrum der Komponente entspricht die Struktur der Bedienoberfläche. Im hierarchisch strukturierten Dialogsystem (Entscheidungsbaum) finden extensiv Menütechniken und graphische Darstellungen Verwendung (Piktogramme, topographische Laborskizzen, Prozeßschemata etc.). Erst auf unterster Ebene wird textuell in Formulartechniken gearbeitet. In einem permanent angezeigtem Fenster wird der Bediener über Historie und Kontext des Dialogs informiert.

Erfahrungen und weitere Entwicklungsziele

Realisierungsaufwand

Die Konzeption und die damit zeitlich verzahnte Realisierung der Expertensystemkomponente des CAA-Systems beanspruchte 6 MM. Hinzu kommen 3 MM für den Entwurf und die Implementierung der Bedienoberfläche. In diesen Angaben konnte die Wissensakquisition nicht realisitisch berücksichtigt werden, da im vorliegenden Fall der 'knowledge engineer' aus der vorangegangenen Erstellung eines konventionellen Laborsystems selbst bereits über das Fachwissen verfügte, was den Zeitaufwand nicht unerheblich reduzierte. Der weitere Wissenserwerb, d. h. die Erweiterung auf andere Laborbereiche wird sicher den o. g. Zeitaufwand übersteigen, sollte aber Schritt für Schritt in der Regie des Anwenders durchgeführt werden (s. auch unten in '*Flexibilität*').

Bedienoberfläche

Im Prototypsystem ist die Bedienoberfläche für die Sicht des Laborschichtleiters optimiert (Funktion → Laborplatz). Es zeigt sich, daß diese Sicht für den Arbeitsplatz im Labor nicht ausreicht, sondern für den Laboranten eine andere und eingeschränkte Dialoghierarchie

(Laborplatz → Funktion) aufgebaut werden muß, wobei die graphischen Darstellungsmethoden und der Aufbau der Einzeldialoge vollständig beibehalten werden kann.
Die Erklärungskomponente zeigt auf Anfrage, in der derzeit realisierten Form, die zu einer Entscheidung herangezogenen Fakten und Regeln. Sie ist so für den Schichtleiter, der in entsprechender Umgebung Wartungs- und Änderungsfunktionen durchführt, ausreichend und angepaßt, nicht aber für den Laboranten, der eine weitere Interpretation benötigt. Eine mehrschichtige Erklärungskomponente bleibt zu entwerfen.

Anpassungsfähigkeit
Durch die leichte Wartbarkeit der Wissensbasis ist gegenüber der konventionellen Lösung eine deutlich verbesserte Anpassungsfähigkeit des Systems an strukturelle Änderungen der Labororganisation gewährleistet. Sie wird jedoch eingeschränkt durch Grenzen, die sich aus dem Zwang zur Kompatibilität mit den konventionellen Systemkomponenten ergeben. Es zeigt sich aber, daß der Großteil der in der Praxis auftretenden Modifikationen sich nur auf die Wissensbasis und die darauf basierenden Entscheidungen auswirkt, ohne strukturelle Konsequenzen für die Schnittstelle zum konventionellen System. Dies trifft immer zu, wenn nur Grenzwerte, Parameter o. ä. geändert werden. Es trifft aber normalerweise auch zu für die Integration neuer Analysenmethoden und Instrumente, wenn dabei gewisse Schemata nicht durchbrochen werden. (Bei neuen Analysenmethoden ist allerdings im konventionellen Teil der entsprechende Auswertealgorithmus zu generieren, was aber wie oben erwähnt ohne Programmierung vom Laborpersonal durchgeführt werden kann).

Konzepte, die bei Modifikationen der Wissensbasis die Verträglichkeit zur konventionellen Umwelt sicherstellen, müssen im Rahmen der Erweiterung des Prototyps zum Hybridsystem erarbeitet werden. Ein möglicher Lösungsansatz implementiert eine Beschreibung der Schnittstelle Expertensystem/konventionelle Software in der Wissensbasis und garantiert die Verträglichkeit durch Konsistenzprüfungen. Sowohl für die Schnittstellenbeschreibung als auch für die Konsistenzprüfung existieren noch keine allgemeinen Konzepte.

Flexibilität
Die Flexibilität des Systems, z. B. gegenüber nicht-Routineaufträgen, hängt entscheidend von der Art des Wissens ab, das in der Wissensbasis gespeichert ist. Speichert man lediglich die Laborablaufpläne so wie sie z. B. im Laborhandbuch festgelegt sind, ist damit der Dispositionsrahmen abgesteckt. Wird dagegen sinnvoll abgegrenztes Wissen der Domänen Analytik, Prozeß und Labor in der Wissensbasis implementiert, so ist das System befähigt, je nach Abgrenzung in einem breiten Dispositionsraum Entscheidungen zu treffen, letztlich auf derselben Ebene wie der Labor/Prozeßexperte und Schichtleiter. Partielle Überlegenheit ergibt sich, da das System selbst für eine hohe Anzahl anstehender Aufträge für jeden Auftrag in Abhängigkeit von der aktuellen Prozeß- und Laborsituation einen indivi-

duellen Analysenplan erstellt und z. B. bei Ausfall eines Gerätes kurzfristig redisponiert. Die Integration aller Betriebs- und Sicherheitsrichtlinien in der Wissensbasis garantiert zudem, daß trotz der gewonnenen Flexibilität diese Vorschriften in den Dispositionsfunktionen lückenlos berücksichtigt werden.

Ein Problem stellt die o. g. 'sinnvolle Abgrenzung' des für das Labormanagement notwendigen Wissens dar. Letztlich kann diese Abgrenzung des Domänenwissens nur aus der Praxiserfahrung resultieren. Dies bedeutet eine kontinuierliche Erweiterung der Wissensbasis während der gesamten Betriebsdauer. Ein für den praktischen Einsatz geeignetes System wird daher auf Komponenten, die den Prozeß des Wissenserwerbs/zuwachses automatisieren oder zumindest unterstützen, nicht verzichten können. Konzepte für einfache Lernmechanismen werden derzeit von uns entwickelt und probeweise implementiert. In einem ersten Schritt sind Verfahren zur Dokumentation von 'Fehlentscheidungen' zu entwerfen. Ein weiterer Schritt beinhaltet Methoden für die Ableitung von erlerntem Wissen und für die (ggfs. automatische) Modifikation der Wissensbasis.

Zusammenfassung

Laborinformationssysteme bieten, wenn das Konzept die Verlagerung aller Labormanagement- und Dispositionsentscheidungen in ein integriertes Expertensystem vorsieht, wesentlich höhere Flexibilität und Anpassbarkeit. Sie lassen sich beim derzeitigen Stand der Technik mit vertretbarem Aufwand zu einsatzbereiten Systemen entwickeln. Um die Vorteile des Konzepts voll zu nutzen, sind jedoch noch effizientere Methoden und Werkzeuge z.B. für die Kopplung Expertensystem/konventionelle Software, für die Expertensystemwartung etc. zu entwickeln.

Literatur

/1/ A. Jaeschke, H. Orth, W. Konrad, C. Uhlik, O. Tjandra
Expert system and their applications
7. intern. workshop conference and exhibition, May 13-15, 1987, Avignon, France

/2/ W. Konrad, A. Jaeschke, H. Orth, O. Tjandra, G. Zilly
Artificial Intelligence and other Innovative Computer Applications in the Nuclear Industry
Aug. 31 - Sept. 2, 1987, Snowbird, USA

/3/ E. Beedgen, E. Kugele, J. Lausch, H. Orth
Development of an Integrated Process Information System for a Reprocessing Plant
3. International Conference on Facility Operations Safeguards Interface,
Nov. 29 - Dec. 4, 1987, San Diego, USA

RECHNERUNTERSTÜTZTE WERKZEUGE UND VERFAHREN

Systemanalyse mit Petri–Netzen

Claudia Relewicz, PSI Berlin
Prof. Dr. Helmut Franzen, TFH Berlin

Zusammenfassung: *Der Einsatz von Petri–Netzen in der Systemanalyse erlaubt eine eindeutige, anschauliche Beschreibung der Anforderungen an ein geplantes System. Für praxisrelevante Probleme haben sich Prädikat–Transitions–Netze, eine Sonderform der Petri–Netze, durchgesetzt. Durch Hierarchisierung können auch große, komplexe Systeme abgebildet werden. Eine Ausführung der Netze macht die Untersuchung der Systemdynamik möglich. Ein Zeitmechanismus erlaubt Simulationsuntersuchungen. Es werden Konzepte zur Modellierung im Kleinen für einige typische Systemkomponenten und ein objektorientierter Ansatz zum Modellieren im Großen vorgestellt.*

1 Einleitung

Wesentliches Ziel der Systemanalyse ist, Anforderungen an ein geplantes System möglichst eindeutig und vollständig zu beschreiben.
Umgangssprachliche Texte, die auch heute noch in der Anforderungsdefinition verwendet werden, lassen jedoch Mißverständnisse und Mehrdeutigkeiten zu. Aber auch die formale Spezifikation hat ihre Grenzen. In der Darstellung von dynamischen Abläufen in einem System ist die grafische, zweidimensionale Beschreibung einem verbalen, eindimensionalen Ansatz, wie er in Spezifikationssprachen verfolgt wird, weit überlegen, sobald diese Abläufe nicht einfach sequentiell sind. Deshalb wird in der Anforderungsdefinition immer häufiger Grafik eingesetzt.
Eine Möglichkeit zur grafischen Beschreibung komplexer Systeme sind Petri–Netze. Ihre Benutzung ist klar definiert, und vernetzte Strukturen werden anschaulich und leicht verständlich. Zur Abbildung nebenläufiger Prozesse sind daher Petri–Netze als Formalismus weitgehend akzeptiert.
Für die Darstellung praxisrelevanter Probleme hat sich eine besondere Form der Petri–Netze, die Prädikat–Transitions–Netze, durchgesetzt. Sie erlauben die Abbildung kausaler Beziehungen, die den Knoten als formale Texte mitgegeben werden. Im folgenden wird mit dem Begriff Petri–Netz immer auf diese spezielle Form bezug genommen.
Angereichert um ein Hierarchisierungskonzept können mit Petri–Netzen auch große komplexe Systeme anschaulich beschrieben werden. Petri–Netze erlauben neben einer statischen Beschreibung auch eine Darstellung der Systemdynamik. Dies macht eine Validierung von Beschreibungen und unter Berücksichtigung der Zeit sogar Simulationsuntersuchungen möglich. Das PSItool NET unterstützt die Konstruktion solcher erweiterten Petri–Netze und stellt einen Simulator zur Verfügung.

2 Petri–Netz–Modelle

Petri–Netze setzen sich aus passiven (Kreisen) und aktiven Elementen (Vierecken) zusammen. Verbunden werden die Elemente durch gerichtete Kanten, so daß Verbindungen von Passiv– zu Aktivelementen und Verbindungen von Aktiv– zu Passivelementen existieren können.
Passive Elemente repräsentieren dabei Zustände, Bedingungen oder auch Informationen, die durch ein System "fließen". Im Gegensatz dazu stehen die Aktivelemente für Systemereignisse,

die abhängig von den Bedingungen, Zuständen usw. eintreten und den Zustand des Systems verändern können.

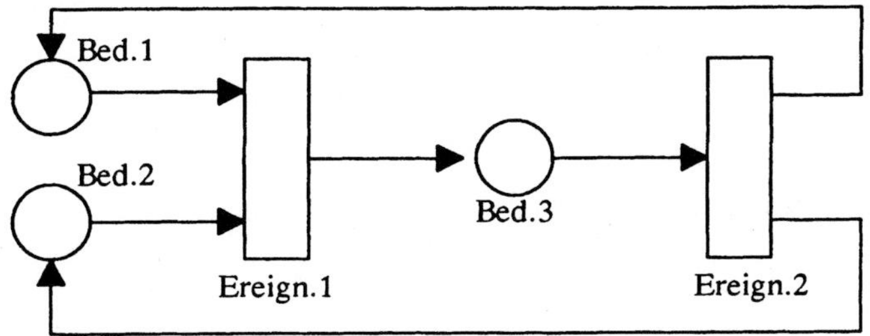

Hierarchien sind Klassifizierungsmodelle, die sich in den verschiedensten Arten von System-Beschreibungen wiederfinden. Bekannte Hierarchien bilden beispielsweise Organisationsdarstellungen oder technische Beschreibungen mit unterschiedlichem Detaillierungsgrad (Übersichten, Funktionsbeschreibungen, Baupläne).

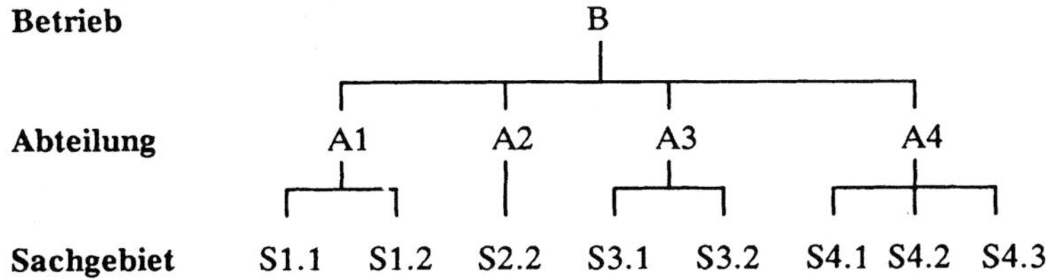

Solche hierarchischen Darstellungen unterstützen das Verständnis komplexer Sachverhalte, da Objekte, Funktionen etc. entsprechend der jeweiligen Hierarchieebene abstrakt bzw. konkret beschrieben werden.

Petri-Netze in einer weiterentwickelten Form ermöglichen durch einen Verfeinerungsmechanismus die Bildung von Hierarchien. Ein einzelner Knoten einer Hierarchieebene wird in der darunterliegenden Ebene durch ein Netz ersetzt. Im nachfolgenden Beispiel ist eine Bibliothek dargestellt. Der Bereich 'Ausleihe' ist durch zwei Aktivitäten, 'Ausgabe' und 'Rücknahme', verfeinert.

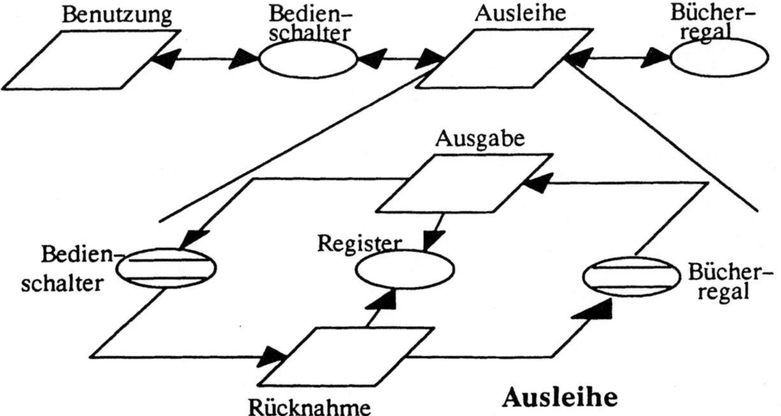

3 Dynamik in Petri-Netzen

Eine besondere Qualität der Petri-Netze liegt darin, daß neben der statischen Beschreibung von Systemen auch die Ausführung der erstellten Netzmodelle möglich ist. Somit können Untersuchungen des dynamischen Systemverhaltens durchgeführt werden.
Die Ausführbarkeit der Netze basiert auf Marken, die auf Passivelementen abgelegt werden können und damit das Erfülltsein/Nichterfülltsein von Bedingungen anzeigen. Schaltet ein Aktivelement, so wird jeweils eine Marke von allen eingehenden Passivelementen konsumiert und gleichzeitig jeweils eine Marke für alle nachfolgenden Passivelemente produziert. Im Gesamtnetz erscheint dieses Produzieren und Konsumieren der Marken als Markenfluß. Man kann damit feststellen,

- welche Ereignisse eintreten und unter welchen Bedingungen sie eintreten.
- ob und wie die Zahl der Marken, die auf einem Platz liegen können, begrenzt ist.
- ob das System irgendwann blockiert ist, d.h. kein Ereignis mehr eintreten kann (Deadlock).

Die hier betrachtete Form der Petri-Netze (Prädikat-Transitionsnetze) enthält Passivelemente in Form von **Prädikaten**, die sich aus Texten und typisierten Variablen zusammensetzen.
Beispiel: Auftrag <A : INT> wird von Maschine <M : INT> bearbeitet.

Marken, die auf dieses Prädikat während der Netzausführung gelegt werden, entsprechen dem Prädikatsmuster und führen für jede Prädikatsvariable einen sinnvollen Wert. Eine Marke für das obige Beispiel könnte dann z.B. folgendermaßen aussehen:

<<Auftrag 4711 wird auf Maschine 2 bearbeitet.>>

Wird beim Schalten eines Aktivelementes eine neue Marke erzeugt, müssen die Werte ihrer Prädikatsvariablen berechnet werden. In den Aktivelementen wird definiert, wie diese Berechnung erfolgt. Dabei können auch die Variablenwerte der konsumierten Variablen berücksichtigt werden.

Neben dem unbedingten Schalten (einzige Voraussetzung: Marken auf allen Eingangsplätzen) eines Aktivelements gibt es noch zwei Sonderformen:

a) Verzögertes Schalten:
Durch Angabe einer Schaltzeit kann das Schalten eines Aktivelementes verzögert werden. Die Schaltzeit definiert eine Zeitdifferenz zwischen dem Zeitpunkt, zu dem alle Voraussetzungen zum Schalten erfüllt sind, und dem tatsächlichen Schaltvorgang. Durch die Schaltzeit können Ereignisse, die Zeit verbrauchen, abgebildet werden, z.B. die Bearbeitungszeit eines Werkstücks auf einer Maschine.

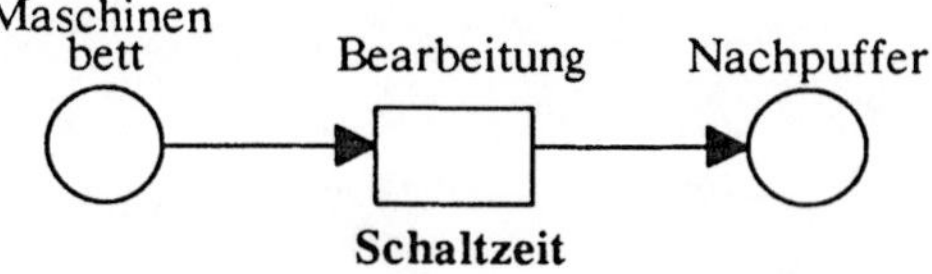

Die Bearbeitungszeit wird als Schaltzeit des Aktivelements 'Bearbeitung' definiert. Liegt ein Teil auf dem Maschinenbett, verzögert sich das Schalten genau um diese Zeit. Erst nach

Ablauf der Bearbeitungszeit wird das Werkstück auf den Nachpuffer gelegt.

b) Bedingtes Schalten:
Als zusätzliche Schaltbedingung werden in den Aktivelementen Bedingungen formuliert, die bestimmte Variablenwerte der auf den Eingangsprädikaten liegenden Marken betrifft. Dadurch kann z.B. abgebildet werden, daß bestimmte Werkstücke nur auf bestimmten Maschinen bearbeitet werden sollen. Ein Aktivelement, das eine Zuordnung von Werkstücken zu Maschinen vornimmt, kann dann nur schalten, wenn Werkstück und Maschine zusammenpassen.

Die Verknüpfung von bedingten und verzögerten Aktivelementen führt zu realistischen Modellen, die insbesondere den Faktor Zeit voll einbeziehen.

4 Simulation

Unter Simulation versteht man die Nachbildung eines dynamischen Prozesses in einem Modell, um zu Erkenntnissen zu gelangen, die auf die Wirklichkeit übertragbar sind.
In der Simulation werden also Modellexperimente durchgeführt.

Simulation während der Planung eines Systems erlaubt:
- eine Überprüfung der Planung auf Realisierbarkeit
- eine frühe Erkennung von Planungsfehlern
- eine Entscheidungshilfe bei der Auswahl unter mehreren Alternativen
- eine Überprüfung der Auswirkungen unterschiedlicher Steuerungsstrategien
- eine Optimierung der Planung

Durch Simulationsuntersuchungen können die Auslastung und die Systemgrenzen eines Systems ermittelt werden, das Störverhalten untersucht und Engpässe sowie Blockierungen (Deadlocks) erkannt werden.

Petri-Netze, die die Abbildung der Zeit erlauben, ermöglichen neben der statischen Beschreibung die Durchführung von **ereignisorientierten diskreten Simulationsuntersuchungen.** D.h. es steht ein einheitlicher und leicht verständlicher Formalismus für die Systembeschreibung und die Modellierung zur Verfügung. Dadurch wird eine Kommunikation zwischen dem Auftraggeber der Simulation, dem Systemexperten, und dem Durchführer der Simulation, dem Modellexperten, möglich. Der Auftraggeber kann überprüfen, ob das Simulationsmodell dem realen bzw. geplanten System entspricht und an welchen Stellen Vereinfachungen vorgenommen wurden. Dadurch ist für ihn eine genaue Interpretation der Simulationsergebnisse möglich.
Der hierarchische Aufbau des Simulationsmodells macht einen Übergang von der Grobsimulation zur Feinsimulation durch Verfeinerung der einzelnen Modellbausteine möglich. Das Modell der Grobsimulation wird schrittweise verfeinert, bis es so detailliert ist, daß eine genaue Feinsimulation möglich ist.
Petri-Netze können nur dann ausgeführt werden, wenn Marken existieren, die das Schalten

aktiver Elemente möglich machen. Bevor also eine Simulationsuntersuchung durchgeführt werden kann, muß die **Anfangsmarkierung** beschrieben werden. Es muß angegeben werden, auf welchen Passivelementen bei Simulationsstart Marken liegen, und die Werte der Prädikatvariablen dieser Marken müssen definiert werden. Durch die Anfangsmarkierung wird der Zustand, in dem sich das System zu Simulationsbeginn befindet, beschrieben, z.B.: Alle Maschinen sind frei und arbeiten nicht, das Transportsystem ist passiv, zehn Aufträge liegen zur Bearbeitung vor.
Wird die Anfangsmarkierung variabel gehalten, kann mit der Simulation bei jedem beliebigen Systemzustand aufgesetzt werden. So kann z.B. zunächst das Einschwingen des Systems beobachtet werden. Später, wenn zu dieser Phase ausreichende Erkenntnisse vorliegen, kann mit der Simulation bei einem eingeschwungenen Systemzustand begonnen werden.
Es können durch die Anfangsmarkierung gezielt kritische Situationen herbeigeführt werden.

Über die Anfangsmarkierung können auch die Systemeigenschaften abgebildet werden, die während der Simulation variiert werden sollen. So können große Teile des Systems variabel gehalten werden, ohne daß am Modell selbst Änderungen vorgenommen werden müssen.

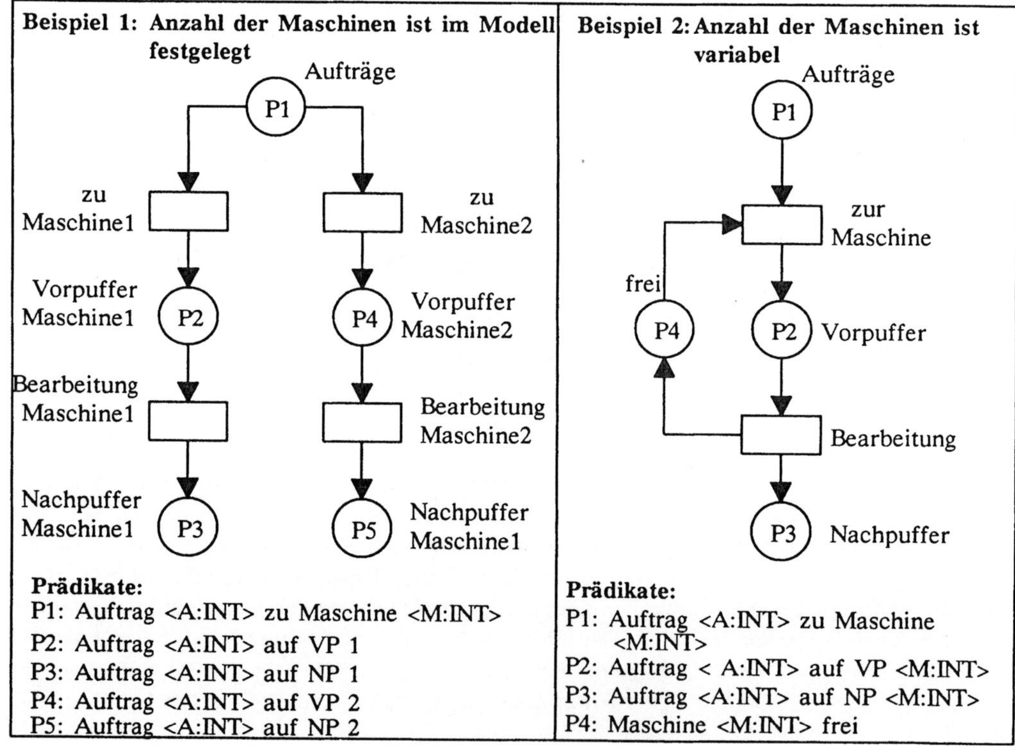

Beispiel 1 zeigt explizit zwei Bearbeitungswege Vorpuffer–Bearbeitung–Nachpuffer für zwei Maschinen. Durch eine entsprechende Schaltbedingung in den Aktivelementen 'zu Maschine1' und 'zu Maschine2' werden die Aufträge in die richtigen Bearbeitungswege übernommen.
In Beispiel 2 sind die Bearbeitungswege zu einem zusammengefaßt (gefaltet). Dennoch kann

auch hier eine Unterscheidung zwischen Weg1 und Weg2 vorgenommen werden. Es werden bei der Anfangsmarkierung z.B. zwei Marken, <<Maschine 1 frei>> und <<Maschine 2 frei>>, auf 'frei' abgelegt. In der Schaltbedingung des Aktivelements 'zu Maschine' werden nur passende Markenkombinationen (z.B. <<Maschine 2 frei>> und <<Auftrag 4711 zu Maschine 2>>) zugelassen. Diese 2. Lösung erlaubt die Erweiterung um beliebig viele Maschinen, ohne daß das Modell selbst verändert werden muß. Es müßte bei der Anfangsmarkierung lediglich für jede weitere Maschine eine Marke auf 'frei' erzeugt werden.
Die Entscheidung, ob ein Netz explizit alle Details darstellen soll oder ob es vielfach gefaltet wird, wobei Komponenten durch Marken repräsentiert werden, ist oft schwierig. Gefaltete Netze sind kompakter und variabler. Andererseits läßt ein extrem gefaltetes Netz kaum noch die Problemkomplexität erkennen, da diese durch eine Vielzahl von Marken abgebildet wird. Wichtig ist, daß während der Modellierung berücksichtigt wird, welche Systemkomponenten variabel gehalten werden sollen. Die Fragestellung, unter der die Simulation durchgeführt werden soll, muß also bereits vor der Modellierung geklärt sein.

5 Konzepte zur Abbildung typischer Systemkomponenten mit Petri-Netzen

Es werden beispielhaft einige Lösungskonzepte für typische Problemstellungen bei der Modellierung vorgestellt.

5.1 Warteschlangen

Eine Möglichkeit zur Abbildung von Warteschlangen in Prädikat-Transitions-Netzen bietet der Typ **'Liste'** für Prädikatvariablen mit den entsprechenden Listenfunktionen, wie z.B.: Ein Element hinten an die Liste anfügen, das erste Element der Liste lesen, das erste Element aus der Liste entfernen.
Mit Hilfe des Variablentyps 'Liste' und entsprechenden Funktionen können auch Keller (LIFO-Strategie) und Prioritätslisten abgebildet werden.

5.2 Darstellung knapper Ressourcen

Für ein Passivelement kann die Zahl der Marken, die gleichzeitig auf dem Passivelement liegen können, limitiert werden. Ein vorangehendes Aktivelement schaltet dann nur, wenn durch die neu zu erzeugende Marke diese Kapazitätsgrenze nicht überschritten wird. Dadurch wird es möglich, begrenztes Fassungsvermögen von Systemkomponenten abzubilden.

Beispiel:

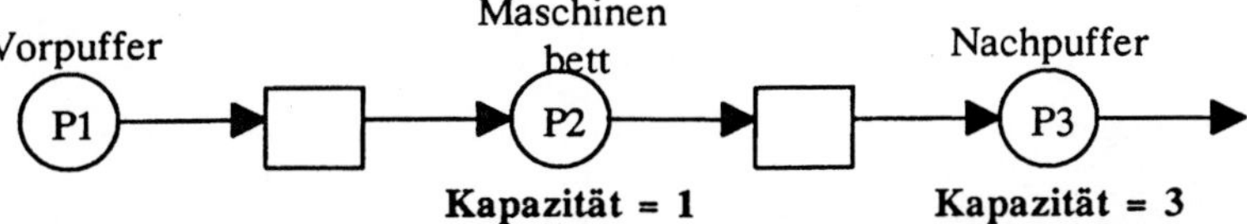

Das Fassungsvermögen von Maschinenbett und Maschinennachpuffer wird durch die Kapazitäten von P2 und P3 beschrieben. Auf dem Maschinenbett kann sich jeweils nur eine Marke, die hier ein Werkstück repräsentiert, befinden. Erst wenn das Maschinenbett frei ist, wird ein

Werkstück vom Vorpuffer auf das Maschinenbett gelegt. Der Nachpuffer hat die Kapazität 3, d.h. das Maschinenbett wird nur frei gemacht, wenn sich im Nachpuffer weniger als drei Werkstücke befinden.

Wird eine begrenzte Ressource im Modell nicht nur durch ein einziges Passivelement dargestellt, müssen Passivelemente eingeführt werden, die durch ihre Markenbelegung die noch freie Kapazität angeben.
Dies wäre im oben angeführten Beispiel der Fall, wenn der Nachpuffer ein Transportband wäre, auf dem die Werkstücke zur Übergabeposition zum Abtransport gebracht werden würden. Der Transport auf dem Band würde durch zwei Passivelemente abgebildet werden.

Beispiel:

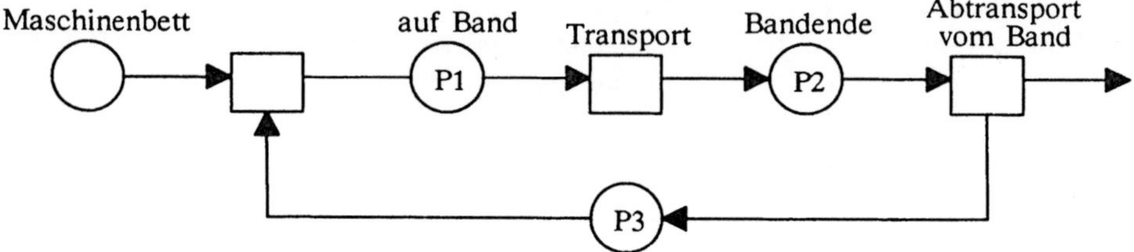

Die Passivelemente P1 und P2 haben gemeinsam die Kapazität 3. Befindet sich auf dem Band kein Werkstück, steht die gesamte Kapazität zur Verfügung. Auf dem Kapazitätsknoten P3 befinden sich drei Marken. Die Kapazität kann durch die Anfangsmarkierung variiert werden.

5.3 Prioritäten von Ereignissen

Ereignisprioritäten können durch minimale Unterschiede in den Schaltverzögerungszeiten der entsprechenden Aktivelemente dargestellt werden. Ein Ereignis mit niedriger Priorität findet nur dann statt, wenn die Ereignisse mit höherer Priorität nicht eintreten können.

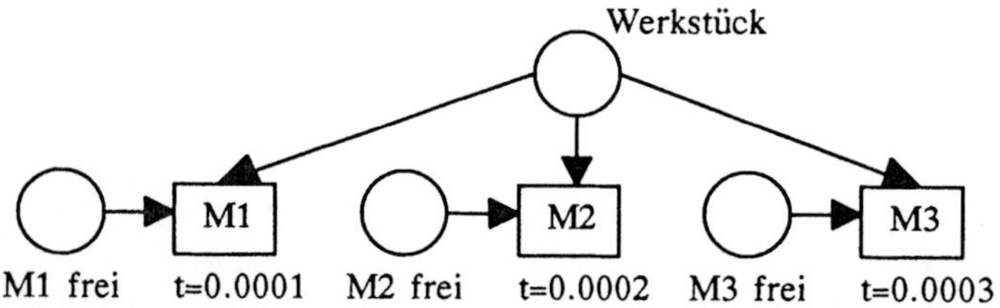

Die Maschine 1 (M1) hat die höchste Priorität, Maschine 3 (M3) die niedrigste. Ein Werkstück wird also, wenn es möglich ist, immer auf Maschine 1 bearbeitet. Nur wenn Maschine 1 und Maschine 2 belegt sind, erfolgt die Bearbeitung auf Maschine 3.

5.4 Darstellung von Strategien

Steuerung bedeutet in der Regel, daß eine Menge an Informationen zum Systemzustand ausgewertet wird und ermittelt wird, welche Reaktion aufgrund des aktuellen Systemzustands notwendig wird. Solche Steuerungsstrategien lassen sich durch Petri-Netze abbilden. Bei komplizierten Strategien können diese Netze allerdings komplex werden, was vor allem dann

ein Nachteil ist, wenn sich die Strategien häufig und grundlegend ändern.
In diesem Fall ist es vorteilhaft, die Strategien über eine Programmschnittstelle des Simulationssystems als Funktionen zur Verfügung zu stellen. Diese Funktionen werden dann zur Berechnung von Variablenwerten beim Schalten eines Aktivelementes herangezogen oder fließen direkt als Schaltbedingungen von Aktivelementen ein.
Strategien sind in dieser Form nicht mehr im Modell festgelegt, sondern variierbar. Außerdem liegen sie in einer direkt für die Implementierung verwendbaren Form vor. Bereits realisierte Strategien können verwendet werden.

5.5 Abbildung von Störungen

Viele Systemkomponenten haben die Eigenschaft, nicht unbegrenzt einsatzbereit zu sein. Sie müssen in gewissen Zeitabständen gewartet werden oder fallen wegen Störungen aus.
In Simulationsuntersuchungen kann festgestellt werden, wie sich solche Störungen auf das Verhalten des Gesamtsystems auswirken, ob es zu kritischen Situationen kommen kann und wie am besten im Fall einer Störung verfahren werden sollte.
Die Störung einer Systemkomponente, z.B. einer Maschine, läßt sich durch einen Störungszyklus abbilden, der durch ein Passivelement 'ready' mit dem Arbeitszyklus der Maschine verbunden ist.

Beispiel : Mean-Time-between-Failure

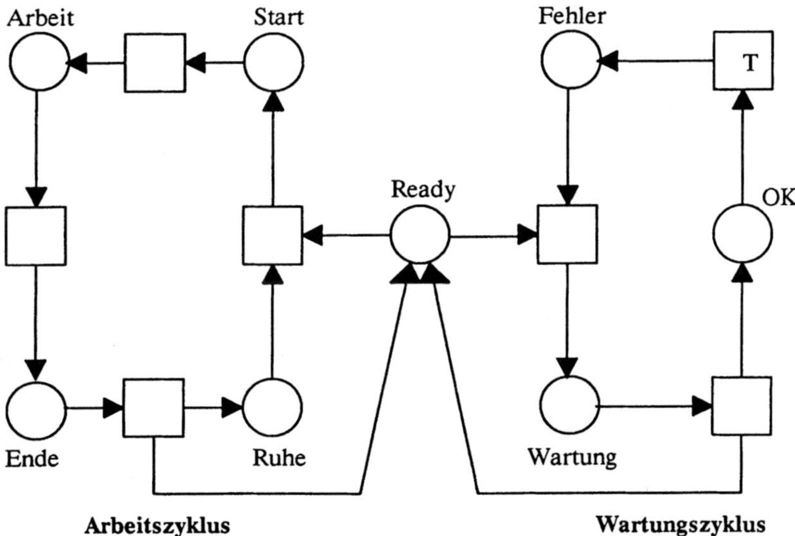

Die Abstände zwischen den Wartungszyklen werden durch die Schaltverzögerungszeit des Aktivelements T bestimmt. Diese Schaltverzögerungszeit kann auch aufgrund einer Verteilungsfunktion (z.B. Gauss-, Exponential-, Gleichverteilung) zufällig ermittelt werden. Der Wartungszyklus wird durch eine Marke auf 'Fehler' eingeleitet .

6 Modellierung im Großen am Beispiel einer Fertigungssteuerung

Bei der Abbildung großer Systeme spielt die Vorgehensweise bei der Modellbildung und die Strukturierung des Modells im Großen eine wesentliche Rolle. Bewährt hat sich ein objektorientierter Ansatz. Es werden die relevanten Objekte der Realität identifiziert. Das Verhalten dieser Objekte wird durch ihre möglichen Zustände und die Zustandsänderungen beschrieben. Objekte beeinflussen sich gegenseitig durch den Austausch von Nachrichten. Solche Nachrichten lösen Aktionen der Objekte aus. Die Objekte ändern ihren Zustand.

Der objektorientierte Ansatz läßt sich sowohl bei der Abbildung der Anlage als auch bei der Beschreibung der Steuerungssoftware anwenden.
Objekte der Anlage sind z.B. Maschinen, Lager oder Transportfahrzeuge. Die Interaktion dieser Objekte erfolgt über den Austausch von Nachrichten, z.B. bestimmte Werkstücke.
Bei der Modellierung der Software kann wie bei einem objektorientierten Systementwurf vorgegangen werden. Das Modell der Software kann als objektorientierter Entwurf verstanden werden. Die Objekte der Software lassen sich in folgende Gruppen unterteilen:

- Objekte, die innerhalb der Software Informationen über die Objekte der Anlage verwalten.
- Objekte, die Informationen über abstrakte Objekte wie Arbeitspläne, Aufträge usw. verwalten.
- Objekte, die die Steuerung übernehmen.

Die Kommunikation zwischen Steuerungssoftware und Anlage erfolgt über den Austausch von Nachrichten zwischen Objekten der Anlage und Objekten der Steuerung.

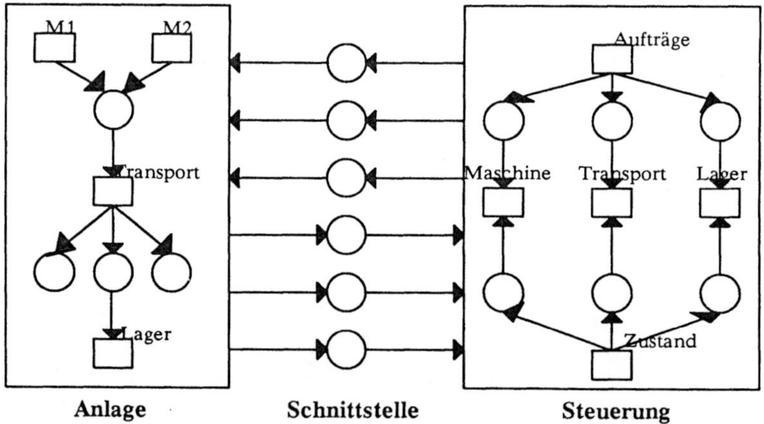

Durch Simulation kann das Verhalten der Anlage, das Verhalten der Software und das Zusammenspiel zwischen beiden untersucht werden. Wird die Steuerungssoftware vollständig abgebildet, kann das Modell als Prototyp der zu entwickelnden Software betrachtet werden.

7 Ausblick

Auch bei der Verwendung von Petri-Netzen ist der Übergang von der Systemanalyse zum Programmentwurf nicht trivial. Ziel der Forschung ist, die Kluft zwischen Analyse und Entwurf zu schließen. Ein Ansatz dazu wäre die Gewinnung von ausführbarem Code aus den Netz-Modellen, die die Software abbilden. Des weiteren sollte das Modell der Anlage zur Gewinnung einer Testumgebung für die Steuerungssoftware verwendet werden können.

Eine durchgehende Methodik zur Modellierung mit Petri-Netzen steht bis heute noch aus. Allerdings sind bereits erste methodische Ansätze vorhanden, die im Zuge einer verstärkten praktischen Anwendung der Petri-Netze weiterentwickelt werden.

Literatur:

Reisig, W.: Systementwurf mit Netzen
Springer Verlag 1985

Reisig, W.: Petri-Netze, eine Einführung
Springer Verlag 1982

Genrich, H.-J., Lautenbach, K.: System Modelling with High-level Petri-Nets
Theor. Comp. Sci., Vol 13, P 109, 81

Itter, F.: Das PSItool NET im Einsatz unter VMS auf VAX:
Verwendung von Petri-Netzen bei der Entwicklung einer flexiblen
Fertigungssteuerung
DECUS-Symposium, Berlin 1987

Winkler, P. : Anforderungsbeschreibung mit NET-Modellen
Informatik-Fachberichte 74, Requirements Engineering,
Hrsg. G.Hommel, K.Kröning, Springer Verlag 1983

Stocks, J.: Mit Petri-Netzen Probleme lösen
DECUS-Symposium, Berlin 1987

Rentsch, T.: Object oriented Programming
SIGPLAN Notices, Vol.17, No.9, P.51
Sept. 1982

Kontaktadresse: Dipl.Inf. C. Relewicz
PSI Gesellschaft für Prozeßsteuerungs- und Informationssysteme m.b.H.
Kurfürstendamm 67, 1000 Berlin 15

Software Reverse Engineering als Basis für eine zuverlässige Wartung und Wiederverwendung von Prozeßautomatisierungssystemen

Peter Lempp, Peter Göhner
GPP Gesellschaft für Prozeßrechnerprogrammierung mbH
Kolpingring 18a, 8024 Oberhaching

Zusammenfassung:

Viele Firmen und Institutionen stehen vor einem gravierenden Problem: Vorhandene Prozeßautomatisierungssoftware muß noch über einen längeren Zeitraum gewartet werden, durch die zahlreich erfolgten Änderungen ist jedoch die interne Struktur immer undurchsichtiger geworden, die Dokumentation ist weder vollständig, noch spiegelt sie den aktuellen Stand der Software wider. Um diesem Mißstand abzuhelfen und wieder eine klare Basis für die Softwarewartung zu gewinnen, wird ein "Reverse Engineering", d.h. eine systematische Respezifikation eines konsistenten Entwurfs und der Anforderungen, vorgestellt. In zwei Projekten wurde die Durchführbarkeit des Ansatzes gezeigt und eine Methode entwickelt, die auf den Repräsentationen und der Werkzeugunterstützung des Spezifikationssystems EPOS aufbaut. Die Wiedergewinnung der Entwurfs-/Anforderungsinformation erfolgt aus Quellcodes, Kommentaren sowie allen weiteren verfügbaren Dokumentationsteilen. Die Vorteile eines "Reverse Engineering" reichen von einer zuverlässigen und kosteneffizienten Wartung und Pflege bis hin zur Wiederverwendbarkeit der existierenden Realzeitsoftware für ähnliche Projekte.

1. Einleitung

Über Jahrzehnte wurde Realzeitsoftware in Assembler oder auch höheren Programmiersprachen geschrieben, ohne daß moderne Software Engineering Prinzipien wie Strukturierter Entwurf oder begleitende Dokumentation bei der Entwicklung konsequent eingesetzt wurden. Darüber hinaus entfernte sich die Software durch die zahlreichen Änderungen und Erweiterungen während der Wartungs- und Pflegephase vielfach von der ursprünglichen Struktur und die Diskrepanz zwischen der Software im Einsatz und der vorhandenen Dokumentation wurde laufend größer [Schn87]. Dieser Zustand stellt ein weitreichendes Problem für eine zuverlässige und effiziente Wartung dar und verhindert eine Wiederverwendung der mit hohen Kosten entwickelten Software in ähnlich gearteten Anwendungen. Ein Ansatz, wieder eine Basis für die Wartung herzustellen, ist das im folgenden beschriebene werkzeugunterstützte Software Reverse Engineering.[1)]

---

1) Andere, weniger umfassende Ansätze sind z.B. in [Brit86] zu finden.

2. Software Reverse Engineering

Reverse Engineering umfaßt Methoden, Verfahren und Werkzeuge, um sowohl den vollständigen Softwareentwurf als auch die Anforderungsspezifikation aus dem Quellcode, Kommentaren im Quellcode, sowie aus sonstiger, meist zumindest stückweise vorhandener Softwaredokumentation wiederzugewinnen.

Bild 1 zeigt die Aufgabe in graphischer Form, zugleich illustriert es auch ein weiteres Ziel der Restrukturierung: die zugehörigen Abhängigkeiten und Relationen zwischen Anforderungen, Konzept, Entwurf und Quellcode in der Datenbank eines Spezifkationssystems zu modellieren.

Die Respezifikation vorhandener Software kann in vier grundsätzliche Einzeltätigkeiten untergliedert werden:

- formale Quellcodeanalyse
- Funktionalitätsbestimmung
- Respezifikation (inklusive Abhängigkeiten und Relationen)
- Verifikation der respezifizierten Repräsentationen

Im ersten Schritt wird die Struktur des vorhandenen Quellcodes analysiert und insbesondere alle physikalischen oder logischen "Module", interne/externe Daten (Strukturen), der Kontroll- und der prinzipielle Datenfluß identifiziert. In der Funktionalitätsuntersuchung wird die Bedeutung der verschiedenen Teilfunktionen der Software erfaßt. Eine Aufgabe, deren Schwierigkeit sehr stark von vorhandener Zusatzinformation wie Namenskonventionen, Codekommentaren und von der Qualität der vorhandenen Dokumentationsteile abhängt. Grundsätzlich führt eine Korrelation von Bottom-Up Abstraktion, Quellcodeinformation und Top-Down Schlüssen aus vorhandener Dokumentation am effizientesten zur Wiedergewinnung des "Verständnisses" des vorhandenen Softwarepakets. Die gefundenen Strukturen und ihre Abhängigkeiten werden in einer geeigneten Form spezifiziert. Die Verifikation der respezifizierten Repräsentationen erfolgt dann durch eine Quellcodegenerierung aus der Entwurfsspezifikation mit anschließendem Vergleich mit dem ursprünglichen Quellcode. Zumindest eine funktionelle Identität besonders bei Realzeitsoftware aber im wesentlichen eine vollständige Übereinstimmung des Quellcodes (ohne Kommentare) wird hierbei gefordert.

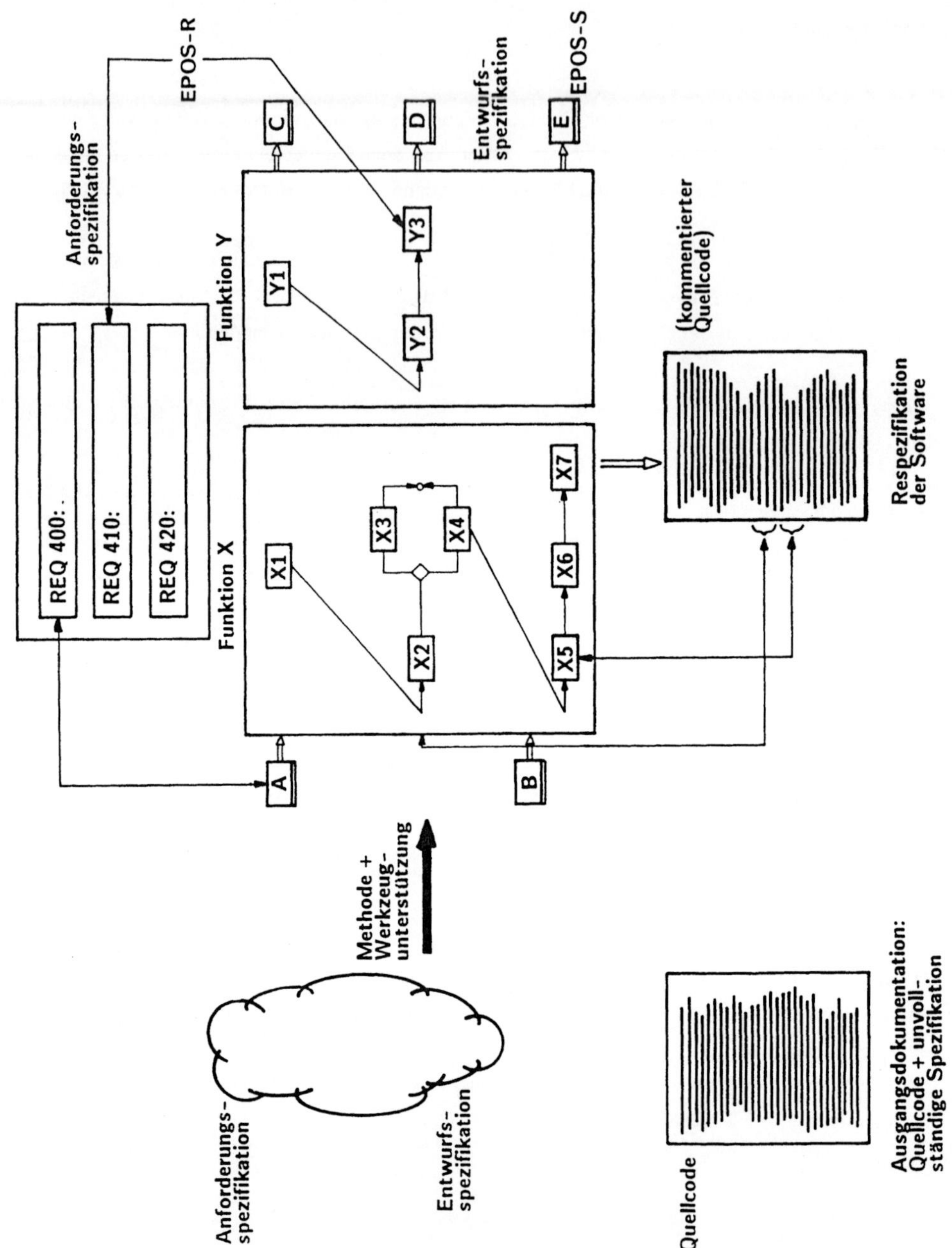

Bild 1: Graphische Darstellung der Aufgabenstellung beim Software Reverse Engineering

3. Reverse Engineering Projekte

Die skizzierte Methode wurde schon in umfangreichen Projekten erfolgreich angewandt. Ein typisches Beispiel ist die Respezifikation der gesamten Maincomputersoftware des TORNADOs unter Verwendung des Spezifikationssystems EPOS [LaLe84], [Goeh84].
Ausgehend vom existierenden Quellcode als der Basis für objektiv korrekte Information werden zusammen mit den spärlich verfügbaren Kommentierungen und Beschreibungen der Programmanweisungen Relationen zu vorhandenen Entwurfsbeschreibungen geschaffen. Die Entwurfsbeschreibung wird in eine EPOS-S Spezifikation überführt, berichtigt, erweitert und ergänzt. Der gesamte Entwurf mit den wesentlichen Teilsystemen, den relevanten Daten- und Kontrollflußstrukturen, sowie den Synchronisierungen wurde zusammen mit der Anforderungsspezifikation und den Verbindungen/Abhängigkeiten der beiden Strukturen wiederhergestellt. Diese Spezifikation wird seitdem rechnergestützt mit Hilfe des EPOS Systems für die Wartung und Pflege der TORNADO Software eingesetzt.

Der Aufwand für das Projekt war nicht gering. Trotzdem wird aufgrund der drastisch verlängerten Lebensdauer und der nun vorliegenden EPOS-S Entwurfsspezifikation zur Wiederverwendung in anderen Avionikentwicklungen das Kosten-/Nutzenverhältnis sehr positiv beurteilt.

Ein zweites, 1987 mit der amerikanischen Partnerfirma SPS Software Products & Services, Inc. für die amerikanische Raumfahrtbehörde NASA durchgeführtes Projekt zur Untersuchung der Automatisierbarkeit des Software Reverse Engineering bestand aus drei Teilgebieten:

- die Entwicklung und Aufbereitung einer systematischen Reverse Engineering Methode,
- der Anwendung der Methode auf ein von der NASA ausgewähltes Softwarepaket, und
- der Identifikation eines Gesamtkonzepts für eine weitere Automatisierung des Respezifikationsprozesses.

Das Projekt ist erfolgreich abgeschlossen und führte zur systematisch methodischen Grundlage für Software Reverse Engineering, wie es im vorigen Kapitel beschrieben ist. Die Voraussetzungen, die notwendigen Tätigkeiten und ihre Reihenfolge sowie die Zwischen- und Endergebnisse jeder der vier Aktivitäten Quellcodeanalyse, Funktionalitätsbestimmung, Respezifikation und Verifikation wurden definiert und Abhängigkeiten identifiziert. Die Anwendung der Methode erfolgte auf ein 20 000 Zeilen FORTRAN-Programm aus dem "Deep Space Network"-Programm der NASA, einem umfangreichen Softwaresystem, bei dem große Teile Realzeitanforderungen unterliegen. Bei der Durchführung des Reverse Engineering wurden Fehler, Inkonsistenzen und Unvollständigkeiten in der (zur Respezifikation nicht zur Verfügung gestellten) Dokumentation gefunden, der FORTRAN Quellcode konnte zum größten Teil automatisch aus dem respezifizierten Entwurf wieder generiert und die Übereinstimmung mit dem ursprünglichen Programm verifiziert werden.

Zwei wesentliche Gesichtspunkte für die kosteneffiziente Durchführung des Software Reverse Engineering sind eine (teilweise) Automatisierung sowie die Eignung der respezifizierten Entwurfs- und Anforderungsdefinitionen für die Wartung und Wiederverwendung.
Es wurden eine Reihe von Kriterien zur Beurteilung einer Softwareentwicklungsumgebung auf ihre Anwendbarkeit im Reverse Engineering erarbeitet. Die wichtigsten Anforderungen sind hierbei:

- eine "mächtige" Entwurfsspezifikationssprache, um die verschiedensten Systemaspekte in unterschiedlichen Projekten modellieren zu können;
- die Bereitstellung einer Spezifikationsmöglichkeit verschiedener Repräsentationen, insbesondere auch für textuell/formale Eingabemöglichkeiten;
- die Anforderungsspezifikation zur einfachen Transformation besonders von der Quellcodeebene;
- umfangreiche und komfortable Visualisierungs- und Analysemöglichkeiten;
- automatische Quellcodegenerierung zur Unterstützung der Verifikation;
- einfache Einbindung wissensbasierter Rechnerunterstützung für weitergehende Hilfe bei der Funktionalitätsbestimmung.

Es wurde festgestellt, daß das Entwicklung- und Projektmanagement-Orientierte Spezifikationssystem EPOS diese Anforderungen für Reverse Engineering in vollem Umfang erfüllt; die Eignung der von EPOS zur Verfügung gestellten Repräsentationen: Anforderungsdefinition, Konzeption, Entwurf und Quellcode für die Verbesserungen der Wartung und Wiederverwendbarkeit wurde schon mehrfach in anderen Berichten herausgestellt [Laub87], [Lemp87].
Bild 2 zeigt die grundsätzliche Werkzeugunterstützung beim Reverse Engineering mit EPOS sowie die verschiedenen Transformationen und Abhängigkeiten zwischen den verschiedenen Dokumenten.

4. Schlußbemerkungen

Das überall existierende Wartungsproblem, schnell und zuverlässig Fehlerkorrekturen und Erweiterungen an unzureichend dokumentierter und unstrukturierter Software durchführen zu müssen, führt zur Überlegung, zunächst ein "Reverse Engineering" der Software zur Wiedergewinnung einer konsistenten und vollständigen Spezifikation durchzuführen.
Allerdings ist das Verfahren nur dann kosteneffizient, wenn es systematisch-methodisch und rechnerunterstützt durchgeführt wird. Das Spezifikationssystem EPOS verfügt über die notwendigen Eigenschaften und wurde in mehreren Projekten erfolgreich zum Reverse Engineering eingesetzt.

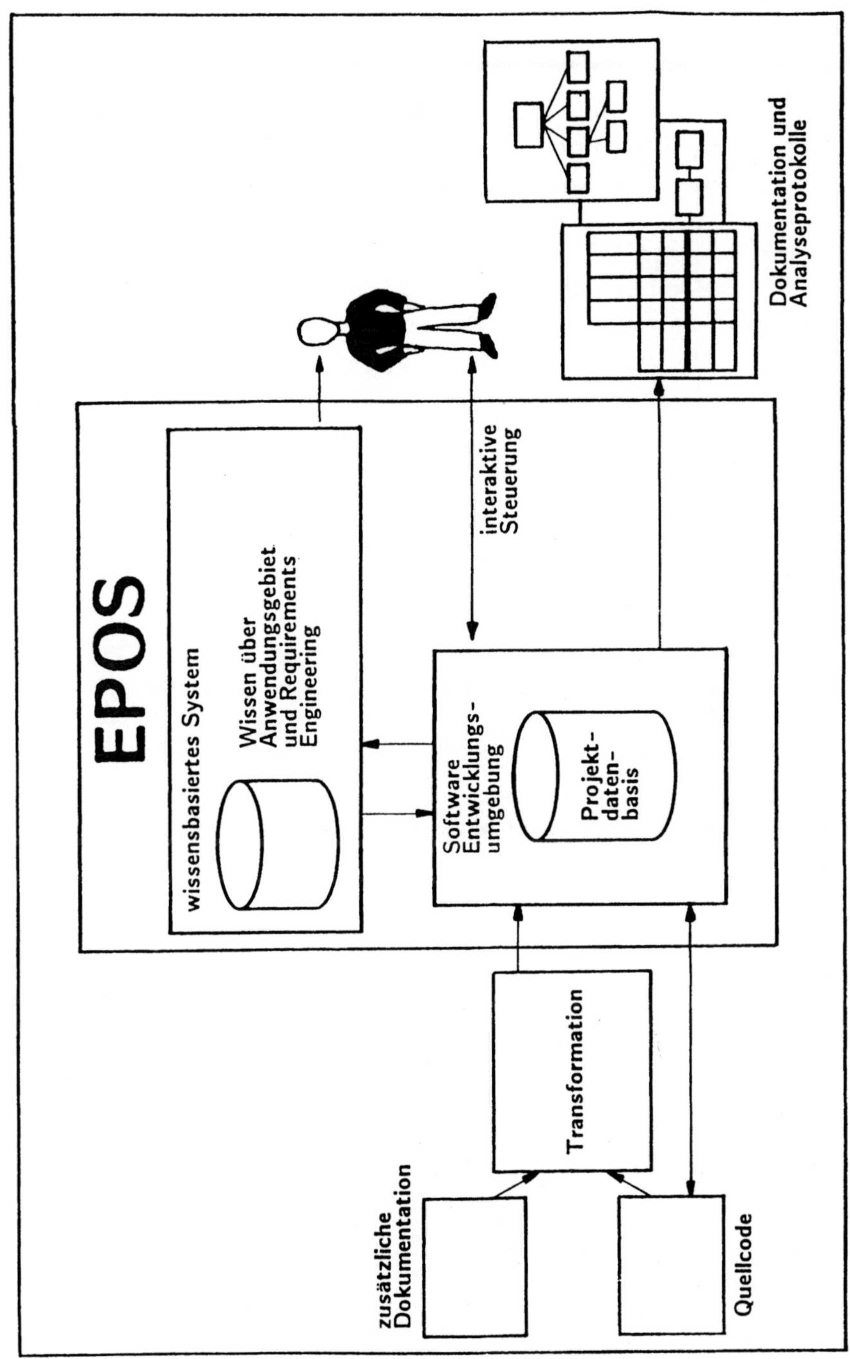

Bild 2: Werkzeugunterstütztes Reverse Engineering mit EPOS

Literatur

[Goeh84] Göhner, P.:
"Methode zur Entwicklung von Realzeit-Systemen und ihre praktische Anwendung in EPOS." Fachtagung Prozeßrechner 1984 (Herausg.: Trauboth, H.; Jäschke, A.) Informatik Fachberichte Bd. 86, Springer Verlag, Berlin, Heidelberg, New York, 1984.

[LaLe84] Lauber, R.; Lempp, P.:
"Integrierte Rechnerunterstützung bei der Durchführung von Automatisierungsprojekten." Fachtagung Prozeßrechner 1984 (Herausg.: Trauboth, H.; Jäschke, A.) Informatik Fachberichte Bd. 86, Springer Verlag, Berlin, Heidelberg, New York, 1984

[Brit86] Britcher, R. N.; Craig, J. J.:
"Using Modern Design Practices to Upgrade Aging Software Systems"
IEEE Software, Vol. 3, No. 3, (May 1986), S. 16-24.

[Laub87] Lauber (Hrsg.) EPOS Kurzbeschreibung.
Inst. für Regelungstechnik u. Prozeßautomatisierung, Univ. Stuttgart und GPP mbH, München-Oberhaching 1987.

[Lemp87] Lempp, P.:
"An Environment to Promote Software Reusability at the Design Specification Level."
Proc. 5th Pacific Northwest Software Quality Conf., Portland, Oregon, 19-20 October, 1987, S. 201-222.

[Schn87] Schneidewind, N. F.:
"The State of Software Maintenance."
IEEE Transactions on Software Engineering, Vol. SE-13, No. 3 (März 1987), S. 303-308.

Erfahrungen beim Einsatz des Datenbanksystems BAPAS-DB zur Verteilung der Funktionen und Daten in Mehrrechnersystemen

Dipl.-Math. Rolf Blumenthal
Werum GmbH, Lüneburg

1. Einleitung

Der Einsatz dezentraler Mehrrechnersysteme zur Lösung von komplexen technischen DV-Anwendungen hat in den letzten Jahren rapide zugenommen. Die Vorteile sind allgemein anerkannt: Klare Trennung in abgegrenzte Teilaufgaben, Rechenkapazität vor Ort, wo sie benötigt wird, Fehlertoleranz durch redundante und bis zu gewissen Graden autonome Teilsysteme und einfache Erweiterbarkeit nach dem Baukastenprinzip. In vielen Firmen lassen die großen Entfernungen innerhalb der Fabrik und die unterschiedlichen betrieblichen Arbeitsvorgänge in den einzelnen Teilbereichen gar keine zentralen Lösungen zu. Um trotzdem umfassende Informationen über den Betrieb zu bekommen, werden immer häufiger bereits bestehende Insellösungen mit modernen Integrationsmethoden zu verteilten Gesamtsystemen zusammengefaßt.

Bei diesen Konzepten spielt die Verbindung der Systeme, also die Kommunikation, eine wichtige Rolle. Deshalb führen erst stark vereinheitlichte Schnittstellen zu kostengünstigen und flexiblen Systemen. Aus dieser Erkenntnis resultierten unter anderem die weltweiten MAP-Normungsaktivitäten.

2. Datenhaltung in Mehrrechnersystemen

Von ähnlicher Wichtigkeit sind einheitliche Datenhaltungsschnittstellen beim Einsatz von Mehrrechnersystemen. Im folgenden wird anhand dreier komplexer technischer DV-Anwendungen die zentrale Rolle der Datenhaltung in solchen Projekten dargestellt. In allen drei Projekten wurde das Datenbanksystem BAPAS-DB zur Datenhaltung eingesetzt. Die dabei gesammelten Erfahrungen können in Anforderungenn an Datenbanksysteme für verteilte Lösungen zusammengefaßt werden. Insbesondere werden folgende Eigenschaften als hilfreich oder sogar notwendig herausgearbeitet:

⇨ Globales Daten-Layout für verteilte Systeme

⇨ Einheitliche Prozedurschnittstelle im gesamten Netz

⇨ Datenbank auch ohne Platte

⇨ Datenbank-Server mit hoher Verfügbarkeit

⇨ Kommunikationsanschluß über normierte Schnittstellen

2.1 Ein Anlagenüberwachungs- und Instandhaltungssystem

Bei einem bekannten deutschen Automobilwerk in Bremen werden 700 Produktionsautomaten und 5.000 Nebenanlagen von einem Rechnersystem überwacht /1/, /2/. Durch dieses System wird der Betreiber laufend über aktuelle Störungen in der Produktion informiert. Auf Anfrage stehen ihm Listen über das Störgeschehen einer Schicht, das Störverhalten einer Anlage und archivierte Produktionsdaten zur Verfügung. Darüberhinaus werden die Stördaten zum Betrieb eines Instandhaltungssystems genutzt. Dieses Instandhaltungssystem ist ausgestattet mit den Komponenten Reparaturbeauftragung durch Leitstellen, Rückmeldung von technischen und lohnorientierten Reparaturdaten der Techniker vor Ort und Weiterleitung der Daten an ein Auswertungssystem auf einem Großrechner.

Alle anfallenden Überwachungs-, Statistik- und Instandhaltungsdaten werden zentral durch das Datenbanksystem BAPAS-DB verwaltet. Es ist damit Kernstück des gesamten Anwendungssystems (s. Bild 1).

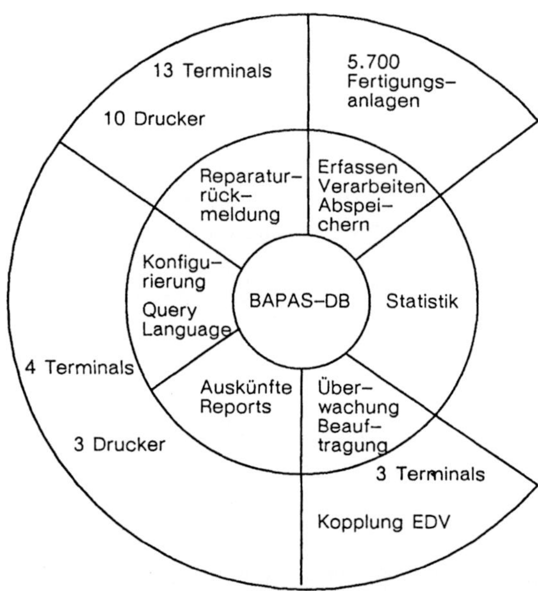

Bild 1: BAPAS-DB als Basis des Anlagenüberwachungs- und Instandhaltungssystems

Die Vielzahl der Signale und die räumlich weit verteilten Anlagen waren Gründe, um die Anwendungsfunktionen auf ein fehlertolerantes Mehrrechnersystem zu verteilen. Dieses erstreckt sich mittlerweile auf 16 Prozeßrechner, die über einen rund 4 km langen Lichtwellenleiter in Ringform verbunden sind (s. Bild 2).

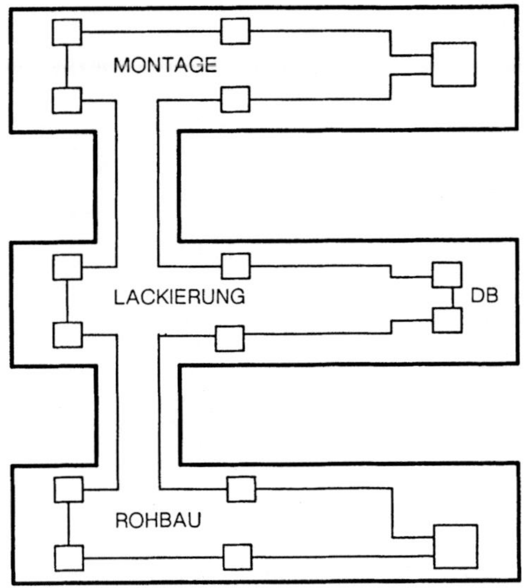

Bild 2: Rechnernetz des Anlagenüberwachungs- und Instandhaltungssystems

12 dieser Rechner erfassen und verarbeiten direkt die Prozeßsignale einer jeweils zugeordneten Gruppe von Fertigungsanlagen. Außerdem übernehmen sie die Abwicklung der Dialoge, die die Reparaturteams vor Ort durchführen.
Über den schnellen Lichtleiterbus haben alle diese Rechner direkten Zugriff auf das Datenbanksystem, das zur höheren Verfügbarkeit auf 2 Rechnern in der Warte redundant installiert wurde. Diese Rechner übernehmen zusätzlich die restlichen, zuvor aufgeführten Aufgaben inklusive der Kopplung zum Großrechner.

2.2 Datenhaltung in einem Laborsystem

Im Institut für Klinische Chemie des Klinikums Großhadern wird BAPAS-DB im Projekt PRIMULAB als verteiltes Datenbanksystem eingesetzt /3/. BAPAS-DB ist dort auf einem Rechnernetz mit derzeit 10 Intel 286/310 - Systemen installiert. Diese sind auf mehrere Labors verteilt und über Ethernet miteinander verbunden.

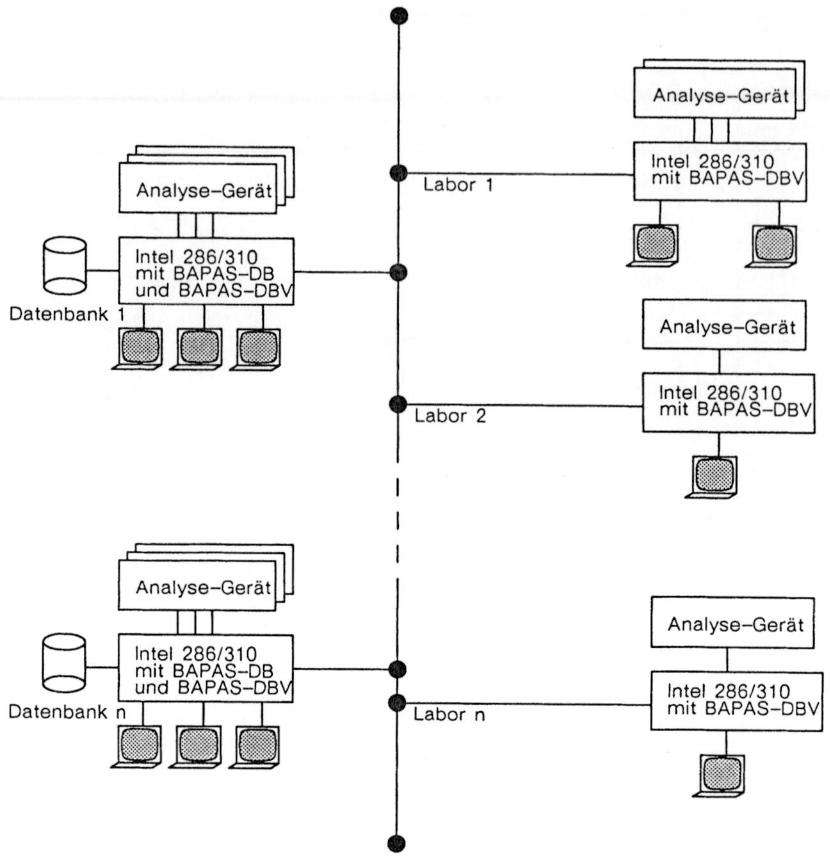

Bild 3:

Automatische Analysegeräte sind direkt mit den Rechnern verbunden und geben ihre Daten online an die Rechner weiter. Die so gewonnenen Meßergebnisse (z.B. einer Blutprobe) werden in einer lokalen Datenbank abgespeichert und stehen dort für weitergehende Untersuchungen zur Verfügung.

Neben dieser lokalen, auf den angeschlossenen Rechner eingeschränkte Bedeutung der Daten, besitzen einige Daten eine globale, rechnerübergreifende Verwendung. Beispielsweise können zur Plausibilitätskontrolle eines Meßwertes die Analysedaten derselben Probe aus benachbarten Labors oder früher archivierte Ergebnisse notwendig sein. Zu dieser Kontrolle reichen jedoch die lokalen Daten nicht mehr aus. Im ersten Fall müssen Daten aus der lokalen Datenbank der Nachbarrechner hinzugezogen werden, im zweiten Fall ist der Zugriff auf eine Archivdatenbank mit der Krankengeschichte des Patienten notwendig.

2.3 Erneuerung des ARD-Hörfunk-Sternsystems

Ein seit 1974 in Betrieb befindliches ARD-Hörfunk-Sternsystem unterstützt den Programmaustausch der ARD zwischen den einzelnen Rundfunkanstalten über ein Hörfunkdauerleitungsnetz. Dieses System wird derzeit durch einen Verbund von insgesamt 27 Rechnern auf Basis des Mikroprozessors MC68020 ersetzt /4/, der eine hohe Verfügbarkeit und verbesserte Betriebsabwicklung erlaubt.

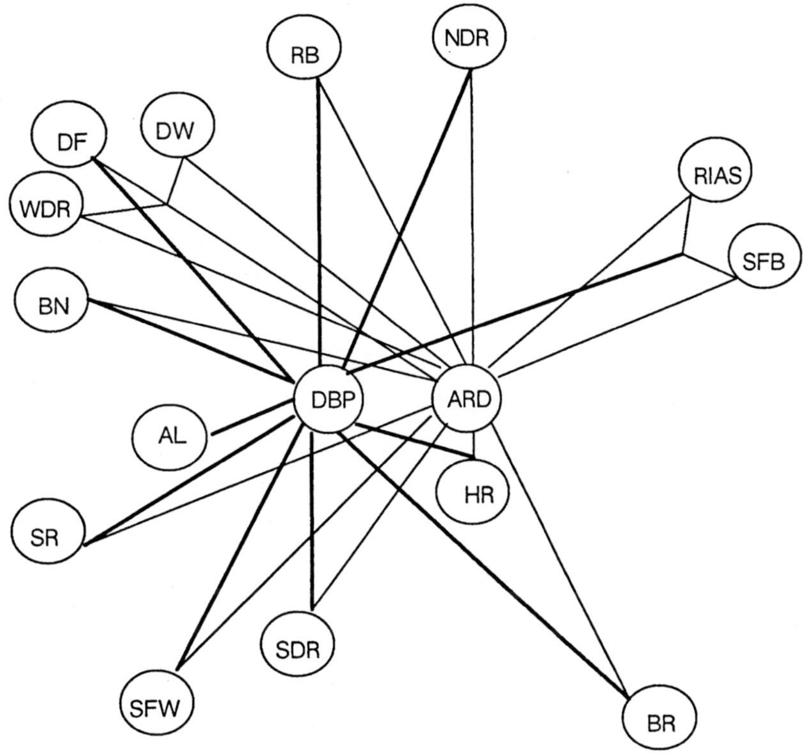

Bild 4: Disposition, Überwachung und Schaltung des Hörfunk-Dauerleitungsnetzes der ARD

Es sind u.a. folgende Aufgaben zu bewältigen:

- Bestellung der Übertragung eines ausgewählten Hörfunkbeitrages durch jede angeschlossene Anstalt.
- Disposition und Belegungsoptimierung der vorhandenen Leitungen für einen Zeitraum von jeweils sieben Tagen.
- Automatische Schaltung und Überwachung der Übertragungsleitungen.
- Kopplung anstaltsinterner Verarbeitung mit dem Zentralsystem des Sternpunktes.

Im gesamten System ist als einheitliches Datenbanksystem BAPAS-DB eingesetzt. Auf den plattenlosen Rechnern in den Rundfunkanstalten verwaltet BAPAS-DB lokale Daten komplett im Hauptspeicher. Über normale Datenbankaufrufe sind jedoch auch die globalen Daten des Systems verfügbar, die zentral im Sternpunkt in Frankfurt von BAPAS-DB verwaltet werden. So wird jeder Vorgang vor Ort - ob in Hamburg oder München -, wenn er für andere Rundfunkanstalten von Bedeutung ist, zentral in der Sternpunkt-Datenbank abgespeichert.

Um einen so wichtigen Knotenpunkt effizient und hoch verfügbar auszulegen, wird im Sternpunkt ein redundantes System aus 5 Rechnern aufgebaut. Funktionen und Daten sind spiegelbildlich auf jeweils 2 Rechnern installiert, der fünfte Rechner arbeitet als Resourcen-Rechner (Magnetband, Drucker, ...). Ausfall und Wiederanlauf eines Systems behindern die laufende Applikation nicht.

3. Eigenschaften eines Datenbanksystems zum Einsatz in Mehrrechnersystemen

In allen drei vorgestellten Anwendungssystemen sind vergleichbare Lösungsprinzipien erkennbar. Arbeiten sind dezentralisiert worden, d.h. Funktionen und Daten sind auf Rechnersysteme verteilt worden, die direkt vor Ort installiert sind. Durch lokale Datenhaltung sind diese Systeme vor Ort bis zu einem gewissen Grad autonom. Ein Kommunikationssystem und ein Datenbanksystem sind als Werkzeuge eingesetzt worden, um die einzelnen Systeme zu einem globalen Gesamtsystem zusammenzufassen. Dabei konkretisierten sich einige hilfreiche, wenn nicht gar notwendige Datenbankeigenschaften für den Einsatz in solchen Lösungskonzepten.

(1) Globales Datenlayout für verteilte Systeme.
Auch wenn die lokalen Systeme vor Ort graduell autonome Systeme sind, empfiehlt es sich, die Datenstrukturen im Sinne des Gesamtsystems festzulegen. Bei BAPAS-DB geschieht dies einheitlich mit Hilfe der Data Description Language DDL. Automatisch sind bei diesem Vorgang die Schnittstellen zwischen den einzelnen Systemen erkennbar. Notwendige Rekonfigurationen und daraus folgende Datenredundanz können insgesamt festgelegt werden.

(2) Einheitliche Prozedurschnittstelle im gesamten Netz.
Die Vorteile normierter Schnittstellen sind in den letzten Jahren bei Kommunikationssystemen klar erkannt worden. Sie führten zum OSI-ISO-Referenzmodell und zu den MAP-Normierungen.
Die Integrierungsbemühungen in technischen DV-Konzepten sollten sich jedoch auch auf eine einheitliche Datenhaltungsschnittstelle erstrecken. BAPAS-DB bietet dazu einheitliche Prozeduraufrufe, die vollkommen unabhängig vom Ort der Datenbanken sind. Das bedeutet, daß Anwendungsprogramme unverändert bleiben, wenn sie vom Datenbankrechner auf einen entfernten Rechner ohne Datenbank verlagert werden. Als Beispiel dazu:
Ein DBVATTACH-Aufruf mit Datenbank- und Datenbankdateinamen als Parameter liefert

eine Datei-Identifikation zurück, die dann für alle weiteren BAPAS-DB-Aufrufe den gewünschten Datenbestand identifiziert. Sind Anwendung und Datenbank auf verschiedenen Rechnern, stellt DBVATTACH implizit auch die Kommunikationsverbindung zwischen den Rechnern her.

(3) Datenbank auch ohne Platte.
Rechner vor Ort sind häufig aus Sicherheitsgründen ohne rotierende Teile, d.h. ohne Platten ausgestattet. Diese Lücke kann heute preisgünstig durch Hauptspeicher ausgeglichen werden. Dabei muß nicht auf die Vorzüge eines Datenbanksystems, speziell einer einheitlichen Schnittstelle, verzichtet werden.
So sind im ARD-Hörfunkstern ebenso wie im Anlagenüberwachungssystem die Rechner vor Ort plattenlos, die Prozeduren zum Zugriff auf lokale Daten wie auf Daten im zentralen Datenbank-Server aber vollkommen identisch.

(4) Datenbank-Server mit hoher Verfügbarkeit.
Zentrale Datenbank-Server sind wichtige Knoten im Rechnernetz, die hohe Performance und hohe Verfügbarkeit gewährleisten müssen. Eine redundante Auslegung ist deshalb unumgänglich.
BAPAS-DB stellt dazu Duplizierungs- und Wiederanlaufkomponenten zur Verfügung. Diese Komponenten setzen ein Datenduplikat auf einem zweiten Server voraus. Im Normalzustand übergibt der aktuelle Datenbank-Server transaktionsorientiert alle Änderungen des Datenbestands an den Partnerrechner. Der wiederum aktualisiert ständig sein Datenduplikat, so daß er zu jedem Zeitpunkt die Rolle des Datenbank-Servers übernehmen kann.
Wird nach einem Ausfall das zweite System wieder dazugeschaltet, erhält es im laufenden Betrieb ein komplettes Duplikat der gerade aktuellen Datenbank, ohne die laufende Anwendung zu stören.
Für beide Komponenten benötigt BAPAS-DB als Hardware-Voraussetzung lediglich eine schnelle Kommunikationsverbindung.

(5) Kommunikationsanschluß über normierte Schnittstellen.
Bei der Benutzung von BAPAS-DB-Zugriffsprozeduren bleibt dem Anwendungsprogrammierer ein Kommunikationsvorgang vollkommen verborgen. Auf der Applikationsebene besteht das Kommunikationsprotokoll aus einem "einfachen" Prozeduraufruf, der von einer Hüllenprozedur als remote-call durchgeführt wird. Diese Hüllenprozedur wird anstelle der tatsächlichen Datenbankfunktionen an die Anwendung gebunden.

Auf der Datenbankseite warten Prozesse, die stellvertretend für die verschiedenen Anwendungen im System die Datenbankzugriffe tatsächlich durchführen.

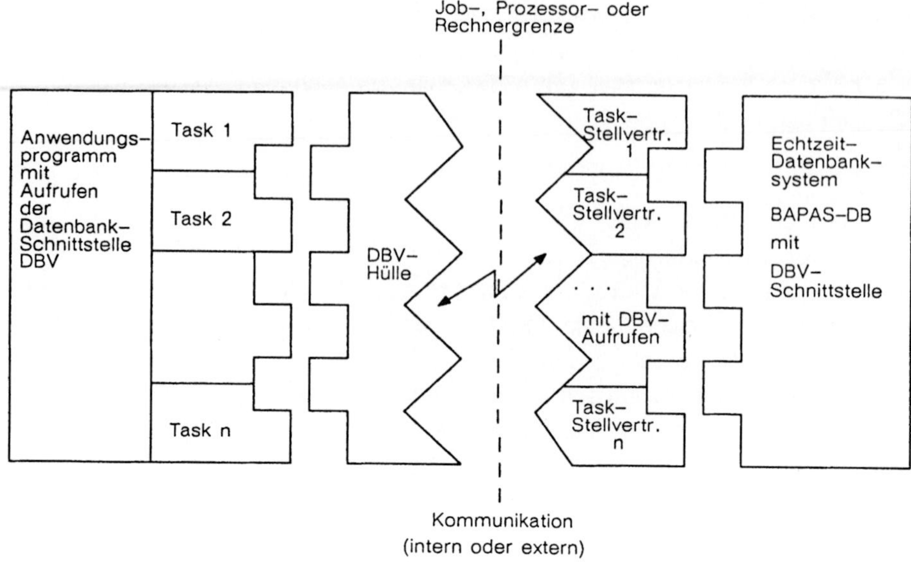

Bild 5: BAPAS-DB Kommunikation mittels DBV-Schnittstelle

Hülle und Stellvertreter bilden das Remote-call-Protokoll schichtenweise auf eine virtuelle Transportschnittstelle ab. Die verbleibende Lücke zwischen dieser virtuellen Schnittstelle zu einer konkreten ist sehr klein. Dadurch kann der Aufwand, einen netzweiten Datenbankzugriff anzubieten, relativ gering gehalten werden.

4. Ausblick

BAPAS-DB ist derzeit auf folgenden Kommunikationssystemen installiert oder in Installation befindlich:

- Lichtleiterring des Fraunhofer-Instituts IITB
- Intel iNA 960/961 Network Software
- IBM Token Ring
- PCS Cadmus Ethernet und
- Siemens SICOMP DU02.

Alle Systeme sind recht unterschiedlich in ihrem Kommunikationsverhalten. Das Überstülpen einer Datenhaltungsschnittstelle schafft dem Anwendungsprogrammierer eine einheitliche Sicht seiner Datenstrukturen im Netz. Die derzeitigen Aufwände für diese Schnittstellenadaption werden durch die MAP-Normierungen sicherlich weiter reduziert.

Literaturhinweise

/1/ Blumenthal, R. und Landwehr, K. (1985): Einsatz des offenen Echtzeit-Datenbanksystems BAPAS-DB in einer industriellen Anwendung mit hohen Datenraten. Proc. GI-Fachtagung Datenbank-Systeme für Büro, Technik und Wissenschaft, Karlsruhe, März 1985, Springer-Verlag, 1985, S. 96 - 100.

/2/ Luithle, J. (1985): Integrierte Fertigungssteuerung durch bereichsübergreifende Datenkommunikation und benutzergerechte Informationsaufbereitung. FhG-Berichte 2/85, Fraunhofer-Institut IITB, Karlsruhe, S. 32 - 36.

/3/ Knedel, M. et.al. (1985): PRIMULAB System. Systembeschreibung. Institut für Klinische Chemie am Klinikum Großhadern der LMU München.

/4/ Frank, R.J. (1985): Anwendung von PEARL bei der Erneuerung des ARD-Hörfunksterns. PEARL-Tagung 1985, S. 79 - 86.

Einsatz von Projektierungs-Expertensystemen in der Automatisierungstechnik

W. Baginsky, G. Geissing, L. Philipp
Unternehmensbereich Energie- und Automatisierungstechnik
Siemens AG, Erlangen *

Zusammenfassung

Mit steigender Komplexität der industriellen Automatisierung wird auch die Projektierung der Automatisierungssysteme immer anspruchsvoller und aufwendiger. Dabei können die erforderlichen Automatisierungslösungen vom Projekteur nur durch umfangreiches Erfahrungs- und Handbuchwissen beherrscht werden. Der zunehmende Wunsch nach mehr Rechnerunterstützung kann allerdings mit konventionellen Methoden der Datenverarbeitung nur unzureichend erfüllt werden. Erst die in jüngster Zeit diskutierten wissensbasierten Expertensysteme versprechen erhebliche Fortschritte, da sie eine explizite Formulierung des Expertenwissens erlauben und davon getrennte flexible Problemlösemechanismen zur Verfügung stellen.

Es werden grundlegende Architekturmerkmale für Projektierungs-Expertensysteme erläutert. Weiterhin wird ein darauf basierender Expertensystem-Prototyp für das Engineering in der Walzwerksautomatisierung vorgestellt und die erzielten Ergebnisse diskutiert. Darüber hinaus wird ein Ausblick auf die Weiterentwicklung in diesem Themenfeld gegeben.

1. Ausgangssituation und Zielsetzung

1.1 Probleme der Projektierung

Die wachsende Komplexität und Sensibilität industrieller Prozesse führen zu einem verstärkten Einsatz geografisch und/oder funktionell verteilter Echtzeit-Automatisierungssysteme [1]. Dabei werden einzelne Automatisierungsfunktionen (z.B. Messen, Steuern, Regeln, Bedienen, Beobachten) auf autonome Verarbeitungseinheiten übertragen, die über gemeinsame Speicher und/oder lokale Netzwerke miteinander kommunizieren. Der prinzipielle Verfahrensablauf beim Projektieren dieser Systeme ist in *Bild 1* dargestellt.
Demnach muß zunächst eine Anforderungsanalyse für den zu automatisierenden Prozeß durchgeführt werden. Daraus wird anschließend die Definition der eigentlichen Automatisierungs-Aufgabe abgeleitet, für die dann eine geeignete Automatisierungs-Lösung gefunden werden muß. Dabei treten folgende Probleme auf:

- **Umfangreiches Wissen erforderlich**
  Die Projektierung komplexer Automatisierungssysteme setzt umfangreiches Wissen über eine große Anzahl von Automatisierungsbausteinen in Hard- und Software sowie über deren Abhängigkeiten untereinander voraus.

---

*) Die diesem Vortrag zugrundeliegenden Arbeiten wurden mit den Mitteln des Bundesministeriums für Forschung und Technologie (Kennzeichen I TW 8601 C1) gefördert. Der Bundesminister für Forschung und Technologie übernimmt keine Gewähr für die Richtigkeit, die Genauigkeit und Vollständigkeit der Angaben sowie für die Beachtung privater Rechte Dritter.

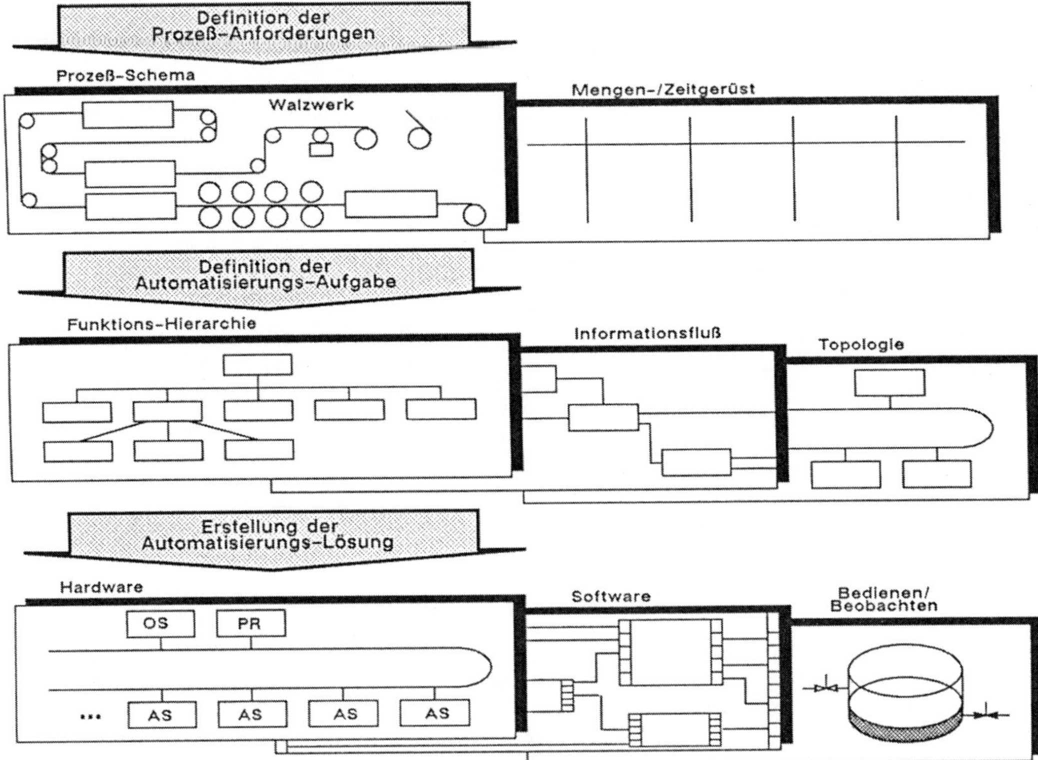

Bild 1: Prinzipieller Verfahrensablauf beim Projektieren

- **Schwer zugängliches Wissen**
  Der Großteil des benötigten Wissens ist nicht systematisch erfaßbar oder schriftlich fixiert (z.B. in Form von Handbüchern). Der Projekteur muß sich zumeist auf Erfahrungswissen oder Heuristiken abstützen, die er erst im Lauf von Jahren im Rahmen seiner praktischen Arbeit sammeln kann.

- **Hoher Spezialisierungsgrad**
  Ein einzelner Experte kann die Vielfalt der Probleme und Aufgaben in einem Projekt nicht mehr alleine beherrschen. Die Verfügbarkeit spezialisierter Fachleute stellt einen wesentlichen Engpaß bei der Projektabwicklung dar.

- **Immer kürzere Innovationszyklen**
  Das Ende der Entwicklung auf dem Gebiet der Prozeßautomatisierung ist nicht abzusehen. Die ständige technische Innovation erfordert vom Projekteur die andauernde Bereitschaft zur Aufnahme und Anwendung neuer Kenntnisse.

- **Zahlreiche Randbedingungen**
  Beim Projektieren eines Automatisierungssystems müssen zahlreiche Randbedingungen beachtet werden, die z.B. aus einer bereits bestehenden Automatisierungsstruktur einer Kundenanlage resultieren.

- **Hoher Zeitdruck**
  Insbesondere in der Angebotsphase müssen innerhalb kürzester Zeit möglichst genaue Konfigurationen als Basis für die Preiskalkulation erstellt werden.

- **Umfangreiche Dokumentation**
  Die Dokumentation ist extrem umfangreich und ihre Erstellung und Aktualisierung sehr zeitaufwendig.

Die genannten Probleme lassen erwarten, daß eine wirkungsvolle Rechnerunterstützung für die Projektierung zu wesentlichen Effizienzsteigerungen und Kostensenkungen führt.

1.2. Projektierungsunterstützung durch Expertensysteme

Obwohl der Nutzen rechnergestützter Projektierung auf der Hand liegt, bereitet ihre Realisierung bisher jedoch große Schwierigkeiten, da die üblichen Techniken der konventionellen Datenverarbeitung den spezifischen Anforderungen der Projektierung komplexer Systeme nur unzureichend gerecht werden. Die wichtigsten Anforderungen sind:

- **Effizienter Suchvorgang in einem nahezu unbeschränkten Lösungsraum**
  Die große Anzahl kombinatorischer Freiheitsgrade in der Projektierung läßt den Entwurf von Automatisierungssystemen zu einer Suche in einem nahezu unbeschränkten Lösungsraum werden. Die Ermittlung einer optimalen Lösung für eine spezielle Aufgabe ist auf algorithmischem Wege praktisch unmöglich. In der Praxis wendet der Projekteur viele heuristische Methoden und Regeln an, die er im Laufe seiner Tätigkeit als Erfahrungen gewonnen hat. Heuristiken können aber in der konventionellen Programmierung nur schwer behandelt werden.

- **Große Flexibilität in der Problemlösung**
  In der konventionellen Programmierung ist der Weg der Problemlösung weitestgehend algorithmus–immanent und muß vom Programmierer bereits bei der Implementierung explizit festgelegt werden. Eine a-priori festgelegte, starre Reihenfolge, in der die verschiedenen Tätigkeiten der Projektierung durchgeführt werden, kann aber in den seltensten Fällen vorausgesetzt werden. Die Teilphasen sind eng miteinander verzahnt. Daher können Ergebnisse in der einen Phase entscheidenden Einfluß auf die Bearbeitung anderer Phasen besitzen. Ein umfassendes Projektierungssystem muß eine hinreichende Flexibilität in der Problemlösung besitzen, um in der Praxis effizient eingesetzt werden zu können.

- **Hoher Interaktionsgrad mit dem Benutzer**
  Projektierungs–Expertensysteme sind in hohem Maße interaktive Systeme, die nur im Dialog mit dem Benutzer eine Projektierungsaufgabe lösen können. Die in der Projektierungsrealität zu berücksichtigenden Randbedingungen sind zu vielfältig und komplex, als daß sie vollständig automatisch erfaßt werden können. Spezielle, nur die konkrete Anlage betreffende Anforderungen, spezifische Kundenwünsche, nachträgliche Änderungen oder auch nur persönliche Präferenzen des Bearbeiters führen dazu, daß Ergebnisse eines automatischen Projektierungslaufs nur als Vorschläge anzusehen sind, die im Dialog angepaßt werden müssen. Die Aufgabe des Projektierungssystems besteht nicht nur darin, diese Eingriffe zu verwalten, auf mögliche Auswirkungen hinzuweisen und die Konsistenz der Lösung zu garantieren, es muß auch in der Lage sein, sich durch flexible Änderung eigener Strategien und Prioritäten an die Vorgehensweise des jeweiligen Benutzers anpassen zu können.

Der Einsatz konventioneller CAD–Verfahren beschränkt sich daher vor allem auf Bereiche der Projektierung, in denen es eindeutige Lösungen, explizite Algorithmen und eingeschränkte Lösungsräume gibt. Zur Erfüllung der oben genannten Anforderungen müssen dagegen neue Wege beschritten werden. Ein erfolgversprechender Ansatz ist die Nutzung von Expertensystem–Techniken, die auf Verfahren beruhen, die aus dem Fachgebiet " Künstliche Intelligenz " (abgekürzt: KI) stammen. Expertensysteme können als wissensbasierte Programmsysteme definiert werden, die Tätigkeiten menschlicher Experten auf einem speziellen, eingegrenzten Fachgebiet unterstützen bzw. teilweise mechanisieren [2].

Entwicklungsziel sind also Projektierungs–Expertensysteme, die den Projekteur als "intelligente" Assistenten von zeitaufwendigen und fehlerträchtigen Routinearbeiten entlasten können.

2. Architektur für Projektierungs-Expertensysteme

Ein grundlegendes Architekturmodell für Projektierungs-Expertensysteme, das die geschilderten Anforderungen erfüllt, ist in *Bild 2* grob skizziert:

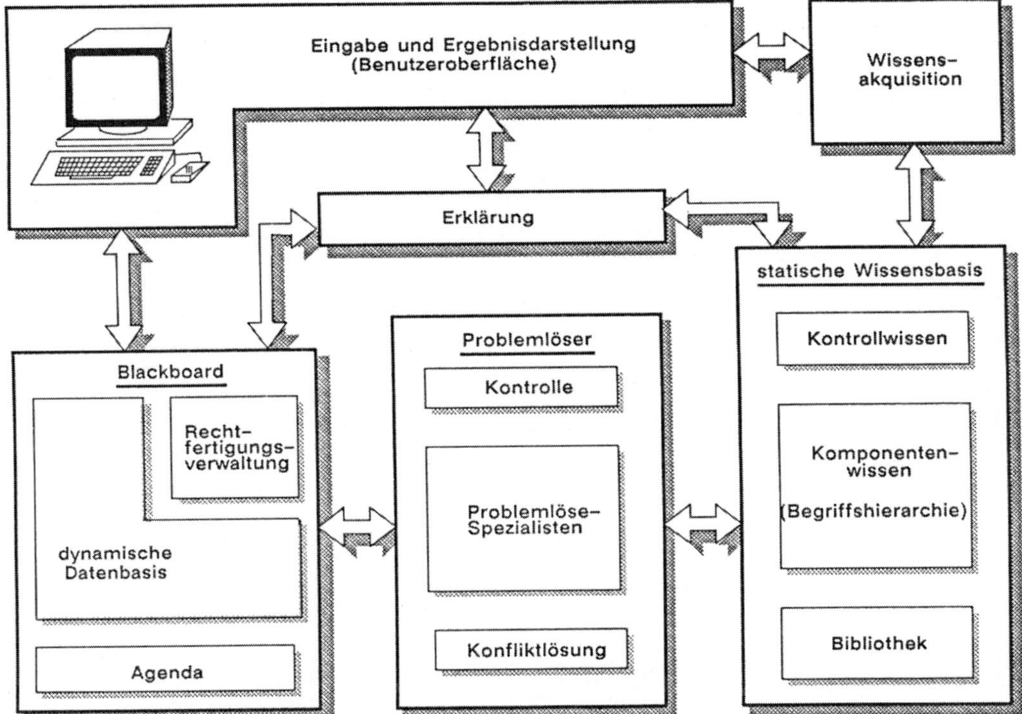

Bild 2: Grundlegendes Architekturmodell für Projektierungs-Expertensysteme

Dieses Modell basiert auf **PLAKON**, einem Expertensystem-Tool für **PLA**nung und **KON**figurierung in technischen Anwendungen, das im Rahmen des BMFT-Verbundprojektes TEX-K entwickelt wird (vgl. [3] und [4]). Entsprechend dem allgemeinen Prinzip von Expertensystemen ist in diesem Modell das anwendungsspezifische Wissen in der Wissensbasis konsequent von den dieses Wissen verarbeitenden allgemeinen Mechanismen im Problemlöser getrennt.

2.1 Die statische Wissensbasis

Zentrale Tätigkeit der Projektierung ist der Entwurf und die Prüfung von Strukturen in Hard- und Software, die die gegebene Automatisierungs-Aufgabe erfüllen.
Projektierungswissen umfaßt folglich zum großen Teil Kenntnisse über die einzelnen möglichen Strukturkomponenten, die Regeln oder Bedingungen zum Aufbau von Strukturen und Wissen über die Wechselwirkungen der Komponenten in einem Gesamtsystem. Dieses Wissen wird im folgenden auch **Komponentenwissen** genannt.
Zum anderen benötigt man Wissen über Strategien und sinnvolle Vorgehensweisen bei der Projektierung, sowie Regeln zur Lösung von Konflikt- oder Fehlerfällen. Diese Art von Wissen ist das **Kontrollwissen**.
Schließlich wird bei der Projektierung neuer Automatisierungssysteme häufig auf die Erfahrungen bzw. die Ergebnisse früher erstellter Konfigurationen in Form von Referenz- oder Standardanlagen zurückgegriffen. Dieses Wissen wird in Form von **Bibliothekslösungen** zur Verfügung gestellt.
Diese drei Bestandteile des Projektierungswissens werden in der Wissensbasis eindeutig von einander abgegrenzt repräsentiert.

Ein natürlicher und transparenter Ansatz zur Repräsentation des **Komponentenwissens** in technischen Systemen ist die objektorientierte Beschreibung mit Hilfe von Schemata und Relationen [3] bzw. die komponentenorientierte Modellierung wie sie z.B. in [5] oder [6] vorgeschlagen wurde. Das hier erläuterte Architekturmodell orientiert sich an dieser Vorgehensweise: Jeder Begriff der realen Projektierungswelt wird in der Wissensbasis durch ein konzeptionelles Objekt beschrieben. Dies gilt sowohl für physikalisch vorhandene Komponenten wie z.B. Baugruppen, als auch für immaterielle Objekte wie Softwarebausteine oder abstrakte Begriffe wie Leitebenen und Funktionskomplexe. Jede Komponente eines realen Automatisierungsystems wird durch eine konkrete Ausprägung bzw. Instanz eines konzeptionellen Objektes modelliert.

Ein konzeptionelles Objekt besteht aus einer Menge von Attributen, die die besonderen Eigenschaften und Parameter der entsprechenden Komponente beschreiben.
Diese Objekte sind in zwei verschiedenen Hierarchien eingebettet: In der taxonomischen Hierarchie werden gemeinsame Eigenschaften zusammengehörender Begriffe in allgemeineren Objekten oder Klassen zusammengefaßt. Die speziellen Begriffe sind durch eine IST–EIN–Relation mit diesen allgemeinen Objekten verbunden und erben diese gemeinsamen Eigenschaften. Zum anderen sind die konzeptionellen Objekte Teile einer kompositionellen Hierarchie, die den Aufbau hierarchischer Strukturen widerspiegelt: Von jedem übergeordneten Aggregat führt eine HAT–TEILE–Relation zu seinen einzelnen Teilkomponenten. Umgekehrt ist ein Einzelteil über die TEIL–VON–Relation mit seinem Aggregat verbunden.
Die Überlagerung dieser beiden Hierarchieformen ergibt die **Begriffshierarchie** der Projektierungswelt.

Ein Beispiel soll dieses Prinzip verdeutlichen: Das *Bild 3* zeigt (grob vereinfacht) die Zusammenhänge bei der Projektierung von Automatisierungssystemen für Walzwerke mit Komponenten des Multi–Mikrocomputer–Systems SICOMP® MMC 216 [7].

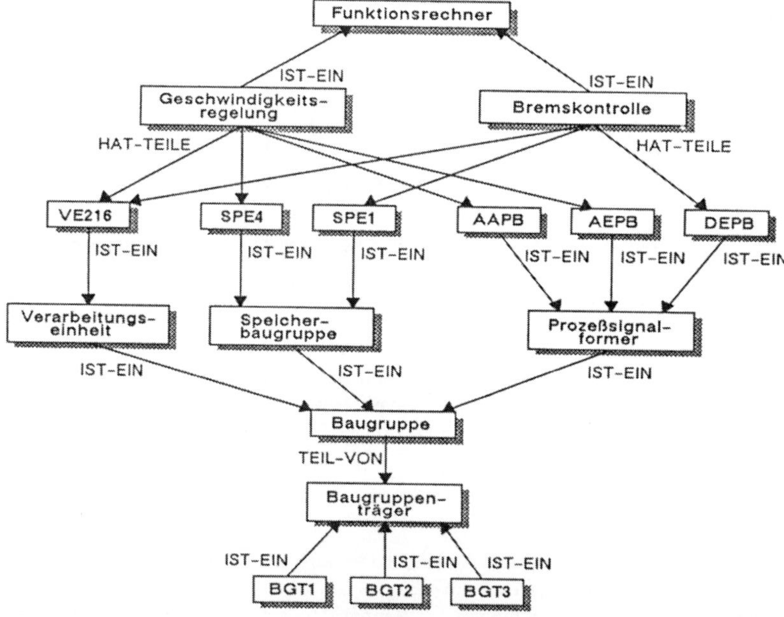

Bild 3: Ausschnitt aus der Begriffshierarchie (Domänenwissen)

Dabei sind einzelne Automatisierungsfunktionen auf autonome Funktionsrechner mit eigener lokaler Peripherie und lokalem Speicher verteilt. Die Funktionsrechner "Geschwindigkeitsregelung" und "Bremskontrolle" bestehen in diesem Sinne jeweils aus einer Verarbeitungseinheit VE216, sowie diversen Speicherbaugruppen und Prozeßsignalformern. Allen Baugruppen gemeinsam ist die Eigenschaft, Teil eines Baugruppenträgers zu sein. Im Beispiel gibt es drei verschiedene Baugruppenträger–Typen (BGT1, BGT2 und BGT3), die sich hinsichtlich Steckplatzanzahl und Stromversorgung unterscheiden.

Neben den allgemeinen strukturellen Beziehungen zwischen Systemkomponenten existiert eine Vielzahl von dynamischen Abhängigkeiten, die als Neben- oder Randbedingungen den Projektierungsprozeß entscheidend beeinflussen. (Beispiele: Die Baugruppen eines Funktionsrechners sollten möglichst in denselben Baugruppenträger gesteckt werden. Der gesamte Stromverbrauch der Baugruppen in einem Baugruppenträger muß kleiner sein als die maximale Belastbarkeit des vorgesehenen Stromversorgungsmoduls). Diese dynamischen Abhängigkeiten werden durch ein Constraint-Modell repräsentiert, das an den Vorschlag in [8] angelehnt wurde. Die bei der Konfigurierung entstehenden Constraint-Netze dienen zum einen der Überprüfung der Konsistenz von Problemlöser-Entscheidungen und zum anderen der automatischen Einschränkung oder Festlegung von Parametern ("Constraint Propagation").

Die Begriffshierarchie als zentraler Bestandteil der Wissensbasis enthält somit eine vollständige Beschreibung aller möglichen zulässigen Systemkonfigurationen mit ihren Abhängigkeiten bzw. Beziehungen zu möglichen Aufgabenstellungen, die ebenso in den Konzepten der Begriffshierarchie repräsentiert werden.

Kontrollwissen ist im Gegensatz zum Domänenwissen eher heuristischer Natur und wird daher im vorliegenden Architekturansatz durch eine Menge vorwärtsverketteter Regeln repräsentiert (siehe *Abschnitt 2.2*).

In der **Bibliothek** sind typische Standardkonfigurationen sowie ausgewählte Referenzanlagen zusammen mit ihren spezifischen Aufgabenstellungen abgespeichert. Zu geeigneten Zeitpunkten der Problemlösung wird untersucht, in wieweit vorhandene Bibliothekslösungen eingesetzt bzw. durch Anpassung an die konkrete Aufgabenstellung Verwendung finden können.

2.2 Prinzip der Problemlösung

Das Ziel der Projektierung ist letztendlich die vollständige Instanziierung eines Teils der Begriffshierarchie in Form von konkreten Objekten und Relationen unter Einhaltung aller notwendigen Nebenbedingungen. Ausgangspunkt ist eine initiale Teilkonfiguration, die sich aus den Eigenschaften der Aufgabenstellung ergibt.

Zum grundlegenden Prinzip der Problemlösung führt die Überlegung, daß zum Aufbau einer vollständigen Konfiguration fünf Grundoperationen ausreichen:

- **Zerlegen** eines Aggregates bzw. eines abstrakten Objektes in seine einzelnen Teilkomponenten
- **Zusammenfassen** verschiedener Teilkomponenten in einem übergeordneten Aggregat
- **Spezialisieren** eines allgemeinen Objektes in eine speziellere Ausprägung (Auswahl)
- **Verschmelzen** verschiedener Objekte zu einem einzigen Objekt
- **Parametrieren** eines Objektattributes unter Berücksichtigung aller relevanten Nebenbedingungen

Eine wiederholte Anwendung dieser Operationen erzeugt aus einer initialen Anfangskonfiguration jede gewünschte Zielkonfiguration.

In *Bild 4* ist dieses Verfahren beispielhaft skizziert: Ausgangspunkt ist eine initiale Teilkonfiguration, die sich aus der Aufgabenstellung "Entwicklung eines Automatisierungssystems, das die Funktionen Geschwindigkeitsregelung und Bremskontrolle durchführt" ergibt. Sie besteht aus den instanziierten Objekten "Geschwindigkeitsregelung" und "Bremskontrolle", die konkrete Ausprägungen der entsprechenden konzeptionellen Objekte der Begriffshierarchie in *Bild 3* darstellen. Im 1. Schritt werden diese beiden Objekte gemäß ihrer "HAT-TEILE"-Relation in einzelne Baugruppen **zerlegt**. Im 2. Schritt wird aufgrund der einzuhaltenden Nebenbedingungen ein Baugruppenträger instanziiert, in dem alle Baugruppen **zusammengefaßt** werden. Schließlich wird im 3. Schritt durch **Spezialisierung** aus den möglichen Baugruppenträgern (BGT1, BGT2 oder BGT3) ein geeigneter ausgesucht, der die notwendige Steckplatzanzahl und Stromversorgung bietet. Dies ist im Beispiel der Baugruppenträger BGT3.

Zur Realisierung dieses Problemlösungsprinzips wird auf das **Blackboard-Modell** zurückgegriffen, das z.B. in [9] näher erläutert wird: Jede der oben genannten Grundoperationen entspricht einem Spezialisten (engl. "knowledge source"), der diesen elementaren Schritt durchführt. Die Spezialisten operieren auf einer gemeinsamen **dynamischen Datenbasis**, die in Form von konkreten Instanzen die Zwischen- und Teilergebnisse der Projektierung enthält. Jeder Spezialist besteht aus zwei Teilen: Im Bedingungsteil ist eine Situation beschrieben, in der er aktiviert werden kann. Im Aktionsteil ist spezifiziert, wie unter Berücksichtigung der aktuellen Nebenbedingungen und mit Hilfe spezifischer heuristischer Regeln oder durch Befragung des Benutzers der Schritt durchzuführen ist.

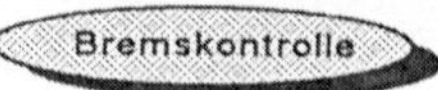

Ausgangssituation: **Gegeben sind die beiden Funktionen (= Funktionsrechner) "Geschwindigkeitsregelung" und "Bremskontrolle"**

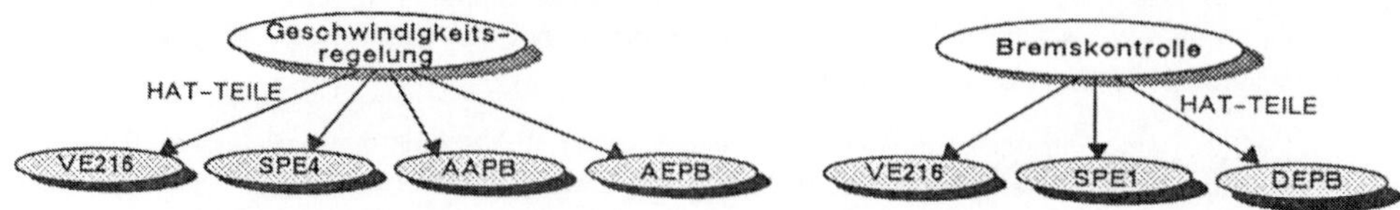

1.Schritt: **Zerlegen von "Geschwindigkeitsregelung" und "Bremskontrolle" in einzelne Baugruppen gemäß der "HAT-TEILE"-Relation**

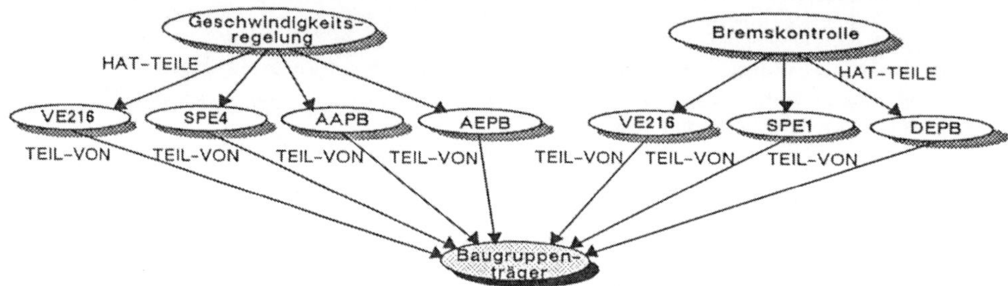

2.Schritt: **Zusammenfassen von Baugruppen in einem (allgemeinen) Baugruppenträger**

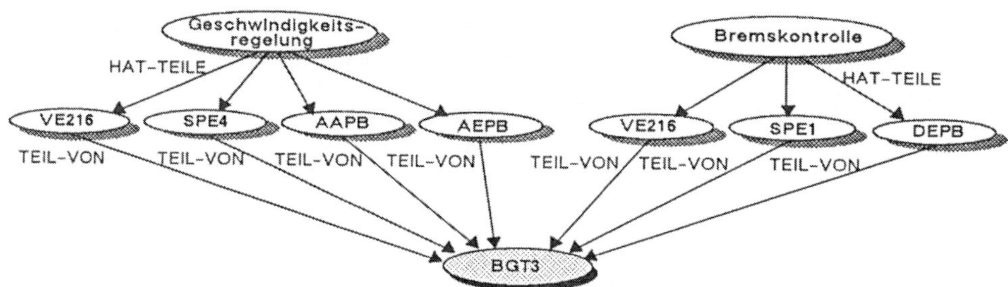

3.Schritt: **Auswahl eines geeigneten Baugruppenträgers (BGT3) durch Spezialisierung**

Bild 4: Beispiele für Projektierungsschritte

Neben diesen Grundoperationen können noch weitere Spezialisten zum Einsatz kommen: Z.B. ein Bibliotheksspezialist zum Auffinden und Integrieren von Bibliothekslösungen oder Spezialisten, die zu geeigneten Zeitpunkten die bereits genannten "konventionellen" Verfahren initiieren, die Teilprobleme der Projektierung auf algorithmischem Wege effizienter lösen können.

Der **Kontroll-Komponente** im Problemlöser obliegt die Festlegung der Reihenfolge, in der die Grundoperationen durch die Spezialisten ausgeführt werden. Dazu wird in jedem Problemlösungsschritt zunächst festgestellt, welche Operationen überhaupt sinnvollerweise durchführbar sind. Alle durchführbaren Operationen werden in die **Agenda**, einem speziellen Teil des Blackboards, eingetragen. Aus diesen Einträgen wird dann eine Operation ausgewählt und unter Berücksichtigung der bestehenden Nebenbedingungen durchgeführt.
Die Kriterien, auf deren Basis Aufträge in die Agenda aufgenommen bzw. zur Durchführung ausgewählt werden, hängen von strategischen Entscheidungen ab. Die Priorisierung von Zerlegungsoperationen führt z.B. zu einem verstärkten Top-Down-Vorgehen, während vermehrte Zusammenfassungen eine Bottom-Up-Strategie wiederspiegeln. Es können aber auch "opportunistische" [10] oder anwendungsspezifische Strategien ein-

gesetzt werden.
Unterschiedliche Auswahlkriterien für verschiedene Strategien sind in Form vorwärtsverketteter Regeln im Kontrollwissen repräsentiert. Eine Meta-Strategiekomponente, die ebenfalls als Menge heuristischer Regeln realisiert ist, steuert die situations- und phasenabhängige Auswahl von geeigneten Strategien.

Wenn während der Problemlösung Konflikte in Form von Konsistenzverletzungen oder Sackgassen auftreten, wird die **Konfliktlösungs-Komponente** initiiert. Durch die Anwendung heuristischer Regeln wird versucht, einen geeigneten Aufsetzpunkt für eine Fortsetzung der Problemlösung durch Backtracking zu finden.

Unterstützt wird die Konfliktlösung durch eine **Rechtfertigungsverwaltung**, die in Form eines Truth-Maintenance-Systems (vgl. [11] und [12]) über die gegenseitigen Abhängigkeiten der Systementscheidungen in der dynamischen Datenbasis Buch führt. Das dadurch entstehende Rechtfertigungsnetz unterstützt nicht nur ein abhängigkeitsgesteuertes Backtracking, sondern dient ebenso der Verwaltung von Benutzereingaben und der Erzeugung von Erklärungen.

2.3 Interaktion mit dem Benutzer

Die Vorgehensweise und die Ergebnisse eines Projektierungs-Expertensystems sind als Vorschläge zu sehen, die vom Projekteur an seine speziellen Bedürfnisse angepaßt werden können. Es muß daher gewährleistet sein, daß er jederzeit in den Problemlösungsprozeß eingreifen kann.

Aus funktioneller Sicht bedeutet dies, daß der Benutzer jede der möglichen Problemlöseraktionen selber ausführen kann. Er kann z.B. einen von der Kontrolle ausgewählten Problemlösungsschritt selbständig durchführen, wobei die Korrektheit der Aktion überwacht wird. Der Benutzer kann einen eigenen Auftrag in Form eines Agendaeintrages formulieren, oder er übernimmt die Funktion der Kontrollkomponente und wählt auszuführende Aufträge nach eigener Strategie aus der Agenda aus. Diese Interaktionen werden von der **Eingabe- und Ergebnisdarstellungs-Komponente** kontrolliert und verwaltet. Sie stellt die Zwischen- und Endergebnisse von Projektierungsschritten an der Benutzeroberfläche in transparenter und benutzerangepaßter Form dar und übersetzt Benutzereingaben in die entsprechende interne Repräsentation.

2.4 Wissensakquisition und Erklärung

Die Architektur wird durch die Komponenten zur **Wissenakquisition** und **Erklärung** abgerundet, die wesentlichen Einfluß auf die Benutzer-Akzeptanz besitzen.

Die Wissensbasis eines Projektierungs-Expertensystems unterliegt aufgrund der ständigen Innovation auf dem Gebiet der Automatisierungstechnik häufigen Änderungen und Erweiterungen. Die **Wissensakquisitions-Komponente** verwaltet und kontrolliert die Eingabe neuer bzw. die Veränderungen bestehender Wissensinhalte, wobei auf Konsistenz und Verträglichkeit mit den übrigen Teilen der Wissensbasis geachtet wird. Für den Benutzer müssen dabei die inneren Strukturen der Wissenbasis verdeckt bleiben.

Auf der anderen Seite hängt die Akzeptanz eines rechnergestützten Werkzeuges wesentlich von der Transparenz und Nachvollziehbarkeit der Problemlösung ab. Bei einem komplexen Prozeß wie der Projektierung reicht die alleinige Ausgabe der fertigen Lösung nicht aus. Die **Erklärungs-Komponente** gibt situationsabhängig und benutzerangepaßt Auskunft über die Gründe von Problemlöser-Aktionen. Basis dafür ist das Rechtfertigungsnetz, in dem die gegenseitigen Abhängigkeiten von Problemlöser-Entscheidungen festgehalten werden.

2.5 Wesentliche Vorzüge der Systemarchitektur

Das vorgestellte Architekturmodell zeichnet sich durch folgende Eigenschaften aus:

- **Modularer und transparenter Aufbau**
  Die eindeutige Trennung der einzelnen Systemkomponenten führt zu einer modularen und transparenten Systemarchitektur. Durch die weitgehend freizügige Kombinierbarkeit der Problemlösebausteine können leistungsabgestufte Expertensystem-Varianten entwickelt werden, die optimal an die Komplexität der zu lösenden Aufgaben angepaßt sind.

- **Vorgegebene, universell einsetzbare Problemlöse-Mechanismen**
Die vorgegebenen allgemeinen Problemlöse-Mechanismen (Grundoperationen, Constraint-Bearbeitung etc.) sind universell einsetzbar. Änderungen und Erweiterungen der Wissensbasis beschränken sich dadurch weitgehend auf die Formulierung der tatsächlichen domänenspezifischen Wissensinhalte.

- **Explizite und adäquate Repräsentation des Wissens**
Die gewählte Form der expliziten Wissensrepräsentation entspricht der gewohnten ingenieurmäßigen Vorstellungswelt. Sie unterstützt zusammen mit der eindeutigen Abgrenzung der verschiedenen Wissensarten die einfache und flexible Änder- bzw. Erweiterbarkeit der Wissensbasis.

- **Einfache Kombinierbarkeit mit konventionellen Verfahren**
Konventionelle Projektierungsverfahren können auf einfachem Wege in die Problemlösung mit einbezogen werden.

3. Der Expertensystem-Prototyp MMC-Kon1

Zur schrittweisen Erprobung und Absicherung der in *Kapitel 2* beschriebenen Architektur-Prinzipien wird eine Reihe prototypischer wissensbasierter Projektierungs-Funktionen entwickelt. Als Ergebnis der ersten Entwicklungsphase wird im folgenden das Multimikrocomputer-**Kon**figurierungs-Expertensystem **MMC-Kon1** vorgestellt. Seine Implementierung erfolgte auf einem Siemens-Arbeitsplatzsystem 5815 unter Verwendung des KI-Werkzeugsystems Interlisp-D [13]/ LOOPS [14].

3.1 Anforderungen

Bei der Entwicklung von MMC-Kon1 standen folgende Anforderungen im Vordergrund:

- **Automatische Hardware-Projektierung**
Für den Bereich der Walzwerksautomatisierung soll nach Vorgabe der gewünschten Automatisierungsfunktionen eine geeignete Hardware-Konfiguration auf der Basis des Multi-Mikrocomputer-Systems SICOMP MMC 216 automatisch ermittelt werden.

- **Nutzung von Bibliothekslösungen**
Die Problemlösung soll vorzugsweise auf vorgegebenen Modell- und Referenzanlagen aufsetzen.

- **Interaktive Benutzereingriffe**
Die Kontrolle über den Projektierungsablauf soll zum Teil beim Benutzer liegen, d. h. interaktive Eingriffe des Benutzers müssen zu nahezu jedem Zeitpunkt der Projektierung und an jeder Stelle der Konfiguration möglich sein. MMC-Kon soll die Zulässigkeit der Benutzereingaben überprüfen und gegebenenfalls auf Fehler hinweisen bzw. Verbesserungsvorschläge machen.

- **Komfortable Benutzeroberfläche**
Die Benutzeroberfläche ist so zu gestalten, daß der Projekteur diese mit seinem gewohnten Arbeitsumfeld identifizieren kann (Akzeptanz).

- **Automatisch erzeugte Dokumentationsunterlagen**
Alle zur Dokumentation benötigten Projektierungsunterlagen sollen automatisch erzeugt werden. Bei Änderungen in der Konfiguration sind die betroffenen Unterlagen automatisch zu korrigieren.

3.2 Projektierungsablauf

Basis für den Projektierungsablauf bei MMC-Kon1 ist das Verfahrensmodell gemäß *Bild 1*. Dabei wird nicht der komplette Ablauf unterstützt, sondern der Einstieg erfolgt aus Vereinfachungsgründen bei der Definition der Automatisierungsaufgabe. Im folgenden wird eine typische Folge von Projektierungsschritten erläutert und durch Hardcopies der jeweiligen Bildschirminhalte illustriert:

Schritt 1: Definition der Aufgabenstellung
Bild 5 zeigt die Benutzeroberfläche in der Phase der Aufgabendefinition. Dabei wurde über das Aktenschrank-

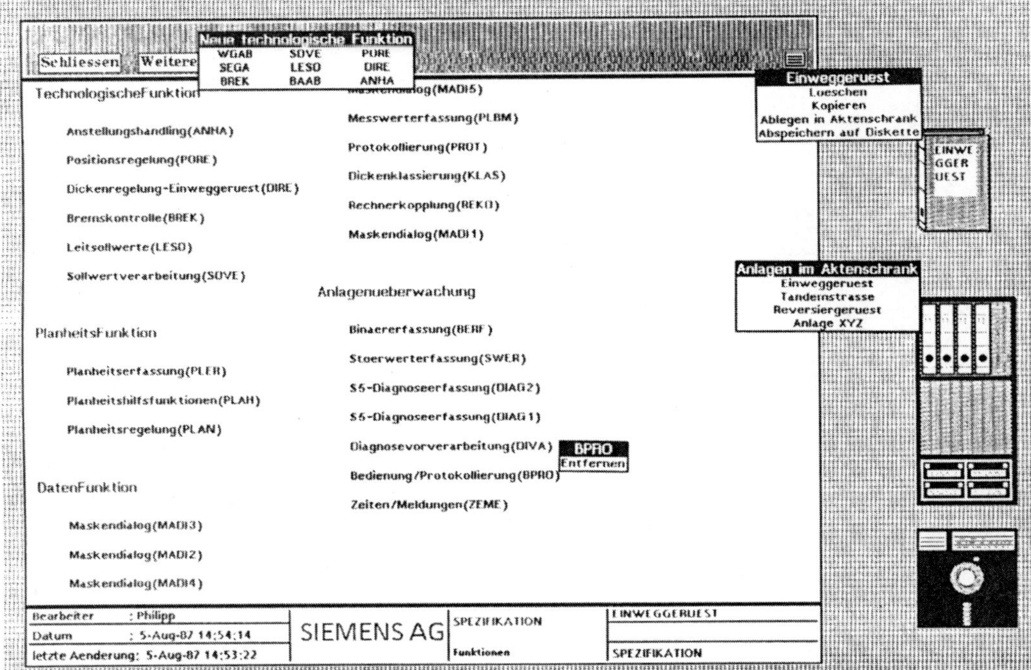

Bild 5: MMC–Kon1 / Aufgabenstellung

Symbol eine in der Bibliothek hinterlegte Modellanlage vom Typ "Einweggerüst" ausgewählt. Das dem zugehörigen symbolisch dargestellten Aktenordner entnommene Projektierungsformular enthält die typischen Automatisierungsfunktionen eines Einweggerüstes.

Diese Liste wird nun interaktiv durch Hinzufügen neuer und/oder Löschen vorhandener Automatisierungsfunktionen an die speziellen Prozeß–Anforderungen angepaßt und repräsentiert so die Aufgabenstellung für die entsprechende Anpassung der Modellkonfiguration. Dazu sind in der Wissensbasis von MMC–Kon1 sämtliche aus der Walzwerkstechnik bekannten Automatisierungsfunktionen standardmäßig verfügbar.

Schritt 2: Entwurf der Grobkonfiguration

Aus der so definierten Aufgabenstellung erzeugt MMC–Kon1 automatisch eine geeignete Grobkonfiguration der Hardware (siehe *Bild 6*). Sie enthält den Automatisierungsfunktionen entsprechende Funktionsrechner, die über Parallelbusse miteinander kommunizieren und zu technologischen "Schienen" gruppiert sind. Beim Entwurf dieser Konfiguration werden verschiedene Kriterien berücksichtigt: Prozeßstruktur, funktionelle Zusammengehörigkeit, Kommunikationsintensität zwischen Funktionen (übertragene Datenmenge, Übertragungsgeschwindigkeit), Busauslastungen und die Forderung nach minimalem Hardwareaufwand.

In der Grobkonfiguration können manuell neue Funktionsrechner plaziert und vorhandene Funktionsrechner gelöscht oder an einen anderen Ort in der Konfiguration verschoben werden. Dies geschieht durch Selektieren und Manipulieren der entsprechenden Symbole im Projektierungsformular.

Projektierungsfunktionen werden allgemein über Menüs aktiviert. Als Beispiel: Nach der Anwahl des Symbols "Verbinden" und dem Selektieren von zwei Funktionsrechner–Symbolen im Formular wird automatisch eine geeignete Busverbindung zwischen den beiden Rechnern projektiert.

Für diesen und alle nachfolgenden Schritte gilt: Bei allen manuellen Eingriffen stellt MMC–Kon1 sicher, daß die resultierenden Konfigurationen vollständig und konsistent bleiben.

Schritt 3: Entwurf der Feinkonfiguration

In diesem Schritt wird die Grobkonfiguration weiter verfeinert. Für jeden Funktionsrechner bestimmt MMC–Kon1 automatisch den Bedarf an lokalen und globalen Speicherresourcen sowie an Standard– und Prozeß–Peripherie (siehe *Bild 7*). Dazu werden in Abhängigkeit von den Eigenschaften des Prozesses und der

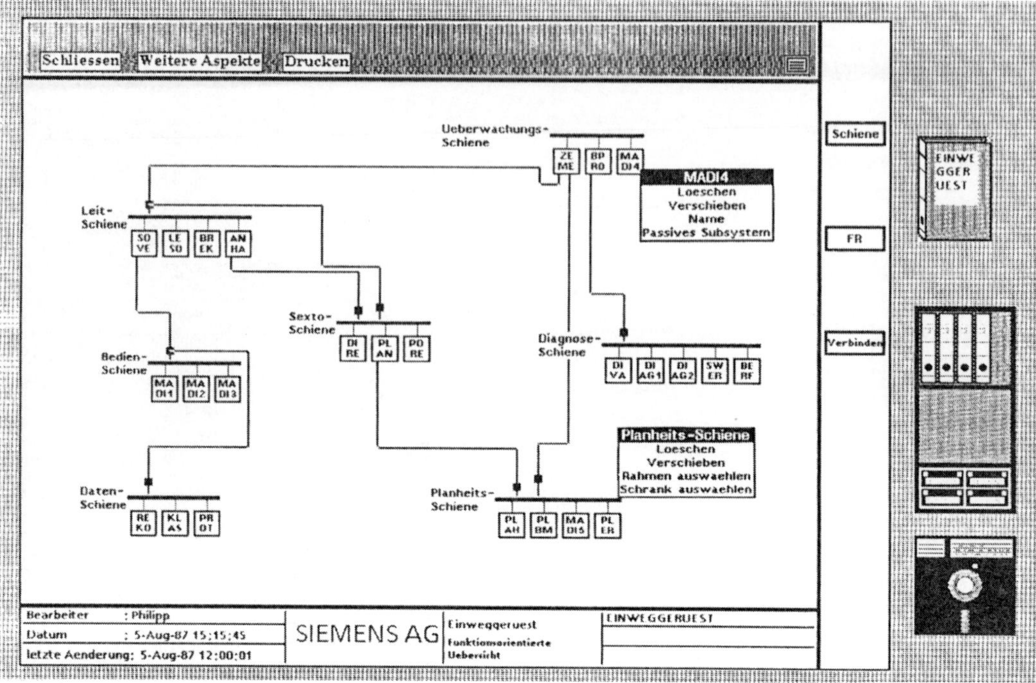

Bild 6: MMC–Kon1 / Grobkonfiguration

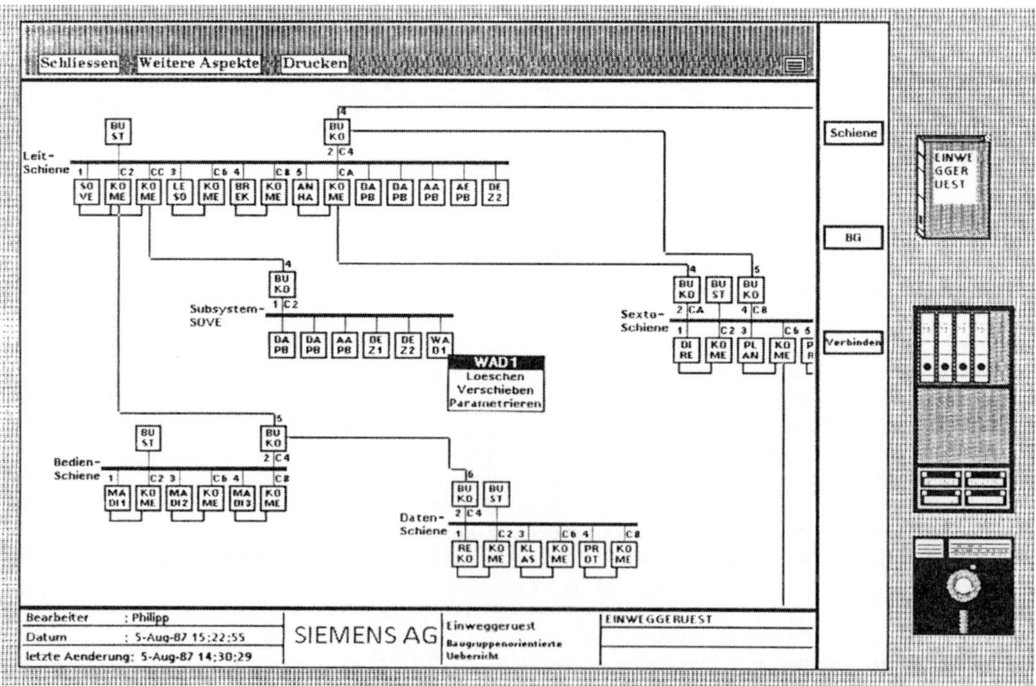

Bild 7: MMC–Kon1 / Feinkonfiguration

Automatisierungsfunktionen (z.B. Art und Anzahl der Prozeß-Signale, Umfang der benötigten Softwarepakete) sowie der Bedien- und Beobachtungsaufgaben aus dem Baugruppenspektrum adäquate und kostengünstige Komponenten ausgewählt.
Wenn nötig, bildet MMC-Kon1 für die einzelnen Funktionsrechner lokale Subsysteme, die über zusätzliche Kommunikationsverbindungen angekoppelt werden.
Auch hier sind interaktive Eingriffe möglich, z. B. das Einfügen zusätzlicher Baugruppen.

Schritt 4: Bestückung von Baugruppenträgern
Entsprechend der Feinkonfiguration werden die Baugruppen auf Baugruppenträger verteilt, die MMC-Kon1 aus dem vorhandenen Spektrum geeignet auswählt (*Bild 8*). Beim automatischen Anordnen von Baugruppen

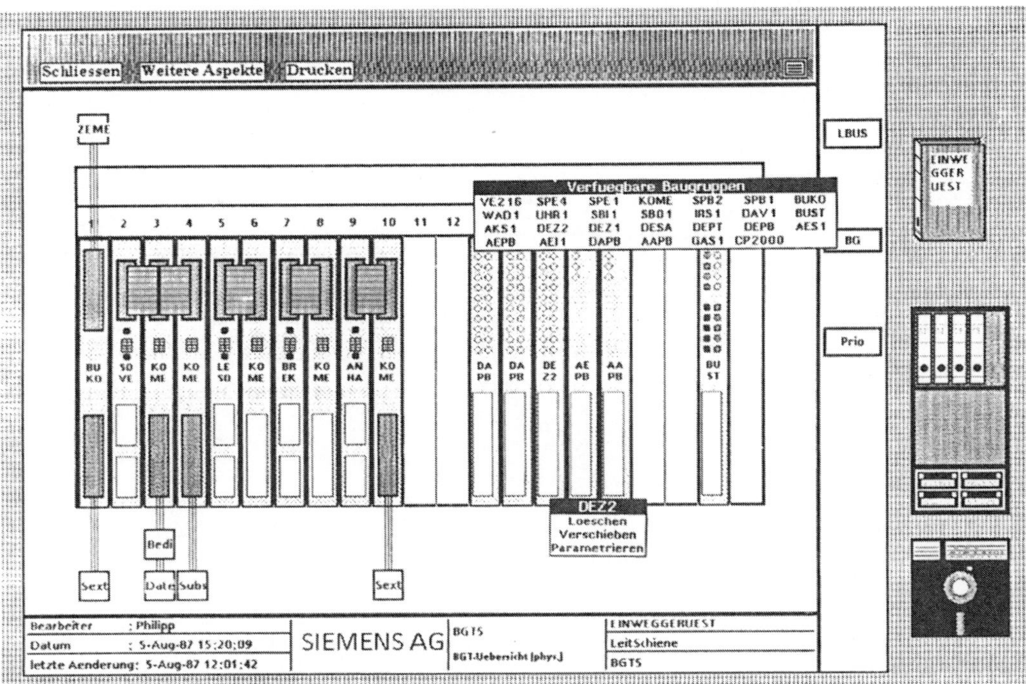

Bild 8: MMC-Kon1 / Baugruppenträger-Bestückung

in Baugruppenträgern werden Einschränkungen bezüglich der Steckplatzanzahl, der verfügbaren Stromversorgung, der Reservierung bestimmter Steckplätze für bestimmte Baugruppentypen und der Kombinationsmöglichkeiten von Baugruppen berücksichtigt. Zusätzlich werden die physikalischen Adressen der Baugruppen automatisch festgelegt, wobei die Überschneidungsfreiheit der Adreßräume überwacht wird.
Eine manuelle Anpassung der vorgeschlagenen Baugruppenträger-Bestückung ist auch hier möglich.
Automatisch projektiert wird weiterhin die Rückwandverdrahtung von Baugruppenträgern, die den Vorrang von aktiven Baugruppen bei Buszugriffen bzw. die Interrupt-Rangierung festlegt.

Schritt 5: Parametrierung von Baugruppen
Soweit möglich, werden die Baugruppen entsprechend der geforderten Funktionalität automatisch parametriert. Für alle Baugruppen existieren Parametrierungsformulare, in denen diese Eigenschaften per Hand geändert werden können. Die eingestellten Parameter werden automatisch in Brückenbelegungspläne (*Bild 9*) für die Baugruppen umgesetzt.

Schritt 6: Schrankprojektierung
Im letzten Schritt werden die bestückten Baugruppenträger auf geeignete Schränke verteilt. Zu berücksichtigen sind dabei die Anzahl möglicher Einbauplätze, die maximale Belastbarkeit der Stromversorgung, maximale Kabellängen und Einschränkungen bezüglich verwendbarer Schranktypen.

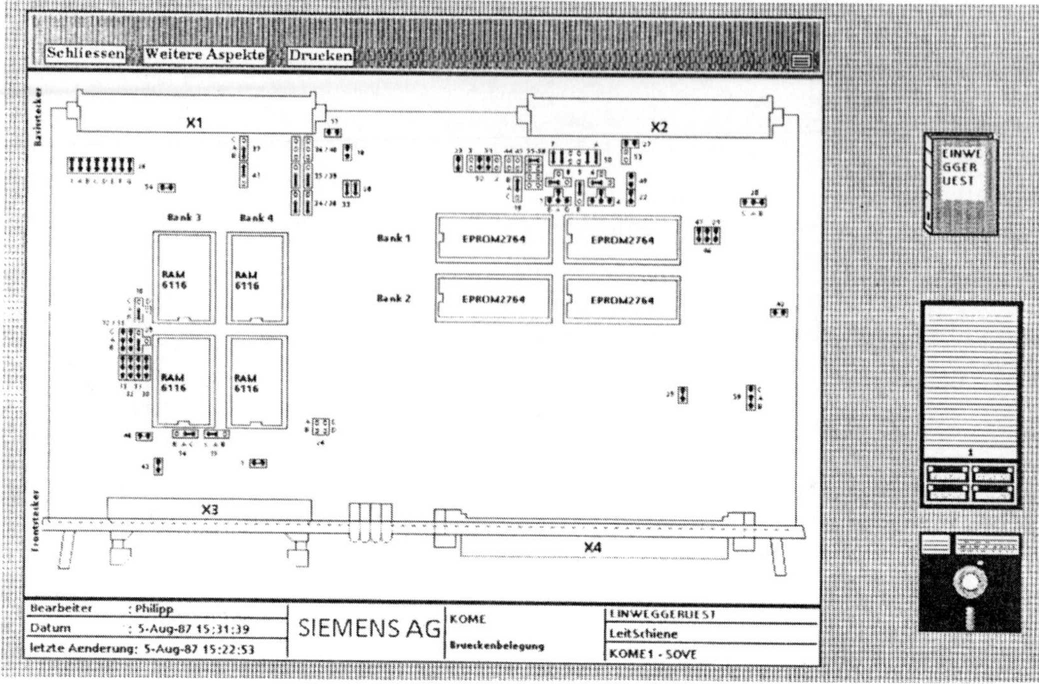

Bild 9: MMC–Kon1 / Brückenbelegungsplan

3.3 Ergebnisse und Erfahrungen

Mit MMC–Kon1 konnte in mehreren Pilotanwendungen das hohe Rationalisierungspotential von Projektierungs-Expertensystemen nachgewiesen werden. Obwohl bisher nur der in *Abschnitt 3.2* geschilderte Teil des Verfahrensablaufs durch wissensbasierte Funktionen unterstützt wird, ergibt sich schon jetzt im Vergleich mit der nicht–rechnergestützten Vorgehensweise eine Produktivitätssteigerung von mehr als 100%. Die Hauptgründe dafür sind:

- MMC–Kon1 liefert garantiert vollständige und konsistente Lösungen, sowie stets aktuelle automatisch erzeugte Dokumentationsunterlagen.
- Die Realisierungszeiten werden erheblich verkürzt, da das Wissen nicht mehr in Akten und Handbüchern, sondern im Rechner hinterlegt ist.

Für die erfolgreiche Implementierung von MMC–Kon1 sind zwei Gründe ausschlaggebend, die generell für den Bereich der Expertensysteme gelten:

- Es wurden leistungsfähige KI–Werkzeuge (InterLISP D, LOOPS) eingesetzt, die ein "Rapid Prototyping" und damit einen schnellen Rückfluß aus der Anwendung ermöglichen.
- Das Wissensgebiet (Hardware–Projektierung von MMC–Automatisierungssystemen für die Walzwerkstechnik) ist in Tiefe und Breite weitgehend begrenzt und gut analysierbar. Daraus resultiert eine überschaubare und gut akquirierbare Wissensbasis.

Eine weitere wichtige Erkenntnis ist, daß die Akzeptanz eines Expertensystems entscheidend von der Güte seiner Benutzeroberfläche abhängt, die daher einen hohen Anteil des Gesamt–Realisierungsaufwandes ausmachen kann (bei MMC–Kon1 etwa 80%). Nur wenn eine leichte Erlernbarkeit und die Beibehaltung des gewohnten Arbeitsumfeldes mit seiner Symbolik und seinen Abläufen gegeben sind, lösen sich die potentiellen Anwender von ihren bisherigen Arbeitsmitteln und schöpfen die neuen Möglichkeiten aktiv aus.

4. Ausblick

Die bisherigen Erfahrungen zeigen, daß eine große Chance für eine zukünftig komfortablere und rationellere Projektierung komplexer Automatisierungssysteme in der konsequenten Fortführung der Entwicklung wissensbasierter rechnergestützter Projektierungs–Techniken liegt. Trotz erster Teilerfolge sind dazu allerdings noch einige wesentliche Hürden zu nehmen:

- Die bisher noch nicht implementierten Konzepte des vorgestellten Architekturmodells für Projektierungs–Expertensysteme (insbesondere Konfliktlösung und Rechtfertigungsverwaltung) müssen sich als tragfähig für industrielle Anwendungen erweisen. Speziell in Bezug auf das Laufzeitverhalten können Anpassungen und Neukonzeptionen nicht ausgeschlossen werden.

- Die zunächst als Insellösungen entwickelten Expertensysteme müssen in die vorhandene Infrastruktur eingebunden werden (Kopplung mit Datenbanken und konventionellen Projektierungs–Werkzeugen).

- Zur Erzielung der nötigen Breitenwirkung müssen die auf dedizierten LISP–Maschinen mit speziellen KI–Sprachen (z.B. LISP oder PROLOG) erstellten Expertensystem–Prototypen auf konventionelle Arbeitsplatzrechner und Personal Computer mit ihrer standardisierten Betriebssystem– (z.B. UNIX oder MS–DOS) und Sprach–Welt (z.B. C) portiert werden.

Ist hier erst einmal der Durchbruch gelungen, so ergeben sich zusätzlich neue Anwendungsperspektiven: Z.B. kann das Wissen, das beim Projektierungsprozeß eines Automatisierungssystems entsteht, auch für die immer komplexer werdenden Aufgaben im Bereich Diagnose, Inbetriebsetzung und Wartung genutzt werden. Damit ist dann eine integrierte Wissensbasis für eine expertensystem–gestützte Werkzeugkette für alle Lebensphasen eines Automatisierungssystems (Angebot, Projektierung, Simulation, Inbetriebsetzung, Wartung) verfügbar.

Literatur

[1] Ulmer, D.:
"Multi-Mikrocomputersysteme für die Prozeßautomatisierung"
in: Mikroelektronik in der Automatisierungstechnik, VDI- Berichte, Bd. 550, VDI-Verlag, 1985, S. 149-160

[2] Raulefs, P.:
"Expert-Systems - State of the Art and Future Aspects"
in: GWAI 81, Informatik-Fachberichte 47, Springer-Verlag Berlin Heidelberg (1981), S. 61-98

[3] Neumann B. et al.:
"Wissensbasierte Planung und Konfigurierung"
in: Wissensbasierte Systeme, GI-Kongreß 1987, Informatik-Fachberichte XXX, Springer-Verlag Berlin Heidelberg (1987), z.Z. im Druck

[4] Cunis, R.; Günter, A.; Syska, I.:
"PLAKON - Ein übergreifendes Konzept zur Wissensrepräsentation und Problemlösung bei Planungs- und Konfigurierungsaufgaben"
in: Proc. Expertensysteme '87, Konzepte und Werkzeuge, B.G. Teubner (1987), S. 406-420

[5] Struss, P.:
"A Framework for the Multiple Representation of Structure and Function in Expert Systems"
in: GWAI 86 und 2. Österreichische Artificial Intelligence Tagung, Sept. 22-26, 1986, Informatik-Fachberichte 124, Springer-Verlag Berlin Heidelberg (1986), S. 318-331

[6] Kippe, J.:
"COMODEL: ein Repräsentationsformalismus für technische Expertensysteme"
in: GWAI 86 und 2. Österreichische Artificial Intelligence Tagung, Sept. 22-26, 1986, Informatik-Fachberichte 124, Springer-Verlag Berlin Heidelberg (1986), S. 349-360

[7] Siemens : System 300
"Multi-Mikrocomputer-System MMC216"
Gerätehandbuch 1.1984, Bestellnummer: 6AA6500-0XX00-0A

[8] Güsgen, H.W.; Lapatta, R.:
"CONSAT-PRIMER"
Bericht, Forschungsgruppe Expertensysteme der Gesellschaft für Mathematik und Datenverarbeitung (GMD), Februar 1987

[9] Nii, H.P.:
"Blackboard-Systems: The Blackboard Model of Problem Solving and the Evolution of Blackboard Architectures"
in: AI Magazine Vol. 7, No. 2, (Summer 1986), S. 38-97

[10] Hayes-Roth, B.; Hayes-Roth, F.:
"A Cognitive Model of Planning"
in: Cognitive Science, Nr. 3 (1979), S.275-310

[11] Doyle, J.:
"A Truth Maintenance System"
in: Artifical Intelligence 12 (1979), S. 231-272

[12] De Kleer, J.:
"An Assumption-based TMS"
in: Artifical Intelligence 28 (1986), S. 127-162

[13] "Interlisp-D Reference Manual"
Xerox Palo Alto Research Corp., Oktober 1985

[14] Bobrow, D.; Stefik M.:
"The Loops Manual"
Xerox Palo Alto Research Corp., Oktober 1983

Ein Expertensystemansatz für die Prozeßführungsebene

Hans-Werner Früchtenicht
Fraunhofer-Institut für Informations- und Datenverarbeitung
Karlsruhe

Abstract

The application of expert-systems in the domain dynamic processes is a rather unsolved problem Real-time expert-systems differ from common, dialogue-oriented systems for diagnosis because of their direct coupling to a process or plant they have to monitor, control or diagnose. The important role of an user of dialog-oriented consulting systems is not only to input data but also to interpret and evaluate them. Directly coupled systems have to accomplish this interpretation task as well. Therefore real-time expert-systems require a special system architecture allowing not only operation under real-time conditions but also inferencing in dynamic and time-dependent situations. Further more such an architecture must enable the task of situation assessment, i.e. the interpretation and causal abstraction of the incoming data, and the scheduling of diagnostic tasks to an underlying diagnostic kernel. Therefore it is necessary that the diagnostic kernel is provided with properties similar to those of process control systems.

Zusammenfassung

Ein weitgehend offenes Problem ist die Anwendung von Expertensystemen auf dynamische Prozesse. Echtzeit-Expertensysteme unterscheiden sich von herkömmlichen dialogorientierten Diagnosesystemen durch ihre direkte Ankopplung an den Prozeß oder die Anlage, die sie steuern, überwachen oder diagnostizieren sollen. Die wichtige Rolle des Benutzer in dialogorientierten Beratungssystemen, der nicht nur die Dateneingabe sondern auch deren Interpretation und Bewertung vornehmen muß, muß bei direkt gekoppelten Systemen vom Expertensystem mit übernommen werden. Dies bedingt eine besondere Architektur, die nicht nur der schnellen Verarbeitung unter Echtzeitbedingungen genügen muß, sondern auch der dynamischen, zeitabhängigen Situation, die untersucht werden soll, Rechnung tragen muß. Diese Architektur muß es ebenfalls ermöglichen, die Situationserfassung zu realisieren, d.h. die Interpretation und Abstraktion der direkt übernommenen Daten mit der daraus resultierenden Beauftragung des eigentlichen Diagnosekerns. Der Diagnosekern muß deshalb sogenannte Prozeßeigenschaften besitzen.

1. Einführung

Die Entwicklung wissenbasierter Systeme, speziell von Expertensystemen, stellt den Versuch dar, die Problemlösungsfähigkeit des Menschen auf den Rechner zu übertragen, sprich zu automatisieren. Eine Fülle derartiger Systeme existiert inzwischen für die unterschiedlichsten Planungs-, Konfigurations- und Interpretationsaufgaben. Weithin bekannte Beispiele sind solche für die medizinische Diagnose und Therapie, für die Lokalisierung von Bodenschätzen, für die Konfiguration von Rechenanlagen oder die Fehlerdiagnose in technischen Systemen. Die zunehmende Anwendung wissensbasierter Informationsverarbeitung auf technische Problemstellungen führt allmählich zur eigenständigen Klasse der "Technischen Expertensysteme". Schwerpunkte in Forschung und Entwicklung bilden die Echtzeitfähigkeit solcher Systeme und die modellgestützte Wissensrepräsentation und -verarbeitung.

Die Situation in der Prozeßleittechnik ist dadurch gekennzeichnet, daß es naturwissenschaftlich-technisch begründete umfassende Modelle für das technische System nicht gibt, nur in Teilen gibt oder wo es sie gibt, diese vom Operator bei seinen Interpretationen der Prozeßanzeigen und daraus resultierenden Eingriffen in das Prozeßgeschehen kaum berücksichtigt werden. In der Regel wird der technische Prozeß auf der Ebene des Operators auch heute noch nach mehr oder weniger subjektiven Kriterien und Strategien gefahren. Er besitzt die Fähigkeit auch bei unpräziser Eingangsinformation (qualitative oder halbquantitative Regeln, unvollständige Modelle, mangelhaft definierte Startbedingungen, unzuverlässige Sensorik) den Prozeß zumindest trendmäßig richtig zu steuern.

Den Prozeßbediener und -beobachter zeichnen insbesondere zwei Leistungen aus, die er im Grunde ständig zu erbringen hat .Zum einen abstrahiert er aus der Fülle der zeitabhängigen Zustandsanzeigen auf Verhalten und Zustand der dahinterliegenden Prozeßfunktionen und -komponenten und kommt auf diesem Wege zu einer Beurteilung darüber, ob sie im gewünschten bzw. zulässigen Rahmen liegen. Zum anderen registriert er die asynchron einlaufenden Ereignisse und Abläufe, sortiert die daraufhin notwendigen Reaktionen nach ihrer Wichtigkeit und führt die entsprechenden Eingriffe in den Prozeß unter Berücksichtigung des Gesamtumfeldes nacheinander durch. Dabei kann es abhängig vom Prozeßgeschehen zu Änderungen in der Prioritierung oder Abbrüchen gerade laufender Prozeßführungshandlungen kommen, z.B. weil ein gerade eingetretenes Ereignis vorrangig zu behandeln ist. Neben der Interpretation von Prozeßinformation und der darauf-aufsetzenden Ableitung notwendiger Einzelreaktionen kommt dem "Scheduling" der fälligen Einzelreaktionen eine besondere Bedeutung zu.

Wenn es gelänge, insbesondere die beiden genannten Problemlösungsfähigkeiten des Operators auf einen Rechner zu übertragen, d.h. zu automatisieren, wäre ein wesentlicher Schritt weg von der subjektiv gefärbten hin zur objektiven und damit reproduzierbaren Prozeßführung getan. Es ist unmittelbar einsichtig, daß damit die durchführbaren Prozeßleitaufgaben auf ein ganz anderes Qualitätsniveau gehoben werden würden. Vor diesem Hintergrund wurde 1985 das vom Bundesministerium für Forschung und Technologie geförderte Verbundprojekt TEX-I "Technische Expertensysteme zur Dateninterpretation, Diagnose und Prozeßführung" in Angriff genommen. Ein Teilvorhaben hieraus befaßt sich mit der Nutzbarmachung von Expertensystemen heutiger Ausprägung für dynamisch veränderliche, technische Prozesse. Gegenstand der nachfolgenden Ausführungen sind im wesentlichen die Ergebnisse dieses Projektbereiches.

2. Automatisierbares Abstraktionsmodell

Ein Expertensystem für Prozeßführungsfunktionen hat als wesentliche Eingangsinformation die von der technischen Anlage angelieferten Prozeßsignale. Anders als die off-line und im Dialog betriebenen, "konventionellen" Expertensysteme (z.B. MYCIN) müssen bei ihnen Anstoß und Verwaltung von Schlußfolgerungsaktivitäten prozeßzustandsgetrieben erfolgen. Es ist deshalb eine Instanz notwendig, die das i.a. zeitabhängige Signalspiel auf seinen Informationsinhalt hin soweit verdichtet, abstrahiert und aufbereitet, daß ein wissensverarbeitendes System in gewohnter Weise darauf arbeiten kann. Eine gewisse Verwandschaft zum vorhin umrissenen Vorgehen des menschlichen Operators ist offensichtlich.

Nach Untersuchungen von Rasmussen /1-2/ an Mensch-Maschine-Systemen lassen sich technische Systeme mit einem Schichtenmodell beschreiben, wobei man unterscheidet in eine physikalische, eine funktionale und eine symbolische Schicht.

- Die unterste Ebene, die physikalische Schicht, enthält die Komponenten, Aggregate, Baugruppen etc. des Prozesses.

- Auf der mittleren Ebene, in der funktionalen Schicht, werden die Wechselwirkungen der verschiedenen Systemteile beschrieben; das können elektrische, mechanische und dynamische Prozesse, Regelkreise und Bilanzen sein, durch die die Elemente der physikalischen Schicht in vielfältiger Weise verbunden und strukturiert sind.

- Auf der obersten Ebene, in der symbolischen Schicht, werden Ziel und Zweck des technischen Systems dargestellt. (Optimierungsaufgaben, angestrebte Prozeßzustände etc.). Durch diese intensionalen Beschreibungen werden die Elemente der funktionalen Schicht in einen Sinn- und Zweckzusammenhang gebracht.

Die Umsetzung dieser Abstraktions-Hierarchie auf die Belange eines Expertensystems für On-Line-Aufgaben führt auf eine Hierarchie von Verarbeitungsstufen.

- Die unterste Verarbeitungsstufe wird durch die Signalebene gebildet. Sie besteht aus den Primärsignalen vom Prozeß und daraus mittels vorgebbarer Verarbeitungsvorschriften abgeleiteten Signalen. Die Gesamtheit der Signale repräsentiert das aus der Sicht des Expertensystems beobachtbare Prozeßabbild.

- Auf der nächsten Abstraktionsstufe werden die Signale zu Symptombildern, sog. Situationen, verdichtet. Eine Situation stellt dabei eine [Teil]menge von Signalen dar, durch die der Zustand eines Aggregats (z.B. Motor), einer Funktion (z.B. Kühlung), einer Betriebsart (z.B. Anfahrvorgang) o.ä. repräsentiert ist. Das Symptom "fehlerhafte Pumpe" würde danach durch eine Situation aus allen verfügbaren Signalen des Pumpenbereiches beschrieben werden.

- Aus den anstehenden Situationen sind Schlußfolgerungen z.B. der Art zu ziehen, daß das defekte Teil einer insgesamt nicht funktionierenden Pumpe zu identifizieren ist. Dazu werden die Situationen in der anschließenden Verarbeitungsstufe, dem Monitor, auf einen eventuellen gemeinsamen Verursacher untersucht und gegebenenfalls zusammengefaßt. Das Ergebnis sind sog. Aktionen, die hinsichtlich ihrer Entstehungsursache als voneinander unabhängig angesehen werden können. Sie werden entsprechend ihrer Bedeutung für das Gesamtprozeßgeschehen mit Bearbeitungsprioritäten belegt und in dieser Folge an die Deduktionsebene weitergereicht.

- Die Deduktionsebene stellt die höchste Abstraktionsstufe dar. Sie ist bezüglich ihrer Aufgabenstellung mit dem konventionellen dialog-orientierten Expertensystem vergleichbar. Ihr direkter Dialogpartner ist jedoch nicht der menschliche Benutzer sondern die Verarbeitungsstufe Monitor.

So wie ein Operator "phänomenologisch" zusammengehörige Anzeigen in ein "Situationsbild" gruppiert, werden also auch hier Signale in verschiedene, u.U. gleichzeitig existierende Situationen zusammengefaßt. Die Zusammenfassung zusammengehöriger Situationen (z.B. gleicher Verursacher) wie auch eine einzelne, mit keiner anderen in Beziehung stehenden Situation ist im konkreten Fall dann das, was eine Aktion bzw. eine Reihe von aufeinander abgestimmter Aktionen nach sich ziehen muß.

3. Lösungsansatz

Für den Einsatz von Expertensystemen in dynamisch veränderlichen, technischen Prozessen erhalten zwei Aspekte eine besondere Bedeutung: Derartige Expertensysteme sind zum einen direkt an den technischen Prozeß angeschlossen, verarbeiten also zeitabhängige Informationen, und müssen zum anderen Echtzeitanforderungen genügen. Diese beiden Merkmale sind es auch, durch die sie sich im wesentlichen von konventionellen Expertensystemen unterscheiden, wie sie heute üblicherweise für Diagnose-, Interpretations- und Konfigurationsaufgaben eingesetzt werden.
Für die Auslegung der Konfiguration eines Expertensystems für Realzeitanwendungen insbesondere von Bedeutung ist, daß

- die heute auf dem Markt eingeführten und akzeptierten Rechnersysteme für Expertensystemanwendungen keine Prozeß E/A im Sinne der Prozeßautomatisierung anbieten, Vernetzung z.B. über Ethernet in der Regel nur innheralb der Rechnerfamilie gestatten und als Rechnerkopplungsmöglichkeiten mit Fremdeinheiten nur eine sehr begrenzte Anzahl von V24 (RS232)-Schnittstellen mitbringen,

- die mit der Prozeßdatenerfassung verbundene Signalverarbeitung und -überwachung sowie Informationsverdichtung insbesondere aus Laufzeitgründen, aber auch weil sie typische Prozeßrechnerfunktionen darstellen, soweit wie irgend möglich aus dem Expertensystemrechner herausgehalten werden müssen,

- das Expertensystem Prozeßeigenschaften haben muß, so daß aus dem Prozeßzustand resultierende Beauftragungen in ihrer Bearbeitung durch das Expertensystem prioritätsgesteuert unterbrechbar und wiederaufnehmbar sind,

- die Prozeßzustandserfassung ständig parallel zu den "eigentlichen" Expertensystemaufgaben laufen muß,

- Realzeitexpertensysteme letztlich nur als integrierte Einheiten in rechnergestützten Prozeßsteuerungs- und Prozeßüberwachungssystemen Sinn machen und nach dem heutigen Stand der Technik zu urteilen, Realzeitexpertensysteme vorerst auf der Basis von Expertensystemen heutiger Ausprägung operieren werden.

Der hier verfolgte Ansatz geht von einer Rechnerkonfiguration aus, die aus dem eigentlichen Expertensystem-Rechner und einem über eine konventionelle Rechnerkopplung mit ihm verbundenen Prozeßrechnersystem besteht (Abb. 1). Letzteres kann ein einzelnes Automatisierungsgerät wie auch ein über ein lokales Netzwerk gekoppeltes, verteiltes Prozeßleitsystem sein. Aufgabe des Prozeßrechnersystems ist die Weiterleitung der aufbereiteten Prozeßinformation entweder auf Anforderung des Expertensystems oder in Eigeninitiative (z.B. bei Alarmen) an den Expertensystemrechner. Auf Seiten des Expertensystemrechners (Symbolics 3640) sorgt dann ein speziell auf die Möglichkeiten heutiger Expertensysteme ausgerichtetes Softwareinterface; das sog. Echtzeitinterface, für eine weitergehende Informationsaufbereitung und einen situationsangepaßten Informationsaustausch mit dem "konventionellen" Expertensystem, wie es in Abschn. 2 umrissen ist. Ausgaben an den Prozeß auf Initiative des Expertensystems werden über das Echtzeitinterface in analoger Weise abgewickelt. Wesentliche Zielsetzung der skizzierten Vorgehensweise ist es, sicherzustellen, daß auf Prozeßrechner- und Expertensystem-Rechner-Ebene mit dem gleichen Abbild des Prozeßzustandes operiert wird. Dieser Umstand hat insbesondere auch dann Bedeutung, wenn das Expertensystem mit der Prozeßleitebene eines Prozeßautomatisierungssystems gekoppelt ist, um beispielsweise dem Operator als Entscheidungshilfe zu dienen.

Die Software-Struktur des Gesamtsystems Echtzeitinterface und "konventionelles" Expertensystem zeigt Abb. 2. Der Kommunikationsmodul /3/ stellt die Verbindung zwischen dem Echtzeitinterface und dem Prozeßrechnersystem her. Er besteht aus einem protokollunabhängigen Auftragsverwaltungssystem für den signalbezogenen Informationsaustausch und dem eigentlichen Protokollteil mit den Kommunikationsfunktionen. Um die Anschließbarkeit von Prozeßrechnern der verschiedensten Hersteller so leicht wie möglich zu machen, wurde ein eigenes Übertragungsprotokoll realisiert, das von einer seriellen Datenleitung (RS 232) als Punkt-zu-Punkt Verbindung und nur primitiven Zugriffsfunktionen ausgeht. Ein wesentlicher Punkt des Protokolls ist seine Ausrichtung auf die in der Prozeßdatenverarbeitung übliche Interprozeßkommunikation, die sich häufig durch eine hohe Datenrate bei vielen kurzen asynchronen Datentelegrammen auszeichnet. Die protokollunabhängige Auftragsverwaltung fordert Signale singulär oder zyklisch vom Prozeß an, oder nimmt "interessierende" Signale (wie z.B. Alarme) passiv entgegen. Da nur die wissensverarbeitende Seite weiß, welche Information gebraucht wird, entscheidet die Auftragsverwaltung darüber, welche Signale vom Prozeß entgegengenommen und weiterverarbeitet werden, und nicht eine Instanz auf dem Prozeßrechner.

Die Verarbeitungsfunktionen des Signalmoduls setzten auf den Ergebnissen der auf der Prozeßrechnerseite bereits durchgeführten Signalverarbeitung auf. So ist z.B. der im Pro-

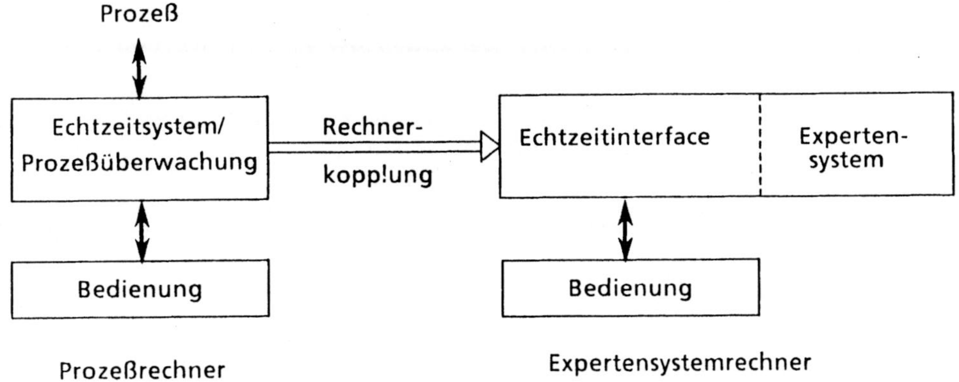

Abb. 1: Konfiguration eines Expertensystemanschlusses an einen dynamischen Prozeß [6]

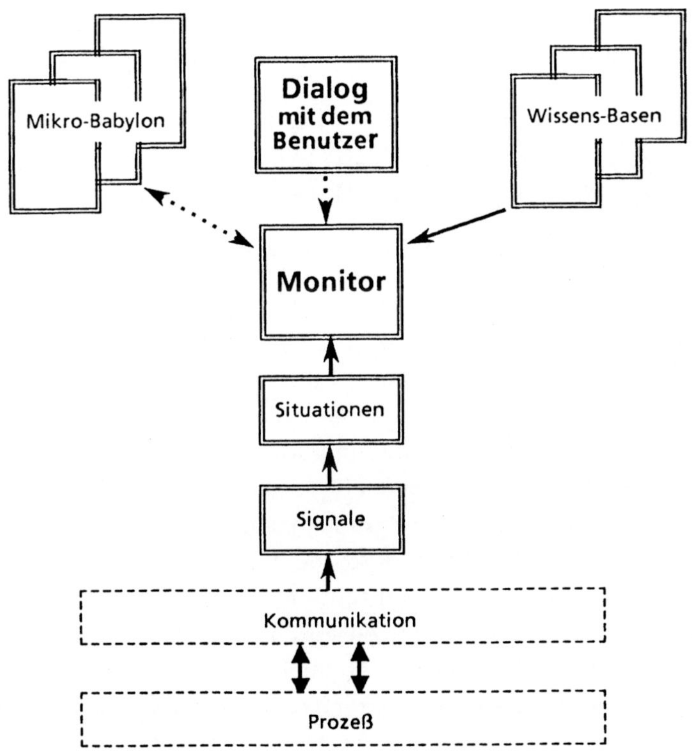

Abb. 2: Softwarestruktur eines Expertensystems für die Prozeßführungsebene

zeßrechner als Folge einer Grenzwertverletzung abgeleitete Gradientalarm im Signalmodul ein eigenständiges, mit einer bestimmten Bedeutung behaftetes Primärsignal, das Analogsignal, aus dem es abgeleitet wurde, ein anderes. Die Primärsignale werden entweder als "passive" Signale vom Prozeß an das Echtzeitinterface geschickt, oder als "aktive" Signale durch das Interface vom Prozeß sporadisch oder zyklisch angefordert. Mit Hilfe einer sogenannten "ON-Methode" wird jedoch in jedem Fall sichergestellt, daß der Datenfluß vom Prozeß zum wissensbasierten System unter der Kontrolle des Echtzeitinterfaces abläuft. Zur Aufnahme eines aktualisierten Wertes muß deshalb das entsprechende Primärsignale zuvor durch die "ON-Methode" in einen up-date-baren Zustand versetzt worden sein. Die vom Prozeß angelieferten Primärsignale werden ergänzt um Externe Signale und Abgeleitete Signale. Mit den Externen Signalen kann Zusatzinformation, die den Charakter von Hintergrundinformation hat, in das Prozeßzustandsabbild eingebracht werden. In der Regel geschieht dies durch Eingabe vom Benutzer im Dialog. Beginn und Ende einer besonderen Fernsehsendung wäre beispielsweise ein Externes Signal als Hintergrundinformation in einem Zustandsabbild eines Verteilungsnetzes eines Stromversorgungsunternehmens. Die Abgeleiteten Signale können formal Verknüpfungen aller drei Signaltypen sein. Sie repräsentieren die Ergebnisse von Verarbeitungsfunktionen, die die Signalverarbeitung der Prozeßrechnerseite aufgabenorientiert ergänzen. Dem Anwender wird deshalb eine Schnittstelle angeboten, über die er die für seine Problemstellung spezifischen Auswerteverfahren einbringen kann. Dies können sein speziell auf An- oder Abfahrvorgänge ausgerichtete Überwachungsverfahren, Ableitungen von signalorientierten Wahrscheinlichkeits- und Gewichtungsfunktionen zur Charakterisierung von Prozeßzuständen, Bilanzierungen u.ä..

Mit der Bildung von Situationen werden mehrere Ziele verfolgt. Die beiden wichtigsten sind die zeitliche Entkopplung zwischen dem zeitlich veränderlichen Prozeßzustand und dem zeitunabhängigen Symptom (z.B. ein bestimmtes Fehlerbild), das dann als Aktion dem Schlußfolgerungssystem zur weiteren Bearbeitung übergeben wird, sowie eine im Detaillierungsgrad vom Systemanwender bestimmbare Strukturierbarkeit des Prozeßzustandsabbildes. Bei der zeitlichen Entkopplung wird in Analogie zum Vorgehen des Operators verfahren. Ähnlich wie er im Störungsfall durch Beobachtung des Signalspiels über ein gewisses Zeitintervall hinweg zu seinem dann zeitunabhängigen Fehlerbild, etwa "Pumpe defekt", kommt, wird eine Situation einem Zeitfenster unterworfen. Das Zeitfenster wird aufgemacht, wenn das erste aus der die Situation beischreibenden Signalmenge eine Abweichung vom Normverhalten anzeigt. Mit dieser Anzeige geht die Situation vom Zustand "passiv" in den Zustand "aktiv". Nach Ablauf des Zeitfensters wird das Fehlerbild als hinreichend klar angesehen und die Situation als Schnappschuß eingefroren. Die Länge des Zeitfensters wird in der Regel empirisch zu bestimmen sein. Der Aktivzustand einer Situation kann sowohl durch ein Primärsignal als auch durch ein Externes oder Abgeleitetes Signal ausgelöst werden. Da das einzelne Signal in mehreren Situationen enthalten sein kann, können Situation hierarchisch angeordnet werden. Zu jeder Situation sind zugehörige Ober- und Untersituationen angebbar. Ist eine Obersituation aktiv, werden die Signale und Aktivierungsbedingungen der zugehörigen Untersituation ausgewertet und diese gegebenenfalls aktiviert. Die Menge aller aktiven Situationen zu einem bestimmten Zeitpunkt ist danach ein hierarchisches Abbild des momentanen Prozeßzustandes. Der Anwender hat dabei die Möglichkeit, die Hierarchiestufe und die Granularität der untersten Hierarchieebene orientiert an seiner Aufgabenstellung selbst festzulegen.

Die Aggregierbarkeit von Situationen bietet zudem die Möglichkeit, die Menge der permanent zu verarbeitenden Signale drastisch zu reduzieren. Bei einer konsequent aufgebauten Situationshierarchie wird im Normalbetrieb nur die "Top-Situation" mit den in ihr enthaltenen Signalen ausgewertet. In allen anderen Fällen werden nur die Signale und Aktivitätsbedingungen der berührten Situationen bearbeitet. Mit dem Konstrukt der Situation soll weiterhin die Möglichkeit geboten werden, Sonderfunktionen zu realisieren, die nicht unmittelbar im Kontext des Prozeßzustandsabbildes liegen. Beispiele hierfür sind ohne äußeren Anlaß sporadisch zu aktivierende Situationen zur Sammlung ausgewählter Informationen, spezielle Situationen zur Erreichung eines bestimmten Prozeßverhaltens (An-/Abfahren) oder Situationen zur Prädiktion von Produktqualitäten.

Es wird zwischen den drei aktiven Situationszuständen
- "normal", d.h. die Erfassungs- und Verarbeitungsvorschriften aller Signale dieser Situation werden ständig ausgeführt,
- "time-out", d.h. ein Primärsignal oder eine Überwachungsvorschrift irgendeines Signals der betreffenden Situation hat angesprochen und eine Zeitüberwachung für diese Situation läuft sowie
- "gestört", d.h. die Zeitüberwachung für diese Situation ist abgelaufen und eines oder mehrere Signale zeigen eine Störung an

unterschieden. Die "Top-Situation" befindet sich, solange keine Störung vorliegt, stets im Aktiv-Zustand "normal". Alle übrigen Situationen sind in der Regel im Zustand ruhend; sie können signalgetrieben, zeitgesteuert oder durch die Deduktionsebene auf "aktiv" gesetzt werden. Bzgl. detaillierterer Informationen zum Signal- und Situationsmodul sei auf /4,5/ verwiesen.

Eine zentrale Stellung im Gesamtsystem Echtzeitinterface/Inferenzsystem nimmt der Modul Monitor ein. Seine Aufgaben sind Generierung und Verwaltung von Aktionen, Anstoß, Überwachung und Koordination von Inferenzprozessen, Steuerung wesentlicher Teile des Benutzerdialogs sowie Haltung und Verwaltung einer dynamischen Datenbasis (Tafel). Mit dem Eintritt in den Aktivzustand "gestört" meldet sich die betreffende Situation über einen sogenannten Signal-/Situationsintendanten, der die Schnittstelle des Monitors zum Prozeßgeschehen darstellt, beim Monitor zur Bearbeitung an. Diese beginnt damit, daß an Hand der Situationshierarchie und der u.U. vorhandenen Mehrfachzuordnung von Signalen zu Situationen entschieden wird, ob eventuell parallel anstehende Situationen auf einen gemeinsamen Verursacher zurückgeführt werden können und deshalb zu einer einzigen Situation zusammenzufassen sind. Mit diesem Vorgang wird aus der Situation eine Aktion. Daran an schließt ein Vergleich mit den in der dynamischen Datenbasis enthaltenen Informationen. Insbesondere wird über die dort gehaltenen Angaben zu bereits abgehandelten Aktionen und deren Ergebnissen festgestellt, ob eine weitergehende Bearbeitung erforderlich ist. Aufgrund bereits vorliegender Ergebnisse, z.B. weil die gleiche Aktion unmittelbar vorher bereits einmal bearbeitet wurde, könnte es überflüssig sein. Der nächste Schritt ist eine Eingliederung in eine nach Prioritäten geordnete Warteschlange zur Abarbeitung durch das Schlußfolgerungssystem. Die Vergabe der Prioritäten erfolgt dabei nach einem Schlüssel, der Bezug auf die Bedeutung der Situation für den Prozeß nimmt und der deshalb vom Prozeßbetreiber festzulegen sein wird.

Liegt die Priorität einer neu-generierten Aktion höher als die der gerade in Bearbeitung befindlichen, werden die laufenden Schlußfolgerungsprozesse unterbrochen und die wichtigere Aktion in Angriff genommen. Ist diese beendet, werden die unterbrochenen wieder aufgenommen. Ein Beispiel hierfür wäre in einem Gasverteilungsnetz der Fall, daß die Aktion "Reservekompressor ohne Leistung" in Bearbeitung ist und die Aktion "Unzulässiger Überdruck im Gasometer" neu generiert wurde. Zum Anstoß eines Schlußfolgerungsprozesses sendet der Monitor eine Nachricht an die Inferenzkomponente, die den aktuellen Inhalt der Aktion (Instanz), einen Verweis auf die zu verwendende Wissensbasis und einen Bezeichner für die Beauftragung enthält. Mit Auftragsende meldet sich der jeweilige Inferenzprozeß mit dem entsprechenden Situationsnamen und dem Analyseergebnis beim Monitor zurück. Jeder Inferenzprozeß wird vom Monitor bezüglich seiner Laufzeit überwacht und kann bei Bedarf abgebrochen werden. Mit dem "natürlichen" Ende eines Inferenzprozesses wird wie mit der Neugenerierung einer Aktion automatisch eine Überprüfung der nach Prioritäten geordneten Warteschlange vorgenommen. Der einzelne Inferenzprozeß kann wie bei herkömmlichen Expertensystemen über eine Dialogkomponente vom Systembenutzer Zusatzinformationen anfordern oder Nachrichten an ihn ausgeben. Daneben hat er die Möglichkeit über besondere Zugriffsfunktionen Zusatzinformationen direkt aus dem Situations- und dem Signalmodul abzuholen. Alle anderen von einem Inferenzprozeß auslösbaren Aktivitäten laufen über den und unter Kontrolle des Monitors. Es sind dies das gezielte Aktivieren von Situationen, umgekehrt die Unterdrükkung prozeßgetriebener Aktivierungen sowie der Nachrichtenaustausch zwischen Inferenzprozessen.

Der Benutzerdialog des Gesamtsystems läuft über einen dem Monitor angegliederten Dialogmodul, der die insgesamt drei Kommunikationsachsen Benutzer/Inferenzprozeß, Benutzer/Prozeß und Benutzer/Dialogverwaltung abwickelt. Im ersten Fall geht es wie beim konventionellen Expertensystem zum einen um die Eingabe von Zusatzinformationen auf Anforderung des einzelnen Inferenzprozesses oder auch auch spontan durch den Benutzer und zum anderen um die Beantwortung von Anfragen des Benutzers insbesondere an die

Erklärungskomponente. Zu beachten ist, daß die von dem einzelnen Inferenzprozeß abfragbare Information von lokalem, auf die jeweilige Aktion begrenztem Charakter ist. Der Dialog Benutzer/Prozeß umfaßt die Anzeige spontaner Meldungen (z.B. Anmeldung einer Situation beim Monitor, Beginn/Ende eines Inferenzprozesses usw.) menügeführt und auf Anwahl sowie der Inhalte der dynamischen Datenbasis, des Situations- und des Signalmoduls. Auf dem gleichen Weg werden Aufbau und Manipulation der Signal- und Situationsbeschreibungen sowie gewisser Teile im Monitor abgewickelt. Über den dritten Dialogzweig laufen die Parameter zur Gestaltung und Verwaltung der Ein-/Ausgabe-relevanten Ressourcen.

Die dynamische Datenbasis enthält im wesentlichen nur die Daten, die sie für ihre Aufgabenstellung im engeren Sinne, die Generierung von Aktionen und Koordination und Verwaltung von Inferenzprozessen, benötigt. Auf alle anderen Informationen wie z.B. die Signal- und Situationsbeschreibungen oder die Wissensbasen selber enthält sie nur Verweise. Die wesentlichsten Elemente der dymischen Datenbasis sind die prioritätsgesteuerte Warteschlange der Aktionen, eine Schlüsseldatei zur Vergabe der Prioritäten, eine Zusammenstellung der bereits abgearbeiteten Aktionen und der dabei gewonnenen Ergebnisse sowie Zeitpunkt und Dauer der Bearbeitung.

Die Deduktionsebene wird durch ein auf der Basis des Werkzeugsystems Babylon entwickeltes Mikrobabylon realisiert. Es zeichnet sich dadurch aus, daß die Inferenzkomponente vom Oberteil getrennt ist. Auf diese Weise können nach Bedarf Instanzen der Inferenzkomponente generiert werden, die unabhängig und parallel zueinander ablauffähig sind. Die einzelne Instanz kommuniziert mit der nur einmal vorhandenen Benutzeroberfläche über eine ASCII-Schnittstelle. Sie ist zudem abbrechbar und kann in ihrem Ablauf beliebig unterbrochen und wieder fortgesetzt werden, ist also prozeßfähig. Durch die zuvor dargestellte Zuordnung von Aktionen zu einer Mikrobabylon-Instanz und die Verwaltung des Gesamtablaufs durch den Monitor wird schließlich eine für die Behandlung dynamischer Prozesse notwendige multitask-ähnliche Arbeitsweise erreicht.

4. Ausblick

Das beschriebene System ist hinsichtlich Konzeption und Spezifikation abgeschlossen und wird im Frühjahr '88 als Pilotimplementation zur Verfügung stehen. Daran anschließend soll eine ca. einjährige Erprobungsphase am Beispiel eines Klärwerksprozesses erfolgen. Neben der dabei angestrebten Evaluierung, iterativen Beseitigung von Mängeln sowie Verbesserung und Abrundung ist insbesondere die Leistungsfähigkeit des Echtzeitinterfaces hinsichtlich des Realzeitverhaltens des Gesamtsystems auszuloten. Die Festlegung der

Situationen und der Prioritäten für die Abarbeitung der Akionen erfolgt im gegenwärtigen Ausbauzustand des Systems durch den Benutzer auf Grund seines Wissens über den von ihm betriebenen Prozeß. In einem nächsten Schritt ist vorgesehen, Situationen und Prioritäten dynamisch vom System selbst aufbauen bzw. festlegen zu lassen. Erreicht werden soll dies, indem hierzu eine Mikrobabylon-Instanz herangezogen wird, die angestoßen durch Signalanzeigen auf der Basis einer Topologie-(Systemstruktur) und Funktionsbeschreibung (Systemverhalten) die zur Symptombeschreibung relevanten Signale selektiert. Schließlich ist zu untersuchen, ob das hier vorgestellte Gesamtsystem nicht besser als ein System kooperierender Expertensysteme (Instanzen der Inferenzkomponenten), die von auf separaten Rechnern laufenden Programmsystemen (Monitor, Situationen, Signale) ergänzt werden, realisiert wird. Aus Laufzeitgründen und aus Gründen der Integrierbarkeit wissenbasierter Einheiten in eine Prozeßleitsystemumgebung scheint dies interessant. Voraussetzung ist allerdings, daß hierfür in Frage kommende Rechnereinheiten wie PC's und kleine Werkstations ein hinreichendes Preis-/Leistungsverhältnis erreichen.

Literatur

/1/ Rasmussen, J.: Skills, Rules, and Knowledge; Signals, Signs and Symbols, and other Distinctions in Human Performance Models. IEEE Trans. Sys. Man and Cybern. 13, S.257-266, 1983.

/2/ Rasmussen, J./Goodstein, L.P.: Decision-Support in Supervisory Control, Proc. 2nd. IFAC Conf. Varese, S. 3-42, 1985.

/3/ Becker, G./ Kippe, J./Somerlik, P.: Konzept der Prozeßdatenerfassung in der Intelligenten Schnittstelle, Interner Bericht IITB/TEX-I/8, 1986.

/4/ Kippe,J.: Die Intelligente Schnittstelle als Tool zur Ankopplung von Expertensystemen an dynamische Prozesse, Interner Bericht IITB/TEX-I/9, 1986.

/5/ Carls, H.: Eine Intelligente Schnittstelle zur Ankopplung technischer Prozesse an ein Expertensystem, Tagungsband "Expertensysteme '87-Konzepte und Werkzeuge", S. 394-405, B.G. Teubner-Verlag, Stuttgart, 1987.

/6/ Früchtenicht, H.W./Wittig, T.: Ein Ansatz für Echtzeit-Expertensysteme, Automatisierungstechnische Praxis (atp), Heft 2, S. 78-82, 1987.

Ansätze zur wissensbasierten Konfigurierung technischer Systeme

J.Richter
SIEMENS AG, Sytemtechnische Entwicklung (E STE 33)
Postfach 21 12 62, 7500 Karlsruhe

0. Einleitung

Technische Systeme wie z.B. Automatisierungssysteme werden heute als entsprechend den speziellen Wünschen des einzelnen Kunden maßgeschneiderte Systeme angeboten. Die Konfigurierung solcher Systeme ist eine Ingenieuraufgabe von hoher Komplexität. Die mit ihr betrauten Experten bedienen sich zur Lösung dieser Aufgabe ihres Erfahrungswissens und der in umfangreichen Katalogen zusammengefaßten Detailinformationen. Aufgrund der Vielzahl der zu beachtenden Randbedingungen sind so konfigurierte Systeme oft fehlerhaft bzw. ist das gewünschte Ergebnis einer die Anforderungen voll erfüllenden Konfiguration nur durch zeitaufwendige Iterationen des gesamten Prozeßes erreichbar. Zudem ist das notwendige Wissen durch immer kürzer werdende Innovationszyklen einem ständigen Wandel unterworfen, die Zahl der wirklichen Experten ist daher sehr gering. Bei der Bewältigung derartiger Aufgaben können wissensbasierte Methoden und Systeme einen wertvollen Beitrag leisten.

Der Nachweis, daß Expertensysteme erfolgreich zur Unterstützung bei Konfigurierungsaufgaben eingesetzt werden können, ist durch verschiedene Systeme insbesondere zur Hardware- und Softwarekonfigurierung für Rechnersysteme erbracht worden. Jedoch erfolgte die Entwicklung dieser Expertensysteme jeweils mit einer starken Orientierung an der individuellen Problemstellung. Ziel der unter dem Namen **CONSTRUCT** (CONfiguration Expert Systems STRUCTures) durchgeführten Arbeiten dagegen war die Entwicklung grundlegender und generalisierbarer Konzepte und Strukturen für wissensbasierte Konfigurierungssysteme und deren Umsetzung in einen Expertensystem-Rahmen für Konfigurierungsaufgaben. Besonderes Augenmerk wurde darauf gelegt, daß die gewählte Wissensrepräsentationsform die drei Komponenten Wissenserwerb, Problemlösung und Erklärungsfähigkeit eines Expertensystems gleichermaßen unterstützt.

Dieser Beitrag enthält nun in den folgenden Kapiteln zunächst eine kurze Beschreibung der charakteristischen Eigenschaften wissensbasierter Systeme, danach eine genauere Charakterisierung der Problemstellung Konfigurierung. Nach einer kurzen Darstellung der Lösungsansätze in bekannten Konfigurierungs-Expertensystemen werden die Ergebnisse unserer unter dem Arbeitstitel CONSTRUCT durchgeführten Vorfeldarbeiten vorgestellt und abschließend ein Ausblick auf die in Entwicklung befindlichen Erweiterungen in Richtung auf ein wissensbasiertes System zur Unterstützung der Projektierung technischer Systeme gegeben.

1. Wissensbasierte Systeme

Ziel dieser kurzen Charakterisierung wissenbasierter Systeme kann nicht eine umfassende Erörterung dieses Themenkreises sein. Einführende Übersichten zum Thema wissensbasierte Systeme bzw. Expertensysteme sind z.B. in /PUPPE 86, RAULEFS 82/ zu finden.

Die **Wissensverarbeitung** stellt ein anwendungsorientiertes Teilgebiet der Künstlichen Intelligenz (**KI**, engl.: Artificial Intelligence, **AI**) dar. Nachdem man zur Lösung von Aufgaben, bei denen sich der Mensch seiner intellektuellen Fähigkeiten bedient, lange nach Universalmechanismen suchte, war etwa Mitte der siebziger Jahre ein Paradigmenwechsel in der KI zu beobachten. Man erkannte, daß eine geeignete Repräsentation von möglichst viel (Spezial-)Wissen über das jeweilige Anwendungsgebiet die entscheidende Voraussetzung zur Lösung derartiger Aufgaben mittels eines Computersystems bildet. Zum Hauptgegenstand der Forschung wurde damit die Untersuchung, wie solches Wissen im Rechner effektiv repräsentiert und verarbeitet werden kann. Dies führte zur Entwicklung einer Vielzahl von **Wissensrepräsentationsmechanismen** und hierauf abgestimmter **Inferenzmechanismen** (Schlußfolgerungsmechanismen) als Grundlage sogenannter **wissensbasierter Systeme**, als deren praxisorientierte Ausprägung sich **Expertensysteme** heute in einem Übergangsstadium von reinen Forschungs- oder Laborsystemen zu Anwendungssystemen für den industriellen Alltag befinden.

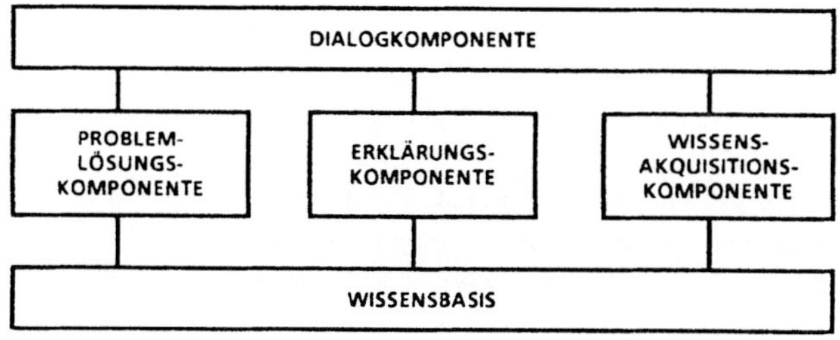

- Abb. 1: Struktur eines dialogorientierten Expertensystems -

Das Hauptcharakteristikum wissensbasierter Systeme und Unterscheidungsmerkmal zu konventionellen Softwaresystemen ist die strikte Trennung zwischen der **Wissensbasis**, in der das applikationsspezifische Wissen explizit und in einer möglichst natürlichen, kognitiv adäquaten Weise repräsentiert ist, und der **Problemlösungskomponente**. In einem wissensbasierten System z.B. für Konfigurierungsaufgaben sollte die Einbringung neuer oder die Modifizierung bereits existierender Komponentenbeschreibungen, wobei der Benutzer von der **Wissensakquisitionskomponente** unterstützt wird, keinen Einfluß auf die Problemlösungskomponente haben, dh. Konfigurierungswissen ist nicht in deren Moduln "versteckt". Außerdem wird von Expertensystemen gefordert, daß sie dem Benutzer offenbaren, wie sie zu einem Ergebnis gelangt sind bzw. wozu vom System geforderte Eingaben benötigt werden. Diese Aufgabe fällt der **Erklärungskomponente** zu. Abb. 1 zeigt die Struktur eines dialogorientierten Expertensystems, bei dem die oben erwähnten Komponenten noch um eine Dialogkomponente als Mensch - Maschine - Schnittstelle ergänzt sind.

Unterschieden werden muß zwischen zwei verschiedenen "Benutzern" eines Expertensystems: zum einen der Experte, der beim Einbringen seines Fachwissens in die Wissensbasis evtl. vom sogenannten **Wissensingenieur** (engl. **knowledge engineer**) unterstützt wird, der das Expertenwissen in die vom

Expertensystem vorgegebenen Strukturen umsetzt, und zum anderen der Anwender des Expertensystems, der mit diesem System z.B. eine konkrete Konfigurierungsaufgabe angeht.

2. Charakterisierung des Problemfeldes Konfigurierung

Konfigurierung wird im folgenden als ein planerischer Prozeß verstanden, der die Organisation von Komponenten zu einem einer Anforderungsdefintion entsprechenden Gesamtsystem zum Ziele hat. Das Resultat der Konfigurierung wird als **Konfiguration** bezeichnet. In Abhängigkeit vom Detaillierungsgrad der Anforderungsdefinition umfaßt die Konfigurierung die typenmäßige und mengenmäßige Spezifikation der zu konfigurierenden Komponenten. Letzteres kann z.B. in Form einer Auswahl von Komponenten aus einer vorgegebenen Komponentenbibliothek erfolgen.

Die Organisation von Komponenten beinhaltet allgemein den Aufbau von Beziehungen zwischen Komponenten. Typischerweise sind der Organisation von Komponenten durch problemspezifische Restriktionen Grenzen gesetzt. Z.B. umfaßt die Rechnerkonfigurierung die einbau- und anschlußtechnische Organisation von Hardwarebausteinen, wobei diverse schnittstellenspezifische Restriktionen einzuhalten sind. Die Konfigurierung einer Fertigungsstraße beinhaltet u.a. die räumliche Organisation von Fertigungseinheiten. Dabei spielen z.B reihenfolgenspezifische Restriktionen eine bedeutende Rolle.

Im Falle der Existenz mehrerer alternativer Lösungen können diese im Sinne der Anforderungsdefinition oder unter Berücksichtigung genereller Optimierungskriterien unterschiedlich bewertet werden. Auf der Grundlage dieser Bewertung ist dann eine der Alternativen auszuwählen.

3. Ansätze in bekannten Konfigurierungssystmen

Das bekannteste Expertensystem für ein Konfigurierungsproblem ist das unter dem Namen **R1** entwickelte und heute von der Firma Digital Equipment unter dem Namen **XCON** eingesetzte System zur Konfigurierung von DEC-Rechnern /McDERMOTT 82/. Das Wissen liegt in Form von Komponenteninformationen, die die für die Konfigurierung relevanten Komponenteneigenschaften wie z.B. Stromverbrauch oder Netzfrequenz beschreiben, und in Form von Regeln vor Mittels dieser Regeln werden die Vorgehensweise bei der Konfigurierung und die dabei zu beachtenden Restriktionen ausgedrückt. Zwecks Reduzierung der Komplexität wird die Gesamtaufgabe in voneinander unabhängige Teilaufgaben zerlegt und diese Aufteilung auf der Menge der Regeln durch die Zuordnung zu sogenanten Kontexten realisiert. Der Regelinterpreter ermittelt zunächst, welche Kontexte momentan aktiv sind, und berücksichtigt nur diejenigen Regeln, die einem aktiven Kontext zugeordnet sind.

Das Pilotsystem **SICONFEX** zur Betriebssystemkonfigurierung für die SIEMENS-Rechner vom Typ SICMOP M zeichnet sich durch die Heterogenität der Mechanismen zur Wissensrepräsenation aus /DOBNER 86, LEHMANN 85/. Auf der Grundlage einer Spezifikation der Rechner-Hardware und eines daraus abgeleiteten Modells der kundenspezifischen Konfiguration wird aus den Kundenanforderungen bzgl. der auf dem Rechnersystem ablauffähigen Software eine optimale Betriebssystemkonfiguration erzeugt und die Zuordnung der einzelnen Betriebssystembausteine zu Speicherbereichen durchgeführt. Bei SICONFEX handelt es sich um ein Expertensystem für eine breit gefächerte Aufgabenstellung, woraus sich die Notwendigkeit des Einsatzes verschiedener Wissensrepräsenationsmechanismen für die einzelnen

Teilaufgaben ergibt. Für die Teilaufgaben, die im wesentlichen auf der Auswertung lokaler Informationen beruhen, ist eine objektorientierte Darstellungsweise gewählt worden, so für die Repräsentation der Abhängigkeiten zwischen den verschiedenen Software-Moduln als Grundlage der Ermittlung der insgesamt benötigten Betriebssystemkomponenten. Dagegen entspricht die Aufgabe der Speicherbereichzuordnung für die Software-Moduln eher einer diskreten Optimierungsaufgabe, deren globale Kriterien mittels Regelmengen repräsentiert werden.

Diese und weitere Expertensysteme für Konfigurierungsaufgaben haben im jeweiligen Einzelfall den Nachweis erbracht, daß sie einen wertvollen Beitrag zur Lösung komplexer Konfigurierungsaufgaben leisten können. Bei der Entwicklung dieser Systeme stand nicht die Erarbeitung verallgemeinerungsfähiger Konzepte im Vordergrund, sondern die Lösung der individuellen Problemstellung.

4. Der Ansatz von CONSTRUCT

Zielsetzung der unter dem Namen **CONSTRUCT** (CONfiguration Expert System STRUCTures) durchgeführten Arbeiten ist demgegenüber die Entwicklung grundlegender und generalisierbarer Konzepte und Strukturen für wissensbasierte Konfigurierungssysteme und deren Umsetzung in einen Expertensystem-Rahmen für Konfigurierungsaufgaben. Die Anforderungen an CONSTRUCT entstammen einerseits einer generellen Reflexion des Problemfeldes Konfigurierung, andererseits konnten die Erfahrungen aus der Entwicklung des Systems SICONFEX in Form von konkreten Anforderungen in die Entwicklung von CONSTRUCT einfließen. Insbesondere wurde aus den Erfahrungen früherer Projekte die Notwendigkeit der gleichgewichtigen Betonung der Teilaufgaben Problemlösung, Wissenserwerb und Erklärungsfähigkeit abgeleitet.

CONSTRUCT ist an der in Abb. 1 vorgestellten Grobstruktur dialogorientierter wissensbasierter Systeme orientiert. Als Expertensystem-Rahmen umfaßt es die Festlegung der Wissensrepräsentationsformen sowie darauf abgestimmte Mechanismen zur Problemlösung, Wissensakquisition und Erklärung. Die prototypische Realisierung erfolgte auf einer Interlisp-D/LOOPS-Entwicklungsumgebung auf einer SIEMENS EMS 5800 Workstation.

4.1 Wissensrepräsentation

Das grundlegende Konzept zur Repräsentation des problemspezifischen Wissens in CONSTRUCT sieht die Beschreibung der konfigurierbaren Komponenten als primitive oder strukturierte Modellkomponenten sowie die Beschreibung der zwischen ihnen bestehenden bzw. aufzubauenden Beziehungen, also der zulässigen Konfigurierungsmöglichkeiten, als Menge von Relationen vor. Abb 2 zeigt beispielhaft einen Ausschnitt aus den zwischen Hardwarekomponenten der Rechnerfamilie SICOMP M bestehenden Beziehungen. Dabei bezeichnen wir mit GrundcontainerM60\70 Standardgehäuse für SICOMP M60- und SICOMP M70-Systeme, bei PSM10 handelt es sich um eine Anschaltung für Plattenlaufwerke und bei FP23 um ein Festplattenlaufwerk. Die Relationen "hat-Anschlussplatz" und "ist-anschliessbar" bzw. "hat-Einbauplatz" und "ist-einbaubar" bilden Paare zueinander inverser Relationen.

Die gewählte Repräsentationsform für das problemspezifische Wissen kann als **komponentenorientiert** bezeichnet werden, dh. das gesamte Wissen ist im wesentlichen in die frame-artigen Beschreibungen der Komponenten (realisierungstechnisch LOOPS-Objekte) integriert. Dies spiegelt die für Projektierungs- und

Konfigurierungsproblemstellungen als typisch zu betrachtende Sicht- und Vorgehensweise wider: zum einen ändert sich im Laufe der Zeit die Menge der zur Auswahl stehenden Komponententypen, die z.B. um einen neuen Typ bzw. eine Typfamile zu erweitern ist, zum anderen ist z.B. ein bei einem Kunden installiertes Rechnersystem um eine bestimmte Anzahl von Periphergeräten zu erweitern, wozu die alte Konfiguration des Kunden um diese Periphergeräte und evtl. notwendige Anschaltungen, also insgesamt um eine gewisse Anzahl an Komponenten, zu ergänzen ist.

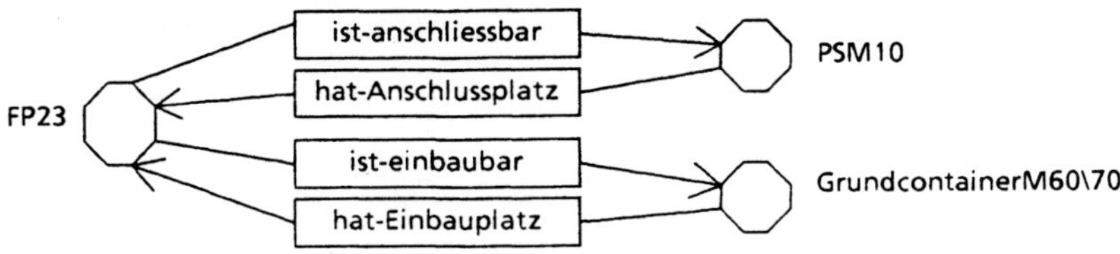

- Abb.2: Ausschnitt aus der SICOMP M - Konfigurierungswelt: Relationen zwischen Komponententypen -

Mittels der Relationen werden lokale Beziehungen zwischen je zwei Komponententypen repräsentiert, jedoch sind nicht alle Konfigurierungsrestriktionen von lokaler Natur, dh. unabhängig von der vorliegenden Teilkonfiguration und nur von den beiden betroffenen Komponententypen abhängig. Vielmehr gibt es Restriktionen, die "kontextabhängig" sind. So können an eine Komponente vom Typ X prinzipiell zwei Komponenten vom Typ Y anschließbar sein, an die jeweils wiederum prinzipiell zwei Komponenten vom Typ Z angeschlossen werden können, wobei aber insgesamt maximal drei Komponenten vom Typ Z an einer Komponente vom Typ X anschließbar sind. Auch Restriktionen dieser Art werden in die Objektbeschreibungen der Komponententypen integriert. Die Einhaltung dieser Restriktionen beim Konfigurierungsprozeß wird mittels eines speziellen Mechanimus, sogenannter aktiver Werte, garantiert.

Die die Komponententypen repräsentierenden Objekte sind in einer Hierarchie angeordnet, in der Komponententypen mit teilweise identischen Eigenschaften geeignet zu Klassen zusammengefaßt werden, so z.B. die Vielzahl unterschiedlicher Druckertypen zur Klasse Drucker und die Klassen Drucker und Festplatten wiederum zu der Klasse Endgeräte.

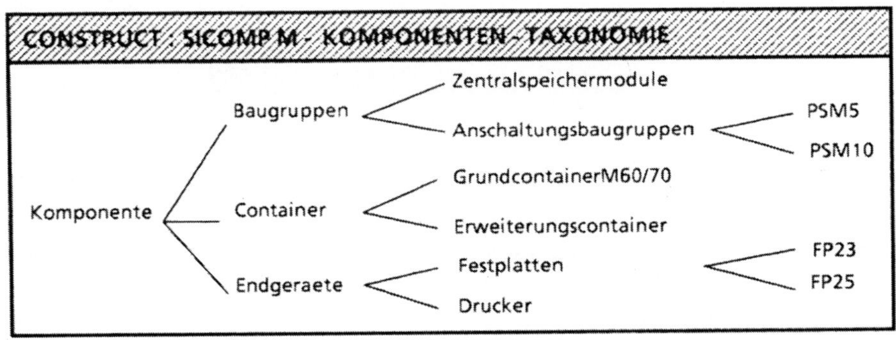

- Abb.3: Ausschnitt aus der Komponententaxonomie für SICOMP M - Hardware -

Die Wurzel der Hierarchie bildet die CONSTRUCT System-Klasse **Komponente**, die Klasse - Unterklasse - Beziehung dieser Taxonomie beschreibt also eine **ist-ein** Beziehung. Abb.3 zeigt beispielhaft einen Ausschnitt aus der Komponententaxonomie für SICOMP M - Hardware.

4.2 Problemlösung

Die Problemlösung kann konzeptuell unterteilt werden in einen administrativen und einen strategischen Anteil. Der administrative Anteil liegt in der Verwaltung und graphischen Darstellung des Modells der Konfiguration. Dem strategischen Anteil fällt die Ermittlung von im Sinne der Konfigurierungsproblemstellung zulässigen Manipulationen zu. Dieser Anteil wird in CONSTRUCT in Form einer heuristisch steuerbaren Suche auf dem von den Modellkomponenten und den zwischen ihnen definierten Relationen aufgespannten Graphen realisiert, indem zulässige Beziehungen zwischen Komponenten ermittelt und als Verbindungen realisiert werden. Der Benutzer wählt die Komponenten, die Bestandteil seiner Konfiguration werden sollen, aus der Komponentenbibliothek aus und plaziert die vom System erstellte graphische Darstellung der Komponenten in seinem aktuellen Konfigurierungsfenster.

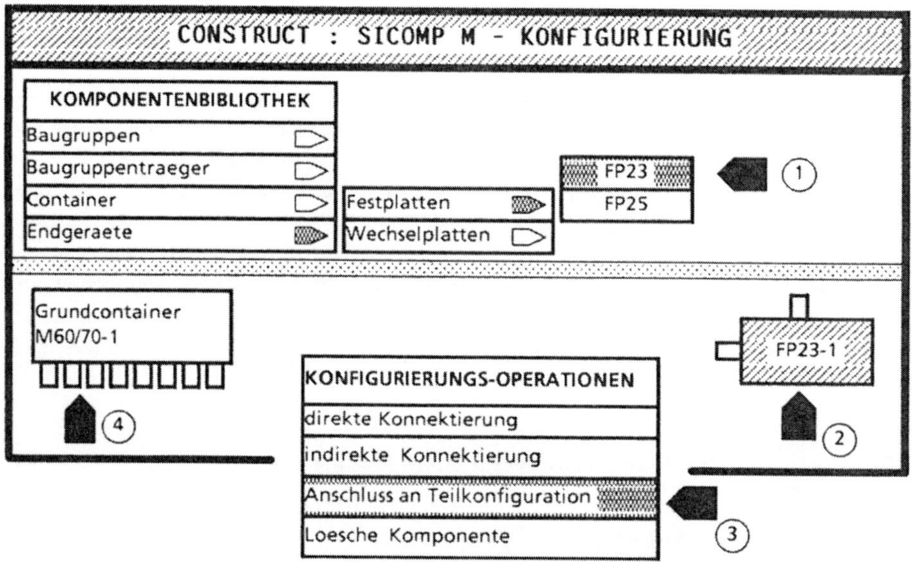

- Abb.4: CONSTRUCT - Konfigurierungsfenster -

Der Anwender kann im Konfigurierungsfenster aus dem Menü "KONFIGURIERUNGS-OPERATIONEN" z.B. "Anschluss an Teilkonfiguration" auswählen (Pkt. (3) in Abb. 4) und somit eine zuvor neu in das Konfigurierungsfenster eingebrachte (s. Pkt. (1)) und selektierte Komponente (s. Pkt. (2)) in die im Konfigurierungsfenster bislang abgeleitete Teilkonfiguration (s. Pkt. (4)) einbringen, ohne daß er weiß, welche weiteren Komponenten dazu benötigt werden und über welche Schnittstellen die Verbindungen realisiert werden können. Abb.5 zeigt das Ergebnis dieser Operation bei der Ausgangssituation aus Abb. 4.

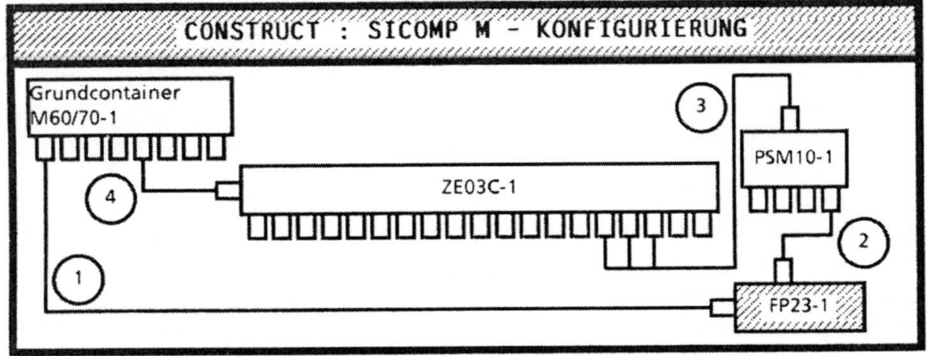

- Abb. 5 : Ergebnis der Operation "Anschluss an Teilkonfiguration" -

CONSTRUCT stellt als Problemlösungsmoduln Graphsuchalgorithmen zur Bestimmung von "Wegen" in dem von den Relationen aufgespannten Graphen auf der Menge der Komponententypen zur Verfügung. Die Bestimmung eines Weges bedeutet konkret die Festlegung der notwendigen "Zwischen-"Komponenten durch CONSTRUCT z.B. zum Einbringen (Befriedigung anschluß- und einbautechnischer Restriktionen) einer Festplatte vom Typ FP23 in eine bislang nur aus einem GrundcontainerM60/70 bestehende Anfangskonfiguration. Die im Konfigurierungsfenster durchgeführten Verbindungen repräsentieren, daß

(1.) die Festplatte FP23-1 einen der Einbauplätze des Grundcontainers belegt,

(2.) diese Festplatte an eine Plattensteuerung vom Typ PSM10 anzuschließen ist,

(3.) diese Plattensteuerung drei Steckplätze eines Zentraleinheitsbaugruppenträgers vom Typ ZE03C belegt,

(4.) dieser Zentraleinheitsbaugruppenträger einen weiteren Einbauplatz des Gruncontainers belegt.

4.3 Wissenserwerb

Der Wissenserwerb besteht zum einen in der Definition von Komponentenbeschreibungen. Hierfür bietet CONSTRUCT ein Modul an, welches die Erstellung von Komponentenbeschreibungen unterstützt und eine Reihe von Konsistenzprüfungen durchführt. Zum anderen können vom Wissensingenieur zur anwendungsspezifischen Parametrierung und Steuerung der Suchverfahren neue Prädikate bzw. Prädikatfolgen definiert werden. Mittels dieser wird festgelegt, welche Bedingungen Komponenten zu erfüllen haben, um Element eines Konnektierungspfades zu werden und in welcher Reihenfolge diese zu Prädikatfolgen zusammengefaßten Bedingungen überprüft werden.

Erste Aufgabe des Wissensingenieurs ist es also, die anwendungsspezifische Komponenten-Taxonomie als Spezialisierung der CONSTRUCT-Systemklasse Komponente aufzubauen (s. auch beispielhaft Abb. 3 für die Konfigurierung von SICOMP M-Hardware). CONSTRUCT unterstützt dabei den Aufbau, die Modifikation sowie die Konsistenz entsprechender Wissensstrukturen, nicht aber die Strukturierung der Taxonomien. Dh., es liegt allein in der Verantwortung des Wissensingenieurs, sinnvolle Zusammenfassungen von Komponententypen zu abstrakteren Klassen zu definieren.

Die Komponententaxonomie besteht zu Beginn des Wissenerwerbs nur aus dem Knoten Komponente. Durch Selektion eines Knotens dieser Taxonmie mit der Maus kann mittels Auswahl der Funktion "Definiere Komponente" im aufgeblendeten Menü ein neuer Komponententyp als Spezialisierung des ausgewählten Knotens in die Wissensbasis eingebracht werden. Die Spezifikation eines neuen Komponententyps beinhaltet außer der durch ein weiteres Menü gesteuerten Beschreibung von Komponenteneigenschaften (inklusive der in Kap. 4.1 erwähnten Einbringung nicht lokaler Restriktionen) im wesentlichen die Erstellung von Schnittstellenbeschreibungen. Die Beschreibung der Schnittstellen beinhaltet einen Verweis auf den (Relations-)Typ und auf die mit dem Komponententyp in Beziehung stehenden Komponententypen. Die Spezifikation eines Komponententyps endet mit einer Konsistenzprüfung der Beschreibung, durch die Widersprüche oder Unvollständigkeiten in der Wissensbasis aufgedeckt werden können. Die Grundlage für die Konsistenzprüfung, die Überprüfung der korrekten Definition der Beziehungen zwischen zwei Komponententypen in den betreffenden Schnittstellenbeschreibungen, schafft das Relationenmodell.
Ohne daß vom Benutzer systemspezifische Angaben erforderlich sind, werden die zur graphischen Darstellung von Komponenten notwendigen Strukturen vom System aufgebaut und abgespeichert.

Während die Definition der Komponententaxonomie vom Wissensingenieur keine Kenntnisse der Implementierungswerkzeuge erfordert, müssen von ihm einzubringende applikationsspezifische Prädikate als sogenannte Methoden in INTERLISP-D/LOOPS realisiert werden. Die Komposition von Prädikaten, seien es solche, die von CONSTRUCT vorgegeben sind, oder applikationsspezifische, neu definierte Prädikate, erfordert dagegen keine tieferen Systemkenntnisse.

4.4 Erklärungsfähigkeit

Die Anforderungen an die Erklärungsfähigkeit bestehen im Zusammenhang mit Konfigurierungssystemen vorwiegend in der Erklärung des komplexen Konfigurierungswissens und der Erklärung des Modells der Konfiguration. Hierfür verwendet CONSTRUCT nur leicht abgewandelte Mechanismen aus dem Bereich der Problemlösung.

Mit einem Expertensystem wird häufig eine Erklärungskomponente assoziiert, die Fragen der Art "Wie kommt das System zu dem Ergebnis?" und "Warum stell mir das System diese Frage?" beantwortet. Die Forderung nach Erklärungsfähigkeit dieser Art hat ihren Ursprung in regelbasierten Expertensystemen und ist zugeschnitten auf Problemstellungen wie z.B. medizinische Diagnose, die mittels komplexen, auf Heuristiken basierenden Schlußfolgerungsketten einer Lösung zugeführt werden.
Im Zusammenhang mit Konfigurierungsproblemen sind jedoch andere Aspekte erklärungsbedürftig ist. Typische Fragestellungen lauten z.B. "Wie kann eine Festplatte (vom Typ X) an eine Zentraleinheit (vom Typ Y) angeschlossen werden?" oder "Wieviele Plattenlaufwerke des Typs X können noch an die bestehende Konfiguration angeschlossen werden?". Die Relevanz derartiger Fragen und die Forderung nach Erklärungen durch ein Konfigurierungs-Expertensystem liegt in der für Konfigurierungsproblemstellungen typischen Komplexität des Detailwissens begründet, das sich in der Vielfalt der Konfigurierungsrestriktionen und Konfigurierungsalternativen äußert. Diese Anforderungen an die Erklärungsfähigkeit eines Konfigurierungs-Expertensystems weisen eine nahe Verwandschaft zu den Aufgabenstellungen der Problemlösung auf. So umfaßt z.B. die Aufgabenstellung "Schließe eine Festplatte vom Typ X an eine Zentraleinheit vom Typ Y an!" die Beantwortung der Frage "Wie kann eine Festplatte vom Typ X an eine Zentraleinheit vom Typ Y angeschlossen werden?". Daher verwendet CONSTRUCT nur leicht abgewandelte Mechanismen aus dem Bereich der Problemlösung für die Erklärung.

5. Erprobung von CONSTRUCT und weitere Arbeiten

CONSTRUCT wurde am Beispiel der Hardwarekonfigurierung für die SIEMENS-Rechner des Typs SICOMP M einer ersten Erprobung unterzogen. Dabei konnte mit Hilfe der Wissenserwerbskomponente eine entsprechende Komponentenbibliothek aufgebaut werden. Die erforderlichen Problemlösungsmechanismen wurden durch eine geeignete Parametrierung der Problemlösungsmoduln von CONSTRUCT und durch die Komposition vordefinierter Prädikate zu applikationsspezifischen Prädikatfolgen erstellt.

Die Auswahl der zu konfigurierenden Systemkomponenten aus der Komponentenbibliothek ist bei CONSTRUCT Aufgabe des Benutzers, dh. dieser hat die Anforderungen an das zu konfigurierende technische System in ein Typen- und Mengengerüst von in der Komponentenbibliothek enthaltenen Elementen umzusetzen. Auf dieser Grundlage baut CONSTRUCT korrekte einbau- und anschlußtechnische Beziehungen zwischen den vom Benutzer ausgewählten Komponenten auf. Eine Überprüfung darauf, ob es sich bei der als Endergebnis erstellten Konfiguration um eine vollständige und optimale Lösung in Hinblick auf die ursprünglichen Anforderungen an das zu konfigurierende System handelt, kann dabei durch CONSTRUCT natürlich nicht erfolgen.
Ziel weiterer Arbeiten ist es daher, diese Lücke zu schließen und CONSTRUCT in Richtung einer vorgeschalteten Auswertung von Anforderungen an das zu konfigurierende System zu erweitern. Im Falle der Konfigurierung von Rechnerhardware handelt es sich bei diesen Anforderungen z.B. um die Spezifikation der Prozessorleistung in MIPS, der Kapapzität externer Speichermedien in MByte oder GigaByte, der Anzahl der Schnittstellen für Periphergeräte, der Anzahl der anzuschließenden Terminals etc.. Die Umsetzung der vom Benutzer im Dialog zu spezifizierenden Anforderungen und die typen- und mengenmäßige Auswahl der benötigten Komponenten durch das Expertensystems ersetzt somit die Auswahl der Komponenten durch den Benutzer.

6. Literaturhinweise

/DOBNER 86/ Dobner, G.; Schoknecht, H.: SICONFEX - Expertensystem zur Konfigurierung von Betriebssystemen für SICOMP M, in: Expertensysteme im Unternehmen, E. Schmitt-Verlag, 1986

/LEHMANN 85/ Lehmann, E. u.a.: SICONFEX - ein Expertensystem fuer die Konfigurierung eines Betriebssystems, in: Informatik-Fachbericht Nr. 108 "GI/OCG/ÖGJ-Jahrestagung 1985", 1985

/McDERMOTT 82/ McDermott, J.: R1 - a rule-based Configurer of Computer Systems, Artificial Intelligence, Vol. 11, 1982

/PUPPE 86/ Puppe, F.: Expertensysteme, Informatik-Spektrum, Vol. 9, 1986

/RAULEFS82/ Rauleffs, P: Expertensysteme, in: Informatik-Fachbericht Nr. 59 "Künstliche Intelligenz. Frühjahrsschule 1982", 1982

DARSTELLUNGSMÖGLICHKEITEN FÜR INEXAKTES INGENIEURWISSEN

Gerald Permantier
Institut für Regelungstechnik und Prozeßautomatisierung
Universität Stuttgart
Pfaffenwaldring 47, 7000 Stuttgart 80

Einleitung

Für die zunehmend komplexere Aufgabe der Konstruktion eines Prozeßautomatisierungssystems stehen dem Ingenieur mittlerweile eine Reihe von Werkzeugen zur Verfügung. Systeme wie EPOS [Laub85] oder PSL/PSA [TeHe77] geben ihm Rechnerunterstützung bei der Bewältigung der Komplexität eines großen Hardware-/Software-Projekts, an dem viele Beteiligte mitarbeiten. Die Entwicklungswerkzeuge verwalten Entwürfe, gliedern sie, dokumentieren sie.

Der Ingenieur ist jedoch noch immer auf sich selbst gestellt, sobald Kreativität und die Erfahrung aus langjähriger Tätigkeit im Entwicklungsbereich benötigt wird. Die Kreativität wird auch in Zukunft die Domäne des Menschen bleiben. Im Zunutzemachen von Erfahrungswissen kann jedoch ein Computer, nicht zuletzt aufgrund der immer kostengünstiger werdenden Speicherkapazität moderner Rechenanlagen, wertvolle Hilfestellung geben.

Das Problem, das sich hierbei allerdings stellt, heißt: wie lege ich menschliches Wissen auf einem Rechner ab, der doch letztendlich nur Bits und Bytes speichern kann? Dieser Fragestellung widmet sich ein Teil der Forschungen in der sog. "Künstlichen Intelligenz". In diesem Aufsatz sollen verschiedene Ansätze der "Wissensrepräsentation" vorgestellt und verglichen werden. Dabei wird jeweils auf ihre Realisierung in der Wissensrepräsentationssprache PATHOS eingegangen, die im Rahmen des Verbundprojektes PROSYT am Institut für Regelungstechnik und Prozeßautomatisierung entwickelt wurde. Eine ausführliche Darstellung von PATHOS wird in [LaPe87] gegeben.

Wissensrepräsentation

Während man bei der "klassischen" Software zwischen den Daten und dem Programm unterscheidet, liegt bei Software für wissensbasierte Systeme ein Dreiteilung vor. Man trennt hier

- Daten: das sind die vorliegenden und abgeleiteten Fakten,
- Wissen: die in Produktionsregeln gefaßten Methoden und Vorgehensweisen, durch welche aus bekannten Sachverhalten auf neue geschlossen werden kann, und
- Steuerung: Angabe der Abfolge, in der das in Form von Regeln gespeicherte Wissen angewendet wird, um die gestellte Aufgabe zu erfüllen.

Die Wissensrepräsentation befaßt sich mit der Darstellung der Daten und des Wissens.

Prädikatenlogik erster Ordnung

Eine Methode, Fakten und Regeln zu fassen und in eine dem Rechner verständliche Form zu bringen, ist die Darstellung als Formeln der Prädikatenlogik erster Ordnung. Aus der Theorie, die bereits etwa 100 Jahre alt ist, wurde in modernerer Zeit die Programmiersprache PROLOG entwickelt. Sie erlaubt es, Programmanweisungen als Formeln in einer vereinfachten Abwandlung der Prädikatenlogik erster Ordnung zu schreiben. Fakten werden als Prädikate von Symbolen angegeben. Regeln hingegen werden als die Folgerung eines Prädikats (des Schlusses) aus einer Verknüpfung anderer Prädikate (der Voraussetzungen) dargestellt. Ein Beispiel für die Darstellung von Faktenwissen und Produktionsregeln in PROLOG:

```
computer (pc-16).          "Der PC-16 ist ein Computer."
linked (pc-16, pc-at).  "Der PC-16 ist mit dem PC-AT verbunden."

access (Comp1, Drive) :- linked(Comp1, Comp2),
                         access(Comp2, Drive).
```

"Ein Rechner hat Zugriff auf ein Laufwerk, wenn er mit einem zweiten Rechner verbunden ist, von dem bekannt ist, daß er Zugriff auf dieses Laufwerk hat."

Mehr über Wissensdarstellung in PROLOG kann der inzwischen umfangreichen Lehrliteratur entnommen werden (z.B. [ClMe81]).

Frame-orientierte Darstellung

Die Darstellung von Wissen als Prädikate hat einen wesentlichen Nachteil, was ihre Verständlichkeit für den Menschen betrifft: durch die Stückelung in einzelne Klausen wird die eigentliche Aussage zerstreut und zu sehr formalisiert. Deshalb wurde seit M. Minsky's wegweisendem Papier [Mins75] versucht, zusammengehöriges in geschlossenen Einheiten zu formulieren, sogenannten Frames. Diese Darstellungsweise kommt dem Denken des Menschen entgegen, der ja auch die Gegenstände seiner Umwelt zusammen mit ihren Eigenschaften "speichert".

Frames sind Datenstrukturen, in denen das Wissen über die Eigenschaften eines oder einer Gruppe von Objekten des Darstellungsgebietes zusammenhängend dargestellt wird. Man unterscheidet zwischen generischen Objektbeschreibungen, den eigentlichen "Frames", und "Instanzen" als Ausprägungen davon, die einzelne Objekte im Wissensbereich darstellen. In den Regeln, die das heuristische Wissen fassen, wird auf bestimmte Eigenschaften solcher Objekte Bezug genommen, um daraus auf unbekannte Eigenschaften dieser oder anderer Objekte zu schließen.
Aufgrund der besseren Übersichtlichkeit und Faßbarkeit von Frames wurde diese Darstellungsmethode für die Wissenrepräsentationssprache PATHOS herangezogen.

Inexaktes Wissen

Ein großes Problem bei der rechnergerechten Formulierung menschlichen Wissens ist die oftmals fehlende Exaktheit von Aussagen. Manche Fakten stehen eben nicht so sicher fest, daß man sie im Rechner mit TRUE oder FALSE identifizieren könnte, ohne den Informationsgehalt der Aussage entscheidend zu verfälschen. Man braucht etwas dazwischen. Verschiedene Ansätze zur Darstellung von Unsicherheit sind in den Pionier-Expertensystemen gemacht worden. Während Prospector [HaDE78] und MYCIN [Shor76] zu jedem Faktum die Evidenz dafür und die Evidenz dagegen notieren, wurde in EMYCIN [Mell80] das einfachere Modell eines linearen Evidenzraumes benutzt. Das bedeutet konkret: Die Gewißheit dafür, daß eine Aussage zutrifft, nimmt in genau dem Maße ab, wie die Gewißheit dafür, daß die Aussage falsch ist, zunimmt. Im Neutralzustand, wenn über ein Faktum keine Erkenntnisse vorliegen, ist die Gewißheit für das Zutreffen oder Nichtzutreffen genau gleichgroß. Um dieses Modell abzubilden, werden Gewißheitsfaktoren in einem Bereich zwischen -1 ("trifft mit Sicherheit nicht zu") über 0 ("keine Erkenntnisse vorhanden") bis +1 ("gilt mit Sicherheit") eingesetzt.

Wie für die Darstellung der Unsicherheit eines Faktums sind auch für die Fortpflanzung dieser Unsicherheit durch das Regelwerk heuristischen Wissens verschiedene Ansätze gemacht worden. Eine mögliche Lösung ist die in Prospector verfolgte Linie der Berechnung bedingter Wahrscheinlichkeiten nach dem Theorem von Bayes. Einfachere Ansätze berechnen die Gewißheit der Folgerungen durch Verknüpfungen wie Minimum, Maximum und Multiplikation aus den Gewißheiten der Voraussetzungen und der vom Experten angegebenen Zuverlässigkeit der Regeln.

Der Einsatz verschiedener Expertensysteme hat gezeigt, daß auch durch die theoretisch fundierte Wahrscheinlichkeitstheorie die subjektiv empfundene Gewißheit von Schlüssen nicht wesentlich verbessert wird. Vielmehr muß durch "fine tuning" der Wissensbank solange an den Gewißheiten gedreht werden, bis dem menschlichen Experten die Folgerungen des Expertensystems hinreichend der Wirklichkeit entsprechend erscheinen. Deshalb kommt z.B. Hayes-Roth in [Haye83] zu dem Schluß, daß in Anlehnung an das Vorgehen eines menschlichen Experten ein effizienter und robuster Algorithmus zur Verarbeitung der Ungewißheiten besser sei als ein theoretisch gut fundierter, der zu inakzeptablen Ergebnissen führt.

Die Wissensrepräsentationssprache PATHOS stützt sich auf den in EMYCIN begründeten Formalismus der positiven und negativen Gewißheitsfaktoren. Der Inferenzmechanismus des Projekt-Advisors enthält Algorithmen zur Kombination von Gewißheiten aus verknüpften Bedingungen, zur Akkumulation von Gewißheit und zur Propagierung über Regeln. Die Algorithmen können bei Bedarf durch andere, die z.B. dem Bayes'schen Theorem folgen, ersetzt werden. Dem Wissensingenieur bliebe dann die Freiheit, nach dem ihm am besten zusagenden Modell vorzugehen.

Erläuterung anhand eines Diagnoseproblems

Um die vorgestellten Konzepte und Methoden in der Praxis zu demonstrieren, soll ein Diagnosebeispiel verwendet werden. Es wurde in [BrPM84] für eine vergleichende Darstellung der Wissensrepräsentation in verschiedenen Expertensystem-Shells eingesetzt.
Das behandelte Problem ist die - zugegebenermaßen sehr oberflächliche - Diagnose der Störungsursache in einem Kernreaktor.

Die angenommene Anlage besteht aus den Komponenten

Containment vessel	(Druckbehälter)
Primary cooling system	(Primärkühlkreislauf)
Secondary cooling system	(Sekundärkühlkreislauf)
Steam generator	(Dampferzeuger)
HPIS	(Hochdruck-Einspritzsystem)
Feedwater pump	(Speisewasserpumpe).

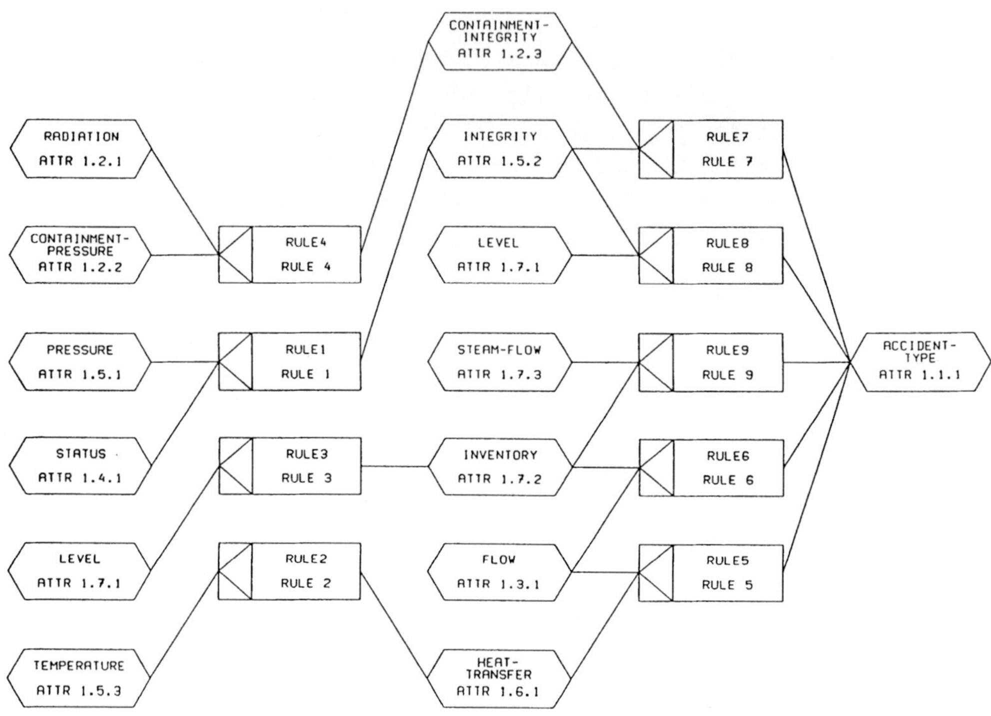

Bild 1: Regelbaum eines Diagnosebeispiels

Ausgehend von qualitativen Aussagen über Meßgrößen im System wird über ein zweistufiges Regelwerk auf die vermutete Ursache des Störfalls geschlossen (s. Abb. 1). Betrachten wir die beiden Regeln Nr. 2 und 5, die in PATHOS formuliert so aussehen:

```
RULE Rule2
USED-ON : Primary-Cooling-System Pcs,
          Secondary-Cooling-System Scs
PREMISES : Cooling-Temperature [Pcs] IS Increasing
CONCLUSION : Heat-Transfer [Scs] := Inadequate
RULEEND
```

```
RULE Rule5
USED-ON : Secondary-Cooling-System Scs,
          Feedwater-Pump Fp,
          Reactor R
PREMISES : Heat-Transfer [Scs] IS Inadequate AND
           Flow [Fp] IS Low
CONCLUSION : Accident-Type [R] := Loss-Of-Feedwater
RULEEND
```

Nehmen wir an, das Bedienungspersonal stellt ein leichtes Ansteigen der Temperatur im Primärkühlkreislauf fest, das mit einem Vertrauensfaktor von 0.5 bewertet wird.. Mittels Regel 2 folgert das Diagnosesystem, daß der Wärmeaustausch zwischen Primär- und Sekundärkreislauf ungenügend ist. Durch Propagierung der Ungewißheit wird dieser Hypothese ebenfalls (da die Folgerung der Regel standardmäßig mit dem Certainty Factor 1.0 bewertet ist) eine Gewißheit von 0.5 zugewiesen. Als weitere Beobachtung werde ein leicht abgefallener Durchfluß in der Speisewasserpumpe festgestellt, den das Bedienpersonal mit einer Gewißheit von 0.4 als "niedrig" bezeichnet. Mittels Regel 5 wird als anzunehmende Störungsursache ein Verlust von Speisewasser gefolgert. Die Gewißheit dieser Diagnose ergibt sich aus dem angewandten Algorithmus zu 0.4, da in diesem Fall die kleinere Gewißheit der beiden durch UND verknüpften Prämissen weiterpropagiert wird.
Nach der Eingabe aller Bewertungen der Systemmeßgrößen ergeben sich unter Umständen mehrere mögliche Diagnosen, die aufgrund ihrer Herleitung aus subjektiven Bewertungen mit unterschiedlichen Gewißheiten behaftet sind.

Fuzzy Logic

Sollen, wie dies im technischen und insbesondere im Bereich der Automatisierung öfter vorkommt, Aussagen über physikalische Meßgrößen getroffen werden, so kommt eine weitere Quelle der Unsicherheit hinzu. Meßungenauigkeiten, unsichere Meßmethoden, oder Abweichungen durch Schätzungen führen dazu, daß angegebene Werte für physikalische Größen nicht genau mit den tatsächlichen Größen übereinstimmen.

Es besteht also das Problem, dem Rechner mitzuteilen, daß eine Meßgröße, die zu 56°C ermittelt wurde, zwar von 60°C verschieden ist, jedoch mit einer gewissen Sicherheit die tatsächliche Größe mit 60°C gleichzusetzen ist. Eine entsprechende Bedingung einer PATHOS-Regel lautet z.B.:

```
PREMISES: Temperatur [Kühlmittel-1] ~= 60°C
```

Diese Bedingung ist in Abhängigkeit von der gemessenen Temperatur mit einem bestimmten Gewißheitsgrad erfüllt, der in Bild 2 angedeutet ist: Im Gegensatz zur genauen Logik, wo die Aussage T = 60°C nur für einen Wert auf der Temperaturskala erfüllt ist, hat die Aussage T ~= 60°C einen symmetrischen Bereich beiderseits des Zentralwerts, in dem die Aussage mit abnehmender Gewißheit als wahr anzusehen ist.

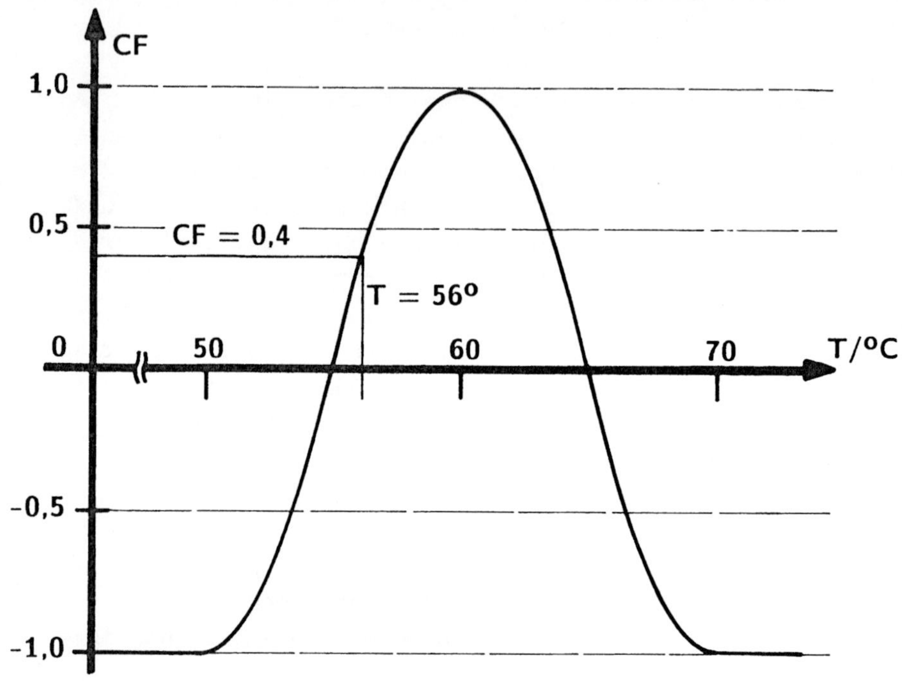

Bild 2: Gewißheit (Certainty Factor, CF) der Bedingung T ~= 60°C in Abhängigkeit von T

Diese Art der Logik des Unsicheren, von Zadeh begründet [Zade65], findet bereits in experimentellen Regelsystemen Anwendung. Die Wissensrepräsentationssprache PATHOS trägt dieser Methode zur Beschreibung von Unsicherheit durch unscharfe Vergleichsoperatoren ("fuzzy operators") ~=,~/=, ~>, ~<, ~>= und ~<= Rechnung, die in analoger Weise arbeiten.

Bei der Durchführung eines unscharfen Vergleichs benötigt man noch weitere Parameter neben den beiden Vergleichswerten. Zur Feststellung des Übereinstimmungsgrades muß festgelegt sein, welcher Toleranzbereich für die jeweilige variable Größe gilt; m.a.W., wie breit die in Bild 2 gezeigte Glocke um den Referenzpunkt ist. Dieser Toleranzbereich ist von der Natur der zu vergleichenden Größen abhängig. Als Anhaltspunkt kann hierzu die bei der Beschreibung des Attributs (z.B. "Temperatur") in der Wissensbeschreibung definierte Wertebereichsangabe dienen. Standardmäßig wird definiert, daß eine Übereinstimmung der beiden Werte dann mit Sicherheit auszuschließen ist, wenn die Differenz mehr als 10% des für die beiden Werte zugelassenen Bereichs beträgt. Ein Beispiel: bei einem möglichen Temperaturbereich von 0 - 100°C ist die Übereinstimmung zwischen T und 60° bei T=60° ganz gewiß (CF = 1.0), die Gewißheit nimmt für 60°< T < 70° bzw. 60° > T > 50° kontinuierlich ab und erreicht bei 50° bzw. 70° den Gewißheitsgrad -1.0.

Um schwächere Vergleiche als mit einer standardmäßigen Toleranz von +/- 10% des Wertebereichs durchzuführen, führt man verschiedene Grade von fuzzy operators ein. Sie bilden mit einem mehr oder weniger breiten Toleranzbereich, der sich immer auf den Wertebereich der Vergleichsgrößen bezieht, unterschiedliche Aussagen eines Experten ab:

x ~= A	"x ist A"	A +/- 10%
x ~~= A	"x ist etwa A"	A +/- 25%
x ~~~= A	"x liegt im Bereich von A"	A +/- 50%

Die resultierenden Gewißheiten von Vergleichen mit den unterschiedlichen Graden veranschaulicht Bild 3.

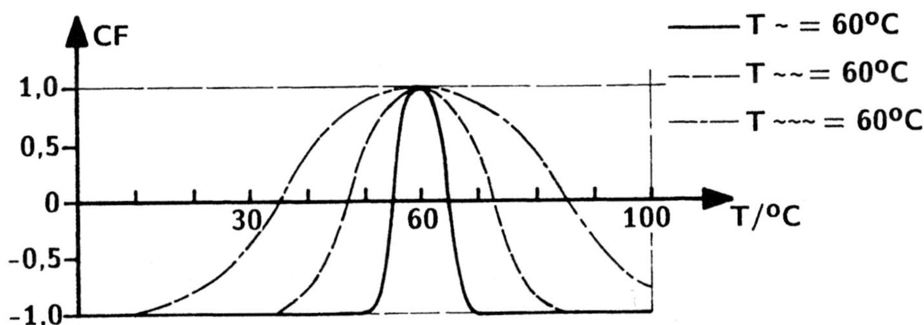

Bild 3: Fuzzy-Vergleiche mit verschiedenen Schärfegraden

Anwendung von Fuzzy Logic auf das Beispiel

In der oben vorgestellten Version des Diagnosebeispiels wurden die gemessenen Systemgrößen vom Bedienpersonal bewertet. Durch diesen Vorgang kommt ein erhebliches Maß an Subjektivität in den Diagnoseprozeß, das die Diagnose verfälschen kann.

Durch den Einsatz von Fuzzy Logic kann dieser Störfaktor ausgeschaltet werden. Fuzzy Logic stellt den direkten Zusammenhang zwischen den heuristischen Diagnoseregeln und den gemessenen Systemgrößen her. Dazu bedarf es zusätzlicher Regeln, die den Regelbaum (Abb. 1) nach unten erweitern. Durch diese Regeln wird eine Einstufung der Meßgrößen in die von den Diagnoseregeln behandelten Kategorien (LOW, NORMAL, HIGH) vorgenommen. Die Zuordnung ist jedoch nicht scharf abgegrenzt, vielmehr gehen die Kategorien <u>stufenlos</u> gemäß der angewandten Mitgliedschafts-Kurve (Abb. 3) ineinander über.

```
RULE Low-Flow
USED-ON : Feedwater-Pump Fp
PREMISES : Flow-Value [Fp] ~<= 20
CONCLUSION : Flow [Fp] := Low
RULEEND

RULE Normal-Flow
USED-ON : Feedwater-Pump Fp
PREMISES : Flow-Value [Fp] ~> 20 AND
           Flow-Value [Fp] ~< 80
CONCLUSION : Flow [Fp] := Normal
RULEEND

RULE High-Flow
USED-ON : Feedwater-Pump Fp
PREMISES : Flow-Value [Fp] ~>= 80
CONCLUSION : Flow [Fp] := High
```

<u>Schlußfolgerung</u>

Es wurden verschiedene Methoden der Wissensrepräsentation untersucht und erläutert. Als Grundlage für die Wissensrepräsentationssprache zur Darstellung technischer Sachverhalte PATHOS wurde der Frame-orientierte Ansatz gewählt, da er uns der ordnenden, Zusammenhänge herstellenden Denkweise des Ingenieurs am besten zu entsprechen scheint.

Zur Darstellung von Inexaktheiten wurden verschiedene Ansätze aus im Einsatz befindlichen, in der Literatur beschriebenen wissensbasierten Systemen untersucht. Aus diesen wurde der zuerst in EMYCIN verwendete Ansatz eines eindimensionalen Evidenzraumes mit Gewißheitsfaktoren zwischen -1 und +1 gewählt. Zu diesem Modell gehören Algorithmen zur Akkumulation, Propagierung und logischen Verknüpfung ungewisser Aussagen.

Um den Zusammenhang zwischen der sprachlichen Ebene des technischen Experten und den Meßgrößen aus dem Prozeß herzustellen, bietet sich die "Fuzzy Logic" an. Die dazu in der Wissensrepräsentationssprache PATHOS zur Verfügung stehenden Beschreibungsmittel und ihre Wirkungsweise wurden dargestellt und erläutert.

Quellen

[BrPM84] Brewka, G., di Primio, F. und Müller, B.: Materialien zu einigen Werkzeugen zur Erstellung von Expertensystemen: Wissensrepräsentation. Arbeitspapier der GMD Nr. 124, Selbstverlag GMD, St. Augustin, 1984.

[ClMe81] Clocksin, W.F. and Mellish, C.S.: Programming in PROLOG. Springer-Verlag, 1981.

[HaDE78] Hart. P.E., Duda, R.O. and Einaudi, M.T.: PROSPECTOR - A Computer-based Consultation System for Mineral Exploration. Mathematical Geology, vol. 10, no. 5 1978.

[Haye83] Hayes-Roth, F. and Lenat, D.: Building Expert Systems. Addison-Wesley, Reading, MA 1983.

[LaPe87] Lauber, R. and Permantier, G.: A Knowledge Representation Language for Process Automation Systems. IFAC 10th World Congress on Automatic Control, Munich, July 27-31, 1987, vol. 6, pp. 330-333.

[Laub85] Lauber, R. et al.: EPOS-Einführung, herausg. vom Institut für Regelungstechnik und Prozeßautomatisierung der Universität Stuttgart, 1985.

[Mell80] van Melle, W.: A Domain-Independent System that Aids in Constructing Knowledge-Based Consultation Programs. Report No. STAN-CS-80-820, Stanford University, Palo Alto, CA 1980.

[Mins75] Minsky, M.: A Framework for Representing Knowledge. In The Psychology of Computer Vision, ed. P. Winston, McGraw-Hill, New York 1975.

[Shor76] Shortliffe, E.H.: Computer Based Medical Consultations: MYCIN. American Elsevier Publishing Co., N.Y. 1976.

[TeHe77] Teichroew, D. and Hershey, A.: PSL/PSA, a Computer-Aided Technique for Structured Documentation and Analysis for Information Processing Systems. IEEE Trans. Software Engineering, Vol. SE-3, No.1, 1977.

[Zade65] Zadeh, L.A.: Fuzzy Sets. Information and Control 8, pp 338-353, 1965

Verfahren zur Suche nach wiederverwendbarer Software bei Automatisierungsprojekten

Dipl.-Ing. Joachim Seckler
Universität Stuttgart
Institut für Regelungstechnik und Prozeßautomatisierung
Pfaffenwaldring 47, 7000 Stuttgart 80

Zusammenfassung:

Die Ergebnisse von Automatisierungsprojekten liegen u.a. in Form von Softwarekomponenten vor. Aus wirtschaftlichen Überlegungen besteht das Interesse diese Softwarekomponenten bei der Durchführung neuer, ähnlicher Projekte zu berücksichtigen. Für die Wiederverwendung selbst sind hierbei zwei Strategien von Interesse. Im weiteren werden für die "Suchende Strategie" drei Suchverfahren, vor allem die "wissensbasierte Suche", erläutert. Zum Abschluß wird die Suchbeschreibungssprache PROSA, ein Hilfsmittel für die hier vorgestellten Suchverfahren, vorgestellt.

1. Einleitung

Statt die Software bei Automatisierungsprojekten jedesmal wieder neu zu entwickeln, wird angestrebt, bereits vorhandene Software wiederzuverwenden. Die Ziele hierbei sind einerseits eine Steigerung der Produktivität und andererseits eine Erhöhung der Zuverlässigkeit [Luba86].

Die Softwareentwicklung kann in Anlehnung an die sog. "Life-cycle" - Modelle in die drei Tätigkeitsbereiche bzw. Entwicklungsphasen

- "Requirements Engineering"
- Systementwurf
- Implementierung (Codieren, Testen, Debuggen)

unterteilt werden [Laub85]. Mit Hilfe der im folgenden vorgestellten Verfahren wird die Wiederverwendung von Ergebnissen aus den Tätigkeitsbereichen Systementwurf und Implementierung unterstützt. Die Wiederverwendung von Ergebnissen aus dem Systementwurf besitzt gegenüber der Wiederverwendung von Ergebnissen aus der Implementierung den Vorteil, daß die Software auf einer höheren Abstraktionsebene beschrieben bzw. spezifiziert wird [Mats84]. Dagegen ist bei Ergebnissen aus der Implementierung nur eine Wiederverwendung von Code mit den bekannten Problemen wie Sprachabhängigkeit, Programmierstil, Verständlichkeit, usw. möglich.

2. Strategien bei der Wiederverwendung

Bei der Lösung des Problems der Wiederverwendung sind zwei grundsätzliche Strategien in Betracht zu ziehen:

- Die "Konstruktive Strategie", bei welcher bereits während der Entwicklung der Software das Ziel einer späteren Wiederverwendung verfolgt wird. Diese Strategie ist meist auf die Codeebene von Software beschränkt, d.h. mit der "Konstruktiven Strategie" erstellte wiederverwendbare Projektergebnisse sind in erster Linie Programmprozeduren (Unterprogramme). Auf diese Weise entstehen standardisierte Bausteine, welche auch unter dem Namen "Building Blocks" [Schm85] bekannt sind.

- Die "Suchende Strategie", bei welcher nach Ergebnissen aus bereits bearbeiteten Projekten gesucht wird, die so ähnlich wie möglich zu der gesuchten Lösung sind.

Von diesen beiden Strategien verspricht die "Suchende Strategie" den Vorteil, daß sofort alle in bisher durchgeführten Projekten erzielten Ergebnisse mit einbezogen werden können. Voraussetzung hierfür ist, daß die wiederverwendbare Software in einer formalen Form innerhalb einer Projektdatenbank vorliegt. Dies wird durch den Einsatz eines entwicklungsunterstützenden Werkzeugssystems, wie dies beispielsweise das Entwicklungs- und Projektmanagement-Orientiertes Spezifikationssystem EPOS [EPOS85] darstellt, erreicht.

3. Suchverfahren

Für die Suche nach wiederverwendbarer Software werden im Folgenden mehrere Verfahren vorgestellt. Diese Verfahren werden mit Hilfe des Projekt-Advisors [WaLa87] realisiert. Der Projekt-Advisor wird im Rahmen des BMFT-Forschungsprojekts PROSYT [Abbe86] (Förderungsnummer ITS 8306P2) entwickelt.

3.1. Umschreibende Suche

Im ersten Schritt einer Suche nach wiederverwendbaren Projektergebnissen müssen die relevanten Projektdatenbanken ausgewählt werden. Diese Grobrecherche findet mit Hilfe der "Umschreibenden Suche" statt, die von K.Beutler [Beut88] beschrieben wird.

3.2. Direkte Suche

Bei diesem Verfahren hat der Benutzer die Möglichkeit, die Suchanfrage mit Hilfe einer einfachen Kommandosprache anzugeben. Diese Kommandosprache ist u.a. Bestandteil der Suchbeschreibungssprache PROSA. Eine Suchanfrage für eine EPOS-Projektdatenbank wird beispielsweise durch die folgende Kommandozeile angegeben:

```
SEARCH ALL action WITH category = "Induktion" ON LEVEL = 1,2
```

Durch diese Suchanfrage wird der Suchraum auf Entwurfsobjekte vom Typ "action" auf den Ebenen 1 und 2 eines hierarchischen Softwareentwurfs beschränkt. Es werden ferner nur diejenigen Entwurfsobjekte ausgewählt, die das Attribut "category" mit der Ausprägung "Induktion" besitzen. Derartige Suchanfragen arbeiten nach eindeutig vorgegebenen Kriterien. Entweder ein bei der Suche überprüftes Objekt stimmt mit dem Suchkriterium überein oder es scheidet aus. Dieses Verfahren funktioniert nur, wenn der Benutzer sein Suchziel recht genau kennt. Dieses Verfahren ist in Bild 1 graphisch dargestellt.

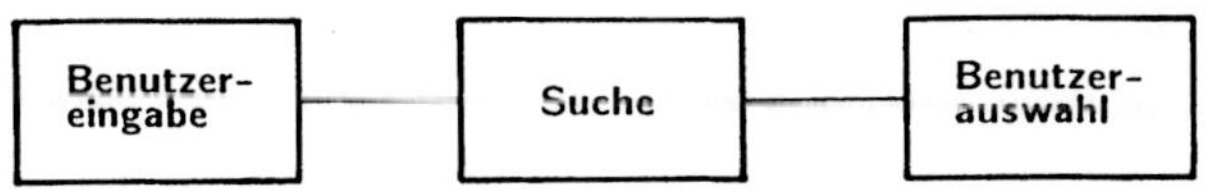

Bild 1: Darstellung der Vorgehensweise bei der direkten Suche

3.3. Geführte Suche

Bei diesem Verfahren durchsucht der Benutzer interaktiv mit Hilfe eines Browsers die betreffende Projektdatenbank nach wiederverwendbaren Ergebnissen. Die Führung findet hierbei durch die Struktur der Projektdatenbank statt. Der Browser zeigt hierbei einen kleinen Ausschnitt des gesamten Entwurfs und das Ausschnittsfenster kann mit Hilfe der zur Verfügung stehenden Relationen verschoben werden. Dies ist für eine hierarchische Projektdatenbank vereinfacht in Bild 2 dargestellt.

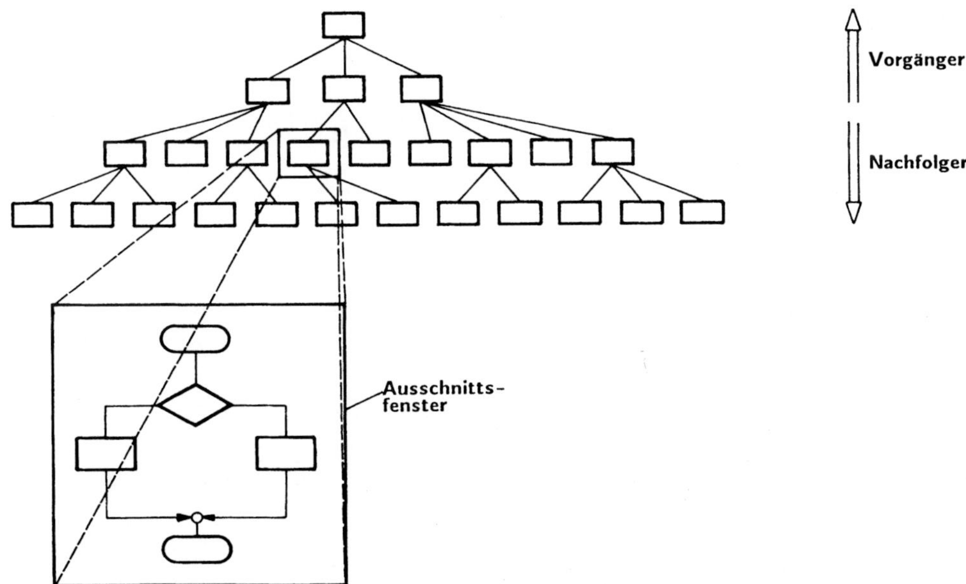

Bild 2: Arbeitsweise des Browsers für eine hierarchische Projektdatenbank.

In einer solchen hierarchischen Projektdatenbank existieren die Relationen "Vorgänger" und "Nachfolger", d.h., das Ausschnittsfenster kann ausgehend von dem angezeigten Objekt zu seinem "Vorgänger" auf der darüberliegenden Entwurfsebene oder zu einem seiner "Nachfolger" auf der nächsten folgenden Entwurfsebene verschoben werden. Die Hauptanwendung dieses Verfahrens ist gegeben, wenn der Benutzer die Einbettung eines Objekts innerhalb des Systementwurfs erforschen oder nähere Informationen über das betreffende Objekt selbst bekommen will. Ebenso ist es natürlich möglich, ähnlich dem Blättern in einem Buch, sich mit Hilfe des Browsers in einer abgeschlossenen Projektdatenbank umzusehen.

3.4. Wissensbasierte Suche

Dieses Verfahren unterstützt zum einen die Suche nach Suchzielen, die nur sehr unscharf angegeben werden können und zum anderen die rechnerunterstützte Auswahl von ähnlichen Entwurfsobjekten. Dabei wird in folgenden Schritten vorgegangen:

a) Im Dialog wird unter Verwendung eines Expertensystems, das auf der Wissensrepräsentationssprache PATHOS [LaPe87] basiert, mit dem Anwender versucht, das Suchziel so genau wie möglich zu bestimmen. Diese Bestimmung findet unter Berücksichtigung des aktuellen Entwicklungsstandes des laufenden Automatisierungsprojekts statt. Folgende Punkte sind u.a. von Bedeutung:

- Nach welcher Entwurfsmethode [Göhn84], d.h. welcher methodischen Vorgehensweise wird das aktuelle Automatisierungsprojekt durchgeführt?
- In welchem Stadium oder auf welcher Entwurfsebene wird gerade gearbeitet?
- Welches Wissen über das Suchziel besitzt der Anwender?

b) Vom Ergebnis obiger Diagnose ausgehend wird der Suchraum so weit wie möglich eingeschränkt:

- Welche früheren Projekte sind von Interesse?
- Nach welchem Objekttyp soll gesucht werden? Hier kommt u.a. die oben angegebene Entwurfsmethode zum Einsatz, da durch die Entwurfsmethode dominante Objekttypen festgelegt werden.
- Welche Objektattribute sollen bei der Suche verwendet werden?

Hierbei spielt vor allem die Aussagekraft des Objektattributs und die Laufzeit bei der Suche (Es gibt Objektattribute, die formale Elemente beinhalten und damit ein günstiges Laufzeitverhalten besitzen und es gibt Objektattribute, die textuelle Elemente beinhalten und damit ein ungünstiges Laufzeitverhalten besitzen) eine Rolle.

- Welche Attributsausprägung oder welches Umfeld soll gesucht werden?
- Welche Entwurfsebenen können von Interesse sein? Beispielsweise macht in der Phase 'Software-Grob-Enwurf' eine Suche in anderen Projekten in der Phase 'Codierung' keinen Sinn.

c) Beauftragung der eigentlichen Suche unter Verwendung einer PROSA-Suchbeschreibung. Hierbei wird das mit Hilfe des Expertensystems bestimmte Suchmuster an die Suchkomponente, die auf der Suchbeschreibungssprache PROSA basiert, übergeben.

d) Während der Suche findet eine Zuordnung der gefundenen Projektergebnisse zu dem gewünschten Themenbereich unter Hilfe von in sog. "Umfeldern" angegebenen Maßzahlen statt. Durch die Anwendung dieser "Umfelder" findet nicht nur die Suche nach einem bestimmten Begriff statt, sondern es wird zusätzlich das Umfeld des Begriffes berücksichtigt. Auf diesen Punkt wird in Kapitel 4 noch näher eingegangen.

e) Das Ergebnis der Suche wird wissensbasiert unter Verwendung des oben erwähnten Expertensystems ausgewertet. Dabei werden aufgrund ausgewählter Eigenschaften die gefundenen Entwurfsobjekte bezüglich ihrer Ähnlichkeit zur gesuchten Lösung bewertet. Ist das Suchergebnis unbefriedigend, d.h., es wurden keine oder zu viele Projektergebnisse gefunden, wird bei Schritt b) fortgefahren, dabei wird der Suchraum erweitert bzw. weiter eingeschränkt.

f) Die letzte Auswahl trifft der Benutzer selbst. In diesem letzten Schritt werden ihm die bewerteten gefundenen Entwurfsobjekte angeboten und er kann sich die Entwurfsobjekte bzw. deren Einbettung innerhalb des betreffenden Automatisierungs projekts mit Hilfe des auch bei der geführten Suche verwendeten Browsers ansehen.

Der Ablauf der einzelnen Schritte dieses Verfahrens läßt sich, wie in Bild 3 gezeigt, graphisch darstellen. Man kann hier leicht die

Analogie "wissensbasierte Suche" zu "Regelkreis" erkennen. Bei der "direkten Suche" (siehe Bild 1) ist hingegen nur eine Analogie zu einer "Steuerung" denkbar.

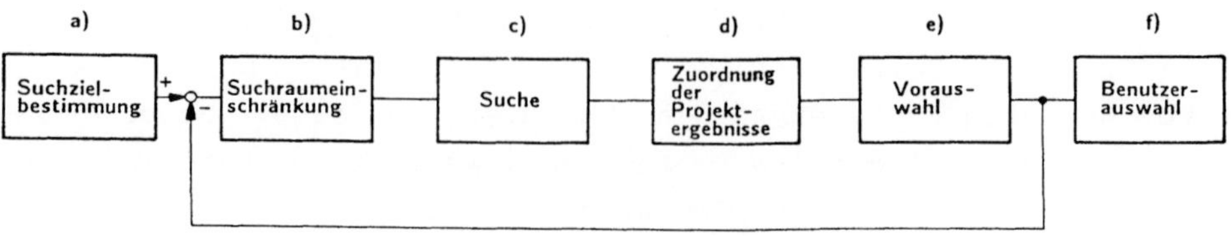

Bild 3: Darstellung der Vorgehensweise bei der wissensbasierten Suche

Maßgebend für die Wahl des günstigsten Suchverfahrens sind u.A. folgende Kriterien:

- Zu welchen Zeitpunkt während der Softwareentwicklung erfolgt die Suche (z.B. Am Ende der Implementierung oder am Beginn des Systementwurfs).

- Welches Wissen ist über das Suchziel vorhanden. Hier sind Stufen von "kein Wissen über das Suchziel" bis zu "Genaue Darstellung des Suchziels möglich und genaue Lage des wiederverwendbaren Ergebnisses bekannt" möglich.

4. Die Suchbeschreibungssprache PROSA

Für die Aufnahme von projektübergreifenden Informationen und für die Beschreibung von Suchanfragen wurde die Suchbeschreibungssprache PROSA entwickelt. In ihr werden vier Beschreibungsformate zur Verfügung gestellt:

CONTEXT .... Definition von Umfeldern
SEQUENCE .... Angabe komplexer Suchanfragen
PROJECT .... Projektkurzbeschreibungen und Projektklassifikationen
FACET .... Beschreibung von Facettenklassifikationsschemata

Mit Hilfe der Objekte PROJECT und FACET werden projektübergreifende Informationen beschrieben. Diese Objekte bilden ferner die Grundlage der von K.Beutler beschriebenen "umschreibenden Suche" [Beut88]. Die Objekte CONTEXT und SEQUENCE beschreiben die Suche nach relevanten Zusammenhängen.

Mit CONTEXT werden Begriffszusammenhänge durch Angabe von Regeln festgelegt. Dabei gibt es Maßzahlen, die die inhaltliche Distanz von Begriffen beschreiben und im Rahmen der "wissensbasierten Suche" ausgewertet werden. Hierfür ein Beispiel:

```
CONTEXT Fahrzeugerfassung
  DEFINITION: "Bestimmung des Verkehrsflusses durch Sensoren"
  SUBCONTEXT: Induktionsschleife <0.9>
              OR Fahrzeug AND Verkehrsaufkommen AND Messung <0.7>
CONTEXTEND
```

In diesem Beispiel (Automatisierungsprojekt zur Steuerung einer Lichtsignalanlage) werden dem Umfeldbegriff "Fahrzeugerfassung" die Unterbegriffe "Induktionsschleife", "Fahrzeug", "Verkehrsaufkommen" und "Messung" zugeordnet. Dieser Sachverhalt ist in Bild 4 graphisch dargestellt:

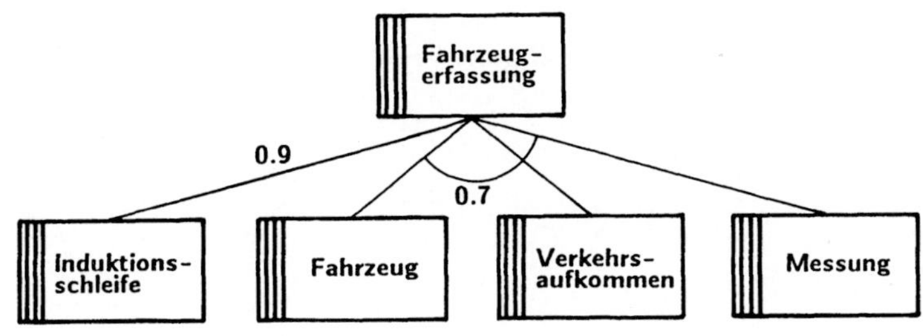

Bild 4: Darstellung des Umfelds "Fahrzeugerfassung"

Bei der Suche findet nicht die Suche nach einem einzelnen Begriff statt, sondern es wird das Umfeld des gesuchten Begriffes berücksichtigt. Die Zuordnung der Begriffe untereinander kann als eine besondere effiziente Art von Regeln betrachtet werden (WENN der Begriff "Induktionsschleife" gefunden wird, DANN gehört das gefundene Ergebnis mit einem Zuordnungsfaktor von 0.9 zu einer "Fahrzeugerfassung"). Durch Auswertung der angegebenen Maßzahlen werden die gefundenen Projektergebnisse also dem gewünschten Themenbereich zugeordnet.

Mit dem Objekt SEQUENCE lassen sich umfangreiche Suchanfragen formulieren. Sein Einsatz wird notwendig bei stapelorientierten Anfragen. Im Gegensatz zu interaktiv eingegebenen Kurzanfragen gehen SEQUENCE-Beschreibungen nicht verloren und können bei späteren Anfragen wiederverwendet werden.

5. Schlußbemerkungen

Durch die fortschreitende Technik der Programmgeneratoren und Programmoptimierern werden in der Zukunft Erfolge bei der Wiederverwendung von Ergebnissen aus dem Systementwurf (Entwurfsspezifikationen) erzielt werden können. Da sich die "Konstruktive Strategie" in der Regel auf Programmcodeebene beschränkt, wird deshalb verstärkt die "Suchende Strategie" zum Einsatz kommen. Es ist aber notwendig, auch die "Konstruktive Strategie" weiterzuentwickeln, da diese die "Suchende Strategie" ergänzt, indem schon beim Systementwurf Standardbausteine verwendet werden können, die diesen damit erleichtern. Die Wahl des geeigneten Suchverfahrens wird sich, neben den oben genannten Faktoren, nach der Häufigkeit der möglichen Wiederverwendung richten.

6. Literatur

[Abbe86] Abbenhardt, H. u.a.:
'Ein längeres Leben für Software-Produkte'
Computer Magazin 10/86, pp. 67-78

[Beut88] Beutler, K.:
'Das Verfahren der "umschreibenden Suche" zum Auffinden wiederverwendbarer Projektergebnisse'
Fachtagung Prozeßrechensysteme '88
Erscheint im diesem Band der Reihe Informatik-Fachbericht, Springer-Verlag

[EPOS85] Lauber, R. (Herausgeber):
'EPOS-Einführung'
Universität Stuttgart, IRP 1985

[Göhn84] Göhner, P.:
'Methoden zur Entwicklung von Realzeitsystemen und ihre praktische Anwendung in EPOS'
Informatik-Fachbericht Bd. 86, Springer-Verlag 1984, pp. 325-335

[Laub85] Lauber, R.:
'Software-Werkzeuge auf Arbeitsplatzrechnern zur Unterstützung des Ingenieurs bei Mikroelektronik-Projekten'
atp, 27.Jahrgang, Heft 10/1985, pp. 482-488

[LaPe87] Lauber, R. and Permantier, G.:
'A Knowledge Representation Language for Process Automation Systems'
10th World Congress on Automatic Control, IFAC, Munich, July 27-31, 1987, Preprints, Volume 6, pp. 330-333

[Luba86] Lubars, M.D.:
'Affording higher Reliability through Software Reusability'
ACM Sigsoft Software Engineering Notes, Vol. 11, No. 5, Oct 1986, pp. 39-42

[Mats84] Matsumoto, Y.:
'Some Experience in Promoting Reusable Software: Presentation in Higher Abstract Levels'
IEEE Transactions on Software Engineering, Vol. SE-10, No. 5, Sept. 1984, pp. 502-513

[Schm85] Schmid, H.A. und Wolf, P.:
'Zur Wiederverwendbarkeit von Software'
Software Seminar der IBM Laboratorien Böblingen
Bad Neuenahr 12.-14. Juni 1985

[WaLa87] Wagner, B.; Lauber, R.; Beutler, K.; Gauger, J.; Hampp, A.; Permantier, G.; Poncin, H.; Seckler, J.:
'Der Projekt-Advisor: Ein wissensbasiertes Werkzeugsystem zur Rechnerunterstützung bei Automatisierungsprojekten'
Technische Akademie Esslingen (TAE), Ostfildern
2. Kolloquium Software-Entwicklungssysteme und -Werkzeuge, 8.-10. September 1987

Das Verfahren der "umschreibenden Suche" zum Auffinden wiederverwendbarer Projektergebnisse

Dipl.-Ing. Klaus Beutler
Universität Stuttgart
Institut für Regelungstechnik und
Prozeßautomatisierung
Pfaffenwaldring 47, 7000 Stuttgart 80

Zusammenfassung

Im Folgenden wird ein Verfahren dargestellt, mit dessen Hilfe Projektergebnisse durch Einordnung in ein anwenderdefinierbares, facettenartiges Klassifikationsschema inhaltlich beschrieben werden können. Die Stellung innerhalb des Klassifikationssystems wird durch einen Deskriptor angegeben. Auf der Auswertung dieser Deskriptoren basiert das Verfahren der "umschreibenden Suche", bei dem ein Soll-Deskriptor für gesuchte Projektergebnisse mit den in einer Datenbank abgelegten Ist-Deskriptoren früherer, bereits abgeschlossener Projekte verglichen wird. Dabei werden nicht nur identische Deskriptoren berücksichtigt, sondern die Deskriptoren werden mittels eines Ähnlichkeitsmaßes ausgewertet. Ergebnis ist eine nach Ähnlichkeit geordnete Liste derjenigen Projekte, die Ergebnisse beinhalten, die den Gesuchten ähnlich sind.

1. Wiederverwendung zur Steigerung von Produktivität und Qualität

Die hohen Kosten bei der Softwareentwicklung und die Tatsache, daß ein großer Anteil von neu programmierten Lösungen bereits früher programmierte Lösungen wiederholen, machen Softwarewiederverwendung zu einem notwendigen Grundprinzip effektiver Softwaretechnologie. Das Konzept der Wiederverwendung spielt eine Schlüsselrolle in vielen Bereichen: Produktivität, Wartung, Portabilität, Qualität und Standardisierung. Die Fälle, in denen frühere Lösungen unverändert übernommen werden können, beschränken sich jedoch auf wenige Spezialgebiete. Beim Entwurf komplexer Systeme tritt häufiger der Fall auf, daß Lösungen zu ähnlichen Problemstellungen existieren, diese jedoch modifiziert werden müssen, um im laufenden Projekt wiederverwendet werden zu können.

Für eine rechnerunterstützte Wiederverwendung besteht die Voraussetzung, daß frühere Projekte mit einer Projektentwicklungsumgebung ([LaLe84], [EPOS85]) durchgeführt wurden und daß somit Projektdatenbanken mit Ergebnissen aus früheren Projekten existieren.

2. Vorgehensweise bei der "umschreibenden Suche"

Wiederverwendung von Projektergebnissen bedingt zunächst das Wiederauffinden von geeigneten Ergebnissen. Dabei ist die Aufgabe zu lösen, aus möglicherweise einer großen Anzahl recht ähnlicher Ergebnisse das für das momentan durchzuführende Projekt Geeignetste zu finden. Der Entwickler kennt normalerweise nicht die in den Projektdatenbanken abgelegten Projektergebnisse, er ist deshalb i. A. nicht dazu in der Lage, eine konkrete Suchanfrage zu stellen, die Begriffe oder Namen enthält, die in den gesuchten Ergebnissen auftreten müssen (vgl. "direkte Suche" in [Seck88]).

Er kann aber die gesuchten Projektergebnisse inhaltlich umschreiben, d. h. er kann Merkmale nennen, die ein gesuchtes Ergebnis besitzen soll. Diese Merkmale sind in einem anwendungsspezifischen Klassifikationssystem geordnet dargestellt. In einer Suchanfrage wird das gesuchte Ergebnis mit einer Reihe von Merkmalen, die im Klassifikationssystem aufgeführt sind, beschrieben. Es wird ein Deskriptor für das Soll-Ergebnis angegeben.

Durch Vergleich der in der Suchanfrage genannten Merkmale (Soll-Deskriptor) mit den Merkmalen der Projektdatenbanken (Ist-Deskriptoren) kann dann mittels eines Ähnlichkeitsmaßes auf der Basis dieses Klassifikationssystems eine Entscheidung über die Auswahl des passendsten Ergebnisses getroffen werden.

3. Klassifikationsschema für Projektergebnisse

3.1. Facettenklassifikation

Ein flexibles und ausreichend detaillierbares Klassifikationssystem stellt die Facettenklassifikation [Vick69] dar. Hier wird versucht, den zu klassifizierenden Gegenstand, d. h. Projektergebnisse innerhalb eines bestimmten Anwendungsbereichs, unter verschiedenen Gesichtspunkten, den Facetten, zu betrachten. Anders als bei systematisch-hierarchischen Klassifikationssystemen existieren hier keine Systemtafeln, aus denen fertige Klassen entnommen werden können, sondern diese Klassen werden durch Kombination einzelner Facetten erst gebildet (Synthese-Ansatz). Der in einer Suchanfrage formulierte Deskriptor stellt somit eine anwenderdefinierte Klasse dar. Ein Facettenklassifikationssystem besteht in der Regel aus 5-10 Hauptfacetten (Merkmalen, Gesichtspunkten, Kategorien), die hierarchisch weiter verfeinert werden können. Bei dem Problem der Auswahl eines geeigneten Roboters für eine Automatisierungsaufgabe können z.B. die vom Roboter auszuübenden Tätigkeiten, das Antriebssystem des Roboters, die Sensoren des Roboters, die Umwelteinflüsse am Einsatzort etc. wichtige Gesichtspunkte sein, die als Hauptfacetten gewählt werden:

Tätigkeiten (F1)
Antriebssystem (F2)
Kontrollsystem (F3)
Endeffektoren (F4)
Sensoren (F5)
Roboter-Kenndaten (F6)
Randbedingungen (F7)

Hauptfacetten sowie deren Verfeinerungen sollen möglichst disjunkt sein. Die Hauptacette 'Endeffektoren' (F4) könnte folgendermaßen verfeinert werden:

- Endeffektoren (F4)
  - Werkzeuge (F4.1)
    - Schraubwerkzeuge (F4.1.1)
    - Bohrwerkzeuge (F4.1.2)
    - Schweisszangen (F4.1.3)
  - Greifer (F4.2)
    - mechanische Greifer (F4.2.1)
    - Saugnäpfe (F4.2.2)
    - magnetische Greifer (F4.2.3)
    - Kombinationsgreifer (F4.2.4)
  - Meßwertaufnehmer (F4.3)

Sachverhalte können dadurch klassifiziert werden, daß die zutreffenden Facetten zu einem Deskriptor d [DiFr87] zusammengefaßt werden.

3.2. Messung der Ähnlichkeit

Ähnlichkeit wird als Überlappungsmaß [Tver77] definiert. Bei gleicher Gewichtung aller Merkmale erhält man die Ähnlichkeit einer Merkmalmenge A zu einer Merkmalmenge B als Quotient aus der Anzahl der Merkmale der Schnittmenge A ∩ B und der Anzahl der Merkmale der Vereinigungsmenge A ∪ B [Wins80]:

$$a(A, B) = f(A \cap B) / f(A \cup B)$$

a: Ähnlichkeitsfaktor, f: Zählfunktion.
Bild 1 stellt diesen Sachverhalt graphisch dar:

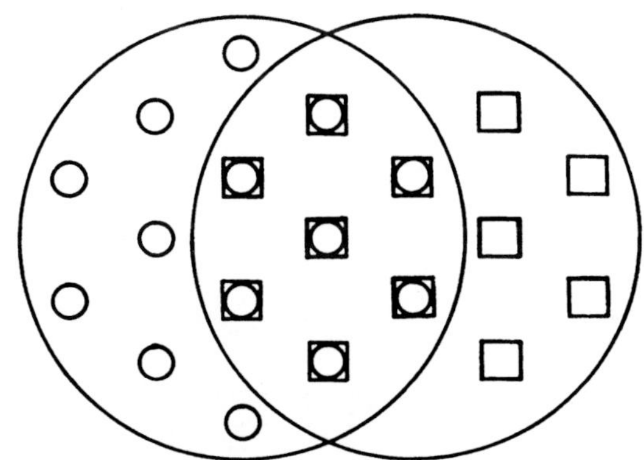

Merkmale aus A : ○
Merkmale aus B: □

$f(A \cap B) = 7 \quad f(A \cup B) = 19$

$a = 7/19 = 0{,}37$

<u>Bild 1:</u> Beispiel zur Berechnung des Ähnlichkeitsfaktors

Ähnlichkeit von Projektergebnissen wird durch Vergleich deren zugeordneter Deskriptoren gemessen.
Ein Deskriptor d_i läßt sich modellhaft folgendermaßen darstellen:

d_i = (Merkmal 1 , ... , Merkmal l aus Hauptfacette 1;
Merkaml 1 , ... , Merkmal m aus Hauptfacette 2;
...
Merkmal 1 , ... , Merkmal n aus Hauptfacette K)

Es können also in jeder Hauptfacette mehrere Merkmale ein Projekt beschreiben. Zwei Deskriptoren werden miteinander verglichen, indem für jede Hauptfacette der Ähnlichkeitsfaktor berechnet wird. Das Resultat läßt sich in einem Ähnlichkeitsvektor v darstellen:

$$v = (a_1, a_2, \ldots , a_k)$$

Die Werte a_i sind die Ähnlichkeitsfaktoren bezüglich der Hauptfacetten F_i. Die Gesamtähnlichkeit wird als Betrag von v berechnet. Bild 2 zeigt ein Beispiel für die Berechnung eines Ähnlichkeitsfaktors zur Hauptfacette 'Endeffektoren'.

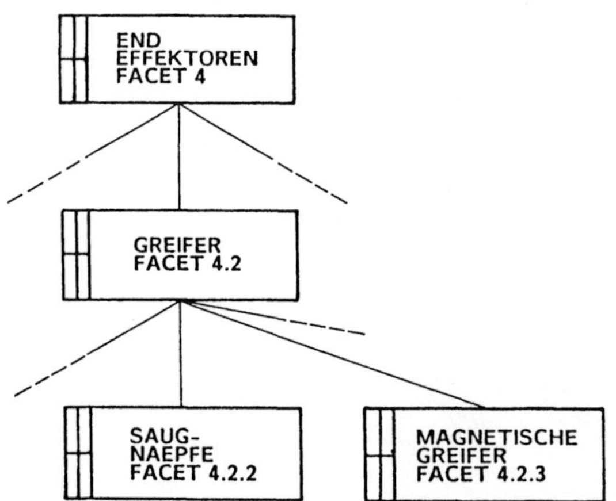

Bild 2: Soll-Merkmale des zu bearbeitenden Projekts A:
(Endeffektoren) -> (Greifer) -> (Magnetische Greifer)
Ist-Merkmale eines abgeschlossenen Projekts B:
(Endeffektoren) -> (Greifer) -> (Saugnäpfe)

Σ Merkmale $A \cap B$: 2
Σ Merkmale $A \cup B$: 4
} $a = 0.5$

4. Die Recherchenkomponente des Projekt-Advisors

Im Rahmen des BMFT-Projekts PROSYT (Förderungsnummer ITS 8306P2) [Abbe86] wird innerhalb eines Teilprojekts der Projekt-Advisor [WaLa87] entwickelt. Ein Hauptziel ist dabei, ein Werkzeug bereitzustellen, welches die Wiederverwendung vorhandener Ergebnisse aus früheren Projekten unterstützt.
Diese Aufgabe erfüllt die Recherchenkomponente des Projekt-Advisors, die aus der Such- und Klassifikationssprache PROSA sowie aus einem Recherche- und Klassifikationstool besteht.
Innerhalb der Recherchenkomponente werden verschiedene Suchverfahren realisiert, neben der hier dargestellten "umschreibenden Suche" auch die "direkte", "geführte" und "wissensbasierte" Suche. Auf die letztgenannten Suchverfahren geht H. Seckler [Seck88] in seinem Aufsatz näher ein (erscheint ebenfalls in diesem Band).

4.1 Sprachmittel in PROSA zur Darstellung des Klassifikationssytems und zur Beschreibung vorhandener Projekte

Die Such- und Klassifikationssprache PROSA bietet zur Beschreibung des Klassifikationsschemas das Sprachmittel FACET:

```
FACET             Bezeichner für Facette
DESCRIPTION:      "frei formulierter Text zur Beschreibung der Facette"
SUBFACETS:        Verfeinerung in Unterfacetten
RELATEDCONTEXT:   Verweis auf zugehörigen CONTEXT (Synonyme,
                  sprachliches Umfeld zur Facette)
VALUES:           Angabe eines Wertebereichs für das Merkmal
FACETEND
```

Projektinformation wird durch das Sprachobjekt PROJECT dargestellt, das unter anderem nach dem Schlüsselwort CLASSIFICATION einen Deskriptor enthält, der die Stellung im Klassifikationssystem angibt.
Beschreibungsformat für Projektkurzbeschreibungen:

```
PROJECT           Projektname
DESCRIPTION:      "frei formulierter Text zur Beschreibung des Projekts"
DATABASE:         Datenbanktyp der Projektdatenbank
PATHNAME:         Zugriffspfad zur Projektdatenbank
SUBPROJECTS:      Angabe von Teilprojekten
CLASSIFICATION:   Angabe eines Deskriptors zur Klassifikation der
                  Projektinhalte
PROJECTEND
```

4.2 Sprachmittel von PROSA zur Formulierung einer Suchanfrage

Die Suche nach Projektkurzbeschreibungen mit bestimmten Eigenschaften ist eine Grobrecherche, da die betrachteten Objekte ganze Projekte darstellen. Es ist sinnvoll, der Feinrecherche in den eigentlichen Projektdatenbanken eine Grobrecherche voranzustellen, da auf diese Weise effizient die interessanten Projektdatenbanken herausgefunden werden können und das präzisere, aber auch aufwendigere Instrument der Feinrecherche mit größeren Erfolgsaussichten angewandt werden kann.
Dieses Vorgehen kann man damit vergleichen, zunächst interessante Bücher anhand von Buchtitel, Abstract oder Ähnlichem auszuwählen, bevor man anfängt, in den Büchern selbst zu blättern. Auf diese Weise gelangt man schneller zu Ergebnissen, als wenn man wahllos zu blättern anfängt.
In PROSA werden die Grob- und Feinrecherche mit einem einheitlichen Sprachmittel formuliert, dem SEARCH-COMMAND:

```
SEARCH <Angabe des Suchraums>
     WITH <Angabe von gewünschten Eigenschaften>
```

Ein Beispiel aus dem Anwendungsgebiet Robotik:
Gesucht seien Projekte, in denen Roboter mit hydraulischem Antriebssystem zu Montagezwecken eingesetzt wurden. Zur Durchführung der Montagearbeiten sollen keine Werkzeuge notwendig sein, d.h. die Endeffektoren sind reine Greifer. Es sollen magnetische Greifer angewandt werden. Diese Angaben müssen in folgende Suchanweisung zur Grobrecherche umgesetzt werden:

```
SEARCH ALL 'PROJECT' WITH 'CLASSIFICATION' IS-FACET
 (ANTRIEBSSYSTEM) -> (HYDRAULISCH);                      ┐
 (ENDEFFEKTOREN) -> (GREIFER) -> (MAGNETISCH);            ├ Deskriptor d
 (TAETIGKEIT) -> (MONTAGE) -> (OHNE-WERKZEUG)             ┘
```

Ergebnis dieser Suchanweisung ist eine geordnete Liste, in der die Projekte nach Ähnlichkeit zu diesem Suchkriterium geordnet stehen.

5. Automatische Klassifikation von Projektergebnissen

Es ist natürlich möglich, alle vorhandenen Projektdatenbanken durch einen Fachmann 'von Hand' klassifizieren zu lassen. Aus Zeit- und Kostengründen ist dies jedoch nicht immer durchführbar. Insbesondere bei sehr großen zu klassifizierenden Datenmengen ist eine automatische Klassifikation sinnvoll. In der Recherchen-Komponente des Projekt-Advisors wird ein Klassifikationstool zur Verfügung gestellt, das die wortorientierte automatische Klassifikation [Zimm83] vornimmt.

Projektergebnisse liegen zu einem großen Teil in natürlichsprachlichen Formulierungen vor, auch bei formalen Teilen liegt ein großer Teil der Information über die gewählten Begriffe und Bezeichner fest.

Um zu überprüfen, ob in einem natürlichsprachlichen Text ein bestimmtes Merkmal des Klassifikationsschemas angesprochen wird, genügt es nicht, den Text auf den Namen des Merkmals allein zu durchsuchen. Aufgrund der Mehrdeutigkeit der natürlichen Sprache und der Möglichkeit, denselben Sachverhalt mit verschiedenen Worten ausdrücken zu können, muß man den Text auf das gesamte sprachliche Umfeld, das dieses Merkmal besitzt, untersuchen.

PROSA bietet zur Beschreibung eines sprachlichen Umfeldes zu einem Klassifikationsmerkmal das Sprachmittel CONTEXT [Seck88]. Es können Synonyme sowie verwandte Begriffe oder auch mehrere logisch miteinander verknüpfte Begriffe angegeben werden. Zu jedem Klassifikationsmerkmal gehört ein entsprechender Kontext (hinter dem Schluesselwort RELATEDCONTEXT angegeben), dessen Auswertung auf einen natürlichsprachlichen Text ein Maß für die Gewißheit liefert, daß der Inhalt des Textes zu dem entsprechenden Klassifikationsmerkmal gehört.

Als Ergebnis der Umfeldauswertung wird ein Zahlenwert geliefert; liegt dieser Zahlenwert oberhalb einer bestimmten Schwelle, wird der Text entsprechend klassifiziert.

In PROSA wird das Klassifikationstool durch das CLASSIFY-COMMAND aufgerufen:

```
CLASSIFY <Angabe der zu klassifizierenden Projekte>
  USING <Angabe der bei der Klassifikation auszuwertenden Teile>
  WITH-RESPECT-TO  <Angabe  der Facetten,  die bei der  Klassifikation
                   berücksichtigt werden sollen>
```

Ein Beispiel: Es sollen alle Projekte klassifiziert werden. Bei der Klassifizierung sollen jedoch nur Sektionsüberschriften und Texte von Requirements berücksichtigt werden. Die Klassifikation soll nur bezüglich der Facette ENDEFFEKTOREN durchgeführt werden.
Das entsprechende Kommando lautet:

```
CLASSIFY ALL 'PROJECT' USING 'SECTION' WITH 'HEADLINE',
                             'REQUIREMENT' WITH 'TEXT'
                       WITH-RESPECT-TO ENDEFFEKTOREN
```

6. Ausblick: Kopplung mit einem Expertensystem

Die Recherchenkomponente des Projekt-Advisors kann mit der Expertensystemkomponente über eine Prozedurschnittstelle gekoppelt werden. Die Kopplung mit einem Expertensystem ist dann sinnvoll, wenn die Aufgabe lautet: Löse ein bestimmtes Problem unter Wiederverwendung früherer Projektergebnisse. Der Anwender kennt also nur die Problemstellung, nicht aber die Merkmale einer gesuchten Lösung. Das Expertensystem hilft dem Anwender, ausgehend von einer gegebenen Problemstellung die relevanten Merkmale einer Lösung zu ermitteln. Mit diesen Merkmalen kann vom Expertensystem aus die Suche nach ähnlichen Projektergebnissen angestoßen werden.

7. Literaturverzeichnis

[Vick69] Vickery, B. C.:
Facettenklassifikation
Verlag Dokumentation, München-Pullach und Berlin 1969

[Tver77] Tversky, A.:
Features of similarity
Psych. Rev. 1984, 4 (July 1977), S. 327 - 352

[Wins80] Winston, P. H.:
Learning and Reasoning by Analogy
Comm. of the ACM, December 1980, Vol. 23, Number 12, S. 697

[Zimm83] Zimmermann, H. H.:
Automatische Indexierung - Entwicklung und Perspektiven
Studien zur Klassifikation, Bd. 13 (1983) S.14 - 32

[LaLe84] Lauber, R.; Lempp, P.:
Integrierte Rechnerunterstützung bei der Durchführung von Automatisierungsprojekten
Fachtagung Prozeßrechner '84
Informatik Fachberichte Bd. 86, 1984, S.336 - 345,
Springer-Verlag Berlin - Heidelberg - New York

[EPOS85] Lauber, R. (Hrsg.):
EPOS-Einführung
Universität Stuttgart, 1985

[Abbe86] Abbenhardt, H. u.a.:
Ein längeres Leben für Software-Produkte
computer magazin 10-1986, S. 67 - 78
Verlag Computer Magazin Stuttgart

[DiFr87] Prieto-Diaz, R.; Freeman, P.:
Classifying Software for Reusability
IEEE Software, January 1987, S.6 - 16

[WaLa87] Wagner, B.; Lauber, R.; Beutler, K.; Gauger, J.; Hampp, A.; Permantier, G.; Poncin, H.; Seckler, J.:
Der Projekt-Advisor: Ein wissensbasiertes Werkzeugsystem zur Rechnerunterstützung bei Automatisierungsprojekten
Technische Akademie Esslingen (TAE), Ostfildern
2. Kolloquium Software-Entwicklungssysteme und -Werkzeuge
8. - 10. September 1987

[Seck88] Seckler, J.:
Verfahren zur Suche nach wiederverwendbarer Software bei Automatisierungsprojekten
Fachtagung Prozeßrechensysteme '88
(erscheint in diesem Band)

INGENIEURTECHNISCHE ABWICKLUNG

UNTERSTÜTZUNG DER ARBEITEN ZUR ABWICKLUNG EINES ANGEBOTSVORGANGS

A. Kröll/M. Kling
Dornier System GmbH
Postfach 1360
7990 Friedrichshafen

1 EINLEITUNG

Ein Angebot ist die Visitenkarte eines Unternehmens und damit der Schlüssel zum erhofften Auftrag. Der Aufwand für dessen Erstellung ist mitunter beträchtlich; denn gefordert sind kundenspezifische Lösungen, die umfangreiche Projektierungsarbeiten voraussetzen. Diese reichen vom Vorschlag eines technischen Konzepts für ein vom Kunden gewünschtes System bis zur Abschätzung der erforderlichen Leistungsmerkmale und der notwendigen Konfiguration. Ein Erfolg, d.h. ein später erteilter Auftrag, ist dabei nicht sichergestellt.

Von Dornier System realisierte DV-Systeme sind schwerpunktmäßig Individuallösungen auf dem Gebiet der Prozessrechnersysteme, konzipiert nach den Anforderungen des Kunden und den Bedürfnissen des Anwendungsbereichs.

Die Projekte bewegen sich in der Größenordnung von ca. 50 TDM bis zu 20 Mio DM. Vom Kunden werden meistens Festpreisangebote erwartet, für deren Erstellung erfahrungsgemäß ein enger Zeit- und Kostenrahmen vorgegeben ist.

Das große Spektrum der Systemlösungen sowie die ständig fortschreitende Innovation auf dem DV-technischen Sektor hat zur Konsequenz, daß kaum ein Angebotsáblauf mit einem zweiten identisch ist. In dem dynamischen und vom Wechsel geprägten Prozeß bleiben im wesentlichen nur der organisatorische Rahmen und die benutzten Hilfsmittel konstant.

Im Rahmen von Arbeiten im Verbundprojekt PROSYT, das sich zum Ziel gesetzt hat, für den gesamten Lebenszyklus von rechnergestützen Realzeitsystemen in der Technik ein Rahmensystem und darin integrierte Werkzeuglinien bereitzustellen, wird das Umfeld des oben skizzierten Angebotsprozesses näher untersucht im Hinblick auf:

- das organisatorische Umfeld,
  anwendbare Richtlinien und Organisationsanweisungen;

- Wiederverwendungsmöglichkeit

- von Konzepten, Angebotsteilen und Vorgangsweisen;

- Erfahrungswissen,
  Orientierungshilfen für Vorgänge, Umfeld und Abläufe.

Für den Bereich Management/Organisation wird ein Werkzeug spezifiziert und realisiert, das die Ablauf- und Problemlösungsverfolgung während eines Angebotsprozesses zum Ziel hat.

2 ANGEBOTSVERLAUF

Das Ziel jedes Angebotsprozesses ist das Erreichen einer hohen Produktivität bei gleichzeitig hoher Qualität und unter Einhaltung geplanter Termine und Kosten. Dies ist nur möglich, wenn die Haupttätigkeiten:

- Konstruktion
  (das Erarbeiten und Bereitstellen von Unterlagen, die die Beurteilung der Realisierbarkeit eines SW-Produkts/Systems ermöglichen)

- Qualitätssicherung
  (die Beurteilung der ermittelten Ergebnisse aus technischer, wirtschaftlicher und rechtlicher Sicht)

- Management/Organisation
  (die Bereitstellung der äußeren Rahmenbedingungen und notwendiger Ressourcen)

unter Berücksichtigung der gegenseitigen Abhängigkeiten beherrscht und durch Organisationsmodelle, Methoden und Werkzeuge wirkungsvoll unterstützt werden.

2.1 Management/Organisation

Der gesamte Angebotsprozess ist ein arbeitsteiliger Vorgang, an dem Mitarbeiter verschiedener Firmenbereiche wie:

- Vertrieb
- Technik

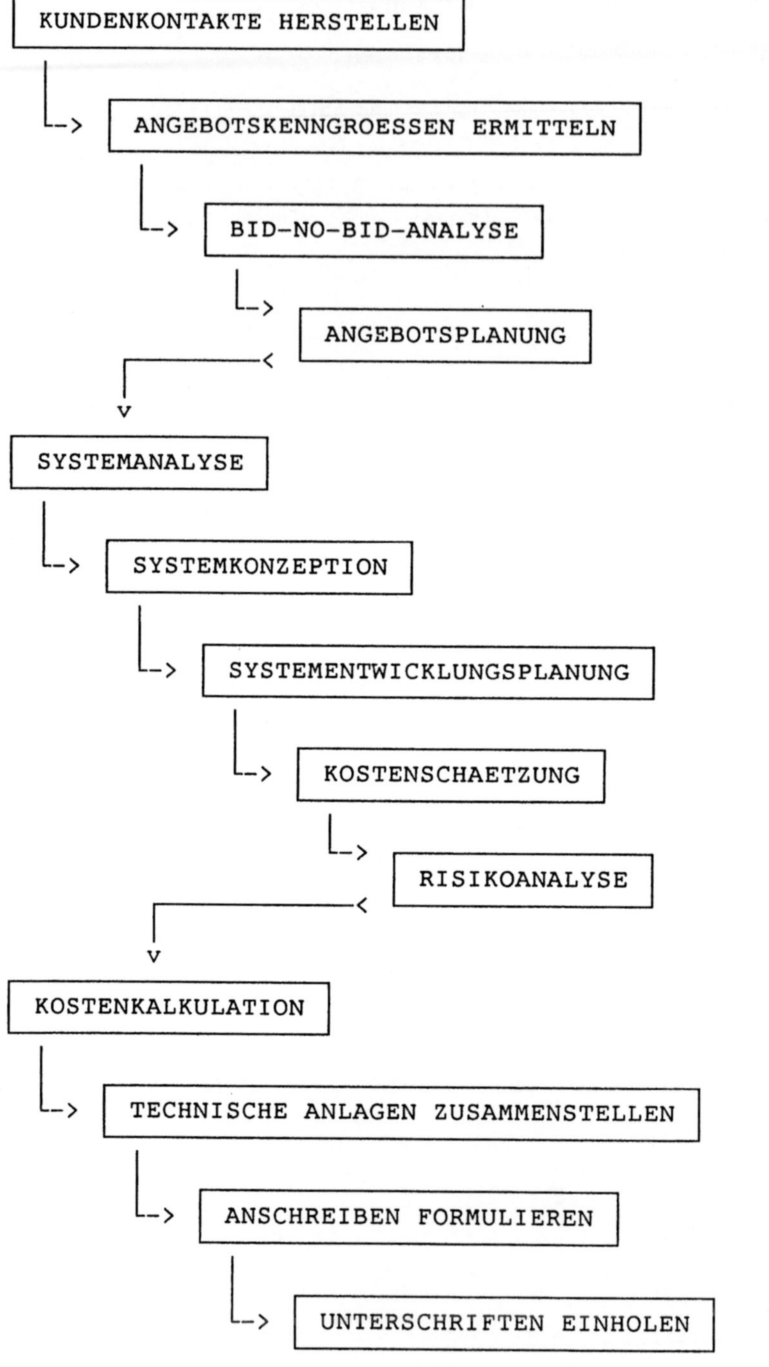

Bild 1: Phasen und Aktivitäten im Angebotsablauf

- Recht- und Auftragswesen
- Kaufm. Angebotswesen
- Einkauf

beteiligt sind. Ihre Zusammenarbeit, bzw. ihr Verantwortungsbereich ist weitgehend geregelt durch firmeninterne Richtlinien und Organisationsanweisungen.

Für den technischen Bearbeiter, d.h. den Ingenieur, der die Projektierungsarbeiten schwerpunktmäßig übernimmt, müssen die allgemeinen Firmenrichtlinien ergänzt werden durch Handlungsweisungen, die ihm eine Antwort bieten auf Fragen wie:

"WAS, WOZU, WIE, WANN, DURCH WEN ist etwas zu tun?"

Dazu wird der gesamte Ablauf der Angebotserstellung aufbereitet in Aktivitäten unterschiedlichen Detaillierungsgrades. Aktivitäten sowie ihre Ergebnisse (Dokumente) werden koordiniert und in einen organisatorischen Grobrahmen eingeordnet, gegliedert nach Themenkomplexen und einer sinnvollen zeitlichen Reihenfolge.

Drei zeitlich aufeinanderfolgende Schwerpunktbereiche des Angebotsprozesses sind (siehe Bild 1):

- die Angebotsvorphase
  mit der Ermittlung und Bewertung der Angebotsgrundlagen

- die Angebotsbearbeitung
  mit den Projektierungsarbeiten

- die Angebotsendphase
  mit der Endkalkulation und Versandvorbereitung des Angebots.

In- und Outputs für die einzelnen Phasen sind Dokumente.

Aufgrund der Verschiedenartigkeit der betrachteten Angebotsvorgänge darf dieser Rahmen nicht starr sein. Der Idealablauf, wie er in Bild 1 wiedergegeben ist, muß den realen Gegebenheiten angepaßt werden.

Ein Werkzeug zur organisatorischen Unterstützung eines Angebotsablaufs muß folgende Möglichkeiten bieten:

- Definition eines individuellen Angebotsumfelds innerhalb des organisatorischen Grobrahmens,
- Einordnung von Aktivitäten und erwarteten Ergebnissen

- Fortschrittskontrolle von Aktivitäten und Ergebnissen.

2.2 Projektierung/Konstruktion

Ideal wäre ein Werkzeug, das den Entwickler bei der kreativen Tätigkeit, nämlich der Systemkonzeption entsprechend den Kundenwünschen unterstützt. Als eine Art Berater oder Assistent, der die aktuellen Informationen aus Ausschreibung, Projekt- und Kundenumfeld verknüpft mit Wissen über den Ablauf "ähnlicher" Projekte und vorhandener Produkte und daher Vorschläge für die weitere Projektierung ableitet.

Dieser Vision entgegen stehen Fakten wie:

- Scheinbar "ähnliche" Projekte können sich trotzdem in Kosten oder Terminverlauf erheblich unterscheiden.

- Der Erstellungsaufwand für wissensbasierte Systeme ist zu hoch, falls sie fachliche Einzelprobleme ohne ausreichende Wiederholrate lösen helfen.

- Die Wiederverwendung bzw. Anpassung von "Fremdlösungen" ist aufgrund mangelnder Standardisierung, fehlender Modularisierung und Schnittstellenspezifikation, sowie wegen Kompatibilitätsproblemen zumindest aufwendig.

- Die allzu schnelle Veraltung der technischen Wissensinhalte eines solches Systems kann nur durch aufwendige Pflegemaßnahmen aufgefangen werden.

Erfahrung und Fingerspitzengefühl, welche im Umfang mit Kunden, neuen Anwendungen und neuer Technik notwendig, ja erfolgsentscheidend sind, können weder durch wissensbasierte Informationssysteme noch durch programmierte Lehranweisungen aufgefangen werden.

Daraus ziehen wir die Folgerung: Die Hauptarbeit bei der Angebotserstellung überlassen wir weiterhin dem Menschen. Wir versuchen lediglich sein Umfeld zu verbessern.

2.3 Dokumenterstellung

Der Großteil der Ergebnisse des Angebotsprozesses sind Dokumente unterschiedlichster

Art wie:

- Berichte, Gesprächsprotokolle, Mitteilungen
- Notizen
- Formulare
- Technische Anlagen
- Kalkulationsschemata.

Um so verschiedenartige Dokumente komfortabel bearbeiten zu können, gibt es Minimalanforderungen an ein System zur Dokumentenerstellung:

- komfortable Text- und Graphikeditoren,
- Layout-Generierung,
- Textbausteinverwaltung,
- Dokumentverwaltung und Archivierung.

2.4 Weitere Hilfsmittel

Selbst der erfahrene Praktiker benötigt Hilfe beim Überprüfen seiner Aktivitäten und Ergebnisse auf Vollständigkeit (Motto: "Wurde etwas wichtiges vergessen?").

Die einfachste und praktikabelste Methode, hier eine Hilfe zu bieten, ist ein abgestuftes System von Checklisten, zugeschnitten auf einzelne Aktivitäten ("Was ist zu tun/zu überdenken") und Dokumente ("Was muß das Dokument enthalten"). Sie können gleichermaßen benutzt werden zum vorausschauenden Planen von Aktivitäten und Dokumenten, als auch nachgeschaltet zu deren Kontrolle.

3 DAS WERKZEUG ZUR ABWICKLUNG VON ANGEBOTEN

Maßgebend bei der Erstellung eines Angebots ist außerdem ein kundenproblembezogenes, termingerechtes und treffsicheres Arbeiten. Dies setzt eine zweckgerichtete, konsequente, zugleich aber maßvolle Buchführung voraus, um den Informationsansprüchen eines Angebotsteams über den aktuellen Stand der Bearbeitung gerecht zu werden. Eine solche Buchführung kann durch das nachfolgend beschriebene Werkzeug abgewickelt werden.

3.1 Modell des Angebotsablaufs

Bei der Bearbeitung eines Angebots gibt es, gemessen an dem Grad der Vorhersehbarkeit, unterschiedliche Arten von Aktivitäten:

1. Reguläre, im voraus bekannte und beschreibbare Aktivitäten, welche in nahezu jeder Angebotserstellung zu erledigen sind (vergl. Bild 1).

2. Nicht voraussehbare, da fallspezifische Aktivitäten, deren Erledigung jedoch als weitgehend unproblematisch betrachtet wird.

3. Nicht voraussehbare, da fallspezifische Aktivitäten, deren Erledigung als Bewältigung einer besonderen Problem- oder Ausnahmesituation eingestuft wird.

Die Grenzen zwischen diesen Unterscheidungen sind fließend und abhängig vom Wissensstand über die fallbezogene Differenzierung von Angebotsvorgängen (z.B. spezielle Kundenklasse, spezielle Systemfamilie).

Das zur Buchführung gewählte Modell für die Verfolgung des Arbeitsfortschritts bei der Erstellung eines Angebots besteht, neben einer hier nicht weiter betrachteten Dokumentenverwaltung, aus einem elektronischen Karteikasten, der die beiden fest definierten Hauptfächer "Aktivitäten" und "Probleme" besitzt.

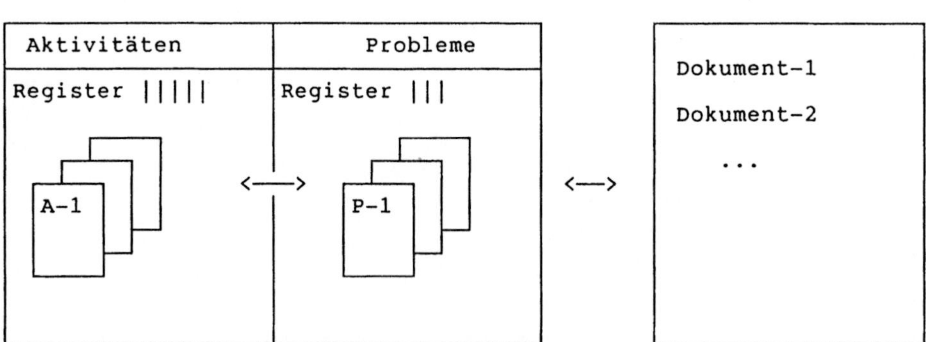

Bild 2: Modellkomponenten

Innerhalb jedes Hauptfachs läßt sich ein Register für eine themen- bzw. sachbezogene Einteilung definieren. Dieses Register leitet sich in der Regel ab aus der Zerlegung des Angebotsgegenstandes in seine einzelnen Bestandteile, analog einer Stückliste.

3.2 Aktivitätsbeschreibungen

Als "Karteikarten" sind für beide Hauptfächer einheitliche Aktivitätsbeschreibungen vorgesehen. Eine derartige Aktivitätsbeschreibung beinhaltet Angaben über:

- den Titel der Aktivität
- den verantwortlichen Bearbeiter
- den Bearbeitungsstatus der Aktivität (Unterschieden wird zwischen "beendet", "in Bearbeitung", "geplant")
- die Zuordnung zu einer der Angebotsphasen
- den geplanten oder tatsächlichen Bearbeitungszeitraum
- die Einschätzung der Bearbeitungspriorität
- einen speziellen Erinnerungstermin.

Außerdem besitzt die Aktivitätsbeschreibung ein sogenanntes Textblatt und eine Liste von Fortschrittsberichten als Komponenten.

Aufgabe des Textblattes ist es, für die betreffende Aktivität Angaben aufzunehmen über:

- die Beschreibung der Aufgabenstellung
- die Beschreibung der erwarteten oder dann tatsächlich erzielten Arbeitsergebnisse
- zu beachtende oder dann tatsächlich berücksichtigte Randbedingungen
- Erläuterungen zur empfohlenen oder dann tatsächlichen Vorgehensweise
- zu verwendende oder verwendete Unterlagen und Hilfsmittel.

Mit fortschreitendem Stand der Bearbeitung werden aus evtl. vorhandenen Soll-Vorgaben tatsächlich erzielte Ist-Ergebnisse.

Jeder einzelne Fortschrittsbericht dient zur Aufzeichnung eines wesentlichen Einzelschritts oder einer wesentlichen Einzelinformation bei der Durchführung der betreffenden Aktivität. Die Liste der Fortschrittsberichte zu einer Aktivitäsbearbeitung stellt damit insgesamt eine Chronik dar und macht diese Bearbeitung nachvollziehbar.

Zwischen einzelnen "Karteikarten" sind benutzerdefinierbare Verbindungen erzeugbar, mit denen Querverweise der Art "siehe auch unter", "ist Anlaß für" etc. realisiert werden können. Ähnliche Querverweise sind angebbar zwischen einer Karteikarte und Dokumenten, welche innerhalb der Dokumentenverwaltung abgelegt sind.

3.3 Verschiedene Sichten auf den Angebotsverlauf

Auf den Inhalt eines Karteikastens sind unterschiedliche Teilsichten wählbar.

Eine mögliche Teilsicht stützt sich auf die Registereinteilung. Innerhalb eines Registers in einem der beiden Hauptfächer sind selektiv nur solche Karteikarten betrachtbar, welche sich in einem bestimmten Bearbeitungsstatus befinden.

Weitere Sichten auf den Inhalt des Karteikastens beinhalten beispielsweise die Selektion von Karteikartenteilmengen,

- die von einem bestimmten Mitarbeiter verantwortlich bearbeitet werden,
- deren Bearbeitungszeit in ein vorgegebenes absolutes Zeitintervall fällt,
- die einer bestimmten Phase des Angebotsablaufs zugeordnet sind,
- deren Erinnerungstermin mit dem aktuellen Kalenderdatum zusammenfällt.

3.4 Werkzeugeinsatz und Realisierung

Der Beginn einer Angebotsbearbeitung bedeutet die Definition oder Auswahl eines geeigneten Karteikastens, mit dem man den aktuellen Angebotsvorgang verwalten möchte, aus dem Vorrat vorhandener fallbezogener Karteikästen. Diese sind bereits teilweise gefüllt mit Vorschlägen für Registereinteilungen und Aktivitätsbeschreibungen. Auf diese Weise ist für jeweils eine spezifische Vorgangsklasse ein soweit wie möglich spezifiziertes Gerüst vorgegeben.

Als Prototyp-Werkzeug für die Realisierung der beschriebenen Ablauf- und Problemverfolgung wurde eine Tektronix 4406 Workstation mit Smalltalk-80-Programmiersystem gewählt, welches in besonderer Weise das visuell orientierte Arbeiten unterstützt und damit eine hohe Qualität hinsichtlich, einfacher und rascher Werkzeugbedienung ermöglicht.

Die praktische Erprobung erfolgt durch die Abwicklung realer Angebote. Die Angebotserstellung diente exemplarisch als Studienobjekt, um festzustellen, welche Anforderungen an ein Werkzeug zur Abwicklung technischer Planungsvorgänge gestellt werden müssen, das jenen Teilbereich der kreativen ingenieurmäßigen Arbeit abdeckt, der bisher weitgehend undokumentiert und informell abläuft.

Aufgrund der starken Ähnlichkeit des Projektalltags mit dem Erstellungsprozeß eines Angebots kann und soll die geschilderte Ablauf- und Problemverfolgung im Bereich der persönlichen Mikroplanung eine nützliche Ergänzung der bisher vorhandenen, primär für die Globalplanung vorgesehenen Werkzeuge (z.B. Netzpläne) sein.

Berücksichtigung von Randbedingungen bei der Entwicklung von Automatisierungssystemen

B.Wagner
Institut für Regelungstechnik und Prozeßautomatisierung
Universität Stuttgart

1. Einführung

Zu Beginn eines Automatisierungsprojektes legen Auftraggeber und Auftragnehmer gemeinsam den erforderlichen Leistungsumfang in einem **Pflichtenheft** fest. Es existieren heute eine Reihe von Verfahren und Methoden die zugeordneten funktionalen Anforderungen zu beschreiben. Neben natürlichsprachlichen Beschreibungen basieren diese meist auf graphischen Darstellungen (Zustandsgraph, Entscheidungstabelle, usw.). Eine vollständige Beschreibung des geforderten Leistungsumfangs benötigt zusätzlich die Angabe der für das Projekt gültigen **Randbedingungen**. Diese Randbedingungen gehen aber derzeit meist nur indirekt in die Aufgabenstellung ein. Es fehlen bislang rechnergestützte Verfahren zur Erfassung und Auswertung von Randbedingungen. Dieser Beitrag beschreibt ein Verfahren, das unter Verwendung **wissensbasierter Beschreibungs- und Auswertungstechniken** die Aufnahme von Randbedingungen in das Pflichtenheft und die Berücksichtigung dieser Randbedingungen im Entwurf unterstützt. Dazu wurde mit den Mitteln einer Wissensrepräsentationssprache (PATHOS) ein neues Beschreibungsformat für Randbedingungen entwickelt.

Der Einsatz eines Expertensystems zur Erstellung des Lastenhefts wurde bereits in [Brom87] untersucht. Das dort realisierte Expertensystem erfaßt im Dialog die funktionalen Anforderungen, die sich aus der Automatisierung chemischer Verfahren ergeben. Das am Ende ausgedruckte Ergebnisdokument enthält das grobe Lastenheft in stichwortartiger Form. Unberücksichtigt bleiben aber Randbedingungen wie z.B. die Forderung nach bestimmten Qualitätseigenschaften.

2. Randbedingungen in Form von Vorschriften

Randbedingungen, synonym auch nichtfunktionale Anforderungen oder Einflußfaktoren genannt, sind Anforderungen, wie z.B. Zuverlässigkeit oder Wiederverwendbarkeit, die das **WIE** in einem Automatisierungsprojekt festlegen. Im Gegensatz dazu stehen die funktionalen Anforderungen, die das WAS, d.h. den zu realisierenden Funktionsumfang definieren. Randbedingungen und funktionale Anforderungen sind untrennbar, wenn eine gegebene Aufgabenstellung erfüllt werden muß. Eine Heizungsanlage die zwar mit allen geforderten Funktionen (Temperaturabsenkung in der Nacht, Störungsprotokollierung usw.) realisiert wurde, die aber nicht den gesetzlichen Umweltbestimmungen (Abgasverluste, CO- und SO_2-Gehalt) entspricht, erfüllt die Aufgabenstellung nicht, auch wenn im Pflichtenheft diese Vorschriften nicht ausdrücklich erwähnt wurden. In diesem Sinne sind Vorschriften (gesetzliche Bestimmungen), Richtlinien und Normen Randbedingungen, die im Entwurf der Heizungsanlage berücksichtigt und als solche auch im Pflichtenheft festgehalten werden müssen.

Das Einhalten der gültigen Vorschriften ist für den einzelnen Projektbearbeiter nicht einfach. Die Zahl der möglicherweise gültigen Vorschriften ist groß. Die diese Vorschriften enthaltenden Handbücher bzw. Normblätter sind meist sehr umfangreich und die verfügbare Zeit erlaubt in den seltensten Fällen ein ausreichendes Studium dieser Vorschriften. Auf der anderen Seite sind diese Vorschriften meistens sehr gut ausgearbeitet und präzise formuliert. Randbedingungen in der Form von Vorschriften lassen sich daher leicht formalisieren und z.B. mit den Mitteln einer Wissensrepräsentationsprache beschreiben. Wissensrepräsentationssprachen sind Sprachen mit denen z.B. Expertensysteme realisiert werden. Vorschriften werden nur entwickelt, wenn sie eine größere Zahl von Anwendungen vereinfachen sollen oder wenn ein bestimmtes Vorgehen kontrolliert werden muß. Damit lohnt sich der Aufwand einer Umsetzung in eine rechnerauswertbare Form. Vorschriften sind regelorientiert. Dies legt es nahe, sie in einzelne **WENN-DANN-Beziehungen** zu zerlegen und in einer regelbasierten Wissensrepräsentationssprache zu beschreiben. Mit Hilfe eines so gewonnenen Expertensystems können im Dialog mit dem Projektbearbeiter die für sein Automatisierungssystem gültigen Vorschriften ermittelt und automatisch in das Pflichtenheft übernommen werden. Ein analoges Vorgehen wurde in [Gott87] gewählt, um die Interpretation von komplexen, sicherheitskritischen Betriebsvorschriften zu vereinfachen und ihre korrekte Anwendung zu gewährleisten.

3. Wissensbasierte Erstellung des Pflichtenhefts

An der Pflichtenhefterstellung ist ein heterogener Kreis von Personen beteiligt (Entwickler, Manager, Anwender usw.). Formale Beschreibungstechniken oder spezielle, technische Diagrammformen können daher im Pflichtenheft nicht verwendet werden. Rechnergestützte Werkzeuge, die die Erstellung, Analyse und Dokumentation des Pflichtenhefts unterstützen, beschränken sich auf natürlichsprachliche Texte und leicht verständliche Graphiken. Das Entwicklungs- und Projektmanagement-Orientierte Spezifikationssystem EPOS [Laub85] bietet für die Erstellung des Pflichtenhefts die Spezifikationssprache EPOS-R an. EPOS-R unterstützt unter anderem:

- die Definition eines projektspezifischen Gliederungsschemas,
- die Aufgabenbeschreibung in natürlicher Sprache,
- die Definition eines Begriffslexikons,
- die Integration formaler Einschübe (Requirement, Constraint),
- die Beschreibung von Entscheidungs- und Zustandsprozessen,
- das Einfügen von externen Diagrammen usw..

Mit diesen Beschreibungsmitteln lassen sich alle vorkommenden Aufgabenstellungen beschreiben. Randbedingungen werden in EPOS-R in natürlicher Sprache festgehalten. Aus dem Entwurf heraus können die in EPOS-R festgehaltenen Randbedingungen formal quitiert werden. Eine inhaltliche Überprüfung findet aber nicht statt.

Mit Hilfe eines beigestellten wissensbasierten Werkzeugs wird es möglich weitergehende Unterstützung bei der Berücksichtigung von Randbedingungen anzubieten:

- **Interpretation von Vorschriften** und automatische Übernahme der gültigen Teile in das Pflichtenheft,
- **Überprüfung der Berücksichtigung** der geforderten Randbedingungen durch Vergleich der während oder nach Abschluß des Projekts festgestellten Eigenschaften mit den geforderten Eigenschaften.

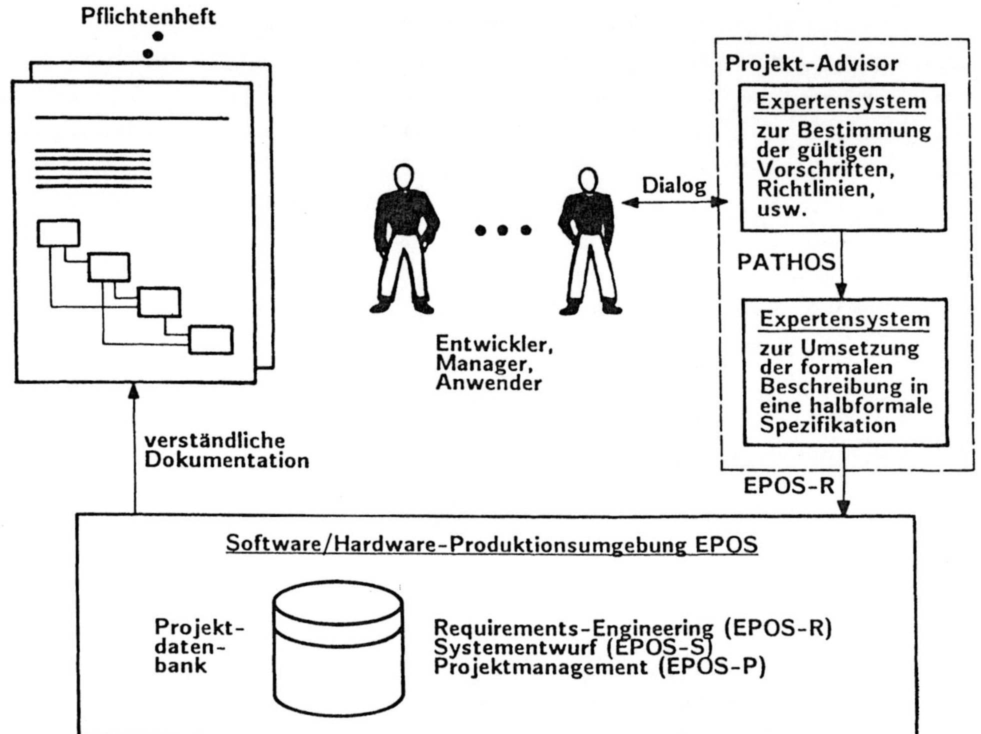

Bild 1 Wissensbasierte Pflichtenhefterstellung

Die Implementierung des hier vorgestellten Verfahrens wurde mit dem Projekt-Advisor[1)] durchgeführt [WaLa87]. Der Projekt-Advisor ist ein wissensbasiertes Werkzeug, das die Wiederverwendung von vorhandenen und in Projektdatenbanken abgelegten Ergebnissen unterstützt. Für diesen Zweck enthält der Projekt-Advisor eine Wissensrepräsentationssprache (PATHOS) und eine Suchbeschreibungssprache

1) Der Projekt-Advisor wird im Rahmen des BMFT-Verbundvorhabens **'PROSYT'** unter der Förderungsnummer ITS 8306 P2 entwickelt.

(PROSA). Neben speziellen Sprachmitteln für die Recherche in Projektdatenbanken enthält PATHOS genügend universelle Sprachmittel, um auch Expertensysteme zur Ermittlung und Auswertung von Vorschriften bzw. Richtlinien zu realisieren [LaPe87].

Ganz allgemein kommen Randbedingungen, wie z.B. die oben beschriebenen Vorschriften, das Erreichen einer hohen Zuverlässigkeit usw. in Automatisierungsprojekten gleicher Anwendungsgebiete in ähnlicher Form immer wieder vor. Die Randbedingungen verschiedener Projekte unterscheiden sich in ihren tatsächlichen **Ausprägungen** (z.B. maximale Abgastemperatur), in der unterschiedlichen **Gewichtung** (z.B. Benutzerkomfort gegenüber Kosten) und in ihrer **Existenz** überhaupt. Immer wiederkehrende Randbedingungen können in einer Checkliste festgehalten werden, um bei der Erstellung des Pflichtenhefts als Gedächtnisstütze zu dienen. Die Auswertung von Checklisten kann durch ein entsprechendes Expertensystem, das die im Dialog mit dem Anwender erfragten und selbstständig geschlossenen Fakten in einem Textdokument festhält, vereinfacht werden [Brom87], [BuFi86].

Sollen Vorschriften bzw. die dadurch für ein Projekt gültigen Randbedingungen im Systementwurf berücksichtigt werden, ist ein textuelles Dokument nur ein erster Schritt. Eine rechnergestützte Berücksichtigung und Überprüfung der Randbedingungen erfordert eine **rechnerauswertbare Darstellung** der ermittelten Randbedingungen und die Kopplung an ein projektbegleitendes Entwicklungswerkzeug. Bild 1 zeigt die Vorgehensweise zur Ermittlung und wissensbasierten Darstellung der Randbedingungen mittels PATHOS und die **Transformation** in die Spezifikationssprache EPOS-R. Die inhaltliche Überprüfung der gültigen Randbedingungen erfolgt in den der Pflichtenhefterstellung folgenden Projektphasen, spätestens aber bei der Abnahme des Automatisierungssystems durch den Auftraggeber mit Hilfe eines in PATHOS realisierten wissensbasierten Prüfsystems.

Durch dieses Vorgehen ergeben sich bei der Ermittlung, Dokumentation und Berücksichtigung von Randbedingungen folgende Vorteile:

1. Die **vollständige Spezifikation** der Aufgabenstellung kann **schneller** durchgeführt werden, da Teile der Spezifikation automatisch generiert werden.

2. Automatisch erstellte Pflichtenhefte haben ein **standardisiertes Format** und nützen die verfügbaren Sprachmittel (z.B.EPOS-R) effektiver aus. Dies erhöht die Verständlichkeit und Übersichtlichkeit.

3. Es werden **alle** möglichen Randbedingungen auf ihre Gültigkeit hin überprüft. Die Ausprägung der einzelnen Randbedingung wird **korrekt** erfaßt, wobei **inhaltliche Abhängigkeiten** ausgewertet werden. Z.B.: Vorschriften, die nur für ein bestimmtes Material gelten, brauchen nicht berücksichtigt werden, wenn dieses Material nicht verwendet wird.

4. Die formale wissensbasierte Beschreibung der Randbedingungen ermöglicht eine Reihe von **Analysen** und unterschiedliche **Dokumentationsformen**. Z.B.: Einhalten von Grenzwerten, Konsistenz zwischen den Forderungen, Aufbau verschiedener graphischer Darstellungen und die Generierung von natürlichsprachlichen Pflichtenheften aus vordefinierten Texthülsen.

Die inhaltlichen Prüfungen werden in Form einzelner voneinander unabhängiger **Analyseregeln** definiert. Eine solche Analyseregel überprüft z.B. die Verwendung von Kunststoff in Abhängigkeit von der zu erwartenden Temperatur. Polycarbonat ist eine besonders wärmeresistente Kunststoffart. Die Obergrenze liegt bei ungefähr 100°C. Ändert sich sich diese Obegrenze oder werden weitere geeignete Kunststoffe entwickelt, kann dies auf einfache Weise durch Ändern oder Hinzufügen von Analyseregeln in der Temperaturprüfung korrigiert werden. Die durch solche Analyseregeln definierten Prüfungen lassen sich ohne Schwierigkeit an die sich mit der Zeit ergebenden Weiterentwicklungen anpassen.

4. Darstellung von Randbedingungen

Allgemein muß bei Randbedingungen zwischen Anforderungen an bestimmte Merkmale (z.B. Qualitätseigenschaften) und Anforderungen an das Vorgehen im Projekt (Werkzeugeinsatz, Meilensteine, Inbetriebnahme usw.) unterschieden werden. **Eigenschaftsbezogene Randbedingungen** legen dabei die gewünschten Eigenschaftsausprägungen einzelner Automatisierungsfunktionen oder der gesamten Anlage fest. Diese können in Form von Maximalwerten, Minimalwerten oder einer Menge von möglichen Alternativen angegeben werden. **Vorgangsbezogene Randbedingungen** sind Anweisungen, z.B. in textueller Form, die generell für ein bestimmtes Projekt, erst ab einem bestimmten Zeitpunkt oder für eine einzelne Projektphase gelten.

Bild 2 zeigt das entwickelte Beschreibungsformat für Randbedingungen in einer vereinfachten Form. Mit den Sprachmitteln FRAME und ATTRIBUTE wurde in der Wissensrepräsentationssprache PATHOS ein Beschreibungsformat definiert, mit dem Randbedingungen der oben genannten Art in Form von:

GRENZWERT .... Festlegung von Unter- und/oder Obergrenzen
AUSWAHL .... Festlegung von Alternativen
ANWEISUNG .... Beschreibung des geforderten Vorgehens
und der ergänzenden Angabe von:
PARAMETER .... Einflüsse auf eine geforderte Eigenschaft
ZEITBEDINGUNG .. zeitliche Forderung an das Vorgehen

beschrieben und unter Verwendung der PATHOS-Sprachmittel RULE, STRATEGY und PROCEDURE ausgewertet werden können.

Eine auf diese Weise formal erfaßte Randbedingung liegt als INSTANCE vor und kann in Quellform auf einen File gesichert werden. Diese wissensbasierte Pflichtenheftbeschreibung wird durch ein regelbasiertes Transformationswerkzeug automatisch in eine halbformale Pflichtenheftbeschreibung umgeformt.

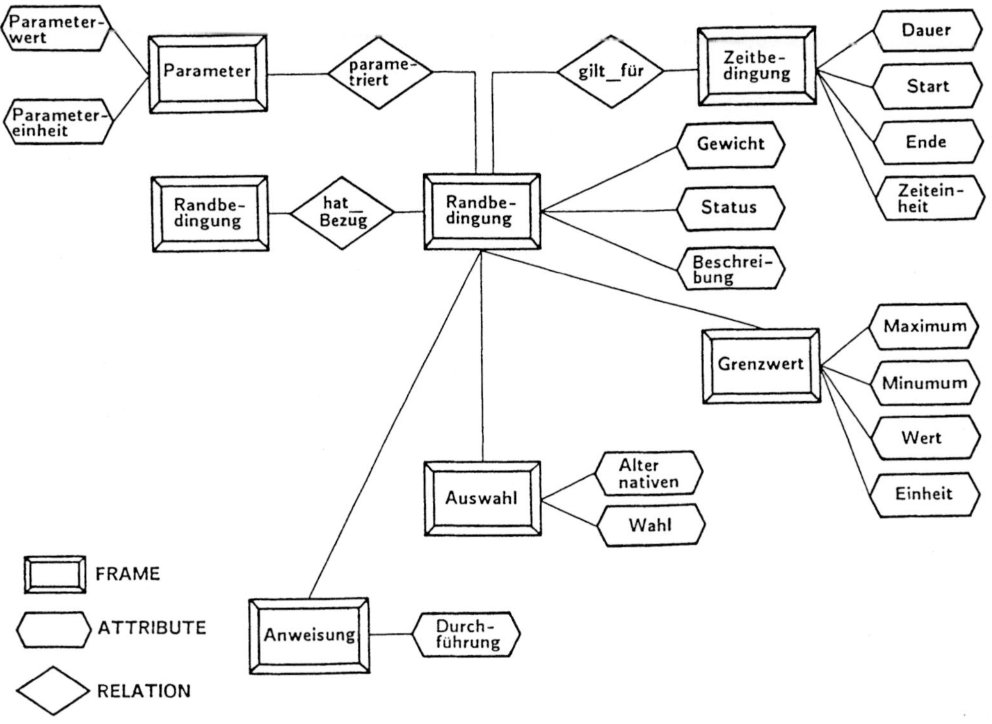

Bild 2 Beschreibung von Randbedingungen in PATHOS

Die Anwendung des entwickelten Beschreibungsformats soll an einem **Beispiel** veranschaulicht werden. Bei einer fiktiven Aufgabenstellung soll eine vorhandene Heizungsanlage um eine solare Brauchwasseranlage (Sonnenkollektoren auf dem Dach) erweitert werden. Neben funktionalen Anforderungen, die den Betrieb der Anlage festlegen, hat der Auftraggeber eine für ihn wesentliche Randbedingung genannt. Diese Randbedingung fordert, daß die gegenüber einer herkömmlichen Anlage entstehenden Kosten sich in zehn Jahren wieder amortisieren. Die Randbedingung wird durch drei Parameter beeinflußt:

1. die erhöhten Investitionskosten
2. die für solche Anlagen geltenden Steuererleichterungen
3. die sich ergebenden Betriebskostenersparnisse (Sonnenenergie)

Während sich die **Steuerersparnis** sofort angeben läßt, lassen sich **Energieeinsparung** und **Investitonskosten** endgültig erst nach Abschluß der Lösungskonzeption oder gar erst im Entwurf angeben. Die Regel **Berechne_Amortisationszeitraum** dient deshalb zur Überprüfung der eigentlichen Randbedingung **Amortisationszeitraum**, sobald die Werte der einzelnen Parameter bekannt sind. Die Beschreibung der vollständigen Randbedingung geschieht in der folgenden Weise:

```
INSTANCE Amortisationszeitraum OF Grenzwert
     Maximum 10
     Einheit "Jahre"
     Gewicht wesentlich
INSTANCEEND

INSTANCE Investitionskosten OF Parameter
     Parametereinheit "DM"
     Parametriert [Investitonskosten, Amortisationszeitraum]
INSTANCEEND

INSTANCE Steuerersparnis OF Parameter
     Parameterwert 750
     Parametereinheit "DM/Jahr"
     Parametriert [Steuerersparnis, Amortisationszeitraum]
INSTANCEEND

INSTANCE Energieeinsparung OF Parameter
     Parametereinheit "DM/Jahr"
     Parametriert [Energieeinsparung, Amortisationszeitraum]
INSTANCEEND

RULE Berechne_Amortisationszeitraum
USED-ON Grenzwert G, Parameter P1, Parameter P2, Parameter P3
PREMISES  NAME [G] = Amortisationszeitraum AND
          NAME [P1] = Investitionskosten AND
          Parameterwert [P1] KNOWN AND
          NAME [P2] = Steuerersparnis AND
          Parameterwert [P2] KNOWN AND
          NAME [P3] = Energieeinsparung AND
          Parameterwert [P3] KNOWN
CONCLUSION Wert [G] := Parameterwert [P1] /
           (Parameterwert [P2] + Parameterwert [P3])
RULEEND
```

Das hier gezeigte Problem der **Verflechtung** von verschiedenen Eigenschaften in einer Randbedingung ist sicherlich eine der Ursachen für die bisher mangelnde Betrachtung einer rechnergestützten Verarbeitung der Randbedingungen in Automatisierungsprojekten. Durch die Angabe einer Regel, die die einzelnen Parameter der eigentlichen Randbedingung offenläßt, ihren Zusammenhang aber präzise beschreibt, wurde eine Möglichkeit geschaffen, solche Beziehungen zu beschreiben und rechnergestützt auszuwerten. Die Regel **Pruefe_Maximum** gilt für alle Grenzwerte mit angegebener Obergrenze und prüft die Erfüllung dieser Randbedingung:

```
RULE Pruefe_Maximum
USED-ON   Grenzwert G
PREMISES  Wert [G] <= Maximum [G]
CONCLUSION Status [G] := erfuellt
RULEEND
```

Beziehungen zwischen den Randbedingungen (z.B. ersetzt, erfüllt, erweitert, beeinflußt, ist_eine_Art, setzt_voraus), wie sie teilweise in [Koch85] untersucht wurden, oder zeitliche Beziehungen (z.B.

kommt_nach) werden mit Hilfe des PATHOS-Objekts RELATION festgehalten. Solche Beziehungen lassen sich in Diagrammen veranschaulichen. Neben der textuellen Beschreibung werden aus diesem Grund graphische Darstellungen generiert und in das Pflichtenheft eingefügt. Das regelbasierte Transformationswerkzeug erzeugt dazu formale EPOS-S/-P-Spezifikationen (Systementwurf und Projektmanagement), mit der die Dokumentationswerkzeuge EPOS-D/-M Relationen-Diagramme, Hierarchie-Diagramme oder Netzpläne erzeugen.

5. Berücksichtigung von Randbedingungen im Systementwurf

Ein Pflichtenheft, das die gültigen Randbedingungen in einer vollständigen und widerspruchsfreien Form enthält, kann für den Erfolg eines Automatisierungsprojektes entscheidend mitverantwortlich sein. Dabei wird vorausgesetzt, daß die darin enthaltenen Forderungen beachtet und erfüllt werden. Eine Verfolgung der Randbedingungen durch den Rechner **über die Phase der Pflichtenhefterstellung hinaus** erleichtert die Beachtung und Kontrolle im Entwurf, Implementierung und Test. Im beschriebenen Verfahren werden Randbedingungen durch die Zuweisung von verschiedenen Zuständen über die einzelnen Projektphasen verfolgt. Es gibt folgende vordefinierte Zustände:

gültig Die Randbedingung wurde in das Pflichtenheft aufgenommen.
referenziert Im Entwurf wurde die Randbedingung als erfüllt gekennzeichnet.
überprüft Die im Entwurf beachtete Randbedingung wurde durch einen Test überprüft.
erfüllt Das festgestellte Ergebnis entspricht der Forderung im Pflichtenheft.

Neben der in EPOS bereits möglichen formalen Quittierung der im Pflichtenheft festgehaltenen Forderungen wurde eine zusätzliche Möglichkeit geschaffen, die es erlaubt die Ausprägung einer Eigenschaft anzugeben, um damit rechnergestützt die Erfüllung einer gültigen und formal beschriebenen Randbedingung zu überprüfen. Spätestens aber bei der Abnahme der Automatisierungsanlage wird die Erfüllung der Randbedingung im Dialog mit dem Abnahmeteam geprüft.

6. Beispiel

Für das Beispiel wurde ein Ausschnitt aus der Heizungsanlagen-Verordnung vom 22.9.78 [Böhm82] gewählt. Mit Hilfe des Paragraphen 3 soll das oben beschriebene Vorgehen veranschaulicht werden:

§3 Begrenzung der Abgasverluste

(1) Wärmeerzeuger für den Einsatz flüssiger oder gasförmiger Brennstoffe sind so zu errichten und erstmalig einzustellen, daß ihre Abgasverluste, bezogen auf die jeweilige Feuerleistung, die nachfolgenden Vom-Hundert-Sätze nicht überschreiten:

Nennwärmeleistung des Wärmeerzeugers	Abgasverluste
über 4 kW bis 25 kW	14 v.H.
über 25 kW bis 50 kW	13 v.H.
über 50 kW bis 120 kW	12 v.H.
über120 kW	11 v.H.

Für die Berechnung der erstmaligen Einstellung ist die Mess- und Berechnungsmethode der Anlage 1a der Ersten Verordnung zur Änderung der Ersten Verordnung zur Durchführung des Bundes-Immissionsschutzgesetzes vom 22.September 1978 (BGBl. I S 1574) maßgebend.

(2) Absatz 1 gilt nicht für Wärmeerzeuger mit einer Nennwärmeleistung
1. bis 28 kW, wenn sie ausschließlich der Brauchwasserbereitung dienen;
2. bis 11 kW, wenn sie der Beheizung eines Einzelraumes dienen.

Diese Vorschrift wird in einzelne Regeln zerlegt. Eine dieser Regeln lautet in PATHOS:

```
RULE abgasverluste_1
  USED-ON: Heizungsanlage H
  PREMISES:  (Brennstoff [H] IS gasfoermig OR
              Brennstoff [H] IS fluessig) AND
              Nennwaermeleistung [H] > 4 AND
              Nennwaermeleistung [H] <= 25 AND
              NOT Brauchwasseranlage IS ausschliesslich AND
              NOT Einzelraumbeheizung IS TRUE
  CONCLUSION: Abgasverluste [H] := 14.0
RULEEND
```

Im Verlaufe der Konsultation werden die Eigenschaften der Anlage erfragt und die Gültigkeit der Vorschrift überprüft. In diesem Beispiel muß die Obergrenze der Abgasverluste in Abhängigkeit der Nennwärmeleistung ermittelt werden und als Randbedingung vom Typ GRENZWERT festgehalten werden. Mit Ende der Konsultation liegt z.B. folgende Randbedingung in PATHOS vor:

```
INSTANCE Abgasverluste OF Grenzwert
    Maximum 14.0,
    Einheit "%",
    Gewicht notwendig,
    Status gueltig
INSTANCEEND
```

Aus dieser wissensbasierten Beschreibung kann in einem nächsten Schritt eine EPOS-R-Spezifikation für ein Pflichtenheft generiert werden. In EPOS-R wird die Randbedingung "Abgasverluste" mit Hilfe eines formalen Einschubs festgehalten:

```
CONSTRAINT 123 (1):
<MAXIMUM, NOTWENDIG, HEIZANLV>
"Das MAXIMUM von ABGASVERLUSTE ist festgelegt auf 14.0 %."
```

Die Kennung "123 (1)", die Kategorien "MAXIMUM, ..", der Text, der Maximalwert "14" und die Einheit "%" wurden aus der PATHOS-Beschreibung in eine syntaktisch korrekte EPOS-R-Beschreibung transformiert. Die unter Verwendung von Texthülsen gebildeten Sätze sind künstlich und nicht unbedingt elegant. Trotzdem haben solche natürlichsprachlichen Texte den Vorteil von **allen** Projektbeteiligten verstanden zu werden.

Die im Entwurf berücksichtigten Randbedingungen werden durch eine FULFILS-Angabe quitiert. Dies führt zu folgender Instanz:

```
INSTANCE Teilentwurf-1 OF Entwurf
     Beruecksichtigt 123
INSTANCEEND
```

Durch entsprechende Regelanwendungen werden damit die Zustände der korrespondierenden Randbedingungen verändert. In diesem Fall kann erst mit Abschluß des Projekts die geforderte Eigenschaft überprüft, d.h. gemessen werden. Nach der Abnahmeprozedur liegt dann im Beispiel für die Randbedingung **Abgasverluste** folgendes Ergebnis in PATHOS vor:

```
INSTANCE Abgasverluste OF Grenzwert
     Wert 12.0,
     Maximum 14.0,
     Einheit "%",
     Gewicht notwendig,
     Status erfuellt
INSTANCEEND
```

Literatur

[Böhm82] Böhme, H.: Berechnung von Warmwasser-Heizungen. Udo Pfriemer Verlag München, 1982, Anhang (2)

[Brom87] Brombacher, M.: Expert System to Generate Requirements Specifications for Control of Chemical Processes. IFAC'87, 10th World Congress on Automatic Control, July 27-31 1987, Munich

[BuFi86] Burger, R., Fischer, M.: An Expert System for Project Organization GPM/INTERNET International Symposium 1986

[Gott87] Gottfried, G.: Ein Prototyp bei der DB für die Anwendung von Betriebsvorschriften Oldenbourg-Verlag 1987, State of the Art 3, S.48-52

[Koch85] Koch, G.: Requirements Engineering für Echtzeitsysteme. Tagungsband Jahrestagung Regelungstechnik, Boppard 1985

[LaPe87] Lauber, R., Permantier, G.: A Knowledge Representation Language for Process Automation Systems IFAC'87, 10th World Congress on Automatic Control, July 27-31 1987, Munich

[Laub85] Lauber, R. (Herausgeber): EPOS-Einführung. IRP, Pfaffenwaldring 47, 7000 Stuttgart 80

[WaLa87] Wagner, B., Lauber, R., Beutler, K., Gauger, J., Hampp, A., Permantier, G., Poncin, H., Seckler, J.: Der Projekt-Advisor: Ein wissensbasiertes Werkzeugsystem zur Rechnerunterstützung bei Automatisierungsprojekten. TAE Esslingen, 2.Kolloquium Software-Entwickl.systeme und -Werkzeuge, 8.-10.9.87

Objektorientierte Wissensrepräsentationen in der Prozeßleittechnik[1)]
Object-Oriented Knowledge Representations in Process Control Environments

Dr. W. Ahrens
Bayer AG
Leverkusen

Summary

The object oriented paradigm appeared with SIMULA (1967), but is mainly known from SMALLTALK (1972). It becomes more and more dominant and we will try to show, that it is well suited for modelling complex application domains. Concept-taxonomies, classes, behaviors, inheritance rules and message passing are the key words of this programming style. On the other hand some remarkable structuring principles are well discussed in the last few years inside the process control community: the so-called **phase-model of a chemical production line** shows the causal structure of unit operations. The **recipe** as a central data and knowledge representation scheme is another fundamental element of a knowledge based process control system.

Zusammenfassung

Der objektorientierte Programmierstil kam mit SIMULA (1967) auf, ist aber vor allem durch SMALLTALK (1972) bekannt geworden. Seine Bedeutung wächst ständig, und wir versuchen aufzuzeigen, daß er geeignet ist, komplexe Anwendungsfelder zu modellieren. Konzept-Taxonomien, Klassen, Methoden, Vererbungsregeln und Nachrichtenaustausch sind die Schlüsselworte dieses Programmierstils. Auf der anderen Seite sind einige bemerkenswerte Strukturierungsprinzipien innerhalb der Prozeßleittechnik in den letzten Jahren diskutiert worden. So zeigt das **Phasenmodell einer verfahrenstechnischen Produktion** die kausalen Strukturen von verfahrenstechnischen Einheiten auf. Das **Rezept** als die zentrale Daten- und Wissensstruktur ist ein anderes fundamentales Element eines wissensbasierten Prozeßleitsystems.

---

1) Die dieser Veröffentlichung zugrunde liegenden Arbeiten wurden mit Mitteln des Bundesministers für Forschung und Technologie gefördert (Technische Expertensysteme zur Dateninterpretation, Diagnose und Prozeßführung (TEX-I-Projekt), Kennzeichen ITW 8503C6). Der Bundesminister für Forschung und Technologie übernimmt keine Gewähr für die Richtigkeit, die Genauigkeit und Vollständigkeit der Angaben sowie für die Beachtung privater Rechte Dritter.

Einleitung

Die Prozeßleittechnik steht im Mittelpunkt zweier Entwicklungen, die sich durch hohe Komplexität, hohe Innovation, steigenden Anforderungen und große Dynamik auszeichnen. Auf der einen Seite sieht sich die Prozeßleittechnik steigenden Anforderungen an die Sicherheit verfahrenstechnischer Prozesse gegenüber, sowie einem geschärften Umweltbewußtsein, Verknappung von Rohstoffen und einer drastischen Verkürzung der Produktlebenszyklen (vergl. **Brombacher, Polke (1987)**). Die Betriebe verlangen zunehmend nach einfachen, robusten, flexiblen und doch preiswerten Betriebsmitteln. Auf der anderen Seite sind rasante Entwicklungen einer hochkomplexen DV-Technologie zu adaptieren und umzusetzen. Hierzu zählen Entwicklungen von der zentralen Leitechnik hin zu einer verteilten Systemtechnik, Mikro-Prozessor-gestützten Betriebsmitteln und Kommunikationssysteme. Zwischen dem Erkennen zukunftsträchtiger Konzepte und Ideen, ihrer Aufnahme und Umsetzung und einer notwendigen Standardisierung ist ein pragmatischer Weg schwierig zu finden. Einerseits müssen bewährte Konzepte gepflegt werden, dies ist auch eine Frage der Sicherheit in der Beherrschbarkeit komplexer Technologien, andererseits darf Standardisierung nicht den Fortschritt behindern.
Stellt man die Fortschritte in **Hard- und Software** gegenüber, so erkennt man, daß die Errungenschaften in der Hardware ungleich mächtiger und durchschlagender waren, als die in der Softwaretechnologie. Vieles hat sich in der Vergangenheit dadurch lösen lassen, daß man auf die nächste Generation von Systemen wartete. Mit dem Salonfähigwerden von Methoden und Techniken der **Künstlichen Intelligenz (KI)** stellt sich erstmals eine Softwaretechnologie der Prüfung durch die Anwendung. Die Beschäftigung mit diesen Konzepten ist notwendig, auch wenn Standards noch weit entfernt sind, eine in sich stimmige Methodologie noch nicht in Sicht ist und selbst die am Markt befindlichen Produkte ihren Reifegrad noch nicht erreicht haben.
Wenn man also heute noch nicht sagen kann, was von den Methoden, Techniken. und Werkzeugen Bestand haben wird, so zeichnet sich doch der objekt-orientierte Programmierstil, eine in der Evolution der Programmiersprachen stehende Stilrichtung, als tragfähiges Konzept ab.
Im Mittelpunkt der folgenden Ausführungen steht der Entwurf eines **Fachkonzeptes** für gehobene Diagnose- und Prozeßführungsaufgaben auf der benutzernahen fachsprachlichen (semantischen) Ebene. Im Rahmen einer Gesamtmethodologie für den systematischen Aufbau der begrifflichen Zusammenhänge wird gezeigt wie der **Begriffskalkül** (semantisches Datenmodell genannt) auf die Begriffswelt der Prozeßleittechnik angewendet zur Rekonstruktion des Gegenstandsbereiches herangezogen werden kann. Basierend auf den Ausführungen von Ortner (vergl. **Ortner (1985)**) wird gezeigt, daß ein solche Fachkonzept abgeleitet werden kann durch:

- Einteilung des Gegenstandsbereiches in Teilklassen über Fachbegriffe.

- Rekonstruktion der Beziehungen innerhalb und zwischen Teilklassen. Dies führt zu den Objekttypen.

- Vervollständigung des Entwurfs durch Angabe sämtlicher Attribute eines Objekttyps, ihrer Wertebereiche und Integritätsbedingungen.

Der aus dem Datenbankentwurf entlehnte Ansatz ist um die Möglichkeit des objektorientierten Ansatzes zu erweitern, insbesondere im Hinblick auf die Anbindung prozeduraler Aspekte (procedural attachement) und des Nachrichtenaustausches. An dieser Stelle bietet der neue Ansatz tatsächlich auch qualitativ mehr, als nur eine

Abbildung eines Fachkonzeptes mit anderen Mitteln: Die Einbindung von Diagnose- und Prozeßführungsstrategien, wie sie in der Erfahrungswelt des Prozeßbedieners existieren, ist mit diesen Mitteln möglich. Es ist klar, daß dies hier nur andeutungsweise dargestellt werden kann.
Für die Begriffsdiskussion innerhalb der Prozeßleittechnik ist es von Bedeutung, daß der Begriffskalkül die Chance bietet Begrifflichkeit nicht nur zu definieren, sondern abzuleiten. Damit ist ein Rekonstruktionsprozeß gegeben, der eher in der täglichen Praxis nachvollzogen werden kann, als eine abstrakte meistens verbale Definition: *ein Steuerrezept ist ....*
Solche verbalen Definitionen sind schwierig nachzuvollziehen, vor allem wenn sich in der Gesamtheit der Begriffe Unsauberkeiten und Ungenauigkeiten eingeschlichen haben.

1. Der Begriffskalkül

Die grundlegende Annahme ist die bereits in der Scholastik (der vorherrschenden Wissenschaftslehre des Mittelalters) vertretene These, daß alle Begriffsbildung entweder auf der Vergleichung (Komparation) und/oder auf der Verbindung (Kombination) von Gegenständen bzw. den Begriffen dieser Gegenstände beruht. So faßt man unter dem Begriff **Abstraktion** alle jene Konstruktionshandlungen zusammen, die auf einer Äquivalenzrelation basieren. Dabei muß man unterscheiden zwischen der vollkommenen Übereinstimmung der Gegenstände bei gleichzeitiger Verschiedenheit der Begriffe (z.B. ABENDSTERN ≡ MORGENSTERN) und der Parität zwischen Gegenständen, die unter ein und denselben Begriff fallen (z.B. PAUL und ERNA im Hinblick auf den Begriff MENSCH) bzw. zwischen Begriffen, die untergeordnete Begriffe eines Oberbegriffes sind (z.B. MENSCH und TIER im Hinblick auf den Begriff LEBEWESEN). Unter **Komposition** versteht man jene Konstruktionshandlungen, die entweder auf einer Interdependenzrelation zwischen den Teilbegriffen eines ganzen Begriffes (z.B. ein ANZUG besteht aus einer JACKE, einer HOSE und einer WESTE) oder einer Inhärenzrelation zwischen einem Teilbegriff und dem dazugehörigen ganzen Begriff beruhen. Letztere können entweder als Partizipativrelation (z.B. ein ANZUG hat eine Farbe) oder als Possesivrelation (z.B. zu einem ANZUG gehört eine HOSE) auftreten. In einem pragmatischen Ansatz für den Datenbankentwurf schlägt Ortner weiterhin folgendes Instrumentarium vor:

1. Prädikation bzw. Klassifikation:

Je nachdem, ob wir an einzelnen Gegenständen exemplarisch oder generell an Gegenstandsmengen einen Begriff einführen, sprechen wir von Prädikation bzw. von der Klassifikation als Konstruktionshandlung. In der KI sind dies die *Instanzen* und die *Klassen.*

2. Inklusion:

Hier handelt es sich um ein Verfahren zur Bildung von Gattungsbegriffen aus Artbegriffen (Generalisierungen) oder umgekehrt zur Bildung von Artbegriffen aus einem Gattungsbegriff (Spezialisierung). (Beispiel: KUNDE und LIEFERANT sind Artbegriffe, GESCHÄFTSPARTNER ist der Gattungsbegriff)

3. Konnexion:

Bei der Konnexion werden Teilbegriffe zu einem komplexen ganzen Begriff oder Objekttyp verbunden, in dem jeder Teilbegriff eine spezifische Funktion im Hinblick auf das Funktionieren des begrifflichen Ganzen zu

erfüllen hat.
(Beispiel: KUNDE, ARTIKEL und DATUM werden zu dem komplexen Objekttyp AUFTRAG zusammengefaßt. Der AUFTRAG selbst kann wieder durch die Attribute BESTELLMENGE, LIEFERTERMIN, etc. beschrieben werden.)

4. Aggregation:

Aggregate entstehen durch Zusammenfassung von gleichen oder verschiedenen Gegenständen zu einem relativ einheitlichen Ganzen. (Beispiel: Fußballmannschaft, Schiffskonvoi etc.)

In der Literatur sind weitere verwandte Ansätze nachzulesen (vergl. **Smith, Smith (1977), Codd (1979), Chen (1980), Hammer, Mcleod (1981)**).

2. Programmierstile

Zum Verständnis des objekt-orientierten Programmierstils sind einige Klarstellungen hilfreich. Nach Stoyan (vergl. **Stoyan (1986)**) unterscheiden wir *Programmiermethoden, Programmierstile, Verarbeitungsmodelle* und *Programmiersprachen.*
Programmiermethoden leiten den Programmierer bei der Programmerstellung. So besagt z.B. die *Methode der Strukturierten Programmierung* , daß man zuerst das Programm top-down zu entwerfen habe und dann, auf dem Rückweg, die Datenstrukturen synthetisieren muß. Einem fertigen Programm sieht man i.a. die Methode seiner Herstellung nicht an. Dagegen spricht man von einem **Programmierstil**, wenn sich in einem fertigen Programm bestimmte Stilelemente finden lassen. Was dies sein könnte, müssen wir noch diskutieren. Es stellt sich die Frage, was einen Programmierer dazu bringt, einen bestimmten Programmierstil einzuführen. Ein Programmierstil basiert auf einer (möglicherweise spekulativen) Vorstellung von einem **"Rechner"** (einem **"Verarbeitungsmodell"**), der die Programme abarbeiten soll. Das *konventionelle Verarbeitungsmodell* (der von-Neumann Rechner) geht von der Vorstellung aus, daß sequentiell Aktionen, die den Maschinenzustand verändern, ausgeführt werden. Das *allgemeine funktionale Verarbeitungsmodell* geht von dem mathematischen Funktionsbegriff aus. Funktionen in diesem Sinne sind eindeutige Abbildungen von einem Definitionsbereich in einen Wertebereich. Dem "Rechner" werden z.B. Funktionsnamen mit Argumenten übergeben, er liefert Werte zurück. Das *allgemeine relationale Verarbeitungsmodell* geht vom mathematischen Relationsbegriff aus. Relationen in diesem Sinne sind Teilmengen von Produkten aus mehreren Mengen. Dem "Rechner" werden Relationsnamen mit Argumenten übergeben. Er liefert einen bestimmten Wert z.B. True zurück. Der *allgemeine Problemlöser* verarbeitet Problemspezifikationen. Ein Problem wird in einer bestimmten Art beschrieben und der Problemlöser produziert eine Lösung. **Programmiersprachen** sind formale Systeme, die ein bestimmtes Verarbeitungsmodell widerspiegeln. Programmiersprachen können bestimmte Programmierstile unterstützen oder behindern.
Drei Begriffe stehen also in engem Bezug:

- das Verarbeitungsmodell
- der Programmierstil
- die Programmiersprache.

Die bekanntesten Programmierstile sind:

- **der prozedurale Programmierstil:**

Stilelemente: Anweisungen (Sequenz, Iteration, Alternative)
ihn unterstützende Sprachen: alle "algorithmischen" Sprachen wie FORTRAN, PL/1, Pascal etc.

- **der funktions-orientierte Programmierstil:**

  Stilelemente: Funktionen
  ihn unterstützende Sprachen: LISP, APL

- **der logik-orientierte Programmierstil:**

  Stilelemente: Hornklauseln
  ihn unterstützende Sprache: PROLOG

- **der regel-orientierte Programmierstil:**

  Stilelemente: Produktionsregeln
  ihn unterstützende Sprache: OPS5

- **der objekt-orientierte Programmierstil:**

  Stilelemente: kommunizierende Objekte, Klassenbegriff, Vererbung etc.
  ihn unterstützende Sprachen: SmallTalk, Flavor, CommonLOOPS, C++ etc.

- **der hybride Programmierstil:**

  Stilelemente: aus den jeweils integrierten Stilrichtungen
  ihn unterstützende Sprachen: Sprachen in den Systemen KEE, ART, Knowledge Craft, BABYLON, NEXPERT etc.

Zur Abbildung des komplexen Wissens zur Unterstützung der Prozeßführung ist ein hybrider Programmierstil zwingend notwendig (vergl. **Ahrens (1987)**). Dieser hybride Programmierstil wird ganz entscheidend von dem objekt-orientierten Programmierstil getragen.
Die objektorientierte Programmierung hat sich als ein außerordentlich mächtiges Instrument herausgestellt (vergl. z.B. **Stoyan (1986), Steusloff (1986), Stender (1987)**). Prozedurale Sprachen bieten heute schon objekt-orientierte Erweiterungen. (vergl. z.B. C++). Die wesentlichen Konzepte dieses Programmierstils sind:

- objektzentrierte Sichtweise

  Im Mittelpunkt der Betrachtung stehen nicht die Funktionen (einer Anwendung), sondern die realen oder abstrakten Objekte der Anwendungsdomäne:

  - Produkte
  - Anlagenteile

- Aktoren
- Sensoren etc.

Die Objekte werden durch eine Liste von Attributen mit entsprechenden Wertebelegungen beschrieben.
Aggregierte Objekttypen sind solche, die Objekte unterschiedlicher Kategorien zu neuen Objekten zusammenfassen. Z.B. wird in einem Rezept eine bestimmte Beziehung zwischen den Objekttypen "Produkt" und "Anlage" hergestellt.

- Klassenkonzept, Instanzbegriff

  Die Beschreibungsschemata gelten für eine ganze *Klasse* von Objekten (Synonym: Klasse, Objekttyp). Die konkreten Objekte eines gegebenen Problems heißen *Instanzen* der Klasse. Instanzen erben die Eigenschaften der dazugehörenden Klasse. Klassen heißen deshalb auch *generische* Objekte.

- Konzept-Taxonomien, Vererbungsmechanismen

  Klassen lassen sich durch Abstraktion zu höheren Klassen zusammenfassen. Vererbungsregeln lassen sich über alle Klassen hinweg definieren. Dabei können auch aus mehreren Klassenhierarchien Informationen vererbt werden. Beispiel: Abbildung der apparateneutralen Grundoperation auf die apparateabhängige Phase durch Umrechnung der Ansatzmenge auf die aktuelle Ansatzgröße, Mengenkorrektur aufgrund von Analysendaten etc..

- procedural attachement

  Neben den statischen Eigenschaften einer Klasse lassen sich auch Methoden, Prozeduren an eine Objektklasse binden. Während im prozeduralen Programmierstil *Funktionen Daten* manipulieren, ist es hier umgekehrt: Objekte "besitzen" Funktionen. Dieses Objekt/Funktionsverständnis hat sich bis auf die Benutzeroberfläche moderner Workstation und PC durchgesetzt: An der Benutzeroberfläche gibt es graphische Bilder (Icons) der Objekte z.B. Textdokumente, Graphiken, Ordner, Schreibtisch, Papierkorb etc. Nach Auswahl eines Objektes steht fest, welche Funktionen auf ihm definiert sind, und die Menues stellen sich automatisch darauf ein.

- Nachrichtenaustausch

  Zur Herbeiführung einer Problemlösung tauschen die Objekte untereinander Nachrichten aus. Mit der Nachricht wird dem Objekt gesagt, welche Dienstleistung es zu erbringen hat d.h. welche Methode oder Prozedur es anzuwenden hat. Das sendende Objekt hat jedoch keine Kenntnis wie diese Methode intern arbeitet. Die Funktion ist lokal bzgl. des Objektes (information hiding).

Übertragen auf unser Anwendungskonzept heißt dies, daß wir entsprechend unserer Objekthierarchien Klassen definieren müssen. Weiterhin definieren wir statische wie dynamische Eigenschaften, Konzept-Taxonomien, etc.). Höher aggregierten Objekten ordnen wir umfassendere Modelle zu. Jedem Objekt (Objektklasse) ist neben der Repräsentation in der Wissensbasis gegebenenfalls ein graphische Repräsentation zugeordnet. Wir gehen hierauf gesondert ein. Da wir im Sinne des *rapid prototyping* und des *inkrementellen Wachstums* von Wissensbasen vorgehen, ist es nicht notwendig das Objektkonzept zu Beginn der Implementierung bereits vollständig präsent zu haben. Erweiterungen sind jederzeit möglich, ohne daß die Gesamtarchitektur dadurch in Frage gestellt wird.

3. Entwurf eines Fachkonzeptes für eine gehobene Prozeßführung

Ziel eines Fachkonzeptes für ein gehobenes, wissensbasiertes Prozeßführungssystem muß es sein, das ***Verfahren*** qualitativ wie quantitativ über die einzelnen Verfahrensstufen hinweg abzubilden, um von der einfachen Signalverarbeitung weg zur **Verarbeitung des Wissens über ein Verfahren** zu kommen. Hierbei muß man sich der Begriffswelt der Anwender bedienen. Das Erfahrungswissen der Betreiber ist an geeigneten Stellen einzufügen.
Die Ausführungen orientieren sich an der Begriffs- und Darstellungswelt, wie sie in der DIN 28004, Teil 1 und 10, DIN 19243, Teil 2, dargelegt sind und im Rahmen der NAMUR (Normenarbeitsgemeinschaft für Meß- und Regeltechnik in der Chemischen Industrie) zur Zeit diskutiert werden (vergl. **Brombacher, Polke (1987), Uhlig (1987)**).

Wird eine Anlage durch die Lösung der **verfahrenstechnischen** Aufgabe, durch die Lösung der **apparativen** Aufgabe und durch die Lösung der **Prozeßführungsaufgabe** (verstanden als Summe aller Steuerungs-, Regelungs-, Sicherungs- und Diagnoseaufgaben) beschrieben, dann wird klar, daß es drei Themenbereiche zu modellieren gilt:

- das Verfahren,
- die verfahrenstechnische Anlage,
- die Prozeßführung.

Entscheidend für das Gelingen dieses Vorhabens wird es sein, eine geeignete Abstraktionsebene zu finden, die es erlaubt die Modellbildung in endlicher Zeit abzuschließen, und zwar so, daß weder triviale, noch zum Prozeßleitsystem konkurrierende Aufgaben modelliert werden.

3.1 Das Verfahren

Das Verfahren läßt sich in Anlehnung an die Begriffe der DIN 28004, Teil 10, unterteilen in:

- Verfahrensbereich
- Verfahrensabschnitt
- Grundoperation

Bis auf die Ebene der Verfahrensabschnitte stellt das *Phasenmodell der Produktion* (vergl. **Polke (1985)**) die graphische Repräsentation des Kausalgefüges dar.
Das Phasenmodell zeigt das Verfahren in seinen wichtigsten Verfahrensabschnitten (siehe Bild 1), es lehnt sich an das Grundfließbild der DIN 28004, Teil 1, an, legt jedoch die Betonung auf die Ein- und Ausgangsstoffe mit ihren qualitätsbestimmenden Merkmalen. Beide Darstellungen sind der Ebene der *intensionalen* Modelle zuzuordnen. Auf der Ebene der Grundoperationen kommen zeitliche Beziehungen zum Tragen, eine entsprechende graphische Darstellung fehlt jedoch.
Neben der Topologie des Verfahrens, seinen kausalen und zeitlichen Bezügen, ist eine weitere Beschreibungsform notwendig, das **Rezept.**

3.2 Das Grundrezept

Von alters her wird das *Rezept* von der Hausfrau wie vom Chemiker als zentrale Repräsentation der Stoffumwandlung benutzt. Zwei wesentliche Teile bestimmen ein Rezept:

- die einzusetzenden Stoffe
  und
- die vorzunehmenden Handlungen.

Beide kann man den Erkenntnissen moderner Verfahrenstechnik und den Herausforderungen unserer Industriegesellschaft folgend auf vielfältige Weise z.B. um qualitäts-, sicherheits- und umweltrelevante Fragestellungen ergänzen und erweitern. Eine solche Rezeptstruktur ist z.B. bei Polke (vergl. **Polke (1985)**) beschrieben (siehe Bild 2).

Führt man nun das Rezept als zentrale Wissensrepräsentation zur detaillierten, ergänzenden Beschreibung neben der Kausalstruktur des Phasenmodells ein, so ist es ebenfalls zu hierarchisieren. Dabei verliert es seinen Charakter der Beschreibung einer Stoffumwandlung. Die "höheren" Rezepte beschreiben gerade die Kausalstrukturen, in die die "niederen" Rezepte eingebunden sind. Das Grundrezept ist - dies ist für Betrachtungen weiter unten wichtig - apparateunabhängig definiert.

3.3 Die verfahrenstechnische Anlage

Die verfahrenstechnische Anlage läßt sich nach DIN 28004 gliedern in

- Anlagenbereich
- Teilanlage
- Anlagenteil

Das *R+I-Fließbild* (vergl. DIN 28004, Teil1) stellt eine wichtige graphische Repräsentation der Anlage dar. Weitere graphische Dokumente sind *Konstruktionszeichnungen, Fertigungszeichnungen, Aufstellungspläne* etc.. *Datenblätter* beschreiben Apparate in ihren relevanten Attributen.

Die heutigen Prozeßleitsysteme zeigen, dies ist symptomatisch, an der Benutzeroberfläche ein hierarchisiertes R+I-Fließbild. Daran wird deutlich, daß Prozeßleitsysteme **nicht** das Verfahren abbilden, sondern die apparative Ausstattung. Implizit, insbesondere über Schwellwertlogik, sind verfahrenstechnische Gesichtspunkte angesprochen. Diese in sog. *Sicherheitsebenen* sich darstellende Sicherheitskozept

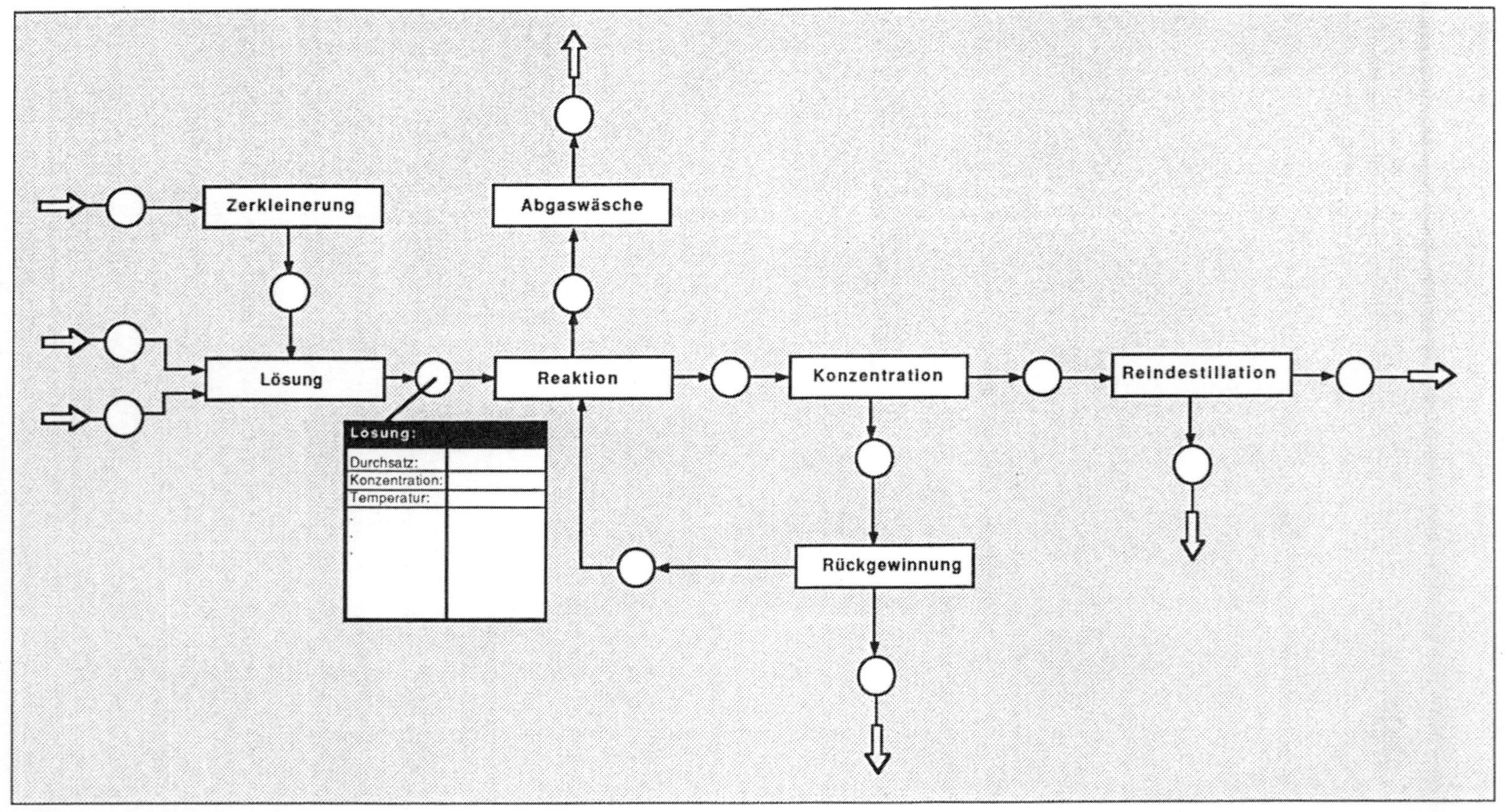

Bild 1: Phasenmodell der Produktion

Rezeptkopf
Grundrezepturnummer Produkt-Nummer Bearbeiter Kennzeichen der Version Erstellungs- und Änderungsdaten Apparateanforderungen
Einsatzstoffliste
Produkt-Nummer Menge (normiert) Stoffidentifikation Gesamteinsatzmenge je Stoff Normansatz (Summe der Einsatzmengen minus Verlustmenge) Theoretische Ausbeute Qualitätsmerkmale
Apparateanforderungen
Zulässige Apparatetypen Kapazität Kühlvolumen
Verfahrensvorschrift
Grundoperationen (Beispiele) Dosieren, Rühren Parameter (Beispiele) Teileinsatzmengen einer Komponente Soll- und Grenzwerte für physikalische Größen Zeiten Verknüpfung Reihenfolge Ablauforganisation (Abläufe nacheinander und/oder gleichzeitig)

Bild 2: Struktur eines Grundrezeptes (aus **Uhlig (1987)**)

(vergl. z.B. **König (1987)**) ist nicht Gegenstand dieser Ausführungen.

Die Abbildung einer Anlage in all ihren extensionalen Ausprägungen dürfte nicht möglich sein, es scheint auch nicht nötig zu sein. Man wird also nur die Objekte abbilden, die mit ihren Parametern für die Prozeßführungsaufgabe von Bedeutung sind. Besondere Bedeutung besitzen die Sensoren und Aktoren, weil über diese die Verknüpfung zur prozeßleittechnischen Welt gegeben ist.

3.4 Die Prozeßführungsaufgabe

Die Prozeßleittechnik bildet das Verfahren (in Mehrproduktbetrieben die Verfahren) informationstechnisch gesehen auf einen Teil der verfahrenstechnischen Anlage ab. Hinzutreten eine Reihe von zusätzlichen sicherheitsrelevanten Aufgabenstellungen.

Ausgangspunkt für das Fachkonzept sind die hierarchischen Kausal- und Rezeptstrukturen des Verfahrens, wie wir sie in den vorangegangenen Kapiteln diskutiert haben.

Gegenüber der Hierarchie des Verfahrens, die bei den Grundoperationen und den dazu gehörenden Ablaufstrukturen abbricht, müssen die Kausal- und Rezeptstrukturen der prozeßleittechnischen Seite eine Ebene tiefer geführt werden, um die aktuellen Quellen und Senken, die Flußwege und die Erfassung der Sensordaten und die Ansteuerung der Aktoren zu ermöglichen. Zur begrifflichen Unterscheidung wird als Pendant zum *Grundrezept* der Begriff des *Steuerrezeptes* (vergl. **Brombacher, Polke(1987)**) benutzt. Das Steuerrezept läßt sich unterteilen in:

- Bereichsrezept
- Teilrezept
- Phase

Das Steuerrezept ist die Abbildung des Grundrezeptes auf eine Anlage. Sie entsteht aus dem Grundrezept durch folgende Anpassungen (für Chargenprozesse) (vergl. **Uhlig (1987)**):

- Zuordnung der Apparatur
- Umrechnung der Ansatzmenge auf die aktuelle Ansatzgröße
- Mengenkorrektur aufgrund von Analysendaten
- Ergänzungen um Operationen, die nicht verfahrensbestimmend sind.

Entsprechend sind die Phasen (DIN 19243, Teil 2) das steuerungstechnische Abbild der verfahrenstechnischen Grundoperationen.

Als graphische Repräsentation der Ablauflogik auf niederer Ebene hat sich der **Funktionsplan** durchgesetzt, der einem Normungsverfahren unterliegt (vergl. DIN 40719, Teil 6, DIN IEC 3B(sec) 40) .

3.5 *Zusammenfassung*

Das Fachkonzept läßt sich in drei Objekthierarchien beschreiben. Wir haben gesehen, daß zwei Repräsentationsformen, das Phasenmodell und das Rezept, der Beschreibung dienen. Während das Phasenmodell die Kausal- und Zeitlogik beschreibt, wird im Rezept die Stoffumwandlung beschrieben. Das Verfahren wird auf einem Teil der Anlage zum Ablauf gebracht, hierfür ist eine Disposition von Apparaten und möglichen Flußwegen notwendig. Zwei Repräsentationen zur Beschreibung der "Hardware" sind hier bekannt, das sog. *R+I-Fließbild* und das *Datenblatt*. Die "Intelligenz", die dafür sorgt, daß das Verfahren auf der Anlage abläuft, ist das *Steuerrezept* . Das Steuerrezept ist im Sinne des Begriffskalkül ein komplexer Objekttyp, in dem Referenzen auf Produkte, Anlagenteile, Ablaufprozeduren und Vorgehensweisen niedergelegt sind. Im Sinne der objekt-orientierten Programmierung lassen sich über *"procedural attachement"* Prozeßmodelle anbinden. Höhere Dianose- und Prozeßführungsstrategien auch in Form des Erfahrungswissens lassen sich hier integrieren.

Schlußbemerkungen

Das Konzept einer wissensbasierten Prozeßführung sollte in den vorangegangenen Kapiteln deutlich geworden sein. Trotzdem nochmals eine Zusammenfassung der wichtigsten Punkte: Zunächst einmal muß man feststellen, daß die Bemühungen um ein klares Konzept für die komplexen Vorgänge der Automatisierung verfahrenstechnischer Prozesse aus der Prozeßleittechnik selbst stammen und von dort her auf die Informatik einwirken.

Auf der anderen Seite lehrt uns die Informatik, daß eine angemessene und explizite

Wissensrepräsentation, das fundamentale Prinzip moderner Softwaretechnologie, geeignet ist, diese Ansätze weitgehend softwaremäßig umzusetzen. Das formale Rüstzeug der Informatik, Begriffskalkül und Programmierstile, helfen eine klare Begriffswelt abzuleiten und zu implementieren. Dies ist umso wichtiger, je komplexer der Anwendungsbereich ist. Durch Orientierung an den *Informationsobjekten* der Fachdisziplin Prozeßleittechnik werden diese aufgrund ihrer spezifischen Bedeutung für bestimmte Anwendungen klassifiziert und die Beziehungen zwischen ihnen analysiert. Stehen die begrifflichen Zusammenhänge erst einmal fest, fällt eine Konzentration auf formal-logische und physische Überlegungen bei der Implementierung leichter. Tatsächlich ist durch die Ableitung der Begriffe, ihre klare und saubere Strukturierung, bereits ein wesentlicher Teil der Systemanalyse getan.

Analog einer Entwicklung innerhalb der Informatik, den prozeduralen Programmierstil nicht mehr als die allein selig-machende Stilrichtung zu verstehen, zeichnet sich auch in der Prozeßleittechnik ab, daß zur Beschreibung gehobener Prozeßführung mehr als ein "Programmierstil" notwendig ist. Die Beschreibung auf niederer Ebene z.B. mit Mitteln des Funktionsplanes ist nicht ausreichend um der Komplexität angemessen zu begegnen. Durch die Einführung des Phasenmodells, einer pro Phase durchzuführenden Transformation der Eingangsstoffe auf die Ausgangsstoffe, wird auch in der Prozeßleittechnik eine "funktionale" Stilrichtung der prozeduralen gegenübergestellt ohne diese grundsätzlich in Frage zu stellen. Durch Anordnung von Objekten innerhalb eines Ebenenkonzeptes, das aus der Diskussion innerhalb der Prozeßleittechnik entlehnt ist, der Beschreibung der Beziehungen zwischen den Objekten, der Integration gehobener Diagnose- und Prozeßführungsstrategien, wird ein "objekt-orientierter" Ansatz ergänzend zur Diskussion gestellt.

Durch die Hierarchisierungskonzepte ist es möglich, gehobene Verfahren der Regelung, Diagnose und Prozeßführung an den entsprechenden Stellen in Form von Methoden einzubringen. Das Erfahrungswissen der Experten in Form von Diagnose- und Prozeßführungsstrategien - hierauf wurde in dieser Arbeit nicht eingegangen - läßt sich in geeigneter Form integrieren. Das Fachkonzept stellt letzlich auch für diese Art des Wissens eine geeignete, strukturierte Plattform dar. Das Erfahrungswissen zu erfassen und zu strukturieren, zählt zu den schwierigsten Aufgaben des knowledge engineering.

Das Mittel der Wahl ist ein hybrider Programmierstil, der getragen wird von der objektorientierten Programmierung. Der konzeptionelle Ansatz, der diesem Programmierstil inne wohnt, ist geeignet mit der Komplexität der Anwendungsdomäne fertig zu werden. Die heutigen prototypischen Entwicklungen, u.a. im TEX-I-Projekt, gehen in diese Richtung. Auf Sicht muß man jedoch fordern, daß *innerhalb* eines Prozeßleitsystems und nicht auf einem dedizierten Rechner davor wissensbasierte Prozeßführung abzulaufen hat. Dies stellt zweifellos eine Herausforderung an die Systemhersteller dar.

Danksagung

Meinen Kollegen Dr. Brombacher, Schorn und Thoma sei an dieser Stelle für vielfältige Anregung und Hilfestellung gedankt. Ohne sie wäre die Begriffswelt der Prozeßleittechnik noch schwieriger gewesen zu durchdringen. Herrn Tank von der Uni Berlin sei für die nützlichen Diskussionen zum Thema Knowledge Engineering gedankt. Er hat hier zum Teil Pionierarbeit geleistet. Danken möchte ich nicht zuletzt Prof. Polke, der durch immerwährende Hinweise und Anregungen mithalf, konzeptionell die Probleme zu durchdringen.

Literatur

Abel,D., H. Rake: Simulation von komplexen Steuerungssystemen mit Petri-Netzen
2. European Simulation Congress, Antwerpen, Sept. (1986)

Ahrens,W.: Einsatz von Expertensystemen in der Prozeßleittechnik
48. NAMUR-Hauptsitzung 1985, Lahnstein

Ahrens,W. Wissensrepräsentationen in der Prozeßleittechnik
Automatisierungstechnik at, 11 (1987)

Allen,J.F.: Maintaining Knowledge about Temporal Intervals
Communications of the ACM, 26 (1983) Nr. 11, pp. 832-843

Andow,P.: Alarm Systems and Alarm Analysis
Plant/Operations Progress Vol. 4, No.2, April (1985), pp. 116-119

Bischoff, R.: Graphen und Matrizen in der Systementwicklung
in Handbuch der modernen Datenverarbeitung
Heft 130, Juli (1986) 23. Jahrgang, S. 18-41

Bobrow,D.G: Qualitative Reasoning about Physical Systems
North Holland (1984)

Bungers,D.,F.DiPrimio,W.Klar,E.Rome: Konzept einer Expertensystemarchitektur
Arbeitspapiere der GMD, Nr. 91 (1984)

Brinkop,A.,N. Laudwein: Modellierung eines Säurekühlers
Fraunhofer-Institut für Informations- und Datenverarbeitung, Karlsruhe
Interner Bericht 86-3 (1986)

Brombacher, M.: Das Lastenheft als Grundlage der Automatisierung chemischer Verfahren und seine Darstellung als Expertensystem
Dissertation TU München (1985)

Brombacher, M., M. Polke: Perspektiven der Prozeßleittechnik
NAMUR-Statusbericht '87 atp, Oldenbourg 1987

Cremers, A.B., A.Hemker, K.-H. Becks, H.Forsbach: Delphi-Expert - Ein Expertensystem für die Fehlerdiagnose in einem Hochenergiephysik-Experiment
UNI-Report, Forschungsberichte der Universität Dortmund, Heft 5, Juli 1987

Charniak E., D. McDermott: Introduction to Artificial Intelligence
Addison Wesley (1985)

Chen, P.P.: The Entity Relationship Model
ACM Transactions on Database Systems 1, 1976, 9-36

Davis R.,J.King: An Overview of Production Systems
in: Michie (1977) 11, pp. 300-332

deKleer,J.,J.S. Brown: The Origin, Form and Logic of Qualitative Physical Laws
Proc. 8th IJCAI, Karlsrue, pp.1158-1169

Diederich, J.: Wissensakquisition
Arbeitspapiere der GMD 245, März 1987

DiPrimio,F.,G.Brewka: BABYLON: Kernsystem einer integrierten Umgebung für Entwicklung und Betrieb von Expertensystemen
Nachrichten für Dokumentation, Jg.36, Nr.1 (1985)

Fidelak,M.: Wissensdarstellung und -verarbeitung auf der Basis von Petri-Netzen
Diplomarbeit, Universität Bonn, Mai 1986

Fidelak,M., Ch. Lischka, H. Voß: Repräsentation der Dynamik technisch-physikalischer Systeme
GMD-TEX-I-Bericht Dez. 1986

Forbus,K.D.: Qualitative Process Theory
AI-Journal (1984) , pp.85-168

Forbus,K.D.: Measurement Interpretation in Qualitative Process Theory
in: IJCAI-83 Vol.1 (1983) 315-320

Früchtenicht,H.W.,T. Wittig: Ein Ansatz für Echtzeit-Expertensysteme
INTERKAMA-Kongreß 1986,
Springer, Berlin, Heidellberg (1986)

Galanti,M.,G.Guida,L. Spampinato,A. Stefanini: Representing Procedural Knowledge in Expert Systems: An Application to Process Control
IJCAI 85 (1985), Los Angeles, pp. 345-352

Gilles,E.D.: Some New Approaches for Controlling Complex Processes in Chemical Engineering
Chem.Process Control 3 (1986) 689-747

Gilson,W. (Hrsgb.) Stand und Entwicklung der Prozeßleittechnik
VDE-Verlag Berlin (1986)

Guida,G.: Reasoning About Physical Systems: Shallow versus Deep Models
in: UNICOM: Expert Systems and Optimisation in Process Control
Technical Press (1986)

Hayes,P.J.: The Naive Physics Manifesto, in: Michie,D.:
Expert Systems in the Microelectronic Age
Edinburgh University Press (1979) pp.242-270

Hein, M.: Grundlegende Fragen der Wissensrepräsentation und eine Untersuchung von KL-ONE bezgl. terminologischen Wissens
Studienarbeit (1986), TU Berlin

Janson,A.,G. Sutschet Ein prozeßorientierter Ansatz zur qualitativen Analyse und Simulation dynamischer Systeme
Fraunhofer-Institut für Informations- und Datenverarbeitung, Karlsruhe
Interner Bericht 86-4 (1986)

Kahn,G., S. Nowlan, J. McDermott: MORE: An Intelligent Knowledge Acquisition Tool
IJCAI-85, pp. 581-584

Kunz,I.C.,T.P.Kehler,M.D. Williams: Applications Development Using a Hybrid AI Development System
The AI Magazine (1984) 41-54

König,J.: Safety Strategies in Process Control for Chemical Plants
in:IFAC Kyoto Workshop on Fault Detection and
Safety in Chemical Plants, Kyoto, Oct. 1986

König,J.: Sicherheitstechnische Aspekte der Prozeßleittechnik
NAMUR-Statusbericht ´87, Oldenbourg (1987)

Kuipers,B.,J.P. Kassierer: How to Discover a Knowledge Representation for Causal Reasoning by Studying an Expert Physician
Proc. 8th IJCAI 1983, Karlsruhe,pp. 49-56

Lieberam,A.,W.Ahrens: Expertensysteme und ihr Einsatz in der Chemie und chemischen Technik
Chem.Ind. XXXVII/juli (1985) S.465-467

Lieberam,A.: Expertensysteme für die Verfahrenstechnik
Chem.-Ing.-Tech.58 (1986) Nr.1,S. 9-14

Litz, L.: Prozeßleitsysteme (PLS) Marktübersicht und Trends
Chem.-Ing.-Tech. 59 (1987) Nr. 3, S. A123-A139

Maeda,K.: A knowledge based system for the wastewater treatment plant
IFAC Proc.Ser. IV (1984),S.89/94

Margetts,A.J.: Design and Test Your PLC Control Logic This Way
in:IFAC Kyoto Workshop on Fault Detection and
Safety in Chemical Plants, Kyoto, Oct. 1986

Moore,R.L.,L.B.Hawkinson,C.G. Knickerbocker,L.M. Churchman: A Real-Time Expert System for Process Control
Lisp Machine,Inc., Firmenschrift

Müller, B., W. Tremba: Graphisches Programmieren, Projektieren und graphische Fehlerdiagnose von speicherprogrammierten Automatisierungssystemen
INTERKAMA-Kongreß 1986
Springer 1986

Murphy,T.E.: Setting up an Expert System
I&CS - The Industrial and Process Control
Magazine, March (1985) 54-60

Nelson,W.R.: REACTOR: An Expert System for Diagnosis and Treatment of Nuclear Reactor Accidents
in: Proceedings of AAAI-82, Pittsburg
pp. 296-301

Polke,M.: Informationshaushalt technischer Prozesse
Automatisierungstechnische Praxis atp
27.Jahrg. (1985) H.4, S. 161-171

Polke,M.: Prozeßleittechnik in der chem. Industrie
Elekt. Rechenanlagen, 27 (1985)
H.3,166-173

Polke, M.: Prozeßleittechnik in der chemischen Industrie
Vorlesungsmanuskript, Uni Stuttgart SS 87

Polke, M.: Systemtechnische Grundlagen in der Prozeßleittechnik
Messen, Prüfen, Automatisieren 6/86

Puppe,F.: Expertensysteme
in Informatik-Spektrum (1986) 9, S.1-13

Puppe,F.,H.Voss: Qualitative Modelle in wissensbasierten Systemen
Working Paper SWP-86-01 des Fachbereichs
Informatik der Universität Kaiserslautern, März 1986

Rasmussen,J.: The Role of Hierarchical Knowledge Representation in Decisionmaking and System Management
IEEE Transactions on Systems, Man and Cybernetics, Vol.SMC-15, No.2, March (1985), pp. 234-243

Reisig,W.: Systementwurf mit Netzen
Springer Berlin, Heidelberg (1985)

Rosenstengel,B.: Entwicklung eines Netzmodells zur Erfassung einer petrochemischen Produktion
Verlag Josef Eul , Köln (1985)

Rowan, D.A.: Chemical Plant Fault Diagnosis using Expert Systems Technology: A Case Study
in:IFAC Kyoto Workshop on Fault Detection and
Safety in Chemical Plants, Kyoto, Oct. 1986

Sakaki,Y.,K. Matsunaga, I.W. Hoekstra: Batch Process Control and Recipe Management Using a Distributed Control System
INTERKAMA-Kongreß 1986
Springer 1986

Schank,R.C.,R.P.: Goals, Plans, Scripts and Understanding: An Enquiry into Human Knowledge Structures
Hillsdale Erlbaum (1977)

Schlager,S.T.: An Expert Sytem for Process Control Troubleshooting
Internal report
Miles Laboratories, Elkhart P.O.Box 932

Schnieder: Prozeßinformatik
Vieweg (1985)

Schor, M.I,: Declarative Knowledge Programming: Better Than Procedural ?
IEEE Expert (1986), Spring 1986, S. 36-43

Shum,S.K., J.F. Davis: An Expert System for Diagnosing Process Plant Malfunctions
in:IFAC Kyoto Workshop on Fault Detection and
Safety in Chemical Plants, Kyoto, Oct. 1986

Stender, J.: Objektorientierte Sprachen; Ein neuer Ansatz
Computer Magazin 10´87

Steusloff, H.: Strukturen und Schnittstellen zur Rationalisierung des Entwurfs von Anwendersystemen der Prozeßautomatisierung in Thoma, Schmidt (Hrsgb.) Fortschritte in der Meß- und Automatisierungstechnik durch Informationstechnik INTERKAMA-Kongreß 1986, Springer (1986)

Stoyan,H.: Programmiermethoden der Künstlichen Intelligenz KIFS 87

Stoyan,H.,H.Wedekind: Objektorientierte Software- und Hardwarearchitekturen Teubner, Stuttgart (1983)

Tank,W.: Beurteilung von Stellorganen in petrochemischen Anlagen auf brandsichere Auslegung als Expertensystem auf dem PC Studienarbeit (1986), TU Berlin

Tank,W.: Möglichkeiten und Grenzen für Expertensysteme auf dem Personal Computer (PC) Diplomarbeit (1986), TU Berlin

Uhlig, R.J.: Erstellen von Ablaufsteuerungen für Chargenprozessemit wechselnden Rezepturen NAMUR-Statusbericht ´87, atp Sonderheft Oldenbourg 1987

Voss, H.: Representing and Analyzing Causal, Temporal, and Hierarchical Relations of Devices Dissertation, Fachbereich Informatik, Universität Kaiserslautern, August 1986

Wittig,T.: Expertensysteme in der Prozeßleittechnik in: Wissensbasierte Syteme Springer, Berlin,Heidelberg (1985)

Formale Spezifikation und Rapid Prototyping - ein Widerspruch ?

Dipl.-Ing. Eberhard Kurz
Institut für Regelungstechnik und Prozeßautomatisierung
Universität Stuttgart

Zusammenfassung

Es wird ein Verfahren vorgestellt, bei dem es dem Entwickler eines Prozeßautomatisierungssystems ermöglicht wird, schon vor der Fertigstellung der formalen Spezifikation diese ablaufen zu lassen. Es wird beschrieben, wie der technische Prozeß in Verbindung mit der ablauffähigen Spezifikation simuliert werden kann. Die Vorgehensweise wird anhand eines Beispiels erläutert.

1. Einleitung

Softwareprojekte werden zunehmend komplexer und umfangreicher und damit schwerer zu überschauen. Aus diesem Grunde ist es notwendig geworden, die Softwareentwicklung in geeigneten Entwurfsumgebungen vorzunehmen, die den Entwickler in seiner Arbeit unterstützen.

Eine der wohl am weitest verbreiteten Entwurfsumgebungen ist das Entwurfs- und **P**rojektmanagement-**O**rientierte **S**pezifikationssystem **EPOS** [LaBa87], das dem Entwickler eines Automatisierungssystems Unterstützung in allen Projektphasen bietet, wobei das traditionelle Phasenmodell zugrunde gelegt wird:

- Requirements Engineering (Anforderungsdefinition)
- Lösungskonzeption
- System-Spezifikation
- Implementierung
- Pflege und Wartung

(Die ebenfalls vorhandene Möglichkeiten zur Unterstützung des Projektmanagements sollen an dieser Stelle nicht erörtert werden [LaLe85].)

Bei der formalen Spezifikation mit EPOS wird ein Top- Down Entwurf mit einer schrittweisen Verfeinerung der sogenannten Entwurfsobjekte angewendet. Die Entwurfsobjekte sind in einer gemeinsamen Datenbank enthalten, um einen schnellen Zugriff auf diese zu ermöglichen [Laub85].

Mit Hilfe der vorhandenen Sprachmittel können die auf tieferen Verfeinerungsebenen spezifizierten Entwurfsobjekte in einen kontrollflußmäßigen Zusammenhang gesetzt werden, wobei für einige Programmiersprachen wie z.B. Ada, Pascal, Fortran eine automatische Umsetzung in den Sourcecode der jeweiligen Sprache vorgenommen werden kann. Der Sourcecode kann anschließend compiliert und getestet werden.

Während des Entwurfes kann der Entwickler diesen jederzeit durch verschiedene Prüfungen auf formale Korrektheit wie z.B. Vollständigkeit, Widerspruchsfreiheit usw. untersuchen lassen. Diese Vorgehensweise trägt schon viel dazu bei, die Qualität eines Softwareprojektes zu verbessern.

Im Gegensatz zu den formalen Fehlern, die sich durch den Einsatz von EPOS vermeiden lassen, sind z.B. Denkfehler im Lösungsalgorithmus, Mißverständnisse über die Funktionsweise des zu entwickelnden Programmes, usw noch möglich. Diese Art von Fehlern lassen sich erst beim Testen, also **nach** dem Entwurf, des Programmes bzw. bei der Abnahme durch den Auftraggeber feststellen.

Um solche Fehler zu reduzieren, kann eine Vorgehensweise bei der Entwicklung von Software angewendet werden, die Rapid Prototyping genannt wird und im allgemeinen zwei Zielrichtungen verfolgt:

1. Das Verhalten des zu entwickelnden Systems soll dem späteren Benutzer demonstriert werden, um mit diesem zusammen den Funktionsumfang und die Benutzeroberfläche festzulegen. Dieses Vorgehen wird auch "Horizontales Prototyping" genannt.

2. Bestimmte Teilaspekte des zu entwickelnden Systems sollen genauer untersucht werden, z.B. Untersuchung von verschiedenen Realisierungsmöglichkeiten. Dieses, mehr in die Tiefe gehende Verfahren wird auch "Vertikales Prototyping" genannt .

Bei den beiden erwähnten Zielrichtungen des Rapid Prototyping wird meistens keine formale Spezifikation zugrunde gelegt. Auch liegt es dann nahe, den Prototyp zum Endprodukt mit dem vollen Funktionsumfang zu vervollständigen. Auf diese Weise entsteht schwer wartbare und fehleranfällige Software. Wird der Prototyp jedoch "weggeworfen", und ein Redesign unter Zuhilfenahme der formalen Spezifikation vorgenommen, ergibt sich ein erhöhter Aufwand, der, zumindest aus der Sicht des Auftraggebers, nicht zu rechtfertigen ist.

Andererseits erhält man bei der strikten Anwendung der formalen Spezifikation von Beginn eines Projektes an erst auf der Code-Ebene, nach Abschluß der Spezifikation, Aufschluß über die Korrektheit der Lösungskonzeption und die Erfüllung der Wünsche der Auftraggeber. Eine Kombination von formaler Spezifikation und Rapid Prototyping wäre demnach dem isolierten Einsatz eines dieser Verfahren vorzuziehen.

Diese Kombination soll im Folgenden am Beispiel des Rapid Prototypings mit EPOS aufgezeigt werden:

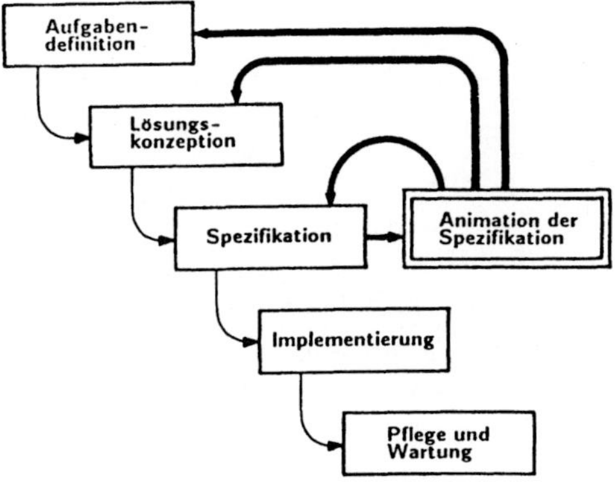

Bild 1 Phasenmodell mit Rückführung

Durch eine Ergänzung des dem EPOS zugrundeliegenden Phasenmodells wird der Nachteil des späten Tests vermieden: Parallel zur Spezifikation ist es möglich, diese jederzeit "ablaufen" zu lassen, zu animieren (animieren - in Bewegung versetzen, ablaufen lassen). Je nach Ergebnis dieser Animation können sich Auswirkungen auf die verschiedenen Phasen der Softwareentwicklung ergeben, wie in Bild 1 dargestellt. Diese Animation ermöglicht es dem Entwickler jederzeit, also auch bei einer unvollständigen Spezifikation, die Korrektheit seiner Vorgehensweise zu überprüfen und unter Einbeziehung des späteren Benutzers dessen Anforderungen zu validieren.

2. Die ausführbare Spezifikation

In EPOS wird die Entwurfsspezifikation durch sogenannte Entwurfsobjekte beschrieben, die weiter verfeinert werden können. Die Syntax und Semantik dieser Entwurfsobjekte ist genau festgelegt.

Zur Spezifikation eines Software/Hardwareprojektes stehen insgesamt sieben Entwurfsobjekte zur Verfügung. Die für das hier vorgestellte Verfahren benötigten Entwurfsobjekte werden im Folgenden vorgestellt.

2.1. Aktionen

Aktionen (ACTION) dienen zur Spezifikation von Funktionen, Rechenprozessen und Prozeduren bei denen in einem bestimmten zeitlichen Ablauf Daten verknüpft werden. Die Information über diese Verknüpfung ist im sog. DECOMPOSITION-Teil dieses Entwurfsobjektes enthalten. EPOS bietet zur Beschreibung des Entwurfes Möglichkeiten, wie sie in einer höheren Programmiersprache vorhanden sind, d.h. es sind Konstruktionen wie IF ... THEN ... ELSE oder WHILE ... DO vorhanden. Um diesen Entwurf ablauffähig zu machen, müssen diese Kontrollflußkonstrukte durch einen Compiler oder einen Interpreter ausgewertet werden. Hier wurde einem Interpreter den Vorzug gegeben um einen zeitaufwendigen Compiliervorgang bei Änderungen zu vermeiden.

2.2. Bedingungen

Gelangt der Interpreter während des Ablaufes an eine Bedingung, wird diese ausgewertet und der Programmlauf verzweigt entsprechend. Ist in der Bedingung eine Verfeinerung enthalten, wird die Bedingung solange rekursiv durch die Verfeinerungen ersetzt, bis keine weiteren Verfeinerungen mehr vorhanden sind.

Die Bedingung besteht nach der rekursiven Ersetzung aus einem logischen Ausdruck, der auf seinen Wahrheitswert überprüft wird. Der logische Ausdruck wiederum stellt eine Relation oder eine logische Verknüpfung von Relationen dar.

2.3. Daten

Daten werden in EPOS durch das Entwurfsobjekt DATA eingeführt. Die für den Interpreter relevanten Schlüsselworte sind der DECOMPOSITION-Teil, in dem, wie in den anderen Entwurfsobjekten auch, eine Verfeinerung angegeben werden kann. Durch das Schlüsselwort BOUNDS wird die Größe eines Datenfeldes angegeben, bei TYPE der Datentyp, im INITIAL-Teil wird eine Anfangswertzuweisung vorgenommen, während im RANGE-Teil der Wertebereich spezifiziert werden kann.

Trifft der Interpreter auf eine Spezifikation einer Date, wird, falls kein weiterer Verfeinerungsteil angegeben ist, ein Speicherplatz für eine Wertezuweisung reserviert.

Liegt jedoch eine Verfeinerung eines DATA-Objektes vor, muß Speicherplatz für sämtliche in den weiteren Verfeinerungen vorkommenden Daten reserviert werden. Während der Bearbeitung weist der Interpreter den bekannten Daten einen Anfangswert zu, vorausgesetzt, in der Spezifikation ist der entsprechende INITIAL-Wert auch angegeben. Dieser Anfangswert kann auf jeder Verfeinerungsstufe auftreten und ist dann von dieser Ebene an auf allen tieferen Ebenen bekannt.

Bei dieser Zuweisung wird außerdem überprüft, ob der Anfangswert im zulässigen Wertebereich der Date (RANGE-Teil) liegt.

Weitere Überprüfungen erfolgen bezüglich der Typkonsistenz und bezüglich der Einhaltung der Feldgrenzen.

2.4. Ereignisse

Eine wesentliche Eigenschaft von EPOS besteht in der Möglichkeit, Realzeiteigenschaften eines Softwaresystems zu beschreiben. Bei der Abarbeitung durch den Interpreter müssen z.B. Ereignisse, die durch das Entwurfsobjekt vom Typ EVENT beschrieben werden, ebenfalls berücksichtigt werden. Ereignisse können unterschiedlicher Art sein:

- unregelmäßig auftretende Ereignisse werden durch das Schlüsselwort INTERRUPT gekennzeichnet

- CYCLIC beschreibt zyklisch auftretende Ereignisse und

- CLOCK gibt Ereignisse an, die zu einem bestimmten Zeitpunkt auftreten können.

Diese Ereignisse können Aktionen, die als ACTION TASK (Rechenprozesse) spezifiziert wurden, vom ruhenden Zustand in den laufenden Zustand überführen, vorausgesetzt das entsprechende Ereignis ist freigegeben.

Mit der Anweisung WAIT FOR "EVENTname" kann eine Aktion in ihrer Ausführung unterbrochen werden, bis das Ereignis mit dem Namen EVENTname eintritt.

Sämtliche Ereignisse in obiger Aufzählung werden bei der Animation der Spezifikation berücksichtigt.

2.5. Interface

Über das Entwurfsobjekt vom Typ INTERFACE wird die Verbindung zum Modell des technischen Prozesses hergestellt. Z.B. wird durch die Angabe von OUTPUT DATE1 TO INTERFACE1 oder INPUT DATE2 FROM INTERFACE2 der Datenfluß zu bzw. von einem Interface beschrieben.

3. Einbeziehung des technischen Prozesses

Während der Entwicklung eines Automatisierungssystems ist es im allgemeinen nicht möglich, den technischen Prozeß in den Entwurfsvorgang mit einzubeziehen. Um dennoch eine Möglichkeit zu besitzen, das Zusammenspiel von Automatisierungsprogramm und technischem Prozeß vor der Fertigstellung des Programmes austesten zu können, was beim Prototyping ja unerläßlich ist, muß der technische Prozeß nachgebildet werden können.

Die Nachbildung der technischen Prozesses erfolgt im allgemeinen durch den Aufbau eines Modells auf einem Rechner, um das Verhalten des technischen Prozesses auf diesem zu simulieren. Dieses Modell soll dazu dienen, vorherzusagen, wie sich das Original verhält, wenn bestimmte Eingangsgrößen sich verändern. Dabei ist es im allgemeinen nicht notwendig, das Modell in sämtlichen Eigenschaften dem originalen technischen Prozeß nachzubilden. Meistens interessieren nur sehr spezielle Teilaspekte, für die ein Modell aufgebaut werden muß. Um ein für die Intention des Prototyping handhabbares Modell zu erhalten, ist es notwendig, den zu modellierenden technischen Prozeß nur mit den wichtigsten Eigenschaften zu beschreiben. Dabei sollte nur ein bestimmter, beschränkter Satz von Beschreibungsmöglichkeiten existent sein.

Für die Simulation von technischen Prozessen existieren eine Vielzahl von Programmpaketen, die teilweise sehr komplexe Prozesse nachbilden können. Beispiele sind GPSS (General Purpose Simulation System) [Schm84], Simscript [Kamp71] oder Simula. Mit diesen sehr umfangreichen Simulationssystemen wird i.a. nicht nur der technischen Prozeß, sondern zusätzlich auch das Automatisierungsprogramm simuliert, um einen Eindruck vom Gesamtsystem zu gewinnen. Hier soll jedoch **nur** der Prozeß simuliert werden, wobei über geeignete Schnittstellen der Entwurf des Automatisierungsprogrammes mit der Simulation kommuniziert.

Um die oben gestellten Anforderungen an ein einfach zu handhabendes Simulationsprogramm zu erfüllen, wurde ein spezielles Simulationsprogramm entwickelt.

Ein mit diesem System beschriebenes Modell ähnelt prinzipiell einem Flußdiagramm, angelehnt an den Aufbau der Simulationssprache GPSS. Durch dieses "Flußdiagramm" bewegen sich Einheiten, die sog. **Transactions**. Diese werden in verschiedenen Blöcken "bearbeitet", wobei zur Zeit die im Folgenden beschriebenen Arten von Blöcken zur Verfügung stehen.

Der Block **GENERATE** dient zur zyklischen Erzeugung der Transactions. Die Zeitdauer zwischen der Generierung von Transactions kann hier angegeben werden, sowie die Anzahl der zu generierenden Transactions. Soll die Generierung nicht in äquidistanten Zeitabständen erfolgen, kann eine Streuung vorgegeben werden. Dieser Block kann mit einem vom Anwender gewählten Namen versehen werden, über den dann später die Verbindung mit der Entwurfsspezifikation hergestellt wird.

Das Gegenstück zu dem GENERATE-Block ist der Block **TERMINATE**, in dem die Transactions wieder aus dem Simulationsmodell entfernt werden.

Um die Bearbeitungsdauer einer Transaction simulieren zu können, ist der Block **FACILITY** vorgesehen. Dieser Bearbeitungsstation kann eine Zeitdauer zugeordnet werden, während der die Transaction im Simulationsmodell nicht weiter bewegt wird. Ist die Bearbeitungszeit nicht konstant, kann auch hier eine Streuung angegeben werden.

Trifft eine Transaction auf eine FACILITY, die schon belegt ist, wird sie in eine Warteschlange eingereiht und je nach definierter Warteschlangenpolicy zur Bearbeitung weitergereicht. Zur Zeit sind die Policies First-in-First-out und First-in-Last-out implementiert. Der "Füllstand" einer FACILITY kann über einen zugeordneten Benutzernamen der Spezifikation des Automatisierungsprogrammes übermittelt werden.

Eine Verzweigung wird mit dem Block **DISTRIBUTE** realisiert. Die ankommenden Transactions werden hier auf zwei Zweige im Simulationsmodell aufgespalten, die Verzweigwahrscheinlichkeit kann angegeben werden. Auch hier ist es wieder möglich, einen Benutzernamen zu definieren.

Um Statistiken über die Aufenthaltsdauer von Transactions in bestimmten Zweigen des Simulationsmodells zu erhalten, wurden zwei weitere Blöcke realisiert. Zum Einen der Block **ARRIVE**, der eine interne, ihm zugeordnete Uhr startet, sobald er von einer Transaction passiert wurde. Zum Anderen der Block **DEPART**, der diese interne Uhr nach dem Passieren einer Transaction wieder anhält. Aus der daraus resultierenden Zeitdauer lassen sich Informationen wie die durchschnittliche Aufenthaltsdauer gewinnen.

Die Verknüpfung der Blöcke wird durch die jeweilige Zuordnung einer Nummer erreicht. In jedem Block wird als Ziel für die darin enthaltene Transaction die Nummer des entsprechenden, nächsten Blockes eingetragen.

4. Ablauf des Gesamtsystems

Bis jetzt wurde beschrieben, was in den beiden Hauptkomponenten für das Rapid Prototyping mit EPOS - die Simulation des technischen Prozesses und die Animation der Spezifikation - vor sich geht. Im Folgenden wird erläutert, wie diese zwei Komponenten miteinander kommunizieren und wie die Realzeitbedingungen behandelt werden.

Ein übergeordnetes Steuerprogramm hat die Aufgabe, diese zwei Komponenten miteinander zu verbinden.

Dieses Steuerprogramm besteht im wesentlichen aus zwei Teilen:

- Einer statischen Analysekomponenten, die die EPOS-Spezifikation nach Realzeitkonstrukten durchsucht und dabei das Simulationssystem vervollständigt und die Koppelung der zwei Komponenten durchführt, sowie

- aus der dynamischen Komponenten, die das Gesamtsystem beim Ablauf steuert.

Die statische Komponente des Steuerprogrammes durchsucht die EPOS-Spezifikation nach Entwurfsobjekten vom Typ EVENT (Ereignissen), um diese zu den gegebenen Zeitpunkten einplanen zu können. Dazu wird im Simulationssystem für jedes spezifizierte Ereignis ein GENERATE-Block aufgebaut und mit den entsprechenden Parametern versehen, die dafür sorgen, daß Transaktionen zu den spezifizierten Zeitpunkten (absolut, zyklisch oder stochastisch) erzeugt werden. Diese Transaktionen wiederum stoßen die Task(s) an, die laut Spezifikation von den Ereignissen getriggert werden müssen.

Die dynamische Komponente kontrolliert den Ablauf des Gesamtsystems. Sie startet sowohl die Simulation des technischen Prozesses und gleichzeitig **die** Aktion, die mit dem Schlüsselwort SYSTEMSTART versehen wurde. Mit dieser Aktion beginnt die Abarbeitung des Kontrollflusses. Sie ist zuständig für die Ausgaben auf dem Bildschirm, die dem Benutzer Informationen über den aktuellen Stand der Simulation geben. Hauptaufgabe ist jedoch die Koordination der Zeitabläufe.

Das Simulationssystem ist so ausgelegt, daß die Simulation nicht in Realzeit abläuft, sondern eine Bearbeitung des Simulationsmodells erfolgt nur zu Zeitpunkten, wenn im Modell auch ein Ereignis (gleichbedeutend mit einer Bewegung einer Transaktion) vorliegt. Dies bedeutet, daß zwischen zwei

Ereignissen die Simulationsuhr vom Zeitpunkt T_n zum Zeitpunkt T_{n+1} fortgeschaltet wird. Durch Unterdrückung der Zeitdauern zwischen T_n und T_{n+1} läuft die Simulation entsprechend schneller als in Realzeit.

Bei der Animation der Spezifikation wird vorausgesetzt, daß die Zeit, die ein durch ein Ereignis angestoßener Rechenprozeß benötigt, im Vergleich zu den Zeitdauern im technischen Prozeß, sehr klein ist.

D.h.: Im Vergleich zu den Zeiten im technischen Prozeß sind die Zeiten, die ein Rechenprozeß benötigt, verschwindend gering. Bei den heute vorhandenen Rechnergeschwindigkeiten ist dies auch eine realistische Annahme.

Selbstverständlich sind auch Ausnahmen möglich, bei denen die Rechnergeschwindigkeit nicht ausreichend ist, diese werden jedoch im Moment noch nicht berücksichtigt.

Um die Parallelität von Rechenprozessen simulieren zu können, muß das Steuerprogramm dafür sorgen, daß die Prozesse für den Benutzer auch (quasi)parallel ablaufen.

Dies wird durch stückweises Abarbeiten der einzelnen Prozesse realisiert. Somit ist es möglich, eine Synchronisierung oder gegenseitige Blockierung von Prozessen zu erreichen [Goeh84]. Für eine Aussage über Zeitdauern von Rechenprozessen wird eine weitere interne Uhr geführt.

Es sind somit zwei interne Uhren vorhanden:

1. Die eigentliche Simulationsuhr, wird bei jedem Eintreffen eines Ereignisses weitergeschaltet und

2. Eine quasikontinuierliche Uhr, die bei jedem "Stückchen" Rechenprozeß weitergeschaltet wird.

Bild 2 zeigt diesen Zusammenhang.

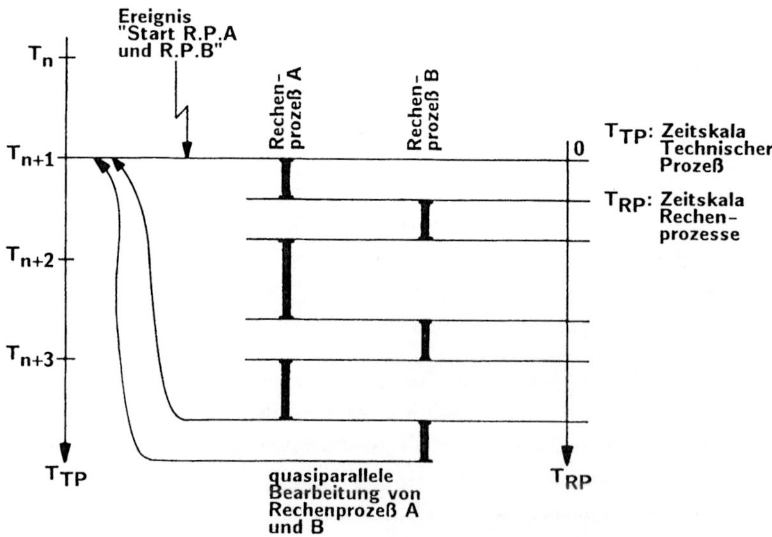

Bild 2 Zusammenhang zwischen Simulationsuhr und der Uhr für die Rechenprozesse

5. Vorgehensweise bei einem einfachen Beispiel

Die Vorgehensweise bei der Anwendung dieses hier vorgestellten Verfahrens soll anhand eines einfachen Beispiels eines technischen Prozesses demonstriert werden.

In Bild 3 ist im linken Teil eine Einmündung einer Nebenstraße in die Hauptstraße dargestellt. Von der Hauptstraße darf nicht abgebogen werden, die von der Nebenstraße kommenden Fahrzeuge dürfen nach rechts und nach links abbiegen. Der Verkehr soll durch eine Lichtsignalanlage geregelt werden.

In demselben Bild rechts ist der mit dem oben vorgestellten Simulationssystem modellierten technischen Prozeß dargestellt. Die Anzahl der Fahrzeuge je Zeiteinheit und Fahrtrichtung wird durch die Generatoren A - C simuliert. Die Fahrzeuge aus der Nebenstraße werden durch einen Verzweigungs-Block auf die Rechts- und Linksabbiegespur aufgeteilt. Stehen die Lichtsignale auf "ROT" (bzw. sind die Facilities gesperrt), stauen sich die Fahrzeuge (bzw. Transactions) in der jeweiligen Warteschlange.

So wie der technische Prozeß bis jetzt modelliert ist, kann er nicht simuliert werden, da ja das Automatisierungsprogramm noch fehlt. Erst durch die Verbindung des Modelles mit dem Automatisierungsprogramm kann das Gesamtsystem zum Ablaufen gebracht werden, um z.B. einen optimalen Fahrzeugdurchsatz in Abhängigkeit von der Tageszeit zu erreichen.

Zunächst muß jedoch der technische Prozeß dem Simulationssystem bekannt gemacht werden. Dies ist entweder über die interaktive Eingabe oder durch Einlesen eines Files, das die komplette Beschreibung enthält, möglich. Die interaktive Eingabe stellt verschiedenen Hilfe-Funktionen zur Verfügung und führt gleichzeitig eine Syntaxüberprüfung durch.

Die Spezifikation des Automatisierungsprogrammes ist in Auszügen in Bild 4 aufgelistet.

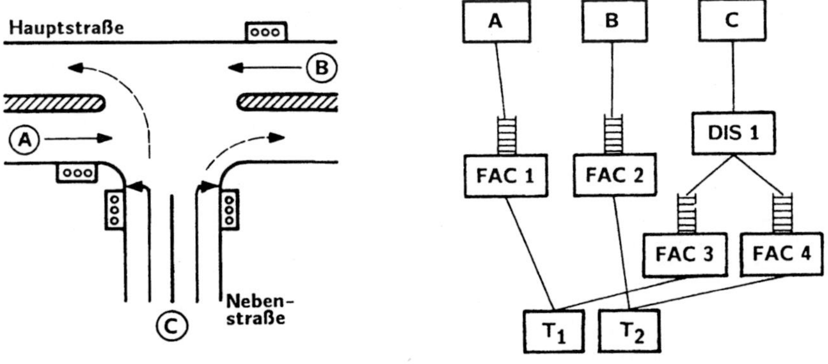

Bild 3 Technischer Prozeß "Lichtsignalanlage an einer Straßeneinmündung"

Die Aktion ABLAUFSTEUERUNG besteht aus zwei unabhängigen Rechenprozessen: INITIALISIERUNG und SIGNALPROGRAMM-ABLAUF. Im Rechenprozeß INITIALISIERUNG wird zunächst - wie im DECOMPOSITION-Teil angegeben - eine Aktion INIT-SIGNALE aufgerufen und anschließend das Ereignis ZEITTAKT freigegeben.

Dieses Ereignis ZEITTAKT triggert im zyklischen Abstand von einer Sekunde die Task SIGNALPROGRAMM-ABLAUF.

Im Bediensystem wird nun der Zweig "Prototyping" angewählt und der Ablauf beginnt bei der Aktion mit dem Schlüsselwort SYSTEMSTART, in diesem Beispiel demnach bei der Aktion INITIALISIERUNG.

Eine weitere Verbindung zur Simulation des technischen Prozesses wird in dem - hier nicht aufgelisteten - Entwurfsobjekt INIT-SIGNALE durch die Angabe

OUTPUT: SIGNALE TO LICHTSIGNAL

hergestellt, wobei "SIGNALE" eine Date beschreibt und "LICHTSIGNAL" ein Entwurfsobjekt vom Typ Interface.

Wird ein Block in der Simulation des technischen Prozesses ebenfalls mit diesem Interface-Namen versehen, dann wird in Abhängigkeit der Date "SIGNALE" der Fluß der Transactions angehalten bzw. freigegeben.

```
ACTION MODULE ABLAUFSTEUERUNG
DESCRIPTION : " Steuerung der Lichtsignalanlage ".
DESCRIPTIONEND.
DECOMPOSITION: (/ INITIALISIERUNG ,SIGNALPROGRAMM-ABLAUF /).
ACTIONEND

AKTION TASK INITIALISIERUNG
DESCRIPTION : " Initialisierung der Lichtsignale und
                Freigabe des Ereignisses ZEITTAKT. ".
DESCRIPTIONEND.
DECOMPOSITION : INIT-SIGNALE;
                         SET (ZEITTAKT).
TRIGGERED: SYSTEMSTART.
ACTIONEND

ACTION TASK SIGNALPROGRAMM-ABLAUF.
DESCRIPTION : " Diese Aktion wird zyklisch durch das Ereignis
                ZEITTAKT angestoßen. ".
DESCRIPTIONEND.
DECOMPOSITION: ...
TRIGGERED: ZEITTAKT.
ACTIONEND

EVENT ZEITTAKT.
DESCRIPTION : " Dieses Ereignis stößt jede Sekunde die Aktion
                SIGNALPROGRAMM-ABLAUF an. ".
DESCRIPTIONEND.
CYCLIC: 1 /'SEC'/.
TRIGGERS: SIGNALPROGRAMM-ABLAUF.
EVENTEND.
```

BILD 4 Teil-Spezifikation des Automatisierungsprogrammes

Der Entwickler kann den Ablauf der Simulation auf dem Bildschirm Schritt für Schritt verfolgen, da für jeden gestarteten Rechenprozeß ein Bildschirmfenster geöffnet wird. Für jede weitere in der Verfeinerung vorkommende Aktion wird auf dem Bildschirm ein weiteres Fenster geöffnet, in dem eine Auswahl von Informationen, speziell der Ein- und Ausgangsdaten, über diese Aktion erscheint. Die in der Verfeinerung weiter oben stehende Aktion wird dabei - bis auf den Aktionsnamen - überdeckt. Ist die Aktion abgearbeitet, wird das zugehörige Fenster wieder geschlossen. Auf diese Weise ist jedoch nur eine beschränkte Anzahl paralleler Prozesse darstellbar. Sind mehr Rechenprozesse gleichzeitig aktiv, muß der Benutzer entscheiden, welche Rechenprozesse für die Anzeige selektiert werden sollen.

Während des Ablaufes werden permanente Systemanzeigen auf dem Bildschrim dargestellt, wie z.B. die Simulationsuhrzeit, der Zustand des technischen Prozesses usw.

Nach Ablauf der Simulation und auf Wunsch des Anwenders können Statistiken über verwendete Daten, eingetroffene Ereignisse, durchlaufene Schleifen usw. erstellt werden.

Bei einer unvollständige Spezifikation - da dieses Vorgehen während der Entwurfsphase angewendet werden soll ist dies ja i.a. der Fall - wird der Anwender zu Rate gezogen. In dem momentan geöffneten Fenster erscheint eine Eingabeaufforderung, deren Beantwortung das System ermöglicht, in der Abarbeitung weiter fortzufahren. Diese Benutzereingaben werden für eine spätere Verwendung abgespeichert. Trifft das System z.B. zu einem späteren Zeitpunkt auf dieselbe Aktion mit denselben Werten der Eingangsparameter, werden die zuvor eingegebenen Ausgangsgrößen wieder verwendet. Dem Auftraggeber oder dem späteren Benutzer kann auf diese Weise das vollständige Systemverhalten demonstriert werden, ohne ständig Eingaben machen zu müssen.

Literatur

[Goeh84] Göhner, P.
Methoden zur Entwicklung von Realzeitsystemen und ihre praktische Anwendung in EPOS
Informatik-Fachberichte Bd.86 S. 325 - 335
Springer 1984

[LaBa87] Lauber, R. u. Bareiss, R.
Auswertung und Erfahrung beim praktischen Einsatz einer Entwicklungsumgebung
2. Kolloquium "Software-Entwicklungs-Systeme und -Werkzeuge" der Technischen Akademie in Esslingen

[LaLe85] Lauber, R. u. Lempp, P.
Integrierte Rechnerunterstützung für Entwicklung, Projektmanagement und Produktverwaltung mit EPOS
Elektronische Rechenanlagen. Oldenbourg Verlag, 27. Jahrg. (1985) S.68 - 74

[Laub85] Lauber, R. et al
Einführung in EPOS
Institut für Regelungstechnik und Prozeßautomatisierung
Universität Stuttgart

[Schm84] Schmidt, B.
Der Simulator GPSS-Fortran Version 3
Springer 1984

[Kamp71] Kampe, G.
Simscript
Vieweg 1971

DIE BEDEUTUNG EINES PROZESSIMULATORS IN DER PROTOTYPPHASE EINES WISSENSBASIERTEN S&C-SYSTEMS

C. Weisang, P. Elzer

BBC Brown Boveri Aktiengesellschaft
Zentrales Forschungslabor
Postfach 10 13 32
D-6900 Heidelberg 1, F.R.G.

Zusammenfassung

Dieser Vortrag beschreibt die Aspekte, die bei der Ankopplung eines wissensbasierten Prozeßüberwachungssystems (ESPRIT-Projekt P857 'GRADIENT') an ein echtzeitfähiges Simulationsmodell eines Kohlekraftwerks zu beachten waren. Darüber hinaus wird auf die generelle Bedeutung eines derartigen Simulators für den Test der Mensch-Maschine-Schnittstelle und für die Auslegung einer "intelligenten" Prozeßschnittstelle in der Prototypphase eines wissensbasierten Systems eingegangen.

1. Einleitung

Simulationstechniken sind in der Entwurfs- und Planungsphase von industriellen Anlagen, sei es in der Chemieindustrie, in konventionellen und nuklear betriebenen Kraftwerken und in anderen technischen Gebieten, ein wohlbekanntes Hilfsmittel. Beim Entwurf von Kraftwerken haben sich Simulationsstudien besonders bewährt. Sie werden auf breiter Basis eingesetzt für Auslegung und Konstruktion von Komponenten, für Entwicklung und Test der leittechnischen Einrichtungen und für Studien bezüglich des Gesamtverhaltens der Anlage [1].

Die Autoren stellen hier eine weitere Anwendung der Simulationstechnik vor, und zwar beim "Prototyping" von Expertensystemen, die speziell für die Unterstützung des Bedienpersonals in industriellen Anlagen gedacht sind. Zwei Hauptgebiete werden dargestellt und eine Reihe von positiven Auswirkungen aufgezeigt, die der Einsatz eines Echtzeitsimulators auf die Verbesserung der Qualität des fertigen Systems hat.

- o Das erste Hauptgebiet umfaßt Aspekte der Ankopplung von Expertensystemen an dynamische Prozesse wie z.B. Kopplungsmechanismen und -protokolle, Echtzeitdatenverarbeitung und die zeitliche Steuerung des Informationsflusses.

- o Das zweite Hauptgebiet ist die Möglichkeit, verschiedene Detaileigenschaften von wissensbasierten Prozeßüberwachungssystemen experimentell zu erproben wie z.B. Auslegung der Mensch-Maschine-Schnittstelle und die Akzeptanz neuer Techniken.

Die beschriebene Anwendung der Simulationstechnik unterscheidet sich grundsätzlich von einer regelbasierten Simulation. Letztere kann mit Hilfe von Expertensystem-Werkzeugen durchgeführt werden, die Produktionsregeln unterstützen. Das "PICON"-System ist dafür ein Beispiel [9]. Es unterstützt insbesondere die Formulierung von Simulationsregeln auf einer relativ "hohen" und benutzernahen Ebene. Aber, obwohl die regelbasierte Simulation Test und Verifikation der Funktionalität einzelner Komponenten des Expertensystems erlaubt und auch dazu benutzt werden kann, das Gesamtverhalten des Systems zu studieren, fehlen zwei wesentliche Elemente:

- o Konzept und Implementation der wirklichen Prozeßschnittstelle haben keinen Einfluß auf die Simulationsergebnisse. "Echtzeit" kann unter kritischen Bedingungen ebensowenig getestet werden, wie die Entwurfskriterien verifiziert werden können.

- o Eine regelbasierte Simulation weist ein mehr statistisches Verhalten auf. Die dynamischen Wechselwirkungen zwischen den einzelnen Zustandsgrößen können nicht so genau modelliert werden, daß das Expertensystem auf dieser Basis schlußfolgern oder die Mensch-Maschine-Schnittstelle sinnvoll getestet werden könnte.

Nach einem kurzen Überblick über ein im Aufbau befindliches wissensbasiertes Prozeßleitsystem und über Zweck und Funktionalität des Simulators werden die Erfahrungen beschrieben, die bei den Arbeiten zur Ankopplung eines Expertensystems an einen dynamischen Prozeß gewonnen werden konnten. Abschließend werden mögliche Weiterentwicklungen vorgestellt, die auf der Basis dieser Erfahrungen sowohl in Richtung auf den Entwurf von Echtzeit-Expertensystem-Komponenten als auch auf den Aufbau "intelligenter" Mensch-Maschine-Schnittstellen denkbar sind.

2. Ein wissensbasiertes Prozeßleitsystem

Eine wesentliche Rechtfertigung für die Forderungen nach weiter fortgeschrittenen und insbesondere wissensbasierten Prozeßleitsystemen ist die Tatsache, daß die gegenwärtigen Systeme gerade dann am wenigsten Unterstützung bieten, wenn sie am meisten benötigt wird: im Falle von Zustandsänderungen und Notsituationen [2]. Im BBC-Konzern wurde deshalb vor einigen Jahren ein ESPRIT-Projekt begonnen (P857 GRADIENT "GRAphical DIaloque EnvironmENT"), in dem Struktur und Möglichkeiten eines wissensbasierten Prozeßleitsystems untersucht werden. Das Systemkonzept, das im Prinzip einen Verbund von speziellen Expertensystemen darstellt, wurde schon an anderer Stelle beschrieben [3, 4]. Für die Zwecke dieses Vortrags sollen deshalb nur die wesentlichsten Eigenschaften der Hauptkomponenten kurz zusammengefaßt werden:

- o Expertensystem zur schnellen Fehlererkennung und -diagnose (QRES, "Quick Response Expert System"),
- o Expertensystem zur Identifizierung und eventuellen Korrektur von Inkonsistenzen in den Bedienhandlungen des Operateurs (RESQ),
- o Expertensystem zur Anpassung der dargestellten Information an den Prozeßzustand (GES, "Graphical Expert System"),
- o Expertensystem zur gezielten Beratung des Bedieners auf Anfrage (SES, "Support Expert System"),
- o (Teilweise wissensbasierter) Dialogmodul zur Koordinierung des Informationsaustausches zwischen Prozeß, Benutzer und den verschiedenen wissensbasierten Komponenten (DIS "Dialoque System").

Abb. 1 zeigt eine vereinfachte Form der GRADIENT-Systemstruktur. Das erstgenannte wissensbasierte System - das "QRES" - kann als ein "Echtzeit-Expertensystem" angesehen werden, da es auf Geschwindigkeit optimiert wird, und die in [6] angegebenen Entwurfsgesichtspunkte für Echtzeit-Expertensysteme angewandt werden. Das Attribut "quick", das innerhalb des GRADIENT-Projektes für diesen Typ eines wissensbasierten Systemes verwandt wird, ist dahingehend zu verstehen, daß das System bestimmte Aufgaben schneller erledigt als dies der Bediener könnte.

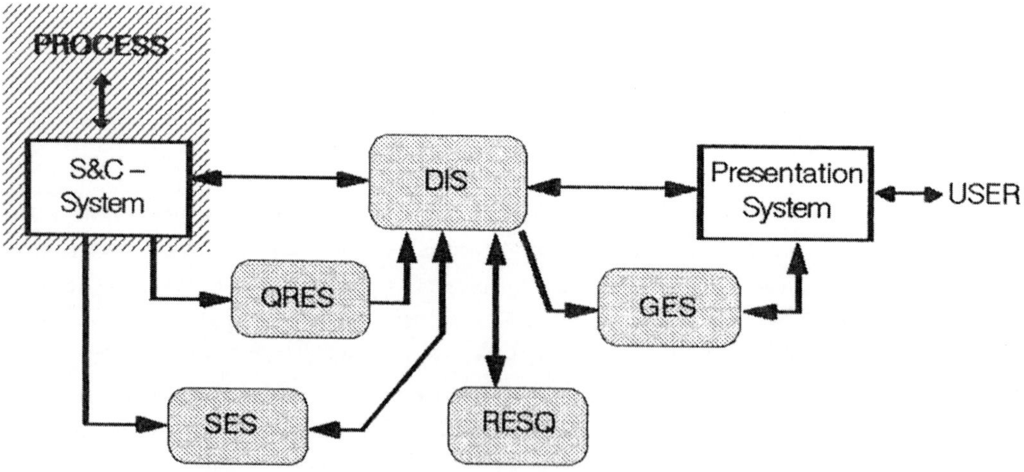

Abb. 1: Architektur des GRADIENT-Systems

Ob man nun das Gesamtsystem als eine Einheit betrachtet, die aus verschiedenen wissensbasierten Komponenten besteht oder als einen Verbund aus "quasi-autonomen" Systemen, bestimmte Echtzeittypische Gesichtspunkte müssen in jedem Fall betrachtet werden, einschließlich der Kommunikation zwischen kooperierenden wissensbasierten Systemen bzw. Komponenten und der Kommunikation mit dem dynamischen Prozeß. Um Erfahrungen mit all diesen Aspekten zu sammeln, wurde im Zentralen Forschungslabor der BBC in Heidelberg ein "pre-prototype" eines solchen wissensbasierten Prozeßleitsystems entwickelt. Es trägt den Namen "MARGRET" (Multifunctional All-puRpose GRadient Experimental Test Environment). Seine neuartige Funktionalität und insbesondere die neuartige Bedienerschnittstelle werden in [3, 4] im Detail beschrieben.

Dieser Vortrag behandelt diejenigen Gesichtspunkte, die bei der Ankopplung von MARGRET an den dynamischen Prozeß bearbeitet werden mußten. Es soll noch angemerkt werden , daß im GRADIENT-Konsortium ein zweiter Simulator - für ein Datenkommunikationsnetz - entwickelt wurde, speziell um das Verhalten der QRES-Komponente zu testen [5].

3. Das Prozeßsimulationssystem

Abb. 2 stellt die Gesamtstruktur des Prozeßsimulationssystems dar. Der eigentliche Prozeßsimulator ("Process Simulator") ist ein nichtlineares Modell eines vollständigen Kohlekraftwerkes der 700 MW Klasse. Er enthält auch ein Modell der Hard- und Software der zugehörigen Leittechnik und kann das dynamische Verhalten des Kraftwerkes im Bereich von 40% bis 100% der Nennleistung einschließlich der An- und Abfahrvorgänge nachbilden.

Zwei Anlagensysteme des Kraftwerks wurden für Experimente mit Bedienern ausgewählt und deshalb mit höherem Detaillierungsgrad modelliert:

- o das Frischdampfsystem einschließlich der vier parallelen Frischdampfüberhitzungsstränge und der umfangreichen Regeleinrichtungen für die Frischdampftemperatur,
- o das Hauptspeisewassersystem einschließlich eines Modells des Speisewasserbehälters, der Speisewasserpumpen und der Hochdruckvorwärmung mit den notwendigen leittechnischen Einrichtungen.

Zusätzlich kann der Prozeßsimulator eine Reihe von Störungen und Störfällen darstellen wie z.B. Pumpenausfall, Rohrbruch, Speisewasserverlust, Ausfall der leittechnischen Einrichtung etc., um die Wirksamkeit der "wissensbasierten" Reaktionen des Leitsystems und des Bedieners zu testen. Das geschieht durch einen über ein alphanumerisches Terminal interaktiv bedienbaren "Fehlergenerator", mit dem verschiedene Fehlerzustände aufgeschaltet werden können.

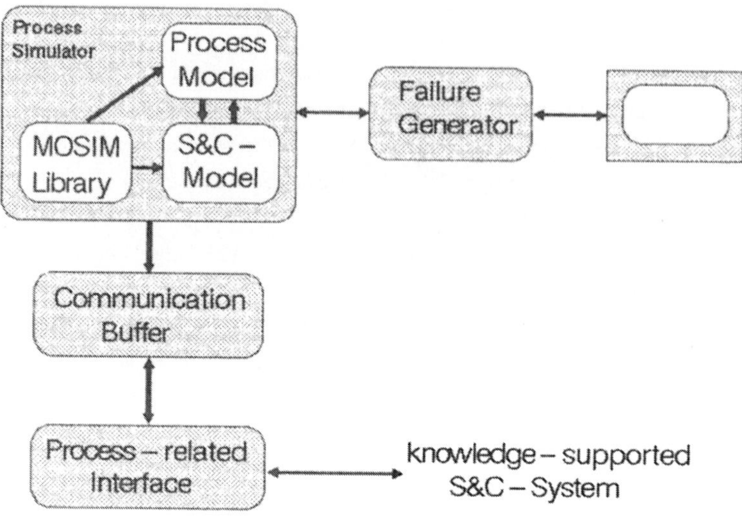

Abb. 2: Struktur des Prozeßsimulationssystems

Der Simulator berechnet einen neuen Satz von Zustandsvariablen alle zwei Sekunden. Ein solcher Satz wird jeweils in einem Kommunikationspuffer zwischengespeichert. Diejenigen Zustandsvariablen, die seit der letzten Übertragung vordefinierte Grenzen über- bzw. unterschreiten, werden zusammen mit einer Kennung an die Prozeßschnittstelle des wissensbasierten Leitsystems übergeben. In kritischen Fällen, für die eine Fehlerdiagnose besonders wichtig ist, werden die im Prozeßleitsystem gebildeten Grenzwerte sofort ausgewertet und innerhalb von 20 ms an das wissensbasierte System durchgereicht. Diese Übertragung erscheint schnell genug, um mit vernünftigem Realitätsgrad das Echtzeitverhalten der wissensbasierten Komponenten zu testen und in Experimenten das Bedienungsverhalten der Operateure am Modell-Kraftwerk zu studieren.

Der Simulator ist als FORTRAN-Programm auf einem VAX-Rechner implementiert. Die Übertragung der Simulationswerte zu der LISP-Maschine, die die wissensbasierten und grafischen Anteile des Leitsystems enthält, erfolgt über Ethernet mittels DECnet Protokoll.

4. Der Anschluß eines Expertensystems an einen dynamischen Prozeß

Die meisten Expertensysteme werden bisher off-line im sogenannten "Beratungsmodus" betrieben. Sie müssen also weder in der Lage sein, schnell wechselnde Ereignisse in der Außenwelt zu verfolgen, noch müssen sie besonders hohe Anforderungen bezüglich Zuverlässigkeit, Verfügbarkeit und Robustheit erfüllen.

Aus diesem Grund ergeben sich neue Gesichtspunkte und Anforderungen bei der Entwicklung von Expertensystemen, die direkt an dynamische Prozesse gekoppelt werden, und die den größten Anteil ihrer Information (wenn vielleicht auch nicht immer den wesentlichsten) direkt aus dem Prozeß und nicht auf dem Umweg eines Bedienerdialogs beziehen. Diese Aspekte beinhalten z.B.:

- Kopplung einer LISP-Maschine, die die wissensbasierten Anteile des Leitsystems enthält, an einen "konventionellen" Prozeßrechner. Dabei sind auch die Übertragungsarten und -protokolle zu beachten.

- Schnelle Datenerfassung (in Echtzeit) durch das Expertensystem selbst. Im normalen, ungestörten Betriebzustand ändern sich nur wenige Prozeßvariablen je Zeiteinheit, wohingegen bei Störungen und Störfällen eine Vielzahl von Prozeßvariablen neue Zustände annehmen und Grenzwerte überschritten werden. Diese Informationen müssen von dem Expertensystem "parallel" zum ablaufenden Schlußfolgerungsvorgang erfaßt werden.

- Implementation kontextsensitiver Regeln, die sich für schnelle Abarbeitung eignen, da in kritischen Situationen nicht alle Regeln ausgewertet werden können.

- Erhaltung der Gültigkeit von "Wissen" über bestimmte Zeitintervalle. Insbesondere muß festgelegt sein, zu welchem Zeitpunkt "Wissen", das z.B. aus Messungen abgeleitet wurde, nicht mehr gültig ist [7].

- Einbeziehung der Meßwerte mit in den Schlußfolgerungsprozeß. Das Expertensystem muß in der Lage sein, Ableitungen zu treffen, die die Qualität und Gültigkeit der Meßwerte betreffen, da man grundsätzlich den Ausfall eines Sensors oder das Driften eines Meßwertes unterstellen muß. Diese Problematik ist ausführlich in [8] diskutiert.

Um diese Aspekte bei der Entwicklung eines Expertensystems untersuchen zu können, bietet es sich an, schon in der Prototypphase des Expertensystems dieses mit einem echtzeitfähigen Simulationsmodell des technischen Prozesses zu verbinden, für den das Expertensystem entwickelt wird. Die dazu notwendigen mathematischen Modelle sind in den meisten Fällen schon vorhanden: Sie werden für den Entwurf der technischen Anlage und für die Entwicklung und die Verifikation der Leittechnik ohnehin verwendet. Voraussetzung ist, daß die Modelle das dynamische und statische Verhalten sowohl des Prozesses als auch der Leittechnik mit genügender Genauigkeit wiedergeben. Im vorliegenden Fall kommt ein firmeninternes Simulationsprogramm zur Anwendung. Es wurde um Anlagenteile ergänzt und mit einer Schnittstelle versehen, die sich nach außen hin durch ein quasi-kontinuierliches Echtzeitverhalten auszeichnet.

Um die oben gestellten Anforderungen ansatzweise zu erfüllen, wird in MARGRET eine Schnittstellen-Architektur für den wissensbasierten Teil des Leitsystems vorgeschlagen, wie sie Abb. 3 darstellt. In dieser Schnittstelle werden alle Daten, die vom Simulator kommen (in Abb. 2 die Komponente "process-related Interface"), in sog. "Meßgrößen-Objekten" gespeichert. Dazu wird für jede Prozeßvariable ein eigenes Objekt verwendet. Diese Aufgabe übernimmt ein Prozeß auf der LISP-Maschine, "Connection", der den Datenstrom zwischen beiden Maschinen überwacht, den Identifikationsteil einer Nachricht entschlüsselt und anhand dieser Identifikation den Prozeßwert in das entsprechende Objekt einspeichert.

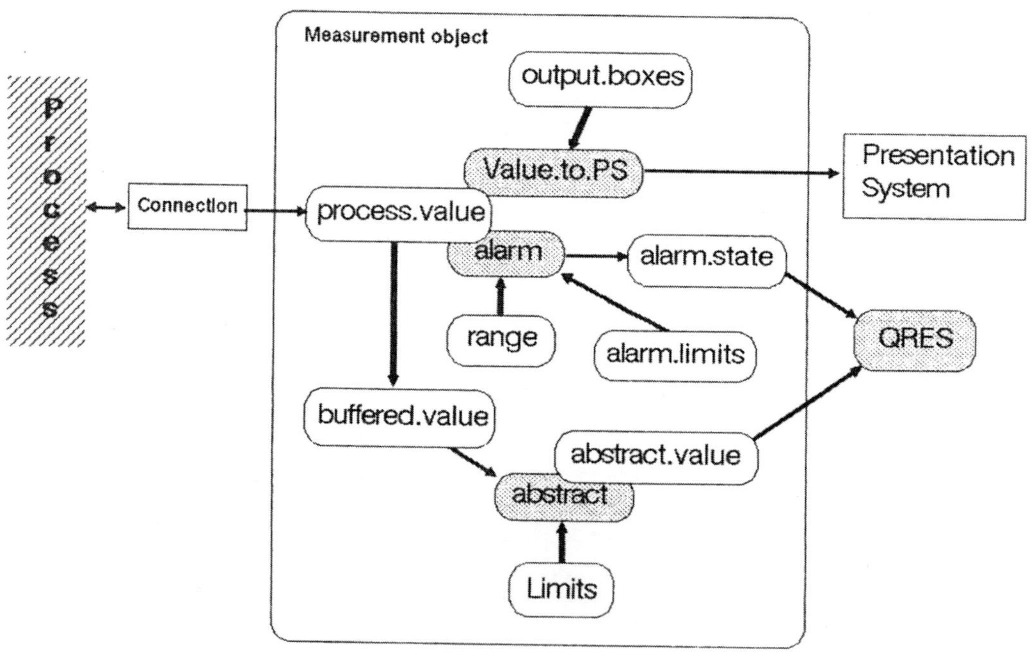

Abb. 3: Architektur der "intelligenten" Prozeßschnittstelle

Ein Objekt enthält alle Informationen, die zur weiteren Verarbeitung des neuen Wertes notwendig sind. Typische Einträge in einem Objekt sind z.B., in welchen Bildern des Prozeß-Anzeigesystems der Wert dargestellt wird, welche Alarmgrenzen und Meßbereiche ihm zugeordnet sind, und wie der Wert in Abhängigkeit des momentanen Anlagenzustandes interpretiert werden soll. Intern wird ein Objekt durch einen "frame" mit zugehörenden Attributen unter Verwendung des Expertensystem-Werkzeuges KEE (Knowledge Engineering Environment) [10] repräsentiert.

Wie in Abb. 1 dargestellt, muß der Prozeßwert an verschiedene Expertensystem-Komponenten verteilt werden. Da die Komponente "Dialog System" an anderer Stelle entwickelt wird und zum Zeitpunkt der Erstellung dieser Arbeit noch nicht verfügbar war, werden die Daten direkt an das Prozeß-Anzeigesystem (in Abb. 1 Komponente "Presentation System") gesandt. Weiterhin erscheint es angebracht, Prozeßgrößen auch direkt, d.h. unter Umgehung der Dialogkomponente, auf das Prozeß-Anzeigesystem zu schalten. Diese Übertragung erfolgt unmittelbar, nachdem ein neues Datum vorliegt und unabhängig von den Aktivitäten der anderen Komponenten.

Versuchsweise wurden zwei verschiedene Techniken der Implementierung erprobt: Die erste Technik verwendet einen sog. "Dämon", eine Funktion, die an das Attribut "process.value" gebunden ist und immer dann ausgeführt wird, wenn sich der Wert des Attributes ändert. Die zweite Technik benutzt zur Übertragung an das Anzeigesystem einen eigenen LISP-Prozeß, der durch den Prozeß "Connection" getriggert wird und alle geänderten Prozeßwerte gemeinsam an das Anzeigesystem sendet.

Beide Techniken sind miteinander vergleichbar, was die Rechenzeit betrifft; Dämonen sind lediglich einfacher zu implementieren, da ihre Verwaltung und Aktivierung vom KEE-System übernommen wird. Dargestellt ist in Abb. 3 die Technik mittels Dämonen (Dämon 'Value.to.PS').

Ein weiterer Dämon, "alarm", überwacht den Prozeßwert auf Verletzungen von Grenzwerten und auf Über- bzw. Unterschreitung des Meßbereiches (Attribut 'alarm.state'). Im Gegensatz zu den Grenzwertgebern in der Prozeßleittechnik, die vielfach feste Werte einprogrammiert haben, kann das Attribut "alarm.limits" dem jeweiligen Anlagenzustand dynamisch angepaßt werden. Dadurch wird eine flexible Unterdrückung von unnötigen und redundanten Alarmmeldungen erzielt.

Parallel zu diesen Aktivitäten arbeitet das Expertensystem zur Prozeßdiagnose und zur Identifikation von Fehlerzuständen (QRES). Dieses System wird immer dann gestartet, wenn ein neuer Zustand im Prozeßabbild vorliegt und die Daten aus Konsistenzgründen gepuffert sind. Die Pufferung übernimmt ein LISP-Prozeß, der auch gleichzeitig die Aktivitäten des Diagnosesystems überwacht. Eingangsgrößen für das

Diagnosesystem sind sowohl die internen Alarmgrößen (Attribut: 'alarm.state') als auch die extern in der Leittechnik gebildeten binären Alarmgrößen sowie abstrakte Darstellungen der Prozeßwerte (Attribut 'abstract.value'). Diese werden auf der Basis der aktuellen Werte und des laufenden Anlagenzustandes über einen Dämon, "abstract", abgeleitet.

5. Erfahrungen mit dem Pre-Prototyp eines wissensbasierten Leitsystems

Ziel des GRADIENT-Projektes ist es - ausgehend von dem heutigen Stand der Technik in der Prozeßbedienung und -beobachtung - einen wesentlichen Schritt in Richtung moderner, fortschrittlicher Prozeßführung durch die Anwendung von Methoden der künstlichen Intelligenz zu machen.

Erste Ergebnisse bezüglich der Architektur und Implementierung einer "intelligenten" Prozeßschnittstelle und der graphischen Darstellung des Anlagenzustandes wurden auf der Basis eines Prototyps, MARGRET, erzielt. Über die Gestaltung der Mensch-Maschine-Schnittstelle wird in einem weiteren Beitrag zu dieser Konferenz berichtet [4].

Die Kopplung mehrerer, parallel arbeitender Expertensystem-Komponenten an einen echtzeitfähigen Prozeßsimulator über eine "intelligente" Schnittstelle hat folgende Erkenntnisse gebracht:

- o Durch sorgfältigen Entwurf und Implementierung konnte eine stabile Verbindung zwischen einem Prozeßrechner und einer LISP-Maschine unter Verwendung des DEC-net Protokolls aufgebaut werden.
- o Eine "intelligente" Vorverarbeitung der Prozeßdaten ermöglicht eine einfachere und übersichtlichere Gestaltung der Regeln zur Erkennung von Fehlerzuständen. Dies ist eine erste Voraussetzung für die Implementierung schneller kontext-sensitiver Regeln.
- o Parallele Prozesse lassen sich offenbar zu einem gewissen Maß auf einer LISP-Maschine implementieren, wenn auch im vorgestellten Projekt noch nicht die gleiche Zuverlässigkeit erreicht wurde wie auf einem "echten" Prozeßrechner.
- o Die bisher maximal erreichte Datenrate von 25 Prozeßgrößen je Sekunde bei gleichzeitiger Arbeit aller Expertensystem-Komponenten ist noch zu gering.

Man könnte sich vorstellen, daß die Probleme, die in den beiden letzten Punkten angesprochen werden, in Zukunft durch den Einsatz mehrerer, aufgabenbezogener Rechner entschärft werden können. Um die LSIP-Maschine zu entlasten, ließe sich z.B. ein Teil der Funktionalität der "intelligenten" Schnittstelle, nach Entwurf und Erprobung auf der wissensbasierten Seite, auf die prozeßorientierte Seite verlagern. Dadurch würde zwar der Kommunikationsaufwand zwischen beiden Maschinen vergrößert, aber dennoch die LISP-Maschine für die eigentliche Aufgabe der Prozeßdiagnose entlastet.

Für alle Arbeiten und Untersuchungen war der Simulator von außerordentlich großer Bedeutung. Diese wird in der Zukunft bei der Erweiterung des Systems zur schnellen Diagnose und intelligenten Prozeßführung sicherlich noch zunehmen. Nicht zuletzt stellt der Simulator für mehr zur Informatik hin orientierte Projektmitarbeiter eine wichtige Wissensquelle über das dynamische Verhalten des Prozesses dar.

Literaturverzeichnis

[1] Schöne,A.: Simulation technischer Systeme, Hanser, 1974

[2] Alty,J., Elzer,P., Holst,O., Smart,G., Johannsen,G., Savory,S.,: Literature and User Survey of Issues Related to Man-Machine Interfaces for Supervision and Control Systems, ESPRIT '85, Status Report of Continuing Work, North Holland, 1986, pp. 719-727

[3] Elzer,P., Borchers,H.W., Siebert,H., Weisang,C., Zinser,K.: MARGRET - A Pre-Prototype of an 'Intelligent' Process Monitoring System, Proc. 4th ESPRIT Conference, North Holland, 1987, pp. 973-984

[4] Elzer,P., Borchers,H.W., Siebert,H., Zinser,K.: Expertensysteme und hochauflösende Grafik zur Unterstützung des Bedienpersonals in der Prozeßleittechnik, Vortrag eingereicht zur Fachtagung "Prozessrechensysteme '88", Stuttgart, 1988

[5] Christensen,B., Jepsen,M., Madsen,B.: The Prototype of QRES, Internal work report No P857-WP5-CRI-062, Sept. 1987

[6] Leinweber,D., Gidwani,K.: Real-Time Expert System Development Techniques and Applications, Proc. WESTEX '86, IEEE CS Press, 1986, pp. 69-77

[7] Allen,J.: Maintaining Knowledge about Temporal Intervals, Communications of the ACM, Vol. 26, November 1983, pp. 832-843

[8] Wallich,P.: Software 'doctor' prescribes remedies, IEEE Spectrum, October 1986, pp. 43-48

[9] Leinweber,D.: Expert Systems in Space, IEEE Expert, Vol. 2, No 1, Spring 1987, pp. 26-36

[10] KEE Software Development System, User's Manual, KEE Version 3.0, IntelliCorp, Mountain View, 1986

MEHRRECHNER - PEARL: NORMUNG EINES SPRACHVORSCHLAGS AUS EINSATZERFAHRUNGEN

U. Bügel
G. Bonn
Fraunhofer-Institut für Informations- und Datenverarbeitung (IITB)
Sebastian-Kneipp-Str. 12/14, 7500 Karlsruhe

Zielsetzung und Ergebnisse

Bei der Programmierung von fehlertoleranten Mehrrechnersystemen in der Prozessdatenverarbeitung fehlen heute bei fast allen bekannten Programmiersprachen geeignete Sprachmittel, um die programmtechnische Komplexität solcher Systeme zu bewältigen. Basierend auf den Arbeiten von Steusloff [1] wurde ein Konzept entwickelt, das weiterhin Beschreibungselemente für Hardware- und Softwarekonfigurationen einführt, darüberhinaus als Konsequenz der Einsatzerfahrungen mit dem RDC-System [2] wesentliche Erweiterungen aufweist:

- Definition neuer Mechanismen zur Intertaskkooperation basierend auf Port-Adressierung mit synchronen und asynchronen Mechanismen für Botschaftenaustausch.

- Definition kleinster konfigurierbarer Einheiten (Collections), die miteinander ausschließlich durch Botschaftenaustausch über Ports kommunizieren können.

Die Erweiterungen wurden in ein geschlossenes Sprachkonzept für Mehrrechner-PEARL integriert. Die Sprachbeschreibung liegt heute als Norm (DIN-Gelbdruck, [6]) vor.

1. Arbeiten zu Mehrrechner-PEARL

Bei der Automatisierung technischer Prozesse, nicht zuletzt im wehrtechnischen Bereich, werden in Zukunft verstärkt höhere Programmiersprachen eingesetzt, wobei eine Beschränkung auf wenige Sprachen - u.a. PEARL UND ADA - zweckmäßig ist. Parallel zu dieser Entwicklung kann ein vermehrter Einsatz von Mehrrechnersystemen vorwiegend aus Fehlertoleranzgründen festgestellt werden.

Es ist naheliegend, daß auch die Programmierung von Mehrrechnersystemen durch höhere Programmiersprachen erfolgen muß, um die heute vorliegenden Anforderungen bezüglich

Wirtschaftlichkeit und Zuverlässigkeit zu erfüllen. Die derzeit hierfür besonders geeignete Echtzeitprogrammiersprache ist PEARL.

Es fehlen jedoch auch bei PEARL nach DIN 66253 [5] gewisse Sprach- und Benutzerhilfsmittel für den Einsatz auf Mehrrechnersystemen. Dies hat in der Vergangenheit dazu geführt, daß für verschiedene Anwendungen auf Mehrrechnersystemen von den jeweiligen Firmen interne Spracherweiterungen für Mehrrechnersysteme vorgenommen wurden.

Aus diesem Grunde führte das Fraunhofer-Institut (IITB) in Zusammenarbeit mit der Firma Dornier-System GmbH im Auftrag des Bundesamtes für Wehrtechnik und Beschaffung (BWB) im Jahr 1983/84 Arbeiten durch mit dem Ziel, aufgrund vorliegender Erfahrungen und unter Berücksichtigung einschlägiger Ergebnisse anderer Forschungs- und Entwicklungsstellen ein einheitliches Mehrrechner-PEARL für den Einsatz im wehrtechnischen Bereich zu beschreiben [3,4]. Im Verlauf der Arbeiten wurden die Zwischenergebnisse mit den Mitgliedern des PEARL-Sprachpflege-Ausschusses (PSA) in mehreren Sitzungen diskutiert. Als Ergebnis entstand ein normgerechter Sprachvorschlag, der als Teil 3 von DIN 66253 [3] als Gelbdruck vorliegt [6].

Der vorliegende Aufsatz faßt die Vorarbeiten und die wichtigsten Ergebnisse dieser Arbeiten zusammen.

2. Einsatzerfahrungen und Konsequenzen

Nach [1] wurde für die Verteilung eines PEARL-Programms in einem Mehrrechnersystem der Modul als kleinste (konfigurierbare) Einheit gewählt. Durch die modulweise Aufteilung werden Schnittstellen zwischen den in verschiedenen Rechnerstationen lokalisierten Modulen für alle mit dem Attribut "GLOBAL" gekennzeichneten PEARL-Objekte möglich und können für Intertaskkooperation [7] genutzt werden. Über diese Abbildung von Standard-PEARL auf Mehrrechnersysteme hinaus besteht jedoch der Wunsch, deren Redundanz zur Erhöhung der Ausfallsicherheit zu nutzen und dafür adäquate programmiersprachliche Ausdrucksmöglichkeiten bereitzustellen.

Dafür schlägt Steusloff eine erweiterte Strukturbeschreibung aus folgenden drei Komponenten vor:

- Ein **Stationsteil** beschreibt für das Programmerzeugungssystem relevante gerätetechnische Eigenschaften der verschiedenen, in einem heterogenen Mehrrechnersystem verbundenen Rechnerstationen und führt Bezeichner für deren Betriebszustand kennzeichnende Statusvariable ein.

- Ein **Ladeteil**, der zu jedem Modul gehört, gibt an, in welche Stationen der Modul in Abhängigkeit von welchen Statusbedingungen (Werte der o.g. Statusvariablen) zu laden ist und erlaubt somit die übersichtliche Formulierung von Rekonfigurationsstrategien, z.B. im Sinne einer funktionsbeteiligten Redundanz.

- Der auch in Standard-PEARL enthaltene **Systemteil** ist erweitert um Möglichkeiten zur Beschreibung alternativer Datenwege.

Die vielfältigen Betriebserfahrungen mit dem RDC-System [8] bei Thyssen und Daimler-Benz bestätigen dieses Grundkonzept, zeigen aber, daß die uneingeschränkte Intertaskkooperation über GLOBAL-attributierte PEARL-Objekte nicht effizient und robust implementierbar ist. Dagegen hat sich das für die Pilotanwendungen implementierte, bisher aber nicht in das Sprachkonzept integrierte Botschaftensystem für taskspezifischen Datenaustausch mit differenzierten Synchronisationsvarianten [7] bewährt. Aus diesen Betriebserfahrungen heraus wird in [8] die Zusammenfassung von PEARL-Modulen zu Modulgruppen als geschlossen lad- und rekonfigurierbare Einheiten gefordert. Die Schnittstellen zwischen diesen Einheiten werden auf ein neues PEARL-Objekt PORT und zugehörigen Operationen für Botschaftenaustausch beschränkt. Die sprachliche Integration dieser Mechanismen wird im folgenden beschrieben.

3. Sprachelemente von Mehrrechner-PEARL

Der Sprachentwurf sieht als neue Programmkomponente die Zusammenfassung aller deskriptiven Teile in einer sog. Architekturbeschreibung vor. Diese Beschreibung umfaßt die gesamte Hard- und Softwarekonfiguration eines Mehrrechnersystems. Die Sprachelemente der Architekturbeschreibung werden nicht in Maschinencode, sondern lediglich in Steueranweisungen für Systemprogramme umgesetzt.

Als weitere Hauptkomponente neben der Architekturbeschreibung stehen weiterhin die Modules zur Verfügung, die zu verlagerbaren Einheiten (Modulgruppen oder "Collections") zusammengefaßt werden können. Da Inter-Collection-Kommunikation über Stationsgrenzen hinweg erfolgen kann, besitzen Collections ausschließlich eine Botschaftenschnittstelle: die Architekturbeschreibung kann logische Verbindungen zwischen Sende- und Empfangsports enthalten. Die Übertragungs-Statements TRANSMIT und RECEIVE haben - wie alle anderen Anweisungen innerhalb einer Collection - nur Zugriff zu lokalen Objekten (den Sende- bzw. Empfangsports). Da der Portname des Kommunikationspartners nicht innerhalb einer Collection bekannt sein muß, wird eine hohe Konfigurationsflexibilität erreicht.

3.1 Die Architekturbeschreibung

Die Architekturbeschreibung ist in vier Hauptkomponenten aufgeteilt, den Stations-, Net-, System- und Configurations-Teil. Der Stationsteil (Bild 1) ordnet allen Teilsystemen (Stationen) einen Namen und charakterisierende Attribute zu, die dem Programmerzeugungssystem als Steuerinformation dienen. Er enthält weiterhin die Beschreibung der möglichen Betriebszustände des Gesamtsystems.

```
STATIONS;

    NAME:            sta1;      /*Stationsidentifikator*/
    proctype:        m68000;  /*Typ des/der Prozessor(en)*/
    workstore:       /*Arbeitsspeichergröße, Adreßräume*/
                     size:   64K;
                     space: 16-32K, 32-48K, 48-64K;
                     /*Betriebszustände*/
    STATEID:         (pr: '0100'B4 : '0700'B4)
    STATEID:         (ea: '0020'B4 : '00E0'B4)
                     /*Parametrierbare Treiber:*/
    device anin0:    inout, dma, '3FFF'B4,...;
    device kopl(1):  ...

    NAME:            sta2;
                .
                .
                .
STAEND;
```

Bild 1: Beispiel eines Stationsteils

In diesem und allen folgenden Programmbeispielen sind Schlüsselworte von PEARL in Großbuchstaben geschrieben Außer dem Stationsnamen ("NAME") und den Betriebszuständen ("STATEID") gibt es keine Schlüsselworte für Stationsattribute. Sonstige Attributbezeichner können frei gewählt werden, bestimmte Bezeichner sind jedoch vordefiniert.

Im Net-Teil (Bild 2) werden die physikalischen Verbindungswege zwischen Stationen beschrieben. Es konnte weitgehend die Syntax der lokalen Verbindungsbeschreibung zwischen Geräten im Systemteil herangezogen werden. Neu ist die Angabe eines Stationsnamens bei der Geräteangabe (z.B. "sta1" in Bild 2). Den Geräteangaben können - wie in Standard-PEARL - Benutzernamen zugeordnet werden (z.B. "ep#1" in Bild 2 als Charakterisierung eines - physikalischen - "Endpunktes").

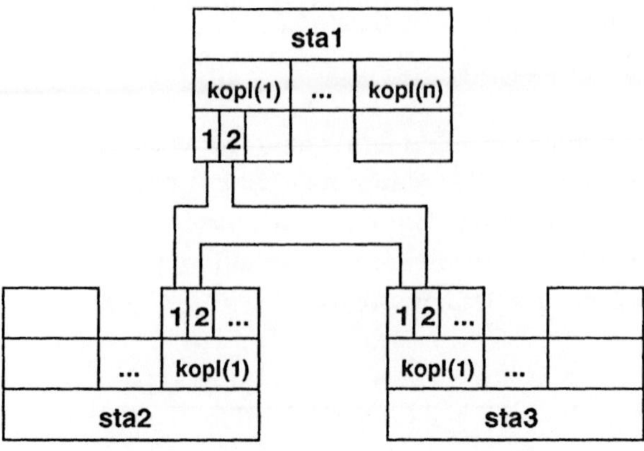


```
NET;
    ep#1 : sta1.kopl(1) * 1 <-> ep#2 : sta2.kopl(1) * 1
    ep#3 : sta2.kopl(1) * 2 <-> ep#4 : sta3.kopl(1) * 1
    ep#5 : sta3.kopl(1) * 2 <-> ep#6 : sta1.kopl(1) * 2

    /*Ersatzleitungen, nicht eingezeichnet*/
    ep#E1 : sta1.kopl(2) * 1 <-> ep#E2 : sta2.kopl(2) * 1
    ep#E3 : sta2.kopl(2) * 2 <-> ep#E4 : sta3.kopl(2) * 1
    ep#E5 : sta3.kopl(2) * 2 <-> ep#E6 : sta1.kopl(2) * 2
NETEND;
```

Bild 2: Beschreibung physikalischer Verbindungswege
(bidirektionaler Doppel-Ring)

Der Systemteil wurde um die Möglichkeit des stationsübergreifenden Gerätezugriffs erweitert. Eine Anwendungsmöglichkeit besteht beispielsweise bei der Programmierung von Fehlertoleranzstrategien: bei der Verlagerung von Programmteilen nach einem Stationsausfall können - falls hardwaremäßige Voraussetzungen wie im RDC-System gegeben sind - die Automatisierungsfunktionen der ausgefallenen Station durch die Ersatzstation wahrgenommen werden.

Zur Festlegung der Software-Verteilung sind Konfigurationsbeschreibungen [9,10,11] ein geeignetes Hilfsmittel. Mit dem Ladeteil (Kap. 2) wurde bereits ein Weg in diese Richtung beschritten, weitere Konfigurationsfunktionen wurden aufgenommen. Bild 3 zeigt ein Beispiel für einen Configuration-Teil.

```
CONFIGURATION:
   COLLECTION c1;
      MODULES m1,m2;        PORTS p1;
   COLLECTION c2;
      MODULES m3;           PORTS p1;
   COLLECTION c3
      MODULES m4,m5;        PORTS p1;
   LOAD(c1,c3) to sta1;
   LOAD c2      to sta2;
   CONNECT c1.p1 --> c2.p1 VIA (ep#1, ep#2);
   CONNECT c1.p1 --> c3.p1;
   STATE /*Ausfall von Station 1*/
         (sta1.pr & NOT sta3.pr)
         DISCONNECT c1.p1 --> c2.p1,c3.p1;
         LOAD c1 TO sta3 RESIDENT;
         CONNECT c1.p1 --> c2.p1
                           PREFER(ep #5, ep#6);
   STATE /*Ausfall von Station 1 und 3*/
         (sta1.pr & sta3.pr)
         DISCONNECT c1.p1 --> c2.p1,c3.p1;
         REMOVE c2 FROM sta2;
         LOAD c1 TO sta2;
CONFEND;
```

Collection erstellen (Compiler, Codegenerator, Binder)

Initialverteilung erzeugen(Lader)

Verbindung aufbauen (Netzbetriebssystem NBS)

Reaktion auf Störungen (dynamischer Lader, NBS)

Bild 3: Beschreibung der Software-Konfiguration

Zunächst werden die Collections durch Aufzählung von Modules und Ports festgelegt. Es folgt die Angabe der Initialverteilung (LOAD) und das Einrichten der logischen Verbindungen zwischen Ports (CONNECT). Mit der Abbildung auf die physikalischen Verbindungen (VIA, PREFER) kann eine Wegeauswahl getroffen werden. Die Installation von Fehlerdetektionsmechanismen, die den Gesamtsystemzustand in Statusregistern derart festhalten, daß alle Stationen die gleiche Sicht dieses Zustandes haben, ist Voraussetzung für die Beschreibung von problemangepaßten Rekonfigurationsstrategien (STATE).

Die Beschreibung der dynamischen Rekonfiguration (STATE) untergliedert sich in folgende Teilbeschreibungen:

- Beschreibung des Betriebszustandes, in dem rekonfiguriert werden soll, durch logisch verknüpfte Statusbezeichner. Die Statusbezeichner müssen im Stationsteil (Bild 1, STATEID) definiert worden sein. Beispielsweise bedeutet sta1.pr, daß in Station 1 ein Ausfall des Verarbeitungsprozessors vorliegt.

- Verbindungsauf- und Abbauanweisungen von logischen Verbindungen zwischen Ports (CONNECT, DISCONNECT) legen die neue Konfigurationsstruktur beim Botschaftenaustausch fest (Kap. 3.2). Dabei kann sich auch die Abbildung auf physikalische Verbindungen ändern (VIA, PREFER).

- Lade- und Entfernungsanweisungen legen die Umgruppierungen der Collections auf Ausweichstationen fest.

3.2 Botschaftenaustausch

3.2.1 Portspezifikation

Um Botschaften zwischen Collections austauschen zu können, müssen die Transferoperationen TRANSMIT bzw. RECEIVE den Sende- bzw. Empfangsport ansprechen, der für die Übertragung verwendet werden soll. Ports werden im Configuration-Teil deklariert und miteinander verbunden (CONNECT). Eine Portspezifikation (SPECIFY oder SPC Anweisung nach Standard PEARL) innerhalb einer Collection ordnet dem Port Attribute zu, die seine Verwendung festlegen (ähnlich einer PEARL-Dation):

- Übertragungsrichtung
  IN für Sende-, OUT für Empfangsport. Das Richtungsattribut muß mit den angegebenen Richtungspfeilen in den CONNECT-Anweisungen (Bild 3) übereinstimmen.

- Botschaftentyp
  Als Botschaften können die Inhalte aller PEARL-Datenobjekte verwendet werden. Ein Port kann jedoch nur einen Datentyp verarbeiten.

- Protokolltyp
  Zur Abwicklung der Kommunikation existieren drei Protokollvarianten:
  - Beim "no-wait-send"-Protokoll (asynchrone Kommunikation) wartet die Sendetask nicht auf Annahme der Botschaft durch die Empfangstask; die Botschaft wird ggf. empfangsseitig gepuffert.
  - Beim "blocking-send"-Protokoll wartet die Sendetask auf die Annahme durch die Empfangstask (und umgekehrt) nach dem Hoare'schen Rendezvous-Prinzip [12].
  - Beim "send-reply"-Protokoll stehen Sender und Empfänger in einer Auftragsbeziehung: der Sender wartet auf Verarbeitung der Botschaft und erhält eine Ergebnisbotschaft zurück (Remote-Procedure-Call mit Synchronisation).

- Im Programmcode werden die Protokolle unterschieden, indem beim "blocking-send"-Protokoll in der Portspezifikation des Sendeports das Attribut WAIT, beim Empfangsport entsprechend das Attribut REPLY angegeben wird. Beim send-reply steht zusätzlich hinter WAIT bzw. REPLY der Typ der Ergebnisbotschaft.

- Ausnahmebehandlung
  Robustheit kann durch "timeout"-Mechanismen und Anzeigenbearbeitung mit Hilfe von Signals erreicht werden. Eine Reihe von Signals, z.B. der Überlauf von Puffern, sind vordefiniert, weiterhin können einem Port auch eigene Signals zugeordnet werden.

  Die Portspezifikation dient als Bindeglied für die statische Überprüfung der Intertaskkooperation zur Compile-Zeit; sie muß sowohl mit Deklaration und Verbindungsbeschreibung im Configuration-Teil als auch mit den Transferoperationen im Problemteil kompatibel sein.

3.2.2 Protokolle und Portverbindungsstrukturen

Mit Hilfe von Portverbindungsstrukturen (CONNECT) können auch mehrere Tasks an einem Kommunikationsvorgang beteiligt werden. Ein mit mehreren Empfangsports verbundener Sendeport (1 zu n-Kommunikation, Bild 4) "verbreitet" die an ihn übergebenen Botschaften ("Talker/Listener"-Relation).

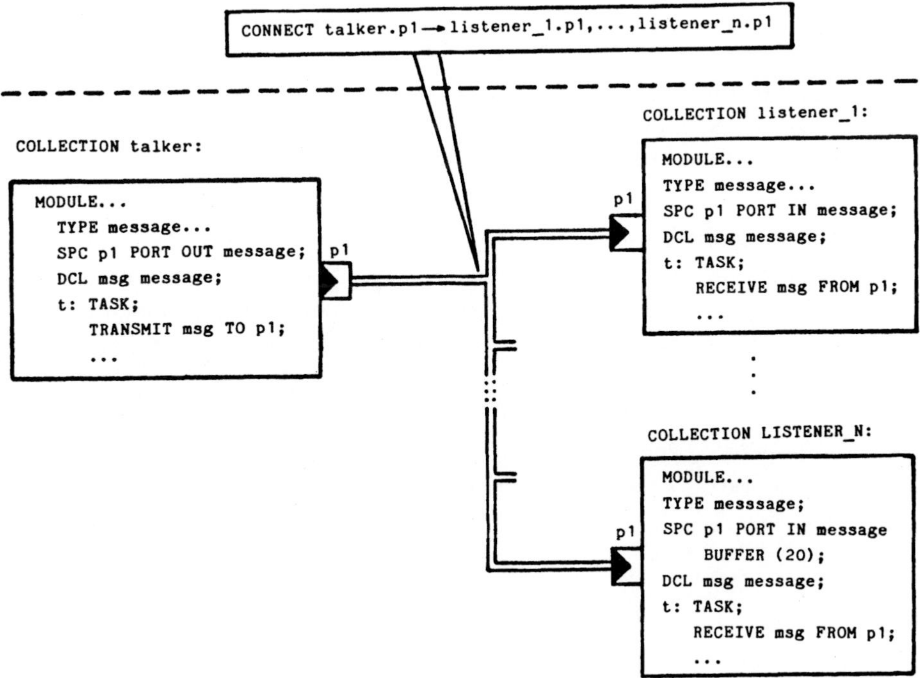

Bild 4: Programmstruktur bei einer 1 zu n-Kommunikation mit "no-wait-send"-Protokoll

Oberhalb der gestrichelten Linie in Bild 4, 5 und 6 sind jeweils Teile aus der Architekturbeschreibung, unterhalb die Anweisungen innerhalb der Collections, die hier jeweils nur einen Modul mit einer Task enthalten. Die Botschaft der TRANSMIT-Anweisung im "talker" in Bild 4 kann von allen angeschlossenen "listeners" durch eine RECEIVE-Anweisung empfangen werden. Als Protokollvariante ist ein no-wait-send-Protokoll erkennbar, da die Angaben WAIT und REPLY fehlen. 1 zu n-Kommunikation ist auch im blocking-send Verfahren möglich, was einer 1 zu n Synchronisation mit Nachrichtenaustausch gleichkommt. Im blocking-send Protokoll sind (im Unterschied zum no-wait-send Protokoll) die Transferoperationen atomar, d.h. entweder alle oder kein Empfänger erhalten die Botschaft.

Sind umgekehrt mehrere Sendeports mit einem Empfangsport verbunden (n zu 1-Kommunikation, Bild 5), so werden am Empfangsport Aufträge von n berechtigten Auftraggebern entgegengenommen und verarbeitet ("Client/Server" oder auch "Consumer/Producer"-Relation). Für die Auftraggeber besteht dabei Chancengleichheit: Findet ein Produzent am Empfangsport mehrere Aufträge von Konsumenten vor, so wählt er nach einem nichtdeterministischen Verfahren einen Auftrag für die Bearbeitung aus. Zur Bearbeitung der weiteren Aufträge ist die erneute Ausführung eines RECEIVE erforderlich, was durch die REPEAT-Schleife in Bild 5 angedeutet ist.

Man beachte in Bild 4 und 5, daß die interne Programmstruktur in allen beteiligten Collections in keiner Weise von den gewählten Verbindungsstrukturen abhängt. Selbst die Ansprache des Kommunikationspartners präsentiert sich in der Angabe eines - aus Sicht einer Collection - lokalen Port-Namens, was sich darin verdeutlicht, daß überall der gleiche Bezeichner (p1) gewählt werden kann.

Collections können deshalb - nach dem "information-hiding"-Prinzip - Dienstleistungen bereitstellen, ohne daß ihre interne Realisierung bekannt sein muß: es genügt die Spezifikation der Botschaftenschnittstelle, die Einbindung in eine Programmumgebung kann vollständig mit Connectanweisungen im Configuration-Teil der Architekturbeschreibung vorgenommen werden.

CONNECT- und LOAD-Anweisung sind dialogfähig, so daß Rekonfiguration auch innerhalb einer Kommandosprache realisiert werden kann.

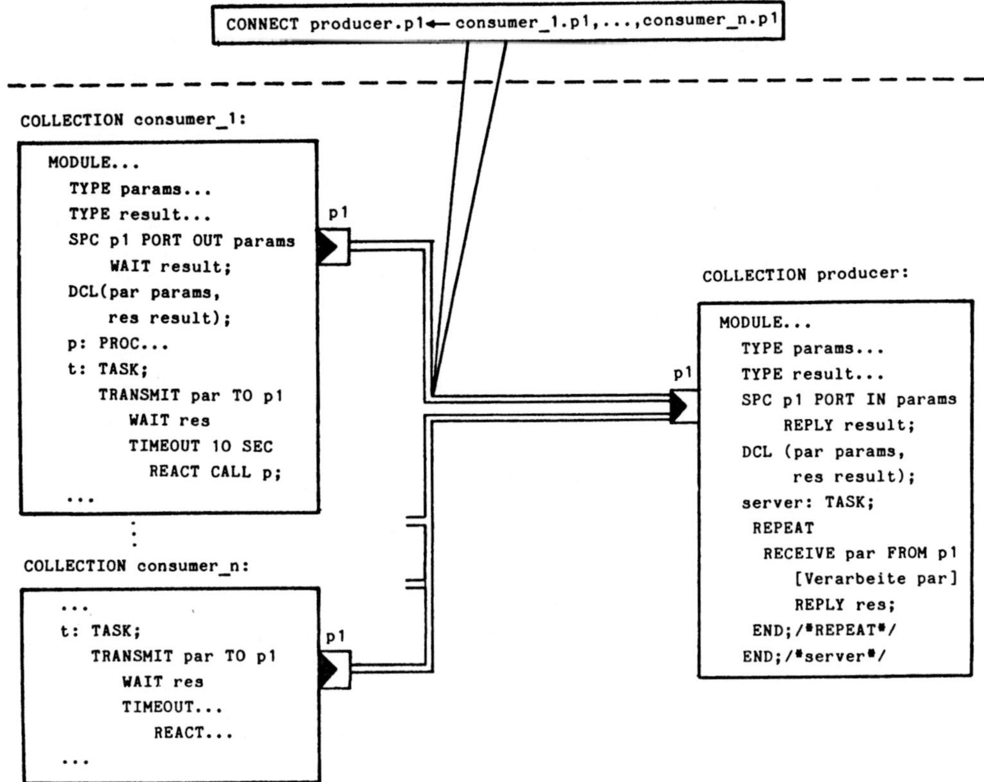

Bild 5: Programmstruktur bei einer n zu 1-Kommunikation mit send-reply-Protokoll

Mit Hilfe der n-->1 Portverbindung kann gleichzeitig auf Botschaften verschiedener Sender gewartet werden. Da alle beteiligten Ports den gleichen Botschaftstyp aufweisen müssen, ist das alternative Warten auf Botschaften gleichen Typs beschränkt. In Anwendungen der Prozeßdatenverarbeitung besteht jedoch häufig die Anforderung, auch auf Botschaften unterschiedlichen Formats alternativ mit nichtdeterministischer Auswahl (s.o.) warten zu können. Im Unterschied zur n zu 1-Kommunikation bei gleichem Botschaftenformat (n zu 1-Portverbindung) wird beim Selected-RECEIVE (Bild 6) die Verarbeitung der Botschaft nach ihrem Typ selektiert.

Bei der Selected-Receive-Anweisung ist naturgemäß die Konfigurierbarkeit (wie bei 1-->n oder n-->1 -Strukturen) bei Änderung von n nicht mehr gegeben. Dies wird in der Abhängigkeit der Collection "producer" von der Anzahl zu spezifizierender Empfangsporte (p1 bis pn) deutlich.

Mit Hilfe der Kommunikationsstrukturen und Protokollvarianten läßt sich ein breites Spektrum höherer Protokolle programmieren.

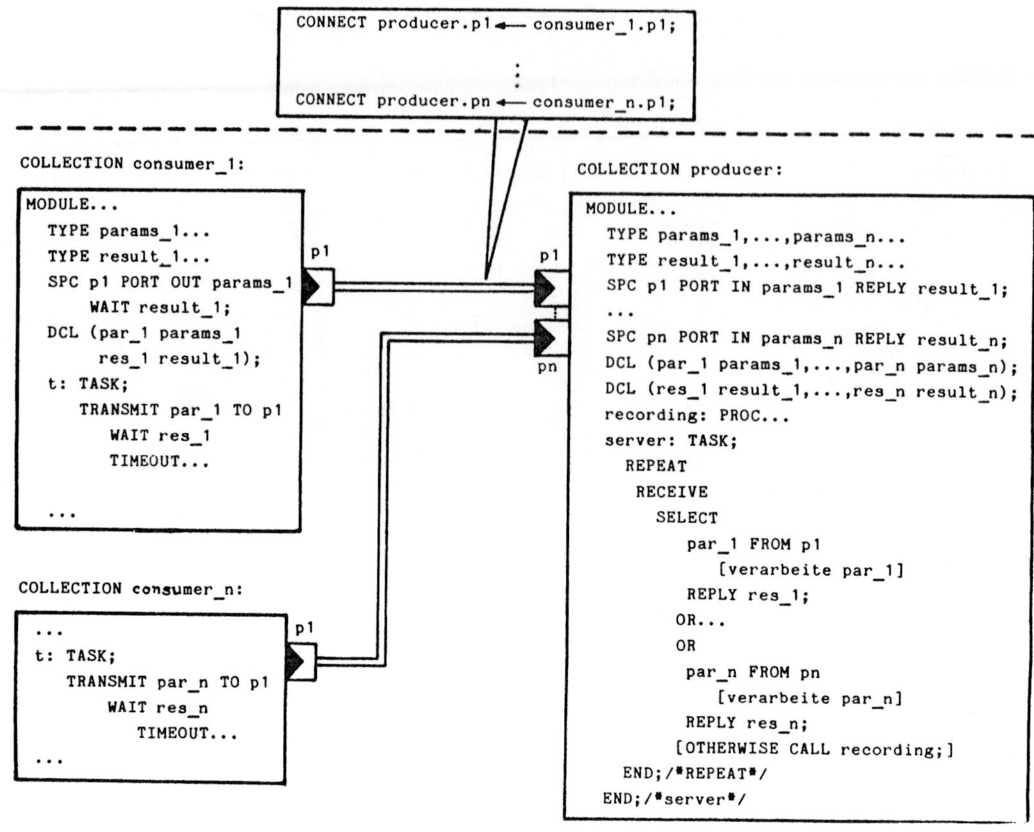

Bild 6: Alternatives Warten auf Botschaften unterschiedlichen Formats mit selektiver Fortsetzung

4. Ausblick

Mit dem Vorliegen der Norm ist der Weg für Implementierungen eines einheitlichen Mehrrechner-PEARLs geebnet. Als Ansatzpunkt für die Auswahl von Sprachelementen bei ersten Implementierungen bietet die Norm analog zu Standard-PEARL eine Unterteilung in Basic- und Full-Mehrrechner-PEARL. Die Spracherweiterung wurde aufwärtskompatibel zu Standard-PEARL vorgenommen, so daß existierende Anwenderprogrammsysteme - bis auf Bezeichner, die zu Schlüsselworten geworden sind - ohne Code-Änderungen in ein Mehrrechner-PEARL Programm integriert werden können.

5. Literatur

[1] Steusloff, H.: Zur Programmierung von räumlich verteilten dezentralisierten Prozeßrechnersystemen. Dissertation Universität Karlsruhe, 1977.

[2] Heger, D.; Steusloff, H.; Syrbe, M.: Echtzeitrechnersystem mit verteilten Mikroprozessoren. Forschungsbericht Datenverarbeitung des BMFT, DV 79-01 (1979).

[3] Bügel, U.; Bonn, G.; Fahr, E.; Barbian, G.: Benutzerhilfsmittel für PEARL im Einsatz auf Mehrrechnersystemen. PEARL-Tagung, Düsseldorf 1984.

[4] Bügel, U.; Bonn, G.: Mehrrechner-PEARL: Einsatzerfahrungen und Sprachvorschlag für Normung. IITB-Mitteilungen 2/85, S. 10-14.

[5] DIN 66253 Teil 2, Programmiersprache Full-PEARL.

[6] DIN 66253 Teil 3, Programmiersprache PEARL, Mehrrechner-PEARL.

[7] Bonn, G.; Lorenz, L.: Steuerung, Synchronisation und Kommunikation bei parallelen Prozessen. IITB-Mitteilungen 80, S. 36-41, 1980.

[8] Bonn, G.; Lorenz, L.: Eignung von MEHRRECHNER-PEARL zur Programmierung paralleler Prozesse; Erfahrungen und Folgerungen, Informatik-Fachberichte. 39. Fachtagung Prozeßrechner 81.

[9] Kramer, J. et al.: CONIC: An Integrated Approach to Distributed Computer Control Systems IEEE Proc., Vol. 130, Pt. E, No. 1, January 1983.

[10] LeBlanc, R.J., Maccabe, A.: The Design of a Programming Language based on Connectivity Networks. Proc. 4th Int. Conf. on Distr. Comp. Systems, Oct. 82.

[11] Magee, J.; Kramer, J.: Dynamic Configuration for Distributed Real-Time-Systems IEEE Proc. Real-Time-Syst. Symposium, Washington, Dec. 83.

[12] Hoare, C.A.R.: Communicating Sequential Processes. Comm. ACM, Vol. 21, August 1978, S. 666-677.

Objektorientierte Strukturierung verteilter Software und statische Typprüfung

H.J. Schneider, Universität Erlangen-Nürnberg

1. Objektorientierte Programmierung vs. Statische Typprüfung

Der objektorientierten Programmierung liegt der Gedanke zugrunde, daß die wesentlichen Aspekte jeglicher Art von Wissensorganisation die Klassifikation und die differenzierende Beschreibung sind. Die Vorgehensweise beim objektorientierten Programmentwurf besteht daher in der Identifikation relevanter Objekte, ihrer Klassifikation durch Herausarbeiten der Gemeinsamkeiten und der Unterschiede und der Definition der Interaktion. Mit Stoyan und Görz [8] können wir diesen Programmierstil folgendermaßen charakterisieren:

- Jeder Gegenstand in dem zu entwickelnden System ist ein Objekt. Dabei werden Objekte generell als aktive Einheiten aufgefaßt; es entfällt also die in der klassischen Programmierung weitverbreitete Unterteilung in aktive und passive Objekte. Die Nachteile dieser Unterteilung sind im Zusammenhang mit Ada (*) ausführlich von Wegner diskutiert worden [10].
- Ein Objekt kann einem anderen eine Mitteilung zukommen lassen. (Der in der einschlägigen Literatur häufig verwendete Begriff "Botschaft" soll hier wegen der Verwechselungsgefahr mit einem bestimmten Kommunikationskonzept vermieden werden.) Das angesprochene Objekt kann darauf in verschiedener Weise reagieren; beispielsweise kann es Mitteilungen an dritte Objekte versenden und/oder seinen inneren Zustand ändern. Auf jeden Fall erfolgt eine Antwort an den Urheber, entweder vom ursprünglich angesprochenen Objekt oder von einem anderen. Die Antwort ist selbst ein Objekt.
- Jedes Objekt ist Exemplar einer Klasse und verhält sich in der durch die Klassendefinition vorgeschriebenen Weise. In ihr wird festgelegt, Mitteilungen welcher Form ein Objekt akzeptiert und mit welchen Methoden diese Mitteilungen bearbeitet werden. Die Struktur des Datenbereichs, der den inneren Zustand der Exemplare beschreibt, wird ebenfalls in der Klassendefinition deklariert, während seine Größe und selbstverständlich sein Inhalt von Objekt zu Objekt variieren können. Jede Veränderung einer Klassendefinition wirkt sich sofort auf alle Exemplare dieser Klasse aus.

Diese Arbeit wurde teilweise durch die Deutsche Forschungsgemeinschaft (SFB 182 - Teilprojekt B1) gefördert.

(*) Ada ist eine eingetragene Handelsmarke der US-Regierung (AJPO)

- Klassen können selbst als Objekte aufgefaßt werden. Sie sind insbesondere in der Lage, einen Erzeugungsauftrag zu verarbeiten, wobei sie als Antwort das erzeugte Objekt liefern. Der Erzeugungsauftrag kann über Parameter Einfluß auf den Anfangszustand des erzeugten Objektes nehmen.
- Eine besondere Form des Erzeugungsauftrages ist die Schaffung neuer Klassen. Dabei kann auf bereits bestehende Klassen Bezug genommen werden, um Teile der Schnittstelle und Methoden von bereits bekannten Klassen auf die neue zu übernehmen (Vererbungsprinzip). Es entsteht so eine Hierarchie von Klassen oder Typen. Die Objekte, die zu den verschiedenen Teilklassen einer gemeinsamen Oberklasse gehören, können auch als Elemente dieser Oberklasse betrachtet werden. Jedoch ist es zulässig, für die Teilklasse zusätzliche Methoden oder eine andere Reaktion auf die gleiche Mitteilung festzulegen als in der übergeordneten Klasse (Überladen der Methodenbezeichner).

Folgt man der Forderung verschiedener Autoren, die Software zur Steuerung technischer Prozesse in Analogie zu diesen zu strukturieren (siehe z.B. Nehmer [5], Steusloff [7] oder Wirth [11]), so kommt man sehr oft zu einer objektorientierten Struktur. In vielen Beispielen treten nämlich gleichartige Komponenten ebenso auf wie Komponenten, die sich nur teilweise gleichartig verhalten. Sylla äußert sich generell positiv zur objektorientierten Vorgehensweise, meldet aber Bedenken gegen deren Anwendung in der Prozeßsteuerung an [9]:

> "Anscheinend gibt das Programmieren in Klassenhierarchien [...] soviel Ordnung vor, daß bei inkrementeller Entwicklung die Beschreibungen nicht blumenkohlartig wuchern und bei Kraut und Rüben enden. [...] Ein ungutes Gefühl hätte ich allerdings, sollte ich in Smalltalk [...] eine Signalsteuerung für vielbefahrene Straßenkreuzungen programmieren müssen."

Damit ist die Forderung nach sicherer Software angesprochen, die dazu geführt hat, das dem Typkonzept und der statischen Typprüfung seit Ende der sechziger Jahre ein hoher Stellenwert zugestanden wurde. Morris faßt deren Intention folgendermaßen zusammen [4]:

> "Type checking seems to serve two distinct purposes: authentication and secrecy.[...] First, users of his programs may ask them to operate a value that is not a valid representation of any of the objects he has undertaken to process. This is the authentication problem. [...] Second, users may write programs that depend upon the particular representation he chooses for objects. This precludes his re-designing the representation. This is the secrecy problem.
> Type checking is a way to prevent such things from happening. All values used to represent the abstract objects are considered to be of a certain type. The rules are:
> (1) Only values of that type can be submitted for processing (authentication).
> (2) Only the procedures given can be applied to objects of that type (secrecy)."

Auf das Prozeßkonzept übertragen, können wir diese beiden Gesichtspunkte folgendermaßen formulieren:

- Jeder syntaktisch korrekte Auftrag an einen Prozeß kann von diesem auch verarbeitet werden.
- Die algorithmischen Einzelheiten der Verarbeitung sind dem Auftraggeber verborgen und können geändert werden, ohne daß ihn dies tangiert.

P. Wegner [10] hat bei der Analyse des Typbegriffes herausgearbeitet, daß die Ada-Entscheidung, Variablen eines Prozeßtyps de facto als Konstanten (limited private) zu behandeln, der vollen Nutzung der Prinzipien der Programmabstraktion entgegensteht. B. Liskov et al. [2] haben für den Bereich verteilter Systeme die statische Prozeßstruktur im Fall synchroner Kommunikation als Hindernis für einsichtige, problemnahe Lösungen erkannt. B. Meyer [3] konnte zeigen, daß das Vererbungskonzept objektorientierter Sprachen dem Ada-Konzept der parametrisierten Programmbausteine überlegen ist. Es ist also naheliegend, die Vorteile des objektorientierten Ansatzes mit der statischen Typprüfung zu verbinden und so für die Programmierung verteilter Prozeßsoftware nutzbar zu machen.

2. Ein Beispiel

In diesem Abschnitt wollen wir ein Beispiel betrachten, das in seiner Struktur dem von Liskov et al. [2] angegebenen ähnelt, und dann im nächsten Abschnitt die Probleme aufzeigen, die bei seiner Formulierung in einer Sprache wie Ada auftreten. Es geht um eine Programmeinheit, die asynchron auf einem verteilten System ablaufenden Anwendungsprozessen den Zugriff auf gewisse (nicht überall verfügbare) Betriebsmittel erlaubt (Abb.). Die zentrale Programmeinheit soll als Vermittler, nicht als Verwalter arbeiten. Dies bedeutet, daß sie auf Anforderung eine "Verbindung" zwi-

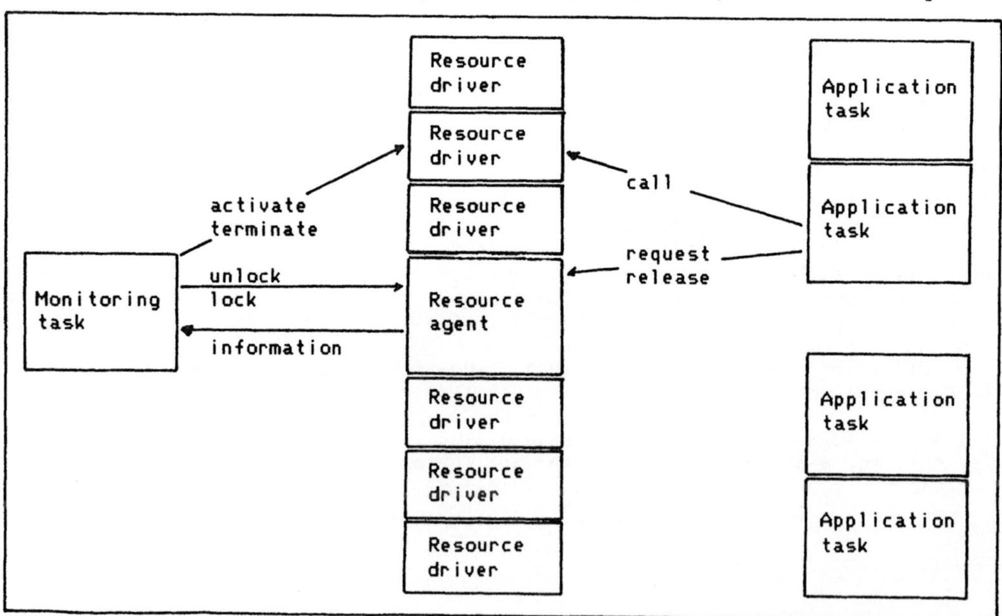

schen dem Anwendungsprozeß (Auftraggeber) und einem gerade nicht belegten Exemplar des Betriebsmittels (Auftragnehmer) herstellt. Das geschieht dadurch, daß der Agent dem Auftraggeber eine Bezeichnung mitteilt, unter der er seinen Auftragnehmer erreichen kann. Der Auftraggeber wickelt anschließend die gewünschten Dienstleistungen unmittelbar mit dem so bezeichneten Betriebsmittelexemplar ab. Es läuft also nicht jeder einzelne Arbeitsschritt über den Vermittler, wie dies bei einem nach außen monolithisch erscheinenden Pool mit integriertem Verwalter der Fall wäre. Die Vermittlerversion erscheint uns in einem verteilten System sinnvoll, weil das Kommunikationssystem von unnötigen Transportaufträgen entlastet werden kann. (Man denke etwa an den Sonderfall, daß Auftraggeber und Auftragnehmer auf dem gleichen Rechner laufen, während der Vermittler auf einem anderen liegt.)

Die verwalteten Betriebsmittel seien gleich, gleichartig oder auch nur verwandt. Beispiele für solche Situationen bieten etwa die Ein- und Ausgabegeräte mit ihren unterschiedlichen Fähigkeiten. Da wir uns nur für die Software-Seite des Systems interessieren, wollen wir unter gleichen Betriebsmitteln solche verstehen, deren Treiberprogramme identisch sind. Als gleichartig betrachten wir Komponenten, die sich nur durch gewisse Parameter unterscheiden. Schließlich ist der Fall verwandter Betriebsmittel interessant, bei denen eine Grundmenge von Dienstleistungen, von allen Exemplaren erbracht werden kann, spezielle Leistungen dagegen nur von einzelnen. Wir wollen in diesem Fall erlauben, daß der Vermittler eine Anforderung auch durch Bereitstellung eines Betriebsmittels mit umfangreicherem Leistungsangebot erfüllen darf. Stellt etwa Typ 1 die Dienstleistungen A und B bereit, Typ 2 A, B und C und Typ 3 A, B und D, so darf der Wunsch nach einem Betriebsmittel vom Typ 1 durch die Bereitstellung eines Exemplars vom Typ 2 oder 3 beantwortet werden, aber natürlich nicht umgekehrt.

Darüberhinaus erscheint es in einem verteilten System sinnvoll, den Betriebsmittelvorrat ändern zu können, ohne das Gesamtsystem anhalten zu müssen. Dabei denken wir nicht nur an den einfachen Fall der Hinzufügung zusätzlicher Exemplare, sondern auch an die Einschleusung neuer Betriebsmitteltypen, deren Leistungsvorrat über den der bisher vorhandenen hinausgeht. Eine solche Änderung ist beispielsweise notwendig, wenn ein neu hinzugekommener Anwendungsprozeß bisher nicht vorhandene Dienstleistungen benötigt. Dieser neue Typ kann dann auch den bereits vorhandenen Anwendungen als Ausweichmöglichkeit zur Verfügung stehen, ohne daß diese verändert werden müssen. (Bei späteren Änderungen könnten sie jedoch vom verbesserten Angebot Gebrauch machen.) In Ada kann eine Anwendungskomponente erst nach Neuübersetzung und Neustart von dem neuen Typ Gebrauch machen. In einem langlebigen, verteilten System erscheint es jedoch nicht wünschenswert, das Gesamtsystem wegen der Notwendigkeit lokaler Änderungen anzuhalten, wenn der Übersetzer sicherstellen kann, daß das Gesamtsystem auch weiterhin konsistent ist.

Die Abbildung zeigt außerdem einen Bedienprozeß, über den neue Exemplare des Betriebsmittels in das System eingeschleust oder Exemplare aus ihm (vorübergehend oder endgültig) entfernt werden können; er kann ferner zu Informationszwecken benutzt werden. Auf ihn soll hier aus Platzgründen nicht weiter eingegangen werden.

3. Diskussion der Formulierung in Ada

Die im Beispiel erwähnte Typfamilie könnte in Ada folgendermaßen deklariert werden:

```
task type RESOURCE_TYPE_1 is
     entry A(.....);
     entry B(.....);
end RESOURCE_TYPE_1;
task type RESOURCE_TYPE_2 is
     entry A(.....);
     entry B(.....);
     entry C(.....);
end RESOURCE_TYPE_2;
task type RESOURCE_TYPE_3 is
     entry A(.....);
     entry B(.....);
     entry D(.....);
end RESOURCE_TYPE_3;
```

Die Grunddienstleistungen entsprechen also den Eingängen A und B, während über C und D spezielle Dienstleistungen angesprochen werden können. Eine Verwendung abgeleiteter Typen kommt in Ada nicht in Frage, die diese die gleichen Eingänge besitzen wie der Elterntyp.

Damit die Zuteilung von Objekten unterschiedlichen Typs möglich ist, benötigen wir einen Obertyp zu den bereits deklarierten Typen, der sich in Ada folgendermaßen formulieren läßt:

```
type RES_TYPE is (RS1, RS2, RS3);
type PTR_TO_RESOURCE is access DESCRIPTOR;
type DESCRIPTOR(SPEC_TYPE: RES_TYPE) is
     record
          AVAIL:  BOOLEAN;
          DRIVER: case SPEC_TYPE is
                       when RS1 => RESOURCE_TYPE_1;
                       when RS2 => RESOURCE_TYPE_2;
                       when RS3 => RESOURCE_TYPE_3;
                  end case;
          NEXT:   PTR_TO_RESOURCE;
     end record;
```

Die Komponente NEXT dient der Bildung verketteter Betriebsmittellisten. Weitere anwendungsspezifische Komponenten sind natürlich denkbar, sollen hier aber nicht beachtet werden.

Damit der Auftraggeber unmittelbar mit dem Betriebsmittel verkehren kann, muß dessen Typ global bekannt sein. Da der Verwalter ein freies Betriebsmittel benennen muß und Ada für Prozeßtypen keine Wertzuweisung kennt, kann der Prozeßtyp selbst nicht als Parametertyp verwendet werden. Die angegebene Lösung verwendet daher als Parameter Zeiger. (Ein Zeiger auf die DRIVER-Komponente wäre auch eine denkbare Lösung.) Es ergibt sich damit folgende Schnittstelle für den Vermittler:

```
task AGENT is
     entry REQUEST(T: in RES_TYPE; R: out PTR_TO_RESOURCE);
     entry RELEASE(R: in out PTR_TO_RESOURCE);
     entry FREE(N: out INTEGER);
     -- Weitere Eingänge für den Bedienprozeß
end AGENT;
```

Der Auftraggeber kann dann mit

```
REQUEST(RS1, MY_RESOURCE)
```

die Zuweisung eines Betriebsmittels verlangen. Da er aber nicht weiß, von welchem Typ das konkret zugewiesene Betriebsmittel ist, muß er seine Aufträge mit einer recht komplizierten Anweisung absetzen, z.B. für die Dienstleistung A(....) mit:

```
case MY_RESOURCE.SPEC_TYPE is
     when RS1 => MY_RESOURCE.DRIVER.A(.....);
     when RS2 => MY_RESOURCE.DRIVER.A(.....);
     when RS3 => MY_RESOURCE.DRIVER.A(.....);
endcase.
```

Es fällt auf, daß in jeder der drei Alternativen exakt die gleiche Anweisung steht. Die syntaktische Korrektheit ist also von dem speziell zugewiesenen Betriebsmittel völlig unabhängig und wäre auch bei einer Formulierung der Form

```
MY_RESOURCE.DRIVER.A(.....)
```

zur Übersetzungszeit feststellbar. (Damit eine vom Einzelfall unabhängige Zielcodegenerierung möglich ist, müßten die den verschiedenen Teiltypen gemeinsamen Methoden auch auf der Zielcodeseite durch einheitliche Aufrufe realisiert werden.)

Ein für die Sicherheit des Gesamtsystems wesentliches Problem ist damit allerdings nicht gelöst: Der Auftraggeber kann sich den Zeiger kopieren und nach der Freigabe über die RELEASE-Operation munter weiterbenutzen! Will man dies verhindern, so muß man die Definition des Typs PTR_TO_RESOURCE mit "limited private" verbergen. Allerdings ist diese Konstruktion nur in passiven Moduln erlaubt, so daß der Vermittlerprozeß (ausschließlich aus Gründen der Sprachstruktur, nicht des Problems) in einen solchen eingebettet werden muß. Dann ergeben sich jedoch Probleme mit dem unmittelbaren Zugriff der Anwenderprozesse auf die Dienstleistungen.

Aus Platzgründen läßt sich der Rumpf des Vermittlers hier nicht angeben. Er würde für die Diskussion des Typkonzeptes als solches auch nicht viel bringen.

Das Beispiel zeigt u.E. eindrucksvoll, in welch starkem Maße die Programmierung mit Ada dazu zwingt, problemgegebene Strukturen aufzugeben und an die Sprache anzupassen. Man könnte schon von sprachorientierter statt von problemorientierter Programmierung sprechen.

4. Formulierung mit einem objektorientierten Prozeßkonzept

Solche Beispiele legen eigentlich unmittelbar den Wunsch nach einem flexiblen Prozeßklassenkonzept nahe. Dabei ist selbstverständlich darauf zu achten, daß die volle syntaktische Typprüfung durch den Übersetzer erhalten bleibt.

Unser Sprachkonzept kann durch die folgenden Punkte charakterisiert werden:

- Es gibt einen universellen, alle Objekte umfassenden Typ, auf dem nur die Wertzuweisung definiert ist.
- Ein neuer Typ kann als Teilklasse eines bereits bekannten Typs eingeführt werden und erbt dabei alle auf dem übergeordneten Typ bekannten Operationen; auf dem neuen Typ können aber zusätzliche Operationen definiert sein. Standardmäßig zerfällt der universelle Typ in die bekannten Teiltypen (Zahlen, Zeichenketten, Prozeduren, Prozesse). Auf dem Typ der Prozesse beispielsweise sind Operationen wie das Starten, das Beenden, das Blockieren, das Fortsetzen und das Festlegen oder Ändern einer Priorität definiert.
- Die Klasse der Rechenprozesse kann (wie jede andere Klasse) hierarchisch in Teilklassen zerlegt werden; die Objekte einer Teilklasse bieten nach außen eine einheitliche Schnittstelle an, d.h. sie reagieren auf die gleichen Synchronisations- und Kommunikationsanforderungen. Die Schnittstelle enthält dabei mindestens die Elemente der Schnittstelle des übergeordneten Typs. Die Implementierung der Objekte einer Teilklasse kann jedoch auch bei gleichbenannten Operationen von der Implementierung im übergeordneten Typ abweichen.
- Die Typen sind zuweisungskompatibel: Einer Variablen vom Typ T können Objekte sämtlicher Teiltypen von T zugewiesen werden. Nachfolgende Operationen führen dann nicht zu Syntaxfehlern oder undefinierten Operationen.

Wir betrachten hier nur den Teil der Klassenhierarchie, der sich mit den Rechenprozessen befaßt.

Im Zusammenhang mit unserem Beispiel können wir dann eine Objektklasse zur Verwaltung der Ressourcen vom Typ 1 folgendermaßen deklarieren:

```
RESOURCE_TYPE_1 = subtype of TASK;
      A: .....;
      B: .....;
endtype RESOURCE_TYPE_1;
```

Mit der Festlegung "subtype of TASK" erben die Objekte vom Typ RESOURCE_TYPE_1 alle für Prozesse definierten Operationen. Außerdem sind für diese Prozeßklasse die Operationen (Methoden) A und B definiert. Damit können dann Objektklassen mit erweiterter Schnittstelle definiert werden:

```
RESOURCE_TYPE_2 = subtype of RESOURCE_TYPE_1;
     C: .....;
endtype RESOURCE_TYPE_2;
RESOURCE_TYPE_3 = subtype of RESOURCE_TYPE_1;
     D: .....;
endtype RESOURCETYPE_3;
```

Diese Typen sind zuweisungskompatibel zu dem erstgenannten. Nach

```
P1: var RESOURCE_TYPE_1;
P2: var RESOURCE_TYPE_2;
```

sind die Operationen P1.A und P1.B syntaktisch korrekt. Dies gilt unabhängig davon, ob der Variablen P1 ein Prozeß vom Typ RESOURCE_TYPE_1 oder vom Typ RESOURCE_TYPE_2 zugewiesen wurde. Dagegen ist P1.C syntaktisch falsch, weil die Dienstleistung C nicht von allen Objekten erbracht werden kann, die der Prozeßvariablen P1 zugewiesen werden dürfen. Ferner kann mit einer Wertzuweisung

```
P1 := P2
```

erreicht werden, daß die im Programmtext ursprünglich auf zwei Ressourcen verteilten Anforderungen von einer einzigen bearbeitet werden, ohne daß das an allen Stellen geändert werden muß. (Die Zuweisung, bei der eine Prozeßinkarnation eine andere ersetzt, muß natürlich vom Laufzeitsystem bis zum Erreichen eines wohldefinierten Prozeßzustandes verzögert werden.)

Der zugehörige Verwaltertyp wird folgendermaßen definiert:

```
IS_AGENT = subtype of TASK;
          REQUEST_1: proc (): RESOURCE_TYPE_1;
          REQUEST_2: proc (): RESOURCE_TYPE_2;
          REQUEST_3: proc (): RESOURCE_TYPE_3;
          RELEASE:   proc (RESOURCE_TYPE_1);
          FREE:      readonly INTEGER;
endtype IS_AGENT;
```

Wegen der Zuweisungskompatibilität kann ein Verwalter vom Typ IS_AGENT bei Anforderung eines Objektes vom Typ RESOURCE_TYPE_1 je nach Belegungszustand auch ein Objekt vom Typ RESOURCE_TYPE_2 zuteilen. Der anfordernde Anwenderprozeß braucht das nicht zu wissen, da alle seine nachfolgenden Aufträge erfüllt werden können.

Gegenüber einer Sprache wie Ada hat das Konzept den entscheidenden Vorteil, daß Zuweisungskompatibilität längs einer Vererbungslinie die Substitution von Prozessen durch verbesserte erlaubt, ohne daß dies an allen Stellen des Gesamtsystems gleichzeitig geschehen muß und ohne daß alte Prozeßtypen geändert werden müssen. Es muß nur sichergestellt werden, daß alle bisherigen Dienstleistungen auch weiterhin erbracht werden.

Die Schnittstellenkomponenten FREE zeigt eine weitere Eigenschaft unseres Sprachentwurfes. Wir sind nicht der Auffassung, daß Variablen gegenüber allen ihren Benutzern gleichermaßen als Variable erscheinen müssen. Die Variable FREE verhält sich außerhalb des Verwalters, der sie besitzt, wie eine Konstante und kann dort nicht verändert werden. Wollte man beim Entwurf des Verwalters eine solche Veränderung zulassen, so müßte sie in der Schnittstelle selbst als variabel gekennzeichnet werden:

```
FREE: var INTEGER.
```

Diese Beschränkungen beim Export von Operationen sind auch auf den Operationsvorrat ganzer Objektklassen und selbstdefinierte Operationen anwendbar. Es ist erlaubt, daß nur eine Auswahl aus dem Vorrat aller Operationen, auf die ein Objekt reagieren kann, aus dem Definitionsbereich des Objektes exportiert wird. Auf diese Weise gewinnt der "Besitzer" eines Objektes eine privilegierte Stellung und kann den Umgang anderer mit dem Objekt flexibel kontrollieren. Wir zeigen dies an folgendem Beispiel:

```
IS_MONITOR = subtype of TASK;
        exports RESOURCE_TYPE_1(only A, B),
                RESOURCE_TYPE_2(only A, B, C),
                RESOURCE_TYPE_3(only A, B, D),
                IS_AGENT (only REQUEST_1, REQUEST_2, REQUEST_3,
                                   RELEASE),
                AGENT;
        RESOURCE_TYPE_1 = .....
              .....
        IS_AGENT = subtype of TASK;
              .....
        endtype IS_AGENT;
        AGENT: IS_AGENT;
endtype IS_MONITOR;
```

Diese Festlegung bedeutet, daß die Betriebsmitteltypen zwar exportiert werden und somit außerhalb bekannt sind, daß aber als einzige Operationen A, B, C und D von anderen Moduln als dem Verwalter benutzt werden dürfen. Dies bedeutet konkret, daß kein benutzender Modul die Betriebsmittel abbrechen, verzögern oder kopieren kann, weil die standardmäßig vererbten Operationen nicht exportiert werden.

5. Schlußbemerkung

Über erste Gedanken zu dem vorliegenden Thema wurde bereits 1985 an Hand eines anderen Beispiels (Paketverteilanlage) vorgetragen [6]. Ausgangspunkt für die Entwicklung eines eigenen Sprachkonzeptes war die Beobachtung, daß sich jenes Beispiel mit dem von Dahl und Nygaard vorgestellten Klassenkonzept [1] in Simula problemnäher implementieren ließ als in anderen gängigen Programmiersprachen. Zwischenzeitlich wurden die Grundlagenuntersuchungen im Rahmen des Sonderforschungsbereiches 182 (Multiprozessor- und Netzwerkkonfigurationen) fortgesetzt. Ziel der ersten Phase des

Projektes war der Nachweis, daß sich die beiden häufig als konträr angesehenen Paradigmen moderner Programmiertechnik, die statische Typprüfung und die Objektorientierung, konsistent in einer Sprache verbinden lassen, die sich außerdem eng an die gewohnten Denkweisen eines Anwendungsbereichs anlehnt. Parallel dazu laufen Analysen zur Implementierung, deren Darstellung jedoch den vorgegebenen Umfang des vorliegenden Manuskriptes gesprengt hätte. Über die Implementierung und die formale Sprachdefinition wird daher an anderer Stelle berichtet werden.

Literatur:

[1] O.J. Dahl/K. Nygaard: "Class and subclass declarations", Proc. IFIP Working Conf. Simulation Languages (Oslo, May 1967, Ed.: J.W. Buxton), p.158-174, Amsterdam: North-Holland, 1968

[2] B. Liskov et al.: "Limitations of synchronous communication with static process structure in languages for distributed computing", Proc. 13th ACM Sympos. Principles of Programming Languages (St. Petersburg Beach, Jan. 1986), p.150-159, New York: Association for Computing Machinery, 1986

[3] B. Meyer: "Genericity versus inheritance", Proc. Object-Oriented Programming Systems, Languages and Applications (Portland, Sept. 1986) = ACM SIGPLAN Not. 21,11 (1986), p.391-405

[4] J.H. Morris: "Types are not sets", Principles of Programming Languages (Boston, Oct. 1973), p.120-124, New York: Association for Computing Machinery, 1973

[5] J. Nehmer: "Systemarchitektur von Realzeitsystemen", Informatik-Spektrum 7, 2 (1984), p.65-72

[6] H.J. Schneider: "Programming language concept for structuring control software in correspondence to the technical process", Computing 85 (Hrsg.: G. Bucci/G. Valle), p.261-268, Amsterdam: North-Holland, 1985

[7] H.U. Steusloff: "Realzeit-Programmiersprachen", Informatik-Spektrum 7, 2 (1984), p.81-93

[8] H. Stoyan/G.Görz: "Was ist objektorientierte Programmierung?", Objektorientierte Software- und Hardwarearchitekturen (Hrsg.: H.Stoyan/H.Wedekind) = Berichte German Chapter of the ACM, vol.15, p.9-31, Stuttgart: Teubner, 1983

[9] K.H. Sylla: "SIMULA und Smalltalk: Sprachen zur 'Objektorientierten Programmierung'", Intelligenztechnologie (Hrsg.: W. Giloi/M. Schulze-Vorberg jr.) = Berichte German Chapter of the ACM, vol. 16, p.9-47, Stuttgart: Teubner, 1983

[10] P. Wegner: "On the unification of data and program abstraction in Ada", Proc. 10th ACM Symp. Principles of Programming Languages (Austin, Jan. 1983), p.256-264, New York: Association for Computing Machinery, 1983

[11] N. Wirth: "Toward a discipline of real-time programming", Communicat. Associat. Computing Mach. 20,8 (1977), p.577-583

[12] Anonym: "The Programming Language Ada - Reference Manual", Lecture Notes Computer Science, vol. 155, Berlin: Springer, 1983

Anschrift des Autors:

Prof. Dr. H.J. Schneider
Lehrstuhl für Programmiersprachen
Universität Erlangen-Nürnberg
Martensstr. 3
8520 E r l a n g e n

Konfigurationsmanagement als integraler Bestandteil von Software/Hardware-Produktionsumgebungen für Automatisierungssysteme

Dipl.-Ing. A.Riegg
Institut für Regelungstechnik und Prozeßautomatisierung
Universität Stuttgart

1. Ausgangslage

Der Trend zur Entwicklung immer komplexerer Automatisierungssysteme ging einher mit der Erkenntnis, daß ohne Verfahren, die die dabei entstehende Informationsflut beherrschbar machen, diese Automatisierungsprojekte "aus dem Ruder" laufen. Dadurch ausgelöst, wurden einerseits sogenannte Software/Hardware-Produktionsumgebungen für die Rechnerunterstützung bei der Produktentwicklung entwickelt. Andererseits wurden Verfahren und Methoden bekannt, die sich mit der Beherrschung des Änderungswesens im Laufe von Projekten beschäftigen und Lösungsmöglichkeiten unter dem Oberbegriff des Konfigurationsmanagements (engl. configuration management) präsentieren. Für diese Verfahren sind gegenwärtig verschiedene Systeme zur Rechnerunterstützung auf dem Markt.

2. Der Weg zum Zusammenwirken

2.1. Drei Strategien

Konfigurationsmanagement gilt mittlerweile als ein selbständiges Fachgebiet [Sayn84]. Unbestritten ist, daß die Funktionen des Konfigurationsmanagements in der Zukunft eine noch stärkere Rechnerunterstützung als bisher erhalten müssen, mithin die Problematik des Zusammenwirkens mit einer der schon erwähnten Software/Hardware-Produktionsumgebungen immer deutlicher zu Tage treten wird.

Wir können im wesentlichen drei Strategien unterscheiden:

- Die separate Anwendung eines selbständigen Konfigurationsmanagementtools neben einer Produktionsumgebung.

- Die enge Kopplung eines Konfigurationsmanagementtools mit einer Produktionsumgebung.

- Die weitgehende Integration des Konfigurationsmanagements in eine konkrete Produktionsumgebung hinein.

Bild 1 verdeutlicht diese drei unterschiedlichen Strategien.

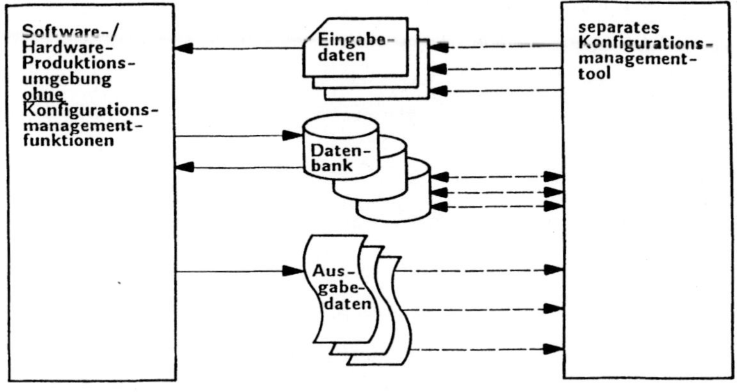

a) Strategie I

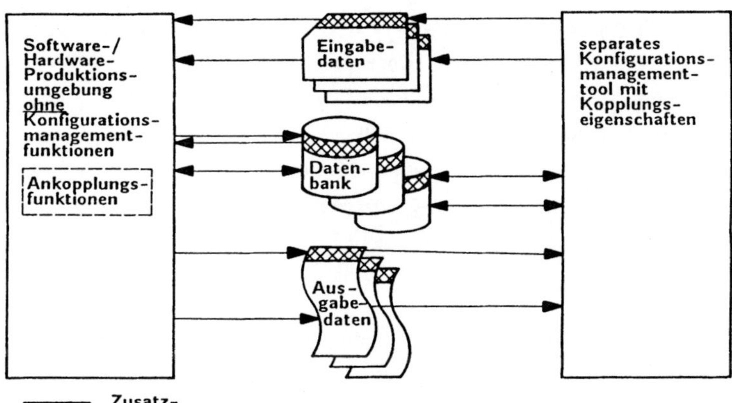

b) Strategie II

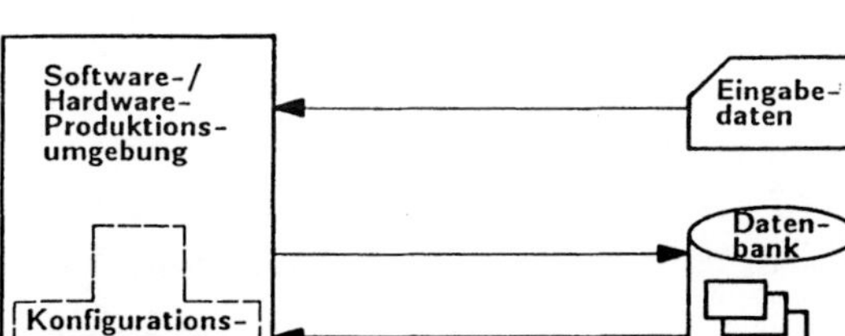

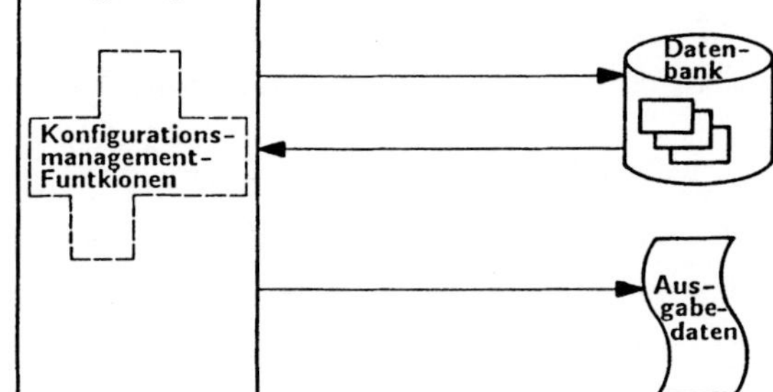

c) Strategie III

Bild 1: Drei Strategien des Zusammenwirkens von Produktionsumgebungen und Konfigurationsmanagementtools
a) eigenständiges Konfigurationsmanagementtool ohne effektive Kopplung
b) eigenständiges Konfigurationsmanagementtool mit enger Kopplung
c) funktionale Integration in eine Produktionsumgebung

Bei der Strategie I werden die Eingabedaten, die ggf. vorhandene Datenbank und auch alle relevanten Ausgaben (Dokumente, Source-Code etc.) der jeweils zum Einsatz kommenden Produktionsumgebung von einem separaten Konfigurationsmanagementtool verwaltet. Da dann allerdings die Produktionsumgebung auf verschiedenen (extern verwalteten) Datenbanken arbeitet, ist die Projekt/Produktinformation von ggf. vorhandenen verschiedenen Konfigurationen des Produkts (z.B. einem Automatisierungssystem) nicht in einer Datenbank verfügbar. An der Schnittstelle zwischen Produktionsumgebung und Konfigurationsmanagementtool ist außerdem keinerlei Rechnerunterstützung vorgesehen.

Damit hat diese Strategie einen schmerzlichen Schnitt zwischen der Produktionsumgebung und dem Konfigurationsmanagementtool zur Folge. Nicht unerwähnt bleiben soll allerdings der Vorteil dieser Strategie, daß das Konfigurationsmanagementtool immer unabhängig von der jeweiligen Produktionsumgebung einsetzbar ist.

Bei der Strategie II werden, ebenso wie bei der Strategie I, alle relevanten Daten einem separaten Konfigurationsmanagementtool zugeführt. Im Gegensatz zur Strategie I erfolgt diese Zuführung aber unter automatischer rechnergestützter Ergänzung/Auswertung von Zusatzinformation. Der Transfer erfolgt des weiteren weitgehend automatisch. Allerdings muß dabei die jeweilige Produktionsumgebung in der Lage sein, diese Zusatzinformation auszuwerten. Der an sich immer noch vorhandene Übergang zwischen der Produktionsumgebung und dem Konfigurationsmanagementtool verschwindet dabei aber je nach Auslegung der Kopplung bis zur Unmerklichkeit für den Benutzer.

Bei der Strategie III wird der angestrebte funktionale Umfang für die Durchführung des Konfigurationsmanagements direkt als ein Bestandteil der jeweiligen Produktionsumgebung aufgenommen. Dazu sind in aller Regel neue Funktionen und Prinzipien in die bestehende Produktionsumgebung aufzunehmen sowie bestehende Funktionen zu ändern oder zu erweitern.

Die innerhalb der jeweiligen Produktionsumgebung existente Produktinformation von z.B. verschiedenen Konfigurationen wird dadurch automatisch in **einer** Datenbank gehalten. Erforderliche Auszüge (z.B. Dokumente für Rewiews) können dann je nach der gewünschten Konfiguration aus dem Inhalt der Datenbank generiert werden. Es ist somit nicht mehr notwendig, diese Auszüge auch extern noch zu verwalten, sofern sie nicht nach der Generierung noch nachbearbeitet werden. Durch diese Strategie wird allerdings die Konfigurationsmanagementunterstützung zu einem festen Bestandteil der jeweiligen Produktionsumgebung. Sie ist daher auch nur innerhalb dieser Produktionsumgebung verfügbar. Des weiteren unterliegt nur die Produktinformation, die auch **innerhalb** der Produktionsumgebung verwaltet werden kann bzw. aus dem Inhalt der Produktionsumgebung **generiert** werden kann, den Funktionsmechanismen des Konfigurationsmanagements.

Im Folgenden gehen wir nun auf einige wesentliche Teilaspekte der Strategien II und III ein. Als Beispiel für eine reale Produktionsumgebung dient dabei das EPOS-System [Laub85]. Dabei werden folgende Fragen behandelt:

- Was ist Gegenstand des Konfigurationsmanagements (welche Art von Produktinformation) innerhalb einer Produktionsumgebung ?

- Auf welche Weise erfolgt die Beschreibung und Durchführung von Funktionen des Konfigurationsmanagements ?

- Was ist unter einer engen Kopplung zu verstehen ?

2.2. Objekt/Relationen-orientierte Produktinformation

Moderne Produktionsumgebungen bedienen sich häufig des Verfahrens der Objekt/Relationen-orientierten Spezifikationssprachen zur Darstellung der Entwurfs/Produktinformation. Alle zu beschreibenden Informationen werden hierbei auf Objekte und deren Relationen abgebildet. Eine Konfiguration im Sinne des Konfigurationsmanagements besteht daher im einfachsten Fall aus einem einzigen Objekt, im Normalfall aber aus einer Anzahl von Objekten und deren Relationen. Anders ausgedrückt bedeutet dies, daß Gegenstand der Verwaltungsfunktionen des Konfigurationsmanagements innerhalb einer solchen Produktionsumgebung Untermengen aller in der Datenbank enthaltenen Objekte inklusive deren Relationen sind. Bild 2 verdeutlicht diesen Sachverhalt, wobei die beispielhaft verwendeten grafischen Symbole dem EPOS-System entnommen sind.

Die Bildung der relevanten Objektteilmengen (d.h. Konfigurationen) darf dabei nicht in Abhängigkeit von den zwischen den Objekten bestehenden Relationen erfolgen, da sonst die Zusammenstellung der Objektteilmengen abhängig vom Stand des Entwurfs (z.B. dessen Fertigstellungsgrad) wäre. Dieser umfaßt aber auch evtl. inkonsistente Zwischenstufen. Vielmehr hat die Bildung der Teilmengen durch die Bereitstellung spezieller Verwaltungsfunktionen innerhalb der Datenbank der Produktionsumgebung zu erfolgen.

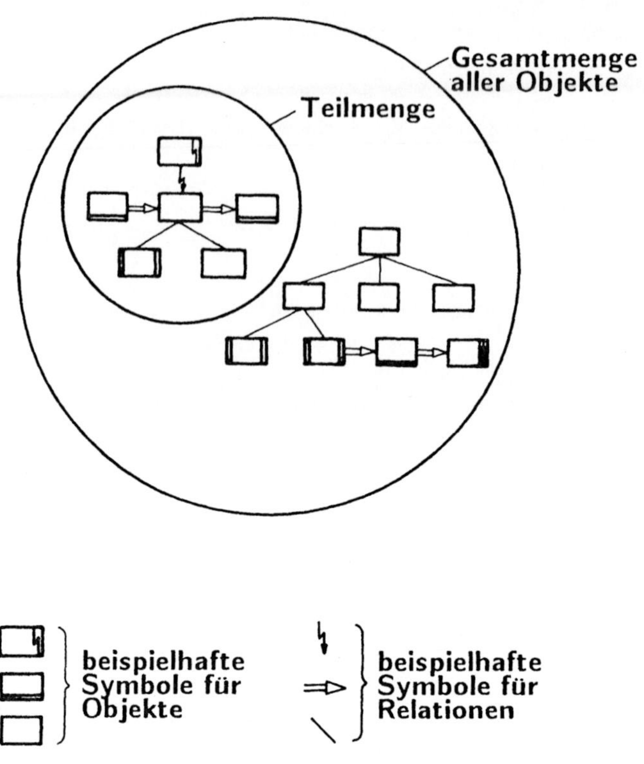

Bild 2: Die Bildung von Teilmengen bei Objekt/Relationen-orientierter Produktinformation für die Verwaltungsfunktionen des Konfigurationsmanagements

2.3. Verwaltungsfunktionen

Zu den Funktionen eines Konfigurationsmanagementsystems gehört das Beherrschen der Versions/Variantenproblematik und das der Zugriffsrechte auf bestimmte Konfigurationen (z.B. Baselines). Bei der Strategie II ist davon auszugehen, daß diese Verwaltungsfunktionen inklusive Zugriffsschutz bereits Teil des separaten Konfigurationsmanagementtools sind. Es stellt sich allerdings bei der Strategie III, der Integration von Konfigurationsmanagement in eine bestehende Produktionsumgebung, die Frage nach diesen Verwaltungsfunktionen.

Im Rahmen dieses Beitrags können wir nun aber nicht die gesamte Problematik und Konzeption einer Versions/Variantenverwaltung mit angeschlossenem Zugriffsschutz darlegen; es soll an dieser Stelle lediglich ein eindringlicher Hinweis darauf erfolgen, daß im Falle des Fehlens derartiger Verwaltungsfunktionen in einer zur Anwendung kommenden Produktionsumgebung solche Verwaltungsfunktionen ebenfalls nachträglich einzubauen sind und sich im übrigen an den im vorhergehenden Abschnitt erläuterten Objektteilmengen zu orientieren haben.

2.4. Beschreibungsmittel für das Konfigurationsmanagement

Nachdem gezeigt wurde, auf welche Produktinformation sich die Funktionen des Konfigurationsmanagements beziehen, ist zu klären, wie die Beschreibung dieser Funktionen im Falle der Strategie III erfolgen kann. Geht man vom Prinzip der Beschreibung von Sachverhalten mittels Objekt/Relationen-orientierten Spezifikationssprachen aus, so sind Objekte für das Konfigurationsmanagement erforderlich. Für die Bildung von Konfigurationen sind dabei drei verschiedene Ausprägungen zu nennen:

- Beschreibung von hierarchischen Grundkonfigurationen (z.B. Produkstrukturplan) und bestimmter (z.B. mit Versionen behafteter) Konfigurationen.

- Beschreibung der sog. Konfigurationseinheiten (configuration items [BHS80]), welche die terminale (d.h. die unterste) Ebene bei der hierarchischen Konfigurierung darstellen.

- Beschreibung von sogenannten Produktbaselines.

Falls die im jeweiligen Fall zur Anwendung kommende Produktionsumgebung nicht über Beschreibungsmittel zur Modellierung eines Änderungsverfahrens verfügt (Fehlerberichte, Änderungsvorschläge, etc.), so sind diese ebenfalls als Objekte zu ergänzen.

Diese Ergänzung wird allerdings nicht ausreichen. Es werden darüber hinaus Ergänzungen von Relationen bei anderen Objekten notwendig sein, die Querbezüge von diesen Objekten zum Konfigurationsmanagementteil erlauben.

2.5. Die enge Kopplung

Bei der Anwendung der Strategie II sprachen wir von einer sog. engen Kopplung. Eine solche enge Kopplung muß beinhalten:

- Die automatische Generierung/Änderung der für den Datenverkehr von der Produktionsumgebung zum Konfigurationsmanagementtool und umgekehrt notwendigen Zusatzinformation.

- Die weitgehend automatische Steuerung des Datenverkehrs zwischen Produktionsumgebung und Konfigurationsmanagementtool.

Ein Beispiel für eine existierende enge Kopplung dieser Art stellt die Verwendung des Konfigurationsmanagementtools LIFESPAN [Lfsp87] im Zusammenwirken mit dem EPOS-System dar.

3. Beispielhafte Darstellung von Teilfunktionen

3.1. Die Beschreibung eines Produktstrukturplans

Ein wesentlicher erster Schritt zur Durchführung des Konfigurationsmanagements überhaupt ist die Schaffung einer Möglichkeit der Identifikation der dem Konfigurationsmanagement unterworfenen Einheiten (items) und ihrer Strukturierung [HöSc85]. Die strukturelle Basis, die dadurch für die weitere Arbeit gelegt wird, wird meist mit dem Begriff Produktstrukturplan bezeichnet. Bild 3 zeigt ein einfaches Beispiel eines solchen Produktstrukturplans für ein fiktives Automatisierungssystem.

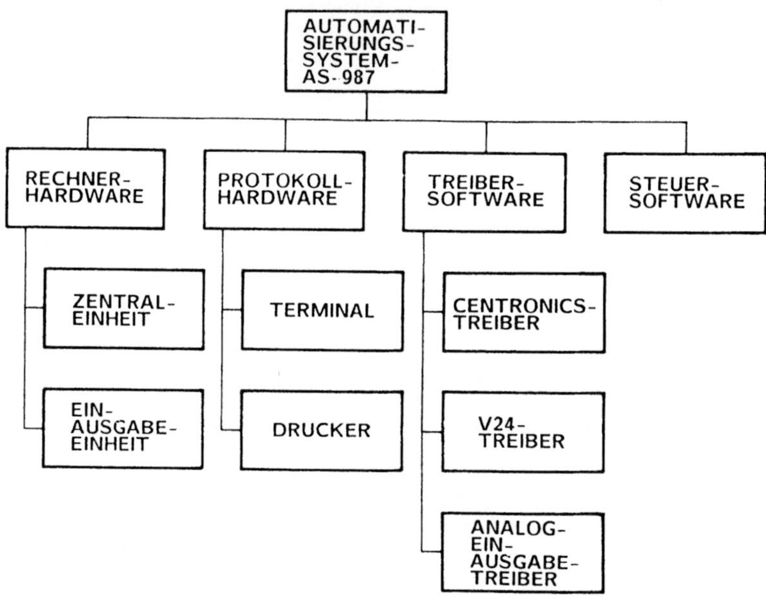

Bild 3: Grafische Darstellung des Produktstrukturplans eines einfachen fiktiven Automatisierungssystems

Dieses Beispiel erhebt nicht den Anspruch auf Vollständigkeit. Es soll lediglich die prinzipiellen Vorgehensweisen zeigen. Bei Anwendung der Strategie III ist nun dieser Produktstrukturplan in geeigneter Weise zu spezifizieren (d.h. zu beschreiben). Als Beispiel für eine Produktionsumgebung nehmen wir wieder das EPOS-System.

Das EPOS-System unterscheidet die drei Spezifikationssprachen EPOS-R für das Requirements-Engineering, EPOS-S für den Software/Hardware-Systementwurf und EPOS-P für das Projektmanagement und die Produktverwaltung. Falls als neues Beschreibungsmittel für das

Konfigurationsmanagement ein neues Objekts vom Grundtyp CONFIGURATION im Bereich EPOS-P eingeführt würde, wäre der Produktstrukturplan aus Bild 3 innerhalb des EPOS-Systems wie folgt zu spezifizieren:

```
CONFIGURATION AUTOMATISIERUNGSSYSTEM-AS-987.
PURPOSE     :"Top-Objekt des Produktstrukturplans"
REFINEMENT : RECHNER-HARDWARE,PROTOKOLL-HARDWARE,
             TREIBER-SOFTWARE,STEUER-SOFTWARE
CONFIGURATIONEND

CONFIGURATION TREIBER-SOFTWARE.
PURPOSE     :"Dieser Teil des Produkts umfaßt alle Teile der
             Software, die mit E/A-Verkehr zu tun haben"
REFINEMENT : CENTRONICS-TREIBER,V24-TREIBER,
             ANALOG-EIN-AUSGABE-TREIBER
CONFIGURATIONEND

CONFIGURATION ITEM V24-TREIBER.
PURPOSE     :"Alle Programme, die für die Bedienung der
             seriellen Schnittstelle erforderlich sind"
PLANNED-MODULE : SERIELLE-AUSGABE
CONFIGURATIONEND

CONFIGURATION ITEM STEUER-SOFTWARE.
PURPOSE     :"Eigentliche Steuerprogramme"
PLANNED-MODULE : HOCHREGAL-STEUERUNG
CONFIGURATIONEND
```

Bild 4: Beispielhafte Spezifikation des Produktstrukturplans aus Bild 3 innerhalb des EPOS-Systems (stellvertretend 4 Objekte)

3.2. Baselining

Nach Ablauf der Feinentwurfsphase des Projekts zur Entwicklung des fiktiven Automatisierungssystems sei der bis dahin erreichte Stand des Entwurfs als eine sog. Baseline festzulegen. Alle zu dieser Baseline gehörenden Objekte unterliegen dann einem restriktiven Zugriffsschutz, der vor unkontrollierten Manipulationen schützt. Änderungen an den zu einer Baseline gehörenden Objekten sind danach nur unter Einhaltung einer festgelegten Änderungsprozedur möglich. Eine Spezifikation der Baseline (wieder beispielhaft für das EPOS-System) könnte folgendermaßen aussehen:

```
CONFIGURATION BASELINE FEINENTWURF-AS-987.
PURPOSE      :"Diese Baseline markiert den Abschluß des
              Feinentwurfs und dient als Basiskonfiguration
              für die Testphase"
DEFINITION : ZENTRAL-EINHEIT VERSION 1.1,
              EIN-AUSGABE-EINHEIT VERSION 1.0,
              TERMINAL VERSION 1.2,
              DRUCKER VERSION 1.0,
              V24-TREIBER VERSION 1.1,
              CENTRONICS-TREIBER VERSION 1.5,
              ANALOG-EIN-AUSGABE-TREIBER VERSION 1.3,
              STEUER-SOFTWARE VERSION 1.0
PRECEEDING-BASELINE : GROBENTWURF-AS-987
CONFIGURATIONEND
```

Bild 5: Beispielhafte Spezifikation einer Baseline

Die angegebene Relation nach dem Schlüsselwort PRECEEDING-BASELINE erlaubt die Nennung der dieser Baseline vorausgehenden Baseline, die hier GROBENTWURF-AS-987 genannt wurde. Mit Hilfe dieser Angabe können dann z.B. die Entstehungsgeschichten von Baselines bei Reviews zurückverfolgt werden.

4. Schlussfolgerungen

Die Anwendung eines der vorgestellten Verfahren bringt eine Reihe wichtiger Vorteile:

- Strategie II erlaubt den Zugriff auf bereits bewährte Tools für das Konfigurationsmanagement und gewährleistet damit die zuverlässige Durchführung aller Funktionen des Konfigurationsmanagements.

- Strategie III erlaubt die Bereitstellung mächtiger Hilfsfunktionen für das Konfigurationsmanagement, da diese exakt an die jeweilige Produktionsumgebung angepaßt werden können (z.B. spezielle Vergleiche) und damit viel genauere Aussagen bei Analysen ermöglichen.

Außerdem wird das Konfigurationsmanagement bei der Strategie III als ein direkter Bestandteil der Tätigkeiten während des Entwurfsvorgangs verstanden und anwendbar (insbesondere auch bei Vorgaben für das Projekt und/oder Produkt).

Literatur

[BHS80] Bersoff,E.H., Henderson,V.D., Siegel,S.G.: Software Configuration Management, An investment in product integrity. Prentice Hall Inc., Englewood Cliffs 1980

[Sayn84] Saynisch,M.: Konfigurationsmanagement, Schriftenreihe der Gesellschaft für Projektmanagement. Verlag TÜV Rheinland 1984

[HöSc85] Höft,D, Schaller,H: Software-Konfigurationsmanagement in großen Softwareprojekten. Informatik-Spektrum 8/85 p138 - p152 Springer-Verlag

[Laub85] Lauber,R.(Hrsg.): EPOS-Einführung, Institut für Regelungstechnik und Prozeßautomatisierung, Universität Stuttgart

[Lemp86] Lempp,P.: Integrated computer support in the software engineering environment EPOS, possibilities of support in system development projects. Proceedings EUROMICRO 86, The Euromicro Journal Vol 18 p223 - p232, North-Holland 1986

[Lfsp87] Einführung in das Konfigurationsmanagementsystem LIFESPAN, Dokument LS/016/87, Gesellschaft für Prozeßrechnerprogrammierung mbH 1987

RECHNERGESTÜTZTER ENTWURF (CAD) UND IMPLEMENTIERUNG SCHNELLER UND ROBUSTER ANTRIEBSREGELUNGEN FÜR INDUSTRIEROBOTER

Dr.-Ing. H.-B. Kuntze, Dipl.-Ing. A. Jacubasch,
Dr.-Ing. M. Salaba und Dipl.-Ing. U. Hirsch, Karlsruhe

Zusammenfassung

Bei zukünftigen CIM-Anwendungen werden an die Regelungsgüte der Industrieroboter (IR) gehobene Anforderungen gestellt, denen die gegenwärtig verbreiteten konservativen Regelungskonzepte nicht mehr Rechnung tragen können. Fortgeschrittene modellbasierte Regelungskonzepte haben nur dann eine Chance akzeptiert zu werden, wenn sie in der rauhen industriellen Praxis ausreichend robust sind. In diesem Beitrag wird ein neues Konzept zur schnellen und robusten Antriebsregelung von IR vorgestellt, das diesen Anforderungen optimal gerecht wird. Die Leistungsfähigkeit dieses auf einer marktüblichen IR-Steuerung realisierten PFC-Regelungskonzeptes wird anhand verschiedener experimenteller Ergebnisse nachgewiesen.

1. Motivation

Die Entwicklung auf dem europäischen, inbesondere auf dem deutschen Industrierobotermarkt ist gegenwärtig durch einen zunehmenden Wandel von bisher überwiegend einfachen zu mehr und mehr komplexen, anspruchsvollen Anwendungsfällen gekennzeichnet /1/. Hinsichtlich der Einsatzzahlen dominieren zwar nach wie vor Anwendungsfälle, die an die Regelungsgüte relativ geringe Anforderungen stellen (z. B. Punktschweißen, Pick-and-Place-Aufgaben). Hinsichtlich der Zuwachsraten überwiegen jedoch mehr und mehr anspruchsvollere Montage- und Fertigungsaufgaben. Diese zeichnen sich durch höhere Anforderungen

. an die Bahngeschwindigkeit
. an die Bahngenauigkeit
. an die Lastunempfindlichkeit und
. an die Robustheit gegenüber rauhen veränderlichen Umweltbedingungen

aus. Dieser technologischen Herausforderung muß u. a. mit der Einführung leistungsfähigerer Steuerungs- und Regelungskonzepte Rechnung getragen werden.

Die Positionsregelung mehrachsiger IR wird gegenüber anderen vergleichbaren Antriebsregelungen durch

. starke Nichtlinearitäten und
. die dynamische Kopplung benachbarter Achsen

erheblich erschwert. Zur Lösung dieser Probleme wurden in den letzten 15 Jahren - u. a. auch am IITB /5/ - verschiedene theoretisch begründete, d. h. modellbasierte Regelungsalgorithmen entwickelt, die unter Laborbedingungen außerordentlich leistungsfähig sind. Sie lassen sich in zwei wesentliche Gruppen unterteilen /6/:

(I) Regelungsalgorithmen mit Entkopplung
(II) Adaptive Regelungsalgorithmen.

Trotz der vorhandenen "akademisch perfekten" Lösungsmethoden und -algorithmen wurden bisher in der industriellen Praxis fast ausschließlich konservative Regelungskonzepte geringerer Leistungsfähigkeit bevorzugt. Diese sind i. a. gekennzeichnet durch

. isolierte Regelung der Einzelachsen,
. analoge Drehzahl- und Stromregelung
. kaskadierte digitale P-Positionsregelung
. Vernachlässigung der dynamischen Kopplung, der Elastizität sowie nichtlinearer Lose- und Reibungseffekte.

Für die Nichtakzeptanz der o. g. Regelungsverfahren sind im wesentlichen Kostengründe maßgebend:

. Zum Entwurf einer konventionellen Regelung ist im Gegensatz zu den Verfahren (I) und (II) keine Modellkenntnis erforderlich. D. h. auf eine rechnergestützte Modellbildung kann verzichtet werden.

. Die Inbetriebnahme einer konventionellen Kaskadenregelung verursacht wenig Kosten, da sie sich nach einfachen heuristischen Regeln vollzieht und auch von Personen geringerer Qualifikation ohne besondere Hilfsmittel durchgeführt werden kann. Demgegenüber ist eine Inbetriebnahme der Verfahren (I) bzw. (II) ohne Rechnerunterstützung und Expertenwissen nicht mehr möglich.

. Die Anforderungen an die Hardware und Systemsoftware der verwendeten IR-Steuerung sind bei konventionellen Regelungsverfahren relativ gering. Abtastzeiten bis ca. 20 ms sind in den meisten Fällen ausreichend. Fortgeschrittenere Verfahren der Kategorie (I) oder (II) erfordern demgegenüber bei einem wesentlich höheren Rechenaufwand erheblich kleinere Abtastzeiten von etwa $\leq$ 2ms, um Stabilität zu gewährleisten.

. Konventionelle PI-Regelungsverfahren sind gegenüber Schwankungen der Prozeßparameter wesentlich robuster als die modellbasierten Verfahren (I) und (II).

Die anspruchsvolleren Aufgaben der rechnerintegrierten Fertigungsautomatisierung (CIM) der kommenden Jahre erfordern jedoch in steigendem Maße Regelungssysteme, die folgenden erhöhten Güteanforderungen gerecht werden müssen:

. besseres Führungs- und Störverfahren (Regelungsgüte)
. höhere Robustheit in rauher Industrieumgebung
. einfachere PC-gestützte Inbetriebnahmeprozeduren
. physikalisch transparentere Einstellparameter, z. B.:
  - gewünschte Regler-Zeitkonstante
  - tolerierbare Varianz der Prozeßparameter
  - geforderte Führungs- bzw. Störgenauigkeit
. Implementierbarkeit auf preisgünstiger marktgängiger Hardware.

Konventionelle Regelungskonzepte können diese gestiegenen Anforderungen nicht mehr befriedigen.

In diesem Beitrag wird über ein alternatives Regelungsverfahren - Predictive Functional Control (PFC) - und dessen praktische Realisierung berichtet, das den o. g. Güteforderungen entsprechen kann. PFC wurde im Rahmen eines gemeinsamen Projektes des IITB mit dem französischen Forschungsinstitut ADERSA entwickelt und auf einer marktüblichen IR-Steuerung für den IR KUKA 160 realisiert. Die Leistungsfähigkeit verschiedener Realisierungsvarianten wurde im Vergleich zu dem herkömmlichen Konzept der PI-Kaskadenregelung im Rahmen eines Benchmarktests experimentell untersucht. Einige charakteristische Ergebnisse hierzu, aus denen das überlegene Führungs- und Störverhalten sowie die bemerkenswerte Robustheit erkennbar wird, sollen im folgenden vorgestellt werden.

2. PFC-Regelungskonzept

2.1 Grundkomponenten

Die drei tragenden Bestandteile der PFC-Regelung sind (Bild 1):

(1) ein dynamisches internes Modell zur on-line-Simulation (Prädiktion) des zukünftigen Systemverhaltens

(2) eine Referenztrajektorie $x_r(i+k)$, die innerhalb des Prädiktionshorizontes $N \cdot \Delta t$ einen weichen Übergang der Regelgröße $x(i)$ auf die Solltrajektorie $x_c(i)$ vorzeichnet und

(3) eine optimale Stellstrategie $u^*(i+k)$, die die prädizierte Regelgröße $x_p(i+k)$ so eng wie möglich entlang der Referenztrajektorie steuert $(k=1,\ldots,N)$.

2.2 Internes Modell

Das interne Modell läuft parallel zum realen Prozeß. Es wird von der gleichen Stellgröße u angesteuert wie die Regelstrecke. Der Modellausgang x_M und die Regelgröße x werden jedoch nicht (wie z. B. beim Luenberger-Beobachter) explizit angeglichen. D. h. das Modell führt sein "Eigenleben". Das interne Modell soll einerseits die Regelstrecke so realitätstreu wie nötig repräsentieren, andererseits jedoch einen minimalen on-line-Rechenaufwand verursachen.

Hinsichtlich der Modellbeschreibung gibt es kaum Einschränkungen. Es kann sowohl von parametrischen als auch von nicht parametrischen Systemmodellen ausgegangen werden. Physikalisch begründete, parametrische Modelle lassen sich z. B. in Form der linearen Differenzengleichungen

$$x_M(i+1) = x(i+1) = a_1x(i) + a_2x(i-1) + \ldots + a_nx(i-n+1) \qquad (1)$$
$$+ b_1u(i) + b_2u(i-1) + \ldots + b_nu(i-n+1)$$

beschreiben. Sie finden vornehmlich bei mechanischen Systemen (z. B. IR) Anwendung, die sich über die Bewegungsgleichungen strukturell sehr genau darstellen lassen.

Beschränkungen der Stellgröße u und der Zustandsgrößen $x, \dot{x}, \ldots, x^m$ lassen sich leicht berücksichtigen. Neben den hier verwendeten Modellen mit je einer Eingangs- und Ausgangsgröße (SISO-Modelle) lassen sich prinzipiell auch Mehrgrößenmodelle (MIMO-Modelle) für den Entwurf von PFC-Reglern verwenden. Für den Anwendungsfall der Positionsregelung von IR erweisen sich parametrische SISO-Modelle jedoch als ausreichend.

2.3 Referenztrajektorie

Die Referenztrajektorie $x_r(i+k)$ repräsentiert das dominierende Verhalten des geschlossenen PFC-Regelkreises (Bild 1). Sie läßt sich in den meisten Fällen durch einen Tiefpaß erster Ordnung

$$x_r(i+1) = (1-\alpha)x_r(i) + \alpha\, x_c(i) \tag{2}$$

mit dem Parameter

$$\alpha = (1-\exp(-\Delta t/T)) \approx \frac{\Delta t}{T} \tag{3}$$

ausreichend beschreiben. Dabei kennzeichnen Δt die Abtastzeit und T die Tiefpaßzeitkonstante.

Mit der Wahl von $\alpha \leq 1$ wird die signifikante Zeitkonstante des geschlossenen PFC-Regelkreises festgelegt. Bei schnellen Sollverläufen $x_c(i)$ muß α hinreichend groß sein, um gutes Führungsverhalten zu gewährleisten.

2.4 Stellgrößenoptimierung

Gesucht wird eine Steuerstrategie $u^*(i+k)$ $(k=0,1,\ldots,N)$, die eine minimale quadratische Abweichung zwischen der prädizierten Regelgröße $x_p(i+k)$ und der Referenztrajektorie $x_r(i+k)$ sicherstellt und Beschränkungen der Stell- und Zustandsgrößen $u(i)$, $\Delta x(i)$, $\Delta^2 x(i), \ldots, \Delta^m x(i)$ berücksichtigt (Bild 1). Die Lösung dieser Minimierungsforderung

$$\min_{u(i,\ldots,i*N-1)} \left\{ \sum_{k=1}^{N} (x_p(i+k)-x_r(i+k))^2 \right\} \tag{4}$$

über die Riccati-Gleichung (7) erfordert einen relativ hohen On-line-Rechenaufwand, der sich umgehen läßt, wenn die Mannigfaltigkeit des Steuerraumes $u \in U$ sinnvoll eingeschränkt wird. Beim PFC-Konzept wird dies durch die Einführung des Funktionenansatzes

$$u^*(i+k) = \sum_{j=1}^{\ell} a_j u_j(k) \quad (k = 0,1,\ldots,N) \tag{5}$$

erreicht. Dabei werden mit $u_j(k)$ die Basisfunktionen (z. B. Einheitssprung, Einheitsrampe, etc.) und mit a_j die entsprechenden Gewichtsfunktionen bezeichnet.

Das dynamische Optimierungsproblem reduziert sich auf diese Weise zu einem geschlossen lösbaren Parameter-Optimierungsproblem. Zu optimieren sind lediglich die Gewichtsfaktoren $a_1,\ldots,a_\ell$. Die dazugehörigen Basisfunktionen $u_1(k),\ldots,u_\ell(k)$ sind beim Entwurf einmalig so auszuwählen, daß sie dem typischen Verhalten der Regelstrecke und dem Verlauf der Solltrajektorie $x_c(i)$ entsprechen.

Der On-line-Rechenaufwand läßt sich darüber hinaus noch weiter reduzieren, indem die Minimierungsforderung (4) nicht auf alle $k=1,\ldots,N$ Zeitpunkte des Horizontes, sondern nur auf wenige signifikante angewendet wird.

Nach der Berechnung der suboptimalen Steuerstrategie $u^*(i+k)$ wird lediglich der erste Stellschritt $u^*(i)$ ausgeführt. Nach einer Aktualisierung aller Variablen ($u(i+1)\rightarrow u(i)$, $x(i+1)\rightarrow x(i)$) beginnt im $(i+1)$ten Zeitpunkt ein neuer Durchlauf des PFC-Algorithmus. Der On-line-Rechenaufwand von PFC ist, verglichen mit anderen modellbasierten Regelungskonzepten (z. B. die Konzepte (I) und (II) in Abschnitt 1), außerordentlich gering.

2.5 Entwurf und Implementierung

Der Entwurfs- und Inbetriebnahmeaufwand von PFC läßt sich durch ein integriertes Systemkonzept, das sich z. B. auf einem portablen Personal Computer (PC) implementieren läßt, sehr gering halten (Bild 2). Der integrierte Reglerentwurf, der nun unmittelbar vor Ort am IR stattfinden kann, vollzieht sich nun in folgenden Schritten.

(1) **Modellbildung:** Über ein Testprogramm in der IR-Steuerung werden die ungeregelten IR-Achsen in definierte Bewegungen versetzt. Die dabei gemessenen Stell- und Regelgrößenverläufe (z. B. Strom und Position) werden in PC verwendet, um auf der Grundlage geeigneter Verfahren der experimentellen Systemanalyse [12] das interne Systemmodell zu bestimmen.

(2) **Reglerentwurf:** Nach Vorgabe der Anforderungskriterien an den PFC-Regler hinsichtlich Führungsverhalten, Störverhalten und Robustheit über die selektiv wirkenden Parameter $u_1,\ldots,u_\ell$, α und N werden die Konstanten des PFC-Reglers bestimmt.

(3) **Inbetriebnahme:** Richtigkeit und Leistungsfähigkeit der entworfenen PFC-Regelung wird zunächst durch Simulation mit dem Prozeß-

modell überprüft. Entsprechen die Simulationsergebnisse den Erwartungen, so werden die Reglerkonstanten in die IR-Steuerung geladen. Anderenfalls wird der Reglerentwurf nach entsprechender Modifikation der Anforderungsparameter wiederholt.

3. IR-Modell

Die PFC-Regelung wird auf einen IR des Typs KUKA 160 angewendet, dessen sechs rotatorische Bewegungsachsen mit den Koordinaten

$$\underline{q} = (q_1, \ldots, q_6)^T \tag{6}$$

durch elektrische Scheibenläufermotoren über kompakte hochübersetzende Getriebe bewegt werden (Bild 3). Die daraus resultierende Bewegung der IR-Hand im kartesischen Basiskoordinatensystem wird durch den Ortsvektor $\underline{r}$ und das orthogonale Einheitsdreibein $\underline{\underline{O}} = (\underline{n}, \underline{s}, \underline{a})$ im Tool-Center-Point (TCP), zusammengefaßt in der 4x4-Matrix

$$\underline{\underline{H}} = \left(\begin{array}{ccc|c} \underline{n} & \underline{s} & \underline{a} & \underline{r} \\ \hline 0 & 0 & 0 & 1 \end{array}\right) = \left(\begin{array}{c|c} \underline{\underline{O}} & \underline{r} \\ \hline \underline{0} & 1 \end{array}\right), \tag{7}$$

vollständig beschrieben.

Geht man von der vorläufigen Annahme einer starren Mehrkörperstruktur aus, so läßt sich das dynamische Systemverhalten durch die stark nichtlinearen und gekoppelten Bewegungsgleichungen

$$\underline{F} = \underline{\underline{M}}(\underline{q})\,\ddot{\underline{q}} + \underline{\underline{H}}\dot{\underline{q}} + \underline{f}(\underline{q},\dot{\underline{q}}) + \underline{g}(\underline{q}) \tag{8}$$

darstellen. Dabei kennzeichnen

$\underline{\underline{M}}(\underline{q})$	die(6x6)-Massenmatrix
$\underline{\underline{H}}$	die (6x6)-viskose Reibungsmatrix
$\underline{f}(\underline{q},\dot{\underline{q}})$	die Coriolis- und Zentrifugalkräfte
$\underline{g}(\underline{q})$	die Gravitationskräfte und
$\underline{F}$	die Antriebskräfte

(Zwecks sprachlicher Vereinfachung sei im folgenden unter Position auch Orientierung und unter Kraft auch das Drehmoment verstanden.)

Durch verschiedene experimentelle Untersuchungen konnte nachgewiesen werden, daß zwar das Systemverhalten der Handachsen 4, 5 und 6 durch das starre Mehrkörpermodell (8) gut repräsentiert wird. Bei der dynamischen Beschreibung der Hauptachsen 1, 2 und 3 erwies es sich jedoch als notwendig, die konstruktiv bedingte Nachgiebigkeit der Getriebe sowie die nichtlinearen Lose- und Haft-Gleitreibungseffekte in Form des in Bild 4 dargestellten Feder-Massenmodelles zu berücksichtigen.

In diesem elastischen Modell kennzeichnen m_{Ii} die "innere" Motormasse, $ü_i$ die Getriebeübersetzung, k_{Di} die lineare Motordämpfung, D_i die Federdämpfung, F_{Vi} die Motorverstärkung, T_i die Verstärker-Tiefpaßzeitkonstante und F_{fi} die "externe" Reibungskraft.

Das elastische IR-Modell wurde durch verschiedene experimentelle Untersuchungen validiert. Beschrieben und implementiert wurde es in dem am IITB entwickelten blockorientierten digitalen Simulationssystem DISKOS.

4. PFC-Regelung für stromgeregelte IR-Antriebe

Hinsichtlich der gerätetechnischen Voraussetzungen wird zunächst davon ausgegangen, daß die Antriebskräfte der einzelnen Achsen F_{Ii} über die analog geregelten Ströme I_i der Scheibenläufermotoren direkt ansteuerbar sind (Bild 5). Mit Hilfe von Winkelkodierern wird lediglich die Innenposition q_{Ii} an der Motorwelle oder alternativ dazu die Außenposition q_i am Getriebeausgang gemessen. Wird q_i als Regelgröße gewählt, so kann bei einer PFC-Regelung aufgrund der Systemelastizität eine höhere kartesische Genauigkeit der IR-Hand erwartet werden, als beim Fall einer PFC-Regelung von q_{Ii} (vgl. hierzu /8/). Auf eine analoge Drehzahlmessung durch den sonst üblichen Tachometer kann verzichtet werden.

Bei der Wahl des internen Modells wird von den Näherungsannahmen ausgegangen, daß die Kopplung benachbarter Achsen vernachlässigbar klein ist und die äußeren Achsenmassen m_i annähernd konstant sind. Ausgehend von der elastischen Modellstruktur in Bild 4 führt dies zu den Übertragungsfunktionen des internen Modelles bezüglich der Außenposition

$$\frac{X_i(s)}{U_i(s)} = \frac{Q_i(s)}{I_i(s)} = \frac{k_{Fi}(b_1 s + b_0)}{s(a_3 s^3 + a_2 s^2 + a_1 s + a_0)} \qquad (9)$$

oder bezüglich der Innenposition

$$\frac{X_i(s)}{U_i(s)} = \frac{Q_{Ii}(s)}{I_i(s)} = \frac{k_{Fi}(b_2 s^2 + b_1 s + b_0)}{s(a_3 s^3 + a_2 s^2 + a_1 s + a_0)} \qquad (10)$$

Die Bestimmung der Modellparameter $b_0 = c_i$; $b_1 = D_i$; $b_2 = m_i$; $a_0 = c_i k_{Di}$; $a_1 = c_i(m_i+m_{Ii}) + D_i k_{Di}$; $a_2 = D_i(m_i+m_{Ii}) + k_{Di} m_i$; $a_3 = m_i m_{Ii}$ erfolgt auf der Grundlage geeigneter Verfahren der experimentellen Systemanalyse /9/. Beispielsweise kann jede Achse durch eine Impulsfolge wachsender Frequenz erregt werden. Aus dem gemessenen Verlauf der Stellgrößen I_i und der Regelgrößen q_{Ii} oder q_i lassen sich dann die noch unsicheren Parameter durch geeignete Parameterschätzverfahren bestimmen (näheres vgl. /3, 4/).

Das Bodediagramm der für Achse 2 ermittelten internen Modelle (9), (10) läßt eine deutliche Resonanzüberhöhung bei $f \approx 8$ Hz erkennen (Bild 6). Die Phasenverläufe verdeutlichen darüber hinaus, daß eine stabile lineare Regelung sowohl der Innen- als auch der Außenposition ohne Hinzunahme weiterer Hilfsregelgrößen (z. B. Drehzahl $\dot{q}_I$ nicht möglich ist. Mit der PFC-Regelung, die allein die Regelgrößen q_{ri} oder q_i verwendet, ist dies im Gegensatz dazu durchaus möglich.

Die Programmierung des PFC-Algorithmus erfolgte in der Echtzeit-Hochsprache PEARL. Implementiert wurde die PFC-Regelung auf der am Markt erhältlichen IR-Mehrprozessorsteuerung MPR 5000, die am IITB für Firma Harms + Wende entwickelt wurde /10/. Trotz einer erheblich geringeren Rechenzeit wurde - entsprechend den in Abschnitt 1 genannten Güteforderungen - bewußt eine relativ langsame Abtastrate von $\Delta t = 10$ ms gewählt. Die PFC-Regelung wurde sowohl bezüglich der Innenposition q_{Ii} als auch bezüglich der Außenposition q_i realisiert.

Die Regelungsgüte wurde durch Vorgabe verschiedener sprung- bzw. rampenförmiger Sollwerttrajektorien experimentell und durch Simulation untersucht. Das Führungsverhalten der PFC-Regelung bei einem Sollwertsprung von $x_{c2}=1$ grd wird eindrucksvoll aus den in Bild 7 dargestellten Verläufen der Regelabweichung $e_2(t)$ und des Stellstromes $I_2(t)$ bei Achse 2 sichtbar. Gegenüber einer konventionellen PI-Regelung erfolgt eine schnelle überschwingfreie Ausregelung bei relativ kleinen Stellamplituden.

Die Robustheit der PFC-Regelung gegenüber Schwankungen der Modellparameter wurde mit Hilfe von Simulation untersucht. Ausgegangen wurde von einem rampen- und sprungförmigen Sollverlauf $x_c(i)$. Bei Schwankungen der Nachgiebigkeit um ±50 %, der Massen um ±80 % und der Dämpfungskonstanten um ±50 % zeigten sich nur geringfügige Einschränkungen der Regelgüte. Gute Robustheit ließ sich auch bei Schwankung der Abtastrate Δt erkennen.

5. PFC-Regelung für geschwindigkeits- und stromgeregelte IR-Antriebe

Die meisten marktüblichen IR sind mit einer fest verdrahteten analogen Drehzahlregelung versehen, die der Stromregelung kaskadenförmig überlagert ist (Bild 8). Aus diesem Grund erschien es sinnvoll, PFC auch auf diese Hardware-Konfiguration anzuwenden. Beim Entwurf der PFC-Regelung wird also davon ausgegangen, daß die Solldrehzahl $\dot{q}_{Ici}$ die Stellgröße ist. Regelgrößen können wieder wahlweise die Innenposition q_{Ii} oder die Außenposition q_i sein.

Ausgehend von gemessenen Solldrehzahl-Impulsantworten, die ein lineares Schwingverhalten erkennen lassen (Bild 9), wurden für das interne Modell folgende Übertragungsfunktionen dritter Ordnung gewählt

$$\frac{X_i(s)}{\omega_i(s)} = \frac{Q_i(s)}{\dot{Q}_{Ici}(s)} = \frac{v_i}{s(s^2+2d_i\omega_i s+\omega_i^2)} \tag{11}$$

$$\frac{X_i(s)}{U_i(s)} = \frac{Q_{Ii}(s)}{\dot{Q}_{Ici}(s)} = \frac{1}{s(s^2+2D_i\Omega_i s+\Omega_i^2)} \tag{12}$$

Mit ω_i. Ω_i werden die Kreisfrequenz und mit d_i, D_i die Dämpfung gekennzeichnet.

Die Führungsgüte der PFC-Regelung im Vergleich zur PI-Regelung wurde anhand eines Benchmarktests experimentell untersucht. Vorgegeben wurde ein beliebig einlernbares Dreieck im Arbeitsbereich des Roboters, dessen Ecken durch unterschiedliche Radien $0 \leq R \leq R_{krit}$ abgerundet werden kann. Die Benchmarkaufgabe besteht darin, entlang der gesamten aus Geraden- und Kreisabschnitten bestehenden Kontur mit konstanter Bahngeschwindigkeit ($0 \leq v \leq 1000$ mm/s) zu fahren. Die kartesische Bahntreue kann dann - besonders in den Eckbereichen, in denen die Radialbeschleunigung v^2/R auf den IR wirkt - als Maß für die Regelgüte verwendet werden.

Zur Messung der dynamischen Bahntreue wurde ein führungsgeregeltes Lasertriangulationssystem verwendet, das am IITB zur kartesischen Vermessung (Navigation) von schnell bewegten Objekten (z. B. IR) entwickelt wurde (näheres vgl. /11/).

Werden zunächst eine Sollgeschwindigkeit von v = 500 mm/s und Kurvenradien von R = 25 mm angenommen, so zeigen sich bei dem PI-geregelten IR in den Eckenbereichen Bahnabweichungen bis zu 19 mm (Bild 10). Bei einer PFC-Regelung treten bei der gleichen Fahrt nur maximal 2 mm Bahnabweichung auf.

Bei einer drastischen Reduktion der Eckradien auf R = 2 mm bei gleicher Geschwindigkeit verschlechtert sich die Bahntreue der PI-Regelung bei einer maximalen Abweichung von 38,5 mm erwartungsgemäß sehr stark (Bild 11). Demgegenüber vermindert sich die Bahntreue bei der PFC-Regelung bei einer maximalen Abweichung von 5,8 mm nur relativ gering. Die erstaunliche Bahntreue resultiert aus dem prädiktiven Charakter des PFC-Regelungskonzeptes, das bereits vor Erreichen der scharfen Bahnecke eine Gegensteuerung in die neue Bewegungsrichtung bewirkt.

Nicht nur das Führungsverhalten, sondern auch das Lastverhalten der PFC-Regelung ist dem der PI-Regelung überlegen (Bild 12). Wirkt z. B. während einer Bahnfahrt mit konstanter Geschwindigkeit v = 0,25 m/s ein Lastsprung F_Z=500 N auf die IR-Hand, so resultiert bei der PFC-Regelung nur eine kurzzeitige Bahnabweichung von 1,9 mm. Demgegenüber ist bei der PI-Regelung eine maximale Abweichung von 2,5 mm und eine bleibende Abweichung von 1,4 mm erkennbar.

6. Zusammenfassung

In dem Beitrag wird ein für mechanische IR-Antriebssysteme neuartiges prädiktives Regelungskonzept vorgestellt, das sowohl eine sehr gute Regelungsgüte als auch Robustheit gegenüber Modellungenauigkeiten aufweist. Es wird nachgewiesen, daß es sich problemlos auf konventioneller IR-Steuerungshardware implementieren läßt.

Literatur

/1/ Schweizer, M.: "Durchbruch mit Verspätung" ROBOTER, (1987), No. 1, Feb., pp. 24-30.

/2/ Jacubasch, A.; Kuntze, H.-B.; Niepold, R.; Richalet, J.; Arber, Ch.: "Ein neues Verfahren zur schnellen und robusten Positionsregelung von Industrierobotern" IITB-Mitteilungen, (1986), H. 3/4, S. 50-55.

/3/ Jacubasch, A.; Kuntze, H.-B.; Arber, Ch.; Richalet, J.: "Anwendung eines neuen Verfahrens zur schnellen und robusten Positionsregelung von Industrierobotern" Robotersysteme Vol. 3 (1987), pp. 129-138.

/4/ Richalet, J.; Abu-El Ata-Doss, Arber, C.; Kuntze, H.-B.; Jacubasch, A.; Schill, W.: "Predictive Functional Control - application to fast and accurate robots" Proc. 10th World Congress on Automation Control; International Federation on Automatic Control (IFAC), Munich (FRG), July 27-31, 1987.

/5/ Kuntze, H.-B.; W. Patzelt: "Einsatz regelungstechnischer Verfahren für tpyische Roboteranwendungen" in: Fachberichte Messen-Steuern-Regeln, Band 9, (1984), Springer-Verlag, Berlin, Heidelberg, New York.

/6/ Kuntze, H.-B.: "Closed-Loop Algorithms for industrial robots - status and recent trends" IFAC Symposium on Robot Control SYROCO'85, Barcelona, November 6-8, 1985.

/7/ Elgerd. O.I.: "Control systems theory" Mc Graw-Hill Inc., 1967.

/8/ Kuntze, H.-B.; Jacubasch, A.: "Control algorithms for stiffening an elastic industrial robot", IEEE Journal on Robotics and Automation, Vol, RA-1 (1985) No. 2, pp. 71-78.

/9/ Strobel, H.: Experimentelle Systemanalyse", Akademie-Verlag, Berlin, 1975.

/10/ Meisel, K.-H.; Becker, P.-J.: "Maßgeschneidert von der Stange", Roboter (1985) No. 3, S. 40-42.

/11/ Bolle, H.; Rösler, H.-J.: "Externe 3D-Messung an Industrierobotern durch Lasertriangulation" in Fachberichte Messen-Steuern-Regeln, Band 9, (1984), Springer-Verlag, Berlin, Heidelberg, New York.

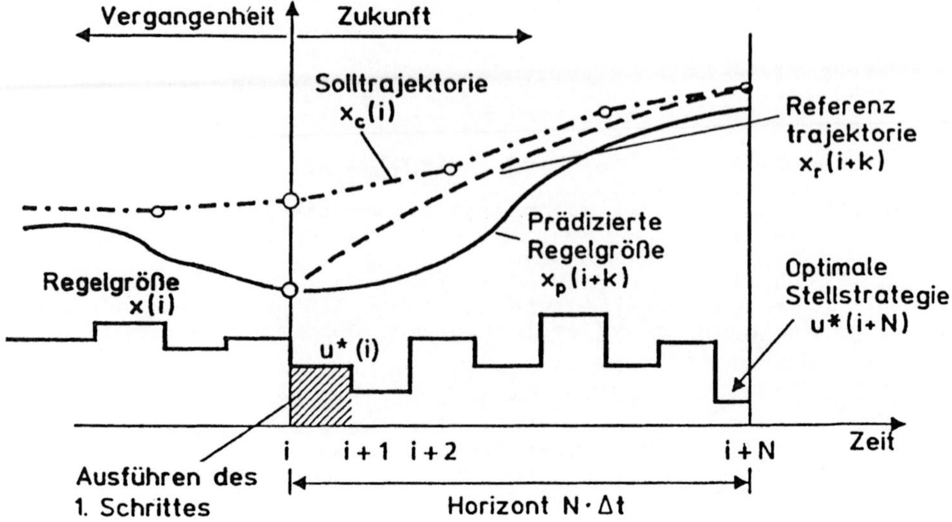

Bild 1: Prinzip der prädiktiven PFC-Regelung

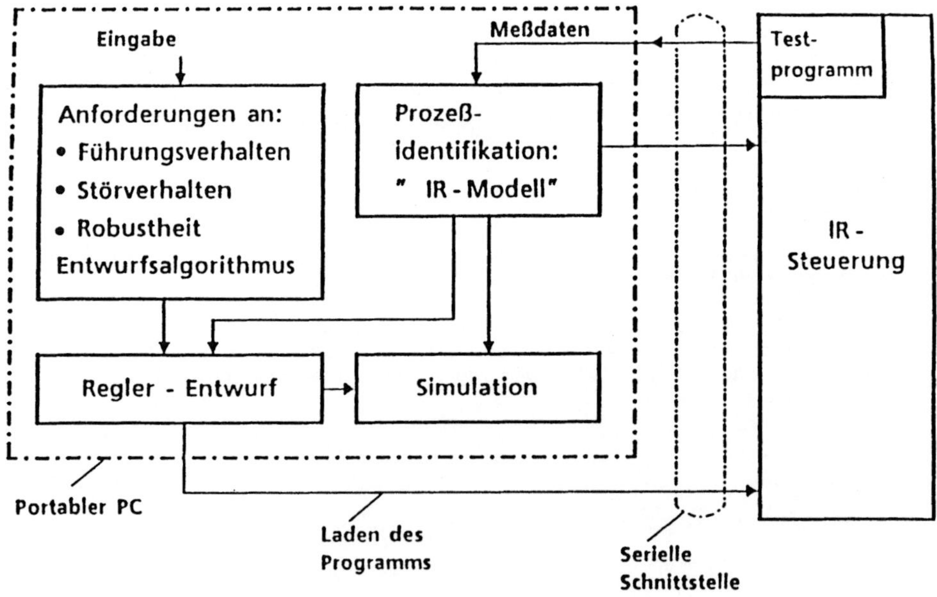

Bild 2: PC-gestützter Reglerentwurf und Inbetriebnahme

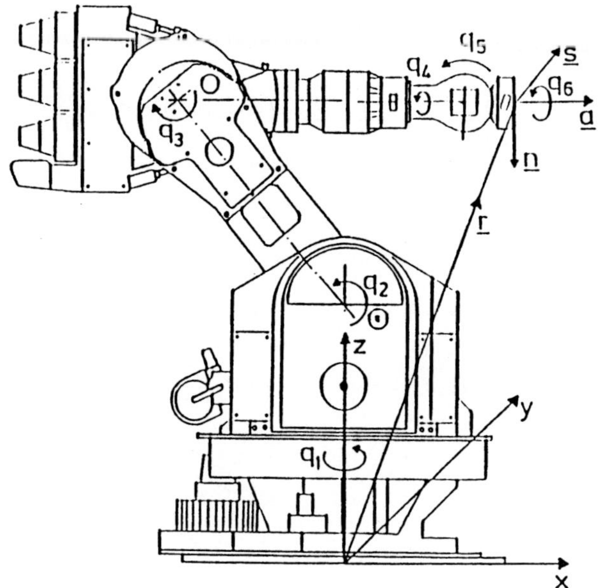

Bild 3: Sechsachsiger IR des Typs Kuka 160

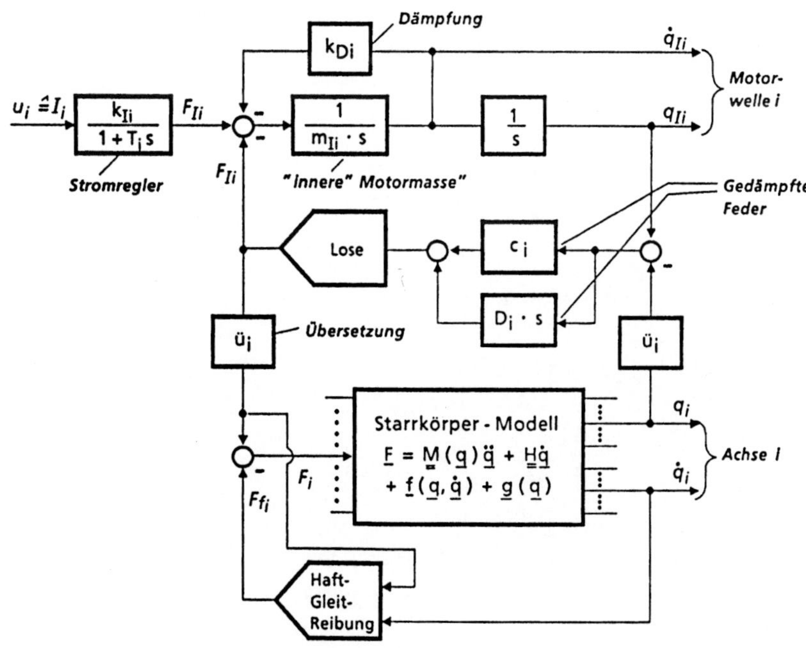

Bild 4: Elastisches nichtlineares IR-Mehrkörpermodell

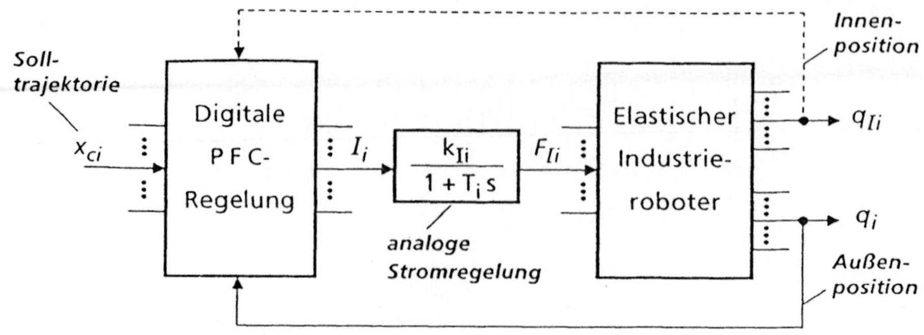

Bild 5: PFC-Regelung mit stromgeregelten IR-Achsen

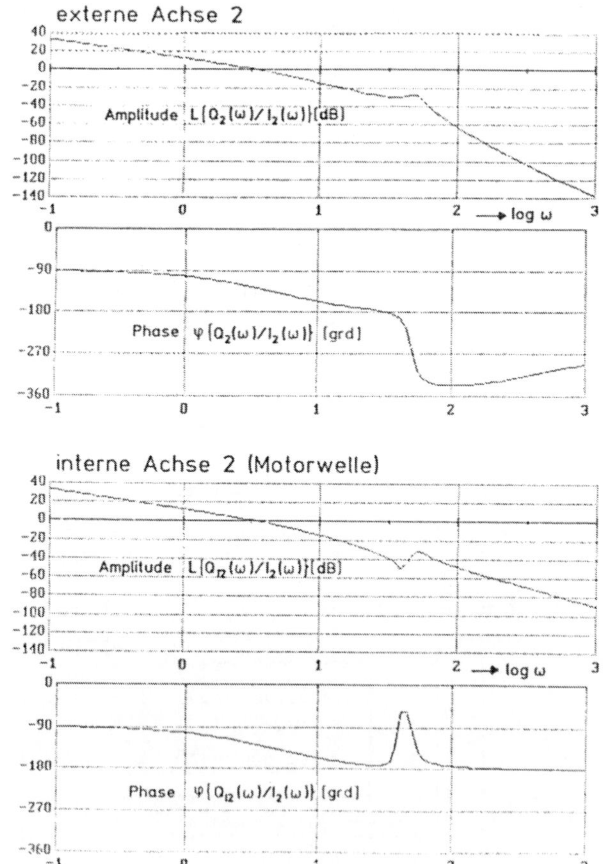

Bild 6: Bodediagramm zur stromgeregelten IR-Achse 2 bezüglich der Motorposition q_{I2} und der Achsenposition q_2

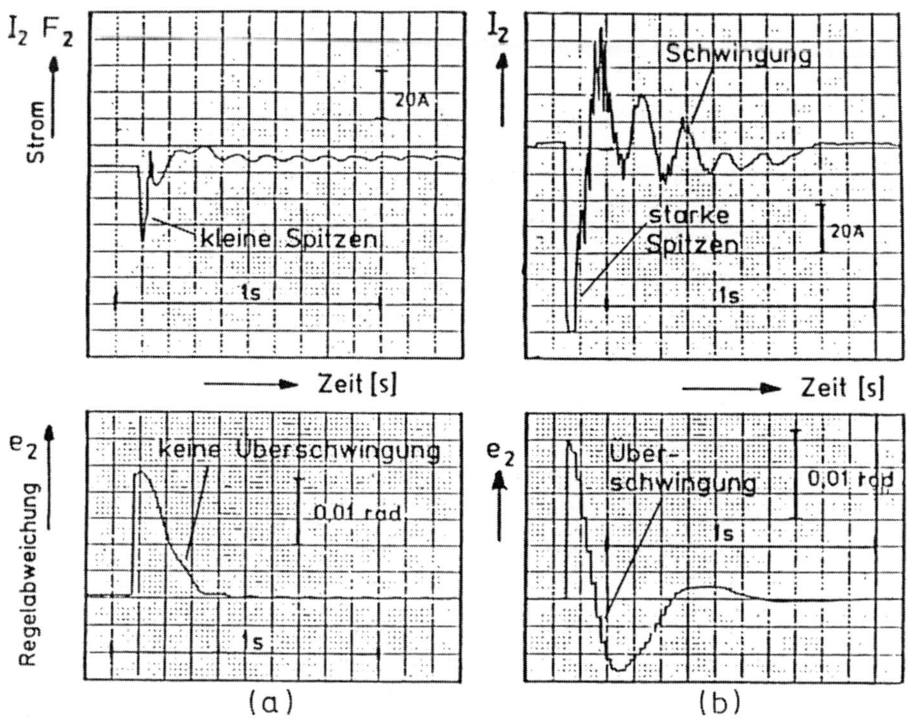

Bild 7: Gemessene Regelabweichung e_2 und Stellgröße I_2 bei einem Sollsprung von 1 grd für PFC-Regelung (a) und PI-Regelung (b)

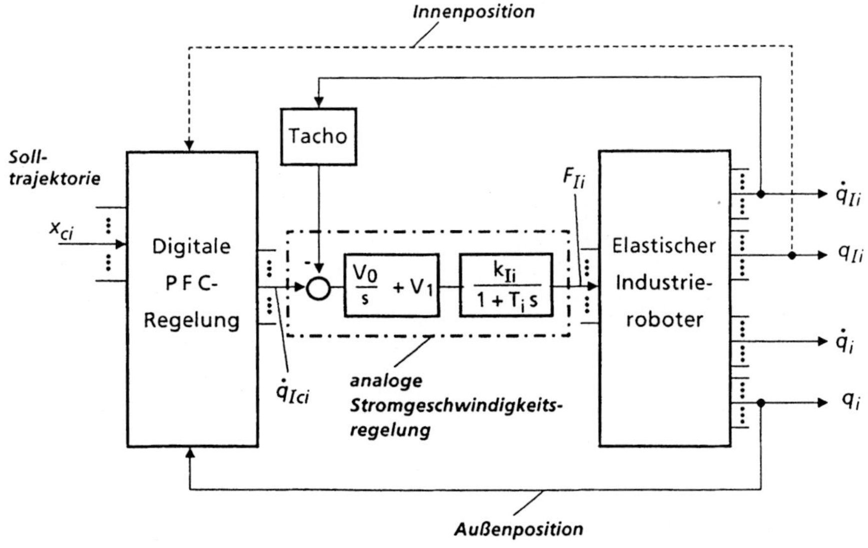

Bild 8: Prinzip der PFC-Regelung mit Geschwindigkeitsansteuerung

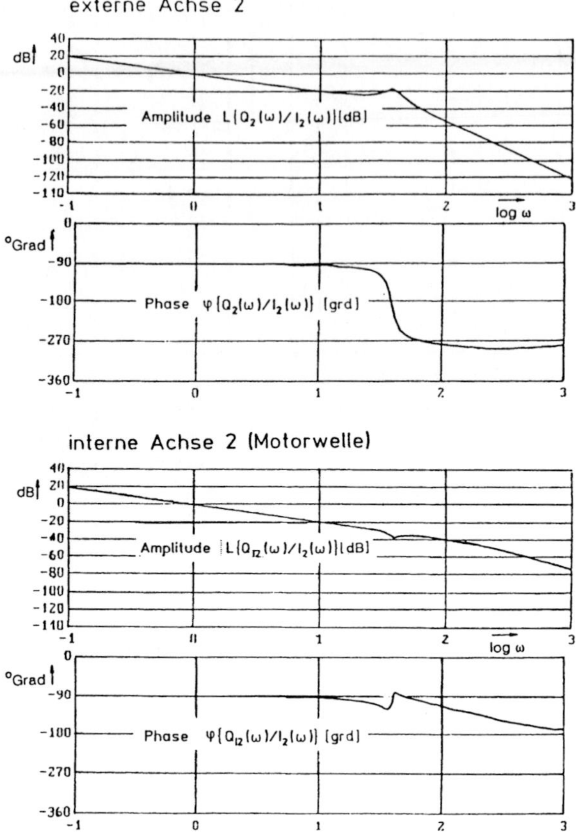

Bild 9: Bodediagramm zur geschwindigkeits- und stromgeregelten IR-Achse 2 bezüglich Motorposition q_{I2} und Achsenposition q_2

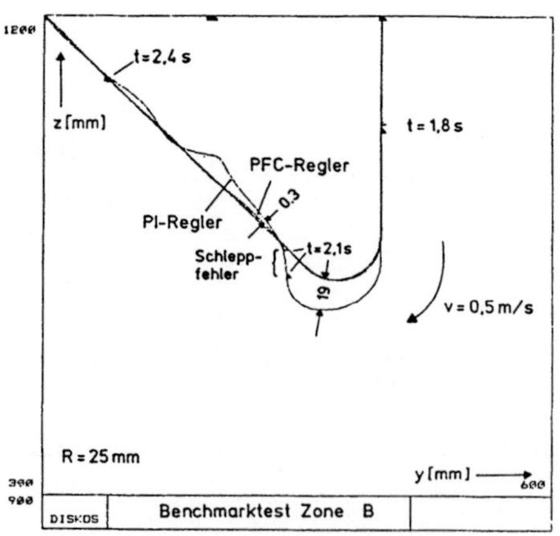

Bild 10: Bahnverlauf für PI- und PFC-Regelung

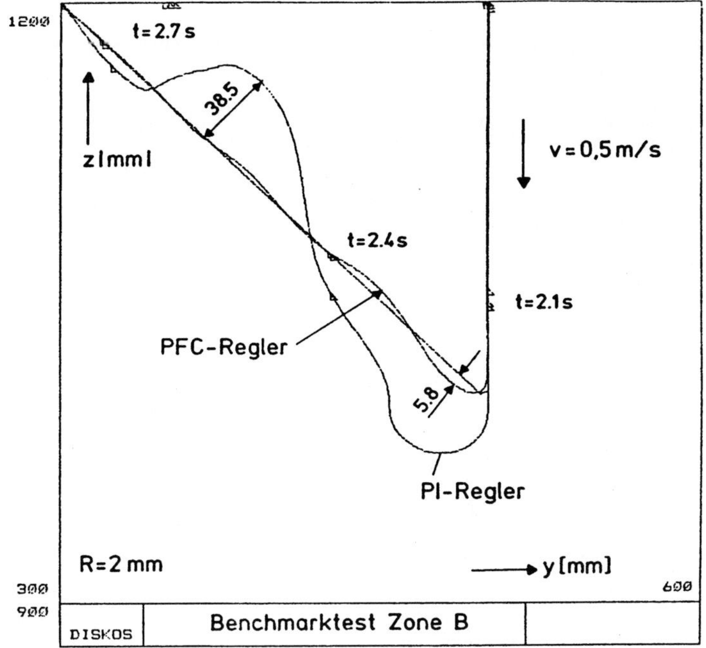

Bild 11: Bahnverlauf für PI- und PFC-Regelung bei scharfer Bahnkrümmung

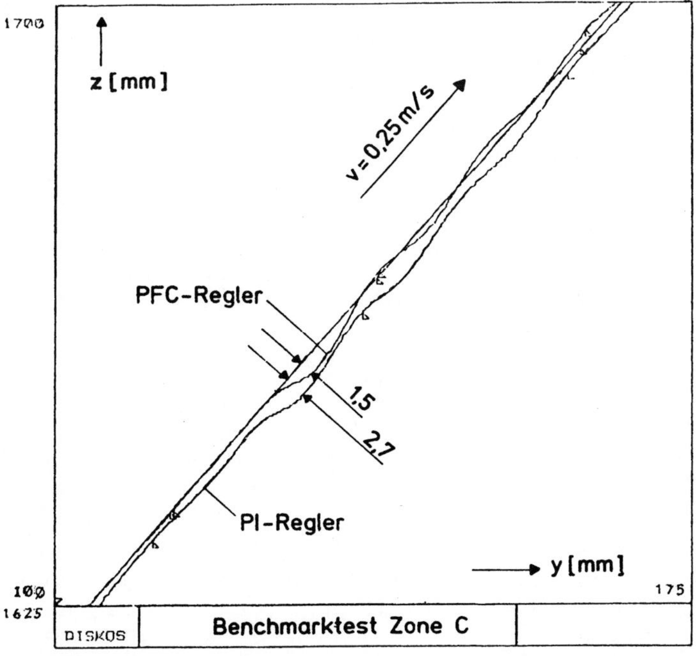

Bild 12: Bahnverlauf für PI- und PFC-Regelung bei einem Lastsprung

SIEPID

Rechnerunterstützte Inbetriebsetzung von Reglern auf der Basis von robusten Identifikationsverfahren

H.-P. Preuß, Karlsruhe
E. Linzenkirchner, Karlsruhe
K.-H. Kirchberg, Karlsruhe

Zusammenfassung

Bei der Inbetriebsetzung von verfahrenstechnischen Anlagen ist die Optimierung der Parameter der eingesetzten Regler ein wesentlicher Schritt. Die Optimierung wird heute noch weitestgehend vom Inbetriebsetzungspersonal auf empirischem Wege durchgeführt. Dies erfordert die Durchführung mehrerer Regelversuche im geschlossenen Regelkreis mit schrittweiser Verbesserung der Reglerparameter. Insbesondere bei trägen Regelstrecken entsteht hierdurch ein erheblicher zeitlicher Aufwand für spezialisiertes Personal.
Verfahren zur automatischen Identifikation von Regelstrecken sind andererseits bereits seit langem bekannt. Ihrer praktischen Anwendung standen jedoch bisher mehrere Hindernisse im Wege:

- Die Verfahren sind teilweise zu komplex und erfordern deshalb zuviele spezielle Vorkenntnisse über die Verfahren.
- Manche Verfahren benötigen die Vorgabe von Parametern die einiges Wissen über das Prozessverhalten voraussetzen.
- Die Verfahren sind häufig nicht robust genug um auch bei gestörten Prozessen und Signalen genaue Ergebnisse zu liefern.

Die Problemstellung, die zu der im Folgenden vorgestellten Lösung führte, lag deshalb darin, ein Inbetriebsetzungsgerät zu entwickeln, das folgenden Anforderungen gerecht wird:

- Leicht verständliche Verfahren.
- Hohe Robustheit gegenüber Störungen.
- Möglichst wenige Voraussetzungen an Vorkenntnisse über den Prozess.
- Eindeutige und leicht verständliche Bedienerführung.
- Leichte Überprüfbarkeit der Ergebnisse.

Die Verwendung von Personalcomputern bzw. Programmiergeräten ermöglichte die Realisierung eines Werkzeuges zur weitestgehend automatischen Reglerinbetriebsetzung, das diese Anforderungen voll erfüllt /1,2,3/. Dabei führte die Verwendung von allgemein verbreiteten Methoden für die Identifikation und zum Reglerentwurf zu einer schnellen und sicheren Implementierung und zu einer höheren Akzeptanz beim Anwender.

1.0 Einleitung

Eine adaptive Reglerinbetriebsetzung muss im wesentlichen die Verfahrensschritte Regelstreckenidentifikation und Reglerentwurf umfassen. Die Regelstreckenidentifikation liefert die für den Reglerentwurf benötigten Kenntnisse über die Regelstrecke. Grundsätzlich kann man unterscheiden zwischen einer Identifikation im offenen und im geschlossenen Regelkreis, daneben ist zu differenzieren zwischen impliziten und expliziten Verfahren. Bei impliziten Verfahren werden die Reglerparameter direkt bestimmt, ohne die Ermittlung von Prozessmodellen und Modellparametern. Explizite Identifikationsverfahren liefern in jedem Falle eine Beschreibung des dynamischen Prozessverhaltens, wobei abhängig vom verwendeten Verfahren das Ergebnis der Identifikation die folgenden Formen haben:

- Koeffizienten einer zeitkontinuierlichen oder zeitdiskreten Übertragungsfunktion G(s) bzw. G(z).
- Parameter der Gewichtsfunktion
- Frequenzgang der Prozeßdynamik
- Kenngrössen für ein vorgegebenes Ersatzmodell, beispielsweise
  * Verstärkung, Verzugszeit, Ausgleichszeit für ein PT_1T_t-Ersatzmodell
  * Verstärkung, Zeitkonstante, Ordnung für ein Ersatzmodell n-ter Ordnung mit gleichen Zeitkonstanten (PT_n-Modell)

Bei dem hier behandelte Inbetriebsetzungsgerät wird die Identifikation im offenen Regelkreis durchgeführt. Dabei werden die Kenngrößen eines PTn-Ersatzmodells bestimmt. Mit diesem Modell kann die grosse Mehrzahl der verfahrenstechnischen Prozesse gut beschrieben werden.
Zur Identifikation ist eine Anregung der Regelstrecke durch ein Testsignal erforderlich. Hier wurde als Testsignal ein Stellgrössensprung gewählt. Dieses Testsignal hat den Vorteil, daß es für den Anwender besonders anschaulich und und deshalb auch leicht vorgebbar ist.
Mit den durch die Identifikation gewonnenen Parametern für das dynamische Regelstreckenverhalten kann im Anschluss die Regleroptimierung ausgeführt werden. Hierfür sind einige Optimierungsverfahren und - kriterien bekannt. Nie wird es mit einem einzigen Optimierungsverfahren gelingen, allen Anforderungen an das Verhalten des Regelkreises gerecht zu werden. Andererseits würde die Auswahl eines von mehreren Optimierungsverfahren durch den Anwender voraussetzen, daß dieser mit den Verfahren vertraut ist. Um dies zu vermeiden, wurde hier nur ein Optimierungsverfahren entsprechend dem Betragsoptimum realisiert, das bei dem beschriebenen Prozessmodell ein weitgehend gleichbleibendes und für viele Anwendungen gut geeignetes Regelkreisverhalten produziert. Es handelt sich dabei um ein Standardverfahren, daß sich bislang beim Entwurf von Antriebsregelungen praktisch bewährt hat.
Um ein entsprechend der spezifischen Anforderung geartetes Regelkreisverhalten zu erhalten, wird dem Anwender zusätzlich noch die Möglichkeit für eine schnellen Nachoptimierung des Reglers im simulierten geschlossenen Regelkreis gegeben. Zur Beurteilung des Ergebnisses der menuegesteuerten Nachoptimierung wird dabei die Übergangsfunktion des geschlossenen Kreises in graphischer Form ausgegeben.

Zur Dokumentation der Ergebnisse stehen zahlreiche Möglichkeiten zur Verfügung.
Die gesamte Anwendung wird durch einen umfangreichen und eindeutigen Bediendialog unterstützt.

2. Robuste Identfikation

Bei der Entwicklung wurden die Verfahren so gewählt, daß sie sehr unempfindlich sind gegenüber Störsignalen, die bei der Identifikation miterfasst werden. Diese Robustheit wird durch einen Verzicht auf jegliche Differentiation erreicht. Daneben wurde durch eine möglichst kleine Abtastzykluszeit - auch bei trägen Regelstrecken - die Möglichkeit zur Filterung der Messignale vor der Verarbeitung geschaffen.

Als Voraussetzungen für eine erfolgreiche Identifikation sind folgende Vorbereitungen zu treffen:

- Der Regler muss auf die Betriebsart Hand geschaltet werden
- Die beiden Signale für die Stellgröße und die Regelgröße werden an das Inbetriebsetzungsgerät angeschlossen
- Wenn der Prozess sich in einem eingeschwungenen Zustand befindet, dann wird am Regler durch Handbedienung ein Stellgrößensprung ausgeführt, dessen Höhe der Anwender bestimmt

Ausgelöst durch den Stellgrößensprung wird die Übergangsfunktion des Prozesses nun erfasst und die Stützwerte werden nach einer Filterung mit einem adaptiven nichtlinearen Filter /4/ abgespeichert. Dabei erfolgt immer dann, wenn eine vorgegebene maximale Anzahl von Messwerten abgespeichert wurde und bevor der Endwert der Übergangsfunktion erreicht wurde, eine Datenkomprimierung. Hierdurch wird die Vorgabe einer Prozesseinschwingzeit oder einer Abtastzykluszeit für die Identifikation überflüssig. Das Verfahren stellt sicher, daß unabhängig von der Dynamik des Prozesses genügend viele Stützwerte der Übergangsfunktion abgespeichert werden.
Nach Erkennen des Endwertes wird die Erfassung automatisch beendet. Die aufgenommene Übergangsfunktion wird in graphischer Form ausgegeben.

Im nächsten Schritt erfolgt die eigentliche Identifikation der Regelstrecke, die zu den Parametern des Prozessmodells führt. Als Prozeßmodell wird eine Verzögerungsstrecke n-ter Ordnung mit gleichen Zeitkonstanten gewählt. Die Übertragungsfunktion dieses Modells lautet:

$$G(s) = \frac{K}{(1+Ts)^n} \qquad (1)$$

Die Parameter sind die Prozeßverstärkung K, die Zeitkonstante T und die Modellordnung n. Die Übergangsfunktion des Modells im Zeitbereich lautet:

$$x(t) = K \left(1 - e^{-t/T} \sum_{i=0}^{n-1} \frac{(t/T)^i}{i\,!} \right) * H \qquad (2)$$

Dabei ist H die Höhe des aufgeschalteten Stellgrößensprunges. Die Bestimmung der Modellparameter erfolgt durch eine Optimierung, die eine möglichst gute Annäherung der Modellübergangsfunktion an die gemessene Übergangsfunktion der Strecke bewirkt. Die Modellgüte wird dabei durch die Fehlerfläche F in Bild 1 bewertet. Diese Fläche entspricht dem Integral der Differenzen zwischen Modell- und Prozess-Übergangsfunktion. Die Kernfunktion des verwendeten Verfahrens ist also eine Integration, was entscheidend zur Robustheit beiträgt. Auf diese Weise können Modelle 1..10-ter Ordnung bestimmt werden. Am besten kann das Verfahren mit der Vorgehensweise eines Spezialisten verglichen werden, der eine mit einem Schreiber registrierte, gestörte Übergangsfunktion in nahezu idealer Weise zu glätten imstande ist.
Als Ergebnis der numerischen Optimierung der Parameter der Modellübergangsfunktion liegen die Parameter auch der entsprechenden Modell - Übertragungsfunktion vor, die unmittelbar zum Reglerentwurf verwertet werden können.

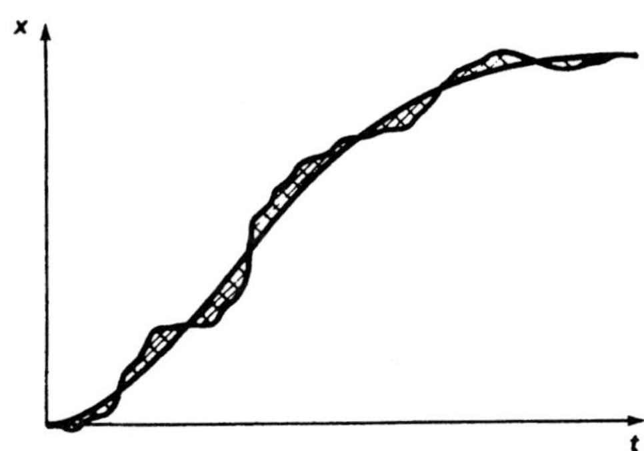

Bild 1: Störbehaftete Übergangsfunktion, Modellübergangsfunktion und Fehlerfläche

3.0 Reglerentwurf

Auf der Grundlage des ermittelten Prozeßmodells erfolgt der Reglerentwurf. Es werden dabei die Parameter eines PI- und eines PID-Reglers berechnet, da diese Reglertypen in der Praxis überwiegend eingesetzt werden. Der Entwurf erfolgt nach der Methode des Betragsoptimums /5,6/. Es handelt sich dabei um ein analytisches Verfahren, bei dem die Reglerparameter direkt aus den Modellparametern berechnet werden. Ziel des Entwurfs ist es, daß der Betrag des Führungsfrequenzgangs möglichst dem Idealfall eins angenähert wird. Dies führt im geschlossenem Regelkreis bei Sollwertsprüngen zu einem Überschwingen der Regelgröße von ca 10%

Dieses Einschwingverhalten ist für viele Anwendungsfälle erwünscht. Gegebenenfalls kann der Regler in der Funktion 'Nachoptimierung' noch stärker gedämpft werden.
Bei Prozeßmodellen 1-ter Ordnung erfolgt ein spezieller Reglerentwurf. Dabei werden die Parameter eines PI-Reglers berechnet. Der Anwender muß dazu die gewünschte Einschwingzeit des geschlossenen Regelkreises vorgeben.

4.0 Simulation und Nachoptimierung

Im Anschluß an die Identifikation und den Reglerentwurf kann die Regelgüte durch eine Simulation überprüft werden. Dazu wird der geschlossene Regelkreis,bestehend aus Regler und dem ermittelten Prozeßmodell, digital simuliert. Der Regelkreis wird mit einem Sollwertsprung angeregt. Die berechneten Verläufe von Regel- und Stellgröße werden graphisch am Bildschirm ausgegeben. Anhand dieser Verläufe kann der Anwender z.B. die Stellgliedbelastung beim PID-Regler oder den Einfluß der Abtastzeit des Reglers auf die Überschwingweite und die Einschwingzeit der Regelgröße beurteilen. Dadurch können kritische Betriebszustände vorzeitig erkannt werden.
Ist der Anwender mit dem Entwurf zufrieden, so werden die ermittelten Parameter am realen Regler eingestellt und der Regler wird in den Automatikbetrieb zurückgeschaltet. Zur Dokumentation können noch die Simulationsparameter sowie die Verläufe von Regel- und Stellgröße auf einem Drucker ausgeben werden.

Erfüllt der Reglerentwurf nicht das gewünschte Einschwingverhalten, so kann der Anwender in der Funktion 'Nachoptimierung' die Reglerparameter, die Reglerstruktur sowie die Reglerabtastzeit gezielt verändern.
Diese Funktion entspricht dem nachträglichen Optimieren der Reglerparameter im geschlossenen Regelkreis am Analogrechner bzw. an der realen Anlage. Durch die off-line Simulation können hier Einschwingvorgänge des Regelkreises sehr schnell berechnet werden. Dadurch wird der Zeitaufwand bei der Optimierung stark verringert. Weiterhin werden kritische Betriebszustände vermieden, wie sie an der realen Anlage bei der Optimierung auftreten können.

5.0 Bediendialog

Von besonderer Bedeutung für die praktische Anwendung von adaptiven Verfahren ist eine Bedienoberfläche, die leicht verständlich ist und die den Anwender so eindeutig führt, daß Fehler auszuschließen sind. Der Anwender muß daher in der Lage sein, zu jedem Programmschritt die bis dahin entstandenen Ergebnisse zu beurteilen. In der Bedienoberfläche sollen auch alle, für das Verfahren notwendigen, Erläuterungen enthalten sein, um das Lesen von Bedienungsanleitungen zu ersparen. Weiterhin ist es für Demonstrations- und Übungszwecke notwendig, daß der Anwender das Programm auch bedienen kann, ohne daß ein realer Prozeß angeschlossen werden muß.

Die Bedienoberfläche soll hier anhand einiger Bildschirmkopien dargestellt werden:
Bei Anwahl des Verfahrens kann zunächst eine Verfahrensbeschreibung abgerufen werden. Bild 2 zeigt das 'Deckblatt' der Beschreibung und in Bild 3 wird beispielhaft die Hardwarekonfiguration dargestellt.

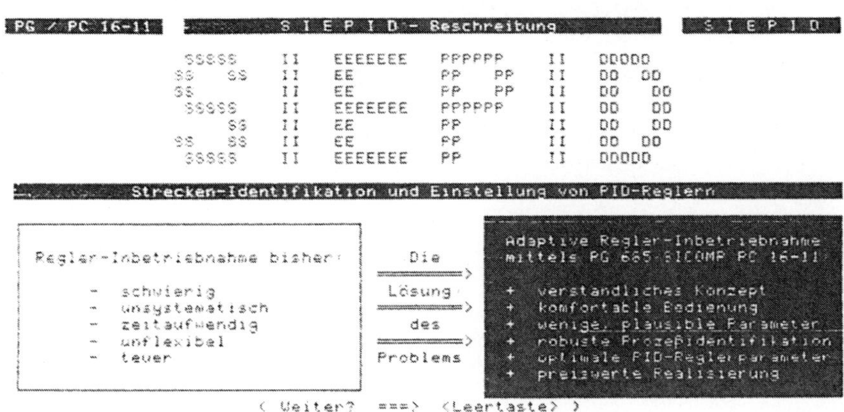

Bild 2: Deckblatt der Beschreibung

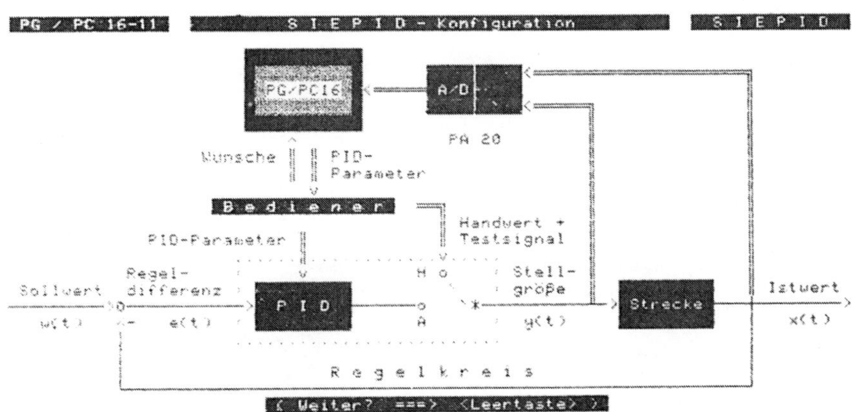

Bild 3: Bildschirmdarstellung der Hardwarekonfiguration

Das nächste Bild 4 stellt das Hauptmenue mit den Punkten 'Identifikation und Regleroptimierung', 'Regelkreissimulation' und 'Reglertabelle' zur Verfügung. Der erste Punkt ermöglicht die adaptive Inbetriebnahme eines Reglers nach den oben beschriebenen Verfahren. Der zweite Punkt eröffnet den Zugang zur Simulation von Regelkreisen im Rechner. Die Reglertabelle ist eine Datei, in der die ermittelten Daten zu Regelstrecken und Reglern abgespeichert werden können.

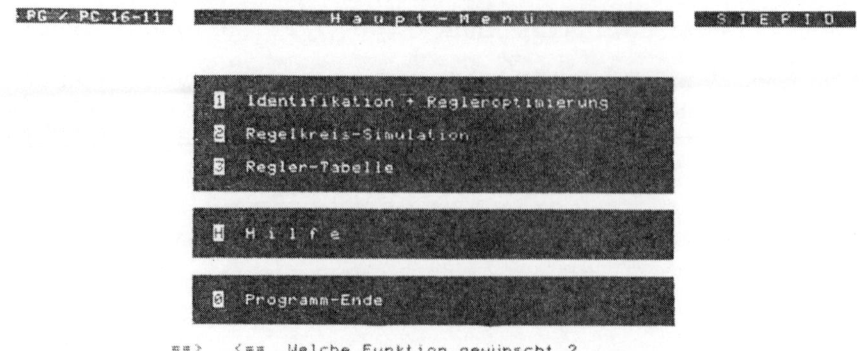

Bild 4: Hauptmenue mit den wesentlichen Funktionen

Nach Anwahl der Funktion 'Identifikation und Regleroptimierung' wird der Anwender entsprechend Bild 5 auf die zu treffenden Vorbereitungen hingewiesen. Diese Vorbereitungen müssen vom Anwender durchgeführt und anschliessend einzeln quittiert werden.

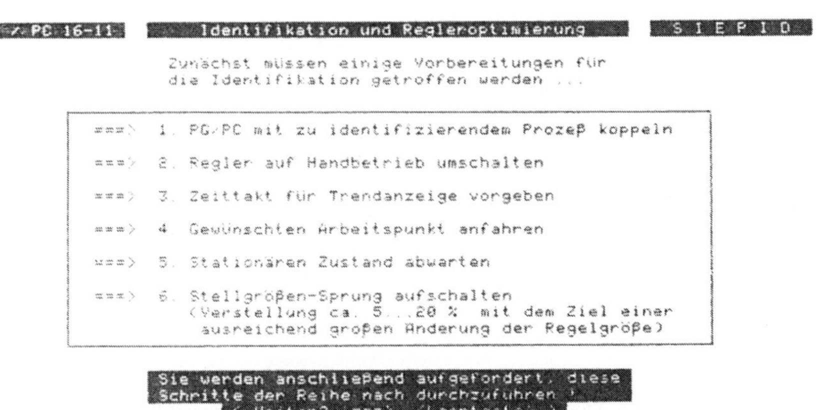

Bild 5: Vorbereitungen für die Identifikation

Danach folgt eine Trendanzeige, in der die zeitlichen Verläufe von Stell- und Regelgröße dargestellt werden. Anhand dieser Anzeige kann der Anwender beurteilen, ob sich die Strecke im stationären Zustand befindet. Das erreichen des stationären Zustandes muß vom Anwender quittiert werden. Danach wird der Anwender aufgefordert, den Stellgrößensprung aufzuschalten.

Im folgenden Bild 6 kann in der Trendanzeige der Stellgrößensprung und die Reaktion der Regelstrecke beobachtet werden. Die Identifikation wird automatisch beendet, wenn die Übergangsfunktion den Endwert erreicht hat.

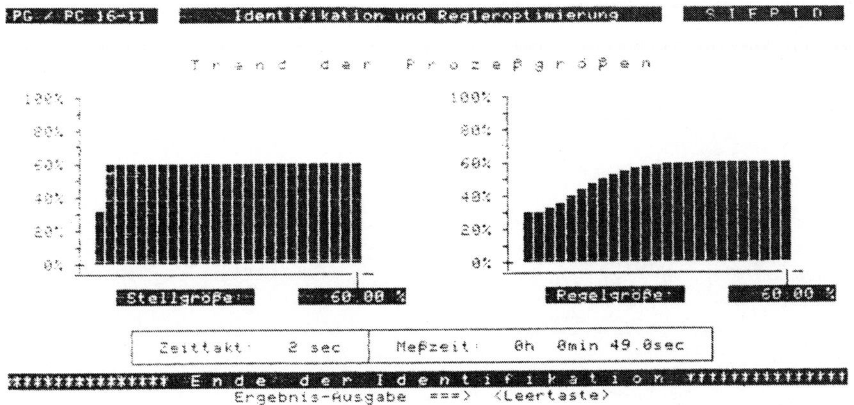

Bild 6: Trendanzeige während der Identifikation

Nach Beendigung der Identifikation und der Auswertung werden die ermittelten Modellparameter und die daraus berechneten Reglerparameter in Form einer Tabelle ausgegeben. Diese Tabelle ist in Bild 7 dargestellt. Weiterhin kann zur Beurteilung der Güte der Identifikation ein Ausdruck der gemessenen Übergangsfunktion der Strecke und der berechneten Modellübergangsfunktion erfolgen.

PG / PC 16-11 | Identifikation und Regleroptimierung | S I E P I D

E r g e b n i s

Prozeßkenngrößen	Verzugszeit	Tu =	3.218	s
	Ausgleichszeit	Ta =	14.771	s
Prozeßmodell-Parameter	Verstärkung	K =	1.000	
	Zeitkonstante	T =	3.998	s
	Ordnung	n =	3	
PI-Regler-Parameter	Proportionalbeiwert	Kp =	0.625	
	Nachstellzeit	Tn =	6.663	s
PID-Regler-Parameter	Proportionalbeiwert	Kp =	2.313	
	Nachstellzeit	Tn =	9.861	s
	Vorhaltzeit	Tv =	2.593	s

Ergebnis in der "Regler-Tabelle" abspeichern ? (J=Ja, N=Nein)

Bild 7: Identifikationsergebnisse

Auch bei der Simulation des geschlossenen Regelkreises kann zunächst eine Beschreibung der verwendeten Simulationsverfahren abgerufen werden. Bei der Simulation wird jeweils entsprechend Bild 8 und 9 der zeitliche Verlauf von Regel- und Stellgröße bei einem Sollwertsprung graphisch ausgegeben.

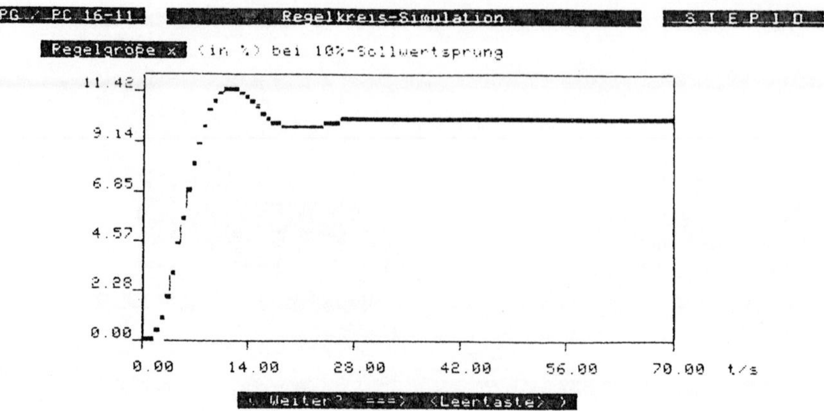

Bild 8: Regelgrößenverlauf

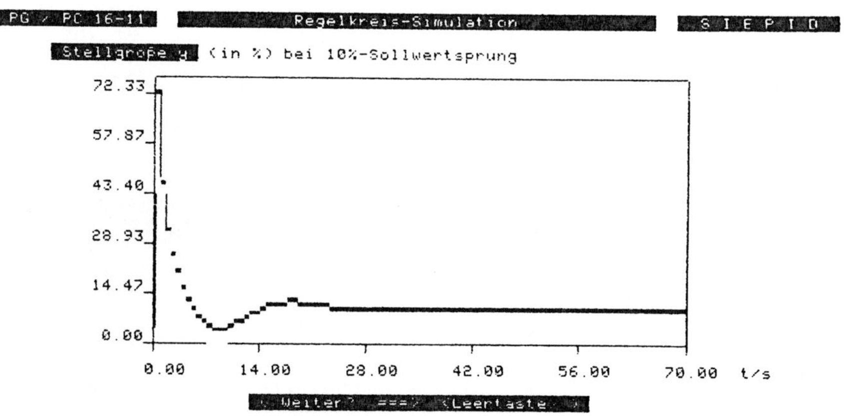

Bild 9: Stellgrößenverlauf

Bild 10 zeigt schließlich die Bedienmaske für die Funktion Nachoptimierung. Der Anwender kann jeweils durch Drücken einer einzigen Taste einen Reglerparameter um eine automatisch vorgeschlagene Schrittweite modifizieren. Damit wird jedesmal auch die Berechnung und die Ausgabe eines neuen Einschwingvorgangs ausgelöst. Wahlweise wird der Verlauf der Regelgröße oder der Stellgröße ausgegeben.
Daneben besteht noch die Möglichkeit zur Modifikation der Reglerstruktur oder zur Simulation des Störverhaltens des Regelkreises.

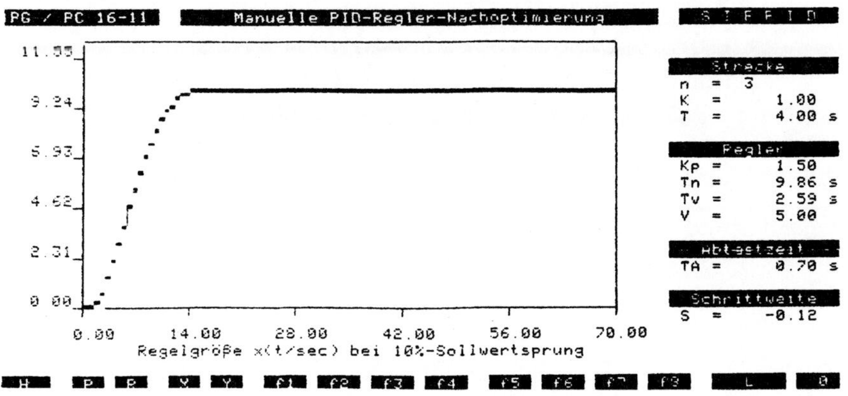

Bild 10: Bedienmaske für die Nachoptimierung

7.0 Ausblick

Das implementierte Verfahren bietet zahlreiche Möglichkeiten zur Weiterentwicklung:

- Erweiterung der Identifikation auf andere Prozeßmodelle, z.B. Verzögerungsstrecken mit Totzeit oder Schwingungsfähige Strecken.
- Erweiterung der Identifikation zur Bestimmung allgemeiner Übertragungsfunktionen.
- Verwendung spezieller Optimierungsverfahren für den Reglerentwurf.
- Erweiterung des Verfahrens zur Identifikation von Strecken im geschlossenen Regelkreis.

8.0 Literaturverzeichnis

/1/ Linzenkirchner,E.;Preuß,H.-P.: Regleroptimierung mit praxisorientiertem Adaptionsverfahren;SIEMENS-Energie & Automation 8 (1986), S. 339-341

/2/ Preuß,H.-P.;Kirchberg,K.-H.,Linzenkirchner,E.: SIEPID- ein Inbetriebsetzungsgerät zur automatischen Regleroptimierung; atp 9 (1987)

/3/ Linzenkirchner,E.;Preuß,H.-P.;Kirchberg,K.-H.: Regleroptimierung mit praxisorientiertem Adaptionsverfahren, GMA Bericht 12, VDI-VDE Gesellschaft Meß-und Automatisierungstechnik, Vorträge zum Aussprachetag Regelung von Raumlufttechnischen Anlagen ,Langen ,1987

/4/ Linzenkirchner,E., Ein adaptives Filter für gestörte Meßsignale, Regelungstechnische Praxis 22 (1980)

/5/ Föllinger,O., Regelungstechnik 3.Auflage, Verlag AEG-Telefunken, Berlin,Frankfurt,1980

/6/ Papiernick,W.,Betragsoptimum und Riccatti-Regler, Automatisierungstechnik at 5 (1985), S.201-207

SYNTHESE DEZENTRALER MEHRGRÖSSENREGELUNGEN MIT PARAMETERADAPTIVEN VERFAHREN

T. Knapp, R. Kofahl, K. Peter, R. Isermann
Technische Hochschule Darmstadt
Institut für Regelungstechnik
Schloßgraben 1
6100 Darmstadt

Digitale Systeme zur Prozeßsteuerung und -regelung haben in vielen Bereichen die analoge Gerätetechnik allmählich ersetzt. Sie bieten jetzt in zunehmendem Maße die Möglichkeit, auch höherwertige Überwachungs-, Koordinations- und Optimierungsaufgaben zu übernehmen.
Ein typisches Beispiel hierfür sind adaptive oder selbsteinstellende Regelsysteme, bei denen die Parameter eines digitalen Reglers automatisch an veränderliche Eigenschaften der Regelstrecke angepaßt werden. Während die ersten Systeme dieser Art noch den Einsatz von Prozeßrechnern erforderten, werden einfache Selbsteinstellverfahren mittlerweile schon als Standardfunktion in digitalen Kompaktreglern angeboten.
Diese Entwicklung wurde durch die Leistungssteigerungen auf dem Mikrorechnersektor innerhalb der letzten zehn Jahre ermöglicht. Ein Überblick über das derzeitige Angebot an adaptiven und selbsteinstellenden Reglern ist in /1/ und /4/ zu finden.

Der vorliegende Beitrag beschreibt eine Methode zur Synthese dezentraler Mehrgrößenregelungen und auch den derzeitigen Entwicklungsstand auf dem Gebiet der digitalen parameteradaptiven Regelung. Nach einer kurzen Einführung in die Grundstruktur des adaptiven Regelkreises wird im zweiten Teil ein Verfahren zur sequentiellen Selbsteinstellung von verkoppelten Regelkreisen vorgestellt. Daran schließt sich in den Abschnitten drei und vier eine kurze Beschreibung der verwendeten Verfahren zur Parameterschätzung sowie zur Reglersynthese an.
Abschließend wird die Leistungsfähigkeit des vorgestellten Selbsteinstellverfahrens an Hand einiger Simulationsbeispiele demonstriert.

1. Parameteradaptive Regelsysteme

Bild 1 zeigt die *Grundstruktur* eines parameteradaptiven Regelsystems.

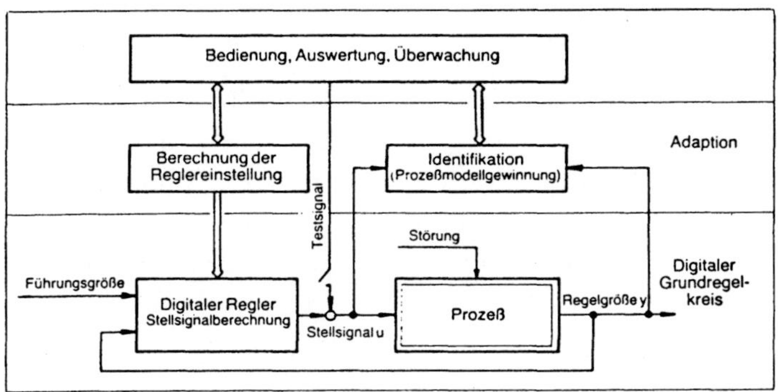

Bild 1: Grundstruktur des parameteradaptiven Regelkreises

Charakteristisch ist die Unterteilung in drei Ebenen, den Grundregelkreis, die Adaptionsebene sowie die Überwachungs- und Koordinationsebene.
Die *Adaptionsebene* hat die Aufgabe, die Parameter p_i und q_i eines digitalen Reglers, der durch einen rekursiven Regelalgorithmus

$$u(k) = - p_1 u(k-1) - .. - p_1 u(k-1) + q_0 e(k) + .. + q_n e(k-n) \quad (1)$$
$$e(k) = w(k) - y(k)$$

beschrieben wird, an die veränderlichen Eigenschaften der Regelstrecke anzupassen, um eine optimale Regelgüte zu erreichen. Die Berechnung der optimalen Reglereinstellung erfolgt auf der Basis eines zeitdiskreten parametrischen Prozeßmodells

$$y(k) = - a_1 y(k-1) - .. - a_m y(k-m) + b_1 u(k-d-1) + .. + b_m u(k-d-m) \quad (2)$$

dessen Parameter a_i und b_i mit Hilfe eines rekursiven Schätzverfahrens aus Abtastwerten des Stellsignals u(t) und der Regelgröße y(t) zu äquidistanten Zeitpunkten $t = kT_0$ gewonnen werden. Die Prozeßtotzeit T_t wird als ganzzahliges Vielfaches $d = int(T_t/T_0)$ der Abtastzeit T_0 berücksichtigt.
Auf Grund der Trennung zwischen Prozeßidentifikation und Reglerparameterberechnung entstehen keinerlei Einschränkungen bei der Auswahl eines geeigneten Reglertyps. Für den praktischen Einsatz werden meist Regelalgorithmen mit PID-Verhalten bevorzugt. Deren Parameter können z.B.

durch Optimierung eines quadratischen Regelgütekriteriums

$$I = \sum_{k=0}^{N} \left[\{w_0 - y(k)\}^2 + r \{u(k) - u(k-1)\}^2 \right] \tag{3}$$

bestimmt werden. Die Minimierung dieser Kostenfunktion mit Hilfe eines numerischen Suchverfahrens ist allerdings mit einem relativ hohen Rechenaufwand verbunden. Für viele in der Praxis vorkommende Prozeßtypen lassen sich jedoch einfache Regeln zur näherungsweisen Einstellung von PID-Reglern angeben, die sich mit wenig Aufwand in Mikrorechnerreglern implementieren lassen. Einen Überblick über verschiedene Verfahren zur Selbsteinstellung von digitalen PID-Reglern geben /8/, /10/ und /15/.

Der parameteradaptive Regelkreis enthält entsprechend Bild 1 noch eine dritte Ebene, die *Überwachungsfunktionen* wahrnimmt. Die Gültigkeit der vom Schätzalgorithmus berechneten Parameterschätzwerte ist von einigen Forderungen an die statistischen Eigenschaften von Ein- und Ausgangssignal abhängig, die hier im Rahmen einer Signalanalyse geprüft werden und gegebenenfalls eine Abschaltung oder Initialisierung der Schätzung bewirken /5/.

2. Sequentieller dezentraler Reglerentwurf

Zum Entwurf der Regelung von Mehrgrößenregelkreisen sind leistungsfähige Programmpakete entwickelt worden. Diese Verfahren führen meist zu zentralen Reglern, die im allgemeinen relativ komplex aufgebaut sind. Die mit diesen zentralen Reglern erreichbare hohe Regelgüte wird durch die Kenntnis aller Streckenparameter (Haupt- und Koppelstrecken) erkauft /5/,/12/. Beim dezentralen Entwurf von Mehrgrößen-Regelungen versucht man nun, ohne detaillierte Kenntnis über die Kopplungen auszukommen. Besondere Vorteile ergeben sich, wenn man hierzu selbsteinstellende Regelalgorithmen für Prozesse mit einem Ein- und Ausgang einsetzt /13/.

Das in dieser Arbeit vorgestellte Verfahren dient zum Entwurf dezentraler Regler auf der Grundlage identifizierter Streckenmodelle, welche die Verkopplungen implizit enthalten /14/. Dieses Verfahren wird im folgenden anhand eines Prozesses mit zwei Eingangsgrößen (u_1 und u_2) und zwei Ausgangsgrößen (y_1 und y_2) erläutert (Bild 2). Die Aufgabe besteht im Entwurf zweier dezentraler Regler (R_1 und R_2) die jeweils nur einem Teilsystem (P_1 bzw P_2) zugeordnet sind. Dabei beschreibt P_i

das Klemmenverhalten zwischen der Stellgröße u_i und der Regelgröße y_i, d.h. daß die Verkopplungen implizit in P_i enthalten sind, wenn der benachbarte Teilregelkreis geschlossen ist.

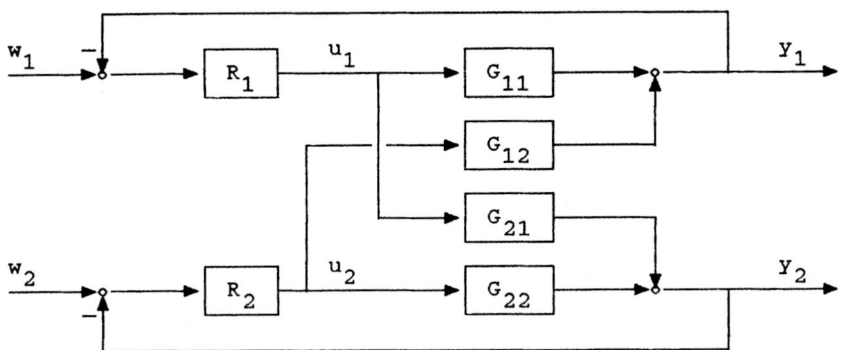

Bild 2: Blockschaltbild eines Zweigrößenprozesses

Für den mit p-kanonischer Struktur angenommenen Prozeß gilt:

$$y_1 = G_{11}u_1 + G_{12}u_2 \tag{4}$$
$$y_2 = G_{21}u_1 + G_{22}u_2 \tag{5}$$

Das Entwurfsverfahren läßt sich durch folgenden Ablauf beschreiben (Bild 3):

1) - Beide Regelkreise befinden sich zunächst im offenen Kreis

2) - Identifikation des ersten Teilsystems mit $P_1 = y_1/u_1 = G_{11}$ und darauffolgendem Reglerentwurf (R_1)
   - Schließen des ersten Teilregelkreises
   - Eine Berücksichtigung der Verkopplungen findet nicht statt, da der zweite Teilregelkreis noch nicht geschlossen wurde.

3) - Identifikation des zweiten Teilsystems mit $P_2 = y_2/u_2$ und darauffolgendem Reglerentwurf (R_2)
   - Schließen des zweiten Teilregelkreises, bei erstmaligem Reglerentwurf
   - Die Verkopplungen sind implizit berücksichtigt

$$P_2 = G_{22} - R_1 \frac{G_{12}\, G_{21}}{1 + R_{22}\, G_{22}} \tag{6}$$

4) - Identifikation des ersten Teilsystems mit $P_1 = u_1/y_1$ und darauffolgender Reglerentwurf (R_1)

- Die Verkopplungen sind implizit berücksichtigt

$$P_1 = G_{11} - R_2 \frac{G_{12}\,G_{21}}{1 + R_{11} \cdot G_{11}} \tag{7}$$

5) - weiter mit Schritt 3)

Identifikation Reglerentwurf

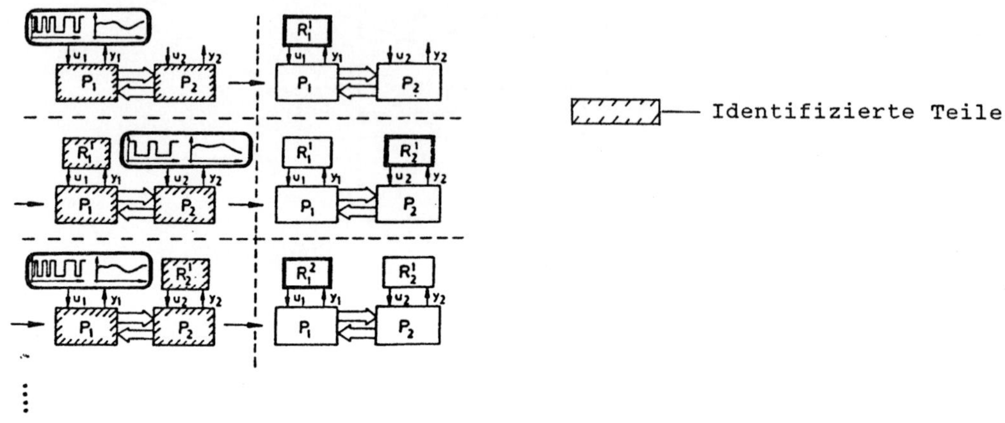

Bild 3: Sequentieller Reglerentwurf

Diese Prozedur wird solange fortgeführt, bis sich die Reglerparameter beider Regler (R_1 und R_2) nicht mehr wesentlich ändern.
Mit Hilfe dieses Verfahrens werden alle Kopplungen berücksichtigt, ohne diese jedoch explizit zu kennen. Die dezentrale Struktur erlaubt den Einsatz herkömmlicher Eingrößenregler, wobei jeder Teilregelkreis mit einem beliebigem Regler, einer beliebigen Abtastzeit und einer beliebigen Totzeit betrieben werden kann, was ein wesentlicher Vorteil dieses Verfahrens ist.

3. Prozeßidentifikation

Die Bestimmung der Parameter a_i und b_i des Prozeßmodells nach Gleichung (2) erfolgt in der Regel mit Hilfe rekursiver Parameterschätzverfahren, die auf der Methode der kleinsten Fehlerquadrate (LS-Verfahren) basieren. Als besonders vorteilhaft haben sich dabei die sogenannten *square-root*-Algorithmen erwiesen, die sich durch geringen Rechenaufwand und hohe numerische Stabilität auszeichnen /2/,/7/.
Am Beispiel des *discrete-square-root-filter* in *Informationsform* (DSFI)

sollen im folgenden die wesentlichen Schritte des Verfahrens zusammengefaßt werden. Hierzu werden zunächst in Anlehnung an Gleichung (2) ein Meßvektor

$$\underline{\psi}_k^T = \{ -y(k-1) , \ldots , -y(k-m) , u(k-d-1) , \ldots , u(k-d-m) \} \quad (8)$$

$$\hat{\underline{\theta}}^T = \{ \hat{a}_1 , \ldots , \hat{a}_m , \hat{b}_1 , \ldots , \hat{b}_m \} \quad (9)$$

eingeführt, mit deren Hilfe ein Schätzwert für das Prozeßausgangssignal y(k) angegeben werden kann.

$$\hat{y}(k) = \underline{\psi}_k^T \hat{\underline{\theta}} \quad (10)$$

Dieser Schätzwert ist auf Grund der Störsignalanteile, die im Prozeßausgangssignal stets enthalten sind, und eventueller Modellungenauigkeiten mit einem Schätzfehler

$$\epsilon(k) = y(k) - \hat{y}(k) = y(k) - \underline{\psi}_k^T \hat{\underline{\theta}} \quad (11)$$

behaftet. Zur Bestimmung des optimalen Parameterschätzvektors $\hat{\underline{\theta}}_{opt}$ wird Gleichung (11) für N >> 2m aufeinanderfolgende Abtastzeitpunkte aufgestellt. Das resultierende überbestimmte Gleichungssystem wird durch Minimierung einer quadratischen Kostenfunktion

$$V = \underline{\epsilon}_k^T \underline{W}_k \underline{\epsilon}_k = \sum_{i=k-N+1}^{k} \lambda^{k-i} \epsilon^2(i) \Longrightarrow \underset{\hat{\theta}}{\mathrm{Min}} \quad (12)$$

gelöst.

Im Unterschied zum konventionellen rekursiven LS-Verfahren (RLS) wird beim DSFI-Verfahren die Informationsmatrix $\underline{D}_k$ zunächst durch eine orthonormale Transformation auf obere Dreiecksform gebracht. Aus dem transformierten Gleichungssystem läßt sich der optimale Parameterschätzvektor sehr einfach ermitteln. Das beim RLS-Verfahren übliche Quadrieren der Meßmatrix wird beim DSFI-Verfahren durch die Transformation umgangen, so daß numerische Probleme auf Grund von Rundungsfehlern verkleinert werden. Eine Übersicht solcher numerisch stabiler Parameterschätzverfahren ist in /16/ gegeben.

4. Methoden zum Entwurf digitaler Regelalgorithmen

Bei der Bestimmung der Reglerparameter kommt es im wesentlichen darauf an, daß sich die Reglerparameter selbstständig dem (evtl. zeitvarianten) Prozeßverhalten anpassen kann (adaptiver Regler). Dazu wurden in der Vergangenheit die verschiedensten Verfahren entwickelt. Dabei zeigt sich, daß der PID-Regler in der Praxis bevorzugt wird, aber auch komplexe Regleralgorithmen (z.B. Zustandsregler) gelegentlich Verwendung finden. Beide Regler (PID-Regler und Zustandsregler) wurden im Rahmen dieser Arbeit verwendet und werden nun kurz erläutert. Die eingesetzten Regler basieren auf der Kenntnis eines dynamischen Modells der Regelstrecke, das man aus einer Identifikation gewinnt.

$$G_p(z) = \frac{b_1 z^{-1} + b_2 z^{-2} + \ldots + b_m z^{-m}}{1 + a_1 z^{-1} + a_2 z^{-2} + \ldots + a_m z^{-m}} \tag{13}$$

a) *PID-Regler aus Stabilitätsbetrachtungen* (Ziegler-Nichols)
Die zur Anwendung der Einstellregeln von Ziegler und Nichols benötigte kritische Verstärkung K_{krit} und die dazugehörige Schwingungsdauer T_{krit} des grenzstabilen Regelkreises mit digitalem Proportionalregler K_r werden durch Rechnersimulation auf algebraischen Wege ermittelt /10/, /11/. Anhand dieser Kennwerte ist eine Einstellung eines diskreten PID-Reglers nach Ziegler und Nichols möglich. Man erhält somit die gesuchten Parameter q_0, q_1 und q_2 des digitalen PID-Reglers. Durch einen weiteren Algorithmus wird der geschlossene Regelkreis bis zum ersten Regelgrößenmaximum y_{max} simuliert. Eine schrittweise Beeinflussung der Reglerverstärkung V_r bewirkt nun, daß der geschlossene Regelkreis eine vom Benutzer vorgegebene Überschwingweite ü nicht überschreitet. Der Entwurf eines digitalen PID-Reglers ist somit durch einen einzigen Kennwert (Überschwingweite ü) bestimmt.

b) *Zustandsregler* (ZR)
Der Einsatz eines Zustandsreglers ermöglicht bei komplizierten Prozessen eine bessere Regelgüte, da außer der Ein- und Ausgangsgröße auch interne Prozeßgrößen $\underline{x}$ berücksichtigt werden. Die Parameter eines Zustandsreglers ergeben sich aus der Lösung der sog. Matrix-Riccati-Differenzengleichung, so daß das quadratische Gütekriterium

$$I = \sum_{k=0}^{\infty} (\underline{x}^T(k)\underline{Q}\underline{x}(k) + r\Delta u^2(k)) \tag{14}$$

ein Minimum annimmt. Für den so entworfenen ZR erhält man für $w(k) \neq 0$ eine bleibende Regelabweichung, die jedoch z.B. durch Einführung eines Integralanteils in das Prozeßmodell verschwindet /3/.

5. Auswertung

Versuchsläufe an einem auf dem Analogrechner nachgebildetem Prozeß eines Zweigrößensystems (Bild 4), ähnlich dem einer Temperatur- und Druckregelstrecke eines Dampferzeugers, zeigen ein schnelles Einschwingen der Reglerparameter (Tabelle 1).

Kreis 1			Kreis 2		
q_0	q_1	q_2	q_0	q_1	q_2
-1.819	1.954	-0.512	3.402	-3.973	1.237
-0.752	0.912	-0.264	2.776	-3.480	1.042
-0.763	0.914	-0.262	2.628	-3.315	0.998
-0.831	0.986	-0.280	2.757	-3.490	1.055
-0.848	1.005	-0.285	2.704	-3.418	1.032
-0.864	1.023	-0.290	2.649	-3.354	1.014
-0.874	1.034	-0.293	2.634	-3.320	0.999

Tabelle 1: Reglerparameter nach den einzelnen Entwurfschritten

Anhand dieser Tabelle ist deutlich das Einschwingen der Reglerparameter und die Berücksichtigung der internen Verkopplungen auf die Reglerparameter zu erkennen. Dies ist besonders bei Kreis 1 zu erkennen, da der erste Reglerentwurf ohne Berücksichtigung der Verkopplungen erfolgte. Bild 5 zeigt den Verlauf der Regelgrößen (y_1 und y_2) und der Stellgrößen (u_1 und u_2) während des sequentiellen Entwurfes. Beide Teilregelkreise befinden sich zunächst im offenen Kreis. Zum Start des sequentiellen Entwurfes wird zunächst Kreis 1 nach einer Voridentifikationsphase und anschließendem Reglerentwurf geschlossen und adaptiv betrieben. Diese Prozedur wiederholt sich für Kreis 2, wobei darauf zu achten ist, daß Kreis 1 während dieser Phase mit einem festen Regler betrieben wird. Nachdem nun beide Teilregelkreise geschlossen sind, können diese nun abwechselnd adaptiv betrieben werden und dabei sequentiell neue Reglerparameter ermittelt werden.

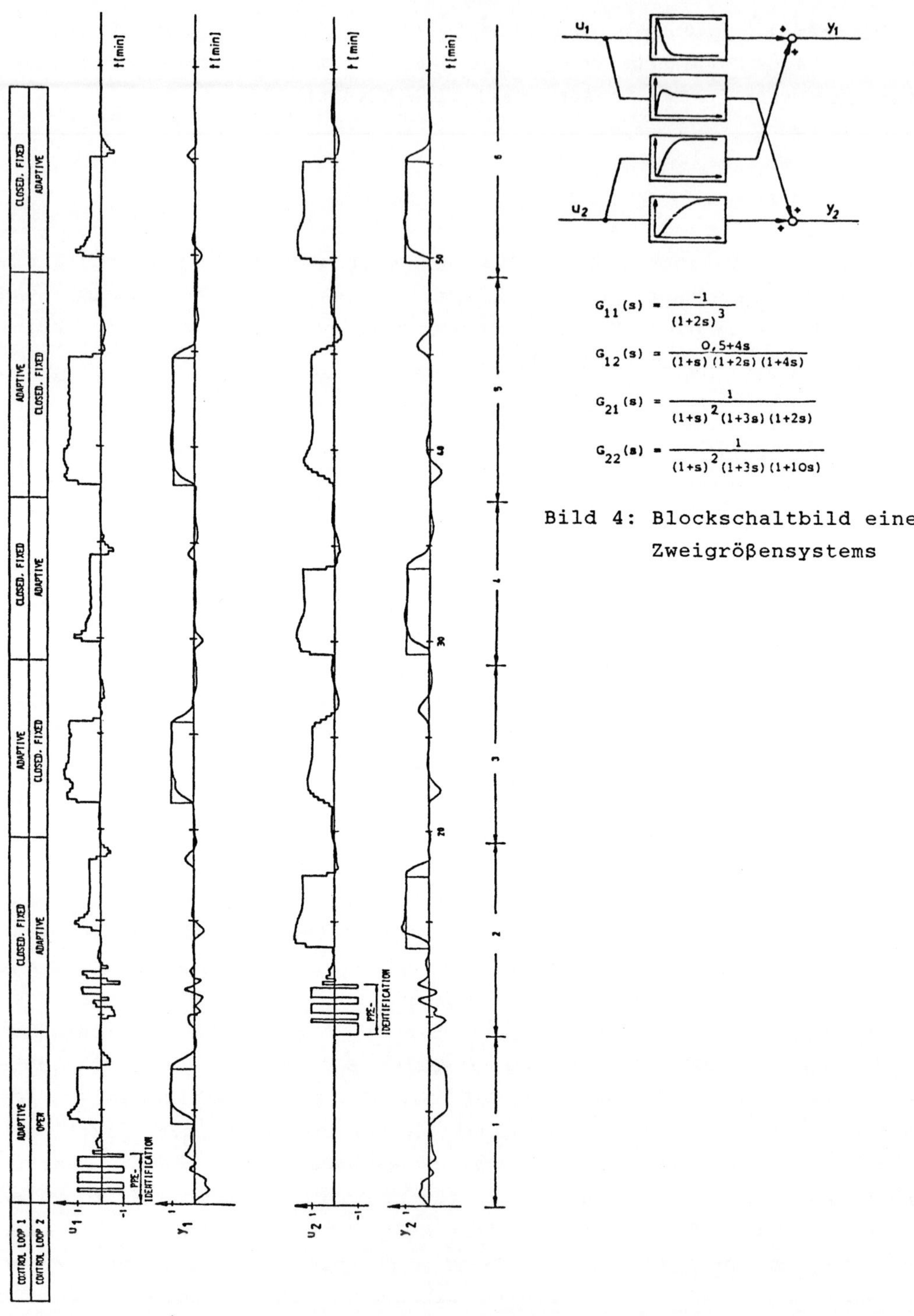

Bild 4: Blockschaltbild eines Zweigrößensystems

Bild 5: Verlauf der Regelkreissignale während des sequentiellen Entwurfs

6. Zusammenfassung

In dieser Arbeit wurde gezeigt, daß man auch bei einem Mehrgrößenprozeß mit Methoden des einschleifigen Regelkreises ein gutes Regelverhalten erzielen kann. Für die einzelnen Teilprozesse lassen sich die A-priori-Kenntnisse für die Identifikation sowie der gewünschte Regler unabhängig voneinander vorgeben. Dabei ist der Betrieb der einzelnen Teilregelkreise mit unterschiedlichen Abtastzeiten ein wesentlicher Vorteil gegenüber dem zentralen Entwurf. Eine Konvergenz der Reglerparameter stellt sich schon nach wenigen Entwurfsschritten ein.

Literatur

/1/ Isermann, R.: Stand und Entwicklungstendenzen bei adaptiven Regelungen. Automatisierungstechnik 35 (1987), S. 133-143.

/2/ Isermann, R.: Identifikation dynamischer Systeme, Band I,II. Springer-Verlag, Berlin, Heidelberg, New York, 1988.

/3/ Isermann, R.: Digitale Regelsysteme, Band I, II. Springer Verlag, Berlin, Heidelberg, New York, 1987.

/4/ Kofahl,R. und Peter, K.: INTERKAMA `86: Adaptive Regler. Automatisierungstechnische Praxis 29 (1987), S. 122-131.

/5/ Lachmann, K.-H.: Eine Überwachungs- und Koordinationsebene für den adaptiven Regelkreis. Automatisierungstechnik 34 (1986),S.311-320.

/6/ Schumann,R.: Digitale parameteradaptive Mehrgrößenregelung - Ein Beitrag zu Entwurf und Analyse. Dissertation THD, 1982. PDV-Bericht, KfK-PDV 217, Kernforschungszentrum Karlsruhe.

/7/ Strejc, V.: State Space Theory of Discrete Linear Control. Academia-Verlag, Prag, 1981, S. 402-406.

/8/ Preuß, H.-P., Linzenkirchner, E. und Kirchberg, K.-H.: SIEPID - ein Inbetriebsetzungsgerät zur automatischen Regleroptimierung. Automatisierungstechnische Praxis 29 (1987), S. 427-436.

/9/ Kuhn, U.: Fortschritte in der Meß- und Automatisierungstechnik durch Informationstechnik. Automatisierungstechnische Praxis, Heft 4/1987

/10/ Kofahl, R.: Self-tuning of PID-controllers based on process parameter estimation. Journal A, Vol.27 (1986), S. 169-174.

/11/ Kofahl, R.: Selbsteinstellende digitale PID-Regler - Grundlagen und neue Entwicklungen. VDI-Berichte 550, 1985

/12/ Hensel, H.: Methoden des rechnergestützten Entwurfs und Echtzeiteinsatzes zeitdiskreter Mehrgrößenregelungen und ihre Realisierung in einem CAD-System. Dissertation THD, 1987. VDI Fortschrittberichte, Reihe 20, Nr. 4.

/13/ Hensel, Isermann.: Sequential design of decentralized controllers with identification and selftuning control methods. thrd IFAC Symposium on computer aided design in control and engineering systems, Copenhagen, Denmark

/14/ Knapp, T.: Sukzessive Selbsteinstellung von verkoppelten Regelkreisen mit parameteradaptiver Regelung. Diplomarbeit, THD, 1987.

/15/ Radke, F.: Selbsteinstellende PID-Regler auf Mikroprozessorbasis. Automatisierungstechnische Praxis 28 (1986), S. 5-12.

/16/ Kofahl, R.: Verfahren zur Vermeidung numerischer Fehler bei Parameterschätzung und Optimalfilterung. Automatisierungstechnik 34 (1986) S. 421-431

Hierarchische funktionsbezogene Leittechnik-
Dokumentations- und Planungs-Methode*)

E. Welfonder, W. Herden, P. Kocher und T. Förster

1. Einführung

Das Thema Leittechnik-Dokumentation hat in den vergangenen Jahren innerhalb der Kraftwerkstechnik - aber auch bei anderen industriellen Großprozessen - verstärkt an Bedeutung gewonnen.
Dies beruht zum einen darauf, daß mit der zunehmenden Größe und Komplexität der Prozesse sowie der zugehörigen Leittechniksysteme nicht nur die Zahl der zu erfassenden Signale und der anzusteuernden Stellaggregate ständig zugenommen hat, sondern - überproportional hierzu - auch der Umfang der Leittechnikdokumentation.
So waren für die Dokumentation eines mit konventioneller Leittechnik ausgerüsteten 700 MW Spitzenlastblockes allein 3000 Funktionspläne, 12000 Stromlaufpläne und 6000 Kabel-, Unterverteilerbelegungs- und Meßstellen-Listen erforderlich.
Zum anderen konnten mittels konventioneller Leittechnik kompliziertere Leittechnikfunktionen häufig nur in aufwendiger Weise durch ein spezielles Beschalten und Zusammenschalten vorhandener Elektronikbaugruppen realisiert werden. Dies führte dazu, daß die Dokumentation derartiger Leittechnikfunktionen auch in der derzeit obersten Dokumentations-Ebene anhand sogenannter "Funktions-Pläne bzw. -Fahnen" stark gerätebezogen erfolgte und sich häufig über mehrere Seiten einer derartigen Planfahne erstreckte.
Zwar sind zwischenzeitlich bezüglich der Dokumentation von digitalen Leittechniksystemen bereits wesentliche Verbesserungen erzielt worden, jedoch waren die bisherigen herstellerseitigen Bemühungen stets mit dem Bestreben verbunden, die Leittechnikdokumentation als Teil der von ihnen mit Hilfe von CAD-Systemen und großen, zentralen Datenverarbeitungsanlagen erstellten Planungs-, Projektierungs-, Strukturierungs- und Montage-Unterlagen zu sehen /1/.

---

*) Fachgremien - bestehend aus Betreibern, Herstellern und der Uni Stuttgart - klären derzeit noch Detailfragen zu der von den Verfassern entwickelten Leittechnik-Dokumentations- und Planungsmethode, auch im Bestreben, die neuesten Erkenntnisse aus der nationalen und internationalen Normung einfließen zu lassen.
Die Ergebnisse dieser Arbeit können aufgrund dessen in Einzelpunkten zu gewissen Modifikationen führen.

Zur Ermittlung der betreiberseitigen Dokumentations-Anforderungen sind im Auftrage der VGB[1)] seitens der Universität Stuttgart Leittechniker aus Planungs- und Betriebsabteilungen elf verschiedener Kraftwerke mit Leittechniksystemen verschiedener Hersteller und unterschiedlichen Gerätekonfigurationen befragt worden.
Der Schwerpunkt der Befragung galt der Handhabbarkeit und Vollständigkeit der jeweiligen Dokumentationsunterlagen, und zwar vornehmlich zum Zwecke einer schnellen Störungsaufklärung und -beseitigung.
Die Befragungs-Unterlagen und -Ergebnisse sowie die daraus abgeleiteten Anforderungen an eine betriebsgerechte Leittechnik-Dokumentation sind mit Fachkräften eines zu diesem Zweck gebildeten VGB-Lenkungsausschusses durchgesprochen und in einem Technisch-wissenschaftlichen Fachbericht zusammengestellt worden /2/.

Aufbauend auf den analysierten betreiberseitigen Dokumentations-Anforderungen ist eine hierarchische funktionsbezogene Dokumentationsmethode entwickelt worden, die bereits bei ihrer ersten Präsentation anläßlich der ETG[2)]/VGB-Fachtagung "Betriebsgerechte Dokumentation in Kraftwerken, Einfluß der modernen Leittechnik und der Planungsmittel" /3/ sowohl bei den Betreibern als auch bei den Kraftwerks- und Leittechnik-Herstellern auf großes Interesse gestoßen ist.
Aufgrund dieses Sachverhaltes konnten zwischenzeitlich intensive Fachgespräche mit Inbetriebsetzern, Projektierern und Entwicklern verschiedener Leittechnik-Hersteller geführt werden.

Die unter Berücksichtigung dieser Fachgespräche erarbeiteten Alternativ- und Verbesserungsvorschläge sind in die nachfolgenden Ausführungen bezüglich des strukturellen Aufbaus der entwickelten funktionsbezogenen hierarchischen Dokumentationsmethode mit eingeflossen.
Zudem hat sich gezeigt, daß sich die entwickelte hierarchische funktionsbezogene Leittechnik-Dokumentationmethode auch sehr gut für eine funktionsbezogene Top Down Planung und Projektierung von Leittechniksystemen eignet /1/.

Die Regeln für den einheitlichen Aufbau der einzelnen Funktionspläne werden anhand einer Musterdokumentation für den Funktionsbereich "Speisewasser" erläutert.
Der Musterdokumentation diente das digitale Leittechnik-System des neuen 550 MW-Blockes im Rheinhafen-Dampfkraftwerk als Grundlage.

---

1) VGB = Vereinigung der Großkraftwerks-Betreiber

2) ETG = Energietechnische Gesellschaft

Ziel des Beitrages ist zum einen, einen möglichst großen Interessentenkreis zum möglichst frühen Zeitpunkt mit der hierarchischen funktionsbezogenen Dokumentationsmethode vertraut zu machen, und zwar über den Anwendungsbereich der Kraftwerksleittechnik hinaus.
Zum anderen sollen die erarbeiteten Regeln für den einheitlichen Aufbau der funktionsbezogenen Dokumentation dem jüngst von Leittechnik-Herstellern und -Betreibern gebildeten ETG/VGB-Arbeitskreis "Leittechnik-Dokumentation auf dem Gebiet der Kraftwerkstechnik" als Basis für eine einheitliche Anwendung und gegebenenfalls Fortschreibung der entwickelten hierarchischen, funktionsbezogenen Dokumentationsmethode dienen.

2. Aufbau der hierarchischen funktionsbezogenen Dokumentationsmethode

Die gesamte Leittechnik-Dokumentation eines Kraftwerks-Blockes läßt sich generell wie in Bild 1 veranschaulicht gliedern.

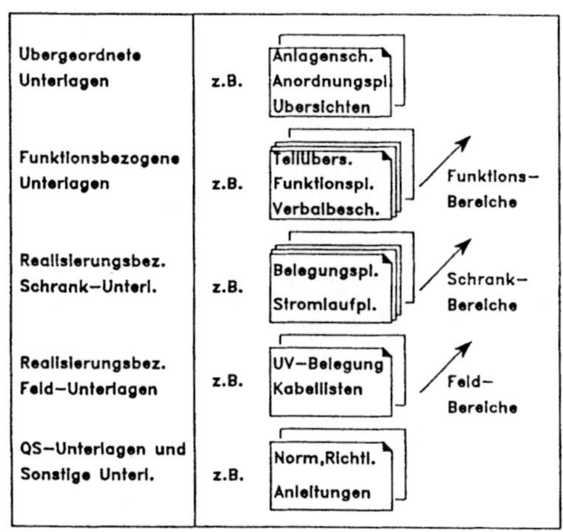

Bild 1: Generelle Gliederung der Leittechnik-Dokumentation

Dabei stand bei der konventionellen Leittechnik - aufgrund der hardwareseitigen Verdrahtung von Einzweck-Baugruppen - die realisierungsbezogene Dokumentation im Vordergrund, bei der die zugehörigen Planunterlagen ortsbezogen, d.h. nach Leittechnik-Schränken bzw. nach Feldbereichen geordnet werden. Mit dem Übergang zur digitalen Leittechnik mit softwareseitig frei konfigurierbaren Funktionsbausteinen gewinnt jedoch die funktionsbezogene Dokumentation verstärkt an Bedeutung.
Aufgrund dessen erfolgt auch die zugehörige Dokumentationsgliederung nicht mehr ortsbezogen, sondern funktionsbezogen, d.h. nach Funktionsbereichen, Funktionsgruppen bzw. Funktionsuntergruppen.

2.1 Kennzeichnung der Funktionspläne

Die Plankennzeichnung läßt sich - wie nachfolgend veranschaulicht - grundsätzlich unterteilen in :

- den **Funktionsmappenschlüssel** entsprechend des zu dokumentierenden Funktionsbereiches und dessen Hauptleittechnikaufgabe (Einzelheiten siehe Abschnitt 2.2) ,
- das **Plankennzeichen** zur Gliederung der einzelnen Pläne innerhalb einer Mappe (Einzelheiten siehe Abschnitte 2.3 und 2.4) und
- erläuternden **Plannamen.**

Da im Bereich Kraftwerksleittechnik die Aufteilung und Bezeichnung der Kraftwerksanlage nach dem Kraftwerks-Kennzeichnungs-System /4/ üblich ist, werden in vorliegendem Anwendungsfall als Funktionsmappenschlüssel die Gliederungsstufen 1 und 2 von KKS verwendet.
Dies schließt jedoch die Verwendung anderer Kennzeichnungssysteme, die bei anderen Prozeßtypen üblich sind, nicht aus.
Im vorliegenden Anwendungsfall ergibt sich die Funktionsplankennzeichnung zu:

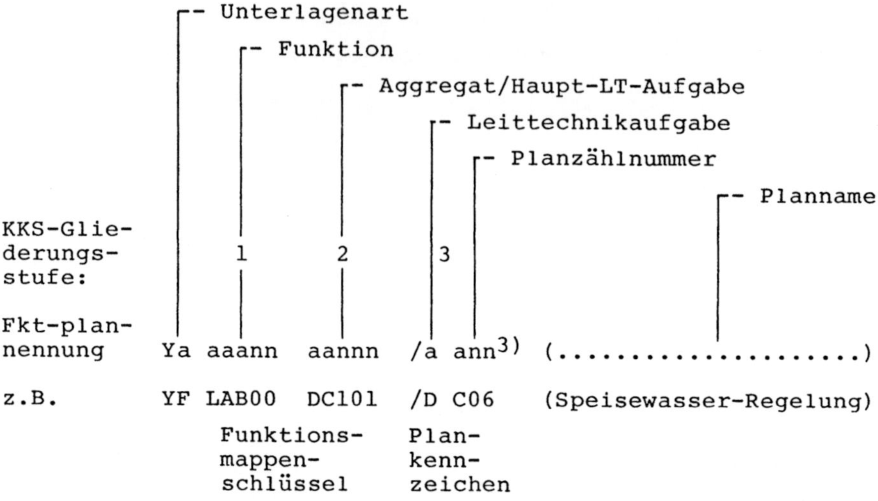

Der gewählte Funktionsplanschlüssel ist syntaxgleich aufgebaut wie der -in KKS bereits festgelegte - Signalschlüssel.

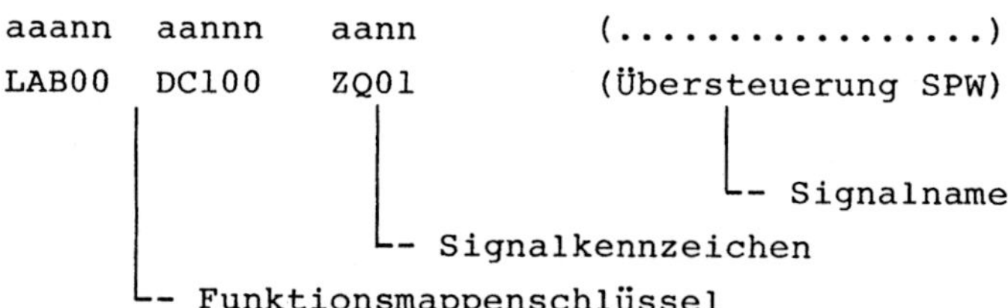

2.2 Aufteilung der funktionsbezogenen Dokumentation in Funktionsplan-Mappen

In Absprache zwischen Anlagen- und Leittechnik-Planern werden den verfahrenstechnischen Funktionen, die mittels der maschinenbaulichen Komponenten auszuführen sind, die betreffenden leittechnischen Funktionsgruppen zugeordnet.

---

3) mit: a = Alpha-Zeichen
n = numerisches Zeichen

Diese werden durch die drei Alpha-Zeichen der ersten KKS-Gliederungsstufe gekennzeichnet. So gilt z.B. für die Funktionsgruppen:

- Speisewasser LAB00
- Speisewasserpumpen LAC00

Im Falle parallel ausgeführter Anlagenabschnitte, wie z.B. mehrere Speisewasserpumpen oder mehrere parallele Überhitzerstränge, kann eine zusätzliche Unterteilung in Funktions-Untergruppen erfolgen, die innerhalb der ersten KKS-Gliederungsstufe durch die nachfolgenden numerischen Zeichen gekennzeichnet werden. So gilt z.B. für die Funktions-Untergruppen:

- Vollast-Speisepumpe LAC10
- Teillast-Speisepumpe LAC20

Je nach Leittechnik- und Dokumentationsaufwand werden nun den einzelnen Funktionsgruppen oder auch Funktionsuntergruppen in sich abgeschlossene Funktionsplan-Mappen zugeordnet. Die Kennzeichnung dieser Funktionsmappen erfolgt - wie in obigem Beispiel veranschaulicht - durch:

- YF als Hinweis auf Funktionspläne,
- die erste KKS-Gliederungsstufe zur Angabe der zugehörigen Funktionsgruppe und
- die zweite KKS-Gliederungsstufe zur Angabe der auszuführenden Haupt-Leittechnik-Aufgabe.

2.3 Unterteilung der Funktionsplan-Mappen in Funktionsplan-Pakete

Da eine Funktionsgruppe in der Regel mehrere der in Bild 2 veranschaulichten Leittechnik-Aufgaben enthält, erweist es sich als sinnvoll, die Funktionsplan-**Mappen** entsprechend den auftretenden Leittechnik-Aufgaben in weitere Funktionsplan-**Pakete** zu unterteilen.
Dabei handelt es sich bei den Verarbeitungsaufgaben:

- "Regelung"
- "Regelstrukturumschaltung" und
- "Steuerung"

um betriebstechnische Funktionen, während die vierte Verarbeitungsaufgabe:

- "Schutz"

ausschließlich sicherheitstechnische Funktionen aufweist und somit separat zu dokumentieren ist. Dies gilt zumindest für den Systemschutz; der Aggregatschutz kann der Leittechnik-Aufgabe "Stelleinrichtung" mit zugeordnet werden.

Alle vier Verarbeitungsaufgaben greifen prozeßein-/-ausgangsseitig auf die Leittechnik-Aufgaben:

- "Messung" und
- "Stelleinrichtung"

zu und werden wartenseitig durch die Leittechnik-Aufgaben:

- "Meldung" und
- "Beobachtung/Bedienung"

überwacht und geführt.

Die Kennzeichnung der - den einzelnen Leittechnik-Aufgaben zugeordneten - Funktionsplan-Pakete erfolgt durch das erste Alphazeichen im Plankennzeichen.

Die den einzelnen Leittechnik-Aufgaben zugeordneten Kennbuchstaben sind in Bild 2 mit veranschaulicht; sie wurden entsprechend des KKS-Kennzeichnungssystems gewählt, soweit dort bereits definiert.

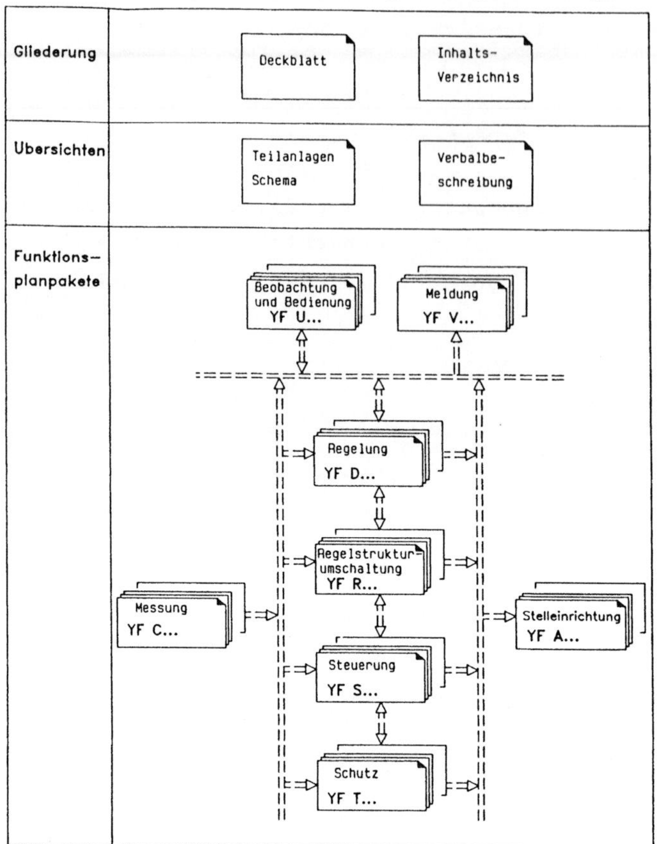

Bild2: Unterteilung der Funktionsplan-Mappe je LT-Aufgabe in Funktionsplan-Pakete

2.4 Hierarchische Gliederung der funktionsbezogenen Dokumentationsmethode

Damit sich die Planer und Inbetriebsetzer sowie speziell die Betriebsleittechniker im Falle der Störungssuche schnell und einfach in die Wirkungsweise der jeweiligen Funktionsgruppe einarbeiten können, bedarf es einer hierarchisch strukturierten Dokumentation, bei der die Informationsdetailliertheit und die Anzahl der Funktionspläne in vertikaler Richtung von Dokumentationsebene zu Dokumentationsebene zunimmt.
Aus diesem Grund wird das für jede Leittechnik-Aufgabe zu erstellende Funktionsplan-Paket entsprechend Bild 3 in drei hierarchisch aufeinander aufbauende Dokumentationsebenen gegliedert.
Innerhalb der untersten Ebene werden die Verknüpfungen der hardwareseitig verdrahteten Baugruppen bzw. der softwareseitig strukturierten Funktionsbausteine anhand von Funktions-Einzelplänen funktionsbezogen dokumentiert.

Diese Funktions-Einzelpläne enthalten bezüglich ihrer Detailliertheit alle funktionstechnisch relevanten Strukturierungsangaben; sie sind jedoch im Gegensatz zu den heutigen Funktionsplänen nicht so stark bausteinbezogen und weisen klare Schnittstellen zwischen den verschiedenen Leittechnikaufgaben auf, so z.B. das Funktionsplan-Paket "Regelung" zu den benachbarten Funktionsplan-Paketen "Regelstrukturumschaltung", "Messung" und "Stelleinrichtung".

Sobald sich die Dokumentation einer komplizierteren Leittechnikaufgabe über mehrere Funktions-Einzelpläne erstreckt, sind diese übergeordnet zu einem oder mehreren Funktions-Bereichsplänen zusammenzufassen. Sind mehrere Funktions-Bereichspläne vorhanden, so ist ein übergeordneter Funktions-Übersichtsplan zu erstellen.

Die Kennzeichnung der sich somit ergebenden Funktionsplan-Hierarchie erfolgt im Planbezeichnungsschlüssel, und zwar ausgehend:

LT-Aufgabe

- vom Funktions-**Übersichtsplan** / **a**
- durch das Hinzufügen eines zweiten Alpha-Zeichens bei den Funktions-**Bereichsplänen:** / a **a**
- und zweier zusätzlicher numerischer Zeichen bei den Funktions-**Einzelplänen:** / a a **n n**

Zusätzlich zu der in Abschnitt 2.5 beschriebenen Planvernetzung bietet diese alphanumerische Funktionsplan-Kennzeichnung die Möglichkeit, bis zu 99 Einzelpläne zu einem Bereichsplan und bis zu 26 Bereichspläne zu einem Übersichtsplan zusammenzufassen. Aus Gründen der Übersichtlichkeit erweist es sich jedoch in aller Regel als sinnvoll, bereits ≤ 10 untergeordnete Funktionspläne in einem übergeordneten Funktionsplan darzustellen.

2.5 Planvernetzung

Die beschriebene, hierarchisch und funktionstechnisch klar gegliederte Leittechnik-Dokumentationsmethode ist nur dann sinnvoll und praktikabel, wenn die einzelnen Funktionspläne auch in geeigneter Weise miteinander vernetzt werden, so daß der Leittechniker in einfacher Weise in vertikaler Richtung von Planebene zu Planebene springen bzw. horizontal innerhalb einer Planebene zu benachbarten Funktionsplänen überwechseln kann.

2.5.1 Vertikale Funktionsplan-Vernetzung

Anhand der in Bild 3 dimetrisch veranschaulichten Funktionsplan-Hierarchie erkennt man deutlich, daß die Funktionsinhalte unterlagerter Funktionspläne im jeweils übergeordneten Plan:

- komprimiert dargestellt,
- durch gepunktete Linien abgegrenzt und
- durch das zugehörige Plankennzeichen **/ a a** bzw. **/ a a n n** bezeichnet werden.

Zusätzlich werden - ausgehend von der Einzelplanebene - im jeweils übergeordneten Funktionsplan die Verknüpfungssignale an den eingezeichneten Teilplan-Grenzen durch Eintragen des zugehörigen Signal-Kennzeichens markiert (Einzelheiten s. Kapitel 3, "Musterdokumentation").
Da die Signalkennzeichen der Verknüpfungssignale auch stets in die jeweils überlagerten Funktionspläne einzutragen sind, ist durch Angabe des Signal-Kennzeichens und des Funktions-Einzelplans eine vollständige Signalvernetzung von oben nach unten und umgekehrt gewährleistet.

Da jedoch nicht bei allen Leittechnikaufgaben die gesamte Funktionsplan-Hierarchie in Anspruch genommen werden muß - so z.B. häufig bei den Funktionsplan-Paketen "Messung" und "Stelleinrichtung" -, man aber im Sinne der vertikalen Informationsvernetzung stets wissen möchte, ob überlagerte Bereichs- oder Übersichtspläne vorhanden sind, werden im Zeichnungskopf die überlagerten Pläne als vorhanden gekennzeichnet; dies kann z.B. durch Unterstreichen des zugehörigen Alphazeichens im Planbezeichnungsschlüssel erfolgen, s. Bild 3.

==> Ein derartiges Kennzeichnen in den betreffenden Zeichnungsköpfen ist beim Einsatz von CAE-Projektierungssystemen ohne zusätzlichen Aufwand möglich und sollte spätestens in der Planrevisionsphase durchgehend ausgeführt werden.

2.5.2 Horizontale Funktionsplanvernetzung

Zur Erzielung einer vollständigen Informationsvernetzung werden die Plan-Ausgangssignale auf der Funktions-Einzelplan-Ebene - wie in Bild 4 veranschaulicht - zum einen durch ihren:

- Signalnamen
- Signalschlüssel und
- Ausgangs-Stift/Adresse

gekennzeichnet, und zum anderen durch die zugehörigen Signal-Zielverweise, jeweils bestehend aus:

- Zielplanname und
- Zielplanschlüssel.

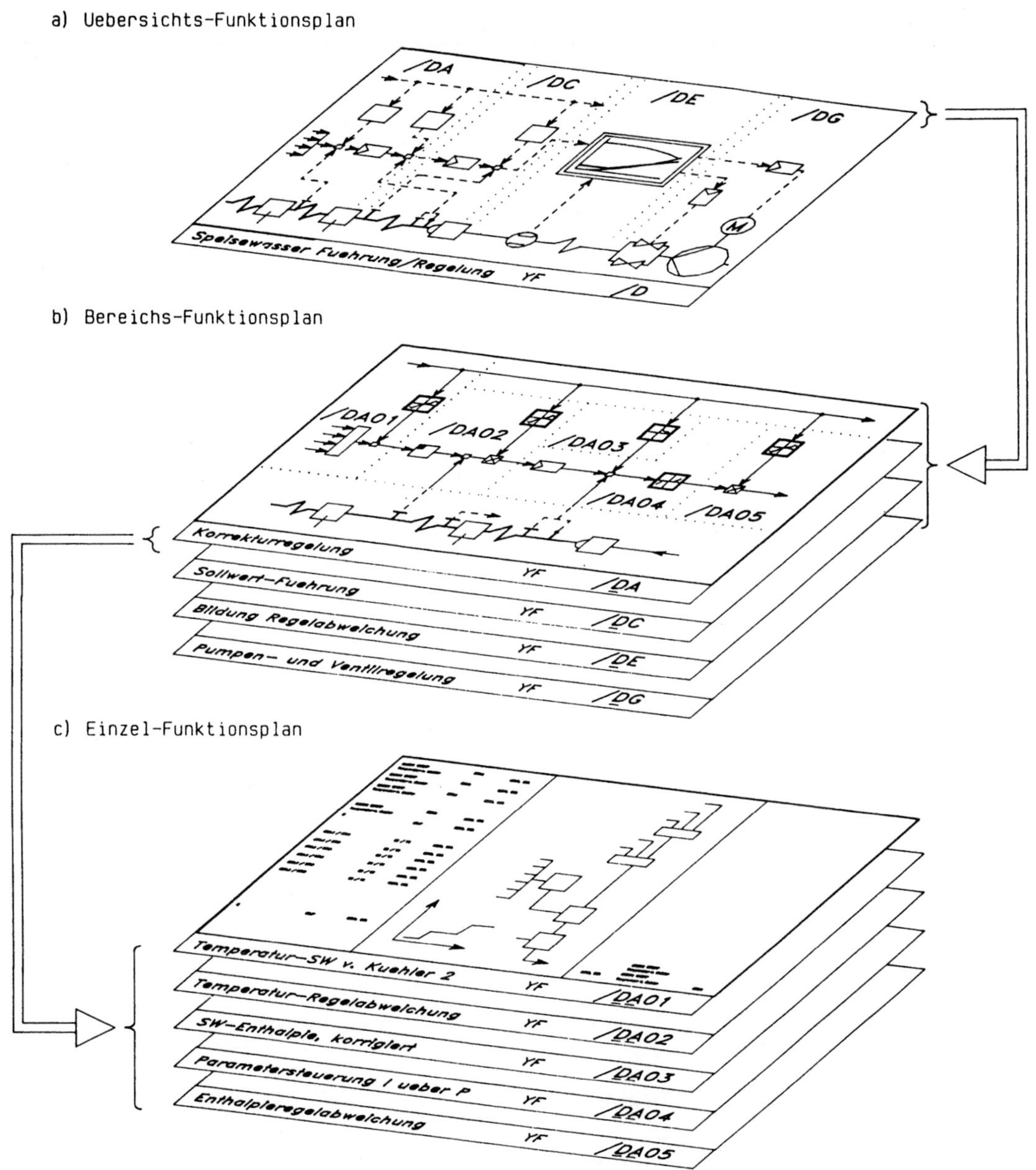

Bild 3: Hierarchische, funktionsbezogene Dokumentationsmethode

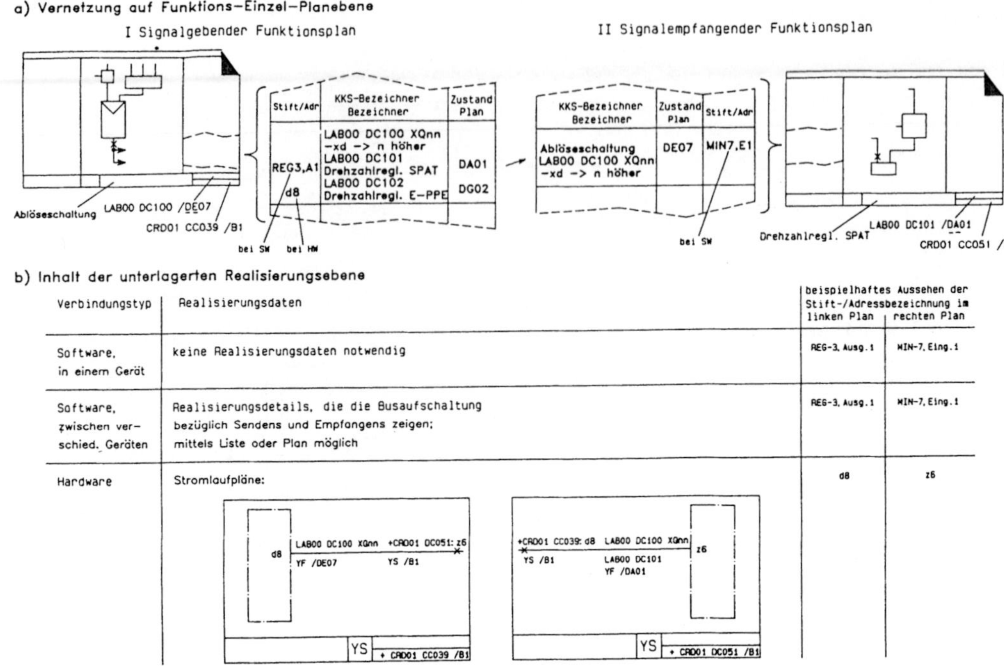

Bild 4: Ausführliche Vernetzung von Funktionsplänen; mit unterlagerten Realisierungsunterlagen dargestellt

In entsprechender Weise enthält auch ein Plan-Eingangssignal den vollständigen Signal-Querverweis auf den zugehörigen Quellplan. Dabei entfällt bei der Quellplanbenennung die Angabe des Funktionsmappenschlüssels, da dieser mit den - bereits im Signalschlüssel angegebenen - beiden ersten KKS-Gliederungsstufen identisch ist.

Ein derartiger ausführlicher Signalquerverweis mit funktionsbezogener Quell- und Zielkennzeichnung sowie zusätzlich einseitiger Stift-/Adress-Angabe bei anmeßbaren Signalen erweist sich besonders bei der Störungssuche als hilfreich.

Dieser ausführliche Signalquerverweis gemäß Bild 4 ist beim Informationsaustauch zwischen verschiedenen Funktionsmappen zwingend erforderlich.
Innerhalb einer Funktionsmappe ist auch ein vereinfachter Signalquerverweis möglich, der sich auf das Eintragen:

- einer einfachen Signalnummer sowie
- des Plankennzeichens und -Namens des zugehörigen Quell- bzw. Zielplanes

beschränkt. Dabei können die Signalnummern je Funktionsmappe z.B. fortlaufend hochgezählt werden.

2.5.3 Vertikale Vernetzung zwischen Funktions-Einzelplan und unterlagerten Realisierungsdokumenten

Für die Dokumentation der ausgeführten Leittechnik-Realisierung reicht bei der softwareseitigen Strukturierung innerhalb eines Rechengerätes die Eintragung der Bausteinadresse in die jeweiligen Funktionseinzelpläne aus, vgl. Bild 4, Zeile 1.
Bei der Strukturierung von Funktionsbausteinen auf unterschiedlichen Rechengeräten sind die Realisierungsdetails bezüglich der sende- und empfangsseitigen Busaufschaltung auf zusätzlichen Strukturierungslisten bzw. -plänen zu dokumentieren, vgl. Bild 4, Zeile 2.
Bei hardwareseitigen Verbindungen von Funktionsbaugruppen sind die realisierungsbezogene horizontale Vernetzung weiterhin auf unterlagerten Stromlaufplänen zu dokumentieren, vgl. Bild 4, Zeile 3. Die dabei zusätzlich erforderliche vertikale Vernetzung zwischen Funktionseinzelplänen und Stromlaufplänen erfolgt:
im Funktionsplan durch Eintragung:

- des Geräteeinbauplatzes +CRD01 CC039, entweder komplett im Plankopf oder aufgeteilt auf Plankopf (Leittechnikschrank) und Graphikfeld (Einschubplatz im Schrank)
- des zugehörigen Stromlaufplankennzeichens Bl

im Stromlaufplan durch Eintragung:

- des Planschlüssels /DE07 zusätzlich zum Signalschlüssel LAB00 DC100 XQnn, wobei wiederum - bei Gleichheit - der Funktionsmappenschlüssel entfällt.

2.6 Aufbau der Funktions-Einzelpläne

Die Funktions-Einzelpläne sind einheitlich aufgebaut, und zwar dreigeteilt in eingangsseitigen Textteil, Graphikteil und ausgangsseitigen Textteil.
Im Graphikteil werden sämtliche Funktionsbausteine mit den zugehörigen Signalverknüpfungen veranschaulicht. Die Eingangssignale kommen von oben links, die Ausgangssignale verlassen den Graphikteil nach rechts und sind durch Pfeile gekennzeichnet.
In den Textteilen werden die Ein- und Ausgangssignale entsprechend Abschnitt 2.5.2 durch Stift-/Adressangabe, Klartext und KKS-Kennzeichnung sowie separaten Planverweis in jeweils einer doppelten Beschriftungszeile gekennzeichnet.

2.7 Grundregeln zur Funktionsplan-Gestaltung

Die nachfolgenden Grundregeln zur Funktionsplan-Gestaltung gelten generell, d.h. unabhängig von der jeweils zu dokumentierenden Leittechnik-

Aufgabe. Die Grundregeln beschreiben damit wesentliche Zielsetzungen der hierarchischen funktionsbezogenen Dokumentationsmethode.

<u>Regel 1:</u> Sämtliche Funktionspläne haben DIN A3-Querformat.

==> DIN A3-Pläne lassen sich zum einen als Papierdokumente noch gut handhaben; zum anderen läßt sich das Planquerformat in Originalgröße gut lesbar auf einem Vollgraphik-Bildschirm darstellen.

<u>Regel 2:</u> Die Graphiksymbole und alphanumerischen Zeichen sind so groß zu wählen, daß auch Funktionsplan-Verkleinerungen auf DIN A4-Format noch gut lesbar sind.

<u>Regel 3:</u> In den Funktionsplänen sollen funktionstechnische Zusammenhänge aufgezeigt werden; deshalb ist auf jedem Funktionsplan die Verknüpfung möglichst vieler Funktionselemente in übersichtlicher Form darzustellen.

==> Die Darstellung von nur ein oder zwei Funktionselementen auf einem Funktionsplan widerspricht dieser Forderung.

<u>Regel 4:</u> In den - der Funktions-Einzelplan-Ebene überlagerten - Funktions-Bereichs- und -Übersichtsplänen sind funktionstechnische Vereinfachungen zu treffen, z.B. durch Zusammenfassen bzw. Vernachlässigen von Übertragungsgliedern bzw. von Kennlinienfunktionen.

Dabei sind vorgenommene Vernachlässigungen durch gestrichelte Signalwege zu kennzeichnen, und zwar als Hinweis darauf, daß auf der unterlagerten Funktionsplan-Ebene zusätzliche Teilfunktionen dargestellt sind.

<u>Regel 5:</u> Die Plangrenzen sind möglichst so zu wählen, daß sich die Planinhalte in der überlagerten Planebene in einfacher Weise als komprimierte Makro-Funktionen darstellen lassen.

==> Dabei ergibt sich in der Regel eine minimale Zahl von Plan-Eingangs-/-Ausgangssignalen.

<u>Regel 6:</u> Die auf den übergeordneten Funktionsplan-Ebenen darzustellenden Makro-Funktionen sind durch treffende funktionsbezogene Graphiksymbole zu kennzeichnen und - sofern erforderlich - durch zusätzliche verbale Kurzbezeichnungen außerhalb des Graphiksymbols zu erläutern.

==> Das Kennzeichnen einer Makro-Funktion allein durch eine verbale Bezeichnung ist unzureichend.

3. Ausgeführte Muster-Dokumentation

Im folgenden wird die funktionsbezogene Dokumentationsmethode anhand des Leittechnik-Funktionsbereiches "Speisewasser" beispielhaft erläutert.

Wie schon im Bild 2 angedeutet, wird jede Funktionsplan-Mappe eröffnet durch:

- ein Deckblatt
- ein Inhaltsverzeichnis
- ein Teilanlagen-Schema und
- eine Verbalbeschreibung.

Es folgen die Funktionsplan-Pakete für die verschiedenen Leittechnik-Aufgaben.

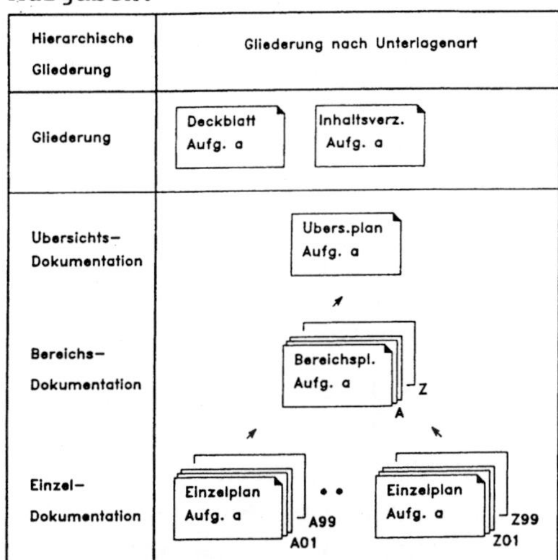

Bild 5: Hierarchischer Aufbau eines Funktionsplan-Paketes

Jedes der funktionsbezogenen Planpakete beinhaltet, wie in Bild 5 dargestellt:

- ein Deckblatt
- ein Inhaltsverzeichnis
- einen Übersichtsplan
- m Bereichspläne und
- n Einzelpläne

Im folgenden wird - im Anschluß an die Beschreibung des Teilanlagen-Schemas - das Funktionsplan-Paket "Regelung" ausschnittsweise betrachtet.

3.1 Teilanlagen-Schema

Das - der jeweiligen Funktionsgruppe zugeordnete - Teilanlagenschema veranschaulicht die prozeßtechnischen Details, so z.B. in Bild 6 die Mehrsträngigkeit des Überhitzers.

Anhand des jeweiligen Teilanlagen-Schemas soll speziell dem Betriebsleittechniker, der z.B. im Störungsfall nachts auf die Anlage gerufen wird und der mit der konkreten Anlage nicht im Detail vertraut sein möge, die Möglichkeit gegeben werden, sich in die prozeßtechnischen Einzelheiten des betreffenden Anlagenteils einzuarbeiten.

Die Teilanlagen-Schemata nützen aber auch den Planern und Inbetriebsetzern, um sich möglichst früh mit den Prozeßdetails vertraut zu machen.

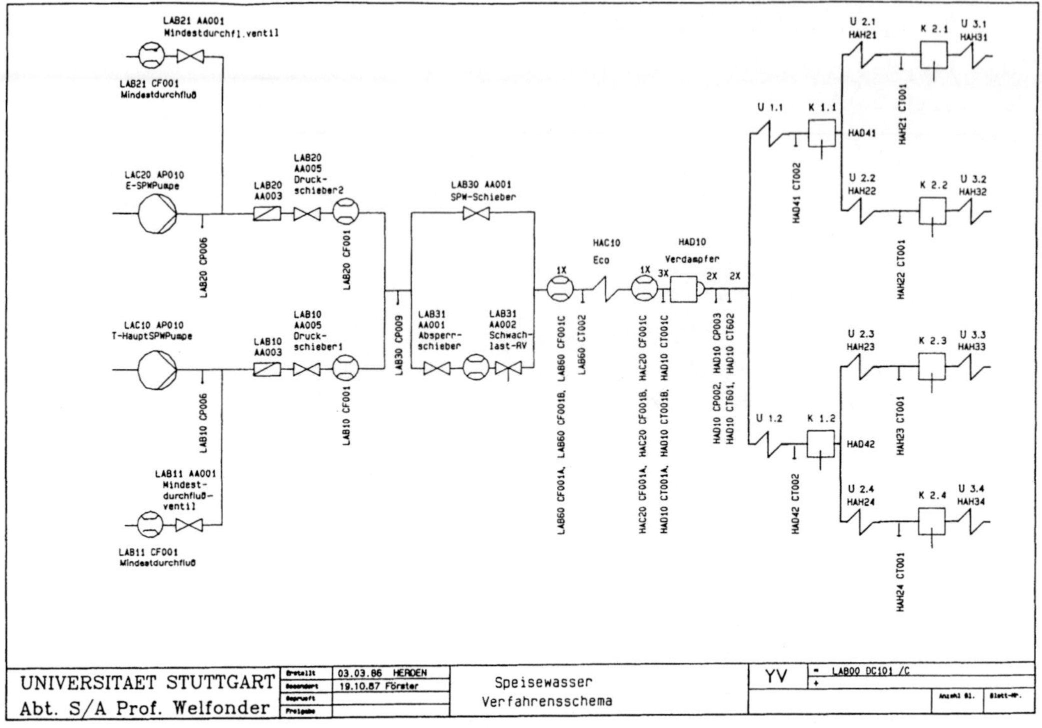

Bild 6: Teilanlagen–Schema zur Funktionsplan–Mappe "Speisewasser"

Die Teilanlagen-Schemata werden meist von den Anlagenerstellern geliefert. Da die Schemata sowohl die physikalische als meist auch die organisatorische Schnittstelle zwischen "Prozeß" und "Leittechnik" darstellen, sind sie von den Leittechnik-Planern aufgabenspezifisch aufzubereiten; dies um so mehr, als die aus Platzgründen stark vereinfachten Teilprozeßdarstellungen innerhalb der Übersichts-, Bereichs- und Einzelpläne auf den ausführlichen Teilanlagen-Schemata aufbauen.

3.2 Funktionsplan-Paket **Regelung**, s. Bild 7

In dem Funktionsplan-Paket Regelung werden jene Regelungsstrukturen dokumentiert, die innerhalb der betreffenden Funktionsgruppe während

- des An-/Abfahrbetriebes
- des Schwachlastbetriebes sowie
- des Regellastbetriebes

wirksam sind bzw.

- beim Ansprechen von Begrenzungs-Regelungen oder
- beim Übergang auf Handbetrieb

aktiviert werden.

Die zugehörigen binären Logik-Funktionen für das Umschalten von einer Regelstruktur auf eine andere werden im benachbarten Funktionsplan-Paket Regelstrukturumschaltung dokumentiert. Dabei wird die enge Zuord-

a) Funktions–Übersichtsplan

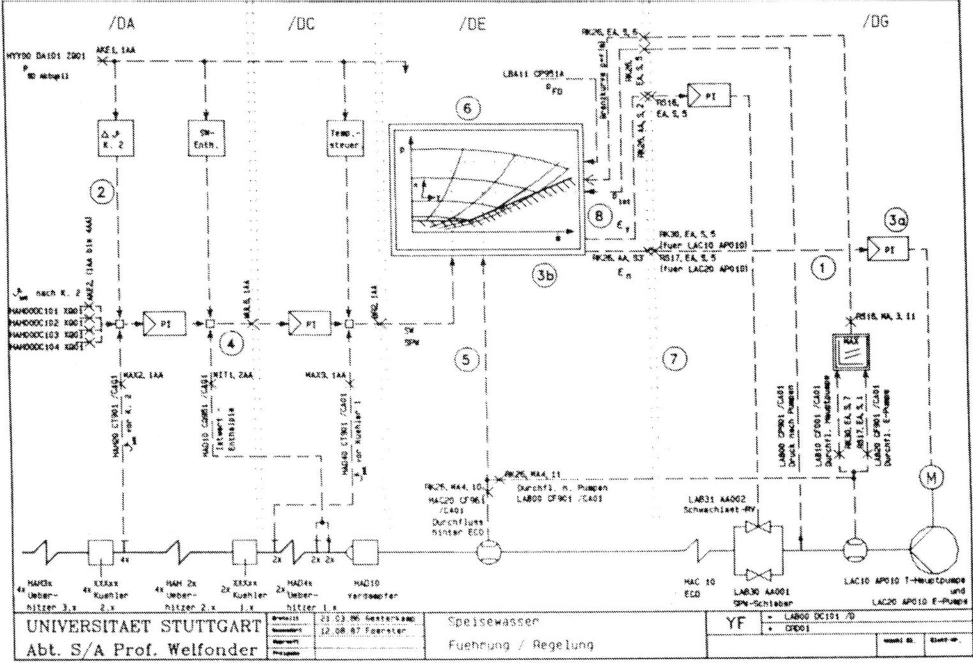

b) Funktions–Bereichsplan

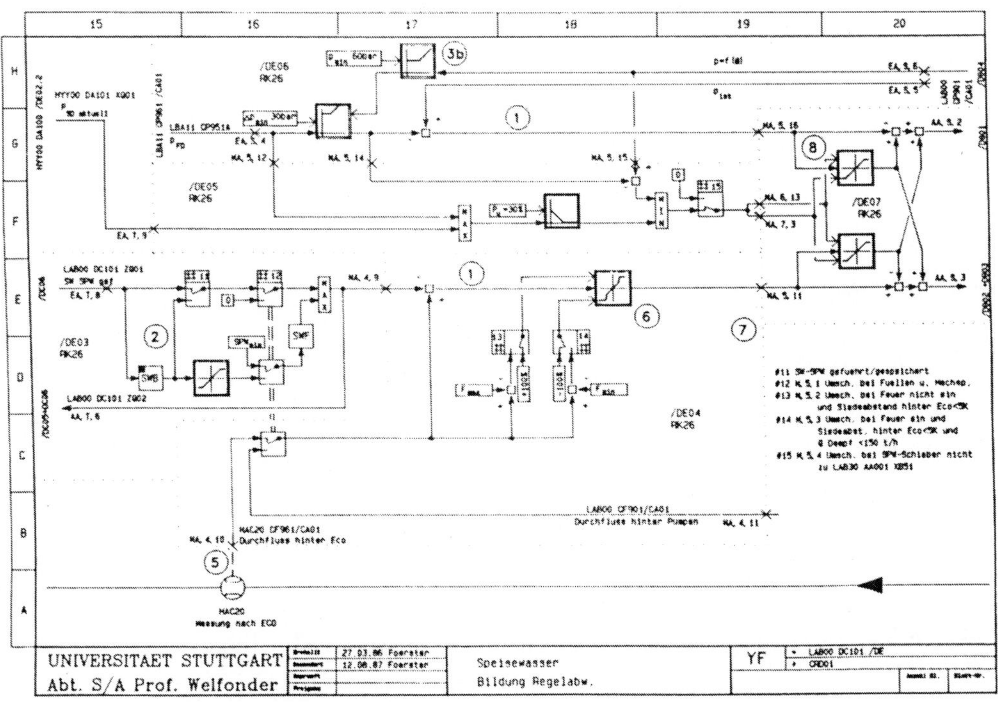

Bild 7a/b: Ausschnitt aus dem Funktionsplan–Paket Regelung

c.) Funktions-Einzelplan

KKS-Bezeichner Bezeichnung	Zustand Plan	Stift/ Adr.
HAC20 CF961 Durchfluss nach Eco	/CA01	MA, 4, 10
LAB00 CF901 Σ Pumpendurchfluesse	/CA01	MA, 4, 11
LAB00 DC101 ZA19 Fuellen u. Nachspeisen	/RE04 Ein	M, 5, 1
LAB00 DC101 SW-SPW Aktuell	/DE03	MA, 4, 9
Ansprechschwelle	xxx	MA, 3, 7
K	xxx	MA, 3, 6
F max	xxx	MA, 3, 10
K	+100%	MA, 3, 12
LAB00 DC101 ZA20 SPW max Mengenbegrenzung	/RE04 Ein	M, 5, 2
F min	xxx	MA, 3, 11
K	-100%	MA, 3, 13
LAB00 DC101 ZA21 SPW min Mengenbegrenzung	/RE04 Ein	M, 5, 3

MIN

MAX

①

+.CC75 RK26

Stift/ Adr.	KKS-Bezeichner Bezeichnung	Zustand Plan
MA, 4, 12	Durchfluss-Istwert	
MA, 4, 13	Regelabweichung ε	
MA, 4, 14		
MA, 4, 15		
MA, 4, 16		
MA, 5, 10		
MA, 5, 1	LAB00 DC101 Regelabw. Durchfluss LAB00 DC101 Abloeseschaltung	/DE07

UNIVERSITAET STUTTGART Abt. S/A Prof. Welfonder	18.2.86 Gesterkamp 16.10.87 Pfleiderer	Regelabweichung Durchfluss	YF	= LAB00 DC101 /DE04 + CRD01 CC075

d.) Hinweise zur Plangestaltung

Nr.	betr. Ü	betr. B	betr. E	Dokumentations-Hinweise
①	X	X	X	Geradlinige Darstellung des für den Regelbetrieb wesentlichen Hauptsignalpfades
②	X	X		Nebeneinflüsse orthogonal einwirkend
③a	X			Darstellung nur der wichtigsten Übertragungsglieder, Kennlinien und Strukturumschalter
③b		X		Funktionsbausteine werden zu Übertragungsgliedern und Kennlinienfunktionen zusammengefaßt; die Funktion ist vollständig
④	X			Vernachlässigte Übertragungsglieder als gestrichelte Signalwege
⑤	X	X		Signalpfad "Messung" gestrichelt dargestellt
⑥	X	X		Nichtlinearitäten -soweit möglich- als Kennlinien veranschaulicht
⑦	X	X		Abgrenzung unterlagerter Funktionspläne durch gepunktete Linie
⑧	X	X		Schlanke Pfeile für Signaleingänge; offene Pfeile für Parameter

Bild 7c/d: Ausschnitt aus dem Funktionsplan-Paket Regelung

nung der entsprechenden Funktions-Einzelpläne und -Bereichspläne durch gleichartige Plan-Kennzeichnung der entsprechenden alphanumerischen Stellen im Plankennzeichen erreicht, so z.B.:

Fktsplan-Paket / Funktionsplan-Ebene	Regelung	Regelstruktur-Umschaltung
Übersichtsplan	Y F / D	Y F / R
Bereichsplan	Y F / D E	Y F / R E
Einzelplan	Y F / D E 04	Y F / R E 04

Im **Funktions-Übersichtsplan** Regelung wird das gesamte Regelkonzept der betrachteten Funktionsgruppe anhand eines stark vereinfachten Teilanlagen-/Blockschaltbildes veranschaulicht.
Die unterlagerten Bereichspläne werden durch punktierte Linien sowie durch Eintragen der Plankennzeichen markiert.

Im **Bereichsplan** Regelung werden alle Übertragungsglieder und Kennlinien-Funktionen in möglichst komprimierter Form veranschaulicht.
Die einzelnen Bereichspläne sind derart aufeinander abgestimmt, daß sie sich zu Planfahnen aneinanderreihen lassen.
Die Angabe eines alphanumerischen Koordinatensystems an den Planrändern ermöglicht bei der verbalen Beschreibung ein einfaches Verweisen auf Plandetails.

Im **Funktions-Einzelplan** Regelung werden die strukturierten Funktionsbausteine bzw. die verdrahteten Baugruppen unter Eintragung aller Signalmeß- und /-verteilpunkte funktionsbezogen dargestellt.
Sofern ein Makro-Funktionsbaustein bzw. eine Baugruppe mehr als ein Übertragungs-, Kennlinien- bzw. Umschaltelement beinhaltet, so werden diese durch strichpunktierte Baustein-Umrandungen gekennzeichnet.
Der funktionstechnische Detailaufbau der ausgeführten Makro-Funktionsbausteine bzw. -Baugruppen ist einschließlich ihrer speziellen Beschaltung wiederum in unterlagerten Detailplänen bzw. nachgeordneten Beiblättern darzustellen.

4. Zusammenfassung

Ausgehend von den Anforderungen, die betreiberseits an eine betriebsgerechte Leittechnik-Dokumentation gestellt werden /2/, und aufbauend auf den Dokumentationsunterlagen jüngst ausgeführter Leittechnikanlagen

ist eine hierarchisch strukturierte, funktionsbezogene Dokumentationsmethode entwickelt worden.
Die Vorteile einer derartigen funktionsbezogenen Leittechnik-Dokumentationsmethode, deren struktureller Aufbau in Abschnitt 2 beschrieben worden ist, bestehen in:

- **der klaren Dokumentations-Unterteilung** nach Funktionsbereichen und Leittechnikaufgaben, die eine gezielte Zusammenfassung der jeweiligen Dokumentationsunterlagen in Funktionsplan-Mappen ermöglicht,
- **dem hierarchischen Dokumentationsaufbau**, der:
  - aufgrund der vertikalen Planvernetzung ein schnelles Durchlaufen der Pläne im Sinne einer Top-down-Betrachtung vom Funktions-Übersichtsplan über den Bereichsplan hin zum Einzelplan zuläßt und
  - aufgrund der horizontalen Planvernetzung auch ein nahtloses Übergehen zu benachbarten Plänen ermöglicht, sowie
- **der funktionsbezogenen Betrachtung** der realisierten Leittechnik-Aufgaben, die anhand geräteunabhängiger Funktionsdarstellungen eine übersichtliche Dokumentation auch komplizierter Leittechnikkonzepte erlaubt.

Diese Vorteile der funktionsbezogenen Dokumentationsmethode sind anhand der in Abschnitt 3 für den Funktionsbereich Speisewasser beispielhaft ausgeführten Musterdokumentation deutlich ersichtlich.
Dargestellt ist jeweils ein Funktions-Übersichts-, -Bereichs- und -Einzelplan für die Leittechnikaufgabe "Regelung". Dabei erfolgt die Erläuterung der wesentlichen Dokumentationsmerkmale durch die Angabe von Planerstellungsregeln.

Ausführliche Musterdokumentationen sind bislang für die Funktionsbereiche "Speisewasser" und "Block-Führung" ausgeführt worden. An der Erstellung weiterer Musterdokumentationen für andere Funktionsbereiche wird derzeit gearbeitet.

Obwohl die funktionsbezogene Leittechnik-Dokumentationsmethode vornehmlich unter Berücksichtigung der betreiberseitigen Dokumentations-Anforderungen zur schnellen Störungsanalyse entwickelt worden ist, bildet sie - wie ausführliche Fachdiskussionen mit Leittechnik-Herstellern gezeigt haben - auch die Grundlage für eine systematische Leittechnik-Konzept-Planung und /-System-Projektierung, s. Bild 8.
Dies beruht darauf, daß sich auch bei der Abwicklung von Leittechnik-Projekten - mit der zunehmenden Komplexität der auszuführenden Leittechnik-Konzepte - eine funktionsbezogene und hierarchische Betrachtung als zwingend notwendig erweist. Dabei können durch eindeutige, hierarchisch strukturierte Planungsunterlagen auch Mißverständnisse vermieden

Dokumentations Unterlagen / Leittechnik-Tätigkeiten		Vorplanung	Projektierung	Fertigung	Montage	Inbetriebsetzung	Störungsanalyse	Störungsbehebung	Reparatur	Nachrüstung
Prozeßspezifische Unterlagen	Anlagenschemata	x				x				
	Anordnungspläne	x			x					
Funktionsbezogene Unterlagen	Teilanlagenschema	x	x			x	x			
	Verbalbeschreibung					x	x			
	Fkts-Übersichtspläne	x				x	x			x
	Fkts-Bereichspläne	x	x			x	x			x
	Fkts-Einzelpläne		x			x	x			x
Realisierungsbezogene Unterlagen	Stromlauf-/Strukturpläne		x	x	x	x	(x)	x	x	x
	Schrankbelegungspläne		x	x	x	x	(x)	x	x	x
	Unterverteiler Belegungspläne		x		x	x		x	x	x
	Kabellisten		x		x	x		x	x	x
Generelle Leittechn. Dokument. Unterlagen	Anleitungen				(x)	x		x	x	x
	Richtlinien Normen		x							x

Bild 8: Benötigte Leittechnik-Dokumentationsunterlagen

werden, und zwar sowohl zwischen Leittechnik-Planern und -Betreibern als auch zwischen Leittechnik-Planern und -Erstellern. Dadurch kann zum einen der ständig ansteigende Planungs- und Projektierungsaufwand eingeschränkt werden. Zum anderen dürften sich die heute im Bereich der Kraftwerksleittechnik während der Inbetriebnahme-Phase noch erforderlichen Leittechnik-Änderungen von bis zu 30 % zumindest teilweise reduzieren lassen.
Der Grad der erzielbaren Verbesserungen hängt mit davon ab, zu welchem Zeitpunkt und in welchem Maße die Hersteller und Betreiber rechnergestützte Projektierungs- und Dokumentationswerkzeuge /1/ einsetzen.

Aus all diesen Gründen ist es äußerst zu begrüßen, daß die deutschen Leittechnik-Hersteller an der entwickelten hierarchischen, funktionsbezogenen Dokumentations- und Planungsmethode generell starkes Interesse zeigen und bereits beabsichtigen, diese Dokumentationsmethode zukünftig - zumindest auf dem Gebiet der Kraftwerksleittechnik - einheitlich anzuwenden. Diesem Ziel dient auch der bereits existierende ETG/VGB-Arbeitskreis "Leittechnik-Dokumentation".

Die entwickelte hierarchische, funktionsbezogene Leittechnik-Dokumentationsmethode ist jedoch auch bei anderen Industrieprozessen, wie der Grundstoffindustrie, der Verfahrenstechnik und der Fertigungstechnik sowie der sonstigen Energietechnik, anwendbar, wobei anstelle des KKS auch ein anderes branchenübliches Kennzeichnungssystem zugrundegelegt werden kann.
Sollte die funktionsbezogene Leittechnik-Dokumentationsmethode aufgrund dieses Sachverhaltes auch bei anderen Industriezweigen zur Anwendung kommen, worauf bereits gezielte Anfragen hindeuten, so könnte sich die Einsetzung eines entsprechenden Normungsgremiums als sinnvoll erweisen.

Literatur

/1/ W. Herden und E. Welfonder: Herstellerunabhängige online-Dokumentation digitaler Leittechniksysteme. Fachtagung "Prozeßrechensysteme 88", 2.-4.3.1988, Stuttgart.

/2/ E. Welfonder, W. Herden, Th. Röhrich und P. Kocher: Betreibergerechte, betriebsgerechte Dokumentation der Kraftwerks-Leittechnik. Technisch-wissenschaftlicher Bericht der VGB 1986

/3/ E. Welfonder und W. Herden: Leittechnik-Dokumentation aus Betreibersicht. ETG/VGB-Fachtagung "Betriebsgerechte Dokumentation in Kraftwerken, Einfluß der modernen Leittechnik und der Planungsmittel", 12.-13. Juni 1986, Baden-Baden

/4/ Arbeitskreis KKS: Kraftwerk-Kennzeichensystem, Richtlinien zur Anwendung und Schlüsselteil. VGB-Kraftwerkstechnik GmbH, 1978

Herstellerunabhängige online-Dokumentation digitaler Leittechniksysteme

W. Herden und E. Welfonder

1. Einführung

Mit dem Übergang von der konventionellen zur digitalen Leittechnik bieten sich nicht nur bezüglich der Konzeption und Ausführung von Leittechniksystemen neue Möglichkeiten an, sondern auch bezüglich der Projektierung und Dokumentation.
Denn während die wesentlichen Leittechnik-Realisierungs- und -Betriebsvorteile darin bestehen:

- daß sich softwareseitig vorgefertigte LT-Bausteine in einfacher Weise strukturieren lassen,
- daß sich ausgeführte LT-Strukturen und eingestellte LT-Parameter leicht on-line ändern lassen und
- daß die Zugriffsmöglichkeit zu sämtlichen Prozeß- und Leittechniksignalen nahezu unbegrenzt ist,

haben die heutigen/zukünftigen Projektierungs- und Dokumentations-Methoden zum Ziel, die planerischen Leittechnik-Aufgaben rechnergestützt unter Einsatz von CAE-Systemen auszuführen und zu dokumentieren.

Da zudem die Leittechnik-Realisierung mit Hilfe verteilter Mikrorechner-Systeme weit weniger gerätebezogen erfolgt als bei den bisherigen konventionellen Leittechnik-Systemen, bietet sich der Übergang zu einer vorwiegend funktionsbezogenen Dokumentation an.
Dabei zeichnet sich die in /1,2/ vorgestellte funktionsbezogene Leittechnik-Dokumentationsmethode dadurch aus, daß sie leittechniksystem- und damit hersteller-unabhängig ist. Ein Vorteil, den vorwiegend die Betreiber zu schätzen wissen, brauchen sie sich doch - bei einheitlicher Anwendung der funktionsbezogenen Dokumentationsmethode - nicht mehr in verschiedenartige Dokumentations-Unterlagen einzuarbeiten.

Anders sieht es hingegen bislang bei den Projektierungs- und Dokumentationswerkzeugen aus. Hier entwickelt nicht nur jeder Hersteller seine eigenen firmenspezifischen Methoden und Systeme, sondern es werden mit der Vorwärts- und Rückwärts-Dokumentation auch unterschiedliche Realisierungswege beschritten.
Diese fortschreitende Entwicklung ist für den Betreiber solange ohne besondere Bedeutung, wie die Dokumentation ausschließlich beim Hersteller erfolgt und in Form projektierter und aktualisierter Papier-Dokumente ausgeliefert wird.

In Zukunft wird es sich jedoch als sinnvoll erweisen, daß die Betreiber

vor Ort über ein ausreichend leistungsfähiges Strukturierungs- und Dokumentationssystem verfügen.
Die Gründe hierfür sind zum einen in der großen Zahl von Leittechnikänderungen zu sehen, die im Rahmen der Inbetriebnahme noch auszuführen sind; zum anderen aber auch in der Möglichkeit, noch nach der Inbetriebsetzung Leittechnik-Änderungen und -Verbesserungen in einfacher Weise ausführen zu können, z.B. zwecks Anpassung an die sich ändernden Anforderungen und Auflagen, die im Laufe der Jahre von außen an den Betrieb gestellt werden.
Darüber hinaus dürfte es sich in Zukunft als betriebstechnisch effektiv erweisen, wenn die Mehrzahl der Dokumente nicht mehr in Papierform erstellt, sondern auf Datenträger ausgeliefert werden, von wo aus sie mittels des vor Ort installierten Dokumentationssystems leicht abrufbar und auf einem Graphik-Bildschirm farbig darstellbar sind.

Wird nun wie z.B. bei den verschiedenen Blöcken und Nebenanlagen eines Kraftwerkes zur Automatisierung der einzelnen Teilprozesse nicht ein- und dasselbe Leittechnik-Fabrikat eingesetzt, sondern Teilsysteme verschiedener Leittechnik-Hersteller oder auch verschiedener Leittechnik-Generationen, so benötigt der Betreiber in Zukunft mehrere, wenn nicht gar eine Vielzahl derartiger individueller Projektierungs- und Dokumentationssysteme.
Dies ist besonders dann der Fall, wenn auch Leittechnik-Komponenten kleinerer Hersteller mit eingesetzt werden, oder wenn die Leittechnik fabrikatgebunden vom Aggregat-Hersteller mitgeliefert wird, wie es z.B. bei Nebenanlagen häufig der Fall ist /3/.

Um den beim Einsatz diversitärer Leittechniksysteme bzw. -komponenten auftretenden Projektierungs- und Dokumentationsschwierigkeiten entgegenzuwirken, ist seitens der Universität Stuttgart

- zum einen eine leittechniksystemunabhängige Strukturierungs- und Programmierungs-Methode entwickelt worden /4,5/, und auf den daraus gewonnenen Erfahrungen aufbauend
- zum andern eine leittechniksystemunabhängige online Dokumentationsmethode.

Im folgenden werden die Grundstrukturen der herstellerseitigen Vorwärts- und Rückwärts-Dokumentationsmethoden, so wie sie in Zukunft im Bereich der Leittechnik zum Einsatz kommen dürften, einander gegenübergestellt. Darauf aufbauend werden die Möglichkeiten einer einheitlichen herstellerunabhängigen Leittechnik-Dokumentation und auch -Strukturierung gespiegelt.

2. Gegenüberstellung von Vorwärts- und Rückwärts-Dokumentation

Die typischen Eigenschaften der Vorwärts- und Rückwärts-Dokumentationsmethode sind in Bild 1a und 1b anhand der schraffiert dargestellten Strukturinformationswege einander gegenübergestellt.
Bei beiden Methoden wird davon ausgegangen, daß die Leittechnik-Projektierung zunächst rechnergestützt beim Hersteller erfolgt, s. CAE-Platz I, und daß Leittechnik-Änderungen, die sich während der Inbetriebnahme sowie während des späteren Betriebes als erforderlich bzw. als wünschenswert erweisen, vorort mit einem zweiten, u.U. einfacheren, Projektierungssystem ausgeführt werden, s. CAE-Platz II.
Beide CAE-Plätze seien zudem mit Dokumentationssystemen zur Graphik-Planausgabe auf Bildschirm oder DIN A3-Blätter ausgerüstet. Dabei verfügt der betreiberseitige CAE-Platz darüberhinaus noch über ein Diagnose-System zur Analyse von Leittechniksystem-Fehlern.

Mit Hilfe der Projektierungssysteme, die heute bereits meist über eine graphische Eingabe verfügen, werden zum einen die für den Betrieb des Leittechnik-Systems benötigten Struktur-Informationen **Str**, wie:

- Baustein-Kennzeichnung
- Verknüpfungsangaben
- Parametrierungsangaben

erzeugt. Zum anderen fallen aufgrund der graphischen Struktureingabe auch Darstellungs-Informationen **Darst** an, wie:

- Graphik-Symbole
- Positionsangaben
- KKS-Bezeichner einschl. Klartext

die als Zusatz-Information für die Ausführung der Dokumentation zur Verfügung stehen.

Dabei wird die herstellerseits mittels des CAE-Platzes I erzeugte Soll-Strukturinformation Str^{H}_{Soll} per Datenträger, d.h. per Floppy, Magnetband oder EPROM, zum betreiberseitigen CAE-Platz II bzw. direkt zum Leittechnik-System im Kraftwerk hin übertragen. Von dort wird die Strukturinformation durch automatisches EPROM-Generieren bzw. durch Einstecken der bereits programmierten EPROMs in das Leittechniksystem geladen. Entsprechendes gilt auch für die beim Betreiber vorort zentral oder auch dezentral ausgeführten Strukturänderungen ΔStr^{dB}_{Soll} bzw. ΔStr^{zB}_{Soll}, so daß das Leittechniksystem beim Betreiber in Summa die Soll-Strukturinformation:

$$Str^{B}_{Soll} = Str^{H}_{Soll} + \Delta Str^{zB}_{Soll} + \Delta Str^{dB}_{Soll}$$

enthält.
In gleicher Weise wird auch die herstellerseits erzeugte Soll-Darstellungsinformation $Darst^{H}_{Soll}$ zum betreiberseitigen CAE-Platz II hin übertragen und kann dort zur zentralen, graphikgestützten Ausführung von Strukturänderungen Str^{zB}_{Soll} sowie zu Dokumentationszwecken genutzt werden.

a.) Vorwärts–Dokumentation mit Listen–Diagnose

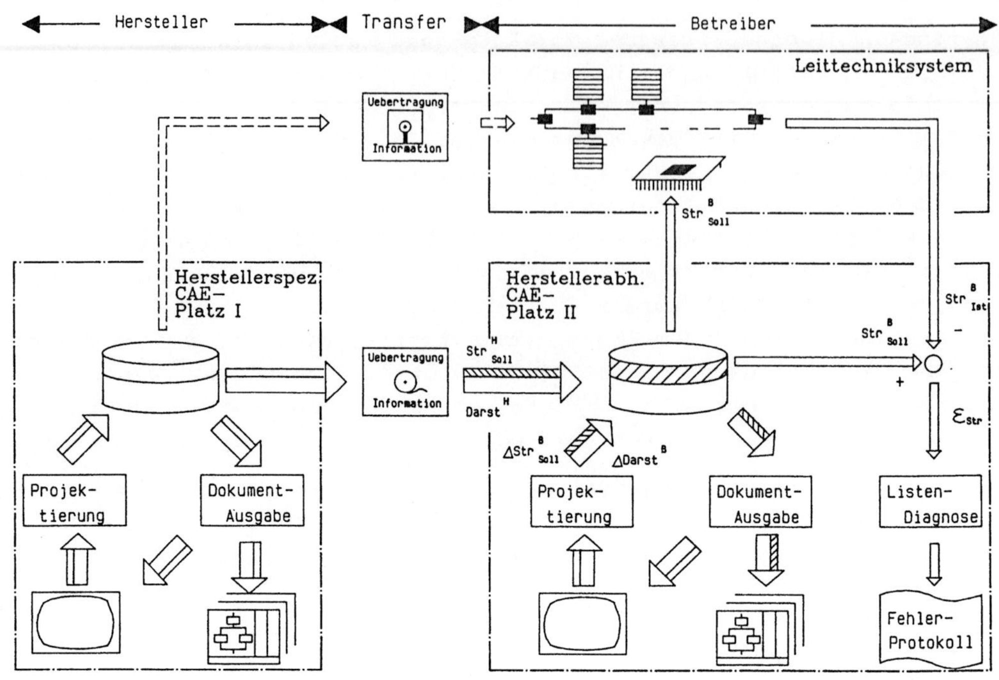

b.) Rückwärts–Dokumentation mit Plan–Diagnose

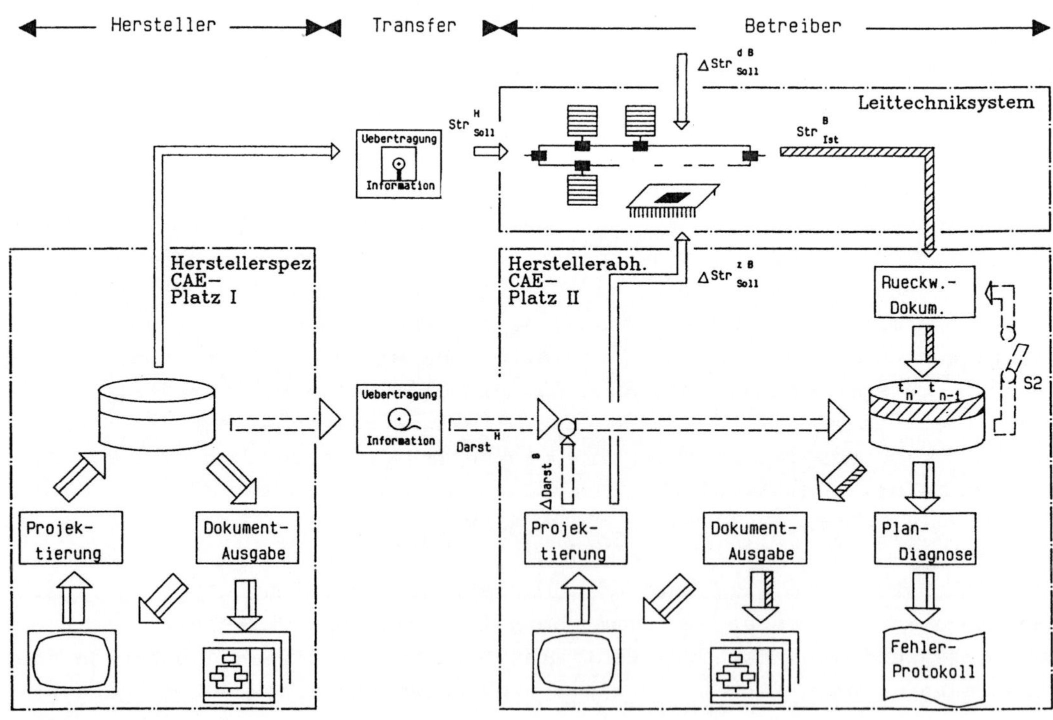

Bildlegende siehe Teilbild 1 c

Der eigentliche Unterschied zwischen den beiden Dokumentationsmethoden besteht - wie in Bild 1a und 1b durch die schraffierten Strukturinformationswe· gekennzeichnet - darin, daß:

- bei der Vorwärts-Dokumentation von der Soll-Struktur-Information Str^B_{Soll} und der Soll-Darstellungs-Information $Darst^B_{Soll}$ ausgegangen wird /6/, während
- die reine Rückwärts-Dokumentation nur auf der Grundlage der im Leittechniksystem gespeicherten aktuellen Ist-Struktur-Information Str^B_{Ist} erfolgt /7/.

Dabei hat die Vorwärts-Dokumentation den Vorteil, daß Struktur- und Darstellungsinformationen bei sämtlichen Verarbeitungs- und Strukturierungsvorgängen einander eng zugeordnet sind. Dadurch ist ein hohes Maß an darstellerischer Übereinstimmung zwischen graphischer Struktureingabe bei der Projektierung und Planausgabe bei der Dokumentation gewährleistet.

Der Nachteil der Vorwärts-Dokumentation besteht allerdings darin, daß eventuelle Abweichungen zwischen Soll- und Ist-Struktur nicht graphisch, sondern nur über das Diagnosesystem durch die Ausgabe entsprechender Fehlerlisten erkannt werden. Dabei können derartige Soll-/Ist-Strukturabweichungen $Str = Str^B_{Soll} - Str^B_{Ist}$ z.B. auftreten:

- durch dezentral vorort ausgeführte Strukturänderungen ΔStr^{dB}_{Soll}, die beim Einsatz der Vorwärts-Dokumentation nicht erlaubt sind,
- durch das Simulieren vereinfachter Strukturen u.a. während der Inbetriebnahme oder
- durch das Verwechseln von EPROMs im Rahmen von Inbetriebnahme und Wartung.

Bei der Rückwärts-Dokumentation wird hingegen bei jeder Planausgabe von der im Leittechniksystem gespeicherten Ist-Struktur-Information Str^B_{Ist} ausgegangen.

Dadurch werden z.B. auch dezentral ausgeführte Struktur-Änderungen Str^{dB}_{Soll} automatisch richtig rückdokumentiert.

Auch Fehlstrukturen, die aufgrund falscher EPROM-Bestückung bzw. durch das nicht Rückgängigmachen simulierter Strukturen innerhalb des Leittechniksystems wirksam sind, werden auf den aktuellen Dokumentationsplänen mit dargestellt. Jedoch ist ein automatisches Erkennen und gesondertes Darstellen derartiger Fehlstrukturen nur bei einem rechnerinternen Vergleich der zum Zeitpunkt t_n aktuellen Struktur-Information mit einer entsprechenden Referenz-Struktur möglich, die zuvor zum Zeitpunkt t_{n-1} vom Leittechnikpersonal als richtig quittiert worden ist.

Die Rückwärts-Dokumentation verfügt somit über ein hohes Maß an Struktur-Übereinstimmung zwischen Ist-Leittechniksystem und aktueller Planausgabe. Der Nachteil der reinen Rückwärts-Dokumentationsmethode besteht jedoch darin, daß die Planerzeugung und -ausgabe ausschließlich nach allgemeinen Darstellungsregeln erfolgt, d.h. die vom Projekteur bei der

Graphik-Eingabe mit erzeugte Darstellungsinformation wird nicht genutzt. Eine derartige Planausgabe auf der Grundlage allgemeiner Darstellungsvorgaben erweist sich in der Regel auf der untersten Funktionsplanebene, d.h. für die Rückdokumentation von Einzelfunktionsplänen, als ausreichend. Auf den höheren Funktionsplanebenen ist jedoch die Einbeziehung der problemabhängigen und damit individuellen Darstellungsinformation zumindest nützlich, meist sogar notwendig.

Das in Bild 1c konzipierte verallgemeinerte Projektierungs- und Dokumentationssystem trägt obigen Erfordernissen Rechnung. Es ermöglicht, je nach Stellung der in Bild 1c dargestellten Informations-Umschalter S_1 bis S_3:

	S_1	S_2	S_3
- die <u>reine Rückwärts-Dokumentation</u>, entsprechend Bild 1b, mit hoher Ist-Struktur-Übereinstimmung	1	0	0
- die <u>graphisch gestützte Rückwärts-Dokumentation</u>, mit erhöhter Darstellungs-Übereinstimmung durch Einbeziehung der von der Projektierung her verfügbaren Darstellungs-Informationen	1	1	0
- die reine <u>Vorwärts-Dokumentation</u>, entsprechend Bild 1a, mit hoher Darstellungs-Übereinstimmung sowie	0	0	1
- die <u>Vorwärts-Dokumentation mit Graphik-Diagnose</u>, bei der im Falle einer Abweichung von Soll- und Ist-Struktur in einem betrachteten Leittechnik-Teilbereich die Rückwärts-Dokumentation der im Leittechniksystem ausgeführten Ist-Struktur zu Diagnosezwecken mit herangezogen wird.	1	1	1

Darüber hinaus zeichnet sich das in Bild 1c konzipierte CAE-System dadurch aus, daß Projektierung, Dokumentation und Diagnose in einem leittechniksystemunabhängigen Struktur- und Darstellungs-Code ausgeführt werden. In einer zusätzlich eingeführten äußeren Übersetzungsschale erfolgt die Struktur- und Darstellungs-<u>T</u>ransformation **T** vom jeweils herstellerabhängigen Projektierungs- und Leittechniksystem in das konzipierte unabhängige CAE-System und umgekehrt durch entsprechende Rücktransformation $\mathbf{T}^{-1}$.
An der Prototyp-Entwicklung eines derartigen Leittechniksystemunabhängigen CAE-Systems wird an der Universität Stuttgart seit 1983 gearbeitet /4,8/. Im folgenden wird anhand von Beispielen ausschnittsweise über den gegenwärtigen Stand der Entwicklungsarbeiten berichtet.

c.) Vorwärts-Dokumentation mit Grafik-Diagnose

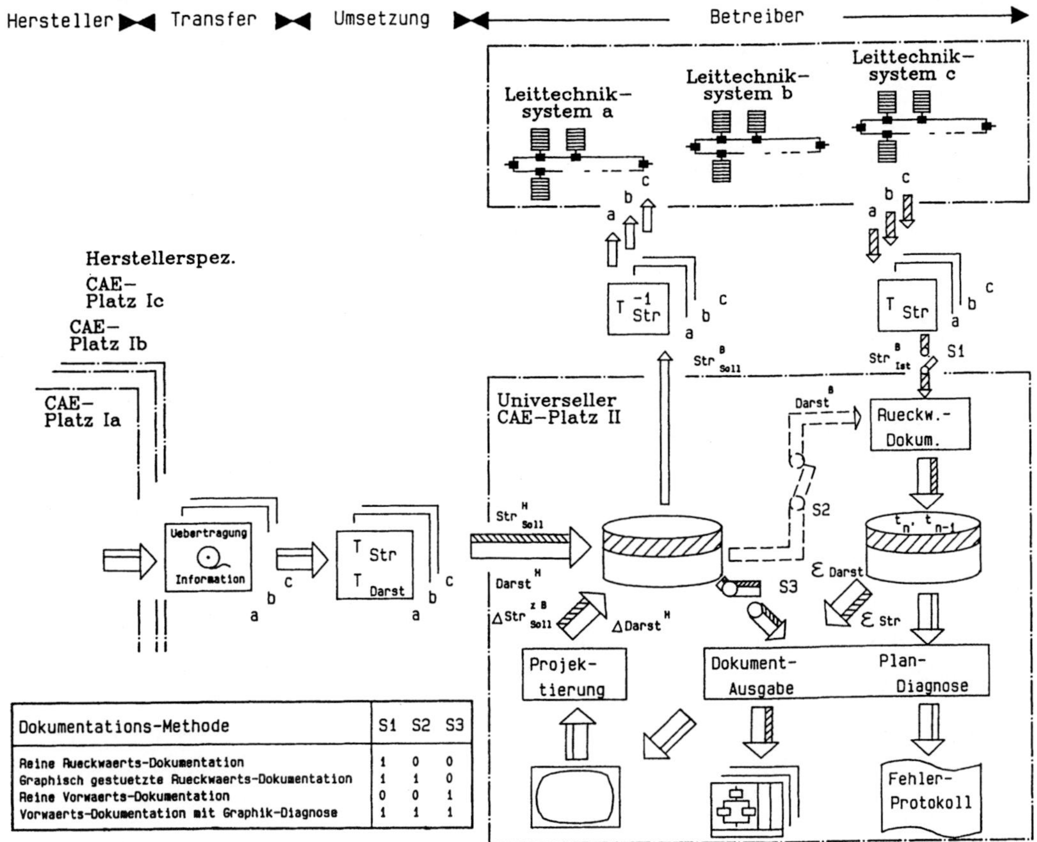

Dokumentations-Methode	S1	S2	S3
Reine Rueckwaerts-Dokumentation	1	0	0
Graphisch gestuetzte Rueckwaerts-Dokumentation	1	1	0
Reine Vorwaerts-Dokumentation	0	0	1
Vorwaerts-Dokumentation mit Graphik-Diagnose	1	1	1

Bild 1: Gegenüberstellung der verschiedenen rechnergestützten Dokumentations- und Diagnosemöglichkeiten

3. Herstellerunabhängige online-Dokumentation

Ziel dieser Arbeiten ist es, Funktionspläne der Einzel-Planebene automatisch zu erzeugen. Zugleich werden die Möglichkeiten für die automatische Erzeugung und Anbindung von Bereichs- und Übersichtsplänen mit untersucht. Zu diesem Zweck sind die Methoden und Werkzeuge für eine herstellerunabhängige projektierungs-gestützte Rückwärts-Dokumentation entwickelt worden. Da die vorgesehenen Schnittstellen eine Kopplung von Vorwärts- und Rückwärts-Dokumentation ermöglichen, konnten auch für diese im Sinne von Bild 1c erweiterte Dokumentationsmethode bereits erste Programm-Module realisiert werden.

3.1 Leittechniksystemunabhängige Strukturier- und Darstellungsinformation

Da die zu entwickelnden LT-Dokumentationswerkzeuge für verschiedene Leittechniksysteme anwendbar sein sollen, wurde ein einfaches, her-

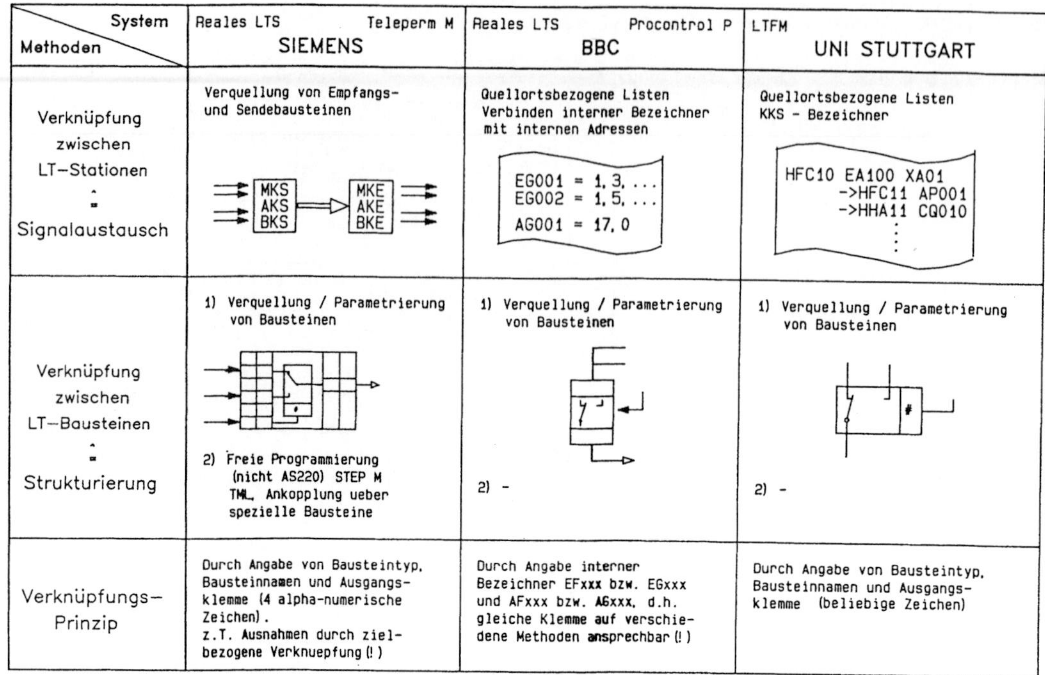

Methoden \ System	Reales LTS Teleperm M SIEMENS	Reales LTS Procontrol P BBC	LTFM UNI STUTTGART
Verknüpfung zwischen LT-Stationen ≙ Signalaustausch	Verquellung von Empfangs- und Sendebausteinen MKS AKS BKS → MKE AKE BKE	Quellortsbezogene Listen Verbinden interner Bezeichner mit internen Adressen EG001 = 1, 3, ... EG002 = 1, 5, ... AG001 = 17, 0	Quellortsbezogene Listen KKS - Bezeichner HFC10 EA100 XA01 ->HFC11 AP001 ->HHA11 CQ010
Verknüpfung zwischen LT-Bausteinen ≙ Strukturierung	1) Verquellung / Parametrierung von Bausteinen 2) Freie Programmierung (nicht AS220) STEP M TML, Ankopplung ueber spezielle Bausteine	1) Verquellung / Parametrierung von Bausteinen 2) -	1) Verquellung / Parametrierung von Bausteinen 2) -
Verknüpfungs-Prinzip	Durch Angabe von Bausteintyp, Bausteinnamen und Ausgangsklemme (4 alpha-numerische Zeichen). z.T. Ausnahmen durch zielbezogene Verknuepfung (!)	Durch Angabe interner Bezeichner EFxxx bzw. EGxxx und AFxxx bzw. AGxxx, d.h. gleiche Klemme auf verschiedene Methoden ansprechbar (!)	Durch Angabe von Bausteintyp, Bausteinnamen und Ausgangsklemme (beliebige Zeichen)

Bild 2: Herstellerunabhaengiges Leittechnik-Funktionsmodell der Uni Stgt. gespiegelt an zwei Herstellersystemen

stellerunabhängiges LT-Funktionsmodell entworfen, in das sich entsprechend Bild 2 die Bausteine der realen herstellerspezifischen Leittechniksysteme sowie die ausgeführten Bausteinverknüpfungen überführen lassen. Dem entwickelten LT-Funktionsmodell liegen die folgenden Rahmenbedingungen zugrunde:

- Das LT-Funktionsmodell besteht aus beliebig vielen funktionsbezogenen Komponenten unterschiedlicher Leittechniksysteme. Jede Leittechnik-Komponente kann eine oder mehrere Leittechnik-Funktionen realisieren, die durch ein Funktions-Kennzeichen eindeutig gekennzeichnet sind. Weiter ist jede Leittechnik-Komponente durch ihr Einbauort-Kennzeichen fixiert. Als Kennzeichnungssystem wird das Kraftwerk-Kennzeichensystem (KKS) verwendet. Prinzipiell ist ohne Änderung der Modellstruktur auch jedes andere Kennzeichnungs-System einsetzbar, welches Leittechnik-Funktionen und Einbau-Orte eindeutig kennzeichnen kann. So kann z.B. auch das ältere Anlagen-Kennzeichnungssystem (AKZ) verwendet werden.

- Jede Leittechnik-Funktion ist baustein-orientiert strukturiert. Die Leittechnik-Bausteine sind durch Bausteintyp und -namen klassifiziert. Sie besitzen typabhängige Klemmen, die den jeweiligen Baustein:
  -- mit anderen Bausteinen verquellen oder
  -- parametrisieren.

  Bezüglich des Aufbaus von Baustein-, Typ- und Klemmen-Namen bestehen keine Restriktionen.

Die Möglichkeit der freien Programmierung, die von einigen Leittechnikherstellern zusätzlich angeboten wird, wird insoweit mit berücksichtigt, daß der Anwender die von ihm frei programmierten Funktionen und Module als Makros definieren kann, die danach innerhalb des Dokumentations-Systems als Makro-Bausteine behandelt werden. So werden z.B. beim Leittechniksystem Teleperm M der Fa. Siemens in STEP M ausgeführte freie Strukturierungen automatisch in eine entsprechende baustein-orientierte Formulierung übertragen.

- Der Signalaustausch zwischen den einzelnen Leittechnik-Komponenten, der in praxi durch ein oder mehrere Kommunikations-Medien erfolgt, wird im LT-Funktionsmodell auf Basis des verwendeten Kennzeichnungssystems modelliert. Zusätzliche Übertragungs- und Kommunikations-Internas wie spezielle Treibersoftware, verschiedene Übertragungsmechanismen müssen nicht berücksichtigt werden, da sie i.a. auf Funktionsplan-Ebene nicht von Interesse sind. Die Signalübertragung über Bussysteme bzw. über konventionelle Verdrahtung werden gleichwertig behandelt. Jedem internen Signal kann eine Signalverteilung auf dem Kommunikations-Medium zur Verfügung gestellt werden.

Die Strukturierungs- und Darstellungs-Informationen werden herstellerunabhängig in einer gemeinsamen Datenbasis gehalten. Alle Dokumentationswerkzeuge greifen über standardisierte, an einem einheitlichen Datenbankmodell ausgerichtete Prozeduren auf die Strukturierungs- und Darstellungs-Informationen zu.

3.2 Schnittstellen-Modell des herstellerunabhängigen LT-Dokumentationssystems

Um das entwickelte LT-Dokumentationssystem gegenüber sich ändernden Anforderungen, lokalen Anpassungen, LT-Systemerweiterungen und auch Neuentwicklungen offen zu halten, ist es als modulares und schnittstellen-orientiertes Komponentenpaket aufgebaut worden.

Zu diesem Zweck wurden zwischen den einzelnen Verarbeitungsstufen die in Bild 3 veranschaulichten Informations-Schnittstellen angeordnet:

In der untersten Stufe stehen die realen Leittechniksysteme der verschiedenen Hersteller. Auf der zugehörigen leittechniksystemabhängigen Informationsschnittstelle werden die jeweiligen herstellerspezifischen Strukturierungsinformationen bereitgestellt. Diese können ohne besondere Hardware-Maßnahmen den herstellerspezifischen Strukturierungs-Geräten entnommen werden. Das entwickelte herstellerunabhängige LT-Dokumentationssystem ist derart konzipiert worden, daß es als additive Dokumentations-Komponente parallel zu den vorwärts betriebenen Strukturierwerkzeugen eingesetzt wird.

In der nächsthöheren ersten Verarbeitungsstufe "Strukturumsetzung" werden die herstellerabhängigen Strukturierungsinformationen in herstellerunabhängige Strukturierungslisten überführt und innerhalb des Doku-

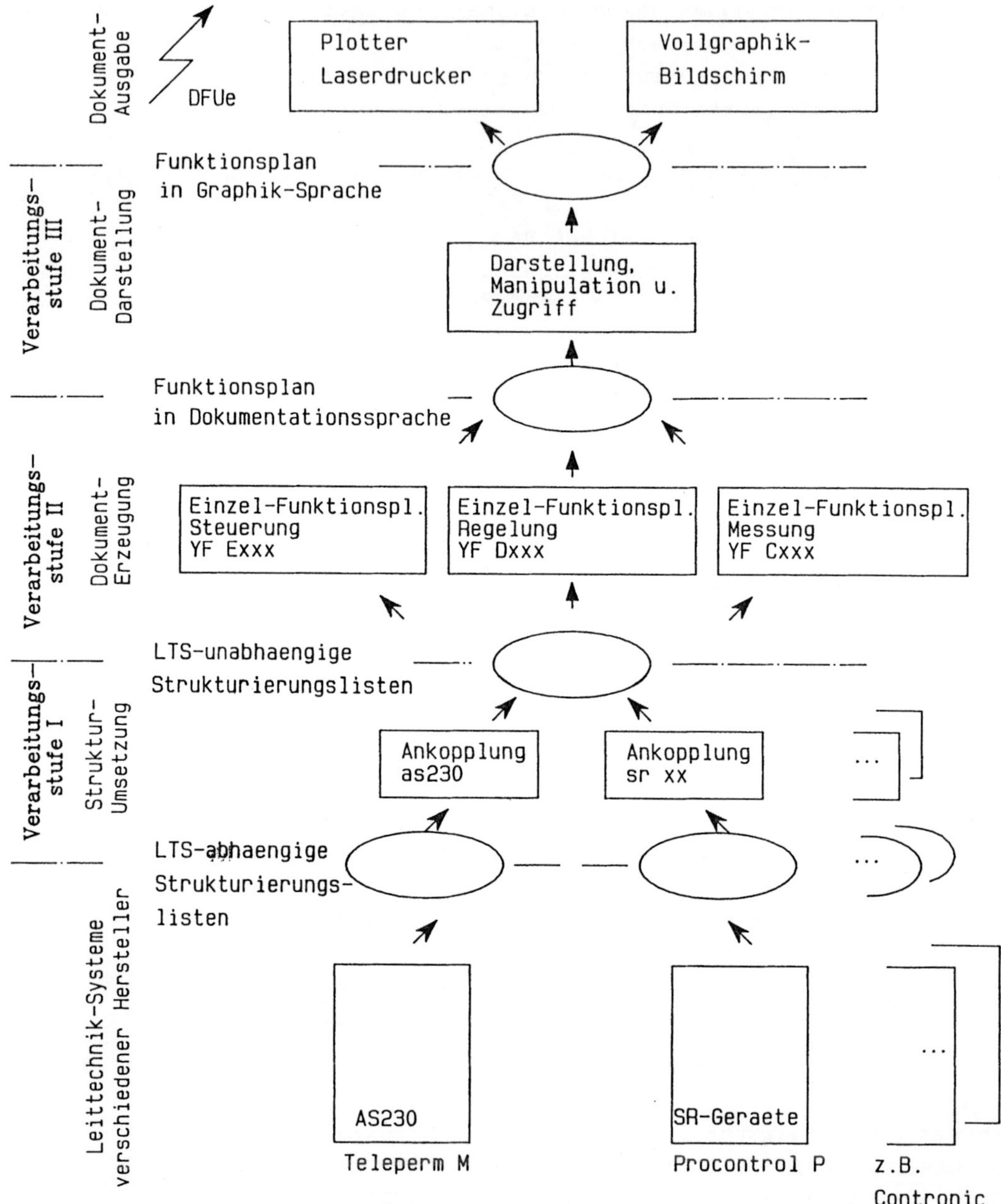

Bild 3: Entwickeltes LT-Dokumentationssystem

mentationsrechners abgelegt. Die hierbei notwendigen Baustein-Abbildungen zwischen realem Leittechniksystem und Leittechnik-Funktionsmodell werden in Abschnitt 3.2.1 näher beschrieben. Diese herstellerunabhängige und einheitliche Strukturierungsschnittstelle bildet die Grundlage für die Erzeugung der Einzelfunktionspläne.

In der zweiten Verarbeitungsstufe "Dokumenterzeugung" werden mit Hilfe von Dokumentations-Programmen für die einzelnen LT-Aufgaben /2/ objektorientierte Bildbeschreibungen erstellt, Einzelheiten s. Abschnitt 3.2.2.
In der dritten Verarbeitungsstufe "Dokument-Darstellung" werden die objektorientierten Bildbeschreibungen mittels eines zusätzlich entwickelten Darstellungs-Interpreters in graphische Darstellungen umgesetzt.

Zum schnellen, interaktiven Zugriff zu den einzelnen Dokumenten ist zudem eine grafische Benutzeroberfläche entwickelt worden.

3.2.1 Strukturumsetzungs-Programme

Die Abbildung der - in den jeweiligen realen herstellerspezifischen Leittechniksystemen - strukturierten Bausteine in die leittechniksystemunabhängigen Strukturierungslisten erfolgt in der Verarbeitungsstufe I mittels der entwickelten Strukturumsetzungsprogramme. Neben der jeweils notwendigen baustein- und klemmenbezogenen Abbildung kann zusätzlich auch eine syntaktische Umformung erfolgen. Bild 4 zeigt die derzeit vorgesehenen Baustein-Abbildungen und -Umsetzungen.

- Im Fall 1 wird der Funktionsumfang des realen LT-Bausteins 1:1 übernommen.
- Im Fall 2 wird der reale LT-Baustein auf einen neuen, zumeist mächtigeren LT-Baustein des LT-Funktionsmodells abgebildet.
- Im Fall 3 wird der reale LT-Baustein in mehrere Einzel-Bausteine des LT-Funktionsmodell abgebildet, die untereinander entsprechend verbunden sind. Nach außen hin tritt die innerhalb des LT-Funktionsmodells durchgeführte Bausteinverknüpfung als Makro-LT-Baustein in Erscheinung. Diese Abbildungsform ist dann zu verwenden, wenn innerhalb des LT-Funktionsmodell keine von ihrer Funktionalität her adäquaten LT-Bausteine existieren.

Die sich auf diese Weise innerhalb des LT-Funktionsmodells ergebende Vereinigungsmenge von LT-Bausteinen stellt somit eine Obermenge der abgebildeten realen LT-Bausteine der verschiedenen herstellerseitigen Systeme dar. Das an der Universität Stuttgart entwickelte LT-Dokumentationssystem kann jede Obermenge von Leittechnik-Bausteinen beinhalten.
Die Dokumentations-Fähigkeit ist nicht auf die bislang zugrundegelegten zwei Leittechniksysteme begrenzt. Prinzipiell können die Leittechnik-

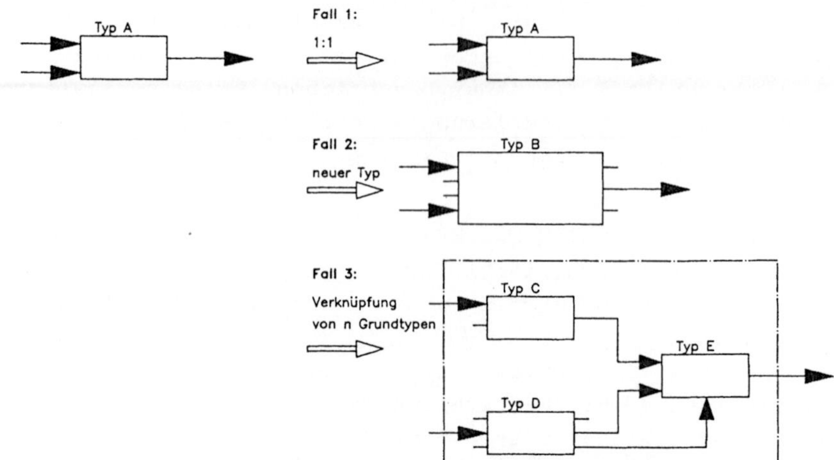

Bild 4: Vorgesehene Abbildungen von Hersteller-Bausteinen auf Leittechniksystemunabhaengige Bausteine

systeme beliebig vieler Hersteller abgebildet und dokumentiert werden. Aus praktischen Gründen erweist sich jedoch eine Einschränkung als sinnvoll, und zwar dann, wenn die LT-Bausteine der verschiedenen Hersteller zu unterschiedlich sind. In einem derartigen Falle würde der Baustein-Katalog des LT-Funktionsmodells zu groß und nicht mehr effektiv handhabbar.

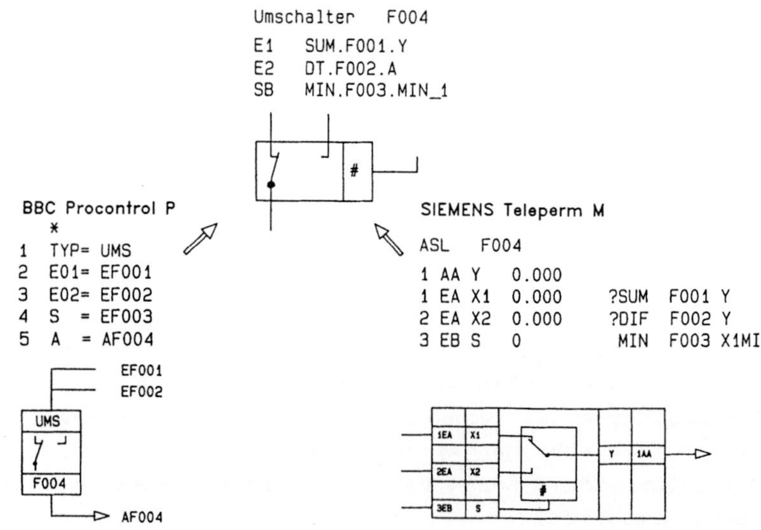

Bild 5: Abbildung von Strukturierbausteinen am Beispiel des 'Umschalters'

Bild 5 zeigt am einfachen Beispiel eines Analogwert-Schalters die Strukturumsetzung der beiden herstellerspezifischen LT-Bausteine in den betreffenden Baustein des LT-Funktionsmodells. Links unten ist der entsprechende BBC-Baustein ´UMS´ des Procontrol P -Systems dargestellt,

und zwar sowohl die Strukturierungsliste als auch die externe Darstellungsform des Bausteins.
Der LT-Baustein wurde online mittels eines Koppel-Programms vom Leittechniksystem Procontrol P in das LT-Dokumentationssystem der Universität Stuttgart übertragen. Das Ergebnis der Struktur- und Darstellungsumsetzung ist im oberen Teil des Bildes dargestellt. Gezeigt werden die internen Bezeichnungen des LT-Funktionsmodells und die externe Darstellung des Bausteins.
Auf die gleiche Weise wurde der entsprechende Siemens-Baustein ´ASL´ des Teleperm M -Systems übertragen. Im rechten, unteren Teil von Bild 6 sind die dazugehörenden Strukturierungsinformationen und die Darstellungsform des abzubildenden SIEMENS-Bausteins dargestellt.

3.2.2 Objektorientierte, hierarchische Dokumentationssprache

Durch die Einführung des LT-Funktionsmodells entsteht - in Form der leittechniksystemunabhängigen Strukturierungslisten - eine gemeinsame Strukturierungsbasis für die dokumentationserzeugenden Programme.

Damit die dokumentationserzeugenden Programme auch über eine gemeinsame, standardisierte Ausgabeschnittstelle verfügen, ist - aufbauend auf der hierarchischen funktionsbezogenen Leittechnik-Dokumentationsmethode - eine objektorientierte Dokumentationssprache entwickelt worden, mittels derer sich typische graphische Zusammenhänge eines Funktionsplanes in einfacher Form beschreiben lassen. Zu den wesentlichen Eigenschaften dieser Dokumentationssprache zählen:

- Ein LT-Funktionsplan besteht aus einer geordneten Menge graphischer Symbole. Das Erstellen eines Funktionsplanes reduziert sich damit auf das Plazieren graphischer Symbole unter Berücksichtigung der jeweiligen Verbindungen.
- Die graphischen Symbole müssen in beliebiger Anzahl und Tiefe hierarchisch definierbar sein. In der Regel werden die graphischen Symbole entsprechend den bestehenden LT-Bausteinen definiert.
- Das LT-Dokumentationssystem stellt verschiedene graphische Grund-Symbole zur Verfügung, aus denen anwendungsbezogene Makro-Symbole erzeugt werden können.
- Den graphischen Symbolen können durch parametrisierte Botschaften aktuelle Werte übermittelt werden. Der Parameter-Mechanismus bietet den Vorteil einer einfachen Semantik, die in einer syntaktischen Untersuchung bereits weitgehend geprüft werden kann.

Im Rahmen der Entwicklung der objektorientierten Dokumentationssprache ist ein Dokument-Interpreter erstellt worden, der derartige objektorientierte Dokumentenbeschreibungen in graphische Darstellungen umsetzt. Durch die Einführung dieser Informations-Schnittstelle konnte eine hohe Flexibilität bei der Erzeugung von Bild-Dokumenten erreicht werden. Der

Dokumenten-Interpreter benutzt zudem den international genormten Graphik-Standard GKS und kann damit aktive Workstations ansteuern oder Standard-Graphik-Dateien erzeugen, die zwischen Rechnern direkt oder über Datenfernübertragung beliebig transportiert werden können.

4. Beispiele

Die praxisbezogene Entwicklung sowie das Austesten der entwickelten LT-Dokumentationswerkzeuge erfolgt auf der Grundlage der - per Dokumentation beschriebenen - Leittechnik-Realisierungen von verschiedenen Kraftwerksblöcken, die mit digitalen Leittechniksystemen ausgerüstet sind.
Anhand der vorliegenden Leittechnikunterlagen /9 und 10/ sind interessierende Funktionsbereiche ausschnittsweise auf den an der Universität Stuttgart installierten digitalen LT-Systemkomponenten strukturiert worden. Die ausgeführten Strukturierungen sind anschließend on-line über das jeweilige Strukturumsetz-Programm in das LT-Dokumentationssystem transferiert und danach in das herstellerunabhängige LT-Funktionsmodell transformiert worden.

Das Rückdokumentations-Beispiel in Bild 6 entstammt einer realen Strukturierung von Großkraftwerk Mannheim, Block 7. Rückdokumentiert wurden Teile der Anfahrsteuerung "Kohlemühlen" (HFC10 EA100). Der mittels des entwickelten herstellerunabhängigen Dokumentationssystems erstellte Einzel-Funktionsplan zeigt mehrere Schritte der betreffenden Steuerung, wobei noch die Darstellungsform entsprechend DIN 40719, Teil 6 gewählt wurde.
Bild 7 entstammt einer realen Strukturierung von Rheinhafen Dampfkraftwerk, Block 7. Rückdokumentiert wurden hier Teile der Funktionsgruppe "Speisewasserführung/-regelung" (LAB00 DC100). Der mittels des entwickelten herstellerunabhängigen Dokumentationssystems erstellte Einzel-Funktionsplan zeigt einen Ausschnitt aus der Sollwertbildung.

Diese ersten Ergebnisse zeigen bereits, daß sich auf der untersten Dokumentationsebene Funktionseinzelpläne automatisch aus der strukturierten LT-Anlage mit vertretbarem Aufwand rückdokumentieren lassen. Weiterführende aktuelle Untersuchungen sollen Aussagen darüber ergeben, ob und in welcher Form sich auch Bereichs- und Übersichtspläne automatisch generieren lassen.

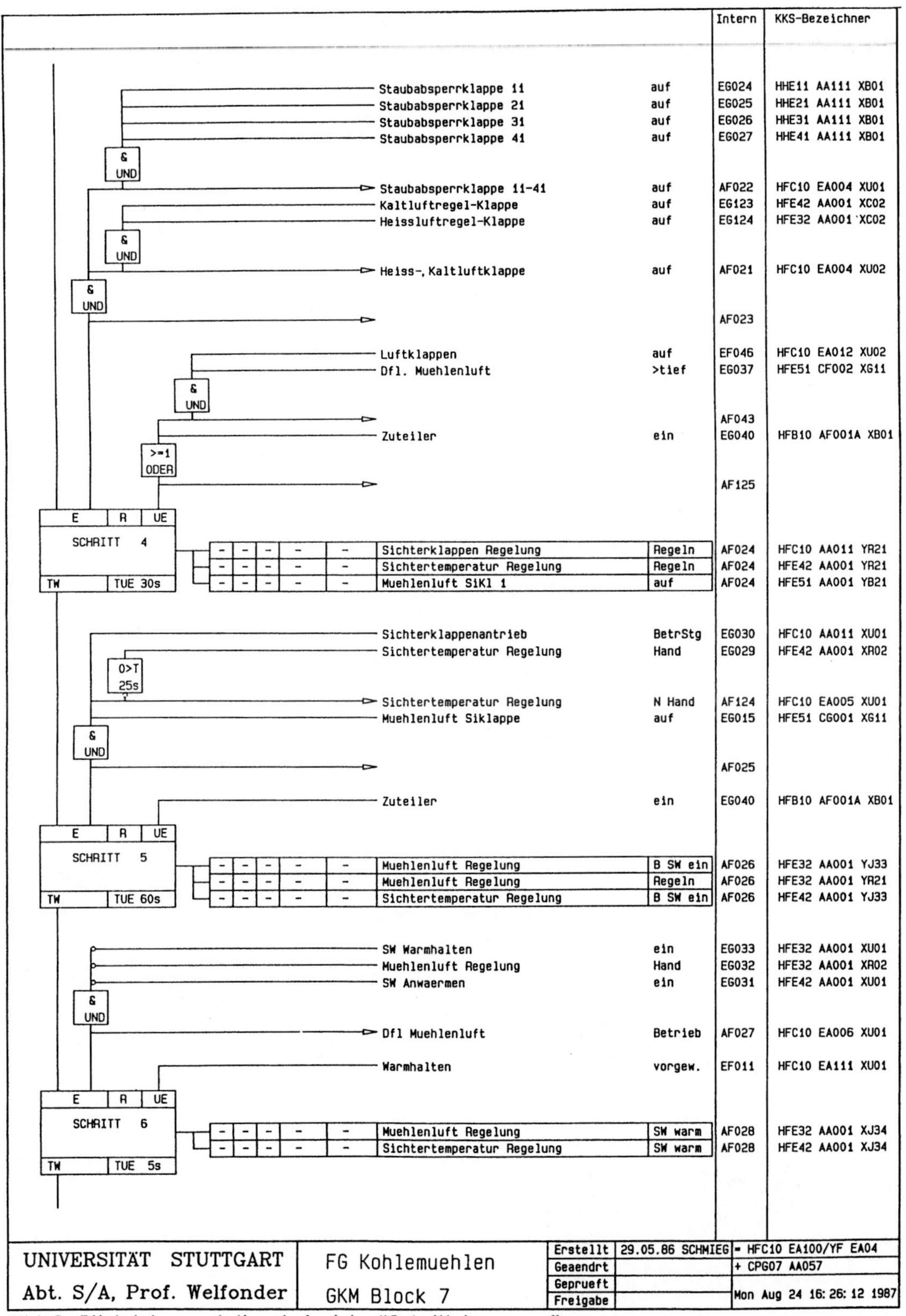

Bild 6: Rückdokumentationsbeispiel "Schrittsteuerung"

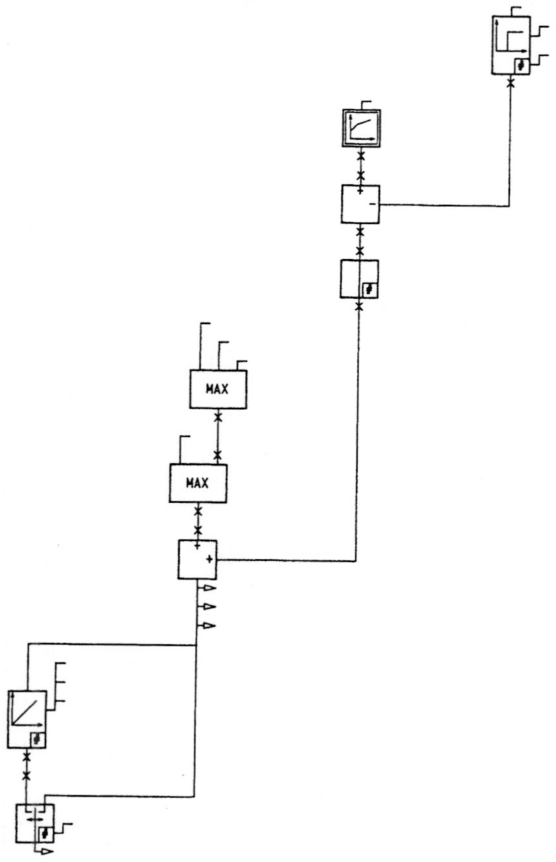

Stift/Adr.	Bezeichnung	Zustand	KKS-Bezeichner	Stift/Adr.
S-TOZ.1.X				MULT.2.A
S-TOZ.1.T				0.0000
S-TOZ.1.YNF				0
S-TOZ.1.Y				
FKG.2.E	Uebersteuerung		LAB00 DC101 ZQ01	GA: AKE1: 1
FKG.2.A				
SUM.4.X1				FKG.2.A
SUM.4.X3				S-TOZ.1.Y
SUM.4.Y				
SUM.3.X1				SUM.4.Y
SUM.3.Y				
MAX.3.E1	Temperatur hi. Kuehler 2.2		HAH00 DC101 XQ02	GA: AKE2: 2
MAX.3.E2	Temperatur hi. Kuehler 2.3		HAH00 DC101 XQ03	GA: AKE2: 3
MAX.3.E3	Temperatur hi. Kuehler 2.4		HAH00 DC101 XQ04	GA: AKE2: 4
MAX.3.A				
MAX.4.E1	Temperatur hi. Kuehler 2.1		HAH00 DC101 XQ01	GA: AKE2: 1
MAX.4.E3				MAX.3.A
MAX.4.A				
SUM.1.X1				MAX.4.A
SUM.1.X2				SUM.3.Y
SUM.1.Y	SW T FD vor Kuehler 2		LAB00 DC101 ZQ02	
	FB 5: HD Temperatur		HAD00 DC101	
	FB 1: DEA Leitebene		HYY00 DA101	
INT.SWB.E				INT.1.
INT.SWB.I_konst				1.0000
INT.SWB.OB				100.00
INT.SWB.UB				0.0000
INT.SWB.A				
SCHALTER.X.E1				INT.SWB.A
SCHALTER.X.E2				SUM.1.Y
SCHALTER.X.SE				GB: REST: 10
SCHALTER.X.A				

UNIVERSITÄT STUTTGART	Erstellt	22.Aug.87 18:17:16	FB 4: Speisewasser	= LAB00 DC101/YF DA11
	Geaendert			+ CRD01 AA076
Abt. S/A, Prof. Welfonder	Geprueft		SW T FD vor Kuehler 2	Sat Aug 22 20:49:49 1987
	Freigabe			

Bild 7: Rückdokumentationsbeispiel "Regelung"

5. Zusammenfassung und Ausblick

Im Rahmen dieses Beitrags sind die herstellerseits favorisierten Methoden
- der zentralen Strukturierung und Vorwärts-Dokumentation sowie
- der dezentralen Strukturierung und Rückwärts-Dokumentation

digitaler Leittechnik-Systeme einander gegenübergestellt worden.

Da diese Methoden bislang stets herstellerabhängig ausgelegt sind, so daß der Betreiber für jeden eingesetzten Leittechniktyp ein firmenspezifisches Strukturierungs- und Dokumentationssystem benötigt, ist seitens der Universität Stuttgart eine modulare, herstellerunabhängige Dokumentationsmethode entwickelt worden.

Diese in Kapitel 3 beschriebene, herstellerunabhängige Dokumentationsmethode zeichnet sich dadurch aus,
- daß die in den EPROMs des jeweiligen Leittechniksystems gespeicherte Strukturierungs-Information in eine herstellerunabhängige Strukturierungsform übergeführt werden,
- daß ausgehend von der herstellerunabhängigen Strukturierungs-Information einheitliche Einzel-Funktionspläne /2/ für die einzelnen LT-Aufgaben generiert werden und
- daß diese einheitlich generierten Einzel-Funktionspläne mittels eines GKS-Darstellungs-Interpreters auf verschiedenen Grafiksystemen ausgegeben werden können.

Diese LT-systemunabhängige Dokumentationsmethode, die sich auch auf eine LT-systemunabhängige Strukturierung hin erweitern läßt, bietet dem Betreiber - bei vollständiger Implementierung - die Möglichkeit einer einheitlichen, funktionsbezogenen Dokumentation der verschiedenen installierten LT-Systeme mit nur einem CAE-System an.

Zum anderen zeigt die entwickelte LT-systemunabhängige Dokumentationsmethode recht deutlich, wo sich Vereinheitlichungen und Verbesserungen der heutigen digitalen LT-Systeme als sinnvoll und notwendig erweisen. Zu den sich hieraus ergebenden Grundforderungen zählen:
- Es bedarf eines Standardsatzes von Basis-Funktionsbausteinen, der von allen LT-Herstellern einheitlich realisiert wird.
  =>Bislang können selbst triviale Funktionsbausteine, wie Multiplikation oder Addition z.B. aufgrund unterschiedlicher Zahl von Funktionseingängen oder zusätzlich enthaltener Basisfunktionen nicht ohne weiteres aufeinander abgebildet werden.

- Es bedarf einheitlicher Strukturierungs- und Darstellungsschnittstellen auf welche die LT-spezifischen Informationen abzubilden sind, s. unterste Verarbeitungsstufe des entwickelten Dokumentationssystems.
  =>Bei zukünftigen LT-Systemen sind diese Schnittstellen bereits nach außen hin vorzugeben, um eine direkte herstellerunabhängige Strukturierung zu ermöglichen.
- Mit der zunehmenden Speicherkapazität bei konstantem Preis- und Raumbedarf je EPROM dürfte es sich in naher Zukunft als sinnvoll erweisen, nicht nur die Strukturierungsinformation **Str** in die LT-EPROMs zu laden, sondern auch die im Rahmen der Strukturierung anfallenden, darstellungsbezogenen Informationen. Dadurch kann die graphische Rückdokumentation wesentlich erleichtert werden.
  =>So kann z.B. der beim betreiberseitigen CAE-Platz II erforderliche Massenspeicher stark reduziert werden und stattdessen die dann verstärkt vorhandene graphische Eigendokumentationsfähigkeit des LT-Systems genutzt werden.
- Es bedarf einer einheitlichen Kommunikationsschnittstelle zwischem herstellerspezifischen LT-System und universellem CAE-Platz und zwar sowohl bezüglich der zu übertragenen Struktur-, Darstellungs-Information als auch bezgl. der aktuellen Prozeßsignal-Information.
  =>Dies ermöglicht zum einen eine graphische Fehlerdiagnose unter Einblendung der aktuellen Prozeß- und Leittechnik-Signale.
  Zum anderen stehen die an dieser Kommunikations-Schnittstelle systemunabhängig aufbereiteten Leittechnik- und Prozeß-Informationen auch zur einheitlichen Bildgenerierung auf der Prozeßwarte zur Verfügung.
- Die hierarchisch funktionsbezogene LT-Dokumentationsmethode erweist sich aufgrund ihrer modularen Struktur - unterteilt in Übersichts-, Bereichs- und Einzel-Funktionspläne je Funktionsbereich und LT-Aufgabe - sowohl für die klassische Papierdokumentation als auch für die rechnergestützte Graphik-Dokumentation als äußerst sinnvoll. Sie läßt sich in entsprechender Weise auch auf die LT-Projektierung sowie auf die on-line-Bildschirmdarstellung in der Warte anwenden.

Literatur

/1/ Welfonder, E., W. Herden, P. Kocher und Th. Röhrich: Betreibergerechte, betriebstechnische Dokumentation der Kraftwerks-Leittechnik. Technisch-wissenschaftlicher Bericht der VGB 1986

/2/ Welfonder, E., W. Herden und T. Förster: Hierarchische funktionsbezogene Leittechnik-Dokumentations- und -Planungsmethode. In diesem Band.

/3/ Wetzl, R.: Heutige Leittechnik-Konzepte - Notwendigkeit oder Komfort? VGB Kraftwerkstechnik, 62 (1982), H.12, 1036-1048

/4/ Röhrich, Th.: Leittechniksystemunabhängiges Strukturierungs- und Programmierungssystem. Verknüpfung von Standardfunktionsbausteinen und höheren Automatisierungs-Algorithmen. Dissertation Universität Stuttgart 1985

/5/ Röhrich, Th. and E. Welfonder: Machine Independent Software Wiring and Programming of Distributed Digital Control Systems. 7th IFAC/IFIP/IMACS Conference on Digital Computer Applications to Process Control, Vienna, Austria, September 17-20 1985

/6/ Mai, H.: Einfluß der modernen Leittechnik und Planungsmittel, Chancen und Grenzen der LT-Dokumentation ETG-Fachtagung Betriebsgerechte Dokumentation in Kraftwerken Baden-Baden, Juni 12-13 1986

/7/ Welsch, D.; Woldert, G.: Grafische Rückdokumentation am Beispiel KW Heilbronn Block 7 der EVS VGB-Kraftwerkstechnik, 85 (1986), H.20, 779-783

/8/ Welfonder, E., Th. Röhrich und W. Herden: Entwicklung und Erprobung eines benutzerorientierten Leittechnik-Dokumentationskonzeptes u.a. für den Einsatz in der Kraftwerkstechnik. Interne Berichte 1983, 1984

/9/ BBC LT-Dokumentation des Procontrol P-Systems ausgeführt am Großkraftwerk Mannheim, Block 7: FG Kohlemühle I, Steuerung und Regelung HFC10 EA, Stand 84-08-06.

/10/ SIEMENS LT-Dokumentation des Teleperm M-Systems ausgeführt am Rheinhafen Dampfkraftwerk, Block 7: FB 4 Speisewasser, LAB00 D, Stand 16.Aug.86

RECHNERGESTÜTZTE DOKUMENTATIONSERSTELLUNG FÜR EIN DIGITALES KRAFTWERKSLEITSYSTEM

Dr. P. Hanbaba
Brown Boveri AG Mannheim
Unternehmensbereich Kraftwerke
Fachbereich Prozessleittechnik

Zusammenfassung

Die Forderung nach betriebsgerechter Dokumentation von dezentralen, auf Mikroprozessoren verteilten Funktionen in busorientierten digitalen Leitsystemen führt zu Software-Engineeringmethoden und rechnergestützten Hilfsmitteln, die als Kern eine Datenbank zur Wiederspiegelung der leittechnischen Auslegung beinhalten. Die Dokumentation der Verarbeitungsprogramme wird aus den projektspezifischen Inhalten dieses objektorientierten Beschreibungsmodells generiert. Es entstehen Funktionspläne mit anlagenweiten Sichten in Form von Referenzen zu den verfahrens- und leittechnischen Komponenten, die mit der betrachteten lokalen Verarbeitungsfunktion einen Betriebsverbund bilden.

Inhaltsverzeichnis

1. Einleitung

Die Konzeption von Leitanlagen zur Automatisierung der Prozessführung ist auf die Gegebenheiten des jeweiligen Prozesses abgestimmt. Bei Prozessen, die sich in weitgehend voneinander unabhängige Teilprozesse gliedern lassen, wird diese dezentrale Prozesstruktur auch auf die Leittechnik übertragen. Die Zusammenführung der dezentralen Einzelprozesse zu umfassenderen Prozessen erfolgt in der Leittechnik in Hierarchieebenen. Ein typisches Beispiel ist der Kraftwerks-Energieumwandlungsprozess (Bild 1). Anhand dieses Beispiels sollen ausgehend von der Struktur des dezentralen, vernetzten Prozessleitsystems, die Art der Programmierung und Programmdokumentation für die verteilten Mikrorechner beschrieben werden.

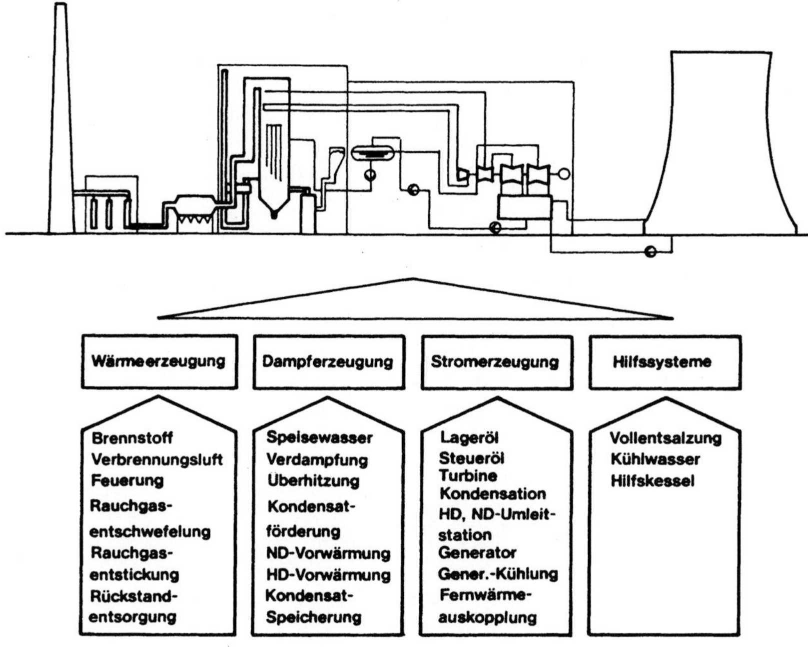

Bild 1: Struktur des Kraftwerkes

2. Struktur des dezentralen Prozessleitsystems

Die leittechnische Systemlösung ist abgestimmt auf die Größe des Prozesses (Anzahl der Aggregate und Teilprozesse sowie deren räumliche Anordnung) und auf die hierarchisch gegliederten Verarbeitungsebenen, die zur Führung des Prozesses notwendig sind (Bild 2). Es ist sowohl räumliche als auch funktionale Denzentralität erforderlich. Die Verarbeitung erfolgt speicherprogrammiert in Mikrorechnern auf Verarbeitungsgeräten; der Informationstransfer durch Vernetzung. Die kleinste atomare Verarbeitungseinheit bezieht sich auf ein Prozessaggregat, z. B. Pumpe, Ventil oder Klappe mit dem dazugehörenden Antrieb und umfasst Funktionen wie Steuern, Regeln, Schützen und Überwachen. Total dezentraler Aufbau einer Leitanlage heißt dann, daß jedem Antrieb ein Verarbeitungsgerät zugeordnet ist. Die im Verarbeitungskreis enthaltenen Ein-/Ausgaben als Schnittstelle zu Sensoren, Aktuatoren und

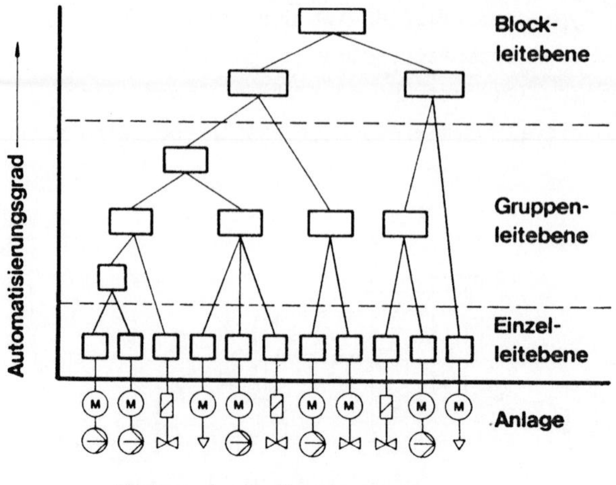

Bild 2: Hierarchische Verarbeitungsstruktur

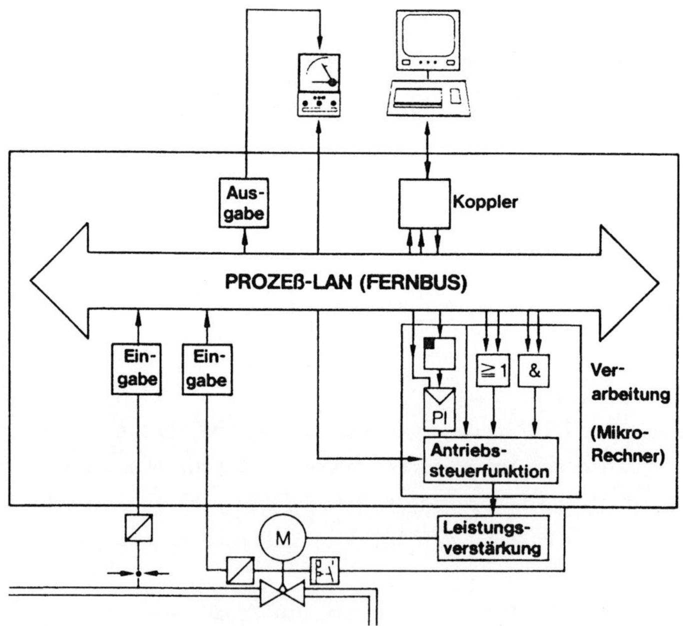

Bild 3: Aufbau einer Einzelgrößenregelung

zur Bedienung in der Warte sind an räumlich unterschiedlichen Orten lokalisiert, d. h. die zur lokalen Verarbeitung im verteilten Prozessleitsystem benötigten Informationen müssen über das Netz zur Verfügung gestellt werden (Bild 3). Der Adressraum für alle Informationen muss netzwerkweit sein, damit bei Stecken oder Ziehen von Geräten ohne Konfigurierung bzw. Programmierung die Signalübertragung im Netz erfolgen kann. Die Kommunikationsprotokolle müssen echtzeitorientiert sein, so daß eine der Prozessdynamik angepaßte Übertragung gewährleistet ist. Das Produkt PROCONTROL P von BBC (Bild 4) ist ein dezentrales busorientiertes Leitsystem der beschriebenen Struktur/[1], [2]. Die Anzahl der verteilten Rechner wird bestimmt durch die Anzahl der Antriebe, die Anzahl der Funktionsgruppen und den Grad der Multifunktionalität (ein oder mehrere Antriebe, ein oder mehrere Gruppen) in den Verarbeitungsrechnern. Typisch für Kraftwerke sind 300 bis 1.500 Antriebe, 60 bis 150 Funktionsgruppen; daraus ergibt sich eine Anzahl von 40 bis 1.000 Verarbeitungsrechner an einem Prozess-LAN als Fernbus.

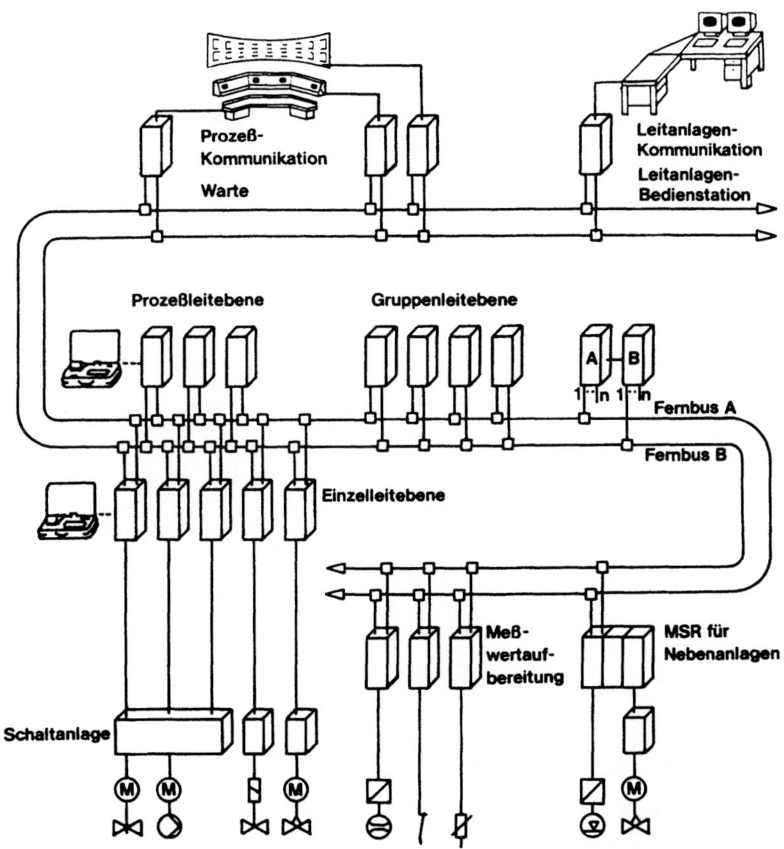

Bild 4: Leitanlagenkonfiguration PROCONTROL P

3. Programmierung und Dokumentation der Verarbeitungsfunktionen

Die Programmierung derartig vieler Verarbeitungsrechner kann nur in einer anwenderorientierter Hochsprache vergleichbar mit den für den "Enduser" konzipierten Sprachen der 4. Generation erfolgen. Für Prozessführungsaufgaben wie Steuern, Regeln, Verarbeiten haben sich Eingaben in Form von Funktionsbausteinen, auch Funktionsblocksprachen genannt, als Standard durchgesetzt (Bild 5). Vom Programmierer werden verfahrens- und leittechnische Kenntnisse verlangt; es wird kein Informatikwissen vorausgesetzt. Die Dokumentation der Programme erfolgt in Form von Funktionsplänen mit grafisch dargestellten und verknüpften Funktionsbausteinen.

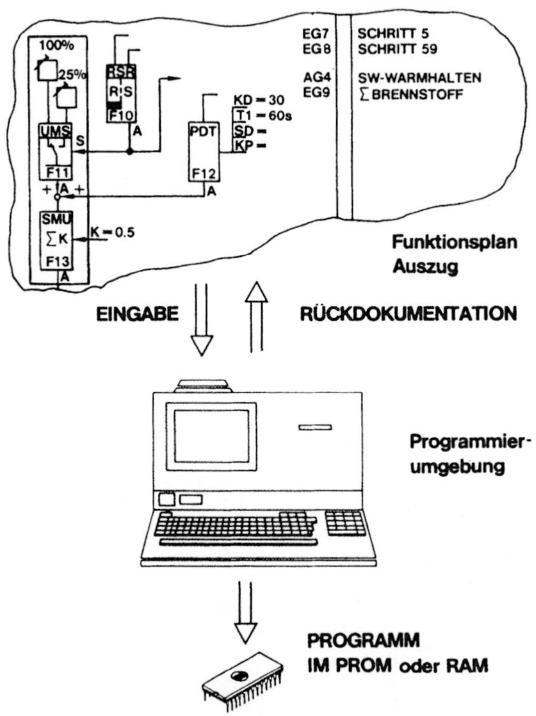

Bild 5: Programmierung mit Funktionsbausteinen

Zur Aufrechterhaltung des störungsfreien Betriebes einer technischen Anlage ist eine anwenderfreundliche, betriebsgerechte Dokumentation von größter Wichtigkeit. Daraus resultieren die Forderungen nach

- Verläßlichkeit und Vollständigkeit
- Verständlichkeit (den Betriebsaufgaben angepaßt)
- Durchgängigkeit zwischen den verschiedenen Darstellungsarten

Bild 6 zeigt ein typisches in drei Darstellungsebenen gegliedertes Dokumentationskonzept. Von zentraler Bedeutung ist der Funktionsplan, da Reaktionen und Aktionen immer aufgrund des funktionalen Ablaufs zu ergreifen sind. Der Funktionsplan muß daher Wegweiser durch die Anlage sein, indem er über Querverweise zu verfahrenstechnisch orientierten Übersichtsplänen, zu anderen Funktionsplänen, zu Stromlaufplänen und zu gerätetechnischen Anordnungen führt. Betriebsgerechte Dokumentation bedeutet also nicht nur Programmdokumentation der auf dem Verarbeitungsrechner

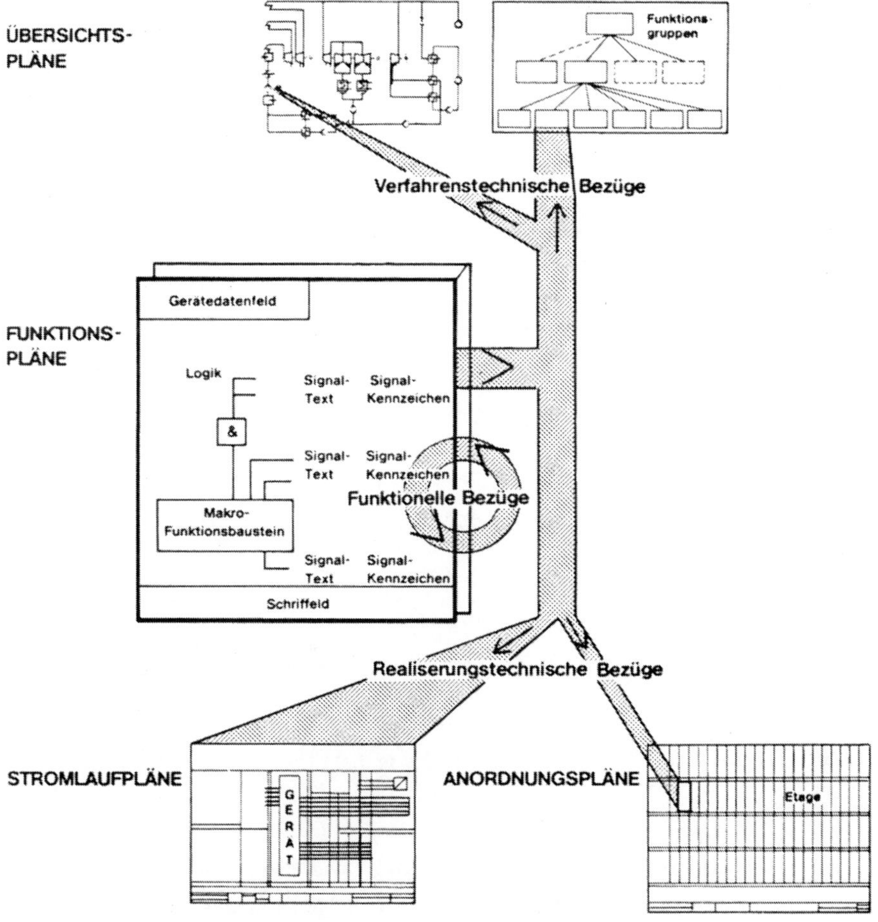

Bild 6: Dokumentationsstruktur und Unterlagenzusammenhänge

laufenden Programme, sondern es muß zusätzlich die Einbettung in die Gesamtanlage transparent gemacht werden. Es reicht nicht aus nur die lokalen Objekte der Verarbeitungseinheit zu betrachten, sie müssen vielmehr als Bestandteil eines die Gesamtaufgabe beschreibenden Datenmodells gesehen werden (Bild 7). Dieses Datenmodell beschreibt die Beziehungen zwischen Funktionen, Geräten, Signalen, Plänen und der verfahrenstechnischen Anlage (z. B. Angaben zu Messungen, Antrieben); enthält also alle leittechnisch relevanten Objekte des Systems. Sollen diese Beziehungen programmtechnisch verwaltet werden und das ist bei den skizzierten Mengengerüsten zur Konsistenzerhaltung unerläßlich, so ist ein durchgängiges Kennzeichnungssystem Voraussetzung für die Implementierung auf Rechnern. Die Basis dazu bildet das Kraftwerks-Kennzeichnungssystem KKS.

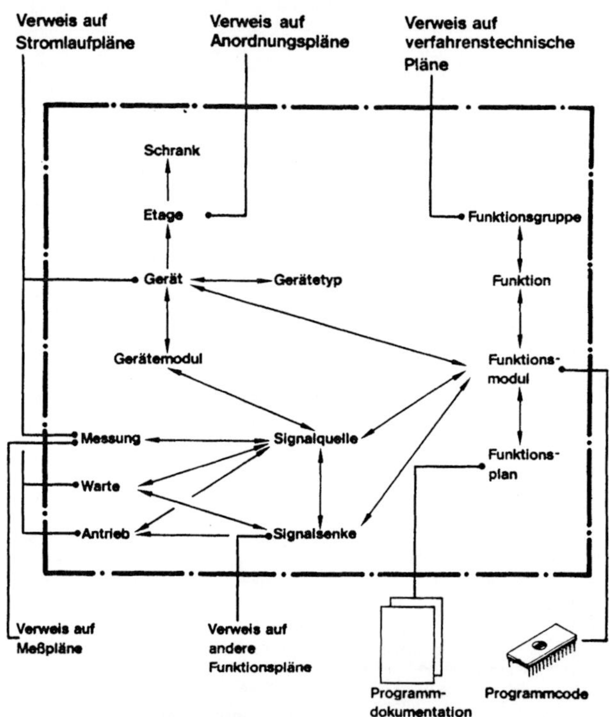

Bild 7: Datenmodell zur Erstellung von betriebsgerechten Funktionsplänen

Damit die Programmbeschreibung ein Spiegelbild des Programmcodes ist, müssen beide nur unterschiedliche Darstellungsformen des Ergebnisses der Programmierung der Verarbeitungsrechner sein. Programmierung in verteilten Systemen ohne gleichzeitige Auslegung der Verteilung ist unmöglich. Es wird daher nicht von Programmierung sondern von Projektierung der Leitanlage gesprochen. Dafür stehen rechnergestützte Hilfsmittel zur Verfügung, die es ermöglichen, alle während der Projektierung erzeugten Daten und Programme in einer gemäß dem Datenmodell strukturierten Datenbank abzuspeichern. Die Eingabe erfolgt teils über Masken, teils über einen grafischen Editor. Durch Prüfung gegen Integritätsbedingungen ist sichergestellt, daß zum Zeitpunkt der Codegenerierung die Konsistenz zu den außerhalb der Verarbeitungseinheit liegenden Objekten gewährleistet ist. Der Funktionsplan als Ergebnisdokument kann ebenso wie der Verarbeitungscode aus den Projektdaten des Beschreibungsmodells generiert werden. Zusammen mit dem Prozeß werden die Programme auf den Verarbeitungsrechnern der Leitanlage unter gleichzeitiger Pflege der Daten im Beschreibungsmodell inbetriebgenommen und an die Anlagengegebenheiten adaptiert. Über grafische Rückdokumentation können aus dem in der Datenbank abgelegten Spiegelbild der Leitanlage wieder aktuelle Funktionspläne generiert werden. Ausgeführte Anlage und Dokumentation stimmen zuverlässig überein.

Der erste großtechnische Einsatz mit rechnergestützter Dokumentationserstellung erfolgte im Kraftwerk Heilbronn. Für den Block 7 wurden nach Abschluß des Probebetriebs ab Nov. '85 14.000 Blatt Funktionspläne grafisch rückdokumentiert. Die Leitanlage umfaßte 3.439 Verarbeitungsrechner, verteilt auf zwei Fernbusse/[3].

4. Zukünftige Trends und Auswirkungen auf die Prozessdatenverarbeitung

Enduser-orientiertes Softwareengineering setzt, wie in Kap. 3 erläutert, den Einsatz von Datenbanken voraus, die sich objektbezogen strukturieren lassen, und eine projektfortschrittsabhängige Verschärfung der Prüfungen auf Integrität. Die Hilfsmittel zur Unterstützung dieses anwendergerechten Softwareengineerings wurden zunächst in den technischen Projektierungsbüros erprobt. In Zukunft werden sie Bestandteil der Leitsysteme werden, die dezentrale Strukturen und verteilte Verarbeitung bis auf die Einzelantriebsebene zulassen. Als Mensch-Maschine-Interface werden leistungsfähige, grafische Arbeitsplatzrechner mit Fensterkonzepten zur Verfügung stehen, die so preiswert sind, daß ihre Produktzugehörigkeit nicht in Frage gestellt ist. Die objektbezogen strukturierte Datenbank mit integriertem Data Dictionary wird teils verteilt, teils zentral realisiert sein. Der Nutzen des in der Datenbank abgelegten Leitanlagenbildes wird weiter dadurch erhöht, daß es auch integraler Bestandteil der MMK-Systeme wird. Bei Änderungen im Leitsystem erfolgt in den Teilsystemen "Bedienung und Beobachtung" und "Service und Diagnose" eine automatische Anpassung. Der Informationsaustausch erfolgt über Vernetzung (Rechner-LAN) mittels standardisierter Kommunikationsprotokolle (Bild 8).

Jeder Knoten am Rechner-LAN hat im Gegensatz zu denen am Prozess-LAN seinen eigenen separaten Adressraum.

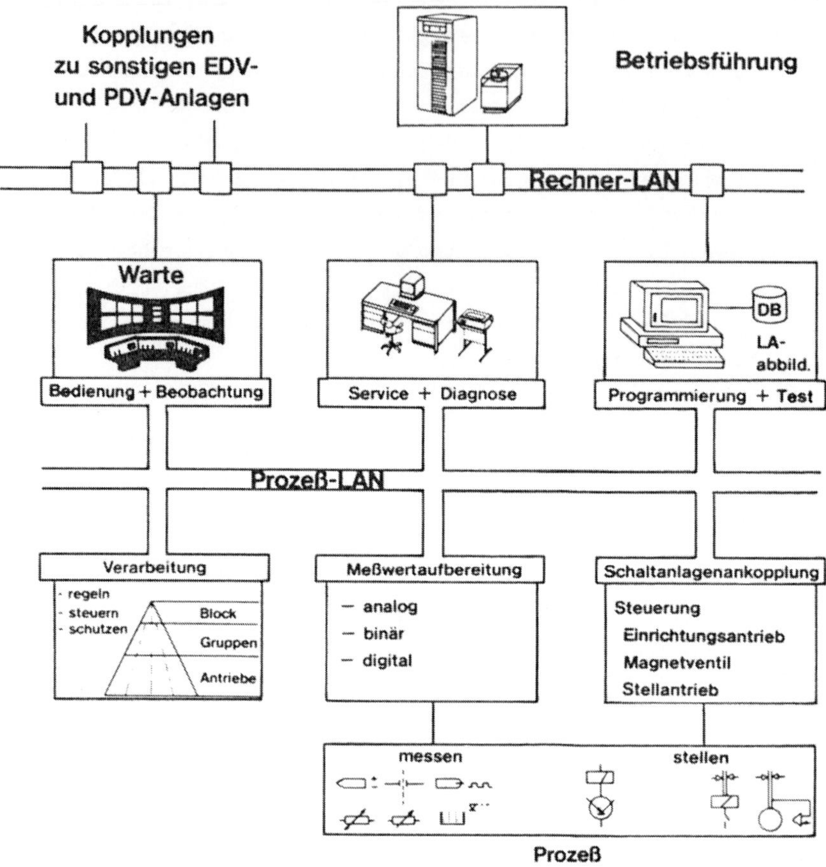

Bild 8: Architektur der Informationsverarbeitung zur Automatisierung und Führung von Kraftwerks- und Industrieprozessen

Das Rechner-LAN wird auch benutzt, um die Betriebsführungsrechner oder sonstige PDV- und EDV-Anlagen einzubinden. Hierbei handelt es sich um mit Standard-Programmiersprachen programmierbare Rechner. Bei Einsatz busorientierter Leitanlagen stellen sie nur ein Teilsystem innerhalb der anlagenweiten Informationsverarbeitung dar. Sie müssen also offen für die Einbettung in die skizzierte Systemarchitektur sein. In diesem Zusammenhang hat die beschriebene Software-Engineering- und Dokumentationsmethodik richtungsweisende Bedeutung nicht nur für die Programmierung in Funktionsblocksprachen, sondern auch für die mit Standardprogrammiersprachen zu realisierenden Lösungen.

Literaturhinweise:

[1] H. Zimmermann/H. Köth: PROCONTROL P - Aktuelle System- und Einsatzkonzeption, Automatisierungstechnische Praxis a t p 28 (1986) 8 S. 390 - 393

[2] PROCONTROL P - Prozessleitsysteme für Kraftwerke, Systemübersicht BBC-Druckschrift D GK 1331 86 D

[3] Dipl.-Ing. G. Faust, BBC-PROCONTROL P - Leittechnik im Block 7 des Wärmekraftwerkes Heilbronn, Brown Boveri Technik 74 (1987) 2 S. 84 - 94

SYSTEMTECHNISCHE LÖSUNGEN

AUTOMATION DER HAMBURGER WASSERWERKE

Assb Dipl-Ing. D. Hünerbein, Hamburger Wasserwerke GmbH, Mönckebergstr. 8, 2000 Hamburg 1
Dipl.-Ing. F. Mailänder, Automation Consult GmbH, Kirchfelder Weg 46 a, 5600 Wuppertal 11

1. Allgemeines

Die Hamburger Wasserwerke GmbH (HWW) versorgt etwa 2 Mio. Menschen in der Freien Hansestadt Hamburg und im Hamburger Umland mit Trinkwasser. Daneben betreibt sie die öffentlichen Frei- und Hallenbäder Hamburgs.
Das Rohwasser von ca. 140 Mio m^3/Jahr wird in 20 Grundwasserwerken, von denen 14 in Hamburg, 4 in Schleswig-Holstein und 2 in Niedersachsen liegen, gewonnen und aufbereitet und über ein 5.400 km langes, vermaschtes Rohrnetz den Verbrauchern zugeführt (siehe Bild 1). Das Versorgungsgebiet gliedert sich in fünf größere Versorgungszonen, die über regelbare Schieber und Pumpwerke miteinander korrespondieren, da Gewinnung und Verbrauch in den einzelnen Zonen nicht immer ausgeglichen sind. Erste gute Erfahrungen auf dem Gebiete der Automation sammelte die HWW Anfang der siebziger Jahre mit der Vollautomation des Hauptpumpwerkes Rothenburgsort (1). Um eine optimale Bewirtschaftung der begrenzten und umweltgefährdeten Grundwasservorkommen, die Einsparung von Energiekosten, einen sicheren und wirtschaftlichen Betrieb und ein Humanisierung der Arbeitsplätze zu erreichen, wurde von den HWW die Optimierung der Wasserversorgung in einem Ballungsraum beispielhaft aufgenommen. Der Bundesminister für Forschung und Technologie (BMFT) hat dieses Vorhaben mit 7 Mio. DM gefördert. Das Forschungs- und Entwicklungsvorhaben "Demonstration des optimalen Verbundes der Trinkwasserversorgung in einem Ballungsraum mittels Prozeßrechner" wird von der Gesellschaft für Kernforschung mbH (GFK) als Projektträger Wassertechnologie überwacht.

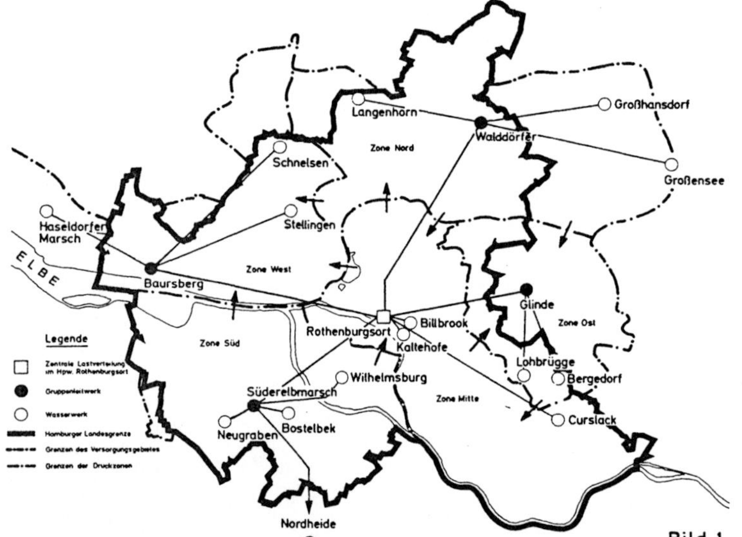

Bild 1

Um die bis zu 15.000 Datenpunkte verwalten und handhaben zu können, ist ein in sich geschlossenes und modularisiertes Hard- und Softwaresystem geschaffen worden (2). Die unterschiedlichen Aufgaben sind soweit wie möglich in einzelne autonome Subsysteme aufgeteilt, welche je nach Bedarf und Anforderung in den entsprechenden Stufen kombiniert worden sind. Die Selbständigkeit jedes Moduls soll eine übersichtliche Dezentralisierung und flexible Lösungen der individuellen Problemen erlauben.

2. Struktur der Versorgung

Die größte Anzahl der Wasserwerke sind in der Struktur ihres Aufbaues gleich. Das Rohwasser wird vorwiegend aus Tiefbrunnen gewonnen, Be- bzw. Entgasungsaggregaten zugeführt und anschließend über Filteranlagen geleitet (siehe Bild 2). Behälter, die in ihrer Gesamtgröße etwa der halben Tagesmenge entsprechen, nehmen dann das Reinwasser auf, von wo es über Reinwasserpumpen dem Netz zugeführt wird. Die meisten Antriebe der 60 Reinwasserpumpen haben konstante Drehzahlen. Nur wenige Pumpen in der Zone Mitte, Nord und Ost sind mit drehzahverstellbaren Motoren ausgerüstet. In jeder Zone ist ein Werk, das sogenannte Gruppenleitwerk. Dieses ist hauptsächlich für die Druckhaltung bzw. für den Bedarfsausgleich zuständig. Die zentrale Leitwarte, hierarchisch über den Zonen angeordnet, befindet sich aus Zweckmäßigkeitsgründen in dem Hauptpumpwerk Rothenburgsort. Es ergibt sich also eine technische und auch verwaltungsmäßige hierarchische Gesamtstruktur, die sich in Hard- und Software wiederfindet.

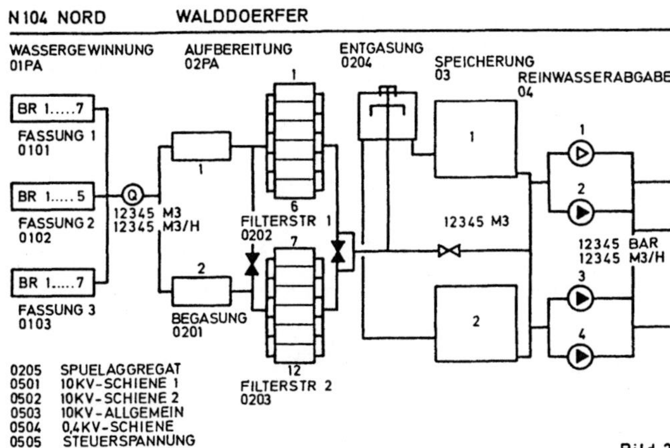

Bild 2

3. Rechnernetz und Automatisierungsebenen

Das Automatisierungssystem besteht aus 12 Prozeßrechnern und 35 Mikrorechnern, die über ein sternförmiges Netz miteinander verbunden sind (siehe Bild 3).
Das Automatisierungssystem ist in 3 Ebenen unterteilt: Zentrale, Zone, Werk. Je nach Bedeutung des Werkes und Anzahl der zu erfassenden Datenpunkte ist auf der untersten Ebene entweder ein Prozeßrechner mit mindestens 2 Mikrorechnern oder nur ein Mikrorechner installiert. In beiden Fällen haben die Mikrorechner die Aufgabe, den Informationsaus–

tausch mit dem Prozeß vorzunehmen. Da das Automatisierungssystem nachträglich in bereits laufende Werke integriert worden ist, bleiben die manuellen Steuerungsmöglichkeiten unverändert. Eventl. existierende Vorortautomatiken wurden dem System zu Nutze gemacht. Auf der Zonenebene sind stets Prozeßrechner vorhanden. Diese sind jeweils in den Gruppenleitwerken installiert und sind, bezogen auf die übrigen Zonenwerke, gleichzeitig für die Funktion der Werksrechner zuständig. Aus diesem Grunde sind sie auch mit Mikrorechnern ausgerüstet, die mit dem dortigen Prozeß gekoppelt sind.

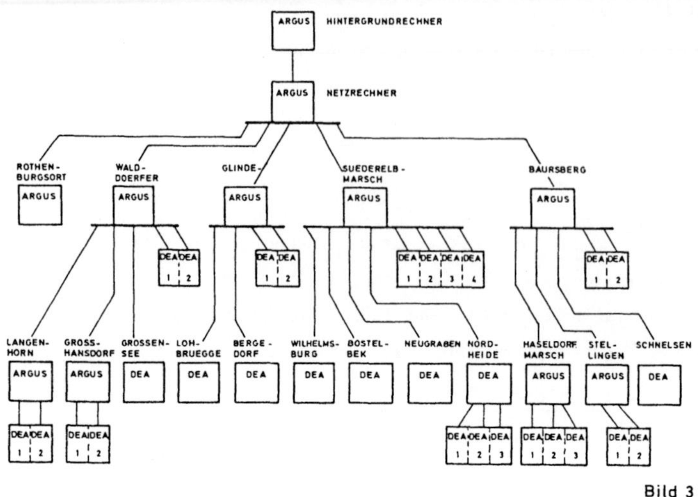

Bild 3

Auf der Zentralebene sind zwei Prozeßrechner installiert und zwar der Netz- und der Hintergrundrechner. Letzterer dient als Back up (Reserve) des Netzrechners. Im allgemeinen werden auf ihm jedoch Programmentwicklungen vorgenommen.

Z. Zt. sind 16 Wasserwerke an das Automatisierungsystem angeschlossen (siehe Bild 1). Der Anschluß der restlichen zur Zone Mitte gehörenden Werke ist in der Realisation bzw. in der Planung.

Alle Zonenübergänge, Druckzonen, Hochbehälter, Schieberschächte und Netzdruckmeßstellen sind galvanisch oder über Fernwirkanlagen an diejenigen Werke bzw. Gruppenleitwerke angebunden, denen ihre Überwachung bzw. Steuerung obliegt (3).

4. Datenbank

Die Güte eines Automatisierungssystemes wird im wesentlichen geprägt durch die Auswahl und die Anordnung der den Prozeß beschreibenden Daten. Die strikte Trennung von Daten und Programmen ist die Voraussetzung für das fehlerfreie Funktionieren des Automatisierungssystemes. Aus der Anwendersicht ist die bedeutenste Eigenschaft eines solchen Datenbanksystemes die Möglichkeit, auf Daten in komfortabler Weise allein auf basisinhaltliche Bezüge ohne Rücksichtnahme auf die physikalische Speicherorganisation zugreifen zu können. Die wichtigsten Daten des Systemes sind diejenigen, die die relevanten Elemente des Prozesses beschreiben. Unter diesen sind zu verstehen die analogen Meßstellen, Zähler, Meldungen, Aggregatteile (Stellenarmaturen, Pumpen, Gebläse, Schalter usw.), Aggregatgruppen (Brunnenfassungen, Filterstraßen usw.), Werksbereiche (Wassergewinnung, Aufbereitung, Reinwasserspeicherung usw.), Werke, Zonen, usw..

Das Datenbanksystem bildet zusammen mit dem Übertragungssystem die Basis der Anwendersoftware. Auf dieser baut die Bedienerkommunikation und die Verbundsteuerung auf.

Alle ein Prozeßelement beschreibenden Daten bilden eine Einheit, die mit dem Namen Prozeßobjekt bezeichnet wird. Prozeßobjekte, die die gleichen Objektdaten beinhalten, gehören demselben Objekttyp an.
Wie die realen Prozeßelemente, so stehen auch die Prozeßobjekte in einer bestimmten Beziehung zueinander. Die Meßstellen einer Klappe z. B. können als deren Töchter angesehen werden. Die Saugklappe, die Pumpe, die Druckklappe, der Förderstrom und der Pumpendruck haben eine gemeinsame Mutter und zwar die zugehörige Reinwasserpumpe. Diese Regel kann auf alle Prozeßobjekte angewendet werden. Das Objekt, das keine Mutter mehr hat (Gesamtverbund) ist die sogenannte Wurzel. Alle Objekte, die keine Töchter haben, sind die sogenannten Blätter. Sie beschreiben im allgemeinen Meßstellen.
In Bild 4 ist ein Ausschnitt aus der realisierten Objektstruktur dargestellt.

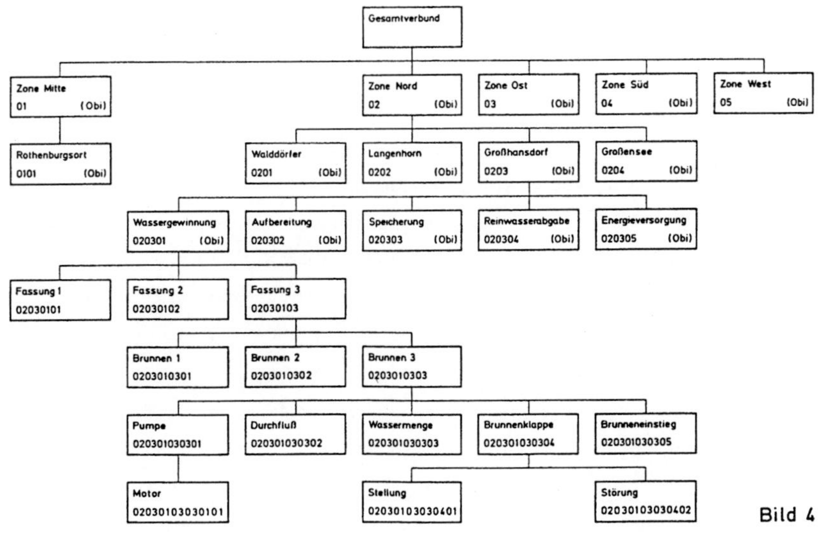

Bild 4

5. Bedienerkommunikation

Die Bedienerkommunikation definiert die Schnittstelle zwischen dem Automatisierungssystem und dem Bediener. Sie ermöglicht dem Bediener, bei gleichgestalteter Benutzeroberfläche auf allen Automatisierungsebenen mit dem Prozeß zu kommunizieren. Kommunikationsmittel sind alphanumerische und semigraphische Sichtgeräte.
Auf allen Ebenen sind die gleichen Kommunikationsfunktionen vorhanden. Die Höhe der Ebene definiert lediglich den Ausschnitt des zu überwachenden Prozesses. Auf der Werksebene wird das jeweilige Werk, auf der Zonenebene die Zone und alle Werke der Zone und auf der Zentralebene alle Zonenübergänge, alle Zonen und alle Werke überwacht.
Die Kommunikationsfunktionen können in verschiedene Gruppen unterteilt werden und zwar in die Funktionen zur

- Auskunftseinholung
- Objektdatenpflege
- Objektstrukturänderung
- Ereignisbehandlung
- Berichts- und Protokollbehandlung

KORRESPONDENZUEBERSICHT

FKT	FKT-BEZEICHNUNG
ME	AN/ABMELDUNG
SW	STOERG WICHTIG
SN	STOERG NORMAL
PA	PROZESSDAR ALNUM
DER	DRU EREIGNISSE
DBR	DRU BERICHTE
DBS	DRU BETRIEBSSTD
DBP	DRU BRU/FIL PROT
DFP	DRU F'PUMPENPROT
ABR	AEN BERICHTE
ABS	AEN BETRIEBSSTD
MB	MAGNETBAND

Bild 5

Mit Hilfe der Auskunftsfunktionen können alle aktuellen, archivierten und prognostizierten Informationen eines Prozeßobjektes in interaktiver Weise angewählt und entweder alphanumerisch oder graphisch dargegestellt werden (siehe Bild 5). Die Funktionen zur Pflege der Objektdaten erlauben die Änderung aller einem Objekt zugeordneten Daten. Mit Hilfe der Funktionen zur Objektstrukturänderung können Objekte ein- bzw. ausgebaut werden. Ereignisse melden die im Prozeß- bzw. Automatisierungssystem auftretenden Vorkommnisse. Sie können unterdrückt, auf gewünschte Ausgabeeinheiten geschaltet, in Quittungs- und Archivierungslisten gespeichert werden. Mit den Funktionen zur Behandlung der Berichte und Protokolle lassen sich diese aufbauen und ändern sowie deren Ausgabe veranlassen.

6. Verbundsteuerung

Im Gegensatz zu den Funktionen der Bedienerkommunikation sind die Funktionen der Verbundsteuerung auf jeder Automatisierungsebene und in jedem Rechner unterschiedlich.

Alle Funktionen, die mit der Verbrauchsaufteilung auf die Werke und Zonenübergänge zu tun haben, laufen auf den Ebenen der Zentralwarte und der Zonen ab. Das Steuerungssystem in den Werken umfaßt z. Zt. die Funktionen der Steuerungen und Regelung der Zonenübergänge und der Reinwasserpumpen sowie die Berechnung und Ausgabe von Empfehlungen der Brunnenschaltfolge, die Vorausberechnung der Filterspülzeitpunkte, die Minimierung der Schalthäufigkeiten der Reinwasserpumpen und die energieseitige Bestimmung der Leistungsgrenzen.
Während der Regelungsvorgang der Reinwaserpumpen closed loop erfolgt, werden für die Brunnen z. Zt. lediglich die Zu- und Abschaltzeitpunkte errechnet. Die eigentlichen Schalthandlungen werden dagegen noch von den Bedienern durchgeführt.
Je nachdem, ob ein Werk ein Druckregelwerk oder ein Grundlastwerk ist, ist eine Druck- oder eine Förderstromregelung installiert worden. Letztere entnimmt ihre Sollwerte einem Führungswertspeicher, der für die jeweils nächsten 24 Stunden je einen Förderstromwert enthält. Die Druckregelung bestimmt den zu liefernden Förderstrom aus der Abweichung von Ist- zu Solldruck des Werksausganges.

7. Verbrauchsaufteilung

Eine zentrale Aufgabe ist, die stündlichen Fördermengen, die von den Werken zu liefern und die zwischen den Verbrauchszonen auszutauschen sind, zeitgerecht zu bestimmen und sie als Sollvorgaben an die untergeordneten Regelungsfunktionen vorzugeben. Daher ist es notwendig, den Wasserverbrauch für die einzelnen Zonen zu prognostizieren. Es wurde als ausreichend angesehen, als Verbrauchswerte Stundenwerte zu bestimmen.
Als Prognoseverfahren ist das Verfahren des exponentiellen Glättens ausgesucht worden. Es ist im Vergleich zu anderen Verfahren sehr einfach und liefert ausreichend gute Ergebnisse. Plötzlich auftretende Veränderungen im Verbrauch werden durch einen besonderen Korrekturfaktor berücksichtigt, der das Verhältnis von prognostischem zu tatsächlichem Verbrauch der letzten vier Stunden beinhaltet.
Die Aufteilung der stündlichen Verbrauchswerte auf die Werke und Zonenübergänge wird in drei aufeinanderfolgenden Schritten durchgeführt:
Im ersten Schritt werden die Tagesmengen, die von den Werken zu erbringen und die von den Zonenübergängen in die benachbarte Zone zu fördern sind, in einem Optimierungsvorgang bestimmt.
In einem zweiten Schritt werden sodann die optimalen zwischen den Zonen auszutauschenden Tagesmengen auf Stundenmengen aufgeteilt. Die Aufteilung der optimalen Tagesmengen der Werke auf Stundenmengen wird schließlich in einem dritten Schritt durchgeführt. Hierbei wird das Ziel angestrebt, eine eingestellte Pumpenkombination möglichst lange laufen zu lassen, um Pumpenschaltungen zu minimieren.

8. Virtuelle Bedienbarkeit

Der Softwareersteller hat durch Einziehen einer allgemein gültig gestalteten Netzwerksebene die Voraussetzung dafür geschaffen, daß die verschiedenen Anwendungsfunktionen nicht nur von Ferne beobachtet, sondern auch getestet und verändert werden können. Hiermit sind ihm vor allem in der Inbetriebnahmephase große Zeit- und Kostenersparnisse entstanden.
Beispiel: Im Wasserwerk (Ww.) Haseldorfer Marsch befindet sich ein Systemingenieur (SI) zur Systempflege. Gleichzeitig tritt im Ww. Großhansdorf ein Werksalarm auf. Dieser Alarm wird dem SI per Telefon übermittelt. Dieser loggt sich nun virtuell über das Kommunikationssystem in Großhansdorf ein und kann somit den dortigen Prozeß betrachten und eine Fehleranalyse durchführen. Anschließend korrespondiert er mit dem Zentralrechner, um die dort vorhandenen Softwarewerkzeuge zu nutzen. Mit diesem Instrument wird der Fehler im Ww. Großhansdorf korrigiert.

9. Realisierung des Vorhabens

Um ein so umfangreiches Vorhaben zu realisieren, hat die HWW zur Durchführung der Gesamtaufgabe ein Phasenmodell entwickelt.

In einer ersten Phase mit dem größten betrieblichen Nutzen ist also zunächst eine zentrale Gesamtüberwachung und die zentrale Steuerung der Reinwasserabgabe verwirklicht worden. Die vorhandenen Reinwasserbehälter als Puffer zwischen Verbrauch und Erzeugung erlauben diese Verfahrensweise.
In den nachfolgenden Phasen sollen sukzessiv die Aufbereitungs- und die Rohwassergewinnungsanlagen durch moderne elektronische Automatisierungstechnik ausgestattet werden. In der Endphase soll ein dynamisches Grundwasserbewirtschaftungsmodell entwickelt und integriert werden.

10. Kosten-Nutzenbetrachtung

Der erste Entwurf sah Gesamtkosten von rd. 16 Mio. DM vor. Zwischenzeitlich mußte die Kostenschätzung um rd. 10 Mio. DM nach oben revidiert werden. 40 % der Kosten wurden in ein neues betriebseigenes Kabelnetz investiert. Die übrigen Mittel verteilen sich zu je einem Drittel auf Prozeßankopplung, Hard- und Software (4).

Durch die zentrale Überwachung und Steuerung aller Arbeitsvorgänge ist mit den zentral vorliegenden aktuellen Informationen ein optimaler, sicherer und damit auch wirtschaftlicher Betrieb gegeben. Hierdurch werden Energiekosten eingespart.
Durch diese schnelle Information an zentraler Stelle und durch den closed-loop-Betrieb werden Bedienungsfehler vermieden und die Anlagen effektiver gefahren. Außerdem wird eine bessere betriebliche Verfügbarkeit der Anlagen und ein besserer Gesamtwirkungsgrad erreicht.

Literatur

(1) Hünerbein, D., Schönfelder, H.-E., Lose, H.-G., Brekow, W.: "Zentralsteuerung des Hauptpumpwerkes Rothenburgsort". gwf-wasser/abwasser 120 (1979), Heft 11, S. 513 - 518.

(2) Hünerbein, D.: "Steuerung und Überwachung von Wasserwerken mit Automatisierungssystemen". gwf-wasser/abwasser 127 (1986), Heft 4, Seite 167 - 174.

(3) Mailänder, F.: "Rechnerunterstützung zur Optimierung eines Wasserverbundes." 1986 - unveröffentlicht

(4) Hünerbein, D.: "Demonstration des optimalen Verbundes der Trinkwasserversorgung in einem Ballungsraum mittels Prozeßrechner". DVGW-Schriftenreihe Wasser Nr. 104, Eschborn 1982, S. 17 - 25.

EIN VERTEILTES SYSTEM ZUR ECHTZEITINTERPRETATION VON STRAßENSZENEN FÜR DIE AUTONOME FAHRZEUGFÜHRUNG+

B. Mysliwetz, E.D. Dickmanns
Fakultät für Luft- und Raumfahrttechnik
Universität der Bundeswehr München, 8014 Neubiberg

ABSTRACT

Ein effizientes, verteiltes Verarbeitungskonzept zur visuellen Erfassung und Verfolgung von Fahrbahnrändern durch ein autonomes, durch Rechnersehen geführtes Experimentalfahrzeug wird vorgestellt. Hauptziel der dargestellten Arbeiten ist die Verbesserung der Erkennungssicherheit und Robustheit der Fahrbahnerfassung während der Fahrt unter ungünstigeren, 'natürlichen' Bedingungen wie z.B. bei Schattenflecken auf der Fahrbahn oder bei unregelmäßigen Fahrbahnbegrenzungskanten. Die Systemarchitektur, der modellgestützte Interpretationsansatz und die erzielten experimentellen Ergebnisse werden erläutert. Alle Teilfunktionen der Fahrbahnranderkennung wie lokale Kantenextraktion, Merkmalsaggregation und Kamera-Blickrichtungssteuerung werden dezentral auf einem Multiprozessorsystem ausgeführt.

1. EINFÜHRUNG

Das Institut für Systemdynamik und Flugmechanik der Universität der Bundeswehr München betreibt seit etwa zwei Jahren ein Versuchsfahrzeug für Autonome Mobilität und Rechnersehen. Neben den Integrationsarbeiten lag der Schwerpunkt der Aktivitäten auf den Gebieten der Fahrzeugmodellierung und -regelung sowie der Bestimmung von Straßenverlaufsparametern [1,2]. Ausgedehnte, voll autonom gesteuerte Versuchsfahrten mit Geschwindigkeiten bis zu 96 km/h unter guten Fahrspur-Sichtbarkeitsverhältnissen wurden im August 1987 auf einem (noch nicht öffentlichen) Autobahnteilstück demonstriert.

Das Hauptaugenmerk der hier vorgestellten, laufenden Arbeiten richtet sich auf die Verbesserung der Zuverlässigkeit und Robustheit der Fahrbahnverlaufserkennung auch ohne deutliche Markierungslinien sowie unter ungünstigeren, 'natürlichen' Licht- oder Kontrastverhältnissen. In diesem Zusammenhang werden auch Aspekte einer verteilten Implementation auf einem Multiprozessorsystem behandelt. Der angewandte modellgestützte Ansatz nutzt eine hierarchische Verarbeitungsstruktur. Auf unterer Verarbeitungsebene werden durch mehrfache, lokale Kantenextraktion redundante aber auch mehrdeutige Merkmalsbeschreibungen erzeugt. Auf einer hierarchisch höheren Verarbeitungsebene werden anhand eines internen Szenenmodells Kantenelemente aus dem extrahierten, redundanten Satz potentiell passender 'Kantenelement-Kandidaten' ausgewählt. Die Anpassung der Modellparameter erfolgt dann nur unter Berücksichtigung der selektierten Meßwerte. Aufgrund der aus dem Modell abgeleiteten Referenz-Kantenpositionen im Bild für den nächsten Verarbeitungsschritt sind auf unterer Verarbeitungsebene nur bildausschnittsweise, geführte Bildverarbeitungsoperationen notwendig und keine Ganzbildoperationen, was zu einer erheblichen Datenreduktion beiträgt.

+Die Arbeiten werden im Rahmen des Verbundprojekts 'Autonom mobile Systeme' (AMS) vom BMFT gefördert.

Die verschiedenen in der Literatur beschriebenen Ansätze zur Fahrbahnerkennung lassen sich grob untergliedern in a) Kantenextraktion in Grauwertbildern, b) flächenorientierte Segmentierung in Grauwertbildern und c) Segmentierung in Farbbildern [3,4,5]. Das hier angewandte Verfahren entspricht auf der reinen Bildverarbeitungsebene der erstgenannten Methode. Obwohl reine Grauwert-Kantenoperationen unvermeidlicherweise empfindlich gegenüber Störeinflüssen durch Schatten oder geringen Kontrast sind, erwies sich dieses Verfahren in Kombination mit einem sehr einfachen Modell, welches die räumlich-zeitlichen Kontinuitätsbedingungen der Fahrzeugbewegung als auch des Straßenverlaufs angenähert miteinbezieht, als effizient und durchaus robust.

Das interne Szenen- oder Prozeßmodell wird den Veränderungen des Fahrbahnbildes während der Fahrt nachgeführt. Die Abweichungen der im jeweils neuen Bild gemessenen Kantenpositionen von den bisherigen Referenzpositionen werden zur Anpassung der Modellparameter benutzt. Die derzeitige Implementationsstufe beinhaltet (noch) keinen expliziten Extrapolationsschritt über ein dynamisches Modell der Fahrzeug- und Kamerabewegung. Das 'Korrespondenzproblem', d.h. das Wiederfinden der selben Merkmale in aufeinanderfolgenden Bildern der Sequenz, ist jedoch hier - bei langsamen Fahrgeschwindigkeiten und nicht zu abrupten Fahrzeug-Gierbewegungen - wegen der hohen Verarbeitungs-Zyklusfrequenz von 30 Hz noch nicht signifikant.

Die Kenntnis des internen 'Fahrbahn-Referenzbildes' durch das Modell ermöglicht, aus einem redundanten Satz ungenauer und mehrdeutiger Kantenpositions-Meßwerte die besten auszuwählen, was wiederum eine genauere Bestimmung der Modellparameter erlaubt. Inkonsistente Meßwerte können ausgesondert werden, sogar fehlende Meß-Information kann zeitweise kompensiert werden.

In Grenzen vergleichbare Arbeiten zur visuellen Fahrbahnerfassung für die autonome Fahrzeugführung werden im Rahmen des 'Autonomous Land Vehicle' (ALV) Projekt an mehreren Stellen in den USA durchgeführt. Die dort derzeit erzielten Zykluszeiten der Szeneninterpretation liegen jedoch in der Größenordnung von mehreren Sekunden und stellen damit noch eine erhebliche Dynamikbeschränkung dar. Der Einsatz leistungsfähigerer Multiprozessorsysteme (z.B. des 'WARP' [10]) zur Szenenauswertung ist in Vorbereitung.

2. SYSTEM-KOMPONENTEN

Das Experimentalfahrzeug basiert auf einem verkehrszugelassenen, umgerüsteten D 508 Kastenwagen (Abb. 1) mit bordeigenem Stromaggregat, Stellgliedansteuerungen und Einbaumöglichkeiten für Rechner und eine Kameraplattform. Über ein Parallelinterface sind die Stellglieder für Lenkung, Gas und Bremse durch das Bordrechnersystem ansteuerbar sowie entsprechende Messwerte abrufbar.

Eine schrittmotor-getriebene Zweiachs-Plattform, in der Fahrzeugmitte unmittelbar hinter der Frontscheibe angebracht, dient zur Blickrichtungssteuerung zweier CCD-Halbleiterkameras (Abb. 2). Mit Objektiven unterschiedlicher Brennweite ausgerüstet, kann so eine Straßenszene im Weitwinkelbild auf die Fahrbahn-Begrenzungskanten hin analysiert werden, während im Telebild in größerer Vorausschau Hindernisse erfasst werden sollen. Zur Randlinienerfassung im Nahbereich bis ca. 20 m voraus wird derzeit nur eine Kamera eingesetzt. Die gesamte Datenverarbeitung für die Bildanalyse als auch für die Fahrzeugregelung erfolgt durch das verteilte Bordrechnersystem.

Abb. 1: Das Versuchsfahrzeug für autonome Mobilität und Rechnersehen (VaMoRs).

Abb. 2: Die Kameraplattform im Fahrzeug

Die Möglichkeit der Blickrichtungssteuerung erlaubt eine aktive Merkmals-Suche und Verfolgung. Dies wird sowohl in einer anfänglichen Orientierungsphase als auch zur kontinuierlichen Fahrbahnrand-Verfolgung während des Fahrens genutzt (zu einem gewissen Grad kann damit auch Bewegungsunschärfe aufgrund von Fahrzeug-Gierbewegungen reduziert werden). Die Kamera behält so die vorausliegende Fahrbahn in etwa zentriert im Blickfeld, auch bei Richtungsänderungen oder Mittenablagen des Fahrzeugs oder bei Einfahren in eine Kurve. Ein kreiselgestützter Stabilisierungsmodus ist in Vorbereitung, um kurzzeitige Nicklage-Störungen aufgrund von Straßenunebenheiten bei höheren Geschwindigkeiten ausgleichen zu können. Derzeit wird die Kamera-Nicklage nur in der Initialisierungsphase verändert um den Vorausschaubereich zu variieren.

2.1 DAS MULTIPROZESSOR-SYSTEM

Das Bordrechnersystem des Fahrzeugs besteht aus einem IBM IC (Industrieversion des IBM AT-02) als Hostrechner sowie dem eigentlichen Multiprozessor BVV2 [6,7]. Letzeres basiert auf Multibus I Einplatinenrechnern mit der 8086 CPU, wobei der Ausbau mit bis zu 16 Prozessoren möglich ist. D.h. es werden weitgehend industrielle Standardkomponenten eingesetzt. Im Rahmen der zunehmenden Verlagerung von Rechenlast auf den Multiprozessor werden derzeit auch leistungsfähigere Einplatinenrechner basierend auf der 80386 CPU integriert.

Kernpunkt für die Echtzeitfähigkeit des Systems ist die lose gekoppelte (MIMD) Multiprozessorarchitektur in Verbindung mit der gleichzeitigen Verarbeitung nur weniger, signifikanter Bildausschnitte (Fenster) einer Szene durch zugeordnete 'Parallel-Prozessoren' (PP). Diese bildverarbeitenden Prozessoren können über eine schnelle Zugriffslogik unabhängig voneinander digitalisierte Bildfensterdaten im lokalen Adressbereich zugreifen und verarbeiten. Die Bilddaten werden im 60 Hz Bildtakt mit 8 Bit Grauwertauflösung digitalisiert. Die Fensterlage und -größe im 256 x 244 Pixelraster sind per Software einstellbar. Durch die mehrfache, verteilte Bildzugriffsmöglichkeit wird der bei konventionellen Bildverarbeitungssystemen mit zentralem Bildspeicher auftretende Flaschenhals beim Bilddatenzugriff vermieden.

Ein weiteres Hauptmerkmal bildet der flexible, auf Nachrichtenaustausch basierende Interprozessor-Kommunikationsmechanismus. Mit Hilfe der Kommunikations-Dienstroutinen des verteilten, weitgehend in PLM86 geschriebenen, Betriebssystemkerns kann die Verarbeitungsstruktur durch ladbare, in Hochsprache erstellte Anwendersoftware bestimmt werden. Somit können aufgabenspezifisch kooperierende Prozessorgruppen gebildet werden. Im hier vorgestellten Anwendungsfall besteht eine solche Prozessorgruppe aus mehreren PPs zur Kantenextraktion auf unterer Ebene, koordiniert durch einen weiteren, übergeordneten Prozessor auf dem die modellgestützte Szeneninterpretation ausgeführt wird. Bei Verarbeitungs-Zykluszeiten von ca. 33 ms sind hierbei Kommunikationszeiten von ca. 300 μs pro Nachricht typisch, d.h. die Kapazität des (einzigen) globalen Systembus ist selbst bei zehn und mehr gleichzeitig kommunizierenden Prozessoren bei weitem noch nicht gesättigt.

Änderungen der Hardwarekonfiguration, z.B. nach Einstecken weiterer Prozessorkarten, werden in der Initialisierung vom Nachrichtensystem automatisch erkannt und erfordern keinen weiteren Bedienereingriff. Das Nachrichtensystem paßt sich auch unterschiedlichem Kommunikationsbedarf der einzelnen Prozessoren flexibel an.

Elementare Systemfunktionen, wie z.B. das Laden und die Ablaufkontrolle von Anwenderprogrammen sowie ein Teil des Nachrichtensystems, existieren EPROM-resident auf allen Prozessoren. Der Großteil der über 40 Dienstfunktionen, z.B. für Bilddatenzugriff, Nachrichtenaustausch und formatierte Terminalausgabe, wird jedoch in Form einer Bibliothek von Laufzeitroutinen zum Anwenderprogramm gebunden und geladen, was die Softwarepflege und -erweiterbarkeit erheblich vereinfacht.

Die Steuerung der Kamerablickrichtung (Ausführen der Zustandsregleralgorithmen, Stellwertberechnungen) erfolgt durch einen weiteren, ausschliesslich dieser Funktion zugeordneten Spezial-Prozessor, der aber ebenso wie alle anderen PPs in das Nachrichtensystem integriert ist. Auch die Ansteuerung der Fahrzeugstellglieder sowie das Einlesen von Fahrzeug-Meßwerten kann durch einen zugeordneten Prozessor mit entsprechender Schnittstelle erfolgen (bei den autonomen Fahrten erfolgte die Fahrzeug-Reglerberechnung und Stellgliedansteuerung durch den Hostrechner und nur die reine Merkmalsextraktion auf dem Multiprozessorsystem).

Der Hostrechner wird in der hier diskutierten Anwendung zur Programmentwicklung im Labor, sowie zur Echtzeit-Datenaufzeichnung und als Massenspeicher während Versuchsfahrten eingesetzt. Der Datenaustausch mit dem Multiprozessorsystem erfolgt über IEC-Bus. Totzeiten bei der IEC-Bus-Kommunikation sowie die begrenzte Rechenleistung des IBM IC legen die weitgehende Verlagerung von rechenzeit- und kommunikationsintensiven Aufgaben auf den Multiprozessor nahe, um dessen leicht erweiterbare Leistung und schnelle Kommunikationsmechanismen effizient nutzen zu können.

Die verschiedenen Aufgabengruppen sind folgendermaßen entsprechenden Prozessortypen zugeordnet (s. auch Abb. 4):

SP: Zentraler 'System-Prozessor', bildet Verbindung zu Hostrechner, führt Nachrichtenaustausch, Terminalausgaben sowie Systemverwalterfunktionen aus.

PP: Bildverarbeitender 'Parallel-Prozessor' mit Zugriff auf den Videobus, mehrfach vorhanden.

GP: 'General Purpose' Prozessor, mit Arithmetik-Coprozessor, ohne Bilddaten-Zugriff, z.B. zur Koordination einer untergeordneten PP-Gruppe, evtl. mehrfach vorhanden.

CP: 'Control' Prozessor, zur Stellglied-Ansteuerung. Besitzt Schnittstellen zu der jeweiligen externen Stellglied-Hardware.

3. MODELLGEFÜHRTE, GERICHTETE KANTENEXTRAKTION

Herkömmliche, rein signalorientierte Kantenextraktionsverfahren für Grauwertbilder berücksichtigen nicht evtl. vorhandene Vorkenntnisse über die Szene. Dadurch werden z.B. tatsächliche Objektumrisse gleichermaßen wie 'falsche' Schattenkanten extrahiert. Auch Verrauschung oder Textur, wie sie in natürlichen Szenen unvermeidlich sind, beeinträchtigen die Extraktionsgüte erheblich. Selbst optimierte Algorithmen können auf Signalebene auftretende Mehrdeutigkeiten nicht beheben. Dies verdeutlicht die Notwendigkeit, mehr Vorwissen oder geeignete Leitmechanismen mit der Kantenextraktion zu verbinden, um unter ungünstigen Bedingungen mit hohen Störanteilen auftretende Mehrdeutigkeiten und Unsicherheiten kompensieren zu können.

Selbst eine so einfache, dominante Kantenkonstellation wie die beiden, aufgrund der Perspektive in zunehmender Entfernung zusammenlaufenden Fahrbahnbegrenzungen, kann unter 'natürlichen' Bedingungen erheblichen Störungen ausgesetzt sein: Aufgrund von Schatten können ausgeprägte Kanten quer zu den Randlinien laufen, durch Seitenbebauung können zu den Randlinien parallel versetzte Kanten existieren oder abschnittsweise, z.B. wegen zu geringem Kontrast, auch keine Kanten erkennbar sein. Hinzu kommen noch Einflüsse durch Textur der Fahrbahnoberfläche und Bewegungsunschärfe aufgrund von Fahrzeugbewegungen (Abb. 3a). Der für natürliche Lichtverhältnisse zu geringe Helligkeitsdynamikbereich der CCD-Kameras stellt eine generelle, zusätzliche Problematik dar; speziell Reflexe oder Gegenlichtsituationen sind derzeit sensorbedingt nicht handhabbar.

Werden auf der Ebene der Merkmalsextraktion Unsicherheiten und Mehrdeutigkeiten ausdrücklich akzeptiert, über die auf einer höheren Modellebene entschieden werden soll, so lassen sich auch unter nicht idealen Bedingungen einfache und schnelle Algorithmen einsetzen. Die Behandlung von Mehrdeutigkeiten auf der hierarchisch übergeordneten Verarbeitungsebene anhand eines geeigneten Szenenmodells erfordert dann aber, daß durch die Merkmalsextraktion keine essentielle Information unterdrückt wird oder verloren geht. Dies wird jedoch meistens der Fall sein, wenn aufgrund rein lokaler Kriterien optimale Merkmale extrahiert werden. Die sinnvolle Verteilung von 'Entscheidungskompetenz' zwischen der Merkmalsextraktionssebene und der modellgestützten Interpretations-Ebene ist somit von entscheidender Bedeutung.

Ausgehend von einer Initialisierungsphase sind während des Fahrens die ungefähren Soll-Lagen der Fahrbahnbegrenzungskanten im Bild aus den Modellparametern bestimmbar. Damit kann die lokale Kantenextraktion gezielt von der Interpretations-Ebene aus gesteuert werden. D.h. die erwarteten Kantenpositionen sowie deren Richtungen im Bild werden von 'oben' vorgegeben. Von 'unten' wird jeweils ein Satz kompakter Merkmalsbeschreibungen für mehrere in Frage kommende Kantenelemente mit vorgegebener (Abb. 3b) als auch mit leicht unterschiedlicher Orientierung (Abb. 3c) in einem gewissen Sektor um die vorgegebene Suchrichtung zurückgesendet. Pro Fenster werden maximal vier verschiedene Kantenelement-Kandidaten ermittelt, so daß bei sechs Auswertefenstern bis zu 24 Kantenelemente der Interpretations-Ebene angeboten werden. Nur die den Referenzpositionen am nächsten liegenden Kantenelemente des jeweiligen Fensters werden selektiert und gehen in die Berechnung der neuen Modellparameter ein.

Das eingesetzte Kantenextraktionsverfahren beruht auf der Korrelation des ausgewählten Bildbereiches mit einer gerichteten (Einheits-Grauwertsprung-) Kante als Referenzmuster. Eine sehr effiziente, auch auf einem konventionellen Mikroprozessor echtzeitfähige, Realisierung dieses Verfahrens wurde in [8] vorgestellt. Hierbei sind keine Multiplikationen zur Maskenauswertung erforderlich; stattdessen werden schnelle Additions- und Tabellenoperationen eingesetzt. Eine im Rahmen der hier beschriebenen Anwendung speziell für verrauschte und unregelmäßige Kanten weiterentwickelte Version dieser Kantenoperatoren benutzt 16 verschieden orientierte Maskensätze und erreicht damit eine Kanten-Richtungsauflösung von ca. 11 Grad. Sehr ähnliche, gerichtete Operatoren zur Kantenextraktion wurden z.B. auch in [9] diskutiert, allerdings unter Optimierungsgesichtspunkten bzgl. der Operatorform und -weite und ohne Berücksichtigung von Laufzeit- und Implementationskriterien.

Abb. 3a: Ursprüngliche Straßenszene (Bildschirmdarstellung mit reduzierter Grauwertauflösung) mit Schatten und unregelmäßigen Randlinien.

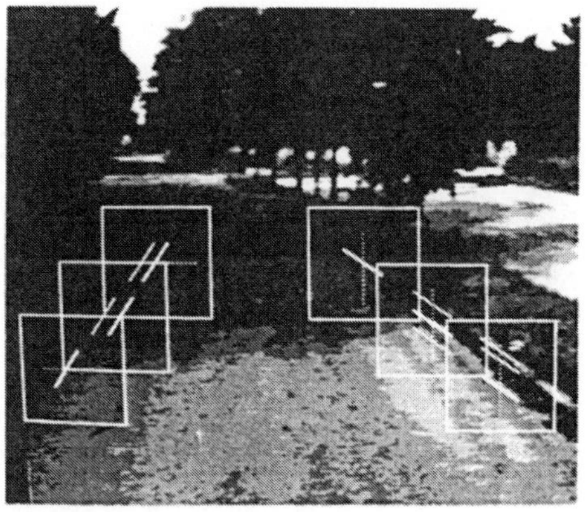

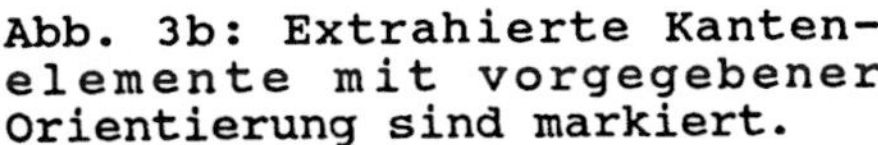

Abb. 3b: Extrahierte Kantenelemente mit vorgegebener Orientierung sind markiert.

Abb. 3c: Wie 3b, jedoch sind weitere Kantenelemente mit leicht unterschiedlicher Richtung angezeigt. Über den oberen beiden Fenstern ist der Verlauf des lokalen, gerichteten Grauwert-Gradienten eingeblendet.

Die derzeit realisierte Verarbeitungsstruktur zur Fahrbahnerfassung ist in Abb. 4 auf der linken Seite dargestellt. Mit einer äquivalenten, koordinierten Prozessorgruppe, wie rechts dargestellt, sollen Ansätze zur Hinderniserkennung im Bild der zweiten Kamera untersucht werden. Die Entwicklung geeigneter merkmalorientierter Suchstrategien hierfür wird ein Schwerpunkt zukünftiger Arbeiten sein.

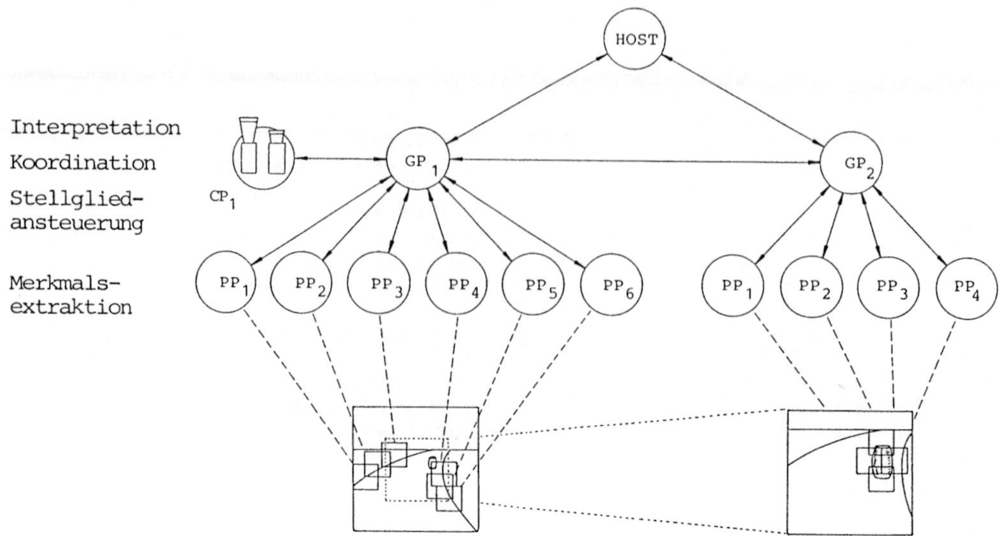

Abb. 4: Die Verarbeitungsstruktur für die Fahrbahnerfassung (linke Gruppe) sowie für die Hinderniserkennung (rechte Gruppe, in Entwicklung).

4. DIE INTERPRETATIONS-EBENE

Der Interpretationsprozeß stützt sich auf eine einfache, zeitvariable Modelldarstellung der Szene, in die die Fahrbahngeometrie bzw. die Kameraposition und -ausrichtung relativ zur Fahrbahn eingeht. Die Meßgleichungen aus [2] übernehmend, wird die Lage der Randlinien im Bild maßgeblich durch die folgenden drei zeitvariablen Parameter bestimmt (Abb. 5):

- y_v Seitenablage des Fahrzeugs von der Fahrbahnmitte
- ψ_k Kamerablickrichtung relativ zur Fahrbahn
- c_o horizontale (mittlere) Fahrbahnkrümmung .

Die Modellparameter werden einerseits über die Abbildungsgesetzmäßigkeiten (Meßgleichungen) aus den Kantenkonstellationen im Bild bestimmt. Sie dienen andererseits, unter Hinzunahme von Kontinuitätsbedingungen, aber auch rückwirkend zur Stabilisierung und Steuerung des Meßprozesses (Merkmalsextraktion). Es wird angenommen, daß während des Fahrens auftretende Lage- und Neigungsänderungen der Fahrbahnbegrenzungslinien im Bild entweder auf Giermanöver oder seitliche Ablagen des Fahrzeugs von der Fahrbahnmitte zurückzuführen sind oder von Richtungsänderungen der Straße herrühren. Die folgenden Annahmen gelten für das Fahrbahnmodell:

- Die Fahrbahn ist eben (bzw. vertikale Krümmungsanteile sind vernachlässigbar).
- Die Fahrbahnbegrenzungslinien verlaufen parallel in konstantem Abstand b.
- Die horizontale Fahrbahnkrümmung c_o wird abschnittsweise als konstant angesehen und gemittelt.

Die Einführung der Straßenkrümmung ($c_o = 1/R$, R = Kurvenradius) als Modellparameter wurde in [2] vorgeschlagen bzw. erstmals zur Fahrzeugführung angewandt, dort jedoch als Zustandsgröße über einen Kalman-Filter Ansatz bestimmt. Die horizontale Fahrbahnkrümmung stellt eine wichtige Information für die vorausschauende Seiten- und Längsführung bei höheren Geschwindigkeiten dar [1]. Darüber hinaus läßt sich mit den beiden Parametern Fahrbahnbreite b und Krümmung c_o der lokale Straßenverlauf sehr kompakt beschreiben.

Durch Fahrzeugmanöver auftretende horizontale Schwerpunktsablagen y_{SP} der Fenstergruppe (Abb. 6) von der vertikalen Bildmitte werden, umskaliert als Winkelablage, an den Steuerprozessor der Kameraplattform gesendet, der alles weitere für eine glatte Blickrichtungsnachführung übernimmt. So bleibt der Fahrbahnbereich voraus (weitgehend) zentriert im Blickfeld der Kamera. Im eingeschwungenen, aktiv zentrierten Zustand, ist damit die Kamerablickrichtung direkt abhängig von y_V und c_o über die Bedingung $y_{SP}= 0$.

Die beiden Modellparameter y_V und c_o werden über gewichtete Gauß'sche Ausgleichsrechnung mittels zweier überbestimmter Gleichungssysteme berechnet (aus 6 selektierten Kantenpositionsmeßwerten). Da in der vorliegenden Implementationsstufe die genaue Fahrzeugbewegung (noch) nicht explizit über ein dynamisches Modell in die Auswertung mit eingeht, werden die räumlich-zeitlichen Kontinuitätsbedingungen denen die Modellparameter-Änderungen unterworfen sind, durch Tiefpaßfilterung der Gauß'schen Schätzwerte mit geeigneten Zeitkonstanten angenähert.

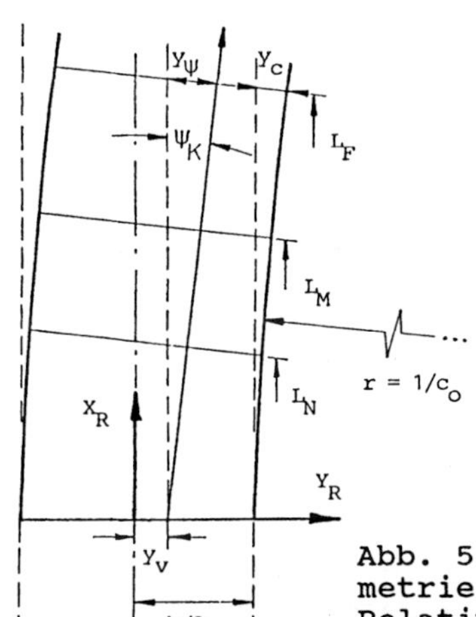

Abb. 5: Fahrbahngeometrie und Beobachter-Relativposition.

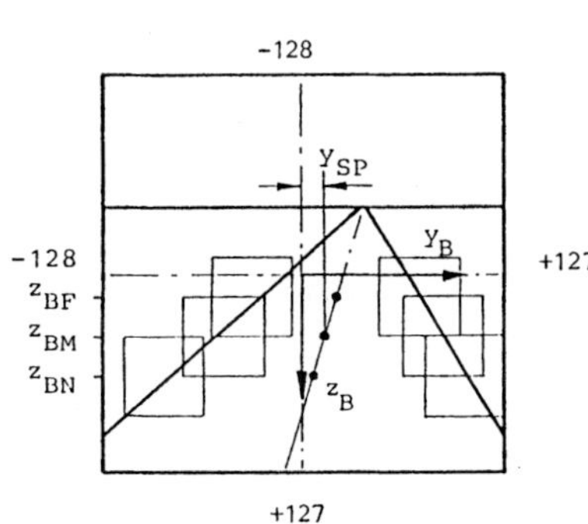

Abb. 6: Die Fenstergruppe im Bildkoordinatensystem.

Für die Straßenrandlinienverfolgung wird der Kamera-Nickwinkel sowie die vertikale Fensterposition im Bild derzeit konstant gehalten. Nicklageänderungen des Fahrzeugs werden bei ebener Fahrbahn sowie den relativ niedrigen Geschwindigkeiten als vernachlässigbar klein angesehen, d.h. bei bekannter vertikaler Fensterkoordinate z_B wird die zugehörige Vorausschauentfernung L als konstant angenommen.

Der genaue Rechengang ist in [11] detailliert beschrieben. Zusammengefaßt ergeben die folgenden Schritte einen Verarbeitungszyklus auf der Interpretationsebene:

1. Berechnung der sechs Kanten-Referenzpositionen im Bild basierend auf den letzten Werten der Modellparameter sowie Nachsetzen der Fenster auf die neuen Sollpositionen.
2. Selektion der sechs Kantenelemente aus einem neuen Satz redundanter Messungen, die den Referenzpositionen im Bild am nächsten liegen.

3. Berechnung der gewichteten Gauß'schen Schätzwerte aus den selektierten Kantenpositionsmeßwerten.
4. Tiefpaßfilterung der Gauß'schen Schätzwerte mit unterschiedlichen Zeitkonstanten ergibt die neuen, den Szenenveränderungen angepaßten Modellparameter.

Gleichzeitig dazu wird die Blickrichtungsnachführung und Kantenextraktion ausgeführt, sowie der notwendige Nachrichtentransport abgewickelt.

5. ERGEBNISSE

In Fahrversuchen wurde die Fahrbahnbegrenzungserfassung und -verfolgung unter streckenweise schwierigen Licht- und Kontrastverhältnissen durch Schatteneinfluß auf einer Straße ohne Fahrbahn-Markierungslinien getestet. Das Fahrzeug wurde dabei manuell bei Geschwindigkeiten zwischen 10 und 20 km/h, teilweise in Schlangenlinien mit Ablagen von mehr als einem Meter um die Fahrbahnmitte gesteuert, um die Erkennungsrobustheit und Nachführdynamik zu erproben.

Die Abbildungen 7.a,b zeigen die Verläufe von realen Kantenpositionsmeßwerten, die während einer Versuchsfahrt aufgenommen wurden. Die Meßwerte stammen aus Bildbereichen, die von zwei Fenstern auf dem rechten Fahrbahnrand im fernen bzw. nahen Vorausschaubereich erfaßt werden (s. Abb. 3). Zum Zeitpunkt T = 7s fährt das Fahrzeug an und beschleunigt in einer weiten Linkskurve auf eine Geschwindigkeit von etwa 5 m/s zum Zeitpunkt T = 40s.

In Abb. 7.a werden die Zeitverläufe der ursprünglichen, mehrdeutigen Meßwerte (punktierte Linien, für je zwei 'Kantenelement-Kandidaten' pro Fenster) sowie die der daraus ausgewählten Meßwerte (durchgezogene Linien) dargestellt. Abb. 7.b zeigt die selektierten Meßwerte (punktierte Linien) im Vergleich mit den aus den tiefpaßgefilterten Modellparametern resultierenden Schätz- oder Referenz-Kantenpositionen (durchgezogene Linien).

Die störungsreduzierende Wirkung der beiden Verarbeitungsstufen Merkmals-Selektion bzw. Modellparameterschätzung ist deutlich zu erkennen. Allein schon der Selektionsschritt kompensiert den größten Teil der Meßwertstreuung in der Größenordnung von über ±10 Pixel. Da derzeit die genaue Fahrzeugbewegung, wie sie über ein dynamisches Fahrzeugmodell aus bekannten Steuergrößen berechnet werden kann, noch nicht miteinbezogen wird, kann der Fahrbahnverfolgungs-Prozeß abhängig von den jeweiligen lokalen Licht- und Kontrastverhältnissen durch zu abrupte Fahrzeug-Giermanöver überfordert werden.

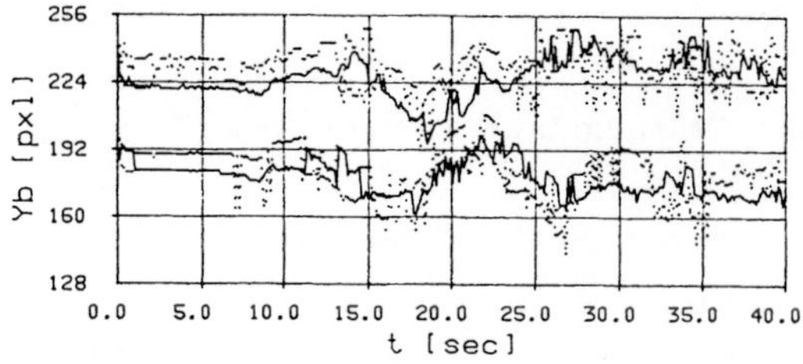

Abb. 7a Gemessene/selektierte Kantenpositionen.

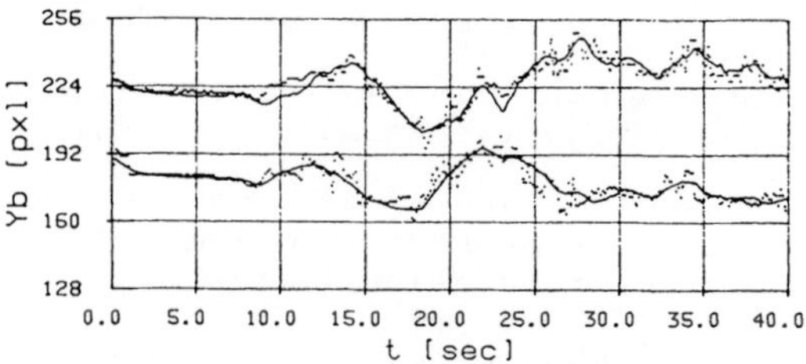

Abb. 7b Selektierte/geschätzte Kantenpositionen.

6. ZUSAMMENFASSUNG

Ein effizientes, verteiltes Verarbeitungskonzept zur Echtzeiterfassung von Fahrbahnbegrenzungen aus Bildfolgen für die autonome Fahrzeugführung wurde vorgestellt. Hauptziel war die Erhöhung der Zuverlässigkeit und Robustheit unter schwierigen, 'natürlichen' Licht- und Kontrastverhältnissen. Kernpunkte des modellgestützten, hierarchischen Ansatzes sind:

1. Modellgeführte, lokale Bildoperationen, implementiert auf einem Multiprozessorsystem mit verteilter Bildzugriffsfähigkeit.
2. Anwendung eines Merkmalsextraktionsverfahrens, das Mehrdeutigkeiten explizit mitberücksichtigt und an die Interpretationsebene weiterleitet.
3. Eine einfache, die Szene in Größen der Beobachter-Relativposition bzw. der Fahrbahngeometrie beschreibende Modelldarstellung wird den Szenenveränderungen nachgeführt und bildet gleichzeitig eine stabilisierende Referenz für die Bildauswertung.

Weiterführende Arbeiten richten sich auf die Einbeziehung eines bestehenden dynamischen Fahrzeugmodells als präzise Bewegungsreferenz in den Interpretationsprozess.

7. LITERATUR

[1] E.D. Dickmanns, A. Zapp: Autonomous High Speed Road Vehicle Guidance by Computer Vision. Preprints d. 10. IFAC-Kongress, Vol. 4, München, Juli 1987, pp. 232-237.

[2] E.D. Dickmanns, A. Zapp: A Curvature-based Scheme for Improving Road Vehicle Guidance by Computer Vision. Proc. SPIE Mobile Robots Conference, Vol. 727, Cambridge, Mass., Okt. 1986, pp. 161-168.

[3] D. Kuan, G. Phipps, A.C. Hsueh: A Real Time Road Following Vision System For Autonomous Vehicles. Proc. SPIE Mobile Robots Conference, Vol. 727, Cambridge, Mass., Okt. 1986, pp. 152-160.

[4] M.A. Turk, D.G. Morgenthaler, K.D. Gremban, M. Marra: Video Road-Following For The Autonomous Land Vehicle. Proc. IEEE Int. Conf. on Robotics and Automation, Raleigh, April 1987, pp. 273-280.

[5] R. Wallace, K. Matsuzaki, Y. Goto, J. Crisman, J. Webb, T. Kanade: Progress in Robot Road-Following. Proc. IEEE Int. Conf. on Robotics and Automation, San Francisco, April 1986, pp. 1615-1621.

[6] V. Graefe: Two Multi-Processor Systems for Low Level Real-Time Vision. In: M. Brady e.a. (eds.): Robotics and Artificial Intelligence, Springer 1984, pp. 301-308.

[7] B. Mysliwetz, E.D. Dickmanns: A Vision System with Active Gaze Control for Real-Time Interpretation of Well Structured Dynamic Scenes. Preprints d. Conf. on Intelligent Autonomous Systems, Amsterdam, Dez. 1986, pp. 477-483.

[8] K.D. Kuhnert, V. Graefe: Komponenten für die modellgestützte Interpretation dynamischer Szenen. Abschlußbericht des BMFT-Fördervorhabens 08IT 15113, Fachbereich Luft- und Raumfahrttechnik, Universität d. Bundeswehr München, 1985.

[9] J. Canny: A Computational Approach to Edge Detection. IEEE Transactions on PAMI, Vol. 8, No. 6, Nov. 1986, pp. 679-698.

[10] M. Annaratone, E. Arnould, T. Gross, H.T. Kung, M.S. Lam, O. Menzilcioglu, K. Sarocky, J.A. Webb: Warp Architecture and Implementation. Proc. d. 13th Annual Intl. Symposium on Computer Architecture, Tokyo, Juni 1986, pp. 346-356.

[11] B. Mysliwetz, E.D. Dickmanns: Distributed Scene Analysis for Autonomous Road Vehicle Guidance (in Vorbereitung). Proc. SPIE Conf. on Mobile Robots, Vol. 852, Cambridge, USA, Nov. 1987.

EIN INFORMATIONSSYSTEM ZUR VORAUSSCHAUENDEN, OPTIMIERTEN NETZFÜHRUNG EINES STARK VERMASCHTEN GASHOCHDRUCKNETZES

Dr.-Ing. G. Kicherer

SCS Organisationsberatung und Informationstechnik GmbH
FB Optimierungssysteme, Stuttgart

ZUSAMMENFASSUNG

Es wird ein Informationssystem vorgestellt, mit dem eine vorausschauende, optimierte Netzführung von Gashochdrucknetzen möglich wird. Das System beinhaltet erstmals komplexe Dispositions- und Überwachungsverfahren zur vorausschauenden, optimierten Netzführung, die in eine Lastprognose und eine instationäre Netzsimulation eingebunden sind.

1. EINLEITUNG

Die Firma SCS-ORBIT GmbH entwickelt ein Informationssystem, das für die Überwachung und Steuerung des Gastransportes und der optimierten, vorausschauenden Netzführung eines stark vermaschten Hochdruckgasnetzes eingesetzt wird. Das System GAMOS stellt eine Weiterentwicklung des von SCS für die Gasversorgung Süddeutschland GmbH (GVS) entwickelten Systems PROSIT [1] dar.

Es handelt sich dabei um ein Automatisierungssystem, bei dem ein mathematisches Modell des energietechnischen Prozesses im Rechner geführt wird. Das Modell ist on-line mit dem Prozess gekoppelt. Es dient zum einen zur Nachführung und Überwachung des aktuellen Prozessabbildes und kann andererseits, aufbauend auf dem aktuellen Prozessabbild, zur Hochrechnung des Prozessverhaltens eingesetzt werden.

Das System baut auf einem adaptiven Prognoseverfahren für die Gasabgabe [2] und dem Programmpaket GANESI auf [3], mit dem der instationäre Gastransport in einem Gashochdrucknetz berechnet werden kann.

GANESI wurde an der TU München [4], [5] entwickelt.

Neben dem System PROSIT sind andere, vergleichbare Programmsysteme entwickelt worden für die Gasnetzführung, die ebenfalls ein Prognoseverfahren und eine instationäre, online gekoppelte Gasnetzberechnung beinhalten [6], [7].

Das hier vorgestellte Informationssystem GAMOS beinhaltet erstmals in die instationäre Netzsimulation integrierte Verfahren zur vorausschauenden Disposition und Überwachung einer optimierten Netzführung.

2. AUFGABENSTELLUNG DES INFORMATIONSSYSTEMS

Die Aufgabe der vorausschauenden Gasnetzführung besteht im wesentlichen darin, den Gasbedarf der öffentlichen Versorgung zu jeder Zeit mit der gewünschten Menge und dem dafür nötigen Druck sicher und wirtschaftlich bereitzustellen. Der öffentliche Gasbedarf ist stündlichen, täglichen und jährlichen Schwankungen unterworfen. Andererseits hat der Bezug und die Abgabe von Erdgas innerhalb der vertraglichen Grenzen für Bezugs- und Abgabemengen zu liegen. Um einen Ausgleich zwischen der wechselnden zeitlichen Abgabe und

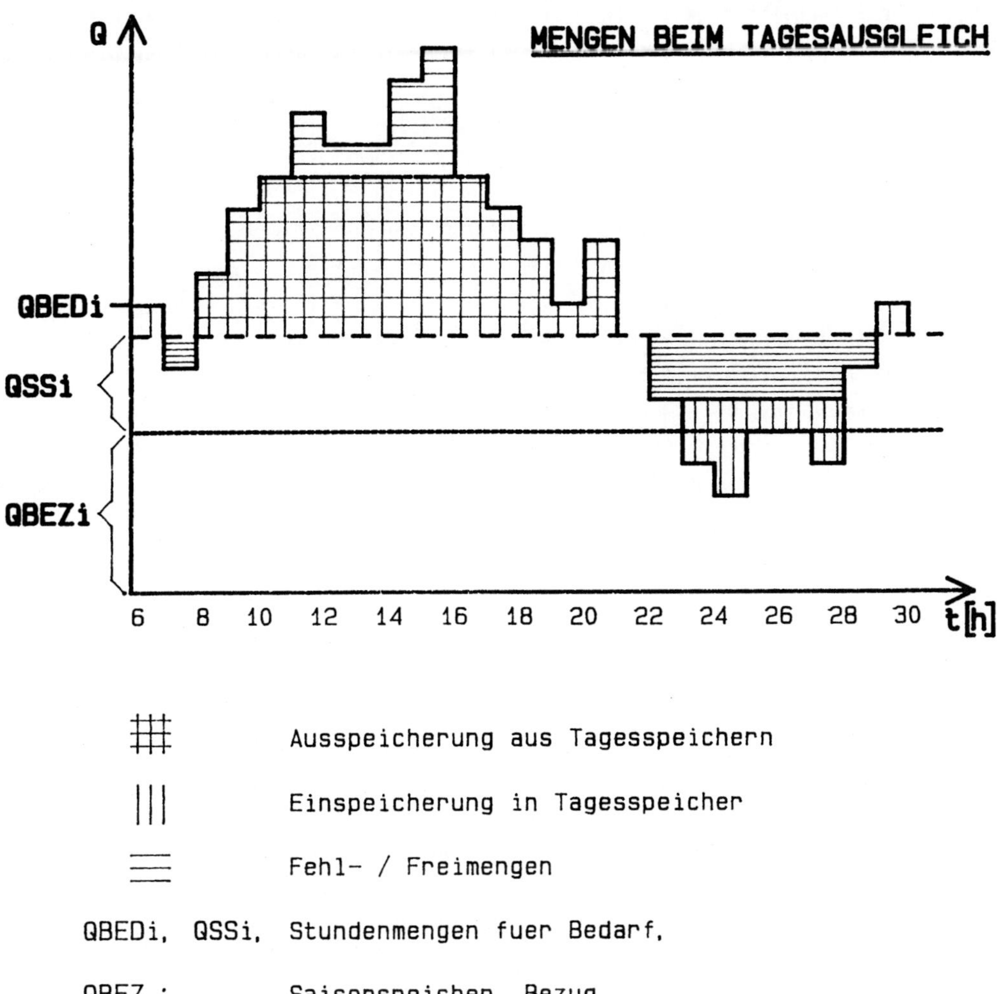

Zeitliche Schwankungen des Gasbedarfs (Bild 1)

einem möglichst konstanten zeitlichen Gasbezug zu erreichen, werden disponierbare Betriebsmittel eingesetzt und Abschaltungen vorgenommen. Die Bereitstellung von Gasleistungen durch den Vorlieferanten ist wesentlich teurer als die Bewirtschaftung von Gasspeichern.

Je nachdem, wie die zeitlichen Schwankungen des Gasbedarfs auftreten und welche vertraglichen Randbedingungen für den Bezug und die Abgabe gelten, wird ein Gasversorgungsunternehmen als disponierbare Betriebsmittel Spitzenlast-, Tagesausgleichs-, Untertagesspeicher, im folgenden kurz Anlagenspeicher genannt, oder Hochdrucknetzspeicher und Abschaltungen für diesen Ausgleich einsetzen. Für jahreszeitliche Schwankungen werden Untertagesspeicher und Abschaltungen eingesetzt. Deren Einsatz sollte langfristig in einer Jahresstrategie disponiert werden.

Mit dem Informationssystem GAMOS können komplexe technische und vertragliche Restriktionen dieser disponierbaren Größen erfaßt und verwaltet werden. Mit den Dispositionsverfahren des Systems kann sich der Bediener dann für jede disponierbare Größe einen optimierten, technisch und vertraglich zulässigen Einsatz für diesen Ausgleich innerhalb der nächsten Tage und Stunden ermitteln lassen (Bild 1).

Neben der Speicherbewirtschaftung, der Vertragsverwaltung und Überwachung spielt die Steuerung und Überwachung des Gashochdrucknetzes eine wichtige Rolle. Dabei geht es darum das Gasnetz so zu führen, daß einerseits jeder Kunde am Netz die gewünschte Menge mit dem vertraglich zulässigen Druck beziehen kann. Andererseits darf das Netz, selbst bei Störungen, nicht in einen betriebsunzulässigen Zustand gebracht werden. Hierfür beinhaltet das Informationssystem eine Hochdrucknetzdisposition und eine instationäre Netzsimulation. Mit der Netzdisposition wird anhand von Simulationsergebnissen die Zulässigkeit einer disponierten Netzatmungsmenge kontrolliert und die Grenzen, innerhalb denen eine konfliktfreie Netzatmung möglich ist, ausgewiesen. In diese Netzdisposition können auch mehrer miteinander vermaschte Hochdrucknetze eingehen.

3. ZIELSETZUNG UND STRUKTUR DES GESAMTSYSTEMS

Das Gesamtsystem besteht im wesentlichen aus drei Anwendersystemen (Bild 2):

- einem Grundsystem
- einem Optimierungssystem
- einem Bediensystem

Das Grundsystem übernimmt die typischen, konventionellen leittechnischen Aufgaben, wie die Prozessdatenverarbeitung, die Bildung von arithmetisch oder logisch verknüpften Werten, sowie die Steuerung und Regelung.

Das Optimierungssystem hat die Zielsetzung den Lastverteiler bei sämtlichen Aufgaben der vorausschauenden Netzführung für die nächsten Stunden und Tage zu unterstützen. Hierfür besitzt das Optimierungssystem Verfahren für die Verbrauchsprognose, die Mengendisposition, die Vertragsüberwachung und die instationäre Netzsimulation. Das Bediensystem ermöglicht dem Bediener Eingriffe in das System und dient zur Darstellung von Informationen für den Bediener.

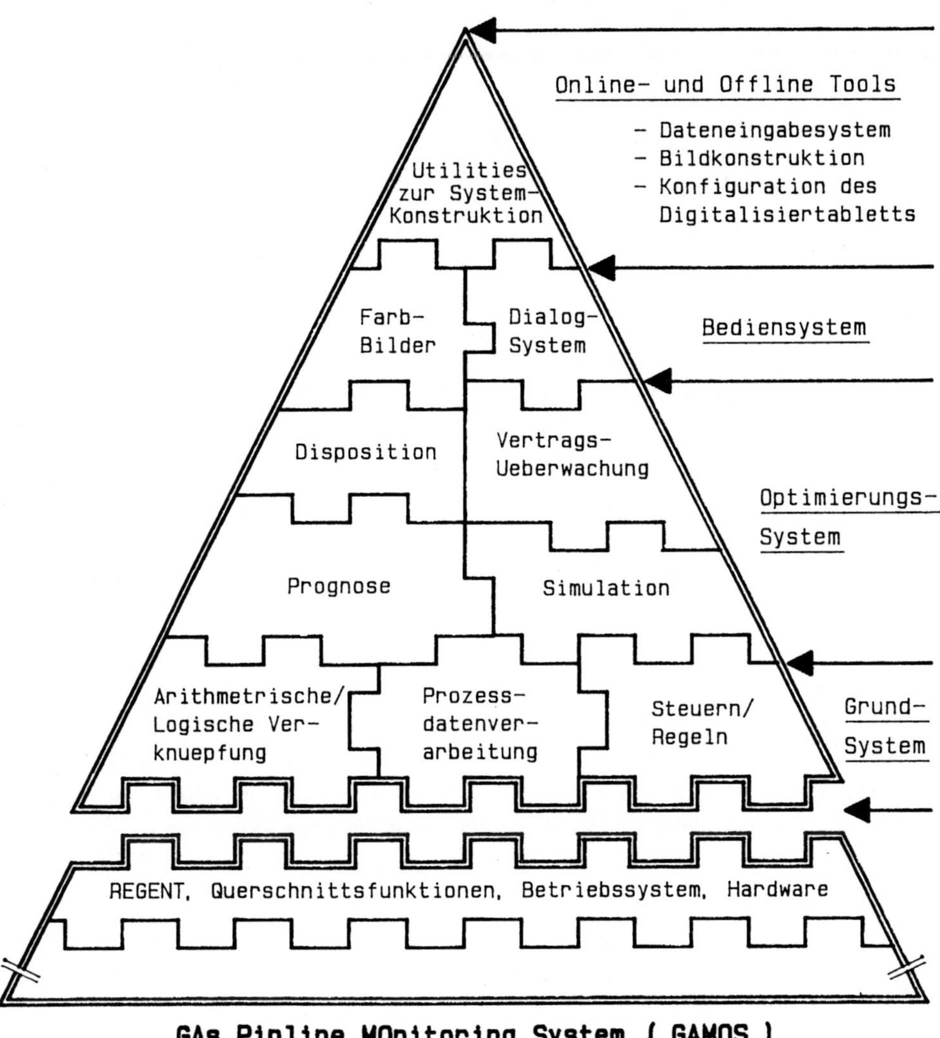

Struktur des Gesamtsystems (Bild 2)

4. ZIELSETZUNG UND STRUKTUR DES OPTIMIERUNGSSYSTEMS

Mit dem Optimierungssystem (Bild 3) kann der Lastverteiler vorausschauend eine optimierte Netzführung für zwei beliebige Tage in der Zukunft ermitteln. Das Optimierungssystem hat das Ziel, den Lastverteiler bei sämtlichen Aufgaben der vorausschauenden Netzführung zu unterstützen oder sie vollständig zu übernehmen.

Im einzelnen unterstützt das System den Lastverteiler dabei mit folgenden Verfahren:

- der Vorhersage der zeitlichen Schwankungen des Gasverbrauches mit einem Prognoseverfahren
- der vorausschauenden Überwachung, Verwaltung und Disposition von vertraglich begrenzten Bezugs- und Liefermengen insbesondere für abschaltbare Kunden, sowie der Bereitstellung von Vorgabewerten für die closed-loop Steuerung der Bezugsregler
- der Disposition und vorausschauenden Überwachung der Anlagenspeicher- und Netzatmungsmengen. Mit der Netzatmung wird die Speicherung in Hochdruchnetzspeichern bezeichnet.
- der Ermittlung einer sicheren und zulässigen Netzfahrweise, sowie Überwachung der Netzdrücke und der Durchflüsse mit einer instationären Netzsimulation

Die Prognose-, Simulations- und Dispositionsverfahren stehen dabei in mehreren Ablaufvarianten mit eigenen Bedienoberflächen dem Anwender zur Verfügung stehen. Im wesentlichen umfaßt das Optimierungssystem jedoch eine Anforderungs- und eine zyklische Ablaufvariante für Prognose, Disposition und Simulation. Die Anforderungsvariante dient zur Ermittlung optimaler Stundenwerte für den Gasbezug, die Gasabgabe und den Speichereinsatz, sowie einer sicheren und wirtschaftlichen Netzfahrweise für zwei beliebige Tage in der Zukunft.
Der Rechenzeitraum der zyklischen Variante umfaßt stets den aktuellen und den folgenden Tag. Diese Ablaufvariante übernimmt auf Bedienerwunsch eine mit der Anforderungsvariante vorausschauend, disponierte Netzführung. Für diese führt sie stündlich eine automatische Aktualisierung, Korrektur und vorausschauende Überwachung auf die Einhaltung technischer und vertraglicher Grenzen durch.

Die Simulation liegt darüberhinaus in zwei zusätzlichen Ablaufvarianten vor. Zum einen in einer zyklisch aktualisierten prozessbegleitenden Simulation, mit der der aktuelle Zustand des Modellnetzes unter Verwendung von gemessenen Werten im 3-Minuten-Intervall nachgeführt, überwacht und der zyklischen Simulation zur Verfügung gestellt wird.
Ferner kann der Bediener Netzausbaumaßnahmen mit Hilfe einer Planungssimulation überprüfen, da in die Planungssimulation ein vom Bediener modifiziertes zweites Modellnetz für Planungszwecke eingehen kann

5. STRUKTUR UND ABLAUF DER DISPOSITONSVERFAHREN

5.1 Anforderungsdisposition

Die Anforderungsvariante dient zur Ermittlung optimaler Stundenwerte für den Gasbezug,

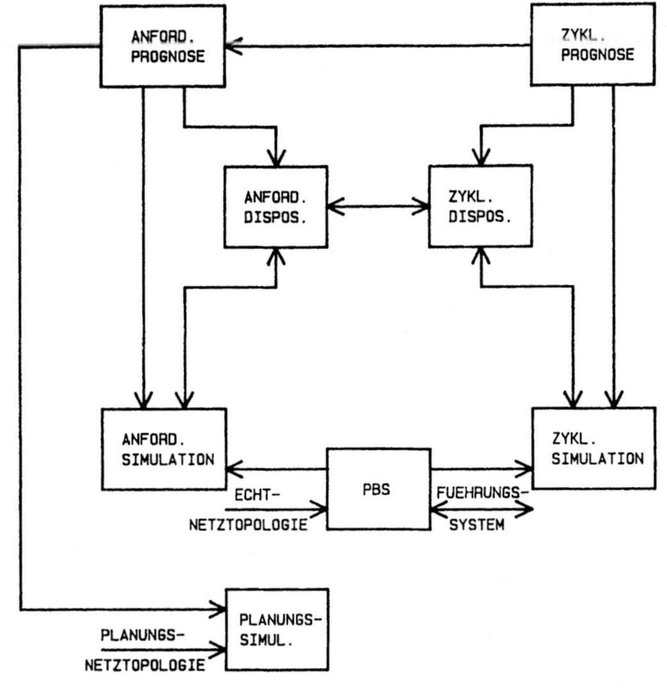

Struktur des Optimierungssystems (Bild 3)

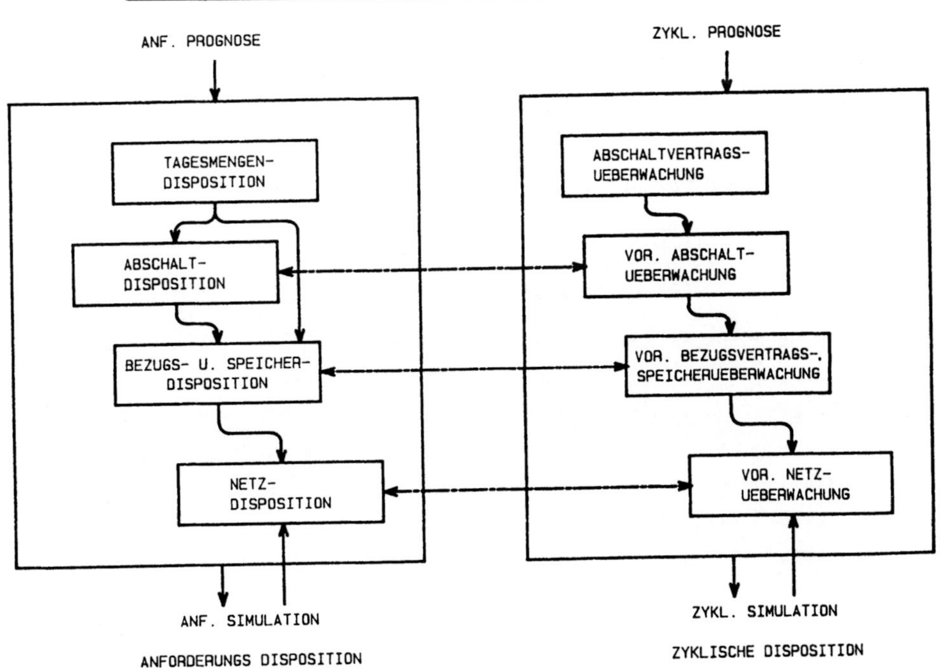

Struktur der Disposition (Bild 4)

die Gasabgabe und den Speichereinsatz, sowie einer sicheren und wirtschaftlichen Netzfahrweise für zwei beliebige Tage in der Zukunft. Dies kann im täglichen Rhythmus, bei Schichtwechsel oder im Bedarfsfalle, wenn die von der zyklischen Disposition überwachte Netzführung korrigiert werden muß, notwendig sein. Mit der Anforderungsprognose muß sich der Bediener zunächst den zeitlichen Verlauf des Gasverbrauches für den Dispositionszeitraum verschaffen. Dieser kann zwei beliebige vorgebbare Tage in der Zukunft umfassen. Erstreckt sich der Dispositionszeitraum auf den aktuellen und den folgenden Tag, d.h. der Rechenzeitraum deckt sich mit demjenigen der zyklischen Programme, so können hierfür auf Bedieneranforderung die aktuellen Ergebnisse der zyklischen Prognose als Randwerte übernommen werden. Gleichzeitig werden in diesem Falle auch für sämtliche Anfangswerte der Anforderungsprogramme wie Speicherfüllstände, Netzinhalte, etc. die aktuellen Messwerte übernommen.

Tagesmengendisposition

Dieses Dispositionsverfahren ermittelt zunächst auf Bedieneranforderung die Minimal- und Maximalwerte von Tagesmengen für die Anlagen- und Netzspeicher sowie für die Abnahme von abschaltbaren Abnehmern. Sie sind mit den vertraglichen Bedingungen der Lieferverträge für abschaltbare Abnehmer sowie den technischen Leistungs- und Füllstandsgrenzen der Speicher und mit den von der Anforderungssimulation ermittelten Netzatmungsmengen verträglich. Dem Lastverteiler ist es nun überlassen, innerhalb der berechneten oberen und unteren Grenzwerte Tagesvorgabewerte für die Speichermengen, die Netzatmung und die Abgabe an abschaltbare Kunden festzulegen. Hierbei können die Ergebnisse einer Jahresstrategie für Abschaltungen und Saisonspeicher eingehen. Mit Hilfe einer Tagesvorgaberechnung ermittelt der Rechner nun für jeden übergebenen Satz an Vorgabewerten die damit verbundene Tagesbilanz zwischen dem zu deckenden prognostizierten Tagesverbrauch und den Tagesvorgabewerten für Abschaltungen, Speicher- und Netze und weist den damit verbundenen, vertraglich zulässigen Tagesbezug und eventuelle Unter- oder Überdeckungen aus.

Abschaltdisposition

Mit der Tagesmengendisposition hat der Bediener eine Tagesvorgabemenge für die Abgabe an abschaltbare Abnehmer ermittelt. Sind damit Abschaltmaßnahmen verbunden, so werden diese in der Abschaltdisposition solange auf einzelne geeignete Abschaltnehmer aufgeteilt bis die vorgesehene Gesamtabschaltmenge durch Abschaltmaßnahmen realisiert ist. In der Abschaltdisposition werden für jeden Abschaltabnehmer Tages- und Stundenwerte berechnet für die Abnahme bei maximaler, vertraglich noch zulässiger Abschaltung, und für die Abnahme entsprechend vereinbarter oder disponierter Abschaltungen. Dabei wird die vertragliche Zulässigkeit der Abschaltungen, der Vertragstyp, die bereits durchgeführten Abschaltmaßnahmen und der prognostizierte stündliche Bedarf des Abnehmers beachtet.

Bezugs- und Speicherdisposition

Mit diesem Dispositionsverfahren kann sich der Lastverteiler optimierte, stündliche

Speicherleistungen für sämtliche disponierbaren Anlagen- und Netzspeicher sowie vertraglich günstige und zulässige Bezugsleistungen berechnen lassen. Dabei werden die Tagesvorgabewerte der Tagesmengendisposition als Zielgrößen beachtet. Das Dispositionsverfahren ermittelt zunächst die für sämtliche Speicher verbleibende stündliche Ausgleichsmenge. Diese Ausgleichsmenge ergibt sich aus dem prognostizierten Gesamtbedarf reduziert um die Abschaltmengen entsprechend der Abschaltdisposition und einem vertraglich zulässigen, günstigen Gasbezug. Dieser wird unter Beachtung des Tagesvorgabewertes und der Restriktionen des Bezugsvertrages berechnet. Das Dispositionsverfahren berechnet nun für jeden Speicher unter Beachtung vorzugebender technischer Speichergrenzen, einer Speichereinsatzpriorität und den ermittelten Ausgleichsmengen, Stundenwerte für die Speicherleistung, mit denen die Tagesvorgabemenge realisiert werden kann. Nach Ablauf der Mengendisposition für Abschaltungen, Speicher und Bezug liegt eine wirtschaftliche und optimierte Netz- und Speicherfahrweise vor. Optimal in dem Sinne, daß Engpässe beim Gasbezug und der Gasabgabe vermieden sowie komplexe technische und vertragliche Rand- und Anfangsbedingungen nicht verletzt und geplante Tagesvorgabemengen realisiert werden. Das Verfahren stellt sicher, daß unter Beachtung der prognostizierten zeitlichen Schwankungen des Gasverbrauches zu jeder Stunde des Dispositionszeitraumes der notwendige Energiebedarf gedeckt ist (Bild 1).

Netzdisposition

Für ein Gesamtnetz das sich aus mehreren hierarchisch hintereinandergeschalteten Netzen zusammensetzt, spielt die Disposition der Netzatmung eine wichtige Rolle. Die einzelnen Teile des Gesamtnetzes sind durch Übergabestationen verbunden, in denen der höhere Druck des vorgeschalteten Netzes auf den niedrigeren Druck des nachgeschalteten Netzes abgesenkt wird. Jeder dieser vermaschten Netzteile kann als Netzspeicher betrieben werden. Bei solch einem komplizierten Netzaufbau kann letztlich nur mit der instationären Gesamtnetzsimulation überprüft werden, ob die mit der Mengendisposition ermittelten Netzatmungsmengen tatsächlich machbar sind, ohne daß vertragliche Druckgrenzen bei den Kunden verletzt oder unzulässige Netzzustände eintreten.

In der Netzdisposition wird nun unter Verwendung von Ergebnissen der Anforderungssimulation überprüft, ob die disponierten Netzatmungsmengen machbar sind und innerhalb der zulässigen Netzatmung liegen. Das Dispositionsverfahren ermittelt dabei anhand von simulierten Netzdrücken, maximalen Einspeisereglerdrücken und minimal zulässigen Vertragsdrücken bei den Abnehmern für jede Stunde des Dispositionszeitraumes den noch verbleibenden Druckspielraum in einem Netz. Mit diesem Druckspiel werden nun für jede Stunde des Dispositionszeitraumes unter Beachtung des geometrischen Netzvolumens, die in dieser Stunde betriebene Netzatmung und die ab dieser Stunde noch zusätzlich möglichen Netzein- und-ausspeisemengen berechnet. In der Netzdisposition wird nun für jedes der disponierbaren Hochdrucknetze kontrolliert und dem Bediener angezeigt, ob die disponierten Netzatmungsmengen innerhalb der von der Simulation als zulässig erkannten Werten zu liegen kommen.

Falls eine Korrektur der Netzdisposition angezeigt und innerhalb der Netzdisposition als machbar erkannt wird, muß die Netzdisposition vom Bediener nochmals durchgeführt werden. Das Dispositionsverfahren hat mit dem Netz auf der niedrigsten Druckstufe zu beginnen und ist dann sukzessive entsprechend der Netzhierarchie für alle darüberliegenden Netze vom Bediener durchzuführen. Für jedes Netz kontrolliert das Verfahren dabei die disponierten Netzatmungsmengen auf Zulässigkeit. Mit einer Bilanzierung über sämtliche Abflüsse und der vorgegebenen Atmung eines Netzes ermittelt des Verfahren dann die damit verbundenen Einspeisemengen für die Einspeiseregler des Netzes.

5.2 Zyklische Disposition

In die zyklische Disposition (Bild 4) gehen die Ergebnisse der zyklischen Prognose als Randwerte ein. Sie werden von der zyklischen Prognose anhand gemessener Werte automatisch stündlich korrigiert. Die zyklische Disposition rechnet im Stundenraster und der Rechenzeitraum umfaßt stets den aktuellen und den folgenden Tag. Ihr Ziel ist es, eine disponierte Netz- und Speicherfahrweise anhand gemessener Werte und der korrigierten Prognosewerte automatisch stündlich zu aktualisieren, und vorausschauend auf die Einhaltung technische und vertragliche Grenzen zu prüfen. Mit der zyklischen Disposition werden Vertragsverletzungen und mit der zyklischen Simulation werden betriebsunzulässige Netzzustände, Verletzung von Vertragsdruckgrenzen und unzulässige Netzatmungsmengen im voraus erkannt und dem Lastverteiler angezeigt. Dadurch ist gewährleistet, daß sich der Bediener mit der Anforderungsvariante rechtzeitig im Bedarfsfalle eine geeignete Modifikation der Netzfahrweise ermitteln lassen kann, die den erkannten Konflikt vermeidet.

Abschaltvertragsüberwachung

Die zyklische Disposition führt mit einer Abschaltvertragsüberwachung anhand gemessener Werte eine automatische stündliche Überwachung und Verwaltung der Abschaltverträge für den abgelaufenen Zeitraum durch.

Vorausschauende Abschaltüberwachung

Die vorausschauende Abschaltüberwachung aktualisiert automatisch, stündlich anhand der korrigierten Prognosewerte, der aktuellen und disponierten Abschaltanweisungen sowie der Abschaltvertragsdaten die voraussichtlichen Liefermengen an abschaltbare Abnehmer. Anschließend wird vorausschauend überprüft, ob die disponierten Abschaltmaßnahmen noch vertraglich zulässig sind.

Vorausschauende Bezugsvertrag- und Speicherüberwachung

Im Rahmen der vorausschauenden Bezugsvertrags- und Speicherüberwachung wird stündlich eine Aktualisierung der Energiebilanz zwischen der prognostizierten stündlichen Gasabgabe und der disponierten Bedarfsdeckung über Abschaltungen und Speichermengen durchgeführt. Gleichzeitig werden die für eine ausgeglichene Energiebilanz notwendigen und innerhalb der Vertragsbedingungen günstigsten Gasbezugsmengen vorausschauend ermittelt. Sie werden für eine closed-loop Steuerung der Bezugsregler des Netzes zur Verfügung gestellt. Eventuelle Bezugsfehl- oder Freimengen werden vorausschauend ermittelt und ausgewiesen.

Vorausschauende Netzüberwachung

In der vorausschauenden Netzüberwachung wird stündlich unter Verwendung von aktualisierten Ergebnissen der zyklischen Simulation überprüft, ob die disponierten Atmungsmengen der Netzspeicher machbar sind und innerhalb der mit der Simulation ermittelten zulässigen Netzatmungsmengen liegen.

6. SCHLUßBETRACHTUNG

Das gesamte Optimierungssystem ist on-line parametrierbar. D.h. der Bediener kann innerhalb einer vorgegebenen Obergrenze Anlagenspeicher, vermaschte Hochdrucknetze, abschaltbare Kunden, prognostizierte Abnehmer sowie Topologieelemente des Modellnetzes etc. online im System definieren und löschen. Dadurch kann das System an eine veränderte Netz-, Abnehmer- oder Vertragsstruktur on-line angepaßt werden.
Wichtig ist auch, daß für die Bildung von abgeleiteten Werten, die die Vertragsüberwachung und Verwaltung benötigt, on-line änderbare Verknüpfungsalgorithmen verwendet werden. Der Einsatz und die Anpassung des Optimierungssystems für vergleichbare Gashochdrucknetze ist somit ohne weiteres möglich.

7. LITERATUR

[1] Ady, E. u. Rauch, E.:
Das System Prosit zur vorausschauenden Gasnetzsteuerung
Informatik-Fachbericht 86 der Ges. für Informatik, S. 225 (1984)

[2] Ady, E., u. Rauch, E.:
Ein adaptives Prognoseverfahren zur Vorhersage des Gasverbrauchs,
gwf-gas/erdgas 120, S. 458 (1979)

[3] Weimann, A.:
Dokumentationsberichte zum Programmsystem GANESI, PDV-90, 91, 92, 93, 130
Kernforschungszentrum Karlsruhe (1976)

[4] Weimann, A.:
Modellierung und Simulation der Dynamik von Gasverteilernetzen im Hinblick auf Gasnetzführung und Gasnetzüberwachung. Dissertation TU München (1978)

[5] Lappus, G.:
Analyse und Synthese eines Zustandsbeobachtersystems für große Gasverteilnetze.

[6] Herr, E., Scheibe, D., Schröder, P., Voss, K.F., Weimann, A.:
Rechnergestützte Zuordnung von an den Einspeisepunkten eines Ferngasnetzes vorgenommenen Brennwertmessungen zu den an Übergabestationen entnommenen Gasmengen.
gwf-gas/erdgas 124, S. 157 (1983)

[7] Kersting, R., Scheibe, D., Schröder, P., Weimann, A.:
on-line-GANESI zur Unterstützung der Gasnetzführung und Gasüberwachung.
gwf-gas/erdgas 125, S. 283 (1984)

Diagnose in der Leittechnik

D. Hartmann
Unternehmensbereich Energie- und Automatisierungstechnik
Siemens AG, Erlangen

Zusammenfassung

In vollautomatisch gesteuerten Produktionsprozessen kommen verteilte Leitsysteme zum Einsatz. Wegen der hohen Komplexität der Leittechnik und zur Steigerung der Anlagenverfügbarkeit werden von den Anlagenbetreibern leistungsfähige Diagnosesysteme gefordert. Die Gesamtzahl der Anlagenstörungen sind zu 90 % auf Störungen des Prozeßablaufs und zu 10 % auf Ausfälle in den leittechnischen Einrichtungen zurückzuführen.
Aufgabe eines Diagnosesystems in der Leittechnik ist die Erkennung von irregulären Zuständen des Prozesses unter Einbeziehung von Ausfällen in den leittechnischen Einrichtungen und Bedienfehlern (kurz: Prozeßdiagnose).
In jedem Prozeßdiagnosesystem muß die Information über den Sollablauf des Prozesses hinterlegt sein. Im Vortrag wird ein standardisiertes Prozeßdiagnosesystem für verteilte Leitsysteme vorgestellt, das die Sollinformation über den Prozeßablauf aus den Steuerprogrammen gewinnt. Das realisierte System wird an einem Anforderungskatalog aus Sicht der Grundstoffindustrie gespiegelt und bewertet.
Abschließend wird ein Überblick über zukünftige Systemmerkmale für eine anlagenübergreifende Prozeßdiagnose gegeben.

1 Einleitung

Die Fortschritte in der Automatisierungstechnik haben zu vollautomatisch gesteuerten Prozeßlinien geführt. Die hohen Investitionskosten in diese Produktionseinrichtungen rechtfertigen die Forderung nach hoher Anlagenverfügbarkeit.
Diese Entwicklung hat aber auch dazu geführt, daß das Bedienpersonal bei der schnellen Beseitigung von Störungen in der Anlage überfordert ist. Die Anlagenbetreiber fordern deshalb leistungsfähige Diagnosesysteme zur Unterstützung der Prozeßführung und schnellen Störungssuche in der Anlage.
Durch frühzeitige Erkennung von irregulären Zuständen des Prozesses können Maßnahmen getroffen werden, die eine Prozeßunterbrechung verhindern. Dies erhöht vor allem bei kontinuierlichen Produktionsprozessen, die nach einer Prozeßunterbrechung lange Hochlaufzeiten haben, wesentlich die Anlagenverfügbarkeit.
Erfahrungswerte zeigen, daß ca. 90 % aller Fehler im Prozeß, dagegen nur 10 % in den Leiteinrichtungen, auftreten.
Zur Diagnose werden deshalb vor allem Prozeßdiagnosesysteme eingesetzt, die auch Störungen der leittechnischen Einrichtungen in die Diagnose einbeziehen. Da Diagnosesysteme zur Kosten-

senkung im Betrieb einer Anlage beitragen sollen, dürfen sie andererseits nicht die Wirtschaftlichkeit durch drastische Erhöhung des Geräteaufwands (z.B. Rechner, Sensorik) und der Engineeringleistungen bei der Projektierung vermindern. Die für jede Diagnose notwendige Prozeßbeschreibung sollte deshalb automatisch aus den projektierten Automatisierungsfunktionen abgeleitet werden, so daß keine Doppelprojektierung notwendig ist.
Nach einer Einführung in die Technik der Prozeßdiagnose wird ein Prozeßdiagnosesystem vorgestellt, das in mehreren Anwendungen mit Erfolg eingesetzt wird.

2 Begriffsdefinition von Diagnose

Diagnose bedeutet allgemein Erkennung von irregulären Zuständen (➧ Überwachung) und Entscheidung, welche Ursachen für die irregulären Zustände verantwortlich sind ("Diagnosevorgang"). Dazu muß Wissen über das betrachtete System vorliegen [1].

Überwachung ist ein Soll-Ist-Vergleich, bei dem Diskrepanzen zwischen dem regulären Verhalten und dem tatsächlichen, aktuellen Verhalten des Systems erkannt werden. Die Diskrepanzen äußern sich als Symptome (z.B. Grenzwertüberschreitung, Überlastung, Blockierung, ...).
Der eigentliche **Diagnose-Vorgang** besteht in der Ableitung der Störungsursache aus den beobachteten Symptomen.
Für beide Vorgänge muß der funktionelle Zusammenhang der Komponenten ebenso bekannt sein wie die zeitliche Reihenfolge, in der die Symptome auftreten.

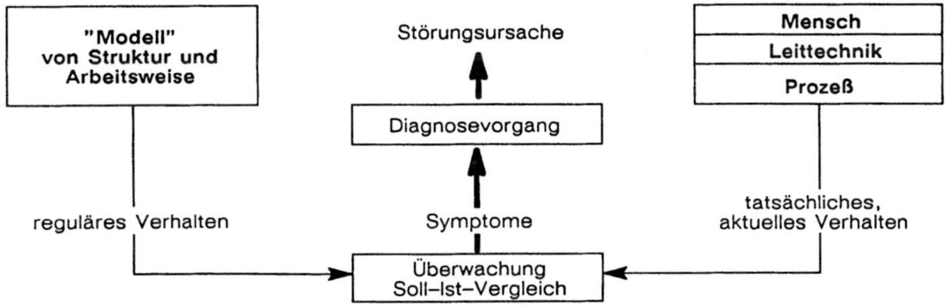

Bild 2-1: Diagnosevorgang aufgrund von Symptomen der Überwachung (nach [1])

3 Einordnung der Prozeßdiagnose in die Leittechnik

Leitsysteme, die den hohen Anforderungen in Bezug auf Verarbeitungsleistung, Sicherheit und Verfügbarkeit genügen, bauen auf verteilten Systemstrukturen auf.
Das verteilte Automatisierungssystem ist in einzelne, weitgehend autonome Funktionen, wie z.B. die Automatisierung von Teilprozessen oder Visualisierungsfunktionen, gegliedert (*Bild 3-1*).
Neben den Automatisierungsfunktionen enthalten die einzelnen Komponenten auf die Aufgaben zugeschnittene Überwachungseinrichtungen, die Meldungen über irreguläre Zustände abgeben. Diese werden in zentralen Störmeldesystemen gesammelt, aufbereitet und zeitfolgerichtig

protokolliert. In der Regel entsteht dabei bei einer Störungsursache ein ganzer Meldeschwall, da sich Symptome an mehreren Stellen zeigen.
Im Gegensatz zu Störmeldesystemen verhindern Prozeßdiagnosesysteme diesen Meldeschwall. Auf der Prozeßleitebene werden im Diagnosesystem alle Informationen der Meß- und Überwachungseinrichtungen zusammengefaßt und daraus, und aus der Kenntnis über Struktur und Arbeitsweise des Leitsystems, die Störungsursache ermittelt.
Die Störungsursachen sind im Prozeß selbst, den Verbindungen zur Leittechnik, in Meß- und Stellgliedern und den E/A-Baugruppen (Signalformer) der Automatisierunggeräte zu suchen.
Die Prozeßdiagnose ist in das Melde- und Quittierkonzept der Bedien- und Beobachtungsgeräte integriert und hat Zugriff auf die Datenbank mit den Projektierungsdaten der Anlage. Die während des Betriebs gewonnenen Erkenntnisse über Störungsursachen werden mit Hinweisen zur Störungsbehebung in einer Wartungsdatenbank hinterlegt.
Damit ist die Prozeßdiagnose vollständig in das Leitsystem eingebunden. Die Ergänzung des Leitsystems mit Diagnose erfordert keine zweite Projektierung für die Diagnosefunktionen.

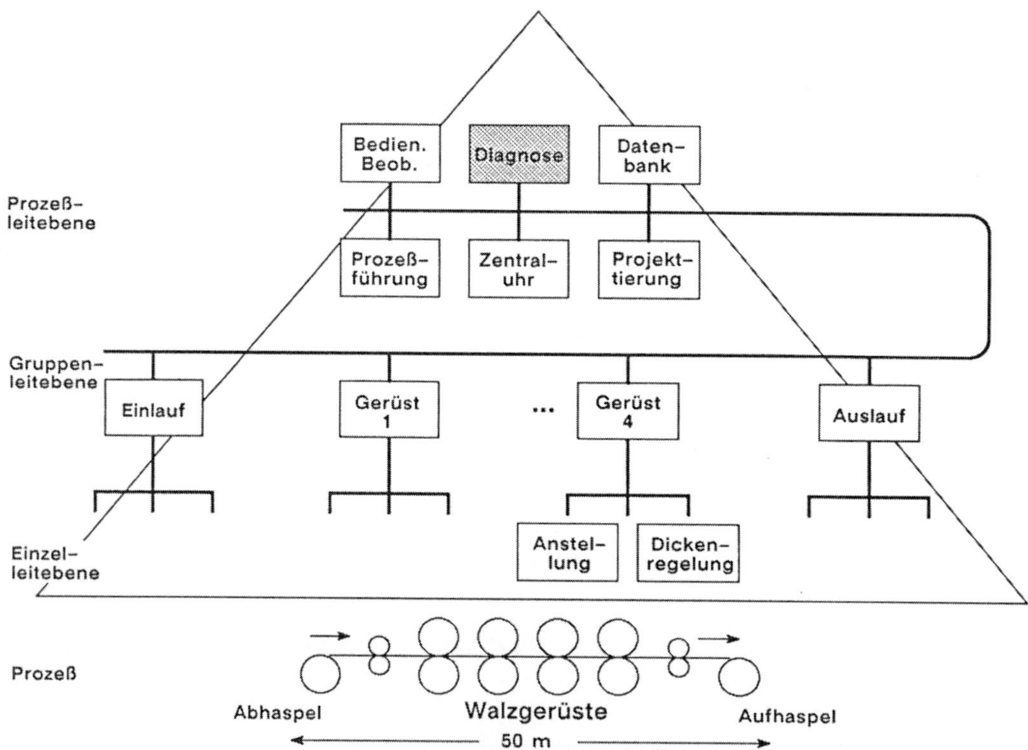

Bild 3–1: Verteiltes Leitsystem mit Diagnose für eine Tandem-Walzstraße

4 Anforderungen an ein Prozeßdiagnosesystem

Ein solchermaßen in die Leittechnik integriertes Prozeßdiagnosesystem leitet selbsttätig und sicher Störungsursachen für alle möglichen Fehlerquellen einer Anlage ab (*Bild 4–1*).

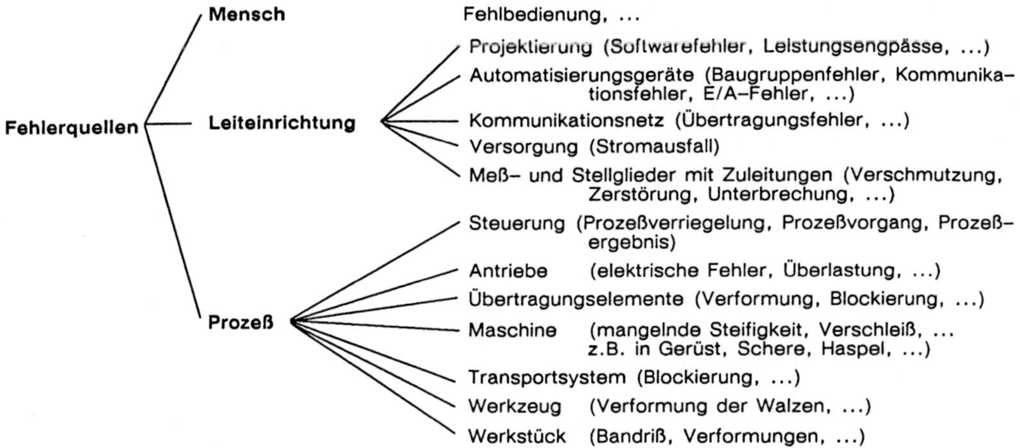

Bild 4-1: Mögliche Fehlerquellen

Im einzelnen sollte hierzu ein Prozeßdiagnosesystem folgende Eigenschaften besitzen:

- **Selbsttätig**

Die Ableitung der Störungsursache erfolgt selbsttätig unter Kontrolle des Diagnosesystems. Der Benutzer muß nicht interaktiv den Diagnosevorgang (wie z.B. bei Debuggern) führen. Die Strategie des Diagnosevorgangs wird der aktuellen Situation entsprechend dargestellt.
Der Anstoß des Diagnosevorgangs erfolgt selbsttätig durch die Überwachung oder im Dialog mit dem Benutzer.

- **Selbstadaptierend**

Für die Ableitung der Störungsursache muß im Prozeßdiagnosesystem eine Soll-Beschreibung des Prozeßablaufs vorliegen. Falls die Beschreibung während der Projektierungsphase vollständig neu eingegeben werden muß, wird wegen der hohen zusätzlichen Projektierungskosten die Akzeptanz des Diagnosesystems stark eingeschränkt. Zum anderen muß die Soll-Beschreibung bei jeder Änderung während der Inbetriebsetzung mit hohem Aufwand nachgeführt werden. Es muß jeweils sichergestellt werden, daß Soll-Beschreibung und realer Prozeßablauf übereinstimmen.
Ziel ist, die Beschreibung des Prozeßablaufs weitgehend automatisch abzuleiten, d.h. möglichst wenig Zusatzprojektierung.
Möglichkeiten der automatischen Ableitung liegen in der Aufzeichnung eines fehlerfreien Ablaufs in Form von Teaching-Läufen oder der Auswertung schon projektierter Automatisierungsfunktionen.

● **Transparent und eindeutig**

Die Ergebnisse des Diagnosesystems müssen für den Benutzer nachvollziehbar und überprüfbar sein. Für Projektierung und Handhabung werden keine Programmierkenntnisse vorausgesetzt. Ist eine automatische Ableitung nicht möglich, so werden zur Projektierung einer Prozeßbeschreibung Werkzeuge vorausgesetzt, die die Erstellung, Modifizierung und Überprüfung unterstützen.

● **Anlagenweit**

In einem verteilten Leitsystem ist die Aufgabe der Überwachung auf irreguläre Zustände auf die einzelnen Komponenten verteilt. Die Symptome aller Überwachungseinheiten bilden die Basis für eine Gesamt-Diagnose.
Um die zeitliche Reihenfolge ihres Auftretens festzustellen, muß jedes Symptom mit einem Zeitstempel versehen sein. Von der Auflösung sowie von der Synchronisationsgenauigkeit der verteilten Uhren hängt ab, ob zwei Symptome aufgrund ihrer Zeitstempel unterschieden werden können [2].

● **Online-Verarbeitung**

Ein Prozeßdiagnosesystem muß mit seiner Überwachungsaufgabe dem Prozeßablauf folgen können. In Anlagen der Grundstoffindustrie müssen wir mit Zustandsänderungen des Prozesses im Bereich von 5-50 ms (bei prozeßnahen Regelung: < 5 ms) rechnen. Die Diagnose muß rückwirkungsfrei auf Prozeß und Automatisierungssystem ablaufen.

5 Diagnose von SPS-gesteuerten Prozessen

Das Steuern ist eine wesentliche Funktion der prozeßnahen Leittechnik. Die Aufgabe Steuern ist im hierarchischen Leitsystem verteilt auf mehrere Leitebenen und Funktionseinheiten.
Das Steuern von Bewegungsabläufen einer Produktionseinrichung (z.B. Material und Werkzeugtransport in Walzwerken oder der Automobilindustrie) übernehmen fast ausschließlich speicherprogrammierbare Steuerungen (SPS).
Auf der SPS läuft ein sogenanntes Steuerprogramm ab, das die Information über den vorgegebenen, regulären Prozeßablauf trägt. Die Steuerprogramme in Großanlagen sind so mächtig, daß bis zu 15000 binäre Prozeßsignale verknüpft werden. Der Grundgedanke eines Prozeßdiagnosesystems für Binärsignale ist der, daß man die Information über den Soll-Prozeßablauf aus dem Steuerprogramm entnimmt und daraus ein algorithmisches Modell für den regulären Prozeßablauf gewinnt.
Aus der Sicht der Prozeßdiagnose kann der Prozeßablauf in 3 Phasen gegliedert werden: Prozeßverriegelung, Prozeßvorgang und Prozeßergebnis.
Für die einzelnen Phasen des Prozeßablaufs heißt es zu erkennen

- warum ein ausgelöster Prozeßvorgang nicht gestartet wird,
- warum der Prozeßvorgang nicht in vorgegebener Weise läuft
- und warum das Prozeßergebnis am Ende des Vorgangs nicht erreicht wird.

Die **Prozeßverriegelungen** steuern das Auslösen eines Prozeßvorgangs. Der **Prozeßvorgang**, der eigentliche Prozeß, läuft mit dem Ziel ab, ein **Prozeßergebnis** zum Abschluß des ausgelösten Vorgangs zu erhalten. Die Prozeßdiagnose muß den Prozeßablauf überwachen und im Störungsfall die Störungsursache ableiten.
In der Steuerungstechnik unterscheidet man zwischen Verknüpfungs- und Ablaufsteuerungen.

5.1 Diagnose von Ablaufsteuerungen

Bei der **Ablaufsteuerung** handelt es sich um eine Steuerung mit zwangsläufig schrittweisem Ablauf, bei der das Weiterschalten von einem Schritt auf den programmgemäß folgenden abhängig von Weiterschaltungsbedingungen erfolgt [nach DIN 19237].
Eine Ablaufsteuerung kann zeitgeführt (Weiterschaltbedingung ist der Ablauf einer Wartezeit) oder prozeßabhängig (Weiterschaltbedingungen sind Rückmeldungen vom Prozeß) sein.
Jedem Schritt der Ablaufsteuerung kann eine Überwachungszeit zugeordnet werden. Innerhalb der vorgegebenen Überwachungszeit müssen die Weiterschaltbedingungen auf den nächsten Schritt aktiv werden. Andernfalls erzeugt die Ablaufsteuerung eine Störmeldung.
Mit der Ablaufsteuerung liegt eine Prozeßbeschreibung für die Diagnose vor, die aussagt, welche Rückmeldungen vom Prozeß erwartet werden, wenn ein bestimmter Befehl an den Prozeß gegeben wird.
Als zusätzliche Prozeßbeschreibung ist bekannt, in welcher Zeit eine Rückmeldung kommen muß (Überwachungszeit).
Nach Ablauf dieser Überwachungszeit liegt eine Störung des **Prozeßvorgangs** vor, wenn bis dahin das erwartete **Prozeßergebnis** nicht erreicht wird.
Die Ursache der Störung ist in fehlenden Weiterschaltungsbedingungen zu suchen.
Im einfachen Fall bestehen die Weiterschaltbedingungen nur aus wenigen Verriegelungen. Dann stellen die Verriegelungen der Weiterschaltung die Störungsursache der Ablaufsteuerung dar.
In dem Beispiel von *Bild 5-1* kann die Weiterschaltung von Schritt S_n auf S_{n+1} nur erfolgen, wenn der Walzenwechselwagen auf der Bodenplatte steht. Die fehlende Rückmeldung verriegelt die Weiterschaltung.
In vielen Fällen stehen hinter den Weiterschaltbedingungen aber Netzwerke aus einer Vielzahl von Verknüpfungsgliedern. Deshalb ist eine logische Rückverfolgung in den Netzwerken (Kriterienanalyse) notwendig.

5.2 Diagnose von Verknüpfungssteuerungen

Zum Start eines Prozeßvorgangs müssen immer eine Reihe von Prozeßkriterien erfüllt sein (Prozeßverriegelung). Der ordnungsgemäße Ablauf des Prozeßvorgangs wird über Sicherheitsverriegelungen gesteuert.
Programmtechnisch werden beide Fälle durch Verknüpfungssteuerungen gelöst.
In einer **Verknüpfungssteuerung** werden den Zuständen der Eingangssignale nach den Regeln der booleschen Algebra entsprechende Zustände der Ausgangssignale zugeordnet [nach DIN 19237].
Verknüpfungssteuerungen beschreiben die statischen Zusammenhänge zwischen den Ein- und Ausgangssignalen einer Steuerung.

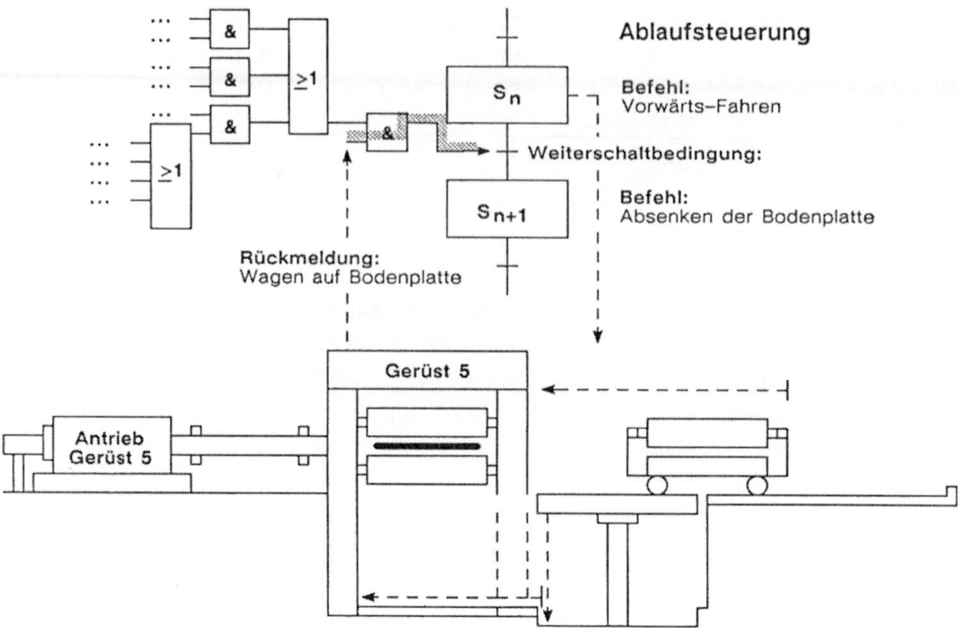

Bild 5-1: Diagnoseverfahren für eine Ablaufsteuerung am Beispiel Walzenwechsel

Aus einer Verknüpfungssteuerung kann deshalb nicht direkt abgeleitet werden, in welchen Prozeßzuständen ein Befehl an den Prozeß ausgegeben werden muß. Deshalb wird eine Verriegelungssteuerung durch die Markierung von **auslösenden Signalen** (Auslöser) für jeden Befehl an den Prozeß ergänzt. Ist ein Befehl zur Freigabe an den Prozeß ausgelöst, aber die Steuerung verriegelt den Befehl, so wird eine Prozeßstörung erkannt (*Bild 5-2*).
In dem Beispiel von *Bild 5-2* soll der Vorgang Walzenwechsel über eine Bedientaste gestartet werden. Die Hydraulik der Arbeitswalze (AW) ist nicht bereit und verriegelt deshalb die Freigabe zum Walzenwechsel.
Die Ursache für die Verriegelung eines Befehls durch die Steuerung liegt in einem oder mehreren Prozeßsignalen, die nicht der programmierten Steuerlogik entsprechen.
In den meisten Fällen stehen hinter den Verriegelungen weitverzweigte Netzwerke aus einer Vielzahl von Verknüpfungsgliedern. Um das für die Verriegelung verantwortliche Prozeßsignal zu erkennen, ist ebenfalls wie bei Ablaufsteuerungen eine logische Rückverfolgung in den Netzwerken (Kriterienanalyse) notwendig.

5.3 Kriterienanalyse

Wurde von der Überwachung eine Diskrepanz zwischen Soll- und Ist-Zustand (Auslöser = 1, Befehl = 0) erkannt, so muß jetzt die Ursache aus der Prozeßbeschreibung (Abbild der Steuerlogik + Diagnosemarkierungen) abgeleitet werden.
In der Praxis ist die Ursache aus mehreren hundert Prozeßsignalen zu finden, die über ein binäres Schaltwerk (Steuerprogramm) mit 100 Gattern Tiefe miteinander verknüpft sind.

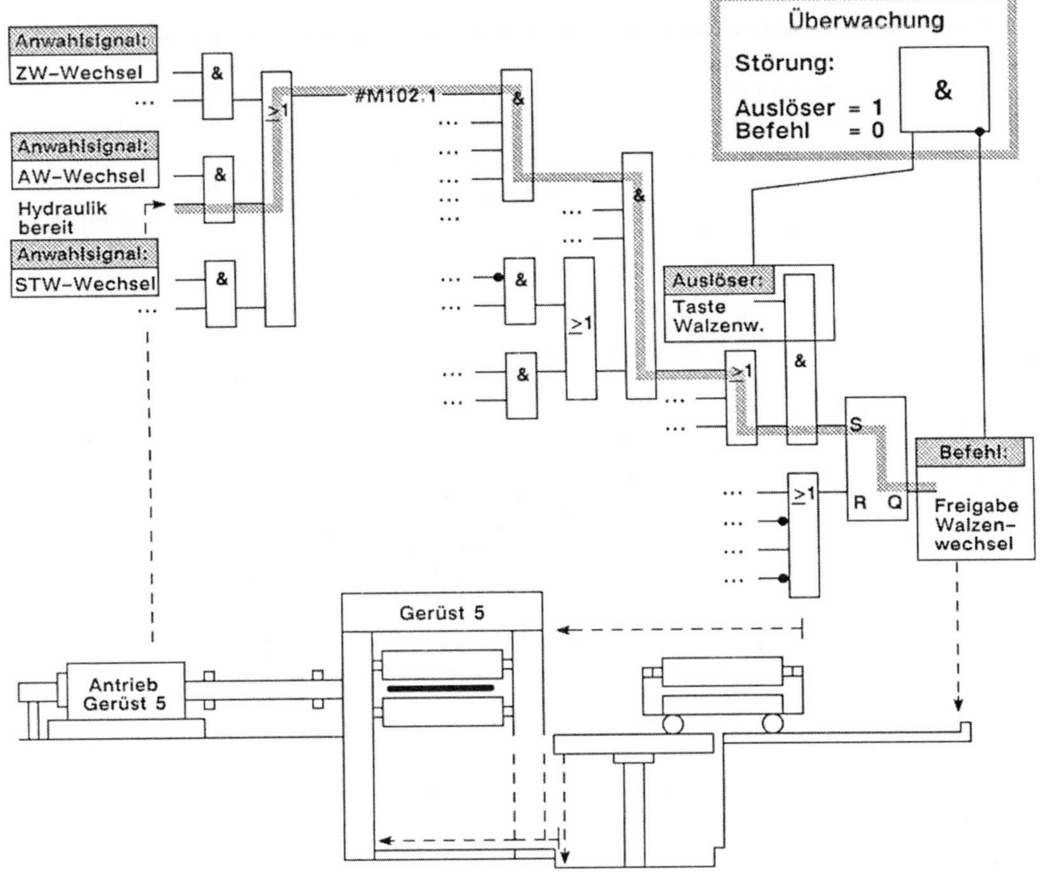

Bild 5-2: Diagnoseverfahren für eine Verknüpfungssteuerung am Beispiel Walzenwechsel

Die übliche Vorgehensweise, mit Programmiergerät und Schaltungsbüchern die Steuerlogik stufenweise zurückzuverfolgen, kann Stunden dauern.

Die speicherprogrammierbaren Steuerungen werden in strukturierter Programmierung bausteinmodular programmiert. Zuweisung und Abfrage von Zwischenergebnissesn (Merker) können in völlig verschiedenen, weit auseinanderliegenden Bausteinen programmiert werden. Eine Verbindung muß über eine Querverweisliste hergestellt werden.

Die logische Rückverfolgung in einem weitverzweigten Binärbaum läuft in der Kriterienanalyse automatisch ab. Damit können Stillstandszeiten auf wenige Sekunden reduziert und in vielen fällen sogar ein Ausfall der Anlage verhindert werden..

Anhand des *Bildes 5-2* werden wichtige Eigenschaften der Kriterienanalyse erläutert.

Wie verhält sich die Kriterienanalyse bei

- Speichergliedern (R-S-Flip-Flop)
- Verriegelungen (AND-Gatter)
- Alternativen (OR-Gatter).

Im Falle eines **Speicherglieds** wird überprüft, ob der dominante Rücksetzeingang erfüllt ist. Wenn ja, werden alle erfüllten Prozeßsignale am davorliegenden OR-Gatter als Ursache erkannt. Schon ein einzelnes Kriterium setzt den Speicher zurück.
Ist der Speicher nicht zurückgesetzt, so werden die Kriterien gesucht, die ein Setzen des Speichers verhindern.
Bei **Verriegelungen** werden alle nicht erfüllten Gatter-Eingänge als Ursache erkannt (bei Prozeßsignalen) oder sie werden weiter rückverfolgt.
Wenn ein **OR-Gatter** nicht erfüllt ist, ist nicht eindeutig festzustellen, welcher Eingangskanal weiter untersucht werden soll.
Ein Lösungsweg besteht darin, alle Eingangskanäle des OR-Gatters zu untersuchen. Damit entsteht ein Meldeschwall, der nicht eindeutig auf die Ursache der Prozeßstörung verweist. Anlagenerfahrungen zeigen aber, daß Steuerleute und Betriebselektriker mit der Analyse des Meldeschwalls überfordert sind. Die Akzeptanz der Prozeßdiagnose würde damit in der Praxis stark sinken.
Die Entscheidung, welche Eingangskanäle eines OR-Gatters untersucht werden, muß deshalb während der Kriterienanalyse getroffen werden. Dazu werden im Steuerprogramm zusätzlich Anwahlsignale markiert *(Bild 5-2)*. Die Anwahlsignale kennzeichnen die verschiedenen Betriebszustände des OR-Gatters. Der Ausgang des OR-Gatters stellt die Freigabe einer nachfolgenden Verriegelung dar, wenn mindestens ein Betriebszustand am OR-Gatter erfüllt ist.

6 Prozeßdiagnosesystem für Speicherprogrammierbare Steuerungen

Auf Basis der vorher beschriebenen Methode wurde ein Prozeßdiagnosesystem realisiert und in die Anwendung gebracht. Es handelt sich um ein Standardsystem, das universell für SPS-gesteuerte Prozesse eingesetzt werden kann. Die Sollbeschreibung des Prozeßablaufs wird automatisch aus den Programmen der SPS abgeleitet.
Um die geforderte Rückwirkungsfreiheit zu erreichen, ist jede SPS mit einem speziellen Diagnoserechner gekoppelt. Die Diagnoserechner überwachen die Prozeßsteuerungen online mit einer minimalen Zykluszeit von 10 ms. Der Anstoß zur Kriterienanalyse (Ableitung der Störungsursache) erfolgt automatisch durch die Überwachung bei erkannter Störung.
Mit einem Diagnoseleitrechner werden die Ergebnisse der verteilten Diagnoserechner anlagenweit zusammengefaßt und zeitfolgerichtig zur Anzeige gebracht. Die zeitliche Auflösung der verteilten Diagnosemeldungen liegt bei 10 ms.
Der Ist-Zustand des Prozesses steht in Form des Prozeßabbildes der SPS zur Verfügung. Deshalb werden keine zusätzlichen E/A-Baugruppen für die Diagnose eingesetzt.
Die Projektierung der Diagnosefunktionen erfolgt im Steuerprogramm der SPS. Im Anlauf oder bei jeder Änderung des Steuerprogramms wird das Abbild der Steuerlogik in den Diagnoserechner geladen und daraus die Beschreibung des Prozeßablaufs automatisch abgeleitet.
Der Projektierungsaufwand besteht in der Markierung von Befehlen an den Prozeß mit zugeordneten Auslösern, der Markierung von Anwahlsignalen zur Beschreibung der Betriebszustände und der Festlegung von Überwachungszeiten für die Weiterschaltung einer Ablaufsteuerung.
Der zusätzliche Aufwand für Prozeßdiagnose auf Basis des Steuerprogramms wird auf 10 % des Aufwands für die Programmierung der Steuerung geschätzt.

7 Ausblick

Das beschriebene Prozeßdiagnoseverfahren ist bei 16 Großanlagen erfolgreich im Einsatz. Die Leistung des Verfahrens zur Verringerung von Stillstandszeiten ist im laufenden Anlageneinsatz bestätigt worden.
Außerdem wurde von den Anlagenbetreibern die Bedeutung der Prozeßdiagnose zur Steigerung der Anlagenverfügbarkeit erkannt.
In Zukunft werden wissensbasierte Methoden (Expertensysteme) zur Repräsentation von technologischen Zusammenhängen bei der Prozeßdiagnose Anwendung finden. Expertensysteme können aber erst dann zum Einsatz kommen, wenn sie Echtzeitverarbeitung erlauben.
Auch zukünftige Diagnosesysteme müssen in das Prozeßleitsystem voll eingebettet sein. Dazu zählt eine Mensch-Maschine-Kommunikation, bei der die aktuelle Störungssituation in verdichteter, graphischer Form dargestellt wird. Die Informationsdarstellung muß technologieorientiert und die Ergebnisbegründung nachvollziehbar sein. Der Zusatzaufwand für die Projektierung der Diagnose wird durch Integration in CAD-Verfahren bzw. Projektierungs-Expertensysteme [3] niedrig gehalten.

Literatur

[1] Hernandez, D.:
"Wissensbasierte Diagnose technischer Systeme"
Mitteilungsblatt des regionalen Rechenzentrums Erlangen, Nr. 44, Erlangen, Juni 1986

[2] Strohmer, F.:
"Uhrzeitführung in verteilten Systemen"
Diplomarbeit an der FAU Erlangen: Lehrstuhl für Techn. Elektronik, 31.10.1986

[3] Baginsky, W.; Geissing, G.; Philipp, L.:
"Einsatz von Projektierungs-Expertensystemen in der Automatisierungstechnik"
in Tagungsband Prozeßrechensysteme '88, 02.-04.03.1988, Springer-Verlag Berlin Heidelberg

[4] Siemens: PSD
"Plant Supervision and Diagnosis"
Beschreibung Zweigniederlassung Köln, Jan. 1987

[5] Siemens: SICOMP MMC216
"Multi-Mikrocomputersystem MMC216"
Gerätehandbuch, Bestellnummer: 6AA6500-0XX00-0A

[6] Siemens: SIMATIC S5
"Automatisierungsgeräte S5-150U"
Handbuch, Ausgabe 3, Bestellnummer: 6ES5998-0AL11

Automatisierungssystem für den Einsatz in Unterwasserstationen auf dem Meeresgrund

Hubert Theilmann
SIEMENS Aktiengesellschaft
Postfach 21 12 62
7500 Karlsruhe 21

1. Zusammenfassung

Für Automatisierungsaufgaben in Unterwasserstationen zur Öl- und Gasförderung direkt an der Quelle werden Automatisierungssysteme benötigt, die die speziellen Randbedingungen für diesen extremen Einsatz erfüllen.
Hierzu zählen vor allem die Forderungen nach großen Missionszeiten bei reperaturfreiem Betrieb, Anpassung an offshorespezifische Aktoren, Sensoren und Sensorbusse, erweiterten Diagnose- und Überwachungsfunktionen, sowie Kommunikation zur nächstgelegenen Produktionsplattform über das Standardenergieversorgungskabel.

Im folgenden werden einige Merkmale näher erläutert, die für den Entwurf eines solchen Systems wichtig sind.

2. Ausgangssituation

Der Automatisierung von Unterwasserstationen zur Öl- und Gasförderung direkt am Quellenkopf auf dem Meeresgrund (satellites und templates) wird in Zukunft eine äußerst wichtige Bedeutung zukommen.
Dies ist bedingt durch die weitläufigere Verteilung der zukünftig in der Nordsee zu erschließenden Rohstoffelder, die größeren Wassertiefen sowie die enormen Kosten für stationäre Betonplattformen.
Diese Tendenz bewirkt, daß die Anzahl großer, stationärer Bohr- und Produktionsplattformen reduziert und ersetzt wird durch kompakte hochverfügbare Stationen auf dem Meeresgrund.

Die Anlagen auf dem Meeresgrund haben im wesentlichen die Aufgabe, das Öffnen und Schließen der Quelle, die Verteilung der geförderten Rohstoffe auf die verschiedenen Pipeline- und Rohrsysteme, sowie das Einleiten von Zusatzstoffen durchzuführen.

3. Lösungsansätze

Derzeit können Unterwasserstationen nur in der Nähe von stationären Plattformen betrieben werden, da die Energie zum Öffnen und Schließen der Ventile über ein verzweigtes, umfangreiches Hydraulikrohrleitungssystem von der nächstgelegenen Plattform zugeführt wird.

Diese Konfiguration hat gravierende Nachteile:

- Die Verbindung zur Plattform besteht aus vielen anfälligen Hydraulikleitungen und Leitungsbündeln.

- Die Antwortzeiten auf Steuerbefehle sind aufgrund des zur Durchführung der Operation benötigten Transports von Hydrauliköl von der Plattform zur Unterwasserstation hoch.

- Die Entfernung zur Plattform ist auf wenige Kilometer begrenzt.

Diese Nachteile führten zur Entwicklung von Unterwasserstationen, bei denen die Energie zum Öffnen und Schließen der Ventile direkt am Bohrloch durch elektrische Pumpen erzeugt, in Druckgefäßen gespeichert und über kurze Steuerleitungen den Hauptventilen zugeführt wird.
Ein Automatisierungssystem überwacht die Prozesse und übernimmt die Kommunikation mit der Plattform.

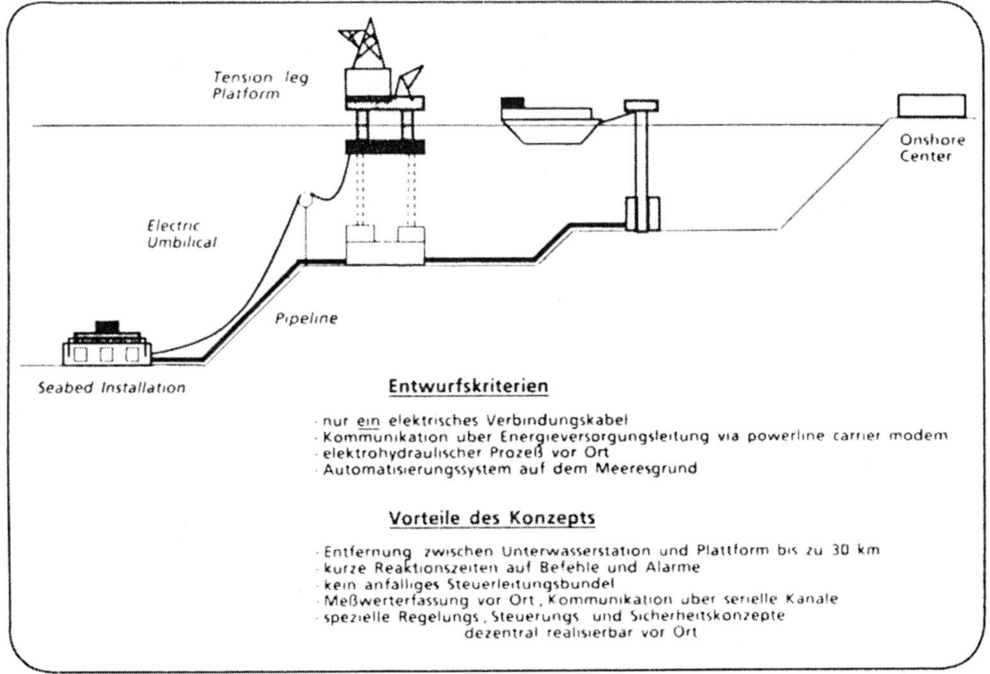

Bild 1: Konzept für eine Unterwasserstation mit Automatisierungssystem

Dieser Ansatz hat gegenüber den herkömmlichen Systemen wesentliche Vorteile (Bild 1):

1. Die Entfernung zwischen Plattform und Unterwasserstation ist nahezu unbegrenzt und hängt im wesentlichen nur von der Leistungsfähigkeit der Übertragungstechnik für Energie und Daten ab.

2. Die Steuerbefehle werden unmittelbar ausgeführt (Laufzeit der Datenübertragung).

3. Es wird lediglich ein elektrisches Versorgungskabel benötigt, über das sowohl die Energie als auch die Daten übertragen werden.

4. Das Automatisierungssystem direkt vor Ort bietet die Möglichkeit für zusätzliche Leistungen wie

   - Meßwertaufbereitung und Vorverarbeitung

   - höherwertige Regelungs- und Steuerungskonzepte

   - Test-, Diagnose- und Überwachungsfunktionen

   - schnelles Alarmmanagement mit emergency shut down

Aus diesen Überlegungen heraus wurde die Aufgabenstellung für ein konkretes Projekt abgeleitet. Das Projekt besteht im wesentlichen aus folgenden Teilen (Bild 2):

1. Dem Prozeßleitsystem und dem ununterbrechbaren Energieversorgungssystem auf der nächstgelegenen Plattform mit Anschaltung der Unterwasserstation.

2. Der Verbindung zwischen Plattform und Unterwasserstation durch ein elektrisches Tiefseekabel, über das sowohl die Daten als auch die Energie übertragen werden.

3. Den autarken redundanten Automatisierungssystemen in der Unterwasserstation mit zugehöriger Sensorik und Aktorik.

4. Dem elektrohydraulischen Prozeß zur Erzeugung und Speicherung der Energie für die Ansteuerung der Ventilkonfigurationen (X-mas-Tree).

In den folgenden Ausführungen wird hauptsächlich auf die Systeme in der Unterwasserstation näher eingegangen.

4. Aufgaben des Systems

Das Automatisierungssystem hat die Aufgabe, die Steuerung und Überwachung des Quellenkopfes, die Regelung des elektrohydraulischen Prozesses, sowie zusätzlich zu Standardsystemdiensten weitergehende Funktionen wie zum Beispiel Diagnose und Redundanzüberwachung auszuführen.
Bei der Quellenkopfüberwachung gibt es folgende Einzelaufgaben:

- Erfassung und Auswertung von Drücken und Temperaturen aus dem Quelleninneren

- Steuerung und Überwachung der Ventilkonfigurationen

- Regelung und Überwachung des elektrohydraulischen Prozesses

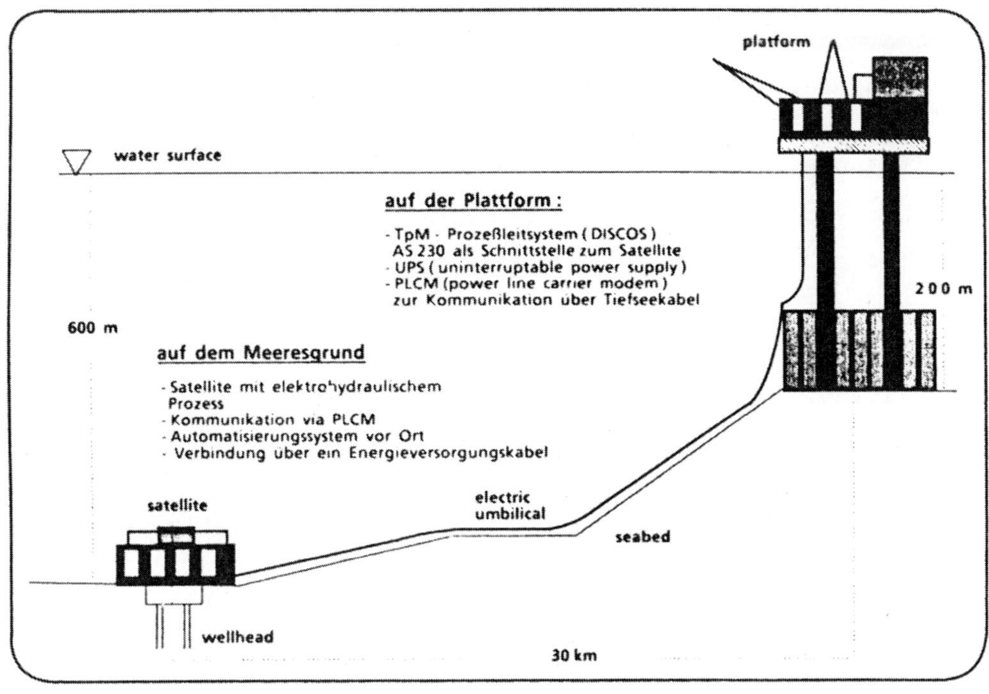

Bild 2: Teilsysteme

- Erkennung von Leckagen in Pipeline und Rohrsystemen, Sanddetektion
- Einleitung von Zusatzstoffen
- Alarmmanagement: Steuerung der Sicherheitsventile, shut down und emergency shut down

Insbesondere im Hinblick auf die Tatsache, daß weder Prozeß noch System direkt vor Ort beobachtbar oder reparierbar sind, wird besonderer Wert auf tiefgehende Diagnose und Überwachungsfunktionen gelegt.
Durch Plausibilitätskontrollen und analytische Auswertung von redundanten und quasiredundanten Sensorsignalen werden zusätzliche Hinweise für die eindeutige Funktion der Unterwasserstation gegeben.
Hierunter fallen vor allem die Überwachung auf Leckage oder Verschmutzungen im Hydrauliksystem, sowie das Eindringen von Meerwasser in die Hauptventile oder den Druckausgleichsbehälter, weiterhin der ordnungsgemäße Druckaufbau und die Druckspeicherung in hydraulischen Akkumulatoren.

Im Rahmen der Systemdiagnose werden zusätzlich zu den standardmäßigen Testfunktionen für Hard- und Software Diagnosefunktionen für die gegenseitige Überwachung der redundanten Systeme bereitgestellt.
Diese Überwachung geschieht ausschließlich über entkoppelte Peripherie Ein- und Ausgänge, sodaß gewährleistet ist, daß der Ausfall oder Defekt eines Automatisierungssystems die redundanten Systeme nicht beeinträchtigt.

5. Der Systementwurf

Aufbauend auf diesen Anforderungen wurde eine Systemarchitektur entworfen, bestehend aus einer Verarbeitungseinheit (field processing unit, FPU), einer oder mehreren peripheren Erweiterungseinheiten (field extension units, FEU), Kommunikationseinheit (field communication unit, FCU) für die Verbindung zum Leitsystem auf der Plattform und Spannungsversorgungseinheit (Bild 3).

Verarbeitungseinheit:

Die Verarbeitungseinheit besteht aus einem hochintegrierten leistungsfähigen Ein-chip-μcomputer mit externer Speichererweiterung.

Auf der FPU können Funktionsbausteine anwenderspezifisch definiert und verschaltet werden. Die Projektierung am PC entspricht der moderner Prozeßleitsysteme.

In der Verarbeitungseinheit sind Funktionen vorgesehen für Regelung, Steuerung, Rechnen, Verarbeiten, Diagnose, sowie Datentransfer zum überlagerten System auf der Plattform.

Erweiterungseinheiten:

Eine Erweiterungseinheit stellt ein intelligentes Modul mit Funktionen für die Vorverarbeitung (Linearisierung, Grenzwertüberwachung, unterlagerte Regelkreise, usw.) dar. Diese Moduln sind speziell auf die zu verarbeitenden technologischen Aufgaben zugeschnitten.
Neben Standardmeßumformern können an die FEUs vor allem auch frequenzanaloge Sensorsignale im kHz-Bereich, sowie offshore-spezifische Spezialsensoren und Sensorbusse angebunden werden.

Aufgrund der digitalen Signalübertragung ergeben sich erhebliche Vorteile bei der Übertragung der Signale von Down-hole-Sensoren und Sensoren aus dem "nassen" Bereich über induktive Koppelelemente in das Innere des Elektronikdruckbehälters (control pod, Bild 4).

Die Anzahl an Durchführungskontakten wird minimiert.

Die peripheren Erweiterungseinheiten sind über einen seriellen Bus mit der Verarbeitungseinheit verbunden. Aufgrund der Vorverarbeitung in den FEUs ist der Datenverkehr zur Verarbeitungseinheit reduziert; dadurch können aufwendige Parallelbusstrukturen und Rückwandbusse entfallen.

Weitere Aufgaben der Erweiterungseinheiten ist die Ansteuerung der zum Teil mehrspuligen Steuerventile.

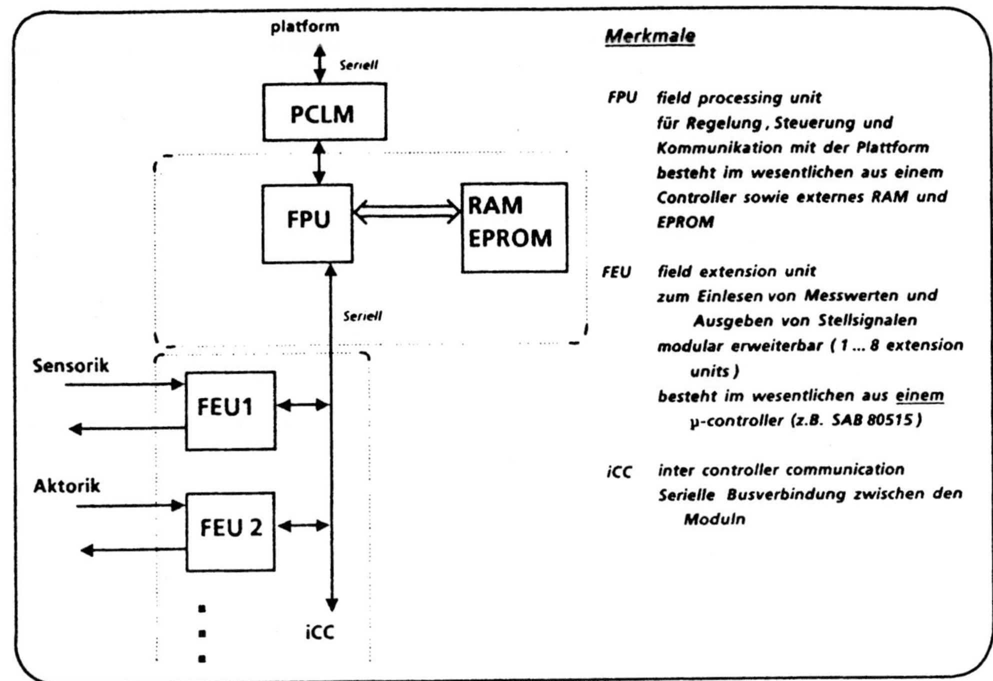

Bild 3: Übergeordnete Systemarchitektur

Ein FEU besteht aus einem hochintegrierten µcontroller mit onchip-Peripherie für Analog- und Binärwerterfassung, Zähleingängen, seriellen Schnittstellen, Binärausgängen und Speichererweiterungen. Die Außenbeschaltung ist, mit Außnahme der ausgangsseitigen Leistungstreiber, passiv.

Kommunikationseinheit:

Das Power Line Carrier Modem (PLCM) für die Übertragung der Daten über das Energieversorgungskabel wird von der FPU angesteuert.

Auch diese Einheit besteht in ihrem Kern aus nur einem hochintegrierten Bauelement, das sowohl als Sender wie auch als Empfänger dient. Lediglich im Frequenzmultiplexbetrieb ist ein zusätzliches Filter vorzusehen.

Die Übertragung kann wahlweise bei einer Trägerfrequenz von ca. 5 kHz im ASK-Verfahren (amplitude shift keying) mit 600 Baud Datenrate oder bei Trägerfrequenzen im Bereich 30 kHz bis 300 kHz im FSK-Verfahren (frequency shift keying) mit 4.8 kBaud erfolgen. Die Daten werden über Koppelkondensatoren aus dem Hochspannungskabel ausgekoppelt.

Bei FSK-Verfahren können parallele Kanäle über unterschiedliche Frequenzen realisiert werden; beim ASK-Verfahren sind parallele Kanäle nur über galvanisch getrennte Leiter möglich.

Die Trägerfrequenz beeinflußt maßgeblich das Design des Tiefseekabels, der Unterwassersteckverbinder sowie Übertragungseigenschaften von Transformatoren, Auskoppelkondensatoren und Sperrfiltern. Bei der Übertragung auf höheren Frequenzen muß das Dielektrikum der Kabelisolation gering gehalten werden. Es empfiehlt sich die Verwendung von Polyäthylen.

Die Dämpfung von 660 V Standardkabeln gegenüber Trägerfrequenzen im Bereich 30 - 300 kHz liegt bei ca. 1.1 - 1.4 dB / km.

Spannungsversorgungssystem

Entscheidend ist, daß über binäre Ausgangssignale der Verarbeitungseinheit die Spannung der redundanten Systeme ein- und ausgeschaltet werden kann. Bei Spannungswiederkehr befinden sich alle Systeme in eingeschaltetem Zustand.

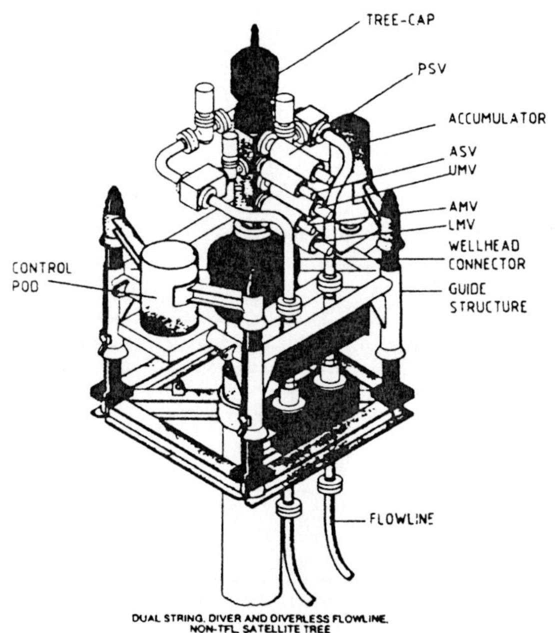

Bild 4: Aufbau eines Satellites

6. Besondere Merkmale des Systems

Neben den allgemeinen Kriterien für zukünftige, feldmontierte Systeme, wie zum Beispiel

- konsequente örtliche und funktionelle Dezentralisierung
- Nutzung hochintegrierter, leistungsfähiger uController, uComputer und ASICs
- flexible Anpassung an die Feldinstrumentierung und Sensorbusse

- Kommunikation zwischen den Systemen über serielle feldtaugliche Busse

- kompakter robuster Aufbau für den Einsatz unter extremen Bedingungen

- Ersatz von mechanischen Komponenten durch Elektronik,

wurde beim Systementwurf das Augenmerk besonders auf die speziellen Randbedingungen im offshore-Bereich gelegt.

So spielt insbesondere auch die hohe Verfügbarkeit bei der geforderten Missionszeit von fünf Jahren ohne Reparatur eine entscheidende Rolle.
Die Verfügbarkeit V_{NR} eines nichtreparierbaren Systems ist gleich der Wahrscheinlichkeit, mit der das System die Missionszeit T_M überlebt:

$$V_{NR} = \exp (- l * T_M)$$

l : Ausfallrate, konstant nach Ablauf der Frühausfallphase

Die hohe Verfügbarkeit wird erreicht durch Beachtung wichtiger Randbedingungen, wie sie generell für den Einsatz in nicht reparierbaren und nicht beobachtbaren Bereichen gelten.
Hierunter fallen:

- Verwendung weniger, hochintegrierter vorgetesteter Bausteine wie uController und uComputer mit onchip-Peripherie

- Zuschnitt des Systems ausschließlich auf die gegebenen Anforderungen, Minimierung der Hardware.

- Verwendung vorsortierter Komponenten mit erweiterten und angepaßten burn-in Tests.

- Überdimensionierung kritischer Pfade, Vermeidung von Streßsituationen für Bauteile und Baugruppen

- robuster Aufbau

- Erweiterter Softwaretest auch unter einsatznahen Bedingungen

Insbesondere die Nutzung von hochintegrierten Controllern mit integrierter Peripherie, wie ROM, RAM, serielle Schnittstellen, PORTS und vor allem auch A/D-Wandler und Multiplexer reduziert die Anzahl benötigter Bauelemente ganz entscheidend. Die Ausfallrate l wird wesentlich reduziert.

Die asynchrone Redundanz von drei vollkommen autarken, nicht miteinander verharften Systemen gewährleistet, daß die gegenseitige Beeinflussung der Systeme minimiert wird.

Jedes System kommuniziert über parallele Kanäle mit seinem Master auf der Plattform und erhält nur von dort seine Befehle.

Das Voting findet im Leitsystem auf der Plattform statt, da dort der für die Überwachung und Entscheidung notwendige Hard- und Softwareoverhead zugelassen werden kann.

Es besteht zudem die Möglichkeit, auf Anwenderebene zwischen mehreren Redundanzkonfigurationen und Systemstati umzuschalten. Grundsätzlich kann zwischen den Stati hot, hot stand by und cold ausgewählt werden. Mehrere Kombinationen sind möglich.

Die Forderung nach verfügbarkeitgerichteten Konzepten (zum Beispiel 3 * 1 oder 2 * 2aus2) einerseits und sicherheitsgerichteten Konzepten andererseits (zum Beispiel 2aus3) entscheidet über die jeweils zu wählende Konfiguration.
Bei der Umschaltung zwischen zwei Konfigurationen wird eine Asynchronität zum updating zugelassen.

Bei den Konzepten wird davon ausgegangen, daß ein System, welches in kalter Reserve steht, eine um mindestens Faktor 10 erhöhte Lebensdauer hat.

Als defekt erkannte Systeme werden spannungsfrei geschaltet.

Bei Neuanlauf oder Spannungswiederkehr laufen zunächst alle Systeme an und melden sich nach kurzer Zeit mit den Ergebnissen aus der Eigendiagnose und Fremddiagnose. Aufgrund dieser Ergebnisse und der Prozeßführungskonzepte entscheidet das Leitsystem auf der Plattform über die Systemkonfiguration.

Bei Spannungsausfall geht der Prozeß in den mechanischen Sicherheitszustand und die Quelle wird geschlossen.

7. Einsatzmöglichkeiten

Aufgrund der flexiblen Erweiterungsmöglichkeiten über Seriellbus und der projektierbaren Leistungsmerkmale, ist das System sowohl für kleinere Aufgaben in Satellites (eine Quelle) als auch für erweiterte Anforderungen bei Templates (mehrere benachbarte Quellen) geeignet. Die Entfernung der Unterstation zur nächstgelegenen Plattform kann 30 km betragen.

Da auch während des Betriebes Einzelsysteme zu- und abgeschaltet werden können, kann leicht von Konzepten, die auf eine lange Missionszeit ausgelegt sind, auf verfügbarkeitsgerichtete Konzepte umgeschaltet werden. Dadurch bietet sich auch der Einsatz auf unbemannten Plattformen und Ladebojen an.

EINSATZ EINER DATENBANK IN EINEM VOLLAUTOMATISCHEN HOCHREGALLAGER

Gernot Toussaint
AEG Software-Technik GmbH & Co. KG
Hohenzollerndamm 150

1000 Berlin 33

1. Einleitung

Die ersten vollautomatischen Hochregallager wurden Ende der 60-Jahre realisiert. Damals stand der Einsatz einer Datenbank bei derartigen Automatisierungssystemen aus folgenden Gründen überhaupt nicht zur Debatte:

- **Die mittlere Zugriffszeit auf Peripherspeicher lag bei ca. 80 ms**
- **Prozeßrechner hatten nur einen Arbeitsspeicher von ca. 100 kB**
- **Die Kapazität von Peripherspeichern lag bei einigen MB**
- **Es gab keine lauffähigen Datenbanken auf "Mini-Rechnern"**

Inzwischen haben sich die Voraussetzugen in wesentlichen Punkten geändert:

- **Es gibt vollwertige Datenbanken für "Mini-Rechner"**
- **Die mittlere Zugriffszeit auf Peripherspeicher liegt bei ca. 40 ms**
- **"Mini-Rechner" verfügen über einen Arbeitsspeicher von mehreren MB**
- **Peripherspeicher haben die Kapazität von mehreren 100 MB**

Aufgrund dieser Leistungsänderungen bei den "Mini-Rechnern" kann der Einsatz einer Datenbank für ein vollautomatisches Hochregallager durchaus sinnvoll sein, wenn man zwischen den Vorteilen und den Nachteilen eines Datenbankeinsatzes abwaegt. Als Vorteile sind zu nennen:

- Flexibilität bei der Festlegung und Änderung von Datenstrukturen
- Vorhandensein von diversen "Datensicherungsmechanismen"

  - Transaktions-REDO
  - Transaktions-UNDO
  - DATA-Logging
  - Datenschutzfunktionen (Zugriffsrechte über Passwort abgesichert)

- Vorhandensein von diversen UTILITIES um Dateien zu kopieren und zu restaurieren
- Garantie von konsistenten Datenbeständen auch bei Systemzusam-

menbrüchen
- Standardisierung der Datenhaltung

Nachteile sind:

- Erhöhter Platzbedarf auf dem Peripherspeicher
- Erhöhter Platzbedarf im Hauptspeicher
- Erhöhter Rechenzeitbedarf
- Erhöhte Belastung des Transferkanals um Datenkonsistenz zu gewährleisten
- Erhöhte Belastung des Transferkanals beim Zugriff auf einen Datensatz, da der direkte Zugriff hierauf nur in Sonderfällen möglich ist

Diese Entscheidung kann aber nur unter Berücksichtigung der Anforderungen getroffen werden, die an das zu realisierende Softwaresystem zu stellen sind.

2. Anforderungen an das Softwaresystem

Bei der Konzeption des Softwaresystems sind folgende Bedingungen einzuhalten:

- **Kurze Reaktionszeit**
- **Wiederstartfestigkeit**
- **Stand-alone-Betrieb (Kein "Back-up" durch HOST-Rechner)**
- **Konkurrierender Zugriff verschiedener Programme auf gleiche Datenobjekte muß möglich sein**

3. Realisiertes Projekt

Bei dem hier vorgestellten Projekt handelt es sich um ein Hochregallager, das in die Fertigung von Bauteilen integriert wurde.

Die Zentraleinheit des Lagerverwaltungssystems ist eine HP1000 (A900) mit 6,25 MB Hauptspeicher und 2 Plattenlaufwerken zu je 132 MB.

Das HRL besteht aus drei Gassen mit je einem Regalförderzeug (RFZ). Jede Gasse hat zwei Kommissionierebenen in denen sowohl aus- wie eingelagert werden kann. Softwaremäßig ist der Ausbau auf 6 Gassen vorgesehen.

Zum übergeordneten HOST-System (IBM) besteht eine online-Rechnerkopplung, über die die Ein- und Auslageraufträge vom HOST an den Lagerverwaltungsrechner (LVR) und die zugehörigen Rückmeldungen vom LVR an den HOST übermittelt werden.

Die gesamte Peripherie:

- **SPS**
- **Sichtgeräte**
- **BDE-Terminals**

- **Barcodescanner**
- **Drucker (barcodefähig)**

wird über ein LAN betrieben. Die Programmiersprache der gesamten Anwendungssoftware ist PASCAL (Pascal/1000 der Fa. HP).

Die Anlage ging Ende 1986 in den Probebetrieb. Im Januar 1987 wurde der Probebetrieb erfolgreich abgeschlossen. Seit dieser Zeit wird das HRL im 1 Schichtbetrieb betrieben.

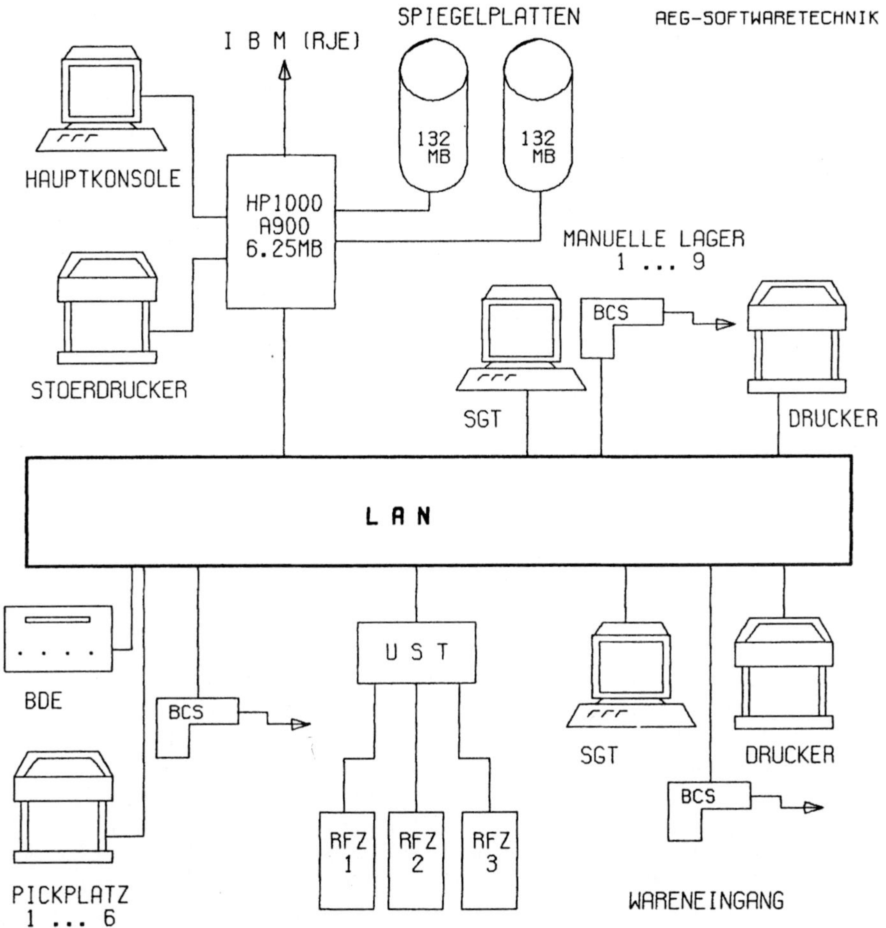

Bild 1

Als Datenbank wurde PISA-DB der Fa. Infodas, ein relationales NF2-System (non first normal form relations) eingesetzt. Dies Datenbanksystem, das für Realzeitbetrieb ausgelegt ist, hat einige Besonderheiten gegenüber "normalen" relationalen Datenbanken:

- Für alle Deskriptorfelder werden stets Indexbäume angelegt

- Alle Felder können als Mehrfachfelder angelegt werden

- Eine besondere Dateiform, die Direktzugriffsdatei, ermöglicht den schnellen Zugriff auf jeden Datensatz.

Beim Systementwurf für das HRL sind die oben genannten Kriterien wie folgt berücksichtigt worden:

- **Gewährleistung von kurzen Reaktionszeiten**

  - **Geeignetes "Datenmodell" wählen**

    Hierzu gehört, daß versucht wird, den einzelnen Funktionskomplexen des LVR möglichst eigene Dateien zuzuordnen (so greifen z.B. nur Programme des Bereiches Wareneingang auf die Wareneingangsdatei WAED und auf die Einlagersammelbelegdatei ESBD zu) und daß Datenredundanz vermieden wird, sofern es aus Zeitgründen möglich ist.

    Läßt sich dieses Ziel (eigene Dateien für jeden Funktionskomplex) für zentrale Dateien (wie z.B. die Teiledatei und auch die Auftragsdatei) nicht durchführen, so kann man zumindest versuchen die Zugriffsarten (lesen, schreiben, löschen, hinzufügen, ändern) bei den einzelnen Funktionskomplexen einzuschränken.

    Auf diese Art wird erreicht, daß möglichst viele Programme parallel arbeiten können, ohne sich gegenseitig zu "behindern".

  - Dateien so aufbauen, daß mit einem Zugriff möglichst viele Daten verfügbar sind.

    Dies ist ein wesentlicher Punkt des Datenmodellentwurfes, der durch PISA-DB mit dem Leistungsmerkmal Mehrfachfeld stark unterstützt wird. So war es z.B. möglich, mit Hilfe des Mehrfachfeldes die Teilestammdatei und die Behälterdatei in der Teiledatei zu vereinigen. Alle Daten eines Behälters (z.B. Lagerort, Koordinate, Behältergröße, Istmenge) sind Mehrfachfelder in der Teiledatei. Bei der derzeitigen Implementierung erhält man mit einem Zugriff auf die Datei Teiledatei die Teilestammdaten der betreffenden Teilenummer und gleichzeitig die Daten von 10 Behälterdatensätzen. Auf die gleiche Art erhält man mit einem Zugriff auf die Auftragsdatei gleichzeitig die auftragsrelevanten Daten und die Daten von 14 Auftragspositionen.

MEHRWERTIGES FELD (fixe Laenge)

ANZ	WERT1	WERT2	....	WERTN

BEHAELTERSATZ

LAGERORT

10	12	21	....	41

PALETTENKOORDINATIONEN

10	3020121	1060012	....	2043131

BEHAELTERGROESSE

10	1	2	....	5

EINLAGERDATUM

10	100187	220387	....	281087

DATUM DER LETZTEN BEARBEITUNG

10	291087	220387	....	281087

DATUM DER LETZTEN INVENTUR

10	060787	220387	....	281087

AUFTRAGSNUMMER DER EINLAGERUNG

10	123865	434712	....	65835

RESTMENGE NACH VERPLANUNG

10	0	350	....	50000

ISTMENGE

10	5000	400	....	50000

Bild 2

Die tatsächliche Anzahl der Positionsätze bzw. der Behältersätze je Datensatz kann in gewissen Grenzen an die Anwendung angepaßt werden, ist aber nach oben durch die max. Satzlänge begrenzt. Die stets vorkommenden Sonderfälle, (Anzahl der Positionssätze reicht nicht aus) müssen dann durch Bildung von Fortsetzungssätzen abgehandelt werden, was zur Zeit leider noch durch die Anwendungssoftware erfolgen muß. Dies hat zwar erhöhten Aufwand bei der Anwendungssoftware zur Folge, garantiert dafür aber auch ein berechenbares Antwortzeitverhalten.

- Pro Datensatz nur die unbedingt benötigte Anzahl von Deskriptoren vorsehen.

Dieser Punkt hat wesentlichen Einfluß auf das Antwortzeitverhalten des Systems, da ja jeder zusätzliche Deskriptor zur Bildung von Indexbäumen führt, die von der Datenbank beim Ändern, Anlegen und Löschen des Datensatzes aktualisiert werden müssen. Dies heißt aber im Klartext, daß man nicht beliebig viele Felder im Datensatz zu Deskriptoren erklären darf, nur um die Möglichkeit zu haben, beliebige Auskunftsfunktionen auf einfache Art über den Reportgenerator der Datenbank abrufen zu können.

Grundsätzlich sollte man daher nur soviel Deskriptoren für den Datensatz wählen, daß die normalen Funktionen des Systems mit möglichst wenigen Transfers realisierbar sind.

- Sofern vorhanden, die Möglichkeit der Datenbank nutzen, einen Datensatz über Satznummer zu lesen.

  Dieser Punkt ist von der reinen Lehre (relationale Datenbank) her sicher verwerflich, was die Praxis und in diesem Fall speziell die Transferanzahl betrifft, jedoch keinesfalls von vornherein auszuschließen. Können doch auf diese Art beim lesenden Zugriff auf einen Datensatz ca. 2 von 3 Transfers gespart werden.

- **Vorhandene Optimierungsmöglichkeiten der Datenbank nutzen**

  Die Optimierungsmöglichkeiten, die die verschiedenen Datenbanken hier bieten, sind natürlich von Fall zu Fall verschieden. Für die Realisierung eines zeitkritischen Systems, wie es ein Lagerverwaltungssystem nun einmal ist, kommt man nicht umhin, sich mit diesem Gebiet intensiv zu beschäftigen und möglichst alle gebotenen Möglichkeiten zu nutzen.

  - Möglichst großes "Cache-Memory" wählen

    Sofern die Datenbank diese Möglichkeit bietet, ist dies die einfachste Art, Transfers vom Peripherspeicher zu sparen. Diese Möglichkeit ist deswegen so günstig, weil sie für die Anwendungssoftware vollkommen rückwirkungsfrei ist. D.h. der Benutzer der Datenbank kann nicht unterscheiden, ob der gewünschte Datensatz vom Peripherspeicher gelesen wurde, oder ob er nur aus dem Cache-Memory umgespeichert wurde. Hieraus folgt, daß die Transferreduzierung proportional mit der Größe des Cache-Memory wächst.

    Leider kann die Transferanzahl zum Peripherspeicher (Schreibtransfers) hierdurch nicht reduziert werden, da die Schreibtransfers aus Sicherheitsgründen stets durchgeführt werden.

  - Zuordnung von kritischen Dateien zu "Subpools" treffen

    Da es praktisch unmöglich ist, das Cache-Memory so groß zu

wählen, daß sich alle Datensätze im Arbeitsspeicher befinden, sind die Subpools eine weitere Optimierungsmöglichkeit, zumal bei einem beliebig großen Cache-Memory die Rechenbelastung des Systems bei der Datensatzsuche zunehmen würde.

Bei den Subpools wird das vorhandene Cache-Memory nun so aufgeteilt, daß einzelne Bereiche davon für eine bzw. für n-Dateien reserviert sind. Besonders günstig wird die Transferoptimierung, wenn man solche Dateien, auf die besonders häufig zugegriffen wird, einem eigenen Subpool zuordnet.

- **Wiederstartfestigkeit der Anwenderprogramme sicherstellen**

  Die Anwenderprogramme die automatisch vom Prozeß gestartet werden, müssen so konzipiert sein, daß sie in der Lage sind, die vor einem Systemzusammenbruch angefangenen Aktion nach dem Systemwiederstart nahtlos fortzusetzen und fehlerfrei zu beenden.

  Hierzu muß die Datenbank selbstverständlich angefangene Transaktionen bei einem erneuten Hochfahren der Datenbank erkennen und automatisch zurücksetzen können. Für die Anwendungssoftware ist damit leider der Aufwand für das Thema "Wiederstartfestigkeit" noch lange nicht vorbei, denn außer in Dateien werden viele Daten aus Geschwindigkeitsgründen nur im COMMON notiert. Eine Anwendungssoftware, die wiederstartfest sein will, muß sicherstellen, daß diese Notierungen zu den zurückgesetzten Transaktionen passen.

- **Stand-alone-Betrieb gewährleisten**

  Programme sind grundsätzlich so zu konzipieren, daß sie Verbuchungen in Dateien nur im Rahmen von Transaktionen durchführen. Dies ist die einzig sichere Methode, um auch in Fehlerfällen (Hard- und Software) die Datenkonsistenz zu gewährleisten. Bietet die Datenbank die Möglichkeit, Spiegeldateien zu führen, so sind alle Voraussetzungen für einen Stand-alone-Betrieb gegeben. Ist diese Möglichkeit nicht vorhanden, so würde ein Logging der veränderten Datensätze (z.B. REDO-Logging), was allerdings das System stärker belastet, ebenfalls den Stand-alone-Betrieb gewährleisten.

- **Konkurrierenden Zugriff auf alle Datenobjekte ermöglichen**

  Da bei einem Lagerverwaltungssystem im Gegensatz zu vielen anderen Systemen, bei denen mit der Datenbank nur über Terminals kommuniziert wird, die meisten Programme (Prozesse) automatisch ablaufen, ist es nicht sinnvoll, die sperrbaren Datenobjekte auf Datenbanken und Dateien zu beschränken, da es sonst sehr leicht geschehen kann, daß manche Programme überhaupt nicht "funktionieren", weil die benötigten Datenobjekte gerade durch ein anderes Programm oder sogar durch eine Dialogfunktion gesperrt sind.

Dies hätte wiederum zur Folge, daß das gesamte Lagerverwaltungssystem nicht brauchbar wäre. Aus diesem Grund ist es notwendig, die Anzahl der Datenobjekte so weit wie möglich zu vergrößern, weil hierdurch die Wahrscheinlichkeit, daß zwei Programme das gleiche Datenobjekt sperren wollen, stark reduziert wird.

- Deadlock-Erkennung verbessern

  Es wird als selbstverständlich vorausgesetzt, daß die Datenbank prinzipiell in der Lage ist, eine "Deadlock-Situation" zu erkennen und auch aufzulösen. Die Problematik liegt hier allerdings in der "Deadlock-Erkennung". Aus Vereinfachungsgründen wird häufig von den Datenbanken ein "Kollisionsfall" (zwei verschiedene Programme wollen dasselbe Datenobjekt sperren) wie ein echter "Deadlock-Fall" behandelt. Diese Vorgehensweise ist bei einem Prozessrechensystem wegen der dadurch erzeugten Blindleistung (Rücksetzen von Transaktionen) nicht vertretbar. Aus diesem Grund wurde die Datenbanksoftware so modifiziert, daß bei einem Kollisionsfall für einen vorgebbaren Zeitraum wiederholt versucht wird, das gewünschte Datenobjekt erfolgreich zu sperren.

  Erst nach Ablauf der vorgegebenen Zeit wird dann davon ausgegangen, daß jetzt eine echte "Deadlock-Situation" vorliegt.

- Sperrmöglichkeit bis auf Satzebene nutzen

  Obgleich es bei der Sperrung auf Satzebene nicht mehr möglich ist, Programmierkonventionen aufzustellen, die Deadlocks ausschliessen (z.B. Festlegung der Reihenfolge, in der Datenobjekte gesperrt werden müssen), ist es in jedem Fall vorteilhaft die Sperrmöglichkeit bis auf Satzebene zu nutzen, weil verschiedene Programme dann parallel ablaufen können, die sonst wegen gesetzter Datei- oder sogar Datenbanksperren aufeinader warten müßten. D.h. das Zeitverhalten des Systems wird durch die "Satzsperrung" wesentlich verbessert.

  Die geringe Gefahr, daß tatsächlich Deadlocksituationen eintreten, kann in Kauf genommen werden, denn die Datenbank ist ja in der Lage diese aufzulösen.

Im Betrieb hat es sich gezeigt, daß sich trotz des Einsatzes einer Datenbank Reaktionszeiten für automatische und auch Dialogfunktionen erreichen lassen, die auch unter Vollast bei ca. 1 Sekunde liegen.

Entwurf und Projektierung von Betriebsleitsystemen für Magnetschnellbahnen

Hartmut **Gückel**
Karl Heinz **Kraft**
Siemens AG, Braunschweig
Bereich Eisenbahnsignaltechnik

1 Einführung

Die Entwicklung und Erprobung von Magnetschnellbahnen wurde in den letzten Jahren in Japan und in Deutschland sehr intensiv durchgeführt. Das auf der Transrapid Versuchsanlage im Emsland eingesetzte Fahrzeug ist für eine Geschwindigkeit von 400 km/h konzipiert. Kennzeichnend für die Antriebstechnik ist der fahrwegseitig angeordnete Langstator-Linearmotor, der zusammen mit der hohen Betriebsgeschwindigkeit besondere Anforderungen an die Betriebsleittechnik stellt. Die technischen und betrieblichen Möglichkeiten des Verkehrsmittels "Magnetschnellbahn" können erst durch den Einsatz eines angepaßten Betriebsleitsystems voll ausgeschöpft werden, das einen automatischen und reibungslosen Zugverkehr gewährleistet. Die Lösung anspruchsvoller Aufgaben auf den Gebieten Fahrdynamik, Sicherungs- und Steuerungstechnik sowie Informationserfassung, -übertragung und -verarbeitung ist eine wesentliche Voraussetzung dafür.

2 Struktur eines Betriebsleitsystems für Magnetschnellbahnen

Mit dem Begriff Betriebsleitsystem sollen alle Einrichtungen zusammengefaßt werden, die zur Sicherung, Steuerung und Führung des Fahrbetriebs dienen. Dabei bietet sich eine Aufteilung in Aufgaben an, die

- fahrzeugseitig
- fahrwegseitig dezentral
- fahrwegseitig zentral

ausgeführt werden.

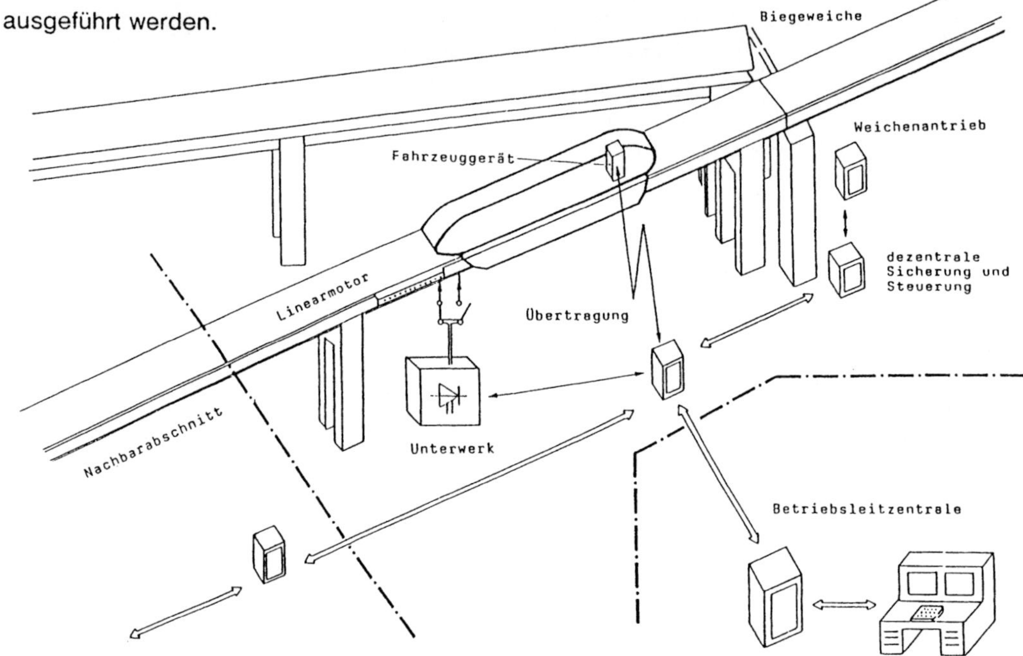

Bild 1 Grundkonfiguration des Betriebsleitsystems für Magnetschnellbahnen

Aus Bild 1 geht die Grundkonfiguration des zu entwickelnden Magnetschnellbahn-Betriebsleitsystems hervor, wie es bei einem ersten Anwendungsfall zum Einsatz kommen soll. Der angestrebte automatische Fahrbetrieb wird durch das Zusammenspiel der prozeßnahen Subsysteme

- Fahrzeugortung
- Datenübertragung
- Fahrzeugsteuerung
- Betriebsabwicklung und Disposition

gewährleistet.

Die zur dezentralen Sicherung und Steuerung der Fahrzeuge benötigten Zustandsgrößen wie Fahrzeugposition und -geschwindigkeit werden fahrzeugseitig ermittelt, im Fahrzeuggerät sicherungstechnisch geprüft und über einen Datenübertragungskanal an die dezentrale fahrwegseitige Fahrzeugsteuerung weitergegeben. Dort erfolgt die Festlegung des Spielraums, der einem Fahrzeug auf Grund der Sicherungsbedingungen zur Verfügung gestellt werden kann, und die Ermittlung der Fahrkommandos, die über das Antriebssystem in die gewünschten Fahrzeugbewegungen umgesetzt werden. Die einzustellenden Fahrwege werden der Fahrwegsteuerung mitgeteilt, die für das Stellen, Verriegeln und Überwachen der Weichen zuständig ist und der Fahrzeugsteuerung Informationen über die Weichenzustände liefert. Die Aufgabe der fahrplangerechten Ablaufsteuerung mit Optimierung und Vorgabe der Sollgeschwindigkeiten wird ebenfalls dezentral in der Fahrzeugsteuerung gelöst. Bild 2 zeigt das Zusammenspiel der prozeßnahen leittechnischen Komponenten mit dem Fahrzeug und dem fahrwegseitigen Antriebssystem und die wichtigsten Informationen, die ausgetauscht werden. Es soll deutlich machen, daß es gelungen ist, eine klare

- funktionelle und
- räumlich-technische

  Gliederung

mit optimierten Schnittstellen zwischen den Komponenten zu finden.

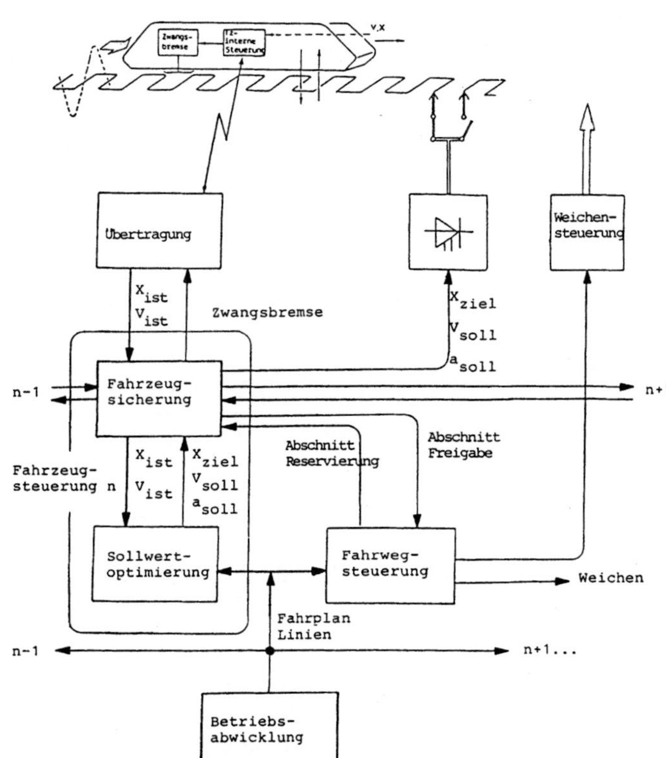

Bild 2 **Funktionsstruktur des Betriebsleitsystems (vereinfacht)**

3 Projektierungsgrundlagen

Durch den Langstatorantrieb ist eine "natürliche" Abschnittsteilung des Fahrwegs gegeben. Eine Anpassung der prozeßnahen Komponenten an die Struktur des Antriebssystems liegt nahe. Verschiedene Untersuchungen (vgl. z.B. [1, 2]) haben ergeben, daß aus fahrdynamischen, betrieblichen und informationstechnischen Gründen die folgende Lösung vorteilhaft ist: jeweils einem Unterwerksbereich zur Energieversorgung des Antriebs, in dem sich normalerweise nur ein Fahrzeug aufhalten soll, wird eine Funktionseinheit Fahrzeugsteuerung zugeordnet, die für die Fahrzeugsicherung, und die Ermittlung sowie Vorgabe von Fahrzeugsollwerten zuständig ist.

Dabei kann das für die Anwendung vorgeschlagene (vgl. [3]) "Wechselschrittverfahren" berücksichtigt werden. Bild 3 geht darauf näher ein. Es ist zu unterscheiden zwischen den hier nicht dargestellten kleineren Schaltabschnitten, für die im Normalfall keine sicherungstechnische Überwachung erforderlich ist, und den umfassenderen Wechselrichterabschnitten mit den zugehörigen zu überwachenden Hauptschaltern und den Unterwerksbereichen, mit denen die Überwachungsabschnitte der Fahrzeugsteuerung übereinstimmen.

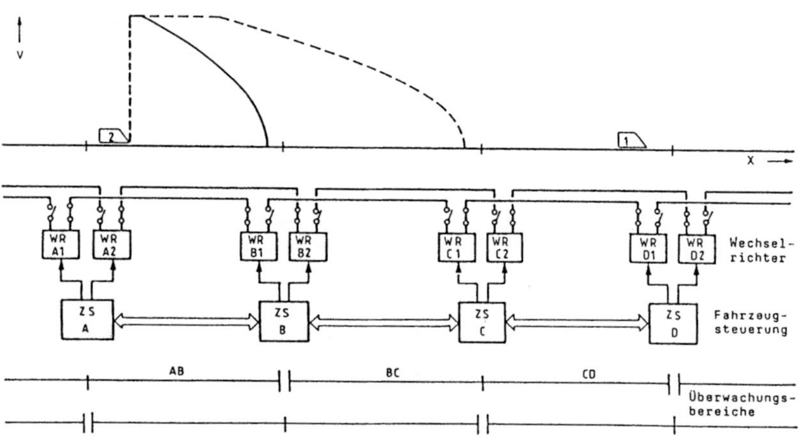

Bild 3 Zuordnung der dezentralen Fahrzeugsteuerung ZS beim Wechselschrittverfahren

Bedingt durch das Antriebskonzept einer Magnetschnellbahn ist eine Gliederung des Fahrwegs in Versorgungs- und Schaltabschnitte durch die Betriebsleittechnik vorgesehen. Unter der Verwendung des Wechselschrittverfahrens wird sogar die Teilung der rechten und linken Antriebswicklung versetzt zueinander durchgeführt. Auch die Ortung und Übertragung wird in Abschnitte organisiert. Für die Überwachung und Verwaltung eines kompletten Magnetschnellbahnnetzes ist es erforderlich, noch weitere Einteilungen vorzunehmen, um dieses System in Form von hierarchisch organisierten Projektierungsdaten zu beschreiben.

Die Projektierungsbeschreibung enthält Angaben

- zum Fahrwegnetz, (Topografie, Weichen, Stationen, techn. Daten)
- zum Antrieb, (WR, Einspeisung, techn. Daten)
- zur Ortung und Übertragung

sowie die Zuordnungen

- des Antriebs zum Fahrweg
- der Ortung und Übertragung zum Fahrwegnetz

Die Grundlage zur Streckeneinteilung bilden die festen Projektierungsrichtlinien unterliegenden *Ortungsabschnitte*. In Verbindung mit einer äquidistanten Gliederung der Abschnitte in Feinorte bilden sie die Basis zur Positionsbestimmung im Fahrwegnetz. Durch Verketten dieser "Fahrwegbausteine" können beliebige Magnetschnellbahnnetze zusammengestellt werden. Ortungsabschnitte, die einer gemeinsamen oder gemeinsam überwachten Antriebseinspeisung (WR-Abschnitt) unterliegen, werden zu einem *Antriebsbereich* zusammengefaßt. Über Ortungsabschnitte, die zum Einflußbereich eines Unterwerks gehören und somit unter der Kontrolle einer dezentralen Fahrzeugsteuerung stehen, wird ein *Überwachungsbereich* definiert. Während die Ortungs- und Antriebsabschnitte den Fahrweg eindeutig abbilden, überlappen sich die Überwachungsbereiche der Fahrzeugsteuerungen entsprechend dem Sicherungs- und Steuerungskonzept gegenseitig. Die Ortungs- und Übertragungseinrichtungen einer dezentralen Steuerung müssen den gesamten Uberwachungsbereich überspannen.

4 Modellierung des Prozeßzustands

Die Entwicklung eines Betriebsleitsystems erfordert neben der Aufteilung der Aufgaben und Funktionen auf technische Komponenten auch eine informationsorientierte Modellierung des Systems. Der Prozeßzustand muß ebenso wie die Zustandsgrößen der Steuerung innerhalb des Betriebsleitsystems informationstechnisch so dargestellt werden, daß die verarbeitenden Einheiten die Daten erfassen, verarbeiten und neue Informationen ermitteln können.

Für die Erstellung einer übersichtlichen und in allen Subsystemen einheitliche Gliederung der Daten ist eine gründliche Informationsanalyse erforderlich. Die im Betriebsleitsystem für Magnetschnellbahnen vorgesehene Struktur der Datenbasis orientiert sich zum einen an den Subsystemen:

- Fahrweg / Weichen
- Antrieb
- Fahrzeug

Zum anderen gehen die spezifischen Eigenschaften, Zusammenhänge und der Ort der Erzeugung der Information in die Struktur ein. Eine grobe Gliederung wird durch die Einteilung in

- Projektierungsdaten
- Prozeßzustandsdaten
- Sollwerte

erreicht.

Neben der Gliederung der Information sind Relationen der Daten untereinander herzustellen. Bild 4 zeigt die Relationen zwischen den Datenobjekten.

Bild 4
Informationsmodell

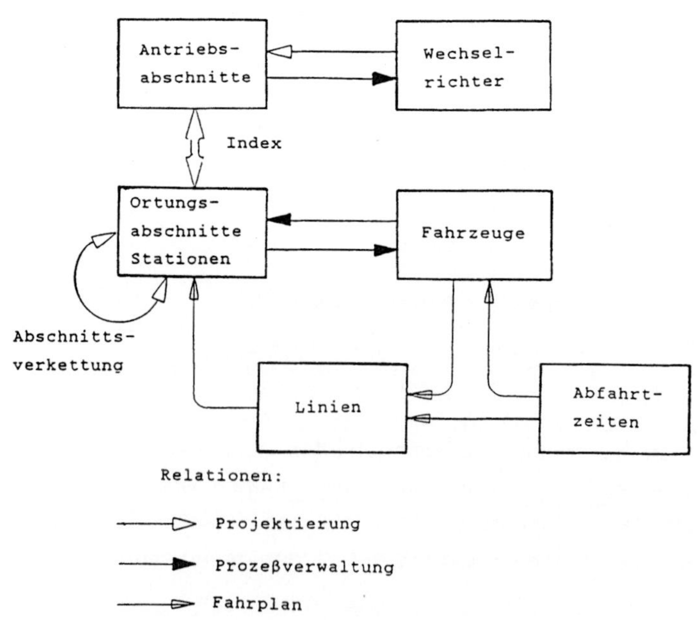

5 Simulation und Erprobung

Die Betriebsabläufe und die leittechnischen Komponenten einer zukünftigen Magnetschnellbahn werden zweckmäßigerweise vor dem Einsatz eines solchen neuen Verkehrsmittels anwendungsnah simuliert, erprobt und demonstriert.

Die Subsysteme

- Fahrzeugortung
- Datenübertragung
- Fahrzeugsteuerung

werden zur Zeit für die Transrapid Versuchsanlage im Emsland TVE projektiert. Hier sollen die Funktionen, die im wesentlichen ein einzelnes Fahrzeug und den fahrwegseitigen Antrieb betreffen, erprobt werden. Die genannten Komponenten sollen in der Transrapid Versuchsanlage (TVE) nach erfolgreicher Erprobung die Sicherung und Steuerung der Fahrten des neuen Magnetschnellbahnfahrzeugs TR 06/II übernehmen. Sie sind wesentliche Bestandteile des Betriebsleitsystems, wie es beim ersten Anwendungsfall einer Magnetschnellbahn zum Einsatz kommen soll.

Die in einem umfangreichen Magnetschnellbahnnetz zusätzlich erforderlichen Aufgaben können jedoch nur mit einem Erprobungssystem, daß einen vernetzten Fahrweg mit verteilten Unterwerken und mehreren Fahrzeugen modelliert, getestet und demonstriert werden. Hierzu dient eine Simulations- und Erprobungsanlage, der im wesentlichen zwei Zielsetzungen zugrunde liegen.

Zum einen sollen betriebsleittechnische Komponenten zur Sicherung und Steuerung der Bewegung von Magnetschnellbahnen entwickelt und ihre Wirkungsweise demonstriert werden. Hierfür ist der Betriebsablauf mit seinen Prozeßzuständen innerhalb eines umfangreichen Magnetschnellbahnnetzes nachzubilden.

Ein weiteres Einsatzgebiet der Simulationsanlage liegt bei der Entwicklung eines Konzepts zur Betriebsdurchführung. Hierbei werden Betriebsabläufe untersucht, die auch Betriebsstörungen und Ausfälle von Subsystemen berücksichtigen. Somit werden Aussagen zur Leistungsfähigkeit und Betriebsqualität von zukünftigen Schnellbahnen ermöglicht.

Das Erprobungssystem umfaßt einen Rechner (PC) zur interaktiven Projektierung von Fahrwegnetzen sowie zur zentralen Koordination mit dispositiven Funktionen, Anzeige der Betriebszustände und Simulationsdatenspeicherung. Ein weiterer Rechner simuliert sowohl die Bewegungsabläufe aller Fahrzeuge im Netz als auch die Funktionen der Betriebssteuerung mit der Sollwertoptimierung, der Fahrzeugregelung und der Fahrzeugsicherung. Neben der Betriebszustandsanzeige über die Bildschirme bietet eine LED-Gleisbildanzeige einen Überblick über den Fahrweg- und Antriebszustand sowie die Position der Fahrzeuge. Die Ansteuerung der Tafel erfolgt über einen Mikrorechner. Dieser Rechner bildet auch die Verbindung zu den anwendungsnahen Fahrzeugsteuergeräten, deren Funktion erprobt und demonstriert werden soll. Die technische Konfiguration geht aus Bild 5 hervor.

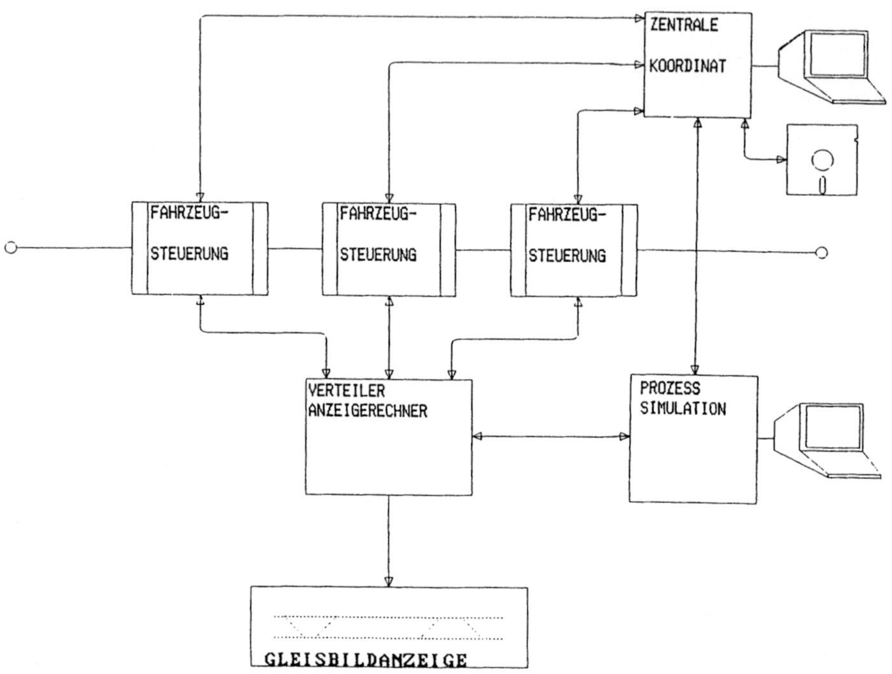

Bild 5 Betriebsleittechnische Erprobungsanlage für Magnetschnellbahnen

Die Entwicklung des Erprobungssystems erfolgt parallel zur Komponentenentwicklung des Betriebsleitsystems, dessen Funktionen sich in den Softwaremodulen des Simulationsmodells wiederfinden. Ebenso stimmen die Datenbasen in ihrer Struktur und dem Format überein. Auf diese Weise können die Steuerungs- und Sicherungsfunktionen zunächst innerhalb des Erprobungsmodells im PC realisiert werden. Erst nach einem funktionellen Test werden sie auf die Zielhardware projektiert. Zur Erprobung dieses Gerätes sind die Steuerungs- und Sicherungsfunktionen in dem entsprechend projektierten Fahrwegbereich von der Fahrzeugsteuerung zu übernehmen.

Literaturverzeichnis

[1] Kraft, K.H. und Schnieder, E.: Requirements of operations control for maglev transit systems. 4th IFAC. Conf. control on transportation systems. Baden-Baden 1983, p. 89-94

[2] Kraft, K.H. und Schnieder, E.: Betriebsleittechnik für Magnetbahnen. Eisenbahntechn. Rdsch. 33 (1984), S. 507-512

[3] Miller, L.: Transrapid 06/II; Performance and characteristics. Int. conf. maglev and magnetical drives. Las Vegas 1987

[4] Lüers, W. und Putze, K.: Betriebsleitsystem für die Transrapid-Versuchsanlage Emsland. Internationales Verkehrswesen 33 (1981), S. 288-292

[5] Lüers, W.: Informatik-Sicherheitssystem. ZEV-Glasers Annalen 105 (1981), H. 7/8

INTERPROZESS-KOMMUNIKATION FÜR MULTI-MIKROPROZESSOR-SYSTEM

E.Bock / R.Rößler
ESG Elektronik-System-Gesellschaft mbH
Vogelweideplatz 9
8000 München 80

1. Problemstellung

Parallelarbeitende Mehrprozessorsysteme werden seit einiger Zeit entworfen und implementiert. Die Realisierung geschieht auf der Hardwareseite üblicherweise auf der Basis von hochintegrierten Einzelprozessormoduln, die über einen gemeinsamen Datenbus gekoppelt sind. Auf der Software-Seite ist - wegen mangelnder Hardware- oder Betriebsystemunterstützung - entsprechend der Art der Prozessorkopplung die Erstellung anwendungsspezifischer Kopplungs-Software nötig.

Die Leistungsfähigkeit parallel arbeitender Mehrprozessorsysteme wird nicht allein durch die vorhandenen hohen Leistungen der Einzelkomponenten bestimmt, sondern in hohem Maße durch deren Zusammenwirken. Das Zusammenwirken ist dabei primär durch die Interprozeß-Kommunikation bestimmt.

Bild 1 zeigt, durch welche Komponenten (lokale und globale Betriebsmittel sowie Interprozeß-Kommunikation) in einem Mehrprozessorsystem

- parallele
- synchrone und asynchrone

Prozesse unterstützt werden.

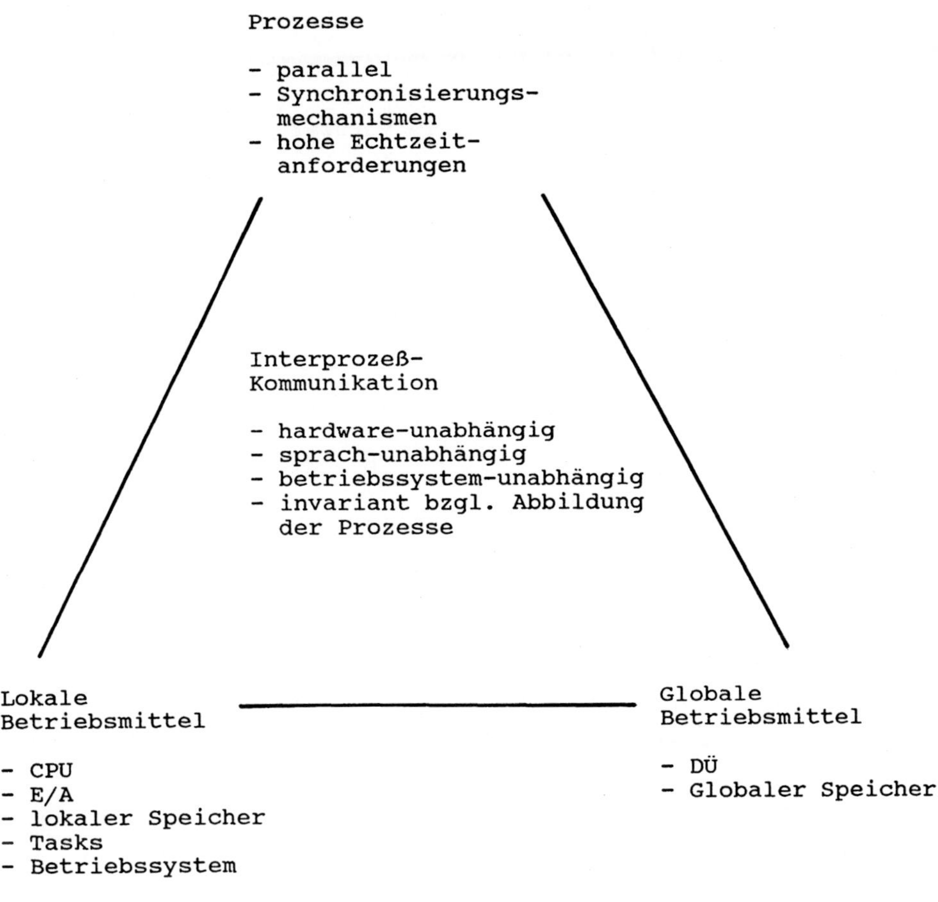

Bild 1

2. Zielsetzung

Schwerpunkt unserer Untersuchung war die Entwicklung einer Interprozeß-Kommunikation, die die in Bild 1 angegebenen Eigenschaften aufweist und gleichermaßen in Systemen mit hohen Echtzeitanforderungen eingesetzt werden kann. Diese Untersuchung basiert auf dem Einsatz moderner am Markt vorhandener Hardware- und Software-Komponenten und unter Berücksichtigung folgender allgemeiner Forderungen :

- Effiziente Kommunikation zwischen den Prozessoren/Tasks (hohe Übertragungsraten, Reaktionszeiten)
- Flexible Zuordnung von Tasks zu Prozessoren
- Modularer, transparenter Systemaufbau in Hardware und Software
- Verwendung von höheren Programmiersprachen
- Robustheit/Fehlertoleranz des Hardware-/Software-Systems

3. Grundkonfiguration

Die in Bild 1 dargestellten lokalen und globalen Hardware- und Software-Komponenten stellen die Grundkonfiguration für unsere Untersuchungen dar.

3.1. Hardware

Die Auswahl der Hardware orientierte sich am Stand der Technik und unseren Anwendungen in der Echtzeitdatenverarbeitung. Die verwendete Hardware-Konfiguration ist in Bild 2 dargestellt. Sie besteht im wesentlichen aus drei MC68020-Mikrorechnern, die über einen VMEbus gekoppelt sind und Zugriff auf einen gemeinsamen globalen Speicher haben. Durch den VMEbus ist auch die Arbitration nach dem Prioritätenprinzip festgelegt.

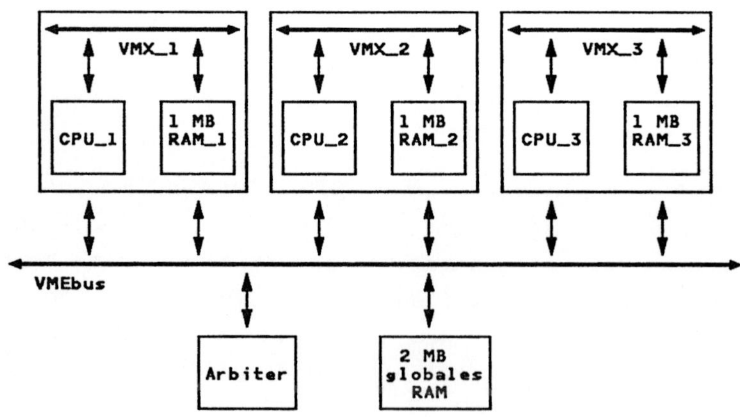

Bild 2

Im einzelnen besteht der Aufbau aus :

Prozessor-Boards :

- Mikroprozessor Motorola 68020 / 16.67 MHz
- Numerikprozessor Motorola 68881 / 16.67 MHz
- Interrupt-Einheit
- 2 serielle Ports
- ROM/EPROM-Speicher
- VMEbus-Schnittstelle
- VMXbus-Schnittstelle oder on-board-RAM

Speicher-Boards :

- 2 MB globaler RAM-Speicher, über VMEbus erreichbar
- 1 MB lokaler RAM-Speicher, DUAL-Port über VMEbus und VMXbus erreichbar

Arbiter-Board :

- Four-Level-VMEbus-Arbiter

3.2 Software

Ein Vergleich verschiedener Echtzeit-Betriebssysteme (VERSAdos, OS-9, PDOS, pSOS, MTOS, VRTX) führte zur Auswahl des Betriebsystems VERSAdos. Im einzelnen waren folgende Kriterien für die Wahl ausschlaggebend :

- 68020/68881 Unterstützung
- akzeptierbare Geschwindigkeit
- beste Konfigurationsunterstützung
- einfache Erweiterbarkeit um selbstentwickelte Software
- vorhandene Software-Hilfsmittel und Compiler mit 68020/68881-Unterstützung
- System (CPU, Rechnerkarte und Betriebssystem) von einem Hersteller
- weiteste Verbreitung (ca. 40 %)
- ausgereiftes Betriebssystem mit der größten Systemunterstützung

Als Anwendungsrahmen wurden Tasks aus einer Radar-Simulation verwendet, die in FORTRAN 77 implementiert waren. Die Implementation der Simulationsprogramme erfolgte auf einer VAX 11/750 unter VMS, die mit dem Zielsystem MC68020 gekoppelt war.

3.3 Versuchsaufbau

Für die Durchführung der Versuche waren die kommunizierenden Tasks im Prozessor 1 und 2 implementiert. Prozessor 3 diente zur

- Initialisierung (Laden) der Programme
- Überwachung des Systemablaufs
- Belastungssimulation des Mehrprozessor-Systems (Busbelastung durch mehr als zwei Prozessoren)

Die Leistungsmessung erfolgte mit folgenden Verfahren :

- Implementierung eines Time-Aufrufs unter Benutzung vorhandener Timer-Hardware-Bausteine
- Einsatz eines In-Circuit-Emulators/Logikanalysators

Die Timer der einzelnen Prozessorkarten waren nicht synchronisiert (keine globale System-clock), um den damit verbundenen Verwaltungsaufwand und die zugehörige Busbelastung zu vermeiden. Alle Messungen wurden deshalb prozessorlokal ausgeführt.

Für die Zeitmessungen wurden in die Prozesse an geeigneten Stellen Zeitabfragen eingefügt. Die VERSAdos-TIME-Funktion, die eine Auflösung von 10 msec besitzt, ist für viele Messungen zu grob, so daß unter Benutzung vorhandener Timer-Bausteine auf der CPU-Karte eine eigene lokale Uhr programmiert wurde mit einer Auflösung von 81,3 sec.

Minimale/maximale/mittlere Lauf- und Wartezeiten wurden unter Auswertung von 1000 Eingabesignalen getrennt für jeden Prozeß bestimmt (Post-Run-Analyse).

Zeitmessungen mit anschließender statistischer Auswertung wurden unter Einsatz eines Emulators/Logikanalysators mit zugehöriger Auswertungs-Software (statistische Darstellung) durchgeführt.

4. Interprozeß-Kommunikation

Zum Transport von Botschaften von einer Task zur anderen stellen herkömmliche Realzeit-Betriebssysteme entsprechende Dienste zur Verfügung. Ebenfalls vom Betriebssystem geregelt werden die für quasiparallelen Betrieb nötige wechselnde Prozessorzuteilung zu rechenwilligen Tasks und weitere Verwaltungsaufgaben.

Bei Multitasking-Multiprozessor-Systemen muß die Kommunikation von Tasks zusätzlich über Prozessorgrenzen hinweg ermöglicht werden.

Dazu wird das Singleprozessor-Betriebsystem um die zusätzlich benötigten prozessorübergreifenden Botschaftsdienste ergänzt. Jeder Prozessor enthält eine Kopie dieses erweiterten Systems, welches sich lokal wie gewohnt als zentrale Prozessoraufsicht verhält und global die anfallenden Botschaftsdienste nach einem für alle Prozessoren geltenden einheitlichen Protokoll abwickelt. Dadurch sind alle Prozessoren im System gleichberechtigt, unabhängig von ihrer Anzahl.

In unserer Untersuchung wurde die Interprozeß-Kommunikation des Multitasking-Betriebssystems durch folgende Funktionen vervollständigt :

- prozessorübergreifende Taskkommunikation
- Zugriffskoordination auf Daten im Globalspeicher.

Für die Interprozeß-Kommunikation sind drei Kommunikationswege vorhanden :

- lokale Kommunikation innerhalb eines Rechners
- prozessorübergreifende Kommunikation über Dual-Port-Speicher
- prozessorübergreifende Kommunikation über globalen Speicher.

Botschaften sind die einzige Möglichkeit für Prozesse, miteinander zu kommunizieren. Sie dienen neben dem Datenaustausch auch zur Synchronisation. Der Inhalt von Botschaften wird zwischen den beteiligten Prozessen frei abgestimmt. Von der Interprozeß-Kommunikation wird nur eine Längenausgabe ausgewertet, deren Format und Position vorgeschrieben sind.

In einer Initialisierungsphase zur Systemstartzeit geschieht die Festlegung von Kommunikationsweg und -methode in Form einer "Partnersuche" mit Hilfe von Steuerlisten im globalen Speicher. In den Steuerlisten wird von empfangsbereiten Prozessen eingetragen, in welchem Prozessor sie sich befinden und an welcher Adresse sie ihren Empfangspuffer angelegt haben; sendewillige Prozesse holen diese Informationen dann ab. Damit werden die logischen Datenkanäle unabhängig von der aktuellen Taskverteilung auf die Prozessoren. Jeder Prozeß kann beliebig viele Datenkanäle zur Ein- und Ausgabe besitzen.

Zum Botschaftsaustausch werden standardisierte Unterprogramm-Aufrufe benutzt. In unserem Konzept sind die Aufrufe

- GET-MESSAGE und
- PUT-MESSAGE

vorgesehen.

Zum Ausgleich von Laufzeitunterschieden können Botschaften in einen Ringpuffer endlicher, frei spezifierbarer Länge zwischengespeichert werden. Bei vollem/leerem Puffer muß der Sender/Empfänger warten. Die Länge der Puffer wird in der Initialisierungsphase festgelegt. Die Pufferlänge 0 entspricht dabei der Realisierung des Rendezvous-Konzeptes.

5. Ergebnisse / Erfahrungen

Das vorgestellte Konzept für eine Interprozeß-Kommunikation ist weitgehend unabhängig von real gegebenen Betriebssystem- und Hardware-Umgebungen. Seine Unabhängigkeit wird erreicht durch

- Aufbau der Prozeßzusammenhänge in einem gemeinsamen globalen Speicher
- Zuordnung von Kommunikationspartnern (logische Kanäle) in einer Initialisierungsphase
- Senden/Empfangen von Botschaften über eine Unterprogramm-Schnittstelle.

Diese drei Punkte bewirken auch, daß Änderungen der Zuordnung von Tasks zu Prozessoren keine Auswirkung auf die bestehende Anwender-Software haben. Dadurch kann das Echtzeitverhalten ohne Neuübersetzung der Software durch Umkonfigurierung flexibel variiert und optimiert werden.

Der zeitliche Overhead ist im Gegensatz zu betriebssystem-gesteuerter Ein- und Ausgabe im wesentlichen durch reine Transportzeiten bestimmt.

Da Multi-Mikroprozessorsyteme in der Zukunft die Echtzeit-Datenverarbeitung in unterschiedlichen Kommunikationsstrukturen (Bus, Stern, Ring, Hypercube usw.) und auf unterschiedlichen Kommunikationsebenen bestimmen werden, sollten Abbildungen dieser Strukturen auf Sprachebene unterstützt werden.

Interprozeß-Kommunikation für Multiprozessorsysteme muß bei Betriebssystem-Entwicklungen mit berücksichtigt werden.

Für die Zuordnung der (logischen) Taskstrukturen zu einer Hardware-Konfiguration müssen Methoden und Tools entwickelt werden.

Ein hierarchisch organisiertes, zellenstrukturiertes Steuerungssystem für Flexible Fertigungssysteme

Dipl.-Inform. Herbert Fischer
Lehrstuhl für Fertigungsautomatisierung und Produktionssystematik
Universität Erlangen-Nürnberg

1 Zusammenfassung

Es werden Kriterien beschrieben, welche ein Steuerungssystem für Flexible Fertigungssysteme (FFS) erfüllen sollte. Ein hierarchisches Steuerungskonzept für FFS wird vorgestellt, wobei die Komponente Informationssystem näher erläutert wird.

2 Einordnung des Forschungsprojektes in ein betriebliches Umfeld

Die Entwicklung eines hierarchisch organisierten, zellenstrukturierten Steuerungssystem für Flexible Fertigungssysteme (FFS) kann nicht ohne Berücksichtigung des betrieblichen Umfeldes geschehen. Nur eine integrierte Betrachtungsweise kann zu einer zufriedenstellenden Rechnerunterstützung bei der Bewältigung der vielfältigen Tätigkeiten in modernen Industriebetrieben führen. Dies erfordert eine durchgängige und transparente Gestaltung der Informationsflüsse, sowohl innerhalb der existierenden Betreibsbereiche als auch über deren Kompetenzgrenzen hinweg.
Voraussetzung für die Entwicklung eines Steuerungssystems für FFS war deshalb die Untersuchung bestehender Betriebsbereiche, der darin auszuführenden Funktionen und der hierfür notwendigen Informationsflüsse. Die Mitarbeiter sollen dabei durch sinnvollen Rechnereinsatz bei ihrer Tätigkeitsausübung unterstützt werden. Bei der Untersuchung der Informationsflüsse wurde strikt nach bereichsinternen und bereichsübergreifenden Kommunikationsanforderungen unterschieden.

3 Flexible Fertigungssysteme

Relativ einheitliche Definitionen existieren für Flexible Fertigungssysteme (FFS), soweit sie das Bearbeitungssystem und den Materialfluß betreffen.
Es sei stellvertretend STEINHILPER zitiert /1/:
Ein FFS enthält mehrere automatisierte Werkzeugmaschinen in Universal- oder Sonderbauart sowie gegebenenfalls weitere manuelle oder automatisierte Arbeitsstationen, die durch ein automatisiertes Werkzeugflußsystem so flexibel verknüpft sind, daß ein gleichzeitiges Bearbeiten verschiedener Werkstücke, die das System auf verschiedenen Pfaden durchlaufen, möglich ist.
Implizit verlangt eine solche Definition nach einem übergeordneten Steuerungssystem, das auch allgemein vorhanden ist. Bezüglich des Steuerungsaufbaus unterscheidet man folgende Varianten:

- zentral strukturierter Steuerungsaufbau für FFS
- hierarchisch strukturierter Steuerungsaufbau für FFS
- Mischformen im Steuerungsaufbau

3.1 Zentral strukturierter Steuerungsaufbau für FFS

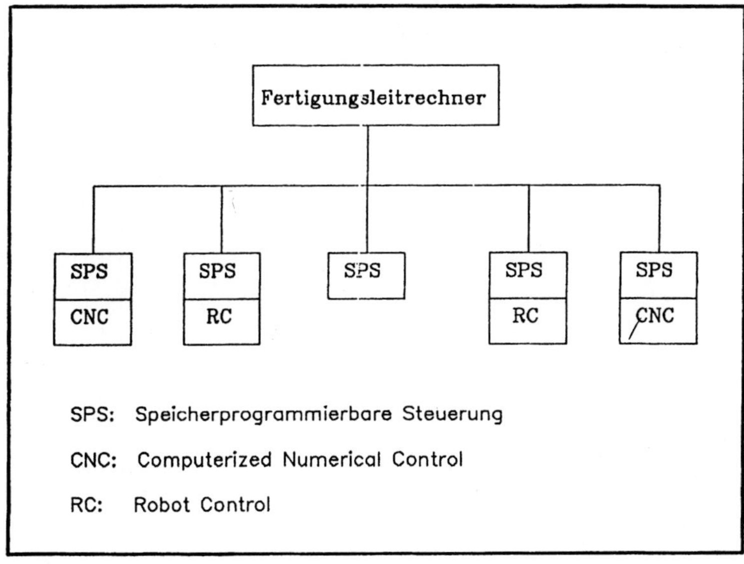

Abb. 1: Beispiel einer zentralen Steuerungsstruktur für FFS

Der zentralisierte Steuerungsaufbau ist durch die Konfiguration eines Fertigungsleitrechners und die ihm untergeordneten speicherprogrammierbaren Steuerungen (SPS), numerischen Steuerungen (CNC) und Robotersteuerungen (RC) gekennzeichnet.
Die prozeßnahen Steuerungen können in autonomer oder gekoppelter Bauart vorliegen. Der Fertigungsleitrechner ist dabei für den steuernden Kontakt mit der Prozeßperipherie und gleichzeitig an bereichsübergreifenden Aufgaben beteiligt.

Gründe für den zentral strukturierten Steuerungsaufbau

- ein zentrales Softwaresystem mit einfacher Hardwarekonfiguration bleibt im Aufwand für Softwarepflege überschaubar
- der Fertigungsleitrechner ist FFS-intern nur mit Prozeßsteuerungen in Kontakt (minimaler Kommunikationsaufwand)
- einfache Lösung für Datenhaltungs- und Datenzugriffsprobleme, die Datenkonsistenz ist einfach zu gewährleisten

3.2 Hierarchisch, zellenstrukturierter Steuerungsaufbau für FFS

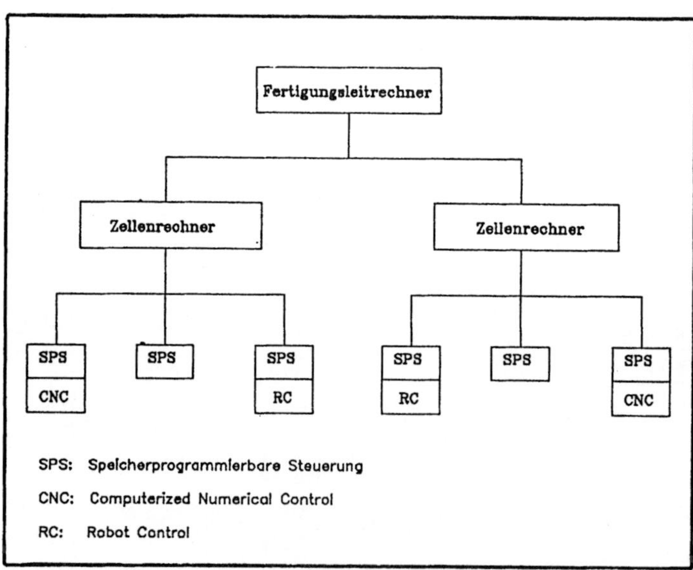

Abb. 2: Beispiel einer hierarchischen Steuerungsstruktur für FFS

Durch die Strukturierung der Prozeßsteuerungen (SPS, CNC, RC) in funktionale Einheiten (Zellen) ergibt sich eine dreistufige Steuerungshierarchie.
Jede funktionale Einheit wird durch einen Zellenrechner gesteuert. Mehrere Zellenrechner werden einem Fertigungsleitrechner unterstellt. Dieser ist kommunikationstechnisch nur noch mit solchen Prozeßsteuerungen in Kontakt, welche keinem speziellen Zellenrechner untergeordnet sind. Beispielsweise könnte eine globale Transport-SPS direkt dem Fertigungsleitrechner unterstellt sein. Weiterhin ist der Leitrechner mit bereichsübergreifenden Aktivitäten (z. B. Abstimmung mit der Arbeitsvorbereitung) beschäftigt.

4 Zielsetzungen bei der Entwicklung eines hierarchischen Steuerungssystems für FFS

Erweiterbarkeit
Das hierarchische Steuerungskonzept soll den schrittweisen Auf- und Ausbau eines Flexiblen Fertigungssystems begünstigen. So soll es beispielsweise möglich sein, mit der Teilautomatisierung einer Drehmaschine zu beginnen. Im nächsten Automatisierungsschritt könnten mehrere Dreh- und Fräsmaschinen zu einer autonom funktionsfähigen Fertigungszelle zusammengefaßt werden. Die steuerungstechnischen und planerischen Aufgaben in der konfigurierten Fertigungszelle werden einem Zellenrechner übertragen. Durch den Aufbau weiterer Fertigungszellen, gleicher oder verschiedener Fertigungstechnologien, entsteht ein Fertigungssystem, das einen, den Zellenrechnern übergeordneten Fertigungsleitrechner erforderlich macht. Die informations- und materialflußtechnische Integration des so entstandenen Fertigungssystems in die bestehende Betriebsstruktur ist der nächste Innovationsschritt.

Modularität
Die Anforderungen der Erweiterbarkeit an das Steuerungssystem für FFS setzen eine modulare und transparente Hard- und Softwarestruktur voraus. Die Modularität der Hardwarestruktur wurde implizit schon bei der beispielhaften Erläuterung der Erweiterbarkeit als notwendige Voraussetzung beim Aufbau eines Steuerungssystems erwähnt. Der hierarchische

Rechnerverbund fördert die Modularität beim Aufbau der globalen Softwarestruktur ungemein. Daneben ist es ebenso wichtig, die rechnerinternen Softwarestrukturen modular zu gestalten. Ein einheitliches Funktionalkonzept für jede Hierarchieebene ist Voraussetzung für diese Systemanforderung.

Flexibilität

Der Begriff Flexibilität tritt als Anforderung in den verschiedensten Komponenten eines Fertigungssystems auf. Im allgemeinen wird die Anpassungsfähigkeit an sehr viele, sich verändernde Situationen mit der Bedeutung von Flexibilität gleichgesetzt.
Für ein Flexibles Fertigungssystem (FFS) werden zwei Forderungen aufgestellt:

- es muß möglich sein, unterschiedliche Werkstücke in beliebiger, jedoch technologisch sinnvoller Reihenfolge zu bearbeiten
- es muß die teilautomatische bzw. vollautomatische Fertigung unterschiedlichster Werkstücke auf einem Fertigungssystem möglich sein
- es muß möglich sein, Teile des Fertigungssystems (z. B. eine Maschine) herauszulösen bzw. einzufügen, ohne daß ein unwirtschaftlicher Stillstand der Fertigungsanlage allzu lange auftritt
- das Steuerungssystem muß so flexibel konfiguriert sein, daß Störungen im Fertigungsablauf gut kompensiert werden können (z. B. durch sehr schnelle Umdisposition im defekten Fertigungsbereich)

Weitere Zielsetzungen

Es wird eine klare Aufgabenverteilung in der entstehenden Funktions- und Steuerungshierarchie angestrebt. Das "bottle-neck-problem" des Fertigungsleitrechners in der zentralisierten Steuerungsstruktur soll durch die hierarchische Leittechnik entschärft werden. Die Integration in eine bestehende bzw. gerade im Aufbau befindliche rechnerunterstützte Betriebsumgebung sollte mit berücksichtigt werden.

Erhöhte Anforderungen beim Aufbau der hierarchischen Leittechnik

Es muß ganz klar gesagt werden, daß sich an den Kommunikationsaufwand im hierarchisch organisierten Rechnernetz erhöhte Anforderungen stellen. Ebenso ist mit höheren Anforderungen bei der Konzeption hierarchischer Datenhaltungs-, Datenverteilungs- und Datenzugriffsmechanismen zu rechnen.

5 Ein hierarchisches Steuerungskonzept für FFS

Um die Kriterien der Erweiterbarkeit, Modularität und Flexibilität beim Entwurf eines hierarchischen Steuerungskonzeptes mit einzubeziehen, wurden Steuerungsbausteine mit einheitlicher Funktionalstruktur spezifiziert. Auf jeder Ebene der angesprochenen Steuerungshierarchie (Maschine, Zelle, System) werden diese Steuerungsbausteine verwendet.

Zwei Bausteinarten können unterschieden werden:

a) Steuerungsbausteine, welche neben anderen Aufgaben auch Funktionen zur Werkstückbearbeitung realisieren (Abb: 3a)

b) Steuerungsbausteine, welche keine Aufgaben zur direkten Werkstückbearbeitung realisieren, z. B. ausschließlich Materialflußaufgaben (Abb: 3b)

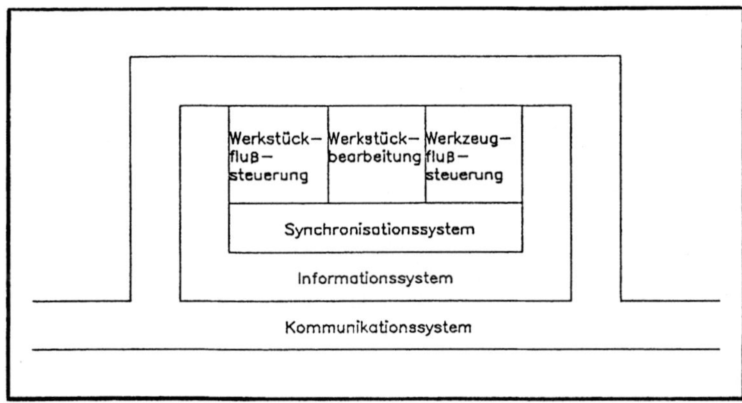

Abb. 3a: Steuerungsbaustein mit Werkstückbearbeitung

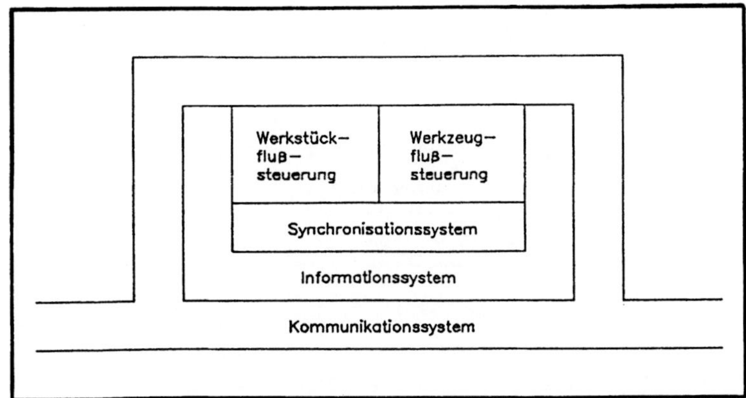

Abb. 3b: Steuerungsbaustein ohne Werkstückbearbeitung

Jeder Baustein der hierarchischen Steuerungsstruktur besteht aus den Komponenten Werkstückflußsteuerung, Werkzeugflußsteuerung (i.w.S. versteht man darunter alle zum Fertigungsprozeß benötigten Betriebsmittel) und gegebenenfalls der Bearbeitungssteuerung. Die letzte Komponente ist nur dann erforderlich, wenn Aufgaben zur direkten Steuerung der Werkstückbearbeitung ausgeführt werden müssen.
Das Informationssystem stellt die zentrale Komponente des beschriebenen Steuerungsbausteins dar und wird in Kap. 6 näher erläutert. Die Feinabstimmung zwischen Werkstückfluß, Werkzeugfluß und Werkstückbearbeitung übernimmt das Synchronisationssystem, eine spezielle Komponente des Informationssystems. Das Kommunikationssystem gewährleistet die informationstechnische Einbindung der Steuerungsbausteine in eine hierarchische Steuerungsstruktur und den Informationsaustausch zwischen den beschriebenen Steuerungsbausteinen. Die standardisierten Steuerungsbausteine finden auf jeder Ebene der Steuerungshierarchie (Maschine, Zelle, System) Anwendung.

Beispiel: Steuerungsstruktur auf Zellenebene

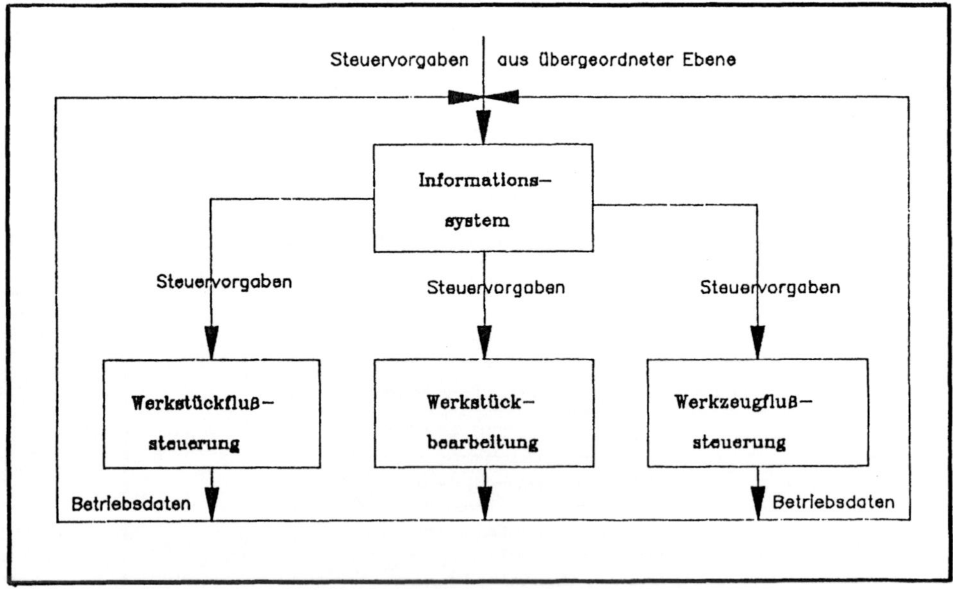

Abb. 4: Zusammenhang zwischen Werkstück-, Werkzeug-, Bearbeitungs- und Informationssystem auf Zellenebene

Das Informationssystem der Zellenebene erzeugt aus den Vorgaben der übergeordneten Steuerungsebene (Fertigungsleitrechner) Steuerinformationen für die Werkstückflußsteuerung, Werkzeugflußsteuerung und Werkstückbearbeitung im Zellenbereich. Werkstück- und Werkzeugflußsteuerung sorgen dafür, daß die Vorgaben für den realen Fertigungsablauf umgesetzt werden. Die eigentliche Steuerung der Werkstückbearbeitung führen Werkstück- bzw. Werkzeugflußsystem nicht aus. Dafür ist ein spezieller Steuerungsmodul notwendig.
Während der Ausführung des Werkstück- und Werkzeugflusses, aber auch bei der Bearbeitung des Werkstückes fallen Betriebsdaten (speziell Maschinendaten) an, die wiederum vom entsprechenden Informationssystem zusammen mit den vorgegebenen Planungsdaten zur Herleitung aktueller Steuervorgaben genützt werden.

Die Funktionen für die Werkstückfluß- und Werkzeugflußsteuerung auf jeder Ebene der Steuerungshierarchie und die notwendigen Steuerungsfunktionen bei der Werkstückbearbeitung werden hier nicht näher beschrieben. Es wird der Funktionsumfang eines hierarchischen Informationssystems für FFS vorgestellt.

6 Informationssystem

Das Informationssystem bearbeitet alle Informationen, die bei der Verarbeitung von Betriebs- und Maschinendaten, Überwachung, Planung und synchronisierenden Steuerung des Fertigungsprozesses anfallen.

Betriebsdatenverarbeitung (BDV)

Das Informationssystems nimmt während des Fertigungsablaufes permanent Rückmeldedaten in Form von Betriebs- bzw. Maschinendaten aus dem laufenden Prozeß auf. Diese Daten bilden die Grundlage für die Überwachung und die weitere Planung des Fertigungsprozesses. Um mit den aufgenommenen Daten weiter arbeiten zu können, werden diese vom Informationssystem in geeigneter Weise aufbereitet und abgespeichert.

Überwachungssystem (ÜBS)

Voraussetzung für die Planung und Steuerung des Fertigungsablaufes ist das Vorliegen eines genauen Prozeßabbildes zu jedem beliebigen Zeitpunkt. Aus den in der BDV aufbereiteten Daten werden Informationen über die Systemkomponenten, die Betriebsmittel im System sowie über den Fertigungsfortschritt abgeleitet.
Der Vergleich dieser Istdaten mit den durch das Planungssystem (PLS) vorgegebenen Solldaten befähigt das ÜBS Warnungen, Alarme, usw. zu ermitteln und an das Planungssystem weiterzuleiten.
Das ÜBS übernimmt Funktionen aus dem Bereich der Diagnose und verarbeitet solche Zustandsänderungen, welche sehr schnell im laufenden Fertigungsprozeß berücksichtigt werden müssen.

Planungssystem (PLS)

Planungsvorgaben aus, dem betrachteten Informationssystem übergeordneten Bereichen (z.B. CAP oder PPS) müssen im PLS ebenso berücksichtigt werden, wie veränderte Betriebssituationen, welche das ÜBS ermittlet und weitergemeldet hat.
Dabei muß sowohl örtlich als auch zeitlich geplant werden. Im Rahmen der örtlichen Planung sind die Ziele des Werkstück-, Werkzeug- und Datenflusses festzulegen. Aufgabe der zeitlichen Planung ist es zu bestimmen, wann der Werkstück-, Werkzeug- und Datenfluß stattfinden und vorallem beendet sein soll.
Es wird an einem hierarchischen PLS gearbeitet, das nahezu prozeßbegleitend die entsprechenden Planungsvorgaben generiert und somit voll dem Kriterium der Flexibilität im Bearbeitungsablauf entspricht.

Synchronisationssystem (SYS)

Aufgabe des SYS ist es, unter Vorgabe der ermittelten Planungsdaten, (örtliche und zeitliche) Steuervorgaben für Werkstück-, Werkzeug- und Datenfluß so zu erstellen, daß ein reibungsloser Fertigungsablauf gewährleistet ist. Das SYS übernimmt somit die "Feinabstimmung" zwischen den zur Teilefertigung notwendigen logischen und physikalischen Objektflüssen (Werkstücke, Werkzeuge, Daten). Auch eine Abstimmung mit dem übergeordneten Informationssystem muß möglich sein, falls keine konsistenten Vorgaben möglich sein sollten (z.B. das Auftreten von Fehlern).

7 Integration der einzelnen Steuerungskomponenten zu einem hierarchischen, zellenstrukturierten Steuerungssystem für FFS

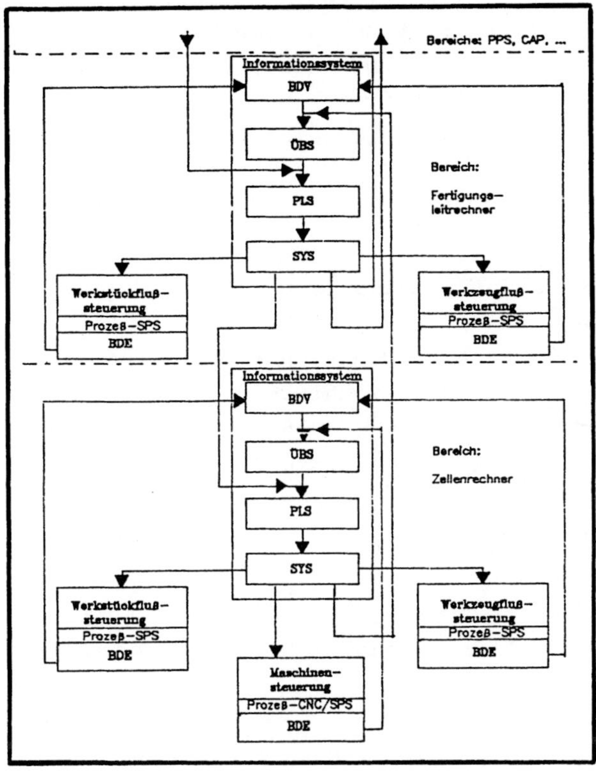

Abb. 5: Informationsflüsse im hierarchischen Steuerungskonzept

Die Kriterien der Modularität und Erweiterbarkeit sind in der Gesamtdarstellung der hierarchischen Steuerungsstruktur klar erkennbar. Das Flexibilitätskriterium findet in vielen verschiedenen Funktionen der umfangreichen Softwarestruktur Eingang.
Im Rahmen eines großen Forschungsprojektes werden Teilkomponenten des hierarchischen Steuerungskonzeptes realisiert.

8 Literatur

/1/ STEINHILPER, R. FFS im In- und Ausland
tz für Metallbearbeitung 77/1983/Nr. 1 und 8

WISSENSBASIERTE FEHLERDIAGNOSE TECHNISCHER PROZESSE

R. Isermann und S. Nold
Technische Hochschule Darmstadt
Institut für Regelungstechnik
Schloßgraben 1
6100 Darmstadt

1. Fehlerdiagnose mit Prozeßmodellen

Die automatische Überwachung von technischen Prozessen und Fertigungsprodukten erfolgt bisher hauptsächlich durch Grenzwertüberwachung von Signalen. Auftretende Fehler werden durch diese Grenzwertüberwachung alleine oft nur spät erkannt. Deshalb wird zur Überwachung wichtiger technischer Prozesse Bedienungspersonal eingesetzt, das durch eigene Sensorik (z.B. Geräusch, Temperatur, Schwingungen, Stellkräfte), Meßprotokolle und langjährige Erfahrung frühe Informationen über Prozeßveränderungen erhält. Möchte man nun die Überwachung automatisieren, so liegt es zunächst nahe, zusätzliche Sensoren einzuführen und das Bedienungspersonal - Expertenwissen in Rechnern abzulegen.

Durch den Einbau von mehr (oft empfindlichen) Sensoren, die spezielle Fehler möglichst direkt erfassen, steigt aber die Gesamtzuverlässigkeit nicht unbedingt an und viele Fehler können dennoch nicht erfaßt werden.

In den letzten Jahren wurde deshalb im Rahmen von Forschungsarbeiten versucht, durch den Einsatz von *Prozeßmodellen* und wenigen robusten Sensoren eine Vielzahl von Prozeßveränderungen frühzeitig zu erkennen. Bild 1 zeigt schematisch einen Prozeß, der sich durch das mathematische Prozeßmodell

$$\underline{Y} = f\ [\underline{U},\ \underline{N},\ \underline{X},\ \underline{\Theta}] \qquad (1)$$

beschreiben läßt, wobei $\underline{U}(t)$ und $Y(t)$ meßbare Ein- und Ausgangssignale, $N(t)$ Störsignale und $\underline{\Theta}$ konstante oder langsam zeitveränderliche Prozeßparameter und $\underline{X}(t)$ zeitveränderliche Prozeßzustandsgrößen sind. Ein auftretender Fehler verursacht nun im allgemeinen direkt Änderungen $\Delta\underline{\Theta}(t)$ der Prozeßparameter und/oder Änderungen $\Delta\underline{X}(t)$ der Prozeßzustandsgrößen, je nach Art des Fehlers. Diese Änderungen führen dann zu Änderungen $\Delta\underline{Y}(t)$ der meßbaren Ausgangssignale entsprechend dem dynamischen und statischen Prozeßverhalten. Wenn nun ein Prozeßmodell für dieses Verhalten bekannt ist, dann kann man versuchen, die im allgemeinen nichtmeßbaren Prozeßparameter $\underline{\Theta}(t)$ und Zustandsgrößen $\underline{X}(t)$ aufgrund der meßbaren Ein- und Ausgangssignale $\underline{U}(t)$ und $\underline{Y}(t)$ zu bestimmen, um die Änderungen $\Delta\underline{\Theta}(t)$ und $\Delta\underline{X}(t)$ zu erkennen.

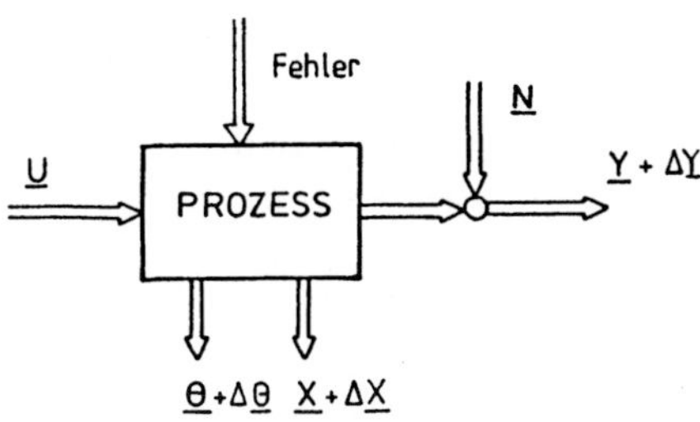

Bild 1. Schematische Darstellung eines Prozesses der durch Fehler beeinflußt wird.

Durch dieses modellgestützte Vorgehen können mehrere Prozeßfehler früher erkannt und lokalisiert werden, und es werden nur wenige, eventuell schon vorhandene, robuste Sensoren benötigt, ISERMANN (1980), (1984a), (1984b), GEIGER (1985).

Dies wurde über die Erkennung von Änderungen der Modellparameter und Prozeßkoeffizienten anhand experimenteller Untersuchungen mit einem Gleichstrommotor-Kreiselpumpen-Aggregat, GEIGER (1985), und einem dampfbeheizten Wärmeaustauscher gezeigt, GOEDECKE (1987). Bei der weiteren Entwicklung dieser modellgestützten Methoden der Fehlererkennung soll nun die Wissensbasis über den Prozeß systematisiert und verbreitert werden. Hierdurch soll schrittweise das beim Betriebsingenieur und Bedienungs- und Wartungspersonal vorhandene Wissen in den Überwachungsrechner eingeführt werden.

2. On-line-Expertensysteme

Gewöhnliche Expertensysteme dienen zur wissensintensiven Problemlösung mit Hilfe eines Digitalrechners. Bild 2 zeigt die übliche strukturelle Anordnung. Das vorliegende Problem wird durch bestimmte Daten oder Fakten in eine Problemlösung eingegeben. In einer Wissensbasis ist das erforderliche Fachwissen abgelegt, z.B. in Form von Regeln und Erfahrungswerten. Ein Inferenzmechanismus zieht dann Schlußfolgerungen und präsentiert einen Lösungsvorschlag. Der Operator arbeitet mit diesem Expertensystem interaktiv im Dialog, indem er z.B. verschiedene Problemdaten vorgibt, Erklärungen abfragt und aufeinanderfolgende Schlußfolgerungen erstellen läßt. Dann stellt das Expertensystem zusammen mit dem Operator einen geschlossenen Kreis dar.

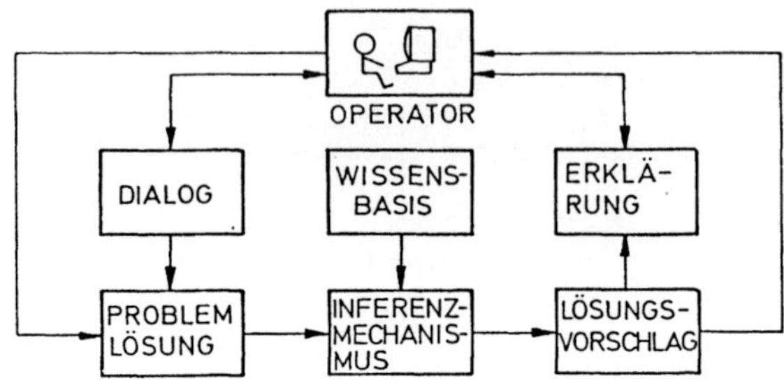

Bild 2. Gewöhnliches Expertensystem.

Wenn das Problem nicht von allgemeiner Natur ist, sondern mit einem physikalisch/technischen Prozeß zusammenhängt, dann bietet sich die Kopplung des Expertensystems mit dem Prozeß an. Es entsteht dann ein *On-line-Expertensysytem* mit einer Anordnung nach Bild 3. Die Prozeßdaten (Signale) werden nach bestimmten Problemlösungsmethoden zunächst verarbeitet. Diese Methoden (Werkzeuge) sind z.B. besondere Filterungen, Spektralzerlegungen, Parameter- und Zustandsschätzungen. Hierzu ist ein *analytisches Wissen* über den Prozeß und seine Daten erforderlich. Die verdichtete Prozeßinformation wird dann einem Inferenzmechanismus zugeführt, in dem unter Nutzung von *heuristischem Wissen* über den Prozeß bestimmte Schlußfolgerungen als Lösungsvorschläge mit Erklärungen an den Operator gegeben werden. Der Operator kann dann den Prozeß beeinflussen oder andere Prozeßdaten eingeben und so interaktiv im Dialog arbeiten.

Solche On-line-Expertensysteme kann man auch als Systeme auffassen, die zwischen den klassischen Signalanalysegeräten und den gewöhnlichen Expertensystemen stehen. NEVINS u.a.(1987) haben sie als "engineering-based expert systems" bezeichnet. Sie empfehlen sich dann, wenn ein Teil des Prozeßablaufes physikalisch und mathematisch beschreibbar ist, aber zur Lösung des Problems dennoch ein gewisses Maß an menschlicher Expertise erforderlich ist. Die Wissensbasis enthält deshalb

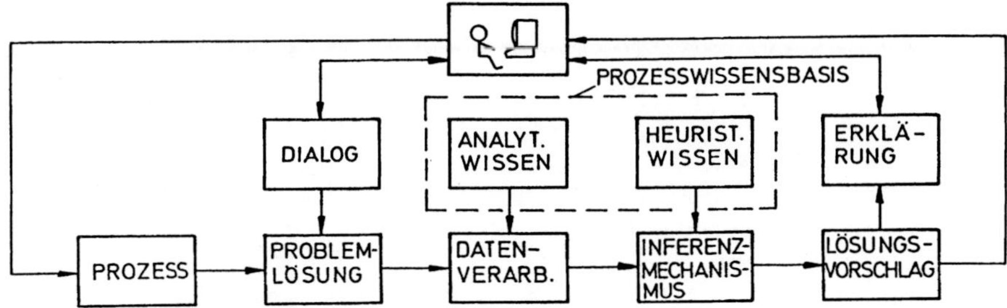

Bild 3. On-line Prozeß-Expertensystem

einen analytischen Teil, in dem das Prozeßwissen mit Hilfe mathematischer Prozeßmodelle zur Verfügung steht und einen heuristischen Teil, der z.B. auf Erfahrung oder Inspektion beruhende Regeln des Prozesses enthält. Solche On-line-Expertensysteme eignen sich zum Einsatz bei der Fehlerdiagnose technischer Prozesse.

3. On-line-Expertensysteme zur Fehlerdiagnose

Bild 4 zeigt ein grundsätzliches Schema. Auf der rechten Seite ist die aus ISERMANN (1984a) bereits bekannte *Problemlösung* bei der modellgestützten Fehlerdiagnose zu sehen mit den Teilaufgaben

- Datenverarbeitung
- Symptomerkennung
- Fehlerdiagnose.

Daneben sind die Elemente der *Prozeßwissensbasis* eingetragen:

a) **Analytisches Wissen**

- Analytisches Prozeßmodell in Form einer Differentialgleichung
- Schätzmethoden für Parameter und Zustandsgrößen als Basis für die Merkmalextraktion
- Normales Prozeßverhalten (Nominalwerte z.B. aus Vorversuchen)
- Prozeßgeschichte, sofern quantisierbar z.B. Standzeiten, Beanspruchungswerte, Lebensdauerverbrauch, Ermüdungskennzahlen)
- Fehlerstatistik, sofern quantisierbar (z.B. Bauteilverschleißverhalten, Häufigkeit bestimmter Fehler bei anderen Prozessen desselben Typs)

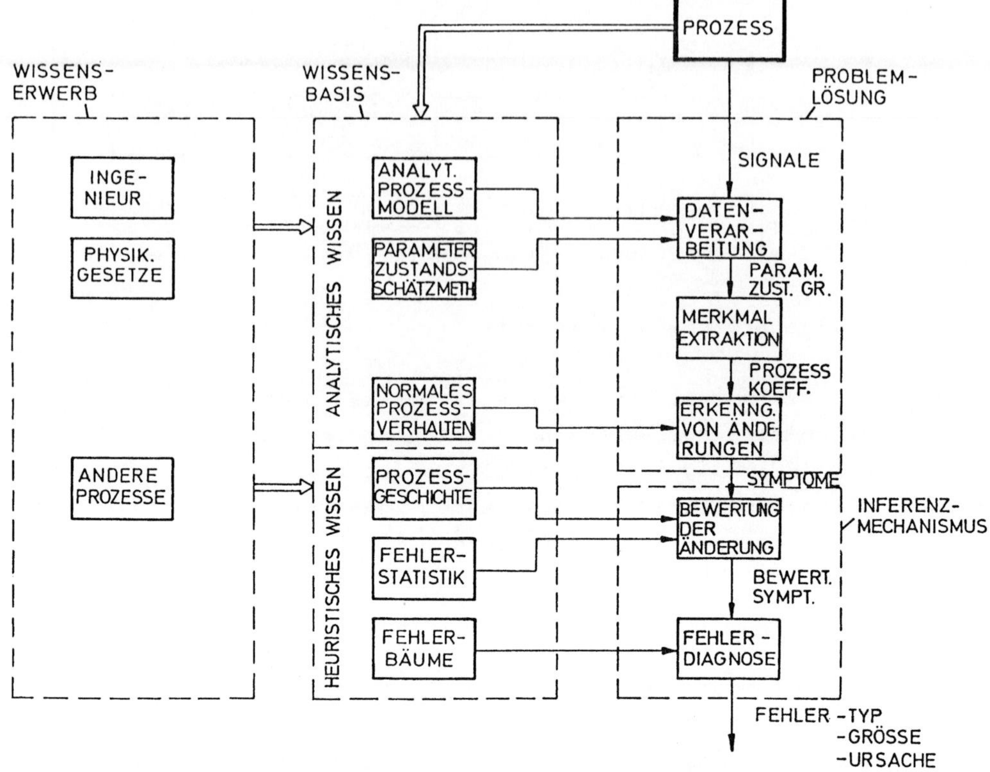

Bild 4. Schema zur wissensbasierten Fehlerdiagnose von technischen Prozessen.

b) **Heuristisches Wissen**

- Fehlerbäume (Verknüpfung von Symptomen und Ursachen)
- Prozeßgeschichte, sofern nur qualitativ bekannt
- Fehlerstatistik, sofern nur qualitativ bekannt.

Das analytische Wissen beruht dabei auf bekannten physikalischen Gesetzen, die in expliziter Form als Gleichungen angebbar sind. Das heuristische Wissen wird zum Teil aus physikalischen Gesetzmäßigkeiten, zum Teil aus nicht genau quantifizierbaren, aus Erfahrung gewonnenen Regeln aufgebaut. So kann man z.B. die Fehlerbäume aus physikalischen Überlegungen heraus in Form von Zustandsverknüpfungen ableiten. Die Zusammenhänge sind aber zum Teil so komplex oder so aufwendig zu berechnen, daß man keine Gleichungen angeben kann. Auch bei der Berücksichtigung der Prozeßgeschichte und Fehlerstatistik kann man oft keine analytisch formulierbaren Gesetze, sondern nur qualitative Aussagen machen. Deshalb ist die Grenze zwischen analytischem und heuristischem Wissen stark von der Prozeßkenntnis abhängig. Im Laufe der Zeit wird im allgemeinen das analytische Wissen durch weiteren Wissenserwerb auf Kosten des heuristischen Wissens größer.

Der *Wissenserwerb* erfolgt durch die Ingenieure in Entwicklung, Konstruktion und Betrieb, durch die jeweils bekannten physikalischen Gesetze und durch Erfahrungen mit anderen Prozessen.

Der *Inferenzmechanismus* arbeitet mit den durch die Problemlösung gelieferten Symptomen (hier Änderungen von Prozeßkoeffizienten nach Größe und Vorzeichen), bewertet diese aufgrund der Prozeßgeschichte und Fehlerstatistik und stellt aufgrund von Fehlerbäumen die Fehlerdiagnose unter Angabe von Fehlertyp, Fehlergröße und Fehlerursache

4. Diagnose-Software

Die Diagnose-Software zur technischen Fehlerdiagnose besteht aus den Komponenten Wissenserwerb, Konfigurierung und Ablauf.

Beim *Wissenserwerb* wird dem Diagnosesystem Wissen über eine ganze Klasse von Prozessen, wie z. B. Kreiselpumpen, mitgeteilt. Die Strukturierung des heuristischen Wissens in Form von den einzelnen Symptomen assozierten Bäumen von Ursache-Wirkung-Relationen erlaubt dabei ein systematisches Vorgehen: Mit Hilfe eines interaktiven Dialogs kann der Benutzer Baumstrukturen, wie in Bild 7 beispielhaft dargestellt, sowie die den einzelnen Knoten zugeordnete Information, wie Kosten für die Behebung einzelner Fehlerzustände, Übergangswahrscheinlichkeiten etc. eingeben. Die Abspeicherung erfolgt in Dateien, die einen direkten Zugriff auf bestimmte Segmente (records) erlauben. Die Verkettung dieser n-nären Bäume ist dabei durch Zeiger auf den linken Sohn und rechten Bruder eindeutig charakterisiert (siehe Bild 5). Eine Systematisierung einer Eingabe des analytischen Wissens erscheint dagegen wenig sinnvoll: Die Prozeßmodelle sind von Fall zu Fall so unterschiedlich, daß nur vom Anwender erstellte maßgeschneiderte Programme die notwendige Flexibilität gewährleisten. Hierbei kann auf vorhandene Bibliotheken zur Identifikation, Zustandsvariablenfilterung zur Bildung der Ableitungen, Fouriertransformation etc. zurückgegriffen werden.

In der *Konfigurierungsphase* wird das vorhandene Wissen dem speziellen Prozeß, wie z.B. Kesselspeisepumpe, Hauptkühlmittelpumpe, angepaßt. Hierbei kann vor allem die Instrumentierung von Fall zu Fall verschieden sein. Auch die im Betrieb auftretenden Anregungen in Form von Sollwertänderungen sind unterschiedlich. Ferner ändern sich die Anforderungen bezüglich der Abtastung und Aufzeichnung der Betriebsparameter. Die Konfigurierung des heuristischen Wissens geschieht dabei einfach durch Auswahl der im Spezialfall diagnostizierbaren Symptome und Zusammenstellung der zugehörigen Dateien. Für diese auf den Sonderfall zugeschnittene Wissensbasis wird eine Querverweisliste erstellt. Dort sind für jeden Fehler alle Symptome aufgeführt, die durch diesen Fehler verursacht werden können. Auf diese Weise ist eine schnelle Suche geringer Komplexität in der Baumstruktur möglich, siehe NOLD, ISERMANN und FREYERMUTH (1987). Ebenso können Datenerfassung und Ablaufsteuerung mit Hilfe eines interaktiven Dialogs der speziellen Aufgabe angepaßt werden. Hierbei ist vor allem die Möglichkeit einer dynamischen Steuerung des Ablaufs von Bedeutung: Normalerweise arbeiten Diagnosesysteme in einem fest vorgegebenen Bearbeitungsrhythmus. Sie sind nicht in der Lage, auf bestimmte Fehlersituationen, die eine Veränderung des Überwachungsablaufs, z.B. durch häufigere Abtastung und Auswertung bestimmter eng mit dem vermutlichen Fehler verbundenen Signale, zu reagieren. Dies kann hier in gewissen Grenzen durch Formulierung von Bedingungen für das Aufrufen eines anderen Diagnosezyklus, etwa dem Auftreten eines Symptoms, realisiert werden. Diese Eigenschaft ist der menschlichen Fähigkeit nachempfunden, sich im Bedarfsfall auf relevante Information zu konzentrieren.

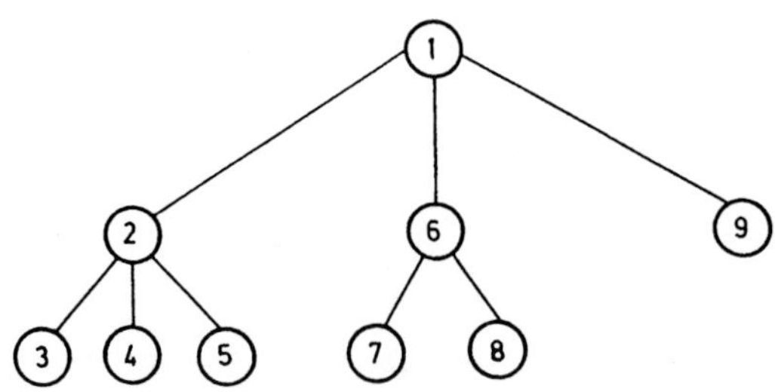

Knoten	1	2	3	4	5	6	7	8	9
Linker Sohn	2	3	-	-	-	7	-	-	-
Rechter Bruder	-	6	4	5	-	9	8	-	-

Bild 5. Interne Representation von Baumstrukturen.

Bild 6 zeigt das prinzipielle *Ablaufschema* des Diagnosesystems. Es besteht aus einem Hauptprogramm, das durch Datenerfassungsroutinen und Benutzeranfragen (Monitor) unterbrochen werden kann. Das Hauptprogramm enthält die Anzeige von Prozeßzustände, Parameter und Prozeßkoeffizienten, die Generierung der Symptome auf der Basis des analytischen Wissens und den Inferenzmechanismus mit Hilfe der heuristischen Wissensbasis. Bei der Datenerfassung wird zwischen der zyklischen Überwachung zur kontinuierlichen Beobachtung und der diskontinuierlichen Überwachung zur Erfassung singulärer Ereignisse (transiente Vorgänge), unterschieden. Die zyklische Überwachung erfolgt durch die interne Ablaufsteuerung, die diskontinuierliche Überwachung kann durch das Auftreten von singulären Ereignissen, wie z.B. Sollwertänderungen oder durch Anforderung des Diagnosesystems selbst gestartet werden. Bestimmte Steuervariablen (flags) sorgen für die Kommunikation zwischen Datenerfassung und Hauptprogramm. Ein Monitorprogramm stellt dem Benutzer Routinen zur Steuerung des Ablaufs, zur Darstellung von Ergebnissen und zur Diagnose bereit. Auf diese Weise kann die Entstehungsgeschichte von Fehlern schnell verfolgt werden.

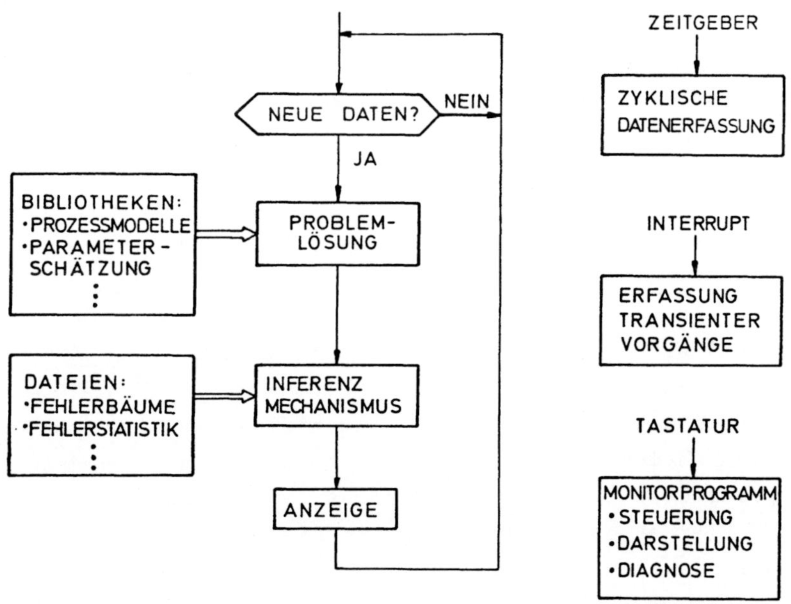

Bild 6. Ablaufschema der Diagnose-Software.

5. Fallbeispiel: E-Motor mit Kreiselpumpe

Das beschriebene Diagnosekonzept soll hier beispielhaft an der Überwachung eines Maschinenaggregats, bestehend aus Gleichstrommotor und Kreiselpumpe, erläutert werden; GEIGER (1985). An diesem Pilotprozeß wurden die Ankerspannung U_2, der Ankerstrom I_2, die Drehzahl ω, der Differenzdruck an der Pumpe $\Delta p=\rho gH$, und der Volumenstrom Q im geschlossenen Rohrleitungssystem gemessen. Die Veränderung des Volumenstroms wurde verlustarm durch eine Änderung der Drehzahl erreicht, so daß keine Verluste durch Stellventile auftraten. Auf dem Wege der theoretischen Modellbildung erhält man für diesen Prozeß nach einigen Vereinfachungen folgendes System nichtlinearer Differentialgleichungen

$$U_2(t) = R_2\, I_2(t) + \Psi\, \omega(t) + L_2\, \dot{I}_2(t) \tag{2}$$

$$\Psi\, I_2(t) = c_{r0} + \rho g h_{TH1} \omega(t) Q(t) + J\, \dot{\omega}(t) \tag{3}$$

$$H(t) = h_{NN}\, \omega^2(t) \tag{4}$$

$$H(t) = h_{RR}\, Q^2(t) + a_B\, \dot{Q}(t) \tag{5}$$

Es enthält 9 Prozeßkoeffizienten:

L_2	: Induktivität	c_{R0}	: Haftreibungskoeffizient
R_2	: Ankerwiderstand	h_{TH1}, h_{NN}	: Pumpenkoeffizienten
Ψ	: Flußverkettung	a_B	: Beschleunigungsbeiwert
J	: Trägheitsmoment	h_{RR}	: Rohrreibungskoeffizient

wobei der Quotient der beiden Pumpenkoeffizienten h_{NN}/h_{TH1} gleich dem hydraulischen Wirkungsgrad η_H der Pumpe ist.

Dieses physikalische Modell stellt die analytische Wissensbasis des Diagnosesystems dar. Bei Anregung des Systems durch Drehzahländerungen können die Prozeßkoeffizienten durch Identifikation bestimmt werden. Untersuchungen an dem dargestellten Pilotprozeß haben ergeben, daß mit Hilfe der modellgestützten Fehlerdiagnose 19 verschiedene künstlich eingebaute Fehler erkannt werden können. Bild 7a und b zeigen beispielhaft die Reaktion der Prozeßkoeffizienten auf die Fehler "Vergrößerter saugseitiger Dichtspalt" und "Verstopfung der Kühlkanäle des Motors".

Mit Hilfe von statistischen Tests und Vergleich der in einer Lernphase ermittelten Normalwerte kann entschieden werden ob eine determinierte

Abweichung der Prozeßkoeffizienten vorliegt oder nicht. Eine solche determinierte Abweichung ist ein Symptom für eine Abweichung des Aggregats vom Normalzustand und ist somit Eingangsgröße für den auf heuristischem Wissen basierenden Inferenzmechanismus. In Bild 8 ist ein Ausschnitt einer solchen aus Baumstrukturen aufgebauten Wissensbasis dargestellt. Durch automatisches Auffinden von gemeinsamen Ursachen für eine bestimmte Symptomkombination kann dem Bediener schnell eine Diagnose für den aktuellen Maschinenzustand gegeben werden.

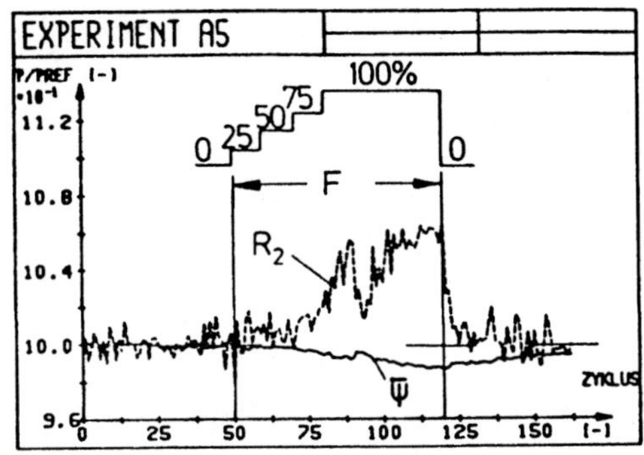

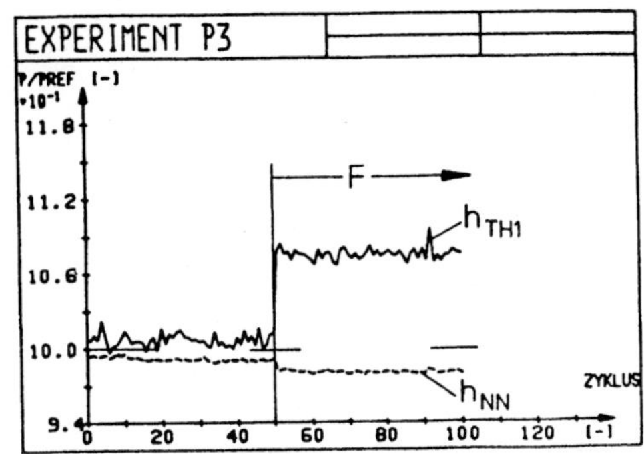

Bild 7. a) Verlauf von Ψ und R_2 bei verstopften Lüfterschlitzen

b) Verlauf von h_{TH1} und h_{NN} bei vergrößertem Dichtspalt

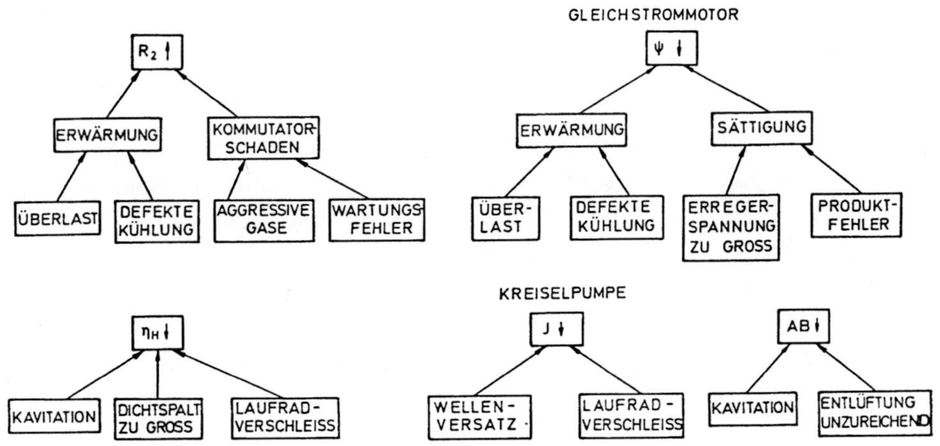

Bild 8. Ausschnitt aus der heuristischen Wissensbasis für Gleichstrommotor und Kreiselpumpe.

Literatur

ALLIANZ-VERSICHERUNGS AG (ED.) (1984). Allianz-Handbuch der Schadenverhütung. 3rd. ed., VDI-Verlag, Düsseldorf.

GEIGER, G. (1985). Technische Fehlerdiagnose mittels Parameterschätzung und Fehlerklassifikation am Beispiel einer elektrisch angetriebenen Kreiselpumpe. Dissertation TH Darmstadt. VDI-Fortschrittberichte Reihe 8, Nr. 91.

GOEDECKE, W. (1987). Fehlererkennung an einem thermischen Prozeß mit Methoden der Parameterschätzung. Dissertation TH Darmstadt. VDI-Fortschrittberichte Reihe 8, Nr. 130.

ISERMANN, R. (1980). Methoden zur Fehlererkennung für die Überwachung technischer Prozesse. Regelungstechnische Praxis 22, 321-325 und 363-368.

ISERMANN, R. (1984). Process fault detection based on modeling and estimation. - A survey -. Automatica 20, 387-404.

ISERMANN, R. (1984). Fehlerdiagnose mit Prozeßmodellen. Technisches Messen 51, 345-355.

NEVINS, J.L., D.E. WHITHNEY and A.C. EDSALL (1987). Intelligent systems in manufacturing. 10th IFAC World Congress, Munich. Preprints, Vol. 4, 130-140.

NOLD, S., R. ISERMANN and B. FREYERMUTH (1987). A multilevel knowledge-based concept for the supervision of technical processes. 5th IMEKO Symposium on Technical Diagnostics, Paderborn. VDI-Berichte 644, 145-152.

Ein wissensbasiertes, verteiltes Rechnersystem zur Fehlerdiagnose am Schnellen Brüter

H. Eggert, K.P. Scherer, H.W. Kelbassa, P. Stiller, C. Düpmeier

Kernforschungszentrum Karlsruhe
Institut für Datenverarbeitung in der Technik
Postfach 3640
D-7500 Karlsruhe 1

Zusammenfassung

Das Versuchsbrüter-Kernkraftwerk *KNK II (Kompakte Natriumgekühlte Kernreaktoranlage)* ist seit 10 Jahren erfolgreich in Betrieb.

Die Prozeßinformationen dieses Forschungsreaktors werden durch eine Leitwarte und durch einen Datenerfassungsrechner (Betriebsrechner) angezeigt bzw. protokolliert.

Zusätzlich wurden zur Fehlerdiagnose des Brüterkerns (z.B. Brennelementschaden) auf mehreren heterogenen Rechnern (Detektionssysteme) unterschiedliche Meßverfahren implementiert.

Am Schnellen Brüter ist eine optimale Informationsverarbeitung in bezug auf möglicherweise auftretende Anomalien und Störungen durch eine *Fehlerfrühdiagnose* (Diagnose/Prognose) und auch nach einer automatischen Reaktorabschaltung (Scram) durch eine *Scramanalyse* (Ursachenanalyse der automatischen Abschaltung) aus Sicherheits- und Wirtschaftlichkeitsgründen wünschenswert.

Die Effizienz von Fehlerfrühdiagnose und Scramanalyse steigt, wenn die einzelnen Teilsysteme (Betriebsrechner und Detektionssysteme), welche nebenläufig und gegenseitig nicht synchronisiert arbeiten, zu einem Gesamtsystem vereinigt werden. Das ist nur im Rahmen eines Rechnerkommunikationsverbundes durch die Integration der vorhandenen Teilsysteme unter Hinzunahme eines logisch übergeordneten *Diagnosesystems* möglich.

Es ist sinnvoll, dieses Diagnosesystem als objektorientiertes, wissensverarbeitendes System zu organisieren, welches die partiellen Prozeßzustandsaussagen des Betriebsrechners und der einzelnen Detektionssysteme konsistent verdichtet, um dann über eine Hypothesenbildung zu einer logisch begründeten Diagnose- bzw. Prognoseaussage zu kommen.

Da eine derartige Aufgabenstellung nur partiell algorithmisch lösbar ist, bietet sich die Realisierung in Form eines *Expertensystems* an.

Dieses Expertensystem befindet sich zur Zeit noch in der Entwicklung, wobei als Implementierungsumgebung eine *LISP Maschine* sowie eine *hybride Wissensrepräsentationsumgebung* (objektorientierte Programmierung, Produktionsregeln, Hornklauseln) gewählt wurde.

Zur Nachbildung von realen Betriebs- und Störsituationen wurde zusätzlich auf einem autonomen *UNIX-Rechner* ein Testsystem in den Rechnerkommunikationsverbund integriert.

Das Kommunikationssystem wurde als *Local Area Network* auf *Ethernetbasis* realisiert.

1. Einleitung

Computersysteme, die in der Lage sind, die Expertise spezieller Aufgabenbereiche zu akquirieren und dieses Fachwissen automatisch zur Lösung von Problemen zu verarbeiten, heißen *Expertensysteme*. Ebenso wie von einem menschlichen Experten erwartet man auch von einem automatischen Problemlöser, daß er seine Resultate begründet und erklärt. Weiterhin soll ein Expertensystem -als konkrete Ausprägung *Künstlicher Intelligenz (KI)*- seine Wissensbasis über *Lernvorgänge bereichern und modifizieren können.*

Während es noch vor wenigen Jahren ein erklärtes Ziel der Forschungsdisziplin *Künstliche Intelligenz* war, eine begrenzte Menge von allgemeingültigen und elementaren Mechanismen für das automatische Problemlösen zu finden, untersucht man heute primär die bestmögliche Repräsentation und Verarbeitung von bereichsspezifischem Wissen, weil es auf der Basis dieses Paradigmas nicht gelang, leistungsfähige Problemlöser zu entwickeln. Vielmehr erkannte man, daß die Leistungsfähigkeit von Expertensystemen nicht hauptsächlich von einigen allgemeinen Ableitungsmechanismen abhängt, sondern vor allem von der Verwertbarkeit fachspezifischen Wissens. Aus diesem Grunde werden Expertensysteme mittlerweile als *wissensbasierte Systeme* betrachtet. Die KI Forschung strebt jetzt an, flexibel nutzbare *Wissensverarbeitungstechniken* bereitzustellen [Rau 83].

In den Vereinigten Staaten wie auch in Europa wurde in der jüngsten Vergangenheit intensiv versucht, die Nutzbarkeit von Wissensverarbeitungstechniken der Künstlichen Intelligenz für Prozeßüberwachungssysteme herauszuarbeiten und über prototypische Expertensystementwicklungen zu validieren [SaWa 83]. Parallel hierzu vollzog sich im Rahmen der grundlagenorientierten Expertensystemforschung eine verstärkte Hinwendung zu Problemstellungen aus der Industrie [Rau 85]. So stehen dem sogenannten *Knowledge Engineer* heute leistungsfähige *LISP Maschinen* [Moon 87], [WiBr 79] zur Verfügung, die, mit einem hybriden Entwicklungswerkzeug ausgestattet, eine stark beschleunigte Prototypentwicklung ermöglichen [PeKa 86].

Die mittlerweile vorliegenden Implementierungsansätze kündigen eine breite Erprobung von technischen Expertensystemen für unterschiedliche Überwachungsprobleme an [Enn et al. 86], [Mat et al], [Rau 87], [Wri et al. 86].

Wichtige Beiträge dazu werden zur Zeit vom *Engineering Design Research Center (EDRC)* der *Carnegie Mellon University (CMU)* geleistet. Es existieren Ansätze für die Überwachung von verteilten Anlagenkomplexen [Tal et al. 86]. Diesbezüglich stellen die am EDRC implementierten Prototypen *TOAST (The Power System Operator's Assistant)* und *DPSK (Distributed Problem Solving Kernel)* einen Vorschlag für prozeßbezogene Anwendungen von *Blackboardsystemen* dar [TalCar 87].

Weiterhin wurde von der *Westinghouse Electric Corp. das Expertensystem PDS (Process Diagnostic System)* implementiert [Fox et al 83]. PDS wurde von Westinghouse zentral zur *online Überwachung* mehrerer räumlich verteilter Turbogeneratoren in einem sogenannten *Diagnostic Center* installiert. Dieses Diagnosezentrum wird von den einzelnen Kraftwerken über schnelle Datenfernübertragungsverbindungen mit den Prozeßdaten versorgt. Die Aufgabe von PDS ist es, Unregelmäßigkeiten und Störungen in den überwachten Anlagen im Frühstadium zu identifizieren und dem Betriebspersonal anzuzeigen. PDS überwachte 1986 etwa 110 Sensoren, wobei mit einer etwa 8500 Regeln umfassenden Wissensbasis kontinuierlich etwa 350 Bedingungen überprüft wurden. Bereits in den ersten Betriebsmonaten von PDS gelang es, sich anbahnende Betriebsstörungen rechtzeitig zu erkennen, wodurch ein unnötiger Turbinenausfall verhindert wurde [Osb 86].

Die Systementwicklung für die Überwachung von konventionellen Kraftwerken sowie von Kernreaktoren wird in den USA insbesondere von dem *Electric Power Research Institute (EPRI)* in *Palo Alto* vorangetrieben. Seit 1983 wird hier ein modulares *Power Shape Monitoring System (PSMS)* entwickelt, welches Prozeßanomalien im Reaktorkern frühzeitig aufzeigen soll. Speziell untersucht das EPRI auch Expertensystemstrukturen für Schnellabschaltvorgänge bei Siedewasserreaktoren *(BWR Shutdown Analyser)* [DiSu 86].

Eine analoge Aufgabe wird seit Ende 1985 vom *Kernforschungszentrum Karlsruhe (KfK)* bearbeitet [Eg 86], [Eg et al. 86], [Schl et al. 87]. Die Entwicklung konzentriert sich hier auf *Natriumgekühlte Reaktoren*, da dies ein Arbeitsschwerpunkt vom KfK ist und darüberhinaus mit der *KNK II (Kompakte Natriumgekühlte Kernreaktoranlage)* ein Testreaktor dieses Typs im KfK für praktische Versuchszwecke zur Verfügung steht.

2. Aufgabenstellung und Ziele

Es ist ein Diagnosesystem zur Überwachung des stationären Betriebs und betrieblicher Transienten für einen zukünftigen Schnellen Brutreaktor in Entwicklung. Die Implementierung erfolgt auf einer LISP Maschine. Dieses Diagnosesystem wird als Prototyp an der KNK II eingesetzt.

Das System enthält zwei Expertensystemfunktionen:

- *Frühdiagnose (Diagnose und Prognose)*
- *Scramanalyse (Diagnose)*

Die Frühdiagnosefunktion sorgt beim Betrieb der KNK II für die frühzeitige Erkennung von Anomalien und Störungen* und ist aus Sicherheits- und Wirtschaftlichkeitsgründen von Bedeutung.

Die Scramanalysefunktion ermittelt aus dem bei einem Scram auftretenden Meldeschwall das Signal, welches ursächlich den Scram ausgelöst hat und unterstützt den Reaktorbetriebsexperten bei der Fehlersuche.

Die Diagnose muß neben dem Reaktorkernbereich auch die Teile des Wärmeübertragungssystems überdecken, deren Störungen sich unmittelbar auf den Reaktorkern auswirken können.

Die dazu notwendigen Daten werden vom *Betriebsrechner* und von mehreren *Detektionssystemen* geliefert. Der Betriebsrechner liefert z.B. Zustandsmeldungen von Ventilen und digitalisierte Temperaturmeßwerte. Die Detektionssysteme (autonome, heterogene Prozeßrechner) liefern Ergebnisse spezieller Meßverfahren.

Zur Nachbildung von realen Betriebs- und Störsituationen liefert ein *Testsystem* (implementiert auf einem eigenständigen UNIX** Rechner) Simulationsdaten [Düp 87].

Die Kommunikation aller beteiligten Rechnersysteme erfolgt über ein *Local Area Network* auf *Ethernetbasis (IEEE 802.3)* mit Hilfe eines höheren, auf dem *Transmission Control Protocol/Internet Protocol (TCP/IP)* aufgesetzten Kommunikationsprotokolls [RuRo 87].

Die folgende Abbildung zeigt ein grobes Modell des Gesamtsystems:

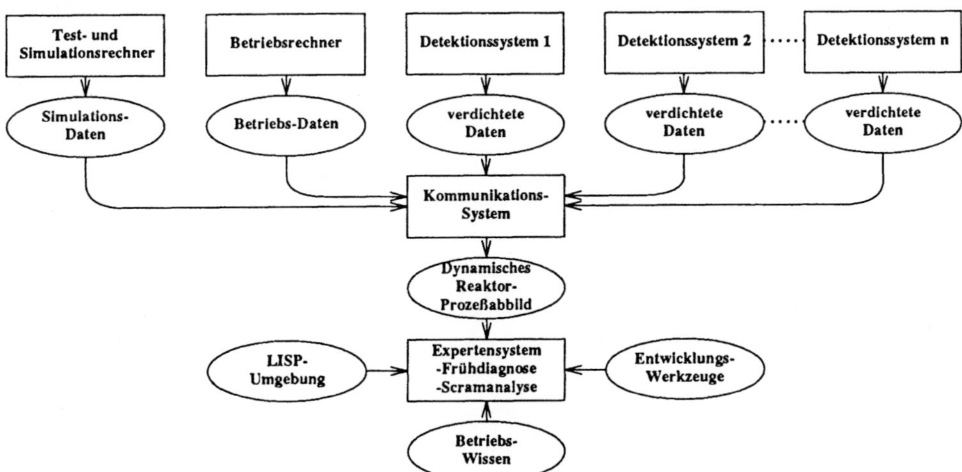

Abb. 2-1: Ein Modell des Gesamtsystems

---

* Störungen sind hier *nicht* mit *Störfällen* (meldepflichtig) oder *Unfällen* (größerer Schaden) zu verwechseln.

** UNIX ist ein eingetragenes Warenzeichen von AT&T

Als Hilfe zur Auslegung der Instrumentierung eines zukünftigen Schnellen Brutreaktors sollen mit Abschluß der Entwicklung folgende gesicherte Erkenntnisse vorliegen:

- Relevanz der verschiedenen, zur Stördiagnose eingesetzten Meß- und Berechnungsverfahren.
- Aussagekraft der Diagnose und Prognose auf der Basis aller durch die Teilsysteme verdichteten Prozeßzustände (*Wissensbasis*), auch unter Berücksichtigung von *unsicherem Wissen.*
- Grad der Unterstützung des Reaktorbedienungspersonals durch das Diagnosesystem, insbesondere durch seine *Erklärungskomponente.*

3. Ein Datenflußmodell des Expertensystems

Die folgende Abbildung zeigt ein Datenflußmodell des Expertensystems:

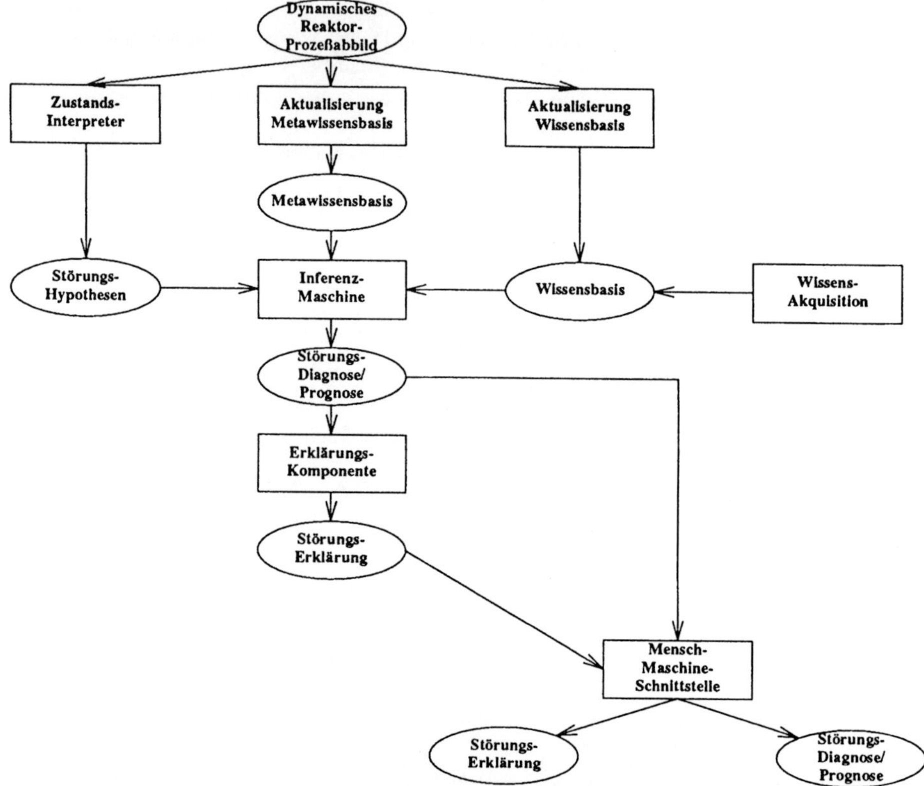

Abb. 3-1: Ein Datenflußmodell des Expertensystems

Das *Dynamische Reaktor-Prozeßabbild* (dynamische Zustandsänderungen des Reaktors) wird von den drei nebenläufigen Rechenprozessen *Zustandsinterpreter*, *Aktualisierung Metawissensbasis* und *Aktualisierung Wissensbasis* dynamisch, d.h. ereignisorientiert und/oder durch zyklische Abfrage gelesen und weiterverarbeitet.

Von einem weiteren nebenläufigen Rechenprozeß, der *Inferenz Maschine*, werden die vom Zustandsinterpreter generierten *Störungshypothesen* durch *Vorwärts- bzw. Rückwärtsverkettung* unter Verwendung der aktuellen *Wissensbasis* auf Plausibilität geprüft *(Schlußfolgerung).*

Der Schlußfolgerungsprozeß der Inferenz Maschine muß dabei die dynamischen Zustandsänderungen des Reaktorprozesses berücksichtigen *(nicht-monotones Schließen)*. Dazu entnimmt er der *Metawissensbasis* zusätzliche Informationen (z.B. *Grad der Wichtigkeit der Zustandsänderung*). Dieses sogen. *Metakontrollwissen* steuert den Schlußfolgerungsprozeß im Prinzip auf drei Arten:

(1) Der aktuelle Schlußfolgerungsprozeß wird *abgebrochen* und ein neuer Schlußfolgerungsprozeß wird *gestartet.*

(2) Der aktuelle Schlußfolgerungsprozeß wird *angehalten* und unter Berücksichtigung von zusätzlichen aktuellen Prozeßdaten *fortgesetzt.*

(3) Der aktuelle Schlußfolgerungsprozeß wird *nicht unterbrochen.*

Das Ergebnis des Schlußfolgerungsprozesses ist die Zusammenfassung der aus den Störungshypothesen abgeleiteten Diagnosen und Prognosen.

Ein weiterer Rechenprozeß, die *Erklärungskomponente*, beschreibt die ermittelte Störung in Form einer *Ableitungskette.*

4. Eine Störungs/Überwachungsrelation

Anomalien und Störungen werden aus den Daten des Betriebsrechners sowie der Detektionssysteme abgeleitet. Eine detaillierte Beschreibung der in den Detektionssystemen realisierten Meßverfahren befindet sich in [Gme 84]. Hier soll es genügen, die wichtigsten verwendeten Meßverfahren sowie eine Auswahl der benötigten Reaktormeßgrößen aufzuzählen.

- *Akustisches Rauschen (Acoustic Noise, AN)*

  Dieses Meßverfahren wird in erster Linie zum Nachweis von Siedegeräuschen eingesetzt, potentiell kann es zum Nachweis loser Teile dienen.

- *Brennelementaustrittstemperatur, lokaler Kühlmitteldurchsatz (Indirect Flow, Mean Subassembly-Temperature, FITM)*

  Die Temperatur am Brennelementaustritt kann Hinweise auf lokale Kühlungsstörungen geben.

- *Temperaturrauschen (Temperature Noise, TN)*

  Temperaturfluktuationen im Kühlmittelstrom am Brennelementaustritt beruhen auf radialen Temperaturgradienten über dem Brennelement. Größere Abweichungen von der normalen Kühlkanalgeometrie (z.B. Kühlkanalblockaden) führen zu einer Erhöhung der Intensität der Temperaturfluktuation.

- *Durchschnittstemperatur aller Brennelemente (Mean Subassembly-Temperature, TM)*

- *Nachweis verzögerter Neutronen (Delayed Neutrons, DN)*

  Die Detektion verzögerter Neutronen im Kühlmittel läßt auf Brennstabschäden schließen, da ein direkter Kontakt zwischen Brennstoff und Kühlmittel bestehen muß.

- *Schutzgasüberwachung (Covergas Monitoring, CM)*

  Werden Spaltprodukte im Schutzgas gemessen, ohne daß gleichzeitig verzögerte Neutronen im Kühlmittel nachgewiesen werden, so handelt es sich um einen sogen. *Leaker*, d.h. um einen Stabschaden, der nur gasförmige und flüchtige Spaltprodukte austreten läßt, ohne daß es zu einem Kontakt zwischen Brennstoff und Kühlmittel gekommen ist.

- *Schieflast (Flux Tilting, FT)*

  Das Schieflastverfahren oder auch das Ein- oder Ausfahren einzelner Regelstäbe dient zur Lokalisierung eines durch verzögerte Neutronen nachgewiesenen Brennelementschadens.

- *Thermohydraulisches Verhalten einzelner Brennelemente (Global Core Surveillance Procedure, GCSP)*

  Das Meßverfahren bestimmt den thermohydraulischen Zustand jedes Brennelements.

- *Reaktormeßgrößen:*

  Weitere Meßgrößen sind z.B. Reaktorleistung, Neutronenfluß, Kerneintrittstemperatur, Brennelementaustrittstemperatur, Durchsatz im Primärkreis, verzögerte Neutronen im Kühlmittel, Schutzgasdruck, Primärpumpendrehzahl.

Wie schon teilweise bei der Beschreibung der Meßverfahren angedeutet, lassen die Meß- und Berechnungsergebnisse gewisse Schlußfolgerungen auf bestimmte Störungen im Reaktorkern zu. Zusätzlich ist es jedoch sinnvoll, die einzelnen Meß- und Berechnungsergebnisse (zusammen mit weiteren elementaren Betriebsdaten), welche wir ab jetzt als *Überwachungsvariablen* bezeichnen wollen, *parallel* zu betrachten, um eine größere Zuverlässigkeit in der Aussage zu bekommen, ob eine Störung vorliegt oder nicht.

Dazu lassen sich übergeordnete *Störungsklassen* sowie diesen Störungsklassen zugeordnete *Störungstypen* definieren. Bildet man nun eine Relation

$$R \subseteq \textit{Störungstypen} \times \textit{Überwachungsvariablen},$$

so erhält man den gewünschten Gesamtzusammenhang.

Es lassen sich heute ca. 30 Störungstypen und ca. 25 Überwachungsvariablen definieren, wobei etwa 200 Abhängigkeiten bestehen, d.h. nicht jeder Störungstyp steht in Relation zu jeder Überwachungsvariablen.

Die folgende Tabelle beschreibt eine partielle Relation (Teilmenge von Störungstypen und Überwachungsvariablen) und die gegenseitigen Abhängigkeiten (schwach besetzte Matrix):

Lokale Störungen im Kern		Überwachungsvariablen							
Störungsklasse	Störungstyp	AN	FITM	TN	TM	DN	CM	FT	GCSP
Brennstabschäden	Leaker	*		*			*		
	DN-Schaden					*	*	*	
	Kontamination					*	*	*	
Kühlungsstörungen	Inaktive globale Blockade (langsam)		*		*				*
	Störung in der Bündelgeometrie			*					
	Inaktive lokale Blockade		*	*					*
	Inaktive lok. Blockade und lok. Sieden	*	*	*					*
	Aktive lokale Blockade		*	*		*	*		*
	Aktive lok. Blockade und lok. Sieden	*	*	*		*	*		*
	Lokale Propagation	*	*	*	*	*	*		*
	Schnelle globale Blockade	*	*		*				*

Abb. 4-1: Eine partielle Störungs/Überwachungsrelation

5. Mathematische Modellierung der Diagnose

Eine Ausgangsbasis des Expertensystems für die Verarbeitung einer ersten Expertise ist die statische zweidimensionale Matrix (siehe Abb. 4-1), die über die Zuordnung Störungstyp - Überwachungsvariable eine Aussage macht, welches Meßverfahren eine Analyse der entsprechenden Störung ermöglicht. Um die Problematik der Verarbeitungsmethoden unter dem KI-Aspekt und dem Frühdiagnoseaspekt zu erläutern, wird folgende Nomenklatur benutzt:

Gegeben sind n Überwachungsvariablen $\ddot{U}_1$, $\ddot{U}_2$, $\ddot{U}_n$ (z.B. AN, TN, CM usw.).

Das Gesamtsystem sei mit dem kartesischen Produkt $\ddot{U} = \ddot{U}_1 \times \ddot{U}_2 \times \ldots \times \ddot{U}_n$ bezeichnet.

Die Störmuster seien SM_1, SM_2,...,SM_n.

Eine erste Expertise, die in der Tabelle konstatiert ist, lautet:

Für jedes Störmuster SM_i existiert eine Teilmenge des kartesischen Produktes Ü, sodaß jede Überwachungsvariable $\ddot{U}_j$ aus dieser Teilmenge eine Aussage zu dem Störmuster SM_i macht. SM_i ist ein n'-tupel, wobei n' die Dimension des kartesischen Teilraumes ist. Der Wertebereich eines jeden $\ddot{U}_j$ ist eindeutig festgelegt, z.B. (hoch, normal, tief). Eine Aussage innerhalb eines $\ddot{U}_j$ zu einer Störung bedeutet eine spezielle Ausprägung dieser Überwachungsvariablen. Die Ausprägungsdarstellung kann qualitativer Art z.B. (hoch, tief) oder über eine Transformationsvorschrift quantitativer Art z.B. (0,1) sein. Beide Darstellungen sind notwendig, um einerseits Wissensrepräsentation effizient abzuarbeiten und andererseits analytische Betrachtungen durchführen zu können.

Eine Leckage am Brennstab kann beispielsweise mit den drei Überwachungsvariablen AN, TN und CM nachgewiesen werden.

- Ausprägungsmenge AN = (hoch, normal, tief) ⇔ (2,1,0)
- Ausprägungsmenge TN = (stark überhöht, leicht überhöht, normal) ⇔ (2,1,0)
- Ausprägungsmenge CM = (ja, nein) ⇔ (1,0)

Die Leckage kann z.B. repräsentiert werden durch eine Relation R $\subseteq$ (hoch, stark überhöht, ja), die über die Transformation in den 3-dimensionalen Vektor (2,2,1) abgebildet wird.

5.1 Dynamische Modellierung

Bei der Aktivierung des Expertensystems treten im zeitlichen Ablauf aufgrund unvollkommenen Wissens - eine erste Expertise kann nie das gesamte notwendige Wissen über das Reaktorverhalten umfassen - inkonsistente Aussagen auf, die Auswirkungen auf die Wissensbasis und den Schlußfolgerungsmechanismus haben, sodaß unter einem dynamischen Aspekt folgende Punkte zu berücksichtigen sind:

(1) Für eine Störung ist die Teilmenge des kartesischen Produktes nicht konstant.

(2) In Abhängigkeit von Randbedingungen im Reaktorumfeld kann die Ausprägungsmenge variieren, um die Störung analysieren zu können.

(3) Das System muß in der Lage sein, innerhalb einer Überwachungsvariablen die bestehende Ausprägungsmenge zu modifizieren.

Durch Aktualisieren der Wissensbasis und des Regelwerkes muß die Beschreibung eines Störmusters in eine vollständige konsistente Darstellung konvergieren.

5.2 Modellierung der Frühdiagnose

Im Bereich zeitkritischer Prozesse ist es wichtig, Störungen schon im Ansatz (Anomalie) zu erkennen, um eine Propagation möglichst früh abzufangen. Unter Berücksichtigung dieser Zeitkomponente wird das Expertensystem ein kombiniertes Diagnose - Frühwarnsystem *(Frühdiagnosesystem)*. Es werden qualitativ zwei Modelle der Frühdiagnose unterschieden.

(1) *Qualitative Propagation: Ursache - Wirkungskette*

Zu diskreten Zeitpunkten $t_1,...,t_n$ ist die diskrete Folge von n Mustern (Störzustandsvektoren, Normalzustandsvektoren) $SM_1,...,SM_n$ gegeben.
In der Wissensbasis seien die logischen Verknüpfungen zwischen den Störmustern bekannt. Dies bedeutet z.B. Kenntnis über die Störfortpflanzung in Form einer Ursache-Wirkungskette. Die Früherkennung erfolgt mit Wissensverarbeitungstechniken unter Einbeziehung von Hypothesengenerierung und -verifizierung über Metakontrollwissen.

(2) *Quantitative Störpropagation*

Ein Störmuster ist i.a. nicht mit einem exakten Wert einer Zustandsraumvariablen zu beschreiben. Nach einer Transformation in eine quantitative Wertebeschreibung der Überwachungsvariablen ((hoch,tief) ⇔ (1,0)) bieten sich numerische Verfahren an, Hypothesen zu prognostizieren [Sche87]. Diese Art der quantitativen Beschreibung erlaubt es, unsicheres Wissen in eine mathematische Modellierung zu integrieren, insbesondere, wenn die Entwicklung einer Musterfolge numerisch gegen ein Störmuster konvergiert.

In Abb. 5.1-1 ist der Datenfluß beider Modelle in integrierter Form dargestellt.

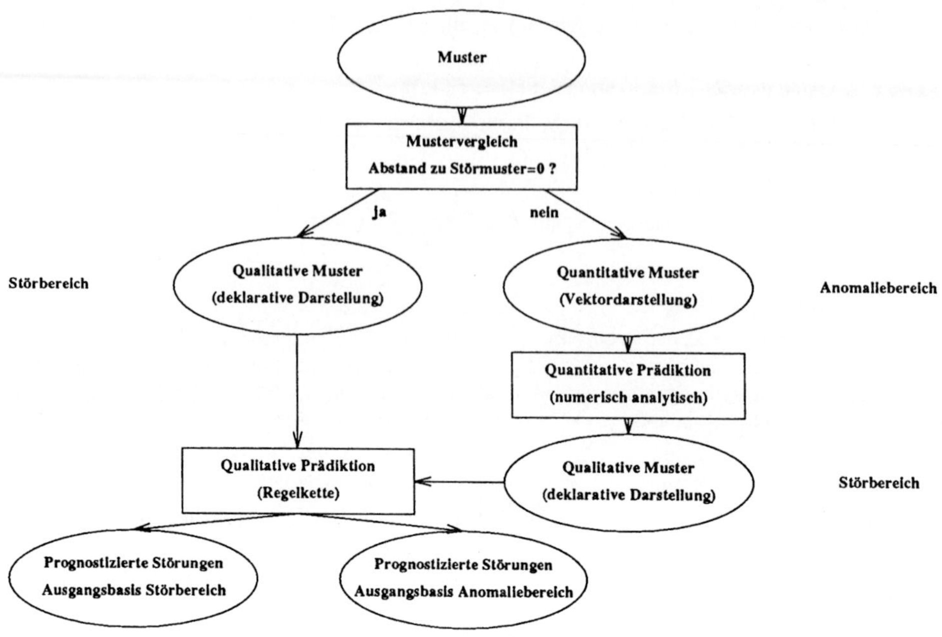

Abb. 5.1-1: Störmusterprädiktion

Im folgenden Beispiel wird die Konvergenz einer Musterfolge (0,0,2), (1,0,2), ... im Anomaliebereich gegen das Störmuster (5,0,2) dargestellt.

Zeit	AN	TN	CM
t_1	0	0	2
t_2	1	0	2
t_3	2	0	2
.			
t_n	5	0	2

Abb. 5.1-2 Diskrete Musterfolge

Es bietet sich an, unter Einführung von Abstandsklassifikatoren die Störmuster je nach Störungstypen in einzelne Clusterwolken (Häufungsgebiete im n-dimensionalen Raum) zusammenzufassen. Unscharfes Wissen in Form von unscharfen Grenzen der Muster wird durch Streubereiche der Clusterwolken berücksichtigt. Eine weitere Hypothesenbildung mit Wissensverarbeitungsmethoden setzt dann auf dieser analytischen Auswertung auf (siehe Abb. 5.1-1).

6. Expertensystemfunktion Scramanalyse

In der jetzigen Ausbaustufe des Expertensystems ist eine partielle Scramanalysefunktion auf Symbolics* 3650 implementiert, welche beim Natriumkreislauf den Pumpenausfall und das damit zusammenhängende Störumfeld überwacht. Für diesen Teilprozeß ist eine nach Gerätegruppen hierarchisch strukturierte Wissensbasis aufgebaut.

* Symbolics ist ein eingetragenes Warenzeichen der Symbolics Inc.

Bei der Strukturierung der Wissensbasis und der Konzeption des Schlußfolgerungsmechanismus werden die Aspekte einer Frühdiagnose in dem Sinne berücksichtigt, daß beim Auftreten kritischer Ereignisse, die noch keine hinreichende Bedingung für einen Scram darstellen, entsprechende Warninformationen angegeben werden können. Folgende Teilfunktionen werden vom System unterstützt:

(1) Diagnose eines kritischen Ereignisses:
Durch eine Fehlerbaumanalyse wird unter Berücksichtigung des zeitlichen Ablaufes der Ereignisse eine Ursache - Wirkungs - Kette ausgearbeitet.

(2) Maßnahmenkatalog zur Behebung des Fehlers:
Gemäß dem Betriebshandbuch werden Vorschläge zum Prozeßeingriff gemacht.

(3) Mögliche Auswirkungen im Sinne einer Fehlerfortpflanzung:
Eine konkrete Störmeldung ist nicht als isoliertes Ereignis in einem Störszenario zu sehen. Vielmehr wird über eine Hypothesenbildung und eine nachfolgende Verifikation ein Störumfeld erfaßt, in dem die entsprechende Fehlermeldung als Zwischenglied einer Störungskette existiert. Um mögliche nachfolgende Fehler abzuschätzen, müssen Korrellationen berücksichtigt werden, nach denen eine Fehlerfortpflanzung abläuft. Hier werden mit heuristischen Ansätzen, die von Reaktorfachleuten akquiriert wurden, Prädiktionsansätze verfolgt (qualitative Störpropagation).

(4) Angabe des noch verfügbaren Sicherheitspotentials:
In Abhängigkeit einer diagnostizierten Wirkungskette kann bei einer partiellen Störung bereits angegeben werden, welche weitere Störkombinationen eine hinreichende Bedingung zur Auslösung des Schutzsystems darstellen (Sicherheitsabstand).

6.1 Mensch-Maschine-Schnittstelle

6.1.1 Logische Ableitungen

Die logische Abarbeitung der Meldungen durch das Regelwerk ist in Abb. 6.1-1 dargestellt. In Form einer graphischen Erklärungskomponente wird nach Analyse der Störung die aktivierte Regelkette graphisch repräsentiert (siehe fette Linie). Die Niveaumessungen für den Tank YT1 und die Messung N205 am Primärkreis QP1 erfüllen in diesem Beispiel die hinreichenden Bedingungen zur Auslösung des Schutzsystems.

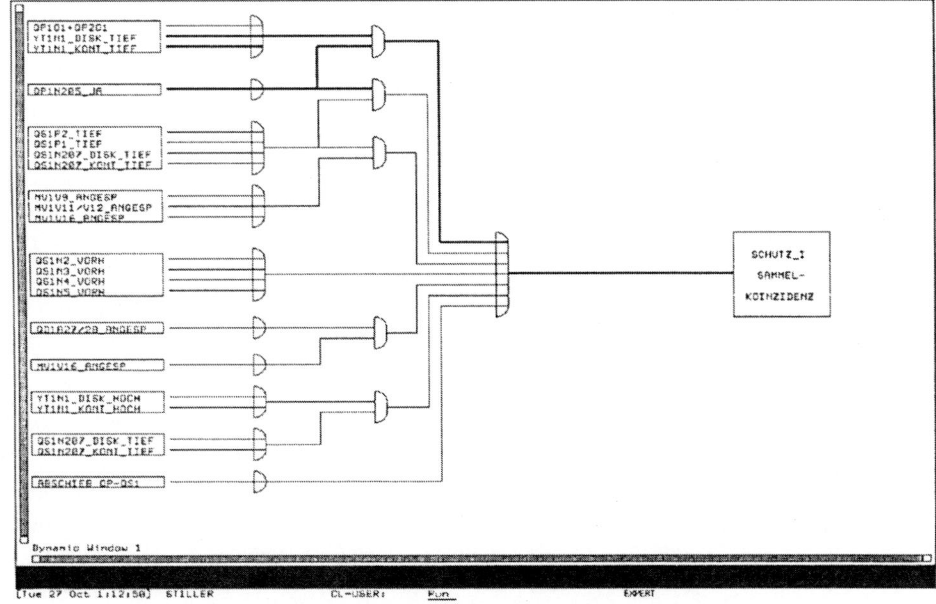

Abb. 6.1-1 Graphische Erklärung (Koinzidenzgatter)

6.1.2 Zustandsbeschreibung

Eine Zustandsbeschreibung des momentanen Prozeßzustandes kann durch ein Rohrleitungs-Instrumentenfließbild dargestellt werden. Beim Eingang neuer Prozeßdaten werden die Attribute der Zustandsvariablen (Meßstellen) mit Werten beaufschlagt und können maussensitiv abgefragt werden. In Abb. 6.1-2 ist z.B. der Zustand N1 des Tanks YT1 angesprochen (YT1N1 ACTIVE).

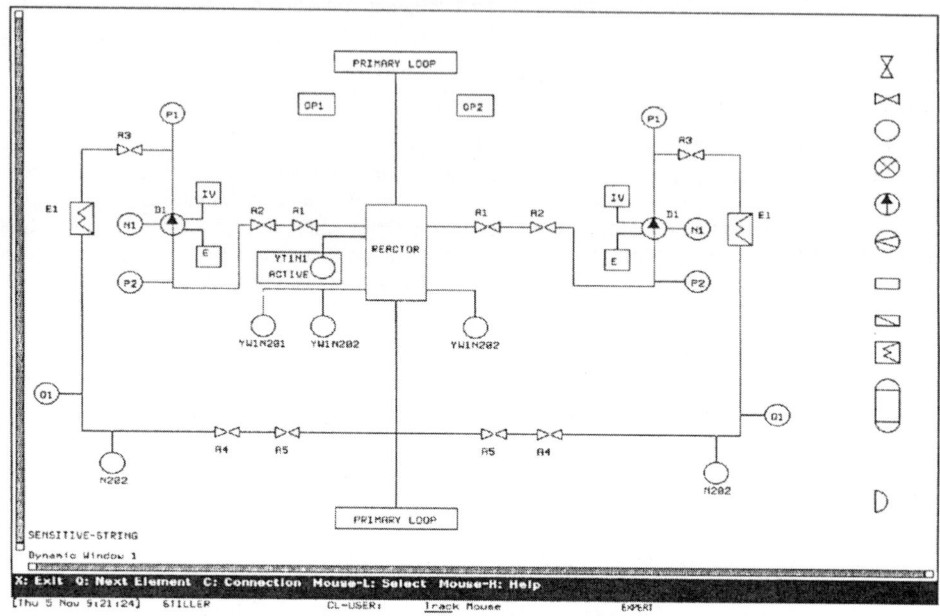

Abb. 6.1-2 Graphische Erklärung (Rohrleitungs-Instrumentenfließbild)

6.2 Implementierung

Im *Flavor-System* [Moon 86] (objektorientierte Programmierumgebung) sind Regeln implementiert, deren *Bedingungsklauseln* aus Kombinationen von *Und-* und *Oder-Klauseln* bestehen (siehe Abb. 6.2-1, Abb. 6.2-2).

```
(defflavor n                                        ;a measurement-system for the
        ((cont nil)                                 ; sodium level, allowing continious and
         (disc nil))                                ; discrete measurements
        (measurement-system)
  :initable-instance-variables
  :writable-instance-variables)

(defflavor yt                                       ;some sort of tank where
        (n1)                                        ; sodium level can be measured
        (tank)
  :initable-instance-variables
  :writable-instance-variables)

(defmethod (make-instance yt) (&rest ignore)        ;when instantiating a tank, implicitly
  (setf (yt-n1 self) (make-instance 'n)))  ;instantiate n1 to a measurement-system

(defvar *yt1* (make-instance 'yt))          ;make *yt1* an instance of a yt-system
```

Abb. 6.2-1 Code-Fragment: Flavorbeschreibung

Im ersten Flavor *n* werden die Attribute *"kontinuierliche Messung"* und *"diskontinuierliche Messung"* als *slots* eingerichtet.
Im zweiten Flavor *yt* werden bei der *Instanziierung* (siehe defmethod) die slots von *n* übernommen.

```
(defun gate-activation ()                                ;example of the 'or-propagation'
  (if (or (equal (n-disc (yt-nl *ytl*)) 'deep)           ; of a critical message
          (equal (n-cont (yt-nl *ytl*)) 'vdeep))
      (setf (gate-state *gate-1.1*) 'active)))
```

Abb. 6.2-2 Code-Fragment: Funktionsaktivierung

In der Funktion *"gate-activation"* ist eine typische Regel dargestellt.

Eine zweite Version der Scramanalysefunktion wurde in der Programmierumgebung KnowledgeCraft* implementiert. Das Entwicklungswerkzeug KnowledgeCraft unterstützt den Aufbau *hybrider* Wissensbasen: Zentraler Bestandteil dieses Werkzeuges ist die *Carnegie Representation Language (CRL)* mit daten- und zielbezogenen Ableitungsmodulen (CRL-OPS; CRL-Prolog) sowie einem Modul zur Konstruktion *semantischer Netze*, die insbesondere auch *Metawissen* aufnehmen können. Im Unterschied zu vergleichbaren Werkzeugen bietet CRL dem Anwender die Möglichkeit, die Vererbungsmechanismen in Form von Relationen frei zu spezifizieren *(User Defined Relations)*, was zu einer kompakteren Wissensrepräsentation (im Sinne des sog. *Case-Splitting-Effect)* führt [CG 87], [Fox 79].

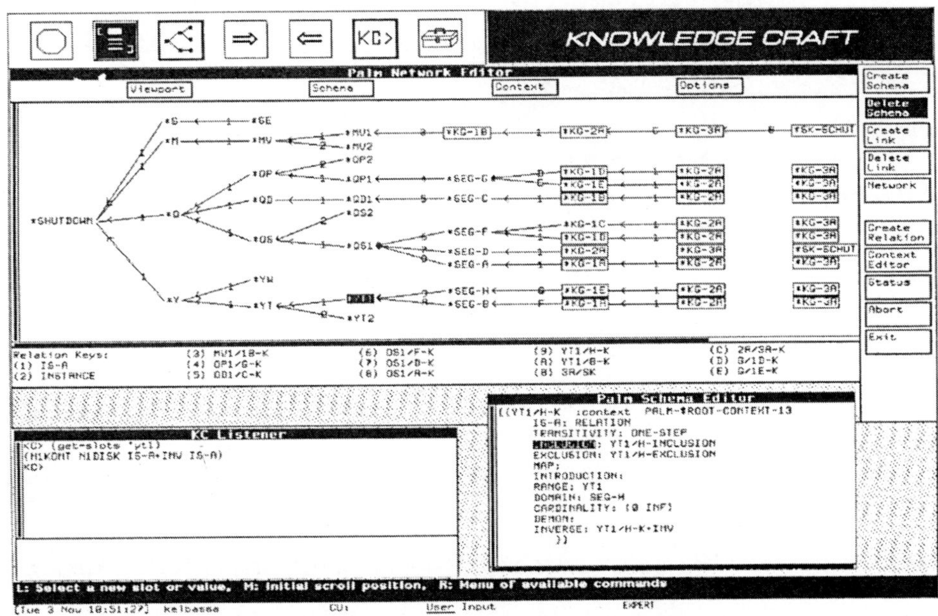

Abb. 6.2-3 Aufbau eines semantischen Netzes mit KnowledgeCraft 3.1

Ein Vergleich zwischen beiden Implementierungen ergibt, daß diese Vererbungsmechanismen den explizit programmierten generischen Funktionen des Flavorsystems entsprechen. Während die Modellierung der Tiefenstrukturen von KnowledgeCraft über Relationsmechanismen (z. B. selektive Vererbung) unterstützt wird, müssen diese in der Flavor-Version durch entsprechende generische Funktionen abgebildet werden.

---

* KnowledgeCraft ist ein eingetragenes Warenzeichen der Carnegie Group Inc.

LITERATURVERZEICHNIS

[CG 86] Carnegie Group Inc., *KnowledgeCraft Handbook*, vol. 1-3, Carnegie Group Inc., Pittsburgh, Pennsylvenia, August 1986.

[Düp 87] C. Düpmeier, *Unveröffentlichter Bericht des Kernforschungszentrums*, Oktober 1987.

[DiSu 86] S. M. Divakaruni and W. K.-H. Sun (Eds.), *Proc. 1985 Nuclear Power Plant Safety Control Technology Seminar*, Electric Power Research Institute (EPRI), Palo Alto, California: Report EPRI NP-4750-SR, September 1986.

[Eg 86] H. Eggert, *Unveröffentlichter Bericht des Kernforschungszentrums*, August 1986.

[Eg et al. 86] H. Eggert, A. Kellner, H. Massier, H. J. Schade, K. Schleisiek, und R. Schröder, *Unveröffentlichter Bericht des Kernforschungszentrums*, November 1986.

[Enn et al. 86] R. L. Ennies, J. H. Griesmer, S. J. Hong, M. Karnaugh, J. K. Kastner, D. A. Klein, K. R. Milliken, M. I. Schor, and H. M. Van Woerkom, ''A Continuous Real-Time Expert System for Computer Operations,'' *IBM J. Res. Develop.*, vol. 30, no. 1, pp. 14-28, January 1986.

[Fox 79] M. S. Fox, ''On Inheritance In Knowledge Representation,'' *Proc. of the 6th Internat. Joint Conference on Artificial Intelligence (IJCAI-79)*, pp. 282-284, Tokyo, Japan, 1979.

[Fox et al. 83] M. S. Fox, S. Lowenfeld, and P. Kleinosky, ''Techniques for Sensor-Based Diagnosis,'' *Proc. of the 8th Internat. Joint Conference on Artificial Intelligence (IJCAI-83)*, vol. 1, pp. 158-163, Karlsruhe, August 1983.

[Gme 84] L. Gmeiner (Ed.), ''Microprocessor-Integrated LMFBR Core Surveillance,'' *KfK-Bericht 3749*, Kernforschungszentrum Karlsruhe, Institut für Datenverarbeitung in der Technik, Karlsruhe, Juni 1984.

[Kow 86] J. S. Kowalik (Ed.), *Coupling Symbolic and Numerical Computing in Expert Systems*, North-Holland, Amsterdam New York, 1986.

[Mat et al. 87] R. Mathonet, H. van Cotthem, and L. Vanryckeghem, ''DANTES: An Expert System for Real-Time Network Troubleshooting,'' *Proc.of the 10th International Joint Conference on Artificial Intelligence (IJCAI-87)*, vol. 1, pp. 527-530, Milan, Italy, August 1987.

[Moon 86] D. A. Moon, ''Object-Oriented Programming with Flavors,'' *Proc. OOPSLA '86 - Object-oriented Programming Systems, Languages and Applications*, pp. 1-8, ACM, Portland, Oregon, November 1986.

[Moon 87] D. A. Moon, ''Symbolics Architecture,'' *IEEE Computer*, pp. 43-52, January 1987.

[Osb 86] R. L. Osborne, ''Online, Artificial Intelligence-Based Turbine Generator Diagnostics,'' *AI Magazine*, vol. 7, no. 4, pp. 97-103, Fall 1986.

[PeKa 86] J. Pepper and G. Kahn, ''KnowledgeCraft: An Environment for Rapid Prototyping of Expert Systems,'' *Proceedings of the SME Conference on Artificial Intelligence*, p. 7, SME Detroit, Michigan, March 1986.

[Rau 83] P. Raulefs, ''Expertensysteme,'' *Proc. Künstliche Intelligenz Frühjahrsschule (KIFS-82)*, pp. 61-98, Springer Verlag, Informatik-Fachberichte Bd. 59, März 1982.

[Rau 85] P. Raulefs, ''Knowledge Processing Expert Systems,'' in *Artificial Intelligence: Towards Practical Application*, ed. by T. Bernold and G. Albers, pp. 21-31, Elsevier Science Publishers B. V. (North-Holland), Amsterdam New York, 1985.

[Rau 87] P. Raulefs, ''A Representation Framework for Continuous Dynamic Systems,'' *Proc. of the 10th Internat. Joint Conference on Artificial Intelligence (IJCAI-87)*, vol. 1, pp. 468-471, Milan, Italy, August 1987.

[RuRo 87] G. Rudolph und P. Rohnacher, *Unveröffentlichter Bericht des Kernforschungszentrums*, Oktober 1987.

[SaWa 83] R. Sauers and R. Walsh, "On the Requirements of Future Expert Systems," *Proc. of the 8th Internat. Joint Conference on Artificial Intelligence (ICJAI-83)*, pp. 110-115, Karlsruhe, August 1983.

[Sche 87] K.-P. Scherer, "Mustererkennung und Prognoseverfahren in parametrischen Signalmodellen zu Fehlerfrühdiagnosen," *KfK-Bericht 4197*, Kernforschungszentrum Karlsruhe, Institut für Datenverarbeitung in der Technik, Karlsruhe (Diss. TH Karlsruhe), 1987.

[Schl et al. 87] K. Schleisiek, J. Aberle, H. Massier, K. P. Scherer, W. Väth, H.-J. Leder, und H.-J. Schade, "Entwicklung fortschrittlicher Verfahren der Signalverarbeitung bei der Überwachung Na-gekühlter Reaktoren," *Deutsches Atomforum "Mensch und Chip in der Kerntechnik"*, Bonn, Oktober 1987.

[TalCar 87] S. N. Talukdar and E. Cardozo, "Blackboards, Lateral Relations and Large-Scale Organizations," *IEEE 6th International Conference on Distributed Computing Systems*, Cambridge, Mass., Summer 1987.

[Tal et al. 86] S. N. Talukdar, E. Cardozo, L. Leao, R. Banares, and R. Joobbani, "A System for Distributed Problem Solving," in *[Kow86]*, pp. 59-67, 1986.

[WiBr 79] P. H. Winston, and R. Brown (Eds.), *Artificial Intelligence: An MIT Perspective, vol. 2*, MIT Press, Cambridge, Massachusetts, 1979.

[Wri et al. 86] M. L. Wright, M. W. Green, G. Fiegl, and P. F. Cross, "An Expert System for Real-Time Control," *IEEE Software*, pp. 16-24, March 1986.

Fehlerdiagnose in verteilten Rechnersystemen mit dem Expertensystem REX

Hans-Jörg Haubner
Helmut Kornmann
Fraunhofer-Institut für Informations- und Datenverarbeitung
7500 Karlsruhe

Abstract

REX is an expert system for fault-diagnosis in distributed computer systems. The system architecture is split in application specific components and a general shell. Flexibility is achived by use of a method-oriented technique. Knowledgebase and inference engine are rule-oriented. Rules are structured hierarchical in application-specific rules and independent metarules controlling the inference system together with control structures. REX is applicable both as an experimental system and a tool for different applications.

Zusammenfassung

Das Expertensystem REX wurde als Basissystem für den Einsatz von Realzeit-Expertensystemen in Leitständen der Prozeßautomatisierung entwickelt. Ein erstes Anwendungsgebiet ist die Fehlerdiagnose in einem verteilten Rechnersystem.

Die Systemarchitektur ist deshalb durch eine konsequente Aufteilung in wissensorientierte Komponenten und einen wissensunabhängigen Kern und die Verwendung eines methodenorientierten Ansatzes so ausgeführt, daß REX als Experimentier- und Werkzeugsystem für verschiedene Anwendungen flexibel einsetzbar ist.

Wissensbasis und Schlußfolgerungsmechanismus von REX sind regelorientiert konzipiert. Es wurde ein Ansatz gewählt, der es erlaubt, Regeln über Regelpakete in Form von anwendungsspezifischen Regeln und Meta-Regeln, die zusammen mit Kontrollstrukturen die Regelbearbeitung steuern, hierarchisch zu strukturieren. Es können so verschiedene Strategien kombiniert und problemorientiert vorgegeben werden.

1. Ausgangssituation

Am Fraunhofer-Institut für Informations und Datenverarbeitung wurde in den vergangenen Jahren ein verteiltes Prozeßautomatisierungssystem (RDC-System) entwickelt und in Pilotanwendungen eingesetzt. Die eigentlichen Automatisierungsfunktionen werden von verteilten, fehlertoleranten Mikroprozessor-Stationen, die jeweils einem Teil-Bereich der Anlage zugeordnet sind, wahrgenommen. Diese sind untereinander und mit einem zentralen Leitsystem über ein lokales Kommunikationssystem auf der Basis eines Lichtwellenleiters miteinander gekoppelt (s. Abb. 1). Für die Fehlerdiagnose stehen konventionelle Test- und Wartungssysteme zur Diagnose von Hardware-, Software- und Bedienfehlern zur Verfügung. Sie bestehen zum einen aus einem Anzeige- und Protokolliersystem, das in das Leitsystem integriert ist. Hierüber werden Grobzustände der Komponenten des Rechnersystems, wie "Station 31 ausgefallen", dem Bedienpersonal angezeigt /1/.

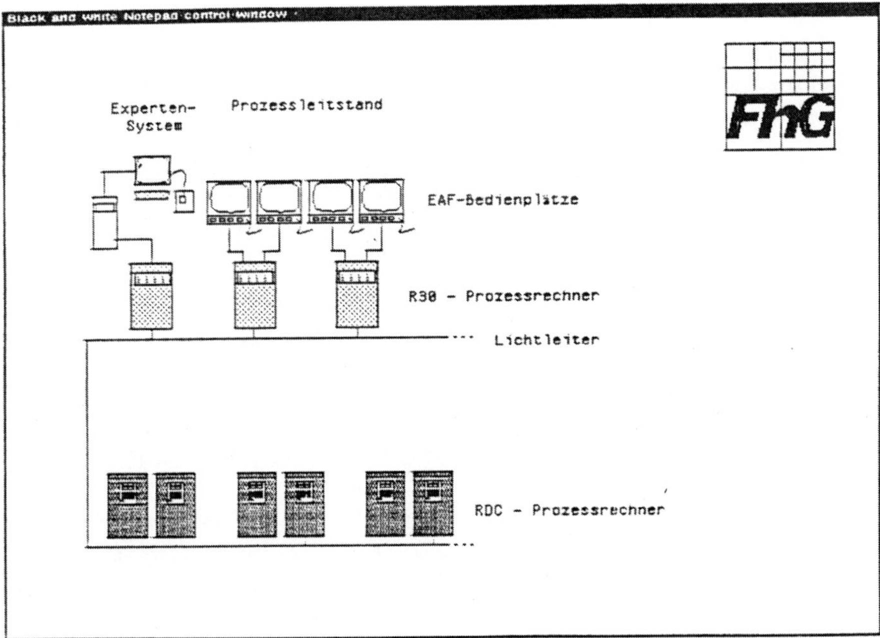

Abb. 1: Konfiguration des Prozeßleitsystems

Die eigentliche Diagnose erfolgt über ein zentrales Testsystem, mit dem elementare Detailinformationen wie Zustände von Status- oder Fehlerregistern aus den einzelnen Stationen zentral abgerufen werden können. Vergleichbare Möglichkeiten bieten weiterhin lokale Testsysteme, bei denen diese Informationen jeweils für eine Station vor Ort zur Verfügung gestellt werden.

Erfahrungen in den vergangenen Jahren haben gezeigt, daß, bedingt durch die Verteilung und Komplexität der Systeme, eine exakte Fehlerdiagnose die langwierige Auswertung einer Fülle von Einzelinformationen auf der Basis von detaillierten Kenntnissen der Hardware- und Software-Strukturen des Systems erfordert. Diese Situation legt es nahe, die Fehlerdiagnose mittels Expertensystemen zu unterstützen.

Die Einsetzbarkeit von technischen Expertensystemen in der Prozeßautomatisierung ist u.a. in starkem Maße davon abhängig, inwieweit die hier geforderten Realzeit-Bedingungen erfüllt werden können. Dies setzt eine direkte On-line-Kopplung des Expertensystems mit dem Automatisierungssystem zur Signalerfassung und insbesondere ein realzeitorientiertes Problemlösungsverhalten auch bei komplexen Problemstellungen voraus. Die Kopplung von Expertensystemen mit technischen Prozessen wird fallweise z.B. über intelligente Schnittstellen bereits praktiziert /2/.

Ein Schwerpunkt der Entwicklung lag daher darin, ein möglichst effizientes Problemlösungsverhalten durch eine mittels Meta-Regeln und Agenda-Steuerung vorgebbare Kombination verschiedener Strategien zu erreichen /3, 4/.

Während andere in der Aufgabenstellung vergleichbare Expertensysteme einen fest vorgegebenen Zyklus von Diagloganfragen, Verdachtsgenerierung und Verdachtsüberprüfung benutzen, können die Inferenzmechanismen bei REX mittels Meta-Regeln vorgegeben werden. Das bietet den Vorteil, daß auch andere, wie z.B. heuristische Suchstrategien, flexibel ergänzbar und in ihrer Abfolge zusammen mit anderen Mechanismen in beliebiger Reihenfolge kombinierbar sind. Weiter eröffnet dies auch die Möglichkeit, neue Schlußfolgerungs- und Repräsentationsformalismen problemlos zu integrieren /5/.

Es wurde aus diesem Grunde auf den Einsatz von Werkzeugen mit vorgegebenen Inferenzmechanismen wie LOOPS oder PROLOG verzichtet und der aufwendigere Weg gewählt, REX von Grund auf in INTERLISP-D zu entwickeln. Weiterhin wurden mit Ausnahme der auf problemorientierter Wissensbasis alle Komponenten von REX problemunabhängig ausgelegt, um so REX auch als Expertensystemkern für verschiedene Anwendungen einsetzen zu können.

Weiter wird in REX ein Ansatz verfolgt, wie er in der Prozeßrechnertechnik notwendig ist. Dort werden den verschiedenen Automatisierungsaufgaben für die technischen Prozesse eigene parallele Rechenprozesse zugeordnet, die über Prioritätssteuerungen unterbrechbar quasi-simultan ablaufen. Eine ähnliche Vorgehensweise ist bei REX geplant, um "gleichzeitig" mehrere Problemlösungsprozesse zu bearbeiten bzw. niederpriore Diagnose-Prozesse zugunsten höherpriorer Prozesse zurückzustellen.

2. Struktur der Wissensbasis

Die Wissensbasis ist nach dem regelorientierten Ansatz konzipiert. Sie besteht aus dem Regelwissen, das das statische Wissen über das System, in Form von Regeln repräsentiert, und dem dynamischen Wissen, repräsentiert durch Fakten und Diagnosen, die den aktuellen Systemzustand beschreiben. Regeln, Fakten und Diagnosen werden während des Wissenserwerbs über einen Wissenseditor vom Wissens-Ingenieur definiert.

Bei komplexen Systemen muß davon ausgegangen werden, daß das Wissen und der Umgang mit diesem Wissen in verschiedenen Abstraktionsebenen und als Detailwissen einer Vielzahl von Spezialisten für Teilbereiche vorliegt. So ist das Wissen des Systemingenieurs hinreichend und notwendig, um einen Fehler im System zu erkennen, grob zu diagnostizieren (z.B. "Fehler im E/A-Bereich der Station 21") und dann den eigentlichen Spezialisten für diesen Bereich zur genauen Fehlerlokalisierung und Reparatur heranzuziehen. Dementsprechend ist das Regelwissen mittels Regelpakete zur Grob- und Feindiagnose hierarchisch strukturierbar. Damit läßt sich das Gesamt-Wissen in weitgehend unabhängige Wissensbereiche wie "Rechnerkern", "E/A-Bereich", "Kommunikation" und "Software" und in verschiedene Abstraktionsebenen übersichtlich gliedern und trotzdem gesamthaft zur Verfügung stellen. Die Regelpakete besitzen eine Kontrollstruktur in Form einer Regel, die die Bearbeitung der Regeln innerhalb eines Objektes steuert. Die Strategie wird in Abhängigkeit von vorgebbaren Bedingungen durchgeführt.

Beispiele für Strategien sind:

- DO-ALL: "Bearbeite alle Regeln des Objektes"
- DO-FIRST: "Bearbeite alle Regeln des Objektes bis eine Regel feuert"

Eine Bedingung kann zum Beispiel so aussehen: "ist Datenanforderung bearbeitet" oder "ist Oszillograph vorhanden". Dadurch läßt sich die Diagnose in Abhängigkeit von Test-Ressourcen in einfacher Weise steuern.

Das Faktenwissen beschreibt den momentanen Zustand des zu diagnostizierenden Systems. Typische Fakten sind

- Störmeldungen
- Statusanzeigen und
- Registerinhalte.

Während der Diagnose werden nur die relevanten Fakten ermittelt, die jeweils zu der Regelauswertung benötigt werden. Zur Ermittlung der Fakten ist für jedes einzelne Faktum eine eigene Methode definiert, die beim Zugriff auf das Faktum aktiviert wird.

Diese Vorgehensweise hat den Vorteil, daß verschiedene Verfahren zur Faktenermittlung wie Benutzerdialog oder on-line-Kopplung Fakten spezifisch und beliebig kombinierbar eingesetzt werden können. Derzeit werden hier Window-, Menü- und Maus-Techniken für den Benutzerdialog eingesetzt.

Das Diagnosewissen ist ebenfalls in Form von Werten an Diagnose-Objekte gebunden. Diagnose-Objekte definieren Komponenten, Bereiche von Komponenten oder Fehlerursachen wie

- "Spannungsversorgung",
- "E/A-Bereiche" oder
- "Temperaturüberschreitung".

Die Werte von Diagnosen stellen positive odere negative Gewichtungen dar, die während der Diagnose gefolgert werden. Damit können Fehler diagnostiziert, ausgeschlossen bzw. Verdachtsmomente formuliert werden.

Der Kern des Schlußfolgerungsmechanismus wird von einem Regelinterpreter gebildet. Er bearbeitet die Regeln sowohl der Regel-Objekte als auch der Agenda-Objekte.

Während der Auswertung der Bedingungsteile der Regeln werden die hierin benötigten Fakten gemäß ihrer zugeordneten Methode ermittelt. Hierdurch ist sichergestellt, daß nur die unmittelbar benötigten Fakten ermittelt werden. Dies ist insbesondere für den vorgesehenen Einsatz von REX in Realzeit-Umgebungen von Vorteil.

Eine Begrenzung der Arbeitsgeschwindigkeit von Expertensystemen ist gegeben durch Suchvorgänge, bei denen in der Wissensbasis nach einem Muster durchgeforscht wird. Um ein möglichst effizientes Problemlösungsverhalten zu erreichen, erfolgt die Steuerung der Regelauswahl bei REX über sog. Agenda-Objekte, die innerhalb des Regelwissens eine Sonderstellung einnehmen. Sie sind in Analogie zu Regel-Objekten aufgebaut und enthalten Meta-Regeln in Form von Heuristiken und Suchstrategien.

Verschiedene Suchstrategien, wie Vorwärts- und Rückwärts-Verkettungen, die die Auswahl von Regel-Objekten unter Benutzung eigener Kontrollstrukturen steuern, können so beliebig mit anderen Regeln kombiniert werden. Weiter ist der Agenda ein aktueller Diagnoseraum als Suchraum zugeordnet. Dieser kann seinerseits eine Teilmmenge des gesamten Regelwissens, wodurch der Suchaufwand minimiert wird.

Beispiele für Meta-Regeln sind:

- FORWARD1: "Wenn neues Fakt, dann bearbeite alle Regeln, die dieses Fakt verwenden."
- BACKWARD1: "Wenn neue Diagnose, dann bearbeite alle Regeln, die diese Diagnose bestätigen oder widerlegen."

3. Diagnoseablauf

Das Vorgehen bei der Fehlerdiagnose durch den menschlichen Experten erfolgt nicht nur nach starren Schemata, sondern individuell verschieden, basierend auf Erfahrungen und evtl. einer gewissen Erwartungshaltung, einen bestimmten Fehler vorzufinden.

Typische alternative Vorgehensweisen sind:

- zunächst möglichst viele Fakten aufzusammeln und dann mit der Diagnose zu beginnen oder zur Diagnose benötigte Fakten fallweise und sukzessive zu ermitteln,
- die Diagnose auf bekannt fehleranfällige Komponenten des Systems zu beschränken oder alle Diagnosemöglichkeiten systematisch zu nutzen,
- einen Verdacht für eine mögliche Fehlerquelle aufzustellen, diesen dann zu erhärten oder zu verwerfen oder die Fehlerquelle zielgerichtet aus bekannten Fakten abzuleiten,
- auf der Basis eine minimale Anzahl von Fakten oder einer möglichst großen Anzahl von Fakten zu diagnostizieren.

Diesen unterschiedlichen Vorgehensweisen wurde in REX durch die Verwendung der Metaregeln Rechnung getragen. Diese Klasse von Regeln ist im Gegensatz zu den reinen Applikationsregeln weitehend problemunabhängig und steuert den eigentlichen Schlußfolgerungsmechanismus. Damit können Strategien für Dialoganfragen an den Benutzer zur Faktenermittlung, Suchstrategien, Verdachtgenerierungen und Verdachtsüberprüfungen flexibel und in ihrer Abfolge beliebig kombinierbar vorgegeben werden. In der Anwendung erfolgt dies durch verschiedene vordefinierte Pakkete von Meta-Regeln, die dem Benutzer

wahlweise als Benutzerprofile zur Verfügung gestellt werden oder unmittelbar durch den Benutzer selbst, der mittels des Regeleditors eigene Metaregeln erstellen kann.
Diese Flexibilität wird noch dadurch unterstützt, daß während einer Diagnosesitzung dem Benutzer die Möglichkeit geboten wird

- Benutzeranfragen des Systems zurückzustellen,
- Vorgaben zur Untersuchung von benutzerdefinierten Problembereichen,
- Vorgaben zur Verdachtsüberprüfung und
- Vorgaben für Diagnosepfade durch Einträge neuer Fakten zu machen.

Damit kann ein Benutzer in den Diagnosprozeß interaktiv steuernd eingreifen und so das Problemlösungsverhalten fallweise beeinflussen.
Der Diagnoseablauf wird in graphischer Form dargestellt, wobei die Knoten des Graphen Regelobjekte repräsentieren (Abb. 2). Die Erklärungskomponente liefert auf Anforderung Hilfestellung bei der Eingabe und den Erläuterungen zu den Diagnoseschritten. Das System beendet einen Diagnosevorgang, sobald eine sichere Diagnose gefunden ist.

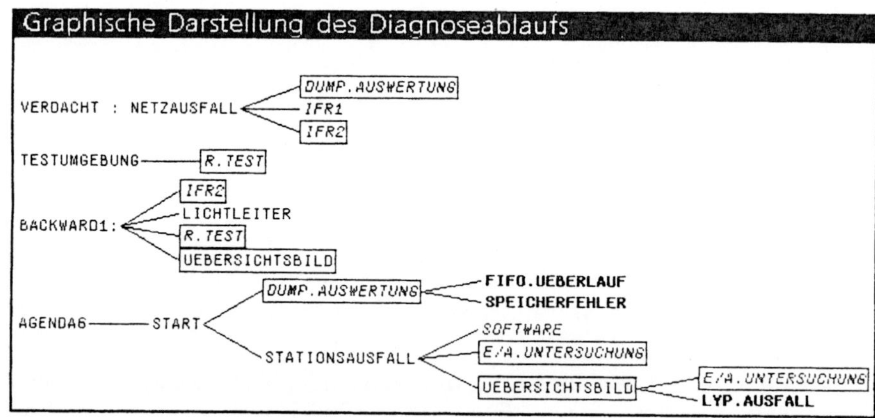

Abb. 2: Graphische Darstellung der Diagnose

4. Ausblick

REX ist in INTERLISP-D auf einem System XEROS 5822 Version KOTO implementiert und befindet sich derzeit in der Erprobungsphase. In Abb. 3 ist an einem Beispiel die Benutzeroberfläche von REX dargestellt.

Erste Erfahrungen an konkreten Diagnosefällen haben gezeigt, daß ca. 80% der Diagnoseleistung eines menschlichen Experten erreicht werden.

Als weitere Arbeiten sind die Erweiterung der vorhandenen Wissensbasis und die On-line-Kopplung an ein Prozeßleitsystem vorgesehen.

Zu lösende Problemstellungen hierbei sind

- Erfassung und Verarbeitung zeitabhängiger Prozeßsignale,
- Realzeitangepaßtes Verhalten von Expertensystemen,
- Zusammenführung von Prozeßdatenverarbeitung und Symbolverarbeitung zu integrierten Ablaufsystemen,
- Wissensdarstellung im Bereich dynamischer technischer Systeme durch naturwissenschaftlich-technische Modellbeschreibungen für wissensverarbeitende Systeme.

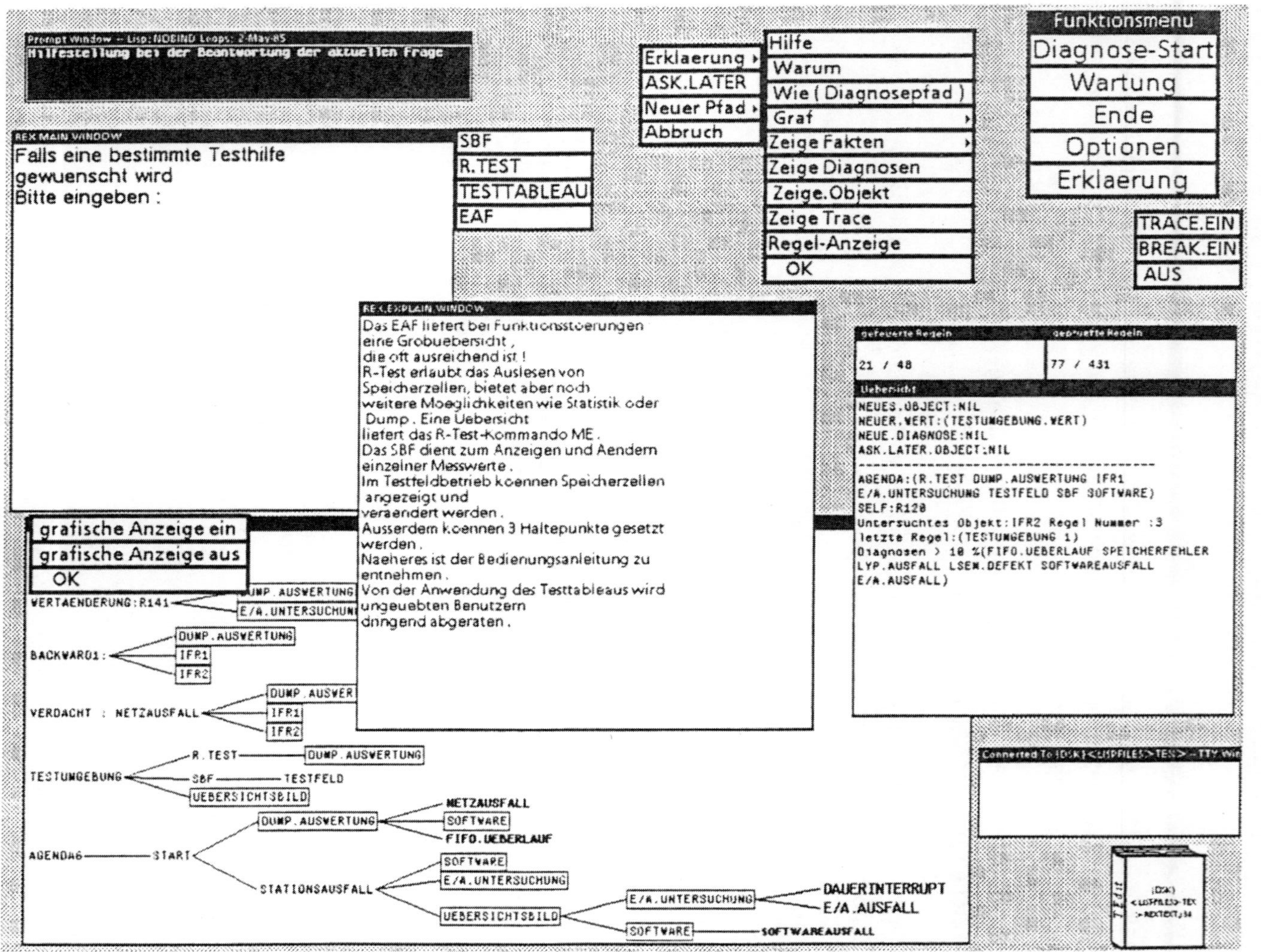

Abb. 3: Oberfläche des Expertensystems

Literatur

/1/ Früchtenicht, H.W.: Rechnernetze zur Automatisierung eines weitverzweigten Gasenergieverbundsystemes, FhG-Berichte 3/1982.

/2/ Früchtenicht, H.W., Wittig, T.: Ein Ansatz für Echtzeitexpertensysteme, INTERKAMA 1986.

/3/ Buchanan, B.G., Shortliff E.H.: Rule-Based Expert Systems, Addison-Wesley Publishing Company 1985.

/4/ Hayes-Roth, F., Waterman, D.A., Lenats, D.B. (eds): Building Expert Systems, Addision-Wesley Publishing Company, 1983.

/5/ Fink, P.K., Lusth, J.C., Duran, J.W.: A General Expert System Design for Diagnostic Problem Solving, Transactions on Pattern Analysis and Machine Intelligence, Vol. PAMI-7, No. 5, September 1985.

Leistungssteigerung von Prozeßrechnersystemen durch den Einsatz von hochsprachprogrammierten Multiprozessoren

K.-H. Niemann
W. Gerth
Institut für Regelungstechnik
Universität Hannover

Appelstraße 11
3000 Hannover 1

1.Einleitung

Trotz ständig steigender Leistung moderner Mikrorechnersysteme bleibt eine zusätzliche Leistungserhöhung durch Parallelarchitekturen eine attraktive Perspektive. Seit langem gibt es hier einige verschiedenartige Ansätze /2/,/11/. Für den potentiellen industriellen Anwender akzeptabel jedoch sind vermutlich nur solche Konzepte, bei denen keine neuen Programmierkenntnisse erforderlich sind und alte erprobte Programme unverändert, aber schneller, lauffähig sind. Diese Forderung erhielt darum von vornherein die höchste Priorität und bestimmte faktisch das Systemkonzept. Die unten vorgestellte Hardwarearchitektur ist also das Ergebnis der Systemanforderungen und nicht etwa, wie leider oft, ein Startpunkt der Überlegungen.

Der Beitrag wird zeigen, daß sich bei dieser Vorgehensweise tatsächlich deutliche Geschwindigkeitsgewinne auch mit unveränderten Hochsprachprogrammen - und damit ohne jede Strapaze für den Ingenieur - erzielen lassen. Die vorgeschlagene Anordnung ist praktisch nicht an einen bestimmten Hersteller gebunden, da 68020-Systeme für den VME-Bus von vielen Anbietern eingesetzt werden können.

2.Ausgangspunkt der Überlegungen

Für die in der Einleitung betonte Akzeptanz beim Systemanwender ist die verfügbare Programmiersprache ein entscheidendes Kriterium. Sprachen wie FORTRAN bzw. Pascal gehören heute zum Basiswissen des Ingenieurs. Inzwischen ist hinlänglich bekannt, daß Assembelercodierung oder die Verwendung von Implementationshochsprachen wie 'C' im Ingenieuralltag nicht ratsam sind, da die Programme später von Kollegen kaum verstanden werden und hohe Wartungskosten verursachen. Wir haben uns trotz anfänglich kritischer (wegen des hohen Implementierungsaufwandes) Distanz für PEARL entschieden, da es sich schon früher in zahlreichen Großprojekten bewährt hatte. PEARL wird von jedem Neuling, wegen der Pascalähnlichkeit im herkömmlichen Sprachteil, schnell gelernt und verfügt als einzige Kandidatin, bei leicht verständlichem Multitasking, über Sprachmittel für die Prozeßrechentechnik.

So entstand etwa 1985 das Einprozessor-Multitasking-Echtzeitbetriebssystem RTOS-UH für 68xxx-Rechner mit eigens dafür konzipiertem RTOS/PEARL Programmiersystem /5/. Diese Einprozessorversion hat sich in der kurzen Zeit mit inzwischen ca. 3000 Installationen in der Industrie und bei anspruchsvollen Home-Computeranwendungen hervorragend bewährt. Die Palette der eingesetzten Systeme reicht vom Halbeuropakartenrechner (mit 68008) bis zu den VME-Bus Systemen mit 68020-CPU und 68881 FPU.

Die DIN-Norm für PEARL (DIN 66253) macht keine Einschränkungen hinsichtlich der Anzahl der physikalisch tatsächlich aktiven Prozessoren. Für das angestrebte Multiprozessor-Multitasking-Echtzeitkonzept waren folglich keine neuen sprachlichen Konstrukte zu definieren. Lediglich das "Innenleben" der Systemsoftware und die Hardwarearchitektur mußten neu erdacht werden. Ein erstes System wurde von Hausdörfer /1/ realisiert. Nachteil hierbei ist die speziell entwickelte Hardware der CPU-Karten, die eine Verwendung kostengünstiger Serienprodukte nicht ermöglicht.

3. Beschreibung der Hardware

Wie erwähnt, ist das Hardwarekonzept Resultat und nicht etwa Ausgangspunkt der Überlegungen. Abweichend von der Entwicklungsgeschichte soll dennoch zum besseren Verständnis zunächst die Hardware beschrieben werden.

In der Automatisierungstechnik hat der herstellerunabhängige VME-Bus mit seiner reichhaltigen Auswahl an Systemkomponenten weite Verbreitung gefunden. Um dem Anwender dieses große Angebotsspektrum zu erschließen, fiel die Wahl auf den VME-Bus als Systembus für das Mehrprozessorsystem. Vorgabe war, ein System möglichst aus käuflichen Standardkomponenten aufzubauen und keine herstellerspezifischen Hardwareeigenschaften auszunutzen.

Tatsächlich ist es gelungen, alle architektonischen Besonderheiten im "Systemcontroller" zu konzentrieren. Er war darum die einzige zunächst nicht käufliche Komponente und wurde speziell an Hand der Softwareerfordernisse für das Mehrprozessorkonzept entwickelt. Der Systemcontroller enthält, neben der Bus-Steuerung, u.a. einen 4-Level Rotating Priority Arbiter sowie die Möglichkeit zur softwaremäßigen Triggerung von VME-Bus Interrupts. Da jede der CPU-Karten mindestens einen VME-Bus Interrupt Level bedient, wurde so eine einfache Möglichkeit zur interruptgesteuerten Interprozessorkommunikation geschaffen.

Neben dem Systemcontroller können sich bis zu vier CPU-Karten im System befinden. Die CPU-Karten sollten über lokalen Arbeitsspeicher, der vom VME-Bus aus zugänglich ist, (Dual-ported-RAM) verfügen. Zusätzlich ist ein globales RAM vorhanden. Winchester/Floppycontroller, I/O-Karten, Prozeß-Ein/Ausgabe etc. vervollständigen das System.

4.Betriebssystemaspekte

Schon die Einprozessorversion von RTOS-UH wurde so strukturiert, daß sich das System beim Einschalten von "innen" (Nukleus) nach "außen" (System und Nutzertasks) selbst aus einer Vielzahl kleiner, zunächst ungekoppelter, Module aufbaut.

Aktionsträger im laufenden Betrieb sind, außer den Interruptprozessen zur Manipulation der Taskzustandsworte, diverse System- oder Anwendertasks. Ein-/Ausgaben, darunter auch die von und zur RAM-Disk, werden von eigenständigen Warteschlangenbetreuungstasks bearbeitet. Nur die schnelle Prozeß E/A wird vom veranlassenden Prozeß selbst erledigt. Damit war der späteren effizienten Parallelverarbeitung bereits der Weg geebnet.

Die Forschungsarbeiten konzentrierten sich darum auf die Schaffung eines neuen Systemnukleus. Die anderen erpobten Systemkomponenten konnten nahezu unangetastet bleiben. Es gibt in dem neuen Nukleus nunmehr einen "systemglobalen" Prozeßumschalter (Dispatcher). Probleme sind dabei z. B. das Anhalten einer Task auf dem Prozessor x, wenn der Befehl zum Anhalten aus einem Programm auf dem Prozessor y stammt und so prozessorübergreifend eine Taskzustandsänderung durchgeführt werden muß.

Das für das Multiprozessorsystem entwickelte Betriebssystem umfaßt ohne Einschränkungen alle Features des bisherigen Betriebssystems RTOS-UH. Es ist auf allen Prozessoren der 68xxx-Famile lauffähig. Der Prozessortyp, sowie die Anzahl der Prozessoren, wird automatisch beim Kaltstart erkannt, das System entsprechend konfiguriert. Durch einfaches Zustecken von CPU-Karten kann bei Bedarf die Rechenleistung erhöht werden, ohne daß Änderungen an der System- oder Anwendersoftware notwendig sind.

Ein Großteil der Betriebssystemroutinen, Handler für I/O-Warteschlangen etc., und alle Anwenderprogramme werden bereits im Monoprozessor-RTOS in Form von Tasks verwaltet. Gesteuert durch Prioritäten werden diese Tasks jetzt über den systemglobalen Dispatcher, auf einer der CPU-Karten angesiedelt, den einzelnen Prozessoren zugeteilt. Damit wird nicht nur die tatsächlich parallele Bearbeitung verschiedener Anwenderprogramme ermöglicht, sondern auch der Systemdurchsatz auf Betriebssystemebene durch Parallelverarbeitung erhöht. So wird ganz automatisch bei einem Compilerlauf ein Prozessor die Compilation durchführen, ein zweiter Prozessor wickelt die Ein-Ausgabeoperationen für die Quell- und Objektcodedateien ab.

Ein seit Jahren am Institut benutztes Simulationspaket SIGID /12/ konnte ohne Änderungen durch den Einsatz eines zweiten Prozessors auf ca. 150% seiner Leistung gesteigert werden. Die Simulationstask schreibt die Ergebnisse in einen Datenkanal (Pipe). Aus diesem Kanal liest eine zweite Task die Werte und bereitet diese für eine Grafikausgabe auf. Zusätzlich werden die Ergebniswerte noch in einer Edit-Datei abgelegt. Bild 1 verdeutlicht das Zusammenwirken beider Prozessoren bei der Bearbeitung dieses Problems. Das zwischenzeitliche Eintauchen eines Prozessors in eine Leerlauftask zeigt, daß das System bei der Bearbeitung dieses Problems noch nicht zu 100% ausgelastet ist.

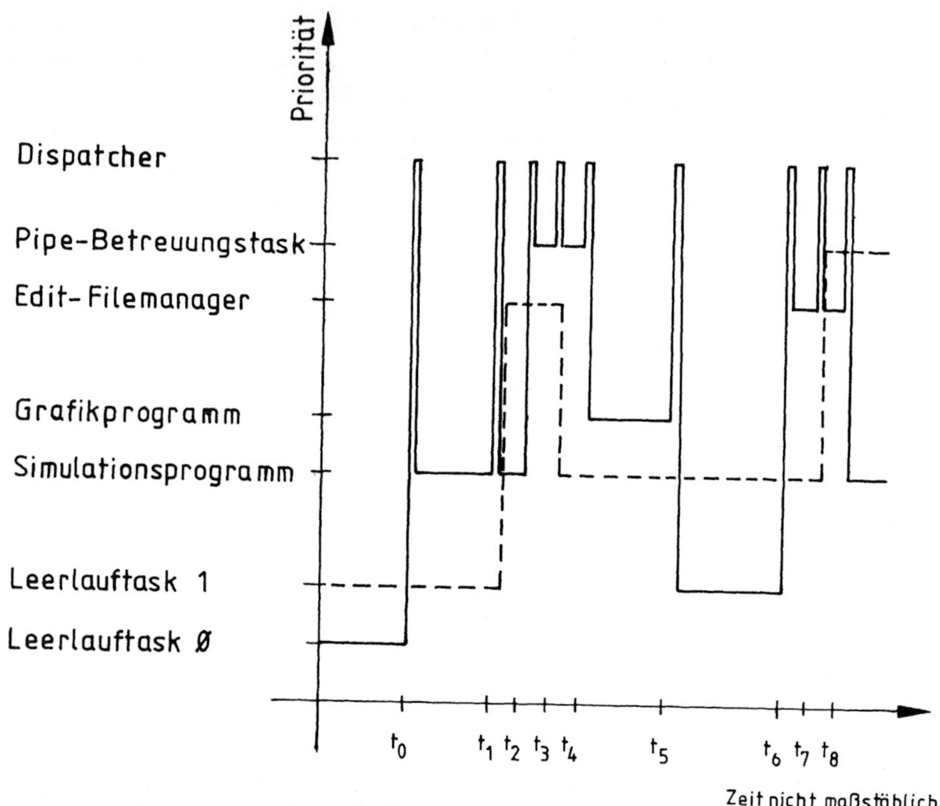

t0 -Start des Simulationsprogramms.
t1 -Ausgabe der Simulationswerte in eine Edit-Datei.
t2 -Ausgabe der Simulationswerte in die Pipe zum Grafikprogramm.
t3 -Ausgabe in die Edit-Datei vom Edit-Filemanager bearbeitet.
t4 -Ausgabe der Simulationswerte aus der Pipe an das Grafikprogramm, Start des Grafikprogrammes.
t5 -Ende des Grafikprogramms.
t6 -wie t1.
t7 -wie t2.
t8 -wie t3.

Bild 1

5.Softwareaskpekte aus Nutzersicht

Ein PEARL-Module kann aus beliebig viele TASKs bestehen. Jede TASK stellt einen eigenen Rechenprozeß dar. Mehrere TASKs können über gemeinsame Modulvariablen miteinander kommunizieren. Über Semaphore besteht die Möglichkeit zur Synchronisation der TASKs untereinander, ebenso durch Senden und Empfangen von Botschaften auf beliebig vielen Kanälen (Pipes).

Durch externe Ereignisse, sog. EVENTS, Zeiteinplanungen, etc. können TASKs aktiviert, unterbrochen, fortgesetzt oder terminiert werden. Jeder TASK ist eine Priorität zugeordnet, die deren Dringlichkeit angibt. Die Task mit der höchsten Priorität, die lauffähig, d. h nicht blockiert ist, bekommt in einem Einprozessorsystem den Prozessor zugeteilt. Bei dem jetzt realisierten Multiprozessorsystem sorgt der systemglobale Dispatcher dafür, daß bei n Prozessoren die n lauffähigen TASKS mit den n höchsten Prioritäten jeweils einen realen Prozessor erhalten. Die Zuordung einer Task zu einem bestimmten Prozessor ist nicht möglich und auch nicht notwendig, da jeder Prozessor jede Task bearbeiten kann.

Durch das Taskkonzept von PEARL ist implizit eine gewisse Parallelisierung der Nutzerprogramme vorweggenommen worden. In größeren Systemen, wo i. a. immer mehrere Tasks lauffähig sind, tritt automatisch eine Leistungssteigerung ein, weil die bisher quasiparallel, d. h. in Wirklichkeit nacheinander, bearbeiteten Tasks jetzt echt parallel abgearbeitet werden. Da die volle Information sämtlicher Tasks im globalen RAM gespeichert wird, kann die Exekution einer Task auch während der Laufzeit beliebig von einem Prozessor auf einen anderen Prozessor überwechseln, ohne daß Programmdaten zu kopieren sind.

Rechenintensive Programme können oft durch die günstige Aufteilung der Berechnungen in mehrere Tasks zusätzlich parallelisiert werden, ohne ihre Tauglichkeit für den Einprozessoreinsatz zu schmälern. Bei Bedarf kann der zeitkritische Pfad einer Task ermittelt werden, um so dem Anwender Hinweise für weitere Parallelisierungsschritte zu geben /1/.

6. Maßnahmen zur Entlastung des Systembusses

In Fachkreisen ist die These sehr verbreitet, daß Mehrprozessorsysteme mit globalem RAM keinen Gewinn bringen. Tatsächlich führt ja die in Kap. 2 vorgestellte Hardwarearchitektur mit wachsender Zahl von Prozessoren zu einer zunehmenden Belastung des Systembusses. Besonderes Augenmerk ist daher auf eine Entlastung des Systembusses durch Softwaremaßnahmen zu legen.

Das Betriebssystem RTOS-UH umfaßt inclusive PEARL-Compiler, Lader, Assembler, PEARL-Laufzeitsystem, etc. ca. 100 Kbyte Programmcode. Als erster Schritt zur Entlastung des Systembusses wurden alle CPU-Karten mit einer identischen Kopie des Betriebssystemcodes im lokalen ROM ausgestattet. Alle Opcodezugriffe des Betriebsystems und der Laufzeitbibliothek (z. B. Float-Package) belasten somit den VME-Bus nicht mehr.

Der Programmcode der Anwenderprogramme muß jedem Prozessor zugänglich sein, da jeder Prozessor jede Task bearbeiten kann. Statt wie bei Hausdörfer /1/ den Programmcode nur einmal im globalen RAM abzulegen, erhalten alle Prozessoren eine Kopie des Anwenderprogrammcodes im lokalen RAM oder ROM. Dieses Verfahren könnte man auch als einen "Supercache" bezeichnen, da wie bei einem Cache-Speicher der Programmcode lokal, somit schnell und ohne Belastung des Systembusses, zur Verfügung steht. Statt wie bei einem Cache nur einen kleinen Teil des Codes bereitzustellen, wird hier der gesamte Code aller Tasks bereitgehalten. Für den so realisierten "Cache" gilt immer eine Trefferquote von 100%. (Der zusätzlich auf dem 68020 vorhandene On-Chip-Cache sorgt für eine weitere Leistungsteigerung durch Verminderung der Aktivitäten im On Board RAM/ROM).

Einzig die verbleibenden Variablenzugriffe der Anwenderprogramme, sowie der Zugriff auf die Ein-Ausgabeeinheiten belasten den Systembus, da diese für alle Prozessoren zugänglich sein müssen. Bereits die Monoprozessorversion von RTOS-UH führt auf Wunsch eine getrennte Buchführung für variable und konstante Komponenten der PEARL-Programme. Dadurch wird z. B. die Ablage von Programmcode und Konstanten im EPROM ermöglicht. Durch Nutzung dieser Option läßt sich auch eine Abspaltung des Codes für den lokalen Speicher des Mehrporzessorsystems durchführen.

7.Meßergebnisse

Das bisher realisierte System arbeitet mit zwei CPU-Karten mit 68020 Prozessor (12 MHz). Definiert man die Rechenleistung eines Ein-Prozessorsystems zu 100%, beträgt die maximal mögliche Rechenleistung eines Zwei-Prozessorsystems 200%. Die nachfolgende Tabelle gibt einen Überblick über die Leistungssteigerung beim Einsatz von zwei Prozessoren. Dabei werden auf jedem Prozessor identische Programme bearbeitet. Eine Leistungsmessung gemäß DIN 19242 kann interessanterweise nicht durchgeführt werden, da sich, bedingt durch die Art der DIN-Messvorschrift, immer Rechenzeiten von Null ergeben. Die Auslagerung des Anwenderprogrammcodes auf die CPU-Karten konnte aus Zeitgründen bei den unten genannten Ergebnissen noch nicht berücksichtigt werden. Daher sind bei der endgültigen Version noch deutlich verbesserte Leistungsdaten zu erwarten.

Leistungsdaten des RTOS-UH Multiprozessorsystems ohne FPU

Art der Berechnung	Länge der Mantisse	Relative Leistung bei zwei Prozessoren
Addition Fixed	15 Bit	148%
Addition Fixed	31 Bit	131%
Addition Float	23 Bit	177%
Addition Float	55 Bit	181%
Multiplik.Fixed	15 Bit	187%
Multiplik.Fixed	31 Bit	175%
Multiplik.Float	23 Bit	184%
Multiplik.Float	55 Bit	192%
Division Fixed	15 Bit	192%
Division Fixed	31 Bit	194%
Division Float	23 Bit	189%
Division Float	55 Bit	197%
Float Matrix-multiplikation	55 Bit	174%

Die in der Tabelle genannten Leistungssteigerungen schwanken bei einem theoretischen Maximum von 200% zwischen 131% als geringsten und 197% als höchsten Leistungszuwachs. Hierin spiegelt sich das bereits in Kap. 6 diskutierte Problem der Überlastung des Systembusses wieder.

Die benutzten Testprogramme stellen einen Sonderfall in der Belastung eines Mehrprozessorsystems dar, da gewöhnlich nicht alle Prozessoren nur Multiplikationen oder nur Aditionen durchführen. Bei der Abarbeitung von üblichen Programmen wird eher eine Mischung aus verschiedenen Operationen auftreten. Hierdurch wird der Busengpaß, wie er z. B. bei der Addition auftritt, entschärft, da die anderen Prozessoren z. B. zeitlich parallel eine Multiplikation durchführen könnten. Als realistischer Leistungstest wird die Multiplikation zweier Matrizen verwendet. Hierbei berechnen zwei Tasks jeweils die eine Hälfte der Ergebnismatrix. Die erreichte Leistungsseigerung auf 174% zeigt, daß die Mischung aus Feldzugriffen, Additionen und Multiplikationen das Problem des Busengpasses nicht mehr so gravierend in Erscheinung treten läßt.

8. Vergleich zu lose gekoppelten Systemen

Das hier vorgestellte, eng gekoppelte Mehrprozessorsystem, weist im Vergleich zu lose gekoppelten Systemen einige Besonderheiten auf.

Bei lose gekoppelten Systemen sind die einzelnen Prozessoren jeweils eine eigenständige Einheit, die über ein Netzwerk, gleich welcher Art, miteinander gekoppelt sind. Dabei tauschen die einzelnen Prozessoren, verglichen mit einem eng gekoppelten System, nur in einem geringen Maße Daten aus. Einzelne Tasks sind i. a. an einen Prozessor gebunden und werden nur in Sonderfällen auf andere Prozessoren verlagert. Bei dieser Migration müssen sämtliche Programmzustände übertragen werden, falls das Programm an der unterbrochenen Stelle fortgesetzt werden soll. Andernfalls ist ein Neustart erforderlich. Der Nutzer hat festzulegen, welches Programm auf welchem Prozessor bearbeitet werden soll. Treten in einigen Prozessoren Leistungsengpässe auf, können diese zwar durch Auslagern von Tasks prinzipiell behoben werden, bei zeitlich kurzfristigen Engpässen ist diese Verlagerung wegen des damit verbundenen Zeitaufwandes jedoch nicht effizient.

Das eng gekoppelte System nimmt dem Nutzer die Verteilung der Prozesse auf die Zentraleinheiten ab, sie geschieht automatisch. Bei Leistungsengpässen stehen alle Prozessoren für die jeweils dringendsten Aufgaben zur Verfügung. Eine auf einem Prozessor begonnene Task kann, falls die Bearbeitung einer Task höherer Priorität das erfordert, zu jeder beliebigen Zeit unterbrochen und später auf jedem beliebigen Prozessor fortgeführt werden. Der damit realisierte automatische Lastausgleich zwischen den Prozessoren stellt den wesentlichen Vorteil der eng gekoppelten Version dar. Allerdings ist der Ausbau beim jetzt realisierten System, bedingt durch den VME-Bus, bei vier Prozessoren an der Ausbaugrenze.

9. Literatur

/1/ Hausdörfer, R.: Leistungssteigerung von hochsprachprogrammierten Prozeß-Regelsystemen durch Multiprozessoren. Dissertation, Universität Hannover, 1987.

/2/ Steusloff, H.: Zur Programmierung von räumlich verteilten dezentralen Prozeßrechnersystemen. Dissertation, Universität Karlsruhe, 1977.

/3/ Hwang, K.; Briggs, F. A.: Computer Architekture and parallel Processing. Mc. Graw Hill, New York, 1984.

/4/ Gerth, W.:" Ergebnisse einer Basic-PEARL-Implementierung für Kleinrechner". In: Bauman, R. (Hrsg.): Fachtagung Prozeßrechner 1981. Springer-Verlag, Berlin, 1981, S 404-412.

/5/ Gerth, W.; Hausdörfer, R.:" Echtzeit und Multitasking". Magazin für Computertechnik, Heise Verlag, Hannover, Heft 3, 1985, Seite 36-39.

/6/ Niemann, K.-H.; Hausdörfer, R.: "Echtzeitkomfort". Hard und Soft, VDI-Verlag, Düsseldorf, Juli/August 1986, Seite 11-15.

/7/ Niemann, K.-H.; Hausdörfer, R.: "Echtzeitdatenverarbeitung mit RTOS/PEARL". Chip-Plus, Vogel-Verlag, Würzburg, Juli 87, Seite 18-21.

/8/ Frevert, L.: Echtzeitpraxis mit PEARL. Teubner Verlag, Stuttgart, 1985.

/9/ Rebensburg, K.; Brinkkötter, H.; Nagel, K.; Nebel, H.: Systematisches Programmieren mit PEARL. Akademische Verlagsanstalt, Wiesbaden 1982.

/10/ Gerth, W.: "c't 68000 - Software". Magazin für Computertechnik, Heise Verlag, Hannover, Heft 4, 1985, Seite 62-65.

/11/ Kemper, A: "Die Programmiersprache OCCAM". atp, Oldenbourg Verlag, München, Heft 11, 1985, Seite 535-539.

/12/ Posten, C.; Scheithauer, R.; Schulze, W.:"SIGID:Ein praxisorientiertes Simulationspaket mit Echtzeitelementen". at, Oldenbourg Verlag, München, Heft 12, 1985, Seite 373-378.

Systemtechnische Strukturen durchgängiger Leitsysteme am Beispiel hochdynamischer Prozesse

Dr. rer. nat. Werner Maier
BBC Brown Boveri Aktiengesellschaft
Geschäftsbereich Industrieanlagen
Mannheim

Inhaltsverzeichnis:

1 Einleitung

Der Einsatz dezentraler, digitaler Leitsysteme zur Automatisierung komplexer verfahrenstechnischer Prozesse ist Stand der Technik bis hin zu den Aufgabenstellungen mittlerer Dynamik. Die Beherrschung hoher dynamischer Anforderungen verlangt jedoch besondere strukturelle Voraussetzungen, die alle hierarchischen Ebenen des Prozeßleitsystems betreffen. Dies wird an Beispielen für die wichtigsten Funktionen einer Leitanlage aufgezeigt.

2 Systemarchitektur

Ziel der Gestaltung einer Leitanlage ist die möglichst kongruente Abbildung des zu automatisierenden industriellen Prozesses in eine Struktur des Leitsystems, die sowohl die funktionalen Aspekte als auch die örtliche Verteilung berücksichtigt.

Daraus ergeben sich folgende strukturelle Elemente:

- **Übergeordnete Funktionen** - d.s. im wesentlichen die Prozeßbeobachtung, Prozeßbedienung, Leitanlagenbedienung, Leitanlagenprüfung und Fehlerdiagnose - müssen zentral und ohne Rückwirkungen auf die prozeßnahen Verarbeitungsfunktionen zusammengefaßt werden können.

- Der die gesamte Produktionsanlage (Prozeß) umspannende **Bus (Fernbus)** ist so zu gestalten, daß er für die übergeordneten Funktionen und für die Kommunikation zwischen Teilanlagen ein "Echtzeit-Prozeßabbild" übermittelt. Dies bedingt die Bereitstellung aller Prozeßdaten bzw. der signifikanten Änderungen im Millisekundenbereich innerhalb der Anlage und eine Gesamtreaktionszeit auf Bedieneingriffe von 1...2 s vom Knopfdruck bis zur vollzogenen Rückmeldung. Eine redundante Ausführung dieses anlagenweiten Fernbusses zur Erhöhung der Verfügbarkeit muß möglich sein.

- **Datenverarbeitungsstationen** sind den einzelnen Prozeßabschnitten (Teilanlagen) zugeordnet. Sie sind untereinander und mit den übergeordneten Funktionen über den Fernbus verbunden. Sie können aus Verfügbarkeitsgründen so ausgeführt werden, daß sie selbst bei Ausfall des Fernbusses den Betrieb der ihnen jeweils funktional zugeordneten Teilanlage ermöglichen. Typische Komponenten auf dieser Automatisierungsebene sind funktionsplanprogrammierbare Verarbeitungsgeräte für MSR-Funktionen, Peripheriegeräte, speicherprogrammierbare Geräte, Koppelgeräte für lokal zugeordnete Bedienstationen, etc.

- Die **unterste Automatisierungsebene** umfaßt digitale Antriebsregelgeräte, die bei hohen dynamischen Ansprüchen über schnelle Punkt-zu-Punkt-Verbindungen an die Einzelleitebene angekoppelt sein müssen. Für mäßige dynamische Anforderungen soll diese Verbindung busfähig sein, so daß auch mehrere Antriebsregelgeräte durch ein einziges Verarbeitungsgerät führbar sind.

Einen Überblick über die prinzipielle Struktur einer Leitanlage gibt Bild 1.

Hochdynamische Prozesse stellen an viele Funktionen besondere Anforderungen, die in den folgenden Abschnitten behandelt werden. Dabei soll das Leitsystem auch bei der Automatisierung derartiger Prozesse den Einsatz modularer Lösungen ermöglichen. Dies gilt für die Hardware wie für die Software.

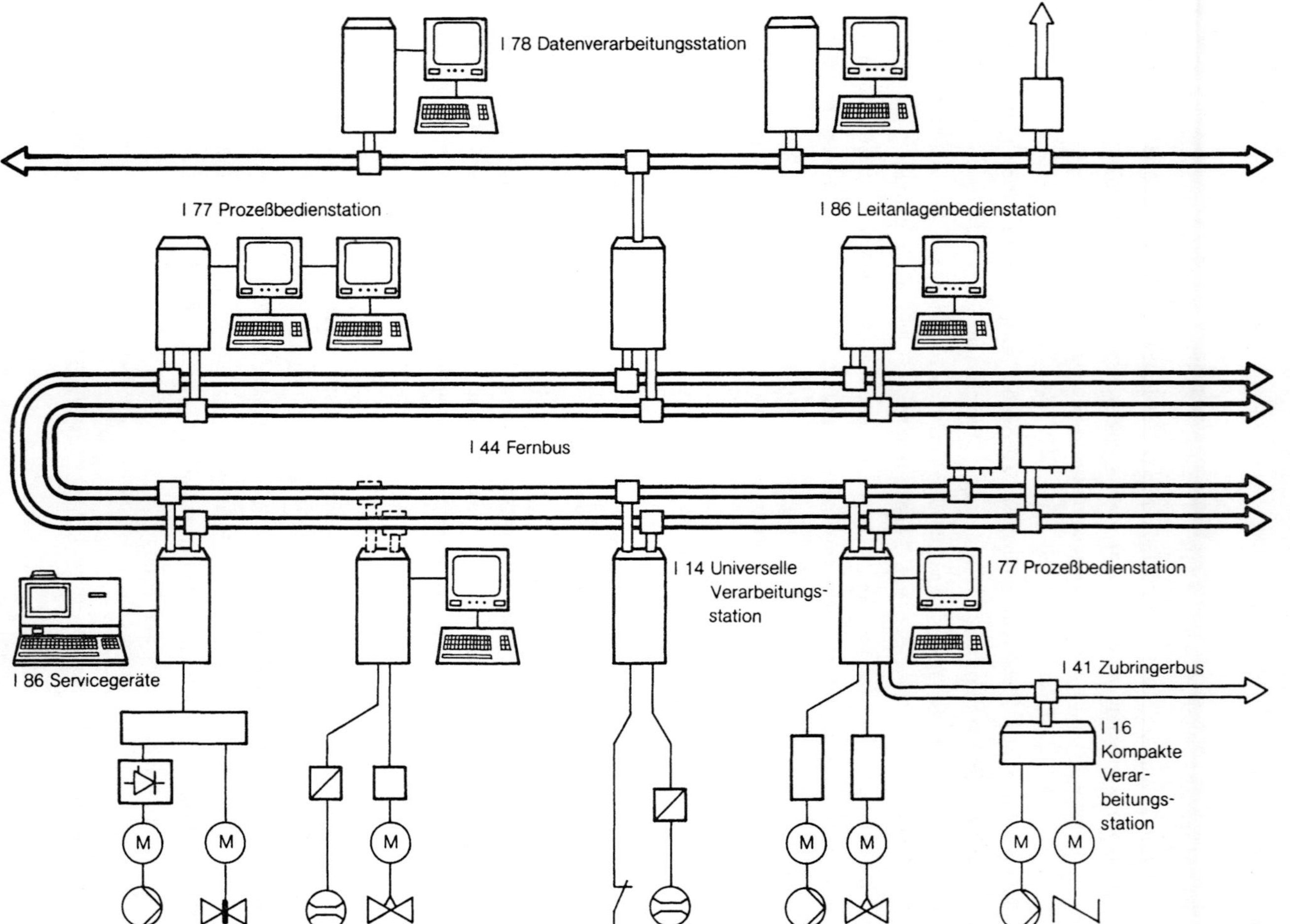

Bild 1: Prinzipielle Struktur eines Leitsystems am Beispiel BBC-PROCONTROL R I

MD 1000066D

3 Prozeßbedienung und -beobachtung

Für den Betreiber einer Produktionsanlage ist die Bedienung und Beobachtung ein zentrales Kriterium für die Beurteilung der Leistungsfähigkeit eines Leitsystems. Dabei sind zwei Aufgabenstellungen zu unterscheiden:

- **Zentrale Bedienung und Beobachtung:**

  Die Bedienung und Beobachtung der gesamten Anlage und ihrer Teile verlangt die vollgraphische Visualisierung des Prozesses mit klarer hierarchischer Gliederung und Benutzerführung in einer Prozeßbedienstation. Die Bedienung und alle manuellen Eingriffe in den Prozeßablauf erfolgen über eine Funktionstastatur. Dabei haben die Ansprüche an eine einfache und übersichtliche Handhabung meist Vorrang vor den Anforderungen an die Darstellungszeiten von Aktualisierungen der Prozeßvariablen und von Rückmeldungen auf Bedienhandlungen, nicht zuletzt im Hinblick auf die Grenzen des menschlichen Reaktionsvermögens. So muß die Prozeßbedienstation, z.B. beim Einsatz in einem Drahtwalzwerk, in der Lage sein, Walzprogramme zu verwalten und daraus abgeleitete Solldatensätze auf Knopfdruck bis hinunter auf die Antriebsleitebene zu laden. Die Solldrehzahlen für die einzelnen Walzgerüste werden daraufhin von einer zwischen den Walzgerüsten angebrachten Schlingenregelung automatisch modifiziert. Darum ist eine Rücklesbarkeit von Solldatensätzen aus der Leitanlage und deren Übernahme in die Solldatensatzverwaltung unumgänglich.

- **Schnelle Funktionen:**

  Hochdynamische Einzelfunktionen müssen unmittelbar "vor Ort" verarbeitbar und darstellbar sein, um, der verlangten Dynamik Rechnung tragend, die unvermeidbaren Signallaufzeiten in der Leitanlage auf ein absolutes Mindestmaß zu reduzieren. Dazu erfolgt die Anzeige auf einem unmittelbar an die betreffende Verarbeitungsstation angekoppelten Videointerface, das die Prozeßvariablen mit einer Auflösung < 20 ms erfaßt und darstellt. Die Bedienung erfolgt über direkt an die Station gekoppelte, konventionelle Bedienelemente. Dabei müssen aber nur die Ankopplung und der Darstellungsumfang lokal sein, die Aufstellung der Anzeige- und Bedienelemente ist durchaus in einer zentralen Warte möglich.

4 Leitanlagenbedienung und Prüfung

Die Ansprüche an den Komfort der Bedienung und Programmierung des Leitsystems sind unabhängig von der Dynamik des zu automatisierenden Prozesses. Die Programmierung im Funktionsplan ist heutiger Stand der Technik. Auch bei Prüfung und Fehlersuche im Funktionsplan stellt ein hochdynamischer Prozeß besondere Anforderungen. Denn Zustände, die für das korrekte Funktionieren der Anlage wichtig sind, treten in den Steuer- und Regelgeräten oft nur für wenige Millisekunden (bis $<$ 5 ms auf der Antriebsleitebene) auf. Die Prüfbarkeit dieser Vorgänge wird durch geeignete Prüffunktionen mit Triggerbedingungen sowohl auf dem Programmier- und Testgerät als auch in der Datenverarbeitung selbst gewährleistet. Nur diese kann in allen Fällen das Eintreten der Bedingungen erkennen. Die Darstellung der beobachteten Variablen erfolgt im Funktionsplan oder wahlweise in Tabellenform. Da bei diesen Prüffunktionen die Ankopplung des Testgeräts an die Verarbeitungsstation und somit die Übertragungsgeschwindigkeit keine Rolle spielt, ist eine Prüfung auch über den Fernbus oder sogar das Postnetz möglich. Für die Eigendiagnosefähigkeiten der Leitanlage gelten natürlich gleich hohe Anforderungen.

5 Übertragung

Das Übertragungssystem gliedert sich hierarchisch entsprechend den dynamischen Anforderungen. Der übertragungstechnische Kern einer größeren Leitanlage ist der Fernbus. Er ist ausgelegt auf

- die Überbrückung anlagenweiter Entfernungen (i.a. bis zu 1,5 km)

- den Austausch von Daten zwischen Teilanlagen in weniger als 10 ms bei signifikanter Änderung

- die Übermittlung der Prozeßdaten nach dem Rundfunkprinzip, so daß alle an den Bus angeschlossenen Teilnehmer stets praktisch gleichzeitig die Aktualisierungsdaten erhalten und sich ein aktuelles Prozeßabbild bilden können

- eine voll durchgängige Bedienung aller Teilanlagen

- eine große Übertragungssicherheit (Hammingdistanz = 6)

- die Möglichkeit redundanter Ausführung zwecks weiterer Erhöhung der Verfügbarkeit

- eine durchgängige Fehlerdiagnose von der zentralen Warte aus.

Innerhalb einer Verarbeitungsstation ist eine wesentlich höhere Dynamik erforderlich, insbesondere wenn die von ihr zu führenden Antriebe durch schnellaufendes Material gekoppelt sind. Die Leistungsmerkmale für solche Anforderungen sind:

- Mehrprozessorfähiger Parallelbus (z.B. für bis zu 16 aktiven Teilnehmern)

- Datensicherung über Parity (Hammingdistanz = 2)

- Möglichkeit zur Synchronisation der Verarbeiter über virtuelle Interrupts.

Als Beispiel sei hier die Vorgabe von Leitwerten für ein Walzgerüst und die Haspeln genannt. Jeder Antrieb wird durch einen Verarbeiter am Parallelbus geführt. Ein weiteres Verarbeitungsgerät übernimmt die Rolle des Leitwertgebers in übergeordneter Funktion. Hat der Leitwertgeber den Solldatensatz über den Fernbus empfangen, so gibt er für den Verarbeitungsverbund u.a. die Drehzahlen für Anfahren und Abfahren vor. Da die Geräte am Parallelbus asynchron arbeiten, kommt es bei nicht gleichzeitiger Übernahme der Sollwerte zu unerwünschten Zugkräften. Um dies zu verhindern, arbeiten alle Regeltasks und der Leitwertgeber im gleichen Abtastzyklus von 10 ms. Die Datenerfassung erfolgt nur am Taskanfang, die Ausgabe nur an dessen Ende. Durch den virtuellen Businterrupt werden alle betroffenen Verarbeiter in ihrem Abtastverhalten synchronisiert, so daß die Gleichzeitigkeit der Übernahme gesichert ist. Dieser Mechanismus ist vom Anwender frei durch Bausteine konfigurierbar, wobei durch jeden Interrupt selektiv bis zu 16 Tasks (Acknowledge) angesprochen werden können.

Letztes Glied in der Übertragungskette ist die Verbindung der Verarbeitungsgeräte zu digital geregelten Stromrichtern. Da die Drehzahlregelungen für die Antriebe etwa eines Twin-Drives eng gekoppelt auf Parallelbusebene erfolgen müssen, ist diese Kopplung logisch als Momentenschnittstelle ausgeführt. Dadurch entstehen auch hier hohe dynamische Anforderungen, die z.B. durch Punkt-zu-Punkt-Verbindungen mit einer Übertragungsrate von 350 kBd und mehr bei Entfernungen bis zu 200 m erfüllt werden.

6 Verarbeitungsfunktionen und Peripherie

Grundlage der Verarbeitung für schnelle Vorgänge ist eine Multiprozessorarchitektur auf der Basis moderner 16 bit-Mikroprozessoren, mit vollständigem Peripheriegerätesortiment am Parallelbus oder an einem gekoppelten E/A-Bus. Die Geräte-Software sollte folgende Fähigkeiten haben:

- Schnelles echtzeit- und multitaskingfähiges Betriebssystem

- deterministisches Verhalten der Abtaststrategie

- Abtastzeiten bis 1 ms

- vorrangig ereignisgesteuerte Bearbeitung

- Programmier- und Prüfbarkeit jeder Task im Funktionsplan

- leistungsfähige E/A-Software

- Bausteinkatalog von Standardfunktionen, wie z.B. Drehzahl- und Positionserfassung über direkte E/A.

Damit ist die Prozeßstruktur in ihrer Dynamik auf die Leitanlagenstruktur und die Programmstruktur abbildbar.

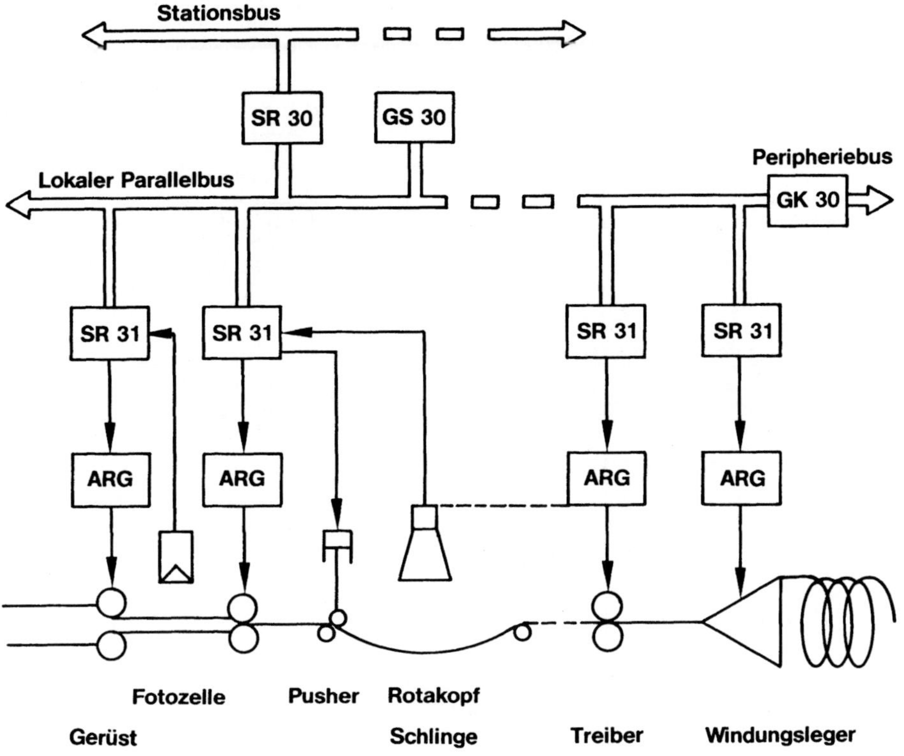

SR 30 = Schnelles Steuer-und Regelgerät

SR 31 = Verarbeitungsexperte

GK 30 = Buskoppler

ARG = digitales Antriebsregelgerät

Bild 2: Einsatzbeispiel für die hochdynamische, digitale Antriebsregelung in einem kontinuierlichen Drahtwalzwerk

MD 0900856

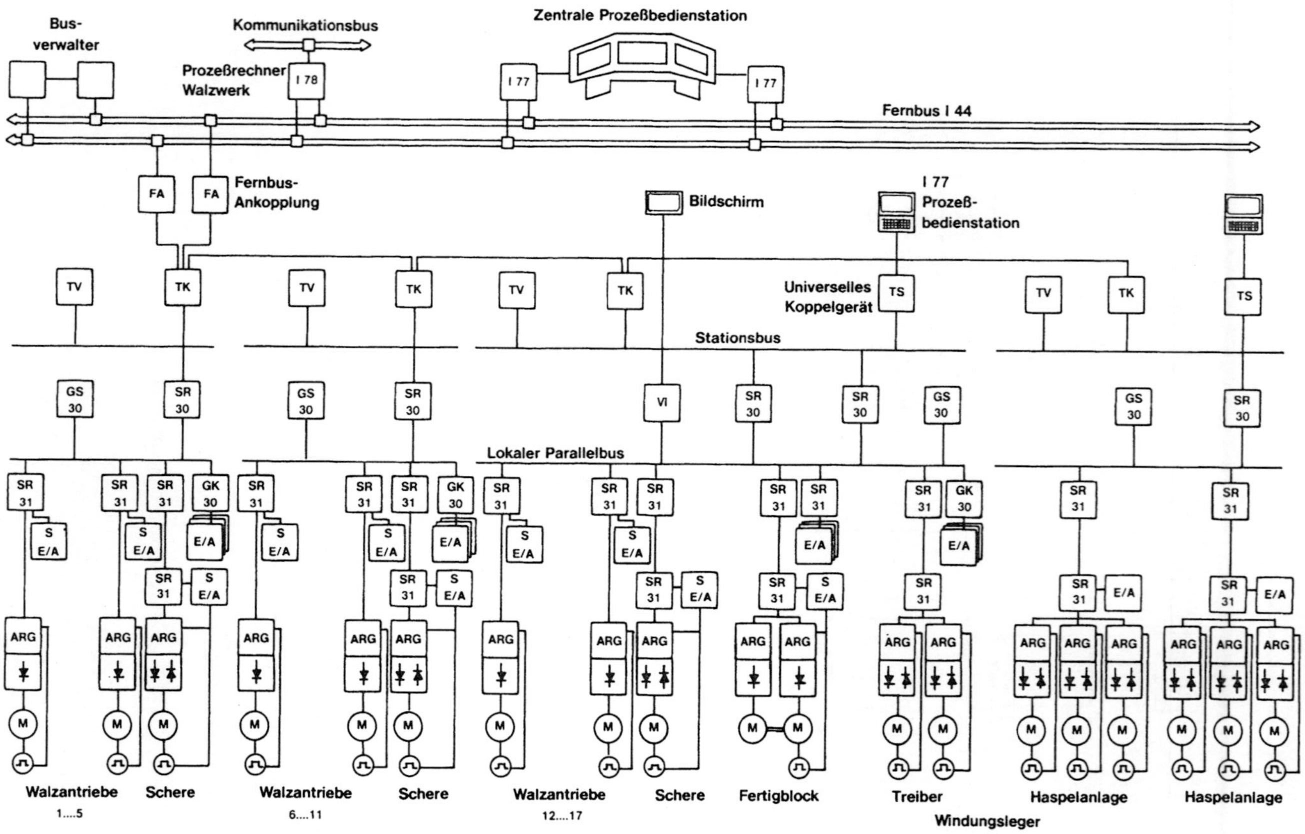

FA	= Fernbusankopplung	GS 30	= Speicher	GK	= Peripheriebuskoppler
TV	= Busverwalter	SR 30	= Zentralprozesssor	SE/A	= Schnelle Ein-/Ausgabe
TK	= Buskoppler	VI	= Videointerface	E/A	= Ein-/Ausgabe
TS	= Universelles Koppelgerät	SR 31	= Verarbeitungsexperten	ARG	= Antriebsregelgerät

Bild 3: Leitanlage im Bereich Verformung eines Walzwerkes

MD 1000197D

Für noch höhere Anforderungen, wie Scheren mit hoher Schnittgenauigkeit bei Walzmaterialgeschwindigkeiten > 100 m/s, sind Geräte mit direkter, interruptfähiger Peripherie erforderlich. Schnelle Binäreingänge, Binärausgänge und Impulszähler mit hardwareunterstützter Zeitmessung genügen in den meisten Fällen. Bei einer solchen Schere wird zum Beispiel das Fotozellensignal "Stab kommt" über Interrupt durch den Binäreingang erfaßt, die Materialgeschwindigkeit über die Drehzahl des Treibers vor der Schere und daraus der Vorhalt und Schnittzeitpunkt berechnet. Eine Konfiguration für die Leitanlage des Auslaufteils eines kontinuierlichen Drahtwalzwerkes zeigt Bild 2.

7 Zusammenfassung

Die Automatisierung hochdynamischer Prozesse stellt besondere Ansprüche an das Leitsystem. Diese sind in den vorstehenden Ausführungen dargestellt. Ein voll durchgängiges Kommunikationssystem verbindet universelle und aufgabenspezifische Komponenten zu einem homogenen Ganzen. Die Automatisierungsaufgabe ist wesentlich feiner zu strukturieren als bei Prozessen mit mäßigen dynamischen Anforderungen, um die Einzelfunktionen den Systemebenen und Komponenten konsequent zuordnen zu können. Bild 3 zeigt als Konfigurationsbeispiel einer hochdynamischen Anlage abschließend das Leitsystem im Bereich Verformung eines Walzwerks.

Literaturhinweise

W. Bleckmann
Industrieleitsystem BBC-PROCONTROL I für Walzwerke
Brown Boveri Technik 6-87, S. 335-344

L. Litz
Prozeßleittechnik, Flexibilität gefordert
Chemische Industrie 9/86, S. 763-771

M. Polke
Informationshaushalt technischer Prozesse
atp 27 (1985), S. 161-171

PROCONTROL I, Digitales Dezentrales Industrieleitsystem
BBC-Druckschrift-Nr. D IA 1289 86 D

Dynamische Simulation des thermischen Verhaltens von Gebäuden einschließlich der heizungs-, lüftungs- und klimatechnischen Einrichtung.

P. Bork, E. Linzenkirchner
Siemens Aktiengesellschaft
Abteilung: E STE 22
Postfach 21 12 62
7500 Karlsruhe 21

1. Einleitung

Um wichtige Erkenntnisse über das voraussichtliche Verhalten von Automatisierungseinrichtungen bereits während der Entwicklung gewinnen zu können, ist es erforderlich, Erprobungen von Konzepten oder entstehenden Produkten (Geräte, Systeme, Programme) so früh wie möglich vorzunehmen. Da Erprobungen an konkreten Anlagen während der Entwicklungsphase oft nicht möglich sind oder sehr aufwendig und mit Risiken behaftet sein können, ist es von großem Nutzen, wenn ein Modell der zu automatisierenden Anlage zur Verfügung steht. Neben der frühzeitigen Erprobung bieten Modelle u.a. den Vorteil, daß zu untersuchende Abläufe im Zeitraffertempo ablaufen können.

Die Erprobung von neuen Automatisierungskonzepten für den HLK-Bereich an realen Gebäuden ist sehr zeitaufwendig. Die Auswertung von Versuchsergebnissen ist problematisch, da z.B. wesentliche Störgrößen nicht reproduzierbar sind.
Ein Gebäudemodell, das die Simulation des dynamischen thermischen Verhaltens von Räumen und Gebäuden erlaubt, ist deshalb für die Konzeptentwicklung und -erprobung von großer Bedeutung. Wesentliche Vorteile sind, daß Erprobungen nicht zu kritischen Anlagenzuständen führen und daß alle Vorgänge reproduzierbar sind.
Es wurde ein Gebäudemodell entwickelt, das durch seinen modularen Aufbau in einfacher Weise die Simulation unterschiedlicher Gebäude ermöglicht.

Für typische Gebäude-Elemente (z.B. Wand, Decke, Säule, Fenster, Mobiliar) wurden Modell-Moduln erstellt, ebenso für die zur Heizung und Lüftung dienenden Elemente. Zunächst wurden lediglich die Heizkörper in den Räumen, die Zuleitungen und die Wärmetauscher der Heizungsanlage berücksichtigt. Die späteren Ergänzung durch Moduln, die die einzelnen Aggregate einer Luftaufbereitungsanlage simulieren, ist vorgesehen.

Die Modell-Moduln werden anhand von Gebäudebauplänen ausgesucht (definiert) und zusammengesetzt (verschaltet) und entsprechend den ebenfalls aus den Bauunterlagen oder aus Tabellen zu entnehmenden Baustoffdaten (Abmessungen, Dichte, Wärmeleitvermögen usw.) parametriert. Diese Daten werden in den üblichen, physikalischen Einheiten eingegeben. Manuelles Umrechnen, Normieren oder Ausrechnen von äquivalenten Kenngrößen wird so weit wie möglich vermieden.
Damit eine problemlose Kopplung von Automatisierungseinrichtungen mit dem Modell möglich wird, sind entsprechende Schnittstellen (Ana-

log- und Binär-Ein- und Ausgänge) vorgesehen. Analogausgänge, die das kontinuierliche Beobachten und Registrieren wichtiger Größen (T_{RAUM}, T_{WAND}, $T_{VORLAUF}$, T_{AUSSEN} usw.) ermöglichen, sind in genügender Zahl vorhanden.
Ferner können die Verläufe der interessierenden Größen auf einem Bildschirm und/oder auf einem Registriergerät ausgegeben werden. Das Gebäudemodell ist dem heutigen Stand der Technik entsprechend mit einem Digitalrechner (Mikro-Computer/Personal-Computer) realisiert worden.

2. Modellkonzept und -struktur

Das Modell bietet die Möglichkeit, das thermische Verhalten von Räumen oder Gebäuden zu simulieren. Aus regelungstechnischer Sicht brauchen meist jedoch keine vollständigen Gebäude nachgebildet werden. Im allgemeinen bedarf es lediglich der Nachbildung eines Referenzraums und ggf. zusätzlich nur einiger Teile der unmittelbar benachbarten Räume. Außer der Simulation dieser Gebäudeteile können mit dem Modell die den Wärmehaushalt beeinflussenden Größen nachgebildet werden.
Der modulare Aufbau ermöglicht einen Modellaufbau, der den jeweils zu untersuchenden Gegebenheiten leicht angepaßt werden kann. Es werden drei Modell-Modul-Gruppen voneinander unterschieden:

- Gebäudeteil-Moduln,
- Moduln der Heizungs-/Lüftungsaggregate,
- äußere und innere Einflußgrößen.

Hinzu kommen Funktionsbausteine, die bei Bedarf ergänzend eingesetzt werden können. Während die Moduln komplexere Teile simulieren (Gebäudeteile, Heizungsaggregate usw.), dienen die Funktionsbausteine zur Lösung einzelner arithmetischer Aufgaben, zur Aufbereitung von analogen und binären Signalen und zur logischen Verknüpfung von Binärsignalen.
Tabelle 1 enthält die Namen der wichtigsten verfügbaren Moduln, und in Tabelle 2 sind die für das Modell wichtigsten der verfügbaren Funktionsbausteine aufgeführt.

Gebäudeteil-Moduln
Wand Fenster Luftschicht Säule Mobiliar Raumluft
Heizungs-/ Lüftungsaggregate-Moduln
Heizkörper Fußbodenheizung Lüftung
Äußere und innere Einflußgrößen
Wind Sonne Funktionsgeber

Tabelle 1 Modell-Moduln

Analogausgabe
Analogeingabe
Analogwertschalter
Begrenzer
Binärausgabe
Binäreingabe
Binärspeicher
Dividierer
Extremwertauswahl
Grenzwertmelder
Integrierer
Multiplizierer
ODER - Baustein
Summierer
UND - Baustein
PI - Regler

Tabelle 2 Funktionsbausteine

Die Moduln und Funktionsbausteine sind in einer assemblernahen Sprache geschrieben. Die bereits zur Realisierung von Kraftwerksmodellen erstellten Funktionsbausteine können zur Gebäudemodell-Erstellung übernommen werden. Das Zusammenschalten und Parametrieren einzelner Moduln und Funktionsbausteine zu einer konkreten Gebäudenachbildung erfolgt in der gleichen Weise wie bei TELEPERM M. Die benötigten Moduln und Funktionsbausteine werden nach den jeweiligen Gegebenheiten definiert, eingebaut, verschaltet und parametriert.
Ein so erzeugtes Modell kann auf Diskette gespeichert werden, so daß es bei Bedarf erneut geladen und wieder verwendet bzw. modifiziert werden kann.

Das Modell ermöglicht die Verarbeitung aller Parameter mit ihren physikalischen Einheiten. So werden die Baustoffdaten in der Form eingeben, wie sie aus den üblichen Baustofftabellen bzw. den Bauplänen entnommen werden können, Querschnittsflächen in m^2, Materialdikken in m, spezifische Wärme in Ws/kg K usw.

Bei der Konzeption eines Gebäudemodells ist es zweckmäßig, bestimmte vereinfachende Annahmen zu treffen. Eine in allen Einzelheiten exakte Nachbildung ist einerseits nicht notwendig und würde andererseits einen zu großen Aufwand erfordern.
Als Beispiel für die Realisierung eines Moduls und die dabei getroffenen Vereinfachungen soll in folgenden der Modul zur Simulation einer Wand erläutert werden.
Zur Nachbildung von einfachen Wänden, die aus nur einem Baustoff bestehen, dient der Modul W A N D. Dabei wird die Wand aus vier Schichten bestehend angenommen. D.h., die Nachbildung einer Wand erfolgt durch ein Verzögerungsglied vierter Ordnung. Dabei werden unterschiedlich dicke Schichten angenommen, je ein Drittel der Wanddicke für die beiden inneren Schichten und je ein Sechstel für die beiden äußeren (s. Bild 1).
Es wird die vereinfachende Annahme getroffen, daß die Schichttemperaturen T_1 und T_4 identisch mit den Oberflächentemperaturen der Wand sind. Durch die dünner gewählten äußeren Schichten wird der Fehler, den diese Annahme in sich birgt, klein gehalten.

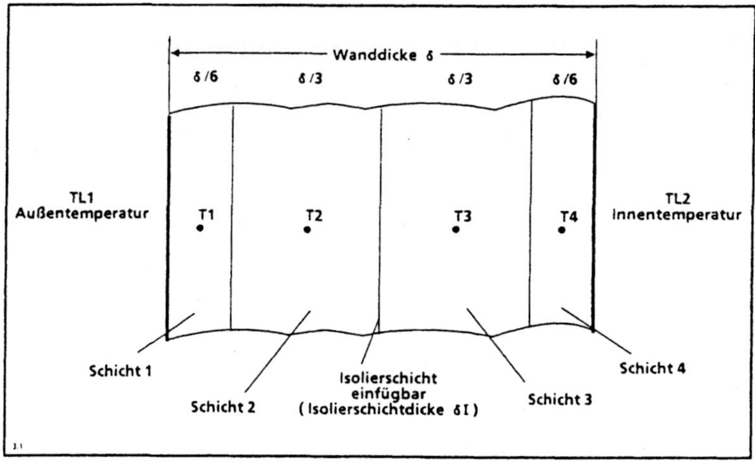

Bild 1 Schema der Wandschichtung

Der Modul W A N D bietet die Möglichkeit, zwischen der zweiten und der dritten Schicht eine zusätzliche Schicht ohne Wärmespeichervermögen (Isolierschicht) einzufügen (s. Bild 1). Hierdurch erhält man die Möglichkeit, Leichtbauwände nachzubilden, die z.B. aus dünnen, äußeren Tragschichten und einer eingelagerten Isolierschicht bestehen.

Die folgenden Energiebilanzgleichungen (1) bis (4) beschreiben den Verlauf der Temperatur in den einzelnen, wärmespeichernden Schichten sowie die Wärmeströme zwischen den Schichten untereinander und zwischen den Wandoberflächen und der Umgebung. Auf der linken Seite der Gleichungen (1) bis (4) steht die in der Schicht gespeicherte Wärme, auf der rechten Seite stehen die Wärmeströme zwischen der betrachteten Schicht und deren Nachbarschaft.

Energiebilanz der Schicht 1:

$$\frac{F_1 * \delta * c * R}{6} \frac{dT_1}{dt} = \frac{F_1 * (T_{L1} - T_1)}{1/\alpha_1 + \delta/12L} - \frac{4 * L * F_1}{\delta} * (T_1 - T_2) + W_5 * F_2 * K_2 \quad (1)$$

Energiebilanz der Schicht 2:

$$\frac{F_1 * \delta * c * R}{3} \frac{dT_2}{dt} = \frac{4 * L * F_1 * (T_1 - T_2)}{\delta} - \frac{3 * F_1 * (T_2 - T_3)}{\delta/L + 3 * \delta_I/L_I} \quad (2)$$

Energiebilanz der Schicht 3:

$$\frac{F_1 * \delta * c * R}{3} \frac{dT_3}{dt} = \frac{3 * F_1 * (T_2 - T_3)}{\delta/L + 3 * \delta_I/L_I} - \frac{4 * L * F_1 * (T_3 - T_4)}{\delta} \quad (3)$$

Energiebilanz der Schicht 4:

$$\frac{F_1 * \delta * c * R}{6} \frac{dT_4}{dt} = \frac{4 * L * F_1}{\delta} * (T_3 - T_4) - \frac{F_1 * (T_4 - T_{L2})}{1/\alpha_2 + \delta/12L} + W_6 * F_3 * K_3 \quad (4)$$

In den Gleichungen sind:

R	[kg/m³]	(Rho), Dichte des Wand-Baustoffs
c	[Ws/kg K]	spezifische Wärme des Baustoffs
δ	[m]	Wanddicke
$T_1 \ldots T_4$	[°C]	Temperaturen der vier Wandschichten
α_1	[W/m²K]	Wärmeübergangskoeffizient auf der einen Wandseite
α_2	[W/m²K]	Wärmeübergangskoeffizient auf der zweiten Wandseite
$F_1 \ldots F_3$	[m²]	Größen der wärmeübertragenden Wandoberflächen
T_{L1}	[°C]	Lufttemperatur auf der einen Seite der Wand
T_{L2}	[°C]	Lufttemperatur auf der zweiten Seite der Wand
L	[W/mK]	(Lambda), Wärmeleitfähigkeit des Wand-Baustoffs
δ_I	[m]	Dicke der eingefügten Isolierschicht
L_I	[W/mK]	Wärmeleitfähigkeit der Isolierschicht
W_5, W_6	[W]	strahlungsbedingter Wärmestrom
K_2, K_3	[-]	Korrekturwerte, z.B. Absorptionskoeffizienten

Bild 2 zeigt in Form eines Blockschaltbildes die gesamte Funktion des Moduls W A N D.

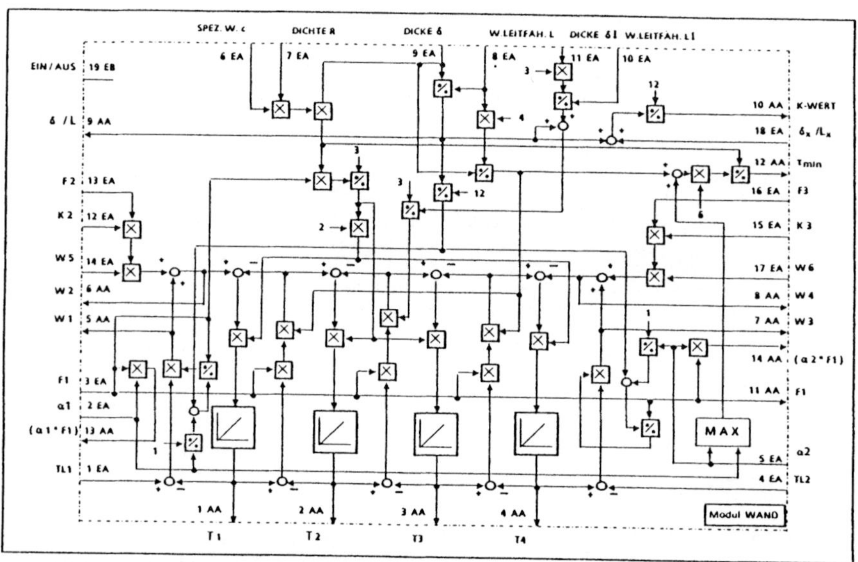

Bild 2 Funktionsschema des Moduls WAND

Es ist die Ermittlung der Schichttemperaturen $T_1 \ldots\ T_4$ gemäß den Gleichungen (1) bis (4) veranschaulicht. Die Wärmeströme, die auf beiden Seiten der Wand konvektiv übertragen werden, werden an den Ausgängen W_1 und W_3 ausgegeben.
Ferner ist dargestellt, daß neben konvektiv übertragener Wärme auch weitere Wärmeströme über die Wandoberflächen, z.B. strahlungsbedingte Wärmeströme berücksichtigt werden können (W_5 und W_6). Diese Wärmeströme können zusätzlich über die Eingänge F_2 und F_3 sowie K_2 und K_3 gewichtet werden. An den Ausgängen W_2 und W_4 wird jeweils die Summe der über je eine Wandfläche fließenden Wärmeströme ausgegeben.
Zum Aneinanderreihen mehrerer Moduln W A N D wird die resultierende Wärmeleitfähigkeit (K-WERT) der miteinander gekoppelten Schichten ermittelt. Dabei ist die Schicht 4 des einen Moduls W A N D mit der Schicht 1 des zweiten Moduls zu verbinden. Der K-WERT ergibt sich aus:

$$\frac{1}{K} = \frac{\delta_1}{12 * L_1} + \frac{\delta_2}{12 * L_2} \qquad (5)$$

$$K = \frac{12}{(\delta_1 / L_1) + (\delta_2 / L_2)} \qquad (6)$$

Hierin steht der Index 1 für die Werte der Schicht 4 des ersten Moduls W A N D und der Index 2 für die Schicht 1 des zweiten. Bild 3 zeigt, durch welche mindestens notwendigen Verbindungen eine Kopplung zweier Module W A N D erfolgt.

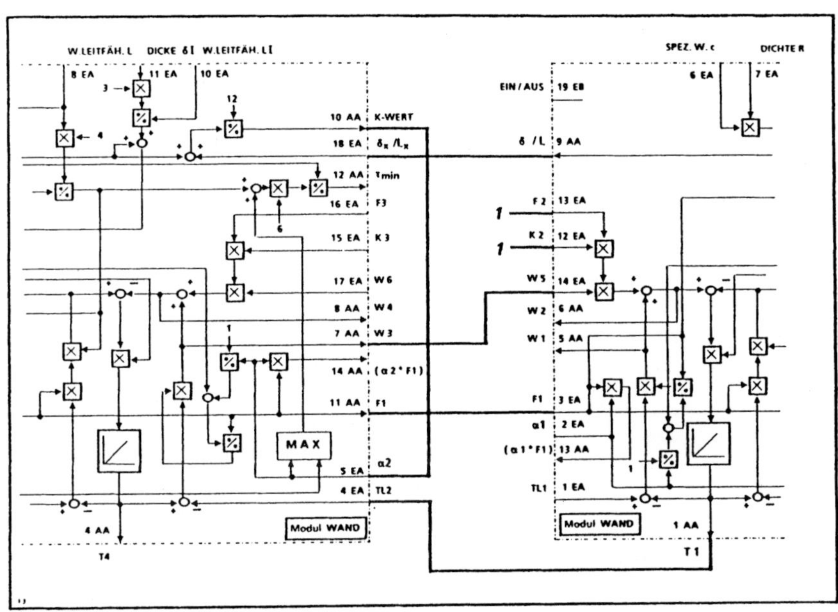

Bild 3 Verbindungsbeispiel: Moduln WAND

Auf den Eingang W5 des zweiten Moduls W A N D wird in diesem Fall der durch Wärmeleitung bedingte Wärmestrom geschaltet, der zwischen den miteinander gekoppelten Moduln ausgetauscht wird.
Die Berechnung dieses Wärmestroms erfolgt im ersten Modul W A N D nach folgender Gleichung (7) und liegt am Ausgang W3

$$W_3 = K * F_1 * (T_4 - T_1) \qquad (7)$$

Hierin ist T_1 die Temperatur der Schicht 1 des zweiten Moduls.
Damit die Simulation mit einem definierten Wand-Zustand beginnen kann, lassen sich die Temperaturen $T_1 \ldots T_4$ eines Moduls W A N D gemeinsam in folgender Weise vorbesetzen: Der Eingang EIN/AUS muß auf "0" stehen. Beim Rechnen ("E" bzw. "R") wird dann das stationäre Temperaturprofil ermittelt, das sich aus den äußeren Einflußgrößen (T_{L1}, α_1 usw.) und den Baustoffeigenschaften ergibt. Wird der Eingang EIN/AUS auf "1" gesetzt, so läuft der Simulationsvorgang von diesem stationären Zustand aus. Die Vorbesetzung mit dem stationären Temperaturprofil ist in der gleichen Weise auch bei miteinander gekoppelten Moduln möglich.

3. Anwendungsbeispiel

Die Vorgehensweise und die Ergebnisse bei der Simulation eines Gebäudes werden aus folgendem Beispiel deutlich.
Bild 4 zeigt den Bauplan (Querschnittszeichnung) eines Gebäudes, das Büro- und Werkstatträume beinhaltet. Der als Betriebs-Werkstatt bezeichnete Raum soll als Referenzraum für das Gebäude herangezogen werden. Aus dem Bauplan werden die Struktur, die Abmessungen und Baustoffdaten des Referenzraumes und der umliegenden Räume entnommen. Im nächsten Schritt werden entsprechend Bild 5 aus den zur Verfügung stehenden Moduln der Referenzraum sowie die mit dem Referenzraum in Wechselbeziehung stehenden Räume bzw. Bauteile nachgebildet (strukturiert). Die äußeren und inneren auf das Gebäude einwirkenden Einflußgrößen, wie Außentemperatur, Wind, Sonne, Heizung usw. werden durch Funktionsgeber dargestellt.
Im nächsten Schritt werden die einzelnen Moduln entsprechend den bauphysikalischen Daten und den Kennwerten der Einflußgrößen parametriert. Im Bild 6 ist ein Vergleich von Simulationsergebnissen und am realen Gebäude durchgeführten Messungen dargestellt. Aufgetragen ist jeweils der zeitliche Verlauf der Raumtemperatur und einer in der Zwischendecke erfaßten Luftschichttemperatur.
Wie leicht zu erkennen ist, herrscht eine sehr gute Übereinstimmung von gemessenen und simulierten Temperaturverläufen. Insbesondere ist dies in dem Zeitraum zu erkennen, wo die Heizung ein- und wieder ausgeschaltet wurde.

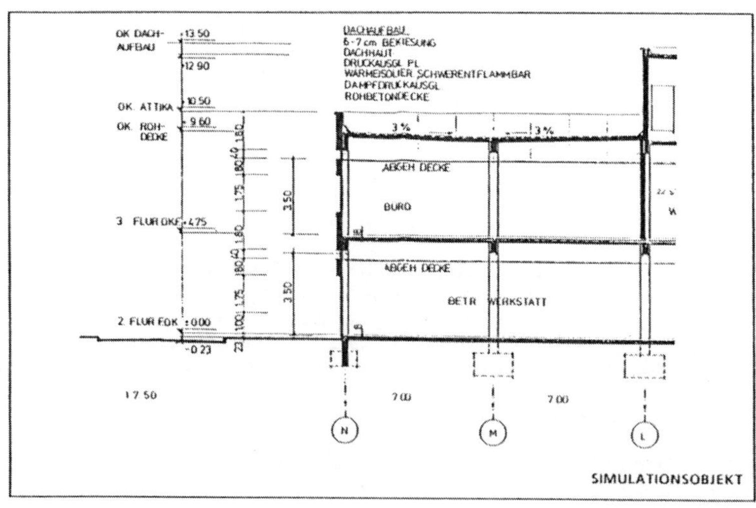

Bild 4 Gebäude-Bauplan

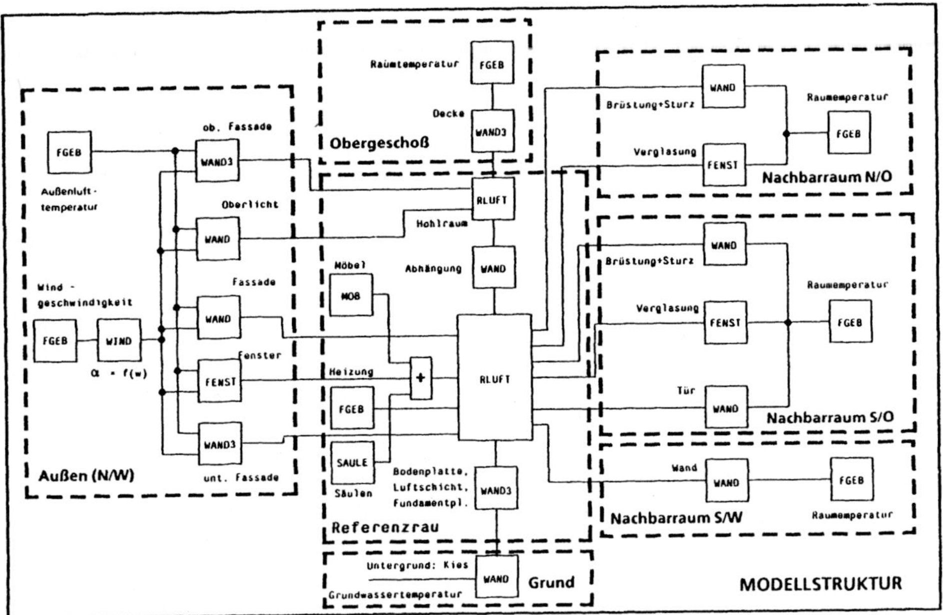

Bild 5 Modell-Strukturplan

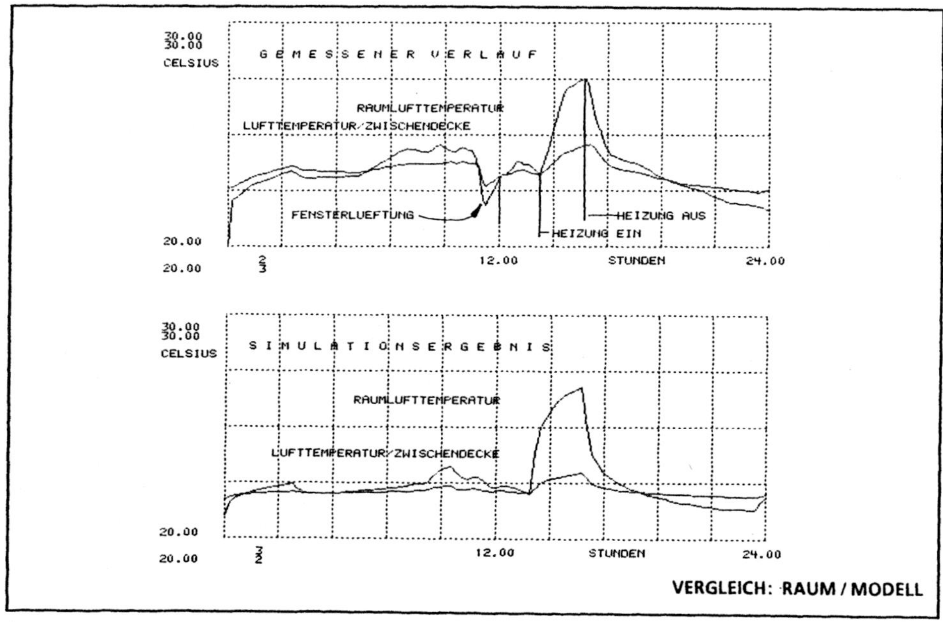

Bild 6 Vergleich